POR QUE TENHO MEDO DO "SISTEMA DE PRECEDENTES" DO CPC15

a aplicação do direito jurisprudencial à luz do Law as Integrity de Ronald Dworkin

Fernando Vieira Luiz

Copyright © 2021 by Editora Letramento
Copyright © 2021 Fernando Vieira Luiz

Diretor Editorial | Gustavo Abreu
Diretor Administrativo | Júnior Gaudereto
Diretor Financeiro | Cláudio Macedo
Logística | Vinícius Santiago
Comunicação e Marketing | Giulia Staar
Assistente Editorial | Matteos Moreno e Sarah Júlia Guerra
Designer Editorial | Gustavo Zeferino e Luís Otávio Ferreira

Conselho Editorial | Alessandra Mara de Freitas Silva; Alexandre Morais da Rosa; Bruno Miragem; Carlos María Cárcova; Cássio Augusto de Barros Brant; Cristian Kiefer da Silva; Cristiane Dupret; Edson Nakata Jr; Georges Abboud; Henderson Fürst; Henrique Garbellini Carnio; Henrique Júdice Magalhães; Leonardo Isaac Yarochewsky; Lucas Moraes Martins; Luiz Fernando do Vale de Almeida Guilherme; Nuno Miguel Branco de Sá Viana Rebelo; Renata de Lima Rodrigues; Rubens Casara; Salah H. Khaled Jr; Willis Santiago Guerra Filho.

Todos os direitos reservados.
Não é permitida a reprodução desta obra sem
aprovação do Grupo Editorial Letramento.

Dados Internacionais de Catalogação na Publicação (CIP) de acordo com ISBD

L953p	Luiz, Fernando Vieira
	Por que tenho medo do "sistema de precedentes" do CPC15: a aplicação do direito jurisprudencial à luz do Law as Integrity de Ronald Dworkin / Fernando Vieira Luiz. - Belo Horizonte : Letramento ; Casa do Direito, 2021. 802 p. ; 15,5cm x 22,5cm.
	Inclui bibliografia. ISBN: 978-85-9530-287-7
	1. Direito. 2. Sistema de precedentes. 3. Direito jurisprudencial. 4. Law as Integrity. 5. Ronald Dworkin. I. Título.
2021-2512	CDD 340 CDU 34

Elaborado por Vagner Rodolfo da Silva - CRB-8/9410

Índice para catálogo sistemático:
1. Direito 340
2. Direito 34

Belo Horizonte - MG
Rua Magnólia, 1086
Bairro Caiçara
CEP 30770-020
Fone 31 3327-5771
contato@editoraletramento.com.br
editoraletramento.com.br
casadodireito.com

Casa do Direito é o selo jurídico do
Grupo Editorial Letramento

A meu filho, João Arthur, que chegou
para alegrar nossas vidas e nos mostrar
o que é o amor incondicional.

AGRADECIMENTOS

NÃO FORAM POUCAS AS PESSOAS QUE, DE UMA FORMA OU DE OU- tra, auxiliaram-me no transcorrer do doutorado, para que, agora, eu tenha a felicidade de ver a tese defendida na Universidade Federal de Santa Catarina (UFSC), instituição que me acolheu por mais uma vez, transmutada em um novo livro.

Agradeço à minha família, pelo apoio incondicional em todas as minhas escolhas na vida. A meus pais, Wilson e Tânia, pelo amor e dedicação despendidos diariamente. Eles que abdicaram — e abdicam — de vários de seus próprios projetos, para que eu e meu irmão pudéssemos galgar os nossos. São meus modelos, meus heróis, meu orgulho! Ao Bruno e à Monique, pelo companheirismo e, acima de tudo, por terem nos dado as nossas luzes, a Letícia e o Rafael!

À Marina, minha esposa, minha amiga, meu amor, que me acompanhou durante toda esta jornada e sonhou este sonho comigo. Ela foi, sem dúvidas, minha leitora mais ávida e minha melhor crítica. Nada melhor que uma leitura parcial, de imerecidos elogios, para acalmar a angústia da escrita. Naqueles momentos difíceis, em que palavras do texto parecem sair a fórceps, ela foi a voz de conforto, de otimismo e de confiança. Quero poder apoiá-la, ao menos, na metade daquilo em que ela me apoia. Marina, sem você, isto — e tudo — não teria a mesma graça. Você colore a minha vida e a faz, dia a dia, mais feliz. Esta realização não é minha, é nossa!

Aos amigos do Fórum, que seguraram as pontas e mantiveram uma organização impecável na 2ª Vara Criminal da Capital. No cartório, a Nadir, o Claudemir e a Rosângela, com o auxílio dos estagiários, dedicam-se exemplarmente para que todos os feitos recebam o devido andamento, atendendo, com primor, aos jurisdicionados e advogados. Na sala de audiências, a Gabriela, sempre organizando tudo de antemão. No gabinete, as minhas assessoras e fiéis escudeiras, Tássia, Alana e Andrea, que primorosamente me auxiliam nos afazeres do dia a dia, servindo de interlocutoras às mais diversas discussões — jurídicas ou não! Igualmente aos meus residentes, Laíse e Guilherme, e os estagiários Eduarda, Fernanda e Rafael, todos engajados em melhor desempenhar suas atividades, sempre com dedicação e diligência.

Ainda no âmbito profissional, agradeço ao apoio institucional do Tribunal de Justiça de Santa Catarina (TJSC), que vem nutrindo em seus juízes e colaboradores o gosto pela academia, preocupando-se com o preparo e atualização de todos que figurem em seus quadros.

Aos professores do PPGD da UFSC, a começar pelo nosso Diretor à época, Prof. Dr. Arno Dal Ri Jr., que, de forma sempre cordial, atendeu a todos os alunos, preocupando-se sempre com a melhora do programa, inclusive em sua inserção internacional. Ao Prof. Dr. Rafael Peteffi da Silva, tenaz pesquisador, de grande rigor científico, e de ainda maior simpatia e abertura ao diálogo. Suas lições de responsabilidade civil influenciaram, em muito, o caminho que a presente tese trilhou. Igualmente, ao Prof. Dr. Marcus Vinícius Motter Borges, amigo de longa data, de quem recebi importante apoio desde os passos iniciais do doutorado.

Aos professores que compuseram a banca, desde a qualificação, Prof. Dr. Francisco José Rodrigues de Oliveira Neto, Prof. Dr. Alexandre Morais da Rosa e Prof. Dr. Orlando Celso da Silva Neto. Os apontamentos e críticas foram enriquecedores e possibilitaram uma melhora substancial no texto. Fico alegre de ter dois magistrados exemplares vinculados ao mesmo Tribunal (TJSC) na composição da banca, Prof. Francisco e Prof. Alexandre, cujas carreiras, mesmo que de longe, já eram acompanhadas. Isso passa a sensação, ainda que falsa, de uma certa prestação de contas institucional.

Agradeço, desde já, aos professores externos à UFSC, Prof. Dra. Teresa Arruda Alvim, Prof. Dr. Sérgio Cruz Arenhart e Prof. Dr. William Santos Ferreia. Só o privilégio em tomar algum tempo de tão eminentes processualistas e saber que se colocaram a ler algo por mim escrito é motivo de satisfação e alegria. Sei o quão difícil é afastar-se de seus afazeres e dedicar todo o tempo que envolve a leitura, a preparação para a banca e o próprio deslocamento das cidades em que residem até Florianópolis. Agradeço profundamente terem aceitado o convite, para compor a banca e todos os ensinamentos e correções repassados neste processo.

Agradeço, em especial, ao Prof. Dr. Pedro Miranda de Oliveira, que me acompanhou no programa de doutorado em grande medida e, nesse passo, tornou-se um grande interlocutor. Pensador do processo civil contemporâneo, os ensinamentos angariados nas aulas, em palestras e em discussões não só influenciaram o presente trabalho, como serão levados adiante.

Não há palavras para agradecer suficientemente ao meu orientador, Prof. Dr. Eduardo de Avelar Lamy. Desde os primeiros dias de contato, o Prof. Lamy depositou em mim uma enorme confiança. Longe de personalidades que impõem determinada visão de mundo ou de um norte teórico a ser trabalhado — que, muitas vezes, não satisfaz o próprio aluno —, o Prof. Lamy apoiou-me em todas as escolhas procedidas e acompanhou, com proximidade, o passo a passo do meu desenvolvimento acadêmico. Desde os momentos de fascinação pelo tema até aqueles de desencanto, colocou-se ao meu lado, auxiliando em cada etapa, em cada capítulo escrito. Das conversas e discussões travadas, muitas delas em companhia da Prof. Dra. Anna Lamy, a quem também agradeço imensamente, o trabalho foi sendo moldado e, principalmente, melhorado. Além disso, o Prof. Lamy abriu-me as portas da academia e da docência. Publicações em conjunto e a possibilidade de lecionar em cursos de pós-graduação em processo civil foram experiências essenciais à minha formação acadêmica. Ele não é só o meu orientador, mas um grande amigo, pronto a auxiliar-me em qualquer momento. Sendo de sua primeira leva de orientandos no doutorado, espero estar à altura e dar a ele o mesmo orgulho que sinto tendo-o como orientador.

LISTA DE SIGLAS

ADC	Ação Declaratória de Constitucionalidade
ADI	Ação Direta de Inconstitucionalidade
ADPF	Arguição de descumprimento de preceito fundamental
CDC	Código de Defesa do Consumidor
CE	Código Eleitoral
CF	Constituição Federal
CLT	Consolidação das Leis do Trabalho
CP	Código Penal
CPC/15	Código de Processo Civil de 2015
CPC/39	Código de Processo Civil de 1939
CPC/73	Código de Processo Civil de 1973
CPP	Código de Processo Penal
EC	Emenda Constitucional
ENFAM	Escola Nacional de Formação e Aperfeiçoamento de Magistrados
EUA	Estados Unidos da América
FGTS	Fundo de Garantia do Tempo de Serviço
FONAJE	Fórum Nacional de Juizados Especiais
FPPC	Fórum Permanente de Processualistas Civis
GLO	*Group Litigation Order*
HC	*Habeas Corpus*
IAC	Incidente de Assunção de Competência
IRDR	Incidente de Resolução de Demandas Repetitivas

LINDB	Lei de Introdução às Normas do Direito Brasileiro
PROCON	Programa de Proteção e Defesa do Consumidor
RE	Recurso Extraordinário
REsp	Recurso Especial
RI	Regimento Interno
RISTF	Regimento Interno do Supremo Tribunal Federal
RISTJ	Regimento Interno do Superior Tribunal de Justiça
STF	Supremo Tribunal Federal
STJ	Superior Tribunal de Justiça
STM	Superior Tribunal Militar
SUS	Sistema Único de Saúde
TJDFT	Tribunal de Justiça do Distrito Federal e dos Territórios
TJRS	Tribunal de Justiça do Estado do Rio Grande do Sul
TJSC	Tribunal de Justiça do Estado de Santa Catarina
TJSE	Tribunal de Justiça do Estado de Sergipe
TJSP	Tribunal de Justiça do Estado de São Paulo
TRE	Tribunal Regional Eleitoral
TRE-SC	Tribunal Regional Eleitoral do Estado de Santa Catarina
TRF5	Tribunal Regional Federal da 5ª Região
TSE	Tribunal Superior Eleitoral
TST	Tribunal Superior do Trabalho

17	**APRESENTAÇÃO**
21	**1. INTRODUÇÃO**
35	**2. A ATIVIDADE JUDICIAL COMO FONTE DE DIREITO**
36	2.1. O QUE SE DIZ, QUANDO SE FALA EM "FONTE DE DIREITO"?: FONTES A PARTIR DO SISTEMA E FONTES A PARTIR DO CASO
46	2.2. AS FONTES DO DIREITO NO POSITIVISMO JURÍDICO
50	2.2.1. KELSEN: A NORMA HIPOTÉTICA FUNDAMENTAL E A FONTE DO DIREITO ENQUANTO VALIDADE JURÍDICA
53	2.2.2. HART E A NORMA DE RECONHECIMENTO
59	**2.3. A CRIAÇÃO JUDICIAL DO DIREITO**
62	2.3.1. O EXEMPLO PRIVILEGIADO DA RESPONSABILIDADE CIVIL PARA EXPLICAR A CRIAÇÃO JUDICIAL DO DIREITO
70	2.3.2. A RESPONSABILIDADE CIVIL PELO NASCIMENTO INDEVIDO (*WRONGFUL CONCEPTION*) NO DIREITO COMPARADO
80	2.3.3. A REPARAÇÃO PELO NASCIMENTO INDEVIDO COMO DIREITO JUDICIALMENTE CRIADO NO BRASIL
93	**2.4. DIREITO JURISPRUDENCIAL: ENTRE DECISÃO, PRECEDENTE, JURISPRUDÊNCIA E SÚMULAS**
96	2.4.1. O PRECEDENTE E A DECISÃO JUDICIAL
114	2.4.2. O PRECEDENTE JUDICIAL E A JURISPRUDÊNCIA
133	2.4.3. O PRECEDENTE JUDICIAL E AS SÚMULAS
146	2.4.4. EM BUSCA DE UM CONCEITO AO PRECEDENTE JUDICIAL: ENTRE O UFANISMO E A CIRCULAÇÃO GLOBAL
158	**2.5. *COMMON LAW, CIVIL LAW* E O DIREITO BRASILEIRO**
179	**3. O DIREITO JURISPRUDENCIAL NA TEORIA DA NORMA E DO ORDENAMENTO JURÍDICO**
182	3.1. A TEORIA DA NORMA JURÍDICA NO POSITIVISMO
184	3.1.1. NORMA JURÍDICA EM KELSEN
188	3.1.2. TEORIA DA NORMA NO PÓS-POSITIVISMO
195	**3.2. *A RATIO DECIDENDI***
204	3.2.1. TESTES PARA SE ENCONTRAR A *RATIO DECIDENDI*
204	3.2.1.1. Teste de Wambaugh
208	3.2.1.2. Realismo jurídico cético: não há teste, porque a *ratio decidendi* não existe

212   3.2.1.3. Teste de Goodhart
216   3.2.2. **PROPOSTA DE UM CONCEITO ADEQUADO À *RATIO DECIDENDI* COMPATÍVEL COM O ORDENAMENTO JURÍDICO BRASILEIRO**
219   3.2.2.1. Ementas e *ratio decidendi*
231   3.2.2.2. Casos sem *ratio decidendi*
232   3.2.2.3. Casos com mais de uma *ratio decidendi*
233   3.2.2.4. A colegialidade e a *ratio decidendi*: o problema da falsa colegialidade (pseudocolegialidade) e do *biasing*
242   3.2.2.5. *Ratio decidendi*: regra ou princípio? Uma questão de menor importância
261   3.2.2.6. Em busca de um conceito
263   **3.3. *OBTER DICTA***
267   **3.4. ENTRE ANALOGIAS E DISTINÇÕES**
269   3.4.1. TIPOS OU FORMAS DE ARGUMENTOS
273   3.4.2. O ARGUMENTO POR ANALOGIA
283   **3.5. A TEORIA DO ORDENAMENTO JURÍDICO**
283   3.5.1. DIREITO JURISPRUDENCIAL E HIERARQUIA NORMATIVA
285   **3.6. A SUPERAÇÃO (*OVERRULING*)**
286   3.6.1. IMPERFEIÇÕES DO SISTEMA: A FALTA E AS COLISÕES DE NORMAS
287   3.6.1.1. As lacunas e o direito jurisprudencial
288   3.6.1.2. Colisão entre o direito jurisprudencial e a legislação
296   3.6.2. A SUPERAÇÃO DE SÚMULAS PELA ENTRADA EM VIGOR DO CPC/15
304   3.6.3. O PRECEDENTE PODE SUPERAR A PRÓPRIA LEI?: O ESTRANHO CASO *LI V. YELLOW CAB COMPANY*
313   3.6.4. A COLISÃO ENTRE PRONUNCIAMENTOS JUDICIAIS
333   3.6.5. EFEITOS TEMPORAIS DA SUPERAÇÃO

359   **4. O DIREITO JURISPRUDENCIAL NO CPC/15**
360   **4.1. CONSTITUIÇÃO E PROCESSO: A IDEOLOGIA DO CPC/15 E A FORMAÇÃO DE UM PROCESSO CIVIL DEMOCRÁTICO**
361   4.1.1. AS ORIGENS CONSTITUCIONAIS DO CPC/15
364   4.1.2. O CPC/15 CRIA UM SISTEMA DE PRECEDENTES?
369   4.1.3. A LÓGICA DO "SISTEMA DE PRECEDENTES"
370   4.1.3.1. Neoliberalismo processual ou como a previsibilidade, eficiência e celeridade não podem derruir os direitos fundamentais dos litigantes
380   4.1.3.2. A formação concentrada de "precedentes"
385   4.1.3.3. O CPC/15 é pós-positivista?

392	4.2.	O "SISTEMA DE PRECEDENTES" E A LEI N. 13.256/16
393	4.2.1.	A ADMISSIBILIDADE DOS RECURSOS EXCEPCIONAIS OU PORQUE FECHAR AS PORTAS DOS TRIBUNAIS SUPERIORES AOS LITIGANTES CORRÓI O USO DE PRECEDENTES
401	4.2.2.	REQUISITOS DE ADMISSIBILIDADE, QUESTÕES DE MÉRITO E OS LIMITES DE ATUAÇÃO DO PRESIDENTE OU VICE-PRESIDENTE DO TRIBUNAL LOCAL NO JUÍZO PROVISÓRIO
407	4.3.	UM OUTRO PERIGO: A SIMPLIFICAÇÃO DA DOUTRINA E OS ENUNCIADOS SOBRE O CPC/15
416	4.4.	OS PRONUNCIAMENTOS JUDICIAIS DO ART. 927 DO CPC/15
424	4.4.1.	PRECEDENTES FORMALMENTE VINCULANTES?
426	4.4.2.	GRAUS DE VINCULAÇÃO: FORTE, MÉDIO E FRACO
429	4.4.3.	PRECEDENTES OBRIGATÓRIOS INDEPENDEM DO ROL DO ART. 927 DO CPC/15: CORTES DE PRECEDENTES E CORTES DE JUSTIÇA
433	4.4.4.	INCONSTITUCIONALIDADE DO ART. 927 DO CPC/15?
451	4.4.5.	O "DEVER DE OBSERVÂNCIA" COMO INTERPRETAÇÃO DO ART. 927 DO CPC/15 CONFORME A CONSTITUIÇÃO
459	4.4.6.	DECISÕES DO STF EM CONTROLE CONCENTRADO DE CONSTITUCIONALIDADE
471	4.4.7.	AS SÚMULAS NO DIREITO BRASILEIRO
474	4.4.7.1.	Súmula vinculante
482	4.4.7.2.	Súmula persuasiva?
484	4.4.8.	JULGAMENTO DE CASOS: RECURSOS EXTRAORDINÁRIO E ESPECIAL REPETITIVOS E O IRDR
497	4.4.8.1.	Incidente de resolução de demandas repetitivas
517	4.4.8.2.	O IRDR n. 1 do Tribunal de Justiça de Santa Catarina
524	4.4.9.	INCIDENTE DE ASSUNÇÃO DE COMPETÊNCIA
533	4.4.10.	ORIENTAÇÃO DO PLENÁRIO OU ÓRGÃO ESPECIAL
534	4.5.	REPERCUSSÃO GERAL
537	4.6.	O PAPEL DOS PRONUNCIAMENTOS JUDICIAIS EM INSTITUTOS DO CPC/15
538	4.6.1.	ORDEM CRONOLÓGICA DE JULGAMENTOS
543	4.6.2.	TUTELA DA EVIDÊNCIA
555	4.6.3.	JULGAMENTO LIMINAR DE IMPROCEDÊNCIA DO PEDIDO
561	4.6.4.	CUMPRIMENTO PROVISÓRIO DE SENTENÇA
565	4.6.5.	EMBARGOS DE DECLARAÇÃO
570	4.6.6.	REMESSA NECESSÁRIA

579	4.6.7.	DECISÃO MONOCRÁTICA DO RELATOR
592	4.6.8.	RECLAMAÇÃO
609	4.6.9.	AÇÃO RESCISÓRIA
623	4.6.10.	EMBARGOS DE DIVERGÊNCIA
629	**5.**	**O DIREITO JURISPRUDENCIAL NA TEORIA DA DECISÃO JUDICIAL**
630	**5.1.**	**JURISDIÇÃO E DEMOCRACIA**
632	**5.2.**	**A NECESSIDADE DE UMA TEORIA DA DECISÃO JUDICIAL**
634	**5.3.**	**DISCRICIONARIEDADE JUDICIAL**
641	**5.4.**	**UMA LEITURA DWORKINIANA DO ART. 926 DO CPC/15**
644	5.4.1.	INCOMPATIBILIDADE TEÓRICA DO GARANTISMO JURÍDICO COM "PRECEDENTES FORMALMENTE VINCULANTES"
651	5.4.2.	AS PREMISSAS DE DIDIER JR. SOBRE OS DEVERES DE COERÊNCIA E INTEGRIDADE
656	5.4.3.	ENTENDENDO DWORKIN
666	5.4.4.	UNIFORMIDADE, ESTABILIDADE, COERÊNCIA E INTEGRIDADE
667	5.4.4.1.	Dever de uniformização
668	5.4.4.2.	Estabilidade
669	5.4.4.3.	A coerência
671	5.4.4.4.	A integridade (*Law as integrity*)
680	**5.5.**	**FUNDAMENTOS INICIAIS A UMA TEORIA DOS PRECEDENTES NO BRASIL À LUZ DO DIREITO COMO INTEGRIDADE**
681	5.5.1.	CONTRADITÓRIO EFETIVO
697	5.5.2.	FUNDAMENTAÇÃO DA DECISÃO JUDICIAL
710	5.5.3.	O LIVRE CONVENCIMENTO MOTIVADO
717	5.5.4.	FORÇA GRAVITACIONAL DO PRECEDENTE
722	5.5.5.	EXIGÊNCIAS DO DIREITO COMO INTEGRIDADE NA APLICAÇÃO DO DIREITO JURISPRUDENCIAL
726	5.5.5.1.	A *ratio decidendi* como conceito interpretativo
730	5.5.5.2.	A Superação como uma questão de princípio
742	5.5.5.3.	Por uma vinculação material do juiz ao direito jurisprudencial
745		**CONCLUSÃO**
755		**REFERÊNCIAS**

APRESENTAÇÃO

A MAIS IMPORTANTE EXPERIÊNCIA PROPORCIONADA PELA VIDA ACA-dêmica, além da convivência com pessoas riquíssimas, reside nas amizades que fazemos pelo caminho. Ao receber a notícia da publicação desta obra e o convite para apresentá-la, qual não foi a minha alegria em receber a ligação de Fernando Vieira Luiz.

Fernando, Juiz de Direito em Santa Catarina, foi aluno absolutamente brilhante durante as disciplinas do Programa de Pós-Graduação. Foi, também, meu primeiro orientando de Doutorado.

Portanto, a obra que tenho enorme satisfação em apresentar me é cara e especial por diversos motivos. Trata-se da versão comercial da Tese de Doutorado de Fernando Vieira Luiz, intitulada "Por que tenho medo do sistema de precedentes do CPC/2015: a aplicação do direito jurisprudencial à luz do *Law as Integrity* de Ronald Dworkin".

Trata-se de trabalho primoroso, cuja elaboração tive a alegria de acompanhar, perante o Programa de Pós-Graduação em Direito da Universidade Federal de Santa Catarina.

Desde a primeira leitura do texto, salta aos olhos do observador menos atento a criatividade e a dedicação do autor, que certamente não mediu esforços para construir uma obra absolutamente original.

Estamos diante de um livro que nos instrui sobre novidades do processo civil e da usa influência sobre todo o sistema jurídico brasileiro e ainda discute alguns dos mais sérios problemas de interpretação e de aplicação do direito processual: o precedente judicial.

Fernando Vieira Luiz demonstra de qual forma a aplicação das diretrizes do CPC de 2015 às estruturas jurídicas de normas processuais inerentes ao tema dos precedentes pode prejudicar a própria busca por estabilidade e segurança no sistema jurídico brasileiro. Essa preocupação em discutir os precedentes na perspectiva hermenêutica em face da estrutura trazida pelo CPC de 2015 revela uma quase singularidade do autor, pois é um dos poucos professores brasileiros que têm se dedicado à essa abordagem, de grande valor científico.

Ao ler e refletir sobre a profundidade e a importância operativa das ideias de Fernando, o leitor certamente obterá subsídios para desenhar um panorama atual, criativo e interdisciplinar do Processo Civil brasileiro.

Deste modo, estão de parabéns o autor e a editora, pelo esforço e dedicação necessários à construção deste riquíssimo livro, que já está a contribuir imensamente para os nossos atuais estudos do moderno Direito Processual Civil. Agradeço a atenção e despeço-me, assim, a fim de não privar o leitor do imediato contato com a obra.

Boas leituras!

EDUARDO LAMY
Primavera de 2020

1. INTRODUÇÃO

EROS GRAU, HÁ MUITO, ASSEVERA TER MEDO DOS JUÍZES. EM SUA FA-
mosa obra, que inspira o título desta tese, o autor promove um repto contra o *status quo*, dando destaque à atuação judicial, sobretudo em relação ao uso e abuso dos princípios, o que torna o Poder Judiciário "um produtor de insegurança"[1]. Poder-se-ia pensar que o autor dedicaria seu trabalho à crítica ao Judiciário e a seus magistrados, ao demonstrar erros, equívocos e inconsistências na prática jurídica. O objetivo de Grau, contudo, não é meramente descritivo, ao demonstrar como efetivamente agem os juízes; antes, há um elemento prescritivo, ao apontar limites à atuação judicial, mostrando como um juiz deve agir.

A presente tese pode, em grande parte, trilhar caminho análogo. Há um medo do "sistema de precedentes" criado pelo CPC/15. Ainda que a prática jurídica seja incipiente com a nova regulação, dificultando uma análise descritiva, observa-se na doutrina um perigoso caminho de supervalorização do direito jurisprudencial, que, em muitos aspectos, supera a força da própria lei. Esta apreensão é aprofundada pela ideologia que subjaz o dito sistema. Há a tentativa de conferir ao Judiciário um papel que não lhe é próprio, qual seja, o de formular enunciados normativos gerais e abstratos à resolução de causas futuras. Potencializa a nova legislação, neste particular, a adoção de súmulas, além do julgamento de teses, e não de casos. Nesse passo, há uma indevida abstração que varre a faticidade e a temporalidade do próprio direito. Deve-se ter em mente que há diferenças entre o direito criado pelo legislador e o criado pelo juiz, sendo o exercício de prognose típico do primeiro, e não do segundo. Além disso, há uma perigosa padronização decisória vertical e preventiva, sem a preocupação de que a matéria tenha sido discutida à saciedade. Não fosse tal fato, há uma aposta na aplicação desse padrão decisório aos demais casos por um "comportamento autômato" dos demais magistrados, sobretudo os de primeiro grau[2].

---

[1] GRAU, Eros Roberto. *Por que tenho medo dos juízes*: a interpretação/aplicação do direito e os princípios. 6ª ed. São Paulo: Malheiros, 2014, p. 16.

[2] NUNES, Dierle. Processualismo constitucional democrático e o dimensionamento de técnicas para a litigiosidade repetitiva. *Revista de Processo*, v. 199, p. 41-82, 2011, p. 51. "A aposta na cognição do juízo de primeiro grau, já recorrente há décadas no discurso estrangeiro, em face de sua real eficiência, é obscurecida por seu sucateamente em face do reforço e padronização de decisões pelos Tribunais, que induzem a um 'comportamento autômato' (de repetição) pelos juízos de primeiro e segundo grau."

Apesar desta exposição preocupante, o objetivo aqui não é meramente descritivo. Se há o medo do "sistema de precedentes", existe uma forma de superá-lo. Nesse passo, não se pauta na simples demonstração dos equívocos do CPC/15 e de parte da doutrina, para refutar a importância ou retirar a força da aplicação de pronunciamentos judiciais no direito brasileiro. Antes, a presente tese objetiva formar um arcabouço teórico, para que isso ocorra de maneira correta, adequada, enfim, de forma democrática. Pretende-se, portanto, retornar a pontos básicos do tema proposto e reconstruí-los, para que haja o resgate da importância de utilização de decisões pretéritas na aplicação do direito.

O objeto central da pesquisa é o papel do direito jurisprudencial na construção do argumento jurídico em geral e sua utilização na teoria da decisão em particular. O direito é complexo, assim como o é a criação e a aplicação do direito jurisprudencial. Não se buscam, no presente estudo, simplificações. Questões complexas exigem respostas complexas. O que se pretende é a apresentação, tanto dos problemas como das soluções pretendidas, de forma clara e objetiva, sem descurar da profundidade necessária, mantendo-se a coerência entre o norte teórico eleito e a análise dos diversos assuntos trabalhados. Espera-se, com isso, evidenciar as dificuldades teóricas e práticas no trato do direito jurisprudencial, inclusive quanto à legislação aplicável, e apresentar, de maneira simples, mas precisa, uma teoria base que solucione as principais controvérsias existentes.

O tema proposto no presente estudo é particularmente caro e suscita questões de grande importância ao mundo jurídico. Imagine-se uma confraternização entre juízes, todos honestos, probos e justos[3]. De for-

---

[3] O argumento já foi formulado anteriormente, de forma oral, e relembrado por Streck: "Na abertura da defesa de sua dissertação de mestrado, que deu origem ao livro *Teoria da Decisão Judicial – Dos Paradigmas de Ricardo Lorenzetti à Resposta Adequada à Constituição de Lenio Streck* (Livraria do Advogado, 2013), o juiz de direito Fernando Vieira Luiz impressionou a todos com uma confissão: 'sou juiz, minha mãe é juíza, meus amigos juízes e promotores, com os quais convivo, são todos honestos, probos e jutos. Interessante é que, quando nos reunimos para falar sobre os casos que decidimos, chegamos a conclusão que, embora a nossa honestidade, probidade e sentimento de justiça, damos sentenças tão diferentes umas das outras, em casos, por vezes, muito, muito similares'. Por isso, continuou, 'cheguei a conclusão de que havia algo errado. Não basta ser honesto, probo e ter sentimento do justo. Todos, eu, minha mãe, meus amigos, decidimos conforme nossas consciências. Só que as decisões são tão discrepantes... Por isso, fui estudar 'teoria da decisão'.'"

ma irremediável, a conversa tende aos casos que cada um decidiu nos últimos tempos, e, invariavelmente, observa-se que vários magistrados decidiram casos extremamente similares. Contudo, não raro, a resposta dada a cada uma daquelas causas é diametralmente oposta, varia em sentido e grau, passando pela procedência do pedido para alguns, improcedência para outros e procedência parcial aos restantes, quiçá algumas extinções sem o julgamento do mérito, tudo pelos mais variados argumentos. Cada juiz, educadamente, bate levemente nas costas do outro, dizendo o quão brilhante são os fundamentos, mas, *data venia*, decide de forma diversa. A confraternização continua e chega ao seu fim de forma agradável com a oportunidade de rever os estimados colegas em outra ocasião.

Nada mais trivial que a situação descrita. Ocorre que um sério problema se esconde por trás. Se, aos juristas, de uma forma geral, e aos juízes, especificamente, é fácil e corriqueiro tratar das divergências, principalmente naquilo que o direito requer em uma dada situação, fornecendo cada um respostas distintas a casos similares, essa situação não é igualmente justificável ao cidadão. Imagine a dificuldade de um advogado em explicar e justificar a seu cliente que ele pode ganhar ou perder a ação que está prestes a intentar, tudo a depender da distribuição do processo, e não do direito aplicável. Pior, se o advogado propõe a mesma espécie de ação em favor de dois vizinhos, sendo que apenas um deles sai vitorioso, o que dizer ao derrotado? O vetusto adágio "cada cabeça, uma sentença" não pode (ou não deve) representar a forma pela qual cada juiz decide um caso similar. *Data venia* ao *data venia*, o processo de tomada de decisão judicial deve ser mais racional e não depender de subjetivismos. Não basta, portanto, ao juiz ser honesto, probo e justo, para resolver corretamente uma questão[4]. Nessa perplexidade, nessa busca de parâmetros à atuação judicial, para garantir, de um lado, uma isonomia jurisdicional e, de outro, a adequação da reposta dada (a resposta correta de Dworkin ou a adequada à

---

cf. STRECK, Lenio Luiz. *O que é isso - o senso incomum?* Porto Alegre: Livraria do Advogado, 2017b, p. 49.

[4] Como bem expõe Streck, "um conjunto de (boas) 'consciências' (ou de boas intenções) dá o caos. Ou, no mínimo, gera discrepâncias, porque os valores de cada um são contigenciais. Por isso, uma criteriologia vem bem... Ou seja: mesmo um conjunto de 'boas pessoas' não garante decisões adequadas à Constituição." cf. STRECK, 2017b, p. 50.

Constituição de Streck), reside o mote pessoal do pesquisador, e, nesse passo, o papel do direito jurisprudencial é de suma importância.

O presente trabalho, contudo, evita enveredar pela história do direito. É normal encontrar-se, em pesquisas jurídicas sobre o tema, um capítulo inicial ou item próprio à história do *common law*, passando do seu surgimento até a introdução da ideia da *stare decisis*. Entende-se, contudo, que a abordagem, apesar de interessante, depende do domínio pleno de métodos próprios da pesquisa histórica. Assim, como a pesquisa em direito demanda uma preparação prévia específica, não havendo cursos de pós-graduação *stricto sensu* que não ofertem disciplinas metodológicas, o estudo e a pesquisa em história exigem o mesmo[5]. Por isso, mais das vezes, estes esforços não passam de meras revisões bibliográficas que, embora de qualidade, não refletem fidedignamente o que uma pessoa capacitada e treinada em tais métodos específicos — seja um historiador ou um jurista devidamente preparado — realizaria em pesquisa de alto nível. Falta, em regra, uma visão analítica sobre a própria história. Para não correr o risco dessa superficialidade, optou-se por não devotar parte específica da tese à problematização histórica de seu tema. É bem verdade que alguns juristas brasileiros já ultrapassaram essa barreira, realizando importantes estudos que abordam a evolução histórica do direito jurisprudencial em geral ou do precedente judicial em particular[6]. Obviamente, não se renuncia à descrição ou avaliação de fatos passados, à análise de importantes decisões antigas ou a qualquer evento anterior que se repute necessário. O que se busca evitar, efetivamente, é a compartimentaliza-

---

[5] Como exemplos, no Brasil, do estudo da metodologia própria à pesquisa histórica, dentre outros, ver: CARDOSO, Ciro Flamarion; VAINSFAS, Ronaldo: *Domínios da história*: ensaios de teoria e metodologia. Rio de Janeiro: Campus, 1997. CARDOSO, Ciro Flamarion. *Um historiador fala da teoria e metodologia*. Bauru: EDUSC, 2005. BARROS, José D'Assunção. *O campo da história*: especialidades e abordagens. Petrópolis: Vozes, 2004. No âmbito internacional, de igual formar, ver: SALEVOURIS, Michael J.; FURAY, Conal. *The Methods and Skills of History*: A Practical Guide. 4ª ed. Oxford: Wiley Blackwell, 2015. TOSH, John. *The Pursuit of History*: Aims, methods and new directions in the study of history. 6ª ed. Routledge, Londres, 2015. BLOCH, Marc. *The Historian's Craft*: Reflections on the Nature and Uses of History and the Techniques and Methods of Those Who Write It. Tradução: Peter Putnam. Caravele, EUA, 1953.

[6] MARINONI, Luiz Guilherme. *A ética dos precedentes*: justificativa do novo CPC. 1ª ed. São Paulo: RT, 2014.

ção do aspecto histórico, tornando-o objeto próprio da pesquisa, sem o domínio integral da técnica própria para tanto.

Pelas mesmas razões, não se trata a presente tese de um estudo de direito comparado. Apesar de pertencer à ciência do direito, a prática do direito comparado exige do jurista um domínio apurado de métodos próprios à análise de diferentes ordenamentos jurídicos. Muito se debate, nesse âmbito, a metodologia apropriada para tanto, havendo teorias que competem para a explicação de como se fazer direito comparado. Funcionalistas, estruturalistas, teorias críticas e o ecletismo metodológico fomentam acirradas discussões acadêmicas, não havendo consenso em relação ao assunto. Discute-se mesmo se o direito comparado se configura disciplina autônoma, uma área específica da ciência jurídica, ou simplesmente uma metódica de trabalho — método comparativo —, utilizável independentemente do ramo do direito que se estude. Não se deseja, no presente estudo, a discussão dessa relevante problemática, e não se objetiva a comparação entre sistemas jurídicos. Assim, ainda que se busquem em sistemas distintos — sobretudo nos de *common law* — importantes lições, é, neste ponto, inevitável estabelecer comparações e distinções, não se reveste de centralidade esta questão, e não faz deslocar, por si só, a área jurídica explorada para o direito comparado.

O trabalho se insere de forma central na teoria do direito[7]. Faz-se necessário lembrar que o tema não é restrito ao estudo do processo civil. Embora a legislação processual civil tenha servido de porta de entrada à normatização do assunto, e os processualistas sejam os principais estudiosos da matéria no Brasil, verdade é que o tópico transcende os limites da disciplina, irradiando efeitos para todo o sistema jurídico. Insere-se com maior propriedade, desta feita, na teoria do direito, porque trata das condições de possibilidade à construção de argumentos jurídicos válidos. Ademais, versa sobre as estruturas básicas do ordenamento jurídico, como ser o pronunciamento judicial (enquanto forma mais geral do direito jurisprudencial) fonte de direito, e, portanto, se pode ser qualificado como norma jurídica, além do peso que detém no efetivo julgamento das causas (teoria da decisão judicial). Por óbvio, isso não afasta a proximidade da tese com o pro-

---

[7] CROSS, Rupert; HARRIS, J. W. *Precedent in English law*. 4 ed. Nova Iorque: Oxford Press, 2004, p. 1. "Precedent is usually discussed in books on jurisprudence. Jurisprudence may be roughly described as the study of a lawyer's fundamental assumptions."

cesso civil. O CPC/15 deu um novo cariz ao direito jurisprudencial no ordenamento jurídico brasileiro, modernizando na forma de se pensar a matéria na realidade nacional, sendo que nenhum estudo acadêmico sério sobre o assunto pode se desvincular de uma profunda análise do direito processual vigente.

Sabe-se que, em um país de *civil law*, como o Brasil, várias são as reformas constitucionais e legislativas adotadas, para que se ganhe em previsibilidade, efetividade e celeridade na prestação jurisdicional. Muitas dessas reformas, senão todas, tratam da questão do direito jurisprudencial, direta ou indiretamente. A criação de súmulas (vinculantes ou não), a repercussão geral e o tratamento diferenciado aos recursos repetitivos são facetas desta mudança, em que, no centro, há a criação judicial do direito e, mais particularmente, o alargamento de sua utilização e a nova força que ganha perante nosso ordenamento jurídico. Assim, ao tratar da força, função e forma de utilização do direito jurisprudencial, a pesquisa inova e abarca o cerne das atuais tentativas de avanço da legislação brasileira. Nesse particular, é importante a análise do CPC/15, que traz novos contornos à questão, valorizando determinados pronunciamentos judiciais, tentando criar, inclusive, dispositivos de obrigatoriedade de sua aplicação.

Apesar de o uso de decisões pretéritas na construção do argumento jurídico não ser nova, ainda não há consistência teórica acerca do tema no Brasil. Observa-se que a doutrina sequer consegue chegar a um conceito minimamente comum do que seria o precedente judicial. Há quem prefira uma abordagem ampla, e, também, aqueles que restringem o limite do conceito a determinadas decisões qualificadas procedimentalmente, que se tornariam paradigmáticas à aplicação futura do direito, além de outros, que observam, no mecanismo de garantia do paradigma (como a reclamação), o principal fator a ser vislumbrado para a caracterização do precedente. Não fosse tal fato, haveria quem promovesse uma importação do regime do *stare decisis* da *common law* para o direito brasileiro, como se a tradição jurídica nacional fosse completamente compatível com tal postulado. Nesse particular, objetivou-se apresentar as diferenças entre os diversos *standards* do direito jurisprudencial, como a decisão, o precedente, a jurisprudência e a súmula e, mais que isso, a utilização coerente de cada termo, sem a mudança de seu significado a cada momento, garantindo-se maior rigor científico.

Observa-se que a temática aqui trabalhada "passou da desimportância ao apogeu nos últimos anos"[8]. Apesar da crescente preocupação acadêmica com a matéria e da multiplicação recente de livros, artigos, dissertações e teses, ainda persistem dúvidas básicas sobre o próprio conceito dos institutos que gravitam a questão, e, ainda, não há consensos mínimos sobre os mais diversos pontos que norteiam o direito jurisprudencial, sobretudo as novidades trazidas pelo CPC/15. Por isso, o presente estudo tem por finalidade participar das discussões acadêmicas, analisar e sistematizar o uso e a força de pronunciamentos judiciais pretéritos para o julgamento de causas futuras, pretendendo jogar novas luzes à questão. Para tanto, deve-se formular uma teoria que dê conta da formação e aplicação do direito jurisprudencial dentro do ordenamento jurídico pátrio. Assim, optou-se por estudar o tema nos degraus da normatividade de um sistema jurídico.

Inicia-se, no primeiro capítulo, com o enquadramento dos pronunciamentos judiciais na teoria das fontes jurídicas. Atualmente, pouca dúvida se tem no uso de decisões pretéritas como fonte jurídica legítima, contudo pouca explicação se oferece sobre a forma que uma decisão (ou uma linha de decisões) anterior possibilita — a par de outras fontes reconhecidas — a criação de direitos objetivos que, violados, darão azo ao respectivo direito subjetivo, que poderá, em caso de não observação, ser preservado ou tutelado pela jurisdição.

Passa-se, no segundo capítulo, à análise do direito jurisprudencial no âmbito da teoria das normas, para identificar como extrair uma determinada norma de um específico precedente, estabelecendo sua força e autoridade. No passo seguinte, estuda-se o comportamento dos *standards* judicialmente criados com as demais normas de um determinado ordenamento jurídico. Em outras palavras, como esses diferentes *standards* harmonizam-se entre si e qual a relação deles com o direito legislado.

Com a formação da base teórica que se ocupa do direito jurisprudencial na teoria das fontes, da norma e do ordenamento, adentra-se, no terceiro capítulo, a um momento de estudo mais dogmático, com a análise e crítica do direito positivo, consubstanciado no CPC/15.

---

[8] FREIRE, Alexandre. Precedentes judiciais: conceito, categorias e funcionalidade. In: NUNES, Dierle; MENDES, Aloísio; JAYME, Fernando Ganzaga. *A nova aplicação da jurisprudência e precedentes no CPC/15*: estudos em homenagem à professora Teresa Arruda Alvim. São Paulo: RT, 2017, p. 51.

Verificar-se-á a lógica inserida na nova codificação, desde de sua vocação constitucional à ideologia subjacente ao pretendido "sistema de precedentes", com foco na exploração dos pronunciamentos judiciais insertos no rol do art. 927 do CPC/15 e nos demais institutos que se aproveitam do direito jurisprudencial em sua regulação.

Cumprida essa tarefa, resta examinar, no quarto capítulo, como o direito jurisprudencial funciona na teoria da decisão judicial. Explorar-se-á qual forma um juiz deve utilizar uma decisão anterior ao caso que tem em mãos: de modo democrático e legítimo. A principal missão é estabelecer critérios para a correta formação do argumento judicial com base no direito jurisprudencial e nas adaptações exigidas pelo referencial teórico adotado para que seu uso seja adequado.

Não se poderia imaginar tal empreitada sem a eleição de uma base teórica que justificasse as premissas e perpassasse por todo o desenvolver do estudo. Em verdade, o marco teórico adotado desvela o local da fala e estabelece os limites do horizonte de compreensão do próprio intérprete. Nesse aspecto, adota-se uma visão substancialista, marcantemente não relativista, vinculada ao direito como integridade de Dworkin.

Utilizar-se-á, portanto, a teoria dworkiniana como base à analise do objeto do estudo. Isso não aponta o uso da inteireza do projeto de Dworkin, o qual trata de inúmeros assuntos, como teoria e filosofia política, filosofia da linguagem, moral, ética, teoria do direito e direito constitucional, dentre outros campos. Restringir-se-á à adoção do direito como integridade (*law as integrity*) e aos pressupostos teóricos necessários à sua defesa. Não serão abordados outros interessantes pontos da teoria do autor e, principalmente, aqueles elaborados em *Justice for Hedgehogs*, os quais potencialmente conflitam com seus escritos anteriores[9]. Esta última obra, apesar de pouco negar expressamente visões antecedentes, causa uma séria alteração na medida em que Dworkin abandona o pensamento de existência de dois sistemas distintos entre direito e moral (*two-systems picture*) e passa a adotar uma visão unitária (*one-system picture*). Em prol desse sistema único, acaba por realocar o direito como um ramo (*tree structure*) da própria moralidade (*law as morality*), o que reacende discussões sobre o relacionamento entre direito e moral. Não se objetiva, na presente tese,

---

9 DWORKIN, Ronald. *Justice for hedgehogs*. Cambridge: Harvard University Press, 2013.

a proposta de uma teoria da unificação, como faz o último Dworkin, mesmo porque essa reorientação não se aparenta consistente, como adverte Baxter[10] e, também, Mullender[11]. Nesse particular, deixa-se esse assunto à margem, eis que não afeta diretamente a análise proposta, sem prejudicar o próprio direito como integridade.

Busca-se um viés normativo à abordagem do tema. Isso influi no rumo da empreitada científica e no privilégio de alguns temas e preterição de outros. Quando se afirma que se busca uma concepção normativa ao uso do direito jurisprudencial, quer-se dizer que a importância estará depositada na busca teórica de nortes à atuação judicial, sobretudo na formação do argumento com base em pronunciamentos judiciais pretéritos. Teorias empíricas não estarão, assim, em discussão.

Reconhece-se que o estudo atitudinal ou behaviorista do comportamento judicial, usualmente utilizado por cientistas políticos, pode explicar com fidedignidade a atuação de uma Corte, formando modelos mais precisos de previsão de resultado de casos futuros. Em um estudo comparativo entre os modelos utilizados por cientistas polí-

---

10 BAXTER, Hugh. Dworkin's "one-system" conception of law and morality. *Boston University Law Review*, n. 90, p. 857-862, 2010, p. 862. "I see that the position Dworkin ultimately wants to defend – that 'in many circumstances moral facts figure among the basic truth conditions of propositions of law' – might seem to follow more naturally if we were to see law as part of morality. I do not see, however, that Dworkin has justified why we should understand law and morality as one system rather than two, with law figuring as "part" to morality's "whole." Nor is it apparent to me why this conception of law's relation to morality would serve, as Dworkin claims it would, to "integrate" jurisprudence or legal theory into "the other intellectual domains of the time"38 – domains, that is, other than morality. To me, following Habermas in pursuing connections between legal theory and social theory seems more promising."

11 MULLENDER, Richard. Book review: Justice for Hedgehogs. *Philosophy in Review*, v. 34, n. 5, p. 216-221, 2014, p. 217-221. "While much in Justice for Hedgehogs has normative appeal, it is by no means obvious that Dworkin has demonstrated the unity of value. (...) Dworkin's inability to advance convincing arguments in support of his claim concerning the unity of value means that Justice for Hedgehogs lacks the sort of impact he plainly meant it to have. (...) Dworkin's unconvincing argument for the unity of value prompts the conclusion that, ultimately, he was not the philosopher of the American Century that he might have aspired to be. For he was unable to point the way to an end-state in which legal and other institutions ideally realize liberty, equality and other sources of positive value. Moreover, the chapter in Justice for Hedgehogs on law and morality engenders the impression that Dworkin senses that this may be the case."

ticos e juristas para a previsão dos resultados dos casos julgados no ano de 2002 pela Suprema Corte americana, observou-se que o modelo estatístico utilizado pelos políticos foi superior às previsões dos juristas. Enquanto o primeiro grupo previu corretamente 75% dos resultados, os especialistas do direito, coletivamente, acertaram em 59,1% dos casos[12].

Em que pese a necessária evolução no que toca ao estudo do direito por métodos quantitativos, o objetivo aqui é diverso. A preocupação maior não é só a de descrever o que os juízes fazem e, assim, prever o que farão, quando um novo caso surgir. A questão sobre a qual se deseja debruçar é justamente o que eles devem fazer. Como devem, de forma apropriada, decidir um caso. Busca-se, portanto, a formação teórica que controle a atividade judicial, criando freios epistemológicos ao juiz. A questão central é a seguinte: como decidir de forma correta? Por isso, mais importante do que prever o que fará um Tribunal, independentemente dos critérios utilizados no julgamento, é adentrar na substância da decisão, definir justamente quais os critérios válidos para a construção da resposta judicial. Dito de outra forma, relevante é precisar as condições de possibilidade da atuação do juiz no momento da tomada de decisão.

Um modelo estatístico pode ser hábil à previsão da atuação de uma Corte, utilizando como variáveis a tendência machista ou racista de seus componentes, como forma de um *cognitive bias*[13]. Identificado o alto nível de tais características entre os julgadores, formar-se-á um

---

[12] RUGER, Theodore W.; KIM, Pauline T.; MARTIN, Andrew D.; QUINN, Kevin M. The supreme court forecasting project: legal and political science approaches to predicting supreme court decisionmaking. *Columbia Law Review*, v. 104, p. 1150-1210, 2004.

[13] O *cognitive bias* (ou vieses cognitivos ou heurística) pode ser definido, de acordo com Rosa, como "atalhos de como pensamos" que "diminui a carga de trabalho mental que manejamos durante o dia. Gera conforto, aparente coerência, mas pode ser uma armadilha cognitiva". Da mesma forma, definem Sultan, Bungener e Andronikof que os *cognitives biases* são regras de inferências usadas para simplificar difíceis tarefas mentais, cf: ROSA, Alexandre Morais. *Guia do processo penal conforme a teoria dos jogos*. 4ª ed. Florianópolis: Empório do Direito, 2017, p. 209; p. 140. Também: SULTAN, Serge; BUNGENER, Catherine; ANDRONIKOF, Anne. Individual psychology of risk-taking behaviours in non-adherence. *Journal of Risk Research*, v. 5, n. 2, p. 137-145, 2002, p. 140. cf. WOJCIECHOWSKI, Paola Bianchi; ROSA, Alexandre Morais da. *Vieses da justiça*: como as heurísticas e vieses operam nas decisões penais e a atuação contraintuitiva. Florianópolis: EModara, 2018.

modelo estatístico que especificará a probabilidade de determinada resposta a casos futuros, com base nas variáveis apontadas. O modelo será capaz de prever, com um considerável índice de acerto, que negros estão mais propensos a condenações criminais[14], ou que mulheres não são tão escolhidas para o cargo de juiz ou para posição de jurado quanto os homens[15]. Isso explica satisfatoriamente o resultado de casos futuros, que obterão respostas racistas e sexistas. Conhecer tais circunstâncias é importante, e, pouco a pouco, pesquisas de tais espécies vêm se desenvolvendo no cenário nacional[16]. A investigação, aqui, contudo, segue outra linha, de cunho prescritivo: é correto assim proceder? As respostas racistas ou sexistas são admitidas no direito de determinada comunidade? O juiz está desonerado de buscar a resposta correta em um caso, porque está fadado a seguir seus *cognitives biases*?

Sem descurar da importância da pesquisa empírica — principalmente por métodos quantitativos —, o viés desenvolvido aqui é diverso. Busca-se a vertente substancialista, calcada no direito, entendido, em termos dworkinianos, como um trunfo do cidadão contra o arbítrio de outrem, principalmente do Estado. Enquanto trunfos, poderão ser exercidos independentemente das questões de política que possam estar em jogo. Nesse ponto, prevalecerão, sobre os objetivos comuns da comunidade, suas metas coletivas[17]. Esses argumentos de política

---

[14] RACHLINSKI, Jeffrey J.; JOHNSON, Sheri Lynn; WISTRICH, Andrew J.; GUTHRIE, Chris. Does unconscious racial bias affect trial judges? *Notre Dame Law Review*, v. 84, n. 3, p. 1195-1246, 2009. O estudo conclui que juízes possuem preconceitos implícitos que podem influenciar o julgamento de causas criminais, ao menos nos casos em que os juízes não estão vigilantes em relação a esse viés inconsciente. Além disso, propõem os autores modificação no sistema de justiça criminal americano, para prevenir a influência do preconceito inconsciente no julgamento dos casos criminais. No sentido de reconhecer o viés cognitivo, ou seja, o preconceito inconsciente, ver: PARKS, Gregory S. Judicial recusal: cognitive biases and racial stereotyping. *Legislation and Public Policy*, v. 18, p. 681-697, 2015. Sobre os vieses e heurísticas na Justiça Penal brasileira, ver: ROSA, 2017, p. 208-226.

[15] KNAPP, Charles L.; JOHNSTON JR., John D. Sex discrimination by law: a study in judicial perspective. New York University Law Review, v. 46, p. 675-747, 1971. Ver, também: NUGENT, Donald C. Judicial bias. *Cleveland State Law Review*, v. 42, n. 1, p. 1-59, 1994.

[16] ROSA, 2017; MELLO, Patrícia Perrone Campos. *Nos bastidores do STF*. 1ª ed. Rio de Janeiro: Forense, 2015.

[17] DWORKIN, Ronald. Rights as trumps. In: WALDRON, Jeremy (Org.). *Theories of Rights*. Oxford: Oxford University, 1984, p.153-167, p. 153. "(...) rights are best

são demandas baseadas na utilidade ou bem-estar geral, enquanto os direitos são demandas da própria justiça, o que leva a estudá-los sob o ângulo substancialista que intrinsecamente detêm. Por consequência, mostra-se sobremaneira importante a questão normativa, com o fito de fazer valer, na aplicação judicial, os direitos do cidadão.

Caracteriza-se, nesse sentido, o presente estudo como uma continuação dos esforços já empreendidos em pesquisa anterior[18], que bem serviria como um capítulo inicial a esta tese. Muitas das premissas teóricas que percorrem este estudo já foram delineadas anteriormente, e voltar-se-á a elas, pouco a pouco, na explicação teórica de cada ideia e na construção da crítica a outros estudiosos da matéria abordada. Não se devotará, porém, como feito anteriormente, a um escorço, substanciado em capítulos autônomos, para a fixação dos pressupostos teóricos. Por isso, por vezes, parte-se da já assumida premissa de que o leitor possua alguma base nos marcos teóricos adotados. Essa opção, além de evitar o autoplágio (infelizmente ainda, não raro, encontrado na produção acadêmica), torna fluido o texto e proporciona a junção de teoria e prática no trato da matéria. Há um compromisso, neste ponto, com a construção do conhecimento científico que efetivamente possa (e deva) ser empregado na prática jurídica cotidiana, sem que isso signifique a redução das questões acadêmicas propostas.

Este é o principal escopo do presente estudo e caracteriza a tese central da pesquisa: demonstrar como o direito jurisprudencial contribui para o correto julgamento de um caso, para afastar a discricionariedade judicial por critérios materiais (substanciais). A tentativa de aprisionamento de sentidos por uma teoria formal do precedente tende a não resolver o atual estado de coisas vivenciadas na ordem jurídica interna. Não está apta a resolver o problema da dispersão jurisprudencial, do solipsismo ou da discricionariedade. Uma visão substancial à teoria da decisão judicial, como o direito como integridade, poderá lançar novas luzes à questão e servir de controle epistemológico à atividade judicial, garantindo uma jurisdição democrática, a não depender do subjetivismo do julgador.

---

understood as trumps over some background justifications for political decisions that states a goal for the community as a whole."

18 LUIZ, Fernando Vieira. *Teoria da decisão judicial*: dos paradigmas de Ricardo Lorenzetti à reposta adequada à Constituição de Lenio Streck. Porto Alegre, Livraria do Advogado, 2013.

2.
A ATIVIDADE JUDICIAL COMO FONTE DE DIREITO

2.1. O QUE SE DIZ, QUANDO SE FALA EM "FONTE DE DIREITO"?: FONTES A PARTIR DO SISTEMA E FONTES A PARTIR DO CASO

Se o objetivo da tese é formar um arcabouço teórico sólido do direito jurisprudencial compatível com a ordem jurídica brasileira, sobretudo coadunável com a Constituição, há de se inserirem, de maneira adequada, as diferentes formas de pronunciamentos judiciais que influenciarão decisões futuras na teoria das fontes do direito, das normas e ordenamento, para, assim, desaguar na teoria da decisão judicial. Neste capítulo, o esforço será o de verificar, basicamente, se a atividade judicial pode ser fonte de direito no Brasil e, caso seja positiva essa primeira questão, a forma pela qual ocorre a construção judicial do direito.

Muito se tem dito sobre as fontes do direito. O termo é polissêmico, não havendo conceituações ou classificações consensuais[1]. Trabalha-se com fontes materiais e formais, imediatas e mediatas, primárias e secundárias, vinculantes e persuasivas, fonte-fato e fonte-ato, dentre outras. Peca-se, contudo, ao não se debruçar detidamente sobre o antecedente lógico, perguntando-se: o que são as fontes? Obviamente, qualquer resposta que se aponte traz, em si, uma concepção de direito própria[2]. Há uma correlação entre a noção de direito e a forma como será exercida sua normatividade, que reside na expressão de suas fon-

---

[1] PÉREZ CARRILLO, Juan Ramón. Causas de indeterminación en el sistema de fuentes del derecho. *Problema: Anuario de Filosofía y Teoría del Derecho*, n. 4, p. 303-321, 2010, p. 307. "En primer lugar, aquí es muy ilustrativo traer a colación la aportación de Luis LegazLacambra acerca de la expresión 'fuentes del derecho.' Según su parecer, se trata de una expresión multívoca capaz de asumir una variedad de significados. Pues, con el término fuentes de derecho se esta haciendo alusión tanto a las 'fuentes de conocimiento de lo que históricamente es o ha sido el derecho', o a 'la fuerza del derecho como hecho de la vida social', o a 'la autoridad creadora del derecho histórico', o al 'acto concreto creador del derecho', o al 'fundamento de validez jurídica de una norma concreta del derecho', o a 'la forma de manifestarse la norma jurídica', o asimismo al 'fundamento de validez de un derecho subjetivo.'"

[2] AGUILÓ REGLA, Josep. Fuentes del derecho. In: FABRA ZAMORA, Jorge Luis; RODRÍGUEZ BLANCO, Verónica. *Enciclopedia de Filosofía y Teoría del Derecho*. v. 2. Cidade do México: Universidad Nacional Autónoma de México, p. 1019-1066, 2015, p. 1019-1027. "Tomada en serio, la cuestión de las fuentes lleva inexorablemente a la de la natureza del Derecho. (...) La teoría de las fuentes ha jugado un papel central dentro del discurso de la teoría del Derecho; pues, en su tarea de construir un concepto de Derecho adecuado para dar cuenta de la práctica y la doctrina jurídica, ha recurrido a la teoría de las fuentes para componer la imagen del Derecho."

tes[3]. A grosso modo, para um positivista exegético, a lei posta basta. No direito natural, a razão (que leva a valores universalmente compartilhados) ou a natureza das coisas. Ao realista, aquilo que foi decidido pela Corte, e assim por diante. Por isso, é importante estruturar as noções básicas da tradicional teoria das fontes, com o objetivo de superá-la, formando um arcabouço necessário ao enquadramento da atividade judicial como fonte (ou não) de direito.

Nesse âmbito, uma teoria da fonte deve responder, duplamente, às expectativas descritivas e normativas comuns a qualquer teoria. Em outras palavras, no âmbito da descrição, cumpre representar, de forma fidedigna, a prática jurídica, uma vez que "o direito só autenticamente o é enquanto histórico-socialmente vigente"[4]. Relativo às aspirações normativas, deve almejar que o jurista a siga, deve haver uma pretensão de correção, com a imposição de freios epistemológicos ao intérprete. Fixa-se, assim, o que pode e o que não pode ser utilizado na construção dos argumentos jurídicos como elementos básicos de determinada ordem legal.

A teoria que explica de onde surge o direito é encampada pela metáfora da fonte. Isso facilita, de um lado, a tentativa de explanar o assunto que se quer introduzir, mas, também, acarreta algumas dificuldades, observáveis no mundo do direito. Imagine-se, da forma mais simples possível, uma fonte d'água, que jorra do ponto mais alto o líquido que verte para a base, formando um pequeno reservatório[5]. Perguntar, no

---

[3] NEVES, Castanheira. As fontes do direito e o problema da positividade jurídica, *Boletim da Faculdade de Direito*, Coimbra, v. 51, p. 115-204, 1975, p. 117-118 ("E se uma concepção do direito determina sempre uma certa teoria das fontes, já que aquela terá nesta a sua mais evidente expressão prática ou como que a sua plástica realização normativa, o entendimento e a solução que haja de dar-se ao problema das fontes, por sua vez, condiciona, verdadeiramente impõe, uma correlativa concepção do direito, posto que também o direito terá de compreender-se em função do modo como se constitua e manifesta a sua normatividade – uma (concepção do direito) remete à outra (a teoria das fontes) e mutuamente se implicam.").

[4] NEVES, 1975, p. 119.

[5] MARTÍN, Isidoro, Una opinión discordante en la doctrina de las fuentes del derecho. In: RODRÍGUEZ GARCÍA, Fausto E (coord.). *Estudios en honor del doctor Luis Recaséns Siches.* v. 2. Cidade do México: Universidad Nacional Autónoma de México, p. 449-462, 1987, p. 450. "Es cierto que la palabra fuente, en su sentido material, tiene una pluralidad de acepciones. Al emplearla nos podemos referir a cosas tan distintas como: el agua misma, en el momento en que nace de la tierra; al lugar en que se verifica su salida, y al sitio oculto en que se acumula el agua antes de salir."

caso, o que seria a fonte é perquirir de onde vem a água. Não se pode confundir essa questão elementar com a sucessiva, qual seja, como a fonte nos aparece e, assim, tentar definir o que ela seja pelo aspecto do local em que surja a água, ou descrever com exatidão as formas e quantidades de pedras que levam da base ao cume, como e em que sentido verte o líquido ou quão grande seja o reservatório formado. No direito, ocorre essa imprecisão. Ao mesmo tempo em que se refere à Constituição e às leis como fontes primordiais do direito, são elas mesmas o próprio direito. Como podem, simultaneamente, servirem de "criador" e "criatura"?

Para problematizar a questão, Castanheira Neves apresenta quatro acepções ao termo "fonte de direito", almejando distinguir efetivamente o problema a ser perseguido em relação ao tema. Expõe, assim:

i. Fontes de conhecimento: que se destinam à identificação de onde — o local — encontram-se ou se manifestam o direito e os critérios para se identificar o que é o direito em determinada ordem jurídica[6].

ii. Fontes genéticas (materiais ou reais): que representam "os factores, as forças que estão na origem do direito"[7], que determinam o seu conteúdo ou o explicariam.

iii. Fonte de validade: explicativa do ser do próprio direito, expressando "o valor ou o princípio fundamentantes da normatividade jurídica"[8].

iv. Fontes de juridicidade: destinadas à busca dos constituintes da normatividade jurídica, "aqueles modos específicos graças aos quais uma certa normatividade se constituirá como normatividade de direito"[9].

Castanheira Neves desqualifica as três primeiras formas, apontando como o problema essencial das fontes do direito. Em relação à primeira (i), expõe que nela não se identifica qualquer fonte de direito; antes, são formas de se conhecer o direito, seu modo de manifestação (como os textos jurídicos), sendo que "tais fontes levam já pressupostamente

---

[6] NEVES, A. Castanheira. *Digesta*: escritos acerca do direito, do pensamento jurídico e da sua metodologia e outros: Volume 2. Coimbra: Coimbra Editora, 1995, p. 9.

[7] Ibid., loc. cit.

[8] Ibid., p. 10.

[9] Ibid., loc. cit.

constituído o direito"[10]. Sobre o item (*ii*), sustenta que, apesar de explicar o conteúdo do direito, no contexto histórico-social-cultural, não apresenta a razão de ser da normatividade jurídica, deixando de lado a questão da validade e vigência do direito[11]. À terceira acepção (*iii*), afirma que se trata de um passo (momento) na construção da juridicidade, mas nela não se reduz. Se, de um lado, não se pode prescindir de um critério de validade, por outro, ela representa o fundamento e, por si só, não é direito. Se "o momento de validade participa no processo das fontes não é, só enquanto tal, 'fonte de direito'"[12].

Estes três vieses buscam definir onde está o direito, quem poderá prescrevê-lo ou o que fundamenta a sua validade. Somente a última (*iv*), contudo, pode explicar "como advém essa positiva e vigente juridicidade ao direito"[13]. Por isso, com acerto, afirma Castanheira Neves que, "no problema das fontes do direito do que afinal se trata é de saber de que modo, forma ou processo o direito se constitui e manifesta como *vinculante normatividade vigente*"[14] (grifos no original). Nessa perspectiva, "as fontes de direito não são nem o próprio direito, nem mesmo, necessariamente, os fundamentos de validade do direito"[15]. Logo, com acerto, destaca Aguiló Regla que as fontes são a origem da juridicidade das normas de um determinado sistema jurídico[16].

Deve-se, portanto, superar a visão de um positivismo exegético, que remetia exclusivamente à autoridade a questão das fontes do direito. Em outras palavras, nessa corrente, "o direito seria o que um poder, para tanto politicamente (político-constitucionalmente) legitimado, criasse como tal"[17]. Observa-se que o problema das fontes foi deveras simplificado nessa espécie de positivismo. Sabe-se que esse movimento tem surgimento no período pós-Revolução Francesa. Naquele momento histórico, a magistratura era vista com grande desconfiança pelo go-

---

[10] Ibid., p. 11-12.
[11] Ibid., p. 10.
[12] Ibid., loc. cit.
[13] Ibid., p. 15.
[14] Ibid., p. 8.
[15] ABBOUD, Georges; CARNIO, Henrique Garbellini; OLIVEIRA, Rafael Tomaz de. *Introdução à teoria e à filosofia do direito*. 3ª ed. São Paulo: RT, 2015, p. 261.
[16] AGUILÓ REGLA, 2015, p. 1025.
[17] NEVES, 1995, p. 15.

verno revolucionário, eis que os juízes foram mantidos em seus cargos, provindos, portanto, do *Ancién Régime*[18]. Para controlar essa classe, o governo centralizou o poder de ditar as normas válidas da nova ordem jurídica exclusivamente no Parlamento. O poder de criar o direito, antes concentrado no monarca, mantinha-se centralizado na figura do legislador[19]. Houve, assim, a redução do direito válido à lei estatal escrita como forma de constrição à atividade judicante, desprezando-se qualquer outro elemento como fonte do direito.

Mesmo o positivismo kelseniano já reconhecia que a exclusividade estatal no poder de legislar não serve para a construção de um sistema jurídico. O exercício desta competência deve buscar fundamento de validade em local diverso. Para tanto, a lei ou mesmo a Constituição não serão o ápice da pirâmide normativa, que buscará fundamento de validade último na norma hipotética fundamental (*Grundnorm*), imaginada por Kelsen como um pressuposto lógico do sistema jurídico[20]. Da mesma forma, na filosofia analítica de Hart, há a construção de uma regra de reconhecimento para cumprir tal fim. Como visto, porém, não só um determinado *standard* de validade explica a criação de certo direito e identifica sua fonte[21].

Buscar-se-á, aqui, colocar a problemática das fontes do direito no âmbito da "vigência jurídica ou [d]a positiva normatividade do direito"[22], o que afasta a investida da pesquisa em "*onde* está o direito [...], *quem* poderá prescrever as normas jurídicas [...] ou sequer filosoficamente *o que fundamenta* a validade do direito em geral"[23]. O que importa, para o fim do presente estudo, é a verificação de "*como* advém essa positiva e vigente juridicidade"[24].

---

18 MARINONI, Luiz Guilherme. *Precedentes obrigatórios*. 4ª ed. São Paulo: RT, 2016a, p. 43-48.

19 Ibid., loc. cit.

20 KELSEN, Hans. *Teoria Pura do Direito*. 8ª ed. Tradução: João Baptista Machado. São Paulo: Martins Fontes, 2009, p. 224-227.

21 HART, H. L. A. *O conceito do direito*. Tradução: Antônio de Oliveira Sette-Câmara. São Paulo: Martins Fontes, 2009, p. 103-128.

22 NEVES, 1995, p. 15.

23 NEVES, 1995, p. 15.

24 Ibid., loc. cit.

Assim, o intuito desta pesquisa é perquirir como advém a juridicidade dos atos emanados pelo Poder Judiciário no ordenamento jurídico brasileiro, como se dá sua vinculante normatividade vigente. Nessa busca, distancia-se a investigação da típica divisão entre fontes mediatas e imediatas do direito. Essa divisão não mais explica a ordem jurídica, eis que aos tradicionais textos jurídicos qualificados como fontes imediatas (como a Constituição, leis, costumes) somam-se outros. Pode-se dizer que, a partir do segundo pós-guerra, o constitucionalismo alterou essa forma positivista de se encarar a teoria das fontes[25]. Seja pelo principiologismo das novas cartas constitucionais ou pelas diversas correntes pós-positivistas (substancialistas, procedimentalistas ou sistêmicas), a teoria das fontes necessita ser atualizada, "a fim de contemplar os novos sentidos e funções que o direito adquire nessa quadra da nossa história, como instrumento de proteção e de promoção dos direitos fundamentais do cidadão, bem como da igualdade"[26].

A normatividade ínsita ao direito, para Castanheira Neves, dá-se por um "processo normativo-juridicamente constituinte"[27], que ocorre em uma "unidade constitutiva"[28], integrada de forma complexa pelas três experiências jurídicas: consuetudinária, legislativa e jurisdicional.

A primeira delas não se confunde meramente com o costume jurídico, mas sim, de forma mais estrita, "com o comportamento socialmente estabilizado, seja em termos de conduta, seja em termos decisórios"[29]. Continua o autor afirmando que a experiência jurisdicional é, *per si*, "padrão de uma validade comunitária directa e autonomamente assumida no comportamento dos *socii* — ao mesmo tempo que se impõe no modo do *continuum* sócio-cultural próprio da *tradição*"[30]. Essa concepção está em consonância com a ideia do direito como inter-

---

25 MARINONI, 2016a, p. 54-59.
26 ABBOUD; CARNIO; OLIVEIRA, 2015, p. 263.
27 NEVES, 1995, p. 93-94.
28 Ibid., p. 94
29 Ibid., p. 18.
30 Ibid., p. 19.

pretação (*law as interpretation*) de Dworkin[31] ou com o conceito de tradição em Gadamer[32].

Na segunda forma de experiência jurídica, serve a legislação "como um modo deliberado e racional de produção do direito"[33], excluindo a concepção antiga da lei como uma mera declaração dos costumes ou do direito já formado de outro modo e mesmo já vigente[34]. Preocupa-se, assim, com função essencialmente constituinte — um intento normativo de inovação — que, mediante a prescrição de normas, busca regular a realidade social por meio de um *a priori* abstrato dos casos concretos futuros, para que pretende o legislador a aplicação. Por isso, a base dessa forma de experiência está na decisão, pela eleição de determinada opção explícita dentre outras possíveis, a qual é orientada à consecução de um fim específico[35]. A forma de aparição, por sua vez, é a escrita que traz uma proposição normativa textual[36]. Acresce-se a isso o pressuposto da estrutura organizatória do poder político, que estabelecerá o processo próprio do Poder Legislativo.

Por fim, a experiência jurídica jurisdicional parte de um problema jurídico, "num caso histórico-socialmente concreto de sentido problematicamente jurídico"[37] em que há a mediação entre uma normatividade postulada e uma normatividade concreta, por meio de um juízo prático-prudencial[38], calcada em uma "racionalidade de índole

---

31 DWORKIN, Ronald. *O império do direito*. 2ª ed. Tradução: Jefferson Luiz Camargo. São Paulo: Martins Fontes, 2007.

32 GADAMER, *Verdade e método I*: traços fundamentais de uma hermenêutica filosófica. 10ª ed. Tradução: Flávio Paulo Meurer. Petrópolis: Vozes, 2008, p. 374. "(...) encontramo-nos sempre inseridos na tradição, e essa não é uma inserção objetiva, como se o que a tradição nos diz pudesse ser pensado como estranho ou alheio; trata-se sempre de algo próprio, modelo e intimidação, um reconhecer a si mesmos no qual o nosso juízo histórico posterior não verá tanto um conhecimento, mas uma transformação espontânea e imperceptível da tradição."

33 NEVES, 1995, p. 24.

34 Ibid., p. 23. Poder-se-ia referir-se aqui, como exemplo, a várias situações verificadas no processo legislativo que culminou no novo Código de Processo Civil, nas incorporações, ao texto legislado, de máximas da doutrina e jurisprudência.

35 Ibid., p. 24-25.

36 Ibid., p. 25-26.

37 Ibid., p. 29.

38 Ibid., p. 29-31.

problemático-dialética e prático-argumentativa"[39]. Há, assim, uma dimensão de *veritas*, consubstanciada na necessidade de fundamentação (momento de racionalidade), a qual acompanha a dimensão de *auctoritas*[40]. Na decisão judicial, há, indubitavelmente, uma "inegável criação normativo-jurídica — a criação justamente resultante da mediação jurídico-decisória, que não é dedução ou mera aplicação, mas judicativa ponderação de constituinte concretização"[41], que é expresso por "exemplares concretos de decisões para decisões análogas"[42]. Formulam-se, a partir daí, "regras de decisão" de conflitos, e não regras programáticas de condutas, tal como a legislação. Conclui o autor que "é na experiência jurídica jurisdicional que o jurídico sobretudo se manifesta na sua especificidade, a diferenciar-se tanto do social [costume] como do político [legislação]"[43].

Todas essas experiências dão vinculante normatividade ao direito, a qual "é a consequência normativa daquele processo global em que esses modos constituintes participam"[44]. Assevera o autor que, atualmente, a experiência jurídica consuetudinária não é mais a nuclearmente constituinte do direito[45]. As outras duas, ao contrário, continuam a repartir entre si a função de criação do direito, seja no regime da *common law* — em que um sistema de precedentes obrigatórios (*stare decisis*) ainda é a principal fonte jurídica, sem se olvidar a crescente importância do *statutory law* —, seja no de *civil law*, em que a legislação ainda cumpre essa função cimeira[46].

As diversas experiências concorrem para a formação do direito, havendo uma pluralidade de fontes. O momento de validade deste direito criado pela fusão das diferentes experiências jurídicas ocorre no que Castanheira Neves designa "consciência jurídica geral" da comunida-

---

[39] Ibid., p. 31.
[40] Ibid., p. 31-32.
[41] Ibid., p. 32.
[42] NEVES, 1995, p. 32.
[43] Ibid., p. 34.
[44] Ibid., p. 94.
[45] Ibid., p. 35.
[46] Ibid., p. 35-38.

de, que vai tornando objetiva uma "ordem jurídica translegal"[47], em que a lei não encerra exclusivamente o papel de nascituro do direito.

Neste ponto, a teoria do professor português se aproxima da tese de Dworkin, ao enfatizar o direito como interpretação[48]. A formação da "consciência jurídica geral" se dá pela prática reiterada do próprio direito. Inarredável, diz Castanheira Neves, o "autónomo desenvolvimento do direito através da sua própria realização"[49]. Sua modificação é paulatina e se reestrutura em determinada sociedade como sua tradição. Agrega-se um determinado valor à prática social que, em algum tempo, torna-se um elemento de determinação das decisões posteriores.

Este mesmo exercício ocorre no direito. Os elementos legítimos consubstanciados na tradição jurídica — ou naquilo que Castanheira Neves preferiu designar "consciência jurídica geral" — para a construção de uma argumentação e, consequentemente, para a definição da existência ou não de um certo direito em um momento específico serão qualificados como fontes de direito. Cumprem às fontes, portanto, o papel de direcionar o intérprete a uma solução, mas, principalmente, impedi-lo de proceder a escolhas aleatórias. Essa limitação recai sobre todos os juristas, mas, especialmente, sobre o juiz no momento da decisão, afastando subjetivistos interpretativistas[50]. A fonte, portanto, será aquele elemento de determinação no processo de tomada

---

47 Ibid., p. 82.

48 DWORKIN, Ronald. *Uma questão de princípio*. 2ª ed. Tradução: Jefferson Luiz Camargo. São Paulo: Martins Fontes, 2005, p. 175-268.

49 Ibid., p. 75.

50 LUIZ, 2013, p. 39. "O interpretativismo subjetivista acredita no sujeito da modernidade, no sujeito kantiano assujeitador do mundo. O intérprete cria seu próprio objeto de estudo. Delega-se ao juiz, da mesma maneira, a função de escolher as respostas que melhor o aprouver. Esta é a saída kelseniana, por exemplo, ao afirmar que a decisão é um ato de vontade. O subjetivismo apresenta várias vertentes e tem como ponto comum a crença que o texto legal possui um vasto número de possíveis significados, sendo que a interpretação consiste em escolher um desses, processo no qual o juiz, expressando seus valores pessoais (extralegais), efetivará a escolha. Nesta concepção, os juízes, e não as regras, possuem a função criativa do significado (norma). Em tal visão, acredita-se que o senso de justiça subjetivo inerente ao julgador será a mola mestra para a solução do litígio de forma justa. Logo, a intuição judicial sobre a justiça ao caso concreto motivaria o juiz a decidir de determinada forma. Acredita-se que o magistrado decide por sentimento e não por julgamento, por intuição e não por raciocínio, ou seja, o impulso vital para a decisão judicial é um senso intuitivo do que é certo ou errado para determinado caso."

de decisão, qualificando-se como fonte de direito aquela que esteja incorporada na cultura jurídica de determinada sociedade, limitando as modalidades argumentativas dos juristas. Por isso, conclui Zanon Jr. com acerto, que "fontes jurídicas são aqueles argumentos teóricos (elementos de determinação) admitidos pelo Direito como legítimos limitadores para a tomada de decisões em uma Sociedade específica"[51].

A perspectiva adotada, tendo em vista o objetivo de fixar as balizas de como se deve decidir, supera, de pronto, o positivismo normativista, uma vez que não se destina a verificar a questão das fontes a partir do sistema (como a estrutura piramidal kelseniana ou a relação entre normas primárias e secundárias — nestas contida a regra de reconhecimento — de Hart), mas sim delas em relação ao caso, que se dará, sobretudo, na decisão judicial. É importante lembrar que o positivismo não se preocupa com a questão da decisão judicial. O trabalho do jurista, para essa corrente de pensamento, é o de descrever o sistema jurídico de determinada sociedade, por isso, como sustenta Bix, não se preocupa com a questão de como os conflitos são decididos[52]. Dessa forma, a decisão judicial, em Kelsen, é um ato de vontade, cujo conteúdo não é objeto da ciência do direito, senão da política jurídica. O juiz, assim, "é um criador de Direito e também ele é, nesta função, relativamente livre"[53].

Essa distinção, *"fuentes desde el sistema"* e *"fuentes desde el caso"*, é realizada por Aguiló Regla. Essa classificação decorre da distinção entre o "pensamente sistemático" e o "pensamento problemático" já

---

[51] ZANON JR. Orlando Luiz. *Teoria complexa do direito*. 2ª ed. Curitiba: Prismas, 2015, p. 160.

[52] BIX, Brian. Legal positivism. In: GOLDING, Martin P.; EDMUNDSON, William A. *The Blackwell Guide to the Philosophy of Law and Legal Theory*. Malden: Blackwell Pub., 2005, p. 31-32. "Legal positivism is a theory about the nature of Law, by its self-characterization a descriptive or conceptual theory. By its terms, legal positivism does not have consequences for how particular disputes are decided, how texts are interpreted, or how institutions are organized. (...) One should no more expect theories about the nature of law to guide behavior or answer difficult ethical questions than one should expect day-to-day guidance in life from theories of metaphysics (and, many would add, an inability of general philosophical theories to answer mundane ethical questions is no reason to dismiss such inquiries as worthless)."

[53] KELSEN, op. cit., p. 393.

constante em Viehweg e Hartmann[54]. Considerando-as desde o caso, pode-se afirmar que "as fontes são, neste sentido, as razões relevantes que quem decide pode alegar em favor da decisão considerada correta"[55]. É bem verdade que as fontes, a partir do sistema, aparentam ser melhores, eis que a percepção do que seria o direito válido se tornaria mais clara e, consequentemente, mais apta a trazer segurança jurídica, contudo não conseguem explicar a questão da justificação das soluções jurídicas (da decisão judicial) e da unidade do próprio direito. A problematização da questão das fontes de direito a partir do caso — sem afastar as fontes desde o sistema — permite uma melhor regulação da questão da unidade do direito. Aqueles que defendem a perspectiva das fontes a partir do sistema são obrigados a defender a discricionariedade — como o faz Hart —, uma vez que, se não há uma solução antevista no ordenamento jurídico (no sistema), só haverá decisão subjetivamente guiada a um determinado sentido. Por essa razão, a junção das duas perspectivas — das fontes a partir do sistema e a partir do caso — é mais satisfatória, porque tende a maior estabilidade do direito, evitando a discricionariedade. Nesse sentido, as fontes funcionam como uma prática que pretende erradicar o decisionismo[56].

2.2. AS FONTES DO DIREITO NO POSITIVISMO JURÍDICO

É imprescindível à formação de uma teoria que insira a atividade judicial de forma adequada à Constituição a reconstrução da teoria das fontes do direito. Para tanto, é indispensável verificar as premissas do paradigma positivista ainda dominante, para, demonstrando suas limitações, apontar um melhor caminho. É bem verdade que definir o que seja o positivismo jurídico é uma tarefa hercúlea, uma vez que há diversas correntes — defendendo teses conflitantes — que se denominam positivistas[57]. Dada a dificuldade, há autores que preferem analisá-lo de

---

[54] AGUILÓ REGLA, Josef. Fuentes del derecho y normas de origen judicial. *Revista General de Legislación y Jurisprudencia*, v. 3, n. 3, P. 447-470, 2009, p. 451.

[55] AGUILÓ REGLA, 2015, p. 1030.

[56] Ibid., p. 1032. "La certeza, la previsibilidad y/o la seguridad (en definitiva la erradicación del decisionismo) es el principio y/o valor que parece estar detrás de, por un lado, estas dos formas de entender las fuentes del Derecho y, por otro, de encarar los problemas de la identificación y de la unidad del Derecho."

[57] DYZENHAUS, David. The genealogy of legal positivism. *Oxford Journal of Legal Studies*, v. 24, n. 1, p. 39-67, 2004, p. 39. "Legal positivism is today so broad a

forma inversa e dizem aquilo que o positivismo não é[58], outros tratam dos positivismos, para abarcar todas as suas nuances. Para efeito deste estudo, todavia, considerar-se-á o positivismo jurídico, em sentido lato, como o movimento intelectual no ramo do direito o qual pretende "compreender o Direito como um fenômeno social objetivo"[59]. Consequentemente, funda-se na tese das fontes sociais, da concepção do direito como algo artificial, criado pelos homens (direito positivo). O estudo dessa ordem exclui a apreciação de outros critérios, principalmente de cunho moral (a tese da separação entre direito e moral).

Marcantemente positivista, Bobbio destaca que "são fontes do direito aqueles fatos ou aqueles atos aos quais um determinado ordenamento jurídico atribui a competência ou a capacidade de produzir normas jurídicas"[60]. Nisso, demonstra um postulado comum a essa linha de pensamento, qual seja, que a qualificação de uma determinada proposição como jurídica, como fonte de direito, depende diretamente da pessoa ou instituição que a produz.

Definem-se como fonte do direito, no positivismo jurídico, as proposições formuladas por uma determinada autoridade competente[61]. Desta feita, há uma relação de pertença de uma norma ao ordenamento jurídico, se for ela estabelecida pela forma regulada pelo próprio direito. Com isso, a teoria positivista reduz a questão das fontes do direito à problemática exclusiva da validade da norma[62]. Isso conduz à conclusão de que o direito é autorreferente, regula sua própria criação

---

church that criticism of the whole attracts charges of 'sloppiness', 'confusion' and 'misrepresentation'."

[58] STRECK, Lenio Luiz. *Verdade e consenso*: constituição, hermenêutica e teorias discursivas. 5ª ed. São Paulo: Saraiva, 2014a.

[59] BARZOTTO, Luis Fernando. Positivismo jurídico. In: BARRETTO, Vicente de Paulo (org.). *Dicionário de filosofia do direito*. Dicionário Vicente. São Leopoldo: Unisinos, 2006, p. 643.

[60] BOBBIO, Norberto. *O positivismo jurídico*: lições de filosofia do direito. Tradução: Márcio Pugliesi, Edson Bini, Carlos E. Rodrigues. São Paulo: Ícone, 2006, p. 161.

[61] Ibid., loc. cit. "Uma norma é válida (isto é, existe juridicamente, cf. § 33) se for produzida por uma fonte autorizada, ou, em outros termos, pode remontar a um dos fatos ou atos competentes ou capazes, segundo o ordenamento, de produzir normas jurídicas."

[62] Ibid., loc. cit. "Formulado em outros termos, o problema das fontes do direito diz respeito à validade das normas jurídicas. Uma norma é válida (isto é, existe juridicamente, cf. §33) se for produzida por uma fonte autorizada, ou, em outros

e alteração, estabelecendo suas próprias fontes, definindo os critérios de validade para a norma jurídica.

Em sua origem, o positivismo (aqui exegético) foi marcado pelo monismo da fonte do direito, eis que estava reservado tal papel somente à lei. Isso decorre do próprio movimento histórico de seu surgimento, com o Estado Moderno (absolutista), que visava "fornecer um padrão objetivo de resolução de conflitos"[63], tendo a concepção da lei como comando do soberano e do Estado, como fonte legiferante única. Manteve-se e alargou-se com o Estado Liberal, eis que a legislação era instrumento de garantia de segurança do cidadão contra o próprio Estado, o que era importante à burguesia emergente[64]. É bem verdade que, atualmente, essa corrente não representa as atuais vertentes no campo. Não há jurista que defenda, ainda hoje, o juiz "boca da lei" ou a possibilidade do *non liquet*. O próprio positivismo (normativista, analítico ou mesmo o empírico) já superou essa questão. Contudo, se a lei não é mais a fonte única do direito, para os positivistas, ela está em uma posição cimeira e privilegiada na hierarquia das fontes.

O positivismo, nesse passo, admite a existência de uma pluralidade de fontes, mas, para tanto, também defende uma hierarquização entre elas, havendo o primado da lei (legislação)[65]. Pretende-se, todavia, apartar o direito da moral e da política. A autoprodução do direito afastaria a política (poder), pois a criação das normas não se daria por um poder de fato, mas por aquele que detém a capacidade ou competência concedida pelo próprio direito. O afastamento da moral decorre do critério de validade para a lei. Não dependerá ela do senso ou grau

---

termos, pode remontar a um dos fatos ou atos competentes ou capazes, segundo o ordenamento, de produzir normas jurídicas."

63 BARZOTTO, Luis Fernando. *O positivismo jurídico contemporâneo*: uma introdução a Kelsen, Ross e Hart. Porto Alegre: livraria do advogado, 2007, p. 14.

64 Ibid., p. 15. "No Estado Liberal, a ordem jurídica garante a segurança do indivíduo contra a ação do próprio Estado. (...) No Estado Liberal, o império da lei, que, no Estado Absolutista, se aplicava às relações entre particulares, alcança agora o próprio ente estatal. (...) Se no Estado Absolutista, a determinação do jurídico realiza a segurança pela exclusão do subjetivismo dos juízos de valor, no Estado Liberal, dá-se um passo adiante: garante-se que o poder estatal, em qualquer das suas manifestações, deve se curvar ao direito, sendo, portanto, previsível."

65 BOBBIO, 2006, p. 162-163. Essa constatação é realizada na teoria dos principais juristas positivistas, seja na pirâmide kelseniada, seja, comum a Kelsen e Hart, na teoria das fontes sociais do direito.

de justiça das normas formuladas, mas será fixada pelo próprio direito, que determinará o modo de serem produzidas.

Não se pode negar, entretanto, que o positivismo evoluiu, ganhando diferentes contornos, a depender do modelo teórico adotado (das diferentes formas do positivismo). Ainda não houve, contudo, a devida assimilação disso por boa parte dos juristas, que formam um "positivismo jurídico caricaturado"[66], baseados em ultrapassadas premissas. Streck captou bem esse problema, ao tratar da indevida polarização entre o "juiz boca da lei" e o "juiz dos princípios", como se o positivismo ainda defendesse a aplicação mecânica da lei, e a sua superação dependesse de um magistrado que não lhe atendesse, mas, sim, verificasse os princípios a elas subjacentes[67].

Kelsen, sobretudo, é extremamente mal interpretado no senso comum teórico dos juristas[68]. "O jurista de Viena é tipicamente confundido com o defensor de que o juiz é o mero reprodutor da lei, estando por ela amarrado, como um 'escravo da lei.'"[69] Ledo engano. Mesmo diante de uma lei que verse sobre um determinado assunto tratado, Kelsen sustenta que há sempre algum espaço de livre apreciação do intérprete, eis que a relação de determinação e vinculação dentre os escalões do ordenamento jurídico nunca é completa, havendo uma álea de indeterminação. Dessa forma, "mesmo uma ordem o mais pormenorizada possível tem de deixar àquele que a cumpre ou executa uma pluralidade de determinações a fazer"[70]. Sugere, então, a metáfora da moldura, afirmando que o juiz poderia tomar uma das opções que nela se enquadrassem, afastando-se tão somente das que ficassem fora das margens por ela fixadas. Reconhece Kelsen, todavia, que a própria moldura não resolve bem a questão, pois ela *"pode até ser ultrapassada"*[71], eis que, "como cabe ao próprio aplicador estabelecer os contor-

---

[66] DIMOULIS, Dimitri. *Positivismo jurídico*: introdução a uma teoria do direito e defesa do pragmatismo jurídico-político. São Paulo: Método, 2006, p. 53.

[67] STRECK, Lenio Luiz. *O que é isto – decido conforme minha consciência?* Porto Alegre: Livraria do Advogado, 2010b, p. 80.

[68] cf. LUIZ, 2013, p. 47-54; DIMOULIS, 2006, p. 53-56.

[69] LUIZ, 2013, p. 49.

[70] KELSEN, 2009, p. 388.

[71] STRECK, 2010b, p. 63.

nos dessa moldura que comportará um pool de soluções admissíveis, ele poderá estendê-los a ponto de abarcar a sua decisão"[72].

Defende Dimoulis que a caricatura também se estende sobre a legitimação incondicional do direito, ou seja, que a mera validade formal avalizaria a norma como jurídica, independente de seu conteúdo[73]. Sustenta que vários positivistas ligam a validade com a eficácia social, e mesmo Hart referia-se ao núcleo jusnaturalista do próprio direito positivo[74]. Dadas as nuances de cada variável do positivismo, é importante tratar de seus principais autores, ou melhor, da problemática das fontes do direito por eles apresentada. Assim, passa-se ao pensamento de Kelsen e Hart sobre o assunto.

2.2.1. KELSEN: A NORMA HIPOTÉTICA FUNDAMENTAL E A FONTE DO DIREITO ENQUANTO VALIDADE JURÍDICA

A influência do pensamento de Kelsen na teoria do direito contemporâneo é inegável. Mesmo o mais fervoroso dos opositores admitiria a importância do jurista austríaco no desenvolvimento das ideias jurídicas e na sofisticação de suas teorias. Tratou de assuntos tormentosos na academia, sobretudo na teoria geral do direito e na teoria geral do Estado, sendo, por certo, um dos autores que mais causaram polêmicas no pensamento jurídico.

Sobre a questão das fontes, Kelsen já sustentava que a expressão "fontes de direito" não era unívoca[75]. Diferenciou, primeiramente, as fontes em dois grupos: fontes de direito em sentido estritamente jurídico — também chamadas de fontes de direito positivo — e fontes em sentido não jurídico[76]. Em relação a estas, Kelsen incluiu tudo aquilo que, de fato, influiu na função criadora ou aplicadora do direito. Estariam aí incluídos os princípios morais e políticos, as teorias jurídicas, a doutrina, enfim, tudo aquilo que, em outra parte, chamou de "política jurídica". Não se pode confundir, porém, a visão larga com a estrita concepção de fonte do direito positivo.

---

[72] TAVARES, André Ramos; OSMO, Carla. Interpretação jurídica em Hart e Kelsen: uma postura (anti)realista? In: DIMOULIS, Dimitri; DUARTE, Écio Oto. *Teoria do direito neoconstitucional*. São Paulo: Método, p. 129-157, 2008. p. 154.

[73] DIMOULIS, 2006, p. 56-58.

[74] Ibid., op. cit.

[75] KELSEN, 2009, p. 258-260.

[76] Ibid., loc. cit.

Kelsen estrutura sua Teoria Pura do Direito a partir da ideia do ordenamento jurídico como uma hierarquização de normas jurídicas — de forma piramidal —, onde uma norma busca sua validade naquela contida no escalão superior. Nesse sentido, a sentença será a norma individual para o caso, que deverá buscar validade na legislação e nos costumes. Estes retirarão sua validade da própria Constituição. A questão central é definir qual o fundamento de validade da própria Constituição. Para tanto, Kelsen cria a norma hipotética fundamental, como um pressuposto lógico do sistema[77]. Por esse motivo, afirma o jurista austríaco que "pode por fonte de Direito entender-se também o fundamento de validade de uma ordem jurídica, especialmente o último fundamento de validade, a norma fundamental"[78].

Nesse sentido estrito apresentado, servirá como fonte de direito tão somente a norma jurídica que autorize a produção de outra no escalão inferior do ordenamento[79]. Tanto é assim, que afirma que as fontes não jurídicas se distanciam das jurídicas pelo fato de não trazerem qualquer vinculação. Sustenta, todavia, que se poderá obter essa força vinculatória, se forem estas incorporadas no sistema jurídico por meio de uma norma de direito positivo, transformando-as em normas jurídicas superiores às normas inferiores[80].

Observa-se que a questão da validade domina a problemática das fontes do direito, considerando-se uma norma como pertencente à ordem jurídica somente aquela que "foi criada de conformidade com a determinação de uma norma desta ordem jurídica e, em última linha,

---

[77] RÊGO, Eduardo de Carvalho. *A não-recepção das normas pré-constitucionais pela constituição superveniente*. Florianópolis: Empório do Direito, 2015, p. 39. "Em sua Teoria Pura do Direito, Hans Kelsen defende que toda norma jurídica é fundada em uma norma superior, na qual busca o seu fundamento de validade. Até mesmo a constituição, segundo ele, é produzida com base numa norma hierarquicamente superior. Tal norma, entretanto, não é jurídica e, sequer, existe: a norma fundamental de Kelsen, que da fundamento de validade à constituição, como ele mesmo faz questão de salientar em sua obra, é pressuposta."

[78] KELSEN, 2009, p. 259.

[79] Ibid., loc. cit.

[80] Ibid., loc. cit. "A distinção reside em que estas são juridicamente vinculantes e aquelas o não são enquanto uma norma jurídica positiva não delegue nelas como fonte de Direito, isto é, as torne vinculantes. Neste caso, porém, elas assumem o caráter de uma norma jurídica superior que determina a procução de uma norma jurídica inferior."

de conformidade com a determinação da norma fundamental desta ordem jurídica"[81]. Derivando a Constituição dessa norma fundamental e, a partir daí, servindo de fundamento de validade às demais normas do sistema, verifica-se que tão somente o Estado está autorizado a tanto criar direito como definir as próprias fontes do direito.

No escalonamento proposto, a decisão judicial é vista como uma norma jurídica, a norma individual que regrará o caso, selando o destino das partes. Nessa forma de aplicação do direito, o fundamento de validade está na norma de nível superior (lei) e nas que se seguirem até o ápice da pirâmide (Constituição e norma fundamental). Há a regulação do escalão normativo superior do órgão autorizado a produzir a norma (processo legislativo e, também, requisitos de investidura do juiz em sua função) e o processo para se chegar à decisão e seu conteúdo (fixado pela lei). Mesmo com todo esse regulamento, salienta Kelsen que a decisão é um ato não somente de aplicação do direito, mas também de sua criação, que será maior ou menor, a depender do grau de determinação da norma do escalão superior[82].

Apesar de considerar o juiz um criador do direito, ainda que somente da norma individual de um determinado caso, a análise de Kelsen da decisão judicial como fonte de direito não é satisfatória. Isso porque a sua análise é exclusivamente de fonte a partir do sistema, repousando na validade o grande critério de juridicidade de qualquer *standard* que se qualifique como jurídico. Tanto é assim, que a decisão, em Kelsen, será ato de vontade, não controlável pela própria Teoria Pura. Longe da ciência, a decisão estará no âmbito da política jurídica, que foge, por completo, do espectro de análise proposto pelo positivismo, de descrição de um sistema jurídico por um sujeito cognoscente que o analisa de seu exterior.

---

[81] KELSEN, 2009, p. 260.

[82] Ibid., p. 262. "Mesmo quando sejam determinados não só o órgão e o processo mas ainda o conteúdo da decisão a proferir — como sucede no caso de uma decisão judicial a proferir com base na lei — existe não somente aplicação do Direito como também produção jurídica. A questão de saber se um ato tem o caráter de criação jurídica ou de aplicação do Direito está dependente do grau em que a função do órgão que realiza o ato é predeterminada pela ordem jurídica."

2.2.2. HART E A NORMA DE RECONHECIMENTO

Hart, ao mesmo tempo que utiliza a obra de seus antecessores, Bentham e Austin, como base, ponto de partida à sua própria teoria, também reformula e supera as anteriores. Sobretudo, aponta falhas do pensamento anterior, principamente a teoria do comando de Austin. Em síntese, Austin defendia que o direito era o comando coercitivo do soberano. São estas três características que formam o direito: (*i*) o comando; (*ii*) a coerção; (*iii*) o soberano[83].

Mesmo antes de *O Conceito de Direito*, Hart já apontava a insuficiência da proposta de Austin. Em seus primeiros trabalhos, como em *Positivism and the separation of law and morals*, Hart já apontava a inadequação da teoria do comando. Comparava essa teoria com a situação de uma pessoa armada anunciar à outra: "Dei-me o dinheiro ou a vida". Eis que ambas se adequariam à ideia de comando coercitivo, ordenado por alguém que possui poder (aqui igualado à autoridade). Destaca o autor que, no sistema jurídico, a pessoa armada dá sua ordem a um número maior de pessoas, que já estão acostumadas a habitualmente se submeterem a estas regras[84]. O problema, aqui, reside em igualar autoridade e legitimidade, ambas em termos de poder. Não são os vocábulos, contudo, sinônimos. Exemplo disso é o do usurpador de um governo, que, mesmo detendo poder, não está investido na legitimidade de exercê-lo[85].

Outros problemas decorrem da teoria do comando, na visão de Hart. Ela não explica, por exemplo, a natureza das regras que outorgam direitos aos cidadãos, ou daquelas que tratam da divisão e organização

---

[83] HART, H. L. A. Positivism and the separation of law and morals. *Harvard Law Review*, v. 71, n. 4, p. 593-629, 1958, p. 955-958.

[84] Ibid., 1958, p. 603. "The situation which the simple trilogy of command, sanction, and sovereign avails to describe, if you take these notions at all precisely, is lide that of a gunman saying to his victim, "Give me your money or your life." The only difference is that in the case of a legal system the gunman says it to a large number of people who are accustomed to the racket and habitually surrender to it. Law surely is nor the gunman situation writ large, and legal order is surely not to be thus simply identified with compulsion."

[85] MORAWETZ, Thomas H. *The philosphy of law*: an introduction. Nova Jersey. Prentice Hall, 1980, p. 21. "We recognize unusual situations in which an invader or usurper of the state has power but not authority, and in which the unscated legislators still have authority to issue law but no power."

do Estado, ou, ainda, as do próprio processo legislativo, uma vez que não há o estabelecimento de sanções em nem um dos casos[86].

Nova crítica é a de excessivo formalismo. Sustenta Hart que Bentham e Austin acreditavam que a dedução, sozinha, resolveria todos os casos de aplicação das regras válidas[87]. Ignoraram, contudo, o problema da penumbra. Observa Hart que, embora, em muitas circunstâncias, a dedução possa indicar a resposta ao caso, há situações em que o texto da lei não indica uma aplicação óbvia e tampouco um resultado claro[88].

Em *O Conceito de Direito*, Hart reforça tais críticas, defendendo, ainda, que a teoria do comando não explica a continuidade transpessoal do direito, em que o soberano se modifica sem, contudo, modificar o direito[89]. Além disso, aponta que o direito é aplicado universalmente à sociedade, inclusive ao próprio poder legiferante. Em outras palavras, a figura do soberano como alguém que não deve satisfação a ninguém não é verdadeira. Ele se submete ao próprio direito, portanto a teoria do comando não resiste ao constitucionalismo, à ideia de que a Constituição limita o próprio poder legiferante. Seria incoerente, no sistema de Austin, o soberano, ao mesmo tempo que cria o direito, ter seus poderes limitados por ele, ou de existirem comandos que não sejam regras jurídicas — como, por exemplo, ocorre com regras inconstitucionais. Por isso, conclui Hart, que "o modelo simples do direito como um conjunto de ordens coercitivas do soberano não reproduz, em vários aspectos fundamentais, algumas das principais características dos sistemas jurídicos"[90].

Hart, contudo, parte de uma premissa de Bentham e Austin, qual seja, a distinção entre o que o direito é (*what law is*) e aquilo que ele deveria ser (*what law ought to be*). Dado o papel descritivo do cientista do direito, a preocupação volta-se àquilo que o direito é. O que o di-

---

[86] HART, 1958, p. 604-605.

[87] Ibid., p. 606.

[88] Ibid., p. 607- 608. "There must be a core of settled meaning, but there will be, as well, a penumbra of debatable cases in which words are neither obviously applicable nor obviously ruled out. (...) In this area men cannot live by deduction alone."

[89] HART, 2009, 67-81.

[90] Ibid., p. 103.

reito deveria ser é uma questão distinta, não havendo uma necessária e indissolúvel sobreposição entre o direito e a moral[91].

Negando a teoria do comando, de outro lado, Hart propõe que o direito apresenta-se como um sistema especializado de normas. Estudando as especificidades dos sistemas jurídicos, quando comparados a outros sistemas de regras (moral, de jogos, de etiqueta etc.), Hart indica que existem diferenças formais entre uns e outros. Sustenta que os sistemas legais possuem duas formas de regras, as primárias e secundárias, e que se relacionam entre si[92]. As primárias, em síntese, expressam as obrigações do cidadão, para modular comportamentos sociais. Como destaca Morawetz, essas espécies de regras "dizem ao cidadão ordinário para fazer ou deixar de fazer uma coisa em particular"[93].

Ao lado das regras primárias, também existem as secundárias. Diferem estas daquelas na medida em que as secundárias não fixam obrigações — e, consequentemente, sanções ao agir individual —, antes tratam das próprias regras primárias. Como afirma Hart, "especificam como as normas primárias podem ser determinadas, introduzidas, eliminadas e alteradas de forma conclusiva, e como estabelecer conclusivamente o fato de terem sido transgredidas"[94]. Hart divide as normas secundárias em três grupos: as regras de modificação, as regras de julgamento e a regra de reconhecimento.

---

[91] HART, 1958, p. 596. "The existence of law is one thing; its merit or demerit is another. Whether it be or be not is one enquiry; whether it be or be not conformable to an assumed standard, is a different inquiry. A law, which actually exists, is a law, though we happen to dislike it, or though it vary from the text, by which we regulate our approbation and disapprobation. this truth, when formally announced as an abstract proposition, is so simple and glaring that it seems idle to insist upon it. But simple and glaring as it is, when enunciated in abstract expressions the enumeration of the instances in which it has been forgotten would fill a volume."

[92] MACCORMICK, Neil. *H. L. A. Hart*. Tradução: Cláudia Santana Martins. Rio de Janeiro: Elsevier, 2010, p. 141. "Na visão de Hart, o aspecto de diferenciação essencial do 'Direito' encontra-se, na verdade, na própria ideia de que as leis pertencem a *sistemas* jurídicos. A qualidade sistêmica do Direito é evidenciada no fato de que as regras primárias de obrigação podem ser e normalmente são suplementadas por 'regras secundárias', que estão logicamente inter-relacionadas entre as várias regras por meio da qual a totalidade pode ser vista como um único 'sistema de Direito'".

[93] MORAWETZ, 1980, p. 19.

[94] HART, 2009, p. 122.

As regras de modificação tratam de solucionar o problema da visão estática do regime de normas primárias[95]. Tratam da forma pela qual uma nova norma primária pode ser integrada ao sistema jurídico, ou como se alterar outra antiga. Por isso, Hart sustenta que normas secundárias de modificação explicam "as ideias de promulgação e revogação de leis"[96]. Fixam, por exemplo, a competência legislativa, a definir quem detém o poder de criar ou alterar normas primárias e o processo (mais ou menos rígido) pelo qual isso é feito.

Ao lado das regras de modificação, também há as regras de julgamento. Consistem estas na capacitação de "alguns indivíduos a solucionar de forma autorizada o problema de saber se, numa ocasião específica, foi violada uma norma primária"[97]. Além disso, também buscam fixar o procedimento pelo qual a solução do problema — violação ou não de uma regra primária — ocorrerá. Adverte o autor que haverá a imbricação entre esta espécie de regra de julgamento, quando fixa a jurisdição, e a própria regra de reconhecimento, uma vez que também "identificará as normas primárias por meio dos julgamentos dos tribunais, e esses julgamentos se tornarão 'fonte' do direito"[98].

Para auxiliar a empreitada de demonstrar o que o direito é, Hart cria a "regra de reconhecimento", para identificar quais são as fontes legítimas, pressupondo que sempre há um reconhecimento compartilhado do que é o direito e quais são suas fontes em dada sociedade. Por meio dessa regra, observar-se-á qual é o direito válido, apartando-o da questão moral de como deveria ele ser. A regra de reconhecimento funciona como a "*fonte de autoridade*, isto é, como a *maneira correta* de esclarecer dúvidas sobre a existência da norma"[99], servindo, pois, como "o embrião da ideia de validade jurídica"[100].

Outros elementos poderão fazer parte da regra de reconhecimento, a depender da complexidade de cada sistema jurídico. Imaginando-se um sistema extremamente simples, em que "a única 'fonte de direito' seja a legislação, a norma de reconhecimento especificará a promulga-

---

[95] Ibid., p. 124.
[96] Ibid., loc. cit.
[97] Ibid., p. 125.
[98] Ibid., p. 126.
[99] Ibid., p. 123. (grifos no original).
[100] Ibid.,, loc. cit.

ção como a marca específica de identificação ou critério de validade das normas"[101]. Obviamente, a complexidade dos sistemas jurídicos atuais não comporta a ideia de equivalência entre direito e lei. Por esse motivo, adverte Hart que a regra de reconhecimento pode abarcar outros critérios, como textos autorizados, atos legislativos, a prática consuetudinária, declarações de vontade ou, em casos particulares, decisões judiciais anteriores, sendo que o sistema jurídico moderno admite várias fontes e usualmente inclui "uma constituição escrita, a promulgação pelo legislativo e precedentes judiciais"[102].

Cumpre destacar que, no positivismo hartiano, a regra de reconhecimento será, na maioria das vezes, implícita, não expressamente formulada, sendo demonstrada pela aceitação, que deriva do ponto de vista interno do direito. Tal como a norma hipotética fundamental de Kelsen, a regra de reconhecimento será a norma última (*ultimate rule*) do sistema jurídico. Quando houver nela critérios de hierarquização das fontes, por ordem de subordinação e primazia relativa, um deles será o supremo (*supreme*). Nesse ponto, Hart enfrenta dificuldades comuns às de Kelsen. Se as regras de um sistema buscam a validade em outras regras, qual é o fundamento de validade da norma última? Como visto, Kelsen sustenta ser a sua norma hipotética fundamental um pressuposto necessário do sistema. Diferentemente, Hart defende que não se pode tratar da regra de reconhecimento tão somente como um pressuposto, uma presunção ou uma hipótese[103]. Não se pode falar em validade da regra de reconhecimento, mas, simplesmente, de sua aceitação. Por isso, defende Hart que "esta não pode ser nem válida nem inválida, mas seu uso é simplesmente aceito como apropriado"[104].

---

[101] HART, 2009, p. 124.

[102] Ibid., p. 130.

[103] MACCORMICK, 2010, p. 148-149. "Hart é perfeitamente claro ao dizer que, para cada sistema jurídico completamente maduro, há uma 'regra fundamental de reconhecimento' que é 'fundamental' neste sentido: não é, em si, validada por qualquer norma ou regra superior, nem mesmo por uma 'norma fundamental' pressuposta juridicamente do tipo contemplado por Kelsen. (...) É uma regra convencional, no sentido de que um padrão existente de conformidade a ela é parte do motivo para que os indivíduos a aceitem."

[104] HART, 2009, p. 140. Em continuação, aduz o autor que "expressar esse fato simples dizendo sombriamente que sua validade 'é suposta mas não pode ser demonstrada' é como dizer que supomos, mas nunca poderemos provar, que a barra-padrão do metro conservada em Paris, que é o critério último da correção de todas as medidas em metros, tem ela própria as dimensões corretas."

A sua existência, portanto, é uma questão de fato, de como os tribunais, autoridades e indivíduos identificam o direito (o que remete ao ponto de vista interno do direito). Assim, destaca Hart que "a norma de reconhecimento só existe como uma prática complexa, embora normalmente harmoniosa e convergente"[105].

A regra de reconhecimento, explica Hart, pode ser encarada de dois pontos de vista: (i) o externo, "expresso em um enunciado factual externo de que a norma existe na prática real do sistema"[106], ou seja, um observador externo — que não considera as regras do sistema como suas próprias — poderia identificar que há um critério, para se definirem quais regras estão inseridas no ordenamento jurídico; (ii) o interno, que é visualizado "nos enunciados internos de validade feitos por aqueles que a usam para identificar o direito"[107]. Trata-se, aqui, da aceitação (e cumprimento) das regras pelos próprios cidadãos — que se submetem ao sistema legal específico —, bem como pelas autoridades do sistema, em suma, a aceitação da regra de reconhecimento, que especificará a validade das demais regras (de modificação e de julgamento) como "padrões públicos comuns de comportamento oficial por parte das autoridades do sistema"[108].

Especificamente quanto ao precedente como fonte de direito, Hart sustenta que seu reconhecimento como critério de validade dependerá de cada ordem jurídica. Salienta que, mesmo em um sistema de precedentes bem desenvolvido, como o inglês, ainda pairam pontos altamente discutíveis, como a construção da *ratio decidenti* ou a verificação do que se entende por "fatos materiais". A pluralidade de métodos para determinar a regra do precedente, a dificuldade de se estabelecer uma formulação vinculante ou exclusivamente correta de tal regra, além da possibilidade de distinções e superações, derivam da própria textura aberta do direito. Assim, "pelos espaços deixados em aberto pela teoria dos precedentes, os tribunais desempenham uma função normativa (...)[109].

---

[105] Ibid., p. 142.
[106] HART, 2009, p. 144.
[107] Ibid., loc. cit.
[108] Ibid., p. 150.
[109] Ibid., p. 175-176.

A premissa hartiana não funciona corretamente. As dificuldades de formulação da *ratio decidendi* ou a definição de fatos materiais não é semântica ou falta de clareza da linguagem. A *ratio*, como será visto no próximo capítulo, não será dada, de antemão, em uma linguagem semanticamente clara, porque depende, como tudo, da interpretação. Isso funciona igualmente à distinção e à superação. Ambas dependerão do fenômeno hermenêutico, dada a universalidade da compreensão.

2.3. A CRIAÇÃO JUDICIAL DO DIREITO

A questão da possibilidade de criação judicial do direito parece hoje já tranquila. Senão todos, a maioria expressiva de estudiosos apontam que existem normas gerais de origem judicial[110], contudo persistem resistências ideológicas e teóricas à aceitação do precedente como fonte do direito.

Uma delas é a de que o uso daquilo que já decidido (nas decisões anteriores) em casos futuros serviria apenas para elucidar um direito positivo já existente, como um mero aclaramento daquilo que a norma já contém em si. Esse posicionamento retira força do direito jurisprudencial, considerando-o como mera forma de clarear dispositivos legais a ele anteriores. Volta-se à visão de que as decisões já tomadas (entendidas como precedentes ou jurisprudência) seriam mero suplemento à lei, a melhor forma de sua exegese. Na medida em que houvesse alguma dúvida sobre a "palavra nua e elástica do legislador"[111], utilizar-se-iam as decisões anteriores "na porfia de fixar o significado das frases de uma norma positiva"[112]. Isso é algo que remonta à prática do direito do século XVII, como aponta Maximiliano, com o declínio do *legum doctores*. A partir de então, ressurge a jurisprudência com o seu papel "de esclarecedora dos Códigos, reveladora da verdade ínsita em normas concisas"[113].

Não se nega, aqui, que decisões passadas são nortes à interpretação do texto legal, contudo defende-se que são muito mais que isso.

---

[110] AGUILÓ REGLA, 2015, p. 1047 "La afirmación de que en nuestros órdenes jurídicos hay normas generales de origen judicial me parece trivial e incontrobertible."

[111] MAXIMILIANO, Carlos. *Hermenêutica e aplicação do direito*. 19ª ed. Rio de Janeiro: Forense, 2006, p. 146.

[112] Ibid., loc. cit.

[113] Ibid., p. 145.

Aqueles que encampam a ideia do direito jurisprudencial como mero esclarecimento da legislação se esquecem, de pronto, da questão das lacunas, quando efetivamente não há legislação anterior a ser aplicada. Esse será um dos objetivos, por exemplo, de Dworkin, ao trabalhar com os "casos difíceis", em que o direito positivo não fornece, de antemão, uma resposta clara à questão posta. Mesmo autores mais antigos, como o próprio Maximiliano, já defendiam a função criadora da jurisdição nos casos de verificação de lacunas legislativas[114].

Trata-se, na verdade, de um retorno à teoria declaratória da jurisdição. O embate entre a teoria declaratória e a constitutiva é algo que ocorreu tanto no *common law* quanto no *civil law*. No primeiro sistema, como ressalta Marinoni, prevaleceu, a princípio, a teoria declaratória, sobretudo pela obra de Blackstone, que defendia caber à função jurisdicional o anúncio do direito preexistente (sejam leis ou precedentes), sem liberdade a qualquer ato de criação de direitos[115]. Após as críticas de Bentham e Austin, a teoria constitutiva passou a ocupar um lugar de destaque no *common law*, sobretudo ao sustentar que os juízes possuíam um *law-making autority*[116]. A mesma discussão ocorreu no solo brasileiro (como um representante do *civil law*).

Aqui, trilha-se caminho diverso, tentar-se-á demonstrar que a atividade judicial detém aptidão para genuinamente criar direito. A partir do paradigma (ou linha de decisões pretéritas), pode-se afirmar que, a uma determinada situação, segue-se uma consequência jurídica própria que, desrespeitada, pode ser cognoscível pela jurisdição, inclusive no que toca ao seu cumprimento forçado. Tentar-se-á demonstrar isso com casos da responsabilidade civil, sobretudo da questão do nascimento indevido, o que, entretanto, pode ser estendido a qualquer ramo do direito. Serve de exemplo a criação judicial da reclamação ou do mandado de segurança contra ato judicial, apenas para se restringir à seara processual. Retroceder, portanto, ao entendimento de que ao Judiciário cumpre somente a função de clarear a obra do legislador não encontra amparo na realidade atual e não se sustenta no âmbito teórico.

---

114 MAXIMILIANO, 2006, p. 146.

115 MARINONI, Luiz Guilherme. *O STJ enquanto corte de precedentes*: recompreensão do sistema processual da corte suprema. 2ª ed. São Paulo: 2014, p. 24-25.

116 MARINONI, 2014b, p. 25.

Em uma segunda corrente, estão aqueles para quem a atividade judicial não constitui fonte de direito. Nesse particular, Oliveria ressalta que "o que se defende em relação à existência de um conceito de precedentes no Brasil não é de uma fonte de direito, (...)"[117]. Continua o autor, ao afirmar que a nova codificação teria trazido apenas "um sistema processual que delimita técnicas de julgamento"[118]. Não se desdiz, nesse contexto, que o CPC/15 tenha estabelecido — muitas vezes indevidamente — referidas técnicas. Nisso, não há correção a se fazer, registrando-se, apenas, que, além das técnicas de julgamento, também há as de aceleração do procedimento. A questão é que não se poderia depender de que uma nova codificação elegesse quais seriam as fontes de direito de um determinado ordenamento jurídico. Logo, não poderia o CPC/15 enunciar que, a partir de sua vigência, o precedente, a jurisprudência ou mesmo alguns pronunciamentos ditos "qualificados" (os do rol do art. 927 do CPC/15) tornar-se-iam fontes de direito, mais especificamente fontes formais do direito. Essa é uma discussão anterior, de base, por isso, de teoria do direito, e não propriamente do direito processual. O código é uma criatura, e não a criadora de fontes. Assim, o direito jurisprudencial já era fonte de direito antes das discussões que culminaram no CPC/15, mantendo tal caráter mesmo após o início da vigência da nova legislação.

Por isso mesmo, a criação judicial do direito pode ser verificada em qualquer ordem jurídica, independentemente da família ou sistema a que se filia[119]. Como bem adverte Abreu, "a função criadora da jurisprudência [enquanto expressão geral do direito jurisprudencial] tem se revelado importante mesmo nos países de tradição no direito escrito (*Civil Law*), (...)"[120]. Exemplo disso é o Brasil, em que uma série de direitos foram sendo acumulados não pelo costume ou pela própria legislação, mas pela evolução das decisões judiciais, que, a um ponto, passaram a inovar na ordem jurídica.

---

[117] OLIVEIRA, Weber Luiz de. *Precedentes judiciais na administração pública*: limites e possibilidades de aplicação. Salvador: Juspodivm, 2017, p. 66.

[118] Ibid., loc. cit.

[119] TEIXEIRA, Sálvio de Figueiredo. *A criação e realização do direito na decisão judicial*. Rio de Janeiro: Forense, 2003, p. 7. "Mesmo em países do Civil Law, de sistema codificado, a autêntica criação do direito ocorre com frequência maior nas decisões judiciais do que na produção legislativa."

[120] ABREU, Pedro Manoel. *Processo e democracia*. São Paulo: Conceito, 2011, p. 306.

Quando se diz que as decisões judiciais criam novos direitos, não se quer falar, por primeiro, que criam a regra individual para o caso a que se refiram. Apesar de ser verdade, isso já é algo bem aceito e sedimentado no âmbito jurídico. Quer-se, com isso, referir que uma determinada situação que, antes alheia ao mundo jurídico, passa a ser cognoscível e, trazida a juízo repetidamente, começa a formar uma determinada linha albergando certa pretensão — não sem idas e vindas, como o movimento pendular —, gera, assim, um corpo forte e uma certeza de sua incorporação à esfera de interesse da pessoa que reúna os requisitos para exercê-la. A partir daí, mesmo havendo decisões esparsas em sentido contrário, sabe-se que determinada pessoa é titular de certo direito, verificada a situação fática que lhe dê vida. Em outras palavras, criou-se o direito a algo pelo meio da decisão judicial. Nesse passo, a jurisdição cumpre importante função e se qualifica como fonte do direito, eis que "o processo de aplicação do direito objetivo contribui com a conformação do próprio direito objetivo"[121].

2.3.1. O EXEMPLO PRIVILEGIADO DA RESPONSABILIDADE CIVIL PARA EXPLICAR A CRIAÇÃO JUDICIAL DO DIREITO

A responsabilidade civil é solo fértil à criação judicial do direito. Isso ocorre em qualquer país, independentemente do modelo de responsabilidade civil seguido[122]. Os pronunciamentos judiciais, mesmo em países em que existe um catálogo prévio de danos indenizáveis, cumprem um importante — senão fundamental — papel. Isso porque não há como antever todas as hipóteses fáticas em que uma determi-

---

121 AGUILÓ REGLA, 2015, p. 1048 "La cuestión de las normas de origen judicial tiene que ver con el hecho de que el proceso de aplicación del Derecho objetivo contribuye a la conformación del proprio Derecho objetivo."

122 FRAZÃO, Ana. Principais distinções e aproximações da responsabilidade civil nos modelos francês, alemão e anglo-saxão. In: RODRIGUES JR., Otávio Luiz; MAMEDE, Gladston; ROCHA, Maria Vital da. (Orgs.) *Responsabilidade civil contemporânea*. São Paulo: Atlas, 2011, p. 748-766, p. 749-757. A autora destaca que os principais modelos que influenciaram diversos países são: (i) o francês (principiológico ou conceitualista), baseado em cláusulas gerais que refletiram o princípio básico da culpa (faute), sendo desnecessária uma tipificação dos atos ilícitos indenizáveis; (ii) o alemão, com base nas noções de ilicitude e culpabilidade, é um sistema intermediário entre o conceitualista (cláusulas gerais) e o da tipificação das condutas que, em geral, possibilita a responsabilização (como no modelo anglo-saxão); o anglo-saxão, formado a partir dos *writs* medievais, em que há a tipificação de condutas, vinculando-as às ações correspondentes.

nada lesão possa ocorrer, e sequer há como prever todos os interesses e bens que passam a ser protegidos no curso histórico de determinado sistema jurídico. O devir histório não é cognoscível de antemão. Como expressa o *Restatement (Second) of Torts*, "toda a história do desenvolvimento da responsabilidade civil demonstra a contínua tendência de reconhecer como merecedores de proteção jurídica interesses que antes eram completamente desprotegidos"[123].

Exemplo prático disso é o alargamento da utilização da *negligence*[124], para abarcar novas hipóteses reparatórias no direito americano. Esta espécie de *tort* originalmente estava destinada à proteção à vida, à integridade física e à propriedade. A partir da primeira metade do século XX, contudo, houve a flexibilização de seus requisitos (*duty of care, breach of duty*[125], *causation*[126] e *harm*127), principalmente em relação ao *duty of care*, e, com isso, a *negligence* passou a assumir posição central no sistema de responsabilidade civil, "absorvendo outros *torts*, assumindo função equiparada a uma cláusula geral de responsabilidade extracontratual"[128]. Essa maleabilidade acarreta um protagonismo judicial na definição de novas hipóteses de danos indenizáveis. Obviamente, nos sistemas baseados no sistema francês, como é o caso

---

[123] EUA. *Restatement (Second) of Torts*, § 1, 1965. No original: "The entire history of the development of tort law shows a continuous tendency to recognize as worthy of legal protection interests which previously were not protected at all."

[124] Preferiu-se não traduzir o termo *negligence*, eis que seu significado ao direito americano não é perfeitamente o mesmo da negligência no direito brasileiro. O mesmo entendimento ocorreu com os requisitos do *duty of care, breach of duty, causation* e *harm*. A *negligence* pode ser definida como "1. the failure to exercise the stndard of care that a reasonably prudent person would have exercised in a similar situation; any conduct that falls below the legal stndard established to protect others against unreasonable risk of harm, except for conduct that is intentionally, wantonly, or willfully disregardful of other's rights. (…) 2. A tort grounded in this failure, usu. expressed in terms of the following elements: duty, breach of duty, causation, and damages." cf. GARDNER, Bryan A. (Org.). *Black's law dictionary*. 9 ed. St. Paul: West Publishing, 2009, p. 1133.

[125] GARDNER, 2009, p. 214. "The violation of a legal or moral obligation; the failure to act as the law obligates one to act; esp., a fiduciary's violation of an obligation owed to another."

[126] Ibid., p. 249. "Causation. (…) 1. The causing or producing of an effect <the plaintiff must prove causation>. 2. Causality."

[127] Ibid., p. 784. "Harm. (…) Injury, loss, damage; material or tangible detriment."

[128] FRAZÃO, 2011, p. 756.

do Brasil, a função da jurisdição como mola de torque do desenvolvimento da responsabilidade civil é ainda mais marcante, eis que são de "fácil adaptação às transformações sociais pela via jurisprudencial"[129].

Em importante obra, Carval resgatou, por meio do agrupamento de textos clássicos dos principais civilistas de cada época, o período de construção da responsabilidade civil na França, a partir do Código Napoleônico de 1804, sendo observável a função primordial das decisões judiciais no desenvolvimento da matéria[130]. Isso fica claro na discussão acerca do âmbito de aplicação, em determinadas espécies de danos, da *faute*, na forma do art. 1.382 do Código,[131] e o regime do art. 1.384 da mesma legislação,[132] que, para uns, trazia a presunção da *faute*, para outros, agasalhava a teoria do risco criado e, ainda, a responsabilidade objetiva. Em que pese a diversidade dos temas tratados (responsabilidade do empregador, por acidentes de trânsito e a do Estado), observa-se que as decisões judiciais animavam as discussões acadêmicas — que retroalimentava a prática jurisprudencial — e fixavam premissas e teses que foram internalizadas no próprio ordenamento jurídico francês.

Em relação à responsabilidade do empregador por acidentes de trabalho, assinala a autora que os tribunais franceses recusavam a reparação, por ausência da comprovação da *faute*,[133] requisito indispensável à res-

---

[129] Ibid., p. 751.

[130] CARVAL, Suzanne. *La construction de la responsabilité civile*: controverses doctrinales. Presses Universitaires de France, 2001.

[131] Art. 1382. Tout fait quelconque de l'homme, qui cause à autrui un dommage, oblige celui par la faute duquel il est arrivé, à le réparer.

[132] Art. 1384. On est responsable non-seulement du dommage que l'on cause par son propre fait, mais encore de celui qui est causé par le fait des personnes dont on doit répondre, ou des choses que l'on a sous sa garde. Le père, et la mère après le décès du mari, sont responsables du dommage causé par leurs enfans mineurs habitant avec eux; Les maîtres et les commettans, du dommage causé par leurs domestiques et préposés dans les fonctions auxquelles ils les ont employés; Les instituteurs et les artisans, du dommage causé par leurs élèves et apprentis pendant le temps qu'ils sont sous leur surveillance. La responsabilité ci-dessus a lieu, à moins que les pèreet mère, instituteurs et artisans ne prouvent qu'ils n'ont pu empêcher le fait qui donne lieu à cette responsabilité.

[133] Preferiu-se manter o vocábulo em sua língua original, eis que, como assevera a doutrina, não se trata de uma simples falta, resultado de uma tradução literal, ou mesmo do conceito de culpa, apesar de ela se aproximar, utilizado no direito bra-

ponsabilização, aproximando a situação ao caso fortuito ou ao caso de culpa da própria vítima[134]. Objetivando a alteração desse entendimento, Saleilles afirmava que seria pelas transformações da própria jurisprudência que essa falha sobre os acidentes de trabalho restaria resolvida[135], o que efetivamente ocorreu, apesar de um primeiro momento mais severo, em que as cortes impunham ainda mais ônus aos empregados[136].

A alteração iniciou com o questionamento do que seria a *faute*, se um elemento subjetivo, um ato voluntário e intencional — como apregoava a jurisprudência da época —, ou deveria ser considerada em sua própria materialidade, em seus elementos objetivos[137]. Isso ocorreu devido a um caso em que três jovens empregados, que trabalhavam à noite e além do horário máximo regulamentar, sofreram um acidente. Para a então jurisprudência dominante, seria um ato derivado da culpa da própria vítima, contudo a *faute* foi caracterizada por seus aspectos objetivos (materiais), e o empregador, responsabilizado pelo risco da ocorrência do acidente pelo descuido antecedente[138]. Desde esse mo-

---

sileiro. Mesmo na França, o conceito de *faute* é disputado, eis que o Código não a definiu. cf. FRAZÃO, 2011, p. 750. "Tal noção [*faute*], embora apresente inúmeros sentidos e englobe simultaneamente a ideia de ilicitude e de culpabilidade, acabou sendo mais associada à culpa em seu sentido moral. De qualquer forma, o Código Napoleônico não definiu a *faute* nem condicionou a responsabilidade civil à violação de direitos subjetivos ou de interesses previamente definidos, tal como ocorreria com o modelo alemão."

[134] CARVAL, 2001, p. 15. "À la fin du XIX siècle, la douloureuse condition des accidentés du travail permet aux jurists de mesurer toute la rigueur du système de responsabilité isso des articles 1382 et suivants du Code civil. L'application de ces textes conduiti les tribunaux à refuser toute réparation à la victime des cas fortuits, à celle qui a causé le dommage par as propre faute ainsi qu'a celle qui ne parvient pas à rapporter la preuve de la faute, pourtant bien réelle, de son employeur."

[135] Ibid., p. 19. No original: "Mais ce qu'il importe de remarquer maintenant, et ce que tout le monde a constaté, ce sont les tranformations de la jurisprudence elle-même, en ce qui touche cette conception de la faute lorsqu'il s'agit d'accidents de travail."

[136] CARVAL, 2001, p. 20.

[137] Ibid., p. 21-22.

[138] Ibid., p. 22-23 "Donc on ne peut plus dire que la faute du patron, un fait de volonté subjective, ait été la cause de l'accident; mais on a constaté un fait irrégulier, ou que l'on juge tel de la part du patron et, à raison de cette irrégularité purement matérielle, on met les risques à sa charge. Témoin ce patron que avait fait travailler trois jeunes gens mineurs en dehors des heures réglementaires: il était en

mento, já se pode ver a importância da jurisprudência, como adverte, com acerto, Frazão, coube a ela, "especialmente à Corte de Cassação francesa, um papel importantíssimo na construção dos pressupostos da responsabilidade civil, por meio da identificação da *faute* e da densificação dos requisitos específicos para a indenização"[139].

Após o julgamento, discutiu-se intensamente, sobretudo no âmbito acadêmico, a tese apropriada para a conclusão da Corte, apresentando-se a possibilidade da falta presumida, da teoria da *faute* contratual (de origem belga), da responsabilidade pelo fato da coisa e mesmo a ideia de risco profissional[140]. Baseando-se em um caso em que foi reconhecida a responsabilidade do proprietário pela morte de um homem na explosão de uma máquina a vapor por vício de construção, Planiol sustentava que a Corte de Cassação estava aplicando a responsabilidade objetiva, ainda que de forma equivocada, e que trazia uma injustiça social[141], visão que se repetia com a maior parte dos civilistas da época[142].

Ao passar do tempo, a aplicação do risco e, com ele, de um regime objetivo de responsabilidade passou a ser a regra na Corte de Cassação. Já em 1916, tinha-se assente que a teoria do risco era aplicável a todo acidente de trabalho, merecendo reparação a lesão sofrida mesmo em

---

contravention au regard de la loi; un accident se produit, que paraît dû entièrement à la faute de la victime. C'est un risque dont le patron sera responsable, parce qu'il est en faute pour avoir fait travailler la nuit: faute purement matérielle, que a pour sanction la responsabilité des risques (Civ. Cass. 7 avr. 1895, DP, 96.1.81); et cependant le jugement et l'arrêt avaient reconnu qu'il n'y avait plus, en pareil cas, aucun rapport de causalité directe. Que l'on ne dise plus que nous sommes en présence d'une faute de volonté, au sens de l'art. 1382, d'une faute subjective ayant été la cause de l'accident. Dans la théorie de la jurisprudence, la faute en matière de responsabilite industrielle tend a devenir une faute purement objective, un fait materiel que l'on considère comme irrégulier et qui a pour conséquence la responsalité de risques."

139 FRAZAO, 2011, p. 750.

140 CARVAL, 2001, p. 23-27.

141 CARVAL, 2001, p. 42. "Pour m apart, plus j'étudie ces questions – et je me livre à leur étude depuis plus de trete ans – plus je reste convaincu de la nécessité de l'idée de faute. Tout cas de responsabilité sans faute, s'il était réellement admis, serait une injstice sociale. Ce serait, pour le droit civil, l'équivalent de ce qu'est, en droit pénal, la condamnation d'un innocent."

142 Ibid., p. 54. "(...) les civilistes les plus modernes et les plus qualifiés sont plutôt conservateurs et hostiles à l'extension de la théorie objective de la responsabilité."

caso de força maior, como naqueles danos suportados pelo lançamento de uma bomba, como em casos julgados nos Tribunais de Paris, Amiens e, em 1918, na própria Corte de Cassação[143].

Observa-se, portanto, que, mesmo na França, país em que sempre houve um apego maior ao direito legislado e uma hostilidade ao precedente judicial[144], as decisões judiciais moldaram a forma de se praticar o direito e, em grande monta, trouxeram modificações à ordem jurídica vigente em determinada época, criando efetivamente direitos. Nesse passo, Steiner afirma que, na França, os juízes rotineiramente criam regras, assim como os seus contrapartes de outros sistemas jurídicos[145]. Embora presente também em outros ramos do direito[146], na responsabilidade civil, esta criação salta aos olhos, principalmente, como visto, no que tange aos limites e possibilidades da *faute* e, além disso, tendo em conta que "a distinção entre danos ressarcíveis e meras perdas foi realizada por meio de filtros desenvolvidos jurisprudencialmente como o nexo causal e o dano certo e direto"[147]. Analisando a função da jurisprudência, Troper enfatiza "que o direito francês da responsabilidade civil, objeto somente de alguns artigos do Código Civil, é quase totalmente jurisprudencial. É, portanto, fato que os juízes criam

---

143 CARVA, 2001, p. 57.

144 STEINER, Eva. Theory and practice of judicial precedent in France. In: DIDIER JR, Fredie; CUNHA, Leonardo Carneiro da; ATAÍDE JR., Jaldemiro Rodrigues de; MACÊDO, Lucas Buril de. *Precedentes*. Salvador: Juspodivm, 2015, p. 21-48, p. 21. "In French constitutional theory precedents do not form part of the so called 'pyramid of norms' inherited from Kelsen's conception of legal normativity (i.e. the grundnorm is the fundamental norm and all other norms are derived from it in a hierarchical structure). As a result French law does not view judicial decisions as 'norms' or official sources. This French approach to legal sources further arises out of a set of domestic rules that will be examined in this chapter, which prevent judges from interfering with the legislature in its law making function. (...) in such system as that of France (...) there has always been a tradition of hostility towards judicial precedent."

145 Ibid., loc. cit. "In practice, however, French judges routinely make rules, as judges do in other legal systems."

146 Demonstrando a importância da criação judicial do direito na França em relação ao direito administrativo e ao direito internacional privado, ver: STEINER, op. cit., p. 40-41.

147 FRAZAO, 2011, p. 762.

regras, e não apenas normas individuais"[148]. Além do exemplo trazido dos acidentes de trabalho, poder-se-ia aplicar a mesma lição em outros ramos da própria responsabilidade civil, como na evolução da responsabilidade civil do Estado ou mesmo na criação de novas hipóteses de danos, como o *wrongful birth* ou o *wrongful life*[149].

Em relação ao ordenamento jurídico pátrio, a criação judicial ocorre, porque, embora possua algumas espécies de danos catalogados[150], a responsabilidade por atos ilícitos funciona primordialmente por uma regra geral de não lesar[151]. A parir dessa cláusula geral, os juízes passaram a decidir sobre uma infinidade de situações, ora reconhecendo a reparabilidade de uma determinada espécie de dano, ora negando essa possibilidade. Houve, no curso do tempo, a especificação de novas espécies de danos e, com isso, a criação de novos direitos, novas hipóteses em que o cidadão poderia ver albergada a sua pretensão à reparação e exigir forçosamente o cumprimento da decisão que a reconhecia.

O direito é a tentativa racional de minimizar as incertezas futuras[152], por isso busca a previsibilidade e, em última análise, a segurança jurídica. Forma-se um regramento mais ou menos estável para uma determinada situação, a fim de que se possam antever as consequências de uma ação específica, evitando comportamentos lesivos e resguardando valores caros a uma comunidade. A incerteza, porém, sempre estará em jogo no desenvolvimento social, ela simplesmente é inescapável[153].

---

[148] TROPER, Michel. *A filosofia do direito*. Tradução: Ana Deiró. São Paulo: Martins Fontes, 2008, p. 117.

[149] SILVA, Rafael Peteffi da. Wrongful Conception, Wrongful Birth e Wrongful Life: possibilidade de recepção de novas modalidades de danos pelo ordenamento brasileiro. *Revista da Ajuris*, v. 37, n. 117, p. 311-341, Porto Alegre: Ajuris, set. 1999, p. 316-317. "Paradoxalmente, como veremos a seguir, os autores franceses, mesmo sem fazer parte de um sistema que tem o precedente como principal fonte de Direito, fazem referência expressa ao 'Arrêt Perruche' e a outros casos semelhantes para efetuarem os seus arrazoados."

[150] Como exemplo, citam-se os casos do art. 932, do Código Civil, ou, ainda, no caso de homicídio (art. 948, do Código Civil).

[151] Art. 927, *caput*. Aquele que, por ato ilícito (art. 186 e 187), causar dano a outrem, fica obrigado a repará-lo.

[152] LEVIT, Nancy. Ethereal Torts. *George Washington Law Review*, v. 61, n. 1, p. 136-192, nov. 1992, p. 136.

[153] Ibid., loc. cit. "Uncertainty is fashionable. This is a good thing, because it is virtually inescapable."

O inusitado, o não previsto, enfim, a novidade se faz presente em grande parte dos acontecimentos, sobretudo se se considerar a complexidade da sociedade atual, quer no âmbito local, quer no global.

O desenvolvimento de novas tecnologias, um maquinário inédito, um procedimento ou tratamento médico novo, todas são situações que geram potenciais resultados positivos, mas também são fontes de riscos até então desconhecidos. Há, assim, consequências na utilização das novidades nas relações sociais, e, não tardam, tornam-se fonte de controvérsias entre cidadãos. Há, como adverte Peteffi da Silva, um contínuo desvelar de novos bens e interesses, e o dinamismo com que isso ocorre "acaba por implicar, inexoravelmente, discussões sobre os mecanismos mais adequados para reparar lesões perpetradas a esses novos bens, gerando a ampliação constante do conceito de dano indenizável"[154].

No âmbito da responsabilidade civil, Nancy Levit denomina essas novas situações, antes impensáveis, de danos etéreos[155]. Por essa expressão, a autora designa o alargamento das espécies de danos — tendo-se em vista que a responsabilidade civil historicamente se preocupava com lesões diretas ou tangíveis às pessoas ou à propriedade — para bens e interesses intangíveis, como o bem-estar emocional, questões afetas à privacidade, quebra de confiança ou da boa-fé, privações de expectativas, a perda de uma chance (danos probabilísticos)[156]. Exemplifica a autora essas hipóteses com os casos de responsabilidade civil em massa, tratados, em ações coletivas, como dejetos tóxicos[157] — decorrentes dos avanços tecnológicos — e com o direito ao esquecimento (*right to be alone*)[158] — como proteção de questões de bem-estar emocional e de privacidade — e a doutrina do consentimento informado quanto à responsabilidade civil do médico, enquanto fenômeno

---

[154] SILVA, 1999, p. 312.

[155] LEVIT, 1992, p. 136.

[156] Ibid., p. 138-139. "The Article focuses on one aspect of the increasing uncertainty in tort law. Which I term 'ethereal' or 'ephemeral' substantive torts: causes of action for intangible or emotional injuries or deprivations of expectancy or reliance interests, the privacy torts, infliction of emotional distress, breach of confidence, breach of good faith, interference with economic expectancies, loss of a chance, or loss of choice"

[157] Ibid., p. 138.

[158] Ibid., p. 140.

ainda novo, derivado do direito à autodeterminação[159]. Agrega-se a esses exemplos a responsabilidade civil por perda de tempo útil, em que o tempo é considerado um ativo indenizável, e sua perda, uma nova categoria ou subcategoria indenizatória[160].

Mesmo diante da incerteza, do inusitado, da novidade, o cidadão tem o direito constitucional de ver a sua causa analisada pelo juiz competente, quando um conflito surge em tal cenário. Por seu turno, o Judiciário não pode deixar ao léu aquele que bate às suas portas e resolverá a questão, mesmo se ela for de primeira impressão, independentemente das circunstâncias incomuns da causa. Nesse passo, avulta, por vezes, a criação judicial do direito, uma vez que o acúmulo de casos, as diferentes teses jurídicas, ora acatadas, ora rejeitadas pelas Cortes, vão dando contornos menos largos e aparando o âmbito de incerteza da situação vivenciada.

2.3.2. A RESPONSABILIDADE CIVIL PELO NASCIMENTO INDEVIDO (*WRONGFUL CONCEPTION*) NO DIREITO COMPARADO

Um dos exemplos mais vivos da importância da jurisdição como o "motor da actualização do direito e da sua comprovação perante o horizonte sempre mutável das expectativas sociais"[161] é a hipótese da responsabilidade civil pelo nascimento indevido, também conhecido, por sua origem americana, por *wrongful conception*. O objetivo do argumento, neste ponto, reside em demonstrar como uma verdadeira hipótese de não dano e, consequentemente, de ausência do direito de reparação na hipótese aventada passa, no curso do desenvolvimento judicial do direito, a uma causa de pedir válida, cognoscível pela jurisdição e albergada, quando cumpridos os requisitos de configuração. É bem verdade que muitas demandas restam improcedentes, mas isso

---

[159] Ibid., p. 151.

[160] SILVA NETO, Orlando Celso da. Responsabilidade civil pela perda do tempo útil: tempo é um ativo indenizável? *Revista de Direito Civil Contemporâneo*, v. 4, n. 2, p. 139-162, 2015, p. 145-147. "Sem dúvida, tempo é um ativo quantificável, se nem sempre em moeda, ao menos em bem-estar ou, para usar o termo mais aceito, em utilidade. O prejuízo, no caso, é representado, no mínimo, pela perda de tempo que poderia estar sendo empregado em outra atividade mais produtiva ou prazerosa (ou seja, mais útil ao consumidor), mesmo que não se lhe possa fazer uma associação monetária direta. (...) a restrição do uso do tempo conforme desejado acarreta presumível perda de bem-estar, felicidade e utilidade."

[161] NEVES, 1995, p. 82.

se deve a questões probatórias, não do direito material debatido, que parece bem acertado no cenário nacional, qual seja, a possibilidade de reparação pelo nascimento indevido. Noutras palavras, há efetivamente uma situação de criação judicial do direito. O direito à indenização pelo nascimento indevido não existia e surgiu no cenário nacional a partir da atividade dos tribunais. Hoje, já consolidado na tradição jurídica brasileira, não há dúvida da existência de tal hipótese como um direito objetivo do ordenamento jurídico pátrio.

Busca-se, portanto, reforçar a ideia do direito como interpretação, como bem explicam as regras de cortesia de Dworkin. Não há, nesse sentido, quebras paradigmáticas. Há uma determinada prática a que se adere uma finalidade, sendo que, no mundo, os indivíduos reavaliam-na a cada aplicação e promovem ajustes (*fit*) que podem acarretar a mudança da própria prática ou de sua finalidade. Assim, a prática jurídica pode considerar, em um determinado período, uma situação como um nascimento indevido não merecedor de reparação, uma simples não lesão, principalmente pensada como um "evento abençoado", e, sucessivamente, à medida que há a repetição destes casos, no repensar de cada aplicação, ajusta-se sua finalidade, até que se considere o nascimento indevido um dano indenizável.

A responsabilidade civil pelo nascimento indevido tem raiz no *wrongful conception* do direito americano. Com o objetivo de aclarar aquilo em que consiste o instituto, é importante apartar a noção do *wrongful conception* daquelas outras causas de pedir que a ela se assemelham, como o *wrongful birth*, *wrongful life* e *wrongful pregnancy*, eis que todas derivam do nascimento de uma criança. Pode-se dizer que não há consenso firme sobre a terminologia apropriada para cada causa de agir[162], existindo distintas classificações. Entretanto, busca-se fixar, ao menos para o presente estudo, conceitos operacionais a cada um deles, para garantir maior rigor científico e, também, evitar qualquer espécie de confusao intelectiva.

---

[162] SILVA, Rafael Peteffi da; RAMMÊ, Adriana Santos. Responsabilidade civil pelo nascimento de filhos indesejados: comparação jurídica e recentes desenvolvimentos jurisprudenciais. *Revista do CEJUR/TJSC: prestação jurisdicional*, v. 1, n. 1, p. 121-143, dez. 2013. p. 124. "Kathleen Mahoney, em aprofundado artigo sobre a nomenclatura utilizada pela jurisprudência norte-americana, reafirma a falta de consenso reinante na área, (...)".

Inicia-se por este último termo — *wrongful pregnancy* —, que, para muitos, é um sinônimo da *wrongful conception*,[163] uma vez que, aqui, trata-se de casos em que há o nascimento de uma criança saudável, embora não planejada, que ocorre pela conduta culposa de um terceiro que não os pais, resultante de uma gravidez não diagnosticada (o que frustra a opção de sua interrupção, na realidade americana), pela tentativa de aborto malsucedida ou por problemas relacionados com o procedimento médico da esterilização ou da ministração de métodos contraceptivos. Há autores que distinguem os dois termos. Utilizam o *wrongful conception* para as causas baseadas em falha (negligência) no método de controle de natalidade (contraceptivo) ou nas esterilizações, em resumo, um ato que levou à concepção indesejada, diferenciando-a da *wrongful pregnancy*, que estaria destinada apenas às causas em que houve a negligência após a concepção já ter ocorrido, como no procedimento de aborto que não logrou êxito[164]. Em que pese a interessante distinção, utilizar-se-ão, nesta pesquisa, os dois termos como sinônimos, abarcando todas as hipóteses de nascimento indevido, seja por uma atuação negligente antes ou após a concepção, a qual resultou no nascimento indesejado de um filho saudável.

O *wrongful birth*, por outro lado, é a causa de pedir em que há o nascimento de uma criança com deficiência, e a conduta de um terceiro impede os pais de exercerem a opção de prevenirem a própria concepção, ou porem fim à gravidez[165]. Diferentemente da *wrongful conception*, aqui a concepção ou a gravidez eram, a princípio, desejadas. O dano está na frustração da autodeterminação do casal (sobretudo da mulher) que, se soubesse da deformidade que acometeria a prole, optaria pela não concepção ou pela interrupção da gestação. Em

---

163 SILVA, Marta Santos. Sobre a (In)admissibilidade das Ações por "Vida Indevida" (Wrongfullifeactions) na Jurisprudência e na Doutrina. O *ArrêtPerruche* e o caso André Martins. In: ANDRADE, Manuel da Costa. *Direitos de personalidade e sua tutela*. Porto: Rei dos Livros, 2013, p. 119-150, p. 122.

164 BOPP JR., James; BOSTROM, Barry A.; MCKINNEY, Donald. A. The "Rights" and "wrongs" of Wrongful Birth and Wrongful Life: A Jurisprudential Analysis of Birth Related Torts. *Duquesne Law Review*, v. 27, 1988, p. 461; SETH, Darpana. Better off unborn? An analysis of wrongful birth and wrongful life claims under the Americans with disabilities act. *Tenessee Law Review*, v. 73, summer 2006.

165 SILVA, 2013, p. 123. "Já as ações que se baseiam em *wrongfulbirth* ('gravidez indevida') correspondem ao nascimento de uma criança portadora de deficiência cuja gestação teria sido evitada ou interrompida, tivesse o diagnóstico sido correta e atempadamente efetuado."

outras palavras, não haveria o nascimento, caso fossem os genitores corretamente informados acerca da condição do feto. Assim, os pais do recém-nascido propõem a ação de reparação de danos contra o profissional ou instituição que lhes atendeu, alegando, em síntese, (*i*) a falta de informação adequada sobre os riscos de a gravidez resultar em uma criança com séria deficiência; (*ii*) falha de cuidado em realizar o procedimento pré-natal, em que a incapacidade poderia ter sido verificada; (*iii*) falha em informar o resultado dos testes já realizados. Quaisquer das falhas apontadas retirariam a possibilidade de uma decisão informada sobre a possibilidade de continuar a gravidez ou interrompê-la. Por isso, o pedido, geralmente, refere-se à indenização pelos gastos extraordinários, como médicos, educação e outros cuidados relacionados com a incapacidade da criança, além dos danos emocionais sofridos pelos pais[166].

Há em comum nos dois casos — *wrongful conception* e *wrongful birth* — a violação do direito à autodeterminação informada e à autonomia do planejamento familiar. Por isso, em ambas, os legitimados à propositura da ação são os genitores, enquanto lesados no exercício de tais direitos. Essa proximidade faz com que alguns autores classifiquem qualquer causa de pedir em relação a filhos indesejados — sadios ou não; quer por atos que tornaram possível a concepção, quer pelos que não interromperam a gravidez, como devido, como *wrongful birth*[167].

---

166 WRONGFUL birth actions: the case against legislative curtailment. *Harvard Law Review*, v. 100, n. 8, 1987, p. 2017. "In a wrongful birth action, the parents of a child suffering from birth defects sue a health care provider (most often a physician, but possibly a genetic counselor, cytogenic laboratory or hospital) for (1) failing to impart adequate information about their risk of producing a child who has a serious defect or (2) failing to perform prenatal diagnostic procedures with due care or (3) failing to report accurately the results of tests already performed. (...) The parents claim that such failures deprived them of the opportunity to make a meaningful decision whether to conceive or bear a handicapped child. Damages for wrongful birth typically include the extraordinary medical, educational, and other expenses reasonably related to the care associated with the child's impairment, as well as damages form parental emotional distress."

167 BLOCK, Norman M. Wrongful birth: the avoidance of consequences doctrine in mitigation of damages. *Fordham Law Review*, v. 53, n. 5, p. 1107-1125, 1985, p. 1109-1110. MURTAUGH; Michael T. Wrongful birth: the Courts' dilemma in determining a remedy for a "Blessed Event", *Pace Law Review*, v. 27, n. 2, p. 241-304, 2007, p. 246-247. HENSEL, Wendy F. The disabling impact of wrongful birth and wrongful life actions, *Harvard Civil Rights-Civil Liberties Law Review*, v. 40, n. 1, p. 141-195, 2005, p. 151.

Por fim, no *wrongful life* (vida indevida), a própria criança — devidamente representada — que nasce com severa deficiência é quem demandará em juízo. Frente à miserabilidade de sua própria existência, preferiria ela sequer ter nascido. O objetivo é obter uma indenização "pelo 'dano' de existirem"[168]. Essa espécie de pretensão é exercível contra um ou ambos os genitores, sendo viável o direcionamento contra o médico que tenha falhado no fornecimento de informações que provavelmente, se de conhecimento dos pais, conduziriam à interrupção da gravidez e, também, na realização de algum procedimento ou exame que, antes ou depois da concepção, pudesse indicar a anomalia.

Há quem qualifique a *wrongful life* como causa idêntica à *wrongful birth*, alterando-se tão somente o polo ativo da demanda: nesta, são os genitores, e, naquela, a própria criança[169]. Em que pese ser parcialmente correta a afirmação, quando a ação é movida devido a algum ato médico, pois, em ambas, houve a falha na atuação do profissional ou na prestação de informação, o mesmo contexto não ocorre em outras hipóteses. A depender do sistema processual de cada país que albergue essas causa de pedir, poder-se-iam imaginar os genitores e filho(a) demandando contra o médico comum, quer juntos, quer em processos autônomos, cada um buscando a reparação em nome próprio. Aqui, haveria realmente a aproximação das duas causas de pedir, entretanto não podem elas ser completamente equiparadas, porque a *wrongful life* vai além, possibilitando uma pretensão independentemente de qualquer conduta lesiva do médico. Isso ocorre, quando a ação daí decorrente é proposta contra os genitores, que, sabedores de todas as deficiências, persistiram na gestação e, assim, geraram uma situação de miserabilidade experimentado pela própria criança.

Importante destacar o cenário americano em relação às causas de nascimento indevido, uma vez que lá se originou essa causa de pedir. O desenvolvimento do instituto nos EUA diz, em muito, a própria feição que o *wrongful conception* foi tomando no direito brasileiro, portanto sua análise é interessante antes de se adentrar, propriamente dito, na construção da reparabilidade de tal espécie de dano no Brasil.

---

168 SILVA, 2013, p. 125.

169 GROBE, Rachel Tranquillo. The future of the "wrongful birth" cause of action. *Pace Law Review*, v. 12, n. 3, p. 717-756, 1992, p. 717.

A primeira causa em que houve a discussão sobre essa espécie de *tort*, em 1934, foi em *Christensen v. Thornby*[170]. Nesse caso, o autor se submeteu a uma vasectomia como forma contraceptiva, principalmente porque sua esposa já havia passado por grandes dificuldades na gravidez anterior, e uma próxima, traria um potencial risco de morte a ela. Após a realização do procedimento e a indicação do médico sobre o sucesso da esterilização, o casal voltou a manter relações sexuais, que culminaram em uma nova gravidez, o que trouxe grande angústia, além de gastos consideráveis antes e depois do nascimento da criança.

Em razão dos fatos citados, o autor propôs a ação de indenização contra o médico que lhe atendeu e realizou o procedimento. A decisão de primeiro grau afastou a pretensão, entendendo que tal espécie de contrato (para esterilização) era contra as políticas públicas locais (*public policy*), não havendo amparo legal para o pedido. A Suprema Corte de Minnesota manteve a decisão de improcedência, ainda que por motivo diverso. Sustentou a Corte que o contrato não atentava contra qualquer ponto de política pública, sendo plenamente viável em alguns Estados americanos e, por consequência, manteve a validade do negócio jurídico. Contudo, afirmou que não houve, no caso, qualquer alegação de erro médico ou de quebra contratual. A Corte valorou que o objetivo da vasectomia era impedir os perigos da gravidez à mulher do autor, e, como houve o nascimento, e a esposa sobreviveu, entendeu-se que não havia o que ser indenizado. Asseverou a Corte que, "em vez de perder sua esposa, o autor foi abençoado com a paternidade de um outro filho"[171], aduzindo que os gastos com a criação da criança não se relacionam diretamente ao procedimento efetuado.

Apesar da improcedência do pedido, o caso foi importante, para estabelecer a possibilidade de se questionar judicialmente, de tornar cognoscível a situação de erros médicos ocorridos em processos de esterilização. Assim foi a leitura da própria Suprema Corte de Minnesota, mais de quatro décadas depois, que, em *Sherlock v. Stillwater Clinic*, responsabilizou civilmente uma clínica médica pelo erro do diagnós-

---

[170] EUA. Suprema Corte de Minessota. *Christensen v. Thornby*, 192 Minn. 123, 255 N.W. 620, 1934.

[171] EUA. Suprema Corte de Minessota. *Christensen v. Thornby*, 192 Minn. 123, 255 N.W. 620, 1934.

tico do sucesso de uma vasectomia[172]. É bem verdade que houve a construção minimalista da regra do precedente (de sua *ratio decidendi*), para se obter uma resposta apropriada à nova era em que o caso foi decidido[173]. Por isso mesmo, a decisão de *Sherlock* não demonstra como o caso *Christensen* foi tomado logo após sua resolução.

Após *Christensen*, o maior caso de relevo sobre o assunto foi *Shaheen v. Knight*, na Pensilvânia, em 1957. Nesse caso, o autor, após o quarto filho, realizou uma vasectomia, eis que não teria condições financeiras de suportar a criação de outra criança. Algum tempo após a realização do procedimento, a esposa do autor engravidou, dando à luz o quinto filho do casal. O autor, então, propôs a ação de indenização contra o médico pelas despesas extras com a educação e a criação da criança até a maioridade, baseando sua pretensão na quebra do contrato estabelecido entre as partes (*breach of contract*). Em sua defesa, o médico sustentou que: (*a*) – o contrato não era válido, por violar a política pública; (*b*) – que não havia uma "garantia de cura" no Estado da Pensilvânia; (*c*) que não houve erro médico ou qualquer ato culposo na realização da cirurgia; (*d*) que não houve qualquer dano sofrido.

Ao decidir o caso, a Corte afastou as três primeiras alegações. Sustentou que não houve ofensa a questões de política pública, citando *Christensen*. Fundamentou que, apesar de não haver legalmente estabelecido, mesmo que implicitamente, uma "garantia de cura", o contrato entabulado entre as partes a previu, portanto, por disposição contratual — e não legal —, estava o médico, naquele caso específico, obrigado à obtenção do resultado. Tendo a causa natureza contratual (*breach of contract*), não havia razão para a análise de eventual culpa na conduta, eis que, aqui, a responsabilidade seria extracontratual, o que não ocorria na espécie, caindo por terra, nesse ponto, a tese do requerido. A Corte afirmou, contudo, que não havia dano a ser reparado, o que levou à improcedência do pedido.

---

[172] EUA. Suprema Corte de Minessota. *Sherlock v. Stillwater Clinic*, 260 N.W.2d 169, 1977. "Viewed in its correct posture, the *Christensen* case stands solely for the proposition that a cause of action exists for an improperly performed sterilization."

[173] EISENBERG, Melvin Aron. *The nature of the common law*. Cambridge: Harvard University Press, 1988, p. 56. "An example of the rigorous use of a minimalist approach to effect transformation in provided by the treatment of *Christensen v. Thornby* in *Sherlock v. Stillwater Clinic*."

A Corte afastou, por completo, a configuração de um nascimento normal de uma criança saudável como uma espécie de dano indenizável[174]. Assentou a tese do requerido de que o nascimento de um filho é sempre um "evento abençoado", não sendo passível de ressarcimento. Caso contrário, expressou a Corte, estar-se-ia condenando o médico ao pagamento das despesas pelo divertimento, alegria e carinho que certamente o autor teria na criação de seu filho. De forma criticável, a Corte sustentou que haveria outras pessoas dispostas a suportar tais gastos, caso fosse alterada a custódia ou mesmo pela adoção da criança, além de ter expressado que muitos acreditam que o propósito puro do casamento é a procriação[175]. Logo, deixou claro que o nascimento indesejado não seria um dano indenizável, mesmo havendo uma quebra de contrato.

A mudança de pensamento foi ocorrendo de forma lenta e gradual. As mudanças sociais, principalmente nos padrões de comportamentos decorrentes da crescente urbanização, colaboraram com a mudança de olhar sobre a importância do planejamento familiar. Os movimentos feministas, a partir da década de 60, tanto nos EUA quanto na Europa, também contribuíram para esta modificação, na medida que, a partir de então, a mulher passou gradualmente a ocupar seu espaço no mundo do trabalho[176]. Na sociedade contemporânea, a mulher possui sua

---

[174] EUA. Pensilvânia. Court of Common Pleas of Lycoming County. *Shaheen v. Knight*, 11 Pa. D. & C.2d 41, 1957. "Defendant argues, however, and pleads, that plaintiff has suffered no damage. We agree with defendant. The only damages asked are the expenses of rearing and educating the unwanted child. We are of the opinion that to allow damages for the normal birth of a normal child is foreign to the universal public sentiment of the people."

[175] EUA. Pensilvânia. Court of Common Pleas of Lycoming County. *Shaheen v. Knight*, 11 Pa. D. & C.2d 41, 1957, p. 45-46. "Many consider the sole purpose of marriage a union for having children. (...) To allow damages in a suit such as this would mean that the physician would have to pay for the fun, joy and affection which plaintiff Shaheen will have in the rearing and educating of this, defendant's fifth child. Many people would be willing to support this child were they given the right of custody and adoption, but according to plaintiff's statement, plaintiff does not want such. He wants to have the child and wants the doctor to support it. In our opinion to allow such damages would be against public policy."

[176] Obviamente, ainda se vive em um processo de desconstrução de ideais tipicamente machistas. Há uma série de questões que ainda levam as mulheres a uma luta por igualdade de gênero, seja pela ainda comum dupla jornada com o serviço doméstico, seja pela diferença de remuneração, se comparada à dos homens,

carreira própria, e tornam-se cada vez mais importantes para suas conquistas as opções de planejamento familiar, principalmente em evitar uma gravidez indesejada.

Apesar de não versar diretamente sobre o *wrongful conception*, pode-se afirmar que o julgamento que representa este início de virada no direito à reparação pelo nascimento indevido ocorreu com a decisão da Suprema Corte Americana, em *Griswold v. Connecticut*. No citado Estado americano, havia a proibição de utilização de qualquer meio que impedisse a concepção[177], aplicável, também, a toda pessoa que auxiliasse, instigasse, aconselhasse, contratasse, enfim, que ajudasse alguém a prevenir a gravidez[178]. Nessa situação de auxílio, dois médicos (o diretor executivo do *Planned Parenthood League of Connecticut* e um professor da *Yale Medical School*) foram condenados ao pagamento da multa de US$ 100.00 cada, eis que considerados culpados por dar informação, instrução e conselhos médicos a mulheres casadas que buscavam métodos contraceptivos. A condenação foi mantida nas instâncias recursais, chegando o caso até a Suprema Corte Americana, que concedeu a *certiorari*, para analisar eventual violação ao devido processo legal, previsto na 14ª Emenda[179].

A Suprema Corte reverteu o julgamento, declarando a inconstitucionalidade da legislação estadual, afirmando que houve afronta ao direito à privacidade, que se aplica no âmbito familiar. Houve intensa discussão sobre a natureza do direito perseguido, uma vez que não há expressamente no texto constitucional a menção ao direito à privaci-

---

mesmo quando exercida a mesma atividade. Para o aprofundamento da questão, ver: OLIVEIRA, Olga Maria Boschi Aguiar de. *Mulheres e trabalho*: desigualdades e discriminações em razão de gênero – o resgate do princípio da fraternidade como expressão da dignidade humana. Rio de Janeiro: Lumen Juris, 2016.

[177] EUA. Suprema Corte. *Griswold v. Connecticut*, 381 U.S. 479, 1965. "Any person who uses any drug, medicinal article or instrument for the purpose of preventing conception shall be fined not less than fifty dollars or imprisoned not less than sixty days nor more than one year or be both fined and imprisoned."

[178] Ibid. "Any person who assists, abets, counsels, causes, hires or commands another to commit any offense may be prosecuted and punished as if he were the principal offender."

[179] Vale lembrar que a Constituição americana não prevê expressamente a privacidade como um direito constitucional do cidadão. Assim, construiu-se, no direito americano, o entendimento de que ela derivaria do devido processo legal substancial.

dade. Alguns juízes situaram tal direito como decorrente da 1ª Emenda (direito à reunião), do devido processo substancial (14ª Emenda), enquanto outros, nos direitos enumerados na 9ª Emenda ou mesmo por ser um direito implícito na tradição e história americana (uma argumentação que remete ao direito natural).

Obviamente, não sendo um caso de *wrongful conception*, não poderia se esperar que essa decisão paradigmática da Suprema Corte modificasse, de pronto, a concepção dos tribunais sobre a matéria. A inovação foi o reconhecimento do direito à privacidade no âmbito familiar, que fez nascer uma visão protetiva do cidadão ao controle familiar, principalmente em relação ao direito de fazer uso de métodos contraceptivos. Como afirmam Cohen, Varat e Amar, o ensinamento de *Griswold* é o de que a Constituição protege, contra a intromissão estatal, as decisões individuais a respeito da procriação[180]. Esse reconhecimento levou ao direito ao abortamento[181], à inconstitucionalidade de leis que puniam a sodomia[182] e, ainda em momento anterior aos dois casos, ao direito à reparação pelo nascimento indesejado, pela violação do direito ao planejamento familiar, que se encontra no âmbito do direito à privacidade.

Em 1967, dois anos após a decisão em *Griswold*, ocorreu o primeiro julgamento, em *Custodio v. Bauer*, que reconheceu a ocorrência do *wrongful conception*, concedendo-se a indenização de tal espécie de dano. O casal Custodio propôs uma ação indenizatória contra três médicos, alegando que os requeridos alertaram que a esposa já havia filhos suficientes para a sua idade e que uma futura gravidez poderia agravar seus problemas de bexiga e rim, propondo a realização da esterilização (laqueadura tubária). O procedimento foi realizado, mas, passadas aproximadamente dezoito meses, houve nova gravidez. A Corte considerou que houve *negligence* no processo de esterilização, que resultou no nascimento indesejado. A condenação abarcou os custos de criação e os relativos à educação da criança até sua maioridade.

A partir de *Custodio*, o *wrongful conception* se tornou uma causa de pedir bem sedimentada nos EUA. Em 1992, trinta e quatro Estados, além do Distrito de Columbia, reconheceram a possibilidade de repa-

---
[180] COHEN, William; VARAT, Jonathan D.; AMAR, Vikram. *Constitutional law*: cases and materials. 12 ed. Nova Iorque: Foundation Press, 2005, p. 590.
[181] EUA. Suprema Corte. *Roe v. Wade*, 410 U.S. 113, 1973.
[182] EUA. Suprema Corte. *Lawrence v. Texas*, 539 U.S. 558, 2003.

ração, e apenas o Estado de Nevada barrava as causas sobre *wrongful conception*[183]. À exceção deste último Estado, a discussão gira em torno daquilo que é ressarcível. Há Estados em que se permite uma ampla reparação (*full recovery*); em outros, ela é limitada (*limited damages rule – limited recovery*); alguns seguem a *benefit rule* (*compensatio lucri cum damno*)[184]. Block catalogou as espécies de reparações concedidas para casos de *wrongful conception*: (*a*) todas as despesas médicas da gravidez indesejada; (*b*) a perda de rendimentos da mãe, durante a gravidez; (*c*) a dor e o sofrimento resultantes da gravidez e do nascimento; (*d*) a *loss of consortium*[185]; (*e*) a angústia mental e o sofrimento emocional dos pais; e (*f*) o custo de criação da criança até a sua maioridade[186].

2.3.3. A REPARAÇÃO PELO NASCIMENTO INDEVIDO COMO DIREITO JUDICIALMENTE CRIADO NO BRASIL

Realizada a distinção entre as diferentes causas de pedir, limitar-se-á, aqui, à análise do *wrongful conception*, cujo desenvolvimento judicial no Brasil já está mais estabilizado. Sobre as demais, basta dizer, neste momento, que há certas particularidades que não as aproximam tanto da realidade brasileira[187]. Isso porque dependem elas da frustração do

---

[183] MEE, Jennifer. Wrongful conception: the emergence of a full recovery rule. *Washington University Law Review*, v. 70, n. 3, p. 887-914, jan. 1992, p. 887-888. "Within the last twenty-five years, courts in thirty-four states and the District of Columbia have recognized this cause of action; only Nevada has judicially barred claims for wrongful conception."

[184] cf. PETEFFI DA SILVA, Rafael; LUIZ, Fernando Vieira. A compensatio lucri cum damno: contornos essenciais do instituto e a necessidade de sua revisão nos casos de benefícios previdenciários. *Revista de Direito Civil Contemporâneo*, a. 4, v. 13, p. 281-312, 2017.

[185] GARDNER, 2009, p. 1031. "1. A loss of the benefits that one spouse is entitled to receive from the other, including companionship, cooperation, aid, affection, and sexual relations. Loss of consortium can be recoverable as damages from a tortfeasor in a personal-injury or wrongful-death action. (...) 2. A similar loss of benefits that one is entitled to receive from a parent or child."

[186] BLOCK, 1985, p. 1109-1110.

[187] SILVA; RAMMÊ, 2013, p. 130. "Mesmo sob essa nova perspectiva, ainda observa-se que as hipóteses clássicas de *wrongful birth*, por estarem vinculadas a gestações planejadas (que acabaram frustrando a 'estratégia procriativa' dos pais), ainda mantém uma dependência muito grande do direito ao abortamento voluntário encontrado em outros países."

controle familiar e da autonomia do casal, sobretudo pelo exercício voluntário da interrupção da gravidez, ou seja, quando há um "direito subjetivo ao abortamento"[188]. Ocorre que, via de regra, o aborto ainda é considerado ilegal no Brasil. Trata-se, ainda, de uma figura típica (crime), submetida ao tribunal do júri, eis que doloso praticado contra a vida[189]. Somente em hipóteses restritíssimas a interrupção é autorizada por lei, quais sejam, nos casos de aborto necessário, em que não há outro meio de salvar a vida da gestante, e no de gravidez oriunda de estupro[190]. Somando-se às causas legais, a interrupção da gravidez de fetos anencéfalos também é lícita, como definido pelo STF em controle concentrado de constitucionalidade[191].

Há, entretanto, alguns fatores que possibilitam antever um futuro crescimento de importância dessas novas hipóteses de danos. Um dos exemplos é a atual diretiva do Ministério da Saúde, de 2004, que diz não ser necessária a realização de boletim de ocorrência para a prática do aborto, em caso de gravidez advinda de estupro[192]. Ainda que alguns entes federados tenham editado normas em que essa exigência era feita, as decisões judiciais, de uma forma geral, já reconheciam a ilegalidade de tais atos, salientando o entrave causado por tal requisi-

---

188 SILVA, Rafael Peteffi da. Novos direitos, reparação dos pais pelo nascimento de filhos indesejados e a tutela do "direito de não nascer": um diálogo com o ordenamento francês. In: SILVA, Reinaldo Pereira e (Org.). *Novos direitos*: conquistas e desafios. Curitiba: Juruá, 2008, p. 183-209.

189 Trata-se dos casos de aborto provocado pela gestante ou com seu consentimento (Art. 124 - Provocar aborto em si mesma ou consentir que outrem lho provoque: Pena - detenção, de um a três anos), do aborto provocado por terceiro (Art. 125 - Provocar aborto, sem o consentimento da gestante: Pena - reclusão, de três a dez anos; Art. 126 - Provocar aborto com o consentimento da gestante: Pena - reclusão, de um a quatro anos. Parágrafo único. Aplica-se a pena do artigo anterior, se a gestante não é maior de quatorze anos, ou é alienada ou débil mental, ou se o consentimento é obtido mediante fraude, grave ameaça ou violência). A legislação penal ainda prevê a forma qualificada ao aborto praticado por terceiro, cuja pena é aumentada em um terço, se resultar lesão corporal grave à gestante e, ao dobro, se lhe sobrevém a morte (art. 127 do CP).

190 Art. 128 do CP.

191 BRASIL. STF. *ADPF 54*, Rel. Min. Marco Aurélio, Tribunal Pleno, julg. em 12/04/2012, DJe-080, div. 29-04-2013, pub. 30-04-2013, RTJ, v. 226, n. 1, p.11.

192 SILVA, RAMMÊ, 2013, p. 130.

to[193]. A retirada da exigência do boletim de ocorrência pode aumentar o número de abortos legalmente realizados e, assim, suscitar futuras questões sobre a incidência dos institutos.

Outra questão importante foi o julgamento da ADPF 54[194]. Ampliaram-se, a partir da citada decisão, as hipóteses de abortos voluntários, fazendo incluir a possibilidade de interrupção da gravidez de fetos anencéfalos. Isso potencializou, por certo, a realização de procedimentos tendentes ao aborto e, no âmbito jurídico, criou um direito subjetivo ao abortamento. Disso decorre, ao menos em tese, uma causa de aplicação do *wrongful birth* no cenário nacional. Imagine-se a seguinte hipótese: Pedro e Maria desejam um filho, e a concepção ocorre. Zelosa, Maria é acompanhada durante toda a gestação por Tiago, médico obstetra e ginecologista. Contudo, por visível negligência, Tiago não realiza o exame próprio para identificar possível anencefalia fetal, que somente foi verificada no momento do parto. Por conseguinte, o casal permaneceu sem conhecer tal circunstância pela negligência médica, sendo que, caso fossem cientificados da anencefalia, optariam pela interrupção da gravidez. Por ser uma circunstância que impossibilita a vida extrauterina, a criança vem a óbito algumas horas depois do parto.

A questão posta é se haveria eventual direito a reparação, por aplicação da *wrongful birth*. Nesse caso hipotético, a resposta parece ser positiva. Houve uma concepção desejada, mas, por uma conduta ne-

---

[193] BRASIL. TRF2. *Apelação cível 2007.51.01.017986-4*. 6ª Turma Especializada public. 08/11/2010. "A exigência da apresentação do Boletim de Ocorrência como condição para o fornecimento de assistência médica para a realização do abortamento ético também constitui para a mulher um inaceitável constrangimento, que, na prática, pode afastá-la do serviço público de saúde e impedir o fornecimento do indispensável tratamento médico em razão da violência sexual sofrida, a qual pode acarretar a sua morte ou inúmeras sequelas, muitas irreversíveis, com consequente custo social elevadíssimo. (...) Além de ilegal, inconstitucional e constrangedora, como acima ficou consignado, a exigência da apresentação do Boletim de Ocorrência (mero registro da comunicação do fato à polícia) é totalmente ineficaz, pois tal documento não se presta a fazer prova do fato noticiado como criminoso e, por isso, obviamente, não é hábil para dar qualquer segurança ao serviço público, nem ao médico nem à sociedade, quanto à ocorrência da violência sexual que deu causa à gestação."

[194] BRASIL. Supremo Tribunal Federal. *ADPF 54*, Rel. Min. Marco Aurélio, Tribunal Pleno, julg. em 12/04/2012, DJe-080, div. 29-04-2013, pub. 30-04-2013, RTJ, v. 226, n. 1, p.11.

gligente do médico, o casal não foi cientificado de uma circunstância que, se sabida, levaria à opção da interrupção da gravidez. Tolheu-se de Pedro e Maria, portanto, a possibilidade de escolha entre a manutenção ou o término da própria gravidez. Mais, seria o aborto a opção do casal, caso soubesse da anencefalia. Frustrou-se, assim, o direito subjetivo ao abortamento do feto anencéfalo.

Obviamente, tendo em vista a morte precoce da criança, fica excluído grande parte dos danos materiais tipicamente existentes em causas de *wrongful birth*, como indenização por gastos médicos ou com educação, além de cuidados extraordinários relacionados à própria incapacidade. Contudo, há a viabilidade, ainda, da existência de alguma diminuição patrimonial passível de reparação, como o gasto com o funeral (tendo em vista que o ato não ocorreria, caso fosse procedida a interrupção da gravidez logo após o correto diagnóstico). Além disso, restariam o que a doutrina americana chama de danos emocionais, o que, no direito pátrio, transmutar-se-iam em danos morais.

Feitas as considerações, cabe agora adentrar especificamente na questão da criação judicial do direito à reparação dos danos pelo nascimento indesejado. O início das questões envolvendo o nascimento indevido é recente. A primeira política pública sobre o planejamento familiar (e da mulher) ocorreu em 1983, com o Programa de Assistência Integral à Saúde da Mulher, cujo foco era, principalmente, dar acesso à informação sobre anticoncepcionais orais[195]. Além disso, até a Lei nº 9.263/96, a utilização de métodos contraceptivos, como a laqueadura tubária e a vasectomia, não encontrava regulação legal, a par de serem procedimentos comumente realizados. De fato, não havia uma proibição expressa. Em que pese serem efetivamente utilizadas, essas técnicas de esterilização não suscitavam questões jurídicas em relação à falha no resultado, quando a gravidez sobrevinha à realização do procedimento médico. Não se tratava de questão que pudesse ser juridicamente acertada, não era cognoscível e, como tal, sequer despertava a atuação de qualquer tribunal. Nesse ponto, parecia vigorar, na consciência jurídica em geral, justamente, tal como ocorria nos EUA, a visão do nascimento como "evento abençoado," tanto que não havia qualquer pretensão à reparação, e mesmo os mais diligentes advogados não questionavam perante os tribunais causas desse jaez.

---

[195] BECKER, Mariana Juliato; HOFFMANN, Eduardo. Ligação tubária e seus aspectos legais. *Revista Thêma et Scientia*, jan./jun. 2015, p. 24.

Somente em meados da década de 90, as causas dessa natureza passaram a fazer parte dos casos resolvidos pelo Judiciário, e, algum tempo depois, começaram a surgir os primeiros acórdãos de tribunais variados pelo Brasil[196]. Na virada do século, as causas dessa natureza se multiplicaram, encontrando certo consenso sobre a possibilidade de reparação do nascimento indevido. Tendo em vista, contudo, os requisitos para tanto, quais sejam, a comprovação de ação culposa ou da falta de informação, grande parte das demandas era julgada inteiramente improcedente.

Este despertar relativamente tardio explica o fato de a tese do "evento abençoado" não ter tido tanta força, para barrar completamente o reconhecimento do nascimento indevido como dano indenizável. Esse fundamento foi — e ainda é — utilizado em várias decisões, mas, geralmente, como forma de reduzir ou excluir os danos morais, mantendo-se os materiais ou vice-versa. Dificilmente, entretanto, o fundamento do nascimento como um acontecimento sempre feliz foi utilizado, para considerar a gravidez indesejada como espécie de dano indenizável.

As disputas foram ocorrendo até chegarem ao STJ, que teve um importantíssimo papel na sedimentação do nascimento indevido como um dano indenizável. Os julgamentos da Corte criaram, no cenário nacional, o direito objetivo à reparação pelo nascimento indevido. Pouco a pouco, portanto, a indenização por conta do nascimento indevido foi sendo reconhecida no direito brasileiro. Importante passo à concretização da reparabilidade de tal espécie de dano, foi o julgamento do REsp 918.257/SP, conhecido como caso Diane 35[197]. Embora essa decisão não seja tão comentada como o famoso "caso das pílulas de farinha", tem-se que, na verdade, foi o *leading case* sobre o assunto, em que, pela primeira vez, o STJ afastou a tese do "evento abençoado" e, não conhecendo o recurso, manteve a responsabilização civil da empresa requerida, como determinado pelo TJSP. É bem verdade que o julgamento do caso Microvlar (das pílulas de farinha) começou anteriormente, mas, tendo em vista a sua interrupção pelo sucessivo pedido de vistas

---

[196] SANTA CATARINA. TJSC, *Apelação Cível n. 1996.009993-0*, de Itajaí, rel. Des. Wilson Guarany, j. 24-06-1997; SÃO PAULO. TJSP, *Processo n. 9131015-47.1997.8.26.0000*, Relator: Guimarães e Souza, 1ª Câmara de Direito Privado, julg. em 02/03/1999.

[197] BRASIL. Superior Tribunal de Justiça. *REsp 918.257/SP*, Rel. Ministra Nancy Anfrighi, Terceira Turma, julg. em 03/05/2007, DJ 23/11/2007, p. 465.

de outros Ministros, houve primeiramente a conclusão do julgamento (com a consequente publicação do acórdão) do caso Diane 35.

No julgamento, fixou-se o direito à indenização pelo nascimento indevido motivado pela falha do produto. No caso, a autora usava regularmente o anticoncepcional Diane 35, e, nos idos de 1996, houve a produção irregular de um lote do medicamento. Em vez das 21 drágeas, constavam na cartela apenas 20 delas, e, em razão disso — alegou a autora —, houve a concepção indesejada. Por sua vez, a empresa produtora contestou, asseverando, além de defesas processuais (inépcia da inicial e ilegitimidade passiva), que o anticoncepcional possui uma margem de erro de 2% dos casos, e, sabedora dessa situação, deveria a autora ter adotado, em conjunto, outro método contraceptivo, ou optado pela abstinência sexual. Além disso, sustentou que, mesmo a gravidez não esperada, "é recebida com muita satisfação, pois não se pode indesejar um filho desta forma, é como rejeitá-lo desde a concepção". Confirmou-se, todavia, o problema com um lote do produto, que efetivamente foi colocado à venda com uma drágea a menos que o devido. Após a sentença de improcedência, pela falta de comprovação de ingestão do anticoncepcional, sobreveio a reforma da decisão pelo TJSP, que concedeu a indenização por danos morais, afastando os patrimoniais, eis que não comprovados. Depois, houve a interposição do Recurso Especial, sem o questionamento, nessa via estreita, das defesas processuais anteriormente expostas.

Sobre a questão da margem de erro do produto, ressaltou a Relatora que não tratava disso a causa de pedir. A situação era a de defeito do produto, pela falta da drágea. Não pretendia a autora a indenização pelo fato de ter usado regularmente o produto e, ainda assim, ter sobrevindo a gravidez. Assim, a questão estava relacionada "às consequências de uma falha na produção do contraceptivo, e não ao nível genérico de garantia que este oferece". O argumento da utilização, em conjunto, de outro método contraceptivo ou da "abstinência sexual" foi veementemente rejeitado[198], ressaltando-se, novamente, o incontroverso defeito do produto.

---

198 BRASIL. Superior Tribunal de Justiça. *REsp 918.257/SP*. Rel. Min. Nany Andrighi, Terceria Turma, julg. em 03/05/2007, DJ 23/11/2007, p. 465. "Relevando-se a parte final do argumento citado [da abstinência sexual], cuja falta de seriedade só poderia, realmente, ter merecido da parte adversa o comentário literal de que uma argumentação desse nível é apropriada apenas para uma 'roda de bar' (fls. 121), é necessário ainda assim anotar que a discussão quanto ao nível genérico de eficácia

Ainda que não seja o ponto principal para o argumento pretendido pelo estudo, nesse particular, uma interessante questão tratada no recurso foi sobre o ônus da prova. Reconhecer a efetiva compra e o consumo de uma cartela defeituosa era uma prova impossível para quaisquer das partes. Havia uma prova duplamente diabólica. O STJ afirmou que não houve afronta ao art. 333, I, do CPC/73, uma vez que a atribuição de tal ônus à empresa ré decorreu da iluminação que o direito material do consumidor trazia ao processo civil. Apesar de não enfrentada pela Corte, a situação aqui aventada é a de "inesclarecibilidade," ou seja, realizada a produção probatória, não houve elementos, para que o juiz chegasse a um grau mínimo de convicção sobre a existência ou não de fato essencial à decisão[199]. Assim, deveria verificar "qual das partes assumiu o 'risco de inesclarecibilidade', submetendo-se à possi-

---

dos anticoncepcionais é completamente irrelevante para o deslinde da controvérsia. (...) Assim, para além da discriminatória pretensão da ora recorrente em obter uma declaração judicial de que o débito conjugal é um dever condicionado à situação financeira do casal, podendo ser negado pela mulher pobre em face do risco de gravidez indesejada, é necessário ressaltar que essa linha de argumentos serviria, pela sua generalidade, para afastar a responsabilidade da Schering em toda e qualquer hipótese relacionada à ineficiência de um contraceptivo, ainda que, apenas para citar um exemplo no qual a realidade foi mais criativa do que qualquer possível ficção, este seja produzido com farinha."

[199] DIDIER JR, Fredie; BRAGA, Paula Sarno; OLIVEIRA, Rafael Alexandria de. *Curso de direito processual civil*. 10ª ed. v. 2. Salvador: Juspodivm, 2015, p. 116. "Tome-se o seguinte exemplo, extraído da doutrina de Gerhard Walter. Um nadador iniciante faleceu na piscina de um clube social (de nadadores), de grande profundidade, que jamais fora identificada ou sinalizada como imprópria para os neófitos – como determinam as leis. Seus familiares ajuizaram ação indenizatória em face do clube social sob o argumento de que a vítima morreu afogada. O clube social, em sua defesa, sustenta que o falecimento deu-se por um colapso cardíaco ou circulatório, o que é fato natural excludente de nexo de causalidade. Ao longo do processo, constatou-se que nenhum dos fatos (afogamento ou colapso) era passível de prova — sequer por indício —, imperando a dúvida, uma 'situação de inesclarecibilidade'. Perceba-se, contudo, que o clube social, ao furtar-se de cumprir seu dever legal de definir a piscina como imprópria para uso de iniciantes, aceitou o risco de causar acidentes deste viés e produzir dano, bem como o risco de não deter meio de prova apto a excluir o nexo de causalidade entre o descumprimento do seu dever de proteção/prevenção (com sinalização devida) e o acidente fatal. Assumiu, pois, o risco da 'inesclarecibilidade', devendo o julgador inverter o ônus da prova, antes da sentença — em tempo de exercer o contraditório —, para, empós, condená-lo a indenizar a vítima."

bilidade de uma decisão desfavorável"[200]. No caso, pelo próprio risco de empresa ou pelo incontroverso defeito no produto, não há dúvida de que o "risco de inesclarecibilidade" recaía sobre a empresa ré.

Sobre a questão do "evento abençoado", a requerida sustentou que "não se pode crer, nunca, que a dor supere a alegria de gerar um filho"[201]. A Relatora afastou a tese, valendo-se de seu voto no caso Microvlar — que estava, naquele momento, pendente de julgamento pelo pedido de vistas —, em que o defeito do produto frustra o direito à opção da mulher de engravidar. Tendo em vista que esse caso teve seu julgamento encerrado em primeiro lugar, trata-se da primeira oportunidade em que o STJ considerou indenizável o dano do nascimento indevido.

Em que pese ter sido o caso Diane 35 o primeiro sobre o assunto no âmbito do STJ, foi o caso Microvlar (das "pílulas de farinha") que firmou este direito objetivo (de reparação pelo nascimento indevido) e popularizou a matéria. Até então, as decisões judiciais que tratavam do tema não o faziam de forma consistente. Apesar de haver uma mudança com a fase anterior, de pura não indenização, ainda pairavam dúvidas, eis que as cortes ora admitiam a reparação, ora a negavam. A decisão do STJ sobre o assunto, entretanto, colocou certa ordem nesse estado de coisas. Em 2007, a Corte decidiu o paradigmático caso das "pílulas de farinha", do anticoncepcional Microvlar[202]. Tratava-se de uma ação civil pública proposta pelo PROCON e pelo Ministério Público do Estado de São Paulo. Alegaram, em suma, que a empresa requerida, ao realizar testes no maquinário, acabou por produzir um lote do medicamento sem o princípio ativo próprio e, por conduta culposa, deixou que os placebos fossem colocados no comércio, ocasionando a gravidez indesejada de várias mulheres que dele faziam uso.

Em primeiro grau, sobreveio a procedência do pedido, com a condenação da requerida ao pagamento de danos morais coletivos. Em sede recursal, o TJSP manteve a decisão, alterando, exclusivamente, a questão da tutela antecipada, no que não tivera ainda surtido efeitos. Em seguida, foi interposto o Recurso Especial, questionando a violação

---

[200] Ibid., loc. cit.

[201] BRASIL. Superior Tribunal de Justiça. *REsp 918.257/SP*. Rel. Min. Nany Andrighi, Terceria Turma, julg. em 03/05/2007, DJ 23/11/2007, p. 465.

[202] BRASIL. Superior Tribunal de Justiça. *REsp 866.636/SP*. Rel. Min. Nancy Andrighi, Terceira Turma, julgado em 29/11/2007, DJ 06/12/2007, p. 312.

de diversos dispositivos de leis federais. A Relatora do recurso, Min. Nancy Andrighi, afastou as defesas processuais (cerceamento de defesa pelo julgamento antecipado da lide e a pretensa ilegitimidade ativa), sustentando serem aplicáveis ao caso as disposições do CDC.

Asseverou que era incontroversa a matéria fática da produção do placebo e de sua distribuição ao consumo humano, atestando a Relatora a ineficiente supervisão da requerida quanto ao processo de fabricação em geral e, especificamente, no transporte e incineração das pílulas sem o princípio ativo. Destacou ser desnecessário perquirir se houve ou não voluntariedade na distribuição, eis que o fato de não ter o cuidado necessário na fabricação (salientando-se que as embalagens entre o medicamento original e as das pílulas testes eram idênticas, o que viola a legislação sanitária regente) e descarte do material já era o suficiente à configuração da responsabilidade da requerida. Sobre a tese de culpa exclusiva de terceiro levantada pela requerida, a Relatora indicou que não era matéria viável de análise, uma vez que se imiscuía na situação fática (reanálise de provas), o que é vedado no âmbito do recurso especial. Ademais, a delimitação fática do TJSP foi diversa da alegada pela parte, sendo soberana a análise fática realizada por aquele Tribunal[203].

A questão aqui de maior importância diz respeito ao reconhecimento pelo STJ do direito ao planejamento familiar, sobretudo da opção da mulher no momento de ter filhos e, consequentemente, do direito à indenização, quando lhe é tolhida essa escolha[204]. Alegava a empresa requerida a tese do "evento abençoado", aduzindo que o resultado da gravidez, ainda que indesejada, foram sentimentos positivos diante da nova vida. Sobre a alegação, a Relatora asseverou que ele leva a um paradoxo, qual seja, "de se ter uma empresa produtora de anticoncepcionais defendendo que seu produto não deveria ser consumido, pois a maternidade, ainda que indesejada, é associada à idéia de felicidade humana"[205]. Concluiu, portanto, que o objetivo do medicamento é justamente o de evitar a gravidez, e, frustrado o resultado, dá azo à indenização. Assim, sumarizou a Ministra Relatora:

---

[203] BRASIL. Superior Tribunal de Justiça. *REsp 866.636/SP*. Rel. Min. Nancy Andrighi, Terceira Turma, julgado em 29/11/2007, DJ 06/12/2007, p. 312.

[204] Ibid., loc. cit.

[205] Ibid., loc. cit.

O dever de compensar danos morais, na hipótese, não fica afastado com a alegação de que a gravidez resultante da ineficácia do anticoncepcional trouxe, necessariamente, sentimentos positivos pelo surgimento de uma nova vida, porque o objeto dos autos não é discutir o dom da maternidade. Ao contrário, o produto em questão é um anticoncepcional, cuja única utilidade é a de evitar uma gravidez. A mulher que toma tal medicamento tem a intenção de utilizá-lo como meio a possibilitar sua escolha quanto ao momento de ter filhos, e a falha do remédio, ao frustrar a opção da mulher, dá ensejo à obrigação de compensação pelos danos morais, em liquidação posterior[206].

Em conclusão, o STJ não conheceu o Recurso Especial, mantendo a condenação da requerida, nos termos do acórdão recorrido do TJSP. Houve a interposição de embargos de declaração, que foram rejeitados pelo STJ[207]. Em seguida, ingressou-se com embargos de divergência, que, monocraticamente, não foram conhecidos. No agravo regimental contra tal decisão, a Corte Especial do STJ manteve a monocrática, não conhecendo o recurso[208].

É bem verdade que uma questão salta aos olhos. O Recurso Especial não foi conhecido. Essa foi a decisão final da Corte. O que pode ser questionado é a extensão da aplicação do julgado como precedente, uma vez que a construção da sua *ratio* só pode levar em conta os fatos materiais necessários à conclusão do não conhecimento, o que afastaria a própria análise da questão de mérito. Mesmo porque, não passando sequer pelo juízo de admissibilidade, não poderia ocorrer o próprio efeito substitutivo do recurso[209], e, por consequência, não haveria força precedencial no acórdão analisado.

---

[206] BRASIL. Superior Tribunal de Justiça. *REsp 866.636/SP*. Rel. Min. Nancy Andrighi, Terceira Turma, julgado em 29/11/2007, DJ 06/12/2007, p. 312.

[207] BRASIL. Superior Tribunal de Justiça. *EDcl no REsp 866.636/SP*. Rel. Min. Nancy Andrighi, Terceira Turma, julgado em 19/02/2008, DJe 05/03/2008.

[208] BRASIL. Superior Tribunal de Justiça. *AgRg nos EREsp 866.636/SP*. Rel. Min. Castro Meira, Corte Especial, julgado em 15/10/2008, DJe 20/11/2008.

[209] MIRANDA DE OLIVEIRA, Pedro. *Ensaios sobre recursos e assuntos afins*. São Paulo: Conceito, 2011, p. 55. "(...) apenas se pode falar em efeito substitutivo do recurso na hipótese de o juízo de admissibilidade do recurso ser positivo. Em outras palavras, o recurso foi conhecido e, consequentemente, seu mérito apreciado. Caso contrário, não terá ocorrido pronunciamento do órgão *ad quem* sobre o acerto ou não do julgamento impugnado, inexistindo, portanto, o efeito substitutivo nesta hipótese."

Acredita-se, contudo, que a resposta deve seguir outro caminho. A questão é que o STJ — e os tribunais superiores em geral — utiliza equivocadamente a negativa do juízo de admissibilidade, quando está apreciando, em verdade, o próprio mérito recursal. Como afirma Miranda de Oliveira, "(...) não são poucos os casos em que se observa certa confusão entre esses dois juízos, sobretudo nos ditos recursos de fundamentação vinculada"[210], como o recurso especial. Isso era um dos reflexos daquilo que se convencionou chamar de "jurisprudência defensiva" (ou "jurisprudência ofensiva", como sugere Miranda de Oliveira[211]), que o CPC/15 tenta extirpar da prática judiciária, principalmente pela primazia da análise do mérito.

Com efeito, em que pese a decisão final do STJ ser pelo não conhecimento, a verdade é que se conheceu da matéria. Tanto é, que o referido Tribunal analisou as teses jurídicas lançadas pelo recorrente, quer processuais, quer oriundas do direito material. Não houve tão somente a observação de dissídio jurisprudencial, prequestionamento ou de qualquer outro requisito de admissibilidade (externo ou interno). Ocorreu o profundo debate sobre a questão central — a responsabilidade civil da empresa —, e se acertou a crise de direito material existente no processo, considerando-se a requerida responsável civilmente pela gravidez indesejada de uma série de consumidoras, condenando-a, na ação civil pública, ao pagamento de danos morais coletivos. Assim, o equívoco foi não conhecer do recurso após tê-lo feito. Nesse passo, o julgamento efetivamente detêve força suficiente a influenciar os tribunais pátrios e, de fato, independente do conhecimento ou não do recurso, a decisão do STJ se tornou paradigmática no que diz respeito à responsabilidade civil pelo nascimento indevido no Brasil.

A partir dessa decisão, o STJ passou a admitir, com consistência, o direito à indenização pela gravidez indesejada decorrente da ingestão

---

[210] Ibid., p. 56.

[211] MIRANDA DE OLIVEIRA, Pedro. *Novíssimo sistema recursal conforme o CPC/2015*. 2ª ed. Florianópolis: Empório do Direito, 2016, p. 71. "(...) a meu ver, é, na verdade, *jurisprudência ofensiva*: ofende o princípio da legalidade; ofende o princípio da inafastabilidade do controle jurisdicional; ofende o princípio do contraditório; ofende o princípio da boa-fé; ofende o princípio da cooperação. Enfim, ofende o bom senso, a segurança jurídica e o princípio da razoabilidade. É ofensiva ao exercício da advocacia, pois coloca em xeque a relação cliente/advogado. E, dessa forma, ofende a cidadania."

do anticoncepcional sem o princípio ativo[212]. Mesmo em casos em que houve a improcedência do pedido de reparação, por questões probatórias[213], reconheceu-se o nascimento indevido como uma espécie de dano indenizável[214]. Apenas em um caso houve, ainda que como mero *obter dicta*, a exaltação da tese do "evento abençoado." Embora tenha consignado a regra da reparabilidade pelo nascimento, na forma como já decidida na ação civil pública do caso Microvlar, a Corte afastou o nexo de causalidade, uma vez que a utilização do anticoncepcional teria sido antes do início dos testes com placebo. Ao final, contudo, fez constar o Relator que:

> Finalmente, gostaria de consignar que inobstante a própria autora reconhecesse a sua satisfação com o nascimento da criança, ajuíza a presente ação alegando "dano moral" argumentando ter sofrido prejuízo, quando ela própria, repito, afirmou que "hoje seu filho está com muita saúde e muito amado pelos familiares. (sic)"(fls. 970). Não compreendo como alguém que ame seu filho possa dizer que sofreu prejuízo para pedir indenização por dano moral, pois o dano moral não tem cabimento, em tese, quando o ato atacado traz satisfação e amor, embora se viesse alegar uma gravidez indesejada como fundamento a indenização pecuniária[215].

O argumento é interessante, na medida em que o Relator acreditava ser indevida qualquer reparação em virtude do nascimento de uma criança sadia, basicamente agasalhando a tese do "evento aben-

---

212 BRASIL. Superior Tribunal Justiça. *AgRg no REsp 1192792/PR*. Rel. Min. Paulo de Tarso Sanseverino, Terceira Turma, julg. em 20/09/2012, DJe 26/09/2012; BRASIL. Superior Tribunal Justiça. *REsp 1120746/SC*, Rel. Min. Nancy Andrighi, Terceira Turma, julgado em 17/02/2011, DJe 24/02/2011; BRASIL. Superior Tribunal Justiça. *AgRg no Ag 1157605/SP*, Rel. Min. Vasco Della Giustina, Terceira Turma, julgado em 03/08/2010, DJe 16/08/2010; BRASIL. Superior Tribunal Justiça. *REsp 1096325/SP*, Rel. Min. Nancy Andrighi, Terceira Turma, julgado em 09/12/2008, DJe 03/02/2009.

213 Geralmente por falta de prova do nexo causal, seja porque o período da gravidez não coincide com o da distribuição das "pílulas de farinha", por não comprovar ser a parte usuária do medicamento, ou por não o ingerir de acordo com as especificações (pulando dias ou dando o intervalo errado entre uma cartela e outra).

214 BRASIL. Superior Tribunal de Justiça. *AgRg no AREsp 229.127/SP*, Rel. Min. Maria Isabel Gallotti, Quarta Turma, julgado em 25/02/2014, DJe 05/03/2014; BRASIL. Superior Tribunal de Justiça. *REsp 720.930/RS*, Rel. Min. Luis Felipe Salomão, Quarta Turma, julgado em 20/10/2009, DJe 09/11/2009; BRASIL. Superior Tribunal de Justiça. *REsp 883.612/ES*, Rel. Min. Honildo Amaral de Mello Castro, Quarta Turma, julgado em 08/09/2009, DJe 21/09/2009.

215 BRASIL. Superior Tribunal de Justiça. *REsp 883.612/ES*, Rel. Min. Honildo Amaral de Mello Castro, Quarta Turma, julgado em 08/09/2009, DJe 21/09/2009.

çoado." Reconheceu o próprio Relator, entretanto, que a questão já se encontrava superada e que havia, na ordem jurídica nacional, como um verdadeiro direito objetivo, o direito à reparação pelo nascimento indevido. Tanto o é, que passou a analisar os requisitos necessários e, por entender não configurado o nexo causal, acabou por reformar a decisão *a quo* que conferia o direito à indenização[216]. Esse exemplo demonstra a força da decisão judicial como fonte do direito, e, consequentemente, como uma barreira ao subjetivismo e à discricionariedade, pelo constrangimento que surtiu no julgamento seguinte, tanto que o relator, mesmo contrário à reparação de danos como o da espécie, viu-se obrigado a enfrentar o mérito da questão. Não poderia, em um sistema judiciário minimamente estável, a Turma do STJ julgar de forma diversa, sem que enfrentasse o precedente e demonstrasse a distinção — como foi feito — ou a necessidade de sua superação.

Apesar do retorno, neste último caso, ao "evento abençoado", a tese já se encontra bem afastada da prática judicial. Como bem assevera Ruzyk, a questão principal, em casos como este, não é necessariamente a "dor moral" de um nascimento de um filho sadio; antes, "trata-se da violação da liberdade pessoal da mulher (e do casal) na realização do planejamento familiar"[217]. No mesmo sentido, Facchini Neto afirma que o fundamento da indenização "é a frustração do direito ao planejamento familiar de um casal ou de uma mulher, tolhendo o direito à autodeterminação feminina quanto à procriação em si ou quanto ao momento mais adequado para ter filhos"[218].

A partir do paradigma do STJ, as decisões judiciais passaram a fortalecer a regra da reparabilidade do nascimento indevido. Peteffi da Silva e Rammê fizeram uma percuciente análise das decisões judiciais em diversos tribunais sobre a matéria em análise até o ano de 2012, observando que o direito à indenização no caso de nascimento indevido, no

---

216 Ibid., loc. cit.

217 RUZYK, Carlos Eduardo Pianovski. O caso das "pílulas de farinha" como exemplo da construção jurisprudencial de um "direito de danos" e da violação da liberdade positiva como "dano à pessoa" — Comentários ao acórdão no REsp 985.531 (Rel. Min. Vasco Della Giustina – Desembargador convocado do TJ/RS, DJe 28.06.2009). In: FRAZÃO, Ana de Oliveira; TEPEDINO, Gustavo. *O Superior Tribunal de Justiça e a reconstrução do direito privado*. São Paulo: RT, 2011, p. 273-302, p. 299.

218 FACCHINI NETO, Eugênio. A tutela aquiliana da pessoa humana: os interesses protegidos. Análise de direito comparado. *Revista Jurídica Luso-Brasileira*, a. 1, n.4, p. 413-163, 2015, p. 441.

interregno pesquisado, já estava bem sedimentado, sendo controversa, contudo, a questão da modalidade de prejuízos ressarcíveis[219]. Outro estudo, realizado por Becker e Hoffmann, analisou 54 apelações cíveis sobre laqueadura tubária, entre os anos de 2003 e 2014, concluindo que há o direito à reparação nos casos em que agiu o médico com culpa no procedimento (*e.g.*, quando emprega o método de coagulação no local inadequado ou retira uma quantia inadequada das trompas, diferindo do que diz a técnica) ou por falhas no dever de informação[220].

2.4. DIREITO JURISPRUDENCIAL: ENTRE DECISÃO, PRECEDENTE, JURISPRUDÊNCIA E SÚMULAS

O direito jurisprudencial refere-se às formas de criação judicial do direito. Nesse sentido, a jurisprudência sempre se mostrou de grande influência, o mesmo fato ocorrendo com as súmulas. Trata-se de mecanismos já reconhecidamente utilizados e de conhecimento de todos os juristas. Com as discussões e início da vigência do CPC/15, houve a inclusão do precedente judicial dentre os pronunciamentos com alto grau de influência no processo de tomada de decisão. Não que fosse de todo desconhecido no Brasil. Ocorre que, com a nova codificação, houve o rebuscamento do instituto, principalmente albergando a sua forma de aplicação, que demanda a construção de analogias e distinções, havendo, ainda, a superação do precedente, que não se mostra mais conveniente à solução de causas futuras.

Assim, em que pese não se resumir o direito jurisprudencial aos precedentes, cumpre, neste momento, fixar os olhos mais detidamente neles, para compreender qual é o papel que terão no ordenamento bra-

---

[219] SILVA; RAMMÊ, 2013, p. 130-132. "Os casos de vasectomia e laqueadura tubária não encontram na dificuldade de enquadramento dos casos de nascimento indesejado dentro da moldura de dano indenizável brasileira (...) Entre as hipóteses de procedência da demanda, a jurisprudência brasileira mostra-se bastante assistemática nas modalidades de prejuízos que podem ser vinculadas ao nascimento de um filho saudável, mas indesejado. De início observa-se que — quando há a possibilidade de qualificar a conduta do réu como imputável — a jurisprudência brasileira não se furta a conceder reparação para as vítimas, afastando-se indubitavelmente da orientação seguida pela Corte de Cassação francesa, cuja identificação com a teoria do 'evento abençoado' é absoluta. Porém, alguns julgados brasileiros também usam, entre outros, o argumento do 'evento abençoado', algumas vezes para negar a existência do dano moral, outras vezes para negar a existência de dano patrimonial."

[220] BECKER; HOFFMANN, 2015, p. 23-27.

sileiro. Por isso, é importante fixar algumas premissas básicas sobre o próprio sentido do precedente judicial. Talvez o conceito de precedente seja um dos mais contestados atualmente. A doutrina nacional ainda não conseguiu consolidar sequer um entendimento predominante, e o consenso acerca do significado do termo está longe de ser alcançado. Por isso, desde o início da pesquisa, faz-se mister apresentar, ao menos, um conceito operacional[221] de "precedente judicial", deixando claro ao leitor o que se entende pela referida expressão, nos estritos limites deste trabalho.

Com a realização do projeto do novo Código de Processo Civil e sua posterior edição, a doutrina brasileira vem discutindo o alcance de suas disposições e, nesse contexto, apresentando diferentes visões sobre os precedentes judiciais, como o de sua função, legitimidade como fonte de direito, seu caráter persuasivo ou vinculante e, não poderia escapar, o seu conceito. Uns referem-se a precedentes obrigatórios[222], precedentes normativos formalmente vinculantes[223], precedentes vinculantes e persuasivos[224], entre outras denominações.

Parece-se estar diante da inexistência de um conceito, face à grande divergência que impera. Talvez, diante de um conceito reflexivo, que volta ao próprio termo que se busca definir. Há dificuldades em se trabalhar com ditos conceitos. Por exemplo, muito se discute sobre o tempo. Muito frequentemente o termo é utilizado na linguagem em geral, havendo diversas formas de marcá-lo. Há imensa dificuldade, contudo, de explicar o que é o tempo[225]. Nesse sentido, o tempo é o

---

[221] PASSOLD, Cesar Luiz. *Metodologia da pesquisa jurídica*: teoria e prática. 11ª ed. Florianópolis: Conceito; Millennium, 2008, p. 37. "Quando nós estabelecemos ou propomos uma definição para uma palavra ou expressão, com o desejo de que tal definição seja aceita para os efeitos das idéias que expomos, estamos fixando um Conceito Operacional."

[222] MARINONI, Luiz Guilherme. *Precedentes obrigatórios*. 3ª ed. São Paulo: RT, 2013.

[223] ZANETI JR., Hermes. *O valor vinculante dos precedentes*: teoria dos precedentes normativos formalmente vinculantes. 2ª ed. Salvador: Juspodivm, 2016.

[224] LIMA, Tiago Asfor Rocha. *Precedentes judiciais civis no Brasil*. São Paulo: Saraiva, 2013, p. 195.

[225] Há uma grande discussão filosófica sobre o que é o tempo e qual o conceito mais apropriado para defini-lo, não sendo o objetivo da presente tese discutir essa interessante questão acadêmica. Para maior aprofundamento da questão, ver: WHITROW, G. J. *O que é tempo*: uma visão clássica sobre a natureza do tempo. Tradução: Maria Ignez Duque Estrada. Rio de Janeiro: Jorge Zahar, 2005.

próprio transcurso do tempo. É o período de tempo entre dois acontecimentos. Diz-se, simplesmente, que ele passa[226]. Verifica-se a mesma perplexidade, ao se tratar de precedentes judiciais, porque precedente, como diria o Conselheiro Acácio, é aquilo que precede, que vem antes, que é precedente a algo.

Apesar dessas dificuldades, não há dúvida de que o uso de precedentes judiciais na prática jurídica[227], sobretudo no discurso judicial, é algo que já ocorre na realidade brasileira. Não causaria estranheza se um jurista, diante de um problema específico, fosse primeiramente buscar saber o entendimento dos tribunais sobre o assunto, mesmo antes de abrir qualquer código ou mesmo a Constituição. Principalmente com o avanço dos meios tecnológicos, em que a busca, por meio eletrônico, torna rápida e barata a consulta às decisões pretéritas de determinado Tribunal, essa prática é comum na praxe jurídica.

As citações a casos pretéritos são igualmente comuns. Por certo, aquele que busca o Judiciário, para resguardar sua pretensão, tentará demonstrar ao juízo a adequação e a correção de sua causa, buscando situações similares já decididas em casos anteriores as quais alberguem suas alegações. Da mesma forma, a parte adversa buscará angariar decisões anteriores que se contraponham à tese jurídica do autor. Por

---

226 GOLDSTEIN, Laurence. Some Problems about precedent. *Cambridge Law Journal*, v. 43, n. 1, p. 88-107, abr. 1984, p. 88. "In the course of anguished reflection on the concept of *time* St. Augustine observes that in ordinary conversation we make frequent and easy use of the word 'time,' yet, if asked for an account of what time is, we are at a loss for an answer. 'Time flows,' we say. But how fast does it flow? We measure time. But periods of time consist only of timeless instants. We know that, after a short time, Achilles must overtake the tortoise. But at no time, so Zeno's paradox seems to show, can Achilles even draw level. St. Augustine's point about *time* holds also for the concept of *precedent*. Precedent is the life-blood of legal systems, so it is said, and we take this to convey the common-sense idea that similar cases are decided similarly. Yet, when we attempt to give a theory of precedent, not only do problems arise [and, according to some, also paradoxes] but these problems are of a variety of kinds. I shall begin by illustrating some problems of these different kinds and end, I hope, by solving them."

227 TARUFFO, Michele. Precedente e jurisprudência, *Revista Forense*, Rio de Janeiro, v. 108, n. 415, p. 277-290, jan./jun. 2012, p. 279. "A importância *prática* do fenômeno que estamos considerando não exige longos comentários, dado que está sob os olhos de todos: a pesquisa e o uso do precedente jurisprudencial soa hoje o instrumento profissional cotidiano do jurista prático, cujo emprego é facilitado — ainda que excessivamente fácil, o que abranda o impacto da análise crítica — pelos meios informáticos e pelos bancos de dados."

fim, o juiz, ao decidir, fundamentará a correção do posicionamento adotado por meio não só da legislação em vigor, como também da compatibilidade entre a decisão tomada e as anteriores já prolatadas por tribunais pátrios, sobretudo aquele a que está o magistrado vinculado e, ainda, os superiores. Utilizam-se comezinhamente precedentes na argumentação jurídica — correta ou erroneamente —, sobretudo no processo de tomada de decisão, contudo não se sabe dar uma definição própria ao termo.

A taxionomia é variada, assim como são as concepções sobre o tema, inclusive quanto à relação do precedente judicial com outros termos correlatos, como o de decisão, jurisprudência e súmula. Assim para manter maior cientificidade à pesquisa e fixar as premissas básicas à exploração do tema, é importante começar a presente investigação pelo exercício de conceituação dos principais institutos que rondam a temática do direito jurisprudencial. Este se inicia por diferenciar o precedente das outras categorias, em uma distinção negativa, explicando-se primeiramente, assim, aquilo que o precedente não é[228].

2.4.1. O PRECEDENTE E A DECISÃO JUDICIAL

Para a correta explicitação do conceito do precedente judicial, cumpre apartá-lo — apontando aproximações e distinções — das categorias decisão, jurisprudência e súmula. Frisa-se, desde já, que "precedente não é súmula, súmula não é jurisprudência e jurisprudência não é precedente"[229]. Antes disso, porém, inicia-se esta incursão pelo estudo do significado de "decisão judicial". Em sentido amplo, pode ser entendida como todo pronunciamento do juiz no curso de qualquer procedimento judicial[230], mas deve-se diferenciar a decisão de um des-

---

[228] SANTOS, Evaristo Aragão. Em torno do conceito e da formação do precedente judicial. In: ARRUDA ALVIM, Teresa. *Direito jurisprudencial*. 2ª tiragem. São Paulo: RT, 2012, p. 133-201, p. 141. "Acredito que o ponto de partida para desenharmos os contornos do precedente judicial em nosso sistema seja mediante uma distinção negativa; isto é, tentando traçar o que o precedente *não é*."

[229] STRECK, Lenio Luiz; ABOUD, Georges. Art. 927. In: STRECK, Lenio Luiz; NUNES, Dierle; CUNHA, Leonardo Carneiro da. *Comentários ao código de processo civil*. São Paulo: Saraiva, 2016, p. 1196.

[230] OLIANI, José Alexandre M. *Sentença no novo CPC*. São Paulo: RT, 2015, p. 19. "Os pronunciamentos judiciais são espécies de atos processuais praticados pelos juízos ou tribunais durante o trâmite de um processo. Pode-se dizer que eles consistem em manifestação dos juízes visando à condução do processo segundo o pro-

pacho meramente ordinatório, refinando conceitualmente o sentido do termo em análise.

Sem se desconhecer dos possíveis critérios de classificação das decisões judiciais, como o topológico, pela carga decisória ou pela iniciativa, privilegiar-se-á, neste estudo, a pelo conteúdo[231]. Logo, considerar-se-á decisão aquela manifestação judicial que efetivamente tiver um caráter jurisdicional, que detenha alguma carga decisória em qualquer ponto jurídico, seja de natureza material ou procedimental ou de acertamento fático, independentemente de ocorrer no curso do processo ou de colocar fim a ele[232]. Considerando que "os pronunciamentos do juiz consistirão em sentenças, decisões interlocutórias e despachos"[233], estão incluídas na categoria "decisão judicial" as duas primeiras — sentenças e decisões interlocutórias. Isso porque, em ambas, há o acertamento judicial sobre alguma questão jurídica, seja processual ou material. Na sentença, o juiz colocará fim na fase cognitiva do processo comum, com a resolução ou não do mérito, ou extinguirá a execução[234]. As que não cumprirem tais predicativos, mas, ainda assim, contiverem natureza decisória, serão qualificadas como decisões interlocutórias[235].

Da mesma forma, estarão entre as decisões os acórdãos dos tribunais[236]. Portanto, as decisões de órgãos colegiados — quer se trate do

---

cedimento legal, a decidir as questões que surgem durante o trâmite processual e proferir a decisão final, entregando a prestação jurisdicional ou declarando a impossibilidade de entregá-la devido à ausência de um ou mais dos requisitos de admissibilidade do julgamento de mérito."

231 Ibid., p. 25-37.

232 RODRIGUES, Horácio Wanderlei Rodrigues; LAMY, Eduardo de Avelar. *Teoria geral do processo*. 3ª ed. Rio de Janeiro: Elsevier, 2012, p. 118. "Decisões são as deliberações do órgão jurisdicional sobre questões processuais ou de mérito e podem ser interlocutórias ou finais."

233 CPC/15, art. 203, *caput*.

234 CPC/15, Art. 203, § 1º. Ressalvadas as disposições expressas dos procedimentos especiais, sentença é o pronunciamento por meio do qual o juiz, com fundamento nos arts. 485 e 487, põe fim à fase cognitiva do procedimento comum, bem como extingue a execução.

235 CPC/15, art. 203, § 2º. Decisão interlocutória é todo pronunciamento judicial de natureza decisória que não se enquadre no § 1º.

236 CPC/15, art. 204. Acórdão é o julgamento colegiado proferido pelos tribunais.

Tribunal Pleno (*full bench*), quer de órgão fracionado, como a Turma ou Câmara (*painels*) — terão o caráter de decisões interlocutórias ou sentenças, a depender do caso. Terão, sempre, alguma carga decisória, não impedindo, por certo, que o relator — seja no caso de ações originárias ou recursos — lance despachos meramente ordinatórios no curso do procedimento, na sua função de dirigir e ordenar o processo[237]. Obviamente, nos casos de autorizado julgamento monocrático, não haverá a lavratura de acórdão, eis que não se tratará de julgamento colegiado. Isso, todavia, não lhe retira o caráter de decisão judicial, para os fins deste estudo, desde que reconhecida sua carga decisória.

Houve, sob a égide do código anterior, divergências doutrinárias e jurisprudenciais sobre a natureza de determinados pronunciamentos judiciais — se sentenças ou decisões interlocutórias. Essa falta de clareza trazia sérias consequências, sobretudo quanto ao meio de impugnação próprio, dando azo, inclusive, a hipóteses de dúvida objetiva e consequente aplicação da fungibilidade entre a apelação e o agravo de instrumento. Exemplos dessa hipótese, no Código de Processo Civil de 1973, eram as decisões: (*a*) que indeferiam liminarmente a reconvenção, ação declaratória incidental ou a oposição; e (*b*) que excluíam um dos litisconsortes do processo[238].

A nova codificação buscou a superação dessa problemática, representando um avanço, apesar da possibilidade de persistirem algumas críticas,[239] ao dirimir, com maior limpidez, a classificação e, conse-

---

[237] CPC/15, art. 932. Incumbe ao relator: I - dirigir e ordenar o processo no tribunal, inclusive em relação à produção de prova, bem como, quando for o caso, homologar autocomposição das partes;

[238] LAMY, Eduardo de Avelar. *Princípio da fungibilidade no processo civil*. São Paulo: Dialética, 2007, p. 149-154.

[239] SOUZA, Marcelo Alves Dias de. Dos pronunciamentos do juiz. In: ARRUDA ALVIM, Teresa; DIDIER JR., Fredie; TALAMINI, Eduardo; DANTAS, Bruno. *Breves comentários ao novo código de processo civil*. 2ª tiragem. São Paulo: RT, 2015, p. 625. "A técnica usada para definir a decisão interlocutória, linguisticamente falando, não é das melhores. Definir uma coisa a partir da exclusão de outra (no caso, da sentença) não é recomendável. Mas foi talvez a solução enxergada pelo Legislador (a partir do anteprojeto elaborado) para evitar futura divergência sobre o enquadramento, como sentença ou decisão interlocutória, de decisões que, apesar de fundadas nos arts. 485 e 487 do CPC/15, não coloquem um fim em uma das fases do procedimento em primeiro grau (evitando, assim, a polêmica existente sob o CPC de 1973, com as teses das sentenças parciais e das decisões interlocutórias de mérito, aqui já referida."

quentemente, o meio recursal apropriado[240]. Nos exemplos acima expostos, a aplicação do CPC/15 dá maior clareza às situações levantadas. Em relação à reconvenção, não deverá ser mais efetuada em peça processual autônoma, sendo deduzida dentro da própria contestação. Seu indeferimento liminar, com[241] ou sem[242] o conhecimento de seu mérito, dará margem à interposição do agravo de instrumento. Sobre a ação declaratória incidental, o CPC/15 suprimiu-a como ação típica (embora a doutrina admita sua propositura em casos específicos[243]), fazendo com que as questões incidentais sejam resolvidas no curso do processo, acobertadas pelo manto da coisa julgada (art. 503 do CPC/15)[244], cabendo, inclusive, ação rescisória à sua rediscussão[245]. Por fim, a questão do indeferimento processual da oposição e a exclusão de litisconsórcio no curso do processo são hipóteses que constam expressamente no rol de cabimento do agravo de instrumento[246].

Por sua vez, despachos são pronunciamentos sem carga decisória alguma (atos de mero expediente ou meramente ordinatórios) ou, para alguns, com um caráter mínimo. Tendo em vista que o objetivo, aqui, é diferenciar a "decisão" do "precedente", não se abordará a interessante questão da classificação de certos pronunciamentos (e sua recorribili-

---

[240] Op. cit. loc. cit. "Há mais pontos positivos do que negativos nessa postura do CPC/15, sobretudo porque parece por fim a divergências existentes sobre a rotulação de determinados pronunciamentos judiciais como sentença ou decisão interlocutória, com clara repercussão na questão recursal, como se verá adiante."

[241] Art. 356, §5º (...) A decisão proferida com base neste artigo é impugnável por agravo de instrumento.

[242] Art. 354, parágrafo único. (...) A decisão a que se refere o caput [dentre as quais as do art. 485 – sem o conhecimento do mérito] pode dizer respeito a apenas parcela do processo, caso em que será impugnável por agravo de instrumento.

[243] Enunciado n. 111 do FPPC. Persiste o interesse no ajuizamento de ação declaratória quanto à questão prejudicial incidental.

[244] Enunciado n. 165 A análise de questão prejudicial incidental, desde que preencha os pressupostos dos parágrafos do art. 503, está sujeita à coisa julgada, independentemente de provocação específica para o seu reconhecimento.

[245] Enunciado n. 338 do FPPC. Cabe ação rescisória para desconstituir a coisa julgada formada sobre a resolução expressa da questão prejudicial incidental.

[246] Art. 1.015. Cabe agravo de instrumento contra as decisões interlocutórias que versarem sobre: (...)
VII - exclusão de litisconsorte; (...)
IX - admissão ou inadmissão de intervenção de terceiros;

dade e, em sendo, o recurso apropriado) — como o "cite-se" ou o da que posterga, no recebimento da inicial, a análise do pedido de antecipação dos efeitos da tutela para após a apresentação de contestação, além da determinação da emenda da inicial[247]. Basta dizer, para efeito do presente estudo, que os despachos são atos que, apesar de serem realizados por juízes, não possuem caráter efetivamente jurisdicional, uma vez que tratam da própria administração do processo (*legal case management*), não conferindo qualquer vantagem, ou impondo qualquer ônus às partes[248]. Por isso, em parte, são delegáveis aos auxiliares da justiça[249], não desafiando qualquer espécie de recurso,[250] impugnação por mandado de segurança[251] ou por reclamação[252].

---

[247] GIANESINI, Rita. Da recorribilidade do "cite-se". In: NERY JÚNIOR, Nelson. ARRUDA ALVIM, Teresa. Aspectos polêmicos e atuais dos recursos cíveis e de outras formas de impugnação às decisões judiciais. São Paulo: RT, 2001, p. 936-943.

[248] RODRIGUES; LAMY, 2012, p. 119. "Despachos são os atos por meio dos quais o órgão jurisdicional impulsiona o processo, sem impor gravames ou vantagens às partes. As decisões são os atos jurisdicionais propriamente ditos. Os despachos são, na prática, atos de administração do processo, sem exercício de atividade jurisdicional, motivo pelo qual são irrecorríveis."

[249] CF, art. 93, XIV. Lei complementar, de iniciativa do Supremo Tribunal Federal, disporá sobre o Estatuto da Magistratura, observados os seguintes princípios: (...) XIV - os servidores receberão delegação para a prática de atos de administração e atos de mero expediente sem caráter decisório. CPC/15, Art. 203, § 4. Os atos meramente ordinatórios, como a juntada e a vista obrigatória, independem de despacho, devendo ser praticados de ofício pelo servidor e revistos pelo juiz quando necessário.

[250] CPC/15, Art. 1.001. Dos despachos não cabe recurso. Importante salientar que o Supremo Tribunal Federal, mesmo na égide do Código anterior (art. 504 do CPC/73), admite a irrecorribilidade dos despachos, tanto na esfera cível quanto na criminal. Ver: BRASIL. Supremo Tribunal Federal. *HC 109317 AgR*, Rel. Min. Celso de Mello, Segunda Turma, julgado em 06/05/2014, DJe-148, div. 31-07-2014, pub. 01-08-2014; BRASIL. Supremo Tribunal Federal. *Pet 4972 AgR*, Rel. Min. Dias Toffoli, Primeira Turma, julgado em 30/10/2012, DJe-225, div. 14-11-2012, pub. 16-11-2012; BRASIL. Supremo Tribunal Federal. *AI 775139 AgR*, Rel. Min. Cezar Peluso, Tribunal Pleno, julg. em 30/11/2011, DJe-239, div. 16-12-2011, pub. 19-12-2011.

[251] BRASIL. Supremo Tribunal Federal. *MS 28847 AgR*, Rel. Min. Cezar Peluso, Tribunal Pleno, julg. em 10/11/2011, DJe-230, div. 02-12-2011, pub. 05-12-2011.

[252] BRASIL. Supremo Tribunal Federal. *Rcl 9460 AgR*, Rel. Min. Cezar Peluso, Tribunal Pleno, julg. em 01/08/2011, DJe-165, div. 26-08-2011, pub. 29-08-2011, RTJ, v. 219, p. 372.

Feita essa explicação, cumpre registrar que a "decisão judicial" é um pronunciamento para o caso, o qual analisa os fatos e os argumentos jurídicos debatidos no processo[253]. É a definição judicial de qualquer questão processual ou substancial que se discute na lide e, assim, possui ligação direta com os fatos específicos e irrepetíveis daquele contexto e das alegações efetuadas em relação ao direito aplicável a tais fatos. Por isso, as consequências de uma decisão limitam-se, como regra, às partes.

O objetivo da jurisdição é a resolução (ao menos no âmbito jurídico) das situações conflituosas verificadas na sociedade. Por isso, para movimentá-la, deve o cidadão demonstrar deter interesse e legitimidade[254], individualizando, dentre outros requisitos, os fatos, os fundamentos e os pedidos que almeja naquele procedimento[255]. Isso evita que o Judiciário sirva meramente como um órgão de consulta para casos hipotéticos, realizando a adjudicação tão somente em situações concretas, com o objetivo de realizar o acertamento da crise de direito material existente. É bem verdade que ainda existem procedimentos anômalos que caminham em sentido contrário, como a consulta em matéria eleitoral[256], ou, genericamente, no próprio poder normativo da

---

[253] Cumpre registrar o comprometimento do CPC/15 com o contraditório substancial, pilar básico de desenvolvimento da nova legislação, estampado, sobretudo, em seu art. 10, que evita a decisão surpresa.

[254] CPC/15, Art. 17. Para postular em juízo é necessário ter interesse e legitimidade.

[255] Art. 319. A petição inicial indicará: (...) III - o fato e os fundamentos jurídicos do pedido; IV - o pedido com as suas especificações; (...)

[256] BRASIL. Código Eleitoral, Art. 23 Compete, ainda, privativamente, ao Tribunal Superior, (...) XII - responder, sobre matéria eleitoral, às consultas que lhe forem feitas em tese por autoridade com jurisdição, federal ou órgão nacional de partido político; (...) Art. 30. Compete, ainda, privativamente, aos Tribunais Regionais: (...) VIII - responder, sobre matéria eleitoral, às consultas que lhe forem feitas, em tese, por autoridade pública ou partido político. Sobre o instituto da consulta, no âmbito eleitoral, já decidiu o STF que "não se desconhece que o Tribunal Superior Eleitoral, ao responder a Consultas, atua em sede estritamente administrativa, apreciando, em tese, determinada questão jurídica, em ordem a neutralizar eventual proliferação de demandas e de conflitos sobre a matéria versada em referido exame, sem que, no entanto, tal resposta — que tem função meramente pedagógica — mostre-se impregnada de eficácia vinculante, cabendo, ao contrário, aos órgãos competentes da Justiça Eleitoral, analisar, com plena autonomia, cada caso concreto, ainda que se valendo, se o entender pertinente, dos fundamentos que dão suporte à manifestação do TSE. Cumpre insistir no fato de que a resposta que o TSE dá, em tese, a uma

Justiça Eleitoral. Trata-se, contudo, de medidas exepcionais, de questionável constitucionalidade.

Esta é a mesma concepção do *"case and controversy requirement"*, exposta no art. III, seção 2, cláusula 1, da Constituição americana. A construção da interpretação constitucional da impossibilidade de o Judiciário atuar de forma consultiva se iniciou em 1793, com a resposta a uma carta do Presidente Washington. Na missiva, o governo americano submeteu aos juízes da Suprema Corte vinte e nove perguntas sobre direito internacional, neutralidade, principalmente face ao conflito entre França e Inglaterra[257]. No retorno, os juízes sustentaram a impropriedade de uma decisão extrajudicial, sobretudo a perquirição de assuntos típicos de outros poderes. Assim, pela separação de poderes — com o sistema de *check and balances* — e por ser a Suprema Corte o tribunal de última instância, os magistrados se negaram a responder aos questionamentos enviados[258].

Essa norma vem sendo reafirmada pela Suprema Corte, sendo analisada na questão da justiciabilidade dos direitos, principalmente em relação à legitimidade para a causa (*standing*), e do interesse processual. Em *Flast v. Cohen*, a Suprema Corte reiterou a *"case and controversy*

Consulta que lhe é dirigida não se reveste de caráter jurisdicional, dela não resultando nem a criação, nem a modificação, nem, ainda, a extinção de qualquer direito, pois a resposta a uma Consulta não se qualifica como ato de índole constitutiva." BRASIL. Supremo Tribunal Federal. *MS 26603*, Rel. Min. Celso de Mello, Tribunal Pleno, julg. em 04/10/2007, DJe-241, div. 18-12-2008, publ. 19-12-2008. No mesmo sentido: BRASIL. Supremo Tribunal Federal. *RMS 21185*, Rel. Min. Moreira Alves, Tribunal Pleno, julgado em 14/12/1990, DJ 22-02-1991, p. 1259.

257 COHEN; VARAT; AMAR, 2005, p. 59.

258 Ibid., p. 60. "We have considered the previous question stated in a letter written by your direction to us by the Secretary of State, on the 18th of last month regarding the lines of separation, drawn by the Constitutional between the three departments of the government. This being in certain respects check upon each other, and our being Judges of a Court in the last resort, are considerations which afford strong arguments against the propriety of our extra-judicially deciding the questions alluded to, especially as the power given by the Constitution to the President, of calling on the heads of departments for opinions, seems to have been purposely as well as expressly united to the Executive departments. We exceedingly regret every event that may cause embarrassment to your Administration, but we derive consolation from the reflection that your judgment will discern what is right and that your usual prudence, decision and firmness will surmount every obstacle to the preservation of the rights, peace, and dignity of the United States."

requirement", não dando margem à atuação do Judiciário, se as partes o buscam tão somente para questionamentos políticos, para uma consulta (*advisory opinion*), aplicando-se também a cláusula, quando houver modificações fáticas que causem a perda superveniente do interesse processual, ou faltar legitimidade para a manutenção da ação[259]. Ressaltando que o ponto fulcral é a impossibilidade de decisões meramente consultivas[260], a Corte considerou legitimados para a causa os pagadores de determinado tributo os quais buscavam a declaração de inconstitucionalidade parcial do *Elementary and Secondary Education Act of 1965*, no que tocava à destinação dos valores angariados pelo tributo pago a escolas de determinada religião, em confronto com a 1ª Emenda da Constituição (*Establishment and Free Exercise clauses*). Assim, em um país em que não há o controle concentrado de constitucionalidade, os tribunais estão destinados a resolver problemas concretos e reais, cuja intervenção seja efetivamente necessária[261]. Vale lembrar que isso não impede a propositura ou julgamento de ações declaratórias, uma vez que há uma controvérsia real sobre a situação cuja declaração se pretenda, e não se trata de uma construção hipotética[262]. Assim como ocorre com a consulta à Justiça Eleitoral brasileira, nos Estados Unidos da América (EUA), há a possibilidade excepcional de uma atuação meramente consultiva em alguns Estados,

---

[259] EUA. Suprema Corte. *Flast v. Cohen*, 392 US 83, 1968, p. 94. "Thus, no justiciable controversy is presented when the parties seek adjudication of only a political question, when the parties are asking for an advisory opinion, when the question sought to be adjudicated has been mooted by subsequent developments, and when there is no standing to maintain the action."

[260] Ibid., p. 95. "It is quite clear that the oldest and most consistent thread in the federal law of justiciability is that federal courts will not give advisory opinions."

[261] MASSEY, Calvin. *American constitutional law*: powers and liberties. 2 ed. Nova Iorque: Aspen, 2005, p. 68-69. "The standing requirement ensures that the federal courts are open only to litigants with real grievances that courts can resolve. The ripeness and mootness doctrines ensure that courts only decide cases when they need to be decided."

[262] Ibid., p. 71-72. "Actions for declaratory relief, in which courts are asked to decide or declare the legal consequences of the litigants' conduct, are not advisory opinions if the controversy is sufficiently concrete to make the court's judgement a final disposition of the matter."

diante de previsão expressa na Constituição Estadual, como ocorre em Massachusetts e Michigan[263].

Definido o conceito operacional de decisão, para efeito do presente estudo, deve-se estabelecer a diferença básica entre ela e o precedente. Se, de uma forma geral, a decisão é aquele provimento jurisdicional individualizado, destinado a um conjunto de fatos concretos e irrepetíveis, valendo para as partes do processo, o caminho do precedente é o oposto, qual seja, o de extrair do pronunciamento judicial anterior algo que seja universalizável, útil a novos casos. Nessa esteira, qualquer decisão, potencialmente, pode se tornar um precedente, na medida em que é utilizado, no futuro, em um novo caso. Assim, todo precedente foi (ou é) uma decisão. O contrário, todavia, não é verdadeiro. Há decisões que simplesmente servem ao caso em que foram prolatadas e, depois disso, caem no esquecimento, não havendo como antever qual delas se tornarão ou não precedentes.

Em algumas situações, as decisões prolatadas são meros reforços de normas jurídicas (leis) expressas ou de outros precedentes já postos (*leading cases*), não havendo inovação na matéria jurídica debatida ou a ampliação de uma regra estabelecida a fatos que, apesar de guardarem similitudes, não são os mesmos do caso anterior. Nesse cenário, discute-se se essas decisões que não alteram quaisquer situações jurídicas já definidas possam se caracterizar precedentes ou não. Em relação à primeira hipótese, Zaneti Jr. é claro, ao excluir tal caráter a pronunciamentos judiciais que se baseiam em expresso dispositivo legal, afirmando que "não será precedente a decisão que aplicar lei não objeto de controvérsia"[264]. Acredita o autor que, se a regra legal é a razão determinativa da decisão, não pode ser considerado como precedente. Isso porque, nessa concepção, a solução não depende da força vinculativa do precedente; antes, deriva do próprio texto legal, como fator determinante, cuja decisão apenas reflete sua interpretação. Se a lei já é vinculante, não haveria a necessidade de dar idêntico efeito à decisão que apenas reflete a interpretação de determinado dis-

---

263 SULLIVAN, Kathleen M.; GUNTHER, Gerald. *Constitutional law*. 6 ed. Nova Iorque: Foundation Press, 2007, p. 32. "Note that the policy against advisory opinions is not inevitable; some state supreme courts are authorized to issue advisory opinions."

264 ZANETI JR., 2016, p. 309.

positivo[265]. Zaneti Jr. também afasta o caráter precedencial da segunda hipótese, qual seja, da decisão que, sem inovar em qualquer questão, remete-se a precedente anterior para dar resposta similar ao caso posto. Nesse particular, sustenta o autor que "a vinculação decorre do precedente anterior, do caso-precedente, e não da decisão presente no caso-atual"[266].

Em relação a essa segunda hipótese, apesar de se entender a preocupação do autor com o rigor acadêmico e científico, entende-se que não há como se evitar, no Brasil, que decisões que meramente reforçam questões já decididas em casos pretéritos sejam tratadas como precedente. Por certo, no *common law*, o caso que, pela primeira vez, fixa uma determinada interpretação do direito a um conjunto específico de fatos é valorizado e serve como *good law*, como o direito vigente. Assim, até que a regra seja modificada, estuda-se, cita-se e respeita-se o precedente que a fixou. Os refinamentos que a questão vai tomando caso a caso lapidam a interpretação dada à regra já formada, mas, para todos os efeitos, valoriza-se a decisão que formou a doutrina jurídica. Por isso, não raro, estudam-se casos centenários. Exemplo máximo é o próprio *Marbury v. Madson*, que ainda se qualifica como *good law*. É estudado em qualquer faculdade americana — apesar de alguns opositores[267] —, citado em todos os manuais, teses, artigos e, principalmente, decisões judiciais que tratam sobre o *judicial review*. Houve, no transcurso do tempo, um processo de evolução dessa forma de controle de constitucionalidade. A cada novo fato ou nova alegação de tenazes advogados, a doutrina foi se ampliando ou restringindo-se caso a caso. Não poderia prever o *Chief Justice* Marshall que o *judicial review* serviria a uma série de questões, como "restringir o plantio de trigo, para evitar ou permitir o uso de maconha, isso para citar exemplos exclusivamente da jurisdição americana"[268]. Essa postura, típica

---

265 Ibid., loc. cit.

266 Ibid., loc. cit.

267 LEVINSON, Stanford. Why I Do Not Teach Marbury (Except to Eastern Europeans) and Why You Should't Either. *Wake Forest Law Review*, n. 38, p. 553-578, 2003, p. 553.

268 LAMY, Eduardo de Avelar; LUIZ, Fernando Vieira. Contra o aspecto prospectivo do precedente: uma crítica hermenêutica a Frederick Schauer. *Revista de Processo*, v. 250, a. 40, São Paulo: RT, p. 383-402, dez. 2015, p. 398-399. Explicando-se os casos, citam-se as notas 63 e 64 do aludido artigo, *verbis*: "ESTADOS UNIDOS DA AMÉRICA. Suprema Corte. *Wickard v. Filburn*, 317 U.S. 111, 1942. Neste caso,

do *common law*, facilita a identificação da decisão como um precedente, eis que todos os casos similares se reportam àquela — seja para aplicá-la ou distingui-la —, e outras poucas são utilizadas, a depender

> trata-se da discussão da constitucionalidade do *Agricultural Adjustiment Act of 1938*, criado durante a Grande Depressão, limitando a área da lavoura de trigo a ser plantada por cada produtor rural, para estimular a alta do preço do produto. Mais especificamente, se este *Act* estava de acordo com a *Commerce Clause* (*Article I, Section 8, Clause 3* da Constituição Americana), que prevê, ao que interessa aqui, a possibilidade de regulação federal somente no caso de comércio interestadual (uma vez que a regulação do comércio local seria exclusiva do Estado). Filburn, um pequeno fazendeiro, produzia trigo para o consumo próprio da família e para alimentação dos animais que possuía, sendo que foi multado pelo governo por ultrapassar o limite de produção estabelecido. Filburn alegou que o trigo não era destinado ao comércio, uma vez que vivia da venda de leite, frango e ovos, o que restara incontroverso no processo. Logo, o ato estava em desacordo com a *Commerce Clause*. Após lograr êxito no Tribunal de Apelação, a Suprema Corte Americana reverteu o julgamento, considerando constitucional o ato, ou seja, circunscrito ao poder dado ao Legislativo Federal pela *Commerce Clause*, uma vez que a produção local, mesmo que somente para o próprio consumo, afetaria o mercado, diminuindo a demanda do produto no comércio. Apesar da Corte reconhecer que a pequena produção de um só agricultor não seria capaz de alterar o preço do trigo, assentou que se o fenômeno for agregado, ou seja, se cada fazendeiro em situação similar começasse a plantar para seu próprio consumo, o comércio interestadual do produto estaria profundamente afetado, justificando a legislação federal."; e, "ESTADOS UNIDOS DA AMÉRICA. Suprema Corte, *Gonzalez v. Raich*, 545 U.S. 1, 2005. Trata-se, novamente, do uso do *judicial review*, questionando o poder do Legislativo Federal, no exercício da *Commerce Clause*, para a criminalização do uso de maconha feita pelo *Controlled Substances Act*(CSA). No caso, o estado da Califórnia havia aprovado o *Compassionate Use Act*, permitindo a utilização medicinal da maconha, inclusive com a previsão do plantio próprio, realizado pelo paciente. Agentes da DrugEnforcementAdministration (DEA) destruíram a plantação de seis pacientes, com base no CSA. Raich propôs, então, uma ação, pedindo a obrigação de não fazer, consubstanciada na proibição do governo federal em interferir em seu direito de produzir e usar a maconha com fim medicinal (*injunctive relief*), uma vez que o CSA, no que toca à criminalização do uso da maconha, seria inconstitucional em relação a conduta praticada (*declaratory relief*). A Suprema Corte decidiu que o Congresso tem o poder de proibir o cultivo e uso de maconha com base na *Commerce Clause*. Com base em *Wickard v. Filburn*, a Suprema Corte afirmou que o Congresso tem o poder de regular 'classes de atividades' puramente locais surtam efeito, no agregado, ao comércio interestadual, mesmo se a produção seja de algo que não é destinado à venda, ou seja, que não seja um bem típico de comércio. No mais, assentou que o Congresso apresentou uma base racional (*rational basis*) para a adoção da legislação, demonstrando os efeitos, em potencial, no preço e regulação do mercado interestadual da maconha, a partir da plantação e consumo local."

da lapidação que dão ao *leading case*, para complementar a formação do argumento pretendido[269].

No Brasil, entretanto, a prática jurídica caminha em sentido contrário à americana. Isso porque tende-se, aqui, a valorizar o precedente mais novo, mais atual, independentemente de repetir ou não a regra anteriormente construída. Para sustentar sua posição, um advogado procura a decisão mais recente de um determinado tribunal — principalmente dos superiores —, para demonstrar que sua tese traduz o entendimento atual naquela jurisdição. Da mesma forma, juízes e tribunais buscam fundar suas sentenças e acórdãos em precedentes atuais, colacionando, de preferência, as últimas manifestações sobre o assunto enfrentado. Nesse processo, o caso paradigma (o de primeira impressão, o *leading case*), que serviu de ponto inicial da doutrina explorada, não é tão influente nem tão lembrado. Efetivamente, portanto, utilizam-se aquelas decisões excluídas por Zaneti Jr. como verdadeiros precedentes.

Infelizmente, a prática justifica-se na realidade brasileira. A frequente instabilidade do entendimento dos tribunais sobre determinada matéria leva a isso. Não se sabe ao certo se, por exemplo, o STJ entende desta ou daquela maneira sobre um tema específico, encontrando-se no repertório da Corte decisões em sentidos diametralmente opostos. A depender da Turma ou da data em que ocorre o julgamento — quando referente ao mesmo órgão julgador —, a resposta sobre o item varia, não havendo uma definição clara ao intérprete acerca da posição do Tribunal sobre a controvérsia[270]. Nessa situação, não há outro caminho senão tentar demonstrar a atual inclinação da Corte, e isso será feito justamente com a utilização dos julgamentos mais novos sobre

---

[269] TARUFFO, 2012, "O fato é que nos sistemas que se fundam tradicionalmente e tipicamente sobre o precedente, em regra a decisão que se assume como precedente é uma só; ademais, poucas decisões sucessivas vêm citadas em apoio ao precedente. Deste modo, é fácil identificar qual a decisão de verdade 'faz precedente'"

[270] MARINONI, 2016a, p. 100. "Não obstante as normas constitucionais que preveem as funções do Superior Tribunal de Justiça e do Supremo Tribunal Federal (...), torna-se estarrecedor perceber que a própria missão de garantir a unidade do direito federal, atribuída e imposta pela Constituição ao Superior Tribunal de Justiça, é completamente desconsiderada na prática jurisprudencial brasileira. As decisões do Superior Tribunal de Justiça muitas vezes não são respeitadas no âmbito interno da Corte. Resultado disso, como não poderia ser diferente, é o descaso dos juízes de primeiro grau de jurisdição e dos Tribunais Estaduais e Regionais Federais em relação às decisões tomadas pelas Cortes Supremas."

a questão, independentemente do caso que deu origem à regra utilizada. Dessa forma, apesar de se concordar com Zaneti Jr. no prestígio que o *leading case* deveria ter, deve-se ter em mente que, atentando-se à realidade brasileira — de tribunais pouco estáveis e de incipiente ideia de utilização de precedentes —, não se podem desconsiderar as decisões que reforçam teses estabelecidas anteriormente como legítimos precedentes. Haverá de chegar o tempo dessa virada, que apenas poderá ser implementada com estabilidade, coerência e integridade na prática judiciária.

A segunda crítica a Zaneti Jr. neste particular — e esta serve às duas hipóteses — é da impossibilidade de uma decisão meramente repetir a norma exposta na regra, seja esta legislada ou judicialmente construída. Trata-se, neste ponto, de uma distinção teórica importante. A ideia de que uma decisão apenas repete o que já contido no texto legal — ou da regra extraída de um precedente — leva à conclusão de existência de essências nas coisas (no texto) ou, em outras palavras, na equivalência entre texto e norma, desprezando-se a diferença ontológica entre ambas[271]. Ao referir que uma decisão pode se resumir na repetição da letra da lei ou da regra extraída de um caso anterior, retira o autor

---

[271] STRECK, Lenio Luiz. *Dicionário de hermenêutica*: quarenta temas fundamentais da teoria do direito à luz da crítica hermenêutica do direito. Belo Horizonte: Casa do Direito, 2017a, p. 49-50. "Para compreender a diferença ontológica entre ser e ente, é possível dizer, didaticamente: o fato de podermos dizer que algo é, já pressupõe que tenhamos dele uma compreensão, ainda que incerta e mediana. Somente nos relacionamos com algo, agimos, direcionamos nossas vidas na medida em que temos uma compreensão do ser. Ao mesmo tempo, só podemos compreender na medida em que já nos compreendemos em nossa faticidade (TROTIGNON, 1990; HEIDEGGER, 2012b). Embora sendo um conceito dos mais sofisticados e complexos, é possível entedê-lo de forma 'aplicativa'. Em todos os momentos, aplicamos a diferença. Quando olhamos para algo, essa coisa já nos aparece 'enquanto algo'. Assim acontece na interpretação/aplicação do Direito. Quando me refiro a uma lei, o seu sentido — que me é sempre antecipado pela pré-compreensão — já me proporciona o sentido, que me é possibilitado pela diferença ontológica. Não percebo um texto sem 'coisa'. Não me deparo com conceitos sem coisa. (...) A diferença ontológica torna-se contraponto básico para as dicotomias metafísicas que ainda povoam o imaginário dos juristas (essência e aparência, teoria e prática, questão de fato e questão de Direito, texto e norma, vigência e validade, para citar apenas algumas que assumem uma relevância incomensurável no processo de aplicação do Direito), mediante as quais a doutrina e a jurisprudência passaram a ideia de que o texto 'carrega' consigo o exato sentido da norma, assim como se na vigência do texto já estivesse contida a validade da norma."

o caráter sempre criativo do próprio ato de interpretar, acreditando em uma mera reprodução daquilo que já estaria no texto (texto = norma).

A *linguistic turn* já demonstrou que não se pode, nesta quadra da história, acreditar em um interpretativismo objetivista, que supõe que as coisas possuem essências, pensamento típico da metafísica clássica[272]. Nesse passo, há uma diferença ontológica entre texto e norma[273]. Já se abordou a temática em outro estudo[274], devendo-se voltar a alguns conceitos básicos para a explicação do tema. Isso deriva, como explica Grau, do caráter alográfico do direito[275]. O autor distingue, com base na estética, que as expressões artísticas ocorrem de duas formas: pelas artes alográficas ou autográficas. Embora a interpretação esteja presente em ambas, nas autográficas, o artista é o único contribuidor para a realização da obra. Uma vez concluído o seu trabalho, estará o resultado final pronto à contemplação estética. Isso ocorre com a pintura ou com a escrita de um romance. A leitura deste ou o simples olhar daquela proporcionam ao intérprete (quem lê ou olha) todo o deleite que a obra pode proporcionar. De outro lado, nas alográficas, além da produção do artista, é necessária a intervenção de um intérprete. Cita o autor como exemplo a música e o teatro. Nesses casos, a contemplação estética não está na partitura de música ou na peça escrita, mas senão na execução delas por intérpretes. Aqui, portanto, "a interpretação importa na compreensão + reprodução"[276].

Transposta essa divisão ao direito, observa-se deter ele um caráter alográfico, eis que não depende exclusivamente da produção de um texto normativo (seja oriundo da legislação ou da jurisdição), mas exige, sempre, a intermediação de um intérprete (juiz). Nesse particular, o direito se assemelha mais à música do que à própria literatura. Como visto, os símbolos musicais lançados em uma partitura não significam ao espectador de um concerto coisa alguma, contudo, uma vez compreendida a notação musical e reproduzida por um intérprete (um músico ou uma orquestra, por exemplo), completa-se a música como expressão artística, proporcionando ao auditório o deleite estético es-

---

[272] LUIZ, 2013, p. 22-30.

[273] STRECK, 2009a, p. 224-226.

[274] LUIZ, 2013, p. 101-105.

[275] GRAU, Eros Roberto. *Ensaio sobre a interpretação/aplicação do direito*. 3ª ed. São Paulo: Malheiros, 2005, p. 77-78.

[276] LUIZ, 2013, p. 102.

perado. No direito, também é necessária essa integração do intérprete, para que traga o texto legal à vida, por meio da norma. Por exemplo, no delito de homicídio, o tipo exposto no art. 121 do Código Penal (CP), por si só, nada também significa, não alterando qualquer estado de coisas. Uma vez aplicado, pela atividade do intérprete, a um determinado conjunto de fatos específicos, poderá produzir consequências, como a condenação e possível prisão de um cidadão, se for o caso.

Como ressalta Grau, qualquer texto, preceito ou enunciado normativo é alográfico. Sua completude só ocorre, quando o sentido é produzido pelo intérprete, já como uma "nova forma de expressão"[277]. Há, portanto, uma atribuição de sentido ao texto, cujo resultado é a norma. "Uma vez aplicado, o texto deixa de ser texto, passa a ser o 'sentido do texto' resultante da interpretação realizada."[278] Assim, o "'sentido expressado pelo texto' já é algo novo, distinto do texto. É a norma"[279].

Em que pese essa distinção, deve-se lembrar que não há uma cisão metafísica entre texto e norma, como se fossem coisas autônomas e separadas uma da outra. Nesse particular, "o texto só ocorre na norma e esta só se dá com um texto que lhe serve de base. Apesar de diferentes, não podem existir separadamente"[280]. Por isso, diz-se que se está diante de uma diferença ontológica, sendo a norma o sentido do ser do ente texto.

Por essa diferenciação, torna-se inviável caracterizar uma decisão — que cria uma norma, pela atribuição de sentido dada a um texto — como a reprodução do próprio texto. Há um elemento ontológico de distinção que impossibilita essa equiparação entre a decisão e a lei, entre norma e texto. Nesse particular, não se pode aceitar a exceção apresentada por Zaneti Jr.

É bem verdade que essa distinção não é desconhecida por Zaneti Jr.[281], afirmando o autor que "a norma somente adquire o seu significado conforme a individualização pelo intérprete no momento da aplicação"[282], caracterizando-se, portanto, como o resultado, e não o ponto

---

[277] GRAU, 2005, p. 78.
[278] LUIZ, 2013, p. 102.
[279] GRAU, 205, p. 78.
[280] LUIZ, 2013, p. 103.
[281] ZANETI, 2016, p. 130-134.
[282] Ibid., p. 131.

de partida da atividade interpretativa[283]. Não se atentou, contudo, o ilustre doutrinador ao fato de que essa circunstância invalida sua tese de mera repetição ou espelhamento entre texto e norma em determinada decisão, seja entre a lei e uma decisão ou entre o precedente e o julgamento subsequente.

Apresentam-se, aqui, outras duas exceções que parecem ser mais apropriadas. Trata-se: (*a*) da decisão que não é reproduzida em qualquer outra futura; e (*b*) a decisão que é reformada ou anulada por instância superior. Na primeira hipótese, a decisão prolatada em um determinado processo gera seus normais efeitos entre as partes e, apesar de sua ímpar importância ao caso, não é utilizada em qualquer outro caso futuro. Ela cai simplesmente no esquecimento. Isso pode ocorrer por vários fatores, como ser deficitária na fundamentação (seja em relação à não confrontação de todas as teses lançadas ou seu superficial enfrentamento), não ser tão inovadora em um determinado ponto jurídico, por não haver uma divulgação apropriada, ou por serem fatos tão particulares, que tornam improvável a ocorrência de uma situação similar, entre outros. Se ela não é utilizada no futuro, independente da razão disso, por certo não pode se qualificar como precedente.

No segundo caso, a decisão reformada ou anulada de um determinado tribunal não pode servir de precedente para aquela corte ou para os juízes a ela vinculados. Isso ocorre, quando uma decisão de um tribunal é revista por outro, de instância superior. Nesse caso, o acórdão reformado ou anulado, apesar de fazer parte, sem qualquer observação, do repertório de jurisprudência da corte que tomou a decisão a que ele se refere, não está apto a gerar efeitos sequer no processo em que foi lançada, não podendo, de igual forma, produzir força de precedente judicial para caso futuros, ainda que semelhantes os fatos e o direito alegado no caso superveniente.

Há, neste ponto, um defeito proeminente na forma de indexação e publicação das decisões das cortes brasileiras. A par da publicação pela imprensa oficial, para intimar as partes, utiliza-se comezinhamente a *internet* como forma de divulgação ao grande público, sendo os sistemas de buscas de um determinado tribunal a fonte principal de localização de uma determinada decisão e sua utilização como precedente a caso posterior. Em que pese a facilidade de acesso que o meio eletrônico proporciona, há um problema muito sério na forma em que, em

---

[283] ZANETI, 2016, p. 131.

regra, são divulgadas as decisões. Não há o acompanhamento e respectivo aviso de que aquela decisão efetivamente transitou em julgado, se se encontra em grau de recurso, ou se foi reformada ou anulada por tribunal superior.

É bem verdade que o próprio CPC/15 concita aos tribunais pátrios que a divulgação de seus julgados seja feita da forma mais ampla possível, preferindo-se, para tanto, a publicação na rede mundial de computadores[284]. Não deve, entretanto, ser de menor importância a forma como isso é feito. A publicidade exigida não pode ser entendida como o simples lançar de decisões na rede mundial de computadores. Há de existirem critérios mínimos para a correta indexação dos julgados. Um deles, por certo, é o acompanhamento do que ocorre após a decisão ser lançada. Deveria constar na informação prestada pelo sistema de busca de um determinado tribunal, se o acórdão que se acessa transitou em julgado, ou se foi objeto de recurso, e, assim sendo, indicar o que ocorreu, se houve a manutenção, a reforma (total ou parcial), a anulação da decisão ou, ainda, se o recurso está pendente de julgamento. Vale lembrar que, em caso de revisão parcial, a parte que se manteve válida poderá surtir efeitos de precedência, ainda que seja mais natural utilizar a decisão da corte revisora, eis que de superior hierarquia.

Outra informação importante é a identificação da linha de julgados do próprio tribunal (que gera o banco de dados e apresenta os precedentes ao usuário) e, ainda, das cortes que lhe são superiores. Isso porque, apesar de ter uma decisão transitada em julgado, o entendimento exposto em determinado acórdão pode ser alterado por outro precedente posterior do próprio tribunal ou por corte que lhe seja superior na hierarquia do Poder Judiciário. Seria o caso da superação do precedente anterior (*overruling*), que, muitas vezes, não é realizada de forma expressa. Este dado evitaria a utilização e a citação de muitas decisões que já não constituem *good law*, seja por não representarem mais a orientação do próprio tribunal ou pelo fato de uma instância superior fixar um posicionamento diverso, promovendo a superação do entendimento do tribunal *a quo*.

A utilização de precedentes pressupõe um sistema de divulgação, como os *law reports*, sendo de fundamental importância o acompa-

---

[284] Art. 927. (...) § 5º Os tribunais darão publicidade a seus precedentes, organizando-os por questão jurídica decidida e divulgando-os, preferencialmente, na rede mundial de computadores.

nhamento e certo rigor com a informação entregue aos usuários. Nessa esteira, o art. 927, §5º, do CPC/15 exige que os tribunais organizem seus precedentes por questão jurídica decidida, para facilitar o acesso à informação, mostrando alguma preocupação não só com a quantidade, mas com a qualidade dos dados fornecidos.

Pode-se objetar que o poder público, já parco em recursos, não teria fôlego financeiro para manter um sistema tão preciso e completo, que exigiria a manutenção de um corpo de servidores próprio para acompanhar o andamento dos processos já decididos e também para aquilatar a ocorrência da superação de um determinado posicionamento, o que, muitas vezes, não é facilmente perceptível. Isso dá margem à aparição, aqui, de provedores privados deste tipo de informação. Isso já é comum — sendo a regra geral — em países de *common law*. As ortes mantêm seus *law reports*, com seus precedentes, contudo, igualmente, não indicam decisões em sentido contrário ou maiores informações sobre eventual superação por corte superior. Tal é a importância desse tipo de informação, que se desenvolveram, no âmbito privado, serviços especializados para darem apoio ao jurista. Apesar de existirem várias plataformas, algumas gratuitas[285], os principais provedores privados são o *LexisNexis* e a *Westlaw*, empresas que se dedicam a formar um banco de dados amplo e completo, em que a informação sobre distinções, superações e, ainda, casos similares são apresentados ao usuário de forma rápida, fácil e organizada[286]. Em vez de o jurista ter que acessar a informação diretamente no sítio eletrônico de determinada corte e, após, ter que verificar se não houve qualquer alteração sobre o assunto — sobre o que seja o *good law* no ponto estudado —, estas

---

[285] JUSTISS, Laura K. A survey of electronic research alternatives to LexisNexis and Westlaw in law firms. *Law library journal*, v. 103, n. 1, 2011, p. 71-89.

[286] CAMBI, Eduardo; BRITO, Jaime Domingues. O efeito vinculante das súmulas do Supremo Tribunal Federal. In.: LAMY, Eduardo; ABREU, Pedro Manoel; OLIVEIRA, Pedro Miranda de. *Processo civil em movimento*: diretrizes para o novo CPC. Florianópolis: Conceito, 2013, p. 985-1005, p. 994-997. "A pesquisa pode ser manual ou por métodos eletrônicos de pesquisa jurídica, como, por exemplo, através da *Westlaw* e da *Lexis*. Ao realizar consultas aos *sites* acima, pode-se constatar que realmente a pesquisa se mostra bastante aperfeiçoada nos Estados Unidos. (...) A *Westlaw* e a *Lexis*, nos Estados Unidos, cuidam muito bem das publicações, e ao neles adentrar — repita-se — encontra-se farto material em relação a precedentes. Isso comprova que a existência de um organizado sistema de pesquisa pode ser considerada um verdadeiro incentivo na busca do aprimoramento das instituições jurídicas de um país."

empresas privadas apresentam a seu usuário a pesquisa já realizada. Nos EUA, por exemplo, os dois sistemas de busca são apresentados e explicados nos principais manuais sobre pesquisa jurídica[287]. Se hoje, no Brasil, já há um grande filo comercial em sistemas de informação para a gestão de escritórios de advocacia ou para sistemas de automação dos próprios tribunais, caso sedimentado entre nós o uso de precedentes, certamente haverá espaço para que floresçam, também, empresas especializadas nesse tipo de informação, o que agiliza(rá) o trabalho do jurista.

2.4.2. O PRECEDENTE JUDICIAL E A JURISPRUDÊNCIA

Apartada a ideia de decisão e precedente, cumpre separar o último da noção de jurisprudência. Sobre esta, há uma "verdadeira poluição semântica," advinda da confusão da *iuris prudentia* — termo latino —, que, em sua raiz, correspondia à ciência do direito[288]. É ainda usualmente utilizada nos países de língua inglesa para designar, também, a teoria do direito ou a filosofia jurídica. Para fins deste estudo, entretanto, objetiva-se a análise da jurisprudência exclusivamente como conjunto de decisões judiciais, significado comum à realidade brasileira.

A jurisprudência, nesse passo, pode ser entendida, de forma amplíssima, como o coletivo de decisões judiciais. Assim como a matilha é o conjunto de cães, e a constelação, o de estrelas, a jurisprudência serve de coletivo às decisões judiciais. Assim, nesse aspecto quantitativo, fala-se do precedente como uma decisão (com as distinções já acima realizadas) e da jurisprudência como uma pluralidade delas[289]. O agrupamento de um objeto em um substantivo coletivo requer, contudo, que haja entre os elementos alguma condição especial particular. Nesse ponto, o que usualmente qualifica as decisões judiciais a formarem um grupo próprio é o fato de serem prolatadas em um mesmo sentido. Logo, refinando o conceito de jurisprudência, entende-se como tal uma linha de decisões que expressam o mesmo entendimento, forma-

---

[287] SLOAN, Amy E. *Basic Legal Research*: tools and strategies. 5 ed. Nova Iorque: WoltersKluwer, 2012, p. 112-122.

[288] ABBOUD; CARNIO; OLIVEIRA, 2015, p. 317-318.

[289] TARUFFO, 2012, p. 279. "Existe, antes de tudo, uma distinção de caráter — por assim dizer — *quantitativo*. Quando se fala do precedente se faz normalmente referência a *uma decisão* relativa a um caso particular, enquanto que quando se fala da jurisprudência se faz normalmente referência a uma *pluralidade*, frequentemente bastante ampla, de decisões relativas a vários e diversos casos concretos."

da, desta feita, "em virtude de uma sucessão harmônica de decisões dos tribunais"[290]. Exige-se, assim, que elas guardem, entre si, uma linha de continuidade em relação ao objeto de que tratam[291].

O precedente, por seu turno, independe dessa linha de continuidade e existe independentemente de outros que lhe sejam harmônicos, não tendo como objetivo a formação de conjunto, uma coletividade. Nada impede que um determinado precedente, que já exerce influência no processo de tomada de decisão por si só, junte-se a uma corrente de julgados e, assim, passe a formar a jurisprudência de um tribunal em particular sobre determinado assunto. A existência singular de uma decisão é pressuposto para a formação do coletivo, mas a recíproca não é verdadeira. Por isso, "não se consideram jurisprudência os acórdãos, quando isoladamente considerados, (...) eis que, nesta condição, está ausente o requisito da reiteração harmônica"[292]. Uma decisão sozinha pode se tornar um precedente, caso haja sua utilização em caso futuro, mas, desacompanhada de outras, não poderá formar jurisprudência.

Em casos de primeira impressão, essa distinção se torna clara. Nestes, não existe uma linha (ou linhas) anterior(es) de julgamento — o que o qualifica justamente como um *case of first impression*. Dessa forma, por ser causa única sobre o assunto, a decisão do caso não formará jurisprudência, entretanto tornar-se-á um precedente importante para a resolução de futura demanda similar, caso seja nela enfrentada. Nada impede que, no processo histórico, haja o reforço da regra estabelecida pelo *leading case*, por meio de vários casos sucessivos em que é ela reafirmada, dando azo, aí sim, à formação de uma jurisprudência.

Com base nessa distinção quantitativa, sustenta-se uma evolução crescente: precedente → jurisprudência → súmula[293]. Assim, o prece-

---

[290] REALE, Miguel. *Lições preliminares de direito*. 27ª ed. 7ª tiragem. São Paulo: Saraiva, 2007, p. 167.

[291] Ibid., p. 168. "É a razão pela qual o Direito jurisprudencial não se forma através de uma ou três sentenças, mas exige uma série de julgados que guardem, entre si, uma linha essencial de continuidade e coerência. Para que se possa falar em jurisprudência de um Tribunal, é necessário certo número de decisões que coincidam quanto à substância das questões objeto de seu pronunciamento."

[292] MIRANDA DE OLIVEIRA, Pedro. *Novíssimo sistema recursal conforme o CPC/2015*. Florianópolis: Conceito, 2015, p. 150.

[293] DIDIER JR., Fredie. *Sobre a teoria geral do processo, essa desconhecida*. 3ª ed. Salvador: Juspodivm, 2016, p. 137.

dente, quando reiteradamente utilizado, daria margem à formação de uma jurisprudência e, tornando-se esta predominante em um determinado tribunal, possibilitaria a edição de um enunciado de súmula. Embora esse diagrama seja verdadeiro para a maioria dos casos, ele não retrata a inteireza das situações possíveis, ao menos em nível teórico. Falta, aqui, a distinção qualitativa entre o precedente e a jurisprudência[294].

O precedente só se qualifica como tal no uso posterior de determinada decisão a um caso que lhe seja similar. Assim, somente o juiz do caso sucessivo — e não o próprio prolator — pode dar roupagem à decisão como precedente. Isso decorre da própria faticidade. Não é viável que o magistrado antecipe todas as hipóteses de aplicação de sua decisão como precedente[295]. Apenas no cotejo de uma situação irrepetível passada com outra futura é que será possível a identificação de similitudes e distinções. A partir dos fatos, é que se estabelecerão ou não analogias entre os dois casos. Por essa razão, deve-se atentar à lição de que "a analogia das duas *fattispecie* concretas não é determinada *in re ipsa*, mas é afirmada ou excluída pelo juiz do caso sucessivo (…). É, portanto, o juiz do caso sucessivo que estabelece se existe ou não existe o precedente e desta forma (…) 'cria' o precedente."[296]

Já a configuração de uma coleção de decisões como jurisprudência prescinde dessa particular forma de aplicação, ao menos no âmbito conceitual. Não se exige a referência futura de uma determinada decisão ou linha delas, para que a jurisprudência se forme (ainda que isso ocorra na maior parte dos casos). Basta a prolação da decisão, para, em um universo amplo, ser ela catalogada e agrupada, com o intuito de gerar uma corrente jurisprudencial. Seu efetivo uso futuro não está em jogo, ao menos para fins de conceituação e existência. Verificada que as decisões, como um grupo, apontam para o mesmo sentido em um determinado assunto, estão aptas a se qualificarem como jurisprudência (seja ela dominante, pacífica, majoritária, minoritária ou qualquer outro adjetivo que convier). Cada uma delas pode estar baseada em um julgado não abordado pela outra e, ainda assim, configurar uma linha harmônica entre si. Dessa forma, a existência de uma corrente jurisprudencial prescinde a sua efetiva utilização de for-

---

[294] TARUFFO, 2012, p. 279-280.
[295] LAMY; LUIZ, 2015, p. 397-400.
[296] TARUFFO, 2012, p. 280.

ma reiterada e particular, com a construção de analogias e distinções. Particularmente, como se trata de uma coletividade, muitas vezes de dezenas ou centenas de julgados, há uma grande dificuldade da construção do argumento por analogia. As decisões que formam uma determinada jurisprudência podem não ser compatíveis entre si no que tange ao aspecto fático de cada caso, contudo apontam a mesma solução para uma questão jurídica própria, que justifica o agrupamento em uma coletividade específica. Por isso, a jurisprudência cria uma espécie de regra que "não inclui os fatos que foram objeto das decisões".[297] Não se aplica, assim, pela construção de analogias e distinções, "mas sobre a subsunção da *fattispecie* sucessiva em uma *regra geral*"[298].

Dessa distinção qualitativa, extrai-se que pode haver uma linha jurisprudencial, sem haver, necessariamente, precedentes. Ainda que, em regra, uma determinada jurisprudência seja formada por precedentes (ou precedentes e decisões), para fins de conceituação, de conferir os atributos ou qualidades próprias, impende reconhecer, ao menos em âmbito teórico, a desnecessidade dessa ocorrência. Pela diferenciação já efetivada entre decisão judicial e precedente, verifica-se que bastam decisões — e não precedentes — no mesmo sentido para a formação de determinada jurisprudência. A razão disso é a desnecessidade de referência em um caso futuro. Destarte, um cientista político, sociólogo ou mesmo o jurista bem treinado em métodos estatísticos pode identificar e agrupar decisões de um determinado tribunal sobre uma questão específica e, assim, reconhecer uma linha jurisprudencial própria, independente de cada um dos julgados constituir ou não um precedente.

O diagrama evolutivo entre decisão, precedente, jurisprudência e súmula não é linear, demandando maior complexidade na sua análise. Propõe-se, assim, a substituição da sequência decisão à precedente → jurisprudência → súmula, para:

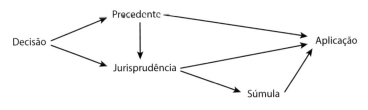

---

297 TARUFFO, 2012, p. 280.

298 Ibid., loc. cit.

Em países de *civil law* como o Brasil, em que os precedentes, em regra, possuem (ou possuíam) força meramente persuasiva, tende-se a dar maior vigor à jurisprudência[299]. Isso pôde ser visto no Brasil, ao menos até a entrada em vigor do CPC/15. Grande parte das reformas processuais anteriores, em nome da celeridade e efetividade da jurisdição, buscou, no reforço à jurisprudência, a solução para os problemas então enfrentados.

Em que pese seguir prestigiada no CPC/15, a jurisprudência cede lugar, em grande parte, ao precedente. É bem verdade que a nova codificação é confusa no âmbito conceitual, utilizando uma expressão por outra no mais das vezes. Isso decorre da própria divergência doutrinária, que ainda não conseguiu dar contornos mais ou menos estáveis à delimitação terminológica, sobretudo do precedente judicial. Ora a legislação parece equivaler os termos, utilizando-os como sinônimo perfeitos, ora distingue seus significados, o que torna necessária a atividade doutrinária para a lapidação e aclaramento da questão, além do aprimoramento da interpretação do texto legal. Essa distinção é importante, ao se verificar a diferença qualitativa entre precedente e jurisprudência, como visto, eis que a aplicação de uma e outra ocorrerá de forma diversa.

Exemplo dessa confusão é o próprio art. 926 do CPC/15. O *caput* trata somente da jurisprudência, que deve ser mantida estável, íntegra e coerente. Uma leitura apressada, em um primeiro momento, excluiria esse dever estatal em relação às decisões, precedentes e súmulas, contudo, observando-se melhor o dispositivo, não há como afastar a sua incidência em qualquer espécie. O dever de coerência e integridade é exercitado a cada decisão. Diante de cada situação particular, o juiz deverá observar a consistência entre a resolução do caso em mão e os outros que lhe são similares (coerência), procedendo ao ajuste (*fit*) da substância, para que, tornando a história institucional do próprio direito um todo harmônico (*chains of law*), aponte o caminho a seguir. Isso não se faz no âmbito da coletividade das decisões. É um exercício caso a caso. Logo, aplicável a cada decisão e verificável na utilização de qualquer precedente.

Em que pese o *caput* do art. 926 se referir apenas à jurisprudência, por necessidade lógica, aplica-se o dever previsto no texto também às decisões, precedentes e súmulas. Basta ver o conteúdo de seus pará-

---

[299] TARUFFO, 2012, p. 279.

grafos, que remetem à súmula. Logo, o dispositivo refere-se à jurisprudência, incluindo nela também os precedentes ou decisões que lhe dão base. Igualmente, em que pese ser dirigido aos tribunais — pois são eles que formam a jurisprudência —, a coerência e a integridade também são exigidas de qualquer juiz, independentemente da instância ou local de sua atuação. Assim, o juiz singular deve observar tais postulados tanto quanto um ministro do STF, incluindo-se, nesse intervalo, qualquer outro magistrado, seja qual for o tribunal. Seria uma incongruência lógica impor aos tribunais tal determinação, se, no primeiro grau de jurisdição, estivessem os magistrados autorizados a fazer o que quisessem, em um "estado de natureza hermenêutico"[300].

Ainda assim, independente do conceito operacional dado ao precedente, a assertiva de que este substitui a jurisprudência — ou ganha forte influência — no CPC/15 mantém-se verdadeira. Basta verificar o rol do art. 927, que pretensamente se torna de observação obrigatória, ao lado das súmulas (vinculantes ou não), alguns outros pronunciamentos judiciais — decisões sozinhas — que, independentemente de outras, já possuem força para influenciar o processo de decisão judicial. Não há menção à jurisprudência, tal como o código revogado fazia em vários casos. Obviamente, em relação ao inciso V do supracitado artigo, a posição do plenário ou órgão especial pode ser oriunda da jurisprudência do respectivo Tribunal ou, caso não haja reiteração de julgados sobre o assunto, do precedente estabelecido pelo órgão competente.

Em outros momentos, há a equiparação do precedente à jurisprudência. Isso ocorre, por exemplo, no nivelamento entre os dois para fins de fundamentação da decisão judicial, uma vez que será nula a sentença que não enfrentar qualquer deles, quando suscitados por uma parte no processo[301]. Por fim, há situações em que a jurisprudência ainda persiste como o *standard* de análise, como na modulação de efeitos da guinada jurisprudencial[302] e na aferição da repercussão geral[303], caso seja a jurisprudência dominante, e na fundamentação específica na

---

[300] STRECK, 2009a, p. 142-150.
[301] Art. 489, §1º, VI, CPC/15.
[302] Art. 927, §3º, CPC/15.
[303] Art. 1.035, §3º, I, CPC/15.

situação de alteração da jurisprudência pacificada[304]. Nessas situações, a jurisprudência ainda mantém a preponderância sobre o precedente.

Há uma longa discussão na doutrina sobre os diferentes adjetivos que se fornecem à jurisprudência. Na verdade, o debate é anterior. Questionam-se quantas decisões ou quantos precedentes são necessários para a geração da jurisprudência. Disso, segue a questão: verificada sua formação, quando será ela dominante ou pacífica? Em relação ao primeiro ponto, não há parâmetros sólidos, para saber quando e quantas decisões são necessárias, para que uma determinada jurisprudência se forme. Basta que haja a identificação de uma específica postura do tribunal em relação a algum assunto jurídico, a qual pode concorrer ou não com outras. Trata-se, portanto, de um processo histórico. A formação ou modificação de um entendimento anterior se calca na tradição jurídica de determinada sociedade. Não há uma regra de ouro definida antecipadamente que dirá quando e como a jurisprudência passará a existir como tal. É um processo em transição contínua, que, ao mesmo tempo, forma e é formada pela tradição jurídica, uma vez que esta é posta à prova a cada nova aplicação. Há, no transcurso do tempo, uma recaracterização da jurisprudência para novas situações.

Volta-se, aqui, à regra de cortesia de Dworkin, para explicar como se forma e se altera a jurisprudência no tempo[305]. Se há uma prática interpretativa dos atos sociais, o mesmo mecanismo ocorre no direito. Exemplo disso pode ser verificado com os direitos dos animais não humanos. No passado, seria considerado um evidente erro, grosseiro na verdade, atribuir a um animal a situação de sujeito de direito, ou situá-lo em qualquer lugar que não o de coisa (objeto do direito alheio). Assim entendiam a doutrina e a jurisprudência. A respeito, o STF, em 1972, já assentara que o *habeas corpus* "não alcança animais, eis que estes não se apresentam no mundo jurídico como sujeito de direito"[306]. Naquela época, o entendimento — tal como o início da prática da cortesia — era um tabu. Não se permitia pensar diferentemente disso.

O transcurso do tempo, a reflexão sobre o próprio entendimento jurídico sobre o tema trouxeram, vagarosamente, novos ares à maté-

---

[304] Art. 927, §4º, CPC/15.

[305] DWORKIN, 2007, p. 57-58.

[306] BRASIL. Supremo Tribunal Federal. *RHC n. 50.343*. Rel. Min. Djaci Falcão, Primeira Turma. Revista trimestral de jurisprudência, v. 63, n. 2, p. 399.

ria. Um *habeas corpus* impetrado em favor da chimpanzé Suíça causou grande debate sobre o assunto em 2005[307]. O juiz do caso admitiu o processamento da ação constitucional e, apesar de indeferir a liminar, determinou que a autoridade coatora prestasse informações. Com a morte do animal, houve a extinção do processo, sem o conhecimento de seu mérito[308].

A doutrina, de lá para cá, multiplicou-se, havendo vários pesquisadores a defender, senão a qualidade de sujeito de direitos, a possibilidade de defesa direta de animais por meios processuais como o *habeas corpus*. A própria jurisprudência não se encontra de tal modo avessa a essa ideia que, ao menos, mostra a possibilidade de repensar a matéria. O próprio STF aponta vagarosamente uma nova finalidade para a proteção dos animais não humanos. Ao decidir pela ilegalidade da "farra-do-boi", a razão fundamental da decisão era a proteção ao meio ambiente[309]. Já, em 2011, tratando da lei estadual que autorizava a briga de galos no Rio de Janeiro, o principal fundamento, aliado à proteção do meio ambiente, foi a dignidade da pessoa humana. Apesar de não dar aos animais *status* de pessoa de direito, o Min. Ricardo Lewandowsky afirmou que o que estava em jogo era o referido princípio, eis que, "quando se trata cruelmente ou de forma degradante um animal, na verdade está se ofendendo o próprio cerne da dignidade humana"[310].

Mais recentemente, houve a proibição das "vaquejadas" no Estado do Ceará[311]. Apesar do Relator, Min. Marco Aurélio, fundamentar seu voto na proteção ambiental, o voto-vista do Min. Luís Roberto Barroso avançou sobre o assunto da ética animal para ressaltar que "a

---

[307] A petição inicial do *habeas corpus* pode ser encontrada em: GORDILHO, Heron Santana. *Habeas corpus* impetrado em favor da chimpanzé Suíça na 9ª Vara Criminal de Salvador (BA). *Revista brasileira de direito animal*, v. 1, n. 1, p. 261-280, 2006.

[308] CRUZ, Edmundo. Sentença do *habeas corpus* impetrado em favor da chimpanzé Suíça. *Revista brasileira de direito animal*, v. 1, n. 1, p. 281-285, 2006.

[309] BRASIL. Supremo Tribunal Federal. *RE 153531*. Rel. Min. Francisco Rezek, Rel. para o acórdão: Min. Marco Aurélio, Segunda Turma, julgado em 03/06/1997, DJ 13-03-1998, p. 13.

[310] BRASIL. Supremo Tribunal Federal. *ADI 1856*, Rel. Min. Celso de Mello, Tribunal Pleno, julg. em 26/05/2011, DJe-198, div. 13-10-2011, publ. 14-10-2011, RTJ, v. 220, n. 1, p. 18.

[311] BRASIL. Supremo Tribunal Federal. *ADI 4983*, Rel. Min. Marco Aurélio, Tribunal Pleno, julg. em 06/10/2016, DJe 27/04/2017.

Constituição não apenas reconheceu os animais como seres sencientes, mas também reconheceu o interesse que eles têm de não sofrer."[312] Isto desvincularia a tutela da proteção ao meio-ambiente, flora e fauna, enquanto defesa contra a extinção de uma espécie. Destacou que "A proteção dos animais contra práticas cruéis constitui norma autônoma, com objeto e valor próprios."[313]

O STJ seguiu a mesma linha e, ainda sem dizer que eram sujeitos de direito, excluiu os animais como coisas, para efeito de aplicação do Código Civil, ressaltando que a proteção animal não é derivada da proteção ao meio ambiente, por apresentarem eles características individuais — dentre elas, sentir dor —, o que torna devida a proteção[314]. Igualmente, já há decisões judiciais que dispõem sobre a guarda

---

[312] Op. cit., loc. cit.

[313] Op. cit., loc. cit.

[314] BRASIL. Superior Tribunal de Justiça. *REsp 1115916/MG*, Rel. Min. Humberto Martins, Segunda Turma, julg. em 01/09/2009, DJe 18/09/2009. "Aduz o recorrente que, nos termos do art. 1.263 do CC, os animais recolhidos nas ruas — e não reclamados no Centro de Controle de Zoonose pelo dono no prazo de quarenta e oito horas —, além dos que são voluntariamente entregues na referida repartição pública, são considerados coisas abandonadas. Assim, a administração pública poderia dar-lhes a destinação que achar conveniente. Não assiste razão ao recorrente, e o equívoco encontra-se em dois pontos essenciais: o primeiro está em considerar os animais como coisas, *res*, de modo a sofrerem o influxo da norma contida no art. 1.263 do CPC. O segundo, que é uma consequência lógica do primeiro, consiste em entender que a administração pública possui discricionariedade ilimitada para dar fim aos animais da forma como lhe convier. Não há como se entender que seres, como cães e gatos, que possuem um sistema nervoso desenvolvido e que por isso sentem dor, que demonstram ter afeto, ou seja, que possuem vida biológica e psicológica, possam ser considerados como coisas, como objetos materiais desprovidos de sinais vitais. Essa característica dos animais mais desenvolvidos é a principal causa da crescente conscientização da humanidade contra a prática de atividades que possam ensejar maus tratos e crueldade contra tais seres. A condenação dos atos cruéis não possui origem na necessidade do equilíbrio ambiental, mas sim no reconhecimento de que os animais são dotados de uma estrutura orgânica que lhes permite sofrer e sentir dor. A rejeição a tais atos, aflora, na verdade, dos sentimentos de justiça, de compaixão, de piedade, que orientam o ser humano a repelir toda e qualquer forma de mal radical, evitável e sem justificativa razoável. A consciência de que os animais devem ser protegidos e respeitados, em função de suas características naturais que os dotam de atributos muito semelhantes aos presentes na espécie humana, é completamente oposta à ideia defendida pelo recorrente, de que animais abandonados podem ser considerados coisas, motivo pelo qual, a administração pública poderia dar-lhes destinação que convier, nos termos do art. 1.263 do CPC."

de um animal de estimação, ao invés de sua partilha, no caso de divórcio, havendo, inclusive, projeto de lei tendente à positivação dessa orientação[315].

Isso demonstra que a mudança dos vetores valor e finalidade, como descrito por Dworkin, pode justificar a criação de determinada jurisprudência e, também, sua modificação no curso do tempo. É isso que ocorre no desenvolvimento dos direitos dos animais não humanos. A modificação da finalidade da proteção (do meio ambiente ao respeito à sua condição de seres sencientes) já vem surtindo efeitos na produção doutrinária e judicial e, com isso, poderá alterar inteiramente a concepção que se tenha dos direitos dos animais. Ainda se está, aqui, longe de garantir-lhes o *status* de sujeitos de direito. Há um longo caminho a trilhar, contudo não se mostra desarrazoado crer, pelo trajeto já desenvolvido, que isso se tornará realidade no futuro, talvez próximo.

No tocante à segunda situação, havia a expectativa de que o CPC/15 abandonasse a terminologia jurisprudência dominante ou pacificada, já objeto de ampla crítica na vigência do código anterior, mas não foi esse o resultado final. Apesar de amplamente reduzidas as hipóteses de aplicação, permaneceram no texto as famigeradas expressões. Com isso, manteve-se a mesma dúvida existente no CPC/73, sendo necessário retomar a discussão, ainda viva na doutrina, acerca de quando uma jurisprudência será dominante ou pacífica.

A expressão jurisprudência dominante "é absolutamente fluida, indeterminada, sendo difícil para a parte recorrente quantificar a jurisprudência a ponto de saber, com desejável grau de probabilidade de acerto, se trata ou não de 'dominante'"[316]. Em outras palavras, a questão a saber é quando um determinado entendimento de um específico tribunal passa a ser "dominante". Se já é árida a missão de definir se há ou não a formação da jurisprudência sobre determinado ponto, ainda mais hercúleo é o esforço em delimitar quando ela se torna dominante.

Ao tratarem do caso de presunção de repercussão geral no recurso extraordinário — e, por essa razão, tratam da matéria somente no âmbito do STF —, Nery Jr. e Nery sustentam que, "por jurisprudência dominante deve-se entender o conjunto de, pelo menos duas, decisões proferidas por Turma ou Pleno do STF, firmes, transitadas em

---

[315] BRASIL. Projeto de lei n. 7.196/10.
[316] WAMBIER, Luiz Rodrigues. Uma proposta em torno do conceito de jurisprudência dominante, *Revista de Processo*, na. 25, n. 100, p. 81-87, out.-dez. 2000.

julgado, sobre determinado tema de direito"[317]. Para os autores, podem servir para a configuração da jurisprudência dominante as decisões monocráticas, "se externarem conteúdo de entendimento dominante do Tribunal"[318]. Observa-se que a definição apresentada é bastante ampla. Não se exige grande multiplicidade de causas; ao contrário, apenas não supre o requisito a existência de uma única decisão. De igual modo, qualquer pronunciamento se qualifica para tanto: decisões monocráticas, das Turmas ou do Pleno. Além disso, não há limitação temporal para a análise, nenhum intervalo de tempo é exigido, para se averiguar se as duas (ou mais) decisões efetivamente expressam um entendimento dominante. Por fim, não há também qualquer indicação de quais cortes seriam competentes para a fixação de uma jurisprudência dominante, presumindo-se que, a qualquer tribunal, seria facultada essa possibilidade.

A solução dos juristas não parece ser a melhor. Em um tribunal que julgou, em 2016, 117.338 processos (102.564 decisões monocráticas e 14.774 em colegiado)[319], a exigência de apenas dois julgados em determinada direção é praticamente insignificante para a formação de uma jurisprudência, quanto mais para considerá-la dominante. Em um espaço amostral tão vasto, necessita-se de mais que duas decisões, para considerar uma jurisprudência dominante.

É bem verdade que o STJ, em análise ao hoje revogado art. 557 do CPC/73, já aceitou a existência de apenas um — ou, ao menos, a citação de somente um — julgado para a caracterização da jurisprudência dominante[320]. Salientou o acórdão que a colação de apenas uma decisão era suficiente para o julgamento monocrático, uma vez que a parte interessada não conseguiu demonstrar orientação dissidente daquela. Houve, portanto, a inversão do ônus argumentativo de forma indevida. Em vez de o ministro relator — que fez o julgamento monocrático — fundamentar por quais razões considerava uma determinada juris-

---

[317] NERY JR., Nelson; NERY, Rosa Maria de Andrade. *Comentários ao código de processo civil*. São Paulo: RT, 2015, p. 2179.

[318] NERY JR.; NERY, 2015, p. 2179.

[319] As informações foram retiradas das estatísticas do STF. Disponível em: http://www.stf.jus.br/portal/cms/verTexto.asp?servico=estatistica&pagina=decisoesinicio. Acessado em: 11.07.2017

[320] BRASIL. Superior Tribunal de Justiça. *AgRg no Ag 249.496/SP*, Quinta Turma, Rel. Min. Gilson Dipp, DJ 5/3/01.

prudência dominante dentro do próprio STJ, esperou-se que a parte, em recurso, comprovasse o contrário, ou seja, que a orientação predominante era distinta, ou que reinava séria dispersão jurisprudencial, invalidando a formação de um entendimento dominante. Ao seguir esse acórdão, a jurisprudência dominante seria aquela definida pelo magistrado como tal, independentemente de qualquer explicação a respeito de sua prevalência, em desrespeito ao dever constitucional de fundamentar. A manutenção dessa fórmula acarretaria um desmedido realismo jurídico, desbancando qualquer sistema de controle da decisão judicial. Apesar de equivocada, a lógica do julgamento foi repetida em, ao menos, outra decisão[321], que ressaltou a existência de apenas uma decisão do STJ já ser suficiente, para ilustrar o posicionamento da Corte sobre a questão.

Aqui, há um ledo engano. Não são raras as oportunidades de decisões conflitantes no âmbito do STJ. A doutrina é pródiga em demonstrar tal instabilidade. Muitas vezes, a dispersão é verificada no mesmo órgão julgador ou, pior, na mesma sessão de julgamento. Exemplo desse dissídio é a própria interpretação dada pelo Tribunal ao art. 557 do CPC/73. Durante os primeiros anos da vigência do texto (nos termos da Lei n° 9.756/98), o STJ não manteve consistência na aplicação do dispositivo. Ora mantinha-se a Corte presa à dicção literal do preceito, possibilitando a negativa de seguimento de recurso por decisão monocrática, quando este estivesse em contradição com a jurisprudência dominante no tribunal *a quo*, independentemente da visão do próprio STJ — ou do STF — sobre a matéria[322], ora exigia que, para a aplicação do art. 557 do CPC/73 com base na jurisprudência dominante dos tribunais ordinários, deveria a decisão estar em consonância com a orientação preponderante nos tribunais superiores[323]. Com o objetivo de uniformização, a matéria foi levada a seu órgão máximo, a Corte

---

[321] BRASIL. Superior Tribunal de Justiça. *AgRg no REsp 1363921/SE*, Rel. Min. Arnaldo Esteves Lima, Primeira Turma, julg. em 11/06/2013, DJe 01/07/2013.

[322] BRASIL. Superior Tribunal de Justiça. *REsp 223.651/RJ*, Rel. Min. Edson Vidigal, Quinta Turma, julg. em 21/10/1999, DJ 22/11/1999, p. 185.

[323] BRASIL. Superior Tribunal de Justiça. *REsp 151.227/CE*, Rel. Min. Milton Luiz Pereira, Primeira Turma, julg. em 28/08/2001, DJ 25/02/2002, p. 203; BRASIL. Superior Tribunal de Justiça. *EDcl no REsp 299.196/MG*, Rel. Min. Franciulli Netto, Segunda Turma, julg. em 11/02/2003, DJ 26/05/2003, p. 308; BRASIL. Superior Tribunal de Justiça. *REsp 299.196/MG*, Rel. Min. Franciulli Netto, Segunda Turma, julg. em 16/04/2002, DJ 05/08/2002, p. 234; BRASIL. Superior Tribunal de Justiça.

Especial, em embargos de divergência, em que restou definido que "não pode o relator no Tribunal de origem utilizar-se do art. 557 do Código de Processo Civil quando a jurisprudência local que lhe serviu de base estiver em confronto com a jurisprudência dominante nesta Corte ou no Supremo Tribunal Federal"[324].

A partir do julgamento, esperava-se que a matéria fosse analisada da forma como decidida pela Corte Especial em todo o território nacional, ou, ao menos, no âmbito do próprio STJ, sobretudo pela superveniência de outros embargos de divergência em que a tese foi reafirmada[325], contudo não foi isso que ocorreu. O próprio Tribunal, desrespeitando o entendimento unânime de sua Corte Especial, manteve a dispersão jurisprudencial sobre o tema, manifestando-se de diferentes formas no curso do tempo. Em 2010, em sede de recurso repetitivo, o STJ voltou a expor uma interpretação literal do art. 557 do CPC/73, autorizando o julgamento monocrático em caso de contrariedade à jurisprudência dominante do tribunal local[326]. Mais recentemente, em sede de recurso repetitivo, o STJ afirmou não ser seu papel aferir a existência de jurisprudência dominante no tribunal ordinário, para fins de aplicação do art. 557 do CPC/73, eis que se trataria de matéria de fato, o que não seria cognoscível em recurso especial, nos termos da Súmula n° 7 da própria Corte[327]. Em verdade, poucos casos referiram-se ao julgamento dos embargos de divergência, para filiar-se ao entendimento lá ex-

---

REsp 243.612/RJ, Rel. Min. Edson Vidigal, Quinta Turma, julg. em 14/03/2000, DJ 03/04/2000, p. 168.

324 BRASIL. Superior Tribunal de Justiça. *EREsp 223.651/RJ*, Rel. Min. Carlos Alberto Menezes Direito, Corte Especial, julg. em 01/12/2004, DJ 14/11/2005, p. 174.

325 BRASIL. Superior Tribunal de Justiça. *EREsp 404.837/RJ*, Rel. Min. Francisco Peçanha Martins, Corte Especial, julg. em 22/05/2006, DJ 12/06/2006, p. 404.

326 BRASIL. Superior Tribunal de Justiça. *REsp 1117139/RJ*, Rel. Min. Luiz Fux, Primeira Seção, julg. em 25/11/2009, DJe 18/02/2010.

327 BRASIL. Superior Tribunal de Justiça. *REsp 1355947/SP*, Rel. Min. Mauro Campbell Marques, Primeira Seção, julg. em 12/06/2013, DJe 21/06/2013.

posto[328]. Outros até se reportaram à decisão paradigma, contudo, para contrariá-la[329].

Dever-se-ia, nesse caso, exigir o alinhamento da jurisprudência dominante no tribunal ordinário àquela dos Tribunais Superiores. É pouco lógico fixar Tribunais de Vértice para a harmonização da interpretação da Constituição e da legislação federal[330], se, ao fim e ao cabo, os tribunais inferiores na hierarquia judiciária pudessem se guiar por um diferente posicionamento relativo à mesma matéria sem, ao menos, haver uma questão de princípio. Por isso, a melhor razão seria exigir o alinhamento, similar ao posicionamento do próprio STJ em relação à improcedência liminar do pedido, à época disposto no art. 285-A do CPC/73, que, para limitar a força do "autoprecedente" do próprio juízo singular, exigia que estivesse ele em consonância com o entendimento das instâncias superiores[331].

É bem verdade que o CPC/15 afastou a possibilidade de julgamento monocrático do relator com base na jurisprudência dominante de tribunal local, o que fulmina a discussão nesse particular[332]. Contudo,

---

[328] BRASIL. Superior Tribunal de Justiça. *AgRg no Ag 920.307/SP*, Rel. Min. Denise Arruda, Primeira Turma, julg. em 11/12/2007, DJ 07/02/2008, p. 1; BRASIL. Superior Tribunal de Justiça. *REsp 682.538/MS*, Rel. Min. Carlos Alberto Menezes Direito, Terceira Turma, julg. em 24/08/2006, DJ 18/12/2006, p. 368; BRASIL. Superior Tribunal de Justiça. *EDcl no REsp 588.807/DF*, Rel. Min. Francisco Peçanha Martins, Segunda Turma, julg. em 16/02/2006, DJ 04/05/2006, p. 158; BRASIL. Superior Tribunal de Justiça. *REsp 766.676/RJ*, Rel. Min. Castro Meira, Segunda Turma, julg. em 18/08/2005, DJ 03/10/2005, p. 234; BRASIL. Superior Tribunal de Justiça. *REsp 598.071/RS*, Rel. Min. Eliana Calmon, Segunda Turma, julg. em 19/04/2005, DJ 23/05/2005, p. 202.

[329] BRASIL. Superior Tribunal de Justiça. *REsp 804.049/RS*, Rel. Min. Francisco Peçanha Martins, Segunda Turma, julg. em 21/03/2006, DJ 15/05/2006, p. 191.

[330] WAMBIER, 2000, p. 83. "Não é de competência dos Tribunais estaduais, do Tribunal distrital ou dos Tribunais Regionais Federais definir, pela reiteração de seus julgamentos, o entendimento do direito federal."

[331] BRASIL. Superior Tribunal de Justiça. *REsp 1201357/AC*, Rel. Min. Luis Felipe Salomão, Quarta Turma, julg. em 08/09/2015, DJe 29/09/2015; BRASIL. Superior Tribunal de Justiça. *REsp 1225227/MS*, Rel. Min. Nancy Andrighi, Terceira Turma, julg. em 28/05/2013, DJe 12/06/2013.

[332] Apesar de alguns tribunais terem se aproveitado do dispositivo do art. 932, VIII, do CPC/15, para emendarem seus Regimentos Internos, possibilitando — em flagrante ilegalidade — que o relator julgue monocraticamente os recursos com base na jurisprudência local.

manteve-o em relação à súmula do tribunal *a quo*, o que faz suscitar a questão neste estrito aspecto. Não sendo o foco principal da análise, basta dizer que há o dever de conformidade. A súmula do tribunal local — quanto aduz ao direito federal — deve estar em consonância com o entendimento exposto pelos tribunais superiores. Da mesma forma, não deve obstar o prosseguimento de um recurso, se não houver — seja no STJ, seja no STF — casos pretéritos sobre o assunto, sob pena de usurpação da competência constitucional dos Tribunais Superiores[333]. Poder-se-ia manter a validade da súmula do tribunal ordinário como critério de julgamento monocrático quanto à hipótese de a causa versar sobre o direito local, porém, ainda assim, manter-se-iam ressalvas, uma vez que, havendo similitude ou igualdade entre os textos de leis locais de diferentes Municípios ou Estados e a judicialização de situações abrangidas pelos dispositivos idênticos ou similares, havendo o julgamento de um desses processos por Tribunal Superior, existe a necessidade de alinhamento dos tribunais ordinários ao posicionamento então adotado pela instância superior.

Ainda que o CPC/15 tenha reduzido as hipóteses para o uso da jurisprudência dominante, ao manter a sua possibilidade nos casos de modulação dos efeitos da decisão que acarrete uma guinada jurisprudencial e para a resunção de repercussão geral, é importante manter a discussão sobre o tema e fixar, como sustentou Wambier, limitações de espaço e tempo para a sua formação[334]. No aspecto espacial, a controvérsia foi resolvida pelo CPC/15. Se, antes, havia ferrenha discussão sobre a possibilidade de utilização da jurisprudência dominante de tribunal local, hoje está ela sepultada. Limita-se, no caso de modulação de efeitos, à jurisprudência do STF e demais Tribunais Superiores, e somente ao primeiro, por óbvio, na hipótese de presunção da repercussão geral no recurso extraordinário.

---

[333] MIRANDA DE OLIVERIA, 2015, p. 125. "O fato de o tribunal local ter editado súmula sobre determinada matéria não dá ao relator poderes para negar provimento ao recurso, se o STJ, por exemplo, ainda não pacificou seu posicionamento sobre o assunto. Afinal, não tem sentido o relator, no tribunal de segundo grau, utilizar poderes monocráticos para ajustar uma decisão conforme a súmula local, mas desconforme com o posicionamento dos Tribunais Superiores. Em outras palavras, apesar da literalidade da alínea 'a' do inciso IV do art. 932 do CPC/2015, o desprovimento imediato do recurso pelo relator, limita-se aos casos em que a tese recursal defendida colide com súmula do STF ou do STJ, isto é, súmulas do próprio tribunal não ensejam o julgamento singular"

[334] WAMBIER, 2000, p. 85-86.

No aspecto temporal, há duas variáveis. A primeira delas é observar quando um determinado entendimento se torna prevalente. A segunda seria qual o intervalo de tempo que determinado posicionamento deve se manter preponderante. Isso diz respeito ao universo ou ao espaço amostral válido, para se verificar o predomínio (período referencial). Por exemplo, se há relevância no período de tempo transcorrido entre as decisões que formam a jurisprudência dominante e, também, da última delas e da resolução do caso em mãos.

Sobre a primeira variável, espera-se já ter sido comprovada a insuficiência do critério de se ter apenas mais de uma decisão. Em substituição, poder-se-ia pensar em uma maioria simples, 50% + 1 das decisões a respeito do tema. Havendo a dita maioria, seria inviável que outra corrente jurisprudencial fosse mais representativa da orientação do tribunal. O problema dessa exigência é que, se houver mais de duas correntes jurisprudenciais sobre o mesmo assunto, nenhuma delas pode cumprir tal requisito. Pense-se que a distribuição seria em 40% para a de maior vulto e 30% para as outras duas remanescentes. Nesse caso, ou se admitiria a primeira como dominante, eis que prevalecente sobre as demais, ou simplesmente não haveria qualquer "jurisprudência dominante" sobre o ponto específico.

Outra solução hipótese seria considerar a de maior inclinação. Nessa conjuntura, o exemplo acima ficaria resolvido. Contudo, caso houvesse uma multiplicidade grande de variáveis — ou seja, de correntes diversas —, existiria a possibilidade de que a considerada dominante não tenha grande representatividade na corte. Na hipótese de que sejam dezenas de orientações, a prevalente pode contar com menos de 10% do total de julgados sobre uma temática. Nesse ponto, seria negativo dar importante prevalência a uma corrente jurisprudencial que não fosse tão significativa.

Tentando encontrar algum dado objetivo que possa funcionar de guia, Wambier sugere a proporção de 70% – 30%. O autor mostra grande preocupação com o fato de que se tome por dominante uma porção pouco representativa dos julgados das cortes superiores. Submete a verificação de uma jurisprudência dominante a uma qualificada maioria de decisões sobre um determinado assunto. Apesar de deixar claro que a proporção é meramente indicativa, estando mais preocupado com a fixação de um parâmetro objetivo a defender o apontado, sustenta que, se a análise se afastar de um critério numérico (estatístico), aferível pelas partes — e, por que não pela doutrina? —, corre-se o risco da prevalência de opiniões falsamente dominantes[335].

Em que pese a linearidade lógica do argumento apresentado, há algumas questões que, se não impedem, dificultam a execução da proposta. Não há dúvida do benefício de um critério objetivo para a avaliação da jurisprudência de uma corte, sobretudo para saber quando passa ela a ser dominante. Isso exigiria, porém, uma pesquisa quantitativa contínua de elevada sofisticação. Embora tenha crescido o interesse no desenvolvimento de estudos por métodos quantitativos no Direito, sobretudo no exterior, o estado da arte ainda não se encontra preparado, para dar tais respostas aos juristas. Por certo, futuros estudos poderão dar novas luzes à questão, entretanto, por ora, é de operacionalização duvidosa a proposta de Wambier.

Mesmo mudando-se o critério sugerido, pela maioria simples ou pela corrente mais observável, a mesma insuficiência apareceria. Não havendo, portanto, um critério matemático perfeito, o assunto deve ser tratado no âmbito doutrinário e jurisprudencial, criando-se, mesmo que lentamente, uma história institucional apta à formação de limites mais firmes. No círculo (ou espiral) hermenêutico, haverá sempre o confronto da pré-compreensão anterior e a formação de uma nova, e, nessa fusão de horizontes, haverá de se encontrar a resposta autêntica. Esta resposta não será etérea, eis que "respostas definitivas pressupõem o sequestro da temporalidade"[336]. Será, na verdade, um novo ponto de partida a novas aplicações, que, no curso do tempo, poderão apresentar resultados mais lapidados.

Na segunda variável, relativo ao período referencial, seria benéfica e útil a proposta de Wambier. No curso do tempo, os Tribunais — neste caso, os Superiores — modificam seus entendimentos. Na realidade brasileira, talvez isso ocorra mais frequente e abruptamente que o devido. Assim, ao se fixar um lapso temporal de regência, ganhar-se-ia

---

[335] WAMBIER, 2000, p. 85. Diz, ainda, que "o fato é que a sociedade não pode ser lançada à busca 'mágica' do pensamento dominante, sem que se lhe deem parâmetros objetivos e temporais para tanto, e que se lhe permita o acesso a dados organizados e quantificados pelos próprios Tribunais (...) O mundo da informação — que cada vez é mais precisa — não mais admite o 'achismo', expressão coloquial com que se pode definir a tendência irrefreável do ser humano no sentido de tentar dar a palavra final a respeito de qualquer assunto com fundamento em seus conhecimentos empíricos sobre o tema".

[336] STRECK, 2014a, p. 572.

eficiência na busca, eis que ficaria confinada a um espaço amostral mais limitado e definido. Da mesma forma, afastar-se-iam do conceito de jurisprudência dominante interpretações que, a par de serem numerosas, se considerada a história integral da Corte — podendo até serem as mais significativas —, não descrevem o entendimento mais atual do Tribunal, aquele prevalente no período referencial. O prazo proposto, de cinco anos, parece razoável, sendo longo o suficiente, para se angariarem consideráveis decisões sobre determinado tema — não correndo o risco de um espaço amostral que não revele a inteireza do que se quer analisar —, mas satisfatoriamente curto, para demonstrar a orientação atual da Corte. Contudo, novamente, não havendo dispositivo legal a respeito, caberá à doutrina e à jurisprudência o refinamento do lapso temporal desse período de referência, o que será feito caso a caso, a cada aplicação, formando-se uma tradição jurídica sobre o assunto.

Em conclusão, até um desenvolvimento da doutrina ou mesmo judicial, a definição de jurisprudência dominante deve ser ampla o suficiente, para abarcar a ideia de orientação preponderante em determinado Tribunal Superior, e restrita o bastante, a fim de evitar as opiniões falsamente dominantes a que se refere Wambier. A preponderância há de ser verificada em razão da quantidade de decisões em determinado sentido, comparando-a com as demais orientações e, também, em relação à quantidade de órgãos julgadores do respectivo Tribunal, os quais dividem a mesma diretriz, e à qualidade de cada um desses órgãos.

No primeiro quesito, acredita-se que, dadas as importantes consequências que impõe, deva haver ao menos uma maioria de tal forma preeminente, que não haja maiores dúvidas quanto a tal fato (a preponderância). Apesar de não haver uma porcentagem exata, isso exclui casos limítrofes, como o 50% + 1 (e, ainda, frações menores). Mudando o que deve ser mudado, uma interessante comparação pode ser feita com a gradação do ônus da prova (*burden of proof*) do direito norte-americano. Agrupando os diferentes níveis em grau crescente, ter-se-ia: *reasonable suspicion, reasonable to believe, probable cause, credible evidence, substantial evidence, preponderance of evidence, clear and convincing evidence* e, por último, *beyond reasonable doubt*. Não há uma divisão matemática perfeita entre os diferentes degraus, reconhecendo-se, mesmo assim, um aumento do requisito de um a outro. No menos rigoroso (*reasonable suspicion*), basta a inferência racional de fatos específicos e bem articulados[337]. É o *standard* utilizado, por exemplo, para a parada e, se for o caso, busca pessoal ou veicular efetuada pelos agentes da polícia (*Terry stop*)[338]. No lado oposto, a *beyond reasonable doubt*, utilizada, como regra, como critério probatório para a condenação criminal, exige que não exista outra explicação lógica derivada dos fatos, senão a que leve à responsabilização criminal do acusado e, com isso, supere a presunção de inocência[339]. Ainda que não se demande a certeza absoluta, eis que inatingível, exige-se o mais próximo dos 100% de possibilidade.

A jurisprudência dominante, nessa perspectiva, teria um elevado grau, apesar de não máximo, podendo ser comparada ao *clear and convincing evidence*[340]. Se a *preponderance of evidence* está cumprida com a maioria simples, ou com 51% como defendem alguns[341], e o *beyond reasonable doubt* está muito próximo dos 100%, a *clear and convincing evidence* está entre elas, apesar de não possuir uma porcentagem específica. Sua força, entretanto, precisa ser tal, que todos a vejam com uma preponderância substancialmente maior que qualquer outra visão. Ser, de pronto, prevalecente frente a outras orientações.

---

337 GARDNER, 2009, p. 1585. A *reasonable suspicion* caracteriza-se como "a particularized and objective basis, supported by specific and articulable facts, for suspecting a person of criminal activity. A police officer must have a reasonable suspicion to stop a person in public place".

338 EUA. Suprema Corte. *Terry v. Ohio*, 392 U.S. 1, 1968.

339 GARDNER, op. cit., p. 1380. "'Beyond a reasonable doubt' is the standard used by a jury to determine whether a criminal defendant is guilty. (...) In deciding whether guilt has been proved beyond a reasonable doubt, the jury must begin with the presumption that the defendant is innocent."

340 Ibid., p. 636. "Evidence indicating that the thing to be proved is highly probable or reasonably certain. This is a greater burden than preponderance of the evidence, the standard applied in most civil trials, but less than evidence beyond a reasonable doubt, the norm for criminal trials."

341 Ibid., p. 1301. "The greater weight of the evidence, not necessarily established by the greater number of witness testifying to a fact but by evidence that has the most convincing force; superior evidentiary weight that, though not sufficient to free the mind wholly from all reasonable doubt, is still sufficient to incline a fair and impartial mind to one side of the issue rather than the other. This is the burden of proof in most civil trials, in which the jury is instructed to find for the party that, on the whole, has the stronger evidence, however slight the edge may be."

No segundo item, deve-se analisar, na estrutura do próprio Tribunal, a quantidade de órgãos julgadores que defendem o posicionamento que se pretenda dominante e valorar a qualidade de cada um deles, em comparação aos outros. Será predominante a jurisprudência estabelecida pelos órgãos julgadores mais importantes no organograma da Corte e, combinado a isso, da maioria dentre os fracionados. No STF, a jurisprudência dominante será aquela fixada pelo seu Plenário, a qual deverá estar espelhada em uma de suas Turmas, em sendo causas de competência destas. No STJ, seguirá a linha decrescente: Corte Especial, Sessão, Turmas. Aqui, as possibilidades de combinações são maiores, devendo haver a prevalência sempre dos órgãos superiores (Corte Especial e Sessão) sobre os mais fracionados.

Sobre a jurisprudência pacífica, a mesma discussão é pertinente. Há uma gradação crescente entre a jurisprudência dominante e a pacífica. Se a dominante equivaleria, na comparação sugerida, à *clear and convincing evidence*, a pacífica seria compatível com o *beyond reasonable doubt*. Em outras palavras, não se exigiriam os 100% de decisões sobre específico tema no mesmo sentido, mas algo tão próximo a isso, que as posições discrepantes não fossem significativas, não havendo oposição séria a respeito do tema.

2.4.3. O PRECEDENTE JUDICIAL E AS SÚMULAS

Na tentativa de delimitar o sentido do precedente, ao menos para os fins desta pesquisa, cumpre diferenciá-lo da súmula. A utilização de súmulas no direito brasileiro não é uma novidade. A sua criação, no ordenamento jurídico pátrio, ocorreu em 1963 (com início de vigência em 1964), com a Emenda no Regimento Interno (RI) do STF, de iniciativa do Min. Victor Nunes Leal, que dispunha, em seu art. 4º, sobre a edição de súmula da jurisprudência predominante do STF[342]. A Emenda criou, no âmbito do Tribunal, a Comissão de Jurisprudência, composta por três Ministros, dentre os quais o próprio Min. Victor Nunes Leal, a quem, dentre outras atribuições, competia propor a criação das súmulas sobre decisões que, por maioria qualificada, tivessem decidido pela constitucionalidade ou inconstitucionalidade de lei ou ato do poder público, além dos casos em que a jurisprudência da Corte fosse predominante e firme, mesmo que apresentasse votos

---

[342] Art. 4º do RISTF.

vencidos[343]. Efetuada a proposta (que também poderia vir, além da Comissão, de qualquer Ministro), cumpria ao Plenário decidir acerca de sua adoção e de seu texto final, que deveria ser sucinto e explicitar as normas em que se fundava[344].

Os instrumentos que basearam a formação das súmulas foram, por um lado, os assentos do direito português e, por outro, os prejulgados, que já estavam previstos no CPC de 1939 (CPC/39)[345]. Pela rigidez dos primeiros e pela ineficiência do segundo, todavia, adotou a Corte uma posição intermediária[346]. De pronto, deve-se aqui destacar, não há sustentação a afirmação de que a adoção de um sistema de súmulas da jurisprudência dominante teria como base ou inspiração a experiência do *common law*. Não há, nas discussões dos instituidores, referência ao *stare decisis*. Quando muito, há comparação da súmula ao *Restatement of the law*, para tentar demonstrar a superioridade da primeira[347]. Além disso, não existe, nos países dessa família, qualquer instituto que se assemelhe à súmula. Não há a formação judicial de enunciados gerais e abstratos que sintetizem o entendimento de determinado Tribunal, com olhos à sua aplicação futura, a novos casos. "As súmulas são, antes, uma invenção luso-brasileira."[348]

O instrumento mais próximo disso, talvez, seja mesmo os *Restatements* do direito norte-americano. Guardam certa similitude com as súmulas, por representarem a compilação de regras judiciais do *common law*, as quais encontram consenso nos cinquenta Estados americanos, redigidas em textos gerais e abstratos. Não derivam, po-

---

[343] Art. 5º do RISTF.

[344] Art. 6º do RISTF.

[345] Art. 861 CPC/39.

[346] LEAL, Victor Nunes. Passado e futuro da súmula no STF. *Revista de direito administrativo*, Rio de Janeiro, n. 145, p. 1-20, jul.-set. 1981, p. 5. "Como já se tem observado, ficou a *Súmula* eqüidistante dos velhos assentos da Casa de Suplicação, regulados nas Ordenações Filipinas (L.I, T. V, §5º), e dos modernos prejulgados (CPC de 1939, art. 861), que perderam importância na prática, não obstante a atenção, com novo rótulo, que lhes deu o Código de 1973 (arts. 476 a 478). (...) a Súmula realizou 'o ideal do meio-termo, quanto à estabilidade da jurisprudência (...), ela ficou entre a dureza implacável dos antigos assentos da Casa da Suplicação, 'para a inteligência geral e perpétua da lei' e a virtual inoperância dos prejulgados'."

[347] Ibid., p. 16.

[348] RAMIRES, Maurício. *Crítica à aplicação de precedentes no direito brasileiro*. Porto Alegre: Livraria do Advogado, 2010, p. 62.

rém, do próprio Judiciário; antes, são formulados por professores e juristas do *American Law Institute*[349]. Possuem caráter meramente persuasivo, apresentando-se como fonte de autoridade secundária do ordenamento jurídico, entretanto gozam de elevado prestígio e são, em grande parte, seguidos pelos tribunais americanos.

Em relação aos objetivos perseguidos pela adoção de súmulas, destacam-se: (*i*) dar publicidade ao próprio entendimento sedimentado no STF sobre determinado assunto (como repertório oficial da jurisprudência dominante); (*ii*) acelerar o julgamento dos processos, resolvendo o problema do acúmulo de acervo (como método de trabalho); e (*iii*) dar maior estabilidade às decisões do Tribunal.

Em relação ao primeiro propósito, deve-se ter em mente que, à época, o acesso à informação sobre os julgados do STF era bem menos desenvolvido, porque não, precário, sendo que, mesmo na Corte, havia certo desconhecimento de suas próprias decisões. Assim, as súmulas serviriam como instrumento de fácil acesso, com a catalogação dos assuntos por elas abarcados, simplificando a circulação de informação sobre as orientações do STF acerca das matérias mais comumente enfrentadas. "Ela correspondeu, sob este aspecto, à necessidade de sistematizar os julgamentos do Tribunal, para se localizarem os precedentes com menor dificuldade."[350]

Sobre o segundo intuito, a Corte julgava, à época, aproximadamente 7.000 processos por ano, o que representava uma carga estrondosa de trabalho. Ocorreram efeitos processuais importantes a partir da adoção

---

349 NEUMANN JR., Richard K. *Legal reasoning and legal writing*: structure, strategy, and style. 5 ed. Nova Iorque: Aspen, 2005, p. 150. Destaca o autor: "Since 1923, the American Law Institute has commissioned restatements in contracts, property, torts, and several other fields in an attempt to express some consensus about the common law as it has developed in the 50 states. When a restatement is no longer up-to-date, it is superseded by a second or third version. Thus, the Restatement (Third) of Property replaced the Restatement (Second) of Property. A restatement consists of a series of black-latter law rules organized into sections, to which commentary is appended. Although some states' courts are relatively unimpressed by restatements, other states give special respect to one or another of the restatements. You can find out whether a state's courts defer to a particular restatement by checking the manner and frequency with which the restatement is cited in the state's decisions."

350 LEAL, 1981, p. 14. Assevera que, antes das súmulas, "o hábito, então, era reportar-se cada qual à sua memória, testemunhando, para os colegas mais modernos, que era tal ou qual a jurisprudência assente da Corte".

de súmulas, como a negativa do provimento ao agravo para a subida do recurso extraordinário, para não se conhecer desse recurso, dos embargos de divergência e rejeitar os infringentes, isso quando o recorrente litigasse contra o texto de súmula[351].

Por fim, trazer estabilidade à jurisprudência estava dentre os objetivos traçados pelos idealizadores da súmula[352]. Por isso, afirma Leal que "a *Súmula* substitui a loteria judiciária das maiorias ocasionais pela perseverança esclarecida dos autênticos profissionais do direito"[353]. Marinoni, entretanto, afirma que as súmulas foram pensadas, inicialmente, para a resolução de casos repetitivos, como forma de desafogar a Corte, sendo que não havia a preocupação com a obtenção de coerência da ordem jurídica, igualdade e previsibilidade, características próprias de um sistema de precedentes[354]. Não se pode concordar, ao menos inteiramente, com o eminente doutrinador paranaense.

É bem verdade que qualquer sistema que tenha por base o precedente acaba por manter um nível mais sofisticado à tríade proposta, quando comparado à súmula. Há instrumentos mais adequados para aferir a aplicabilidade de determinado precedente a uma nova situação e, caso adequado, também apresentam requinte na definição de qual a porção dele ou qual a regra extraída a ser utilizada. Por outro lado, quando da instituição da súmula, realmente foi grande o empenho de "dar maior agilidade e desafogo"[355] ao serviço do STF. Se é certo, contudo, que, no estudo do precedente, fica mais clara a preocupação com tais elementos, não se pode aceitar que os idealizadores da súmula deram as costas à coerência, igualdade e previsibilidade. Havia, sim, uma

---

[351] Ibid., p. 8.

[352] Ibid., loc. cit. "(...) dizia o prefácio da primeira edição oficial da Súmula que a sua finalidade 'não é somente proporcionar maior estabilidade à jurisprudência, mas também facilitar o trabalho dos advogados e do Tribunal, (...)."

[353] Ibid., p. 10.

[354] MARINONI, 2016a, p. 480. "As súmulas, no direito brasileiro — se não foram idealizadas — foram compreendidas como mecanismos voltados a facilitar a resolução de casos fáceis que se repetem. Certamente não tiveram preocupação em garantir a coerência da ordem jurídica ou a igualdade e a previsibilidade. (...) Essa é a primeira razão para a distância entre precedente — tal como conceituado neste livro — e súmula — como desvendada na história do direito brasileiro. Se o precedente obrigatório pode permitir a racionalidade do Poder Judiciário, essa é apenas uma consequência daquilo que realmente justifica a sua instituição."

[355] LEAL, 1981, p. 18.

preocupação com uma "anarquia jurisprudencial", sendo certo que um dos papéis imaginados à súmula era a eliminação ou diminuição dos dissídios jurisprudenciais[356]. Disso segue que existia a inquietude referente à coerência — entendida aqui como a consistência entre decisões sobre o mesmo tema — e, consequentemente, à igualdade entre litigantes que estavam em situação similar e à previsibilidade no resultado final de um determinado caso. Não eram meras consequências do objetivo de resolverem casos fáceis que se repetiam. Deve-se levar em conta, também, que a adoção de precedentes pelo CPC/15, ao menos como defendido por parte da doutrina, não busca tão somente a coerência, a igualdade e a previsibilidade, mas, também, aproximando dos instituidores da súmula, pretende diminuir a quantidade de processos nas Cortes, sobretudo nas Superiores.

As principais distinções não residem nessa diferença de finalidades, que, como visto, não é tão clara. Mais fundamental que isso é a forma — método, procedimento — pela qual perseguem o mesmo fim. O precedente, enquanto uso futuro das razões que serviram para decisão de um caso passado, caracteriza-se por estar circunscrito a fatos determinados. Foi, portanto, a decisão que resolveu uma contenda real e irrepetível. Destinou-se, assim, a resolver um problema passado, sendo que a utilização futura é de sua *ratio decidendi*, daquilo que pode ser universalizável a situações que se mostrem similar em fato e em direito.

Já a súmula nasce como um texto desvinculado de qualquer outro evento. Vale por si, detendo autoridade própria. Foi imaginada não para resolver um caso passado, mas para todos os outros casos futuros que por ela estivessem abarcadas[357]. Esse valor *per si* pode ser verificado na própria desnecessidade de referência a qualquer julgado (seja precedente ou jurisprudência), quando haja súmula sobre o assunto, fórmula adotada pelo RI do STF de 1970[358] e repetido no atual[359].

Há um processo de redução na elaboração e edição da súmula. Redução da faticidade. Se, no precedente, os fatos são elementares para

---

356 Ibid., p. 11.

357 STRECK; ABBOUD, 2015, p. 65. "Desse modo, a súmula não exsurge para resolver um caso, mas, sim, para resolver 'todos os casos futuros', circunstância que a diferencia sobremaneira do precedente do *common law*."

358 Art. 98, §5º do RISTF.

359 Art. 102, §4º do RISTF.

a elaboração de analogias entre dois casos, na súmula, são eles expurgados do verbete final. O objetivo é retirar qualquer traço fático que tenha assentado as decisões da jurisprudência dominante do Tribunal, a fim de que somente a questão jurídica seja adotada para o futuro. Isso parte de uma incorreta cisão entre matéria e fato e de direito, já há muito denunciada por Castanheira Neves e Lenio Streck.

Feita essa redução, passar-se-ia a aplicar a súmula ao caso concreto por subsunção. Nesse passo, mais uma diferença desponta em relação ao precedente. A aplicação deste se dá pela construção de analogias e distinções entre o caso paradigmático e o atual. Funciona, portanto, o argumento por analogia, devendo ser consideradas, para tanto, as circunstâncias fáticas e jurídicas envolvidas nos dois casos. Não há uma norma pronta e acabada que autorizaria a aplicação de um método dedutivo (subsunção). A súmula, ao contrário, funciona como uma capa de sentido[360], como se nela houvesse uma essência que basta ser captada pelo intérprete.

Objetivando esse processo de aplicação, imaginava-se que a súmula deveria ser clara e precisa, ao ponto de prescindir de interpretação[361]. Temia-se que, ao ser interpretada, a súmula fosse recaracterizada de forma diferente em cada aplicação, o que causaria a mesma dificuldade já enfrentada na interpretação da lei e da Constituição, qual seja, a discricionariedade e o subjetivismo interpretativista que dão azo à dita anarquia jurisprudencial. Entretanto, isso aconteceu. As inúmeras súmulas não deram solo firme — como uma tragédia anunciada — e mantiveram, até os dias atuais, a "jurisprudência lotérica" perante os diversos tribunais brasileiros, dando-se realce ao STJ. Mesmo no âmbito do STF, pouco depois de instituir as súmulas, grande discussão ocorreu sobre a interpretação da de n. 304[362], gerando múltiplas leituras entre os ministros[363].

---

[360] STRECK, 2009, p. 226.

[361] LEAL, 1981, p. 11. "Cuidando ainda da *Súmula* como método de trabalho — aspecto em relação ao qual seria até indiferente o conteúdo dos seus enunciados — é oportuno mencionar que estes não devem ser *interpretados*, isto é, *esclarecidos* quanto ao seu correto significado. (...) A *Súmula* deve, pois, ser redigida tanto quanto possível com a maior clareza, sem qualquer dubilidade, para que não falhe ao seu papel de expressar a inteligência dada pelo Tribunal."

[362] STF, Súmula n. 304. Decisão denegatória de mandado de segurança, não fazendo coisa julgada contra o impetrante, não impede o uso da ação própria.

[363] LEAL, 1981, p. 12.

Está a jurisdição, ainda, presa a tendências objetivistas e, contraditoriamente, subjetivistas em sua forma e atuação. Acreditava-se que a lei positiva (lei *lato sensu*) poderia resolver todos os problemas a surgir, como se pudesse ela prever todas as hipóteses de aplicação. Por isso, havia a proibição de interpretar. Estava-se diante de um positivismo exegético, que exigia uma mera aplicação subsuntiva, enquadrando-se os fatos à norma.

Diante do fracasso dessa empreitada e com a modificação do paradigma dominante da metafísica clássica à filosofia da consciência, uma nova era se avizinhou no direito. Se, antes, o juiz era um escravo da lei (*la bouche de la loi*), tornava-se, agora, dono dela. Em outras palavras, se anteriormente a lei tinha uma essência, que deveria ser apreendida como tal pelo intérprete, poderia ele, nesse novo paradigma, construir a significação que quisesse e bem desejasse à legislação. A decisão como ato de vontade, em Kelsen, é exemplo dessa modificação — de um positivismo exegético a outro normativista —, que põe em foco a subjetividade do intérprete, como se nela se achasse o que o direito é.

A partir dessa guinada paradigmática, houve uma prevalência de posturas subjetivistas, preponderando, cada vez mais, a discricionariedade. No Brasil, este elemento solipsista interpretativo foi introduzido, além da lição de Kelsen de decisão como ato de vontade, também pela fórmula voluntarista de que o juiz julga conforme dita a sua própria consciência[364], além de uma má recepção da teoria dos princípios jurídicos, que, aqui, descambou para o panprincipiologismo[365], em ex-

---

[364] STRECK, 2010c, p. 33. Streck adverte que o solipsismo aparece por meio da: a) interpretação como fruto do ato de vontade do juiz ou no adágio "sentença como *sentire*"; b) interpretação como produto da subjetividade do julgador; c) interpretação como produto da consciência do julgador; d) crença de que o juiz deve fazer a "ponderação de valores" a partir de seus valores; e) razoabilidade e/ou proporcionalidade como ato voluntarista do julgador; f) crença de que "os casos difíceis se resolvem discricionariamente"; g) cisão estrutural entre regras e princípios, em que estes proporciona(ria)m uma "abertura de sentido" que deverá ser preenchida e/ou produzida pelo intérprete.

[365] LUIZ, 2013, p. 68. "Assim, o panprincipiologismo refere-se a uma tentativa de 'principializar' todos e quaisquer Standards jurídicos, em face de um problema pontual, sem nenhuma preocupação quanto à normatividade que detém — lembre-se que princípio, assim como a regra, é norma —, utilizando-os como álibis teóricos quando o intérprete, ao alvedrio do próprio Direito, impõe seu subjetivismo à decisão tomada. Em outras palavras, quando a Constituição ou as leis não dizem aquilo

pressão cunhada por Streck[366]. Para tentar frear o avanço desmedido desse subjetivismo, que acarreta um alto grau de imprevisibilidade das decisões judiciais, lançou mão o Direito das velhas fórmulas objetivadoras de sentido e, neste passo, criou a súmula vinculante.

Parte da doutrina sustenta que, com o efeito vinculante das súmulas, o Brasil se aproximou do *common law*. Disso, poder-se-ia inferir que o modelo jurídico-político brasileiro "fica agora a meio-caminho, alojado *entre* o regime *civil law* (prioridade à norma *legislada*) e o regime do *common law* (prioridade ao *precedente judiciário*, ou à norma *judicada*)"[367]. Esse posicionamento é reforçado por Velloso, ao indicar que o efeito vinculante dos enunciados aproximariam o direito brasileiro e americano, uma vez que a súmula funcionaria como um *leading case* da *stare decisis*[368].

As diferenças já expostas deixaram clara a impropriedade na comparação entre entre a súmula comum (desprovida de vinculação) e o precedente do *common law*. O efeito vinculante não traz qualquer elemento novo a essa análise. Basta reiterar que a súmula, apesar de ser uma das formas de produção judicial do direito, são textos com pretensão de generalidade e universalidade, por isso abstratos. "Na súmula, o enunciado sempre se autonomiza dos fatos que lhe deram origem, se é que deram."[369]

Há, assim, uma incompatibilidade da súmula com o próprio *stare decisis*. Por exemplo, no caso americano, encontrar-se-ia barrada a edição de súmula — ou qualquer mecanismo a ela comparável — pela *"case or controversy clause"*. Como já visto, o Judiciário americano, por qualquer de seus membros e seja qual for a instância, não tem autoridade para editar disposições gerais e abstratas. Isso não lhe é sequer

---

que o intérprete gostaria que elas dissessem, inventa-se um princípio que albergue a sua intenção, resolvendo-se o problema."

366 STRECK, 2014a, p. 475.

367 MANCUSO, Rodolfo de Camargo. *Divergência jurisprudencial e súmula vinculante*. 5ª ed. São Paulo: RT, 2013, p. 386.

368 VELLOSO, Carlos Mário da Silva. Do poder judiciário: como torná-lo mais ágil e dinâmico. *Revista de informação legislativa*, a. 35, n. 138, p. 75-87, abr.-jun., 1998, p. 78.

369 RAMIRES, 2010, p. 62.

facultado; antes, é proibido[370]. A jurisdição será exercida sobre um fato específico e determinado ou sobre um conjunto deles, e qualquer potencial efeito futuro advindo do julgamento da causa será daquela parte que foi necessária ao enfrentamento desses fatos (*ratio decidendi*). Dentro desses limites e, sempre, preocupado com o cotejo da matéria fática, é que se torna possível ao intérprete decidir com base em precedentes. Nos precedentes, diferentemente da súmula, "mantêm-se a faticidade e a temporalidade do caso concreto (seu DNA)"[371].

Streck aponta três critérios distintivos entre a súmula e o precedente. Primeiro, a diferença na formação do efeito vinculante[372]. No *common law*, isso não advém de uma regra escrita. Trata-se do *stare decisis* de uma tradição. Uma cultura jurídica que, no curso da história, moldou o agir dos juristas nas sociedades que ao *common law* se filiam. No Brasil, ao contrário, a vinculação decorre da prescrição do texto normativo. Segundo, o efeito vinculante, aqui, tem por finalidade barrar as discussões sobre determinados assuntos, enquanto, em um sistema de precedentes, a finalidade é resolver um caso concreto entre as partes. Por fim, a aplicação da súmula se dá de forma descontextualizada, utilizando-se a dedução (subsunção) a partir de um texto que pretende ser uma regra geral e abstrata, o que invade a área de atuação do próprio legislador[373].

A súmula, por seguinte, assemelha-se muito mais à própria lei do que ao precedente. Não é demasiado afirmar que, ao fim e ao cabo, a súmula vinculante sobrepõe-se, de fato, à lei. Dois elementos demonstram essa assertiva: (*a*) o efeito do descumprimento de uma e outra; e (*b*) a forma de controle de constitucionalidade de ambas.

---

[370] Ibid., loc. cit. "Assim, ao contrário do que se pensa, a publicação de súmulas pelos tribunais brasileiros não aproxima a prática jurídica nacional da tradição da common law, porque é uma parte vital daquele sistema que os tribunais não possam exarar regras gerais em abstrato, mas apenas em função dos fatos da disputa que são trazidos a exame ('*It is a vital part of the common law tradition that courts cannot declare authoritative legal generalities in the abstract, but only in relation to the facts of the dispute that they are adjucating*)."

[371] LUIZ, 2013, p. 74.

[372] STRECK, Lenio Luiz. Súmulas vinculantes em terraebrasilis: necessitamos de uma "teoria para a elaboração de precedentes". *Revista brasileira de ciências criminais*, São Paulo, a. 17, n. 78, p. 284-319, mai.-jun. 2009b, p. 289.

[373] STRECK, 2009b, p. 289.

No primeiro caso, o descumprimento à lei faz nascer ao interessado uma pretensão, que poderá ser levada ao Judiciário. Nesse passo, não sendo a causa de competência originária de algum tribunal, mesmo os superiores, o processo será proposto no primeiro grau de jurisdição, segundo as regras de competência, e dependerá de toda a via recursal própria, para que chegue ele ao STF. Isso ocorrerá tão somente diante de uma possível afronta à Constituição, passando por diversos gargalos, como a repercussão geral. Ainda que, em relação ao desatendimento de súmula vinculante, o mesmo caminho possa ser manejado, ao seu descumprimento é reservado um mecanismo especial. Trata-se da reclamação, ação constitucional que permite ao interessado o acesso direto à mais alta Corte do país, para cassar a decisão (ou anular o ato administrativo) que desatendeu ao enunciado vinculante. Conclui-se, dessa forma, que os meios processuais de proteção da pretensão nascida do descumprimento de súmula vinculante são maiores e melhores. Existe a alternativa da reclamação, como instrumento de rápido e efetivo ao atendimento do enunciado violado.

Outro ponto de prevalência da súmula vinculante sobre a lei é no tocante ao controle de constitucionalidade. É bem verdade que se presume, em favor da lei, sua constitucionalidade, contudo trata-se de uma presunção relativa, podendo ser afastada no exercício da jurisdição constitucional. Atualmente, é possível o duplo controle de constitucionalidade sobre a lei. Qualquer magistrado ou tribunal (respeitada a reserva de plenário) pode deixar de aplicar a um caso específico a norma que lhe pareça inconstitucional. Trata-se do controle difuso, cujo resultado fica adstrito às partes e ao processo em que a norma foi considerada inconstitucional. Além disso, os legitimados próprios podem provocar o STF, por ações específicas, para o exercício do controle concentrado de constitucionalidade. Na declaração de inconstitucionalidade, a Corte Suprema, a grosso modo, age como legislador negativo, expurgando do ordenamento jurídico a norma que julgar inconstitucional. Assim, uma lei pode ceder, pela jurisdição constitucional, se considerada contrária à Constituição, tanto no controle difuso como no concentrado.

O controle de constitucionalidade sobre as súmulas vinculantes é tema controvertido. Há, na doutrina, quem defenda o exercício do controle, tanto do difuso como do concentrado, e outros que afastam essa possibilidade. Os defensores do controle afirmam que a súmula vinculante é ato normativo, porque se mostra genérico e abstrato, com aplicação *erga omnes*, não se podendo alijar o julgamento de conformação do enunciado à Constituição, o que é possível inclusive sobre os atos do Poder Constitucional Reformador. Assim, seriam viáveis tanto o controle concentrado — pelo próprio STF — quanto o difuso, exercido por todos os magistrados e Tribunais (respeitada a cláusula de reserva de plenário)[374]. Os opositores à possibilidade de controle de constitucionalidade assentam sua tese em dois fundamentos: (*a*) que não há a generalidade, típica da lei;[375] e (*b*) que há uma forma própria, dentro do próprio STF, para o cancelamento ou a revisão da súmula, que pode se dar, dentre outros motivos, pela verificação de eventual inconstitucionalidade. Isso afastaria, mesmo considerada a súmula como ato normativo, o interesse de agir em ações do controle concentrado e menos ainda permitiria o controle difuso.

Apesar de o controle de constitucionalidade da súmula vinculante possibilitar uma aplicação autêntica do direito, preocupada com a integridade, sem a aplicação subsuntiva de um *standard* jurídico pré-pronto, não se pode negar que, em sua criação, objetivou-se vedar essa possibilidade. Como apontar a pecha de inconstitucionalidade de um enunciado que é proposto pelo próprio órgão máximo competente para analisar a constitucionalidade de atos normativos? Se o objetivo da súmula vinculante é justamente mostrar o caminho constitucionalmente adequado sobre a validade, a interpretação e a

---

[374] NERY JR., Nelson; NERY, Rosa Maria de Andrade. *Constituição Federal comentada e legislação constitucional*. 5ª ed. São Paulo: Revista dos Tribunais, 2014, p. 742. Salientam os autores que, "em razão da natureza legislativa da súmula vinculante, como o juiz pode controlar, in concretu, a constitucionalidade de lei, complementar ou ordinária, ou de ato normativo contestado em face da CF, a ele é possível, também, fazer o controle da constitucionalidade de verbete da súmula vinculante do STF, que tem caráter geral e normativo."

[375] FERREIRA, William Santos. Súmula vinculante — solução concentrada: vantagens, riscos e a necessidade de um contraditório de natureza coletiva (*amicus curiae*). In: ARRUDA ALVIM, Teresa; et. al. *Reforma do judiciário*: primeiras reflexões sobre a emenda constitucional n. 45/2004. São Paulo: RT, 2005, p. 799-823, p. 812. "A prova de que súmula vinculante não é materialmente lei pode ser identificada no que ocorre quando há uma alteração normativa, dependendo do caso pode evitar, encerrar ou minimizar a importância do processo para edição da súmula vinculante, ressaltando-se que neste caso a solução virá do Poder Legislativo e não do Poder Judiciário. Observe-se que não foi a súmula que foi 'revogada' (o que ocorreria se fosse lei), mas sim a lei, e como o elemento lei desaparece da equação (súmula = lei + interpretação), a súmula não é revisada ou cancelada, mas sim perde o objeto e, por consequência, sua função no sistema jurídico."

eficácia de normas determinadas, realizada a análise pelo próprio STF, como admitir que, após essa definição, seja ela atacada pelo controle de constitucionalidade?

Buscou-se alijar, principalmente, o controle difuso, quando o órgão que exerce o controle está abaixo do STF na hierarquia do Poder Judiciário. Nesse particular, a EC n. 45/03 parece não abrir margens ao controle difuso da súmula vinculante, a não ser se efetuado pelo STF como forma de superação do entendimento expresso no enunciado. Ainda assim, questionar-se-ia cabível tal hipótese, na medida em que há um procedimento legal para a modificação ou revogação da súmula vinculante. A súmula busca justamente a vinculação, principalmente às Cortes que são inferiores ao STF, quando qualquer delas pode deixar de aplicá-la, por reconhecer alguma inconstitucionalidade. Quanto ao controle concentrado, a solução dada pela Constituição é a de afastar o uso das ações próprias e, em contrapartida, considerar aptos, para iniciarem o procedimento de aprovação, revisão ou cancelamento, as pessoas legitimadas à propositura da ADI. Assim, substituem-se as ações de controle concentrado por esse mecanismo.

Em que pesem tais dificuldades, não se pode deixar de averiguar, como será feito amiúde nos capítulos posteriores, que a integridade do direito, se admitida — como aqui se faz — como uma virtude política da comunidade, exige que cada juiz, independente do grau de jurisdição (respeitada a cláusula de reserva de plenário), aplique corretamente as questões de princípios ao caso em mão. A integridade aplica-se tanto à esfera legislativa quanto à jurisdição. Entendida a súmula vinculante como uma atividade ou outra, deverá respeitar essa virtude política. Aqui, podem aparecer situações em que o verbete — ou mesmo a *ratio decidendi* dos casos que deram azo à súmula vinculante — estará em choque com a resposta correta, ao não representar os princípios jurídicos (em sua intrínseca ligação com a moralidade política) de uma comunidade. Nesse caso, deve-se admitir o controle difuso de constitucionalidade e permitir que o juiz ou Tribunal deixe de aplicar a súmula vinculante ao caso concreto.

O STF já se manifestou em duas situações envolvendo o controle concentrado de constitucionalidade de súmulas, contudo, em ambas as oportunidades, não se tratava de súmula vinculante. Na primeira delas, na ADI n. 594 — que tratava da súmula n. 16 do STJ —, a Corte entendeu ser incabível a ação direta, por não vislumbrar, nas súmulas da jurisprudência dominante, caráter normativo. Apesar de reconhecer um elemento quase-normativo, este "não lhes empresta o caráter de ato normativo sujeito à jurisdição constitucional concentrada." Vencido o Min. Marco Aurélio, por entender que as súmulas preencheriam os requisitos de "atos normativos" para efeitos de ação direta, dela conhecia. A segunda ação foi a ADPF n. 80 AgR. Aqui, a súmula enfrentada era a de n. 666, do próprio STF. O Tribunal entendeu que "os enunciados de súmula desta Corte não podem ser concebidos como atos do poder público lesivos a preceito fundamental"[376]. Novamente, reiterou-se o caráter não normativo da súmula, todavia houve no julgamento um importante *signaling*. Preocupados com a súmula vinculante — e mesmo com a vinculação das súmulas comuns pela legislação infraconstitucional —, os ministros demonstraram que o Tribunal deve repensar o assunto para novos casos, ressaltando, alguns, o caráter efetivamente normativo dos enunciados vinculantes (mesmo da súmula obstativa de recursos).

Afastados, portanto, súmulas e precedentes, resta, apenas, retratar os contornos e, talvez, a pouca importância que a súmula vinculante deve — ou, ao menos, deveria — assumir no contexto nacional. Isso ocorre por dois principais motivos: a falácia positivista da resposta pré-dada e o sistema da repercussão geral. Primeiro, a súmula vinculante não conseguirá resolver todos os problemas que ocorrem na sociedade. Segue a ela a mesma situação que ocorre com a lei. Não há como antecipar — quer pelo legislador, quer pelos ministros do STF — todas as hipóteses de aplicação de determinado texto, legal ou sumular. A tentativa de assim fazê-lo seria, parafraseando termos da discussão entre Hart e Dworkin, obra de um *noble dreamer*.

No que toca à repercussão geral, observa-se uma situação inusitada. Se os dois mecanismos criados pela EC 45/05 funcionarem tal como imaginado pelos constituintes derivados, um instituto afasta a aplicação do outro. Isso porque a regra é o STF julgar, ao reconhecer a repercussão geral, apenas um caso sobre determinado assunto. Como sustenta Miranda de Oliveira, "uma das finalidades da repercussão geral, sem dúvida, é fazer com que o STF decida uma única vez cada questão constitucional, dentro de um determinado contexto histórico"[377]. A partir desse julgamento, o assunto em análise seria regido pela decisão

---

[376] BRASIL. Supremo Tribunal Federal. *ADPF 80 AgR*. Rel. Min. Eros Grau. Tribunal Pleno, julgado em 12/06/2006, DJ 10-08-2006, p. 20.

[377] MIRANDA DE OLIVEIRA, 2015, p. 213.

paradigma, "a fim de que não seja preciso se pronunciar em outros processos com idêntica matéria"[378]. Isso contrasta, entretanto, com o requisito de "reiteradas decisões" necessário à edição de uma súmula vinculante. Ora, se o recurso extraordinário é conhecido, certamente é porque lhe foi reconhecida a repercussão geral. Decidida a questão, será negado seguimento a outros recursos extraordinários sobre o mesmo assunto, se estiverem os acórdãos objeto do recurso em conformidade com a decisão paradigma[379]. Mais, com a determinação de que se siga a tese do STF[380], há uma padronização decisória que impede — ao menos em tese — a reiteração do assunto na Corte Suprema. Logo, a correta aplicação da repercussão geral afasta a criação de súmulas vinculantes.

2.4.4. EM BUSCA DE UM CONCEITO AO PRECEDENTE JUDICIAL: ENTRE O UFANISMO E A CIRCULAÇÃO GLOBAL

Feitas as distinções entre decisão, precedente, jurisprudência e súmula, cumpre, ao final dessa etapa, formular um conceito operacional à locução "precedente judicial", definir claramente o que se entende por precedente. Para se chegar lá, é melhor iniciar a investigação por uma definição mais ampla, lapidando-a, à medida que se avança na análise. Antes disso, porém, é necessário ressaltar a grande confusão que há, na doutrina nacional, sobre a questão. Não há acerto dentre os estudiosos de questões centrais sobre o assunto. Parte da doutrina diz que o precedente judicial brasileiro é único, invenção nacional, não se podendo utilizar conceituações de outros países — principalmente dos de *common law* —, dada a singularidade do sistema criado no Brasil.

Há um certo ufanismo na forma pela qual a doutrina vem tentando construir um conceito de precedente adequado ao sistema jurídico brasileiro. Precedente, no Brasil, seria algo diverso daquilo que se entende por precedente em qualquer outro lugar do globo. A cultura nacional e a tradição jurídica brasileira demandariam uma visão ímpar e inigualável a qualquer outra do que se entende por precedente, a justificar, ao lado da *civil law* ou da *common law*, um *Brazilian law*[381].

---

[378] Ibid., loc. cit.

[379] Art. 1.030, I, *a*, do CPC/15.

[380] Art. 1.040, III, do CPC/15.

[381] DIDIER JR., Fredie. *Curso de direito processual civil*. 19. ed. v. 1. Salvador: Juspodivm, 2017, p. 69.

Há algo de Policarpo Quaresma nessa estreita visão[382]. No afã de elevar o elemento nacional, torna-se incompreensível o diálogo, compromete-se a própria mensagem a ser transmitida. Em outras palavras, há o isolamento — nesse caso científico — do que se discute aqui com o que se debate em qualquer outro país. Lembre-se de que, na obra de Lima Barreto, o protagonista, Policarpo Quaresma, envia uma carta ao Ministro em tupi-guarani. Incompreendido, é tido por louco e, como resultado, resta internado em uma casa de saúde. A utilização da língua indígena, diz ainda o personagem, representaria a emancipação idiomática do país. Em requerimento ao Senado para adoção do tupi-guarani como língua oficial do Brasil, Policarpo ressalta que o tupi adaptar-se-ia, de forma natural, aos nossos órgãos vocais e cerebrais, "por ser criação de povos que aqui viveram e ainda vivem"[383], sendo que a difícil adaptação a uma língua estrangeira, como o português, acarretaria "estéreis conversas gramaticais", que impediriam "o progresso da nossa cultura literária, científica e filosófica"[384].

Situação semelhante parece ocorrer no Brasil, quando se discute o que é o precedente. As experiências estrangeiras, para parcela significativa da doutrina, valem pouco, para explicar o próprio conceito e o funcionamento do precedente na órbita nacional, eis que não representam as particularidades do direito brasileiro. Por essa razão, críticos à forma como outra parte dos estudiosos e a própria legislação trata o tema referem-se a um "precedente à brasileira"[385]. Busca-se um conceito próprio, como um santo graal, que demonstre a brasilidade do uso do precedente em solo nacional, bem como da criação de uma teoria única e inigualável que lhe dê base. Por isso, afirma-se que, no que toca à realidade nacional, o conceito de precedente ainda está em formação[386].

---

[382] BARRETO, Lima. *O triste fim de Policarpo Quaresma*. 17. ed. São Paulo: Ática, 1998.

[383] Ibid., p. 86.

[384] Ibid., loc. cit.

[385] ROSSI, Júlio César. *Precedente à brasileira*: a jurisprudência vinculante no CPC e no novo CPC. São Paulo: Atlas, 2015.

[386] OLIVEIRA, 2017, p. 59. "Importar ressaltar, ademais, que grande parcela da doutrina brasileira adverte acerca do cuidado na importação do sistema de precedentes do *common law* para o *civil law*, com o que o projeto que culminou com o Código de Processo Civil de 2015 deveria ter-se regido em consonância com as características da jurisdição brasileira e consoante um conceito brasileiro que está em formação."

Esse posicionamento caminha na contramão do processo histórico, em que há uma troca maior de informações entre diferentes países, que representam culturas diversas, e, especificamente no campo jurídico, da construção de sistemas legais que se influenciam mutuamente[387], a ponto de se criar um direito comunitário, como ocorre no âmbito da União Europeia. O compartilhamento — ao menos aproximado — do conceito de precedente, independentemente do sistema a que se adere, parece trazer vantagens, principalmente em um mundo globalizado, em que o intercâmbio entre diferentes culturas é inevitável e praticamente instantâneo. Criar uma concepção de precedente exclusivamente brasileira afasta o país de importantes discussões, uma vez que, ao não partilhar elementos mínimos de aproximação da forma em que é usado o vocábulo na maior parte do mundo, inviabiliza-se a troca de experiências, pois, ao fim e ao cabo, estarão brasileiros e estrangeiros a falar de coisas diferentes, quando tratam de precedentes. O tema não pode ser analisado com um mero fechar de portas àquilo que vem de fora[388].

Busca-se, é verdade, incutir no conceito de precedente tudo aquilo que necessário for, para justificar as normas jurídicas instituídas (sobretudo pelo CPC/15). Essa é a razão para não se adotar (às vezes nem minimamente) o conceito de precedente usualmente tratado em outros países. Simplesmente não se encaixa aos institutos moldados pela nova codificação. Por exemplo, não serve para explicar um "microssistema de formação de precedentes"; ao contrário, ser-lhe-ia avesso. Soaria estranho, por exemplo, a um jurista americano a possibilidade da mais alta Corte do Brasil estar autorizada a editar textos genéricos, abstratos e de aplicação universal por meio de um processo administrativo, sem se estar diante de um caso concreto. A própria decisão

---

[387] ARRUDA ALVIM, Teresa. Precedentes e evolução do direito. In: ARRUDA ALVIM, Teresa (Coord). *Direito jurisprudencial*. São Paulo: RT, 2012, p. 86. "O mundo caminha, a meu ver irreversivelmente, na direção da integração econômica e política. Cada vez mais visivelmente convivemos com padrões internacionais, aceitando-os, incorporando-os às nossas vidas."

[388] Ibid., loc. cit. "Entendo que a porta não pode estar, em tese, fechada. (...) De fato, é palatável a ideia de podermos contar com a influência de princípios ou teorias concebidas em culturas mais evoluídas. Basta lembrarmos da *disregard doctrine*, antes referida, e da teoria da imprevisão (*frustration of purpose* ou *frustation of contract*), ambas 'importadas'."

do IRDR, como bem lembra Marinoni, não poderia ser caracterizada como precedente[389].

Não se pode ignorar o uso corrente do termo precedente, mesmo que diante de outros sistemas jurídicos, como se houvesse um grau zero de sentido semântico em sua adoção no Brasil, como se não existisse uma tradição prévia e se passasse a imprimir no vocábulo o significado que se quiser. Como bem destaca Streck, não se pode dizer qualquer coisa sobre qualquer coisa. Nem a doutrina nem o próprio legislador podem utilizar o termo em estudo como "um nome mágico"[390], que transforma potencialmente todo e qualquer pronunciamento judicial que se deseja em precedente. Melhor seria chamar de outra coisa aquilo que não se encaixe no conceito.

Não há dúvidas de que cada país e cada sistema jurídico apresentarão pontos de convergência e outros de divergência. Mesmo entre sistemas diferentes de *common law* ou de *civil law*, a questão apresentará nuances próprias. Por exemplo, o *stare decisis* americano diverge em alguns pontos do britânico. O uso de precedentes na Alemanha, por certo, apresentará alguns elementos diferentes da prática na França, contudo o compartilhamento de pontos em comum é o que possibilita a construção da comparação entre diferentes sistemas. Cada um dos países citados detém, mais ou menos, uma concepção comum do termo precedente. Todos mantêm as peculiaridades próprias de sua sociedade e de seu ordenamento jurídico, sem que, com

---

389 MARINONI, Luiz Guilherme. *Incidente de resolução de demandas repetitivas*: decisão de questão idêntica x precedente. São Paulo: RT, 2016b, p. 15-16. "Como se sabe, a decisão do incidente de resolução é qualificada pelo código como decisão que deve ser observada pelos juízes e tribunais (art. 927, III, do CPC/2015) e vem sendo tratada pela doutrina como uma espécie de 'precedente'. A confusão é explicável, na medida em que o *civil law* praticamente desconhece o significado teórico de precedente obrigatório e de coisa julgada em benefício de terceiros. Esses institutos são típicos ao *common law*, tendo nascido no direito inglês e se desenvolvido significativamente nos Estado Unidos. (...) A decisão do incidente não pode ser mascarada de precedente para dispensar o direito de participação na discussão da questão de direito."

390 Ibid., p. 31-32. "De fato, o legislador equivocadamente pensou que poderia suspender o exercício do direito de ação para fomentar a criação de um precedente aplicável a todos. Raciocinou como se precedente fosse um nome mágico, capaz de legitimar a imposição de uma decisão a quem não teve oportunidade de participar. Tanto é verdade, que disse no art. 985 que julgado o incidente, a tese jurídica *também* será aplicada 'aos *casos futuros*' (art. 985, II, do CPC/2015)."

isso, afaste-se a possibilidade de um conceito comum, ao menos de alguns dados compartilhados, o qual permita a avaliação e discussão do instituto.

No Brasil, o mesmo quadro deve ser verdadeiro. Se há um ponto positivo neste ufanismo doutrinário, está justamente na tentativa de formular uma teoria própria e original. Não se quer evitar que isso ocorra, tampouco se espera uma mera assimilação daquilo que vem de fora, sem pouca reflexão na forma de incorporação. O que se quer evitar é que o precedente sirva de álibi teórico para mera adoção de mecanismos de resolução quantitativa de casos, uma mera resposta para o enfrentamento do grande acervo de processos pendentes. Há, antes, a necessidade de rigor acadêmico, que não seja indiferente à longa experiência de outros sistemas jurídicos, e, assim, de construir uma teoria que, apesar de própria, permita a discussão e o diálogo com outras teorias concorrentes, ainda que internacionais.

Tomando por norte tais premissas, o precedente, de uma forma genérica, pode ser entendido como qualquer decisão judicial passada, quando utilizada como razão de decidir de um novo caso. Alguns consideram precedentes mesmo decisões de autoridade não judiciárias, desde que sejam investidas de autoridade normativa[391]. Nessa concepção ampla, qualquer decisão pode ser utilizada, no futuro, como precedente.

Havendo uma mera potencialidade de vir a ser o julgamento um precedente, a caracterização dele como tal não é feito pelo próprio tribunal que decide o caso. Como já lembrado por Taruffo, a definição de uma decisão como precedente cabe ao juiz ou Corte superveniente. É o magistrado do futuro que, olhando para trás, verificará a existência de um julgado útil e, ao proceder a analogias válidas entre ambos, decidirá o segundo pelas mesmas razões do primeiro. Somente aqui há a transmutação de uma decisão em precedente. Antes, existe apenas uma mera potencialidade, que pode se concretizar ou não. Por exemplo, a decisão que simplesmente cai no esquecimento, apesar de manter a potencialidade, nunca se tornará, de fato,

---

[391] GERHARDT, Michael J. *The power of precedent*. Nova Iorque: Oxford Press, 2008, p. 3. "I define precedent as *any* past constitutional opinions, decisions, or events which the Supreme Court or nonjudicial authorities invest with normativa authority."

precedente, por isso defendeu-se a possibilidade de a jurisprudência ser formada por um conjunto de meras decisões, por precedentes ou por ambos.

Há, ainda, a necessidade de que o precedente seja, no caso originário, o pronunciamento judicial final sobre uma determinada questão. Mesmo que um determinado tribunal importante na hierarquia judicial resolva uma questão de forma aprofundada, mediante a apreciação de todos os elementos e teses levantadas e debatidas entre as partes, não será ela apta ao uso como precedente, se outra Corte, de instância superior, revir o julgamento, apontando para caminho diverso. Dessa forma, uma decisão somente poderá ser utilizada como precedente, na medida em que reste transitada em julgado (podendo isso se tratar a cada capítulo de sentença). Não seria lógico permitir o efeito precedencial a uma decisão que sequer foi determinante para o caso em que foi prolatada. Imagine-se que o STJ fixe um determinado entendimento. A potencialidade da decisão de uma Corte de Vértice como precedente é enorme, justamente por ocupar um lugar importante no *design* do Judiciário. Imagine-se, entretanto, que, em recurso extraordinário também interposto, o STF reforme integralmente o acórdão, dando uma disciplina diversa. Obviamente que, por mais bem fundamentada que seja a decisão do STJ e por maior respeito que ostente o tribunal na hierarquia judicial, nenhum efeito deve advir dela. Ao próprio caso, a decisão não é mais útil, após a reforma. Nesse contexto, não há que transcender, portanto, seus efeitos — porque inexistentes à própria situação — a casos futuros.

Uma rara exceção talvez se faça necessária. Voltando ao mesmo exemplo, imagine-se que a matéria tratada seja de primeira impressão. Logo, o julgamento final não será apenas um de uma série, tornar-se-á um *leading case* sobre o assunto. Não havendo qualquer outro julgamento a respeito da matéria, torna-se inviável que a decisão do STJ, enquanto pendente o recurso extraordinário (em síntese, enquanto não transitada em julgado), não sirva de fonte para a resolução de outros casos similares. O importante é se ter em mente que uma decisão que sequer possua influência permanente no caso em que foi tomada (porque não transitada) sirva como precedente obrigatório para outra causa futura. Seria um contrassenso admitir que uma decisão projete efeitos para casos análogos, se nem no processo em que foi lançada será ela observada.

De forma geral, pode-se dizer que o precedente é aquela decisão judicial sobre uma determinada causa utilizada para o julgamento de uma outra, havendo entre si similaridade fática e jurídica[392]. Logo, a tese inicial é que o precedente só se forma, quando há o trânsito em julgado da decisão, e que seja ela efetivamente utilizada em um caso seguinte, porém o que se torna vinculante é a sua *holding*, a *ratio decidendi*, o princípio de direito que pode ser extraído para situações similares[393].

Exige-se, em decorrência, que se trate de uma adjudicação anterior que tenha ocorrido em relação a fatos concretos, mesmo porque a inexistência de fatos impede a própria aplicação por argumentos de analogia. Logo, lides objetivas e súmulas estão fora de um conceito mais restrito de precedente, por isso a decisão advinda do IRDR — se entendido como um processo dessubjetivado — ou aquela derivada de uma ADI ou ADC não se qualificam, nessa visão, como precedentes, tampouco as súmulas, ainda que vinculantes. Teresa Arruda Alvim enfatiza que "a necessidade de respeito a decisões proferidas em ADin, em AdeConst e em ADPF, bem como súmulas vinculantes, **nada tem que ver com respeitar precedentes**"[394]. Destaca que "súmulas não são decisões judiciais e decisões em controle concentrado não são precedentes. Obviamente têm de ser respeitadas, sob pena de reclamação!"[395]

Há, portanto, três requisitos básicos, para que uma decisão torne-se um precedente: (i) deve ser a final no caso em que for prolatada, deve ter transitado em julgado ou se tornado preclusa sobre o assunto trata-

---

[392] Por exemplo, o *Black's Law Dictionary* define o precedente em dois sentidos: no primeiro, precedente é tomado como o poder das cortes em estabelecer regras no processo de aplicação do direito; no segundo, e aqui reside a importância para o estudo, o precedente é "a decided case that furnishes a basis for determining later cases involving similar facts or issues." GARDNER, 2009, p. 1295.

[393] LOBINGIER, C. Sumner. Precedent in past and present legal systems. *Michigan Law Review*, v. 44, n. 6, p. 955-996, jun. 1946, p. 965. "In the Anglican system precedent means a final judicial pronouncement on a legal question, properly presented, and 'stare decisis … only arises in respect of decisions directly upon the point in issue.'"

[394] ARRUDA ALVIM, Teresa. Reflexões a respeito do tema "precedentes" no Brasil do século 21. Revista de doutrina TRF4, 2017c. Disponível em: http://www.revistadoutrina.trf4.jus.br/index.htm?http://www.revistadoutrina.trf4.jus.br/artigos/edicao078/Teresa_Arruda_Alvim.html. Acessado em: 20.11.2017. (grifos no original).

[395] Ibid., loc. cit.

do; (*ii*) deve recair sobre fatos concretos específicos; (*iii*) deve ser utilizada — a sua *ratio decidendi* — em outro caso similar superveniente.

Embora o precedente não se confunda com a norma dele advinda (*ratio decidendi*), é este elemento universalizante que será aplicado à decisão futura. Por isso, afirmam Didier, Braga e Oliveira que, em sentido estrito, "o *precedente* pode ser definido como senso a própria *ratio decidendi*"[396]. Sustenta Zaneti Jr. que os precedentes judiciais "consistem no resultado da densificação de normas estabelecidas a partir da compreensão de um caso e suas circunstâncias fáticas e jurídicas"[397].

Ao se adotar um conceito ainda amplo, apesar do recorte efetuado, necessita-se analisar as razões pelas quais uns preferem restringir, de alguma forma, o escopo conceitual do precedente. Marinoni e Mitidiero defendem que o precedente só pode ser fixado pela Corte de Vértice, ou seja, aquelas que detêm a última palavra sobre determinado assunto no organograma do Judiciário: o STJ em relação à legislação federal e o STF no tocante à interpretação da Constituição[398]. A ideia é promover uma cisão entre as funções exercidas por determinado Tribunal: enquanto a uns caberia o mister de decidir, de forma justa, os conflitos individuais (Cortes de Justiça), a outras seria reservada a tarefa de criação de precedentes (Cortes de Precedentes)[399]. A posição hierárquica de uma Corte específica definiria sua vocação: resolver conflitos individuais, ou estabelecer precedentes. Marinoni, por exemplo, expõe que a posição de Corte de Vértice em relação ao direito federal coloca o STJ indubitavelmente como uma Corte de Precedentes[400]. Assim, a possibilidade de criação do direito — ou colaboração com o desenvolvimento do sistema jurídico — "encontra

---

[396] DIDIER, BRAGA, OLIVEIRA, 2017, p. 505.

[397] ZANETI JR., 2016, p. 301.

[398] MARINONI, 2016a; MARINONI, 2014b; MARINONI, Luiz Guilherme. *Julgamento nas cortes supremas*: precedente e decisão do recurso diante do novo CPC. São Paulo: RT, 2015; MITIDIERO, Daniel. *Cortes superiores e cortes supremas*: do controle à interpretação, da jurisprudência ao precedente. 2 ed. São Paulo: RT, 2014; MITIDIERO, Daniel. *Precedentes*: da persuasão à vinculação. São Paulo: RT, 2016a.

[399] MITIDIERO, 2016a, p. 88. "O ideal é que apenas determinadas cortes sejam vocacionadas à prolação de uma decisão justa e que outras cuidem tão somente da formação de precedentes."

[400] MARINONI, 2014b, p. 159.

limite na última palavra do Superior Tribunal de Justiça"[401]. Restaria aos juízes ou tribunais inferiores tão somente aplicar a atribuição de sentido dada ao direito pela Corte de Vértice. Caso descordem, o único caminho seria a apresentação das opiniões dissidentes, como mera ressalva de entendimento, aplicando-se, contudo, o direito tal como fixado pelo STJ. Valeria esse ato como uma forma de crítica ao precedente, na tentativa de que a Corte Superior o modifique no futuro[402].

Embora o argumento seja sofisticado, acredita-se que o caminho a ser trilhado deve ser outro. É natural em que, em um país como o Brasil, em que há uma concentração de competência legislativa na União[403], as questões jurídicas primordialmente discutidas sejam atinentes à legislação federal. Logo, muito provavelmente a discussão judicial seguirá e, em algum ponto, chegará ao STJ. Conhecida e decidida alguma causa, os demais tribunais terão, necessariamente, de enfrentar as questões resolvidas pelo STJ, quando se depararem com um caso análogo, contudo disso não segue que as "Cortes de Justiça" deverão meramente aplicar a regra judicial criada pela Corte Superior.

Primeiro, há a possibilidade de a questão não chegar ao STJ, ou demorar a fazê-lo. Na hipótese de que já existissem casos decididos nas instâncias ordinárias, e não na Corte Superior, poderia o juiz utilizar validamente um caso julgado pelo Tribunal local (ou mesmo de outro inferior, se fosse o caso) sobre o assunto, que se constituiria, assim, como precedente. Não são raras as vezes em que isso ocorre. Por exemplo, foi o que ocorreu sobre as causas que questionavam a legalidade de pontuação de crédito de consumidores (sistema concentre scoring).

Até a decisão do STJ em sede de recurso especial repetitivo[404], a qual considerou legal a formação do *credit scoring*, não havia um norte firme a se seguir. O próprio Tribunal não tinha conhecido a matéria em quaisquer de seus órgãos colegiados, entretanto as causas continuavam a surgir no primeiro grau de jurisdição, além de recursos pendentes em relação às decisões (que concediam ou não a indenização perseguida) já tomadas. Por grande lapso temporal, os juízes e tribunais decidiam

---

401 Ibid., p. 160.
402 Ibid., loc. cit.
403 Sobretudo no extenso rol da competência legislativa privativa (art. 22 da CF).
404 BRASIL. Superior Tribunal de Justiça. *REsp 1419697/RS*, Rel. Min. Paulo de Tarso Sanseverino, Segunda Seção, julg. em 12/11/2014, DJe 17/11/2014.

sobre o tema, sem que houvesse qualquer manifestação de uma Corte de Precedentes, na expressão de Marinoni e Mitidiero. Obviamente, não seriam interrompidos os julgamentos, para se aguardar que algum caso aportasse ao STJ. Assim, imagine-se um juiz de primeiro grau, ao se deparar com uma causa dessa natureza, o que restaria a fazer? Certamente, consultar as decisões tomadas pelo Tribunal local a que está vinculado. Por não ser ele uma Corte de Vértice, a decisão tomada, utilizada em suas razões determinantes em um novo julgamento, não se caracterizaria como um precedente? A resposta é negativa. Por certo, o juiz de primeiro grau utilizou a decisão do Tribunal como um legítimo precedente. Não se podem excluir, de forma absoluta, as decisões de tribunais locais como precedentes.

Além desse caso, poder-se-iam também lembrar as questões que não versem sobre o direito federal. Nas causas exclusivamente pautadas no direito estadual (imagine-se uma causa sobre uma gratificação de servidor público estadual), a palavra última não será de qualquer um dos Tribunais de Vértice — STJ ou STF — mas, sim, do tribunal local, inclusive para o controle de constitucionalidade concentrado em face à Constituição Estadual. Não se pode negar, igualmente, a possibilidade de que decisões da Corte local se tornem verdadeiros precedentes para casos análogos. É bem verdade que, mesmo seguindo-se a lógica da tese dos autores, poder-se-iam considerar os tribunais locais como Cortes de Precedentes em relação aos assuntos em que detêm eles a última palavra, como, por exemplo, os assuntos atinentes à legislação estadual (desde de que não confronte a própria legislação federal ou a Constituição).

Segundo, o critério hierárquico — do *status* da Corte que fixa o precedente dentro do organograma do Judiciário — não pode servir de único norte para a aplicação de uma decisão como precedente. Ainda que a hierarquia da Corte importe, em muito, para a abrangência e poder que deterá o precedente, pode-se dizer que será ele tão forte quanto for profunda a análise de uma determinada questão, não pela mera posição da corte que o assentou. Disso, decorre que uma certa decisão dependa de um contraditório efetivo[405] e ampla fundamentação[406], para que, no futuro, possa ser utilizada como precedente. Isso porque uma determinada decisão se debruçará efetivamente sobre todos os pontos, quando as partes possuírem ampla liberdade de lançar diferentes ar-

---

405 Art. 10 do CPC/15.
406 Art. 489 do CPC/15.

gumentos, e a adversa puder apresentar contra-argumentos que serão, todos, analisados ao final, com a devida justificativa.

Imagine-se que o STJ, ao julgar um recurso especial, analise as causas de pedir A e B, dizendo que nenhuma delas leva à procedência da ação. Fixar-se-ia, aqui, um importante marco para o julgamento de casos futuros similares. Poder-se-ia pensar que a resposta seja a mera reprodução daquilo que o STJ decidiu, que mereceriam a improcedência situações análogas. A resposta, todavia, não é tão simples assim. Com efeito, se em causa futura, além das causas de pedir A e B, a parte arguir a causa C, poderá o juiz de primeiro grau, a par da decisão anterior do STJ, julgar diferentemente o pedido, se a causa nova (C), por si só, levar à procedência da demanda. Aqui, a deficiência do precedente, em não analisar todas as possíveis causas de pedir, motivada pela própria atuação do advogado que não suscitou a matéria, demonstra sua fragilidade. Por isso, um sistema de precedentes não depende só de juízes atentos, mas também (ou principalmente) de advogados diligentes que antecipem todos os potenciais argumentos válidos para a defesa de um determinado interesse. Assim, a capacidade de fixar precedentes vai depender não só da hierarquia de uma determinada corte, mas, principalmente, do conteúdo da própria decisão paradigma.

Por fim, a aplicação de um precedente nunca se dará de forma mecânica, como aplicar, por subsunção, a *holding* de um julgamento anterior, ou, ao contrário do que sustenta Marinoni, não basta ao jurista tão somente aplicar a atribuição de sentido feito pela Corte de Vértice, utilizando, portanto, essa atribuição como um atalho ao próprio processo hermenêutico. Não há, aqui, um "automatismo decisional". Há uma impossibilidade de aplicação instintiva de um precedente a casos futuros[407]. A própria integridade exige do jurista um ajuste (*fit*) sobre aquilo que precede e sobre a decisão a ser tomada, para que se mantenha fiel aos princípios de uma determinada comunidade. Logo, o juiz não poderá meramente utilizar a atribuição de sentido da Corte anterior como uma "capa de sentido", algo pronto que prescinda de interpretação. A tarefa é mais complexa e exige do intérprete uma análise que transborda a mera repetição do que diz o precedente.

---

[407] PUOLI, José Carlos Baptista. Precedentes vinculantes? O CPC "depois" da Lei nº 13.256/16. In: LUCON, Paulo Henrique dos Santos; APRIGLIANO, Ricardo de Carvalho; SILVA, João Paulo Hecker da. et. al. *Processo em jornadas*: XI jornadas brasileiras de direito processual, XXV jornadas ibero-americanas de direito processual. Salvador: Juspodivm, 2016, p. 496-507, p. 500.

Assim como a lei não possui uma essência, e, por consequência, a aplicação não pode se dar por mera subsunção — pela distinção entre texto e norma —, não é razoável procurar em um texto, como o do precedente, uma substância, uma regra geral e abstrata universalmente aplicável, longe de fatos com os quais o intérprete se encontra, distante de uma nova *applicatio*. Cair-se-ia no mesmo problema positivista, qual seja, utilizar textos como uma "capa de sentido", como denuncia Streck[408]. As consequências seriam as mesmas: uma metafísica jurídica que possibilitaria a recaracterização do texto mediante a subjetividade do intérprete. Se as múltiplas interpretações de um texto legal levaram à jurisprudência lotérica que hoje se presencia, é certo que, mantido o paradigma filosófico já defasado, haverá vários e distintos sentidos advindos do texto do precedente (valendo, aqui também, para súmulas ou qualquer outro *standard* jurídico). Permanece a mesma problemática, eis que se trocará tão somente o texto, enquanto objeto cognoscível, e não a postura dada ao próprio ato de interpretar.

O precedente judicial deve ser concebido, antes de tudo, como um conceito interpretativo, nos dizeres de Dworkin. A decisão anterior nada mais é senão um texto e, como tal, não possui em si uma essência a ser extraída pelo intérprete, tampouco será reflexo da subjetividade do intérprete. Antes, ocorrerá a *applicatio*, ou seja, haverá a atribuição de sentido ao texto (precedente), fundindo-se os horizontes do intérprete e do texto, no círculo hermenêutico.

Sierra Sorockinas defende que o texto sempre necessita de um leitor, e este emprestará àquele um sentido e, nesse sentido, "o precedente é uma criação da leitura"[409]. Afastando um neo-objetivismo, que remontaria à metafísica clássica, o autor ressalta que, no Direito, não há um objeto material, uma coisa em si. Ligando-o à realidade (e consequente faticidade), destaca que o Direito é um discurso, um jogo de linguagem[410]. O precedente não escapa dessa lógica. Trata-se, de certo modo, da distinção entre texto e norma, já exposta neste trabalho. Nessa esteira, sobretudo na formação da *ratio decidendi*, o que resta não é uma

---

408 STRECK, 2009a, p. 226.

409 SIERRA SOROCKINAS, David. El precedente: un concepto. *Revista Derecho del Estado*, n. 36, p. 249-269, jan.-jun. 2016, p. 251.

410 Ibid., p. 251. "El 'derecho' hace parte de la *realidad* y no del *mundo*, en el sentido de que no hay un *objeto material* al cual podamos referirnos (la *'cosa en sí'*), sino que el derecho es un discurso, un *juego de lenguaje*."

regra prévia, a ser aplicada a casos futuros, visto que tal regra não existe na decisão anterior em si, senão o juiz que a lê acaba por criar a regra[411]. Assim, quem cria o precedente, para o autor, é o juiz do caso seguinte, e não o próprio órgão prolator da decisão paradigma[412], por isso, na norma derivada do precedente, não será relevante a intenção do dito órgão[413].

2.5. *COMMON LAW, CIVIL LAW* E O DIREITO BRASILEIRO

Muito se trata das diferenças e eventuais similitudes entre o *common law* e o *civil law*. Geralmente são apresentados como modelos contrastantes, como opostos, tratando-se de sistemas, famílias ou culturas jurídicas diversas, encaixando-se em uma ou outra determinada ordem jurídica nacional, a depender das características que apresenta. Essa divisão binária dicotômica é interessante na perspectiva epistemológica, eis que auxilia na categorização e consequente estudo de ordens jurídicas diferentes[414]. A ciência do direito depende de divisões ou categorizações como esta, e ela cumpre um importante papel, ao possibilitar a todo jurista a compreensão de vários sistemas jurídicos por aproximação de suas características próprias similares. Contudo, em um mundo complexo e em constante modificação, essas taxonomias criadas são, hoje, como caricaturas dos respectivos sistemas que buscam apresentar. Não há ordem jurídica nacional que se amolde a todas as características de uma determinada família. Esses diversos sistemas

---

411 Ibid., p. 256. "(...) *no* hay tal regla en la setencia sino que el juez que lee la sentencia *crea* esta regla."

412 Ibid., p. 256. "Las metodologias que tiene el operador para crear el 'precedente' - pues, se insiste, es el operador que lee una sentencia, y no el juez que redactó la sentencia, quiem crea el 'precedente'."

413 Ibid., p. 257. "Recordemos que si asumimos una posición de análisis textual no será - en princípio — relevante la intención de quien escriba. De hecho, dudo mucho que se pueda identificar esa intención en el texto."

414 TARUFFO, Michele. Observações sobre os modelos processuais de *civil law* e de *common law*. Tradução: J. C. Barbosa Moreira. *Revista de processo*, São Paulo: RT, v. 110, p. 141-158, abr. 2003, p. 142. "(...) a construção de 'tipos ideais' dos diversos ordenamentos pode estabelecer um nível de análise no qual o confronto é possível e produtivo, evitando perder-se na massa infinita dos pormenores."

devem ser vistos como modelos ou tipos ideais, entendidos como algo que "não existe na natureza"[415].

Embora a classificação não se restrinja à dicotomia *civil law* e *common law*[416], são estas que interessam ao presente estudo, que a elas se limitará. O primeiro — *civil law* — é comumente caracterizado como possuidor de um grande direito legislado, com a adoção de leis escritas que, pretensamente, cobririam todas as áreas e hipóteses de aplicação e indicariam o caminho seguro a trilhar em qualquer situação. Por isso, é chamado de um sistema normativista[417]. Por ter regras abstratas claras, de conhecimento geral, o aludido sistema tenderia à imutabilidade (estabilidade), caracterizando-se, pois, como um sistema fechado, em que a aplicação da lei ao caso concreto ocorreria por um processo dedutivo (a subsunção).

Por seu turno, o *common law* funcionaria com uma lógica diversa. Como "um sistema nitidamente judicialista"[418], o direito e, consequentemente, os juristas seriam guiados pelos precedentes estabelecidos (*case law*). Disso decorreria uma maior fluidez, um sistema mais flexível, uma vez que o direito seria construído caso a caso, portanto não seria hermético, caracterizando-se por um sistema aberto, a ser complementado por cada decisão, reconhecendo-se força criativa dos juízes (*judge made law*). Prescindindo da lei escrita, a aplicação de um precedente ao caso subsequente ocorreria pela indução. Em outras palavras, estabelecendo-se analogias entre os dois casos, definir-se-ia a aplicabilidade da regra passada à nova decisão.

Sinteticamente, podem-se expor essas características antagônicas no seguinte quadro:

---

415 TARUFFO, 2003, p. 143. Aduz o autor, ainda, que, "na realidade, não se trata de descrições completamente falsas como tais, mas de imagens que talvez pudessem ter alguma significação no passado e sejam dotadas ainda hoje de certa eficácia alusiva, mas são indevidamente consideradas essenciais e fundamentais para marcar a distinção entre os dois tipos de ordenamentos processuais."

416 c.f. DAVID, René. *Os grandes sistemas do direito contemporâneo*. 4 ed. Tradução: Hermínio A. Carvalho. São Paulo: Martins Fontes, 2002. Além do common law e do civil law, o autor apresenta os sistemas de direitos socialista, o direito mulçumano, o da Índia, os do extremo oriente e os da África e de Madagascar.

417 MIRANDA DE OLIVEIRA, 2015, p. 150.

418 Op. cit., loc. cit.

Civil law	Common Law
Leis escritas	Precedentes (*case law*)
Tendência à imutabilidade, estabilidade	Flexibilidade (decisão caso a caso)
Sistema fechado	Sistema aberto (*judge made law*)
Dedução (subsunção)	Indução (analogia)

Na prática, contudo, nenhum país segue tais "modelos puros" ou "tipos ideais". A evolução histórica de cada nação, suas idiossincrasias e particularidades fizeram com que o sistema de justiça adotado sofresse alteração e, também, houvesse a aproximação dos sistemas no curso do tempo. Comparando-se à realidade do Brasil e dos EUA, pode-se perceber que todas as características podem sofrer alguma crítica, demonstrando a não conformação da prática jurídica de cada país aos tipos ideais apontados.

No Brasil, o uso de decisões pretéritas — e também as súmulas — como critério para um caso posterior é amplamente utilizado na prática jurídica. Todas as reformas processuais — no âmbito constitucional ou da legislação ordinária — recentes ampliaram a força dos tribunais como fonte jurígena, voltadas a uma maior celeridade na prestação jurisdicional. Mesmo antes do CPC/15, a repercussão geral, o tratamento diferenciado aos recursos repetitivos e, mesmo não sendo precedentes, as súmulas vinculantes são facetas desta mudança, em que, no centro, há a criação judicial do direito, e, nesse particular, há o alargamento do direito jurisprudencial e a nova força que ganha perante nosso ordenamento jurídico. Dessa forma, ao lado da lei escrita, os pronunciamentos judiciais pretéritos também ocupam lugar de destaque na construção do argumento jurídico, seja pelas partes, deduzindo seus pedidos, seja pelo Ministério Público (atuando como *custos legis*), seja pelo juiz (ou Tribunal) no julgamento da causa. Assim como o Brasil, em qualquer outro país ligado à *civil law*, a situação é assemelhada. Mesmo na França, onde as características de um modelo ideal poderiam ser mais vivas, os precedentes da Corte de Cassação ou do Conselho de Estado constituem importante elemento na construção do argumento jurídico. A "*jurisprudence constante*" possui grande autoridade, e sua superação (*revirements*) exige uma carga argumentativa forte[419]. Mesmo a subordinação da jurisprudência à lei vem sendo vagarosamente substituída por uma ideia de coordenação entre ambas, reconhecendo-se

---

[419] STEINER, 2015, p. 44-46.

a legitimidade da construção judicial do direito. Em suma, apesar de não serem formalmente vinculantes, as decisões pretéritas são comumente seguidas[420].

Por outro lado, os países tipicamente caracterizados como de *common law* não prescindem da legislação escrita. Basta ver a situação americana, onde, por exemplo, existe o *U.S. Code*. Trata-se de uma compilação da legislação federal, dividida em diferentes títulos que ocupam, aproximadamente, sessenta volumes. Isso em um país em que a maior parte do regramento e estabelecimento de direitos cabe aos Estados-membros, sendo a legislação federal meramente residual, reservada ao cumprimento de determinadas metas constitucionais[421]. Há uma abundância legislativa crescente nos países de *common law*. Ao lado do *U.S. Code*, podem-se citar outras importantes legislações federais como o *Federal Rules of Civil Procedure, of Evidence, of Criminal Procedure, of Appellate Procedure*, dentre outras, além de todos os atos normativos das agências da administração federal. O mesmo preceito ocorre na Inglaterra, onde o direito "hoje em dia, está fortemente influenciado por leis escritas"[422].

Em relação à imutabilidade de um sistema face à flexibilidade do outro, a verdade é que não se verifica, na prática judiciária, essa distinção. Nem a *civil law*, com o ideal de submissão do juiz à lei, garante a estabilidade e imutabilidade do ordenamento jurídico, assim como o *common law* também apresenta traços — sobretudo ao juiz de primeiro grau (*trial judge*) — de forte vinculação. No Brasil, toda a codificação e as diversas leis (em sentido amplo) não conseguiram estruturar toda a estabilidade esperada. Verifica-se, em verdade, o contrário, tanto pelas opções filosóficas de um positivismo exegético e, posteriormente – e sobretudo –, por outro normativista, de cariz neo-kantiano e baseado na filosofia da consciência, a interpretação transformou-se em uma autorização para o juiz dizer "qualquer coisa sobre qualquer coisa"[423].

---

420 Ibid., loc. cit.

421 É bem verdade que a Suprema Corte alarga a possibilidade de elaboração de leis federais, dando uma interpretação ampla às cláusulas constitucionais, como a do comércio.

422 ANDREWS, Neil. *O moderno processo civil*: formas judiciais e alternativas de resolução de conflitos na Inglaterra. Tradução: Teresa Arruda Alvim. 2 ed. São Paulo: RT, 2012.

423 STRECK, 2009a, p. 311.

Este solipsismo interpretativo acarreta um déficit democrático, na medida em que as opções legitimamente efetuadas por uma sociedade são substituídas pelo axiologismo do intérprete (juiz). Esse grande subjetivismo leva a um "estado de natureza hermenêutico"[424], que, no âmbito judiciário, acarreta um alto grau de indevida discricionariedade judicial, o que faz gerar uma "jurisprudência lotérica"[425]. Sob essa mesma concepção solipsista, a inautêntica forma de se trabalhar com princípios — como se fosse a chave de abertura do sistema —, a maneira incorreta de se abordarem as cláusulas gerais (pródigas na legislação, como no atual Código Civil) e os conceitos jurídicos indeterminados são elementos que demonstram que, atualmente, a lei não constrange — como deveria — a atuação judicial, e, nesse particular, a ordem jurídica não detém a imutabilidade ou a estabilidade esperada.

Por outro lado, no *common law*, como no sistema americano, há uma forte vinculação do juiz aos precedentes, decorrente do *stare decisis*, derivada da ideia de precedente obrigatório (*binding precedent*). Se é verdade que os Tribunais são locais adequados à criação ou modificação do direito vigente, por meio da fixação de precedentes em casos de primeira impressão (*case of first impression* — estabelecendo-se o *leading case*) ou na modificação de doutrinas expostas em outros julgados, isso fica adstrito aos Tribunais de Apelação ou Cortes Supremas (estaduais ou federal). Ao juiz de primeiro grau, a doutrina do *stare decisis* traz consigo um forte grau de vinculação. Na prática, está ele mais constrangido a seguir o precedente que o juiz, no Brasil, a seguir a lei[426]. Há menos subterfúgios teóricos para uma abertura a subjetivismos.

Pelas mesmas razões já expostas, o *civil law* pode não ser um sistema tão fechado quanto o imaginado. A má recepção de teorias alienígenas, como a ponderação de princípios de Alexy ou do próprio neoconstitucionalismo, elevou a interpretação a uma tarefa indomável. Ao ver, nos princípios constitucionais, uma forma de abertura do sistema a elementos não jurídicos (como os valores morais, econômicos ou psí-

---

424 STRECK, 2014a, p. 411.

425 CAMBI, Eduardo. Jurisprudência lotérica. *Revistas dos Tribunais*. São Paulo, RT, v. 786, p. 108-128, abr. 2001.

426 Como expõe Marinoni (2016a, p. 38-39), "o juiz brasileiro, hoje, tem poder criativo maior do que o juiz do *common law*, uma vez que, ao contrário deste, não presta o adequado respeito aos precedentes".

quicos — a depender da teoria adotada), acabou-se com a formação de um sistema hermético, fechado em si. Da mesma forma, talvez o sistema da *common law* também não seja tão aberto quanto se imagina. Basta dizer que, atuando nessa cultura jurídica, Dworkin defende a tese da única resposta correta a um determinado caso (*one right answer*). Mesmo em Hart, que admite a discricionariedade judicial aos casos ditos difíceis (*hard cases*), aponta-se que a maioria dos casos é resolvido pela dedução (casos fáceis), não havendo margem a respostas diversas[427].

Por fim, já se abandonou a ideia de que as respostas às questões jurídicas, mesmo mediante aplicação direta de um dispositivo legal específico, são resolvidas por uma mera subsunção. A questão da concretização dos princípios constitucionais é um exemplo claro dessa ideia. De outro lado, como já visto, mesmo na *common law*, o argumento analógico não é o único utilizado, valendo voltar à citada lição de Hart, que defende que a maioria dos casos — fáceis — são resolvidos por dedução.

Verifica-se, portanto, que a dicotomia *civil law/common law* não possui contornos tão claros e certos. Obviamente disso não se retira que não há diferença alguma[428]. Embora os dois sistemas se aproximem, ainda resta um considerável contraste na forma de abordagem ao próprio direito, suas fontes e na construção dos argumentos jurídicos. Representam projetos culturais diversos, com opções de valor que, talvez, venham tomando interesse cada vez menor no curso do tempo[429]. Contudo, particularmente no tocante ao uso e força dos precedentes,

---

[427] HART, 2009, p. capítulo VIII.

[428] MIRANDA DE OLIVEIRA, 2015, p. 150. "Não obstante, é equivocada a afirmação de que não há mais diferença entre o *common law* e *civil law*. Longe disso."

[429] TARUFFO, 2003, p. 143-144. "Independentemente de sua autenticidade representativa, trata-se de modelos cuja construção se baseia em projetos culturais precisos, visam a pôr em evidencia particular — para exaltar-lhes o valor ou para criticar-lhes a presença — alguns aspectos dos vários sistemas processuais confrontados. Hoje, a crítica que se pode fazer ao emprego desses modelos não é tanto a de que eles ministrem falsas representações da realidade (se bem que isso aconteça com bastante frequência, quando menos por ignorância ou desatualização das informações), quanto a de que eles talvez fossem coerentes com opções de valor ou sistema destinadas a privilegiar problemas e soluções que agora se revestem de interesse bem menor."

há diferenças marcantes, sobretudo se tendo em mente o sistema idealizado ao Brasil[430].

Embora distintas, não se nega a atual convergência entre essas duas famílias. A despeito de não concordarem com o grau ou limites dessa ocorrência, os comparatistas, em geral, estão de acordo com essa aproximação entre os sistemas jurídicos[431]. Enquanto alguns falam em convergências, outros, de forma similar, dizem se tratar de interferências horizontais entre diferentes sistemas[432]. Isso é marcante, por exemplo, no campo do processo civil, mesmo em litígios de massa[433].

Nos países de *common law*, ditos com um processo adversarial, valora-se a grande autonomia das partes, acreditando-se que o entrechoque das posições possibilitará o melhor esclarecimentos dos fatos ocorridos e do direito a eles aplicado. Por outro lado, nos de *civil law*, diz-se ter um processo inquisitivo, dirigido de forma mais firme pelo

---

[430] MIRANDA DE OLIVEIRA, 2015, p. 150. "Repete-se: ainda que haja aproximação dos sistemas do *civil law* e do *common law*, não se confunde a *força dos precedentes* em cada um dos sistemas: *há pesos absolutamente diferentes*."

[431] SEIDMAN, G. I. The new comparative civil procedure. In: PICKER, Colin B.; SEIDMAN, Guy I. *The dynamism of civil procedure*: global trends and developments. Nova Iorque: Springer, 2016, p. 19-44, p. 20. "Most comparatists now agree that this phenomenon, referred to as 'convergence', is really taking place, although the matter, and details, is still subject to academic debate."

[432] TARUFFO, 2003, p. 153.

[433] MULLENIX, Linda S. Lessons from abroad: complexity and convergence. *Vilanova law review*, v. 46, n. 1, p. 1-31, 2001. Afirma que essa convergência na *complex litigation* está presente: 1 – no papel do judiciário: o magistrado está mais presente, dirigindo o processo (*active judicial case management*) e, consequentemente, ganha cariz mais inquisitorial (*investigative fact-finding*); 2 – no direito ao júri: apesar de ter tal direito como sagrado, quase todos complex cases são resolvidos sem se recorrer ao júri, geralmente por acordos prévios; 3 – na questão do *punitive damages*: nesses acordos, não há a estipulação de *punitive damages*, o que iguala, de fato, a inexistência — em regra — de tal espécie de danos em países de *civil law*. Além do mais, nem todo Estado americano permite o *punitive damages*; 4 – no financiamento do próprio litígio: apesar da *American rule*, que estabelece que cada parte pague seus custos no litígio (incluindo honorários advocatícios), difira da regra geral dos países de *civil law*, em que o perdedor paga, nas *class actions* os requeridos, em caso de derrota, pagam os honorários advocatícios da parte adversa, embora o autor não tenha a mesma obrigação no caso de sucumbir. Em outras palavras, na *complex litigation* raramente cada lado paga suas próprias despesas processuais.

magistrado, em que as partes não dispõem da mesma ampla margem de atuação. De maneira equivalente à dicotômica divisão *common law/ civil law*, essa distinção entre processo adversarial e inquisitorial está se tornando menos saliente a cada dia, convergindo os modelos. Se a instituição do júri para os casos cíveis já foi, um dia, colocado como uma diferença marcante entre os dois sistemas, ele já não é mais utilizado pela Inglaterra, senão em hipóteses restritíssimas, e, apesar de ser previsto constitucionalmente nos EUA, por meio da 7ª Emenda, a minoria absoluta dos casos — com o passar do tempo cada vez mais diminuta — chega ao julgamento final pelos jurados[434].

Valendo-se novamente da comparação entre os sistemas brasileiro e americano, pode-se ver essa convergência. No processo civil americano, o juiz vem paulatinamente assumindo um caráter de maior protagonismo. Há um crescente controle pelo juiz de todas as fases processuais e uma abreviação, sempre que possível, do próprio processo, resolvendo-se a causa antes que ela chegue ao júri. Primeiramente, ampliaram-se as possibilidades do julgamento sumário — *summary judgment* —, que era amplamente conhecido como potente instrumento na prática jurídica, para evitar que o caso chegasse ao julgamento pelo júri[435]. O julgamento sumário, entretanto, ainda possibilitava que as partes chegassem à *discovery*, o que gerava custos (eis que é o momento processual que exige maior gasto pelas partes), acarretava maior duração ao processo e exigia maior atividade do próprio juiz, nas resoluções das questões atinentes a essa fase processual. Por essa razão, aumentou-se, posteriormente, a supervisão do juiz já na fase postulatória. Se, antes, o recebimento da inicial dependia de uma mera notícia retratando os fatos em que se fundavam os pedidos — *notice*

---

[434] GALANTER, Marc Galanter, *The Vanishing Trial: An Examination of Trials and Related Matters in Federal and State Courts*, Journal of Empirical Legal Studies, v. 1, n. 3, p. 459-570, 2004.

[435] GENETIN, Bernadette Bollas. Summary Judgment and the Influence of Federal Rulemaking. *Akron Law Review*, v. 43, p. 1107-1138, 2010, p.1107. "Summary judgment is the "acknowledged 'workhorse' of federal pretrial practice."

pleading —, a partir de *Twombly*436 e especialmente com *Iqbal*,[437] passou-se a exigir um *standard* mais elevado. Em vez da mera notícia, a inicial já deveria comprovar uma plausibilidade de suas alegações — *plausibility pleading*.

Definir o que é ou não plausível ainda é objeto de acalorada discussão e, certamente, dependerá de novas manifestações da Suprema Corte, contudo o objetivo foi claro, ao se fecharem as portas da *discovery* para o autor que não apresente uma causa que, desde o princípio, mostre-se forte[438]. As que não demonstrem plausibilidade, restam barradas, já de início, pela decisão em uma *motion to dismiss for failure to state a claim*[439], com base na *Rule 12(b)(6)* do *Federal Rules of Civil Procedure*[440], que vem sendo amplamente utilizada e concedida[441], ressaltando-se que sua utilização pode preceder — como de fato precede na maioria dos casos — a própria resposta. Isso comprova que, pouco a pouco, o juiz vai tomando uma postura mais ativa e controladora no processo civil americano, o que faz aproximar, de alguma forma, ao congênere do *civil law*, mediante uma atuação mais inquisitiva. Não fosse tal fato, não teriam sido facultadas ao juiz diversas tarefas de controle da administração do processo (*case management*), o

---

[436] EUA. Suprema Corte. *Bell Atlantic Corp. v. Twombly*, 550 U.S. 544, 2007. Um estudo empírico, realizado anteriormente à decisão em *Iqbal*, concluiu que as cortes já aplicavam *Twombly* a vários casos não relacionados com questões *antitrust*, apenas citando o caso, sem explicar no que consistiria o novo standard da plausibilidade. Sobre o assunto, ver: MARTINEZ, Anthony. Plausibility Among the Circuits: An Empirical Survey of Bell Atlantic Corp. v. Twombly. *Arkansas Law Review*, v. 61, p. 763-785, 2009.

[437] EUA. Suprema Corte. *Ashcroft v. Iqbal*, 556 U.S. 662, 2009.

[438] EUA. Suprema Corte. *Ashcroft v. Iqbal*, 556 U.S. 662, 2009. "Rule 8 marks a notable and generous departure from the hyper-technical, code-pleading regime of a prior era, but it does not unlock the doors of discovery for a plaintiff armed with nothing more than conclusions."

[439] Ibid. "Second, only a complaint that states a plausible claim for relief survives a motion to dismiss"

[440] EUA. *Federal Rules of Civil Procedure*. Rule 12(b)6: "Every defense to a claim for relief in any pleading must be asserted in the responsive pleading if one is required. But a party may assert the following defenses by motion: (...) (6) failure to state a claim upon which relief can be granted".

[441] BROWN, Stephen R. Reconstructing Pleading: Twombly, Iqbal, and the Limited Role of the Plausibility Inquiry. *Akron Law Review*, v. 43, p. 1265-1303, 2010.

que os tornaram juízes gestores (*managerial judges*)[442], que, dentre os diferentes caminhos, ocasionalmente remetem os feitos a sistemas alternativos de resolução de controvérsias (sobretudo à mediação), além de realizar, pessoalmente, audiência para obter o acordo (*judicial settlement conference*)[443].

No Brasil, observa-se o caminho contrário, tornando-se o processo menos inquisitivo e, consequentemente, mais adversarial, na medida em que se concede às partes maior margem de atuação. Exemplos são as importantes inovações trazidas ao ordenamento jurídico pátrio com o CPC/15, sobretudo com a instituição de uma cláusula geral de negócios jurídicos processuais[444]. Ainda que o CPC/73 contemplasse alguns negócios jurídicos, como a suspensão do processo por convenção, não havia uma norma geral expressa possibilitando às partes transigir sobre o procedimento adotado. Isso acarretou uma profunda mudança de estruturas basilares no processo civil. Usualmente conceituado como um dos ramos do direito público, a inserção do negócio jurídico processual levou o processo civil ao caminho do direito privado, ou melhor, a uma situação em que um e outro se entrelaçam, fazendo cair mais essa visão dicotômica na ciência jurídica. Se, no direito público, faculta-se fazer aquilo que a lei permite, no limite dessa permissão, no privado, por outro lado, pode-se fazer tudo aquilo que não é vedado pela norma jurídica. Nesse passo, no processo civil, deveriam as partes — em uma visão clássica — comportar-se nos limites estreitos possibilitados pelo texto do código (ou das leis esparsas, quando próprio). Com a possibilidade da negociação processual, o inverso passa a ser viável, podem as partes deliberarem sobre procedimento, ônus probatório, fixando-se, inclusive, um calendário processual que regerá os caminhos tomados pelo litígio. Como um negócio jurídico-processual típico, a possibilidade de as partes apontarem, em comum acordo, o perito do juízo também demonstra uma diminuição do caráter inqui-

---

442 RESNIK, Judith. Managerial judges. *Harvard Law Review*, v. 96, n. 2, p. 374-448., dec. 1982.

443 Para a distinção entre a mediação e a *judicial settlement conference*, ver: LUIZ, Fernando Vieira. Designing a Court-Annexed Mediation Program for Civil Cases in Brazil: Challenges and Opportunities. *Pepperdine Dispute Resolution Law Journal*, v. 15, n. 1, p. 1-84, 2015.

444 Art. 190 do CPC/15.

sitorial do procedimento da justiça civil, ampliando-se o protagonismo das partes e diminuindo-se, consequentemente, o do Estado-juiz[445].

Outra modificação que aponta para um sistema com maior caráter adversarial é a possibilidade, tal como já ocorre no processo penal[446], de as partes realizarem perguntas diretamente a testemunhas[447], não havendo, como regra, o protagonismo judicial na formulação da prova, ainda que lhe seja facultado perguntar antes ou depois das partes. É bem verdade que o próprio CPC/15 estabelece regra e dá margem à manutenção indevida do protagonismo judicial na formulação da prova oral[448]. A ideia primordial, contudo, é a de que não ocorra intromissão do juiz na formação da prova e de que eventual questionamento pelo magistrado seja efetuado em caráter meramente complementar, deixando-se de lado a intermediação judicial quanto às realizadas pelas partes[449]. Mesmo no processo penal, defende-se que o modelo acusatório já é o vigente desde a Constituição de 1988, que alterou, por uma filtragem hermenêutico-constitucional, a legislação infraconstitucional, sobretudo o Código de Processo Penal.

As situações descritas são meramente exemplificativas, a aproximação entre os sistemas poderia ter por base outros pontos do próprio processo civil, como a contraposição entre oralidade e escritura que, como ressalta Taruffo, "configura-se substancialmente inaceitável a equivalência '*common law* = oralidade', e bem assim equivalência '*civil law* = escritura"[450].

---

[445] Art. 471 do CPC/15.

[446] Art. 212 do CPP. As perguntas serão formuladas pelas partes diretamente à testemunha, não admitindo o juiz aquelas que puderem induzir a resposta, não tiverem relação com a causa ou importarem na repetição de outra já respondida.

[447] Art. 459. As perguntas serão formuladas pelas partes diretamente à testemunha, começando pela que a arrolou, não admitindo o juiz aquelas que puderem induzir a resposta, não tiverem relação com as questões de fato objeto da atividade probatória ou importarem repetição de outra já respondida.

[448] Art. 459. (...) § 1º O juiz poderá inquirir a testemunha tanto antes quanto depois da inquirição feita pelas partes.

[449] É importante salientar que é de constitucionalidade duvidosa que o magistrado efetue perguntas depois das partes, porque, caso seja introduzida alguma nova circunstância fática que importe no julgamento da demanda, a parte — principalmente a prejudicada com a declaração — não poderá exercer o contraditório, ao reperguntar, não exercendo, em sua inteireza, o próprio direito à prova. Por isso, o juiz não deverá perguntar, ou, se o fizer, abrir oportunidade, novamente, a reperguntas.

[450] TARUFFO, 2003, p. 144.

É verdade que os dois sistemas buscam, do seu jeito e modo, aquilo a que qualquer ordem jurídica deve servir: o bem comum, a segurança jurídica e a justiça[451]. A definição de termos como a justiça ou a de bem comum careceria, cada uma, de um tratado próprio, talvez de incontáveis volumes. Não sendo o centro da presente investigação, supre dizer que a justiça se refere a uma pretensão de correção que o direito deve ter, incluindo o aspecto formal e material. Por seu modo, o bem comum se compatibiliza com a ideia de fins gerais, contrapondo-se, no mais das vezes, ao interesse particular dos detentores do poder.

Já a segurança jurídica — que se refere ao tema principal da pesquisa — representa a necessidade de estabilidade, previsibilidade e isonomia. Em ambas as famílias, busca-se esse ideal, ainda que cada uma deseje obtê-la por um modo peculiar[452]. A ideologia do *civil law* foi a de controlar a atividade judicial, principalmente depois da Revolução Francesa, uma vez que os juízes do *Ancién Régime* foram mantidos nos cargos. Havia, portanto, grande desconfiança e busca por necessidade de controle da atividade dos juízes, utilizando a primazia da lei estatal escrita como forma de constrição à atividade judicial (juiz *la bouche de la loi*). Já na Inglaterra, ao contrário, os juízes estavam alinhados com os vencedores da Revolução Gloriosa, eis que desejavam impor limites ao poder da monarquia. Logo, não estavam os vitoriosos preocupados com a limitação do poder da jurisdição, mas sim do monarca, admitindo a possibilidade do *judge made law*. Nesta, a vinculação primeiramente aos costumes e, após, ao precedente (*stare decisis*), garantiria a segurança jurídica, constrangendo a atuação dos juízes.

Feitas essas considerações, cumpre enquadrar o Brasil em uma ou outra tradição. Não que isso seja essencial. Como visto, essa distinção vem perdendo força, principalmente pela convergência entre os sistemas, a qual se acelera dia a dia. Mais que classificar uma determinada ordem jurídica em uma categoria ou outra, necessita-se superar esses modelos tradicionalmente trabalhados. Por ser tema de debate na doutrina nacional, todavia, cumpre expressar, aqui, essa particularidade apresentada.

Não se tem dúvidas de que nosso país não se encaixa ao *common law*, mas, embora preponderante, também não é tranquila a ideia nem

---

[451] RADBRUCH, Gustav. *Filosofia do direito*. Tradução: Marlene Holzhausen. São Paulo: Martins Fontes, 2004.

[452] ARRUDA ALVIM, Teresa. Estabilidade e adaptabilidade como objetivos do direito: civil law e common law. *Revista de Processo*, v. 34, n. 172, p. 121-174, jun. 2009.

exime de dúvidas que nosso sistema se filia à *civil law*. Zaneti Jr., por exemplo, possui um ponto de vista peculiar sobre a família em que se situa o ordenamento brasileiro. Embora seja lugar comum encaixar o Brasil no *civil law*, o autor caminha em sentido diverso. Sustenta que há, aqui, um sistema híbrido próprio, juntando elementos tanto do *civil law* quanto do *common law*. Deste, herdou-se o controle de constitucionalidade, servindo a Constituição americana como principal modelo ao incipiente constitucionalismo brasileiro desde a Constituição de 1891[453]. Daquele, tomou-se toda a formatação da legislação infraconstitucional, inclusive com as grandes codificações. Essas duas raízes criam um paradoxo metodológico na ideia de contraposição entre tradições jurídicas diferentes e, em certo ponto, contrárias[454]. Fixa tal premissa a partir da forma como é realizado o controle de constitucionalidade. Assevera que, a partir do momento em que a qualquer magistrado foi concedido o *judicial review* (a possibilidade de controle difuso de constitucionalidade), estaria o sistema dando um passo ao *common law*. Juntando-se a isso a tradicional fonte de direito legislado, notadamente por meio das grandes codificações, o sistema resultante dessa fusão seria híbrido. Estaria em uma categoria própria, que não poderia ser confundido com o *common law* ou o *civil law*.

Trilhando o mesmo caminho, Didier afirma que há um sistema próprio e peculiar no Brasil, afirmando que melhor seria qualificá-lo, talvez, como simplesmente *"Brazilian law"*[455]. Concorda quanto à exposição de Zaneti Jr., afirmando que se possui, aqui, uma inspiração norte-americana no âmbito constitucional, ao lado de uma raiz romano-germânica, no que toca ao direito privado. Aliado a isso, sustenta que se trabalha com institutos das diferentes famílias, como o *due process* e a boa-fé objetiva, inclusive relacionando-os de forma inovadora, asseverando, ainda, que o próprio ensino jurídico vem se modificando,

---

[453] ZANETI JR., Hermes. *Processo constitucional*: o modelo constitucional do processo civil brasileiro. Rio de Janeiro: Lumen Juris, 2007, p. 11.

[454] ZANETI JR., 2016, p. 32. "Veja-se bem, a 'tradição' brasileira é, portanto peculiar, apresenta traços das tradições europeias e norte-americana, daí o seu hibridismo. O 'paradoxo', entendido como uma contraposição lógica de tradições jurídicas, consiste justamente em termos adotados, ao lado da tradição constitucional norte-americana, a tradição processual civil da Europa continental, esta mais notadamente a partir de 1973, com o *Código Buzaid*."

[455] DIDIER JR., 2017, p. 69.

havendo cursos estruturados em análise de casos, inspirados no modelo do *common law*[456].

Apesar de se concordar com as premissas expostas pelos citados doutrinadores, não se pode concordar com a conclusão a que chegam. Nesse passo, é inegável a influência do constitucionalismo americano na criação e desenvolvimento das Constituições brasileiras, a partir de 1891, sobretudo em relação ao *judicial review*. O sistema difuso de controle de constitucionalidade, contudo, não é elemento apto a qualificar uma ordem jurídica como sendo de tradição romano-germânica ou anglo-saxônica, não justificando o hibridismo pretendido. Deve-se lembrar que a divisão entre essas duas tradições é anterior ao próprio desenvolvimento do controle de constitucionalidade. Assim, tanto o *common law* prescinde — como efetivamente prescindiu até 1803 — do *judicial review* para existir, bem como um sistema de controle difuso de constitucionalidade é compatível com o *civil law*, não sendo necessária a alteração da tradição jurídica de um país, ou desenvolver um hibridismo para acomodar tal forma de controle a determinado ordenamento nacional.

O grande *Marbury v. Madson*, que inaugurou a doutrina do *judicial review*,[457] foi decidido em 1803, quando a diferença entre o *common law* e o direito continental já era bem difundida. Não fosse isso, esse julgamento somente teria reflexos muitos anos depois, sendo questionado na própria doutrina americana se a decisão efetivamente foi tão inovadora quanto o que se comumente defende, eis que a prática

---

456 DIDIER JR., 2017, p. 67-69.

457 A ideia de que o Judiciário pode rever atos do legislativo pode remontar ao Sir Coke, na Inglaterra, em 1610. Contudo, frente à importância histórica de *Marbury v. Madson*, não seria inadequado afirmar que aqui se inaugura o *judicial review*. Sobre a decisão inglesa, tem se: FLETCHER, George P.; SHEPPARD, Steve *American law in a global context*: the basics. Nova Iorque: Oxford Press, 2005, p. 133. "The Idea that courts could nullify statutes has its roots in Chief Justice Coke's 1610 opinion in *Dr. Bonham's case*. That decision tested the enforceability of a statute of Parliament that enable the London College of Physicians to levy fines and collect them against those who were allegedly violating their rules. The college accused Dr. Bonham of practice without a license and levied a fine on him according to the statute. Coke, however, found that their statutory authority violated the principle that 'no person should be a judge in his own case.' While the idea that courts could declare statutes invalid waxed and then waned in seventeenth-century England, the practice was well known in the American colonies and in the bars of young states."

estava, à época, estabelecida[458], já imaginada pelos *framers*[459]. Nesse passo, Hamilton já defendia ser racional supor que o Judiciário seria um intermediário entre o povo e a legislatura, para que estes ficassem adstritos aos limites de sua autoridade[460]. Diga-se, ademais, que o controle de constitucionalidade nos EUA, assim como no Brasil, só se tornou melhor consolidado no período pós II Grande Guerra Mundial, seja no importante movimento pelos direitos civil ocorrido nos EUA ou da concepção do caráter normativo da constituição e da supremacia constitucional em solo brasileiro.

O controle difuso se espalhou em escala global, não sendo poucos os países com a tradição no *civil law* que dela fazem uso[461]. Instituíram-se

---

[458] ANDRADE, Gustavo Fenandes de. Comparative constitutional law: judicial review. *University of Pennsylvania Journal of Constitutional Law*, v. 3, n. 3, p. 977-989, mai. 2001, p. 977. "In the United States, judicial review was regarded as a natural function of the judicial department even before the adoption of the Constitution."

[459] SCHOR, Miguel. Mapping comparative judicial review. *Washington University Global Studies Law Review*, v. 7, p. 257-287, 2008, p. 257. "Marbury did not found judicial review because the practice was well established before the case was decided, and because the framers understood that the Court would exercise this power. Marbury did not become a famous case, moreover, until the latter part of the nineteenth century when the Supreme Court first began to flex its power of judicial review. When the Court came under attack during the Lochner era, '[p]roponents of judicial review ... seized upon the Marbury decision and its author, Chief Justice John Marshall, to legitimize their claims for expansive conception of the doctrine.' The case grew in importance during the twentieth century as the Court increasingly cited it in controversial decisions to buttress its legitimacy. Nor is Marbury the source of judicial protection of rights. The Bill of Rights was, after all, a constitutional afterthought designed to win support for the Constitution. Constitutional rights were not protected by the federal government against state encroachment until the Fourteenth Amendment was enacted in 1868. The Supreme Court did not seriously take up the invitation to enforce individual rights until after World War II."

[460] HAMILTON, Alexander; MADISON, James; JAY, Jhon. *O Federalista*. n. 78, tomo 3. Rio de Janeiro: Typ. Imp. E Const. De J. Villeneuve e Comp., 1840.

[461] CAPPELLETTI, Mauro. Judicial Review in Comparative Perspective. *California Law Review*, v. 58, n. 5, p. 1017-1053, 1970, p. 1044-1045. "And so, though the American system has been introduced in several civil law countries, it has not been an unqualified success. Weimar Germany, and post-war Italy prior to the institution of its Constitutional Court, fully revealed the unsuitability of the decentralized method for civil law countries; and the same may now be said for Japan. In Norway, Denmark and Sweden, on the other hand, the problem is not acute, but only because decentralized judicial review is relatively unimportant and the judges exercise

instrumentos de *judicial review* sem desnaturar sua própria cultura jurídica local, tanto que muitos o fizeram da forma mais românico-germânica possível, por meio de um texto expresso, o que não ocorreu — e não ocorre — em países de família anglo-saxônica[462]. É necessário ressaltar, da mesma forma, que a própria ideia de conformação da legislação com valores superiores — tais quais os constitucionais — pode ser retirada do próprio direito continental, sobretudo das teses de direito natural, desde o pensamento grego, romano e da Idade Média, em voga muito antes da instituição do *judicial review* americano[463].

A Constituição brasileira de 1891 efetivamente teve uma forte inspiração americana, principalmente quanto à forma federativa de Estado e republicana de governo, com um sistema presidencialista. Não é à toa que o país foi denominado de Estados Unidos do Brasil. A própria tripartição dos poderes — com o fim do moderador — e a formação, também, de uma Suprema Corte, a quem competia a guarda da Constituição, são pontos de marcante influência da Carta Constitucional americana de 1787 (ratificada em 1789). Não há, contudo, dúvidas de que houve a influência de outras cartas, notadamente das constituições da Suíça e da Argentina[464], sistemas tipicamente de

---

the power with extreme prudence and moderation. In other civil law countries, this type of judicial review has not been successful, with the possible exception of Switzerland, where the type of judicial review adopted is much more of a compromise between the two systems."

[462] TUSHNET, Mark. Marbury v. Madison around the world. *Tennessee Law Review*, v. 71, p. 251-274, 2004, p. 258. "In Marbury, Chief Justice Marshall built his argument for judicial review on the proposition that the Constitution is ordinary law, although supreme over other forms of ordinary law. Perhaps Marshall was driven to this proposition because the Constitution's text did not specifically provide for judicial review. Contemporary judges deal with texts that do authorize judicial review, and, therefore, can rely on the text to justify judicial review rather than seeking to ground it in the idea of law itself, as Marshall had to do."

[463] CAPPELLETTI, 1970, p. 1021-1024.

[464] SANTOS, Gustavo Ferreira. A constituição da primeira república brasileira. *História Constitucional*, Madri, v. 04, p. 2003, p. 337-338. "AConstituição Republicana de 1891surgiu sob forte influência do constitucionalismo norte-americano, que, já no império, era referência inafastável nos debates políticos aqui desenvolvidos. Merecem destaque, ainda, como documentos que influenciaram bastante a formação do texto de nossa primeira Constituição republicana a Constituição da Suíça e a Constituição da Argentina."

civil law. Além disso, apesar da importância da constituição americana, a par das similitudes, encontram-se, também, pontos de afastamento.

Na formação do texto constitucional americano, dois movimentos políticos discutiam os limites e possibilidades do governo federal. Embora os federalistas tenham saído vitoriosos em um primeiro momento, os antifederalistas também influenciaram a formulação da Constituição, mantendo-se uma federação com grande grau de autonomia aos Estados. Mais tarde, o *Bill of Rights*, de inspiração antifederalista, ampliou os limites de atuação do governo federal, fixando-se direitos civis aos cidadãos. Assim, verifica-se que o federalismo americano, desde seu nascimento, difere do instituído no Brasil, eis que aqui sempre houve uma forte tendência de centralização do poder no governo federal. É bem verdade que a Constituição de 1891 possibilitou maior liberdade aos Estados, se comparado com o regime anterior. Isso não apaga, todavia, a clara inclinação à convergência das principais questões ao ente federal, o que perdura até hoje. No mais, optou-se, no Brasil, por uma constituição analítica, enquanto, nos EUA, a preferência foi por uma sintética.

As constituições brasileiras posteriores reafirmaram a possibilidade do controle difuso de constitucionalidade, sem abrir mão de suas raízes. Enfim, a inspiração americana não consistiu — e não consiste — no afastamento do Brasil de sua história institucional anterior, típica de *civil law*, não servindo a adoção do sistema difuso de controle de constitucionalidade como um divisor de águas na classificação de determinada ordem jurídica, como de *common* ou de *civil law*.

Dizer que o Brasil é um país de *civil law* não afasta, por outro lado, a necessidade de aplicação de precedentes na ordem jurídica nacional, uma vez que estes não são incompatíveis com a tradição romano-germânica. Independentemente da tradição jurídica adotada, os precedentes possuem uma importante função na formação do argumento jurídico e, sobretudo, na argumentação judicial, não sendo as técnicas, apesar de diferentes, menos racionais ou sofisticadas[465]. O próprio argumento por analogia não é exclusivo do *common law*,

---

[465] KOMÁREK, Jan. Reasoning with previous decisions: beyond the doctrine of precedent. *American Journal of Comparative Law*, v. 61, p. 149-171, 2013, p. 150. No original: "Its techniques are different from the common law 'case law method ,' but they are no less rational and intellectually sophisticated".

sendo utilizado em diversos sistemas jurídicos[466], razão pela qual o precedente, mesmo não sendo formalmente vinculante, é ordinariamente seguido pelos juízes e tribunais, de forma independente de sua tradição jurídica[467]. Essa tendência de observação do caso passado como elemento de determinação na tomada de decisão no presente — em suma, o axioma da *stare decisis* — é uma máxima que pode ser universalmente aplicada[468].

O precedente, assim, não é estranho à cultura romano-germânica. Ao contrário, já em seu berço, no direito romano, as decisões pretéritas influenciavam marcantemente a prática jurídica. Lembra Tucci que Cícero já considerava a sentença como uma "prova *artificial* [do direito], isto é, como um *exemplum*, um *precedente*"[469]. Durante o Império, as *responsas* dos *juris prudentes* já se qualificavam como uma espécie de precedente, embora tenha sido no direito romano mais tardio o momento em que as decisões dos grandes juristas tomaram um caráter

---

466 LANGENBUCHER, Katja. Argument by analogy in the european law. *Cambridge Law Journal*, v. 57, p. 481-521, 1998, p. 481. No original: "Argument by analogy also forms an integral part of legal reasoning. Arguably, every legal tradition employs some version of it to justify judicial decisions".

467 PECZENIK, Aleksander, The Binding Force of Precedent. In: MACCORMICK, Neil; SUMMERS, Robert S. (Org.) *Interpreting Precedents*: a comparative study. Aldershot: Dartmouth Publishing, 1997, p. 461-480, p. 461.

468 CROSS; HARRIS, 2004, p. 3. "(...) in almost every jurisdiction, a judge tends to decide a case in the same way that in which a similar case has been decided by another judge. The strength of this tendency varies greatly. (...) Judicial precedent has some persuasive effect almost everywhere because *stare decisis* (keep to what has been decided previously) is a maxim of practically universal application."

469 TUCCI, Rogério Cruz e. *Precedente judicial como fonte de direito*. São Paulo: RT, 2004, p. 47-48. "O orador chega mesmo a aludir aos critérios mais produtivos para a citação dos *precedentes* perante o juiz. Desse modo, o *exemplum* é colocado entre os instrumentos de convencimento do juiz, no contexto dos elementos de fato e de direito que fundamentam o caso (provas *inartificiales*), e distingue-se das meras argumentações lógica e jurídica excogitadas pelo orador (*provas artificiales*)"

vinculativo mais marcante[470]. Da mesma forma, os *decreta principum*[471] funcionavam, além de decisão do imperador sobre um caso concreto, como um modelo a ser seguido por magistrados em casos análogos. Os *rescripta* pelo *consilum principis* também passaram, com o tempo, a ter influência sobre a adjudicação de casos futuros[472]. Mais à frente, o *Codex* de Justiniano vinculava a atuação dos juízes às sentenças imperiais[473], o que se estendeu à época bizantina. No transcorrer da história, o precedente fez parte ou, ao menos, influenciou a formação do direito em outras sociedades, que vieram a se filiar à *civil law*. Tucci, em importante escorço histórico, trata do papel do precedente judicial na evolução do direito visigótico, canônico, hispano-lusitano[474] e, também, no direito moderno[475].

Pode-se verificar, assim, a dificuldade em se formular um conceito para o termo "precedente judicial", sob o prisma da doutrina brasileira. Prefere-se, dentre todos os debatidos, o conceito mais geral e aberto. Nessa hipótese, precedente judicial é aquela decisão anterior que serviu como elemento de determinação de outra posterior. Por isso, uma decisão só se tornará um precedente no seu reconhecimento como tal por outra superveniente. A conceituação geral permite a maleabilidade e o transporte do instituto a várias hipóteses, além de,

---

470 LOBINGIER, 1946, p. 957. "'Precedent was the very essence of Roman public life and... the Romans found a large place for what we may call 'precedent,' in the widest sense, in their legal system.' Most was the outstanding classical example of customary law, and interpretation by the pontiffs probably provided precedents. Some of the *juris prudentes*, who appeared during the republic, received the *jus respondendi* under the empire and their *responsa* 'had the character of true judicial precedents.' But stare decisis went to seed in the late Roman Law when Valentinian prescribed the weight to be given to each of the five great jurists and required the courts to follow them accordingly.'"

471 TUCCI, 2004, p. 56. "(...) os *decreta principum* eram as sentenças proferidas pelo imperador no exercício de sua jurisdição, em grau originário ou recursal"

472 Ibid., p. 60. "Os *rescripta* e os *decreta* integram assim as fontes de caráter jurisprudencial da história do direito romano clássico. Sua origem e finalidade identificam-nos ao método e à natureza dos *responsa* dos juristas, que, a seu turno, conferem a tais provimentos imperiais o caráter de regras casuísticas."

473 TUCCI, 2004, p. 87.

474 Ibid., p. 93-148

475 Ibid., p. 189-246.

deixado o ufanismo de lado, possibilitar a participação nas discussões internacionais sobre o tema.

Observa-se que está circunscrito ao conceito o fato de ser o juiz do futuro o instituidor do precedente, ou seja, nenhuma decisão nasce como precedente. Isso afasta a sua incidência em grande parte das situações descritas no CPC/15, principalmente no que se chama de "microssistema de formação concentrada de precedentes". Melhor seria chamar-lhe de outra coisa. Por isso, a presente pesquisa preferiu tratar todos os diferentes institutos, inclusive o precedente judicial, de forma mais aberta, tratando, pois, do direito jurisprudencial, denominação que consegue reunir todas as diferentes formas de se expedir um provimento judicial que sirva de fundamento de decisões futuras.

3.
O DIREITO JURISPRUDENCIAL NA TEORIA DA NORMA E DO ORDENAMENTO JURÍDICO

A TEORIA DA NORMA JURÍDICA DESDE HÁ MUITO É ESTUDADA NA teoria geral do direito, confundindo-se, em grande medida, com o próprio objeto de investigação no direito. É bem verdade que nunca houve um entendimento tranquilo sobre o que seria a norma jurídica[1]. Sempre existiu, entretanto, o interesse acadêmico em trabalhar com tal categoria, a ponto de tornar-se elemento de destaque no estudo do direito.

A norma jurídica é tradicionalmente tratada como uma espécie do gênero "norma". Assim, diz-se que há normas morais, que ditam o convívio em sociedade, ou normas de lógica, como prescrições ao pensamento[2]. Ao lado destas, também existem normas religiosas, que estabelecem diretivas para seus praticantes, como os dez mandamentos ou, no catolicismo, a abstenção de consumo de carne vermelha na quaresma e, ainda, no judaísmo (com exceções), a proibição do consumo da carne de porco. Há, também, as normas de jogos, para que o praticante saiba como proceder, fixar seus objetivos, como marcar pontos, enfim, como chegar à vitória. A questão que se discute é quais são as especificidades que qualificam determinadas normas como jurídicas.

A teoria do ordenamento, por seu turno, é mais recente. Somente a partir do início do século XIX, é que se buscou dar uma sistematicidade ao estudo das normas. Anteriormente, era a norma tomada em sua individualidade, para que fossem definidos seus elementos e sua forma de atuação, ou seja, compunha um determinado sistema jurídico nacional um conjunto de normas individualmente consideradas. O positivismo desenvolveu, por primeiro, a noção de ordenamento jurídico enquanto uma unidade coerente de normas jurídicas que não só se aplicam individualmente, mas se relacionam mutuamente. Assim, cria-se o ordenamento jurídico "como entidade unitária constituída pelo conjunto sistemático de todas as normas"[3]. Nesse particular, inverte-se o âmbito de análise até então procedido, uma vez que a norma só poderá ser considerada como elemento do direito de uma dada sociedade (válida), a partir de outras normas já circunspectas no respectivo ordenamento jurídico.

Definiu-se, no capítulo I, que a atividade judicial pode ser considerada uma fonte de direito legítima, que cria um elemento de determinação

---

[1] ABBOUD; CARNIO; OLIVEIRA, 2015, p. 341.

[2] KELSEN, Hans. *Teoria geral das normas*. Tradução: José Florentino Duarte. Porto Alegre: Sérgio Fabris, 1986, p. 1-2.

[3] BOBBIO. 2006, p. 197.

da decisão judicial, apresentando-se como um constrangimento ao juiz da resposta admitida a um determinado caso. Também, delineou-se que o conjunto de formas pela qual se cria direito pela via judicial pode ser definido como o direito jurisprudencial, abarcando, de forma ampla, todos os pronunciamentos judiciais, extraídos da jurisdição ou mesmo da atuação administrativa das Cortes, como no caso das súmulas. Por certo, o direito jurisprudencial difere, em muito, da tradicional criação legislativa do direito, uma vez que, enquanto esta ocorre imediatamente, de cima para baixo, aquela se dá, em regra, de forma gradual no tempo, com a modificação da própria tradição (jurídica), de baixo para cima[4].

Pode-se afirmar que, na qualidade de fonte, decorrerá do direito jurisprudencial o estabelecimento de direitos e, por conseguinte, de obrigações. Em outras palavras, há uma normatividade oriunda da atuação judicial que será agregada à própria prática jurídica e, consequentemente, ao ordenamento a que se refira, portanto tal criação do direito expressar-se-á em normas jurídicas. Tradicionalmente, as teorias das normas e do ordenamento não funcionam adequadamente com o reconhecimento da criação judicial do direito. Não há, por exemplo, o estabelecimento de um nexo de imputação tão claro, nem a observação precisa e já de antemão dada do próprio conteúdo do direito (ou obrigação) estabelecido e do modal deôntico apropriado àquilo que se cria. Dada tal circunstância, faz-se necessário enquadrar essa criação judicial do direito de forma adequada na teoria da norma e do ordenamento. Dessa forma, poder-se-á observar que tipo de norma é criada, como se dá a normatividade do direito jurisprudencial e como a recente norma se relaciona com todas as outras dentro do ordenamento jurídico.

Desde já, e isso é importante que se ressalte, utiliza-se a noção tradicional de norma jurídica, para se trabalhar com as categorias "teoria da norma jurídica" e "teoria do ordenamento jurídico". Nesse ponto, norma é entendida como um imperativo hipotético que corresponde "a uma realidade não-histórica, seja como manifestação de mera essência apriorística formal ou material, seja como resposta cultural a critérios axiológicos igualmente apriorísticos"[5]. Entendidas como tal,

---

[4] RACHLINSKI, Jeffrey J. Bottom-up versus Top-Down Lawmaking. *The University of Chicago Law Review*, v. 73, n. 3, p. 933-964, 2006.

[5] COELHO, Luiz Fernando. *Teoria crítica do direito*. 3 ed. Belo Horizonte: Del Rey, 2003, p. 415.

seria correto afirmar, como faz Zanon Jr., que "não existem regras jurídicas"[6]. Trilhar-se-á, nesta tese, caminho diverso do tradicional, uma vez que se defende que a norma é a atribuição de sentido que se dá a um texto jurídico que ocorre na própria aplicação (a um caso hipotético ou real)[7]. Em outras palavras, só haverá norma na aplicação, e não como um ente detentor de determinada essência prévia. Por vezes, contudo, será necessário, ainda, referir-se ao conceito tradicional de norma jurídica, para que se possa manter diálogo com alguns autores, principalmente os positivistas, que desenvolveram a teoria da norma e do ordenamento como um grande *plus* ao modelo anteriormente dominante (direito natural).

Analisar-se-á, de fato, a teoria da norma e do ordenamento jurídico com o objetivo de buscar um lugar apropriado ao direito jurisprudencial em ambas. Desta feita, é importante definir, por exemplo, como construir uma norma a partir de um texto judicialmente criado, como tais espécies de normas relacionam-se entre si e com os demais elementos de determinação da decisão judicial abarcados por um dado ordenamento jurídico. A meta é superar os pressupostos positivistas, que não se mostram adequados ao trato do direito jurisprudencial em geral, rumo a um modelo pós-positivista de cariz substancialista.

3.1. A TEORIA DA NORMA JURÍDICA NO POSITIVISMO

Se o objetivo é acomodar a criação judicial do direito na teoria da norma, em uma visão pós-positivista, é importante descrever e analisar o estado da arte, sobretudo no modelo positivista que ainda domina, de maneira geral, a prática jurídica. Esta investigação deve iniciar, por certo, pela teoria imperativista da norma jurídica, que, em síntese, fornece à norma jurídica "a estrutura de um comando"[8]. É bem verdade, como afirma Bobbio, que a concepção imperativista do direito não é

---

[6] ZANON JR., Orlando Luiz. Não existem regras jurídicas. *Revista do CEJUR-TJSC*: prestação jurisdicional, v. 1, n. 2, p. 11-26, out. 2014.

[7] Autores de diferentes vertentes — substancialistas, procedimentalistas, entre outras — fazem a distinção entre texto e norma, como Müller, Streck, Günter. cf. MÜLLER, Friedrich. *O novo paradigma do direito*: introdução à teoria e metódica estruturantes. 2 ed. São Paulo: RT, 2009, p. 11; STRECK, 2017a, p. 279-286; GÜNTER, Klaus. *Teoria da argumentação no direito e na moral*: justificação e aplicação. Tradução: Cláudio Moltz. São Paulo: Landy, 2004, p. 41.

[8] BOBBIO, 2006, p. 181.

algo novo, sendo encontrada desde a tradição jurídica romana, estendendo-se ao período pré-medieval e medieval, onde já se encontrava a doutrina da lei como comando (*praeceptum*), distinguindo-se do conselho (*consilium*)[9]. Tal visão ganha ainda mais terreno com a formação dos Estados nacionais, sobretudo com o pensamento de Hobbes, que associava "o comando legal a um dever incondicional de obediência perante um único poder, o Estado soberano e representado na pessoa do monarca"[10]. É a partir do desenvolvimento do positivismo jurídico, entretanto, que a norma, enquanto atomicidade do direito, é caracterizada como objeto central do direito, especificando um comando.

Já se observou, no capítulo I, que Austin idealizou a teoria do comando, fixando-a nas premissas do comando, coerção e do soberano. Em outras palavras, o direito seria um comando do soberano a ser cumprido, inclusive por meio de atos coercitivos, se não voluntariamente efetuado. Hart já apontou, desde o início de seus trabalhos, a insuficiência da teoria do comando[11]. Kelsen, no mesmo passo, critica a teoria do comando, enquanto uma intenção psíquica do governante, sustentando ser errônea a caracterização da norma jurídica como um comando, seja do legislador ou do Estado, "quando por 'vontade' ou 'comando' se entenda o ato de vontade psíquica"[12]. O desenvolvimento do positivismo jurídico analítico, ou mesmo o normativista, depende, em grande parte, de uma distinção artificial já verificada em Austin, qual seja, a distinção entre o ser e dever ser. Logo, apresentarão suas aporias, como a aplicação dedutiva (subsunção), derivada da aplicação da norma por um nexo de imputação (Se A é, então B deve ser).

---

9 ibid., p. 181-183.

10 VESTING, Thomas. *Teoria do direito*: uma introdução. São Paulo: Saraiva, 2015, p. 62.

11 HART, 1958, p. 955-958.

12 KELSEN, 2009, p. 11. Destacando o pensamento kelseniano, Calabrich afirma que: "Kelsen, de modo semelhante, expressamente define as normas jurídicas como prescritivas, no sentido de que estabelecem uma ordem, um mandado. Entretanto, a ordem contida na norma jurídica é, segundo Kelsen, uma ordem 'despsicologizada', ou seja, desvinculada da idéia de vontade do soberano ou mesmo de qualquer vontade que a tenha originado. O sentido da norma permanece independente da vontade da autoridade que a emanou." CALABRICH, Bruno. Conceito(s) de norma: uma breve análise sobre a classificação de von Wright. *Revista de informação legislativa*, Brasília, a. 45, n. 178, p. 55-62, abr./jun. 2008, p. 58.

3.1.1. NORMA JURÍDICA EM KELSEN

O conceito de norma jurídica é central ao positivismo jurídico em geral e à teoria pura kelseniana em particular[13]. Tanto que, "para a teoria kelseniana, o conceito de direito confunde-se com o próprio conceito de norma jurídica"[14]. A norma jurídica detém, nessa visão, um pressuposto fático (hipotético) que consiste em uma ação ou fato imaginados como possíveis e, dessa forma, são descritos de forma geral e abstrata[15], por isso "a norma funciona como esquema de interpretação"[16]. Aquilo que se enuncia nada mais é que o resultado de uma interpretação normativa. Os fatos não representam nada juridicamente falando, senão por meio da normação. Deterão significado jurídico, na medida em que uma norma inclusa no ordenamento preveja-os como premissa para futura aplicação. Por essa razão, "com o termo 'norma' se quer significar que algo deve ser ou acontecer (...)"[17].

A importante distinção entre ser e dever-ser é base para a formulação do conceito de norma jurídica em Kelsen. Trata-se, primeiro, de uma questão epistemológica central à construção de uma teoria científica (e por isso pura) do direito. A preocupação de Kelsen não estava focada em como o direito deveria ser, o que demandaria um atrelamento do elemento jurídico ao moral, enquanto perquirição da justiça perseguida pelo ordenamento jurídico. Assim, sua atenção estava voltada ao direito tal como ele é, despido de qualquer atrelamento à moral, à política, à economia, enfim, a qualquer outro elemento que não o eminentemente jurídico. Sobra, assim, a norma jurídica, enquanto dever-ser, imposta pela respectiva sanção[18].

---

[13] KUCSKO-STADLMAYER, Gabriele. El concepto de la norma jurídica y sus tipos. *Revista de la Facultad de Derecho de México.* t. 55, v. 243, p. 227-242, 2005.

[14] ABBOUD, Georges; CAVALCANTI, Marcos de Araújo. Interpretação e aplicação dos provimentos vinculantes do novo código de processo civil a partir do paradigma do pós-positivismo. *Revista de Processo,* v. 245, p. 351-377, jul. 2015, p. 352.

[15] MONTORO BALLESTEROS, Alberto. Sobre la teoría imperativista de la norma jurídica. *Anales de derecho: Universidad de Murcia,* n. 25, p. 133-180, 2007, p. 136.

[16] KELSEN, 2009, p. 4.

[17] KELSEN, 2009, p. 5.

[18] Ibid., p. 6. "A distinção entre ser e dever-ser não pode ser mais aprofundada. É um dado imediato da nossa consciência. Ninguém pode negar que o enunciado: tal coisa é — ou seja, o enunciado através do qual descrevemos um ser fático — se distingue essencialmente do enunciado: algo deve ser — com o qual descrevemos

É bom lembrar, contudo, que seu postulado da pureza não se aplicava ao direito em si; antes, era um elemento da ciência do direito, do estudo científico (e, portanto, neutro e avalorativo) do objeto direito. O direito não é puro, por isso não está desligado da moral, da política, da economia ou de qualquer outro elemento externo. O que é pura é a ciência que se faz sobre o próprio direito. Por essa razão, as questões relativas à aplicação, como o ato de julgar, não fazem parte do conhecimento teórico e científico sobre o direito, relevando-se, enquanto ato de vontade, à política jurídica. Assim, "Kelsen aduz que a ciência do direito não tem a ver com fatos, com a conduta efetiva dos homens (ser, *sein*), mas com o prescrito juridicamente (dever-ser, *sollen*)"[19]. Assim, não está na concepção científica kelseniana a preocupação de que um criminoso efetivamente tenha sido detido e que lhe tenha sido aplicada a sanção (pena) correspondente. Pela pureza epistemológica pretendida, cumpre ao cientista do direito "unicamente enunciar que, em determinadas condições definidas pelo ordenamento jurídico, devem produzir-se determinadas conseqüências"[20]. Essa é a razão da norma jurídica apresentar-se como um esquema de interpretação.

O direito, enquanto sistema social coativo, tem por objetivo modelar o comportamento dos indivíduos e, para tanto, estabelece consequências para dadas condutas. Diz-se que o direito é formado por normas prescritivas, que determinam algo a alguém. Fala-se, assim, no modal deôntico da norma, configurando-se como a permissão, a obrigação ou a proibição da prática de um determinado comportamento. Ao lado dessas funções, há, também, o estabelecimento de competências (como norma secundária).

Além de prescritivas, as normas jurídicas são hipotéticas. A distinção entre norma categórica e hipotética remonta ao pensamento de Kant, em grande medida utilizado por Kelsen. Enquanto a primeira delas consiste em um mandamento absoluto, eis que é um fim em si mesmo, que deterá a forma. "deve cumprir A" ou "nao deve cumprir A". As hipotéticas, por seu turno, buscam um fim. No direito, a finalidade é

---

uma norma — e que da circunstância de algo ser não se segue que algo deva ser, assim como da circunstância de que algo deve ser se não segue que algo seja."

[19] CADEMARTORI, Sérgio Urquhart; GOMES, Nestor Castilho. A teoria da interpretação jurídica em Hans Kelsen: uma crítica a partir da obra de Friedrich Müller. *Revista Sequência*, n. 57, p. 95-114, dez. 2008, p. 98.

[20] Ibid., p. 100.

justamente a modulação do comportamento humano, e, para que se garanta um bom convívio social, o direito impõe determinadas consequências jurídicas a ações praticadas. Dessa forma, a norma hipotética será expressa por "Se A, então B", ou "Se A é, deve ser B".

O que qualifica uma norma como jurídica, diferenciando-a das morais ou religiosas, é a aplicação da coação como elemento que dê efetividade ao próprio direito. É válido lembrar que, nas ciências naturais, a relação entre condição (A) e consequência (B) é necessária, ou seja, "Se A é, B é". Por exemplo, tem-se a primeira lei de Newton (lei da inércia): se nenhuma força for aplicada em um objeto em repouso, ele continuará em repouso. Sempre e necessariamente, observar-se-á a consequência, quando cumprida a condição. Trata-se do princípio da causalidade.

No direito, no entanto, não há esta ligação necessária entre um e outro. O nexo que liga a condição à consequência é o de imputação. Trata-se a consequência de algo desejável, contudo, se não for observada, não se poderá retirar a validade da norma. Ter-se-á, simplesmente, a sua violação no caso específico. Nesse passo, não se pode falar simplesmente em causa e efeito. Por exemplo, não se satisfaz o direito em explicar que a punição de um sujeito é causada por uma conduta ilícita por ele praticado. A ligação entre condição e consequência é normativa, "é estabelecida por um ato da vontade humana, cujo significado jurídico deriva de uma norma"[21], o que diferencia imputação da causalidade, em que não há qualquer vontade humana.

A norma, assim, descreve as condutas hipotéticas, como se possuíssem, em si (independente de fatos), sentido predeterminado, devendo a interpretação definir o âmbito semântico da norma. Dentre aquelas respostas semanticamente adequadas, o intérprete escolheria aquela que lhe aprouvesse. Observado por Kelsen, o ordenamento jurídico, enquanto uma relação dinâmica das normas que o compõem, mantém essa relação por determinação ou vinculação. A determinação, contudo, nunca será completa, existindo, sempre, um espaço ou álea de livre

---

[21] SILVA, Evanuel Ferreira; DAMASCENO, Epifânio Vieira. A classificação das ciências segundo Hans Kelsen: os princípios de causalidade e imputação. *Revista de Informação Legislativa*, a. 53, n. 209, p. 329-342, jan.-mar. 2016, p. 337. "Uma das fundamentais diferenças entre imputação e causalidade é que, no primeiro caso, a ligação entre condição e consequência (conduta e sanção) é estabelecida por um ato da vontade humana, cujo significado jurídico deriva de uma norma, ao passo que, no segundo, a ligação entre causa e efeito não é resultado do querer humano (KELSEN, 1997, p. 31)."

apreciação do intérprete. Reconhecendo que uma norma não traz, em si, todas as hipóteses de sua própria aplicação, afirma o autor que ela poderá formar, ao menos, um quadro ou moldura, no interior do qual haverá a escolha da norma individual — a sentença — que poderá se dar dentre todas as alternativas existentes no interior desse quadro ou moldura. Não havendo uma metarregra a definir qual a opção correta, o intérprete estaria livre, para escolher qualquer uma delas, como melhor lhe aprouver. Assim, a sentença não refletirá *a* resposta correta, mas *uma* das soluções possíveis.

A questão da indeterminação do direito estará, portanto, no âmbito semântico, derivando pela vontade intencional do legislador (ou das partes, se relativa a uma cláusula contratual) ou pela própria indeterminação semântica da linguagem (das palavras). Isso possibilitará uma abertura de sentido, multiplicando-se as possibilidades que estejam dentro do quadro ou moldura. É bem verdade que, ao fim e ao cabo, é o próprio intérprete que estabelece os limites da moldura e, por consequência, poderá ampliá-la, inserindo-lhe qualquer resposta que deseje. Dimoulis afirma que, por ser o posicionamento do aplicador o único relevante, "o projeto interpretativo fracassa e admite que, virtualmente, tudo pode ser apresentado como situado dentro da moldura"[22].

Apesar do rigor técnico pretendido por Kelsen, sobretudo na análise da norma jurídica, falta-lhe — o que é comum no positivismo — a análise ou construção de uma teoria da decisão. Do que vale estruturar a estática do direito, a partir da noção de norma jurídica, e a dinâmica do ordenamento, pela relação de determinação ou vinculação de uma norma a outra (bem representado pela pirâmide kelseniana), se, ao fim e ao cabo, tudo deságua no subjetivismo do intérprete autêntico, que julga por um ato de vontade? A preocupação descritiva de uma teoria positiva do direito ilude-se, ao descartar o processo de tomada de decisão e a possibilidade da constrição do julgador formado por todos os tipos de *standards* jurídicos (teoria da interpretação), como se o direito, enquanto objeto de estudo, estivesse desgarrado da sua própria prática. "Uma teoria meramente descritiva, que não se preocupa com a questão de como o Direito é aplicado, constrói, na especulação das ideias, um belo castelo, sem, contudo, serventia alguma."[23]

---

[22] DIMOULIS, 2006. p. 211.
[23] LUIZ, 2013, p. 125-126.

É inegável, contudo, a contribuição kelseniana para o combate ao positivismo que lhe antecedera, qual seja, o exegético (legalista ou formalista), além do desenvolvimento do conhecimento jurídico no tocante à norma jurídica e ao relacionamento entre as diferentes normas do sistema jurídico (teoria do ordenamento). Nesse sentido, seja pela impossibilidade de aplicação por subsunção, seja pela cisão entre ser e dever-ser, a empreitada de Kelsen deve ser revista e substituída.

3.1.2. TEORIA DA NORMA NO PÓS-POSITIVISMO

Ainda que se trate de um conceito em construção, o pós-positivismo refere-se às ideias de superação do positivismo jurídico. É bem verdade que não se trata de ultrapassar o formalismo jurídico ou as vertentes exegéticas do positivismo (como a exegese francesa ou a escola pandectista alemã). Isso, o próprio juspositivismo já tratou de fazê-lo. Hart, Kelsen, Ross, dentre outros, já superaram o deducionismo legalista de outrora, sobretudo a proibição de interpretar. Assim, falar em pós-positivismo está intimamente relacionado a tratar das insuficiências do positivismo pós-exegético, como o normativista (Kelsen), lógico ou fático (Ross) ou a teoria analítica (Hart).

Há, por certo, aqueles que ainda hoje defendem diferentes visões positivistas, seja o positivismo inclusivo (*inclusive legal positivism* ou *soft positivism*)[24], ou o exclusivo (*exclusive legal positivism* ou *hard positivism*)[25], e, ainda, propostas reformistas, como o garantismo jurídico de Ferrajoli. Nesse particular, o pós-positivismo é um movimento teórico, ainda com várias vertentes, o qual dialoga com essas diferentes teses, buscando discutir questões fundamentais à teoria e filosofia do direito, com o objetivo de avançar onde as propostas positivistas falham ou, ao menos, são insuficientes. Assim, a discussão principal está entre aqueles que defendem que o desenvolvimento do direito e os novos fenômenos jurídicos exigem um novo paradigma teórico, e outros que não vislumbram tal necessidade[26].

---

[24] WALUCHOW, W. J. *Inclusive Legal Positivism*. Nova Iorque: Oxford University Press, 1994; COLEMAN, Jules L. Beyond inclusive legal positivism. *Ratio Juris*, v. 22, n. 3, p. 359-394, 2009.

[25] RAZ, Joseph. *The authority of law*: essays in the morality of law and politics. Oxford: Clarendon Press, 1996.

[26] AGUILÓ REGLA, Josep. Positivismo y postpositivsmo: dos paradigmas jurídicos en pocas palabras. *Doxa*: cuadernos de filosofia del derecho, v. 30, p. 665-675, 2007, p. 668

Na discussão levada a cabo, a diferenciação dos movimentos teóricos ocorre pelo "posicionamento das suas concepções diante da norma jurídica"[27]. Assim, construir um conhecimento pós-positivista aponta a necessidade da reformulação da teoria da norma jurídica, para que se superem pontos essencialmente positivistas, tanto por tendências objetivistas, calcadas na metafísica clássica, quanto pelas subjetivistas, fundadas na filosofia da consciência. Assim, não basta superar a subsunção, enquanto ápice da objetividade na aplicação do direito. Também é necessário superar o *locus* da subjetividade, que pode ser resumido na discricionariedade judicial.

A norma jurídica no positivismo jurídico — e a origem da discricionariedade dessa teoria — está focada em seu aspecto exclusivamente sintático-semântico, na função do intérprete em captar o sentido das palavras (semântica) e interpretar as sentenças (sintaxe) dos enunciados normativos. O dispositivo legal (ou qualquer texto jurídico, como o precedente) passa a ter vida própria, e sua interpretação prescinde de qualquer outro elemento senão o texto em si. Assim, a discricionariedade sempre estará presente, em maior ou menor grau, na medida em que a linguagem natural não é inequívoca, refletindo na textura aberta do próprio direito. Ao lado da indeterminação inerente à linguagem, a impossibilidade de previsão de todas as hipóteses de aplicação torna as regras porosas e, assim, incertas, possibilitando a atuação da vontade do intérprete.

A construção de uma teoria da norma jurídica pós-positivista passa, portanto, a reabilitar outras funções que não exclusivamente a semântica ou mesmo sintática nas proposições jurídicas, mesmo porque o controle semântico não levará à segurança ilusoriamente prometida[28]. O *plus* a ser dado à noção de norma é o resgate da faticidade do direito, que ocorre pela pragmática, concebendo-se o fenômeno jurídico como uma prática social em que todos estão inseridos. "Baseia-se na ideia de que a existência, a estrutura e o conteúdo do direito são radicalmente dependentes das crenças daqueles que utilizam o direito (quer sejam aceitantes, participantes ou meros usuários)."[29] O direito, desta feita, não está completamente fora do tempo e do espaço, sendo apreendido como um objeto pronto e acabado, somente a ser verificado e descrito

---

[27] MÜLLER, 2009, p. 9.

[28] ROSA, Alexandre Morais da. *Decisão penal*: a bricolage de significantes. Rio de Janeiro: Lumen Juris, 2006, p. 372.

[29] AGUILÓ REGRA, 2007, p. 674.

por um observador que o analise de fora. Depende o direito, muito mais, de sua própria forma de realização.

Essa é a razão pela qual houve a incorporação dos princípios pelo mundo jurídico, a partir da obra de Dworkin. Isso porque os princípios representam a ligação entre o mundo vivido e o direito — estipulações normativas para o convívio social —, uma vez que incorporam à ordem jurídica o conjunto de práticas socialmente compartilhadas, que se fundam em um senso comum de justiça e equidade (moralidade pública), moldada pela própria tradição. Trata-se, portanto, de resgatar o mundo prático no direito, observando-o em seu caráter pragmático, como uma prática social interpretativa. O direito deixa, assim, de ser um conjunto de normas estáticas ou mesmo dinâmicas (no relacionamento entre elas) e passa a representar uma forma de ser no mundo, em que a sua construção ocorre interpretativamente em um meio comum compartilhado, em que os sujeitos estão, ao mesmo tempo, subordinados àquilo que lhes antecedem (fase pré-interpretativa — Dworkin[30] — ou tradição — Gadamer[31]), da mesma forma que seu agir se incorporará à prática e determinará sua atuação futura ou a de outros praticantes. Evolui-se, assim, da questão semântica à pragmática. Como adverte Teresa Arruda Alvim, "uma regra jurídica está sempre ligada a fatos. Ainda que pressupostos. Está, sempre, ligada à vida."[32]

A primeira — e principal — influência dessa modificação é a distinção entre texto e norma. No positivismo, há a equivalência entre texto e norma, na medida em que o texto possui uma essência que deve ser meramente apreendida pelo intérprete e exatamente replicada à situação concreta. A função do intérprete é descobrir aquilo que já está na norma, sua essência (em casos fáceis). De outro lado, ainda no positivismo, texto e norma estariam completamente desvinculados, quando se tratasse de casos ditos difíceis, uma vez que o primeiro seria insuficiente à especificação da segunda, relegando-se à discricionariedade do intérprete a solução. Uma teoria pós-positivista da norma deve negar as duas premissas positivistas, para afirmar que a relação entre texto e norma não é o de equivalência (texto = norma), pois neles há uma diferença que, contudo, não leva à desvinculação de um e outro (texto ≠ norma), trata-se de uma diferença ontológica.

---

[30] DWORKIN, 2007, p. 57-58.

[31] GADAMER, 2008, p. 374.

[32] ARRUDA ALVIM, 2012, p. 23.

Há uma ligação umbilical entre texto e norma, na medida em que esta é uma atribuição de sentido daquele. Assim, a norma constituída (criada) na própria aplicação "não existe *ante casum*: o caso da decisão é co-constitutivo"[33]. Müller sustenta que é equivocado tomar por norma jurídica uma ordem abstrata daquilo que deve ser. Resgatando a questão pragmática no direito, afirma que "o problema normativo da relação existente entre direito e realidade somente pode ser entendido por uma teoria da prática jurídica"[34]. Essa visão permite a quebra da cisão artificial entre direito e realidade, eis que, entre eles, não existe "nenhuma 'relação', expressável com caráter geral, de duas entidades independentes entre si"[35].

É importante destacar que já há certa incorporação dessa distinção entre texto e norma na produção jurídica. Cumpre apartar, contudo, algumas acepções que a questão tem suscitado, a depender do norte teórico apontado. Alguns estudiosos compreendem que a falta de identidade entre norma e texto permite que o intérprete interfira no processo criativo, dando azo à sua subjetividade. Nesse particular, o reconhecimento da distinção acarreta mais poder ao aplicador (juiz), que deterá maior margem de ação, podendo construir a sua resposta (decisão) de forma mais ampla, fornecendo-lhe mais opções (ainda que algumas incompatíveis entre si). Isso é o que fazem, por exemplo, autores ligados ao realismo jurídico. Nessa linha, Troper afirma que "a norma nada mais é que a significação prescritiva de um enunciado"[36], ou seja, "antes da interpretação não existe norma, mas um simples texto"[37]. Remete à subjetividade do intérprete a escolha, dentre as possíveis, do sentido do texto. Analisando a decisão do Conselho Constitucional francês que alinhavou que o preâmbulo da Constituição e a declaração de direitos a que ela os remetia eram de observância obrigatória pelo legislador, disse o autor que assim

---

[33] MÜLLER, 2009, p. 11.

[34] Ibid., p. 21.

[35] MÜLLER, 2009, p. 29. "As relações de vida que a lei tem que regular, e que a jurisprudência converte repetidamente em elementos da interpretação, influem ao mesmo tempo, com os traços fundamentais de sua estrutura material, no conteúdo normativo do preceito."

[36] TROPER, 2008, p. 132.

[37] Ibid., p. 133.

o é, porque "a vontade do juiz que conferiu a esse enunciado valor constitucional"[38].

Trata-se de um retorno a Kelsen, em que a decisão é um ato de vontade[39], em que a questão da atribuição de sentido está no âmbito semântico. Por isso, não há vantagens ou evoluções epistemológicas na adoção de tal tese. Buscar superar a decisão como ato de vontade é primordial a uma teoria que se proponha a ser pós-positivista. Ainda que a lei não possua, em si, uma essência, tampouco seu significado pode ser livremente estipulado pelo intérprete. Por isso, teses positivistas e realistas não representam uma evolução do pensamento jurídico.

As respostas contemporâneas às questões que surgem sobre a teoria da norma jurídica são diversas, e observa-se que muitas delas não tratam efetivamente de superar o estado de coisas que lhes antecedeu, ao menos naquilo que é mais sensível, como o abandono de uma concepção quase que exclusivamente semântica da norma. Isso é o que faz, por exemplo, Alexy, que, apesar da tentativa de fundar uma teoria pós-positivista, acaba por ceder ao conceito semântico da norma jurídica, considerando-o adequado para a análise de problemas da dogmática jurídica, quais sejam, saber se duas normas são logicamente compatíveis, como atestar sua validade, ou como interpretá-la e aplicá-la. Afirma o autor que "o conceito semântico de norma é adequado exatamente para lidar com essas questões"[40].

Essa talvez seja a principal diferença entre a concepção de norma jurídica (principalmente quando se trabalha com princípios) formulada pelo mestre alemão e a de Dworkin. Enquanto este retoma o mundo vivido como elemento essencial à própria criação, evolução e aplicação

---

38 Ibid., p. 133.

39 Ibid., p. 136-137. "Em contrapartida, a ideia de que a interpretação é um ato de vontade dá margem a que se reconheça ao juiz e, de maneira mais geral, a todo intérprete, um poder considerável. Com efeito, se interpretar é determinar a significação de um texto, e se essa significação nada mais é que a norma expressa pelo texto, é o intérprete quem determina a norma. Esta última não é realmente enunciada pelo autor do texto interpretado, como o legislador, por exemplo, mas pelo intérprete autêntico. É por isso que a consequência lógica da teoria realista clássica é que o verdadeiro legislador não é o Parlamento, mas o intérprete da lei, como, por exemplo, uma Corte soberana. Prolongando o raciocínio, poderíamos dizer que o verdadeiro constituinte não é o autor da constituição inicial, mas a Corte constitucional."

40 ALEXY, Robert. *Teoria dos direitos fundamentais*. Tradução: Virgílio Afonso da Silva. São Paulo: Malheiros, 2008, p. 60.

do direito, dando-lhe um cariz pragmático, em Alexy persiste a concepção semântica, por isso "a norma jurídica preexiste abstratamente antes mesmo da problematização jurídica. (...) a norma está *ante casum*"[41]. Isso implicará diretamente na distinção do jurista alemão sobre a distinção entre regras e princípios, mormente quando qualifica estes como mandados de otimização. Em Alexy, princípios serão enunciados (textos) tão somente com algumas características distintas das regras[42]. A partir desse enunciado, explorar-se-ão, dogmaticamente, as questões (semânticas) suscitadas acerca de um princípio em particular. Ao não ultrapassar o conceito semântico de norma, a teoria alexyana "sempre levará a mal entendidos por se tratar de uma artificialidade que não problematiza a questão no âmbito pragmático"[43].

Müller capta bem a necessidade de inserção de um elemento pragmático à aplicação do direito. Sua obra é pioneira no desenvolvimento do pós-positivismo — termo cunhado pelo próprio autor — e apresenta pontos importantes, para repensar a própria teoria da norma, eis que aplica ao direito as inovações do *linguistic turn* e as sistematiza, atrelando-as à própria aplicação (fenômeno decisório), superando o entendimento kelseniano da decisão como ato de vontade e a aplicação silogística do direito[44]. Deixa claro que não existe uma norma antes da decisão; antes, são co-originárias. Rompe, assim, com as cisões fato/norma, direito/realidade, normatividade/faticidade e teoria/prática. Esse rompimento traz de volta a faticidade existente no fenômeno jurídico e a liga com o mundo vivido, com a prática que se faz do próprio direito, por isso continuar pensando na norma jurídica como algo dado, independentemente da própria decisão (enquanto resultado de uma disputa real), é retomar um pensamento metafísico já ultrapassado (metafísica clássica). Afirma a imprecisão existente em se tomarem as prescrições legais como uma "mera preexistência, que facilmente abandona o chão da positividade historicamente fixada e se converte em metafísica de má qualidade"[45].

---

[41] ABBOUD; CAVALCANTI, 2015, p. 352.

[42] ABBOUD; CARNIO; OLIVEIRA, 2015, p. 357. "Desse modo, seu conceito de princípio depende 'toxicologicamente' do conceito semântico de norma, pois somente assim será possível pensá-los em termos de enunciados deônticos."

[43] Ibid., p. 358.

[44] ABBOUD; CAVALCANTI, 2015, p. 366.

[45] MÜLLER, 2009, p. 42.

Sustenta o jurista alemão que o texto legal apresenta tão somente um "programa normativo", que será interpretado para a formulação da norma. O programa normativo representa o elemento linguístico (texto legal), que existirá antes do caso, que não equivale à própria norma. Assim, mesmo reconhecendo que o texto "determina os limites extremos de possíveis variantes no significado"[46], destaca que "a norma não existe, não é 'aplicável'. Ela é produzida no processo de concretização"[47]. Assim, entrará em jogo, também, o "âmbito normativo", formado pelos elementos não linguísticos, englobando a realidade social. "O recorte da realidade é elemento integrante da composição da norma jurídica, juntamente com os dados linguísticos, no processo interpretativo"[48].

Se um texto jurídico — como o proveniente do Legislativo — demanda sua construção (ou concretização) na realidade, não existindo como norma senão na sua própria aplicação, o mesmo fato ocorrerá com o direito judicialmente instituído. Seja por meio de precedentes, súmulas ou jurisprudência, o intérprete estará, sempre, diante da necessária atribuição de sentido a esses textos (o que não é realizada de forma aleatória). Isso afasta qualquer forma subsuntiva de aplicação do direito jurisprudencial, exigindo a contextualização e a reconstrução histórica — respeitando-se a história institucional da prática jurídica —, reabilitando a função da pragmática na interpretação (aplicação) do direito. Dessa forma, no trato do direito judicialmente estabelecido, não haverá simplificações de sentidos, como se as respostas estivessem dadas antes das perguntas. Não haverá uma solução dada antecipadamente a casos pendentes ou ainda sequer existentes.

A questão que se enfrenta é a seguinte: se não há norma antes da aplicação, como se dá a construção da norma no direito jurisprudencial? É bem verdade que o CPC/15 caminha na contramão do que é aqui defendido. Persegue ele um caminho tortuoso de simplificação, com o estabelecimento de provimentos vinculantes ou obrigatórios que seriam capazes de antever as hipóteses de aplicação, tornando subsuntiva sua aplicação, como se o direito judicialmente criado pudesse fazer aquilo que a legislação mostrou-se incapaz. Contudo, para que faça sentido, enquadrando-o como aquilo que melhor ele pode ser na

---

[46] Ibid., p. 32.
[47] Ibid., p. 102.
[48] ABBOUD; CAVALCANTI, p. 368.

prática jurídica, o direito jurisprudencial exige uma atitude interpretativa muito mais complexa, em que a norma, enquanto *ratio decidendi* de uma ou várias decisões anteriores, não seja simplesmente dada antecipadamente, não seja definida de forma completa pelos juízes dos casos anteriores.

3.2. A RATIO DECIDENDI

Como visto, é a *ratio decidendi* de um caso que deterá normatividade, para, ultrapassando as amarras do caso individual, ser aplicada aos futuros. Há, em qualquer decisão, um elemento universalizável, que poderá auxiliar o intérprete do futuro a construir seu argumento jurídico. A questão a saber é: como se define essa *ratio* do texto do precedente? Trata-se de questão tormentosa[49], ainda hoje não solucionada mesmo nos países de *common law*, em que o assunto já é por mais tempo enfrentado. O exercício necessário ao seu encontro é repleto de dificuldades e dúvidas, sendo genuinamente árduo discerni-la em uma decisão[50]. Muitos juristas dizem que a única certeza em relação à *ratio decidendi* é ser ela um conceito cheio de incertezas[51].

Há uma dificuldade mesmo em definir o que seria a *ratio decidendi*. Streck e Abboud, por exemplo, encontraram sete conceituações distintas[52]. Sesma, por seu turno, identifica cinco caracterizações diferen-

---

[49] CHIASSONI, Pierluigi. A filosofia do precedente: reconstrução racional e análise conceitual. Tradução: Thiago Pádua. *Universitas JUS*, v. 27, n. 1, p. 63-79, 2016, p. 67. "Aparentemente, nos deparamos com uma verdade triste: após séculos de investigações, juristas e teóricos do direito parecem ainda estar à procura da concepção adequada de *ratio decidendi*."

[50] THOMAS, E. W. *The judicial process*: realism, pragmatism, pratical reasoning and principles. Nova Iorque: Cambridge University Press, 2005, p. 123.

[51] DUXBURY, Neil. *The nature and authority of precedent*. Nova Iorque: Cambridge University Press, 2008, p. 78.

[52] STRECK; ABBOUD. 2015, p. 47. "(...) é possível elencar sete conceitos cunhados pela tradição sobre ratio decidendi: 'é o critério decisional, ou seja, a regra que está subjacente à decisão; é o princípio de direito adotado para definir o conteúdo da demanda; é a premissa ou a passagem lógica que se revela necessária para se alcançar a decisão do caso; é a regra ou princípio que constitui a condição necessária ou suficiente; é o princípio de direito contido na decisão judicial e que é suficiente para decidir o caso concreto; é a argumentação explícita ou implícita necessária ou suficiente para definir o caso e, por último, é a relação entre resolução (motivada) do caso e o próprio caso, ou seja, o fato e as questões jurídicas inerentes'."

tes à *ratio* de um caso[53]. Chiassoni encontra onze definições possíveis ao que seria a *ratio decidendi* inserta em um precedente[54]. Por fim, Llewellyn aponta nada menos que sessenta e quatro maneiras diferentes de extrair a *ratio* de um precedente[55].

Trata-se, usualmente, da existência de analogias e distinções entre dois casos, para observar a compatibilidade ou não entre eles, o que determinará a aplicação ou não de determinado precedente ao caso em mão. Antes disso, contudo, deve-se ter em mente, como mostram Fletcher e Sheppard, que há dois limites à interpretação do precedente. Primeiramente, o jurista não está obrigado a utilizar toda a linguagem do texto do precedente. Empregará suas porções essenciais, sua *ratio decidendi*[56]. A segunda limitação enxergada refere-se a quem definirá, então, as partes essenciais. Nesse passo, afirmam os autores que caberá ao intérprete do futuro — e não ao juiz que decide o caso — distinguir entre *ratio* e *dicta*, portanto determinar qual a extensão da utilização do precedente ao novo caso a ser decidido[57].

Na proposta ora formulada, alguns pressupostos devem ficar, de início, claros. Não se pode entender, primeiramente, que o precedente apresentará, de forma canônica, sua própria *ratio decidendi*[58]. Nem mesmo seria possível que estivesse no precedente uma regra ou princípio a ser meramente apreendido pelo intérprete. Isso seria voltar à metafísica clássica, como se, em algum texto, houvesse uma essência etérea esperando a ser extraída, como uma "capa de sentido."

---

[53] SESMA, Victoria Iturralde. *El precedente en el common law*. Madrid: Civitas, 1995, p. 81.

[54] CHIASSONI, 2016, p. 67.

[55] LLEWELLYN, Karl N. *The common law tradition*. Boston: Little, Brown and Co., 1960, p. 77-89.

[56] FLETCHER; SHEPPARD, 2005, p. 81. No original: "The first is that a later court is bound to apply only the most essential portions of a precedent opinion, not all of the language in it".

[57] Ibid., 2005, p. 82. No original: "The delimitation of language in a precedential opinion into dicta and ratio is nearly always a matter for later judges and not for the judge who initially issued the precedent. It is excessively rare for a judge writing or speaking an opinion to identify the statements made as one or another, and in any event, such an identification would not be binding on a later judge".

[58] THOMAS, 2005, p. 131. "It would do a mischief to experience to claim that the *ratio* of any case necessarily jumps out and hits its readers between the eyes with the speed and force of the proverbial upturned rake."

Igualar-se-iam texto e norma, o que é inviável nessa quadra da história. Logo, a definição da *ratio decidendi* é um processo construtivo de sentido, em dizeres dworkinianos, uma interpretação construtiva, que se efetuará caso a caso e exigirá esforço de todos os intérpretes. Entrará, portanto, no círculo hermenêutico, o que possibilitará, a cada aplicação, uma reavaliação do ponto de partida, ou seja, da pré-compreensão existente sobre o que seria a própria *ratio*. Com isso, haverá a possibilidade de sua confirmação ou alteração, moldando-se a tradição. Afasta-se, assim, a tentativa de se criarem novas normas gerais e abstratas a partir de precedentes (ou de qualquer outro pronunciamento judicial), que estejam esperando sua apreensão, para, depois, serem aplicadas dedutivamente a novos fatos.

Dessa constatação acima verificada, afere-se que a *ratio decidendi* é uma atribuição de sentido que o juiz do futuro realiza sobre a decisão anterior, examinando-a como precedente[59]. Não há como o órgão julgador criar uma regra jurídica pronta e acabada para o futuro, imaginando, em um exercício de prognose, quais são os casos sobre os quais incidiria a *ratio decidendi* então criada. Por isso, em trabalho autônomo, defendeu-se a impropriedade do efeito prospectivo do precedente[60]. Ao juiz, cabe decidir o caso em mão em toda a sua particularidade e levando todas suas circunstâncias, ainda que únicas, em consideração. Wambaugh já defendia, no final do século XIX, que um dos princípios da atuação judicial é a de que a Corte está sob o dever de decidir o caso apresentado em sua totalidade e não detém autoridade, para decidir qualquer outro na decisão que proferir[61]. A responsabilidade política de um juiz é resolver um caso de forma correta,

---

[59] TUCCI, 2004, p. 175. "Cumpre esclarecer que a *ratio decidendi* não é pontuada ou individuada pelo órgão julgador que profere a decisão. Cabe aos juízes, em momento posterior, ao examinarem-na como *precedente*, extrair a 'norma legal' (abstraindo-a do caso) que poderá ou não incidir na situação concreta." No mesmo sentido: ROSITO, Francisco. *Teoria dos precedentes judiciais: racionalidade da tutela jurisdicional*. Curitiba: Juruá, 2012, p. 109. CRAMER, Ronaldo. *Precedentes judiciais*: teoria e dinâmica. 1 ed. Rio de Janeiro: Forense, 2016, p. 113. THOMAS, 2005, p. 131-132.

[60] LAMY; LUIZ, 2015.

[61] WAMBAUGH, Eugene. *The study of cases*: a course of instruction in reading and stating reported cases, composing head-notes and briefs, criticising and comparing authorities, and compiling digests. Boston: Little, Brown & Co., 1892, p. 3. "The first key to the discovery of the doctrine of a case is found in the principle that the court making the decision has no authority to decide any case except the case

em conformidade com o direito vigente na respectiva comunidade, afastando valores pessoais ou subjetivismos indevidos. Não lhe impõe buscar uma solução para um conjunto de casos futuros. A fixação de um elemento de determinação de decisões futuras não está — ou, ao menos, não deveria estar — em jogo. É algo intersticial no sistema jurídico e ocorrerá na medida do possível, quando seja viável considerar os casos suficientemente semelhantes, para que a resposta ao primeiro sirva de norte para a solução do segundo.

Teresa Arruda Alvim ressalta que há a possibilidade de o próprio Tribunal expressar qual é a *ratio decidendi* do caso, como a Suprema Corte americana, que "normalmente o faz atribuindo âmbito bastante mais abrangente às suas *holdings* do que outros tribunais"[62], como ocorreu em *Roe*[63]. Por seu turno, Marinoni entende que a Corte que instituiu o precedente é a que definirá a *ratio decidendi*, ainda que os juízes do futuro não estejam desonerados de compreendê-la, quando estão decidindo novos casos[64]. Salienta também que "o novo caso dá à Corte posterior apenas a possibilidade de compreender o precedente, que existe desde quando instituído pela primitiva Corte"[65]. Sustenta que possibilitar que a Corte subsequente estabeleça a *ratio* equivale à aplicação retroativa de uma nova regra, o que não seria desejável ou admissível, tendo-se em conta a segurança jurídica e a previsibilidade[66]. Somente com a cisão da *ratio decidendi* entre descritiva e prescritiva, poder-se-ia entender que, ao juiz do caso originário, caberá a definição da *ratio* prescritiva — e é esta que vinculará o juiz subsequente — e da descritiva, estipulada pelo juiz do futuro, que, como diz Stone, descreve o processo argumentativo pelo qual se chegou à decisão, a explanação dos argumentos da Corte para sua conclusão[67].

---

actually presented. The court can not decide a wholly imaginary case. Nor can the court decide a case partly imaginary."

62 ARRUDA ALVIM, 2012, p. 49-50.

63 Ibid., p. 52.

64 MARINONI, 2016a, p. 166.

65 Ibid., loc. cit.

66 Ibid., loc. cit.

67 STONE, Julius. The ratio of the ratio decidendi. *The Modern Law Review*, v. 22, n. 6, p. 597-620, nov. 1959, p. 600.

Apesar de relevante, principalmente quanto ao efeito retroativo indesejado, a posição do autor não deve prevalecer. Primeiro, há um descompasso teórico entre o trato com o texto legislativo e aquele de origem judicial. Para a lei, funcionaria uma perspectiva pós-positivista, que distingue texto e norma, não havendo dificuldade com a criação da norma pelo juiz que a aplica a um caso, eis que é ele quem faz a atribuição de sentido ao texto legislativo. Em outras palavras, a norma é criada, também, após a ocorrência que deu azo à sua aplicação, contudo, quando se chega à aplicação de precedentes, há uma guinada teórica, e volta-se ao paradigma positivista que se tenta superar, fundado na metafísica clássica, uma vez que se acredita que o texto (a decisão anterior) possui, em si, a norma (a *ratio decidendi*). Há uma cisão indevida da universalidade do fenômeno hermenêutico. Não há, assim, criação ou atribuição de sentido. Enfim, não há interpretação. Cinde-se — assim como já se fazia com as *subtilitas* — o momento de compreensão (*subtilitas intelligendi*), interpretação (*subtilitas explicandi*) e aplicação (*subtilitas applicandi*), autorizando o juiz subsequente apenas ao primeiro passo, ou seja, compreender o precedente, afirmando o autor ser questionável "se um precedente é realmente interpretado"[68]. Esquece-se de que "precedentes judiciais são, como enunciados legislativos, textos dotados de autoridade que carecem de interpretação"[69]. Isso ocorrerá somente na *applicatio*, e, tal como ocorre na aplicação judicial do texto legal, haverá necessariamente a atribuição de sentido ao texto do precedente, do qual se criará, com vistas ao novo caso, a *ratio decidendi* da decisão anterior. Isso decorre do caráter sempre criativo do processo hermenêutico, que torna o ato de conhecer em um autoconhecimento[70].

Não se quer dizer, com isso, que o intérprete estará livre, para criar a *ratio decidendi* que bem entender. A atribuição de sentido não é nem aleatória nem dependerá da subjetividade ou senso de justiça do juiz.

---

[68] MARINONI, 2016a, p. 161.

[69] BUSTAMANTE, Thomas da Rosa de. *Teoria do precedente judicial*: a justificação e a aplicação de regras jurisprudenciais. São Paulo: Noeses, 2012, p. 259.

[70] GRONDIN, Jean. Gadame's basic understanding of understanding. In: DOSTAL, Robert J. *The cambridge companion to Gadamer.* Nova Iorque: Cambridge University Press, 2006. p. 36-51, p. 38. "To understand always implies an element of self-understanding, self-implication, in the sense that it is always a possibility of my own self that is played out in understanding. [...] It is always a possibility of my understanding that is played out when I understand a text."

Assim como há freios à atribuição de sentido às leis, existirão também amarras epistemológicas que apontam qual a construção legítima da *ratio* de um caso, quando aplicada a outro. A tradição, em sentido gadameriano, a história institucional do próprio direito, enfim, a coerência e a integridade controlarão a atividade do magistrado na interpretação, seja na de textos legislativos ou judiciais. Esta é a proposta que se defende no presente estudo: a teoria integrativa de Dworkin aponta um solo firme à aplicação do direito, inclusive do direito jurisprudencial, tendo por base critérios substanciais e não meramente formais.

A ideia de romance em cadeia explica bem esta falta de liberdade irrestrita ao aplicador do direito, assim como ocorreria na sucessão dos capítulos de uma novela. Utilizando-se dela, o juiz estará constrangido a seguir a linha das decisões anteriores, inclusive no que toca à reconstrução daquilo que seria a *ratio decidendi* de um determinado precedente. Imagine-se que um determinado romance inicia, em seu primeiro capítulo, com a narração de um amor proibido entre um plebeu e uma princesa, na Era Medieval. O segundo capítulo mostra todas as dificuldades encontradas pelo casal em encontrar-se às escondidas. O terceiro explora os esforços da realeza em afastar o plebeu de sua filha. O quarto capítulo não pode, simplesmente, passar a tratar de uma invasão alienígena em uma sociedade futurista. Isso não seria um romance, em um sentido literário. O escritor desse capítulo deverá respeitar a evolução da história e a guiar para aquilo que represente o melhor caminho à narrativa literária. Poderia, assim, dar seguimento à história do amor proibido, mostrando uma nova faceta, como a intermediação do clérico local em prol do casal, ou mesmo definindo um final trágico ao plebeu e à princesa.

O mesmo fato ocorre com o juiz, na própria definição da *ratio decidendi* de um precedente. Se já houve a caracterização da *ratio* de determinado caso como X, não poderá o juiz simplesmente considerá-la Y para uma nova aplicação. Há a possibilidade de reconstruí-la de forma a respeitar a história institucional das aplicações anteriores e desenvolver nela uma nova faceta que, coerentemente, faça sentido com o que já se passou, como no caso de uma visão restritiva (*narrowing*) ou expansiva (*extending*). É bem verdade que é o juiz do futuro que definirá, em última mão, qual é o direito vigente em determinada sociedade, considerando suas fontes legítimas, inclusive as de origem judicial. Não há, contudo, uma virada de mesa, uma interrupção na marcha interpretativa empreendida no curso da história. Assim como essa quebra descaracterizaria um romance enquanto tal, como uma virada completamente inesperada na narrativa, no âmbito jurídico, isso representaria uma negação do próprio direito, um erro judiciário[71].

Há de se ver com ressalvas a já tão repetida lição de que se extraem duas regras a partir da decisão: a primeira, de caráter individual, que regrará o caso concreto; a segunda, que trata de uma norma geral — que equivale à *ratio* —, "que consubstancia a tese jurídica a ser adotada naquele caso"[72]. Não se refuta, aqui, a existência de um elemento universalizável que servirá e será moldado pelo aplicador futuro, caso haja a similitude entre dois caos. Tampouco se discute que a norma do julgamento será aquela contida no dispositivo, enquanto a norma como *ratio* demandará a análise conjunta de todos os elementos da decisão (relatório, fundamentação e dispositivo). A cautela que se deve ter é não tomar por *ratio decidendi* um enunciado assertórico, em não promover um congelamento de sentido. Por mais que exista um elemento universalizável, que deverá, em nome da coerência e integridade, ser levado em conta pelo juiz do futuro, não será uma regra fixa, clara e lançada de antemão. Não se aplicará, portanto, por subsunção. Antes, depende da profunda análise dos fatos ocorridos e da abordagem jurídica realizada pela corte anterior às luzes do problema trazido pela nova demanda.

A *ratio decidendi* depende, sempre, da reconstrução do precedente com vistas ao caso em mãos. É este que interpela uma pergunta ao intérprete, que guiará a própria resposta a ser encontrada no precedente. Isso significa dizer que o elemento normativo do precedente não estará dado de antemão, e a sua reconstrução e possível aplicação não dependerá tão somente de si mesmo — do texto do precedente —, mas das

---

[71] SILTALA, Raimo. *Law, truth, and reason: a treatise on legal argumentation.* Nova Iorque: Springer, 2014, p. 65-66. "As a consequence, a judge who is to rule on the facts of a case always has the final say on how to construct and read the law within the legal tradition, as defined by the prevailing conception of the institutional and societal sources of law and the models of legal reasoning acknowledged in the community. The judge may opt for a novel reading of the *ratio decidendi* of a prior precedent, turning the previously settled conception of *ratio/dicta* dichotomy in that case into a wholly new direction. In a chain novel effort, that would count as a fully unexpected turn in the narrative. Moreover, a judge may explicitly overrule or bluntly disregard a perfectly valid precedent, which would correspond to the act of effecting a by-plot or sidetrack in the chain-novel or turning the prior course of action in the novel upside down."

[72] DIDIER JR.; BRAGA; OLIVEIRA, 2017, p. 506.

peculiaridades do caso a ser por ele influenciado. Exemplo disso pode ser visualizado no célebre caso *Riggs v. Palmer*[73], situação em que o legatário de um testamento é impedido de herdar por ter assassinado o testador, seu próprio avô. Muitos definem a *ratio decidendi* do precedente como sendo aquele princípio instituído na comunidade, em que ninguém pode se beneficiar do próprio ilícito praticado, contudo a universalização de uma regra genérica e obrigatória a partir do texto de um precedente sem se atentar às circunstâncias do novo caso pode gerar decisões equivocadas.

Poder-se-ia vislumbrar uma série de situações em que a aplicação *ratio*, tal como definida, seria equivocada ou, ao menos, duvidosa. Imagine-se, como faz Goodhart, que não se tenha um assassinato por envenenamento (homicídio doloso), mas se trate de um homicídio culposo, em que o neto, por imprudência (excesso de velocidade), dê causa a acidente automobilístico que resulte na morte de seu avô, que o acompanhava no veículo na ocasião[74]. Seria a regra de *Riggs* aplicável? Por certo que não, apesar de a construção ampla, realizada sem a consideração do novo caso, não apontar para esse sentido, se tomada da forma genérica como foi assentada. O mesmo problema ocorrerá, se não houver a consideração das circunstâncias do novo caso, e, a partir da análise do texto do precedente, sozinho, traçar-se uma *ratio* excessivamente restritiva. Não se trata, aqui, de realizar uma distinção entre os dois casos, uma vez que se aplicará o precedente. A questão é a de construir a própria *ratio* de *Riggs* de forma apropriada, controlando seu grau de generalidade, com vistas ao novo problema que se tenta resolver. Por isso, o caso que se tenta solucionar influencia na construção da *ratio* do precedente, e, pela mesma razão, é fundamental a análise profunda dos fatos de ambas as demandas.

---

73 EUA. Corte de Apelação de Nova Iorque. *Riggs v. Palmer*. 115 N.Y. 506, 1889.

74 GOODHART, Arthur L. Determining the ratio decidendi of a case. *The Yale Law Journal*, v. 40, n. 2, p. 161-183, dez. 1930, p. 166-167. "A striking example of an overstatement of the principle involved in a case may be found in *Riggs v. Palmer*. The court held that a legatee, who had murdered his testator, could not take under the will, because no one shall be permitted 'to take ad-vantage of his own wrong, or to found any claim upon his own iniquity, or to acquire property by his own crime.' It would, of course, be possible to give a large number of situations in which this statement would be wrong or doubtful. Would it apply, for example, if the legatee had negligently killed the testator in a motor accident?"

Se a Corte anterior não define a *ratio decidendi*, não se pode falar, por outro lado, que a construção de seu sentido pelo juiz posterior é discricionária, mesmo porque, se houvesse tal discricionariedade, não se poderia falar em *stare decisis*[75]. Siltala sustenta que a resposta está a meio caminho entre esses dois extremos. Defende o autor que o impacto normativo de uma decisão terá alguma intenção prospectiva, que poderá ser modificada pelas concepções das Cortes subsequentes sobre o que contará como a *ratio* de um caso ou de uma linha deles[76]. Logo, tratar-se-ia de uma empreitada coparticipativa, entre a Corte anterior e a que se segue, em um esforço comum mais ou menos balanceado das duas Cortes[77].

Concorda-se, aqui, parcialmente, com a conclusão do autor. A definição da *ratio decidendi* não é solipsista, nem a Corte anterior a definirá de forma canônica ao futuro, e tampouco a posterior poderá estabelecê-la da forma que desejar. Não está na intenção prospectiva da Corte passada o elemento que conferirá à *ratio* a normatividade pretendida. Trata-se de encarar o que a Corte fez (e porque o fez), e não necessariamente o que ela disse ou quis. Em outras palavras, não está na intencionalidade dos juízes criar uma norma para situações futuras que confere força à *ratio*. A função da Corte anterior é importante, na medida em que fornece o material apropriado à investigação das razões de decidir e, consequentemente, constrange a atividade interpretativa futura, de forma intencional ou não. Nesse ponto, coincide a tese de Siltala com a aqui defendida. Dependerá a definição da *ratio decidendi* da atuação da Corte anterior. Discorda-se, contudo, da dependência da intencionalidade desta em criar uma norma para o futuro.

---

[75] SILTALA, Raimo. *A theory of precedent*: from analytical positivism to a post-analytical philosophy of law. Oxford: Hart Publishing, 2000, p. 72. "If the subsequent court has total discretion, the formal doctrine of *stare decisis* is of course not recognised in that legal system."

[76] Ibid., loc. cit.

[77] Ibid., loc. cit. "The *source* of the *ratio* of a case is determined by whether the prior court or the subsequent court has decisive control over the allocation of binding force within a precedent, in the sense of the exact definition of the *ratio decidendi* of that case. There are, of course, three alternatives available: the prior court may have all such discretion; the subsequent, constrained court may have wide discretion as to the definition of the *ratio* of a case; or the normative effect of a case may be produced by a more or less balanced co-effort of the two courts."

3.2.1. TESTES PARA SE ENCONTRAR A *RATIO DECIDENDI*

Se há disputa entre o que se entende por *ratio decidendi* e *obter dicta*, natural surgirem doutrinas que se prestam a identificar e apartar um e outro, para que a aplicação do direito judicialmente criado seja realizada de forma legítima. No curso da história, diversos pensadores tentaram especificar métodos, para que fosse procedida tal separação, sendo necessário tratar daquelas que marcaram de forma mais incisiva a tradição jurídica. Obviamente, tratar-se-á, sobretudo, das teorias circunspectas ao *common law*, eis que o desenvolvimento do assunto é mais maduro, face ao longo período em que há preocupação com o tema.

Tal peculiaridade não afasta o interesse do jurista da *civil law* e amolda-se àquilo que a nova legislação processual civil exige do intérprete, quando se refere à identificação dos fundamentos determinantes das decisões passadas (art. 489, § 1º, V, do CPC/15). Importa, assim, analisar as diferentes proposições formuladas nos países de *common law*, eis que se tornam aptas a auxiliar o jurista brasileiro a identificar os fundamentos determinantes das decisões que utilizará na prática jurídica.

3.2.1.1. TESTE DE WAMBAUGH

O objetivo de Wambaugh, como já apresentado no prefácio de sua obra *The study of cases*, é o de possibilitar ao aluno que ingressa em uma faculdade de direito técnicas para a leitura e interpretação de um caso (uma *opinion*), detectando o *dicta* e determinando a pertinência e peso dos precedentes[78]. Para tanto, parte de quatro princípios básicos à atuação judicial, com a característica de auto-restrição (*judicial self-restraint*).

O primeiro deles, já exposto, é o de que a obrigação da Corte é a de resolver o caso em mãos e nenhum outro, sequer hipotético[79]. Ao comentar o pensamento de Wambaugh, Collier afirma que esse primeiro princípio se justifica por três razões básicas, quais sejam, a de que a função judicial é eminentemente prática, objetivando a resolução de controvérsias reais, sendo um desperdício de recursos judiciais se por

---

[78] WAMBAUGH, 1892, prefácio. "The aim of this volume is to teach students the methods by which lawyers detect dicta and determine the pertinence and weight of reported cases. (...) The intention is that the student shall state the cases, discover the doctrines of law established by them, compose head-notes, point out dicta, make all possible comments as to the weight of the decisions, and compile a digest."

[79] Ibid., p. 3.

a decidir questões desnecessárias. Além disso, a decisão sobre assuntos estranhos à lide ameaçaria o sistema adversarial, principalmente no que toca à produção probatória, negando aos litigantes o contraditório, enquanto oportunidade de serem ouvidos (*opportunity to be heard*) sobre os pontos ainda que desnecessariamente decididos. Por fim, isso afrontaria o *case and controversy clause* do Artigo III da Constituição americana e outros princípios referentes à separação dos poderes[80].

O segundo princípio é o dever da Corte em seguir uma regra geral, que deverá ser utilizada em casos análogos, conferindo uniformidade à atuação judicial. Consentindo que não há identidade de fatos entre duas causas, propõe Wambaugh que devem ser desconsideradas as circunstâncias não essenciais[81]. O autor reconhece ser árdua a missão de distinguir fatos essenciais (materiais) dos não essenciais, conferindo essa tarefa à experiência do jurista, como uma forma de afinar essa percepção[82]. Collier afirma que Wambaugh constrói a *ratio decidendi* de um caso de forma minimalista, uma vez que a restringe à regra sem a qual as questões essenciais do caso não poderiam ter sido decididas da forma como foram[83].

No seu terceiro princípio, Wambaugh destaca que a *ratio decidendi* é buscada na decisão pretérita, contudo não se apresentará como uma proposição, como uma parte identificável do texto. Uma decisão contém vários elementos, como observações introdutórias, discussões sobre a similitude de fatos com casos passados, enfim, várias matérias que elucidam o posicionamento da Corte, indo além da mera declaração da proposição jurídica necessária para a resolução da lide. Tais matérias não detêm autoridade, caracterizando-se como *dicta*[84]. Assim, a Corte pode definir a *rule of law* de forma mais ou menos expres-

---

[80] COLLIER, Charles W. Precedent and legal authority: a critical history. *Wisconsin Law Review*, v. 47, p. 771-825, 1988, p. 773-774.

[81] WAMBAUGH, 1892, p. 4-5.

[82] Ibid., p. 5.

[83] COLLIER, 1988, p. 775. "The doctrine of a case is the narrowest rule by which the essential circumstances presented in the case could have been decided and disposed of as they were. This is implicitly also the rule that judges should follow in deciding cases. They should articulate and follow the narrowest rule that leads to a correct decision on the essential facts of the case, and no more."

[84] WAMBAUGH, 1892, p. 6.

sa, mas não há uma captura perfeita e exaustiva em qualquer parte de seu texto[85].

No quarto e último princípio, Wambaugh sustenta que não deterá qualquer autoridade a proposição jurídica que não estiver conscientemente ou inconscientemente na mente dos julgadores[86]. Assim, a matéria necessita ser deliberada pela Corte, fazendo parte do *reasoning* da decisão. Aquilo que não foi deliberado, ainda que importante à decisão, não deterá, de igual forma, autoridade, tratando-se não de questão essencial, mas meramente acidental na resolução da causa[87].

Partindo de tais premissas, Wambaugh propõe um teste para distinguir *ratio* e *dicta*. O teste é conhecido como o da inversão (ou da reversão), pois a distinção entre a *ratio decidendi* e o *obter dicta* é feita por meio de um exercício em que se inverte o sentido da proposição de direito encontrada no precedente, para se perguntar se a decisão da Corte teria sido diferente. Se a modificação da proposição fosse capaz de alterar o resultado, significaria que ela foi necessária à determinação final da decisão e, assim, qualificar-se-ia como *ratio decidendi*. Se a decisão do Tribunal tivesse sido a mesma, no caso de inversão do significado do argumento, é porque ela não foi determinante (e necessária) ao resultado obtido e, logo, seria mera *obter dicta*. Com base em tais premissas, sintetiza o autor que a *ratio decidendi* é a regra geral sem a qual o caso deveria ter sido decidido de outra forma[88].

Especificando o passo a passo imaginado por Wambaugh,[89] inicia-se o teste por deixar que o intérprete identifique a suposta proposição de

---

85 COLLIER, 1988, p. 776.

86 WAMBAUGH, 1892, p. 9. "This fourth principle is that a case is not a precedent for any proposition that was neither consciously nor unconsciously in the mind of the court."

87 WAMBAUGH, 1892, p. 9.

88 Ibid., p. 6. "In short, when a case turns on only one point the proposition or doctrine of the case, the reason of the decision, the ratio decidendi, must be a general rule without which the case must have been decided otherwise. As will appear later, the proposition, in order to have full force as authority, must have still other marks."

89 Ibid., p. 5-6. "Yet by experiment even the beginner can determine whether a given proposition of law is involved in a given case. In order to make the test, let him first frame carefully the supposed proposition of law. Let him then insert in the proposition a word reversing its meaning. Let him then inquire whether, if the court

direito (*proposition of law*) descrita no caso. Após, deve ser inserida uma palavra que inverta o significado da proposição. Deve-se analisar se a nova proposição — agora invertida — alteraria o julgamento da Corte, se a decisão teria sido a mesma. Se a resposta for positiva, por mais importante que seja, a proposição não se qualifica como *ratio decidendi*. Isso porque, alterada a premissa, deveria ser a conclusão modificada de forma a se amoldar à nova proposição. "Se a nova proposição gera igual decisão, a proposição original, em vez de constituir *ratio decidendi*, representa *obter dicta*"[90]. Caso contrário, em resposta negativa à indagação, deteria a proposição força determinante ao resultado final tomado pelo Tribunal, pois sua inversão alteraria a própria decisão.

O teste é criticado tanto pelo fato de nem sempre a proposição de direito ser construída de forma adequada, principalmente no que toca à matéria fática, formulando-a de forma genérica[91], quanto pela circunstância de ser aplicável somente nos casos em que há uma única *ratio decidendi*[92]. No primeiro caso, havendo falha no antecedente, o subsequente — se a proposição se qualifica como *ratio* ou *dicta* — fica prejudicada. Cross e Harris enfatizam a procedência da crítica, aplicando o teste ao caso *Donoghue v. Stevenson*, comprovando que a forma em que se enuncia a proposição afeta o resultado do teste[93]. Quanto à segunda crítica, Marinoni assevera que o teste "não vale quando o caso se baseia em dois fundamentos que, isoladamente, podem conduzir a solução igual"[94]. Isso porque, invertido o significado do primeiro

---

had conceived this new proposition to be good and to be the point upon which the case ought to turn, the decision could have been the same. If the answer be affirmative, then, however excellent the original proposition may be, the case is not a precedent for that proposition,' but if the answer be negative the case is a precedent for the original proposition and possibly for other propositions also."

90 MARINONI, 2016a, p. 162.

91 ARRUDA ALVIM, 2012, p. 49. "A regra supramencionada (de Wambaugh) é também criticda, pois segundo alguns, é capaz de gerar holdings muito abrangentes, com muitos elementos irrelevantes para o efeito de a decisão ser um precedente."

92 CROSS; HARRIS, 2004, p. 52-53. "The exhortation to frame carefully the supposed proposition of law and the restriction of the test to cases turning on only one point rob it of most of its value as a means of determining what was the ratio decidendi of a case, although it has its uses as a means o ascertaining what was nor ratio"

93 Ibid., p. 53.

94 MARINONI, 2016a, p. 163.

fundamento, o segundo, sozinho, manteria a mesma decisão. Idêntica situação ocorreria com a modificação do segundo fundamento, eis que o primeiro conduziria o Tribunal à mesma resposta[95]. Logo, a seguir o teste, os dois fundamentos qualificar-se-iam como *obter dicta*[96].

Embora com as críticas formuladas, o teste de Wambaugh inspirou vários juristas a caracterizar a *ratio decidendi* como algo que é necessário à decisão. Mesmo não efetuando a inversão proposta no teste, Cross e Harris, a partir das premissas de Wambaugh, definem a *ratio decidendi* como a regra jurídica explícita ou implicitamente tratada pelos juízes como um passo necessário à sua conclusão, seguindo a linha de argumentação adotada[97], que pode ser tida, hoje, como a teoria clássica a respeito do conceito e da forma de se encontrar a *ratio decidendi* de um caso[98].

3.2.1.2. REALISMO JURÍDICO CÉTICO: NÃO HÁ TESTE, PORQUE A *RATIO DECIDENDI* NÃO EXISTE

A partir do final dos anos 20, autores marcantemente realistas, movimento que se iniciava nos EUA (realismo americano), criticavam as formulações até então estruturadas sobre a *ratio decidendi*. A crítica se opunha a uma visão formalista da *ratio*. Combatiam os realistas que ela fosse encontrada como uma regra geral e abstrata ao juiz do novo caso, conferindo a ele a possibilidade de manipulação muito maior do

---

[95] DUXBURY, 2008, p. 76-77. "(...) where a court bases its decision on two alternative grounds, taking either ground and reversing its meaning does not alter the decision, for although the meaning of one of the grounds sufficient to support the decision has thereby been reversed, the other one is undisturbed and so the decision stands. Where a case contains two independent operative rationes, in other words, the inversion test decrees that there are only obiter dicta, for neither ratio is necessary to the decision."

[96] MARINONI, 2016a, p. 163. "Na verdade, nessa situação o teste de Wambaugh faria com que as proposições sempre fossem *obter dicta*, já que nenhum dos fundamentos seria necessário para a decisão."

[97] CROSS; HARRIS, 2004, p. 72. "The *ratio decidendi* of a case is any rule of law expressly or impliedly treated by the judge as a necessary step in reaching his conclusion, having regard to the line of reasoning adopted by him."

[98] SCOFIELD, Robert G. Goodhart's concession: defending ratio decidendi from logical positivism and legal realism in the first half of the twentieth century. *The King's College Law Journal*, n. 16, p. 311-328, 2005, p. 312.

precedente[99]. Possibilita tal versão novas justificações ou racionalizações sobre o precedente, alterando-se o entendimento de que o juiz do passado, exclusivamente, definia explicitamente os argumentos jurídicos suficientes à conclusão dada[100].

A preocupação com os fatos da causa lança novas luzes sobre a definição da própria *ratio*, principalmente com a possibilidade de redefinição pelo juiz da nova causa daqueles fatos tidos por materiais da causa anterior. Francis, por exemplo, salienta que, muitas vezes, as doutrinas judicialmente criadas não estão dispostas na argumentação ou mesmo na mente dos julgadores; antes, acredita ser inviável a extração de uma *ratio decidendi*, na medida em que as justificativas expostas não são as verdadeiras razões pela qual se decide[101].

Trata-se da variante da máxima do realismo americano de que o juiz primeiro decide e, depois, fundamenta a sua decisão, procurando os argumentos jurídicos que deem sustentáculo às reais razões, que não são expressadas no corpo do texto da *opinion*. Assim, como o juiz decide por intuição — e não por razão —, os elementos subjetivos que deram real azo ao resultado do caso ficam obnubilados pela argumentação jurídica construída com o fim último de legitimar as opções pes-

---

[99] FRANCIS, Joseph F. Three cases on possession: some further observations. *Washington University Law Review*, v. 14, n. 1, p. 11-24, jan. 1928, p. 21-22. "Ready-made principles available at a moment's notice for settling any kind of a legal problem and resolving any kind of a doubt have long been the great ambition of lawyers. Such a practice in medicine today is generally accepted as quackery. But in law a hankering for certainty, born of timidity and nourished by the love of authority, has led to the idea that the absence of such a set of ready-made principles is equivalent to legal chaos."

[100] LÓPEZ MEDINA, Diego Eduardo. *El derecho de los jueces*: obligatoriedad del precedente constitucional, análisis de sentencias y líneas jurisprudenciales y teoría del derecho judicial. 2 ed. Bogotá: Legis, 2006, p. 224.

[101] FRANCIS, 1928, p. 15. "Generally cases are not precedents for doctrines not involved in the facts of the case and not in the mind of judge; but it is respectfully submitted that where the doctrine is involved in the facts, although it is not noticed in the arguments of counsel or in the opinion of the judge and was not even in the mind of the judge, it may and generally does become part of the decision and hence a precedent. (...) We can always give 'good' reasons for our opinions or our conduct, but the 'real' reason are seldom given and often could not, to save our lives, be given."

soais do julgador[102]. Nesse passo, a depender o julgamento de questões incontroláveis, reflexo da subjetividade do intérprete, não há como retirar uma *ratio decidendi* de um precedente que realmente represente a explicação das verdadeiras razões pela qual o caso foi decidido da forma que o foi[103]. Isso seria um exercício impossível, inverossímil e, também, inútil, na medida em que, na nova aplicação, nada haverá senão a vontade subjetiva do intérprete a orientar a nova decisão. Nessa visão, os precedentes são ilusórios[104], por isso Francis encerra seu estudo dizendo que "eu me arrisco a sugerir que o esforço para encontrar

---

[102] FRANCIS, 1928, p. 22. "What operative facts will be necessary to constitute 'possession' will depend first upon the purpose of the inquiry, i.e., what legal consequences are sought to be attached, and secondly upon the judge's sense of justice, his sense of the mores of his time and place, that is, on his personal background and training, or, as the behaviorists have it, upon his 'behavior patterns.' In a word the decisions will always be pragmatic. The reasons a court gives for its decisions will always be 'good reasons,' but the 'real reasons' will seldom appear and when they do appear they will appear shamefacedly. The court is more likely to search legal theories and principles to back up a decision it has already arrived at before the argument is half finished than to look to them for the purpose of determining the decision."

[103] LÓPEZ MEDINA, 2006, p. 235-236. "Sin embargo, la teoría formalista de la *ratio decidendi* encontraría por la misma época enemigos aún más radicales: a finales de los años veinte y durante los treinta el realismo jurídico lanzó en los Estados Unidos un ataque frontal contra todos aquellos conceptos jurídicos que no expresaran realidades efectivas del razonamiento judicial; entre ellos se encontraba la antigua y venerable noción de *ratio decidendi*. Mientras la crítica moderada buscaba *reconstruir el concepto sobre bases realistas* (en autores como Goodhart, Levi y Oliphant), los realistas radicales pretendían que el derecho desechara tales nociones por completo y despertara de su sueño dogmático. Autores como John Dickinson y Jerome Frank representaban la posición radical que invocaron con enorme pasión en escritos de 1929 y 1930 respectivamente; mientras tanto, Arthur Goodhart (también en un escrito de 1930) se erigía como el mejor representante de una visión que, aunque ciertamente anti-formalista y realista, se mantenía de todas formas comprometida con la posibilidad de identificar racionalmente las *rationes decidendii* de una línea jurisprudencial, así no fuera en los argumento pronunciados por los jueces anteriores."

[104] FRANK, Jerome. *Law & the modern mind*. New Brunswick: Transaction Publishers, 2009, p. 159. "The paradox of the situation is that, granting there is value in a system or precedents, our present use of illusory precedents makes the employment of real precedents impossible."

a *ratio decidendi* de um caso em breve será visto à mesma luz que um fisiologista tentando encontrar a 'alma'"[105].

Dentre os realistas, aquele que se destacou no ataque à própria *stare decisis* e, consequentemente, à *ratio decidendi* foi Oliphant, afirmando que não seria a própria decisão do juiz o objeto de um estudo verdadeiramente científico do direito. Em verdade, antes, o foco central estaria concentrado naquele elemento previsível, qual seja, a resposta das Cortes a um dado estímulo (fatos de um caso concreto). Por isso, demandaria o "estudo de coisas tão difíceis quanto a sabedoria acumulada dos homens ensinada por experiências imediatas na vida contemporânea"[106]. A preocupação com os elementos sensíveis (estímulos, enquanto fatos ocorridos) caracteriza a proposta de Oliphant como um "empirismo radical"[107].

Mesmo uma vertente do realismo menos radical, como o escandinavo, também combate a obrigatoriedade do precedente, ou que ele seja capaz de constranger o aplicador futuro. Nesse passo, Ross, vinculado ao positivismo lógico (ou fático), afirma que "a doutrina da *stare decisis* não passa, na realidade, de uma ilusão"[108]. Assevera o autor que se trata de uma ideologia que visa ocultar a livre função criadora do direito que detêm os juízes. Em sua argumentação, sustenta que são dois os pontos que afastam a constrição que pretensamente foi criada pelo precedente: (i) a possibilidade de o juiz interpretar livremente o precedente, para definir sua *ratio decidendi*; (ii) a oportunidade de

---

[105] FRANCIS, 1928, p. 24. No original: "I venture to suggest that the effort to find the ratio decidendi of a case will soon be viewed in the same light as a physiologist trying to locate the 'soul.'"

[106] OLIPHANT, Herman. A return to stare decisis. *American Bar Association Journal*, v. 14, n. 2, p. 71-76, 1928, p. 76. "But there is a constant factor in the cases which is susceptible of sound and satisfying study. The *predictable* element in it all is what courts have done in response to the stimuli of the facts of the concrete cases before them. Not the judges' opinions, but which way they decide cases will be the dominant subject-matter of any truly scientific study of law. This is the field for scholarly work worthy of best talents for the work to be done is not the study of vague and shifting rationalizations but the study of such tough things as the accumulated wisdom of men taught by immediate experiences in contemporary life,-the battered experiences of judges among brutal facts."

[107] BUSTAMANTE, 2012, p. 260.

[108] ROSS, Alf. *Direito e justiça*. 2 ed. Tradução: Edson Bini. Bauru: Edipro, 2007, p. 115.

realização da distinção, uma vez que o juiz pode afastar a incidência de um precedente e, assim, sequer discuti-lo, escolhendo ele mesmo os fatos que entende relevantes[109].

A crítica realista ao *stare decisis*, apesar de juridicamente contestável, foi o berço para o desenvolvimento de novos movimentos e teorias que norteiam o mundo jurídico. A partir da verificação das atitudes dos juízes a determinado estímulo, iniciou-se o estudo da atuação judicial e a explicação das decisões prolatadas por meio de métodos quantitativos, hoje comumente utilizados sobretudo na ciência política ou mesmo na sociologia ou psicologia. Deu-se espaço, por exemplo, ao estudo do comportamento judicial (*judicial behavior*), como uma vertente do behaviorismo ou por modelos atitudinais. Nesse processo histórico, foi importante a crítica realista, também, para o surgimento das bases da análise econômica do direito (movimento *law and economics*).

3.2.1.3. TESTE DE GOODHART

Goodhart, com seu teste, tenta defender a noção de *ratio decidendi* do ataque efetuado tanto pelo realismo jurídico radical, quanto pelo positivismo lógico[110]. Isso para afastar o ceticismo do realismo (irracionalidade), assim como o formalismo exacerbado trazido pelo positivismo, contudo também realiza concessões aos movimentos acima indicados. Primeiro, aceita a tese de que os fatos triunfam sobre racionalizações e, assim, não estará necessariamente naquilo que o juiz diz ser a *ratio*, contudo isso não lhe retira a capacidade de extrair de um precedente uma regra ou princípio geral que deverá ser observado; antes, fixa-se justamente na importância dos fatos materiais e da conclusão da corte, para daí retirar tal regra ou princípio.

Enfatiza Goodhart a importância que se deve dar não só a *rule of law* estabelecida no precedente, mas aos fatos materiais em que se baseia a corte, por isso pretende o autor demonstrar que o direito está melhor constituído pelos métodos concretos que os juristas utilizam na prática (*law in action*) àquelas proposições formais emitidas por juízes anteriores ou mesmo pela legislatura (*law in the books*)[111]. Sustenta que a primeira função do juiz, ao decidir um caso, é definir quais os fatos que são materiais — e somente sobre estes se efetuará o julgamento

---

109 ROSS, 2007, p. 113-115.

110 SCOFIELD, 2005, p. 311-312.

111 LÓPEZ MEDINA, 2006, p. 237.

— e distingui-los dos imateriais, que serão simplesmente excluídos da análise. Um sistema de precedentes tornar-se-ia sem sentido, se fosse aceita a conclusão dada pela Corte, mas não a seleção por ela efetuada sobre os fatos materiais em disputa[112]. Por isso, defende que o primeiro passo — e o mais importante deles — é definir quais são os fatos materiais tal como definidos pelos juízes que estabeleceram o precedente[113].

O próximo passo, na fórmula de Goodhart, é verificar se os fatos materiais do precedente são similares ao do caso subsequente, o que se faz em uma dupla análise. Primeiro, deve-se definir quais são os fatos materiais no precedente e tentar encontrar quais são os do caso posterior. Se forem similares, o precedente vinculará a atuação do juiz, que decide o novo caso. Se, por sua vez, não se encontrarem os mesmos fatos materiais, seja porque há, no precedente, algum fato material não encontrado no segundo caso ou o contrário — haver, no novo caso, certo fato material não existente no paradigma —, a decisão anterior não será um precedente direto à nova causa[114].

---

[112] GOODHART, 1930, p. 169. "Our system of precedent becomes meaningless if we say that we will accept his conclusion but not his view of the facts. His conclusion is based on the material facts as he sees them, and we cannot add or subtract from them by proving that other facts existed in the case. It is, therefore, essential to know what the judge has said about his choice of the facts, for what he does has a meaning for us only when considered in relation to what he has said. A divorce of the conclusion from the material facts on which that conclusion is based is illogical, and must lead to arbitrary and unsound results."

[113] CROSS; HARRIS, 2004, p. 63. "According to Dr Goodhart the ratio decidendi of a case is determined by ascertaining the facts treated as material by the judge. It is the principle to be derived from the judge's decision on the basis of those facts. Any court bound by the case must come to a similar conclusion unless there is a further fact in the case before it which it is prepared to treat as material, or unless some fact treated as material in the previous case is absent."

[114] GOODHART, 1930, p. 180. "Having established the principle of a case, and excluded all dicta, the final step is to determine whether or not it is a binding precedent for some succeeding case in which the facts are prima facie similar. This involves a double analysis. We must first state the material facts in the precedent case and then attempt to find those which are material in the second one. If these are identical, then the first case is a binding precedent for the second, and the court must reach the same conclusion as it did in the first one. If the first case lacks any material fact or contains any additional ones not found in the second, then it is not a direct precedent."

Para Goodhart, portanto, a *ratio decidendi* é constituída pelos fatos que o juiz considera materiais para o caso, mais a sua decisão baseada em tais fatos. A teoria foi criticada por alguns juristas, que não concordavam com a premissa de que a *ratio* não seria encontrada nas razões utilizadas pelo juiz e que a importância da análise dos fundamentos se dava, primordialmente, para a caracterização de determinado fato como material ou imaterial[115]. A crítica que parece mais adequada, contudo, é de que o teste proposto negligencia a importância que detém a forma pela qual o processo surgiu e se desenvolveu, como, por exemplo, os limites estabelecidos à lide na inicial ou o exercício de um contraditório substancial entre as partes, além da falta de interesse da teoria no processo argumentativo realizado pelo juiz e da relação do caso com outras decisões[116].

O teste desenvolvido por Goodhart é importante para o jurista se atentar ao cuidado que deve ter com os fatos de um precedente, dada sua influência na construção da regra dele extraída. Isso é ainda mais importante para países de *civil law*, onde geralmente o intérprete procura retirar uma regra geral e objetiva como o resultado da interpretação de um precedente, afastando-se, assim, a matéria fática da demanda. Obviamente, dois fatos nunca serão exatamente os mesmos, todavia podem ser similares o suficiente, para que a conclusão jurídica adotada a um se repita em relação ao outro. Não se necessita da identidade total — o que é inviável — para a aplicação de um caso a outro, devendo ser superáveis as críticas de quem entende que deva prevalecer um viés normativo ao fático.

Se as particularidades fáticas são tais que tornam extremamente difícil a reprodução de fatos similares, por certo a decisão dificilmente será utilizada no futuro, por isso raramente poderá constituir um verdadeiro precedente. Isso faz parte do trato com precedentes. Não se deve esperar que toda e qualquer decisão formule uma nova doutrina, ou que realize a expansão, restrição ou exceção a uma já desenvolvida, assim como não se pode esperar que sempre um julgamento anterior

---

115 DUXBURY, 2008, p. 83.

116 Ibid., p. 84. "Goodhart erred, nevertheless, in neglecting 'the way which the case was argued and pleaded, the process of reasoning adopted by the judge and the relation of the case to other decisions'. He appreciated, of course, that looking to the judicial reasoning may help us to determine which facts the judge considered material."

será apto a resolver fatos futuros. O que importa no momento de tomada de decisão é a resolução justamente da particularidade — e singularidade — fática apresentada em dado processo. A formulação de uma *ratio decidendi* para o futuro é meramente circunstancial e secundária e ocorrerá na medida das possibilidades — inclusive fáticas — do novo caso posto a julgamento.

É bem verdade que Goodhart radicaliza o argumento, ao afirmar que a *ratio* será encontrada pelos fatos materiais mais a conclusão da Corte sobre tais pontos. Isso porque a resposta a um determinado conjunto de fatos será dada a depender, também, da argumentação jurídica efetuada. Por certo, o desfecho de um caso não é meramente uma escolha dos fatos que importam destacar. Assim como não há uma questão puramente de direito, também não haverá, para se chegar a uma decisão, uma matéria exclusivamente de fato. Só se caracterizará um fato como material, porque há a exigência pelo direito de sua ocorrência, para que se siga uma consequência específica, que será determinada pela Corte na decisão. Ao lado dos fatos materiais, há de se perquirirem, também, as razões materiais ou, como chama o CPC/15, os fundamentos determinantes da decisão.

O legado do teste proposto por Goodhart é importante na academia, em que se discute muito como definir a *ratio decidendi* de um caso. Scofield destaca que as Cortes, de uma forma geral, não empregam explicitamente o método desenvolvido por Goodhart, vez que o autor aparenta, em um primeiro momento, cético sobre o raciocínio judicial (dizendo que a *ratio* não se encontra nas razões dadas na decisão)[117]. Em que pese a limitada aplicação judicial da teoria, ela é importante para o cenário nacional, em que sequer se discutiam, no passado não muito distante, a força de um precedente e, tampouco, o que nele se caracteriza como *ratio* ou como *dicta*. Principalmente, como já ressaltado, pela importância que se dá aos fatos do caso específico, e não apenas na apresentação canônica de uma regra de direito geral e abstrata, tendência que se mostra presente na prática jurídica e nas discussões acadêmicas sobre o assunto.

---

[117] SCOFIELD, 2005, p. 327-328.

3.2.2. PROPOSTA DE UM CONCEITO ADEQUADO À *RATIO DECIDENDI* COMPATÍVEL COM O ORDENAMENTO JURÍDICO BRASILEIRO

Se os testes não são perfeitos, e a falta deles (como quis o realismo americano) também não se mostra adequada, qual o conceito operacional que se poderia atribuir à *ratio decidendi*? Como, enfim, encontrá-la em um precedente nacional? Tal como na doutrina alienígena, não é fácil formular uma definição que abarque toda a complexidade da construção da *ratio* de um caso. Por isso, a tentativa de estipulação de um teste objetivo para sua identificação não é capaz de abarcar todas as hipóteses de aplicação, não servirá, sempre, à sua formulação.

Há um certo fetichismo pelo método, como uma ferramenta que garantiria a objetividade na interpretação e a aplicação do direito, aproximando, dessa forma, o normativismo e o metodologismo[118]. Acredita-se que somente a utilização de uma metodologia própria, que preestabelecesse critérios impessoais de avaliação, característicos ao próprio objeto de estudo (no caso, o direito), pode revelar seu significado intrínseco. Gadamer, contudo, já desvelou que o método não garantirá a verdade e tampouco a objetividade[119]. Ao contrário, o método, como afirma Streck, passou a ser o momento supremo da subjetividade, sendo que "não há métodos ou critérios que 'segurem' a interpretação"[120]. Deve-se, portanto, ultrapassar essa questão, reconhecendo o caráter histórico da compreensão, em que há a mediação constante entre o passado e o presente, abandonando-se o ideal de procedimentos de um determinado método como forma de construção de um conhecimento objetivo e, assim, verdadeiro[121].

A identificação da *ratio* por meio de um método, de um teste próprio e objetivo, estará fadado ao insucesso. Não se nega, contudo, que uma determinada metodologia não cumpra um papel ou que seja de

---

[118] MACÊDO, Lucas Buril de. Precedentes judiciais e o direito processual civil. 2 ed. Salvador: Juspodivm, 2017a, p. 240.

[119] GADAMER, 2008, p. 631. "(...) a certeza proporcionada pelo uso dos métodos científicos não é suficiente para garantir a verdade."

[120] STRECK, 2010, p. 66.

[121] GADAMER, 2008, p. 385. "A compreensão deve ser pensada menos como uma ação da subjetividade e mais como um retroceder que penetra num acontecimento da tradição, onde se intermedeiam constantemente passado e presente. É isso que deve ser aplicado à teoria hermenêutica, que está excessivamente dominada pela ideia dos procedimentos de um método."

desinteresse total. O que importa é saber que o elemento hermenêutico antecede a própria formulação metodológica (o "enquanto hermenêutico" antecede o "como apofântico"). Por isso, ainda que não leve o intérprete à obtenção da *ratio decidendi*, os métodos até então desenvolvidos auxiliam o jurista a identificá-la ou, ao menos, a excluir algumas formulações como *ratio*.

O teste de Wambaugh, se falha em identificar, com exatidão, a *ratio* de um caso (principalmente naqueles em que há mais de uma), pode ser útil em dizer o que ela não é. Em outras palavras, pode servir para excluir uma determinada proposição jurídica como uma razão determinante ou necessária para a conclusão a que chegou a Corte. Nesse mesmo sentido, o teste de Goodhart também poderá auxiliar o intérprete, principalmente no que toca à importância dos fatos à construção da *ratio*, conforme já assinalado. Há de se ter em mente, todavia, que qualquer um desses testes, sozinhos ou em conjunto, não conseguirá abarcar todas as nuances e dificuldades de se trabalhar com precedentes e formular sua *ratio decidendi*.

A construção será feita de forma argumentativa, na própria *applicatio*, logo o estabelecimento da *ratio* de um julgado está sempre em jogo. A cada aplicação, a parte interessada reconstruirá o texto do precedente em uma norma a ser aplicada aos novos fatos que se encontram em disputa. Desta feita, o que se definiu como *ratio* em uma aplicação pretérita não será, necessariamente, a mesma que outra aplicação futura conceituará. Pode-se restringir ou alargar a *ratio*, ou mesmo rebaixar aquilo que se entendia por *ratio* para um simples *obter dicta*, retirando-lhe qualquer elemento de vinculação[122]. Por isso, estabelecer o que é a *ratio decidendi* de um precedente é matéria tormentosa, mesmo em países de *common law*, em que o *judge made law* já está consolidado. Igualmente, seja no *civil law* ou no *common law*, a

---

[122] DIDIER JR., 2017, p. 510. "De outro lado, há casos, na prática forense, em que o *obter dictum* é indevida e arbitrariamente invocado como precedente, como se *ratio decidendi* fosse. Daí Geoffrey Marshall visualizar a possibilidade de aquilo que foi equivocadamente estabelecido como *ratio decidendi* ser rebaixado à condição de *obter dictum* por decisões posteriores. Seria: 'outra forma de *obter dictum*, que é na verdade uma suposta *ratio decidendi* rebaixada de categoria pelo raciocínio judicial posterior. Pode considerar-se que um princípio aparentemente estabelecido como a razão para uma determinada decisão foi afirmado muito largamente ou de alguma outra forma inapropriada.'"

vinculação ao precedente não será "resolvida por meio de uma alternativa do tipo 'tudo-ou-nada'"[123].

Não se encontrará, portanto, a *ratio* resumida em uma passagem do voto vencedor (ou mesmo na ementa do acórdão). Tomar-se-á a inteireza da decisão, e dela se extrairá aquilo que de essencial e necessário foi utilizado, para se chegar à resposta que se deu a determinado caso. É intuitivo dizer que, na fundamentação, será encontrada a *ratio decidendi* de um precedente, eis que lá estão as razões de decidir, estabelecendo-se os fatos comprovados e o direito aplicável à questão. Isso não reflete, porém, com exatidão, a complexidade da utilização de precedentes e, tampouco, o estabelecimento da *ratio decidendi*. Isso porque uma decisão judicial não ocorre no vácuo, deve ser algo que em si baste. O intérprete que deseja desvelar um fundamento determinante de dada decisão pretérita necessita compreender a postura processual que o caso tomou, desde seu nascimento. A forma como foi conduzido o procedimento irá afetar diretamente o resultado final. As defesas apresentadas, se processuais ou materiais, a produção probatória, além do debate dialético estabelecido entre as partes são cruciais à solução final da questão posta em juízo, contudo, na fundamentação, não se avaliará a forma pela qual transcorreu o procedimento. Isso estará, em regra, no relatório, momento específico para que o juiz indique todo o histórico do processo, desde a individualização das partes (e de terceiros intervenientes) à suma dos fundamentos alegados, especifique a produção probatória procedida, tudo de forma cronologicamente disposta, fazendo com que os possíveis interessados compreendam a maneira como se desenvolveu o processo até o momento da sentença (ou acórdão).

O dispositivo, da mesma forma, é essencial para determinar a *ratio decidendi* de um caso. Pouco valor tem se dado ao dispositivo para a fixação da regra universalizável de um precedente, na medida em que ele expõe a regra individual, ou seja, define os pedidos que, naquele caso específico, mereceram procedência ou improcedência, a fixar aquilo que uma parte deve cumprir em favor da outra. Dessa forma, dado o grau de individualização que detém, muitos ignoram a disposição final de um caso, quando dele se pretende retirar algum elemento de determinação face a um caso posterior similar. O dispositivo, entretanto, é crucial em vários momentos para a correta definição da *ratio decidendi* de um precedente.

---

[123] BUSTAMANTE, 2012, p. 277.

Dois exemplos dessa importância são facilmente verificáveis. Primeiro, naqueles em que não se conhece do recurso e, ao mesmo tempo, adentra-se ao mérito do próprio assunto debatido. Isso é comum nos recursos excepcionais, de fundamentação vinculada, como ocorrem nos recursos especial e extraordinário. Não raro, a corte superior não conhece dos recursos, apesar de debruçar-se sobre a essência do direito material debatido. A maneira que usualmente o STJ utiliza suas súmulas n. 7 e 83 são exemplos de quão corriqueiro isso ocorre na prática jurídica. Nesse passo, sem o conhecimento, resta transitada em julgado a decisão da corte inferior, não havendo, sequer, o efeito substitutivo.

A questão que se põe, a esse respeito, é se haverá (em relação ao mérito) algum valor de precedente em tal espécie de decisão. Nesse particular, a princípio, pelo dispositivo (não conhecimento do recurso especial ou extraordinário), impedir-se-ia qualquer efeito precedencial diferente do próprio juízo de admissibilidade (uma vez que pode servir de precedente em relação ao direito processual necessário ao resultado indicado — o próprio não conhecimento). Contudo, como já se defendeu no capítulo I, em tais situações, é necessário dar força à decisão pretérita, enquanto verdadeiro precedente, uma vez que é mais importante verificar o que uma Corte fez do que aquilo que ela disse, como sustenta Goodhart. Ao adentrar ao mérito, pouco importa se o dispositivo seja pelo não conhecimento, se a Corte já o realizou, portanto é essencial que relatório, fundamentação e dispositivo sejam todos analisados e correlacionados para a qualificação de uma decisão como precedente e, consequentemente, para apurar qual foi a sua *ratio*.

Outro exemplo que causa dificuldades, ao menos no Brasil, para a definição da *ratio decidendi* de um caso é o grande apego que se tem pelas ementas dos julgados, desconsiderando-se, por vezes, a completude da decisão (relatório, fundamentação e dispositivo). Por ser matéria que necessita de uma análise mais acurada, passa-se a estudá-la em uma subdivisão própria.

3.2.2.1. EMENTAS E *RATIO DECIDENDI*

Cabe fixar, por primeiro, um conceito operacional para o termo ementa, entendendo-a como "um resumo, bastante sucinto, dos principais pontos e questões decididos por um órgão colegiado"[124]. Embora

---

[124] ARRUDA ALVIM; SCHMITZ, Leonard. Ementa. Função indexadora. (ab)uso mecanizado. problema hermenêutico. In: NUNES, Dierle; MENDES, Aluísio; JAYME,

já exista, na doutrina nacional, uma construção relativamente sólida de que a *ratio decidendi* não se identifica nem será encontrada na ementa de uma decisão pretérita, ainda há pontos, sobretudo na prática jurídica, que demandam um estudo analítico sobre a questão. Na prática jurídica, ainda é comum acreditar que as ementas compreendem, em si, aquilo que é essencial em um julgado e apresentam, de forma sumarizada e simples, todas as razões de decidir das questões postas em discussão. É algo arraigado no senso comum teórico dos juristas, na expressão de Warat,[125] que domina o discurso epistemológico do direito, como denuncia Rosa[126]. Tanto que é comum nas peças jurídicas a citação de tantas ementas quanto for necessário à defesa do posicionamento que se sustenta como correto. Independentemente se for o advogado, defensor público, o promotor de justiça ou o juiz, todos, invariavelmente, utilizam decisões pretéritas, para reforçarem seus argumentos, citando, para tanto, somente as ementas dos precedentes utilizados.

Sabe-se que o trato com precedentes ocorre de forma diversa, não havendo espaço para a simples referência a ementas de casos anteriores. Desde a fase postulatória, não é suficiente que o advogado tão somente apresente uma série de ementas de julgamentos anteriores, mesmo que de Tribunais Superiores. Cabe-lhe "trabalhar especificamente com a semelhança fática entre o fato analisado no julgado e aquele em discussão no processo e, mais do que isso, levantar os fundamentos expostos no acórdão para construir sua pretensão (*to make a case*)"[127].

Fernando Gonzaga. *A nova aplicação da jurisprudência e precedentes no CPC/2015*: estudos em homenagem à professora Teresa Arruda Alvim. São Paulo: 2017, p. 653-678, p. 659.

[125] WARAT, Luís Alberto. *Mitos e teorias na interpretação da lei*. Porto Alegre: Síntese, 1979, p. 19. "Chamar-se-á 'senso comum teórico' a essa montagem de noções — representações — imagens — saberes, presentes nas diversas práticas jurídicas, lembrando que tal conjunto funciona como um arsenal de ideologias práticas. Em outras palavras, essa montagem corresponde a normas que disciplinam ideologicamente o trabalho profissional dos juristas."

[126] ROSA, 2006, p. 259. "O discurso da epistemologia do direito difundido pelo *senso comum teórico* é um discurso 'chapa-branca', em que o *Estado* (tenta) controla(r) as possibilidades de enunciação das pretensões de verdade para, em nome da *neutralidade* e *objetividade*, censurar, via método científico (lugar do *mito, lógico*), a construção de uma democracia do saber, tendo no *senso comum teórico* seu eterno guardião."

[127] ZANON JR., Orlando Luiz; LUIZ, Fernando Vieira. Apontamentos iniciais sobre a força gravitacional da jurisprudência no novo código de processo civil. *Revista Jurídica Cesumar - Mestrado*, v. 16, n. 3, p. 753-784, set.-dez. 2016, p. 764.

As exigências dispostas no art. 489, § 1º, do CPC/15, não são dirigidas apenas ao juiz, em verdade, trata o dispositivo de como construir um argumento válido no âmbito jurídico e, nesse sentido, importa em uma obrigação de todos os juristas observarem as condições mínimas que expõem, para que o argumento seja levado em consideração[128].

Ao magistrado, da mesma maneira, caberá construir sua decisão com a base dialética que apresentaram as partes. Assim, além de necessariamente levar em conta — ainda que para afastar a aplicação — todas as decisões anteriores utilizadas pelos litigantes, deverá realizar o cotejo analítico entre o precedente que utiliza e o caso em mãos. Nesse particular, afasta-se, por completo, a mera citação de ementas. Em um sistema que utilize decisões pretéritas como forma de decidir casos presentes, a ementa nada representa.

Se a ementa não acresce nada à fundamentação da decisão de um novo caso, qual será a sua serventia? Com efeito, as ementas "são importantes no sentido de promover a catalogação dos casos julgados por determinado Tribunal, facilitando e racionalizando seu arquivamento para posterior uso"[129]. A quantidade elevada de decisões anteriores acarreta a dificuldade de encontro posterior da informação necessária. Assim, há de se ter uma forma de guardá-la de forma racional, para que seu uso futuro seja possível (ou facilitado). Se há um grande número de precedentes, e não existem mecanismos para o jurista encontrar a informação em que tem interesse senão pela leitura de tudo aquilo que já foi decidido, ocorrerá uma espécie de censura pelo excesso, como diz Eco[130].

---

[128] Ibid., loc. cit. "Portanto, o advogado, o defensor público, o promotor de justiça, enfim, todos aqueles que militam em um processo judicial deverão construir seus raciocínios, suas teses, com uma percuciente análise dos fatos que embasaram a decisão anterior e seus fundamentos jurídicos, quando estiverem fundamentando com base em precedentes. A partir daí, o jurista poderá formular seu argumento, realizando as analogias que entender pertinentes, buscando nos fatos do caso em mão o suporte básico para esta comparação com o antecedente."

[129] Ibid., 2016, p. 773.

[130] ECO, Humberto. *Cinco escritos morais*. Tradução: Eliana Aguiar. Rio de Janeiro: Record, 1998, p. 32. "(...) a imensidão de informações que essas redes permitem poderia levar a uma censura por excesso. O New York Times de domingo traz realmente all the news that's fit to print (todas as notícias que vale a pena imprimir), mas não se diferencia muito do Pravda dos tempos de Stalin, porque — visto que é impossível lê-lo por inteiro em sete dias — é como se as notícias que dá fossem censuradas. O excesso de informação leva ou a critérios casuais de escolha, ou a escolhas acuradas acessíveis apenas, de novo, a uma elite educadíssima.

A ementa possui justamente a função de facilitar a guarda e acesso à informação. Sua função é catalográfica e indexadora[131]. Trata-se, em certo sentido, da ficha catalográfica do acórdão, em que palavras-chaves e termos padronizados (para homogeneidade) funcionam como facilitadores da recuperação da informação desejada. Encontrado um acórdão sobre a matéria, o jurista valorará seu conteúdo, verificando se lhe será útil ou não. Assim, há um refinamento da pesquisa, sem que se necessite passar por tudo o que já foi publicado, ou procurar a esmo, no afã de que se esbarre em algo proveitoso. Os sistemas de buscas, inclusive eletrônicos, dependem de informações dessa natureza. Tendo em vista tal objetivo, as ementas deveriam interessar mais outros ramos do conhecimento, como a biblioteconomia, os sistemas da informação ou a arquivolologia. Entretanto, na área jurídica, a ementa não contém em si as razões de decidir, não expressa a *ratio decidendi* do julgado, mesmo porque sequer faz parte da discussão em colegiado; antes, trata-se da sumarização procedida pelo próprio relator, quando da publicação do acórdão. Assim, não se pode conferir qualquer valor de *ratio* àquilo que consta na ementa de um julgado.

Esse interesse — e pesquisa — por áreas correlatas seria desejável, na medida em que, usualmente, não há um procedimento uniforme e, principalmente, um catálogo de palavras-chave predefinidas para a indexação homogênea de uma dada matéria. Em verdade, cada juiz redige a ementa dos acórdãos em que serve de relator, da forma que melhor lhe aprouver. Uns utilizam exclusivamente palavras-chave, outros, pequenos textos (ou mesmo citações doutrinárias ou de outros julgados), e alguns, um misto dos dois. Há construções propositadamente longas, com uma ementa de várias páginas, assim como existem as exíguas e tão curtas, que pouco se entende sobre o que versa o acórdão. A variação dos termos utilizados para a mesma questão impede, também, uma catalogação mais eficiente dos julgados. Por exemplo, alguns utilizarão na ementa a expressão "proibição de comportamentos contraditórios", enquanto outros consignarão "*venire contra factum proprium*"; encontrar-se-á ora o termo "tutela antecipada", ora "antecipação dos efeitos da tutela"; em casos criminais, em algumas ementas, constará "crime continuado", e, em outros, "continuidade delitiva". Essas pequenas diferenças podem passar despercebidas ao jurista, contudo, em tempos de buscadores eletrônicos (plataforma eletrônica), com complexos algoritmos de buscas desenvolvidos, isso

---

[131] ARRUDA ALVIM; SCHMITZ, 2017, p. 659.

pode representar a perda de informação e consequente inobservância de um importante precedente, a depender das palavras-chaves utilizadas. As ciências que tratam da organização do conhecimento, com sua catalogação e indexação, detêm um campo de pesquisa interessante e importante, para que se atinja uma maior racionalidade na guarda e acesso à informação jurídica.

É bem verdade que o CPC/15 inova, criando a obrigação de que "todo acórdão conterá ementa" (art. 943, § 1º, do CPC/15). O que antes era uma praxe jurídica passa a ser uma obrigação geral na redação dos acórdãos. A questão que se coloca é a consequência de sua transgressão. O que ocorre, se não houver a elaboração da ementa no acórdão? Na égide da legislação processual anterior, em que não existia expressamente a obrigatoriedade, entendia-se que a falta da ementa não acarretava a nulidade do acórdão[132]. A partir da vigência do CPC/15, a matéria tornou-se controvertida, dividindo-se a doutrina dentre aqueles que defendem a nulidade do acórdão[133], e outros que continuam a sustentar que não se trata de nulidade[134], podendo ser considerado apenas como uma mera irregularidade, corrigível por embargos de declaração[135].

Tendo em vista a natureza e a função da ementa, não há a alegada nulidade pela simples falta de sua elaboração. A ementa não serve ao próprio julgamento, e sua razão de ser é a organização da informação em banco de dados para sua recuperação futura. Não há nada de estrutural nela em relação ao caso discutido, ou seja, "a ementa sequer deci-

---

132 BRASIL. Superior Tribunal de Justiça. *REsp 166.334/MG*. Rel. Min. Castro Meira, Segunda Turma, julg. em 28/09/2004, DJ 16/11/2004, p. 219; BRASIL. Superior Tribunal de Justiça. *AgRg nos EDcl no Ag 549.472/MG*, Rel. Min. Carlos Alberto Menezes Direito, Terceira Turma, julg. em 27/04/2004, DJ 07/06/2004, p. 222.

133 CÔORTES, Osmar Mendes Paixão. Art 945. In: ARRUDA ALVIM, Teresa; DIDIER JR., Fredie; TALAMINI, Eduardo; DANTAS, Bruno. Breves comentários ao novo código de processo civil. 3 ed. São Paulo: RT, 2016, p. 2348-2349, p. 2348. "A falta de ementa levará à nulidade da decisão."

134 NERY JR.; NERY, 2015, p. 1872. "Trata-se de dispositivo desprovido de sanção, pois a falta da ementa não acarreta a nulidade do acórdão, se estiverem preenchidos os requisitos do CPC 489."

135 ARRUDA ALVIM, Teresa; CONCEIÇÃO, Maria Lúcia Lins; RIBEIRO, Leonardo Ferres da Silva; MELLO, Rogério Licastro Torres de. *Primeiros comentários ao novo código de processo civil*: artigo por artigo. 2 ed. 2 tiragem. São Paulo: RT, 2016, p. 1487.

são é"[136]. Em outras palavras, não é necessária à resolução da lide posta. Diferentemente do relatório, fundamentação e dispositivo, a ementa sequer trata das especificidades da causa e, quando muito, aponta as principais questões jurídicas decididas no acórdão. Ao contrário, sua forma de construção afasta as circunstâncias fáticas particulares da demanda a que se refira.

Deve-se ter cuidado, também, com outro problema comum na prática judiciária, qual seja, a da não correspondência entre a ementa e aquilo que foi efetivamente decidido pelo tribunal. Não há dúvida de que, se houver divergência entre a ementa e o voto, prevalecerá o último, caso não haja a correção (que pode se dar de ofício, como erro material, ou ser apontado a partir do agir da parte, como na interposição dos embargos de declaração). A questão tormentosa é outra. Trata-se da situação em que a ementa diz mais do que aquilo que restou decidido pela Corte, e, descuidadamente, o jurista pode ser levado ao engano, se for buscar auxílio tão somente na ementa, desprezando a leitura dos demais elementos da decisão.

Exemplo da situação acima descrita é o posicionamento do STF acerca da nulidade do processo na situação em que um suspeito é inquirido como se testemunha fosse, na fase inquisitorial, privado do direito ao silêncio ou o de não produzir prova contra si, eis que, na condição de testemunha, estava compromissado a não calar e falar a verdade. Nesse passo, as duas Turmas do STF aparentemente divergem a respeito do tema. Apesar de meramente aparente, como demonstrar-se-á, esse dissenso pode ser visto em dois recentes casos, quais sejam, no HC 122.279, de relatoria do Min. Gilmar Mendes, e no HC n. 103.581, tendo como relator o Min. Luiz Fux. Neste, fez-se constar na ementa que os "vícios do inquérito policial não contaminam a ação penal", já naquele foi reconhecida a agressão ao princípio da não autoincriminação, decidindo a Corte pela inépcia da denúncia que se baseou exclusivamente na confissão realizada pela então testemunha do inquérito, que veio a se tornar réu na ação penal seguinte. Caso a análise fosse circunspecta às respectivas ementas, reconhecer-se-ia a divergência. Traz-se, assim, a íntegra das ementas para análise mais acurada:

---

[136] SCHMITZ, Leonard Ziesemer. *Fundamentação das decisões judiciais*: a crise na construção de respostas no processo civil. São Paulo: RT, 2015, p. 321.

PROCESSUAL PENAL. RECURSO ORDINÁRIO EM HABEAS CORPUS. DIREITO PENAL E PROCESSUAL PENAL MILITAR. CRIME DE FALSIDADE IDEOLÓGICA (CPM, ART. 312). TRANCAMENTO DA DENÚNCIA. DESCABIMENTO. CONDUTAS SUFICIENTEMENTE INDIVIDUALIZADAS. SUPERVENIENTE INDICIAMENTO DE PARTES QUE PRESTARAM DEPOIMENTO COMO TESTEMUNHAS NO INQUÉRITO POLICIAL MILITAR. NULIDADE. INQCORRÊNCIA. MATÉRIA DE FATO E DE PROVA. VÍCIO NO INQUÉRITO POLICIAL. AUSÊNCIA DE CONTAMINAÇÃO DA AÇÃO PENAL. PRAZO MÍNIMO DE 24 (VINTE E QUATRO) HORAS ENTRE A CITAÇÃO E INTERROGATÓRIO. CÓDIGO DE PROCESSO PENAL MILITAR, ART. 291. PRINCÍPIOS DA AMPLA DEFESA E DO CONTRADITÓRIO (CRB, ART. 5o, LV). INOBSERVÂNCIA. NULIDADE ABSOLUTA. RECURSO PARCIALMENTE PROVIDO. PEDIDO DE VISTA. SUPERVENIENTE PEDIDO DE DESISTÊNCIA. HOMOLOGAÇÃO. 1. A ação penal e o seu eventual trancamento deve ser reservado apenas para situações excepcionais, por ausência de justa causa, ou quando evidente a ilegalidade demonstrada em inequívoca prova pré-constituída, o que não se verifica na presente hipótese, em que a denúncia observou os termos do art. 77 do CPPM. Com efeito, as condutas estão suficientemente individualizadas na exordial acusatória, havendo perfeita delimitação fática a partir da qual é viável o exercício do direito de defesa, ainda que não se possa precisar o dia, hora e local exato do fato delituoso, que se revela irrelevante na presente causa. (Precedentes: RHC 103.467/RJ, Relator Min. Ricardo Lewandowski, Julgamento em 24/8/2010; RHC 93.801/SP, Relator Min. Menezes Direito, Primeira Turma, Julgamento em 25/3/2008; RHC 84.760/DF, Relator Min. Carlos Velloso, Segunda Turma, Julgamento em 19/10/2004). 2. *In casu*: a) os recorrentes foram denunciados por suposta participação no crime de falsidade ideológica previsto no Código Penal Militar (art. 312); b) a conduta consistiu em alterar dolosamente os dados funcionais dos recorrentes no sistema de informações do Comando da Marinha com a finalidade de permitir a margem consignável do contracheque, e lesar o erário público com o recolhimento a menos do imposto de renda, com o auxílio do funcionário responsável. 3. O indiciamento no inquérito militar não representa constrangimento ilegal pelo simples fato de as partes terem sido ouvidas na qualidade de testemunhas na fase pré-processual, porquanto o desdobramento das investigações poderiam conduzir a conclusão de que houve participação no crime. 4. A alegação de nulidade dos depoimentos prestados nessa fase, com o escopo do acolhimento, torna indispensável o revolvimento do contexto fático-probatório, expediente incabível na via estreita do writ.(HC 86.582/SP, Relator Min. Sepúlveda Pertence, Primeira Turma, Julgamento em 4/10/2005; HC 96.086/SP, Relator Min. Eros Grau. Segunda Turma, Julgamento em 3/2/2009). 5. Os vícios do inquérito policial não contaminam a ação penal, sendo certo que, no presente caso, a instrução do processo ainda está em curso, não havendo como avaliar, nesse estágio, a influência das provas produzidas na fase pré-processual em eventual condenação. (HC 24/8/2004: AI 687.893-AqR/PR. Relator Min. Ricardo Lewandowski. Julgamento em 26/8/2008; RHC 85.286/SP, Relator Min. Joaquim Barbosa, Julgamento em 29/11/2005). 6. Os postulados da ampla defesa e do contraditório (CRB, art. 5º, LV) restam violados pela inobservância do art. 291 do Código de Processo Penal Militar (Art. 291 - As citações, intimações ou notificações serão sempre feitas de dia e com a antecedência de vinte e quatro horas, pelo menos, do ato a que se referirem.), configurando nulidade absoluta a citação de dois dos recorrentes no mesmo dia em que ocorreu o interrogatório. Com efeito, no processo penal comum, de acordo com a nova sistemática adotada com o advento da Lei 11.719/2008 (art. 400 e 531 do CPP), para garantir-se maior efetividade aos postulados da ampla defesa e do contraditório, o ato do interrogatório foi relegado para o final da instrução criminal, regra processual que evita situações de cerceamento de defesa, como a do presente caso. 7. *In casu*, ante a ausência de informação nos documentos a respeito do horário em que foi citado o recorrente, no dia anterior ao interrogatório (mandado de fls. 764 do Apenso III), surge dúvida se houve o cumprimento do prazo mínimo de 24 (vinte e quatro) horas a qual milita a seu favor. No presente caso, ao menos um dos recorrentes foi citado no mesmo dia do interrogatório, restando evidente o prejuízo à sua defesa. 8. Recurso parcialmente provido, tão-somente para declarar-se a nulidade dos interrogatórios dos recorrentes citados sem a obediência do lapso temporal legal, determinando-se a renovação do ato processual, prejudicadas as demais pretensões formuladas no presente recurso ordinário em habeas corpus. 9. Julgamento interrompido em razão de pedido de vista, advindo pedido de desistência que, submetido à Primeira Turma, restou homologado[137].

Já no acórdão lavrado pelo Min. Gilmar Mendes:

Recurso ordinário em habeas corpus. 2. Furto (art. 240 do CPM). Recebimento da denúncia. 3. Alegação de nulidade do processo por ofensa ao princípio do nemo tenetur se detegere em razão da confissão da autoria durante a inquirição como testemunha. 4. Denúncia recebida apenas com base em elementos obtidos na confissão. 5. Garantias da ampla defesa e do contraditório no curso da ação penal. 6. Recurso provido[138].

Dentre os dois julgados, o segundo é o único que serve de precedente em relação à questão da nulidade discutida, é a interpretação mais consistente, seja pela argumentação despendida no voto do Min. Gilmar Mendes e nas discussões que se seguiram, seja pela peculiari-

---

[137] BRASIL. Supremo Tribunal Federal. *RHC 103581*. Rel. Min. Luiz Fux, Primeira Turma, julg. em 12/03/2013, DJe-194 DIVULG 02-10-2,013 PUBLIC 03-10-2013.

[138] BRASIL. Supremo Tribunal Federal. *RHC 122279*, Rel. Min. Gilmar Mendes, Segunda Turma, julg. em 12/08/2014, DJe-213 DIVULG 29-10-2014 PUBLIC 30-10-2014.

dade dos dois casos. Ambos tratam de *habeas corpus* em processo que versava sobre a prática de crime militar. No relatado pelo Min. Luiz Fux, trata-se do delito de falsidade ideológica, tipificado no art. 312 do CPM, em que houve a propositura de denúncia contra cinco agentes, um como autor do falso e os outros quatro como partícipes, sendo que, durante o inquérito, os quatro foram ouvidos como testemunhas. Narrava a denúncia que o autor fazia constar dados falsos no sistema próprio para o aumento da margem consignável, possibilitando que os partícipes contraíssem novos empréstimos em instituições financeiras, mesmo com a margem original já completamente comprometida. Nesse passo, sobre a circunstância de constarem no inquérito como testemunhas e serem denunciados na ação penal que o seguiu, asseverou o Ministro relator:

> Quanto à alegação de constrangimento ilegal por terem as partes recorrentes sido ouvidas na qualidade de testemunhas na fase inquisitorial, melhor sorte não assiste à defesa. Isso porque é possível que o inquérito penal inicie-se sem o indiciamento, e o mesmo venha a ocorrer somente após o desdobramento das investigações, alterando-se o quadro fático inicial. (...) De mais a mais, a ação penal ainda está em curso, não havendo como se avaliar, no presente estágio, a influência das provas produzidas na fase pré-processual em eventual condenação. E, via de regra, eventuais vícios no inquérito policial não contaminam a ação penal, conforme julgados desta Corte.

Desta feita, o voto condutor iniciou no sentido de ultrapassar a alegação de nulidade, pelos motivos acima apontados. Seguiu-se, então, a discussão entre o relator e os Min. Marco Aurélio e Cármen Lúcia sobre outro ponto do voto — em relação a outra nulidade arguida, reconhecida pelo relator e debatida pelos outros dois ministros —, o que motivou o pedido de vistas do Min. Dias Toffoli. No retorno dos autos para julgamento, o voto vista limitou-se a informar a existência de pedido de desistência do *habeas corpus*, que foi homologada pela Primeira Turma, à unanimidade.

A primeira questão a se ponderar, em relação a esse julgado, é que não se presta como precedente, no particular da nulidade especificada. Sabe-se que somente os fundamentos que levam à decisão final, a *ratio decidendi*, são capazes de gerar efeitos futuros. As afirmações ou opiniões lançadas que não sejam suficientes e necessárias à decisão final são meros *obiter dicta*, não se podendo atribuir força de precedente judicial a tais razões que, sequer diante do caso concreto, não geraram efeitos para se chegar à conclusão da Corte. Essa é a situação do caso em que, ao decidir a Turma pela homologação do pedido de desistência, qualquer outro fundamento lançado anteriormente que não leve à extinção do *habeas corpus* não adquire força de precedente. Não se manifestando a integralidade do colegiado sobre o ponto em comento, devido ao final antecipado das discussões, face ao pedido de desistência, fica inviabilizado reconhecer que o posicionamento da Turma é efetivamente pela superação da nulidade alegada, ainda que esta fosse o encaminhamento inicial, mesmo porque sequer houve a manifestação, em um mesmo sentido, da maioria dos Ministros senão para a homologação da desistência. Manteve-se, por certo, o vasto estudo realizado no voto do Relator, que construiu a ementa do julgado de forma equivocada e distorcida do que efetivamente ocorreu no julgamento. Enquanto responsável pela redação da ementa, o relator incutiu nela a visão exposta em seu voto, que não foi confirmado pelo colegiado.

O julgado apresenta uma ementa performática. Há, é bem verdade, certa erudição na ementa, a qual não se reproduz na decisão final. É um perfeito exemplo da estrutura dual já denunciada por Rosa, no manifesto, há um "efeito estético persuasivo de semblante", contudo, no latente, mantém-se o "vazio significante"[139]. No caso, a ementa, que teria por finalidade resumir o conteúdo do julgamento, retrata a visão pessoal do relator, alheia ao debate e à decisão efetivamente tomada pela Corte. A ementa do julgado mostra o descaso com a própria função de julgar e a própria função das decisões passadas com os casos futuros. É um perfeito exemplo daquilo que Rosa já verificava: "as decisões judiciais deixaram de dizer o caso. Elas são produzidas para serem vistas. O computador e a *internet* propiciaram uma vitrine para decisões judiciais."[140]

Em que pese a divergência aparente, o precedente que expõe o entendimento da matéria no STF é o relatado pelo Min. Gilmar Mendes. Neste, houve profunda discussão sobre a matéria, considerando inepta a denúncia, que se ancorava exclusivamente em confissão daquele ouvido como testemunha no bojo do inquérito, sem ter o benefício dado aos investigados em geral, sobretudo o de não se obrigar a falar a verdade e o de permanecer em silêncio. Nesse caso, o inquérito ver-

---

[139] ROSA, Alexandre Morais da. Apresentação. In: RAMIRES, Maurício. *Crítica à aplicação de precedentes no direito brasileiro*. Porto Alegre: Livraria do Advogado, 2010. p. 23.

[140] ROSA, Alexandre Morais da. *Garantismo jurídico e controle de constitucionalidade material*: aportes hermenêuticos. 2 ed. Rio de Janeiro: Lumen Juris, 2011, p. 103.

sava sobre o furto de um celular ocorrido no estabelecimento militar, sendo que a autoridade que o presidia intimou o paciente para prestar depoimento como testemunha, tomando o compromisso legal. Durante o ato, após dar uma versão ao ocorrido, o paciente solicitou que fosse desconsiderado o que tivesse sido dito até ali, momento em que confessou o delito, explicando em pormenores como se deram os fatos. Após proceder a uma detida análise do direito comparado e da evolução do direito ao silêncio no âmbito do próprio STF, o relator expôs a situação do caso e a consequência jurídica dele advinda com clareza:

> Como retratado no termo de inquirição (fl. 19), o soldado Arley foi ouvido inicialmente na condição de testemunha, sendo formalmente advertido do dever de dizer a verdade. Nesse momento, negou qualquer contribuição para o fato. No curso da inquirição, optou por confessar o crime. (...) Na sequência do termo, a confissão é detalhada. Ou seja, houve um momento da inquirição em que, claramente, o inquirido manifestou a intenção de confessar o crime. Nesse momento, há uma mudança na relação do depoente com a investigação, passando da condição de testemunha à condição de suspeito. Para validade das declarações subsequentes, a autoridade deveria ter respeitado, a partir de então, as regras do interrogatório. Ou seja, deveria ter advertido formalmente o depoente do direito ao silêncio. Isso não aconteceu - ou ao menos não foi registrado. Portanto, tal declaração não tem valor por não ter sido precedida da advertência quanto ao direito de permanecer calado. (...) Evidentemente, a todos os órgãos estatais dotados de poderes normativos, judiciais ou administrativos impõe-se a importante tarefa de realização dos direitos fundamentais. (...) O direito ao silêncio, que assegura a não produção de prova contra si, constitui pedra angular do sistema de proteção dos direitos individuais e materializa uma das expressões do princípio da dignidade da pessoa humana. Como se sabe, na sua acepção originária conferida por nossa prática institucional, este princípio proíbe a utilização ou a transformação do homem em objeto dos processos e ações estatais. O Estado está vinculado ao dever de respeito e proteção do indivíduo contra exposição a ofensas ou humilhações. (...) O direito do preso — a rigor o direito do acusado — de permanecer em silêncio é expressão do princípio da não autoincriminação. A Constituição Federal consagra expressamente o direito do preso de ser informado do seu direito de permanecer calado - art. 5º, LXIII. (...) Assim, é um direito aplicável não apenas no momento da prisão, mas permeia todo o processo penal. (...) Titular do direito é não só o preso, mas também qualquer acusado ou denunciado no processo penal. A jurisprudência avançou para reconhecer o direito ao silêncio aos investigados nas comissões parlamentares de inquérito.

Sem adentrar no âmbito do processo penal, pode-se verificar o problema que se torna confiar em ementas como *locus* das razões de decidir ou das teses adotadas em determinado julgamento. Em uma ordem jurídica que pretende utilizar precedentes, devem eles ser examinados a fundo, não se podendo reduzir a leitura apenas parte deles, quanto mais a ementa, eis que "é impossível preencher o fosso do Real na ementa de uma decisão"[141]. Há a premente necessidade da leitura integral do acórdão, uma vez que a ementa não é capaz de exprimir todas as circunstâncias fáticas e jurídicas que justificam a própria decisão, por isso, tal como acontece em países de *common law*, não se usarão dezenas de casos anteriores (como se faz no Brasil com a citação das ementas), mas tão somente aquele que criou a doutrina a ser utilizada e algum (ou alguns) outro que o lapide e que seja pertinente à discussão. Isso demanda uma modificação profunda na cultura jurídica pátria, com importante papel da academia (doutrina), que torne possível a mudança da própria forma como se estuda e se ensina o direito, para que haja uma verdadeira transformação da prática jurídica nacional.

Primeiro passo, para isso, é abandonar o *ementismo*[142]. Essa simplificação deve ser evitada. Deve-se ter em mente que a utilização de precedentes no discurso jurídico é uma atividade complexa, que não depende da mera subsunção. A ementa não representa a decisão que lhe serviu de base e tampouco é uma regra pronta e acabada. A leitura atenta de todos os elementos do acórdão (relatório, fundamentação e dispositivo) é que poderá apontar as razões de decidir, sobretudo porque lá estarão expostos os fatos particulares da demanda, que possibilitará a construção de analogias e distinções entre os casos. Como no exemplo acima trabalhado, o encurtamento de tal caminho, com a utilização tão somente da ementa, pode trazer inúmeros prejuízos e confusões na aplicação do direito.

---

141 ROSA, 2011, p. 105.

142 CRAMER. 2016, p. 202-203. "O ementismo consiste na prática de citar a jurisprudência ou o precedente a partir tão somente da ementa, sem nenhuma referência aos fundamentos do julgado, tampouco ao caso do precedente. Trata-se a ementa de forma autônoma a outras partes do julgado, como se fosse um texto normativo, cuja interpretação bastaria para revelar o posicionamento do tribunal.

3.2.2.2.2. CASOS SEM *RATIO DECIDENDI*

Questão que se coloca à construção da *ratio decidendi* é ter sido ela abraçada pela maioria do colegiado. De nada adiantaria tentar definir a real razão de decidir de uma Corte, se seus componentes não se acertassem quanto aos fundamentos (tanto fáticos quanto jurídicos) da decisão que proferiram. Dessa forma, impende analisar, para tanto, não só o voto do relator, mas também outros votos vencedores (*concurring opinion*) e os vencidos (*dissenting opinion*). Só poderá ser considerada *ratio* aquele ponto determinante para o julgamento que foi aceito (tanto em suas circunstâncias fáticas quanto jurídicas) pela maioria. Não se pode, assim, tomar o voto do relator como expressão do entendimento do órgão julgador. Por vezes, apesar de concordarem com o resultado (dispositivo), juízes divergem dos motivos para tanto. Assim, o acórdão redigido pelo relator, ainda que represente a disposição do caso em que houve a maior quantidade de votos, pode não ser o entendimento da mesma maioria.

Imagine-se que, em um colegiado composto por cinco magistrados, três diferentes argumentos (A, B e C) são debatidos em um caso específico, sendo que os dois primeiros levam ao provimento do recurso, e o último acarreta a manutenção da sentença. Suponha-se que o relator vote pela reforma, utilizando-se o argumento A. Outros dois juízes, apesar de concordarem com a modificação da sentença, acreditam que o argumento B é que prevalece, afastando-se os demais. Por fim, os dois juízes remanescentes votam pela manutenção da sentença, considerando certo o argumento C. Veja-se que o relator, apesar de vencedor no resultado (a reforma da decisão), encontra-se isolado quanto ao fundamento correto para tanto, e os magistrados vencidos estão em número superior. Nesse passo, qual é a *ratio decidendi* que pode se extrair do caso? Também, quem deverá, por fim, servir de relator à redação final do acórdão?

Em relação à primeira pergunta, simplesmente não haverá *ratio decidendi*. Isso porque o argumento vencedor mais utilizado (B) não conquistou a maioria do colegiado. Apesar do julgamento estar resolvido e estar apto à formação da coisa julgada material, não há qualquer efeito que transborde o próprio processo. Em outras palavras, não haverá precedente. Naturalmente, se não há *ratio*, tampouco haverá precedente. Ainda que todos os argumentos (A, B e C) justificassem a reforma da sentença, e, consequentemente, o resultado fosse unânime, mesmo assim não haveria um fundamento vencedor, e, logo, não existiria qualquer *ratio decidendi* a ser apreendida.

Além da ausência de um fundamento vencedor, outra situação que leva à ausência de *ratio decidendi* é a frágil argumentação. Apesar de não depender da colegialidade, trata-se de questão que também impede que qualquer argumento se retire da decisão anterior. Muitas vezes, a decisão da Corte pode ser pouco compreensível e não esclarecer, de forma suficientemente precisa, a razão em que se baseia o resultado a que se chegou. Apesar de a insatisfatória motivação não afetar a decisão do caso concreto e não impedir a ocorrência de coisa julgada, ela impede que se reconheça, no acórdão, qualquer motivo determinante, qualquer *ratio decidendi*.

O precedente vale, em muito, pelos argumentos despendidos, pelo enfrentamento de todos os pontos levantados pelas partes, na dialética processual, pelo aprofundamento da discussão e pelas questões de princípios tratadas. Se não há o exame escorreito de cada questão suscitada, ou seja, a posição adotada justificada de forma deficiente, por certo a atração que o precedente exercerá a casos futuros (sua força gravitacional) estará comprometida. Não há porque seguir uma decisão que não se mostra minimamente justificada, ou que sua fundamentação não resolva, de forma consistente, a questão posta. O caráter substancial prevalece e dele decorre o poder atrativo de influência de uma decisão passada a casos futuros. Isso funciona, inclusive, para a construção da *ratio decidendi*. Se a manifestação judicial anterior não se prestar a justificar, de forma suficiente e adequada, a questão decidida, mesmo que à unanimidade, não servirá como regra universalizável a situações futuras, uma vez que seria facilmente derrotável por outra argumentação mais precisa e profunda. Não há *ratio decidendi* onde não há fundamentação e justificação.

3.2.2.3. CASOS COM MAIS DE UMA *RATIO DECIDENDI*

Se, por um lado, há casos em que não se identifica claramente uma *ratio* em uma determinada decisão passada, por outro lado, observam-se situações em que o pronunciamento judicial anterior apresenta mais de uma *ratio decidendi*. Isso não é incomum, dada a diversidade de pontos levantados pelas partes em um litígio. A própria existência de cumulação de pedidos ou a realização de pedidos alternativos ou sucessivos impõe à Corte a análise de diferentes fatos e diversas argumentações jurídicas. Da mesma forma, isso também ocorre, quando há a apresentação de variadas defesas processuais e múltiplas defesas materiais. Cada pedido ou cada defesa poderá demandar a análise de fatos próprios e questões jurídicas particulares que poderão, no futuro, ser utilizadas em casos faticamente similares em que se deduza a mesma questão. Assim, cada capítulo de sentença poderá gerar uma regra própria ao futuro, em relação ao ponto tratado, multiplicando-se as razões de decidir em um mesmo julgado. Mais, ainda que sequer se caracterize como um capítulo de sentença, as resoluções de questões — como as processuais — possibilitam a formação de uma *ratio* particular ao ponto tratado, sendo hábil a, no futuro, servir como precedente, sem que se trate efetivamente do mérito da questão, de seu julgamento final e determinante. Como destaca Lopes Filho, "o deslinde de cada questão de um julgamento (cada decisão, portanto) pode possuir *ratio* própria, dependente ou não da questão ou questões de mérito"[143].

3.2.2.4. A COLEGIALIDADE E A *RATIO DECIDENDI*: O PROBLEMA DA FALSA COLEGIALIDADE (PSEUDOCOLEGIALIDADE) E DO *BIASING*

A colegialidade exigida para a revisão de decisões em sede recursal ou para o julgamento de causas de competência originária possui um fundamento nobre, qual seja, que diferentes juízes, reunidos, ampliarão o debate, suscitando pontos de vistas diversos, o que qualificará a decisão final daí advinda. No colegiado, espera-se a colaboração de todos os que o compõem, para o enriquecimento da discussão e a formação de uma decisão devidamente fundamentada. Ao lado disso, o objetivo de se ter uma pluralidade de pessoas a julgar um caso, ao invés de uma só, é o de se minorarem posicionamentos pessoais (solipsistas), sendo que as diferentes perspectivas balanceiam umas às outras[144]. A colegialidade deve ser vista, assim, como "um processo que auxilia a criar condições para uma concordância de princípios, permitindo que todos os pontos de vista sejam exibidos e considerados"[145].

---

[143] LOPES FILHO, Juraci Mourão. *Os precedentes judiciais no constitucionalismo brasileiro contemporâneo*. 2 ed. Salvador: Juspodivm, 2016, p. 173-174.

[144] CARDOZO, Benjamin N. *The nature of the judicial process*. Nova Iorque: Dover Publications, 2005, p. 173. "(...) out of the attrition of diverse minds there is beaten something which has a constancy and uniformity and average value greater than its component elements."

[145] EDWARDS, Harry T. The effects of collegiality on judicial decision making. *University of Pennsylvania Law Review*, v. 151, n. 5, p. 1639-1690, 2003, p. 1645. "Collegiality is a process that helps to create the conditions for principled agreement, by allowing all points of view to be aired and considered."

A prática jurídica aponta, contudo, para um caminho diverso. Não raro, o relator chega à sessão de julgamento com o seu voto pronto, aguardando o pregão, para proceder a sua leitura. Isso, de pronto, reduz extremamente a função e a razão de ser da sustentação oral. Ora, se esse é o momento em que o advogado tentará persuadir os juízes do sucesso que seu caso deve ter, ao menos em relação ao relator, esse objetivo já se encontra frustrado. É muito pouco provável que o relator dê uma guinada radical e prolate um voto muito diferente daquele que já possui em mãos. Conseguirá o advogado, no máximo, e isso já seria uma interessante vitória inicial, que o relator suspenda o julgamento, ou retire o processo da pauta, para, reservadamente, alterar seu voto ou não.

Essa mudança repentina será ainda menos viável nos casos em que o voto é disponibilizado aos demais integrantes do colegiado antecipadamente ou mesmo no início da sessão, o que não é de ocorrência extraordinária. A Câmara relata a experiência do TJRJ, em que há um sistema eletrônico em que são inseridos antecipadamente os votos ("pré-voto"), com vizualização exclusiva dos magistrados que integram o colegiado, o que possibilita a discussão anterior entre os juízes, a concordância ou não com a solução proposta, com possibilidade de questionamentos e observações[146]. Entusiasta da ideia, o autor explica que a medida permite "a inclusão, no acórdão, de fundamentos relevantes e que não constam no voto originariamente elaborado pelo relator"[147], além de evitar que "seja transcrito no acórdão todo o diálogo travado durante a sessão de julgamento, transcrição esta que torna extremamente cansativa a leitura do julgado"[148].

Apesar dos motivos nobres, nada mais antidemocrático que a prática carioca. Faz pouco do próprio contraditório, na medida em que retira não só do público em geral, mas das partes diretamente afetadas a discussão e a possibilidade de influência sobre o resultado final. Se, quando há um voto pronto antes da sessão de julgamento, já há a dificuldade de reverter a posição originária do relator, quando há um "pré-voto" já discutido — e aceito — por todos os integrantes do colegiado (ou

---

[146] CÂMARA, Alexandre Freitas. *Levando os padrões decisóriso a sério*: formação e aplicação de precedentes e enunciados de súmula. São Paulo: Atlas, 2018, p. 259-260.

[147] Ibid., p. 260.

[148] Ibid., loc. cit.

mesmo pela maioria), menor ainda é a chance de uma sustentação oral fazer qualquer diferença. Se o debate foi prévio, nada mais há, na sessão de julgamento, senão um jogo de cartas marcadas, que servirá tão somente para sacramentar a opção anteriormente já feita pelos julgadores, à revelia da participação dos interessados. A sustentação oral nada será senão um simulacro de contraditório.

Dessa forma, não há o controle — das partes ou do público em geral — sobre a construção da própria decisão e das reais motivações que levaram a ela. Isso burla a forma como a cultura jurídica processual visualiza o processo de deliberação em sessão de julgamento. Em tempos em que a prestação de contas e a *accountability* judicial são tão exigidas, subtrair a discussão que deveria ser pública à esfera privada (secreta) não parece atender minimamente aos critérios democráticos, que põem à prova a forma em que a jurisdição é prestada. Não se desconhece a prática americana, em que a deliberação é secreta. Nisso, em si, não há problema algum, uma vez que há uma participação prévia, em alegações orais, estabelecendo-se a interação entre advogado e magistrado, momento em que os juízes realizam perguntas e desafiam as teses apresentadas por ambas as partes. Aqui, nesse exercício dialético, há um verdadeiro contraditório, com real poder de influência sobre a deliberação — ainda que secreta — que se seguirá. Não há discussões e acertos prévios entre os julgadores.

Mesmo que pareça tormentosa a leitura de diálogos levados a cabo na sessão de julgamento, ela é proveitosa e espelhará melhor os motivos compartilhados que levaram à decisão tomada. Deve-se atentar que a atividade judicial destina-se ao caso concreto, àquele problema atual que envolve partes identificadas, e a produção de padrões decisórios é circunstancial, não é um fim em si mesmo. Facilitar a leitura a um jurista do futuro, ao apresentar uma linguagem canônica que anuncie claramente uma *ratio decidendi*, não faz parte da função judicial. Se a disputa entre visões antagônicas foi necessária à decisão, haverá de se conviver com o diálogo dela resultante. Não pode haver simplificações. No diálogo — ou em sua enfadonha leitura —, as partes deverão buscar as razões particulares que levaram o caso a este ou àquele desfecho, nada mais. A maioria formada, seja por que fundamento for, é o que basta à formação da coisa julgada, que bem atenderá às partes. O exercício de se retirarem elementos universalizáveis para novos casos será efetuado por outros juristas, não pelos advogados ou juízes do caso presente. Logo, por mais maçante que possa ser a leitura, caberá ao interessado realizá-la, se acredita que nela poderá encontrar algo que fundamente sua pretensão. Se houve tamanha discussão, a ponto de tornar a leitura cansativa, talvez seja porque o caso não se preste bem a universalizações. Pode tratar-se simplesmente de um caso sem *ratio decidendi*, portanto a facilidade buscada não justifica a medida tomada pelo Judiciário carioca.

Vencida essa primeira discussão, deve-se lembrar que os membros de um determinado colegiado — que não o relator — não tomam, em regra, qualquer conhecimento prévio do processo. Mesmo presumindo que todos dominam o direito aplicável a qualquer caso, não sabem qualquer coisa sobre os fatos que irão julgar, a produção probatória efetuada, o conteúdo das manifestações das partes durante o trâmite processual ou as premissas da decisão recorrida. Isso torna o voto do relator crucial e determinante. Em regra, a parte que se beneficia com o voto do relator acaba por sair vitoriosa do julgamento. Excepcionalmente o relator fica vencido, e, não raro, isso ocorre, porque já existem divergências que os membros do colegiado possuem uns com os outros e, dada a estabilidade da composição do órgão, já são conhecidas antecipadamente.

O modelo geral americano talvez sirva de base, para tentar superar as dificuldades aqui encontradas nos julgamentos colegiados. No âmbito da Suprema Corte americana, não há a designação prévia de um relator. Ocorrem as sustentações orais, e, após, a decisão é realizada reservadamente, sem a presença do público, partes ou advogados. Só depois, há a designação, pelo *Chief Justice*, de um relator. Destacam Cross e Tiller que, após a designação de relator, ele faz circular uma proposta de voto, manifestando-se, ou outros membros, sobre sua aceitação (*join opinion*)[149]. Outros Justices podem apresentar votos em contrário (*dissenting opinion*) ou votos que, apesar de seguirem a conclusão, enunciam outros fundamentos (é bem verdade que existe considerável pressão, para que isso não ocorra, justamente para tonar mais claros o regramento do caso e a doutrina que se cria com ele)[150]. Após a conclusão dos

---

[149] CROSS, Frank B.; TILLER, Emerson H. Understanding collegiality on the court. *Journal of constitutional law*, v. 10, n. 2, p. 257-271, 2008, p. 259.

[150] Ibid., p. 268. "In theory, each judge might write a separate opinion, setting out his or her views on both the facts and the law. There is considerable pressure, however, for the judges to make some compromise on their underlying dimensional preferences, and not to issue seriatim opinions, in order to create a clearer governing legal standard (and to avoid the considerable work associated with consistently writing separate opinions)."

votos, com a ciência prévia dos juízes sobre todos os pronunciamentos de cada um deles, há uma sessão para a publicização do julgamento.

Esse proceder pode ser estendido à grande parte do Judiciário americano. Utilizando o caso do Tribunal de Apelação do Circuito de D.C., a sessão é presidida pelo juiz mais antigo, sendo que as intervenções ocorrem por ordem inversa de antiguidade. Passado o momento das sustentações orais e decidido o caso, o presidente do painel (o juiz mais antigo) designa, dentre os três participantes, o relator. Este elaborará uma minuta, no prazo de 90 dias, e a fará circular aos outros membros, que terão o prazo de 05 dias para manifestarem-se. Antes de se tornar pública, a decisão será colocada a escrutínio de todos os juízes do tribunal (para além do painel). Os votos vencidos ou os *concurring opinions* deverão ser apresentados em 30 dias, a contar da formação da maioria. Por fim, o juiz que esteja pendente com três ou mais votos no ano é excluído de novos painéis até seu acervo estar concluído[151].

Não há, portanto, um relator designado desde o início do trâmite do recurso no Tribunal. Não há, ao menos no que toca aos Circuitos (equivalente aos TRFs), a existência de diferentes câmaras ou turmas. Pode parecer estranho a um jurista brasileiro a falta de relator designado desde a distribuição do recurso. Isso é facilmente explicável por toda a força que o sistema jurídico brasileiro coloca no relator. Os

---

151 EDWARDS, 2003, p. 1665. "Deliberation is one of the most important components of collegiality. Rules that structure our deliberations ensure that we deal with substantive ideas effectively as a group. For example, the most senior active judge presides during conferences, and judges speak in inverse order ofseniority. The seniorjudge in the majority assigns opinions. Although simple, these rules help keep our conferences professional, respectful, and orderly. Collegiality does not consist of spontaneous conversations by the water cooler. It consists primarily of ordered deliberation in which all views are aired and considered to every judges satisfaction. Once opinions are assigned, there are rules that govern the circulation of opinions, for collegial deliberation is most effective when there is a text with which to work. For example, on the D.C. Circuit, judges who have been assigned to write opinions must endeavor to circulate draft opinions within ninety days of assignment. Judges must respond to draft opinions by panel members within five days. Prior to issuance, a majority opinion must be circulated to the entire court for seven days. If a judge wants to write a separate concurring or dissenting opinion, she or he must do it within thirty days after the third judge has concurred in the majority opinion. And a judge who has three or more assigned opinions pending from a term that are not in circulation to the panel by August 15 is not allowed to sit on any new cases until this backlog is cleared."

seus poderes foram aumentando no transcorrer do tempo, com reformas legislativas[152], e, hoje, pode-se dizer que, a depender do relator (independentemente da colegialidade), o processo tomará um rumo ou outro, mesmo porque, ao menos no STJ e STF, os julgamentos monocráticos, que deveriam ser a exceção, são a tônica, a regra geral da atuação judicial. Não fosse a disposição final monocrática do caso, o relator seria investido de importantes poderes, na forma do art. 932 do CPC/15, dentre os quais se destaca a análise das tutelas provisórias, cruciais, por vezes, à pretensão da parte.

Em que pese essa estranheza, há pontos positivos a serem sopesados. Não existido um juiz responsável pela relatoria e, assim, pelo desenvolvimento de um voto anterior à sessão, não haverá — ou, ao menos, será minorada — quaisquer vieses cognitivos (*cognitive biases*)[153] que possam macular a abordagem do tema. Isso porque, já tendo redigido o voto, o relator estará atrelado à sua análise anterior, sem escutar as partes (ao menos em sustentação oral) e seus pares. Não se nega a possibilidade de alteração do voto até o término da sessão de julgamento (art. 941, §1º, do CPC/15), contudo há uma inegável propensão cognitiva de validar a orientação já tomada individualmente, fazendo pouco da própria colegialidade. A mesma inclinação pode ser verificada, por exemplo, do magistrado "que indefere uma liminar, a julgar, ao final, improcedente o pedido"[154]. Em ambos os casos, há um bloqueio cog-

---

[152] MIRANDA DE OLIVEIRA, 2016, p. 129-135. "O fato é que as sucessivas alterações legislativas que antecederam o advento do CPC/15, formaram uma longa linha evolutiva reveladora de uma tendência no sentido de potencializar os poderes do relator, cujo histórico remonta aos dispositivos regimentais e encontra campo fértil no CPC/1973, sobretudo na terceira etapa da reforma do sistema recursal (1998). (...) Como se pode observar, o principal objetivo da terceira etapa da reforma recursal foi ampliar os poderes do relator de forma a permitir, com maior frequência, as decisões monocráticas, e, em prol da celeridade, dispensar tanto quanto possível o julgamento coletivo. Além de ampliar os poderes do relator, a nova lei também ratificou a crescente tendência de valorização dos precedentes judiciais. (...) O CPC/2015 manteve essa tendência."

[153] Termo definido por Nunes como as "deturpações de julgamento a que qualquer decisor está submetido por inúmeros fatores, como a incerteza ínsita ao julgamento e a exiguidade de tempo". NUNES, Dierle. Colegialidade corretiva e CPC-2015. In: DIDIER JR., Fredie; MACEDO, Lucas Buril de; PEIXOTO, Ravi; FREIRE, Alexandre. *Processo nos tribunais e meios de impugnação às decisões judiciais*. 2 ed. Salvador: Juspodivm, 2016, p. 33-54, p. 43.

[154] Ibid., loc. cit.

nitivo que "ocorre por causa da tendência a querer justificar a alocação inicial de recursos (fuga ao retrabalho), confirmando que a decisão inicial estava correta"[155]. Trata-se de questão psicológica inevitável, mas que deve ser posta em cheque, por mecanismos de quebra de tais vieses (*desbiasing*).

Para a solução desses vieses cognitivos, Nunes propõe um forte apego aos princípios constitucionais atinentes ao processo, como o contraditório e o devido processo, os quais permitiriam uma "contramedida corretiva (contrafática) aos vieses (*debiasing*) (...). Nestes termos, **o processo constitucional acaba servindo de garantia dialógica de *debiasing*.**"[156] Concorda-se integralmente com o autor. A decisão judicial deve ter por base os argumentos de princípio (Dworkin), e, assim, os princípios processuais garantem que a decisão não seja monológica, reflexo da vontade e subjetividade do julgador. Propõe-se, todavia, a medida americana — de não haver um relator ou um *painel* pré-definido — como mais uma alternativa para o desmantelamento dos vieses cognitivos.

Em não havendo relator prévio, todos os juízes estarão em situação idêntica e, recaindo a relatoria, ao final, a qualquer deles, estarão inclinados a conhecer em pormenores o recurso, suas alegações, as provas em que se fundam, enfim, qualificar-se-á a discussão pelo aprofundamento de todos nas questões debatidas. Pode-se objetar que, não havendo relator prévio, nenhum dos magistrados se aprofundará na análise da causa, o que, em verdade, traria apenas mais problemas ao processo de tomada de decisão. Apesar de válida a preocupação, não é isso que ocorre nos países em que tal forma é adotada. Ao contrário, todos estão preparados para as sustentações orais — em que há um comportamento ativo do julgador, questionando os advogados — e julgamento. Além disso, os fundamentos adotados pela maioria ficam mais claros, e o relator será aquele que espelhar, em maior medida, a opinião da maioria.

Ao lado da inexistência de relator, a própria escolha aleatória dos membros do *painel* também minora as propensões cognitivas dos julgadores, uma vez que não estarão atrelados uns aos outros, por votações anteriores, entendimentos comuns compartilhados ou mesmo vínculos pessoais. Evita-se, com isso, a formação de grupos estáveis na

---

155 Ibid., loc. cit.
156 NUNES, 2016, p. 46 (grifos no original).

composição e homogêneos em relação aos posicionamentos jurídicos, o que pode acarretar maiores divergências jurisprudenciais internas, uma vez que cada Câmara ou Turma terá seus próprios entendimentos, à margem daqueles adotados pelos outros órgãos fracionados de mesma competência. A estabilidade da composição faz com que cada juiz busque a companhia daqueles que pensam de forma similar. É uma tendência natural aproximar-se daqueles com quem se tem uma maior afinidade, mesmo que meramente de entendimento. Isso implica, todavia, a polarização interna do Tribunal. Por exemplo, os juízes progressistas estarão concentrados em um órgão fracionado, os conservadores, em outro. Ativistas aglomerar-se-ão em uma Turma, os proponentes da autorrestrição estarão em outra. Os garantistas comporão uma Câmara, enquanto os defensores do movimento "lei e ordem" formarão outra. Isso possibilita que cada órgão colegiado crie sua própria jurisprudência, que poderá ser antagônica à jurisprudência da Câmara ou Turma que decide sobre a mesma matéria ou mesmo com a das Cortes superiores. Ao fim e ao cabo, a estabilidade de composição causa apenas a instabilidade na jurisprudência.

A troca constante dos julgadores diminui a polarização ideológica ou doutrinária já comentada, e isso pode trazer benefícios a longo prazo. Em um painel móvel, selecionado aleatoriamente, tal qual a atual distribuição de um processo, poder-se-á garantir que os juízes sigam mais consistentemente a posição majoritária do Tribunal e, sobretudo, maior respeito às decisões das Cortes superiores, já que não existirá uma jurisprudência da própria Câmara ou Turma do Tribunal local. Haverá, em maior grau, a troca de ideias diferentes e o levantar de diversos posicionamentos. Com isso, seguem-se as concessões mútuas, para o estabelecimento da maioria em cada caso, o que poderá estabelecer, no curso do tempo, decisões mais consistentes, mais estáveis.

Essas sugestões ainda estão longe da realidade brasileira, em que a prática arraigada e bem sedimentada dita justamente o contrário. Ainda que existam riscos, acredita-se que o potencial positivo que tais medidas podem produzir valeria repensar o *status quo*, refletir sobre o senso comum teórico em que toda a prática jurídica está inserida.

A primeira consequência disso seria a elevação do papel do advogado, sobretudo no momento da sessão de julgamento, representada na importância que se acrescerá às sustentações orais. Não havendo um voto já preparado e um relator já designado, surgirá a oportunidade da sustentação oral realmente convencer um grupo de juízes que estão em condições iguais de decisão (e o mesmo conhecimento prévio do caso). Consequentemente, enaltece-se o contraditório, enquanto possibilidade de influência, e torna-se mais dialógico o processo de tomada de decisão, elementos que, por outras vias, Nunes pretende também privilegiar.

A participação ativa dos julgadores durante as sustentações orais seria um *plus* interessante. Se servem elas para convencer os juízes de determinado ponto (fático ou jurídico), nada melhor que deixar os magistrados explanarem suas dúvidas e testarem as teses apresentadas pelos advogados. Aquilo a que se assiste, rotineiramente, é que as sustentações orais são repetições mais ou menos resumidas de tudo aquilo que já se encontra no processo, em manifestações pretéritas. Não havendo novidade, e não participando os juízes ativamente do ato, não raro a distração involuntária toma conta de alguns magistrados, ou, voluntariamente, permanecem eles organizando e revisando os feitos (e os votos pré-prontos) sobre sua relatoria, os quais seguirão na pauta da sessão de julgamento (geralmente longa e cansativa). Melhor seria tornar as sustentações mais dinâmicas e mais capazes de efetivamente influir na formação da decisão de cada juiz. A interrupção e o questionamento durante a sustentação oral, apesar de tornar mais desafiadora e difícil a missão do advogado — que demandará muito mais preparo e conhecimento do processo e do próprio direito —, render-lhe-á frutos, na medida em que poderá influir naquele ponto específico em que cada juiz está em dúvida.

A segunda e central consequência ao objetivo do presente estudo é a aderência dos juízes aos precedentes da própria Corte. Se não há grupos polarizados estáveis, por certo o radicalismo de um ou outro conjunto de magistrados cederá, na medida em que não se reunirão no mesmo órgão julgador. Diluindo-se os grupos homogêneos, dissolve-se a "jurisprudência" formada em cada órgão fracionado, em prol da visão global da Corte sobre determinada questão. Isso possibilita que surja uma cultura de respeito às decisões anteriores, enquanto reflexo do pensamento majoritário do Tribunal. Um painel rotativo (e aleatório), assim, auxiliaria na construção de um direito judicial mais completo, em que as discussões pudessem, ao mesmo tempo, receber os influxos mais efetivos das partes, e garantiria, em maior grau, uma visão plural do órgão julgador, o que oxigenaria, na mesma toada, as discussões na sessão de julgamento, formando uma decisão potencialmente mais bem fundamentada. Além disso, não existindo um relator previamente indicado, abre-se a oportunidade, para que os votos reflitam mais fidedignamente aquilo que foi tratado na sessão. Em outras palavras, o relator vitorioso não vai tão somente publicar o voto anteriormente lavrado, independente das discussões travadas (o que, infelizmente, não é de difícil verificação), haverá maior controle do próprio colegiado, do conteúdo e dos fundamentos determinantes de cada julgamento.

3.2.2.5. *RATIO DECIDENDI*: REGRA OU PRINCÍPIO? UMA QUESTÃO DE MENOR IMPORTÂNCIA

Discute-se, na doutrina, se a *ratio decidendi* consistir-se-ia de uma regra ou de um princípio. No *common law*, isso parece ser uma questão de menor importância, eis que as definições mais aceitas incluem ambas possibilidades, dizendo que a *ratio* será a *rule* ou o *principle*, indistintamente. Acredita-se que, no Brasil, a mesma fórmula deveria ser adotada, e a discussão devesse ganhar menos luzes, contudo, vez que se discute com certa frequência essa questão, necessita-se participar desse debate.

Se o precedente judicial é capaz de gerar uma norma jurídica, cumpre ressaltar que tipo de norma estaria apta a criar. Nesse particular, importa especificar se do precedente deriva uma regra ou um princípio. A distinção entre os dois é bem estabelecida na doutrina brasileira, decorrendo, em grande medida, da diferenciação estabelecida por Dworkin, nos idos dos anos sessenta. Diz o autor que, ao lado das regras, que já estavam bem difundidas até então no estudo do direito, haveria outros elementos de determinação — os princípios —, que se distinguiriam das primeiras por uma natureza lógica.

Para criticar a visão positivista, principalmente a de Hart, de que o direito seria um conjunto de regras (primárias e secundárias) e de que, na ausência delas, o juiz deveria exercer sua discrição para a resolução do caso, Dworkin busca demonstrar que, ao lado das regras, o direito alberga, também, princípios. A distinção entre ambos seria definida "quanto à natureza da orientação que oferecem"[157]. Enquanto as regras seriam aplicadas à maneira do tudo-ou-nada, como ocorre,

---

[157] DWORKIN, *Levando os direitos a sério*. 1. ed. Tradução Nelson Boeira. São Paulo: Martins Fontes, 2002, p. 39.

por exemplo, nas regras de um jogo[158], os princípios "não apresentam consequências jurídicas que se seguem automaticamente quando as condições são dadas"[159]. Por isso, os princípios enunciam razões que direcionam o argumento jurídico em uma dada direção e, assim, "possuem uma dimensão que as regras não têm — a dimensão do peso ou importância"[160]. Disso, decorre que, diferentemente do que ocorre no conflito de regras — caso em que uma delas não pode ser considerada válida —, no enfrentamento de princípios colidentes em uma situação concreta, há de se observar o peso que cada um detém e o quão importante ambos são.

Uma vez admitida a existência de princípios como elementos de determinação do ordenamento jurídico, "subitamente nos damos conta de que estão por toda a parte, à nossa volta"[161]. Dworkin exemplifica a questão com a apresentação de julgamentos em que a Corte pôs-se a enfrentar situações que não estavam contempladas em regras. Por todos, *Riggs v. Palmer* expressa o argumento que o autor deseja construir[162]. No caso, as autoras (Riggs e Preston) propuseram uma ação com o objetivo de anular o testamento de seu pai, Francis B. Palmer, que deixou pequenos legados às duas e destinou a maior parte de sua propriedade a seu neto, Elmer E. Palmer, cujo pai já era falecido. Conhecedor de que seria o maior beneficiário e com medo de que o testador — que recentemente casara novamente — mudasse de ideia e alterasse o testamento, Elmer assassinou o próprio avô, envenenando-o. Apesar de haver regra jurídica para punir Elmer pelo homicídio praticado — tanto que foi condenado criminalmente —, nada havia que o proibisse de herdar, da forma como testado por Francis B. Palmer.

---

[158] Ibid., loc. cit. "Esse tudo-ou-nada fica mais evidente se examinamos o modo de funcionamento das regras, não no direito, mas em algum empreendimento que elas regem — um jogo, por exemplo. No beisebol, uma regra estipula que, se o batedor errar três bolas, está fora do jogo. Um juiz não pode, de modo coerente, reconhecer que este é um enunciado preciso de uma regra do beisebol e decidir que um batedor que errou três bolas não está eliminado."

[159] Ibid., p. 40.
[160] Ibid., p. 41.
[161] Ibid., p. 46.
[162] Ibid., p. 37.

Não havia dúvida, no caso, de que a legislação especial sobre sucessões não proibia a possibilidade de o assassino herdar o patrimônio[163]. Não se tratava, portanto, de uma situação de penumbra, de incerteza semântica apresentada pelo texto legal. A dificuldade derivava dos diferentes argumentos levantados pelas partes. Enquanto as autoras afirmavam que o réu não poderia se beneficiar de seu próprio crime, Elmer sustentava que se tratava de um testamento válido, que cumpriu todos os requisitos legais, e, por conseguinte, teria direito à herança. Alegou, ainda, que, decidindo de forma diferente, a Corte estaria substituindo o testamento por um "direito por suas próprias convicções morais"[164].

Os julgadores não tinham dúvidas de que a solução deveria ser buscada no direito vigente, contudo divergiam sobre a solução do caso, na medida em que discordavam acerca da própria natureza do direito, sobre "aquilo que determina a legislação quando devidamente interpretada"[165]. A discussão ocorrida durante o julgamento, dessa forma, era focada no que o direito era, e não naquilo que ele deveria ser. "Foi uma controvérsia sobre a natureza da lei, sobre aquilo que realmente dizia a própria lei sancionada pelos legisladores."[166]

Indica o autor que a Corte, no julgamento, dividiu-se em duas correntes: a minoritária, que dava uma "interpretação literal" à lei sucessória e, por conseguinte, permitia que Elmer herdasse; por seu turno, a majoritária — e vencedora —, apoiou-se em dois fundamentos, quais sejam, a questão da intenção dos legisladores[167] e a prevalência do con-

---

[163] DWORKIN, 2007, p. 20-22. "A lei de sucessões de nova York, como muitas outras em vigor naquela época, não afirmava nada explicitamente sobre se uma pessoa citada em um testamento poderia ou não herdar, segundo seu termos, se houvesse assassinado o testador. (...) Os termos da lei sucessória que figuravam no caso Elmer não eram nem vagos nem ambíguos. Os juízes divergiam sobre o impacto desses termos sobre os direitos legais de Elmer, Goneril e Regan porque divergiram sobre o modo de interpretar a verdadeira lei nas circunstâncias especiais daquele caso."

[164] Ibid., p. 21.

[165] Ibid., loc. cit.

[166] Ibid., p. 25.

[167] Ibid., p. 24. "Seria absurdo, pensava ele [juiz Earl, que falava pela maioria], imaginar que os legisladores de Nova York que originalmente aprovaram a lei sucessória pretendessem que os assassinos pudessem herdar, e por essa razão a verdadeira lei que promulgaram não continha tal consequência."

texto histórico na aplicação do direito. Esse segundo ponto interessa ao presente estudo, pois demonstra como a aplicação do direito ao caso ocorreu por uma questão de princípio, de como ele detém normatividade, para apontar o caminho correto de resolução de uma dada demanda. Igualmente, ilumina o que se entende por princípio, na medida em que o conecta aos "princípios de justiça pressupostos em outras partes do direito"[168], objetivando, com isso, conferir maior coerência ao sistema jurídico. Com o resultado, Elmer não pôde herdar, reconhecendo-se que o direito vigente em Nova York vedava que o assassino do testador fosse o beneficiário do próprio testamento, eis que, por uma questão de princípio, uma pessoa não pode se aproveitar da própria torpeza.

O princípio, nesse viés, traz a faticidade ao direito, uma vez que, antes de tudo, reflete a forma pela qual uma sociedade desenvolve-se no curso do tempo. No campo jurídico, espelha quais são as práticas comuns compartilhadas entre os juristas, dando-lhes as bases para o agir. Nesse passo, o princípio molda a atuação do indivíduo, assim como a atuação do indivíduo moldará a tradição, podendo, ocasionalmente, modificar o princípio inicialmente estabelecido. Dworkin deixa clara essa ligação entre o princípio e o mundo prático, ao dizer que a origem dos princípios jurídicos "não se encontra na decisão particular de um poder legislativo ou tribunal, mas na compreensão do que é apropriado, desenvolvida pelos membros da profissão e pelo público ao longo do tempo"[169].

A noção de princípio em Dworkin serviu para o desenvolvimento do tema em outros ordenamentos, sendo retrabalhado por diversos estudiosos. No Brasil, apontou os estudos de Alexy como propulsor — ao lado de Dworkin — de uma teoria dos princípios, que, após, foi ganhando cariz nacional. O jurista alemão também busca, nos ensinamentos dworkinianos, a base para a realização da distinção entre regras e princípios, contudo traz uma proposta extremamente diferente do jurista americano. Nesse ponto, a doutrina não se apercebe, por vezes, de que há não só diferenças, mas verdadeiras incompatibilidades entre as duas teorias.

Primeiro, Dworkin é um substancialista, foca-se no conteúdo dos direitos do cidadão, os quais serviriam como trunfos, mesmo em desfavor de uma maioria. Já Alexy é um procedimentalista — em grande

---

168 Ibid., p. 25.
169 DWORKIN, 2002, p. 64.

medida influenciado por Habermas —, cujo objetivo é a formação de um procedimento que torne a discussão racional e que seja capaz de atingir um consenso. Essas distinções marcarão as diferenças nas teorias do princípio de um e de outro.

Para Dworkin, como visto, a questão dos princípios é eminentemente pragmática, a demandar a análise da própria atuação dos agentes incumbidos da aplicação do direito, ou seja, um estudo do desenvolvimento de uma prática jurídica (enquanto prática social), construindo-se argumentos que a expliquem e a encaminhem para aquilo que melhor ela possa representar, enquanto prática jurídica.

Em Alexy, por seu turno, a questão dos princípios continua a se mover pela semântica. O princípio é um enunciado jurídico (eminentemente constitucional), em que não há, de forma clara, o antecedente e o consequente (Se A, então B deve ser), havendo colisões entre diferentes princípios constitucionais. Assim, a função do intérprete é resolver o sentido de cada disposição e avaliar os pontos possivelmente conflitivos do exercício de cada direito fundamental em confronto (ponderação), criando-se uma regra adstrita à solução do litígio. Seu viés, dessa forma, é procedimental. Deseja criar uma metodologia para a discussão racional e atingir um consenso sobre os limites e possibilidades de exercício dos direitos fundamentais, quando em rota de colisão.

As nuances entre as diferentes teorias sobre os princípios jurídicos influirão em uma série de discussões acadêmicas e práticas sobre os limites de atuação do Estado e do indivíduo (caráter horizontal dos direitos fundamentais). Essas diferenças teóricas exercerão influência, também, na prática jurídica. Não se trata de uma questão meramente conceitual ou especulativa. A forma de aplicação, sobretudo, será bastante diversa, a depender da inclinação teórica adotada. Isso terá reflexos na questão proposta, se o precedente fixa uma regra ou um princípio.

No que toca àquele elemento universalizável, não interessa tanto a natureza de regra ou princípio para sua correta aplicação no direito jurispudencial, embora existam importantes vozes em contrário. Para Didier, a norma do precedente será, necessariamente, uma regra, pois é aplicada por subsunção[170]. Sustenta, ainda, que, mesmo se a decisão de um caso se dê pela aplicação de um princípio, a sua concretização

---

[170] DIDIER JR., 2017, p. 516.

ocorrerá por meio de uma regra. Discorre que, por isso, o resultado final da ponderação é uma regra, que serve como solução à resolução dos princípios em conflito.

A proposta, contudo, não é acertada, na medida em que sequer o texto legislado pode ser aplicado por uma mera subsunção. O processo dedutivo em que se desenvolve o pensamento por subsunção retrocede o pensamento jurídico à metafísica clássica, como se houvesse, na lei ou no precedente, uma essência que poderia ser meramente captada e utilizada como uma premissa maior. Não é assim, contudo, que funciona a compreensão.

É bem verdade que a concreção de um princípio, na aplicação, demandará um modal deôntico de regra. Com isso, converge o presente estudo ao pensamento de Didier. Não se pode concordar, todavia, com a explicação de que a ponderação é um exemplo válido de como os princípios acabam em regras. A ponderação, em si, é questionável como método de solução de colisão de princípios. Isso porque ela não supera a discricionariedade judicial, o solipsismo, o subjetivismo do juiz. A tríade adequação, necessidade e proporcionalidade em sentido estrito não resolve a questão da discricionariedade. O próprio Alexy afirma que, ao fim e ao cabo, a proporcionalidade em sentido estrito permite que o intérprete extravase seu subjetivismo na obtenção da resposta daí advinda[171].

Macêdo, por seu turno, também afirma que "a norma do precedente ensejará sempre uma regra"[172]. Assevera o autor que se poderia pensar que as normas extraídas de precedentes seriam princípios, dada sua aptidão à generalização, mas isso seria equivocado, na medida em que tanto as regras como os princípios são dotados dessa generalidade, seja pela extensão de pessoas ou grupos abarcados pelo dispositivo ou pela linguagem aberta (vagueza) do texto de um ou de outro[173]. Para sustentar sua posição, divide os precedentes em três graus distintos: (i) precedentes declarativos: que simplesmente reforçam uma norma anterior, legal ou do precedente, sem inovar na ordem jurídica, sem criar nova norma geral; (ii) precedentes especificadores ou determinadores: que também utilizam norma anterior, mas especificam a aplicação, fixam critérios ou parâmetros para aplicação desse direito anteriormente

---

[171] ALEXY, 2008, p. 611.
[172] MACÊDO, 2017a, p. 245.
[173] MACÊDO, 2017a, p. 243.

criado, não gerando, em si, nova norma geral; (*iii*) precedentes criativos ou originários: são aqueles que criam novo direito, que constroem uma nova norma geral a partir de princípios jurídicos[174].

A preocupação do autor volta-se à última espécie de precedentes citados, pois aqui é que se observará a evolução do direito. Diz, assim, que a *ratio decidendi* de tal precedente "conterá, sempre, uma *regra jurídica*. Isso se dá porque não é possível resolver casos sem uma regra."[175] Aduz que os princípios funcionam como razões *prima facie*, que servem à construção, por meio de um procedimento argumentativo, de uma regra de decisão ao caso concreto, a qual será universalizada para a aplicação a casos futuros. Isso garantiria "o fechamento temporário e parcial do processo argumentativo de criação do Direito por princípios e, principalmente, possibilita sua racionalidade"[176].

Apesar de original e bem desenvolvida, a tese de Macêdo não merece prevalecer. Primeiro, há um equívoco básico no que toca à divisão sugerida dos diferentes tipos de precedente, que é o de igualar texto e norma, na medida em que a norma (legal ou derivada de precedente anterior) seria meramente reproduzida na nova decisão. Ora, em tempos de *linguistc turn* e de um pós-positivismo que se apoia, no tocante à teoria da norma, na distinção entre norma e texto, a existência de precedentes declarativos é um retrocesso teórico inviável. A atividade judicial — assim como todo o ato de interpretar — é sempre criativo, a produzir um sentido a algo. É bem verdade que haverá momentos em que essa criação estará estampada no estabelecimento de uma nova doutrina legal, e, por vezes, existirá menor grau de criatividade, na medida em que se reforçam normas anteriores. Mesmo nesse caso, haverá criação, na medida em que os sentidos serão originados a partir do círculo hermenêutico que joga, na compreensão, o próprio ser, e, assim, o resultado daí advindo não estará distante de seu horizonte de compreensão.

Mesmo no caso dos precedentes ditos especificadores ou determinantes, a criação está presente. Veja-se o exemplo do desenvolvimento judicial do direito à não auto incriminação nos EUA. A grande doutrina foi criada a partir de *Miranda v. Arizona*, em 1966, válida até hoje como direito americano vigente. Casos posteriores — que, para Macêdo, seriam classificados como especificadores ou determinantes

---

174 Ibid., p. 243-244.
175 Ibid., p. 244.
176 Ibid., p. 244.

— lapidaram a regra do *leading case*, e, assim, não houve simplesmente a especificação ou determinação de parâmetros para aplicação da norma anterior. Existiu, sim, a criação de exceções e restrições sobre a determinação anterior, as quais, ao mesmo tempo em que mantiveram válidos os *Miranda Rights*, avançaram na compreensão do instituto e moldaram sua própria extensão. Nisso, nada há de mera especificação ou determinação da aplicação da norma anterior; ao contrário, estabelece-se, a cada decisão, um novo contorno e nuances que estão em jogo, quando se trata dos *Miranda Warnings*. Desenvolveu-se, assim, o direito — em uma atividade criativa —, apesar de não haver uma modificação substancial à norma estabelecida em *Miranda*.

Em *Miranda*, o suspeito, Ernesto Arturo Miranda, foi levado em custódia, em razão da pretensa realização dos crimes de sequestro e estupro. A obtenção da custódia era justamente o de interrogar o então suspeito e obter sua confissão. Ela veio a ocorrer, sem que o indiciado tivesse ciência completa de seus direitos de permanecer em silêncio, de não se auto incriminar, de se fazer assistir por um advogado e, também, de que tudo o que falasse poderia ser usado contra si em um Tribunal. Condenado em primeiro grau, a decisão foi mantida pela Suprema Corte do Arizona, sendo levada à Suprema Corte americana, onde foi concedido o *writ of certiorari*. Com base na Quinta e Sexta emendas à Constituição americana, a Suprema Corte assentou que o interrogatório feito por policiais no momento da prisão de uma pessoa contém inerentemente uma constrangedora pressão, que mina o desejo do suspeito de permanecer em silêncio, de modo que a autoridade pública tem o dever de informar ao cidadão os seus direitos constitucionais, quais sejam, o seu direito ao silêncio, à não auto incriminação e o direito à assistência de um advogado, derivados da Quinta e Sexta Emendas à Constituição Norte-Americana. A não observância dessa advertência prévia torna inadmissível a prova daí obtida, devendo ser excluída dos autos para futuro julgamento[177]. Assim, reconhe-

---

177 BELSON, Marla. "Public-Safety" Exception to Miranda: The Supreme Court Writes Away Rights. *Chicago Kent Law Review*, v. 61, n. 3, p. 577-592, jun. 1985, p. 577. No original: "In Miranda v. Arizona, the Court held that since custodial interrogation contains 'inherently compelling pressures,' a suspect in custody and facing interrogation must be informed of his constitutional rights against self-incrimination and the right to counsel. A violation of this rule will result in the suppression of any incriminating statements made by the suspect from trial. Thus, Miranda promoted an individual's right to exercise free and informed judgment while under the suspicion of criminal conduct."

ceu-se a nulidade da confissão, conforme a *ratio decidendi* extraída do caso, a qual dispõe, em suma, que a acusação não poderá utilizar no processo aquelas declarações feitas pelos suspeitos, sem que fossem precedidas da inequívoca ciência do suspeito acerca de seus direitos constitucionais.

Miranda superou o *standard* anterior, que era casuísta e pouco claro — o que acarretava vacilação na própria jurisprudência —, analisando-se, caso a caso, a voluntariedade ou não da confissão, pela totalidade das circunstâncias[178]. Aos poucos, essa doutrina judiciária enfraqueceu-se, e, antes mesmo de Miranda, outros casos já apontavam a futura modificação ocorrida, como em *Escobedo v. Illinois*[179], decidido em 1964. Miranda tornou-se um dos superprecedentes americanos — ao lado de importantes casos, como *Marbury v. Madson*, *Brown v. Board of Education* e *Roe v. Wade* — e completou a trilogia da Corte Warren

---

[178] CARMEN, Rolando V. del; HEMMENS, Craig. *Criminal Procedure*: law and practice. 10 ed. Boston: Cengage Learning, 2017, p. 328. "Before the *Miranda* decision, the Supreme Court decided the admissibility of confessions and admissions on a case-by-case basis. The sole test was whether the confession was voluntary or involuntary, based on a totality of the circumstances. Voluntariness was determined by the courts based on whether the suspect's will was 'broken' or 'overborne' by the police during interrogation and taking into account all of the facts and circumstances in the case. This approach did not provide much guidance to the lower courts because the Supreme Court had failed to set any definitive guidelines by which the admissibility of confessions could be determined. In general, the Court held that confessions obtained by force or coercion could not be used in court; conversely, confessions were admissible if they were voluntary.Voluntariness was the standard used, but the meaning of that word was difficult to determine and changed over the years."

[179] EUA. Suprema Corte. *Escobedo v. Illinois*. 378 U.S. 478, 1964. Disponível em: https://supreme.justia.com/cases/federal/us/378/478/case.html. Acesso em: 10 jan 2017. Nesse caso, o suspeito, Escobedo, estava detido na delegacia de polícia e sendo interrogado pelos policiais durante várias horas. No transcorrer do interrogatório, Escobedo solicitava a assistência de seu advogado, que também estava presente na delegacia, e demandava uma audiência prévia com seu cliente. A polícia recusou o pedido de ambos e continuou a interrogar o suspeito, advindo daí a confissão. Processado e condenado, Escobedo levou seu caso à Suprema Corte, que, revertendo a decisão, asseverou que o réu teve seu direito à assistência jurídica (*right to counsel*) violado, e, consequentemente, a confissão não era prova admissível no caso.

— marcantemente progressista — sobre o direito processual penal[180], ao lado de *Mapp v. Ohio* (1961)[181] e *Gideon v. Waintight* (1963)[182].

A partir da aplicação de *Miranda*, outros casos enfrentaram fatos e questões jurídicas similares, e fez-se necessário o desenvolvimento do direito, para entender quais eram os elementos que aproximavam (ou distinguiam) outros casos ao precedente, bem como a criação de exceções à norma criada. Em outras palavras, dividiu-se o precedente em duas situações distintas: (i) os casos não abarcados pelo precedente, aqueles que são distinguíveis (*distinguishing*) pela diversidade de matéria fática ou jurídica; (ii) as hipóteses criadas de exceção a *Miranda*. Em ambos os casos, há a criação — e não a mera especificação — do direito, não se podendo distinguir, como faz Macêdo, entre especificações ou determinações, enquanto um mero reforço da norma

---

180 SOUTO, João Carlos. *Suprema Corte dos Estados Unidos – principais decisões*. 2 ed. São Paulo: Atlas, 2015, p. 97.

181 Em *Mapp*, a polícia recebeu a notícia de que, na casa da acusada, estavam pessoas e materiais de jogo ilícito. Três policiais foram até o local e solicitaram que a acusada franqueasse a entrada. Após conversar com seu advogado por telefone, Mapp não permitiu a entrada da força policial. Dois dos agentes voltaram até seus postos de trabalho, enquanto um deles permaneceu de frente à casa, em diligência. Algum período depois, quatro viaturas se deslocaram até o local, e, após chamarem a moradora, sem que esta lhes respondesse, forçaram a porta, que abriu. Os policiais iniciaram a busca no local, sendo que Mapp exigiu-lhes o mandado, sendo que houve a entrega de um papel, que foi escondido por Mapp e, depois, devolvido à polícia, sendo que o dito documento não foi a qualquer tempo inserido como prova no procedimento criminal. Na diligência, Mapp foi algemada, por sua beligerância. Os policiais encontraram um dos suspeitos pelo jogo ilícito, além de alguns livros pornográficos, o que era ilegal à época. Mapp foi presa, denunciada, processada e, ao fim, condenada pela posse do material pornográfico, apelando à Suprema Corte. Na decisão, a Corte entendeu que não havia causa provável (*probable cause*) e que a polícia não estava autorizada a ingressar na residência sem o respectivo mandado judicial. Assim, reverteram a decisão, excluindo a apreensão como prova válida.

182 Em *Gideon*, a acusação era de furto, sendo que o réu requereu à Corte de primeiro grau a concessão de um advogado para sua defesa, eis que não possuía condições financeiras de contratar um. A Corte negou o pedido, afirmando que a lei do Estado da Flórida só previa a concessão de advogado nos casos que envolvessem pena capital. Em recurso feito pelo próprio acusado, alegou-se à Suprema Corte a violação da 6ª Emenda, aplicável aos Estados, na forma da 14ª Emenda. A Suprema Corte — que nomeou um advogado ao réu no procedimento recursal — concluiu que o direito à assistência de advogado deve ocorrer em todos os casos em que a parte não possui condições de constituir um, independente do crime ou da pena tratada.

ou como inovações que se incorporam ao ordenamento jurídico. As primeiras levam à segunda, necessariamente. Na medida em que se realizam especificações ou determinações, está-se a criar, a inovar na ordem jurídica.

Sobre a possibilidade de distinções, os julgamentos posteriores definiram que a aplicação dos *Mirandas Warnings* exigem dois elementos: (*i*) a custódia, enquanto privação de liberdade do suspeito; (*ii*) o aspecto de interrogatório, que diz respeito a questionamentos sobre o fato investigado. Ausente qualquer dos requisitos, não se aplica o precedente, por isso, em relação à falta do primeiro elemento, não há nulidade no caso de conversa telefônica entre agentes públicos e o suspeito[183]. Da mesma maneira, não se aplicou o precedente em um caso em que o policial abordou um veículo na rua e, após pedir documentos pessoais e do veículo, conversou com o condutor sobre o seu destino e propósito da viagem[184]. Em relação à ausência do segundo, considerou-se lícita a confissão voluntariamente prestada pelo suspeito em momento anterior aos *Miranda Warnings*, quando o custodiado pôs-se a falar, independentemente de qualquer pergunta formulada (ou seja, em um ambiente que não era de interrogatório)[185].

Ao lado dessas circunstâncias, em que há uma distinção entre o caso presente e o passado, há verdadeiras exceções à norma de Miranda. Trata-se da: (*i*) exceção em nome da segurança pública (*public safety exception*): caso em que os agentes públicos estão autorizados a proceder a perguntas antes de informar as advertências, para salvar vidas, prevenir lesões ou neutralizar uma ameaça substancial; (*ii*) exceção ao agente disfarçado (*undercover agent exception*): nos casos em que o suspeito não tem ciência de que se trata de um policial disfarçado, uma vez que, nesse caso, não há pressão, eis que se encontra ausente a atmosfera de dominação policial.

---

[183] EUA. Corte de Apelação do 8º Circuito. *US v. Mcleod*. 436 F.2d 947, 1971. No caso, a Corte de Apelações do 8º Circuito entendeu que não se aplicavam os *Miranda warnings* à conversa telefônica entre os fiscais de imposto de renda e o suspeito de sonegação fiscal. A Corte entendeu que Miranda não era aplicável a *non-custodial interrogations*. Salientou que, ainda que se esteja em um ambiente de interrogatório, o elemento da custódia é essencial, uma vez que o propósito da advertência é o de aliviar pressões pela própria privação de liberdade do suspeito.

[184] EUA. Corte de Apelação do 9º Circuito. *U. S. v. Smith*, 441 F. 2d 539, 1971.

[185] EUA. Suprema Corte. *Rhode Island v. Innis*. 446 U.S. 291, 1980.

A primeira exceção foi criada a partir de *New York v. Quarles*, em que um suspeito de estupro foi localizado em um mercado. Rendido e algemado, o policial, na busca pessoal feita no suspeito, encontrou um coldre vazio e perguntou onde estava a arma, que foi encontrada no lugar indicado pelo custodiado, tudo antes dos *Miranda Warnings*. O juiz e o Tribunal local afastaram a prova, indicando violação à norma do precedente, contudo a Suprema Corte americana reverteu a decisão, considerando lícita a prova, com base na *public safety exception* — então criada —, eis que o público permaneceria em risco, enquanto não encontrada a arma, por seu potencial uso por qualquer um que a encontrasse. Aduziu, ainda, que a proteção à segurança pública pode ser analisada objetivamente, sendo desnecessário questionar a motivação do policial, quando da realização da pergunta[186]. A exceção serve à proteção do público em geral, da vítima, dos policiais (ou agentes públicos envolvidos) ou a do próprio custodiado. Assim, aplica-se a ressalva ao caso em que o policial questiona o suspeito de um sequestro onde está a pessoa sequestrada[187], na própria negociação realizada entre o policial e o suspeito que mantém um refém[188], na situação da desconfiança de que o suspeito tenha engolido porções de drogas, e as autoridades questionam se ele assim o fez (em proteção ao próprio

---

[186] CUNNINGHAM, Benjamin D. A Deep Breath Before the Plunge: Undoing Miranda's Failure Before It's Too Late. *Mercer law review*, v. 55, 2003, p. 1392. "Because of this rationale and the underlying facts of the case, the Court fashioned a 'public safety' exception to Miranda. The Court held that the suspect's statement and the gun were admissible in the prosecution's case-in-chief despite the officer's failure to first give the suspect Miranda warnings. The Court reasoned that while the gun remained hidden, it posed a threat to the public because a customer or employee might discover it, or an accomplice might use it. The Court declined to inquire into the actual motivation of the particular officer and instead ruled that the public-safety determination must be made on an objective basis. The Court compared the social cost of fewer convictions employed by the Court in Miranda to the added social cost of endangering the public and determined that the added cost 'outweighs the need for the prophylactic rule protecting the Fifth Amendment's privilege against self-incrimination.' The Court recognized that the exception would obscure the clarity of Miranda but professed a faith in the police to recognize when the exception was triggered and to act within its scope."

[187] EUA. Corte de Apelação da Califórnia. *People v. Dean* 39 Cal. App.3d 875, 1974.

[188] EUA. Corte de Apelação da Califórnia. *People v. Mayfield*. 14 Cal.4 668, 1997.

custodiado)[189], ou, na abordagem policial, o agente público pergunta se o suspeito possui armas ou algum objeto cortante ou perfurante, a fim de se proteger[190].

A segunda exceção foi estabelecida em *Illinois v. Perkins*[191]. No caso, um policial, disfarçado de presidiário, foi colocado no estabelecimento prisional em que estava o suspeito de homicídio, justamente a fim de obter mais informações sobre o caso. Depois de um período, o policial disfarçado perguntou ao investigado se ele já havia matado alguém. A resposta foi afirmativa, passando o suspeito a narrar toda a empreitada criminosa, assumindo a autoria delitiva. O juiz afastou a confissão das provas, o que foi confirmado pela Corte de Apelação. A Suprema Corte reverteu a decisão, considerando lícitas as declarações do próprio suspeito naquelas circunstâncias, eis que ausente o caráter coercitivo[192]. A exceção é igualmente aplicável no caso em que os agentes públicos permitem o contato entre o suspeito e a vítima, para colherem provas que incriminem aquele[193]. Igualmente, incorre na exceção a situação em que o custodiado conversa com amigo ou parente que, por coincidência, seja policial ou agente público, pois também não haveria uma esfera de dominação policial.

---

[189] EUA. Corte de Apelação da Califórnia. *People v. Stevenson* 51 Cal.App.4 1234, 1996.

[190] EUA. Corte de Apelação do 10º Circuito. *US v. Lackey*. 334 F.3d 1224, 2003.

[191] EUA. Suprema Corte. *Illinois v. Perkins*. 496 U.S. 292, 1990.

[192] EUA. Suprema Corte. *Illinois v. Perkins*. 496 U.S. 292, 1990. "Conversations between suspects and undercover agents do not implicate the concerns underlying Miranda. The essential ingredients of a 'police dominated atmosphere' and compulsion are not present when an incarcerated person speaks freely to someone that he believes to be a fellow inmate."

[193] EUA. Corte de Apelação da Califórnia. *People v. Guilmette*. 1 Cal.App.4th 1534, 1991. No caso, o réu, acusado do sequestro e estupro de sua ex-namorada, alegou contrariedade aos *Miranda rights*. A violação teria ocorrido, porque o acusado, ainda na delegacia, teria ligado para a vítima, que reportou o contato à polícia, que, por sua vez, pediu que ela gravasse futuras ligações, possibilitando ao então suspeito usar novamente o telefone. Na segunda ligação, houve a coleta de dados incriminadores, eis que objetivava que a vítima não testemunhasse contra o agente, sendo que algumas das perguntas feitas pela vítima foram por indicação dos próprios policiais. A Corte afastou a alegação do réu, sustentando que ele não foi forçado a entrar em contato com a vítima e, não sabendo que a vítima se portava como um investigador de polícia, não havia a atmosfera de dominação policial (*police dominated atmosphere*), não havendo qualquer pressão inerente ou coerção.

A preocupação de Didier e Macêdo aparenta ser com a certeza que o direito deveria ter, o que produziria a constância, estabilidade, enfim, promoveria a segurança jurídica. Observam que isso seria viável, se houvesse a especificação de uma regra — e não de um princípio — na *ratio decidendi* do precedente. Apesar de ser válido o receio, a causa do mal a ser evitado é outra, não se atentando a isso os autores. Ambos veem os princípios de maneira equivocada, como uma forma de abertura interpretativa, e, assim, permitiram recaracterizações díspares, a depender do próprio aplicador. Logo, cada intérprete poderia ter sua própria leitura do que o princípio exigiria na situação concreta, e, assim, casos similares receberiam respostas díspares. Nesse sentido, a tentativa de enxergar uma regra em cada precedente busca engendrar uma forma de fechamento interpretativo, não deixa que o intérprete domine a aplicação.

Apesar de nobre, o caminho seguido está fadado ao insucesso. As regras já se mostraram incapazes de promover esse tal fechamento interpretativo. Imaginava-se (e, no Brasil, ainda se imagina) que a lei poderia ser tão clara ao ponto de dispensar a interpretação (*in claris cessat interpretatio*). Albergaria o dispositivo legal todas as hipóteses de aplicação, tornando o direito certo e previsível. Cada indivíduo poderia calcular as consequências de sua própria ação e a dos demais cidadãos, por conhecer a lei. Esse é o ideal dos grandes Códigos surgidos a partir do século XIX e, em grande parte, a mola propulsora do positivismo continental, contudo não foi esse o desenvolvimento histórico e teórico ocorrido. Observou-se que o mundo prático não cabe em um enunciado legal. A vida apresenta mais nuances do que a lei consegue captar, e, na relação entre os fatos e os enunciados, não há um encaixe perfeito, que possibilite a utilização de uma lógica dedutiva pura.

Mesmo em casos tidos por fáceis, a faticidade do existir impõe contingências não anteriormente previstas, ou seja, os fatos teimosamente não se encaixam com perfeição à dicção legal. Imagine-se uma situação simples: em ordem jurídica específica, há a determinação legal, sobre a circulação de veículos, de proibição de qualquer um deles avançar o sinal vermelho, sem que haja qualquer regra de exceção, estipulando-se uma multa como sanção. Não há grande questionamento sobre uma série de fatos. Observado o avanço com o sinal vermelho — cumprimento do antecedente —, a multa deverá incidir, contudo imagine-se que o motorista que ultrapassa o sinal vermelho está desesperadamente encaminhando-se ao hospital mais próximo, levando uma pessoa em tão severo estado de saúde, que qualquer demora possa acarretar sua morte. Ainda que não exista regra de exceção positivada (como a do estado de necessidade), não se trata — ao menos todas as circunstâncias consideradas — de um caso fácil. A regra geral e abstrata não consegue nela integrar todas as nuances da vida e tornar sua aplicação precisa a todos os conjuntos de fatos que efetivamente ocorrem.

A resposta positivista pós-exegética a essa constatação é a discricionariedade judicial. Nos casos em que aparentemente o mundo cabe no texto legal, o caso torna-se fácil, e assim também é sua resposta, eis que a mera replicação da essência da norma ao fato resolve a questão (subsunção). Quando, porém, isso não ocorre, o caminho vislumbrado como único é deixar ao intérprete a construção solipsista da norma, sem qualquer controle epistemológico. Nesse particular, o caráter aberto da linguagem — e, em consequência, dos enunciados legais — permitiria, sempre, certa discricionariedade na aplicação do direito.

Para combater esse estado de coisas, Didier e Macêdo propõem que, de um precedente, retire-se, sempre, uma regra, que seria mais específica e abriria menor campo interpretativo, quando aplicada no futuro. Controlar-se-ia, assim, o juiz do futuro na construção da norma ao novo caso, mas tratam os autores tão somente dos problemas semânticos das proposições jurídicas. Verificam que os princípios seriam mais amplos e semanticamente indeterminados e, assim, ampliariam os limites da interpretação e das margens de respostas possíveis, indicando que as regras trariam maior certeza à aplicação do direito jurisprudencial. Em que pese o fim louvável, teoricamente não é a posição adequada.

A teoria dos princípios jurídicos, no Brasil, é, por vezes, mal compreendida, se se tiver por norte a construída por Dworkin. O autor indicou que, com o uso de princípios, chegar-se-ia à única resposta correta, inclusive em casos difíceis. Disso, retira-se, de pronto, que os princípios não são uma forma de abertura interpretativa; antes, ocorre o oposto, trata-se de um fechamento hermenêutico. Se a regra indica uma variedade de respostas, o princípio indica, dentre elas, a correta. Mesmo quando não há regra explícita — em um caso de lacuna —, os princípios entram em ação e, igualmente, apontam a resposta correta. Obviamente, trata-se de árdua tarefa, e, por isso mesmo, Dworkin cria a figura de Hércules, para demonstrar, por meio dessa metáfora, a responsabilidade política que recai sobre o jurista, para uma legítima e correta aplicação do direito, afastando-a de subjetivismos ou moralismos pessoais.

Além deste equívoco em tomar os princípios jurídicos como forma de ampliação interpretativa, outra falha dos autores em relação a tais *standards* é a de considerá-los como pautas interpretativas e, principalmente, como forma de organização e base de um ramo específico do direito. Por isso, o princípio seria o ideal, o qual se desnudaria na regra ou tão somente indicaria como ela deveria ser interpretada. O foco primordial é a regra, enquanto resultado da interpretação de um princípio. Isso retira a própria normatividade do princípio, equivalendo-o, de forma secundária, a um mero auxiliador da aplicação de regras.

Uma das razões de essa discussão não ser tão relevante no trato com o direito jurisprudencial em geral e com o precedente em particular é que, independentemente de derivar dele uma regra ou um princípio, ambos detêm normatividade, constituem o direito válido em determinada comunidade. Logo, independente da classificação adotada, ambos deverão ser observados. O poder normativo dos princípios é o que os difere da doutrina já ultrapassada dos "princípios gerais do direito", oriundos de um jusnaturalismo racionalista, ou mesmo de uma visão meramente epistemológica, como nortes de organização lógico-sistemático de um ramo do direito[194]. Esse é o *plus* em relação ao positivismo, sendo o cerne da crítica de Dworkin a Hart. Os princípios, seja qual for o conceito adotado, são fontes de direitos, qualificando-se como elementos de determinação no processo de tomada de decisão. Assim, "passam a ser constitutivos da normatividade — são reconhecidos independentemente da lei ou apesar dela"[195]. Seja uma regra ou um princípio, a normatividade do elemento extraído será idêntica.

Não fosse tal fato, há de se reconhecer que, em cada regra, há um princípio que lhe dá sustância e que, de cada princípio, decorrerá uma regra a ser aplicada ao caso concreto. Não há cisão, assim, entre regra e princípio. Há uma mera diferenciação (ontológica) no âmbito apofântico (da justificação/argumentação) que não se reflete no hermenêutico. A integridade também funciona na arena legislativa, e, assim, o seu produto — a lei — deverá referir-se, ainda que minimamente, a um

---

[194] OLIVEIRA, Rafael Tomaz de. *Decisão judicial e o conceito de princípio*: a hermenêutica e a (in)determinação do direito. Porto Alegre: Livraria do Advogado, 2008, p. 49-54.

[195] OLIVEIRA, 2008, p. 59.

princípio — "princípio instituidor"[196] —, por isso "regras (se se quiser, preceitos) produzidas democraticamente podem/devem, igualmente, traduzir a institucionalização da moral no direito"[197]. Da mesma forma, a concreção de um princípio demandará, ao caso específico, um modal deôntico típico de regras, a conter uma proibição, obrigação ou faculdade. Por exemplo: da igualdade, deriva a proibição (modal deôntico de regra) da segregação racial no âmbito escolar; a liberdade, enquanto princípio (liberdade sexual e reprodutiva), acarreta a faculdade (modal deôntico de regra) da interrupção da gravidez em caso de anencefalia do feto. Assim, "regra e princípio se dão, isto é, acontecem (na sua norma) no interior do círculo hermenêutico. O sentido de um depende do outro, a partir desse engendramento significativo."[198]

Pouco importa, desta feita, qualificar como regra ou princípio a *ratio decidendi* de um caso. Seja uma ou outra designação que se dê, é certo que ambos devem ser igualmente respeitados. Ademais, a falta de uma cisão entre eles acaba por retirar importância na discussão. O que há é uma diferença ontológica, que não aparta por completo um de outro. Na aplicação, ambos estarão presentes e contribuirão, no círculo hermenêutico, à interpretação autêntica e consequente resposta ao caso.

O caso *Elmer* bem exemplifica a dificuldade de se retirar de um precedente sempre uma regra. Qual seria, por exemplo, a regra de *Elmer*? A construção necessitaria, primeiro, de uma estrutura típica de uma regra: Se A é, então B deve ser. O antecedente (A), na situação particular, parece ser o assassinato do avô por envenenamento. Para a definição do consequente (B), necessita-se, primeiro, estabelecer o modal deôntico apropriado. No caso, parece mais acertada a proibição. Continuando o processo de extração da regra, deve-se perquirir qual o ato a ser proibido. Nesse ponto, resta claro que se trata da proibição de herdar o patrimônio da pessoa assassinada. Logo, a regra poderia ser mais ou menos especificada da seguinte forma: "Se um neto assassinar

---

[196] STRECK, 2014a, p. 315. "Os princípios, desse modo, representam a tentativa de resgate de um mundo prático abandonado pelo positivismo. As regras, por outro lado, representam uma técnica para a concretização desses direitos, ou seja, meios (condutas) para garantir um 'estado de coisas' desejado. É por isso, portanto, que a compreensão da regra exige esse 'princípio instituidor', sob pena de uma interpretação 'alienada'.

[197] Ibid., loc. cit.

[198] STRECK, 2014a, p. 315.

o próprio avô por envenenamento, deverá ser proibido de herdar o patrimônio da vítima."

A regra formada, apesar de geral, é extremamente particularizada, e pouco se aproveitaria dela a casos futuros. Assim, poder-se-ia objetar que não deveria a regra abarcar só a relação neto-avô, mas qualquer outra de caráter sucessório. Além disso, poder-se-ia questionar que a forma em que o homicídio foi levado a cabo é irrelevante. Ter-se-ia, então: "Se alguém assassinar uma pessoa de sua linha sucessória, deverá ser proibido de herdar o patrimônio da vítima." Isso traria, de pronto, a irresignação de Goodhart à tona: e se o homicídio fosse culposo, em um acidente de trânsito em que o neto estivesse levando o avô ao hospital, justamente para tentar lhe salvar a vida? Talvez a regra fosse melhor formulada acrescentando novos termos, ou criando, por outra, uma exceção. No último caso, poder-se-ia acrescer, como nova regra (Se A é, então B deve ser): "Se o homicídio for culposo, permitir-se-á ao autor do delito herdar". Evitando-se uma nova norma para o estabelecimento da exceção, poder-se-ia pensar em: "Se alguém assassinar, dolosamente, uma pessoa de sua linha sucessória, deverá ser proibido de herdar o patrimônio da vítima." Mesmo assim, outras dúvidas surgiriam, tratar-se-ia só de dolo direto ou também do eventual? No caso particular, o dolo é direto. Assim, é razoável defender que a regra derivada do caso concreto deveria referir-se, exclusivamente, ao dolo direto, contudo outros poderiam argumentar que, ao abstrair a regra do caso concreto, para que se torne algo geral e abstrato, pouco importa a forma do dolo, pois os dois se equivalem para o fim de incriminação e estipulação da pena, não devendo derivar consequências diversas para fatos igualmente dolosos.

Há, portanto, uma dificuldade grande em retirar uma regra de Elmer. As situações futuras são inevitavelmente imprevisíveis, e tentar conter em um texto todas as possibilidades é um ato impossível de ser realizado. Ainda, poder-se-iam imaginar situações que, aparentemente não idênticas ou similares, exigiriam a aplicação da mesma lógica adotada em *Elmer*. Melhor seria, nesse aspecto, que a questão de princípio levantada em *Elmer* valesse por si, de que ninguém pudesse se aproveitar da própria torpeza.

Imagine-se não se tratar mais de um homicídio e tão pouco do direito à herança. Agora, duas pessoas simulam, em conluio previamente ajustado, um contrato, e após algum tempo, um dos contratantes, para benefício próprio, requer a nulidade do negócio jurídico[199]. Apesar dos fatos serem diversos, são suficientemente similares, para que haja a aplicação do mesmo princípio. Assim como o ato torpe de matar alguém, para herdar seu patrimônio, é ilegal, a parte que conscientemente simula um negócio jurídico, algo igualmente torpe, não pode se beneficiar do desfazimento do contrato. No Brasil, já foi utilizado o princípio para, por exemplo, permitir a exclusão de pessoa jurídica em regime tributário diferenciado (mais benéfico) sem sua notificação, por situação que deveria ter sido informada ao Fisco pelo próprio contribuinte[200], ou para manter válida a fiança prestada no contrato de locação em que o fiador, por declaração falsa, ocultou seu estado civil de casado[201].

Não se trata, tão somente, da formação de um texto mais genérico, como se a questão estivesse conectada exclusivamente ao âmbito semântico de uma proposição jurídica. Na verdade, é o âmbito pragmático que exige a aplicação do mesmo princípio a situações que parecem, a princípio, tão diversas. A prática arraigada no convívio social é a de que a pessoa não deve agir de modo torpe e, fazendo-o, não pode daí retirar qualquer benefício. Isso não é algo que se pratica tão somente no casos de homicídio ou crimes em geral. Trata-se de uma prática que se espalha a uma série de situações cotidianas. Agasalhada no mundo jurídico, torna-se um princípio jurídico que, por si, gera uma série de consequências, como as já ilustradas, possuindo normatividade suficiente, para dar margem a impor obrigações e proibições a determinadas situações. Obviamente, em sua concreção, um princípio exigirá o modal deôntico de regra, mas isso ocorrerá tão somente na aplicação, na interpretação exigida à especificidade do caso.

Afirmar, como fazem Didier e Macêdo, que o precedente encarta uma regra é uma suposição distorcida da própria natureza do precedente. Como sustenta Lamond, "a relevância de casos anteriores não é bem compreendida em termos de regras — eles são melhor compreendi-

---

[199] BRASIL. Superior Tribunal de Justiça. *AgInt nos EDcl no REsp 1620917/MT*. Rel. Min. Raul Araújo, Quarta Turma, julg. em 29/08/2017, DJe 21/09/2017.

[200] BRASIL. Superior Tribunal de Justiça. *REsp 1124507/MG*. Rel. Min. Benedito Gonçalves, Primeira Seção, julg. em 28/04/2010, DJe 06/05/2010. (recurso especial repetitivo)

[201] BRASIL. Superior Tribunal de Justiça. *AgInt no REsp 1345901/SP*. Rel. Min. Raul Araújo, Quarta Turma, julg. em 25/04/2017, DJe 12/05/2017.

dos como um tipo especial de razão"[202]. O precedente, enquanto uma razão especial — como um elemento de determinação — para julgamentos futuros, torna mais inteligível a aplicação de decisões anteriores a casos futuros, sobretudo quanto à prática da distinção[203]. Como distinguir uma regra geral e objetiva — mesmo que retirada de um precedente — de um conjunto de fatos particulares posteriores? O tudo-ou-nada, típico das regras, não vai bem com construção de analogias e distinções.

3.2.2.6. EM BUSCA DE UM CONCEITO

Dada toda a complexidade em se definir o que seja a *ratio decidendi* de um precedente, há de se adotar, ao menos para o presente estudo, um conceito operacional, que possibilite a compreensão mútua do sentido que se dá ao termo. A opção realizada é por uma visão substancialista e hermenêutica. Substancialista, porque analisa o conteúdo (a substância) do precedente, reconhecendo que há interpretações superiores a outras, o que se pode demonstrar intersubjetivamente, por meio da construção de argumentos de princípios íntegros e coerentes. Por isso mesmo, para que se mantenham a integridade e a coerência, há de se abrir o espaço ao intérprete de recaracterização, a cada nova aplicação, das razões de decidir anteriormente lançadas, pois apenas assim possibilitar-se-ão a evolução do direito e os ajustes (*fit*) da prática jurídica, quando necessário. Abre-se, então, a possibilidade de uma resposta correta (como a definição de uma *ratio* correta) ao caso, que difere da consistência pura.

Também é hermenêutica, pois reconhece o próprio existir da compreensão, por assumir que ela ocorre em um lugar no tempo e espaço, que é cercada por determinada tradição que se constrói historicamente, havendo um elemento dado (preconceito) que antecipa os sentidos. "O intérprete não se depara com o texto legal separado da realidade social."[204] Disso, segue que a resposta correta não será etérea. Enquanto expressão do ser-no-mundo, estará ela contingenciada pela

---

[202] LAMOND, Grant. Do precedents create rules? *Legal Theory*, n. 11, p. 1-26, 2005, p. 1. No original: "The relevance of earlier cases is not well understood in terms of rules—they are better understood as a special type of reason."

[203] Ibid., p. 3.

[204] HOMMERDING, Adalberto Narciso. *Fundamentos para uma compreensão hermenêutica do processo civil*. Porto Alegre: Livraria do Advogado, 2007, p. 310.

tradição que a cerca, eis que moldará os horizontes de compreensão dos sujeitos (relação S → S). Assim, a *ratio decidendi* também não será etéria. Apesar de o texto não se modificar, não está nele em si a *ratio*, senão na relação intersubjetiva ocorrida no mundo vivido. Logo, sofrerá o mesmo contingenciamento, podendo-se falar em uma *ratio decidendi* adequada (ou correta) dada uma condição X, que poderá ser readequada diante de um novo cenário (uma nova tradição).

Mello destaca que dois métodos são utilizados para a extração da *ratio decidendi*. O primeiro, o fático-concreto[205], que seria bem ilustrado pela fórmula Goodhart, e o abstrato-normativo[206], que representaria uma visão positivista. A autora defende que a explicação correta à *ratio* ocorrerá na junção de ambos os métodos. A partir de sua premissa, a autora define a *ratio decidendi* como "uma descrição do que a corte decidiu, à luz dos fatos relevantes da causa, da questão jurídica suscitada e dos fundamentos invocados pela maioria dos membros do colegiado para decidir"[207].

Essa ideia está parcialmente de acordo com o que já foi defendido, os diferentes métodos podem ser úteis à extração das razões de decidir de um caso anterior. Deve-se buscar não a identidade absoluta entre os casos, mas sim uma identidade essencial, na diferenciação efetuada por Teresa Arruda Alvim[208], o que "não se faz no 'atacado'. Faz-se caso a caso, já que os fatos subjacentes à tese que deve ser aplicada podem não ser exatamente idênticos, e normalmente não o são mes-

---

[205] MELLO, Patrícia Perrone Campos. O supremo tribunal federal e os precedentes vinculantes: os desafios impostos pelo novo código de processo civil. In: NUNES, Dierle; MENDES, Aluísio; JAYME, Fernando Gonzaga. *A nova aplicação da jurisprudência e precedentes no CPC/2015*: estudos em homenagem à professora Teresa Arruda Alvim. São Paulo: 2017, p. 835-866, p. 843. "De acordo com o método fático-concreto, o comando vinculante deve ser definido com base no que o tribunal decidiu sobre certos fatos, e não fundamentado no que disse. Segundo esse método, a ratio decidendi deveria ser formulada nos seguintes termos: 'em qualquer situação em que estejam presentes os fatos A e B (relevantes), e presente ou não o fato C (irrelevante), o resultado deverá ser X'."

[206] Ibid., p. 844. "Já de acordo com o método abstrato-normativo, os tribunais, quando decidem o caso concreto, enunciam, explícita ou implicitamente, uma norma capaz de solucionar a própria demanda e outros casos semelhantes. Por esta razão, as razões oferecidas por seus membros e, portanto, o que a corte disse na fundamentação do julgado constituem elementos essenciais para a determinação do comando emergente da decisão que se prestará a decidir casos futuros."

[207] Ibid., loc. cit.

[208] ARRUDA ALVIM, 2012, p. 57-64.

mo."[209] Isso confere um temperamento ao formalismo essencialista e, ao mesmo tempo, abranda o ideal de Goodhart, em afastar os fundamentos constantes na *opinion* (eis que o que interessa é o resultado + fatos materiais). Deixa-se consignado, porém, como já feito, que não se acredita que a utilização de métodos, por si, englobará a complexidade da empreitada hermenêutica, da forma como se compreende o mundo (e como se compreende a *ratio*). Por isso, apesar de representar um avanço e, assim, ser um bom início para a construção do conceito aqui pretendido, pode-se corrigir a definição de Mello, ao iniciar pela substituição do termo "descrição." A utilização do vocábulo aponta que a ação do intérprete é a de achar algo que já se encontra dado, já existe *per si*, sendo necessária apenas sua apreensão. Deve-se trocar, assim, a ideia de descrição pela de construção, que ocorre intersubjetivamente, por meio do círculo hermenêutico. Se a norma é sempre uma atribuição de sentido de um texto, o elemento normativo derivado do precedente não seria diferente, ou seja, ocorrerá na própria aplicação. Além disso, é importante explicitar (e com isto concordaria a autora) a função do contraditório substancial, enquanto garantia constitucional, e a importância que se confere ao julgamento tão somente do caso específico — e não de qualquer outro futuro, real ou hipotético —, o que se dá pela adstrição do juiz aos limites da lide, na congruência entre os pedidos e a sentença (como estampam os art. 141 e 492 do CPC/15).

Incorporando tais elementos, e seguindo-se as linhas substancialista e hermenêutica defendidas, poder-se-ia dizer que a *ratio decidendi*, enquanto elemento normativo, é uma atribuição de sentido, que ocorre intersubjetivamente na *applicatio*, em que o intérprete faz uso daquilo que uma Corte anterior decidiu, às luzes dos fatos materiais e das questões jurídicas lá discutidas em contraditório efetivo (sem surpresas), e foi aceito pela maioria do colegiado como necessário e suficiente ao julgamento.

3.3. *OBTER DICTA*

Nem tudo o que é dito em uma decisão se tornará vinculante ao juiz do futuro. Muitas vezes, o voto condutor, que espelha a concepção da maioria dos integrantes de uma Corte, ultrapassa os pontos essenciais, fundamentais, enfim, necessários à resolução da questão. Se a *ratio* pode ser definida por tais elementos suficientes, necessá-

---

[209] Ibid., p. 82.

rios ou indispensáveis ao julgamento do caso, o *obiter dicta, a contrario sensu*, é tudo aquilo que não se caracteriza como *ratio decidendi*. Caracterizam-se, portanto, como *obiter dictum* os casos em que a Corte se pronuncia sobre pontos que não estão sob julgamento, ou mesmo quando, apesar de estarem compreendidos na matéria objeto do processo, não estão ligados à disposição final dada pelo Tribunal[210] ou ao mero contexto argumentativo da própria *ratio decidendi*[211]. Explica Re que o *obiter dicta* "é apenas uma observação ou opinião e, como tal, goza tão somente de força persuasiva"[212]. Trata-se, portanto, de observações tangenciais realizadas no processo de tomada de decisão[213].

A definição exige cuidadosa análise do intérprete, que realizará a distinção entre *ratio* e *obter*, atentando-se principalmente para o que a Corte fez do que foi dito por ela. Como sustentam Marinoni, Arenhart e Mitidiero, o "*obter dictum* é aquilo que é dito durante um julgamento ou consta em uma decisão sem referência ao caso ou que concerne ao caso, mas não constitui proposição necessária para sua solução"[214]. Em outras palavras, importa verificar qual substância do argumento formulado levou a Corte a determinada conclusão e, a partir daí, proceder a sua universalização a casos que apresentem afinidades, que sejam similares, justificando-se a aplicação do mesmo pensamento à nova situação.

Se extrair a *ratio decidendi* de um caso é algo altamente controvertido, a definição das partes que se caracterizam como *obiter dicta* é igualmente contestável, uma vez que estão umbilicalmente reunidos. Isso é crucial, quando se pensa que o *obiter dicta* não detém qualquer

---

210 BLACK, H. Campbell. The principle of stare decisis. *The American Law Register* (1852-1891), v. 34, n. 12, p. 745-757, 1886, p. 750.

211 SILTALA, 2000, p. 64. "*Obiter dicta*, by contrast, is the argumentative context of the *ratio decidendi*."

212 RE, Edward D. Stare decisis. *Revista de processo*, v. 19, n. 73, São Paulo: RT, p. 47-54, jan./mar. 1994, p. 48.

213 DUXBURY, 2008, p. 26.

214 MARINONI, Luiz Guilherme; ARENHART, Sérgio Cruz; MITIDIERO, Daniel. *Novo código de processo civil comentado*. 3 ed. São Paulo: RT, 2017b, p. 1008.

normatividade, por mais eminente que seja seu autor[215], ou seja, pode ser legitimamente desconsiderado[216].

Em um interessante exemplo, a Suprema Corte americana afastou, como autoridade, o *dictum* de um caso pretérito. O curioso é que se tratava, nada mais, nada menos, de uma passagem de *Marbury v. Madson*, que se tornaria a maior e mais conhecida decisão de todos os tempos. A questão posta à Corte era se ela própria teria jurisdição recursal para conhecer e julgar um caso já decidido por uma Corte estadual (no caso a Suprema Corte do Estado da Virgínia). A alegação do Estado da Virgínia defendia que sua decisão era final, uma vez que eventual competência da Suprema Corte seria originária e que não poderia ser aumentada por legislação, sendo inconstitucional o *Judiciary Act* de 1789. Para tanto, utilizou-se o *dictum* de *Marbury*, em que, segundo a legislação, não era viável repartir o poder judicial entre os tribunais supremos e inferiores de acordo com sua vontade.

A Suprema Corte, contudo, afirmou que a existência de competência originária em relação à pessoa (Estado) — que não pode ser aumentada pela legislação — não exclui a competência recursal em relação à matéria (constitucional ou da legislação federal), que pode ser definida pelo Congresso[217]. Logo, em todas as causas em que se discutisse o descumprimento da Constituição ou legislação federal, haveria a competência recursal, sendo admitido o recurso utilizado (*writ of error*), na forma da seção 25 do *Judiciary Act* de 1789[218]. Mais especificamente, anunciou que:

---

[215] ALLAN, T. R. S. Text, context, and Constitution: the common law as public reason. In: EDLIN, Douglas E. (Org.). *Common law theory*. Nova Iorque: Cambridge University Press, 2007, p. 185-203, p. 198. "There is, then, no usurpation of the role of elected politicians because *obiter dicta*, however eminent their authors, bind no one."

[216] SCHAUER, Frederick. *Thinking like a lawyer*: a new introduction to legal reasoning. Cambridge: Harvard University Press, 2009, p. 181.

[217] Constituição americana, art. III, Seção 2, item 2: In all Cases affecting Ambassadors, other public Ministers and Consuls, and those in which a State shall be Party, the supreme Court shall have appellate Jurisdiction, both as to Law and Fact, with such Exceptions, and under such Regulations as the Congress shall make.

[218] SEC. 25. *And be it further enacted*, That a final judgment or decree in any suit, in the highest court of law or equity of a State in which a decision in the suit could be had, where is drawn in question the validity of a treaty or statute of, or an authority exercised under the United States, and the decision is against their validity; or where

O advogado do réu cometeu um erro, em oposição a esta regra de construção, sobre alguns *dicta* do Tribunal no caso de *Marbury v. Madison*.

> É uma máxima a não ser desconsiderada que as expressões gerais, em todas as opiniões, devem ser tomadas em conexão com o caso em que essas expressões são usadas. Se elas vão além do caso, podem ser respeitadas, mas não devem controlar o julgamento em uma ação posterior quando o próprio ponto é apresentado para decisão. O motivo desta máxima é óbvio. A questão realmente perante o Tribunal é investigada com cuidado e considerada em toda sua extensão. Outros princípios que podem servir para ilustrar isso são considerados em sua relação com o caso decidido, mas sua possível influência em todos os outros casos raramente é completamente investigada[219].

> is drawn in question the validity of a statute of, or an authority exercised under any State, on the ground of their being repugnant to the constitution, treaties or laws of the United States, and the decision is in favour of such their validity, or where is drawn in question the construction of any clause of the constitution, or of a treaty, or statute of, or commission held under the United States, and the decision is against the title, right, privilege or exemption specially set up or claimed by either party, under such clause of the said Constitution, treaty, statute or commission, may be re-examined and reversed or affirmed in the Supreme Court of the United States upon a writ of error, the citation being signed by the chief justice, or judge or chancellor of the court rendering or passing the judgment or decree complained of, or by a justice of the Supreme Court of the United States, in the same manner and under the same regulations, and the writ shall have the same effect, as if the judgment or decree complained of had been rendered or passed in a circuit court, and the proceeding upon the reversal shall also be the same, except that the Supreme Court, instead of remanding the cause for a final decision as before provided, may at their discretion, if the cause shall have been once remanded before, proceed to a final decision of the same, and award execution. But no other error shall be assigned or regarded as a ground of reversal in any such case as aforesaid, than such as appears on the face of the record, and immediately respects the before mentioned questions of validity or construction of the said constitution, treaties, statutes, commissions, or authorities in dispute.

219 EUA. Suprema Corte. *Cohens v. Virginia*, 19 U.S. 264, 399-400, 1821. No original: "The counsel for the defendant in error urge, in opposition to this rule of construction, some dicta of the Court in the case of Marbury v. Madison. It is a maxim not to be disregarded that general expressions, in every opinion, are to be taken in connection with the case in which those expressions are used. If they go beyond the case, they may be respected, but ought not to control the judgment in a subsequent suit when the very point is presented for decision. The reason of this maxim is obvious. The question actually before the Court is investigated with care, and considered in its full extent. Other principles which may serve to illustrate it are considered in their relation to the case decided, but their possible bearing on all other cases is seldom completely investigated."

É bem verdade que, apesar de não haver vinculação ou obrigatoriedade de se seguir o *dicta*, muitas passagens qualificadas como tal influenciam de forma significativa a aplicação do direito. Ainda que lhes faltem uma obrigatoriedade mais forte, a verdade é que sua aplicação não é rara, e, rotineiramente, são capazes de influir na construção da decisão judicial. Há, mesmo, "*dicta* famosos" que, dado o reforço obtido em outras decisões e em trabalhos acadêmicos, acabam por ocupar um lugar de destaque, funcionando com respeito e força similar ao *statute law*[220]. Mesmo votos dissidentes, que não se caracterizarão como *ratio* — e, logo, serão *dicta* —, podem influenciar decisões futuras, inclusive para a superação daquele julgamento em que as razões restaram vencidas[221].

3.4. ENTRE ANALOGIAS E DISTINÇÕES

Ao tratar de precedentes, invariavelmente se chega às técnicas do *distinguishing* e do *overruling*. Trabalha-se com ambas, geralmente, lado a lado, diferenciando-as e explicando a função de cada uma delas. Esquece-se, contudo, de que o grande mote à aplicação da *ratio decidendi* de um caso a outro não é nem uma, nem outra. Trata-se da construção de analogias, e, nesse particular, não há o mesmo grau de cuidado ou profundidade, quando se analisa o argumento analógico. O próprio conceito de distinção é subordinado à analogia, uma vez que pode ser reduzido o primeiro pelo não existir da segunda. Nesse passo, a distinção é a mera falta de analogia. O objetivo é, portanto, explicar a construção do argumento por analogia entre dois casos.

É importante verificar a natureza do argumento analógico. A analogia é, enquanto termo ou expressão, "tão antiga quanto a própria razão, ou seja, parece ter sido concebida como uma propriedade da

---

[220] THOMAS, 2005, p. 154. Another legal phenomenon, which should not be accorded more than persuasive value, if even that, are the well-known dicta expressing a particular principle or rule. Repeated in textbooks, articles and in decision after decision these dicta eventually assume a status that seemingly places them beyond the questioning of mere mortals. Such judicial pronouncements are accorded something akin to the respect and force of statute law."

[221] NEUMANN JR., 2005, p. 152. "A *dictum* can never be mandatory authority. But if the court that wrote the dictum can reverse the court in which the current matter is now being litigated, the dictum, though still not mandatory, becomes especially influential"

razão mesma, ou seja, ou uma faculdade da cognição humana"[222]. Em suas origens, no pensamento grego, a analogia era entendida como razão de proporcionalidade, contudo Aristóteles lhe emprestou um novo cariz, empregando o termo como uma equivalência entre relações atributivas, "relações em que para distintos sujeitos lhes são atribuídos distintos traços ou qualidades que se dizem 'pertencer' a eles de uma maneira que se considera equivalente"[223].

Na epistemologia, muitas vozes se levantaram contra a utilização de argumentos por analogia para a construção da ciência, sustentando que "as analogias não desempenham um papel essencial para a produção do conhecimento científico"[224]. Outros tantos estudos demonstram sua utilidade no desenvolvimento científico, sobretudo como ponto de partida de pesquisas, como na geração de novas hipóteses ou teses a serem testadas.

No direito, o argumento por analogia é amplamente aceito, apesar de existirem críticas sobre alguns aspectos desse procedimento. No tocante ao direito brasileiro, é visto por entusiastas da nova codificação como o meio adequado de se conquistar a tão almejada segurança jurídica, principalmente na estabilidade das decisões judiciais. A dispersão judicial, marcada por um alto grau de ativismo e de discricionariedade é um sério problema que se passa no país. Muitos depositam, em um sistema de precedentes, a resolução de tal estado de coisas, todavia a solução não é tão fácil assim. Depende-se muito da forma como tal procedimento seja efetivamente exercido na prática jurídica.

A mesma problemática é enfrentada pelos países de *common law*. A mesma preocupação com a discricionariedade judicial, que desemboca, ao fim e ao cabo, na falta de uma isonomia jurisdicional, atinge os países que já adotam, há tempos, o *stare decisis*. Não é sem razão que a possibilidade da discrição judicial está no cerne do clássico debate entre Hart e Dworkin.

---

[222] RODRIGUES, Léo Peixoto. Analogias, modelos e metáforas na produção do conhecimento em ciências sociais. *Pensamento Plural*, Pelotas, v. 1, p. 11-28, jul.-dez. 2007, p. 13.

[223] Ibid., loc. cit.

[224] Ibid., p. 17.

3.4.1. TIPOS OU FORMAS DE ARGUMENTOS

Primeiramente, cumpre conferir um conceito operacional ao termo argumento. Com ele, quer-se expressar, como faz Juthe, um conjunto organizado de afirmações ou proposições (as premissas) feitas por um agente, para sustentar a veracidade ou aceitabilidade de outra afirmação ou proposição (a conclusão)[225]. Em outras palavras, há uma sequência de proposições em que a última delas (a conclusão) é, de alguma forma, justificada pelas anteriores (as premissas).

Quanto às diferentes formas de argumentos, como regra, são contrapostos os por dedução e os por indução. Ainda que sejam os mais usuais, também se trabalham os argumentos por abdução, contudo o argumento por analogia apresenta particularidades tais, que pode ser classificado como uma quarta forma, ainda que tenha relação com o indutivo e abdutivo, dada a natureza de inferência não dedutiva comum a todos. Assim, são quatro — e não dois ou três — as principais formas de argumentos:

i. o *argumento por dedução*: parte-se de conceitos gerais (premissas), realizando-se a inferência lógica ao resultado particular (conclusão)[226]. Pela cadeia lógica criada, a conclusão será necessariamente verdadeira, se assim o for a premissa[227], assim, trata-se de um argumento cujas premissas fornecem evidências

---

[225] JUTHE, A. Argument by analogy. *Argumentation*, v. 19, n. 1, p. 1-27, 2005, p. 2. "Argument means here an arranged set of statements or propositions (the premises) advanced by an agent in order to support the truth or acceptability of another statement or proposition (the conclusion). An argument is distinguished from other types of reasoning like explanations or reasoning for action.

[226] Filosoficamente, discute-se se o caminho geral-particular é o que diferencia a dedução da indução. Há razão para a discussão, principalmente quando desvia o ponto fulcral da distinção para o caráter conclusivo da dedução e para a probabilidade no caso da indução. Contudo, como se trata de tema meramente tangencial à presente pesquisa, passar-se-á ao largo dessa discussão, mantendo-se a distinção tradicionalmente exposta, agregando o novo elemento de diferenciação.

[227] JUTHE, 2005, p. 2. If an argument of this type is correct then the premises, if true, will guarantee the truth of the conclusion. The reasoning goes very often from the general to the particular or the meaning of the statements entails the conclusion. The conclusion follows necessarily from true premises due to their semantics or syntax. This kind of argument is here called a deductive argument.

conclusivas para a verdade de sua conclusão[228]. Analisa-se, dessa forma, a veracidade ou a falsidade da conclusão, dadas as premissas. O silogismo é o mais conhecido paradigma do argumento dedutivo[229], e sua forma se dá pela proposição: "Se A, então B";

ii. *o argumento por indução*: aqui o caminho é o inverso, parte-se do particular (premissa), e infere-se a ideia geral (conclusão)[230], contudo não há no argumento a pretensão de veracidade (ou falsidade) da conclusão. Busca-se demonstrar que a veracidade da conclusão é provável (que está provavelmente certa). Logo, no argumento por indução, se as premissas são verdadeiras, é improvável que a conclusão seja falsa[231]. Se, no argumento por dedução, a conclusão será necessariamente verdadeira ou falsa, aqui, por indução, trata-se de uma questão de grau (mais ou menos provável)[232];

---

[228] REALE, 2007, p. 83. "Ao contrário do processo indutivo, temos o *dedutivo*, que se caracteriza por ser uma forma de reciocínio que, independentemente de provas experimentais, se desenvolve, digamos assim, de uma verdade sabida ou admitida a uma nova verdade, apenas graças às regras que presidem à inferência das proposições, ou, por outras palavras, tão-somente em virtude das leis que regem o pensamento em sua 'conseqüencialidade' essencial."

[229] BREWER, Scott. Exemplary reasoning: semantics, pragmatics, and the rational force of legal argument by analogy. *Harvard Law Review*, v. 109, n. 5, p. 923-1028, mar. 1996, p. 943.

[230] REALE, 2007, p. 83. "Sabem os senhores, por seus estudos de Lógica, que o método *indutivo* se caracteriza por ser um processo de raciocínio que se desenvolve a partir de fatos particulares, até atingir uma conclusão de ordem geral, mediante a qual se possa explicar o que há de constante ou comum nos fatos observados e em outros da mesma natureza. Não se trata, porém, de simples conhecimento que proceda do particular até o geral, porque é essencial que a passagem do particular ao geral se funde na experiência, realizando como que 'o retrato sintético' dos fatos observados."

[231] JUTHE, 2005, p. 2-3. "The premises of an inductive argument are always justified a posteriori and a correct inductive argument only entails a conclusion which is probable. The meaning of the statements makes it improbable in the absence of further information that the statement which follows is false while the statements from which it follows are all true. The reasoning flows from the particular via particular to the general."

[232] BREWER, 1996, p. 945. In inductive argument, the truth of the premises never guarantees the truth of the conclusion. Instead, the truth of the premises makes the truth of the conclusion more probable.

iii. o *argumento por abdução* (abdutivo, *making an hypothesis* ou *presumptive inference*, como afirma Pierce): em que a conclusão representa a melhor explicação para as premissas. Se a conclusão fosse verdadeira, as premissas a explicariam, sendo razoável presumir que a conclusão, portanto, é verdadeira[233]. Recorre-se, assim, a uma hipótese de que se supõe justificar, da melhor maneira, as premissas;

iv. o *argumento por analogia*: em regra, enquadra-se dentro do argumento por indução, aquele derivado de uma analogia entre duas situações ou coisas. Diz-se que a analogia segue o procedimento indutivo, uma vez que "em toda a indução há um fundamento por analogia"[234]. A analogia, entretanto, exige um passo além da indução, eis que liga duas coisas específicas, portanto, diferentemente da indução, não sai simplesmente do particular ao geral. Tal situação justifica a separação dos dois argumentos, embora não seja assim comumente tratado. No argumento por analogia, a inferência ocorre por uma relação analógica, em contraste com a relação indutiva ou dedutiva. Assim, vai de particular a particular[235].

---

233 Ibid., p. 948. "More schematically, we may reconstruct the basic pattern of abductive inference as follows:

(1) P - a reasoner identifies some *explanandum,* an item that has been noticed and, according to the reasoner's interests, calls for explanation;

(2) If H then P - the reasoner further observes that if hypothesis H were correct, it would be an adequate *explanans* for P;

(3) Therefore, H - the reasoner settles on H for the purpose of confirming or disconfirming it. (...) Norwood Hanson offers an epistemic version of the abductive argument:

(1) Some surprising phenomenon P is observed.

(2) P would be explicable as a matter of course if H [an explanatory hypothesis] were true.

(3) Hence, there is reason to think that H is true."

234 SOARES, Orris. *Dicionário de filosofia*. Rio de Janeiro: INL, 1952, p. 57.

235 JUTHE, 2005, p. 4-5. "An argument by analogy is an argument where the inference goes via an analogical relation, in contrast to an inductive or deductive relation. (...) This is what makes analogical inference go from particular to particular without going via any universal premise."

Pierce apresenta interessante exemplo, para distinguir os argumentos por dedução, indução e abdução[236]. Imaginem-se as três proposições seguintes:

A. Todos os feijões da caixa são brancos;
B. Todos os feijões da mesa vieram da caixa;
C. Todos os feijões da mesa são brancos.

Ter-se-ia a dedução na junção (A & B) → C, ou seja, se (A) todos os feijões da caixa são brancos e (B) todos os feijões da mesa vieram da caixa, então, (C) todos os feijões da mesa são brancos. Há, nesse caso, o fato de que o resultado necessariamente é C, eis que, tomados os enunciados A e B como verdadeiros, não há outra opção racional que não a conclusão de que todos os feijões da mesa são brancos. Não há como a conclusão ser falsa.

Com as mesmas proposições, poder-se-ia construir uma inferência por indução, no caso de (B & C) → A. Assim, se (B) todos os feijões da mesa vieram da caixa e se (C) todos os feijões da mesa são brancos, (A) todos os feijões da caixa são brancos. Aqui, diferentemente do exercício dedutivo, não há como concluir logicamente a veracidade da conclusão, mesmo considerando verdadeiras as premissas. Há um processo de generalização de uma experiência individual à generalidade dos casos. Se (B) todos os feijões da mesa vieram da caixa e se (C) todos os feijões da mesa são brancos, há uma alta probabilidade de (A) todos os feijões da caixa serem brancos, contudo não se pode dar certeza à conclusão, na medida em que pode haver, na caixa, um único grão de outra cor. Estabelece-se, aqui, uma regra geral derivada de um caso individual.

Poder-se-ia, também, construir um argumento por abdução com (A & C) → B. Se (A) todos os feijões da caixa são brancos e se (C) todos os feijões da mesa são brancos, logo (B) todos os feijões vieram da caixa. Diferentemente da dedução, a resposta aqui não é necessária, portanto não se pode afirmar a veracidade da conclusão, apenas sua probabilidade. De forma diversa da indução, não há a criação de uma regra geral a partir de uma situação específica. Inicia-se, como na dedução, pelo geral, porém a inferência não permite um fechamento estrito à verificação da verdade da conclusão, razão pela qual se recorre a

---

[236] PIERCE, Charles S. *Chance, love, and logic*: philosophical essays. Londres: Kegan Paul, Trench, Trubner & Co., 1923, p. 134. Sobre a diferença, ver, também: BREWER, 1996, p. 942.

uma hipótese que supostamente explique as premissas[237]. A inferência possível é a de apresentar a melhor justificativa possível às premissas. Isso porque a conclusão (B) é o que melhor explica a relação comum da cor dos grãos que estão na caixa e na mesa.

3.4.2. O ARGUMENTO POR ANALOGIA

A construção de uma analogia válida não é, por vezes, algo tão simples quanto apregoado. O termo analogia deriva do grego e refere-se à proporção, que é uma estrutura relacional entre duas coisas, por isso, muitas vezes, é tratada como uma mera similitude. Não se nega que uma análise de similaridade esteja em jogo, mas, quando se fala de analogia, há uma espécie qualificada dela[238]. Nem toda similitude resultará em uma analogia.

Deve-se deixar claro, de início, que o termo analogia, em especial, quando se fala na construção de argumentos, não é tomado na acepção mais comumente trabalhada na teoria do direito brasileiro. De maneira usual, refere-se à analogia, quando há uma lacuna no ordenamento. Assim, quando a legislação for omissa (art. 4º, da LINDB) em relação a uma determinada conduta, será ela subordinada às disposições legais que regem situações semelhantes em pontos essenciais[239]. Trata-se,

---

[237] PIERCE, 1923, p. 135. Distinguindo a indução da abdução, explica Pierce que; "Induction is where we generalize from a number of cases of which something is true, and infer that the same thing is true of a whole class. Or, where we find a certain thing to be true of a certain proportion of cases and infer that it is true of the same proportion of the whole class. Hypothesis is where we find some very curious circumstance, which would be explained by the supposition that it was a case of a certain general rule, and thereupon adopt that supposition. Or, where we find that it certain respects two objects have a strong resemblance, and infer that ther resemble one another strongly in other respects."

[238] JUTHE, 2005, p. 7. "A similarity is not the same as an analogy. Arguments by analogy do, of course, involve a similarity and may perhaps be seen as a species of a generic type of argument by similarity. Arguments that refer to property similarity, relational similarity (analogy) and structural similarity would then be different subtypes of the generic type: argument by similarity."

[239] REALE, 2007, p. 85. "O *processo analógico* é, no fundo, uma raciocínio baseado em razões relevantes de similitude. Quando encontramos uma forma de conduta não disciplinada especificamente por normas ou regras que lhe sejam próprias, consideramos razoável subordiná-la aos preceitos que regem relações semelhantes, mas cuja similitude coincida em pontos essenciais."

assim, de afirmações analógicas (*analogical assertion*)[240], que, por si só, não significam a construção de argumentos por analogia, principalmente quando se analisa o uso de precedentes judiciais. Exemplo típico desse uso recorrente é a questão, no processo penal, de substituição de testemunhas. Em sua redação original, o art. 397 do CPP regia a matéria expressamente, contudo a Lei n. 11.719/08 modificou completamente sua redação, que passou a tratar da absolvição sumária, assunto completamente diverso, gerando, assim, um quadro de lacuna, no que toca ao processo penal. A partir de então, utilizam-se, por analogia, as disposições do CPC as quais regem a substituição de testemunhas no processo civil, atualmente consolidados os casos no art. 451 do CPC/15.

O que se discute, aqui, detém especificidades próprias, não se confundindo com o uso comum acima demonstrado. Trata-se de criar argumentos jurídicos válidos que, de forma racional, demonstram uma aplicação do direito existente na comunidade. Como sustenta Brewer, "um uso mais importante dos cognatos à analogia é referir-se a um tipo de argumento que se baseia em julgamentos de similaridade relevante no processo de inferir uma conclusão de um conjunto de premissas"[241].

Apesar de não representar uma lógica causal exata como a dedução, o raciocínio analógico não é discricionário, não depende exclusivamente da vontade do intérprete, de sua subjetividade. Logo, ainda que não existam regras formais na avaliação de um bom ou mau argumento, a analogia não é uma mera questão de gosto. Algumas analogia são melhores que outras[242].

Discorrendo sobre as correntes de pensamento sobre o argumento por analogia, Brewer destaca haver os "místicos" e os "céticos". No primeiro grupo, que aparece em uma diversidade de estilos, estão

---

240 BREWER, 1996, p. 950. "Today, the 'analogy' cognate terms are sometimes used simply to make an assertion, implicit or explicit, of relevant similarity; let us call such a use an *analogical assertion*. A simple example is an assertion by a court that some provisions of the Uniform Commercial Code apply 'by analogy' to transactions that are not within the scope of the Code's explicit terms."

241 BREWER, 1996, p. 950. "For my purposes, a more important use of the analogy-cognates is to refer to a type of argument that *relies on* judgments of relevant similarity in the process of inferring a conclusion from a set of premises."

242 BARKER, Stephen F. *The elements of logic*. 5 ed. Nova Iorque: McGraw-Hill, 1989, p. 227.

aqueles que acreditam deter a analogia a sua própria lógica, apesar de não a definirem em todos seus termos, ou os que mantêm uma nostalgia tradicionalista, em que o ofício dos juristas era visto de forma intelectualmente distinta, complexa, prudente e enobrecida, como um verdadeiro estadista[243], agindo como um oráculo do direito. Por outro lado, os "céticos", apesar de não negarem a importância do argumento por analogia, veem tal forma de raciocínio com desconfiança, quando usado como um meio de prova (da veracidade de uma proposição). Da mesma forma, há céticos que apenas acreditam que o argumento por analogia detém racionalidade, se for ele redutível a uma regra[244].

Grande parte do que se produz no Brasil hoje poderia estar incluso nesta última espécie de céticos. Observa-se que a maior parte dos juristas adverte que a analogia serviria como método de trabalho, se dela derivasse uma regra adstrita, que poderia ser replicada dedutivamente a outros casos. Ocorre que místicos e céticos acertam em alguns aspectos e erram em outros.

Os místicos não dão uma explicação satisfatória de como ocorrem os julgamentos de similaridade ou dissimilaridade, e, os de relevância operam na inferência de conclusões dadas as premissas. Simplesmente entendem não ser explicável como ocorrem esses julgamentos, o que não parece apropriado[245]. Já os céticos equivocam-se em acreditar que todo argumento por analogia é redutível a uma regra, que guiará o processo argumentativo, e, também, em classificarem o processo como instável. O argumento por analogia é (ou ao menos pode ser) coerente, detendo uma séria força racional[246].

Brewer propõe uma teoria mediana, entre os místicos e os céticos, a qual pode ser expressa pela sequência[247]:

Onde x, y, z são indivíduos e F, G, H, são predicados dos indivíduos

Passo 1: z detém as características $F, G, ...$.

Passo 2: $x, y, ...$ detêm as características $F, G, ...$.

Passo 3: $x, y, ...$ também detêm a característica H.

---

243 BREWER, 1996, p. 952.
244 Ibid., p. 953.
245 BREWER, 1996, p. 954.
246 Ibid., p. 954-955.
247 Ibid., p. 966.

Passo 4: a presença em um indivíduo das características *F*, *G*, ... *fornece justificação suficiente*, para inferir que *H* está também presente naquele indivíduo.

Passo 5: Assim, há justificação suficiente, para concluir que *H* está presente em *z*.

Obviamente, o jurista em geral e o juiz em particular não irão construir seus argumentos de maneira tão formal e estruturada, o que não significa que será menos racional. O objetivo do jurista não é primordialmente o teórico; antes, sua atuação é movida à resolução de um caso específico. Assim, sua preocupação não é a de discernir uma forma geral do tipo de argumento que está construindo, mas elaborá-lo de maneira individualizada, para justificar a conclusão fornecida[248].

A própria estrutura do pensamento analógico implica reconhecer que não há, de pronto, uma resposta acabada para determinado raciocínio, por isso é realizada caso a caso[249]. Trazido isso ao tema debatido, pode-se afirmar que, por si só, o precedente não representa a forma completa de aplicação do direito ou um instrumento que retire completamente qualquer dúvida do aplicador, ao se deparar com um caso qualquer. A resposta não estará dada de antemão pela regra de determinado precedente, aguardando para ser aplicada a outro caso, por dedução. A aplicação do argumento por analogia na órbita jurídica exige mais do que o mero estabelecimento da regra fixada pelo caso anterior[250]. Nesse particular, mesmo no *common law*, há duras críticas quanto à instabilidade e à falta de normatividade de um sistema calcado no precedente, quando este pode ser alterado ou superado (*defeasible*) pela própria Corte[251]. No mesmo passo, já qualificava Bentham o

---

[248] Ibid., p. 986-987.

[249] DESANCTIS, Christy H. Narrative reasoning and analogy: the untold story. *Legal Communication & Rhetoric*, v. 9, p. 149-171, 2012, p. 166. "(...) if Winter, citing Levi, is correct that judicial decisionmaking is an open-ended process in which judges constantly make 'case-by-case judgments of similarity that do not necessarily square with one another.'"

[250] DESANCTIS, 2012, p. 151. "(...) when explaining the applicable law requires something more than simply stating controlling rules. Precisely within the confines of arguably the most logos-dependent sections of a legal document, we see stories being told."

[251] SCHAUER, Frederick. Is the Common Law Law? *California Law Review*, v. 77, n. 2, p. 455-471, mar. 1989, p. 455-456. "These features of common law method combine to generate two separate sources of theoretical difficulty. First, it appears

judge-made law como *dog's law*, ao criticar a construção do direito pela atividade judiciária, eis que considerava que as regras seriam aplicadas retroativamente, uma vez que formadas pelos juiz depois da ocorrência dos próprios fatos debatidos[252].

O precedente, isolado, não traz em si uma regra ou aponta a um determinado caminho. Isso será construído na *applicatio*, em que a construção do sentido do precedente — no círculo hermenêutico — será efetuada para responder a uma determinada pergunta: a trazida pelo caso em mão. Não há como cindir a interpretação do precedente — consubstanciado na construção do sentido de sua *ratio decidendi* — com sua aplicação. Interpretar é aplicar. Como destaca Ramires, "para reconhecer padrões de identificação entre casos, o intérprete não pode se fiar em métodos ou técnicas: ele se vale da estrutura da linguagem"[253]. Por isso, não há primeiro a definição da *ratio*, analisan-

---

as if the common law allows its rules to be remade in the process of application. If this is so, however, the constraint of the rule *qua* rule seems to disappear; that is, the common law, for all its *talk* of rules, does not seem to be a rule-bound method of decisionmaking. Rather, the rules of the common law appear to be but rules of thumb. They are defeasible when direct application of their background rationales would generate a different result, and consequently the rules have no normative force of their own. Rules of this sort, capable of modification at the time of application and thus incapable of constraining that application, differs o much from our ordinary conception of rules as guides and constraints that it hardly pays to speak of them as rules at all."

[252] BENTHAM, Jeremy. *The Works of Jeremy Bentham*. v. 5. Londres, 1843, p. 235. "Scarce any man has the means of knowing a twentieth part of the laws he is bound by. Both sorts of law are kept most happily and carefully from the knowledge of the people: statute law by its shape and bulk; common law by its very essence. It is the judges (as we have seen) that make the common law. Do you know how they make it? Just as a man makes laws for his dog. When your dog does anything you want to break him of, you wait till he does it, and then beat him for it. This is the way you make laws for your dog: and this is the way the judges make law for you and me. They won't tell a man beforehand what it is he should not do – they won't so much as allow of his being told: they lie by till he has done something which they say he should not have done, and then they hang him for it. What way, then, has any man of coming at this dog-law? Only by watching their proceedings: by observing in what cases they have hanged a man, in what cases they have sent him to jail, in what cases they have seized his goods, and so forth. These proceedings they won't publish themselves, and if anybody else publishes them, it is what they call a contempt of court, and a man may be sent to jail for it."

[253] RAMIRES, 2010, p. 77.

do-se exclusivamente a decisão anterior e, depois, a sua aplicação a um conjunto de fatos novos. O precedente "se torna direcional somente quando temos um novo caso para decidir e vamos de volta ao caso anterior para explorar suas similaridades e diferenças com o nosso próprio caso"[254].

Não há, primeiramente, como efetuar a analogia entre casos, se não se levar em consideração todos os fatos essenciais — ou determinantes — em cada um deles. Ocorre que definir o que é ou não essencial em um caso dependerá da relação entre o precedente e o caso atual posto a julgamento. Não há uma distinção pré-estabelecida entre o que é *ratio* ou *dicta*, sem que se considere para que fatos será o caso utilizado como precedente[255].

Sem o suporte fático necessário, portanto, é inviável a verificação de similitudes e diferenças. Suber propõe alguns casos em que, intencionalmente, o contexto é retirado, para demonstrar sua importância no processo de criar analogias ou distinções. O objetivo do autor é demonstrar ao estudante que o mero formalismo na criação de regras do precedente, em uma pretensa argumentação analógica, pode não auxiliar o jurista, quando enfrente um determinado caso.

Na primeira hipótese formulada pelo autor[256], sugere ele que estamos no segundo dia de existência de um determinado ordenamento jurídico, sendo que, no primeiro dia, a seguinte decisão foi tomada:

Justiça é 1 2 3 <u>4</u> 5 4 3 2 1

---

[254] SUBER, Peter. Analogy exercises for teaching legal reasoning. *Journal of Law & Education*, v. 17, n. 1, p. 91-98, 1988, p. 93. No original: "It becomes directional only when we have a new case to decide and go back to the older case in order to explore its similarities and differences with our own case."

[255] Ibid., loc. cit. "If a case is best used as a precedent only when we drop out the inessential detail, then to reason well we must know what is essential. But what is essential depends on the relationship between the precedent-case and the new case before us that demands a judgment, the case for which it will be a precedent. The reason is that what is essential and what is secondary (hence, even what is 'holding' and what is 'dictum') depends on what the case is used as an analogy to. (...) When we examine a case as a precedent, we may discern many rules; the rule that we take as the guiding or controlling rule of the case depends, then, on what sort of case it is to be precedent for."

[256] Ibid.,p. 95.

Esse é o precedente estabelecido que guiará as futuras decisões. Qual a regra dele advinda? Em um discurso racional, várias são as possibilidades na criação de regras aparentemente válidas, que respeitam o caso paradigma. Isso indica que a mera análise deste é pouco para a criação de analogias. As possíveis respostas à indagação proposta demonstram que se pode admitir, retirando-se o contexto dos casos, a mesma discricionariedade hoje observada, a possibilitar que o juiz chegue a diferentes conclusões, a depender do seu entendimento particular do precedente.

Imagine-se que o caso subsequente é o seguinte:

5 4 3 2 1 2 3 4 5

Qual a solução que se coaduna com o precedente estabelecido? A escolha de qual número representa a opção correta que corresponda à regra do caso anterior? Na demanda, Suber aponta que são possíveis, de pronto, as seguintes respostas[257]:

1. o primeiro 4, porque a regra é escolher o primeiro número 4;
2. o primeiro 2, pois a regra é escolher o número logo à esquerda da "volta" numérica;
3. o segundo 4, eis que a regra é escolher o 4 da parte ascendente da série numérica;
4. o segundo 2, porque a regra é escolher o número da parte ascendente da série mais próximo da "volta" numérica;
5. o primeiro 5, eis que a regra é escolher o maior número repetido e, dentre eles, o que fica mais à esquerda na série numérica;
6. o segundo 5, pois a regra é escolher o maior número repetido e, dentre eles, favorecer aquele que se encontra na parte ascedente da série.

Obviamente, pode-se pensar em outras respostas ou regras à solução do problema.

Além da dificuldade aparecer no tipo de caso em que o juiz deve escolher dentre um conjunto pequeno de possíveis respostas por analogia ao precedente, a mesma situação se verifica com a categoria de casos em que o juiz constrói a resposta por analogia. Por exemplo, imagine-se que o precedente é o seguinte:

---

[257] SUBER, 1988, p. 95.

Para a consecução da justiça, ACB é convertido em ABC[258].

ACB → ABC

Se o novo caso requerer uma conversão sobre a mesma regra de justiça, qual seria a correta resposta ao caso VSUT?

VSUT → ?

Aqui, igualmente, várias possíveis respostas podem ser apreciadas:

1. VUST, porque a regra é trocar a segunda e a terceira letras;
2. VSTU, eis que a regra é trocar as duas últimas letras;
3. VTSU, pois a regra é trocar a última letra e colocá-la no lugar entre a primeira e as letras seguintes;
4. VRVT, porque a regra é trocar a segunda letra pela sua predecessora no alfabeto, e a terceira, pela sua sucessora;
5. STUV, pois a regra é colocar todas as letras em ordem alfabética;
6. ABC, eis que a regra é converter qualquer coisa em ABC;
7. VSBC, vez que a regra é converter as duas últimas letras de qualquer série para BC.

Aqui também, uma grande gama de respostas adicionais é possível.

Com isso, tenta-se demonstrar que a mera troca do argumento por dedução (subsunção) por um por analogia não é suficiente, caso sejam os dois operados de maneira formal, sem a consideração da temporalidade e da facticidade das situações vivenciadas do mundo do ser. Nesse aspecto, tomada como um mero procedimento formalista, há uma insuficiência na analogia como uma forma lógica de criação do argumento jurídico, por isso sempre que se perde de vista a situação concreta que o intérprete está a resolver, bem como cenário do precedente, acaba-se por se perderem as possibilidades de conexões entre uma e outra, o que não permitirá a construção de uma resposta correta; ou pior, ter-se-ão inúmeras soluções, sem se saber qual é a que manteria a integridade e a coerência da ordem jurídica.

Em exemplo menos abstrato, formulado por Holland e Webb, imagine-se que um Tribunal tenha decidido, em 1920, que uma pessoa vendendo papagaios estava sob o dever contratual implícito de garantir que o animal falasse. Atualmente, uma pessoa leiga que acabara de comprar um papagaio que não fala termina por saber do antigo caso e procura um advogado, para orientação de como agir. O jurista — no

---

[258] Ibid., p. 97-98.

caso o advogado — imaginaria, de pronto, todas as possíveis ramificações do caso, por exemplo: questionaria qual seria a relevância do caso; qual a sua *ratio*; de que forma ela se aplicaria a outras lides; qual foi a Corte que tomou tal decisão. Poder-se-ia questionar, ainda: a regra aplicar-se-ia, se o dono da *pet shop* claramente dissesse ao consumidor que aquele papagaio não falava? O mesmo princípio poderia ser aplicado a pássaros similares, como periquitos que não cantem? Há um princípio geral no caso que possibilite aplicar sua regra a qualquer tipo de animal?[259]

A própria formulação da *ratio decidendi* — operação que cabe, como visto, não ao próprio juiz do caso, mas ao jurista do futuro, que utilizará a decisão como precedente — pode alargar ou restringir a regra a ser retirada da decisão anterior. No caso do papagaio, afirmam os autores que, além da leitura estrita de que o vendedor possui a obrigação contratual implícita de garantir que o animal fale, poderia o precedente — a depender de sua recaracterização futura por novos intérpretes — dar azo a uma regra mais geral, por exemplo, a de que o vendedor tem a obrigação de sempre agir com boa-fé, o que possibilitaria a aplicação futura do caso a vendedores de outros tipos de bens, como vendedores de televisões ou de carros[260].

Com isso, quer-se mostrar que o uso de precedentes obrigatórios, por si só, não traz, talvez, a tão propalada estabilidade ou a perseguida segurança jurídica. Isso vai depender, antes de tudo, de uma melhor preparação do jurista para trabalhar com o precedente. Os juristas precisarão desenvolver novas habilidades, de uso não comum na prática jurídica nacional, porque, como visto, a analogia não é um processo mecânico de comparação entre casos; antes, exigirá do jurista a extração de um elemento universalizável da decisão anterior ao novo caso, que se dará por meio de sua argumentação. O mesmo precedente pode ser recaracterizado de forma mais ampla por uma das partes e mais estreita pela adversa. Por isso, destaca Levi que "achar a similaridade e a diferença é o passo chave no processo legal"[261].

---

[259] HOLLAND, James; WEBB, Julian. *Learning legal rules*: a students' guide to legal method and reasoning. Londres: Oxford University Press, 2013, p. 153.

[260] HOLLAND; WEBB, 2013, p. 153-154.

[261] LEVI, Edward H. *An introduction to Legal Reasoning*. Chicago: The University of Chicago Press, 1970, p. 2. No original: "The finding of similarity and difference is the key step in the legal process."

Ocorre que duas coisas podem se assemelhar em vários aspectos e, ao mesmo tempo, serem diferentes em tantos outros[262]. Imaginem-se uma mala e um automóvel, como no exemplo formulado por DeSanctis[263]. Ambos são utilizados para transportar diferentes objetos e são trancados para obstar o acesso de terceiros. Mesmo se o ponto de interesse em comum seja a questão de "ter rodas", ambos parecem bastante similares hoje em dia. A mala, entretanto, apresenta uma mobilidade muito maior, mesmo sem qualquer combustível e, geralmente, pode ser erguida por uma pessoa. Muitas malas cabem no compartimento de bagagens acima dos assentos em aviões, o que não ocorreria com o menor dos carros. Uma mala esquecida no meio de uma rodovia poderia causar certos danos; um veículo abandonado no mesmo local causaria danos de monta muito maior.

A questão central é que se pode formular uma série de analogias ou distinções entre esses dois objetos, sendo todas válidas, ao menos formalmente. Em verdade, "a análise legítima da comparação dependerá nas circunstâncias que deram origem à comparação"[264]. O contexto, portanto, é essencial ao estabelecimento de analogias e distinções. Como adverte Brewer, "o contexto desempenha um papel vital tanto nos fenômenos cognitivos que são amplamente pensados como 'analogia' e na melhor explicação desses fenômenos"[265]. Dessa forma, não há como, de antemão, definir quais são os elementos determinantes de uma causa — que será utilizada como precedente — antes de se estar diante de uma nova série de fatos, que justifiquem e, nesse particular, determinarão as funções e as circunstâncias que dão azo à comparação entre os casos.

---

[262] BREWER, 1996, p. 937.

[263] DESANCTIS, 2012, p. 166-167. No original: "For example, a suitcase is like an automobile in that both can be used to transport items. Both can be locked to preclude access. Even if "having wheels" is the touchstone of the inquiry, then these days a suitcase and an automobile would seem to have a lot in common. But, generally speaking, a suitcase is far more mobile and is so without electric or gas power; it usually can be lifted with reasonable human strength. Many suitcases fit into a plane's overhead compartment; no car that I know of would make it through an airport magnetometer. A suitcase could cause some damage if abandoned in the fast-lane of I-95, but an abandoned car is likely to cause significantly more."

[264] DESANCTIS, 2012, p. 167. No original: "(...) but a legitimate analysis of the comparison will depend – (...) – on the circumstances giving rise to the comparison."

[265] BREWER, 1996, p. 926.

3.5. A TEORIA DO ORDENAMENTO JURÍDICO

A teoria do ordenamento, seja qual for a matriz teórica utilizada, tenta superar a visão do direito como um coletivo de normas individuais. O objetivo, portanto, é inter-relacionar as normas, que deixam de existir *per si* e passam a integrar harmonicamente, com relações mútuas, um mesmo sistema, criando um ordenamento jurídico.

Se o direito jurisprudencial cria novos elementos no direito de um determinado ordenamento jurídico, há a necessidade de se perquirir, primeiro, qual o lugar que ocupam em relação aos demais elementos do sistema. Verificada tal questão, devem-se observar as relações que mantêm com os demais *standards* jurídicos adotados pelo ordenamento jurídico.

3.5.1. DIREITO JURISPRUDENCIAL E HIERARQUIA NORMATIVA

O primeiro passo nesta empreitada é tentar posicionar as normas derivadas de provimentos judiciais na hierarquia normativa que compõe o ordenamento jurídico nacional. Usualmente o ordenamento jurídico é demonstrável pela forma piramidal. A de Kelsen se deve ao desenvolvimento da teoria do ordenamento não como um amontoado de regras individuais, mas como normas que se relacionam necessária e mutuamente. A necessidade desse relacionamento está em que uma norma busca como fundamento de validade outra que lhe seja superior. Assim, Kelsen descreve a estrutura do ordenamento pela metáfora da pirâmide.

Sobre o ápice, estaria, na visão kelseniana, a norma hipotético-fundamental, como algo necessário à validade da própria Constituição, que ostentaria o ápice e o vértice superior da pirâmide. Abaixo das normas constitucionais, estariam as normas gerais (leis). Abaixo delas, estariam as normas individuais, como a decisão judicial e os negócios jurídicos.

Em relação ao sistema jurídico brasileiro, a estrutura é mimetizada, com maior ou menor especificação, seguindo-se do ápice à base os seguintes degraus: 1 - a Constituição; 2 - Emendas constitucionais; 3 - Leis (Complementar, Ordinária e Delegada); 4 - Decretos (Legislativos ou presidenciais); 5 - Atos administrativos (Portarias, instruções normativas, resoluções etc.). O direito jurisprudencial, em quaisquer de suas formas, não aparece ou aparece com grande inconsistência na estrutura piramidal brasileira. Estaria, por certo, abaixo da Constituição. Fora essa constatação, as demais são controversas.

Poder-se-ia falar que, no Brasil, as leis estão em nível superior ao dito direito jurisprudencial, o que deveria ser incontestável e extreme de dúvidas, contudo há de se questionar, por exemplo, se as súmulas vinculantes não estariam em nível superior à legislação, na medida em que podem dizer respeito justamente à inconstitucionalidade de determinado dispositivo legal. Exemplo disso é a Súmula Vinculante n. 8, que indica serem inconstitucionais o art. 5º, parágrafo único, do Decreto-Lei n. 1.569/1977 e dos art. 45 e 46 da Lei n. 8.212/1991. Se a legislação se sobrepusesse à súmula vinculante, por certo não seria ela capaz de retirar do mundo jurídico os dispositivos legais indicados, que seriam hierarquicamente superiores.

Trata-se, então, de questão tormentosa a correta definição do local apropriado do direito jurisprudencial na hierarquia normativa do ordenamento jurídico nacional. Isso importa na medida em que isso influenciará decisivamente na forma de revogação (ab-rogação ou derrogação) de uma norma por outra. Pela natureza deste estudo, isso interessa, quando uma dessas normas é de origem judicial. Em outras palavras, deve-se enfrentar a problemática da contradição entre duas normas derivadas do direito jurisprudencial formado ou de uma delas com normas derivadas de outras fontes.

Um dos pontos mais caros a uma teoria do ordenamento é a posição central da Constituição. Todo o direito busca abrigo na Carta Constitucional da sociedade a que se refira. Esse lugar cimeiro, de superioridade formal e material a qualquer outro elemento do ordenamento jurídico, não indica, contudo, ser a forma piramidal mais indicada à formação do sistema jurídico de uma determinada comunidade. Necessita-se rever a teoria do ordenamento tipicamente kelseniana e questionar se, de fato, o ordenamento é composto por relações de subordinação entre normas jurídicas.

A Constituição não está meramente acima dos demais elementos do ordenamento jurídico. Ela, na verdade, delimita o que o próprio ordenamento é. Trata-se do ambiente em que todo o direito está inserido. Em uma comparação com a física, a Constituição seria o próprio universo observável, o limite mais amplo de tudo aquilo que está em seu interior. Fora disso, só a antijuridicidade. Os diferentes ramos do direito funcionam como as várias galáxias, que se relacionam mutuamente pela força gravitacional, exercendo maiores forças mútuas àqueles ramos que se encontram mais próximos um do outro. Nesse particular, o direito do consumidor exerceria maior influência no direito civil, dada a maior proximidade do fenômeno que rege, se comparado ao direito tributário ou administrativo. Assim como cada galáxia é formada por diferentes astros, como estrelas, planetas, cometas etc., cada ramo é formado por diversos *standards*, elementos individuais de determinação que também se relacionam mutuamente.

O formato piramidal, portanto, deve ser substituído por outro mais apropriado, em cujo círculo maior encontre-se a Constituição, e, no seu interior, outros menores — representando os diferentes ramos do direito — coexistam, relacionando-se mutuamente, por meio de ligações.

Feitas tais considerações, no que tange ao direito jurisprudencial, estará ele inserido entre conjuntos, sendo que se relaciona com outros *standards* legais, sejam de criação judicial, legislativa, administrativa seja pela própria vontade privada (como no contrato ou no testamento). Por isso, é importante verificar como se dá esse relacionamento, principalmente quando algum elemento do direito jurisprudencial choca-se com outro, seja que origem tiver. Trata-se, comumente, daquilo que se chama de superação (*overruling*).

3.6. A SUPERAÇÃO (*OVERRULING*)

O *overruling*, muitas vezes, é tratado como uma quebra, uma guinada repentina no entendimento de uma Corte sobre alguma matéria em particular, contudo não é assim que ordinariamente ocorrem as superações. Há um processo lento e gradual em que determinada doutrina judicial vai perdendo a força. A sucessão de decisões no tempo vão restringindo a *ratio decidendi*. Passa-se a exigir um escrutínio menos rígido à caracterização de distinções, enfim, há uma mudança que se prolonga no tempo, sendo que o *overruling* é o ponto final do processo (e o recomeço de um novo ciclo)[266].

---

[266] ARRUDA ALVIM, 2012, p. 42. "Muitas vezes, na Inglaterra, o *overruling* não se dá de modo expresso, explícito e direto. às vezes esta mudança 'estende-se por anos, por um longo período: a erosão de um precedente é gradual. O *overruling* não gera um efeito abrupto no direito: na verdade, quase que se reconhece um *fait accompli* (= fato consumado). Em outras palavras, o *distinguishing* de precedentes é frequentemente um modo gradual e relutante de alterar entendimentos jurisprudenciais."

3.6.1. IMPERFEIÇÕES DO SISTEMA: A FALTA E AS COLISÕES DE NORMAS

O ordenamento jurídico compõe-se de diversos *standards* legais que, de uma forma mais ou menos organizada, relacionam-se entre si, formando um todo pretensamente harmônico e que deveria orientar a resolução, ainda que em tese, de todos os litígios possíveis. Contudo, esta perfeição teórica está longe de ocorrer na prática. Comparando-se novamente o direito e a física, poder-se-ia dizer que a teoria da completude do ordenamento jurídico funciona como a relatividade geral e a prática jurídica como a mecânica quântica. A completude seria uma situação de calma e tranquilidade, onde a relação das normas que formam o ordenamento atenderiam a todas as demandas existentes. Analisa-se os grandes corpos, que seriam as normas e o ordenamento como um todo, onde estariam fornecidas todas as respostas possíveis a todos os casos imagináveis. A prática jurídica estaria preocupada com os pequenos corpos, as estruturas mais fundamentais do direito: os fatos, os problemas particulares que ocorrem no convívio social. Se, antes, imperava a tranquilidade, na prática jurídica — assim como na mecânica quântica —, o ambiente torna-se caótico e confuso, em uma agitação constante. Parecem dois ambientes que não se amoldam um ao outro, dois mundos distintos, apesar de existirem concomitantemente. As dificuldades de uma teoria unificadora na física é espelhada no direito, em que a junção da teoria da completude do ordenamento e da prática jurídica, que encara situações fora ou estranhas à citada teoria, é igualmente problemática.

O dogma da completude leva à crença de que, no ordenamento jurídico, não há lacunas, de que não existe qualquer situação que não encontre no direito uma solução. Pode-se dizer que apenas em aparência é que se vislumbrará alguma lacuna no ordenamento. Para aquelas situações em que não parece haver, em uma primeira análise, uma regulação específica, lançar-se-á mão de métodos de integração que garantiriam a completude do ordenamento.

Acontece que há situações em que não há um regramento próprio, e a integração, por qualquer método que seja, não indica um caminho seguro a seguir. A completude é uma ideia ingênua, como se o ordenamento jurídico abarcasse toda a realidade e antevisse toda evolução social que traz, consigo, novos litígios, antes inimagináveis. É bem verdade que transmite a ideia de autonomia do direito, que independeria de outros saberes, não vinculados à política, economia, moral etc. As situações mundanas, todavia, são complexas, e os interesses que merecem proteção modificam-se constantemente, não acompanhando, por vezes, o direito — eminentemente o legislado.

Diante desse problema, juristas discutem incansavelmente sobre o que fazer. Dizem, alguns, que se trata de casos difíceis, e, assim, demandaria uma análise pessoal do juiz, que, em sua discricionariedade, conferiria à demanda uma determinada resposta, que não se encontrava anteriormente no ordenamento. Se, por um lado, o ordenamento não é completo, e, por outro, todas as controvérsias devem ser dirimidas pelas instituições jurídicas apropriadas, nada mais conveniente do que deixar nas mãos do magistrado a solução que melhor lhe aprouver. Aproximar-se-ia o juiz de um oráculo do direito.

O problema dessa visão é que ela é antidemocrática. Se a democracia é a capacidade de um povo autogovernar-se, fixando os direitos e as obrigações comuns compartilhadas, a solução de uma contenda não deve depender da subjetividade, vontade ou ânimo pessoal do julgador. Há de se buscarem critérios materiais (substanciais), para que a resolução do caso reflita aquilo que o direito melhor possa ser. Isso leva à co-originalidade do direito e da moral, como descreve Habermas[267].

Outra questão é a da unidade do ordenamento jurídico, que apontaria a inexistência de contradições entre as normas insertas em um mesmo sistema. Nesse ponto, não deve haver colisões entre elas. As que eventualmente se levantarem, serão, da mesma forma, aparentes, uma vez que os critérios tradicionais de resolução de antinomias afastarão uma delas, privilegiando-se a outra. Assim, os critérios hierárquico, cronológico e da especialidade resolverão toda e qualquer antinomia.

Especificamente ao tema de relevo do presente estudo, poder-se-ia indagar como o precedente encaixa-se na teoria do ordenamento nesses dois momentos: o de lacuna e o de antinomia com outro *standard* admitido pelo próprio ordenamento, principalmente no embate entre o precedente e a lei e, especialmente, de um precedente com outro.

3.6.1.1. AS LACUNAS E O DIREITO JURISPRUDENCIAL

No caso de existência de lacunas no ordenamento, já há a concepção arraigada, no senso comum teórico dos juristas, de que o direito jurisprudencial, em qualquer de suas formas, estaria apto a solucionar

---

[267] HABERMAS, Jürgen. *Direito e democracia*: entre a faticidade e validade – volume I. Tradução Flávio Beno Siebeneichler. Rio de Janeiro: Tempo Brasileiro, 1997. p. 139.

o vácuo particular, funcionando como uma forma de integração do ordenamento. Mesmos os mais céticos quanto à formação judicial do direito aceitam que, ao menos em dois momentos, o uso do direito judicial faz-se necessário: a colmatação de lacunas e o auxílio na interpretação de textos semanticamente indeterminados[268].

Essa visão, contudo, retira do direito jurisprudencial grande parte de sua valia, qual seja, de seu papel como fonte de direito. Com efeito, não se trata de uma mera integração do sistema, como uma forma de contornar as lacunas existentes. O direito jurisprudencial, como visto no capítulo anterior, cria direito, e, assim, é mais acertado falar que não se está, em verdade, diante de uma lacuna, justamente porque já há um *standard* legal determinado pela atuação da própria jurisdição. Isso confere maior autonomia e importância à formação judicial do direito. Trata-se de conferir ao direito jurisprudencial o caráter de fonte primária — e não meramente secundária ou supletiva — do direito.

Se o direito jurisprudencial cria direito, como defendido, é certo que estará inserido no próprio ordenamento, portanto não pode ser um corretivo externo a ele. Em outras palavras, não pode servir, ao mesmo tempo, como parte do sistema e como uma forma de sua integração. Há uma desconexão lógica entre a coexistência dessas duas acepções.

Isso não afasta a ocorrência de lacunas, pois nem a lei e tampouco a jurisdição podem antever todas as hipóteses de aplicação futuras a fatos que sequer ocorreram, principalmente em uma sociedade complexa como a contemporânea, em que novas situações surgem cotidianamente. Pense-se nos *cases of first impression*, em que não há balizas claras a guiar o intérprete. Com efeito, casos como esses irão surgir de tempos em tempos, e, enquanto não pensados pelo legislador, a jurisdição cumprirá um papel fundamental no dirimir do assunto.

3.6.1.2. COLISÃO ENTRE O DIREITO JURISPRUDENCIAL E A LEGISLAÇÃO

A questão da lacuna suscita menos questionamentos — ao menos sobre o uso do direito jurisprudencial —, quando comparada ao caso de antinomias. Por certo, talvez um dos maiores problemas enfrentados atualmente seja justamente este: a colisão entre diferentes entendimentos pretorianos, dada a dispersão jurisprudencial, a jurisprudência lotérica. Pode-se entender tal fenômeno como um caso de antinomia, isso porque, conforme defende-se, o direito judicialmente criado acaba

---

[268] LAMY; LUIZ, 2015, p. 385.

na formação de um *standard* legal, que pode entrar em conflito com outro, de origem legislativa ou judicial. Se a atuação judicial é capaz de criar direitos, qualifica-se como fonte de direito, é preciso analisar eventual confronto entre este elemento de determinação aceito no ordenamento jurídico com os demais, que, igualmente, cumpram tal função. Nesse passo, ressalta aos olhos o relacionamento entre o precedente e a lei.

Em um país de *civil law*, como o Brasil, a Constituição e a legislação representam as principais formas de estabelecimentos de direitos e obrigações. Assim, para a alteração de uma e de outra, há uma forma prevista. No que toca à Constituição, há a possibilidade de emendas constitucionais (art. 60 da CF), naquilo que não se constitua cláusula pétrea (art. 60, § 4º, da CF). Em relação às leis em geral, a alteração pode ocorrer de forma expressa ou tácita (art. 2º da LINDB). No primeiro caso, a lei posterior revoga expressamente a anterior, seja total (ab-rogação) ou parcialmente (derrogação). No segundo, a lei posterior é incompatível ou regula inteiramente a matéria tratada na lei anterior.

Não há dúvidas de que a Constituição não pode — e não deve — ser alterada pela jurisdição e prevalecerá, sempre, sobre qualquer forma do direito jurisprudencial. A sua modificação exige a promulgação de uma emenda constitucional, garantindo sua legitimidade pela atuação do constituinte derivado. Ademais, a própria supremacia da Constituição impediria sua modificação por meio do exercício da função jurisdicional típica.

Poder-se-ia aventar, para infirmar o ponto acima sustentado, que há a possibilidade de mutação constitucional, que a própria Constituição sofra mudanças, por maneiras outras que a formalmente estipulada. Assim, a jurisdição constitucional seria caminho hábil às mutações, independentemente da existência de uma emenda, processada e promulgada na forma descrita na Constituição.

Não há dúvidas de que o direito detém um caráter dinâmico, mesmo porque é reflexo da dinamicidade da própria sociedade. Nesse norte, a própria ordem constitucional adapta-se às novas exigências sociais, econômicas, políticas e jurídicas. Trata-se da ideia da *living Constitution*. Acontece que essa ideia de Constituição viva não está atrelada, de forma alguma, à mutação constitucional. Ackerman, um dos maiores defensores da *living Constitution*, adverte que não se trata de um slogan conveniente, para que a Constituição seja transformada em algo que ela não seja, mesmo que para melhor[269]. Preocupa-se o autor com a rigidez que a Constituição deve deter, não ficando à mercê do pensamento individual de juízes ou teóricos do direito.

Essa preocupação é válida para o Brasil, na medida em que a mutação constitucional já foi utilizada, para encobrir um ativismo judicial perigoso, como no caso da discussão do art. 52, X, da CF, ocorrida na Reclamação n. 4.335. Tratar-se-ia, caso confirmada fosse, não de uma mutação, mas de uma mutilação constitucional[270]. No caso citado, pela superveniência da Súmula Vinculante n. 26, deixou-se de lado a discussão sobre a mutação constitucional.

Na resolução de antinomias de um ordenamento, há a instituição dos critérios tradicionais: hierárquico, cronológico e especialidade. Quanto ao primeiro, pela supremacia da Constituição, qualquer outro *standard* aceito pelo ordenamento jurídico — qualquer fonte de direito — cede à disposição constitucional. Sobre o cronológico, a lei posterior detém prevalência sobre a anterior, tal como já visualizado no art. 2º da LINDB. Por fim, a lei especial prevalecerá sobre a geral, como no caso do art. 2º, § 2º, da LINDB. A questão a ser investigada, aqui, é se esses mesmos critérios poderiam ou deveriam ser utilizados, quando se estiver diante de uma contradição sistêmica entre diferentes *standards* criados pelo direito jurisprudencial ou entre um deles e o direito legislado.

A relação entre o precedente e a lei parece ser clara. O direito legislado é superior, sendo que não pode a jurisdição alterar os caminhos traçados pelos legisladores. O próprio princípio da legalidade significa justamente isso, quando imposto no exercício da jurisdição, porque, ao juiz, é devido decidir conforme o direito estabelecido. Essa situação

---

[269] ACKERMAN, Bruce. The Living Constitution. *Harvard Law Review*, v. 120, n. 7, p. 1737-1812, mai. 2007, p. 1754. "For me, the 'living Constitution' is not a convenient slogan for transforming our very imperfect Constitution into something better than it is. While the effort to make the Constitution into something truly wonderful is an ever-present temptation, the problem with this high-sounding aspiration is obvious: there are lots of competing visions of liberal democratic constitutionalism, and the Constitution shouldn't be hijacked by any one of them. The aim of interpretation is to understand the constitutional commitments that have actually been made by the American people in history, not the commitments that one or another philosopher thinks they should have made."

[270] LUIZ, 2013, p. 172.

é tão simples como parece, como ver-se-á em seguida, entretanto a questão primeira a ser levantada é se um precedente judicial, no caso do vácuo legislativo, pode ser modificado pela legislação, se há uma espécie de *overruling* legislativo.

Para analisar essa delicada questão, utilizar-se-á o caso do *wrongful birth* em países de famílias jurídicas diversas: França e EUA. As questões gerais do instituto já foram abordadas no capítulo I, relembrando-se, apenas, que se trata da causa de pedir, em que os genitores (principalmente a gestante) veem frustrado seu direito à interrupção da gravidez de um feto que apresenta alguma deficiência, pelo erro médico no diagnóstico da situação. Para exemplificação no âmbito brasileiro, utilizar-se-á o próprio CPC/15, que, em muitos casos, procedeu ao *overruling* legislativo de linhas jurisprudenciais até então firmes e duradouras.

O *Arrête Perruche* é um caso francês muito conhecido, em que uma gestante contraiu rubéola durante a gravidez. Preocupada com possíveis consequências ao feto, a grávida realizou exames, deixando claro seu intento de interromper a gravidez, caso houvesse qualquer problema detectável no feto. O médico responsável atestou que o nascituro estava sadio e que era imune à doença[271], contudo, após o nascimento, verificou-se que a criança, Nicolas, apresentava severas sequelas, o que resultou em uma contenda judicial.

O Tribunal de Apelação de Paris, em 1993, julgou parcialmente procedente o pedido, concedendo indenização à Sra. Perruche, afastando a reparação à Nicolas, afirmando não haver nexo causal entre os danos da criança e os equívocos cometidos. Em outras palavras, a deficiência da criança não derivava do erro médico. O Corte de Cassação cassou a decisão no que tocava exclusivamente à reparação da criança, sustentando que as falhas médicas não permitiram a mãe recorrer à interrupção da gravidez, portanto o erro médico foi causa da lesão sofrida pela criança. Sem o ato culposo, o resultado não ocorreria (não haveria nascimento). A Corte de reenvio, de Orleans, contudo, recusou-se a seguir a orientação da Corte Superior, mantendo o mesmo entendimento do Tribunal de Paris. Assim, voltando o caso à Corte de Cassação, em decisão *en banc*, definiu-se que Nicolas poderia requerer a reparação ao médico pelo erro cometido.

---

[271] SILVA; RAMMÊ, 2013, p. 132.

Essa decisão que concedeu tanto o *wrongful birth* como o *wrogful life* criou grande discussão acadêmica e uma comoção geral na população francesa[272]. Primeiro, era reconhecidamente um *case of first impression*. Ademais, inovou, quando admitiu a legitimidade de a criança requerer indenização, em nome próprio, pelo fato de ter nascido. Em 2002, em oposição à decisão tomada pela Corte de Cassação, foi aprovada a Lei Anti-Perruche, proibindo a causa de pedir do *wrongful life*, afirmando que ninguém pode se prevalecer de um dano decorrente do simples fato do seu nascimento.

Poder-se-ia pensar que, em um sistema jurídico como o francês, berço das codificações e bastante atrelado ao respeito ao direito legislado, a discussão tivesse tomado um fim, aquiescendo o Judiciário à opção legislativa. De fato, a Lei Anti-Perruche foi aplicada a partir de sua vigência, como no caso da família Maurice, em um processo movido contra o hospital, por conta da falha de diagnóstico de uma doença neuromuscular hereditária. Houve os dois pedidos, um em nome dos pais, pela frustração da possibilidade de interrupção da gravidez, e outro, em nome da própria criança, em razão da miserabilidade de sua vida. Embora a falha do diagnóstico e o nascimento tenham ocorrido em 1997, antes, portanto, do início da vigência da Lei Anti-Perruche (que ocorreu em 2002), a nova lei foi aplicada à situação, limitando-se a indenização aos genitores, reconhecendo-se incabível o pleito em relação à criança, que não poderia reivindicar danos pelo fato do próprio nascimento, decisão confirmada pelo Conselho de Estado francês.

O caso, contudo, foi remetido ao Tribunal Europeu de Direitos Humanos, que, à unanimidade, reconheceu a aplicabilidade do art. 8º da Convenção Europeia de Direitos dos Homens[273], que trata do direito

---

[272] Ibid., loc. cit. "A referida celeuma jurisprudencial foi responsável por uma das mais espetaculares reações doutrinárias, formando dois grandes grupos de opiniões contrárias, adotando os mais variados argumentos como fundamentação de suas posições. Os reflexos da decisão Perruche na sociedade civil não foram menores, e a capacidade do aludido caso despertar opiniões apaixonadas nos mais variados setores da sociedade lhe rendeu a alcunha de 'affaire Dreyfus' do século XXI. Para ficarmos com apenas um exemplo paradigmático, a própria associação dos deficientes físicos desaprovou a decisão, pois acredita que ela teria sufragado a idéia de que não nascer seria preferível a nascer com deficiência grave."

[273] UNIÃO EUROPEIA. Convenção Europeia de Direitos dos Homens. Disponível em: http://www.echr.coe.int/Documents/Convention_POR.pdf. Acessado em: 19.12.2017. "ARTIGO 8º Direito ao respeito pela vida privada e familiar 1. Qualquer pessoa tem direito ao respeito da sua vida privada e familiar, do seu domicílio e da

ao respeito pela vida privada e familiar, e do art. 1º do Protocolo n. 1[274], que trata da proteção à propriedade. A Corte entendeu que a legislação nacional não poderia ser aplicada retroativamente, para alcançar fatos anteriores ao período de sua vigência, devendo ser aplicada a jurisprudência então formada nos tribunais franceses, ao reconhecer como um dano indenizável o *wrongful life*, citando, dentre outros, o *Arrêt Perruche*.

Apesar de a Corte reafirmar que um Tribunal nacional não pode se substituir ao legislador na conveniência do regime jurídico, dada a matéria ou a escolha das melhores opções nesse difícil campo social, aquilo não poderia ser feito de forma retroativa, frustrando a expectativa criada, tendo em vista os precedentes existentes à época. Considerou, de acordo com o art. 1º do Protocolo n. 1, que os recorrentes já possuíam a causa de pedir, podendo esperar razoavelmente que o caso fosse determinado de acordo com a jurisprudência então assentada[275].

Pode parecer inusitado a um jurista brasileiro — como de fato o é — tratar uma pretensão como um direito (mais estranhamente derivado da propriedade) e, assim, considerá-la incorporada ao patrimônio de

---

sua correspondência. 2. Não pode haver ingerência da autoridade pública no exercício deste direito senão quando esta ingerência estiver prevista na lei e constituir uma providência que, numa sociedade democrática, seja necessária para a segurança nacional, para a segurança pública, para o bem-estar econômico do país, a defesa da ordem e a prevenção das infracções penais, a protecção da saúde ou da moral, ou a protecção dos direitos e das liberdades de terceiros.

274 Ibid. "ARTIGO 1º Protecção da propriedade Qualquer pessoa singular ou colectiva tem direito ao respeito dos seus bens. Ninguém pode ser privado do que é sua propriedade a não ser por utilidade pública e nas condições previstas pela lei e pelos princípios gerais do direito internacional. As condições precedentes entendem — se sem prejuízo do direito que os Estados possuem de pôr em vigor as leis que julguem necessárias para a regulamentação do uso dos bens, de acordo com o interesse geral, ou para assegurar o pagamento de impostos ou outras contribuições ou de multas "

275 UNIÃO EUROPEIA. Corte Europeia de Direitos Humanos. *Maurice v. France*. Disponível em: http://www.echr.coe.int/Documents/Reports_Recueil_2005-IX.pdf. Acessado em: 19.12.2017. "Before the enactment of the Law of 4 March 2002 the applicants possessed, on account of the negligence which had directly caused them prejudice, a claim which they could reasonably expect to be determined in accordance with settled case-law. This was a 'possession'. Had the law complained of not been enacted, the applicants could legitimately have expected to obtain compensation for their prejudice, including the special burdens arising from their child's disability throughout her life."

uma pessoa. Foi o caminho trilhado pela Corte, que, de um modo transverso, declarou uma espécie de direito adquirido ao regime jurídico anterior, baseado nos precedentes existentes na ordem interna. Apesar de um primeiro estranhamento, andou bem a Corte, ainda que se pensassem com a lógica do ordenamento jurídico brasileiro. Se se considerar o precedente como fonte de direito, nada mais natural que admitir seu uso em questões de direito intertemporal. Não sendo viável a aplicação retroativa da legislação posterior, aplicar-se-á o direito anterior, seja ele derivado do legislador ou da jurisdição.

A partir do julgamento de *Maurice v. France*, a própria jurisdição interna francesa aderiu à regra da irretroatividade da Lei Anti-Perruche, contudo é interessante notar, aqui, a superação da jurisprudência pela legislação, ainda que respeitada a regra de direito intertemporal própria.

Situação similar ocorreu nos Estados americanos de Idaho e Michigan. No primeiro deles, a Suprema Corte estadual reconheceu, em *Blake v. Cruz*[276], o *wrongful birth* no caso em que uma criança nasceu com severas deficiências por erro de diagnóstico de rubéola, que acometeu a mãe durante a gestação. Caso soubesse da doença, ela teria optado pela interrupção da gravidez. A Corte baseou-se em duas considerações, para julgar procedente o pedido: (*i*) o interesse social em reduzir a incidência de defeitos genéticos; e (*ii*) permitir que os genitores realizem uma decisão informada sobre a possibilidade de aborto. No mesmo caso, julgou-se improcedente o pedido em relação ao *wrongful life*, assinalando-se que a vida é preciosa (*life is precious*).

Dada a repercussão da decisão, no mesmo ano, o Legislativo de Idaho aprovou uma nova lei, vedando tanto o *wrongful birth* como o *wrongful life*, mantendo a possibilidade do *wrongful conception*. Inseriu-se, no *Idaho Code* §5-334, que não há causa de agir válida, e, por consequência, é vedada a indenização, baseada na alegação de que, pela ação ou omissão de terceiro, não teria sido permitido o nascimento de uma pessoa, realizando-se o aborto[277].

---

[276] EUA. Suprema Corte de Idaho. *Blake v. Cruz*, 698 P.2d 315, 1985.

[277] "A cause of action shall not arise, and damages shall not be awarded, on behalf of any person, based on the claim that but for the act or omission of another, a person would not have been permitted to have been born alive but would have been aborted"

Algo similar ocorreu no Estado de Michigan, em *Taylor v. Kurapati*.[278] No caso, uma criança nasceu com diversas incapacidades (sem o ombro direito, sem digitais na mão esquerda, sem o fêmur da perna esquerda e com o fêmur mal desenvolvido na direita), sem a informação devida do médico que realizou o ultrassom — que não detectou as anomalias —, frustrando a possibilidade de aborto da mãe. A Corte acolheu a alegação de *wrongful birth*, mas afastou a de *wrongful life*.

Em resposta à decisão, o Legislativo aprovou uma nova legislação, vedando a reparação no âmbito estadual tanto do *wrongful birth* como do *wrongful life*[279]. Em relação ao *wrongful conception*, a legislação excluiu de eventual condenação a reparação pelo custo diário de vida, gastos médicos, educacionais ou outras despesas necessárias para a criação da criança até a maioridade, aplicando-se essa medida tanto nos casos de nascimento sadio ou com deficiências.

Os exemplos se prestam a demonstrar a derrotabilidade do precedente face à legislação superveniente que trate, de forma diferenciada, da mesma matéria. Em outras palavras, há uma superioridade da legislação, o que é de todo compreensível, na medida em que cabe precipuamente ao Legislativo a definição dos direitos e deveres de cada cidadão no convívio social. Esse é o órgão que detém legitimidade popular, para fazer tais escolhas. Ainda que a decisão judicial, enquanto base do direito jurisprudencial, seja fonte de direito, não se pode ignorar que ainda merece primazia a produção legislativa. Assim, "as decisões futuras devem ser pautadas no novo fundamento normativo"[280].

Isso ocorre independentemente do sistema ou família a que se filie determinado ordenamento jurídico, por isso os exemplos foram propositadamente colhidos em países bem definidos quanto à natureza do sistema adotado. Tanto na França, como um país de *civil law*, quan-

---

278 EUA. Corte de Apelação de Michigan. *Taylor v. Kurapati*, 600 N.W.2d 670, 671, 1999.

279 (1) A person shall not bring a civil action on a wrongful birth claim that, but for an act or omission of the defendant, a child or children would not or should not have been born.

(2) A person shall not bring a civil action for damages on a wrongful life claim that, but for the negligent act or omission of the defendant, the person bringing the action would not or should not have been born.

280 GALIO, Morgana Henicka. *Overruling*: a superação do precedente no direito brasileiro. Florianópolis: Empório do Direito, 2016, p. 237.

to nos EUA,[281] expoente no *common law*, a superveniência de uma lei faz ruir o precedente anterior que com ela conflite. Trata-se, portanto, de uma superação do precedente pela via legislativa, que acontece "a partir do início da vigência do texto legal, sem que seja necessária a manifestação do Poder Judiciário sobre a questão"[282].

3.6.2. A SUPERAÇÃO DE SÚMULAS PELA ENTRADA EM VIGOR DO CPC/15

O mais atual exemplo da superação legislativa é o que ocorreu com a entrada em vigor do próprio CPC/15, que procedeu ao *overruling* de uma série de súmulas, tanto do STJ quanto do STF. É bem verdade que houve, também, a positivação na legislação de entendimentos pretorianos já consagrados, sumulados ou não[283]. Nessa hipótese, porém, não haverá conflito entre os dois elementos de determinação do ordenamento, são as situações antagônicas que interessam neste momento.

---

[281] BARNES, Jeb. *Overruled?*: legislative overrides, pluralism, and contemporary court-Congress relations. Stanford: Stanford University Press, 2004, p. 4. "In fact, since the mid-1970s, Congress has passed hundreds of 'overrides' - laws that explicitly seek to reverse or materially modify judicial interpretations of statutes and related administrative rules. The Civil Rights Act of 1991, the 'Grove City' Bill, and the Voting Rights Act of 1982 offer a few prominent examples, culminating high-profile efforts of congressional liberals and moderates to reverse conservative Supreme Court interpretations of civil rights laws. Of course, most overrides are less publicly visible, than these bills, but they also concern important policy areas such as antitrust, intellectual property rights, immigration, federal criminal law, bankruptcy, taxes, and environmental law."

[282] GALIO, 2016, p. 237.

[283] Exemplos dessa positivação são: o art. 349 do CPC/15, que positiva o entendimento da súmula n. 231 do STF (quanto à possibilidade de produção de prova pelo réu revel), e o art. 988, § 5º, I, do CPC/15, que repete a fórmula da súmula n. 734, também do STF (que trata da inadmissibilidade da reclamação após o trânsito em julgado da decisão reclamada). A mesma relação ocorre, em relação às súmulas do STJ, quando comparadas as súmulas n. 224, 235, 282, 309 e 339 com, respectivamente: art. 45, § 3º (desnecessidade de suscitar conflito, quando houver a exclusão do ente federal que afetou a competência da Justiça Federal); art. 55, § 1º (desnecessidade de reunião de processos conexos, se um deles já foi julgado); art. 700, § 7º (que trata da possibilidade de citação por qualquer meio, inclusive por edital, no procedimento monitório); art. 528, § 7º (prisão civil do alimentante inadimplente, que compreende até as três últimas prestações vencidas e as que se vencerem no curso do processo); e, art. 700, § 6º (cabimento da monitória contra a Fazenda Pública), todos do CPC/15.

A maior parte dos casos em que ocorreu a superação de súmulas trata-se de inovações legislativas que combatem a "jurisprudência defensiva" dos Tribunais Superiores. Sabe-se que tanto o STF quanto o STJ possuíam inúmeras maneiras de legalidade duvidosa, para livrarem-se de grande carga dos recursos que aportavam diariamente, em geral, de forma monocrática, sem que se chegasse ao mérito da demanda. Isso quando não fossem barrados no próprio juízo de admissibilidade do Tribunal local. Assim, por questões de formalismo exacerbado, grande parte dos recursos sequer chegavam aos Tribunais Superiores, e, quando passavam por tal barreira, outra parte substancial era sumariamente aniquilada, por decisão monocrática, tão logo chegasse à respectiva Corte.

As disposições do CPC/15 buscaram por fim (ou, ao menos, minorar) esse estado de coisas. Obviamente, haverá uma evolução darwiniana no sistema, e, potencialmente, pode-se imaginar que os Tribunais Superiores encontrem outros meios, para livrarem-se de certo volume de casos, em suma, que tentarão criar outros entendimentos defensivos. A Lei n. 13.256/16 comprova essa tentativa, contudo aqueles mais perniciosos foram enfrentados diretamente pelo legislador, o que foi um grande avanço, sobretudo ao sistema recursal.

No âmbito do STF, as principais súmulas atacadas pelo texto do CPC/15 foram as de n. 288, 353, 472 e 639. No que toca aos enunciados n. 288 e 639 das súmulas do STF, cumpre destacar que a falta de peças, obrigatórias ou facultativas, não enseja a negativa de provimento do agravo, seja de instrumento ou em RE, ao menos de pronto. Ficam superadas as súmulas na medida em que o art. 932, parágrafo único, do CPC/15, exige prévia intimação da parte, para suprir a falta. Trata-se de dispositivo aplicável aos recursos em geral, havendo remissão direta no caso de agravo de instrumento (art. 1.017, § 3º, do CPC/15), salientando-se que, quando se tratar de autos eletrônicos, torna-se inexigível a instrução das peças obrigatórias (art. 1.017, § 5º, CPC/15).

Quanto ao enunciado da súmula n. 353 do STF[284], houve a superação, ao menos em parte, da possibilidade de interposição de embargos de divergência com fundamento em decisões da mesma Turma. O art. 1.043, § 3º, do CPC/15, autoriza a interposição, quando a decisão paradigma seja da mesma Turma que a da embargada, desde que o órgão

---

284 BRASIL. Supremo Tribunal Federal. Súmula n. 353. São incabíveis os embargos da Lei 623, de 19/2/1949, com fundamento em divergência entre decisões da mesma Turma do Supremo Tribunal Federal.

tenha sofrido alteração de mais da metade de seus membros. Portanto, cede a súmula, ainda que se refira aos embargos previstos na Lei n. 623/49, na hipótese de interposição do recurso, quando houve a alteração da maioria do colegiado.

A Súmula n. 472, em verdade, já caiu em desuso, apesar de não formalmente cancelada. Tratava da necessidade de reconvenção para a condenação do autor ao pagamento de honorários advocatícios. Desde o início da vigência do CPC/73 (seu art. 20), já estava superado o entendimento sumular. O art. 85 do CPC/15 repete a fórmula geral de o vencido (seja autor ou réu) pagar os honorários sucumbenciais ao advogado da parte adversa.

No STJ, as superações são maiores, vez que tratam suas súmulas de matérias típicas da legislação federal, como a processual. Logo, trata diretamente de institutos jurídicos que se encontram na codificação. O primeiro conjunto de superação trata das súmulas que regulavam os embargos infringentes, porque o CPC/15 suprimiu o respectivo recurso, substituindo-o pela técnica de julgamento do art. 942 do CPC/15. Logo, ficam superadas, na medida em que sequer o recurso de que tratam existe no ordenamento jurídico. Trata-se das súmulas n. 88, 169, 207, 255 e 390[285]. É bem verdade que, nos casos em que aplicável ainda for o CPC/73, pelas regras de direito intertemporal, as súmulas ainda persistirão, como no caso dos embargos infringentes pendentes de julgamento, quando da entrada em vigor do CPC/15,[286] assim como nos casos decididos e com resultado proclamado (sessão de julgamento) durante a vigência do CPC/73, ainda que o acórdão seja lavrado já na vigência do CPC/15 (ou se sequer foi ainda lavrado), situação em que persiste o direito de interpor o respectivo recurso[287]. Salvo essas

---

[285] FPPC, Enunciado n. 233. Ficam superados os enunciados 88, 169, 207, 255 e 390 da súmula do STJ como consequência da eliminação dos embargos infringentes.

[286] FPPC, Enunciado n. 466. A técnica do art. 942 não se aplica aos embargos infringentes pendentes ao tempo do início da vigência do CPC, cujo julgamento deverá ocorrer nos termos dos arts. 530 e seguintes do CPC de 1973.

[287] Há grande divergência na doutrina, ainda, quanto há a interposição de embargos de declaração daquela decisão que, a princípio, seria embargável. Por isso, não integra essa situação o rol acima disposto. Como há a interrupção — e não mera suspensão — do prazo para novos atos (como interposição de recursos), entende parcela da doutrina que não se abrirá a oportunidade para os embargos infringentes nem para a aplicação da técnica do art. 942 do CPC/15. cf. CUNHA, Leonardo Carneiro da. *A fazenda pública em juízo*. 14 ed. Rio de Janeiro: Forense, 2017, p. 78.

exceções, contudo, não terão qualquer utilidade futura, estando todas superadas pela nova codificação.

Outro exemplo de superação realizada pelo CPC/15 é a do enunciado da Súmula n. 115 do STJ, que trata da inexistência do recurso especial interposto por advogado sem procuração nos autos. A consequência lógica da inexistência era o não conhecimento do recurso especial de pronto. O art. 104, § 2º, altera o regime jurídico daquele advogado que postula em juízo sem o respectivo mandato, mudando de uma situação de inexistência à ineficácia. Como tal, é passível de correção, determinando agora a legislação processual que se abra essa possibilidade antes da inadmissão do recurso. O art. 932, parágrafo único, do CPC/15, exige a oportunidade para corrigir a falha, fazendo a juntada da procuração. Somente depois de descumprir a intimação para a correção da irregularidade da representação é que não se conhecerá o recurso (art. 76, § 2º, do CPC/15). Ainda, pode-se aventar a aplicação do art. 1.029, § 3º, do CPC/15, não se reputando grave a falha, determinando sua correção.

O enunciado da súmula n. 187 também fica superado por questão similar. Diferentemente do que ocorria sob a égide do CPC/73, não é reputada uma falha incontornável à falta de preparo (inclusas as despesas de remessa e retorno dos autos) ou sua insuficiência na interposição do recurso especial. O art. 1.007, § 2º e 4º, do CPC/15, enfrentou, de forma contundente, essa jurisprudência defensiva, determinando a intimação da parte para, no caso de insuficiência, a complementação do valor e, no que toca ao não recolhimento, ao seu pagamento em dobro. De uma sorte ou de outra, o que não se admite mais é que o recurso especial seja, de pronto, não admitido.

Mais uma situação de superação de verbete ocorre com o enunciado da Súmula n. 216 do STJ, a qual tratava da tempestividade do recurso interposto por meio de postagem pelos correios, sendo aferida pela data em que a secretaria do tribunal local registrasse em seu protocolo o reclamo. Esse posicionamento tornava incerta qualquer interposição de recurso por meio postal, porque não há controle, pela parte ou por seu advogado, do trâmite da correspondência, prazo efetivo da entrega (eis que antes só há mera previsão) e qualquer outro infortúnio que possa ocorrer com a encomenda até sua entrega na secretaria do Tribunal. Ainda, a mera demora interna de registrar o recurso no protocolo pelos próprios servidores do Judiciário poderia causar a sua intempestividade. Atento a essa verdadeira injustiça, o legislador escolheu atacar o entendimento sumulado e dispor o contrário. O art. 1.003, § 4º, do CPC/15, deixa claro que será considerada a data da postagem para a aferição da tempestividade do recurso remetido pelo correio.

Outra súmula que não mais vigora, a partir da nova codificação, é a de n. 306, que tratava da compensação de honorários advocatícios no caso de sucumbência recíproca. O art. 85, § 14, do CPC/15, estipula expressamente que fica "vedada a compensação em caso de sucumbência parcial".

O enunciado da súmula n. 320 também sofreu a superação, por meio da dicção do art. 941, § 3º, do CPC/15. Pelo verbete sumular, a questão federal debatida somente no voto vencido não atendia ao requisito do pré-questionamento. Agora, pelo citado dispositivo, o voto vencido será "considerado parte integrante do acórdão para todos os fins legais, inclusive de pré-questionamento".

O cabimento da aplicação de multa cominatória em ação de exibição de documentos é, agora, viável. É bem verdade que não é a única alternativa. O art. 400, parágrafo único, do CPC/15, de forma ampla, concede ao juiz o poder de adotar medidas indutivas, coercitivas, mandamentais ou sub-rogatórias, para que o documento seja exibido. Obviamente, dentre elas, está a multa cominatória, o que supera a Súmula n. 372 do STJ, a qual vedava sua aplicação.

Grande parcela da doutrina aponta, também, a superação da súmula n. 417 do STJ pelo art. 835, § 1º, do CPC/15. Não há, contudo, contradição entre um e outro. Enquanto o verbete aponta que a penhora de dinheiro na ordem de nomeação de bens não tem caráter absoluto, o novo dispositivo legal afirma que é prioritária a penhora em dinheiro, adaptando-se, nas demais hipóteses de nomeação, à ordem de acordo com as peculiaridades do caso concreto. Se algo é prioritário, será preferível e desejável que se realize primeiro, contudo não a torna um ato absoluto. São coisas que não se confundem. Assim, ser prioritário não significa ser absoluto. Tanto que a prioridade é de uma medida em relação à outra. Há necessariamente uma relação entre, ao menos, duas atitudes. Já o absoluto é justamente o contrário: prescinde de comparações ou relações, justamente porque é algo pleno, perfeito e acabado, que vale independentemente de todas as demais coisas. Nesse particular, analisando semântica e sintaticamente os dois enunciados, não há contradição.

O que se quer combater não é a súmula em si, mas o mau uso que dela sempre se fez. Por uma interpretação equivocada, construiu-se o entendimento pretoriano de que, mesmo havendo a possibilidade da constrição em dinheiro, medida diversa seria tomada, se assim tornasse a execução menos onerosa para o executado. Se a súmula for entendida dessa maneira indevida — como sempre majoritariamente o foi —, passa a fazer sentido a tese de superação. Deve-se abrir mão e aderir àqueles que apontam a incompatibilidade entre uma e outra. Não há dúvidas de que não deve persistir o posicionamento de que, em prol do executado, outras medidas devem ser adotadas, ainda que haja dinheiro disponível à constrição. O objetivo primeiro da execução é a atividade satisfativa, garantindo àquele que demonstra possuir um crédito o respectivo pagamento, o que deve ocorrer da forma mais ágil e efetiva possível, tendo em vista a necessária razoável duração do processo. A menor onerosidade ao executado somente será exercida, se os meios disponíveis à satisfação sejam igualmente ágeis e úteis ao exequente. Por ser fungível por natureza e ser a forma mais pronta de circulação de riquezas, nada mais natural que se privilegiar a constrição de dinheiro, e, de fato, nenhuma outra medida superará uma rápida e efetiva satisfação. Adaptada a interpretação dada à súmula para aquilo que ela sempre deveria ter significado, não se vislumbram problemas ou contradições que impeçam a convivência harmônica entre a súmula n. 417 do STJ e o art. 835, § 1º, do CPC/15.

A superação da Súmula n. 418 do STJ é clara. Tanto é assim, que foi cancelada pelo próprio Tribunal, pouco depois da entrada do CPC/15 em vigor. Em um dos enunciados que, de forma mais incisiva, demonstrava o movimento defensivo, não se admitia o recurso especial interposto antes da publicação do acórdão dos embargos de declaração, se não houvesse posterior ratificação pelo recorrente. O art. 1.024, § 5º, do CPC/15, atacou diretamente essa forma de jurisprudência defensiva, deixando expresso que não se exige qualquer ratificação após o julgamento dos embargos de declaração. Pode-se aliar aqui, também, o entendimento da Corte, que considerava intempestivo o recurso interposto antes da abertura do prazo recursal, independente da pendência de embargos de declaração. O art. 218, § 4º, do CPC/15 deixa cristalina a superação, considerando tempestivo o ato praticado antes do termo inicial do prazo.

A súmula n. 453 do STJ é outro exemplo de superação legislativa. Até a vigência do CPC/15, o enunciado impossibilitava a cobrança, seja em execução, seja em ação própria, de honorários sucumbenciais, quando a decisão transitada fosse omissa em sua fixação. O art. 85, § 18, do CPC/15 combate justamente esse entendimento, possibilitando que se busquem a definição e a cobrança dos honorários de sucumbência, quando omissa a decisão transitada em julgado nesse particular.

Em alguns casos, a discussão sobre eventual superação de súmulas ainda está em trâmite. Exemplo disso é a que recai sobre a súmula n. 345 do STJ, que trata dos honorários advocatícios fixados contra a Fazenda Pública. Segundo o enunciado, seriam devidos os honorários nas execuções individuais de sentença proferida em ações coletivas, ainda que não embargadas. O art. 85, § 7º, do CPC/15, indica, todavia, que "não serão devidos honorários no cumprimento de sentença contra a Fazenda Pública que enseje expedição de precatório, desde que não tenha sido impugnada". É bem verdade que há quem afirme ser inconstitucional o aludido dispositivo, mantendo-se íntegra a incidência da súmula[288]. Outros, entretanto, entendem que a razão de ser do dispositivo é legítima, uma vez que, no que toca aos casos de necessidade de expedição de precatório, o pagamento dos créditos não pode ocorrer espontaneamente, por isso indicam que provavelmente o STJ não alterará o entendimento consolidado na súmula pela superveniência do CPC/15[289]. Em que pese tal posicionamento, parece claro que há uma interferência de uma em outra. Ainda que não ocorra uma contraposição perfeita, existe um ponto de contato no tocante aos cumprimentos de sentença não impugnados. Diante dessa divergência, o STJ já afetou três recursos especiais, para dirimir a questão[290].

Outra questão controvertida é a que diz respeito à súmula n. 410 do STJ. O enunciado exige a intimação pessoal do devedor para a cobrança de multa cominatória, contudo o entendimento do próprio STJ é bastante controvertido sobre o assunto, havendo pouca consistência a aplicação da súmula desde sua criação, em 2009. Parte considerável do

---

288 NERY JR.; NERY, 2015, p. 436.

289 FREIRE, Alexandre; MARQUES, Leonardo Albuquerque. Art. 85. In: STRECK, Lenio Luiz; NUNES, Dierle; CUNHA, Leonardo Carneiro da. *Comentários ao código de processo civil*. São Paulo: Saraiva, 2016, p. 148-156, p. 152

290 BRASIL. Superior Tribunal de Justiça. *ProAfR no REsp 1648238/RS*. Rel. Min. Gurgel de Faria, Corte Especial, julg. em 03/05/2017, DJe 11/05/2017; BRASIL. Superior Tribunal de Justiça. *ProAfR no REsp 1650588/RS*. Rel. Min. Gurgel de Faria, Corte Especial, julg. em 03/05/2017, DJe 11/05/2017; e, BRASIL. Superior Tribunal de Justiça. *ProAfR no REsp 1648498/RS*, Rel. Min. Gurgel de Faria, Corte Especial, julg. em 03/05/2017, DJe 11/05/2017.

Tribunal já entendia, mesmo sob a égide do CPC/73, que a intimação poderia ser realizada na pessoa do advogado da parte. Em embargos de divergência, em 2011, a Segunda Seção do STJ definiu ser desnecessária a intimação pessoal, bastando a do procurador. Manteve-se a instabilidade jurisprudencial até a entrada em vigor do CPC/15. Tal instabilidade já é o que basta, para considerar a súmula, senão superada, ao menos enfraquecida a ponto de não cumprir mais o fim que dela se busca e, assim, de pouca serventia. Parcela da doutrina entende que a súmula está superada pelo art. 513, § 2º, do CPC/15. Apesar de se concordar com a conclusão, de que efetivamente é desnecessária a intimação pessoal, bastando a realizada por intermédio do advogado, não parece tão clara a superação indicada. A mera inexistência de regra específica não foi motivo suficiente, para que não fosse a súmula n. 410 editada. Assim, a manutenção da situação de não haver um dispositivo próprio definindo a forma de intimação no caso da multa cominatória, por si só, não parece ser justificativa para a superação. Melhor seria considerar o enunciado ultrapassado pela própria jurisprudência posterior do STJ, que não aplica, com constância, a súmula, perdendo ela toda sua legitimidade. Espera-se que o STJ defina, nesse particular, a superação da súmula pela superveniência do CPC/15, quando do julgamento de dois embargos de divergência que estão pendentes de julgamento[291].

Ainda que o CPC/15 seja campo fértil à verificação de exemplos da superação legislativa do direito jurisprudencial, a verdade é que não é um fenômeno novo, que surgiu a partir da nova codificação. Galio lembra que outras questões já foram anteriormente tratadas, superando-se entendimentos jurisprudenciais sedimentados. Trata, como exemplo, da impossibilidade de a Fazenda Pública realizar o protesto da CDA, que era um entendimento "sólido e pacífico"[292]. A Lei n. 12.767/12, contudo, incluiu expressamente a CDA no rol de títulos sujeito ao protesto. A partir de então, o STJ reavaliou seu posicionamento, passando a aceitar o protesto, considerando superada sua própria jurisprudência anterior[293].

---

[291] BRASIL. Superior Tribunal de Justiça. *EREsp 1.360.577*, Rel. Humberto Martins, Corte Especial; BRASIL. Superior Tribunal de Justiça. *EREsp 1.371.209*. Rel. Herman Benjamin, Corte Especial.

[292] GALIO, 2016, p. 239.

[293] Ibid., p. 340-242.

3.6.3. O PRECEDENTE PODE SUPERAR A PRÓPRIA LEI?: O ESTRANHO CASO *LI V. YELLOW CAB COMPANY*

A resposta à questão proposta é intuitiva, ao menos no ponto de vista de um jurista brasileiro: o precedente não pode proceder ao *overruling* do texto legal legitimamente adotado. Ao Legislativo, é reservada preponderantemente a função de estabelecer direitos e obrigações, e as opções legislativas, quando passam ilesas a uma filtragem hermenêutico-constitucional, são de caráter cogente, obrigatórias, inclusive — e principalmente — em relação ao Judiciário. Em decorrência do princípio da legalidade, a jurisdição tem a missão precípua de fazer valer, ainda que forçosamente, a legislação, e não substituí-la por qualquer outro critério, ainda que pareça mais apropriado. Por isso, tornar-se-ia contraditório permitir que a produção judicial do direito pudesse se opor àquela efetuada pelo legislador.

Esta é a lógica geral do *common law*, em que o precedente não detém força, para superar o *statutory law*. Mesmo nos casos de precedentes interpretativos, que se referem a termos e sentidos de disposições legais, há grande dificuldade de ocorrer o *overruling*, uma vez que há a deferência à supremacia do Legislativo[294]. Há uma clara hierarquia na ordem jurídica, mesmo entre as autoridades primárias, iniciando-se pela Constituição, leis (*statutes*), precedentes (*case law*), regulação da Corte (*court rules*), seguindo os demais atos normativos, como os das agências governamentais[295].

Apesar dessa hierarquia, ocorrem casos peculiares, em que o precedente agiganta-se, atingindo o direito legislado. Isso decorre, por certo, do caráter cultural que detém o próprio direito, sobretudo nas formas de resolução das lides[296], independente da família jurídica adotada ou da formatação de um sistema particular de Justiça. A ideia de evolução judicial do direito é tão presente e arraigada no senso comum teórico dos juristas que, em certas circunstâncias, admite-se (ou, ao menos, não se estranha) a alteração da legislação pela própria jurisdição. Não se trata de uma mera guinada interpretativa, ou seja, a alteração de entendimento sobre o sentido de uma determinada expressão norma-

---

[294] BARRET, Amy Coney. Statutory stare decisis in the courts of appeals. *The George Washington Law Review*, v. 73, p. 317-352, 2005, p. 317-318.

[295] NEUMANN JR., 2005, p. 148.

[296] CHASE, Oscar G. *Law, culture, and ritual: disputing systems in cross-cultural context*. Nova Iorque: New York University Press, 2005.

tiva, cujo texto permanece incólume. Refere-se, em verdade, à própria alteração do direito objetivo, à modificação do conteúdo daquilo que se considera o direito vigente em uma ordem jurídica.

Um caso representativo de tal ordem de coisas é *Nga Li v. Yellow Cab Company of California*[297]. Nesse caso, houve a superação do art. 1.714(a) do Código Civil da Califórnia[298] pelo próprio precedente, alterando-se o regime jurídico da responsabilidade civil no caso de concorrência de culpas da *contributory negligence*[299] para a *comparative negligence*[300].

Pode parecer, a princípio, estranha a própria existência de um Código Civil em uma típica jurisdição de *common law*, como a do Estado da Califórnia, contudo trata-se de um movimento histórico compreensível. O impulso para se criar um Código Civil na Califórnia teve início em 1839, em um período de reformas legislativas que eclodiu em todo o país, iniciando-se pelos Estados de Nova Iorque e da Louisiana, com o objetivo de adaptar a legislação, abolindo regras do *common law* consideradas sem harmonia com as condições de vida na América[301]. Assim, em 1872, entrou em vigor o Código Civil, em projeto de David Dudley Field, que tinha por objetivo reafirmar, de forma sistemática e acessível, as regras do *commom law* praticadas à épo-

---

[297] EUA. Suprema Corte da Califórnia. *Nga Li v. Yellow Cab Company of California*. 13 Cal. 3d 804; 532 P.2d 1226, 1975.

[298] EUA. California Civil Code, 1714 (a) "Everyone is responsible, not only for the result of his or her willful acts, but also for an injury occasioned to another by his or her want of ordinary care or skill in the management of his or her property or person, except so far as the latter has, willfully or by want of ordinary care, brought the injury upon himself or herself. The design, distribution, or marketing of firearms and ammunition is not exempt from the duty to use ordinary care and skill that is required by this section. The extent of liability in these cases is defined by the Title on Compensatory Relief."

[299] GARDNER, 2009, p. 1134. "A plaintiff's own negligence that played a part in causing the plaintiff's injury and that is significant enough (in a few jurisdictions) to bar the plaintiff from recovering damages."

[300] Ibid., p. 1134. "A plaintiff's own negligence that proportionally reduces the damages recoverable from a defendant."

[301] HARRISON, Maurice E. The first half-century of the california civil code. *California Law Review*, v. 10, n. 3, p. 187-201, mar. 1922, p. 186.

ca, pacificando questões que apresentavam divergência, alterando-se aquelas normas costumeiras que não se adaptavam à realidade local[302].

Retomando o caso citado, trata-se de um acidente automobilístico em que a autora, que dirigia pela *Alvarado Street*, pretendia realizar a conversão à esquerda, entrando na *Third Street*, enquanto isso, o táxi da companhia ré, que também transitava pela *Alvarado Street*, em sentido contrário, objetivava cruzar a interseção. No cruzamento entre as ruas, houve a colisão do táxi na parte traseira direita do veículo da autora, resultando danos pessoais (lesões físicas) e patrimoniais. Em julgamento sem júri, a Corte competente considerou que houve culpa concorrente dos dois condutores. Disse que o condutor do táxi agiu com culpa, na medida em que vinha em velocidade perigosa para o local e que o semáforo já estava amarelo, quando ele iniciou a entrada na interseção. Aduziu que a autora, de igual forma, comportou-se com culpa, eis que fez a conversão à esquerda, com um veículo tão próximo em sentido contrário, tornando a manobra um perigo imediato. Considerada a regra do art. 1714 do Código Civil, a *contributory negligence*, que veda a percepção de indenização no caso de o lesado ter agido também culposamente para o evento danoso, a Corte julgou improcedente o pedido formulado.

Levado o caso até a Suprema Corte Estadual, em 1975, depararam-se os juízes com a manutenção da então antiga regra da *contributory negligence* ou sua modificação, pela mais moderna teoria da *comparative negligence*, que permitiria a reparação, na medida da culpa de cada condutor. Após explanar como a última teoria é preferível à primeira, a Corte encontrou-se diante da questão central aqui debatida, qual seja, se poderia, pelo próprio exercício da jurisdição, alterar a regra anterior, instituída pelo Código Civil. A esse respeito, concluiu a Corte deter competência para tanto. A maioria considerou que não era o intento do legislador impedir a evolução judicial do direito. Assim, o art. 1714 tão somente declarava o que era o *common law* da época, e o objeto da instituição da legislação era apenas ordenar e apresentar de forma concisa, não se negando futuro desenvolvimento judicial da questão[303].

---

302 Ibid., loc. cit.

303 EUA. Suprema Corte da Califórnia. *Nga Li v. Yellow Cab Company of California*. 13 Cal. 3d 804; 532 P.2d 1226, 1975. "We have concluded that the foregoing argument, in spite of its superficial appeal, is fundamentally misguided. As we proceed to point out and elaborate below, it was not the intention of the Legislature in enacting section 1714 of the Civil Code, as well as other sections of that code de-

Assim, o Código deveria ser visto apenas como a continuação do *common law*, adequando-se a sua particular flexibilidade e adaptação em razão das mudanças sociais[304]. Fazendo parte do *common law*, natural que a evolução judicial do direito se fizesse presente e, nesse particular, promovesse a alteração da antiga *contributory negligence* à adoção da mais moderna e justa *comparative negligence*.

É bem verdade que houve o voto vencido de um dos juízes, destacando que, uma vez positivada a regra, estaria vedada sua modificação judicial e que sua alteração era reservada exclusivamente ao próprio Legislativo. Sustentou que ainda que o intento do legislador fosse o descrito pela maioria — de não vedar certa evolução judicial no direito privado —, certamente não estaria incluída a possibilidade de negar o próprio texto promulgado[305]. Além disso, asseverou que a opção por outro sistema de responsabilidade civil, dentre os vários existentes, era tarefa exclusiva do legislador, faltando poder ao Judiciário, para

---

clarative of the common law, to insulate the matters therein expressed from further judicial development; rather it was the intention of the Legislature to announce and formulate existing common law principles and definitions for purposes of orderly and concise presentation and with a distinct view toward continuing judicial evolution."

304 Ibid., loc. cit. "As we have explained above, the peculiar nature of the 1872 Civil Code as an avowed continuation of the common law has rendered it particularly flexible and adaptable in its response to changing circumstances and conditions."

305 Ibid., loc. cit. "The majority decision also departs significantly from the recognized limitation upon judicial action — encroaching on the powers constitutionally entrusted to the Legislature. The power to enact and amend our statutes is vested exclusively in the Legislature. (Cal. Const., art. III, § 3; art. IV, § 1.) "This court may not usurp the legislative function to change the statutory law which has been uniformly construed by a long line of judicial decisions." (Estate of Calhoun (1955) 44 Cal.2d 378, 387 [282 P.2d 880].) The majority's altering the meaning of section 1714, notwithstanding the original intent of the framers and the century-old judicial interpretation of the statute, represents no less than amendment by judicial fiat. Although the Legislature intended the courts to develop the working details of the defense of contributory negligence enacted in section 1714 (see generally, Commentary, Arvo Van Alstyne, The California Civil Code, 6 West Civ. Code (1954) pp. 1-43), no basis exists — either in history or in logic — to conclude the Legislature intended to authorize judicial repudiation of the basic defense itself at any point we might decide the doctrine no longer serves us."

indicar qual fosse o melhor às especificidades do Estado[306]. Ao final, destacou que abolir a teoria adotada pelo Código seria uma quebra da função constitucional do Judiciário, um "chauvinismo judicial"[307].

Caso se tratasse de uma Corte brasileira, o inusitado resultado provavelmente não ocorreria. Em tempos de panprincipiologismo, até admitir-se-ia que surgisse alguma tese sustentando a aplicação de determinado princípio que derruiria o texto codificado. Também se poderia imaginar algum outro argumento sobre a eventual inconstitucionalidade do dispositivo, sobretudo a aplicação do binômio "razoabilidade e proporcionalidade", que, no Brasil, tornou-se uma válvula de escape hermenêutica para a manutenção do subjetivismo interpretativista. É extremamente improvável, contudo, que uma Corte nacional dispusesse que a evolução judicial do direito admitiria algo contrário ao que prevê a lei. Menos provável ainda seria o motivo apresentado, qual seja, de que a jurisdição poderia modificar a obra do legislador, substituindo o critério legitimamente escolhido no processo legislativo.

Na realidade americana, porém, a decisão foi vista com entusiasmo pela doutrina, sobretudo pelos estudiosos da responsabilidade civil, que ansiavam pela modificação, independentemente da via eleita para

---

[306] Ibid., loc. cit. "Further, the Legislature is the branch best able to effect transition from contributory to comparative or some other doctrine of negligence. Numerous and differing negligence systems have been urged over the years, yet there remains widespread disagreement among both the commentators and the states as to which one is best. (See Schwartz, Comparative Negligence (1974) Appendix A, pp. 367-369 and § 21.3, fn. 40, pp. 341-342, and authorities cited therein.) This court is not an investigatory body, and we lack the means of fairly appraising the merits of these competing systems. Constrained by settled rules of judicial review, we must consider only matters within the record or susceptible to [13 Cal.3d 834] judicial notice. That this court is inadequate to the task of carefully selecting the best replacement system is reflected in the majority's summary manner of eliminating from consideration all but two of the many competing proposals — including models adopted by some of our sister states. Contrary to the majority's assertions of judicial adequacy, the courts of other states — with near unanimity — have conceded their inability to determine the best system for replacing contributory negligence, concluding instead that the legislative branch is best able to resolve the issue."

[307] EUA. Suprema Corte da Califórnia. *Nga Li v. Yellow Cab Company of California.* 13 Cal. 3d 804; 532 P.2d 1226, 1975. "By abolishing this century old doctrine today, the majority seriously erodes our constitutional function. We are again guilty of judicial chauvinism."

tanto. Esperando que outras jurisdições tomassem o mesmo rumo[308], Schwartz afirma que as Cortes ainda devem resolver a questão com base no *common law* (em decisões) e que não deveriam hesitar em assim agir, caso acreditassem ser a medida justa[309].

Fleming, de igual forma, sustenta que a inércia legislativa, especialmente no campo do direito privado, pode ser ultrapassada pelo estímulo das Cortes[310], ainda que, por vezes, não só as legislaturas aquiescem a produção judicial do direito, mas incentivam, para que lhes retirem o ônus da responsabilidade política da escolha efetuada[311]. Manteria o Legislativo a última palavra, caso resolvesse promover a superação de Li, com uma lei superveniente. Assevera, ainda, que as Cortes são mais bem equipadas e treinadas, que possuem maior competência substantiva para a definição do critério a ser utilizado na responsabilidade

---

[308] SCHWARTZ, Victor E. Judicial adoption of comparative Negligence: the Supreme Court of California takes a historic stand. *Indiana Law Journal*, v. 51, n. 2, p. 281-291, 1976, p. 291. "In sum, the Li decision demonstrates that the supreme court of a state can provide an important assist toward making the litigation system of adjusting the costs of accidents work. The courts need not rely on the legislature to rid the law of an archaic common law doctrine. Trial lawyers should be encouraged to bring the Li ray of California sunshine to the attention of courts in other states."

[309] Ibid., p. 287. The courts still must resolve these matters on the basis of common law decision. Since this is the case, the courts should not hesitate to adopt a comparative negligence system that they believe to be just.

[310] FLEMING, John G. Comparative negligence at last: by judicial choice. *California Law Review*, v. 64, n. 2, p. 239-283, mar. 1976, p. 275. "The correct perspective therefore is to view the creative judicial role not as a confrontation but as an assistance to the legislature in the continuous task of defining and redefining the norms of society. The notorious inertia of the legislative body, especially in the field of private law, can often be overcome only as a result of a stimulus from the courts."

[311] Ibid., p. 283. "Observers of the American legislative scene could indeed find much support for the thesis that modem legislatures at the state level and even at the federal level not only acquiesce in but frequently actively promote judicial policymaking, often in order themselves to escape the brunt of political responsibility."

civil[312] e que a alteração promovida não foi uma reorientação radical, senão um mero ajuste a um sistema convergente já existente[313].

Também houve, é bem verdade, críticas. Englard explica que o Código Civil sempre foi visto, principalmente pelos juízes de *common law*, como uma forma de rebaixar o *status* do próprio Judiciário. Não nutriam, assim, qualquer simpatia pela codificação, a ponto de simplesmente ignorá-la. Somado a isso, havia a falta de uma educação jurídica apropriada ou mesmo uma produção acadêmica própria ao trabalho, com um Código, não sendo de se estranhar que um juiz não se engajasse na aplicação da legislação[314]. Expressa que a decisão em Li não é usual no próprio *common law*, em que as leis (*statutes*) são interpretadas, geralmente, de forma estrita[315].

---

[312] FLEMING, 1976, p. 282. "The preceding discussion cannot pretend to have yielded any clearcut answer concerning the propriety of introducing comparative negligence by judicial rather than legislative fiat. From the viewpoint of substantive competence-who is better equipped to make the choice the courts emerge as at least equally, if not better, qualified in the light of the most relevant criteria: their familiarity and understanding of the problem and their capacity to establish a new regime with least administrative and social dislocation."

[313] Ibid., p. 283. "The Li decision did not introduce a radical reorientation; rather, it created an adjustment within the basic framework of the existing system, less radical in spirit and perhaps even in effect than, for example, the strict liability for defective products imposed in 1963 in the *Greenman* case. Far from being a threat to the integrity of the legal process, it was well within the parameter of stability and predictability postulated by Keeton as essential to a 'system of law' and as aiding that continuity which is widely regarded as within the special responsibility of the judicial branch."

[314] ENGLARD, Izhak. Li v. yellow cab. co.: a belated and inglorious centennial of the California Civil Code. *California Law Review*, v. 65, n. 4, p. 4-27, 1977, p. 18-19. "In view of the effect codification has in lowering the status of the judiciary, especially as perceived by the common law judge, no excessive sympathy was to be expected from the judicial quarter. In reality, the courts to a large extent simply ignored the Civil Code. Lacking the vital background of appropriate legal education and doctrinal literature no judge could reasonably be expected to engage in the forbidding task of applying this special kind of mixed legal system. Indeed, no instance can be found where a common law jurisdiction successfully turned into a mixed jurisdiction simply by adopting some measure of civil law."

[315] Ibid., p. 23. "The technique of abolishing a statutory rule by means of its assumed underlying principle is quite unusual in the common law tradition, where statutes are generally strictly interpreted."

Assinala o autor que a Corte fez uma reconstrução histórica equivocada, para chegar à conclusão de que o intento dos legisladores era o de possibilitar a modificação da doutrina sobre o assunto. Seria muito mais apropriado supor, por exemplo, que a intenção fosse que o Legislativo periodicamente promovesse as alterações necessárias do Código, sendo essa a razão do estabelecimento de Comissões próprias para a revisão e reformas legislativas[316].

Exemplo dessa preocupação no *case law* foi a decisão da Suprema Corte de Illinois em *Maki v. Frelk*,[317] de 1968. Discutia-se, igualmente, a alteração da *contributory negligence* à *comparative negligence*, tratando o caso da responsabilidade civil em virtude da morte de uma pessoa. Dada a existência de *statutory law* prevendo a *contributory negligence*, a Corte sustentou que, apesar de legítimas as preocupações apontadas à adoção do novo regime jurídico, a modificação deveria ficar a cargo do Legislativo, caso assim entendesse devido[318]. É bem verdade que, em 1981, a mesma Suprema Corte de Illinois adotou a *comparative negligence* em *Alvis v. Ribar*[319], tendo por base, dentre outras decisões, *Li v. Yellow Cab Company*.

Apesar de alguma crítica doutrinária, a verdade é que, a partir de *Li*, as cortes californianas, mesmo as federais, amoldaram-se à decisão da Suprema Corte estadual. Há, até os dias atuais, uma aplicação consistente da *comparative negligence*, apesar de se manter válido e vigente

---

[316] Ibid., p. 25-26. "The court's 'historical' approach to the 'spirit of the Code' therefore does not withstand closer scrutiny. It remains to be seen to what extent the court's approach is consonant with the 'spirit of the codifiers.' In other words, what was the view of the codifiers on the problem of a common law rule that had been established by an explicit Code provision and subsequently became outdated? The historical answer is quite simple: the codifiers must have considered it the foremost task of the Legislature to reform periodically the provisions of the Code. The extensive efforts in California to establish Commissions for the revision and reform of the law bear witness to this concern."

[317] EUA. Suprema Corte de Illinois. *Maki v. Frelk*. 40 Ill. 2d 193; 239 N.E.2d 445, 1968.

[318] EUA. Suprema Corte de Illinois. *Maki v. Frelk*. 40 Ill. 2d 193; 239 N.E.2d 445, 1968. "After full consideration we think, however, that such a far-reaching change, if desirable, should be made by the legislature rather than by the court. The General Assembly is the department of government to which the constitution has entrusted the power of changing the laws."

[319] EUA. Suprema Corte de Illinois. *Alvis v. Ribar*, 85 Ill. 2d 1, 421 N.E.2d 886, 1981.

o dispositivo do Código Civil. *Li*, entretanto, deve ser visto como um ponto fora da curva, mesmo no *common law*, sendo correto afirmar que há (e deve haver) a prevalência do direito legislado sobre o judicialmente construído em caso de conflito de um com o outro.

Especificamente no Brasil, deve-se atentar para o fato de que a legislação superveniente que seja incompatível com o direito jurisprudencial anterior prevalecerá, cedendo o *standard* judicialmente criado. Isso não obsta, por certo, a possibilidade de uma filtragem hermenêutico-constitucional da nova lei. Os mecanismos típicos da jurisdição constitucional podem apontar a não aplicação da lei ou, ao menos, de um (ou alguns) de seus sentidos, oportunizando a manutenção do direito jurisprudencial anterior. Logo, se houver uma situação de reconhecimento de uma inconstitucionalidade, a realização de interpretação conforme ou a pronúncia de nulidade sem redução de texto, há a possibilidade de se continuar aplicando o direito tal como definido judicialmente[320].

Poder-se-ia imaginar uma situação de manutenção do *standard* judicial, mesmo com a superveniência de uma lei que lhe fosse contrária: o caso de reedição de um dispositivo legal já considerado inconstitucional por meio da edição de uma súmula vinculante. Imagine-se que, apesar da existência da Súmula Vinculante n. 8, o Poder Legislativo aprove novos dispositivos com o mesmo conteúdo daqueles apontados pelo verbete como inconstitucionais (art. 5º do Decreto-Lei nº 1.569/1977 e os arts. 45 e 46 da Lei nº 8.212/1991). Poder-se-ia pensar que a lei é natimorta, contudo não é essa a resposta adequada. Na verdade, a súmula vinculante é oponível contra os demais órgãos do Poder Judiciário e a administração direta e indireta. Não há a vinculação, assim, do Poder Legislativo. Além de se retirar tal entendimento da literalidade do art. 103-A da CF, essa lógica já é consagrada pelo próprio STF no controle concentrado de constitucionalidade (art. 102, § 2º, da CF), que reconhece que as decisões não vinculam o legislador, que poderá, no exercício de seu *munus*, editar norma de mesmo conteúdo.

Exemplo típico é o que ocorreu com as regras eleitorais. Em 2012, o STF declarou a inconstitucionalidade, por meio do julgamento das ADIs n. 4430 e 4795, de alguns dispositivos da Lei n. 9.504/97 (Lei das

---

[320] FPPC, Enunciado n. 324. Lei nova, incompatível com o precedente judicial, é fato que acarreta a não aplicação do precedente por qualquer juiz ou tribunal, ressalvado o reconhecimento de sua inconstitucionalidade, a realização de interpretação conforme ou a pronúncia de nulidade sem redução de texto.

Eleições). No ano seguinte, o Legislativo aprovou a Lei n. 12.875/13, que alterou a redação da Lei das Eleições, fazendo constar dispositivos semelhantes àqueles declarados inconstitucionais. Diante de tal fato, houve a propositura de nova ADI, a de n. 5105, em que a matéria foi discutida[321]. Concluiu a Corte Suprema que, embora caiba ao STF a última palavra acerca das controvérsias constitucionais, isso detém um viés formal. Não há, assim, uma supremacia judicial em sentido material, o que possibilita a superação legislativa da jurisprudência, que oportuniza à própria Corte a reanálise da matéria constitucional aventada, sob novas perspectivas (sociais, econômicas ou mesmo jurídicas). O que ocorre com a legislação superveniente é que ela deterá uma presunção *juris tantum* de inconstitucionalidade, cabendo ao próprio Poder Legislativo o ônus de demonstrar a necessidade de superação do precedente.

O posicionamento adotado pelo STF é legítimo e respeita não só a separação dos poderes, mas mantém um diálogo permanente sobre o sentido a ser imprimido ao texto constitucional. É bem verdade que a legislação superveniente sofreria toda sorte de controle judicial, seja pela via difusa, em cada caso particular, seja — como no caso das normas eleitorais — por mecanismos do controle concentrado, e, nesse particular, é de se presumir que seria mais facilmente derrotada, utilizando-se, ainda que de forma persuasiva, a *ratio decidendi* da decisão que se buscou superar.

3.6.4. A COLISÃO ENTRE PRONUNCIAMENTOS JUDICIAIS

Se há uma supremacia da legislação sobre o direito jurisprudencial, há de se definir, de igual forma, como resolver o conflito de dois precedentes distintos ou, de forma geral, de dois *standards* judicialmente criados. No que toca à legislação, a verificação e a resolução de antinomias são relativamente corriqueiras na prática jurídica. A própria evolução do direito legislado passa pela existência de uma antinomia, mormente quando uma lei posterior regula a matéria tratada na anterior, de forma completamente diversa, sem revogá-la expressamente. A evolução do direito necessita a mudança, por isso cumpre ao legislador alterar aquelas leis que não mais se aplicam à realidade social, adaptando-as às novas circunstâncias da vida em sociedade. A premissa é vá-

---

[321] BRASIL. Supremo Tribunal Federal. *ADI 5105*. Rel. Min. Luiz Fux, Tribunal Pleno, julg. em 01/10/2015, DJe-049 DIVULG 15-03-2016 PUBLIC 16-03-2016.

lida, de igual forma, ao direito jurisprudencial. O desenvolvimento do direito exige que, de tempos em tempos, as próprias Cortes revisitem assuntos já tratados e verifiquem a solidez da doutrina anteriormente criada às necessidades atuais do corpo social. Por vezes, a melhor resposta será efetivamente avançar o direito, corrigindo-lhe o rumo. Trata-se da questão da superação (ou *overruling*), em que um dado entendimento é suplantado por outro diferente, pela Corte que instituiu o próprio precedente.

O direito — e, nesse contexto, os próprios precedentes — deve ser estável, para a salvaguarda da segurança jurídica, mas, também, flexível, para que haja a natural evolução que toda ordem jurídica exige, evitando um quadro de engessamento. Assim, apesar de o precedente ser um ponto de partida para a avaliação de um caso futuro, há situações em que existem razões para que o jurista — e, nesse passo, o Tribunal — departa dele. Trata-se do *overruling*, traduzido como a superação do precedente.

Há uma rica classificação das formas que toma o *overruling* na *common law*, que pode ser apropriada ao estudo da superação no direito brasileiro. Diferentes designações conferem ao instituto determinadas particularidades. Primeiro, pode ocorrer de forma expressa, quando a Corte dispõe, explicitamente na decisão, que outra anterior está superada, ou de maneira implícita, quando a nova decisão é incompatível com a anterior, apesar de não haver tal indicação concludente no novo julgamento. A superação pode, também, ser total ou parcial. À segunda hipótese, confere-se a desígnia de *overriding*. Quanto aos efeitos temporais, pode existir a *retrospective overruling*[322], aplicando-se retroativamente (efeito *ex tunc*) o novo *standard* criado a todos os casos pendentes, mesmo que ocorridos os fatos anteriormente à data da definição do direito aplicável pela Corte. De forma contrária, há o *prospective overruling*[323], caso em que se veda a aplicação retroativa, gerando efeitos o novo precedente apenas aos casos que lhe sejam posteriores

---

[322] TUCCI, 2004, p. 179. "*a) retrospective overruling*: quando a revogação opera efeito *ex tunc*, não permitindo que a anterior decisão, então substituída, seja invocada como paradigma em casos pretéritos, que aguardam julgamento;"

[323] Ibid., p. 180. "*b) a prospective overruling*: instituída pela Suprema Corte Americana, na qual o precedente é revogado com eficácia *ex nunc*, isto é, somente em relação aos casos sucessivos, significando que a *ratio decidendi* substituída continua a ser emblemática, como precedente vinculante, aos fatos anteriormente ocorridos;"

(efeito *ex nunc*). Por fim, no *anticipatory overruling*[324], a Corte inferior acaba por superar — ou, como sustenta Marinoni, não aplica um precedente em vias de revogação[325] — o precedente de uma outra que lhe é superior, sob a justificativa de que, se o caso for levado à Corte que expediu o precedente, esta procederia o *overruling*.

Há, ainda, a *transformation*, movimento em que a Corte, apesar de não revogar expressamente o precedente, altera-lhe profundamente o significado da *ratio decidendi* anterior, transformando-a em algo diferente daquilo que vinha até então sendo aplicado. Apesar de haver um exercício de compatibilização entre a *ratio* anterior e a nova, há uma espécie de revogação implícita, na medida em que uma é substituída pela outra[326]. E, por último, o *signaling* — ou sinalização[327] —, em

---

[324] TUCCI, 2004, p. 180. "*c)* a *anticipatory overruling*: introduzida, com inescondível arrojo, pelos tribunais dos Estados Unidos. Consiste na revogação preventiva do precedente, pelas cortes inferiores, ao fundamento de que não mais constitui *good law*, como já teria reconhecido pelo próprio tribunal *ad quem*. Basta portanto que na jurisprudência da corte superior tenha ocorrido, ainda que implicitamente, uma alteração de rumo atinente ao respectivo precedente. Ocorre aí 'uma espécie de delegação tácita de poder para proceder-se ao *overruling*'."

[325] MARINONI, 2016a, p. 260. "Desde 1981, as Cortes de Apelação vêm, excepcionalmente, considerando circunstâncias que indicam que um precedente da Suprema Corte — em princípio aplicável ao caso sob julgamento — provavelmente será revogado. Isso para deixar de adotá-lo. A doutrina fala revogação antecipada, mas, em verdade, o correto seria aludir a não aplicação de precedente em vias de revogação pela Suprema Corte."

[326] GALIO, 2016, p. 245-246. "A *transformation* consiste na transformação do precedente e se assemelha à revogação implícita. Ocorre a *transformation* com a negação expressa acerca de sua superação. Na transformação, os fundamentos da nova decisão são incompatíveis com os do precedente anterior, mas, ainda assim, há uma tentativa de compatibilização dos resultados. O tribunal, neste caso, deixa de aplicar o precedente, fazendo uma reconfiguração, uma transformação de seu conteúdo, sem revogá-lo. O conteúdo efetivo é negado pela corte, mas sua revogação não é expressa formalmente por meio do *overruling*. Trata-se de afirmação de que se está aplicando certo precedente, quando na realidade o tribunal está criando uma regra nova. Destarte, há uma distinção essencial entre o que o tribunal afirma e o que verdadeiramente faz."

[327] MACÊDO, 2017a, p. 303. "A sinalização é uma técnica pela qual o tribunal, muito embora continue a seguir o precedente, esclarece à sociedade que ele não é mais confiável. Assim, a partir desta técnica, o tribunal abre caminho para uma futura superação, afastando o embaraço da proteção da confiança legítima à sua realização. Para sua utilização, o tribunal não precisa evidenciar que está fazendo uso

que a Corte, apesar de aplicar e reafirmar o precedente ao caso em mãos, sinaliza que a mudança se avizinha, que a regra anterior está ruindo, apesar de não haver, ainda, sua total ruptura. Por questões de segurança e previsibilidade, mantém o precedente ao caso concreto, informando que há a possibilidade de sua superação em uma nova análise da matéria.

O trato com precedentes almeja a constância, mas, de igual forma, permite a evolução. A primeira é buscada pela própria força (eficácia) horizontal e vertical do precedente, na exigência de que a própria Corte que o estabeleceu e as que lhes são inferiores o sigam com consistência. De nada adiantaria um Tribunal, ainda que o de maior envergadura em um dado ordenamento jurídico, estabelecesse um precedente, se, ao fim e ao cabo, ele próprio pudesse desconsiderar a regra criada em um novo julgamento.

A vinculação ao precedente não é um sinônimo de aplicação irrefletida. Como afirmam Streck e Abboud, há uma flexível vinculação, decorrente da necessidade do juiz, ao resolver um caso, de "submeter os precedentes a teste de fundamentação racional — vale dizer, o juiz não deve aceitar cegamente o precedente"[328]. Por isso, há a necessidade de se verificar a pertinência ou não de determinado precedente a um novo caso, o que se faz a partir das analogias e distinções. Em alguns casos, contudo, mesmo reconhecendo que o precedente é o elemento de determinação que até ali existia, o Tribunal dele se afasta, aplicando um novo princípio, formulando uma nova regra.

Não é simples a tarefa de manter a estabilidade pretendida e, ao mesmo tempo, garantir a maleabilidade do sistema, para possibilitar a evolução do direito. Se o juiz deve seguir as decisões passadas, não pode ele ser, simplesmente, a "boca do precedente". A questão que pende, nesse particular, é a seguinte: pode uma Corte deixar de aplicar o precedente, superando-o, pelo fato de não concordar com a sua regra? A resposta é complexa e exige uma profunda análise.

A questão mais difícil neste ponto é observar quais são os limites para a ocorrência da superação do precedente. A questão que se põe é saber quais as condições, para que a superação ocorra. Não se tem dú-

---

da técnica, mas é suficiente apenas apontar que, caso o precedente não fosse dotado de relevante estabilidade e previsibilidade, a solução seria outra e que a sua superação é provável em um futuro próximo, demonstrando as razões de sua afirmação."

328 STRECK; ABBOUD, 2015, p. 51.

vidas de que o precedente não pode ser desconsiderado ao bel-prazer da própria Corte que o editou. "Não há sistema de precedentes quando as Cortes Supremas não se submetem a critérios especiais para revogar os seus precedentes."[329]

Deve-se deixar claro que o precedente — ou a regra nele exposta — somente tem serventia, quando o aplicador se sente constrangido a aplicá-lo, mesmo não concordando com ele. Explica-se: se a decisão final de um caso fosse definida como "x", independentemente da existência de um precedente que fixa a regra que levaria ao mesmo resultado, o precedente é simplesmente irrelevante. Isso porque, existisse ele ou não, a decisão final decretaria "x". Por isso, um sistema de precedentes deve se basear justamente na situação em que o juiz aplica a regra do precedente, chegando ao resultado "x", mesmo que a sua convicção pessoal apontasse que a resposta deveria ser "y". Em outras palavras, deve haver um constrangimento do intérprete — principalmente do julgador — que se vincula à regra do precedente, sem necessariamente com ela concordar. A mera discordância, por isso, não parece ser motivação válida para o *overruling*.

A superação de um precedente é um evento incomum, a ser adotado como último recurso[330], e não deve ser banalizado[331], pois "toda revogação tem um preço a ser pago, que é a perda da estabilidade e a redução da previsibilidade"[332]. Por isso, nas Cortes norte-americanas, como pondera Nelson, há uma presunção contra a reversão de seus próprios precedentes[333]. É verdade que, no passado, a caracterização pela nova Corte da decisão anterior como errônea já justificou o *overruling*[334].

---

[329] MARINONI, 2016a, p. 251.

[330] DUXBURY, 2008, p. 122. "The fact is, nevertheless, that overruling often is considered to be radical judicial action, to be taken only as a last resort."

[331] THOMAS, 2005, p. 145. Taking the argument to its extreme, it is said that the frequent overruling of decisions 'tend[s] to bring adjudications . . . into the same class as a restricted rail-road ticket, good for this day and train only'.

[332] GALIO, 2016, p. 231.

[333] NELSON, Caleb. Stare decisis and demonstrably erroneous precedents. *Virginia Law Review*, v. 87, n. 1, p. 1-84, mar. 2002, p. 1.

[334] Ibid., p. 1-2. O autor cita os seguintes casos da Suprema Corte Americana, em que houve o *overruling* pelo fato de a nova composição da Corte considerar o precedente errôneo: EUA. Supreme Court. Smith v. Allwright, 321 U.S. 649, 665 (1944); EUA. Supreme Court.Ashwander v. Tenn. Valley Auth., 297 U.S. 288, 352-53

Contudo, atualmente, a reversão de um precedente é um acontecimento pouco comum, e, em grande parte desses casos, a Suprema Corte é severamente criticada por assim agir. Por isso, no meio acadêmico americano, a simples "demonstração de erro não é suficiente para justificar a superação de uma decisão passada"[335]. Favorece-se a aplicação da *stare decisis* à prática do *overruling*. Como sustenta Gerhardt, a rejeição de uma linha de precedentes pode enfraquecer e causar estragos ao próprio sistema jurídico[336].

Mesmo no âmbito judicial, houve a modificação do entendimento sobre o precedente errôneo. Fruto dessa nova concepção é a famosa passagem do Justice Brandeis, em *Burnet v. Coronado Oil & Gas Co.*, ao dizer que "*it is more important that the applicable rule of law be settled than that it be settled right*"[337]. Obviamente, trata-se de uma versão estrita do próprio *stare decisis* — que impossibilitaria a Corte de modificar seu próprio precedente —, que talvez não seja o mais apropriado no que se refere à questão da integridade do direito.

A *stare decisis* estrita perdurou longo período, principalmente na Inglaterra, em que a *House of Lords* estava vinculada a seus próprios precedentes, sem a possibilidade de superá-los. Tal estado de coisas só foi alterado em 1966, pelo *Practice Statement*, e implementado em 1972, quando a própria *House of Lords* entendeu ser possível e, assim, realizou o *overruling*.[338] Essa visão estrita acarreta um indevido engessamento do direito, e, atualmente, sua aplicação já se encontra amplamente afastada da prática jurídica. Mesmo na literatura, captando o momento social vivido, já havia a crítica satírica de tal situação. Em *As Viagens de Gulliver*, Jonathan Swift, no século XVIII, já advertia sobre o perigo da perpetuação de injustiças pela aderência estrita —, portanto, irrefletida — ao precedente. Diz o autor que há a máxima, entre

---

(1936); EUA. Supreme Court. United States v. Nice, 241 U.S. 591, 601 (1916); EUA. Supreme Court. Hornbuckle v Toombs, 85 U.S. 648, 652-53 (1873); EUA. Supreme Court. Trebilcock v Wilson, 79 U.S. 687, 692 (1871); EUA. Supreme Court. Mason v. Eldred, 73 U.S 231, 237-38 (1867).

335 Ibid, p. 2.

336 GERHARDT, Michael J. The role of precedent in constitutional decision-making and theory. *George Washington Law Review*, v. 60, p. 68-159, 1991, p. 112-113.

337 EUA. Suprema Corte. *Burnet v. Coronado Oil & Gas Co.*, 285 U.S. 393, 1932.

338 INGLATERRA. House of Lords. *British Railways Board v Herrington*, AC 877, 1972.

os juristas, de que o que já foi julgado pode ser aplicado legalmente a um novo caso, por isso os juízes se preocupam em manter todas as decisões já prolatadas, mesmo as que ofendam a justiça comum e a razão geral da humanidade. Ressalta que, sob o nome de precedentes, produz-se autoridade às decisões mais iníquas e que os juízes estão sempre prontos a segui-las[339].

Nos EUA, por outro lado, essa versão não foi a que prevaleceu no curso do tempo. Utilizando um modelo mais liberal, advertem Brenner e Spaeth que a Suprema Corte entende que há um dever *prima facie* de conformação com os precedentes da própria Corte, mas tal obrigação cessa, quando há razões cogentes, que compelem a um resultado diverso. Salientam, contudo, que aquilo que se entende por "razões cogentes" é incerto[340]. Trata-se de um *standard*, que é trabalhado caso a caso pelas Cortes (principalmente a Suprema Corte) em face de novas demandas. Nos casos de superação de precedentes, as Cortes costumam ressaltar que a doutrina judicial não funciona (*unworkable*) ou nunca funcionou, que poderia ter sido modificada pelo Legislativo, ou que simplesmente está causando outros problemas[341]. De forma consistente, a Suprema Corte, todavia, defende que "a decisão de superação deve estar baseada em alguma razão especial e acima da crença que o caso anterior foi decidido erroneamente"[342].

Essa visão é compartilhada no comportamento dos tribunais que buscam justificativas especiais, e não a mera discordância de seus membros, para reverter uma decisão anterior. Por exemplo, em *Patterson v. McLean Credit Union*, a decisão da Suprema Corte Americana anotou

---

[339] SWIFT, Jonathan. Gulliver's Travels. Nova Iorque: Oxford University Press, 2005, p. 232. "It is a Maxim among these Lawyers, that whatever hath been done before, may legally be done again: And therefore they take special Care to record all the Decisions formerly made against common Justice and the general Reason of Mankind. These, under the Name of Precedents, they produce as Authorities to justify the most iniquitous Opinions; and the Judges never fail of decreeing accordingly."

[340] BRENNER, Saul; SPAETH, Harold J. *Stare indecisis*: the alteration of precedent of the supreme court, 1946-1992. Nova Iorque: Cambridge University Press, 1995, p. 1.

[341] NELSON, 2002, p. 2.

[342] EUA. Suprema Corte. *Planned Parenthood of S.E. Penn. v. Casey*, 505 U.S. 833, 864, 1992. No original: "a decision to overrule should rest on some special reason over and above the belief that a prior case was wrongly decided."

que, embora alguns de seus membros acreditassem que o precedente que regia o caso (*Runyon v. McCrary*) tivera sido decidido de forma equivocada, os juízes se mantiveram fiéis ao julgamento anterior, uma vez que sua rejeição necessitaria de justificativas especiais, acima e além da mera demonstração de erro[343]. Por isso, assevera Alexander que, se a incorreção da decisão anterior fosse condição suficiente para a reversão, não haveria qualquer constrição no precedente[344].

A questão tormentosa que se põe é definir, de forma clara e específica, quais são as condições que devem ser encontradas, para legitimar a superação de um precedente. Ao não se definirem as circunstâncias autorizadoras do *overruling*, admitir-se-ia uma grande margem à Corte posterior de utilizar ou não o precedente nas novas decisões, ou dispor de razões pouco críveis para realizá-lo.

O primeiro passo à verificação que se objetiva é definir o escopo da busca, porque se faz necessário distinguir as questões empíricas das normativas, que são justificadas de formas distintas. Trata-se da diferenciação dos fenômenos que ocorrem, que são observáveis (aquilo que é) e o ponto normativo, que detém a aspiração de construir um constrangimento epistemológico e orientar o caminho correto a trilhar (aquilo que deve ser). Nesse particular, a preocupação do presente estudo é estritamente normativa. Desejam-se estudar, sistematizar e indicar a correta ação a ser tomada pelo intérprete. Se outra é, de fato, levada a cabo, são razões outras que não a correção do caminho trilhado que justificará a ação exercida. No campo empírico, os cientistas políticos, economistas, sociólogos e outros estudiosos das ciências sociais vêm desenvolvendo interessantes concepções e explicações para os fenômenos observáveis, incluída aí a superação de precedentes. Indicam inúmeras variáveis que explicariam o exercício de superar o precedente, por exemplo, questões ideológicas (entre perfis liberais e conservadores) e a alteração da composição da Corte são usualmente lembradas pelos cientistas sociais como circunstâncias que justificam (ou justificaram) a alteração de um precedente.

Embora seja um interessante tema de estudo, o foco da presente tese é o campo normativo. Em outras palavras, as questões de pesquisa mudam: em vez de se perquirir se a mudança da composição da Corte

---

[343] EUA. Suprema Corte. *Patterson v. McLean Credit Union*, 491 U.S. Report 173, 1989.

[344] ALEXANDER, Larry. Constrained by precedent. *South California Law Review*, v. 63, n. 1, p. 1-64, 1989, p. 56.

efetivamente causa o *overruling*, a pergunta volta-se se é correto ou não haver a superação pela mera alteração dos membros de um Tribunal. Da mesma forma, não se debruçará sobre a relação de causa e efeito entre a ideologia dos juízes e a mudança do precedente, ou seja, se os diferentes perfis individuais de cada magistrado leva à superação. No âmbito normativo, o interesse reside na correção ou não do subjetivismo de o juiz (enquanto perfil individual) guiar a decisão de proceder ao *overruling*.

Está suficientemente sedimentado na doutrina nacional a ideia, advinda do *common law*, de que "um precedente está em condições de ser revogado quando deixa de corresponder aos padrões de congruência social e consistência sistêmica e, ao mesmo tempo, os valores que sustentam a estabilidade — (...)— não justificam a sua preservação"[345]. A dificuldade está justamente em definir quando essa falta de congruência e consistência ocorrem, ou a partir de quando os valores sociais já se alteraram de tal forma, que não se prestam a justificar a preservação do precedente. Uma saída pragmática, de cariz realista, seria afirmar que tais padrões são verificados, quando a Corte que procede ao *overruling* assim o diz. A resposta, contudo, é insatisfatória, uma vez que não explicaria superações indevidas, uma vez que elas estariam sempre corretas na visão do próprio Tribunal.

Marinoni defende que a falta de correspondência aos padrões de congruência social ocorre, quando o precedente passa a negar proposições morais, políticas e de experiência[346]. Para tanto, a Corte utilizará proposições morais socialmente partilhadas e empregará proposições políticas "que reflitam uma situação como boa para a generalidade da sociedade"[347]. Já as proposições de experiência, por dizer respeito a questões técnicas, devem ser encontradas em pareceres de especialistas[348]. Por seu turno, a consistência sistêmica perde-se, quando o precedente não guarda mais coerência com as demais decisões[349]. "Isso ocorre quando a Corte decide mediante distinções inconsistentes, chegando a resultados compatíveis com o do precedente mas fundados em

---

[345] MARINONI, 2016a, p. 251.
[346] Ibid., p. 252.
[347] Ibid., loc. cit.
[348] Ibid., loc. cit.
[349] Ibid., loc. cit.

proposições sociais incongruentes."[350] Salienta o autor que essas duas condições devem ser confrontadas com as razões para a manutenção da estabilidade (e preservação do precedente): a confiança justificada e a prevenção contra a surpresa injusta[351].

Os fundamentos lançados pelo autor são valorosos, mas demandam algum cuidado, para que a ideia inicial do autor não seja desnaturada, principalmente no que toca à autonomia do direito. Isso porque pode-se confundir essa adaptação do direito a novas proposições morais, políticas ou econômicas, como se houvesse uma dominação da moral, da política ou da economia no direito em si. Em outras palavras, seriam corretores externos ao direito, contudo não é assim que ocorre (ou, ao menos, que deva ocorrer).

Um dos desenvolvimentos históricos mais importantes ao fenômeno jurídico é justamente a autonomia do direito. No momento em que ele desvincula-se da política, a Constituição deixa de ser um mero pacto político, de conteúdo programático e, com sua força normativa, passa a estabelecer direitos e obrigações capazes de causar transformações sociais, mesmo contra maiorias eventuais. Ao desatrelar o direito da moral, superou-se o direito natural. Hoje, deve-se entender direito e moral como co-originários, o que acarreta uma complementariedade entre um e outro, não havendo a primazia desta ou daquele. A moral, assim, é normativa, deixando de ser "autônoma-corretiva, para se tornar co-originário ao (e com o) Direito"[352]. A resposta a dilemas como o da lei injusta será resolvido pela própria jurisdição constitucional —, portanto, de forma jurídica — eis que é ela que representa o ideal de "vida boa" e "felicidade" de uma dada sociedade.

Mais recentemente, houve a tentativa de subordinar o direito à economia, como se o fenômeno jurídico servisse, exclusivamente, para reduzir falhas do mercado, como as externalidades, monopólios, garantindo condições de liberdade e segurança[353]. Trata-se, contudo, de "uma teorização supervalorizadora do econômico como fonte de explicação dos fenômenos sociais. O Direito aparecerá como simples

---

[350] Ibid., loc. cit.

[351] Ibid., p. 252-253.

[352] STRECK, 2009a, p. 501

[353] LORENZETTI, Ricardo Luis. *Teoria da decisão judicial*: fundamentos de Direito. Tradução Bruno Miragem. São Paulo: RT, 2009, p. 204-208.

epifenômeno, verdadeiro reflexo da infraestrutura."[354] A *lex mercatoris*, entretanto, não é fundamento exclusivo na construção e aplicação do direito vigente em dada comunidade. Acaba por criar um estado de exceção hermenêutico, na medida em que se aplicará o direito de uma ou de outra forma, a depender do interesse mercadológico do momento e das consequências (econômicas) desta ou daquela decisão.

Assim, quando se afirma que a superação de um precedente dependerá da falta de congruência social, não se está minando a autonomia do direito. Tão somente se verifica que o fenômeno jurídico não está sozinho no mundo, relacionando-se com o todo social, que englobará, por certo, a política, a moral, a economia, dentre outros. Há, assim, uma relação de complementação e coexistância, sem que haja uma subordinação, uma dependência ou atrelamento do direito a qualquer outro saber.

A nova codificação buscou traçar alguns nortes quanto à possibilidade e limite da superação no direito brasileiro. Primeiro, deixou clara a possibilidade de sua ocorrência, quando dispõe, no art. 489, § 1º, VI, do CPC/15, que o magistrado poderá demonstrar a distinção com o caso antecedente ou a superação de seu entendimento. Assim, não há dúvidas quanto à possibilidade de ocorrer a superação de um *standard* judicialmente criado, afastando-se o ordenamento jurídico brasileiro daquela forma de vinculação existente no *common law* inglês pré *Pratical Statement*.

Há de se ter o cuidado de definir quem poderá efetuar o *overruling* e o mecanismo que utilizará para tanto. De uma forma consistente, em uma visão já tradicional, afirma-se que a superação pode ser procedida tão somente pela própria Corte que fixou o precedente. Fundamenta-se essa opção pelo dever de os Tribunais e juízes inferiores seguirem o precedente. É bem verdade que, excepcionalmente, autoriza-se o *antecipatory overruling*, em que o juiz ou Corte inferiores consideram superado o precedente de Tribunal superior, entretanto isso não ocorre por um poder próprio. Antes, justifica-se no fato de o juiz antever que, caso a Corte superior conheça novamente da matéria, ela irá realizar a superação, sendo que ele estará, nesse caso, tão somente antecipando-se àquilo que normalmente ocorreria.

---

354 CLÈVE, Clémerson Merlin. *O Direito e os direitos*: elementos para uma crítica do direito contemporâneo. 2. Ed. São Paulo: Max Limonad, 2001, p. 143.

Deve-se, nessa concepção tradicional, acrescer que, além da própria Corte que editou o precedente, todas aquelas que lhe são superiores na hierarquia judiciária detêm idêntica prerrogativa. Isso decorre da falta de vinculação de uma Corte hierarquicamente superior a outra que lhe é inferior. Os precedentes desta são tão somente persuasivos àquela, sendo que o contrário não é verdadeiro. Dessa maneira, o Tribunal superior, apesar de dever levar em consideração o precedente, a jurisprudência, a súmula, enfim, qualquer *standard* alegado pelas partes, poderá dissentir e superar o entendimento até então existente na Corte inferior, fixando, de forma autorizativa, o direito próprio à espécie debatida.

A presente tese busca retrabalhar essa questão à luz do direito como integridade. Apesar de não admitir obstáculos à versão tradicional, que afirma ser a superação exercível pelo Tribunal que fixou o precedente ou por outro que lhe seja superior, o *law as integrity* exige mais, deve-se ir além. Como tentar-se-á demonstrar no último capítulo, enquanto um dos pontos centrais da utilização do teoria integrativa dworkiniana na aplicação do direito jurisprudencial, a aceitação que a integridade compõe uma virtude política exigirá que a superação, quando realizada por um argumento de princípio, não pode ficar adstrita a tais Cortes. Para a obtenção da resposta correta, qualquer juiz deverá, por vezes, afastar-se do precedente, privilegiando o critério substancial — ditado pela questão de princípio — ao formal, de que casos semelhantes devem ser julgados semelhantemente. Ao entender a superação como uma questão de princípio, a integridade exigirá que qualquer magistrado não aplique um determinado precedente, independente da Corte que o instituiu, quando este divergir daquela questão principiológica. Como se trata de ponto central ao estudo, será tratado mais detidamente, no próximo capítulo, em companhia da explicação da teoria da decisão de Dworkin.

Além da possibilidade e da competência para realizar a superação, interessa verificar os mecanismos, para que isso ocorra. Em um país de *common law*, a própria sucessão de julgamentos encarrega-se de abrir margem ao *overruling*, isto é, a cada nova decisão, há a possibilidade de discussão da correção do entendimento então em voga e da análise da necessidade de sua modificação. Isso não é o que sempre ocorre no direito brasileiro. Ainda que a mesma fórmula seja aplicável ao direito nacional — funcionando como uma regra geral —, as particularidades da construção judicial do direito no Brasil ecoam na forma de sua alteração do direito jurisprudencial. Se entre nós houvesse tão somente o precedente — enquanto manifestação da criação judicial do direito —, a sucessão de casos também seria suficiente à renovação da ordem jurídica. Ao amontoar diferentes *standards*, há que se respeitarem as especificidades de cada um deles.

As súmulas são exemplos desse ecletismo que torna diferenciada a forma pela qual será realizada a superação. Se se tratar de uma súmula não vinculante, sua alteração ou cancelamento ocorrerá na forma regimentalmente prevista. Se for a vinculante, há de ser respeitado o procedimento estabelecido na Lei n. 11.417/06. A rigor, não haveria a possibilidade de, em um determinado caso concreto — ou mesmo em uma ação de controle concentrado de constitucionalidade —, ocorrer o *overruling* de uma súmula vinculante. O STF deveria, antes, adotar o procedimento legal para o cancelamento ou alteração e respeitar o quórum qualificado para tanto (de 2/3, conforme art. 2º, § 3º, da Lei n. 11.417/06), entretanto, se o STF encontrar-se diante do julgamento de uma causa, não poderá suspendê-la — ou qualquer outro processo pendente — por estar em trâmite proposta de alteração ou cancelamento da súmula vinculante aplicável (art. 6º, da Lei n. 11.417/06).

Essa forma de superação pode gerar situações contraditórias, que se tornam problemáticas, face à difícil convivência de um regime em que se admitem precedentes, ações de controle concentrado e súmulas, cada um com regime jurídico próprio, tudo ao mesmo tempo. Imagine-se a seguinte situação: enquanto pende o procedimento para alteração de uma determinada súmula vinculante, está a ocorrer o julgamento de uma ADI, em que ela, a princípio, é aplicável e, consequentemente, será governante ao próprio julgamento. Suponha-se, agora, que, por curta maioria (6 x 5), o STF entenda, na ADI, que a súmula vinculante não representa mais o direito vigente na comunidade e, assim, julga procedente o pedido, declarando a inconstitucionalidade de um determinado dispositivo legal que estava de acordo com a súmula vinculante superada. No seu turno, repetido o placar (6 x 5) e não alcançados os 2/3 exigidos à modificação ou cancelamento, a súmula vinculante é mantida tal como editada. Isso geraria uma situação difícil de compor, na medida em que há uma coisa julgada *erga omnes* e com efeito vinculante de um lado, que contrapõe o efeito vinculante da súmula por outro. O que seguir em um cenário como esse?

Peixoto sustenta que os dois modelos de superação (que denomina de concentrado ou difuso, quando, respectivamente, é efetuada por um procedimento próprio ou pela sucessão de julgamentos) podem conviver em harmonia, uma vez que um não exclui o outro, o que autoriza o STF a promover o *overruling* de uma súmula vinculante pelo procedimento da Lei n. 11.417/06 ou pelo julgamento em um caso concreto por ela governado[355]. Apesar de desejável a evolução do direito pela mera sucessão de julgamentos, não parece ter sido essa a opção do constituinte reformador. O art. 103-A da CF define que a revisão ou cancelamento da súmula vinculante ocorrerá na forma estabelecida em lei, e, nesse particular, a Lei 11.417/06 é que define tal procedimento.

Afirma o autor não haver sentido em podar a evolução judicial do direito pela sucessão dos julgados e em depender de um procedimento próprio com legitimados específicos, o que poderia gerar uma inércia proposital, a fim de não haver mudanças necessárias à própria ordem jurídica[356]. Nesse ponto, concorda-se integralmente com o autor, ampliando-se a perspectiva. Se não há conveniência nem razão jurídica para depender de um procedimento ou de legitimados estreitos para a superação de um precedente, tampouco há razão para que se dependa dos mesmos elementos para a criação de um. O modelo preconizado à súmula vinculante — de criação de um procedimento próprio à formação de uma decisão qualificada — é problemático em si e não se relaciona bem com uma série de outros componentes da ordem jurídica. Ainda assim, essa foi a aposta do CPC/15, que ampliou e aprofundou várias formas de procedimentos com vistas à formação de "decisões qualificadas" ou "teses jurídicas".

Apesar de se concordar, por questões pragmáticas, com a solução dada, há alguns nós teóricos insolúveis, que são: (*i*) a questão da legitimação própria à superação; e (*ii*) o quórum qualificado para proceder à superação pelo procedimento legalmente previsto e o simples para o julgamento do caso concreto. É muito mais simples oferecer idêntica resposta à revisão de tese no IRDR, como aqui se defenderá, contudo, no caso de súmulas vinculantes, a situação é diversa. Isso porque, a superação pelo julgamento de um caso posterior pode ser um caminho obtuso à burla tanto da legitimação específica à instauração do procedimento quanto ao quórum qualificado constitucional e legalmente previsto.

---

[355] PEIXOTO, Ravi. *Superação do precedente e segurança jurídica*. 2 ed. Salvador: Juspodivm, 2016, p. 174.

[356] Ibid., p. 174-175.

Quanto à legitimidade, a Constituição limita a possibilidade de aprovação, revisão e cancelamento da súmula vinculante àqueles legitimados para a ação direta de inconstitucionalidade, podendo a lei ampliar tal rol (art. 103-A, § 2º, da CF). Logo, embora não seja excluída a possibilidade de legitimar, por lei, outras pessoas, o certo é que há um rol que impede que a criação, a revisão e o cancelamento sejam por todos exercíveis. Não parece ser o melhor caminho, mas foi esse o constitucionalmente escolhido, portanto há uma incongruência teórica admitir que outras pessoas, senão as constitucional ou legalmente admitidas, possam, por um meio ou outro, promover a superação da súmula (enquanto equivalente de sua revisão ou cancelamento).

O quórum qualificado é outra situação que causa um mal-estar teórico. Se a aprovação, revisão e cancelamento dependem de um mínimo do voto de dois terços do STF, parece errônea a possibilidade de superar uma súmula vinculante por um quórum menor, seja de que maneira for. Assim, ainda que se admita a superação fora do procedimento previsto pela lei, certo é que só poderá ocorrer, quando a votação for ampla, respeitando-se os necessários dois terços. Em casos em que a votação for estreita, como o exemplo acima narrado (6x5), os problemas teóricos aparecem.

Poder-se-ia falar que o STF não poderia ter julgado a ADI como o fez. Em outras palavras, deveria julgar em conformidade com a súmula vinculante, mesmo que a maioria entendesse que não fosse aquela a opção correta, justa. Contudo, o que fazer em um caso como esse? Quem controla o controlador? A diferença de quórum entre a criação, alteração ou cancelamento de uma súmula vinculante e o julgamento de um caso pelo plenário do STF causa tais aporias. Seria muito mais simples e racional não possuir tantas formas diferentes e tantos procedimentos próprios para cada instituto. Na medida em que se multiplicam os *standards* utilizados e que vão crescendo em complexidade, mais difícil a mútua convivência. Os problemas de compatibilização de um e outro começam a surgir. Talvez seja por isso que o *common law* funcione sem aporias como esta (o que não afasta as suas próprias). Há certa simplicidade com a forma de criação do direito — pelo precedente, e só ele — sem formas qualificadas ou diferenciadas, como casos repetitivos, súmulas, dentre outros. Essa simpleza pode acarretar algumas situações de dificuldade, mas garante uma racionalidade ao sistema, sobretudo na forma de ele ser e modificar-se.

Dada a opção do constituinte e do legislador brasileiros, na coexistência de todas essas formas de criação judicial do direito, há de se tentar compatibilizá-los, respeitando-se os contornos constitucionais e legais de cada um deles. Há situações, todavia, como a tratada, que a resposta à questão é insolúvel. Simplesmente há uma incapacidade do sistema de autocorrigir-se, e acaba-se por conviver com as contradições verificadas. Destacou-se, anteriormente, a dificuldade que as súmulas causam ao direito brasileiro. A opção que se norteia, a um futuro incerto e longínquo, é o abandono da utilização de súmulas (vinculantes ou não), contudo, com os pés no chão, vislumbra-se que essa não é uma alternativa realizável, dada a cultura jurídica nacional, dependente dessa forma pouco desejável de produção judicial do direito. O caminho, por ora, é simplesmente aceitar que a existência desses múltiplos *standards*, apesar das nobre intenções, detém um potencial perigoso, de criar impasses insolúveis no próprio ordenamento jurídico.

Em relação ao IRDR, o art. 986 do CPC/15 determina que a revisão da tese —, portanto, a superação — será realizada pelo mesmo Tribunal que julgou o IRDR anterior. A leitura do dispositivo pode levar a enganos, se tomado na sua acepção literal. Não há dúvidas de que o Tribunal que julgou o IRDR será o competente, para proceder à superação do julgado, mas isso não exclui a possibilidade de *overruling* pelo julgamento de outras Cortes que lhe sejam superiores. Deve-se ter em mente que o IRDR pode ser instaurado por Tribunais locais. Assim, seriam eles os primeiros legitimados a operarem a superação de um incidente já decidido, e isso não afasta a possibilidade de o STJ ou o STF efetuarem a superação pelo tão só fato de decidirem, em sua atividade-fim comum, a mesma questão em sentido contrário.

Imagine-se, por exemplo, o IRDR n. 1 do TJSC. Tratou o incidente da questão da comprovação de hipossuficiência para a concessão de medicamentos ou tratamentos médicos. Trata-se, eminentemente, de questão afeta ao direito constitucional e do direito federal. Em verdade, nada ou muito pouco há de direito local. Assim, independente do que foi resolvido, não há dúvidas de que ficará superado, na medida em que o STJ ou o STF posicionarem-se em sentido contrário, seja por que meio for. Seja no julgamento de casos repetitivos, por meio da instituição de súmulas (vinculantes ou não), em ações originárias, remessas necessárias, recursos ordinários ou mesmo em recursos especiais ou extraordinários (mesmo que desprovidos de repercussão geral — aqueles antigos ainda não julgados), basta que a orientação dada pelo TJSC sofra um revés nas Cortes superiores, que a decisão do IRDR local ficará superada. Salvo a hipótese de se tratar de direito local — e, ainda assim, não houver alegação de infringência de algum dispositivo constitucional ou atinente à legislação federal —, que é uma situação excepcional, todos os outros casos são passíveis de tal forma de superação.

Questão que suscita crítica é a estreita legitimação, para suscitar a revisão de tese que, ao teor do art. 986, *in fine*, do CPC/15, seria exclusiva do Ministério Público e da Defensoria Pública (conforme referência ao art. 977, III, do CPC/15). A primeira perplexidade é o afastamento dos reais interessados, daqueles indivíduos que estão litigando e que desejem combater o resultado do incidente que lhes seja adverso e será, a princípio, a eles aplicado. Imaginando-se que não fossem litigantes na época de instauração e julgamento do IRDR, tais pessoas já não puderam participar da construção da decisão. Assim, restaria conceder alguma forma de combater a "tese fixada", buscando sua superação, por isso, independente de previsão legal, há de se admitir a legitimidade das partes (não do incidente original), mas dos litigantes em geral, cuja decisão do IRDR seja aplicável por um imperativo constitucional. Isso porque seria o único jeito de não vedar o acesso ao cidadão, na medida em que possa discutir a correção e a justiça da decisão anteriormente prolatada, e, também, só assim há a oportunidade de garantir o exercício da ampla defesa e do contraditório, entendido este enquanto poder de influência.

Não fosse tal fundamento, Mendes adverte que houve uma incorreção no processo legislativo que erroneamente retirou as partes (art. 977, II, do CPC/15) do rol dos legitimados à revisão da tese do IRDR[357].

---

[357] MENDES, Aluísio Gonçalves de Castro. *Incidente de resolução de demandas repetitivas*: sistematização, análise e interpretação do novo instituto processual. Rio de Janeiro: Forense, 2017, p. 249-250. "Quanto às partes, a sua legitimidade decorre do texto efetivamente aprovado pelo Senado Federal. É de se salientar que, na redação do relatório apresentado pelo Senador Vital do Rêgo e aprovada no Senado, nas votações dos dias 16 e 17 de dezembro, o art. 977 continha, tão somente, dois incisos. No inciso II, eram arrolados, como legitimados, as partes, o Ministério Público e a Defensoria Pública. Entretanto, no texto que foi submetido à sanção presidencial, quase três meses depois, a título de modificação de redação, houve o desmembramento do antigo inciso II nos incisos II e III, como supramencionado. No inciso II, as partes, e no inciso III o Ministério Público e a Defensoria Pública. Esta modificação, por si só, não representaria qualquer problema jurídico, se não fosse a consequência jurídica prevista no art. 986, que passou a fazer referência apenas ao inciso III, apon-

Com efeito, sustenta o autor que, na sua versão final — votada e aprovada —, o art. 977 do CPC/15 continha dois incisos, e não os três que constam na versão sancionada, sendo que o segundo inciso aglutinava as hipóteses hoje previstas no art. 977, II e III, do CPC/15. O texto aprovado, portanto, garantia às partes, ao Ministério Público e à Defensoria Pública a legitimidade para alteração de tese. Dessa maneira, não pode ser suprimida, pelo equivocado processo de modificação da redação, a legitimidade concedida às partes.

Deve-se estender a possibilidade de alteração da tese ao próprio Tribunal. Não há por que permitir que determinados legitimados requeiram a instauração de um IRDR e não conceder legitimidade ativa para seu cancelamento ou revisão. Trata-se, *mutatis mutandis*, da discussão já travada entre a ADI e ADC. A superação — ou mesmo o cancelamento — nada mais é do que um novo IRDR com o sinal trocado, isto é, trata-se do mesmo procedimento, para a finalidade diversa. Se, no primeiro, era fixar uma tese, o segundo é cancelá-la (ou alterá-la). Logo, devem ser considerados legitimados à revisão todos aqueles elencados para a própria instauração, em síntese, os constantes no art. 977, I, II e III, do CPC/15.

Em relação à possibilidade de superação, algo similar ocorre com o IAC. O art. 947, § 3º, do CPC/15, possibilita a "revisão de tese". Assim, não há dúvidas de que a revisão deverá ser efetuada pelo mesmo órgão competente que solucionou o IAC anterior, entretanto, assim como no IRDR, isso não afastará a possibilidade de os Tribunais Superiores promoverem a superação na sua atuação jurisdicional, decidindo a mesma questão de forma diversa.

Em relação aos recursos extraordinário e especial repetitivos, não há um procedimento legalmente previsto para a "revisão de tese" ou algo assemelhado. Poder-se-ia aplicar, por analogia, o art. 896-C, § 17, da CLT[358] (introduzido pela Lei n. 13.015/14), para justificar a necessidade de um procedimento próprio. Em que pese poder se apropriar dos

---

tando os legitimados para o pedido de revisão da tese. Portanto, salvo melhor juízo, a interpretação da norma deve levar em consideração o texto efetivamente aprovado, em razão da modificação redacional posteriormente realizada ter exorbitado em relação às mudanças efetuadas nos dois dispositivos, que acabaram efetivamente alterando o alcance em termos de legitimidade para a revisão."

[358] Art. 896-C. (...) § 17. Caberá revisão da decisão firmada em julgamento de recursos repetitivos quando se alterar a situação econômica, social ou jurídica, caso em que será respeitada a segurança jurídica das relações firmadas sob a égide da

elementos lá contidos como critérios à realização da superação, não parece que o dispositivo demande a formação de um procedimento diferenciado para tanto. Tratando-se do julgamento de um caso concreto que irradia seus efeitos a outros, seria natural que a sucessão de decisões fosse o suficiente para a superação, de tempos em tempos, permitindo a evolução do próprio direito. Bastaria, portanto, o julgamento de outro recurso repetitivo, para que se procedesse ao *overruling*. Em verdade, não seria exigível sequer que ocorresse especificamente por outro recurso repetitivo. Bastaria que houvesse um quórum igual ou superior — ou seja, pelo mesmo órgão julgador ou outro superior —, na medida em que se garantiriam condições idênticas ou superiores àquelas verificadas quando da construção do precedente a ser revogado. Imagine-se, por exemplo, que a superação de um recurso especial repetitivo que tenha sido decidido por uma Seção ou mesmo pela Corte Especial[359] ocorresse no julgamento de um embargo de divergência decidido pela Corte Especial[360]. Dada a prevalência do órgão hierarquicamente superior (ou, na segunda hipótese, pelo mesmo órgão julgador) no organograma da própria Corte e sua maior pluralidade, não há dúvidas acerca da possibilidade de superação, sem qualquer necessidade de instauração de um procedimento específico para a revisão de tese.

É bem verdade que o RISTJ prevê um rito próprio à revisão de entendimento firmado em tema repetitivo (art. 256-S a 256-V, do RISTJ), entretanto a adoção de tal procedimento não é *conditio sine qua non* à superação do precedente. Trata-se apenas de mais uma forma em que o *overruling* pode ocorrer. Respeitadas as premissas gerais de que se trate do mesmo órgão ou de outro que lhe seja superior na hierarquia judiciária (mesmo que no âmbito interno de cada Corte), há a possibilida-

---

decisão anterior, podendo o Tribunal Superior do Trabalho modular os efeitos da decisão que a tenha alterado.

359 Lembre-se que o julgamento do recurso especial repetitivo é de competência tanto da Corte Especial (art. 11, XVI, do RISTJ) quanto das Seções do Tribunal (art. 12, X, do RISTJ), a depender se a matéria é de competência exclusiva de uma determinada Seção ou se comum a mais de uma.

360 A competência aqui também será da Corte Especial (art. 11, XIII, do RISJT) ou das Seções (art. 12, parágrafo único, I, do RISTJ), a depender se os paradigmas que representam o dissenso sejam ou não de Turmas da mesma Seção, entre Seções, entre Turma e Seção que integre ou não, ou entre Turma e Seção com a própria Corte Especial.

de de ocorrer a superação do precedente. A se exigir o procedimento regimental, ocorreria, no âmbito do STJ, o mesmo problema já abordado anteriormente, de possível contradição entre a súmula vinculante e o julgamento de uma ação do controle concentrado. Poderia haver dois precedentes conflitantes: o decorrente do julgamento do recurso especial repetitivo e, por outro lado, os embargos de divergência, de outro. Não parece ser juridicamente aceitável ou pragmaticamente desejável esse eventual conflito. Não há dúvidas, nesse particular, de que deverá prevalecer, entre os mesmos órgãos julgadores, a última decisão, que demonstra o entendimento mais atual sobre o assunto versado e, entre diferentes órgãos de uma mesma Corte, a posição daquele superior na hierarquia judiciária.

Dado o período relativamente curto de vigência, são poucas as decisões — sobretudo de Tribunais Superiores — que analisam os limites e possibilidades na superação de precedentes, contudo, no RE 655.265, o STF pôde iniciar, no âmbito da Corte, a discussão sobre em que circunstâncias poderia realizar o *overruling* de suas próprias decisões. No caso concreto, em que se tergiversava sobre o momento em que era devida a comprovação da experiência mínima de três anos de prática jurídica no concurso público ao cargo de juiz do trabalho substituto, o STF possuía um entendimento uniforme — e isso não era contestado no julgamento — de que tal exigência poderia ser feita na data da inscrição definitiva do certame. O relator originário, Min. Luiz Fux, procedia ao *overruling*, explicando o porquê de a interpretação anterior estar equivocada, justificando no erro passado a possibilidade de mudança. Restou, contudo, vencido, aderindo a maioria ao voto-vista do Min. Edson Fachin. Como relator designado, o Ministro apoiou-se substancialmente nas lições de Mitidiero, para afirmar que não vislumbrava, na hipótese, alterações nos planos fático e jurídico a justificar a superação. Além disso, afirmou que é pequena a quantidade de casos, havendo na Corte apenas três processos sobrestados, sendo que, dado o grande número de concursos e de candidatos, a alteração traria imprevisibilidade, trazendo mais prejuízos que benefícios. Por fim, não viu desgaste dos precedentes anteriores no curso do tempo.

Do julgamento, pode-se retirar, primeiro, que a mera alegação de erro não é suficiente à superação. Além disso, o *overruling* exige modificações das premissas fáticas e normativas da decisão anterior, sendo que, não as havendo, a Corte deve reafirmar a *ratio decidendi* do precedente. As questões que certamente sucederão poderão auxiliar no desenvolvimento dessa tormentosa questão, jogando novas luzes ao estudo e ao desenvolvimento judicial da matéria. Parece positivo que, desde já, o STF esteja abrindo-se à nova cultura jurídica que se espera formar com o CPC/15, delineando-se critérios às técnicas da superação ou distinção. Independentemente do resultado, tanto o voto vencedor como o vencido tentaram explorar a importância do precedente — e, nesse passo, das próprias Cortes — no desenvolvimento do direito e buscaram trabalhar a nova legislação processual de forma a aliar a prática jurídica às teorias que se formam em torno do tema.

3.6.5. EFEITOS TEMPORAIS DA SUPERAÇÃO

Questão essencial quanto à aplicação de precedentes é a definição de seus efeitos temporais. Na questão de criação de um novo precedente em situações de lacunas, a situação parece não ser tão dura, na medida em que havia um vácuo normativo. Tão somente preencheu-se tal espaço vazio com o *case of first impression*. Contudo, no desenvolvimento ordinário do direito, com a modificação de doutrinas jurídicas por meio da sequência histórica de decisões, a matéria torna-se mais controversa.

Trata-se de estabelecer, em verdade, normas de direito intertemporal aplicável aos precedentes, ou melhor, acerca de sua *ratio decidendi*. Isso é natural, se observada a evolução do tema até aqui. Se a atividade judicial (por suas diferentes formas) é fonte do direito, expressada por um texto, deve ocupar algum espaço dentre as normas (de diferentes fontes jurígenas) que compõem um ordenamento. Se, para as demais normas — pense-se, aqui, na lei —, há mecanismos próprios acerca de sua sucessão no tempo, o mesmo contexto ocorrerá quanto àquelas derivadas da produção judicial do direito.

A depender da orientação tomada, os efeitos temporais do precedente poderá formar: (*i*) um sistema retroativo puro (*retrospective overruling*), com a aplicação do novo entendimento ao caso atual e a qualquer outro similar ainda não julgado; (*ii*) um sistema prospectivo — ou não retroativo — (*prospective overruling - sunbursting*), que poderá tomar diferentes feições. Poder-se-ia pensar rigorosamente em um prospectivo em que sequer o caso concreto poderá ser julgado pela nova doutrina, utilizando-se ainda o precedente, apesar de superá-lo em casos futuros (uma obrigatoriedade em realizar a sinalização). Os próprios casos futuros podem ser diferentemente tomados, podem ser entendidos como aqueles processos propostos após a decisão que procedeu à superação ou a fatos posteriores ao novo julgamento.

Fala-se, nessas diferentes possibilidades, em aplicação retroativa pura ou clássica e aplicação prospectiva pura, clássica e a termo[361]. Na retroativa pura, os efeitos da decisão afetam, para trás, até a coisa julgada. Nesse particular, fazendo um paralelo à sucessão da lei no tempo em busca de um exemplo, seria o caso da lei penal que descriminaliza determinado tipo. A sua aplicação retroativa atingiria até mesmo a coisa julgada, causando a extinção de punibilidade de todos aqueles condenados pelo respectivo delito, mesmo se a pessoa estivesse cumprindo a reprimenda. Na aplicação retroativa clássica, o precedente é aplicado aos fatos anteriores à própria decisão, respeitando-se, aqui, a coisa julgada. No tocante à aplicação prospectiva, em sua feição pura, impede-se que a nova regra estabelecida seja aplicada a qualquer caso anterior à própria decisão, incluído o próprio caso em mãos. Em sua forma clássica, os efeitos do precedente serão apenas para o futuro, admitindo-se, contudo, sua aplicação ao caso concreto. Na aplicação prospectiva a termo, a Corte posterga o início dos efeitos do precedente a uma data futura e certa.

O primeiro ponto que se deve ultrapassar, para que a presente discussão faça sentido, é a teoria declaratória da jurisdição, porque, se a função da decisão fosse meramente apreender e descrever aquilo que já estava constante no ordenamento jurídico, aplicando-o a um caso, pouco importaria a verificação dos efeitos temporais do precedente daí advindo. Mesmo porque o que importaria seria perquirir tais efeitos da própria lei (ou qualquer ato normativo) que sustentou o pronunciamento judicial. Já se observou, no capítulo anterior, a falência dessa visão meramente declaratória, por mais que o direito exija que se decida com base no direito vigente e, portanto, em algo anterior à própria decisão, há uma inafastável criação judicial em cada julgamento proferido. Hermeneuticamente, não há como defender a teoria declaratória. A interpretação é criativa, e não meramente descritiva, eis que o próprio intérprete é jogado no círculo hermenêutico e faz parte do evento interpretativo (na fusão de horizontes), estando texto e intérprete limitados por uma tradição que os envolve.

Em que pese tal visão, é importante verificar que a teoria declaratória é responsável, no curso histórico, pelo entendimento de que o

---

[361] SOUZA, Marcelo Alves Dias de. *Do precedente judicial à súmula vinculante*. Curitiba: Juruá, 2006, p. 159-162. ATAÍDE JR., Jaldemiro Rodrigues de. *Precedentes vinculantes e irretroatividade do direito no sistema processual brasileiro*. Curitiba: Juruá, 2012, p. 166-167. GALIO, 2016, p. 280-287.

precedente, sobretudo aquele que muda a interpretação de um dispositivo legal, deve ser aplicado retroativamente, porque não haveria modificação normativa alguma. Tratar-se-ia meramente de uma correção de um entendimento errôneo sobre a norma preexistente, que não variou no tempo. Assim, a norma permanece a mesma, unicamente se corrigiu sua errônea interpretação anterior. A nova regra é o direito e sempre o foi[362].

Essa é a prática, de relativa consistência, no direito inglês. Em 1970, Lord Reid destacou, em *West Midland Baptist (Trust) Association Inc v Birmingham Corporation*, que não se pode dizer que o direito era um ontem e será outro amanhã. Se a Corte decidisse que a regra então existente era errada, dever-se-ia assentar que sempre o foi, o que possibilitaria rediscutir transações já finalizadas[363]. E isso, de fato, veio a ocorrer. Conforme explica Zander,[364] a *House of Lords*, em 1991, realizou um importante julgamento no que toca à possibilidade de operações de *swap* (*interest rate swap transactions*), alegando que tais operações representavam negociação especulativa com fins lucrativos, o que era legalmente vedado[365]. A decisão causou uma procura grande ao Judiciário, uma vez que os bancos poderiam receber os juros pagos aos investidores nas operações já procedidas. Muitas delas, é bem verdade, poderiam ter sido atingidas pela prescrição (*statutes of limitations*). Em um dos casos, um banco buscou a reparação de um investi-

---

362 ZANDER, Michael. *The law-making process.* 6 ed. Nova Iorque: Cambridge University Press, 2004, p. 393. When a court delivers a ruling which is perceived to change the law the effect is not only for the future. It also affects the past. This is because of the fiction that when it states the law a court is stating the law as it always has been. To use a familiar metaphor, the law is a seamless web. The jagged edges when the law changes should not be seen. If the judgeswere thought to be engaged in law-making it might generate unease. The best way to cover up the fact of judicial creativity is to pretend that it does not happen. The new rule is the law and always has been.

363 INGLATERRA. House of Lords. *West Midland Baptist (Trust) Association Inc v Birmingham Corporation.* AC 874, 1970; 3 All ER 172, 1969. "We cannot say that the law was one thing yesterday but is to be something different tomorrow. If we decide that is wrong we must decide that it always has been wrong, and that would mean that in many completed transactions owners have received too little compensation. But that often happens when an existing decision is reversed."

364 ZANDER, 2004, p. 393-394.

365 INGLATERRA. House of Lords. *Hazell v. Hammersmith and Fulham London Borough Council.* 1 All ER 545, 1991.

dor, cuja transação (e pagamento) tinha ocorrido há mais de seis anos, contudo o *Limitation Act*, de 1980, previa, no caso de pagamento em dinheiro realizado por erro, que o prazo prescricional fluiria apenas a partir da data em que foi descoberto o engano, ou quando se poderia ter descoberto, agindo com uma diligência razoável. Na *High Court*, a instituição financeira saiu vencida, utilizando-se de precedente da *Court of Appeal*, o qual assentava não haver direito à reparação pelo pagamento indevido de valores por erro de direito. Em outras palavras, o erro sobre alguma circunstância fática possibilitaria a reparação, enquanto o erro acerca do direito era inescusável. Em apelação, direta à *House of Lords*, a Corte reverteu a decisão por 3 x 2, procedendo ao *overruling* da regra centenária, considerando ser passível a indenização independentemente do tipo de erro existente, se de fato ou de direito. A *House of Lords* considerou que o precedente era inconsistente com a moderna visão do princípio do enriquecimento ilícito. Assim, o pagador deveria ser considerado como incurso em erro sobre o que era o direito no momento do pagamento, porque, pela teoria declaratória da jurisdição, o direito é visto como se sempre fora o que a mais recente decisão diz que ele é. Da mesma forma, considerado o interessado em erro, o prazo prescricional somente poderia iniciar, quando o erro foi descoberto, na data da nova decisão judicial.

A aplicação retroativa do precedente foi também adotado, em 2005, em *National Westminster Bank plc v Spectrum Plus Limited*, em que Lord Nicholls of Birkenhead assinalou que a regra do direito inglês é a de conceder efeito retroativo ao precedente que modifica a interpretação dada a uma lei (*statute*), porque a interpretação dada pela Corte no julgamento é aquele significado com o qual já nasceu a lei. Quando a Corte considera outra interpretação anterior errada, não há mudança no direito, senão uma correção no erro interpretativo. Assim, não há razões para discutir se o *overruling* terá apenas efeitos prospectivos[366]. Assinalou, expressamente, que "o *prospective overruling* ainda não foi

---

366 INGLATERRA. House of Lords. *National Westminster Bank plc v Spectrum Plus Limited*. UKHL 41, 2005. "(...) the interpretation the court gives an Act of Parliament is the meaning which, in legal concept, the statute has borne from the very day it went onto the statute book. So, it is said, when your Lordships' House rules that a previous decision on the interpretation of a statutory provision was wrong, there is no question of the House changing the law. The House is doing no more than correct an error of interpretation. Thus, there should be no question of the House overruling the previous decision with prospective effect only."

adotado como a prática neste país"³⁶⁷. Contudo, apesar de reforçar a aplicação retroativa do precedente, a Corte, em importante *dicta*, considerou que haveria circunstâncias que autorizariam, ainda que excepcionalmente, o Tribunal a adotar o *prospective overruling*, sobretudo para a correta administração da Justiça de acordo com o direito (*to administer justice fairly and in accordance with the law*)³⁶⁸. Trata-se de importante ponderação que deixa em aberto um cenário a se desenvolver nas Cortes britânicas.

A regra da retroatividade é também verificada em outros países de *common law*, mesmo dentre aqueles que animaram a discussão da aplicação prospectiva, como os Estados Unidos e a Índia. Nos EUA, o caminho da *prospective overruling* é sinuoso e composto de idas e vindas jurisprudenciais. Ainda sem esse termo, algo parecido ocorre desde os meados do século XIX, como em *Bingham v Miller*, em que se aplicou somente ao futuro a decisão que considerou ilegal o divórcio. Em 1932, Cardozo afirmou, em *Great Northern Railway Co. v Sunburst Oil & Refining Co.*, que a Constituição americana nada dizia sobre o assunto, e, assim, cada Estado poderia limitar a aderência ao precedente e escolher entre a aplicação retroativa ou prospectiva.

Nos anos 60 e 70, ocorreu o apogeu do desenvolvimento da doutrina do *prospective overruling* nos EUA. Em 1965, a Suprema Corte decidiu o caso *Linkletter v. Walker*³⁶⁹, em que foi aplicado o efeito prospectivo a *Mapp v. Ohio*³⁷⁰, que, por sua vez, procedeu ao *overruling* de *Wolf v. Colorado*,³⁷¹ no que toca à exclusão de provas ilícitas. No caso

---

367 Ibid., loc. cit. "Prospective overruling has not yet been adopted as a practice in this country."

368 INGLATERRA. House of Lords. *National Westminster Bank plc v Spectrum Plus Limited*. UKHL 41, 2005. "Instances where this power has been used in courts elsewhere suggest there could be circumstances in this country where prospective overruling would be necessary to serve the underlying objective of the courts of this country: to administer justice fairly and in accordance with the law. There could be cases where a decision on an issue of law, whether common law or statute law, was unavoidable but the decision would have such gravely unfair and disruptive consequences for past transactions or happenings that this House would be compelled to depart from the normal principles relating to the retrospective and prospective effect of court decisions."

369 EUA. Suprema Corte. *Linkletter v. Walker*. 381 US 618, 1965.

370 EUA. Suprema Corte. *Mapp v. Ohio*. 367 US 643, 1961.

371 EUA. Suprema Corte. *Wolf v. Colorado*. 338 US 25, 1949.

Linkletter, o autor foi condenado por roubo no Estado da Louisiana, por decisão transitada em julgado que se baseava em uma busca e apreensão que ocorreu sem o respectivo mandado para tanto. Após o julgamento de *Mapp*, Linkletter propôs o *habeas corpus*, para que sua condenação fosse anulada, com base no novo precedente. A Suprema Corte estabeleceu, contudo, que *Mapp* não poderia alcançar os casos em que já se operara o trânsito em julgado, devendo sua aplicação ser prospectiva, para decisões proferidas após a construção do precedente, inclusive aos processos pendentes.

Apesar de ser lembrada como uma decisão progressista, na medida em que adotou um novo posicionamento, quebrando paradigmas, trata-se da utilização da superação prospectiva a um fim conservador, que, hoje, pareceria equivocado, se transplantada ao direito brasileiro. A preocupação da Corte foi eminentemente pragmática, uma vez que a aplicação retroativa do precedente desencadearia a revisão de milhares de condenações baseadas na regra anterior (*Wolf doctrine*)[372]. Contudo, julgamentos devem se pautar por questões de princípios, e não por políticas públicas, ainda que tocante à administração da justiça. Válida, também, a crítica apontada por Peixoto, ao afirmar a errônea utilização de um "momento *processual* para a aplicação ou não do julgamento, não partindo do direito material"[373], porque não dependeria de quando ocorreu o ato tido por ilegal, durante a investigação, mas somente o momento em que houve o trânsito em julgado.

Em 1971, a Suprema Corte ampliou a possibilidade do *prospective overruling* a casos cíveis, definindo critérios à análise da modulação de efeitos do precedente. Decidiu a Corte que três fatores devem ser levados em consideração para tanto: (i) a decisão deve estabelecer um

---

[372] EUA. Suprema Corte. *Linkletter v. Walker*. 381 US 618, 1965. "We believe that the existence of the *Wolf* doctrine prior to *Mapp* is 'an operative fact and may have consequences which cannot justly be ignored. The past cannot always be erased by a new judicial declaration.' *Chicot County Drainage Dist. v. Baxter State Bank, supra,* at 308 U. S. 374. The thousands of cases that were finally decided on *Wolf* cannot be obliterated. The 'particular conduct, private and official,' must be considered. Here, 'prior determinations deemed to have finality and acted upon accordingly' have 'become vested.' And finally, 'public policy in the light of the nature both of the (*Wolf* doctrine) and of its previous application' must be given its proper weight. *Ibid.* In short, we must look to the purpose of the *Mapp* rule, the reliance placed upon the *Wolf* doctrine, and the effect on the administration of justice of a retrospective application of *Mapp*."

[373] PEIXOTO, 2016, p. 215.

novo princípio de direito, tanto superando claramente o precedente anterior em que os litigantes confiavam, ou decidindo um *case of first impression*, cuja definição do direito não era claramente anunciada; (*ii*) deve-se analisar se, com luzes na história, propósito e efeito da nova regra serão promovidos de pronto, ou se haverá demora na sua adoção pela aplicação retroativa; (*iii*) havendo a eventual injustiça imposta pela aplicação retroativa, o *retrospective overruling* produziria ou não um resultado substancialmente iníquo ou injusto.

A partir daí, houve um recuo quanto à aplicação da superação prospectiva, retornando-se à regra da aplicação retroativa. Em *Griffith v. Kentucky*,[374] abandonou-se o uso prospectivo em casos criminais. Mesmo na seara cível, a modulação de efeitos deixou de ser empregada em *James B Beam Distilling Co v Georgia*375 e em *Harper v Virginia Department of Taxation*[376].

Seguindo o exemplo americano, a Índia admitiu, em 1967, o *prospective overruling* com ineditismo em *Golaknath v State of Punjab*.[377] Ampliou a possibilidade do trato prospectivo não só no caso de superação, mas também quando se tratar de um caso de primeira impressão, como em *India Cement Ltd v State of Tamil Nadu*[378]. A Suprema Corte indiana retirou do art. 142 de sua Constituição[379] a autorização para modular os efeitos dos julgamentos, eis que lhe confere o poder de decidir como for necessário, para alcançar a justiça em qualquer caso ou assunto que esteja sob julgamento.

---

[374] EUA. Suprema Corte. *Griffith v. Kentucky*. 479 US 314, 1986.

[375] EUA. Suprema Corte. *James B Beam Distilling Co v Georgia*. 501 US 529, 1991.

[376] EUA. Suprema Corte. *Harper v Virginia Department of Taxation*. 509 US 86, 1993.

[377] ÍNDIA. Suprema Corte. *Golaknath v State of Punjab* AIR 1643, 1967 SCR (2) 762, 1967.

[378] ÍNDIA. Suprema Corte. *India Cement Ltd v State of Tamil Nadu*. AIR 85, 1989 SCR Supl. (1) 692, 1990.

[379] ÍNDIA. Constituição. "142. (1) The Supreme Court in the exercise of its jurisdiction may pass such decree or make such order as is necessary for doing complete justice in any cause or matter pending before it, and any decree so passed ororder so made shall be enforceable throughout the territory of India in such manner as may be prescribed by or under any law made by Parliament and, until provision in that behalf is so made, in such manner as the President may by order prescribe." Disponível em: http://lawmin.nic.in/olwing/coi/coi-english/coi-4March2016.pdf. Acessado em: 02/01/2018.

No Canadá, a superação prospectiva não é aplicada. Tem-se a ideia de que representa um desvio dramático das normas do *common law* do próprio país ou mesmo do direito inglês e que sua adoção conferiria ao Judiciário feições de um verdadeiro legislador[380]. Em uma situação apenas, a Suprema Corte canadense viu-se obrigada a admitir certa flexibilização da regra, admitindo que houvesse uma minoração dos efeitos retroativos de um precedente. Trata-se de *Reference re Language Rights under the Manitoba Act 1870*, em que a Corte reconheceu a inconstitucionalidade de todos os estatutos e regulamentos da província de Manitoba, uma vez que escritos em uma só língua, quando a Constituição exige, para sua validade, que sejam redigidas tanto em inglês quanto em francês. Retiradas do mundo jurídico todas as leis impugnadas, criar-se-ia um vácuo jurídico imenso e atingiria inúmeras pessoas e seus negócios. Para evitar tal mal, a Corte considerou temporariamente válidas todas as leis consideradas inconstitucionais pela razão da escrita em língua única[381].

As duas formas de aplicações trazem embaraços diferentes. A aplicação retroativa pode tornar o direito o *dog's law* a que se refere Bentham, porque só se saberá, de fato, o direito aplicável, quando for recebida a respectiva sanção. Imagine-se que, em uma virada jurisprudencial — tal como nas operações de *swap* na Inglaterra —, uma série de negócios jurídicos já finalizados e efetuados de boa-fé por ambas as partes podem ser revistos, seja para retirar-lhes o valor jurídico, ou para impor a uma parte obrigações que não as possuía no momento da realização do ato. Em último grau, seria a negação da própria previsibilidade e segurança jurídica que se espera com a adoção do direito jurisprudencial, notadamente com o uso de precedentes.

A adoção do *prospective overruling*, por seu turno, apresenta sérias dificuldades teóricas, sobretudo a considerar-se que sequer ao caso em mãos seria empregada a nova regra, sob pena de aplicação retroativa aos fatos lá discutidos. Primeiro, isso extrapolaria os limites da atuação judicial, que é a de resolver o caso concreto posto em juízo, e não um ou um conjunto de fatos futuros. Segundo, porque se conferiria ao Judiciário um poder quase legislativo, uma vez que, desprovido do caso concreto, enunciaria uma norma geral e abstrata, de aplicação universal

---

[380] CANADÁ. Corte de Apelação de Saskatchewan. *Re Edward and Edward*. 39 DLR (4th), 1987.

[381] Ibid., loc. cit.

para o futuro. Terceiro, ao não se aplicar a nova formulação ao caso em mãos, seria ela caracterizada como mero *obter dicta*, uma vez que não essencial — e não aplicada — à situação concreta efetivamente julgada. Quarto, critica-se a possibilidade de deixar nas mãos das Cortes a decisão sobre a aplicação retroativa ou prospectiva (ou uma diferente modulação de efeitos), na medida em que ela não pode negar a *rule of law*, o direito estabelecido. Como afirma Juratowitch, uma regra derivada de uma fonte legislativa não pode ser manipulada no tempo por um Tribunal, vez que não lhe é conferido o poder de negar a aplicação da regra tal como formulada pelo Parlamento[382]. Quinto, em um sistema puro, o *prospective overruling* frustrará aquele litigante que exitosamente convenceu o Tribunal da necessidade de evolução do direito e, consequentemente, da alteração do critério jurídico então adotado para algo que esteja de acordo com sua pretensão, mas não a verá materializada pela impossibilidade de aplicação retroativa. Isso desestimularia a atuação de partes e advogados em construir novos argumentos e, assim, avançar o pensamento jurídico. Não se pode esquecer de que, ao fim e ao cabo, esse avanço só é possível pela perspicácia e inovação daqueles que batem às portas da Justiça, face a sua natural inércia (princípio dispositivo). Se a Corte proceder ao *overruling*, seja com qual efeito for, isso só se tornará possível, porque antes houve um questionamento novo, uma construção jurídica inovadora de outro profissional, que pôs o tema em discussão no processo. Nesse sentido, o efeito temporal prospectivo poderia atravancar a evolução judicial do direito.

As críticas procedem em relação a ambas abordagens, contudo é inescapável a adoção de uma, outra ou algo entre elas (o que suscitaria as mesmas considerações). Por isso, é importante verificar o estado da arte no direito brasileiro, principalmente o comportamento das Cortes nacionais sobre a questão, a fim de analisar qual a opção que melhor reflitiria a cultura jurídica local, e, a seguir, estudar qual a melhor solução ao desenvolvimento judicial do direito, priorizando compatibilizar o CPC/15 à Constituição.

A regra geral na concessão de efeitos temporais aos precedentes, inclusive nas guinadas jurisprudenciais, é — ou ao menos era — a aplicação retroativa clássica. Nesse particular, o novo julgamento orientava

---

[382] JURATOWITCH, Ben. *Retroactivity and the common law*. Portland: Hart Publishing, 2008. "A rule of statutory source cannot have its application temporally manipulated by a court because a court does not have the power to deny the application of a rule that has been mandated by parliament."

todos os que fossem efetuados posteriormente, mesmo que se referissem a fatos passados, anteriores à própria formação do precedente. Pouco importava se havia um direito jurisprudencial até então certo que apontasse a um caminho contrário. Não se levava em consideração a expectativa de um litigante em ver aplicado a si aquela disciplina jurídica até então concedida a casos similares ao seu.

No STJ, é recorrente a aplicação retroativa clássica. Decorreu ela, primeiramente, da teoria declaratória da jurisdição, entendendo a Corte que seus julgamentos não criam novas regras, mas apenas anunciam as já vigentes, interpretando um direito pré-existente, cuja direção já deveria ter sido seguida pelos litigantes. Isso é o que ocorreu, por exemplo, com a questão da forma de intimação do Ministério Público nos processos em geral. No âmbito do STJ, era assentado que o mero ciente fazia iniciar o prazo ao representante do *Parquet*, independente da remessa dos autos à instituição, contudo, a partir do julgamento do HC 83.255/SP no STF, que modificou o entendimento, salientou-se que o prazo somente pode iniciar com a remessa dos autos, levando o STJ a alterar sua visão sobre a matéria, adaptando-se à decisão da Corte Suprema.

É bem verdade que houve o entendimento preliminar que a nova regra deveria surtir efeitos somente para o futuro. Acertadamente, salientou-se que não se poderia impor à parte um regramento (sobre a tempestividade do recurso) que era inexistente na data da prática do ato. "Vale dizer: depois de a parte ter realizado o ato processual, segundo a orientação pretoriana prevalente à época, seria apenada com o não-conhecimento do recurso, quando não mais pudesse reagir à mudança."[383] Contudo, a deliberação final do Tribunal sobre o assunto foi tomada em sentido diverso. A Corte Especial do STJ deliberou que o novo entendimento é aplicável aos processos em curso, mesmo àqueles anteriores à guinada jurisprudencial, valendo-se da justificativa de que seus julgamentos apenas declaram o direito anterior, tal como ele sempre foi (ou deveria ter sido), e, por não criar nova norma, o sentido fixado deve ser aplicado a todos os casos pendentes de julgamento.

Deve-se destacar que, nesse julgamento, há uma grande debilidade, uma vez que não houve o enfrentamento de qualquer argumento apresentado pelas partes. Faltou à decisão uma relação de dialeticidade

---

[383] BRASIL. Superior Tribunal de Justiça. *HC 28.598/MG*, Rel. Min. Laurita Vaz, Quinta Turma, julg. em 14/06/2005, DJ 01/08/2005, p. 480.

com qualquer argumento discutido em relação à aplicação prospectiva da nova forma de aferir a intimação do Ministério Público. A questão foi analisada e decidida em um parágrafo, pouco se sabendo quais as teses levantadas que apontariam a uma decisão diversa (que poderiam infirmar a tomada). Consta no voto, *in verbis*:

> No mais, não pairam dúvidas de que esse entendimento é aplicável também aos recursos apresentados em momento anterior à sedimentação do posicionamento da Corte Especial, haja vista que é manifesto o conteúdo declaratório dos julgamentos, os quais não criaram nova regra acerca da tempestividade — fenômeno que apenas advém da edição de uma lei —, mas apenas procederam à interpretação de normas já vigentes.

Em que pese a anemia com a qual foi analisada a questão, não se pode negar que é a forma de pensar que melhor representa o comportamento da Corte em relação aos efeitos temporais das decisões que toma. Tanto é assim, que, no curso do tempo, o STJ negou-se a proceder à modulação de efeitos em seus julgamentos, por não haver autorização legal para tanto, eis que limitadas as hipóteses ao controle de constitucionalidade exercido pelo STF[384]. Sobre a concessão de um efeito prospectivo puro, o STJ decidiu que, se assim ocorresse, sem a aplicação da regra formada ao próprio caso em mãos, "seria o mesmo que tornar inócuo e sem presteza alguma o julgamento realizado"[385].

Mesmo após o início da vigência do CPC/15, o posicionamento do STJ manteve-se o mesmo, reafirmando a Corte que, em caso de mudança jurisprudencial, o novo entendimento é aplicável retroativamente, a todos os casos em curso, mesmo que iniciados sob o regime jurídico anterior. Conforme decidiu a Segunda Seção do Tribunal:

> Além disso, eventual mudança de jurisprudência na interpretação dos mesmos dispositivos legais não limita a aplicação do novo entendimento apenas a casos posteriores, incidindo sobre processos também

---

[384] BRASIL. Superior Tribunal de Justiça. *AgRg no REsp 1177622/RJ*, Rel. Min. Ricardo Villas Bôas Cueva, Terceira Turma, julg. em 22/04/2014, DJe 29/04/2014; BRASIL. Superior Tribunal de Justiça. *AgRg no REsp 1343601/RS*, Rel. Min. Antônio Carlos Ferreira, Quarta Turma, julg. em 08/10/2013, DJe 24/10/2013.

[385] BRASIL. Superior Tribunal de Justiça. *EDcl no REsp 1060210/SC*. Rel. Min. Napoleão Nunes Maia Filho, Primeira Seção, julg. em 26/02/2014, DJe 03/04/2014.

iniciados anteriormente. Inviável a atribuição de efeitos meramente prospectivos à nova exegese desta Corte[386].

Relata Galio que o TST, em 2009, já admitiu a eficácia temporal prospectiva pura. Tratava-se da reviravolta jurisprudencial ocorrida em relação à dispensa coletiva de mais de quatro mil funcionários e a necessidade ou não de negociação coletiva prévia. Até então, o entendimento firmado não exigia que houvesse qualquer negociação anterior, mesmo porque a dispensa coletiva — tal como a individual — era um ato potestativo do empregador, respeitado o pagamento das verbas rescisórias aplicáveis. Procedendo à superação da regra até então existente, o TST considerou imprescindível prévia negociação coletiva à dispensa em massa de trabalhadores, oportunidade em que se poderiam definir critérios objetivos e sociais à escolha daqueles que seriam diretamente prejudicados. Contudo, considerou a Corte que, dada a inovação procedida, a nova regulamentação não poderia ser aplicada ao caso sob julgamento, eis que o direito vigente no momento da prática do ato era outro. Assim, a nova regra foi assentada para os casos futuros, não se desfazendo, no particular, o ato da dispensa coletiva[387]. O caso, atualmente, encontra-se pendente de julgamento no STF, que reconheceu a repercussão geral da matéria[388].

Anteriormente a isso, o próprio STF já havia, ainda que sem qualquer análise pormenorizada da questão, limitado os efeitos do cancelamento de súmula a casos futuros, evitando-se a aplicação retroativa. Tratou-se do cancelamento da súmula n. 394, que tratava do foro por prerrogativa de função (estendendo-o mesmo aos casos em que a pessoa investigada não estivesse ocupando a função). Após a revisão do entendimento, feita a mera ressalva pelo relator de que continuavam "válidos todos os atos praticados e decisões proferidas pelo Supremo Tribunal Federal, com base na Súmula 394", não se verificou, no voto vencedor, um aprofundamento no assunto. Somente com a intervenção do Min. Néri da Silveira foi que a questão obteve algum detalhamento. Entendia ele que todos os processos já julgados pelo STF com base na súmula cancelada

---

[386] BRASIL. Superior Tribunal de Justiça. *AgInt nos EDv nos EAREsp 846.180/GO*, Rel. Min. Antônio Carlos Ferreira, Segunda Seção, julg. em 08/02/2017, DJe 13/02/2017.

[387] GALIO, 2016, p. 290-293.

[388] BRASIL. Supremo Tribunal Federal. *ARE 647651 RG*. Rel. Min. Marco Aurélio, julg. em 21/03/2013, DJe-081, divulg. 30/04/2013, public. 02/05/2013.

seriam nulos, eis que decididos por Tribunal incompetente, à luz da nova orientação (aplicando-a retroativamente). Contrariando tal visão, o Min. Supúlveda Pertence destacou a possibilidade de concessão de efeitos *ex tunc* ao cancelamento da súmula, citando *Linckletter v. Walker*, para manter válidos os julgamentos definitivos anteriores, bem como os atos já praticados nos processos em curso.

A discussão sobre os efeitos temporais de determinado julgamento parece estar mais madura no âmbito do STF. Por certo, isso se deve ao maior tempo em que a Corte Suprema analisa a matéria, sobretudo na modulação de efeitos no controle concentrado de constitucionalidade, dada a autorização legislativa contida no art. 27 da Lei n. 9.868/99. A possibilidade de assim proceder diante de ações constitucionais de controle concentrado fez a Corte discutir, em outras espécies de ações, o poder de igualmente agir.

Importante decisão do STF sobre o assunto foi o Conflito de Competência n. 7.204, em que se discutia qual ramo da Justiça era o competente ao processamento e julgamento de ações de danos morais decorrentes de acidente do trabalho propostas pelo empregador contra o empregado[389]. A jurisprudência da própria Corte considerava competente a Justiça Estadual comum para o julgamento de tais demandas. Ocorre que, no citado conflito de competência, o STF procedeu à superação de tal orientação, passando a considerar a Justiça do Trabalho, mesmo antes da EC n. 45/04, competente para tanto. A mesma questão que afetou o cancelamento da súmula n. 394 voltou à tona. Haveria a possibilidade de desafiar todas as decisões anteriormente tomadas, mesmo as já transitadas em julgado, pelo fato de serem expedidas por autoridade judiciária absolutamente incompetente? Novamente o Min. Sepúlveda Pertence trouxe à baila a discussão sobre o marco temporal a ser dado à nova decisão. Defendia ele que a decisão deveria ter efeitos imediatos sobre os processos em tramitação (encaminhando todos à Justiça do Trabalho) e efeitos prospectivos em relação aos recursos extraordinários pendentes de julgamento — aos já propostos em momento anterior à virada —, mantendo-se o entendimento anterior. No transcurso das discussões, consentiu a maioria que a modificação da competência (e do entendimento do STF) deveria ocorrer a partir da entrada em vigor da EC n. 45/04, muito embora concordassem os Ministros que, mesmo antes da Emenda, a compe-

---

[389] BRASIL. Supremo Tribunal Federal. *CC 7204*. Rel. Min. Carlos Britto, Tribunal Pleno, julg. em 29/06/2005, DJ 09/12/2005, p. 05.

tência já seria da Justiça especializada. Apresenta-se, assim, uma aparente contradição. Não houve uma explicação jurídica para a escolha da data, considerou-se tratar a fórmula proposta, nas palavras do Min. Carlos Britto, "simplesmente como um imperativo de política judiciária". Arrematando a necessidade de aplicação prospectiva da alteração procedida, justificou o Min. Sepúlveda Pertence:

Pouco importa esteja eu a confessar que, desde 1988, descobri que estava errado. Mas essa era a orientação do Tribunal e aí não me animo a dar provimento a recurso extraordinário para desfazer processos de acidentes de trabalho em razão da minha nova visão do problema[390].

Houve a modulação dos efeitos, também, no que se refere à inconstitucionalidade incidental acerca da vedação legal da progressão de regime aos crimes hediondos (art. 2º, § 1º, da Lei n. 8.072/90). Após a análise da maioria acerca da inconstitucionalidade, discutiram-se os efeitos temporais da decisão. Nesse particular, concederam-se efeitos *ex nunc*, não gerando qualquer consequência jurídica às penas já extintas na data do julgamento[391].

Em que pesem os julgamentos anteriores, um caso paradigmático foi o *overruling* procedido pela Corte em relação à interpretação dada às inelegibilidades, mais especificamente a contida no art. 14, § 5º, da CF (introduzido pela EC n. 16 de 1997), que autoriza a reeleição aos cargos de Presidente, Governador e Prefeito por um único período subsequente[392].

A jurisprudência do TSE e do próprio STF era uníssona, desde a EC n. 16/97, no sentido de que a vedação constitucional era aplicável a um mesmo município[393]. Dessa forma, reeleita uma pessoa ao cargo de

---

[390] BRASIL. Supremo Tribunal Federal. *CC 7204*. Rel. Min. Carlos Britto, Tribunal Pleno, julg. em 29/06/2005, DJ 09/12/2005, p. 05.

[391] BRASIL. Supremo Tribunal Federal. *HC 82959*, Rel. Min. Marco Aurélio, Tribunal Pleno, julg. em 23/02/2006, DJ 01-09-2006, p. 18.

[392] BRASIL. Supremo Tribunal Federal. *RE 637485*, Rel. Min. Gilmar Mendes, Tribunal Pleno, julg. em 01/08/2012, repercussão geral. DJe-095, divulg. 20-05-2013, public. 21-05-2013.

[393] Ibid. loc. cit. "Na época, a jurisprudência do Tribunal Superior Eleitoral era firme em considerar que, nessas hipóteses, não se haveria de cogitar da falta de condição de elegibilidade prevista no art. 14, § 5º, da Constituição, pois a candidatura se daria em município diverso. (...) Em 17 de dezembro de 2008, já no período de diplomação dos eleitos, o TSE alterou radicalmente sua jurisprudência e passou a considerar tal hipótese como vedada pelo art. 14, § 5º, da Constituição."

Prefeito Municipal, estaria ela vedada a participar de nova eleição ao mesmo cargo naquele mesmo Município, contudo, respeitado o prazo de exigência de domicílio eleitoral, poder-se-ia tornar candidato — e, se eleito, Prefeito — de qualquer outro Município, ainda que contíguo. Contudo, em 17 de dezembro de 2008, o TSE radicalmente modificou o entendimento então construído, fixando que a vedação estende-se a qualquer outro Município. Em um caso concreto, um cidadão havia sido por duas vezes consecutivas eleito Prefeito do Município de Rio das Flores. Respeitando as regras de domicílio eleitoral e desicompatibilização, candidatou-se ao mesmo cargo no Município vizinho, Valença, ao pleito subsequente, situação que, na época, era plenamente aceita, tanto que sequer teve o registro de candidatura impugnado. Vencida a eleição e ainda não diplomado o candidato, houve a alteração do entendimento, e, com base na nova concepção, houve a propositura da consequente ação contra a expedição do diploma. Apesar de o TRE local ter mantido a diplomação, o TSE proveu o recurso, impedindo-a. Houve a interposição de recurso extraordinário, que foi concedido pela repercussão geral.

No julgamento de mérito, primeiramente, o STF entendeu correta a nova interpretação dada pelo TSE, que a vedação ao novo pleito ao mesmo cargo de Prefeito de Município diverso estava vedada pela disposição constitucional e, assim, procedeu, de vez, à superação da regra anterior. O segundo ponto — e é este que interessa à presente investigação — foi o de definir o efeito temporal da decisão. Em outras palavras, dever-se-ia definir se a regra então criada deveria atingir toda sorte de situação — inclusive aqueles que já estavam no exercício de mandato eletivo na mesma condição —, o próprio caso em mãos, os pendentes ou os futuros (e, ainda assim dentre estes, a quais deles).

A decisão da maioria foi a de conceder não só um *prospective overruling*, mas o fazer de forma pura, não se aplicando a nova regra jurisprudencial ao caso em mãos. Mais, dada a natureza de direito eleitoral, entendeu a Suprema Corte que deveria ser aplicado o disposto no art. 16 da CF, que o novo *standard* judicialmente criado deveria respeitar a anualidade. Destacou-se que "é razoável concluir que a Constituição também alberga uma norma, ainda que implícita, que traduz o postulado da segurança jurídica com princípio da anterioridade ou anualidade em relação à alteração da jurisprudência do TSE"[394].

---

[394] BRASIL. Supremo Tribunal Federal. *RE 637485*, Rel. Min. Gilmar Mendes, Tribunal Pleno, julg. em 01/08/2012, repercussão geral. DJe-095, divulg. 20-05-2013, public. 21-05-2013.

Concedeu-se ao direito jurisprudencial a mesma natureza e qualidade do legislado, e, por conseguinte, aplicou-se o mesmo regramento ao direito material próprio — no caso o eleitoral —, para definir a questão intertemporal que suscitava a aplicação do novo posicionamento da Corte. Importante ponto a se destacar é que, se antes a adoção da modulação dos efeitos era realizada por uma necessidade prática — como um imperativo de política judiciária — ou mesmo pela aplicação analógica do art. 27 da Lei n. 9.868/99, agora se passa à obrigação de a Corte defender um direito existente no ordenamento: a segurança jurídica. Como observa-se do acórdão:

O art. 16 da Constituição traduziu o postulado da segurança jurídica como princípio da anterioridade ou anualidade em relação à mudança na legislação eleitoral. Em razão do caráter especialmente peculiar dos atos judiciais emanados do Tribunal Superior Eleitoral, os quais regem normativamente todo o processo eleitoral, é razoável concluir que a Constituição também alberga uma norma, ainda que *implícita*, que traduz o postulado da segurança jurídica como princípio da anterioridade ou anualidade em relação à alteração da jurisprudência do TSE.

Logo, é possível concluir que a mudança de jurisprudência do Tribunal Superior Eleitoral está submetida ao princípio da anterioridade eleitoral. Assim, as decisões do TSE que, no curso do pleito eleitoral (ou logo após o seu encerramento), impliquem mudança de jurisprudência (e dessa forma repercutam sobre a segurança jurídica), não têm aplicabilidade imediata ao caso concreto e somente terão eficácia sobre outros casos no pleito eleitoral posterior[395].

Trata-se da proteção da confiança tanto dos cidadãos candidatos, diretamente afetados pela modificação abrupta das normas do processo eleitoral, mas também dos cidadãos eleitores, que vislumbram no pleito realizado a escolha democrática, que acaba por ser frustrada, na medida em que o Judiciário altera repentinamente o entendimento sobre aquilo que o direito é. O julgamento representa um *plus* ao estado da arte, na medida em que baseia a necessidade de regulação do efeito temporal da decisão com base na segurança jurídica. Trata-se de importante dado, porque: (*i*) confirmam caráter normativo às decisões judiciais, que se tornam aptas a modificar o direito vigente e, assim,

---

[395] BRASIL. Supremo Tribunal Federal. *RE 637485*, Rel. Min. Gilmar Mendes, Tribunal Pleno, julg. em 01/08/2012, repercussão geral. DJe-095, divulg. 20-05-2013, public. 21-05-2013.

demandam a análise de sua eficácia temporal; (*ii*) faz não depender de disposição legal específica a possibilidade de modulação dos efeitos; (*iii*) como consequência, alastra a possibilidade de modulação a outros tribunais, sobretudo os superiores — caindo, portanto, a tese que é aventada no STJ. Nesse particular, o próprio acórdão afirma que não é dever só do STF modular os efeitos, mas também deve assim proceder, para a salvaguarda da segurança jurídica, o próprio TSE[396].

A partir da vigência do CPC/15, quaisquer dúvidas acerca da possibilidade de modulação de efeitos que não aquela prevista no art. 27 da Lei n. 9.868/99 ficaram dirimidas, sendo certa a possibilidade de outras Cortes também assim procederem. Isso porque o art. 927, § 3º, do CPC/15 possibilitou que, na alteração da jurisprudência — leia-se revogação ou *overruling* —, o STF, os tribunais superiores e os locais (em IRDR) possam realizar a "modulação dos efeitos da alteração no interesse social e no da segurança jurídica".

Poder-se-ia questionar, nesse particular, se os tribunais locais poderiam fazer o mesmo, nos casos diversos do IRDR (para o qual há expressa autorização). Se é dever de qualquer juiz ou tribunal a defesa da Constituição, e se a segurança jurídica que sustenta a necessidade de modulação é uma garantia constitucional — cognoscível judicialmente —, caberá, em tese, a todos o dever de modular os efeitos, quando estiverem presentes os motivos para tanto. Apesar de não haver, em regra, relevância prática, há a possibilidade jurídica.

Mesmo antes do CPC/15, já foi utilizado — ainda que não com esse nome — o *prospective overruling*, de forma pura, em casos de uma mesma natureza no TRE-SC[397]. Tratava-se da questão de invasão de propaganda eleitoral de candidato às eleições majoritárias no período de TV destinado aos da proporcional. Há — ou havia — norma legal proibitiva (art. 43 da Resolução n. 23.404/2013 do TSE), estabelecendo como sanção a perda do tempo destinado ao candidato beneficiado equivalente ao da invasão. Em um caso específico, as inserções consideradas invasivas anunciavam, no tempo destinado aos candidatos

---

[396] Ibid., loc. cit. "Não só a Corte Constitucional, mas também o Tribunal que exerce o papel de órgão de cúpula da Justiça Eleitoral, deve adotar tais cautelas por ocasião das chamadas 'viragens jurisprudenciais' na interpretação dos preceitos constitucionais que dizem respeito aos direitos políticos e ao processo eleitoral."

[397] SANTA CATARINA. Tribunal Regional Eleitoral. Recurso em Representação n. 84824, Rel. Juiz Fernando Vieira Luiz, julg. em 01/09/2014.

à proporcional e com destaque exclusivo ao número do candidato à majoritária, realizações do governo então em curso, cujo ocupante era candidato à reeleição na majoritária, utilizando-se dos mesmos assuntos em sua propaganda eleitoral. Assim, algumas das inserções foram consideradas invasivas. A jurisprudência, contudo, demonstrava que a situação descrita havia sido autorizada no pleito anterior, com uma interpretação mais liberal da norma (embora, é bem verdade, houvesse decisões esparsas em sentido contrário). Modificando a Corte seu entendimento sobre a matéria, resolvendo seguir uma interpretação mais restritiva, veio à baila a questão de se aplicar ou não a respectiva sanção ao candidato. Por uma votação não unânime (5 x 2 no que toca à aplicação da sanção), entendeu a Corte Eleitoral catarinense que a segurança jurídica exigia que o entendimento definitivo da matéria, que caracterizava uma nova regra ao pleito vindouro, não poderia ser aplicada retroativamente, uma vez que havia confiança das partes nos precedentes em sentido contrário, e, consequentemente, atuavam até então de boa-fé. Assim, sedimentou-se o entendimento de que as inserções realizadas a partir da data do julgamento deveriam observar aquilo que foi decidido, não se podendo aplicar a sanção ao caso específico ou aos fatos anteriores à própria decisão.

O STF utilizou, já na vigência do CPC/15, o efeito temporal prospectivo em um caso de *overriding*. Tratou-se da alteração parcial do precedente fixado na ADI 1.851 pelo RE 593849 (com repercussão geral)[398]. Tratava-se da discussão sobre a possibilidade ou não de exigir-se a restituição de quantia cobrada a mais, nas hipóteses de substituição tributária "para frente", em que a operação final não se realizou ou resultou em valores inferiores àqueles utilizados para efeito de incidência do ICMS. Na ADI 1.851, entendeu-se que o regime jurídico do art. 150, § 7º, da CF não possibilitava a restituição. A alteração promovida, mantido outros pontos, foi a de que deveria haver a repetição do indébito, quando a operação efetivamente praticada não fosse igual, em valores, àquela presumida no momento do recolhimento do tributo pelo substituto tributário. Assinalou-se que, assim como o contribuinte tem o direito à repetição, quando a operação não se realizou ou ocorreu com valor menor que o presumido, o Fisco, de igual forma, pode cobrar a diferença do tributo, se a operação ocorrer por preço maior que o

---

[398] BRASIL. Supremo Tribunal Federal. *RE 593849*, Rel. Min. Edson Fachin, Tribunal Pleno, julg. em 19/10/2016, com repercussão geral. DJe-065, divulg. 30/03/2017, public. 31/03/2017.

presumido. Em suma, decidiu-se que a presunção a que alude o dispositivo constitucional é relativa e que, nos casos em que seja possível apurar a situação efetivamente ocorrida, esta deve prevalecer sobre a presumida.

Tendo em vista o número de operações diárias e o impacto econômico e social, aliada à manutenção da segurança jurídica, o STF aplicou o art. 927, § 3º, do CPC/15, para limitar a aplicação do julgamento aos litígios pendentes e aos casos futuros, oriundos de antecipação do pagamento de fato gerador presumido realizada após a decisão, afastando-se sua incidência em fatos geradores anteriores ao julgamento não discutido judicialmente[399]. Assim o fez, para que não houvesse uma busca abrupta à Justiça, por todas aquelas operações em que se verificou diferença menor (ou inexistência) da operação efetiva em comparação com a presumida.

Talvez a opção não tenha sido das melhores, no âmbito teórico. Ela coloca em situação de desigualdade dois contribuintes que se encontram em paridade fática, distinguindo-os tão somente pelo fato de um já ter proposto a ação judicial voltada à repetição do indébito tributário, e outro não ter o feito, apesar de dispor, ainda, de prazo para tanto. Não parece razoável limitar o efeito temporal da decisão revogadora utilizando como critério a existência ou não de processo judicial pendente naquele momento. O que os dois contribuintes possuem em comum é uma mera pretensão, havendo ou não discussão judicial a ser decidida. Na prática, o STF reduziu o prazo prescricional daqueles que, apesar de possuírem a mesma pretensão, ainda não tinham buscado a tutela jurisdicional. O momento a se propor uma ação, desde que dentro do prazo prescricional (ou respeitado eventual prazo decadencial), é um ato potestativo da parte. Tanto no dia em que nasce a pretensão ao último possível, antes de alcançar a prescrição, a pretensão deve ser analisada pela autoridade judiciária competente, não importando, no

---

[399] BRASIL. Supremo Tribunal Federal. *RE 593849*, Rel. Min. Edson Fachin, Tribunal Pleno, julg. em 19/10/2016, com repercussão geral. DJe-065, divulg. 30/03/2017, public. 31/03/2017. Na formulação de iniciativa do Min. Barroso, consta o entendimento do Plenário, qual seja: "A nova orientação aqui firmada somente deve ser aplicada a fatos geradores ocorridos após esta decisão, ressalvados os processos judiciais pendentes. Situações passadas, já transitadas em julgado ou que sequer foram judicializadas, não sofrem a influência da presente decisão." Apesar de a certidão de julgamento não utilizar os mesmos termos, sendo menos clara, ela adota *in totum* a enunciação acima citada.

julgamento final, qual o lapso temporal utilizado para a propositura da ação. O problema está, especificamente, na falta de um julgamento, quanto à modulação, por um argumento de princípio. Preferiu-se um argumento de política, em um viés consequencialista, para evitar maior fluxo de processos, mesmo que, para tanto, seja subtraído o direito material do cidadão — e, também, do Fisco, que não poderá cobrar eventual tributo derivado da diferença a mais entre a operação efetivamente realizada e a presumida, senão em relação às causas já ajuizadas.

Apesar de não se concordar com a forma pela qual a Corte atribuiu os efeitos temporais da decisão, a existência da modulação dos efeitos da superação, como feito pelo art. 927, § 3º, do CPC/15, parece ser a medida mais acertada, dada a necessidade de adaptação de um julgado de uma ou outra forma, a depender da matéria, seu alcance e grau de intromissão em outros interesses dos cidadãos. Portanto, se todas as formas de efeito temporal podem ser criticadas na superação, tem-se certo que podem ser minorados os efeitos nefastos, com a modulação na promoção do interesse social e na segurança jurídica. Deve-se afirmar, contudo, que esta possibilidade não aumenta a discricionariedade que uma Corte detém, seja para proceder à superação, ou para modular seus efeitos. Se há a possibilidade do *overruling* e a fixação de seu efeito temporal, devem-se realizar tais atos sempre com vistas à coerência e integridade do direito. Nesse particular, a coerência e a integridade autorizam, ao fim e ao cabo, a superação de um entendimento. A integridade é especialmente importante nesse exercício, pois somente ela é capaz de apontar uma cadeia sucessiva de erros[400].

A questão que paira é tentar definir qual será o efeito da decisão, se não modulado expressamente na própria decisão. Como visto, tanto um modelo retroativo como o prospectivo apresentam críticas contundentes, sobretudo quando se tomam ambos em sua forma pura. O CPC/15 não regula expressamente a matéria, todavia inclina-se à aplicação retroativa, atingindo situações passadas, quando a nova regra estabelecida pelo precedente sequer existia. Exemplos não faltam na nova codificação, como a suspensão de processos pendentes, para que se aplique retroativamente a *ratio decidendi* da decisão a ser pro-

---

[400] STRECK, Lenio Luiz; ABBOUD, Georges. Art. 927. In: In: _____; NUNES, Dierle; CUNHA, Leonardo Carneiro da. *Comentários ao código de processo civil.* São Paulo: Saraiva, 2016, p. 1191-1209, p. 1208.

ferida no julgamento de causas repetitivas (art. 982, I, do CPC/15 — em relação ao IRDR — e art. 1.036, § 1º, do CPC/15 — sobre recursos repetitivos) e na repercussão geral (art. 1.035, § 5º e art. 1.036, II, ambos do CPC/15).

No caso concreto em que ocorre o *overruling*, o efeito retroativo é inescapável. De fato, a pretensão da parte é baseada na regra anterior. Assim também ocorre com as defesas apresentadas, logo, havendo a construção de uma nova disciplina jurídica, com a superação do entendimento anterior, há a aplicação de um direito que não havia, quando da ocorrência dos fatos que deram azo ao processo. Assim, nesse caso, há uma espécie de direito *ex post facto*. Não há como defender uma superação prospectiva pura, uma vez que ela ficaria sem efeito futuro, ao não ter definido a própria lide que se julga., Como já destacado, a função do Judiciário é decidir lides concretas, salvo o controle concentrado de constitucionalidade, não sendo órgão consultivo sobre qual seja o direito vigente. Mais, a construção judicial ocorrerá diante da aplicação a fatos específicos, para que daí se possam retirar elementos a futuras analogias e distinções. Também não se pode exigir que uma Corte, sempre, proceda a uma sinalização prévia. Ainda que recomendável, há o compromisso em dar ao caso em mãos uma resposta correta, que pode exigir, para a manutenção da coerência e integridade, a pronta modificação. Nessa esteira, não se pode evitar que, ao menos ao caso concreto, ocorra uma aplicação retroativa.

Esse posicionamento remete àquilo que foi debatido no capítulo I, qual seja, se o exercício da jurisdição pode ser considerado fonte de direito e se há alguma normatividade a partir de decisões judiciais. Nesse particular, se a norma é a atribuição de sentido realizado na *applicatio*, parece óbvio que a modificação da interpretação de um texto jurídico gera uma alteração normativa. A *ratio decidendi*, enquanto construção da norma do precedente, de um e de outro são diferentes.

Importante, contudo, não tornar a prática jurídica no *dog's law* de Bentham. Não se pode exigir que um litigante se comporte de maneira a seguir uma regra que era simplesmente inexistente, quando da prática de um ato. Haverá uma quebra na confiança depositada no direito vigente à época, o que atinge em cheio a previsibilidade perseguida por qualquer ordem jurídica. Mesmo nos casos já citados de suspensão do processo pendente para o julgamento dos casos repetitivos e repercussão geral, parece equivocada a opção de aplicar uma regra nova, que não poderia ser sequer prevista pelos litigantes, porque é formada em um "procedimento qualificado". Por mais qualificado que seja o procedimento, continuará ocorrendo a aplicação retroativa, de forma a surpreender a parte que se desfavorece com a decisão. Assim, sempre que possível, deve-se privilegiar uma superação prospectiva. Exceção, nesse ponto, é a retroatividade. Se é assim para os atos normativos em geral, deverá assim ser também à criação judicial do direito.

Se a regra geral da irretroatividade é passível de utilização, também o serão as específicas a cada ramo do direito e, nesse particular, sobrepor-se-ão inclusive sobre aquela. A tese aqui proposta é a de que os efeitos temporais no trato com precedentes ocorram, em regra, da mesma forma que os atos normativos próprios ao ramo específico do direito a que se refiram. Embora a forma de produção judicial do direito seja diversa da legislativa (ou mesmo dos órgãos administrativos), como verificado no capítulo I, os efeitos ao cidadão são muito similares, senão os mesmos. Ora, se há a criação de um novo *standard* legal pela atuação judicial, nada mais natural do que aplicar a ele regras de direito intertemporal do ramo do direito a que se refiram. Em caso de não haver norma especial atinente à matéria por ela tratada, aplica-se a geral, da irretroatividade.

Imagine-se que o STJ modifique o *standard* legal atualmente vigente de que, ao terceiro beneficiário no contrato de seguro, é aplicável o art. 205 do Código Civil, que fixa o prazo prescricional decenal. Nessa superação hipotética, a Corte passa a entender que deve ser aplicado a todos — contratantes ou terceiros beneficiários — que buscam alguma pretensão contra o segurador conforme o art. 206, § 1º, II, do Código Civil, reduzindo, dessa forma, consideravelmente o prazo prescricional de dez para um ano. Como deveria ser observado o efeito temporal de tal modificação? Sustenta-se, aqui, a utilização da regra especial do art. 2.028 do Código Civil, equiparando-se a superação procedida a uma modificação legislativa, eis que, em ambos os casos, alterou-se o direito vigente.

No âmbito do direito tributário, aplicar-se-ia o art. 146 do CTN, impedindo a aplicação retroativa, uma vez que a modificação somente surtiria efeitos em relação "a fato gerador ocorrido posteriormente à sua introdução". Mais, nas situações em que a superação do precedente acarrete, de fato, criação ou aumento de um tributo, deve-se aplicar à espécie a anterioridade nonagesimal, consagrada no art. 150, III, *b* e *c*, da CF. Isso caberia, por exemplo, na superação do RE 255.682-AgR, realizada pelo RE 723.651, no que toca ao IPI-importação de veículos por pessoa física que não exerça atividade empresarial, quando ela mesma é a destinatária final do produto. A regra anterior considerava que não havia a incidência do tributo nesse caso particular, e, assim, influenciou diversas decisões da própria Corte e também do STJ, inclusive em julgamento de recurso especial repetitivo. O STF alterou vigorosamente a regra, fixando em repercussão geral que "incide o imposto de produtos industrializados na importação de veículo automotor por pessoa natural, ainda que não desempenhe atividade empresarial e o faça para uso próprio"[401].

No caso concreto, houve uma profunda discussão sobre a possibilidade de modulação dos efeitos do julgamento, o que não foi admitido. É bem verdade que seis dos onze Ministros —, portanto, a maioria — desejavam efetuá-lo, contudo colocou-se em discussão se a modulação exigiria o quórum qualificado de 2/3, aplicando-se analogicamente o art. 27 da Lei n. 9.868/99. Nesse particular, deve-se atentar ao fato de que há grande divergência doutrinária, inclusive no próprio STF sobre o assunto. Apesar da discussão, deve prevalecer a visão de que a superação de precedente que ocorre na forma do art. 927, § 3º, do CPC/15 prescinde de maioria qualificada, contentando-se com a simples. Com efeito, caso não houvesse o comando específico da nova codificação, seria defensável a aplicação por analogia do art. 27 da Lei n. 9.868/99, entretanto não há vazio normativo, e a norma específica não exige quórum qualificado para a superação de um precedente por outro[402]. Na situação especial de tratar-se de controle concentrado de constitucionalidade, daí sim, apli-

---

401 BRASIL. Supremo Tribunal Federal. *RE 723651*. Rel. Min. Marco Aurélio, Tribunal Pleno, julg. em 04/02/2016, com repercussão geral. DJe-164, divulg. 04/08/2016, public. 05/08/2016.

402 PEIXOTO, 2016, p. 309. "Assim, em relação à modulação na superação de precedentes, não consta qualquer referência legal a um quorum específico para essa tomada de decisão. No entanto, não parece haver omissão que justifique a aplicação analógica do quorum de 2/3 existente para o controle concentrado e abstrato de constitucionalidade. Nas hipóteses em que não há previsão de quorum específico, não há omissão no texto normativo, mas apenas significa que o quorum a ser seguido é o tradicional, ou seja, o de maioria relativa. *Assim, se, para a utilização da analogia há necessidade de omissão no teto normativo e este não parece ser o caso na modulação de efeitos na superação de precedentes, inexistem motivos que justifiquem a exigência do quorum de 2/3.*" (grifos no original).

ca-se a regra que exige o quórum de 2/3. Essa diferença justifica-se pelas consequências mais severas que a declaração de inconstitucionalidade causa, quando feita por via concentrada, remédio jurídico extremo que expressa o maior vício que uma lei pode ter e extirpa o ato normativo respectivo do ordenamento jurídico. Retirada pela imperfeição, entende-se que nunca teria existido, e, assim, imprime-se maior rigor, para lhe dar efeito temporal diverso. No caso concreto, em razão da superveniência de alteração de votos, não houve sequer o quórum simples, para realizar-se a modulação, ficando afastada a discussão. Dada essa mudança de votos, o debate até então travado deve ser visto como mero *obter dicta*.

Apesar de não aceita, interessa verificar como foi conduzida a votação acerca da modulação de efeitos, ao menos para o fim acadêmico. A proposta de modulação, efetuada pelo Min. Luís Roberto Barroso, era de um *pure prospective overruling*, não se aplicando ao caso perante a Corte o entendimento, mas somente aos futuros, a fato gerador ocorrido após a tomada da decisão, no que teve a aderência inicial de outros três Ministros[403]. Enquanto isso, os Min. Luiz Fux e Ricardo Lewandowski modulavam os efeitos em menor extensão, aplicando-se a decisão aos casos pendentes de julgamento. Os demais Ministros opuseram-se à modulação.

Em que pesem os diferentes caminhos que tomou a discussão, entende-se que a situação deveria ser regida de forma diversa, indo-se além da concessão do efeito prospectivo puro, como defendido pelo Min. Luís Roberto Barroso. Trata-se, de fato, de uma situação que representa a criação de um tributo a uma classe de pessoas. Imagine-se a situação de uma pessoa física, que não desempenhe qualquer atividade empresarial, que importa um veículo para seu uso pessoal no mês de janeiro de 2016 (antes da decisão, de 04.02.2016) e resolve adquirir (e importar) outro idêntico alguns meses depois. As duas operações são iguais, envolvem as mesmas pessoas, são utilizados os mesmos

---

[403] BRASIL. Supremo Tribunal Federal. *RE 723651*. Rel. Min. Marco Aurélio, Tribunal Pleno, julg. em 04/02/2016, com repercussão geral. DJe-164, divulg. 04/08/2016, public. 05/08/2016. "Considero que o novo entendimento que ora proponho equivale a uma norma jurídica nova e, portanto, somente deverá atingir fatos geradores (operações de importação) ocorridos após a presente decisão. Por sua vez, as importações realizadas por não contribuintes antes desse precedente permanecem afastadas da incidência do IPI, tal qual previsto na jurisprudência anterior desta Corte."

meios, e o valor é idêntico. O tratamento na seara tributária, contudo, é oposto. Antes, uma pessoa na situação descrita na tese firmada nada pagaria, não havia a incidência do imposto. Após a decisão, o mesmo cidadão pagaria o IPI. Deveria incidir, aqui, a regra do art. 150, III, *b*, da CF, para que a incidência do tributo só ocorresse para fato gerador ocorrido no exercício financeiro seguinte, portanto, no início de 2017. O argumento, ainda que de forma diversa, foi o utilizado no já citado RE 637.485, em que se vedou a figura do "prefeito itinerante". Mais do que deixar de aplicar as consequências da decisão ao caso concreto, determinou-se que a superação realizada deveria respeitar a anualidade exigida pelo art. 16 da CF.

4.
O DIREITO JURISPRUDENCIAL NO CPC/15

4.1. CONSTITUIÇÃO E PROCESSO: A IDEOLOGIA DO CPC/15 E A FORMAÇÃO DE UM PROCESSO CIVIL DEMOCRÁTICO

A teoria processual como um todo não está imune a uma filtragem hermenêutico-constitucional. Trata-se da manifestação da supremacia da Constituição. "O direito processual não deve ser exitoso por ser fiel a princípios dogmáticos, mas por brindar resultados justos e úteis (Sagües). Estes resultados justos e úteis estão consagrados na Constituição."[1] Não há quem defenda, hoje, um purismo metodológico, como se um código de processo civil pudesse dar todas as respostas à sua própria aplicação. Em suma, o direito processual não é hermético, dependendo não só da busca de legitimidade e validade constitucional, mas deve manter conexão com os demais ramos do direito, principalmente a ligação que necessariamente possui com o próprio direito material que visa promover.

Todo direito processual é constitucional, ou seja, só pode se dar na e pela Constituição. Nesse passo, torna-se desnecessária a distinção entre o direito constitucional processual e o direito processual constitucional[2], que, no mais das vezes, só traz confusões teóricas e representa uma divisão artificial que não explica de forma satisfatória a teoria processual. Isso porque ambas expressões remetem à falsa ideia "de um direito processual dentro ou a partir da constituição diverso de um direito processual infraconstitucional"[3]. A Constituição, por certo, modela o processo civil como um todo, não se podendo falar em um direito processual exclusivamente infraconstitucional, assim como as ações constitucionais (p.e., mandado de segurança, *habeas corpus* e ação popular) ou as de controle concentrado de constitucionalidade — como representantes do direito processual constitucional — necessitam do instrumental procedimental da legislação infraconstitucional, seja uma lei extravagante (como no mandado de segurança) ou uma

---

[1] HOMMERDING, 2007, p. 293.

[2] DANTAS, Ivo. *Constituição & Processo*. 1 ed. v. 1. Curitiba, Juruá, 2005, p. 108-117. Sustentando a dicotomia entre o direito processual constitucional e o direito constitucional processual, afirma que o primeiro diria respeito aos princípios e preceitos constitucionalmente previstos para estipular o exercício da jurisdição. Já o segundo trataria a atividade processual relacionada à defesa da Constituição, como, por exemplo, as ações constitucionais ou de controle concentrado de constitucionalidade.

[3] LEAL, Rosemiro Pereira. *Teoria geral do processo*. 5 ed. São Paulo: Thomson-IOB, 2004, p. 61.

codificação (como no *habeas corpus*). Basta dizer, hoje, que "só existe Processo como instituição jurídica constitucionalizada ou como instituição criada pelo ordenamento jurídico fundamental das sociedades políticas nacionais ou da supranacionalidade (Comunidades)"[4].

Nessa inescapável fundação constitucional, não há dúvidas de que o intento do legislador foi, deveras, aproximar o CPC/15 da própria Constituição. Não é à toa que a primeira parte do código, suas normas fundamentais referem-se diretamente ao texto constitucional. Obviamente isso não livra a codificação de desafios de inconstitucionalidades diversos, muitos dos quais serão aqui sustentados. Portanto, antes de mais nada, cumpre observar a tentativa de instituição de um modelo constitucional (e democrático) de processo, para, após, buscar entender, em especial, como compatibilizar as questões do direito jurisprudencial enunciados no CPC/15 com a Carta Magna, vez que a aplicação de casos passados aos futuros deve também ser norteado pelo texto constitucional, singularmente para dar eficácia aos direitos fundamentais do cidadão[5].

4.1.1. AS ORIGENS CONSTITUCIONAIS DO CPC/15

Desde a construção do projeto de lei inicial e de sua tramitação legislativa, houve um claro intento de que o novo regramento processual estivesse em plena sintonia com a Constituição. Nesse particular, o CPC/15 é a codificação, no que tange ao direito processual civil, que melhor se coaduna com a ordem constitucional, uma vez que foi pensado a partir dela. Não é estranho, portanto, que se inaugure com a remissão direta à Constituição (art. 1º do CPC/15). É bem verdade que tal esforço, a princípio, pareceria desnecessário — e efetivamente o é —, na medida em que a Constituição vale por si, independentemente da previsão legal realizada. Demonstra, porém, antes de tudo, a preocupação de que o jurista seja alertado sobre o modelo processual buscado, ou seja, aquele constitucionalmente formatado. Há, inegavelmente, um intuito didático de mostrar que, no processo civil, nada se realiza em desacordo com as disposições constitucionais.

Reforça, assim, que o fundamento de validade do próprio código é a Constituição. Nesse intuito de conformação ao texto constitucional,

---

[4] LEAL, 2004, p. 61.

[5] KREBS, Hélio Ricardo Diniz. *Sistemas de precedentes e direitos fundamentais*. São Paulo: RT, 2015.

também não é incomum encontrar temas centrais à formação de um processo civil democrático, como o contraditório efetivo, com a participação e cooperação dos envolvidos, além do dever de fundamentação e mecanismos que atendem ao razoável prazo de duração do processo. Em muitas questões, verifica-se, o CPC/15 apresentou avanços na legislação os quais, certamente, abrirão a possibilidade do fortalecimento doutrinário de seus preceitos.

Obviamente, há pontos em que não caminhou tão bem o código. Basta citar, como exemplo, a frustração do intento inicial de simplificação da tutela provisória. O objetivo de unificar, ao menos procedimentalmente, as medidas satisfativas e as de caráter conservativo não foi alcançado; antes, criaram-se diferentes procedimentos para cada uma dessas medidas (antecedente ou incidente). Além disso, instituiu-se a estabilização da tutela antecipada requerida em caráter incidente que, da forma como prevista, apresenta uma série de questões controvertidas e complicações desnecessárias[6].

Dentre pontos de acerto e desacerto, o CPC/15 tentou regular o direito jurisprudencial, especificar a força que detêm os pronunciamentos judiciais pretéritos à regulação das situações futuras. Nesse particular, não se pode negar que o objetivo é constitucionalmente louvável, eis que persegue, desde a propositura do projeto de lei, que o processo civil seja capaz de trazer uma maior previsibilidade, ao menos no que toca à resposta judicial aos litígios apresentados. Há a preocupação clara com a segurança jurídica, que se torna "um dos mais importantes vetores do CPC/2015"[7]. Busca-se evitar que casos similares recebam respostas díspares, como de forma tão comum ainda ocorre no Brasil. Em outras palavras, tentou-se solucionar a questão do dissenso jurisprudencial que ordinariamente ocorre nas diversas cortes brasileiras entre si ou mesmo dentro de diferentes órgãos julgadores em cada uma delas.

Em que pese o nobre intento, verifica-se que falta uma teoria base que dê sustentação aos institutos modelados pelo código. Muito se disse que o CPC/15 buscou a resolução de problemas pragmáticos, por isso preocupou-se menos com uma opção clara quanto ao norte teó-

---

[6] cf. LAMY, Eduardo de Avelar; LUIZ, Fernando Vieira. Estabilização da tutela antecipada no novo código de processo civil. *Revista de processo*, v. 260, p. 105-129, out. 2016.

[7] MACÊDO, 2017a, p. 321.

rico a que se filiava. Diante disso, depara-se com a falta de um marco teórico, ou, analisando por outro prisma, pode-se dizer que ocorre uma mixagem de incompatíveis teorias, como se verifica do cotejo entre a opção substancialista do art. 926 e a outra procedimentalista, no art. 489, § 2º, ambos do CPC/15.

Em razão dos problemas teóricos apresentados — que ocorrem, sobretudo, no tema em análise —, faz-se necessário imiscuir na lógica geral pretendida pela nova legislação processual, tendente ao estabelecimento de uma vinculação a certos pronunciamentos judiciais. Nesse norte, várias questões constitucionais suscitam a reflexão sobre a ideologia em que se desenvolvem as novas normas estabelecidas, exigindo do intérprete o estabelecimento de limites de congruências entre elas e a Carta Magna. Há a necessidade de o CPC/15, assim como qualquer outra legislação, sofrer uma filtragem hermenêutico-constitucional, varrendo-se tudo aquilo que não se amolde ao modelo processual democrático constitucional, uma autêntica "tutela jurisdicional do processo"[8].

Deve-se, nesse sentido, retomar o processo não apenas como uma forma de resolução de controvérsias de uma sociedade multifacetada e complexa. Trata-se de resgatar a função do processo como meio de defesa do cidadão, seja contra o arbítrio estatal ou o de outrem, promovendo seus direitos fundamentais. Afinal, não há mais dúvidas de que "a temática dos direitos fundamentais esteja influenciando o desenvolvimento de uma teoria processual, (...)"[9]. Nesse passo, a finalidade é proceder à melhor leitura possível dos institutos trazidos pela nova codificação, mantendo-se fiel à necessidade de se buscar na Constituição (nela mesma) a conformação das opções do legislador. Pretende-se, portanto, uma leitura hermenêutico-constitucional do CPC/15, tornando-o, em uma visão dworkiniana, aquilo que melhor ele pode ser.

---

[8] RODRIGUES; LAMY, 2012, p. 200.

[9] LAMY, Eduardo de Avelar. Considerações sobre a influência dos valores e direitos fundamentais no âmbito da teoria processual. *Revista Sequência*, Florianópolis, n. 69, p. 331-326, dez. 2014, p. 302. Continua o autor, frisando que, "no direito processual, os cientistas tendem a concordar, hoje, com a necessidade de identificar-se uma teoria do processo adequada aos ditames constitucionais, e, portanto, pensada a partir destes e não apenas oriunda dos institutos clássicos da relação jurídica processual, ação, jurisdição e defesa."

4.1.2. O CPC/15 CRIA UM SISTEMA DE PRECEDENTES?

Muito se fala na doutrina que o CPC/15 inaugurou um genuíno "sistema de precedentes" no Brasil[10]. Trata-se, na visão de muitos, de uma importante inovação legislativa, com potencial de modificar drasticamente a prática jurídica. Será que essa tentativa, entretanto, pode ser denominada realmente de um "sistema"? E será que seria ele de "precedentes"?

Apesar de todo o esforço dos idealizadores, a resposta parece ser negativa a ambas as perguntas. Inicia-se a explicação pela última questão. Não parece se tratar de "precedentes" todas as decisões a que o código empresta força especial. Como visto no primeiro capítulo, há uma distinção não só quantitativa, mas também qualitativa, que difere o precedente da jurisprudência, das súmulas ou dos procedimentos, como o IRDR e o IAC. Um autêntico precedente desenvolve-se em um contexto histórico, carregando a faticidade e a historicidade ao direito, ou, como dizem Streck e Abboud, trazem o DNA do caso[11]. Por isso, é uma construção cultural que, sobretudo nos países de *common law*, dispensa qualquer intermediação legislativa, para que seja empregada na prática jurídica. Nesse passo, o *common law* "não se originou cientificamente (do ponto de vista professoral), mas, sim, judicialmente, como prática judiciária"[12].

Mais importante, o precedente é o ponto de partida da discussão jurídica em um caso posterior. Advogados reconstruirão o julgamento

---

[10] MANCUSO, Rodolfo de Camargo. *Sistema brasileiro de precedentes*: natureza, eficácia, operacionalidade. São Paulo: RT, 2014, p. 607-608. "Os anteriores subsídios e considerações permitem reconhecer, dentre nós, um *sistema de precedentes*." BARREIROS, Lorena Miranda Santos. Estruturação de um sistema de precedentes no Brasil e concretização da igualdade: desafios no contexto de uma sociedade multicultural. In: DIDIER JR, Fredie; CUNHA, Leonardo Carneiro da; ATAÍDE JR., Jaldemiro Rodrigues de; MACÊDO, Lucas Buril de. *Precedentes*. Salvador: Juspodivm, 2015, p. 183-214.

[11] STRECK; ABBOUD, 2015, p. 51. "De um precedente se extrai um princípio aplicável às causas futuras; é o que se pode denominar de DNA do caso, que vem a ser um elemento decorrente do DNA do direito."

[12] ABBOUD, Georges. Do genuíno precedente do stare decisis ao precedente brasileiro: os fatores histórico, hermenêutico e democrático que os diferenciam. In: DIDIER JR, Fredie; CUNHA, Leonardo Carneiro da; ATAÍDE JR., Jaldemiro Rodrigues de; MACÊDO, Lucas Buril de. *Precedentes*. Salvador: Juspodivm, 2015, p. 399-406, p. 401.

anterior, principalmente na definição de sua *ratio decidendi*, tentando persuadir o juiz ou um Tribunal a aplicar ou não determinado precedente à causa em discussão. Ressalta Fine que os advogados, nos EUA, "gastam muita energia tentando distinguir os fatos do precedente que eles desejam que a corte não aplique e, analogamente, os fatos do seu caso dos fatos de um precedente favorável (...)"[13]. Por isso, a Corte analisará, a cada nova aplicação, a extensão da aplicação de um determinado precedente ao caso em mãos.

Não pode servir, pelos mesmos motivos, o julgamento do caso anterior como a tentativa de se resolverem não só os fatos concretos discutidos naquele processo, mas toda uma categoria de fatos futuros pretensamente análogos ou similares. A cada julgamento, o juiz (ou Tribunal) deve estar preocupado com a identificação e a aplicação correta do direito existente (inclusive na seleção das fontes utilizadas) aos fatos específicos tratados. Não está em jogo a análise consequencialista de como a decisão será assimilada pelos novos aplicadores do futuro, ou melhor, de como tentar fixar previamente um padrão decisório a um conjunto de fatos inescapável ao juiz. Conforme adverte Fine, as Cortes americanas, por imposição constitucional e também por prudência, fundamentam suas decisões exclusivamente "nos fatos específicos apresentados pelas partes, as decisões delas não buscam construir uma regra que possa ser aplicada a todos os fatos que possam conectar-se a uma questão legal"[14]. A formação de um precedente não é um fim em si, senão uma consequência do correto julgamento, que se fundará nas boas razões em que foi tomada a decisão.

Por seu turno, a regulação do CPC/15 difere muito de tais objetivos. Há a tentativa de padronização decisória (muitas vezes preventiva), para justamente tolher (ou, ao menos, diminuir) a discussão em novas aplicações. Nesse sentido, a decisão anterior não seria um ponto de partida, mas o de chegada, fechando a possibilidade argumentativa e interpretativa de advogados e magistrados. Por isso, o "Código aumenta a aposta em uma verticalização vinculante estabelecendo diversos provimentos que passam a ser vinculantes, em cujo rol, aliás, o termo precedente *não aparece*"[15]. Para cumprimento desse objetivo de verti-

---

[13] FINE, Toni M. *Introdução ao sistema jurídico anglo-americano*. Tradução: Eduardo Saldanha. São Paulo: Martins Fontes, 2011, p. 82.

[14] Ibid., p. 81.

[15] STRECK; ABBOUD, 2016, p. 1192.

calização, autoriza-se a Corte anterior a decidir não um caso, mas uma tese, abstraída justamente da faticidade e da temporalidade do fenômeno jurídico, em uma antecipação de sentidos daquilo que sequer ocorreu. Necessitaria o Tribunal da capacidade de vidência, para amoldar sua "tese" às circunstâncias fáticas que não existem no momento em que a decisão é tomada. E os fatos são irrepetíveis, ou, como sustentam Streck e Abboud, "os casos são irritantemente diferentes"[16].

Streck e Abboud, pelas razões expostas, preferem chamar o que existe de um "'sistema de vinculação jurisprudencial' (e não de precedentes)"[17]. Adota-se, aqui, ideia distinta, apesar de assemelhada. Defende-se que realmente não se trata nem de um sistema e tampouco de precedentes. No tocante ao sistema, parece que Streck e Abboud tratam o art. 927 do CPC/15 como um sistema em si, o que chamam justamente de sistema de vinculação jurisprudencial. Prefere-se, aqui, o cotejo do art. 927 do CPC/15 com as demais normas e institutos que reforçam a aplicação de pronunciamentos gerais pretéritos, para demonstrar que dito sistema não existe. Por isso, neste ponto, a contradição é meramente aparente, mais de forma que de conteúdo. Assim, discorda-se de que a tentativa seja de vinculação jurisprudencial. Como visto, a jurisprudência depende de uma série de decisões que sigam um mesmo caminho. Trata-se, portanto, de um conjunto de decisões harmônicas. O que o CPC/15 pretende é dar obrigatoriedade a pronunciamentos judiciais específicos, dispensando-se o conjunto, como ocorre no julgamento do IRDR ou do IAC. Além disso, há outros institutos que não se confundem com o precedente, como as súmulas (vinculantes ou não). As súmulas sequer são decisões judiciais, se se pensar em decisão como a resolução de uma questão em um processo judicial; antes, é o resultado de um procedimento administrativo. Dessa forma, melhor do que tratar o rol do art. 927 do CPC/15 como precedentes, ou mesmo como decisões vinculantes, prefere-se denominar pronunciamentos judiciais (pretensamente) vinculantes.

Não se trata de um sistema, pois não há uma regulação harmônica das partes que pretensamente o compõem. É essencial, para que um conjunto de elementos seja considerado um sistema, que haja uma interação entre cada componente, para formar um todo organizado. Como afirma Bonavides, se originalmente o termo sistema dizia respei-

---

[16] STRECK; ABBOUD, 2015, p. 17.
[17] STRECK; ABBOUD, 2016, p. 1196.

to a uma reunião, um conjunto, um todo, atualmente seu significado ampliou-se, demanda "o conjunto organizado de partes, relacionadas entre si e postas em mútua dependência"[18]. Isso não parece suceder às regras estabelecidas pelo CPC/15. Embora não se negue a tentativa, o legislador não conseguiu tratar, de forma organizada, a questão dos precedentes, não lhe conferindo a unidade que um sistema requer. Além de o CPC/15 ser confuso quanto ao emprego do termo, não há uma harmonia da forma como os diversos institutos processuais utilizam as decisões anteriores, para funcionarem.

O grande guia para o funcionamento do "sistema de precedentes" seria o art. 927 do CPC/15, que estipularia os "precedentes" obrigatórios ou formalmente vinculantes a serem observados em qualquer julgamento. Tratar-se-ia de uma regra geral, dentro da qual o restante do "sistema" gravitaria. Contudo, ao se observarem os demais institutos do código, não há uma simetria entre as decisões elencadas no art. 927 do CPC/15 com as utilizadas em outros dispositivos do próprio código.

Talvez o primeiro momento de não conformidade, apesar de ser o menos importante de todos, é o da ordem cronológica de julgamento de processos, estabelecida no art. 12 do CPC/15. Nesse particular, somente estaria justificada a alteração da citada ordem, estipulada pela data de conclusão, à aplicação da decisão proferida em julgamento de casos repetitivos, não havendo igual disposição aos demais pronunciamentos judiciais constantes no art. 927 do CPC/15. Situação similar ocorre com a tutela da evidência, em que não há harmonia entre o art. 311, II, do CPC/15 com o art. 927 do COC/15, eis que prevê a concessão da medida somente nos casos do julgamento de casos repetitivos e de súmula vinculante, esquecendo-se das demais decisões que ostentariam o mesmo caráter de obrigatoriedade. O mesmo fato ocorre com a situação de dispensa de caução no cumprimento provisório de sentença, a qual ocorreria nos casos em que a decisão a ser cumprida estivesse de acordo com súmulas do STF ou STJ, além da conformidade com julgamento de casos repetitivos, como dispõe o art. 521, IV, do CPC/15. Em relação ao cabimento de embargos de declaração, o art. 1.022, parágrafo único, I, do CPC/15 não é idêntico àquele constante no art. 927 do CPC/15, ainda que o inciso II daquele dispositivo produzisse efeito análogo. O rol da dispensa de remessa necessária (art. 496, §4º, do CPC/15) não é o mesmo do já citado art. 927 do CPC/15.

---

[18] BONAVIDES, Paulo. *Curso de direito constitucional*. 17 ed. São Paulo: Malheiros, 2005, p. 108.

Da mesma forma, não há sincronia entre os dispositivos que conferem poder ao relator, para o julgamento monocrático com base em pronunciamentos judiciais pretéritos (art. 932, IV e V, do CPC/15), seja para negar ou dar provimento ao recurso, com o rol dos "precedentes vinculantes". Mesmo no caso em que a similitude é maior, não há identidade perfeita. Isso ocorre com o rol do art. 332 do CPC/15, que trata da improcedência liminar do pedido, que não é exatamente igual ao constante no art. 927 do mesmo código.

Pode-se dizer que, a cada momento, a cada instituto, o Código adota critérios diversos, para ora valorizar uma espécie de pronunciamento judicial, ora outro ou outros. Isso retira a organicidade que um sistema requer. Não há como agrupar, de forma harmônica, toda a diferença das normas instituídas pela nova codificação. Não há dúvidas de que houve o intento de se produzir um sistema minimamente organizado. Ao menos, era essa a ideia da primeira comissão que redigiu o projeto de lei originário que culminou na aprovação do CPC/15. Contudo, no curso do processo legislativo, apesar de, em boa parte, manter-se o mesmo desejo, o legislador perdeu a organização e a interação dos diferentes institutos e das normas que o compõem e, nesse passo, perdeu a sistematização pretendida. Não há, portanto, um sistema. Poder-se-ia falar em normas diferentes que, de formas diversas, dão força a determinados pronunciamentos judiciais, contudo não parece acertado defender a existência de um sistema coerente e coeso no que diz respeito à utilização de decisões pretéritas para novos casos.

Não havendo um sistema, também deve-se deixar de lado os "microssistemas" alardeados por parte da doutrina. Fala-se em "microssistema de formação de precedentes"[19], o que soa contraditório, uma vez que é o juiz do futuro, e não o prolator da decisão, que a caracterizará ou não como precedente. Se tampouco há um "sistema de precedentes", tampouco haverá um microssistema que lhe faria parte.

O mesmo fato ocorre com o "microssistema de solução de casos repetitivos". Primeiro, há certas incongruências nas diferentes formas de resolução de casos repetitivos, entendendo-se, como tais, na forma do art. 928 do CPC/15, as decisões proferidas em IRDR e nos recursos

---

[19] PINHO, Humberto Dalla Bernardina de; RODRIGUES, Roberto de Aragão Ribeiro. O microssistema de formação de precedentes judiciais vinculantes previsto no novo CPC. In: DIDIER JR., Fredie; CUNHA, Leonardo Carneiro da. *Julgamento de casos repetitivos*. Salvador: Juspodivm, 2017, p. 281-310.

especial e extraordinário repetitivos. Uma delas é o convívio do extraordinário repetitivo com a repercussão geral, uma vez que, aplicada esta, aquele perde a razão de ser, eis que não ocorrerá a própria repetição. O mesmo argumento pode ser evocado na relação entre a súmula vinculante e a repercussão geral.

4.1.3. A LÓGICA DO "SISTEMA DE PRECEDENTES"

O objetivo apontado pelo pretenso "sistema de precedentes" não parece, em muitos pontos, apropriado. Há uma tentativa de se homogeneizarem padrões decisórios, para que se resolvam, de pronto, várias lides que versem sobre o mesmo ponto. Isso demonstra uma grande preocupação com a questão meramente quantitativa, como se a utilização de precedentes vinculantes tivesse por razão de ser a diminuição do atual acervo de casos nas mais diversas Cortes brasileiras ou mesmo a mera agilização do processo. Em outras palavras, antes que se desponte uma divergência sobre determinado tema, há a criação de um mecanismo, que resulta em uma decisão paradigmática prévia (e vinculante), para obstar o dissenso.

Isso não se faz longe de uma visão própria das funções que cumpre o processo em determinado período histórico. O CPC/15, nesse particular, é fruto das inúmeras correntes de pensamento que se fizeram presentes no processo legislativo e alberga uma miríade de correntes, por vezes contraditórias. Não se pode negar que, no que se refere ao enfrentamento da quantidade de casos pendentes, há bastante influência do neoliberalismo processual, ainda que resida também alguns pontos do socialismo processual (como o protagonismo judicial)[20]. A ligação entre o CPC/15 e o neoliberalismo processual pode ser vista, por exemplo, no enfrentamento das questões de massa ou na tentativa de perseguir, a todo o custo, a efetividade e celeridade processual, bem como de se obter uma previsibilidade hierarquizada (de cima para baixo).

---

[20] A classificação referida é de Dierle Nunes, que relaciona Estado e processo, sendo que o segundo toma os influxos do primeiro, apresentando características próprias em cada período histórico. Sobre o assunto, ver: NUNES, Dierle José Coelho. *Processo jurisdicional democrático*: uma análise crítica das reformas processuais. 1 ed. 4 reimpressão. Curitiba: Juruá, 2012.

4.1.3.1. NEOLIBERALISMO PROCESSUAL OU COMO A PREVISIBILIDADE, EFICIÊNCIA E CELERIDADE NÃO PODEM DERRUIR OS DIREITOS FUNDAMENTAIS DOS LITIGANTES

Reconstruindo as diferentes visões sobre o processo civil no curso da história, Nunes sustenta que houve, primeiramente, um pré-liberalismo processual, até que eclodissem a Revolução Francesa e o fim do *Ancien Régime*[21]. Apesar de o autor não devotar grande atenção ao regime pré-liberal, isso é feito na apresentação do trabalho, a cargo de Nicola Picardi. Explica o jurista italiano que, no direito medieval, a ordem jurídica estava "além do poder político e dos seus detentores"[22], por isso o processo (*ordo iudiciarius*) não era regulado pelos reis ou pelo Papa — inexistinto, até então, o Estado em seu sentido moderno. Encontrava, antes, seu fundamento na "dialética e na ética, não na vontade daqueles que governavam a sociedade"[23]. Assim, o processo "constituía um complexo de conhecimentos e de regras deontológicas e técnicas, transmitidas no tempo pelos antigos juristas e, posteriormente, reorganizadas, aperfeiçoadas, corrigidas e atualizadas pelas gerações sucessivas"[24].

Tratava-se, no período do direito comum clássico, de uma magistratura profissional, cujo eixo era a regra *audiatur et altera pars*, o que hoje pode ser qualificado como o princípio do contraditório. Isso criou um ambiente de colaboração das partes para a busca da resolução do caso, por meio do diálogo. O processo era marcado pela isonomia, quer pela paridade de tratamento entre governantes e governados quer entre juiz e partes[25].

Com a formação dos Estados nacionais, há uma modificação drástica da visão que se tem do processo. Primeiramente, ele passa a ser encarado como uma atividade do Estado (especificamente, do soberano), o que veio a se tornar o monopólio estatal da prestação jurisdicional. Com isso, perde-se a situação de isonomia, para uma ordem assimétrica, verticalizada e hierarquizada, "baseada na autoridade, hierarquia

---

[21] NUNES, 2012, p. 56.

[22] PICARDI, Nicola. Apresentação. In: NUNES, Dierle José Coelho. *Processo jurisdicional democrático*: uma análise crítica das reformas processuais. 1 ed. 4 reimpressão. Curitiba: Juruá, 2012, p. 14.

[23] Ibid., p. 12.

[24] Ibid., loc. cit.

[25] Ibid., p. 14-15.

e na lógica burocrática"[26], munindo-se o juiz, como representante do Estado, de poderes adequados, para que assumisse a condução do processo. Destaca o autor que, nesse período, o juiz passa a ser um burocrata a serviço do soberano (juiz "assalariado").

Com a Revolução Francesa, há a formação de um Estado liberal-burguês, ideologia que moldará o formato do processo civil à época. Nunes destaca que, nessa fase, o cidadão é autossuficiente, e, assim, há uma sobrevalorização do princípio dispositivo, com o protagonismo das partes e um comportamento passivo, ao menos, até o momento da decisão do juiz[27]. No ambiente em que o Estado deve cumprir papel mínimo e que a liberdade individual e de concorrência estruturarão as práticas sociais, o processo também recebe tal influxo, e, além do princípio dispositivo, será determinada a igualdade formal entre os cidadãos e a escritura (remanescente, ainda, da fase pré-liberal) como forma de manutenção da imparcialidade[28].

---

[26] Ibid., p. 16.

[27] NUNES, 2012, p. 253. "O liberalismo processual, ao se constituir sobre o protagonismo das partes, torna o juiz mero espectador de seu debate e o processo um instrumento privado de resolução de conflitos, com dimensionamento espaço-temporal dependente da racionalidade estratégica das partes, fato que, juntamente com a cegueira social típica do Liberalismo, inviabiliza sua aplicação em viés democrático."

[28] MOTTA, Francisco José Borges; HOMMERDING, Adalberto Narciso. O que é um modelo democrático de processo? *Revista do Ministério Público do RS*, Porto Alegre, n. 73, p. 183-206, jan./abr. 2013, p. 186. "O chamado liberalismo processual — cuja estrutura tem base nas reformas decorrentes da Revolução Francesa — é congruente com uma estruturação estatal liberal, em cujos quadros o Estado limita-se à defesa da ordem e da segurança pública, remetendo os domínios econômicos e sociais para os mecanismos de liberdade individual e da liberdade de concorrência. Assim, como regra, as legislações e sistemas processuais dessa quadra histórica foram lastreados em princípios técnicos liberais, quais sejam: a igualdade formal dos cidadãos, a escritura (concepção mantida da fase pré-liberal, segundo a qual o juiz deve julgar com base nos escritos, evitando o contato direto com as partes, no intuito de manter sua imparcialidade) e, especialmente, o princípio dispositivo. O juiz, nesta perspectiva "liberal", cumpre um papel visivelmente "passivo", sem qualquer ingerência interpretativa que possa causar embaraços às partes e às relações (especialmente contratuais e econômicas) que as envolvem. Esse sistema, entretanto, deu margem a uma degeneração, dando ao processo contornos de um jogo — ou de uma guerra — o que levou ao esgotamento desta perspectiva ainda no curso do século XIX."

Com o esgotamento do Estado liberal e o início de formação de seu sucessor, o Estado Social, surge a socialização do processo. Trata-se de uma visão paternalista, em que o juiz passa de um comportamento passivo ao seu oposto, de uma forte intromissão do Estado-juiz a uma forma de compensar as diferenças até então ignoradas pela visão liberal de igualdade formal. Por isso, ressalta Nunes, há uma ideia incipiente, no início do movimento socializador, de que o juiz possui um "papel compensador e de engenheiro social"[29]. O magistrado seria, extraprocessualmente, um educador, enquanto caberia a ele a instrução dos cidadãos sobre seus direitos e a forma de exercê-los e, endoprocessualmente, um representante dos pobres, contrabalanceando as condições distintas das partes que litigam, em uma função assistencial.

Essa mudança de visão na atividade do juiz leva à implementação de uma série de legislações socializantes[30] e a um discurso da implementação de um protagonismo judicial. Com esse embasamento, surge a obra de Bülow, estabelecendo o processo com base nas relações jurídico-processuais estabelecidas entre as partes e o Estado-juiz. Não é à toa que sua configuração é piramidal, encontrando-se no ápice a figura do juiz, por isso parcela da doutrina afirma que "Bülow é um jurista bem identificado com a socialização do processo"[31].

No segundo pós-guerra, acentua-se a visão socializadora do processo, culminando no que Nunes chama de ápice da socialização processual: o Projeto Florença de acesso à Justiça, sobretudo a partir do relatório de Rolf Bender e Cristoph Strecker, de onde se originou o modelo de Stuttgart[32]. Tal modelo, após influenciar toda a justiça alemã, disseminou-se, funcionando como mote de diversas modificações legislativas, como ocorreu, por exemplo, em Portugal e na Inglaterra[33].

Ocorre que o socialismo processual, centrado na figura ativista do juiz, acabou por resultar em um solipsismo do julgador, que faz o resultado da causa depender de sua subjetividade, diz Nunes, por

---

[29] NUNES, 2012, p. 81.

[30] Ibid., p. 88-89. Nunes ressalta as sucessivas alterações à ZPO alemã, o projeto Solmi na Itália e, no Brasil, o CPC/39.

[31] MOTTA; HOMMERDING, 2013, p. 188.

[32] NUNES, 2012, p. 115-124.

[33] NUNES, 2012, p. 124-134.

um comportamento *attitudinal*, estratégico ou pseudonormativo[34]. Diminuiu-se a responsabilidade das partes e de seus advogados, o que se seguiu ao mau preparo destes, uma vez que o juiz compensaria a falta de técnica e preparo do profissional, como se possuísse um privilégio cognitivo, quando comparado aos demais sujeitos do processo[35]. Essa visão fez a decisão judicial depender cada vez menos da fala das partes e do diálogo estabelecido no processo e se torna uma atividade solitária do magistrado. Nesse passo, o processo é concebido como um instrumento da atividade do juiz de prestar a jurisdição, na concepção carneluttiana do processo como forma de resolução de conflitos de interesses ou, no ideal de Chiovenda, de uma aplicação do direito objetivo ao caso concreto[36].

A partir da década de 90, contudo, há a modificação de uma visão socializante ao modelo neoliberal de processo. No aspecto econômico, o Estado Social se tornou tão ineficiente e custoso, que acarretou um retorno aos pressupostos do liberalismo: o minimalismo estatal e o mercado livre. O processo, obviamente, recebeu influxos desse novo modelo. Ressalta-se que se faria "necessária a criação de um modelo processual que não oferecesse perigos ao mercado"[37] e, assim, deveria assegurar: (*a*) a padronização decisória, descartando-se as peculiaridades singulares de cada caso; e (*b*) a sumarização da cognição, ambas

---

[34] Ibid., p. 190-195.

[35] Ibid., p. 253. "A socialização processual, construída sobre o pilar do protagonismo judicial e da relação jurídico-processual, com consequente solipsismo metódico, faz crer que os magistrados possuiriam um privilégio cognitivo em relação aos demais sujeitos processuais, que lhes permitiria interpretações imperscrutáveis, mediante uma postura *attitudinal*, estratégica ou pseudonormativa, uma vez que leva alguns desses agentes políticos a acreditar que existiria uma possibilidade de decisões que proviriam de sua magnanimidade e sensibilidade."

[36] MOTTA; HOMMERDING, 2013, p. 188. "Note-se que, a pretexto de consagrar na magistratura uma atividade compensadora das desigualdades sociais, este modelo processual embasado na oralidade e na forte direção do processo pelo juiz acabou, com a sua degeneração, subsidiando um modelo solitário de aplicação do direito, com um agudo enfraquecimento do papel dos demais sujeitos processuais. As decisões judiciais passam a depender cada vez menos da fala das partes, cuja atuação fica diluída num processo concebido como um mero instrumento técnico de resolução de conflitos de interesses (Carnelutti), e/ou de aplicação quase mecânica do direito objetivo ao caso concreto (Chiovenda); no pano de fundo, o processo (já) é um mero instrumento da jurisdição."

[37] NUNES, 2012, p. 159.

voltadas à eficiência e segurança do mercado, promovendo uma alta produtividade judicial (preocupação quantitativa) e ganho de efetividade, com a resolução rápida e uniforme das lides[38].

Previsibilidade, efetividade e celeridade bem caracterizam o intento do neoliberalismo processual. Foram o grande mote das inúmeras reformas constitucionais e legais ocorridas no Brasil a partir da década de 90[39]. A tríade, em si, não é um problema. A questão é que não há a preocupação simultânea, mais das vezes, com sua compatibilidade com a Constituição, em fazer valer, pelo e no processo, os direitos fundamentais do cidadão[40]. É o traço ideológico da superação da CF pela celeridade, ou seja, "a discussão da constitucionalidade tem perdido o embate para a celeridade/vinculatividade (...) forçando a superação dos vícios de inconstitucionalidade por intermédio de uma hermenêu-

---

[38] NUNES, 2012, p. 159. "Ademais, o modelo defendido deveria assegurar: a) uma uniformidade decisional que não levaria em consideração as peculiaridades do caso concreto, mas asseguraria alta produtividade decisória, de modo a assegurar critérios de excelência e de eficiência requeridos pelo mercado financeiro; e/ou b) a defesa da máxima sumarização da cognição que esvaziaria, de modo inconstitucional, a importância do contraditório e da estrutura compartipativa processual que garantem procedimento de cognição plena para o acertamento dos direitos."

[39] ZAPATER, Tiago Cardoso Vaitekunas. *Reformas processuais na teoria dos sistemas: certeza do direito e as decisões judiciais*. Curitiba: Juruá, 2016, p. 297-298. "Essas alterações têm por bandeira (isto é, descrevem a si mesmas) a efetividade do processo que, conforme a lição atribuída à escola de Chiovenda, deve ser capaz de propiciar a quem tem um direito 'tudo aquilo e precisamente aquilo que ele tem o direito de obter'. Trata-se de conferir 'maior agilidade e funcionalidade ao sistema, para cumprimento da promessa constitucional de uma tutela jurisdicional efetiva e tempestiva.'"

[40] NUNES, 2012, p. 254. "Essa perspectiva, constituída de modo sub-reptício pelo discurso do Banco Mundial e pela política de mercado brasileira, vai introduzindo no discurso processual a busca, a qualquer preço, da obtenção de procedimentos extremamente rápidos, mesmo que tal visão impeça a aplicação de princípios processuais constitucionais com sua forma normativa (dinâmica ou em sentido forte). Cria-se, mesmo, uma sensação em todos de que o espaço-tempo processual é um mal que deve se extirpado mediante a máxima produtividade, rapidez procedimental, sumarização cognitiva extrema e julgamento em massa de feitos, mediante técnicas que reduzem a cognição e o espço público de problematização endoprocessual. O direito, nessa perspectiva, não deve ser aplicado em cada caso concreto, mas, sem, em larga escala, mesmo em demandas singulares, em face da técnica das idênticas controvérsias, importando tão-somente a produtividade."

tica da acomodação e da adequação sistêmica"[41]. Em nome das três metas a serem perseguidas — ainda que se ache algum embasamento constitucional para cada uma delas —, o direito ao contraditório e ampla defesa, devido processo legal e outros tantos são deixados de lado. Ampliam-se, por exemplo, técnicas de contraditório diferido, sem que haja circunstância fática que o exija, como no julgamento liminar de improcedência (art. 332 do CPC/15) ou nos casos de decisão liminar em tutela da evidência (art. 311, parágrafo único, do CPC/15).

A previsibilidade seria encontrada na rígida hierarquização do Judiciário, com uma padronização decisória de cima para baixo, aumentando o papel das cortes superiores — ainda que por julgamentos por atacado — e tornando quase mecânica a função de tribunais intermediários e juízes de primeiro grau, enquanto reprodutores do entendimento já fixado por aquelas. O CPC/15, nesse particular, dá especial relevo à divisão hierarquizada do Judiciário, conferindo especial força ao pronunciamento judicial das cortes superiores e, em certa medida, das cortes intermediárias, como acontece no IRDR. A força (gravitacional) exercida pelo precedente, contudo, não depende exclusivamente da hierarquia da corte que o fixou; antes, subordina-se aos fundamentos da decisão, a sua profundidade de análise e sua coerência e integridade com o ordenamento jurídico e a história institucional do próprio direito. Se a aplicação de um precedente, ou, como quer o CPC/15, de uma "tese fixada" ocorrer de forma vinculante e subsuntiva, tem-se o real perigo de retroceder há mais de um século no pensamento jurídico, tornando-o o "juiz boca da jurisprudência". Se comparado ao "juiz boca da lei", este último estaria em vantagem, pois, ao menos, segue textos daqueles que estão legitimados (desde que dentro do aspecto constitucional) a legislar.

A efetividade está intimamente ligada, de um lado, à produtividade judicial e, por outro, ao aumento do poder dos juízes no tocante aos meios executivos, principalmente os indiretos e, agora, atípicos. No primeiro aspecto, há uma preocupação crescente em se julgar mais, independentemente da qualidade das decisões. As metas do CNJ são prova disso. Juízes são valorizados e valorados para promoções (especialmente por merecimento) pela quantidade de sentenças que prolataram em um determinado período. É bem verdade que a Resolução

---

[41] STRECK, Lenio Luiz. Art. 988, In: _____; NUNES, Dierle; CUNHA, Leonardo Carneiro da. *Comentários ao código de processo civil*. São Paulo: Saraiva, 2016, p. 1293-1306, p. 1297.

n. 106 do CNJ prevê outros critérios ao lado da produtividade, quais sejam, desempenho (aspecto qualitativo), presteza, aperfeiçoamento técnico, adequação de conduta ao Código de Ética (art. 4º da citada Resolução). Contudo, de fato, os tribunais valoram sobretudo a produtividade, enquanto quantidade de decisões prolatadas e audiências realizadas. A própria Resolução traz equívocos quanto aos demais elementos, por exemplo: para a aferição qualitativa do trabalho do magistrado, seriam avaliados, aberrantemente, a pertinência da doutrina e jurisprudência eventualmente citada e o respeito às súmulas do STF e dos tribunais superiores. Imagine-se o juiz que se depara com um caso de primeira impressão. Ele está em uma situação nova, invariavelmente difícil (um genuíno *hard case*), que demanda grande estudo e elaborado trabalho. Claro que, como *case of first impression*, não haverá material jurisprudencial pretérito a ser citado, muito menos súmulas, contando, quando muito, com a doutrina. Logo, a seguir os critérios do CNJ, por não citar jurisprudência e súmulas, ter-se-á um trabalho de menor qualidade. Isso mostra a miopia e, na verdade, a falta de critérios em importante tema.

Quanto à segunda perspectiva — da celeridade enquanto aumento de meios executivos colocados à disposição do juiz —, o CPC/15, em seu art. 139, IV, amplia os poderes do magistrado na condução do processo, podendo fazer valer um provimento judicial com "todas as medidas indutivas, coercitivas, mandamentais ou sub-rogatórias necessárias". Essa "carta em branco" para adoção de medidas, por vezes drásticas, já vem causando alarde no meio jurídico e na população em geral. Várias restrições indevidas já foram requeridas, como a suspensão e apreensão da Carteira Nacional de Habilitação[42] ou de passaporte[43], bloqueio de cartão de crédito[44], inclusão do débito na fatura de cartão de crédito do executado[45], bloqueio de saldo de conta do FGTS[46],

---

[42] SÃO PAULO. TJSP. *Processo n. 2257458-98.2016.8.26.0000*. Rel. Mário de Oliveira, 19ª Câmara de Direito Privado, julg. em 26/06/2017.

[43] SÃO PAULO. TJSP. *Processo n. 2074151-10.2017.8.26.0000*. Rel. Alberto Gosson, 22ª Câmara de Direito Privado, julg. em 22/06/2017.

[44] SÃO PAULO. TJSP. *Processo n. 2031029-44.2017.8.26.0000*. Rel. Sérgio Shimura, 23ª Câmara de Direito Privado, julg. em 30/06/2017.

[45] SÃO PAULO. TJSP. *Processo n. 2056941-43.2017.8.26.0000*. Rel. J. B. Franco de Godoi, 23ª Câmara de Direito Privado, julg. em 27/06/2017.

[46] SÃO PAULO. TJSP. *Processo n. 2252819-37.2016.8.26.0000*. Rel. Jonize Sacchi de Oliveira, 24ª Câmara de Direito Privado, julg. em 19/05/2017.

a inscrição do executado nos órgãos de restrição ao crédito[47]. Apesar de haver a reversão das maiorias das citadas medidas pelo tribunal respectivo, quando deferidas pelo magistrado, o bloqueio de cartão de crédito vem sendo aceito de forma mais consistente[48], bem como há casos em que efetivamente houve a suspensão do direito de dirigir[49]. Subjaz a essa discussão a eficiência do processo, que se sobrepõe, em algumas situações, aos direitos fundamentais do cidadão.

A celeridade, por seu turno, está presente nas técnicas de aceleração do processo e na fixação de tutelas sumárias, que limitam a cognição da matéria discutida. No primeiro caso, cita-se o julgamento liminar de improcedência, e, no segundo, a estabilização da tutela antecipada deferida em caráter antecedente (art. 304 do CPC/15). Espera-se uma "jurisdição instantânea ou uma jurisdição-relâmpago"[50], o que pode acarretar o prejuízo dos direitos fundamentais do cidadão. Não é por outra razão que adverte Tinoco que "a introdução da rapidez em procedimentos é buscada no discurso processual, mesmo que disso decorra a não aplicação de princípios processuais constitucionais"[51].

As ondas reformatórias ocorridas a partir da década de 90 e o próprio CPC/15 são frutos dessa visão distorcida sobre tais preocupações, sendo necessário o resgate da função do processo enquanto meio de garantia do cidadão contra o arbítrio estatal e de promoção de seus direitos fundamentais. Por isso mesmo, o processo dever ser entendido não só como um procedimento em contraditório (Fazzalari), exige-se, como advertem Lamy e Rodrigues, que isso ocorra sob uma base de

---

[47] RIO GRANDE DO SUL. *Agravo de Instrumento n. 70072379530*. Rel. Luiz Roberto Imperatore de Assis Brasil, Décima Primeira Câmara Cível, julg. em 26/04/2017.

[48] SÃO PAULO. TJSP. *Processo n. 2057443-79.2017.8.26.0000*. Rel. Maurício Pessoa. 14ª Câmara de Direito Privado, julg. em 24/05/2017; DISTRITO FEDERAL. TJDFT. *Acórdão n. 1011797*. Rel. José Divino, 6ª Turma Cível, julg. em 20/04/2017, DJe 03/05/2017.

[49] DISTRITO FEDERAL. TJDFT. *Acórdão n. 1016516*. Rel. Josapha Francisco dos Santos, 5ª Turma Cível, julg. em 19/04/2017, DJe: 17/05/2017, p. 553-557.

[50] DIAS, Ronaldo Brêtas C. As reformas do Código de Processo Civil e o processo constitucional. In: DIAS, Ronaldo Brêtas C; NEPOMUCENO, Luciana Diniz. *Processo civil reformado*. Belo Horizonte: Del Rey, 2007, p. 219.

[51] TINOCO, Ana Beatriz Passos. Do neoliberalismo processual, das reformas processuais sob emblema de "acesso à justiça" e da atuação do *amicus curiae* no processo objetivo: um balanço crítico. *Em Tempo*, v. 12, Marília, 2013, p. 42-60, p. 47.

direitos fundamentais, a qual, ao final, satisfaça o litigante vencedor no mundo dos fatos[52].

Tratando das "ondas de reformas", como designam Tesheiner e Milhoranza[53], a primeira ocorreu pelas Leis n. 8.455/92, 8.637/93, 8.710/93 e 8.718/93. A primeira delas buscou a simplificação no procedimento da prova pericial. A segunda objetivou a alteração do art. 132 do CPC/73, vinculando o juiz que terminou a instrução, salvo as hipóteses legais (convocado, licenciado, afastado, promovido ou aposentado), à prolação da sentença. A terceira altera dispositivos sobre a comunicação dos atos processuais, em especial, privilegiou a citação por via postal. Por fim, a quarta tratou do aditamento da inicial, admitindo-o antes da citação e, se depois, desde que possua consentimento do réu, inviabilizando-a a partir do saneamento.

A segunda onda, com o objetivo de simplificar, agilizar e dar efetividade ao processo foi composta pelas Leis n. 8.898/94, que alterou dispositivos sobre a liquidação de sentença; 8.950/94, que modificou a regulação de recursos, notadamente os embargos de declaração; 8.951/94, que criou o procedimento extrajudicial para a consignação em pagamento e alterou dispositivos sobre a ação de usucapião; 8.952/94, que generalizou a possibilidade de antecipação dos efeitos da tutela e definiu a tutela específica das obrigações de fazer e não fazer; 8.953/94, que alterou o processo de execução; 9.079/95, que introduziu a ação monitória; 9.139/95, que modificou a sistemática do agravo de instrumento; e 9.245/95, que alterou o procedimento sumário.

A terceira onda de reformas ocorreu pelas Leis n. 10.352/01, 10.358/01, 10.444/02. A primeira delas alterou o reexame necessário e os recursos, salientando-se a possibilidade de o tribunal julgar o mérito da "causa madura" e limitações do cabimento dos embargos infringentes. A segunda alterou o procedimento ordinário, distribuição por dependência, prazo para rol de testemunhas, prova pericial e sentença

---

52 RODRIGUES; LAMY. 2012, p. 37. "Trata-se [o processo] de um ato jurídico complexo resultante da operação de um núcleo de direitos fundamentais (os princípios constitucionais do processo), sobre uma base procedimental, tanto dentro quanto fora de jurisdição, não apenas com o objetivo de declarar os direitos, mas principalmente com o objetivo de satisfazê-los no mundo dos fatos, na vida dos litigantes."

53 TESHEINER, José Maria; MILHORANZA, Mariângela Guerreiro. Notas sobre as reformas do código de processo civil, de 1992 a maio/2008. In: LAMY, Eduardo; ABREU, Pedro Manoel; OLIVEIRA, Pedro Miranda de. *Processo civil em movimento*: diretrizes para o novo CPC. Florianópolis: Conceito, 2013, p. 88-92, p. 88-89.

arbitral. A última delas introduziu expressamente a fungibilidade entre medidas cautelares e antecipações da tutela, além de modificações da tutela específica das obrigações de fazer e não fazer e, também, de sua execução (processo sincrético).

Entre a terceira e quarta ondas de reformas do CPC/73, houve importante modificação constitucional atinente à reforma do Poder Judiciário. Trata-se da EC n. 45/04, que alterou e criou dispositivos constitucionais, destacando-se, para efeitos da presente pesquisa, a criação da súmula vinculante (art. 103-A da CF) e o estabelecimento da repercussão geral no recurso extraordinário (art. 102, § 3º, da CF). Isso impulsionou, em grande medida, a reforma processual subsequente, na medida em que se pretendia operacionalizar as alterações constitucionais, sobretudo os institutos destacados.

A quarta onda ocorreu pela reforma do CPC/73, com as Leis: n. 11.187/05, que modificou, novamente, o regime do agravo; 11.232/05, que estabeleceu o cumprimento de sentença, em vez da utilização de processo executivo autônomo; 11.276/06, introduziu a súmula impeditiva de recurso; 11.277/06, que instituiu o julgamento liminar de improcedência; 11.280/06, que possibilitou a decretação da prescrição de ofício, bem como a declaração de incompetência em caso de nulidade de cláusula de eleição de foro em contrato de adesão; 11.341/06, que possibilitou a comprovação de divergência jurisprudencial com acórdãos publicados na rede mundial de computadores; 11.382/09, que modificou o processo de execução de título extrajudicial, destacando-se a possibilidade de penhora *on line*; 11.417/06, que estabeleceu o procedimento para edição, revisão e cancelamento de enunciado de súmula vinculante; 11.418/06, que disciplinou o requisito da repercussão geral; 11.419/06, que dispôs sobre o processo e atos processuais eletrônicos; 11.441/07, que criou hipóteses de inventário, partilha, separação consensual e divórcio extrajudiciais; 11.448/07, que conferiu à Defensoria Pública legitimidade à propositura da ação civil pública; e 11.672/08, que criou o procedimento dos recursos especiais repetitivos.

Pode-se verificar que, em grande parte, sucessivas alterações legislativas tiveram por mote a previsibilidade, a eficiência e a celeridade. Como dito, não há problema algum em se perseguirem tais metas. Obviamente, é melhor um processo (ou o próprio direito) eficiente e célere, cuja resposta seja previsível a um ineficiente e demorado, em que, ao final, não se saiba qual o sentido que a decisão tomará. O que se deve ter em mente, porém, é que a tríade não pode importar, em momento algum, a subtração de qualquer direito fundamental do cidadão. Assim, o processo deve ser decidido da forma mais ágil possível, desde que, por exemplo, seja respeitada a ampla participação e o diálogo processual[54], promovendo o contraditório enquanto possibilidade de influenciar o resultado final. A morosidade, enquanto mora processual, será, às vezes, necessária e possibilitará a resposta constitucionalmente adequada ao caso, na medida em que se forneça o tempo necessário à produção probatória e ao próprio diálogo entre os envolvidos. O mesmo fato se aplica à eficiência. Ela se dará nos limites das possibilidades constitucionais, enquanto não for contrária a qualquer direito fundamental. Da mesma forma, a previsibilidade não pode afastar o direito de a parte influenciar a decisão de seu caso, mesmo porque não participou da "formação concentrada do precedente" que hoje lhe é aplicável. Nesse passo, a segurança jurídica deve ser encarada não pela rigidez da padronização decisória pretendida, mas pela aplicação íntegra e coerente do direito vigente, por meio do respeito aos direitos fundamentais dos litigantes, sobretudo ao devido processo e ao contraditório. "Segurança jurídica deve ser entendida, em verdade, como direito de acesso a uma estrutura processual que respeite as garantias constitucionais e torne a decisão influenciável pelo exercício do contraditório"[55].

4.1.3.2. A FORMAÇÃO CONCENTRADA DE "PRECEDENTES"

Para cumprir a ânsia pela previsibilidade, há, no CPC/15, procedimentos, para que se produzam decisões que já nascem como "precedentes", como se, uma decisão, em si, pudesse ser qualificada como "precedente", independentemente de seu uso futuro. Mesmo aqueles que comemoram tal iniciativa consentem que o CPC/15 não se preocupa com a recuperação do passado, para que sirva ao caso presen-

---

[54] TAVARES, Fernando Horta. *Constituição, direito e processo*: princípios constitucionais do processo. Curitiba: Juruá, 2008. p. 14. "Com efeito, a bem da prevalência do direito dos sujeitos atingidos participarem na construção dos provimentos, a busca da celeridade não pode motivar a perda de disponibilidade e concretização de um direito material. Deverá ser respeitada a garantia constitucional de acesso à justiça, sendo que este não se sintetiza no simples e trivial acesso ao juiz ou ao tribunal, compreendendo a possibilidade de acessar e dar efetividade a uma extensa dimensão de direitos individuais e sociais".

[55] SOARES, Carlos Henrique; VIANA, Antônio Aurélio de Souza. Utilização antidemocrática de precedentes judiciais. *Revista síntese de direito civil e processual civil*, a. 12, n. 90, p. 9-26, jul.-ago. 2014, p. 25.

te (nisso perdendo a história institucional do próprio direito); antes, possibilita amplamente o julgamento por amostragem, para *"formular* no julgamento do caso atual *tese de direito* que sirva de base para julgamentos futuros"[56]. Ressalta Theodoro Jr., "ao contrário do que se passa sob o regime do *common law* em que *o passado molda o presente*, a tônica de nosso regime é a de *estatuir no presente* norma capaz de pré-ordenar o futuro"[57].

O caminho para a homogeneidade é retirar, de cada causa, o que a torna particular. Em outras palavras, busca-se extirpar os fatos, para que, despida de qualquer faticidade, a tese jurídica possa ser aplicável a uma classe de eventos futuros. Há, de forma generalizada, uma falta de preocupação com os fatos de uma determinada demanda. O que parece importar é a formulação de teses jurídicas para a resolução de casos futuros. Nesse ponto, o CPC/15 é pródigo em dispositivos que ressaltam a importância de aplicação de "teses jurídicas" (ou seja, um texto geral e abstrato), formulado por um órgão judiciário que, desde sua origem, surgiu, para resolver casos futuros. Isso ocorre já há tempos, em relação às súmulas (vinculantes ou não) e aos recursos repetitivos do CPC/73. No CPC/15, além de se manter tal importância no trato das súmulas e dos recursos repetitivos[58], amplia-se o rol de procedimentos ditos à criação antecipada de precedentes, ou seja, de padrões decisórios para casos pendentes ou futuros, como o incidente de resolução de demandas repetitivas[59] e o de assunção de competência[60].

Apesar da tentativa de aproximação da nova regulamentação processual civil a institutos da *common law*, como a definição de *ratio decidendi*, *obter dicta*, *distinguishing* ou *overruling*, diferentemente de qualquer sistema de família anglo-saxônica, o sistema brasileiro é inconciliável — ao menos da forma proposta — com tais elementos, porque a preocupação é a de fixação de *standards* pré-prontos. Imagina-se que a fixação de uma determinada tese resolverá o problema (quan-

---

[56] THEODORO JR., Humberto. Demandas repetitivas. Direito jurisprudencial. Tutela plurindividual, segundo o novo Código de Processo Civil: incidente de resolução de demandas repetitivas e incidente de assunção de competência. *Revista do TRF-1*, Brasília, v. 28, n. 9/10, p. 65-77, set.-out. 2016, p. 65 (grifos no original).

[57] THEODORO JR., 2016, p. 65 (grifos no original).

[58] Art. 1.039 do CPC/15.

[59] Art. 985 do CPC/15.

[60] Art. 947, §3º, do CPC/15.

titativo) de diversas demandas e espalhar-se-á, a todos os casos, por mera dedução[61]. Reforçando doutrinariamente tal pretensão, salientam Didier e Cunha, quando tratam do julgamento dos casos repetitivos até então sobrestados (em virtude de um IRDR ou recursos especial e extraordinário repetitivos), que "caberá a esse órgão julgador [o competente para decidir o processo pendente] apenas expor as razões pelas quais o caso que lhe foi submetido se subsome à tese jurídica definida pelo tribunal"[62].

Explicando por que o CPC/15 está distante da *common law*, Câmara apresenta uma excepcional leitura do propósito da nova codificação. Diz o autor que, nos sistemas anglo-saxões, é o juiz do caso futuro que dirá se uma decisão pretérita é ou não um precedente, contudo, no direito processual brasileiro, a regulamentação é distinta. Já há a estipulação das decisões que se revestirão como precedentes, mais, como precedentes vinculantes ou obrigatórios (na leitura de parcela da doutrina), por isso, aqui, "o precedente é criado 'para ser precedente vinculante'"[63]. Como bem sintetiza, de forma didática, o autor "tais pronunciamentos são 'precedentes de propósito' (ou, como já tive oportunidade de dizer, em tom de brincadeira, (...), 'precedentes vinculantes dolosos', já que formados 'com a intenção de serem pre-

---

[61] FAVERO, Gustavo Henrichs; RESCHKE, Pedro Henrique. Função criativa do juiz e sistema de precedentes. In: LUCON, Paulo Henrique dos Santos; OLIVEIRA, Pedro Miranda de. *Panorama atual do novo CPC*. Florianópolis: Empório do Direito, 2016, p. 207-220, p. 219-220. "Há, porém, uma veemente necessidade de adaptar tal construção ao modo brasileiro de tratar com a força vinculante da jurisprudência. É que o precedente vinculante do CPC de 2015 não é o mesmo precedente do *common law*. O legislador brasileiro impõe o respeito aos precedentes como ideologia, mas não adaptou o método: o sistema de precedentes anglo-saxônico é baseado no método indutivo, extraindo a regra geral sempre a partir da decisão que foi tomada dentro de determinado caso. Enquanto isso, os juristas brasileiros tendem a utilizar precedentes através do mesmo tipo de raciocínio dedutivo com que aplicam a lei — esperando, portanto, que o tribunal que julgou o precedente enuncie as próprias razões de decidir, através de um enunciado que contenha a tese jurídica em abstrato, desligada dos fatos do caso que lhe deu origem, justamente para vincular casos futuros."

[62] DIDIER JR., Fredie; CUNHA, Leonardo Carneiro da. *Curso de direito processual civil*. 14 ed. v. 3. Salvador: Juspodivm, 2017, p. 690.

[63] CÂMARA, Alexandre Freitas. *O novo processo civil brasileiro*. 3 ed. São Paulo: Atlas, 2017, p. 443.

cedentes vinculantes')"⁶⁴. Há, de forma indevida, a supervalorização do aspecto prospectivo do precedente, o que deve ser combatido, em menosprezo ao já usual caráter retrospectivo (um olhar para trás).

Não há a superação dos paradigmas da metafísica clássica e da filosofia da consciência. Perpetua-se, sabida ou irrefletidamente, a mesma base positivista na compreensão do fenômeno jurídico. Há um movimento pendular, entre um interpretativismo objetivista e outro subjetivista. Ora criam-se teorias e instrumentos de congelamento de sentidos, e, em outros momentos, deixa-se à criatividade ou ao subjetivismo do intérprete a melhor solução a ser dada a um caso.

Como visto, o problema hoje é o de controlar o solipsismo do intérprete, seu subjetivismo, que acarreta, ao fim e ao cabo, a dispersão jurisprudencial que o CPC/15 tenta evitar. Estando o movimento pendular nesse extremo, parece que o legislador visou a uma série de medidas de cunho objetivista, como se o controle do intérprete se desse a partir de novos *standards* que guiariam a segura aplicação do direito. Troca-se, por vezes, um texto de lei estabelecido pelo legislador por outro texto (com as mesmas características do da lei) criado pelo julgador. Não há, portanto, evolução, modificação do paradigma. Mesmo com o CPC/15, "o Direito encontra-se preso, ainda, aos paradigmas da metafísica clássica e da filosofia da consciência. Por este motivo, vive-se entre objetivismos e subjetivismos interpretativos"⁶⁵.

Não se atentou, ainda, para o fato de que o problema é paradigmático, de base. De nada adianta a criação de uma nova legislação, se for mantido o "local da fala". Como afirma Streck, vai-se ver o novo com os olhos do velho, que, assim, velho se tornará também. A lei, em um interpretativismo objetivista (metafísica clássica), teria uma essência, constante e imutável. Bastaria a sua apreensão pelo intérprete, que a utilizaria como premissa maior do seu silogismo. O trabalho interpretativo seria "extrair, de frase, sentenças ou norma, tudo o que na mesma se contém"⁶⁶, eis que "interpretar é descobrir o sentido e alcance

---

64 Ibid, loc. cit.

65 LUIZ, 2013, p. 105.

66 MAXIMILIANO, Carlos. *Hermenêutica e aplicação do Direito*. 19. ed. 10 tiragem. Rio de Janeiro: Forense, 2006, p.7. É bem verdade que Maximiliano também adere à filosofia da consciência, em uma mixagem teórica, referindo-se ao fato de que não se dispensa, na interpretação, o coeficiente pessoal, o subjetivismo do intérprete.

da norma"[67]. Por consequência, o ato de julgar seria, tão somente, a dedução do direito, que já se encontraria em dita norma, de caráter, portanto, eminentemente declaratório do direito preexistente.

Esse é o mesmo sentido de muito o que se produz academicamente sobre a nova codificação. Não é difícil encontrar quem sustente que, efetivamente, o CPC/15 objetiva criar padrões decisórios genéricos, gerais e abstratos, que sirvam de premissa maior a casos futuros. Por isso, passaria a atividade judicial a não só resolver litígios, mas fixar teses, ainda de forma geral e abstrata. Isso é o que se pretende, por exemplo, com o IRDR, que não se destina "à resolução de casos, mas à fixação de teses"[68]. Os fatos são exortados do processo. Há a criação de um "processo dessubjetivado", em que ocorre "a abstração das particularidades fáticas para a fixação da tese"[69], tendente não à norma individual e concreta de um caso, "mas apenas à norma geral"[70]. Por isso, "a abstração é recomendada e necessária"[71]. Como se verá de forma mais aprofundada a seguir, essa é a ideologia de aplicação dos pronunciamentos judiciais pretensamente vinculantes a qual propõe o novo código.

Nisso, há vários problemas, sendo que três deles aparentam ser os mais básicos: a cisão entre fato e direito; a preocupação excessiva (ou exclusiva) com o aspecto prospectivo do precedente; a mixagem teórica (sobretudo entre diferentes ramos do positivismo), sem que haja, efetivamente, qualquer evolução na matriz teórica adotada pela nova legislação.

---

[67] DINIZ, Maria Helena. *As lacunas no Direito*. 8. ed. São Paulo: Saraiva, 2007, p.277.

[68] TEMER, Sofia. *Incidente de resolução de demandas repetitivas*. 2 ed. Salvador: Juspodivm, 2017, p. 208.

[69] Ibid., p. 208

[70] Ibid., p. 208-212.

[71] Ibid., p. 212.

4.1.3.3. O CPC/15 É PÓS-POSITIVISTA?

Defende-se que o CPC/15 rompeu com o positivismo, que acreditava na plenipotência da lei, apresentando um viés pós-positivista[72]. Essa conclusão, contudo, é apressada. Primeiro, há uma errônea caracterização do positivismo como o exclusivamente exegético, ao se afirmar que a lei era "repleta de conceitos herméticos, taxativos"[73]. Como já visto, há muito o positivismo exegético foi superado. Não foi necessária a formação de um pós-positivismo, para que isso ocorresse. O próprio positivismo, com novas feições, fez esse trabalho. Por todos, Kelsen, Hart e Ross são exemplos de estudiosos que já demonstraram a impossibilidade de a lei trazer em si todas as hipóteses de sua própria aplicação, extirpando-se a possibilidade de qualquer interpretação, como se o aplicador fosse um mero autômato que reproduziria as palavras da lei.

Segundo, há novo equívoco, ao marcar o pós-positivismo como um sistema calcado em "princípios, cláusulas gerais, conceitos vagos etc"[74]. A questão da indeterminação semântica do texto legal não é novidade, sendo que, por todos, Hart já abarcava bem a situação, como nos famosos exemplos da proibição de veículos no parque. Assim, calcar uma nova teoria com base na falta de determinação semântica do texto e daí sustentar um empoderamento do papel do intérprete, principalmente de seu caráter criativo, nada mais é do que repetir o positivismo hartiano.

A questão é que, tratados do âmbito hermenêutico, ou mesmo da resposta correta de Dworkin, a semântica não é a única análise a ser feita. Para além da semântica e da sintaxe, a pragmática adiciona a faticidade e a temporalidade no interpretar, porque o texto só existe em seu contexto, na tradição, nas práticas socialmente compartilhadas que moldam os próprios horizontes de compreensão. Dessa forma, por mais que o texto apresente uma "textura aberta", a tradição, a história

---

[72] DANTAS, Bruno. Concretizar o princípio da segurança jurídica: uniformização e estabilidade da jurisprudência como alicerces do CPC projetado. In: FREIRE, Alexandre; DANTAS, Bruno; NUNES, Dierle; et al. *Novas tendências do processo civil*: estudos sobre o projeto do novo código de processo civil. Salvador: Juspodivm, 2013, p. 123-142, p. 126.

[73] Ibid., loc. cit.

[74] Ibid., loc. cit.

institucional do próprio direito apontarão o caminho a seguir, para que se chegue, em termos dworkinianos, à resposta correta.

No que tange especificamente aos princípios jurídicos, estes são de enorme importância ao constitucionalismo contemporâneo e, nesse ponto, são um elemento jurídico que ataca dogmas positivistas. Contudo, não o é para o fim de conferir maior âmbito de atuação ao intérprete, como geralmente se defende. Antes, é uma forma de ataque ao solipsismo e à discricionariedade judicial. Ressalta Streck que os princípios não "abrem" a interpretação, ao contrário, eles a "fecham", não possibilitando subjetivismos do intérprete[75].

O que se vê, na verdade, são propostas de expansão de princípios, como se fossem eles enunciados assertóricos, algo dito — e escrito — em algum texto legal, desvinculados da faticidade. Assim, multiplicando-se os textos legais, multiplicam-se, com eles, vários e diferentes princípios, no que Streck chamou de "panprincipiologismo." Talvez esse equívoco ocorra pela má recepção de Alexy à teoria de Dworkin. É sabido que a distinção entre regras e princípios efetuadas por Dworkin serviu como base à teoria dos princípios de Alexy, porém não se atentou o jurista alemão para o detalhe de que princípios, nesse particular, não funcionam como enunciados assertóricos; antes, representam a ligação do direito com o mundo da vida, com a faticidade. Por isso, dependerá da prática de uma comunidade e será construído no devir. Desse modo, os princípios moldam comportamentos, assim como os comportamentos, no passar do tempo, moldam os próprios princípios.

As teses que se baseiam na indeterminação semântica do texto jurídico e, por consequência, conferem maior liberdade interpretativa ao juiz tão somente repetem visões positivistas. Esse é, em suma, o pensamento de Hart. Defende o autor que, em casos difíceis, o direito possui uma "textura aberta", indeterminações semânticas das regras que possibilitariam ao intérprete variadas respostas, e, no âmbito judicial, a resolução se daria pela discricionariedade do juiz[76]. Da mesma forma, a ideia de moldura, de Kelsen, atua na idêntica lógica, uma vez que ao juiz é facultada — no uso discricionário do poder em que está

---

[75] STRECK, 2014a, p. 221.

[76] HART, 2009, p. 175. "A textura aberta do direito significa que existem, de fato, áreas do comportamento nas quais muita coisa deve ser decidida por autoridades administrativas ou judiciais que busquem obter, em função das curcunstâncias, um equilíbrio entre interesses conflitantes, cujo peso varia de caso para caso."

investido — a escolha de qualquer das alternativas que se encontram no seu interior. Destarte, não há nem uma ruptura, avanço ou guinada ao pós-positivismo com a adoção de teses ou modelos que se baseiem na indeterminação semântica do texto legal ou no uso da discricionariedade judicial para a resolução de controvérsias.

Não há razão, desta feita, para se afirmar, de pronto, que o CPC/15 suplantou o positivismo. Antes, há uma mixagem teórica trazida em diferentes dispositivos, que ora reafirma o positivismo, em alguns momentos apontando para teses procedimentais e, em outros, para uma doutrina substancial do direito. A primeira conclusão que disso se tira é a de que o CPC/15 não é, em si, um código pós-positivista, rompendo com o modelo positivista ainda hegemônico. Por outro lado, não é uma codificação positivista. Como visto, há uma miríade de inclinações, sendo que uma classificação estacionária, longe de uma construção doutrinária sólida, não é apta a delimitar a abrangência que pode ter a novel legislação.

Essa mixagem teórica deriva, em parte, do próprio *status quo* da atual teoria do direito no Brasil, uma vez que há a demonstração de insuficiência do positivismo, mas sem uma nova teoria dominante que viesse a suplantá-lo. Por isso, diz-se que o direito está em crise. O modelo hegemônico ainda não morreu e o que olhe sucederá ainda não vingou. Dessa maneira, diversas vertentes de pensamento surgem e objetivam corrigir o positivismo, ou romper com ele, sem que haja, até o momento, uma predominante. O CPC/15 trouxe, em seu texto, sinais dessa crise, ao abarcar diferentes teorias, algumas conflitantes entre si.

A opção por diferentes teorias em um mesmo texto legal tem como causa, também, o fato de o CPC/15 (seja no projeto de lei inicial, no substitutivo apresentado ou na sua redação final) ter sido um código escrito a várias mãos. Pode-se contrapor o processo de elaboração do CPC/15 ao CPC/73. Neste, houve a redação do projeto por uma só pessoa, Alfredo Buzaid, o que, por uma lado, não possibilitou o amplo debate e a acomodação de diferentes visões na legislação. Por outro lado, garantiu uma unidade teórica — baseando-se, sobretudo, nas lições de Liebman — e uma sistematização coerente de todo o seu conteúdo. Tanto é assim, que somente pelas sucessivas modificações é que o CPC/73 começou a perder a sua coerência estrutural, e, a partir daí, começaram os estudos para a formação de um novo código.

Por sua vez, o CPC/15 foi fruto de intenso debate, sendo que muitos estudiosos do direito participaram efetivamente na redação do projeto que, após várias modificações, culminou na novel legislação. O ponto positivo é o alto grau democrático imprimido ao novo código. Debates acadêmicos, audiências públicas e um árduo trabalho de todas as comissões destinadas à redação do projeto garantiram o escrutínio popular em todos os passos do processo legislativo. Entretanto, isso acarretou, de igual sorte, uma falta de unidade de pensamento, que refletiu na adoção de diferentes teorias de base e, consequentemente, na mixagem teórica estampada em seu texto. A acomodação de diferentes diretrizes e teorias é algo compreensível, quando há várias cabeças pensantes, com diferentes bagagens, a elaborar um texto legal de tamanha importância. Em certa medida, foi o preço a se pagar por congregar um grande número de redatores do texto. Contudo, há o aspecto negativo de não se ter uma trajetória teórica linear. Reflexos disso são as diferentes leituras que vários institutos vem sofrendo. Poder-se-ia citar, para restringir à discussão dos precedentes, o próprio art. 927 do CPC/15, que congrega, ao menos, cinco visões distintas, que vão de sua inconstitucionalidade, passando pelo caráter central que assume, até à sua desnecessidade. Em outros institutos, as discussões não são menores, valendo citar o caso da estabilização da tutela antecipada em caráter antecedente, em que várias são as correntes de pensamento[77].

Avulta, nesse contexto, o papel da doutrina, porque cabe a ela formular um arcabouço teórico que melhor represente aquilo que o CPC/15 possa ser. Somente uma produção acadêmica de qualidade — como já vem sendo feita — poderá dar ao novo código um cariz pós-positivista como pretendido. Há a necessidade de uma leitura adequada à Constituição. Isso não é algo que nasce com o texto; ao contrário, é um trabalho paulatino, que depende de pesquisadores, professores, enfim, acadêmicos comprometidos com a evolução da teoria do direito, em geral, e do processo civil, em particular. A produção judicial que se fará da nova legislação será sobremaneira importante, todavia será a doutrina que servirá como guia à própria jurisdição. A aplicação de qualquer texto normativo não se faz de um ponto zero de sentido, e, nesse contexto, a doutrina possui um grande papel a cumprir, moldando a própria tradição jurídica, mormente a que se forma diante do novo código.

---

[77] cf. LAMY; LUIZ, 2016.

Sobre a preocupação excessiva (ou exclusiva) com o aspecto prospectivo do precedente, já se abordou a temática[78], demonstrando o equívoco de sua adoção, entretanto esta parece ser a ideologia dominante para o "sistema de precedentes" do CPC/15. Por efeito prospectivo, entende-se a preocupação da decisão de hoje não como forma de resolução correta do caso em mãos, mas sim como um precedente para uso futuro. Para os defensores dessa visão prospectiva, o tribunal deveria se preocupar com os efeitos de sua decisão para o futuro, como precedente[79], ainda que a solução ao caso que se analisa não fosse a melhor para as especificidades dos fatos da demanda. Em sua vertente mais radical, afirma Schauer que os casos formam um direito ruim (*cases make bad law*)[80] e, em virtude disso, defende que "a melhor resposta para um processo pode ser algo diferente do que o melhor resultado para o caso imediato"[81].

Apesar de não adotar, de forma expressa, o aspecto prospectivo do precedente, a ideologia do CPC/15, em grande monta, aceita e promove tal visão. Isso pode ser verificado nos procedimentos e técnicas utilizadas para "criar" precedentes. Neles, o que qualifica o procedimento não é a resolução correta do caso concreto, mas a fixação de uma regra judicialmente construída para a regulação de lides futuras. Exemplo máximo disso é o incidente de resolução de demandas repetitivas, cujo principal objetivo é definir uma tese jurídica para os processos pendentes (suspensos) e futuros. A função residual, no incidente, é

---

78 LAMY; LUIZ, 2015.

79 MACCORMICK, Neil. The significance of precedent. *Acta Jurídica*, p. 174-187, 1998, p. 175. "I cannot reasonably decide a case today without satisfying myself that the ground of my decisions would be satisfactorily applicable tomorrow or the day after, or in the future quite generally, in the event of a similar case recurring."

80 SCHAUER, Frederick. Do cases make bad law? *The University of Chicago Law Review*, n. 73, n. 3, p. 883-918, 2006, p. 918, "Holmes was partially right. Great cases and hard cases make bad law. But if the distorting effects produced by greatness and hardness are present in nongreat and nonhard cases as well just because of the very immediacy of those cases, then Holmes's insight about great cases and hard cases is not only broader than he thought, but also supports the proposition that cases simpliciter make bad law. And if that is so, then it may turn out to be more of a demerit than a merit that *common law* decides the case first and determines the principle after."

81 SCHAUER, Frederick. Is there a psychology on judging? In: KLEIN, David; MITCHELL, Gregory (Org.). *The Psychology of Judicial Decision-Making*. Nova Iorque: Oxford University Press, 2010, p. 106.

a resolução do caso em mãos. Tanto é assim, que "a desistência ou o abandono do processo não impede o exame de mérito do incidente."[82]

Mesmo os recursos repetitivos, que poderiam servir de interessante instrumento de julgamento de um caso concreto — e este último se prestaria no futuro, como um respeitável paradigma —, ficam diminuídos, na medida em que a ideologia dominante é a de que o fundamental não é como foi resolvido o caso em mãos, mas sim a tese jurídica expedida pela Corte. Tanto que o STJ, ainda na égide do CPC/73, entendia ser inviável a desistência do recurso especial representativo da controvérsia[83], ampliando-se, em alguns julgados, a recursos especiais não dotados de tal característica[84]. Agora, ao menos em relação aos recursos extraordinários e especiais repetitivos (além dos extraordinários com repercussão geral), tornou-se texto expresso, na forma do art. 998, parágrafo único, do CPC/15, de duvidosa constitucionalidade.

A prevalência da formação da tese jurídica (para o futuro) sobre o julgamento do caso concreto na prática jurídica é observada pelo lugar cimeiro que a tese aparece no próprio texto do acórdão. No âmbito do STJ, nos recursos especiais repetitivos, deixava-se consignado que "para os efeitos do art. 543-C do CPC:", e enunciava a tese criada, com um texto genérico e abstrato que retirava a faticidade e concretude do caso julgado, transformando um julgamento particular da Corte em um enunciado assertórico que valeria por si mesmo. Com o início da vigência do CPC/15, nada de novo ocorreu, senão a alteração da locução "para os efeitos do art. 543-C do CPC" para "TESE para os fins do art. 1.040 do CPC/2015"[85]. Assim, troca-se o complexo trato do precedente — como estabelecimento de sua *ratio decidendi*, possibilidades de analogias e distinções e, ainda, motivos para superação — por um texto pretensamente genérico e abstrato que edificaria o entendimento sobre um ponto do direito brasileiro: a tese jurídica. Depois de fixada, essa tese seria aplicada, tal como um artigo de lei, a outros casos que

---

[82] art. 976, §1º, CPC/15.

[83] BRASIL. STJ. *QO no REsp 1.063.343/RS*, Rel. Min. Nancy Andrighi, Corte Especial, DJe de 04/06/2009.

[84] BRASIL. STJ. *REsp 1308830/RS*. Rel. Min. Nancy Andrighi, Terceira Turma, julg. em 08/05/2012, DJe 19/06/2012.

[85] BRASIL. STJ. *REsp 1568244/RJ*, Rel. Min. Ricardo Villas Bôas Cueva, Segunda Seção, julg. em 14/12/2016, DJe 19/12/2016.

se amoldassem à sua hipótese de incidência. Seria, portanto, mais uma regra a se aplicar por subsunção aos casos futuros.

Isso afasta a aproximação que tanto se comenta entre a *common law* e a *civil law* no Brasil. Os precedentes, no primeiro sistema, servem para o julgamento de um caso específico, e este é o problema enfrentado pela Corte: os fatos particulares de uma determinada demanda. O julgamento servirá, futuramente, como ponto de partida de análise das partes e do juiz do caso superveniente. Não há, portanto, esta sede, para que uma divergência morra antes de ter se desenvolvido. Muito pelo contrário, quando a Suprema Corte Americana, por exemplo, depara-se com temas de grande discórdia, sequer concede o *writ of certiorari* de pronto. Não admite o caso para julgamento, até que se possa desenvolver de forma mais ampla o debate. Apenas quando acredita que já haja maturidade para a análise da questão posta é que a Corte se permite discutir e julgar um caso sobre o assunto.

O próprio federalismo americano, por exemplo, permite que cada Estado adote o regramento jurídico que lhe seja conveniente, possibilitando grandes divergências (legais e, consequentemente, judiciais), servindo cada Estado da federação como um verdadeiro laboratório de teste aos demais. As diferentes medidas são comparadas, as positivas se alastram, e as negativas não afligem toda a população do país.

Há quem veja, nesse distanciamento, um traço cultural brasileiro, ou seja, a formação de um sistema de precedentes próprio, genuinamente nacional, comportando as peculiaridades e idiossincrasias do direito pátrio. Apesar de se concordar com o fato de que cada país apreciará e valorará o direito jurisprudencial em geral ou o precedente judicial em especial à sua maneira, como fenômeno social e cultural introduzido na argumentação jurídica, não há como aceitar a conclusão acima exposta. Com efeito, a formação judicial de teses jurídicas, como um enunciado assertórico impositivo, com vistas às aplicações futuras (efeito prospectivo) não representa qualquer avanço no direito e não se coaduna com nossa ordem constitucional.

Não representa qualquer avanço, pois se mantém a mesma lógica, a saber, a aplicação de textos jurídicos gerais e abstratos. Somente se troca a origem jurígena de tais textos. Antes do legislativo, e, agora, tanto do legislativo quanto do judiciário. Mantém-se, de igual sorte, o mesmo problema: a impossibilidade de o instituidor do texto jurídico (seja o legislador ou o julgador) prever antecipadamente todas as hipóteses de sua incidência. Mais, ao retirar a faticidade do caso (seu DNA, como diz Streck) para a construção de um texto geral e abstrato (exclusivamente jurídico, sem fatos particulares), torna-se ainda mais difícil o controle das futuras possíveis aplicações, possibilitando que tais regras sejam empregadas a situações não cobertas por elas.

Se o texto geral e abstrato do legislador não resolveu o problema da discricionariedade (que está no fundo das diversas formas de decisionismos), a troca da fonte de emanação de tais tipos de comandos não alterará, em nada, o enfrentamento do problema. Portanto, deve-se afastar, no trato do precedente, qualquer elemento que o faça parecer um texto de lei. Não se pode querer fundar algo genuinamente brasileiro em concepções do direito as quais mantenham a estrutura sujeito-objeto.

4.2. O "SISTEMA DE PRECEDENTES" E A LEI N. 13.256/16

Antes mesmo da entrada em vigor do CPC/15, houve uma série de alterações em seu texto, decorrentes da Lei n. 13.256/16. Esta foi uma resposta dos tribunais superiores àquilo que seus ministros entendiam ser prejudicial ao funcionamento das cortes[86], defendendo, sobretudo, medidas que evitassem a chegada de muitos processos ao respectivo tribunal[87]. Os dois principais pontos de alteração, para tanto, foram a restrição ao

---

[86] MACÊDO, Lucas Buril de. A análise dos recursos excepcionais pelos tribunais intermediários: o pernicioso art. 1.030 do código de processo civil e sua inadequação técnica como fruto de uma compreensão equivocada do sistema de precedentes vinculantes. In: DIDIER JR., Fredie; CUNHA, Leonardo Carneiro da. *Julgamento de casos repetitivos*. Salvador: Juspodivm, 2017b, p. 327-364, p. 329-330. Ressalta Macêdo que "a mudança realizada pelo Código, no entanto, não agradou, especialmente aos ministros do Supremo Tribunal Federal e do Superior Tribunal de Justiça. Com muita brevidade, então, passou-se a falar em necessidade de reforma do Código, para evitar efeitos maléficos à distribuição de justiça. Passou, então, a tramitar o Projeto de Lei 2.384 de 2015, de autoria do Deputado Federal Carlos Mandato (SD/ES), que viria a se tornar, posteriormente, e com várias modificações implementadas no processo legislativo, a Lei n. 13.256/2016."

[87] NUNES, Dierle; BAHIA, Alexandre; PEDRON, Flávio Quinaud. Art. 1.030. In: STRECK, Lenio Luiz; NUNES, Dierle; CUNHA, Leonardo Carneiro da. *Comentários ao código de processo civil*. São Paulo: Saraiva, 2016, p. 1368-1372, p. 1370. "A justificativa para o passo atrás, segundo se lê do Parecer pela aprovação na CCJ ao PLC n. 168/2015, agora Lei n. 13.256/2016, é de que 'essa triagem desempenhada atualmente pelos tribunais locais e regionais conseguem poupar o STF e o STJ de uma quantidade vertiginosa de recursos manifestamente descabidos (...)'."

uso da reclamação e o reavivamento do duplo juízo de admissibilidade dos recursos especial e extraordinário[88]. Esta última situação é crucial para o pretenso "sistema de precedentes" que se pensava estabelecer.

Sobre a reclamação, a Lei n. 13.256/16 limitou suas hipóteses de cabimento, com a modificação de texto dos incisos III e IV do art. 988 do CPC/15. Exigiu, ainda em relação à reclamação, o esgotamento das instâncias ordinárias no caso de ser ela proposta com base em acórdão de recurso extraordinário com repercussão geral reconhecida ou de acórdão proferido em julgamento de recursos extraordinário ou especial repetitivos (art. 988, §5º, CPC/15).

A alteração da forma de admissibilidade dos recursos excepcionais foi, contudo, o principal objetivo alcançado pelos idealizadores da Lei n. 13.256/16. A justificativa pragmática para tanto foi a preocupação com o aporte de inúmeros processos. Assim, o juízo prévio de admissibilidade representaria uma "filtragem" a cargo dos tribunais locais a qual facilitaria a organização do trabalho no STJ e no STF, na medida em que muitos dos recursos interpostos seriam obstados ainda antes de sua chegada à corte superior respectiva, sem que houvesse o manejo de qualquer outra forma processual no juízo *ad quem*. Basicamente, acreditava-se que muitas decisões transitariam em julgado ainda nas cortes intermediárias, evitando que fossem analisadas pelos tribunais superiores.

Ocorre que a alteração legislativa traz impactos diretos na tentativa da nova codificação em iniciar uma cultura de precedentes, demandando uma análise pormenorizada da questão da admissibilidade dos recursos procedida no âmbito do tribunal local.

4.2.1. A ADMISSIBILIDADE DOS RECURSOS EXCEPCIONAIS OU PORQUE FECHAR AS PORTAS DOS TRIBUNAIS SUPERIORES AOS LITIGANTES CORRÓI O USO DE PRECEDENTES

O juízo de admissibilidade de um recurso, seja ele qual for, é o momento preliminar em que a autoridade judiciária competente analisará a "aptidão de um procedimento ter o seu mérito (objeto litigioso) examinado"[89]. Diz-se provisório o juízo de admissibilidade dos recursos, quando realizado pelo próprio tribunal que proferiu a decisão recorrida (juízo *a quo*), e definitivo aquele procedido pelo juízo *ad quem*.

---

[88] Há outras alterações de relevo, ocorridas em institutos particulares (p.e., nos embargos de divergência), que serão com eles tratadas.

[89] DIDIER JR.; CUNHA, 2017, p. 126.

Obviamente, a resposta final no que toca ao juízo de admissibilidade é a do juízo *ad quem*, o que pode ser exercido a qualquer momento, não havendo preclusão a respeito, por se tratar de questão de ordem pública[90]. No caso dos recursos especial e extraordinário, como já visto, há essa dupla análise realizada tanto pelos tribunais locais quanto pelas cortes superiores.

Precede tal juízo, por lógica, à análise do mérito recursal das razões pelas quais determinada decisão recorrida merece reforma ou não, ou, ainda, se padece de um vício insanável que acarrete sua cassação. Tendo em vista que "jamais uma mesma questão pode ser de admissibilidade e de mérito em relação a um mesmo procedimento"[91], cumpre diferenciar claramente os requisitos de admissibilidade de um recurso e sua questão de mérito, para que não se repitam as constantes confusões que assolam a prática jurídica[92].

Tais requisitos dizem respeito ao próprio direito de recorrer e à forma de exercício deste direito. Com base em tais premissas, são divididos em intrínsecos, quanto tratam do próprio direito de recorrer, e extrínsecos, em razão do modo de exercê-lo. Apesar do rico debate acadêmico sobre a inclusão de determinado requisito em um ou outro grupo[93], essa discussão carece de relevância prática, na medida em que, em ambos os casos, o deslinde do processo será o mesmo: sua inadmissão. Dessa maneira, pode-se afirmar genericamente que são requisitos de admissibilidade: cabimento, legitimidade, interesse, inexistência de fato extintivo ou impeditivo do direito de recorrer, tempestividade, preparo e regularidade formal (inclusive quanto à neces-

---

[90] MIRANDA DE OLIVEIRA, 2011, p. 52. Destaca o autor que "o tribunal pode, inclusive, julgar inadmissível apelação que ele mesmo tenha declarado como admissível anteriormente em sede de agravo de instrumento advindo de decisão de juiz que tenha negado seguimento ao recurso de apelação."

[91] DIDIER JR.; CUNHA, 2017, p. 159.

[92] MIRANDA DE OLIVEIRA, 2016, p. 67. "Apesar da evidente diferenciação que existe entre juízo de admissibilidade e juízo de mérito, no direito brasileiro não são poucos os casos em que se observa certa confusão sobre esses *juízos*, sobretudo nos ditos recursos de fundamentação vinculada."

[93] Alguns colocam, por exemplo, a tempestividade como um requisito extrínseco (ver quem), enquanto outros (como Didier Jr. e Cunha) classificam-lhe como intrínseco. O mesmo contexto acontece com a ocorrência de fato impeditivo ou extintivo do direito de recorrer. Nesse caso, por exemplo, Didier Jr. e Cunha optam por enquadrar este requisito como intrínseco, enquanto Nery Jr. o vê como extrínseco.

sária dialeticidade). Não se tratando de questão central da presente investigação, não se analisará cada um deles. O que interessa saber, aqui, é a separação dos requisitos de admissibilidades das de mérito dos recursos excepcionais, para aquilatar a função e os limites do juízo de admissibilidade prévio do juízo *a quo*.

Em que pese a justificativa legítima da preocupação com a quantidade de processos que aportariam, dia a dia, nas cortes superiores, o restabelecimento do duplo juízo de admissibilidade dos recursos especial e extraordinário sepulta, em grande medida, a formação de um "sistema de precedentes" ou mesmo da aplicação de um *stare decisis* no Brasil. Isso porque esquece-se de que a prática do precedente, mais que a continuidade, possibilita a evolução do sistema jurídico a que se refere. Nesse ponto, não existe um congelamento de sentido trazido por uma decisão paradigmática de um tribunal, e há, sempre, uma forma de reavivar a discussão na Corte que fixou o próprio precedente.

Vale relembrar aqui a questão da interrupção da gravidez nos EUA. No já famoso caso *Roe v. Wade*, a Suprema Corte americana decidiu, em 1973, ser inconstitucional a legislação do Texas a qual proibia o aborto. Afirmou a Corte, por uma votação de 7 x 2, que o direito da privacidade da mulher, decorrente da cláusula do devido processo legal, estabelecida na 14ª Emenda, concede o direito à interrupção da gravidez, nas gestações em que estiverem até a décima segunda semana. A decisão movimentou (e, na verdade, movimenta) uma série de discussões na academia americana, não só dentre os juristas, mas também cientistas políticos, filósofos, sociólogos, dentre outros. Em 1992, a Suprema Corte voltou a discutir a matéria em *Planned Parenthood v. Casey*, e, em uma decisão muito mais apertada (5 x 4), reafirmou-se *Roe*, no que toca ao direito ao abortamento, com base na 14ª Emenda. *Casey* fez surgir uma nova onda de debates entre movimentos pró e contra aborto, inclusive no âmbito acadêmico, apontando alguns juristas que a diferença mínima de votos mostra uma futura alteração (*overruling*) — o que, por muito pouco, já não aconteceu — em algum caso futuro.

Imagine-se que *Roe* fosse, agora, um caso brasileiro e decidido, com repercussão geral, pelo STF, com a mesma justificativa (direito à privacidade). A partir daí, a questão que se impõe é saber como o Tribunal se depararia com a questão de fundo novamente. Em outras palavras, como levar um caso como *Casey* até a Corte? Nos moldes do CPC/15, isso quase nunca ocorreria[94], porque a causa se iniciaria na primeira instância e avançaria para o tribunal local normalmente. Ao ser interposto o recurso extraordinário, contudo, os problemas do recorrente iniciariam. Caso a decisão do tribunal local tivesse seguido o precedente, seria negado seguimento ao recurso, na forma do art. 1.030, I, *a*, do CPC/15. Mesmo a negativa de seguimento não poderia ser questionada no STF, pois o recurso cabível seria o agravo interno (art. 1.030, § 2º, do CPC/15). Acabaria, na origem, a possibilidade de ver a matéria analisada novamente pela Corte Superior[95]. Assim, não teria chance a parte que objetivasse uma distinção, se não convencida a corte local — e não a superior — de sua ocorrência, e mesmo eventual superação do julgado restaria prejudicada.

Se o julgamento fosse contrário à decisão anterior, o responsável pela análise da admissibilidade encaminharia o recurso de volta ao órgão fracionado, para juízo de retratação (art. 1.030, II, do CPC/15). Retratando-se o colegiado, volta-se à hipótese anterior, com as dificuldades que lhe são inerentes. Não tendo o órgão fracionado se retratado, abre-se a possibilidade de um juízo provisório de admissibilidade pelo tribunal local.

Poder-se-ia pensar que, mesmo respeitadas as questões atinentes à admissibilidade (inclusive a malfadada ofensa reflexa e todas as outras formas ainda não superadas da jurisprudência defensiva), o recurso não seria enviado ao STF, na forma do art. 1.030, V, *a*, do CPC/15, utilizando-se uma leitura *a contrario sensu* do dispositivo, porque, se o recurso extraordinário fosse remetido ao STF, desde que ainda não tivesse sido submetido ao regime de repercussão geral, no caso de submissão pretérita, como o exemplo proposto, a remessa não seria

---

[94] MACÊDO, 2017b, p. 348-349. "Ao se ler o art. 1.030 do CPC, certamente um dos maiores estranhamentos que se tem, de logo, é a total ausência de um meio para levar o recurso ao tribunal competente para decidi-lo nos casos em que há algum precedente regendo a matéria (...) Como se vê, prolatado o precedente, não se chega mais ao STJ ou ao STF. Parece que a proposta da reforma legislativa foi dar um recado alto e claro para os jurisdicionados: 'os tribunais superiores apenas atendem os jurisdicionados uma vez'."

[95] A doutrina aponta alguns caminhos à superação dessa questão, como o cabimento dos recursos excepcionais da decisão do agravo interno. Outros postulam a própria inconstitucionalidade do duplo exame de admissibilidade. Não se nega aqui que uma dessas soluções é primordial, contudo, a seguir a dicção legal, observa-se que o legislador não acompanhou qualquer dessas medidas, e, aqui, é esse o ponto que se quer ressaltar.

realizada. Por não se tratar de recurso repetitivo, mas sim de julgamento com repercussão geral, não se abre a possibilidade de aplicação do art. 1.041 do CPC/15. Abrir-se-ia, tão somente, a possibilidade de acesso ao STF pelo agravo em recurso extraordinário (art. 1.030, § 1º, do CPC/15), caso o fundamento da decisão fosse o art. 1.030, V, do CPC/15. Pela literalidade do art. 1.042, *caput*, do CPC/15, já tendo sido fixado entendimento em regime de repercussão geral ou no julgamento de recursos repetitivos, não terá cabimento o agravo.

Com o agravo em recurso extraordinário, imaginar-se-ia que os problemas do recorrente estariam superados, principalmente pelo fato de o STF poder julgar o recurso extraordinário conjuntamente com o agravo (art. 1.042, § 5º, CPC/15), contudo há ainda que se preocupar com a nova análise de admissibilidade, que pode encontrar entraves. Exemplo típico é o não conhecimento do recurso extraordinário pela alegação de ofensa reflexa. Essa distinção artificial entre matéria constitucional e a atinente à legislação federal (como se a legislação não achasse seu fundamento de validade na própria CF, ou se não servisse aquela para o estabelecimento de tudo aquilo que se encontra nesta) acaba por deixar ao léu os direitos fundamentais do cidadão e negar a ele o acesso à Justiça[96]. Isso ocorreu, até a vigência do CPC/15, com as alegações de violação ao direito adquirido, ao ato jurídico perfeito e à coisa julgada (art. 5º, XXXVI, da CF), porque o STF, reiteradamente, sustentou que a análise de afronta ao citado dispositivo constitucional dependeria da interpretação do art. 6º da LINDB, que fixa o conteúdo dos direitos lá expostos, e, assim, não caberia o extraordinário em tais hipóteses[97]. Por seu turno, o STJ inadmitiria o especial com fundamento na ofensa do art. 6º da LINDB, por entender que os institutos lá

---

[96] Sobre o acesso à Justiça no Brasil, Arenhart apresenta um relatório atualizado que espelha o quadro atual da questão em solo nacional. cf. ARENHART, Sérgio Cruz. Acesso à justiça: relatório brasileiro. *Revista de Processo Comparado*, v. 6, a. 3. p. 15-36, 2017.

[97] BRASIL. Supremo Tribunal Federal. *ARE 679708 AgR*. Rel. Min. Rosa Weber, DJe-156, divulg. 09-08-2013, public. 12-08-2013; BRASIL. Supremo Tribunal Federal. *RE 461286 AgR*, Rel. Min. Ricardo Lewandowski, DJ 15/09/2006; BRASIL. Supremo Tribunal Federal. *RE 536247 ED*. Rel. Min. Cezar Peluso, Segunda Turma, julg. em 24/04/2007, DJe-018, divulg. 17-05-2007, public. 18-05-2007, DJ 18-05-2007, p. 112.

tratados eram eminentemente de direito constitucional[98]. Trata-se de direitos fundamentais de tamanha envergadura, que não só o constituinte alçou-os ao nível constitucional, mas também o legislador fez questão de albergá-los expressamente, entretanto, por serem tão fundamentais, acabam por ficar sem proteção, nessa "dupla jurisprudência defensiva". No caso imaginado, haveria grande possibilidade de o relator inadmitir o recurso extraordinário[99], ou sua repercussão geral[100], alegando ser reflexa a violação ao direito à privacidade, uma vez que demandaria a análise do descumprimento do art. 21 do Código Civil[101], portanto seria indireta a afronta ao art. 5º, X, da CF. Espera-se que, a partir da vigência do CPC/15, os tribunais superiores, em tais casos, façam valer as regras dos art. 1.031 a 1.033 do CPC/15, evitando a negativa ao cidadão de acesso à Justiça.

Não fosse tal questão, há outros filtros que se poderiam impor, como o de necessidade de analisar a matéria fática ou a reapreciação da prova e, principalmente, ultrapassar o julgamento monocrático do recurso, o que, cada vez mais, torna-se a regra nos tribunais superiores. Os amplos poderes do relator do art. 932 ou mesmo as disposições regimentais (art. 21, § 1º e 2º, do RISTF) dão grande margem à resolução da sorte do recurso de forma monocrática. Ocorrendo o julgamento monocrático, poderá ser interposto o agravo interno (em agravo em recurso extraordinário, no exemplo proposto).

Observa-se, assim, que há extrema dificuldade de se levar ao conhecimento do STF uma nova causa sobre um tema já tratado, com repercussão geral, anteriormente pela Corte. Uma vez fixada uma "tese jurídica", torna-se ela incombatível, ou seja, "o risco é de as decisões

---

98 BRASIL. Superior Tribunal de Justiça. *REsp 1641710/SP*. Rel. Min. Herman Benjamin, DJe 17/04/2017; BRASIL. Superior Tribunal de Justiça. *AgRg no AREsp 790.491/SP*, Rel. Min. Regina Helena Costa, Primeira Turma, julg. em 06/12/2016, DJe 02/02/2017; BRASIL. Superior Tribunal de Justiça. *AgInt no AREsp 781.737/DF*. Rel. Min. Ricardo Villas Bôas Cueva, Terceira Turma, julg. em 13/12/2016, DJe 03/02/2017.

99 BRASIL. Supremo Tribunal Federal. *ARE 1014762 AgR*. Rel. Min. Ricardo Lewandowski, Segunda Turma, julg. em 19/06/2017, DJe-139, divulg. 23-06-2017, public. 26-06-2017.

100 BRASIL. Supremo Tribunal Federal. *ARE 995539 RG*. Rel. Min. Teori Zavascki, julg. em 08/12/2016, DJe-268, divulg. 16-12-2016, public. 19-12-2016.

101 Art. 21. A vida privada da pessoa natural é inviolável, e o juiz, a requerimento do interessado, adotará as providências necessárias para impedir ou fazer cessar ato contrário a esta norma.

dos tribunais superiores, no regime de repercussão geral e em recursos repetitivos eternizarem-se, (...)"[102]. Se a decisão estiver em conformidade com o posicionamento do STF, a matéria nunca chegará aos órgãos colegiados da Corte. Abre-se, em uma restritíssima hipótese, a possibilidade, por agravo em recurso extraordinário, quando a decisão do tribunal local afronta o precedente do STF.

Mesmo a reclamação, pensada como um instrumento de rápido acesso à cassação de decisões, apresenta questões que obstam seu pronto conhecimento. Em relação à proteção de recursos extraordinários com repercussão geral, deve-se frisar, primeiramente, que não se trata de uma hipótese de cabimento, ao menos expressamente, uma vez que não encontra amparo no texto constitucional nem no rol (incisos I a IV) do art. 988 do CPC/15. Exige-se uma leitura *a contrario sensu* do §5º, II do art. 988 do CPC/15, para se concluir que caberá a reclamação contra a decisão que desafia julgamento pretérito de recurso extraordinário com repercussão geral, e, mesmo assim, o cabimento estaria condicionado ao esgotamento da via recursal ordinária.

Um sistema jurídico que contemple a *stare decisis* deve manter a possibilidade de que novos processos, ainda que sobre o mesmo tema, cheguem, ao menos de tempos em tempos, à mesma Corte que fixou o precedente. Não se pode impor um "fechar de portas" ao litigante que busca a distinção ou, principalmente, a superação do entendimento anteriormente fixado. Ao se reavivar a admissibilidade recursal no âmbito local, retirou-se, em grande medida, a possibilidade de o próprio Tribunal que fixou o precedente voltar a revisitar a matéria. Essa prematura mudança "instala um rígido modelo de obrigatoriedade, (...), verificável pelas hipóteses normativas que inserem o precedente numa espécie de fortaleza impenetrável, tornando potencialmente vãs as tentativas de sua superação"[103]. Nesse particular, fazia sentido a alteração promovida pelo texto original da norma, que retirava a análise prévia de admissibilidade do

---

[102] VIANA, Antônio Aurélio de Souza. A Lei n. 13.256/16 e os perigos da inércia argumentativa no trato do direito jurisprudencial. In: NUNES, Dierle; MENDES, Aluísio; JAYME, Fernando Gonzaga. *A nova aplicação da jurisprudência e precedentes no CPC/2015*: estudos em homenagem à professora Teresa Arruda Alvim. São Paulo: 2017, p. 185-210, p. 199.

[103] VIANA, 2017, p. 187. Conclui o autor que "é por tais considerações que o formato trazido pela Lei 13.256/16 é arriscado, pois nada mais faz do que criar barreiras à implementação dos referidos processos argumentativos, pois se evita, com certo cinismo — 'fala que eu te escuto' —, a apreciação de teses contrárias aos

tribunal local, uma vez que estaria a Corte Superior em situação melhor, para ver os temas a serem tratados (revisitados) e as razões para tanto. Assim, possibilitar-se-ia, de forma mais ampla, discursiva e participativa, a reanálise de qualquer matéria, principalmente no que toca à possibilidade de evolução do direito, com a superação de entendimentos que não mais representem o direito de determinada comunidade.

Pode-se falar, em síntese, que *Casey* não chegaria ao STF, no exercício imaginário proposto, porque objetivava justamente a superação do precedente fixado em *Roe*. Talvez o exemplo possa parecer menos trágico, uma vez que a jurisdição foi prestada de forma a se manter uma posição liberal e que representa uma luta histórica do movimento em prol dos direitos das mulheres, e, de fato, não houve o *overruling*. Situação mais dramática seria o transporte ao Brasil de tema ainda mais sensível na jurisdição americana, como na questão racial. Imagine-se que se tem, aqui, um julgamento do STF, seja em repercussão geral ou em recurso repetitivo, de *Plessy*, tomando a doutrina *separate but equals* como *good law*[104]. Como trazer o tema à tona em novo recurso extraordinário? Em outras palavras, como possibilitar que o STF tenha a oportunidade de reverter o entendimento anterior, superando-o, e formar seu próprio *Brown*? Os filtros recursais, no afã de buscar desafogar as cortes superiores, simplesmente impediriam que houvesse a oportunidade da superação pretendida. O resultado, aqui mais catastrófico, mostra o perigo de se restringir acesso aos tribunais superiores em um ordenamento jurídico de valorização de precedentes. Ao lado de *Brown*, pensando em um exemplo enfrentado no Brasil, afirmam Nunes, Bahia e Pedron que, se houvesse a imutabilidade ou petrificação dos entendimentos, não haveria espaço para o reconhecimento da união estável entre pessoas do mesmo sexo[105].

---

precedentes judiciais, o que indica a necessidade de construirmos alternativas à superação do rigor trazido pela infeliz reforma.

104 Obviamente isso exigiria um texto constitucional diverso da Constituição de 1988. Contudo, como o ponto central é a possibilidade de evolução do direito face às restrições de acesso às cortes superiores, o exemplo é válido, para demonstrar o perigo de engessamento decorrente da aplicação do CPC/15.

105 NUNES; BAHIA; PEDRON, 2016, p. 1370. "Somente há de se pensar que, se fosse possível petrificar entendimentos, até hoje existiria segregação racial jurídica nos Estados Unidos (pois Plessy v. Ferguson (1896) não teria sido superado por Brown v. Board of Education of Topeka (1954 e 1955) , e, no Brasil, a união estável de pessoas do mesmo sexo não seria aceita (ADPF 132))."

Poder-se-ia sustentar que há outras formas de acesso ao STF que não o recurso extraordinário ou mesmo a reclamação. Efetivamente o há, sobretudo no controle concentrado de constitucionalidade. Contudo, o trato com precedentes exige — ou, ao menos, foi moldado historicamente — a presença de causas, com fatos específicos, que aportem ao Judiciário o que é estranho à análise concentrada da constitucionalidade das leis ou atos normativos. Tanto é assim, que se desenvolveu predominantemente em países que não adotam o controle concentrado, como os EUA e a Inglaterra. O objetivo dessa forma de controle já é, em suma, a obtenção de uma decisão que a todos se aplica (*erga omnes*), de caráter vinculante, mesmo porque é exercida como forma de proteção à ordem jurídica (que, igualmente, a todos se destina). Logo, a coisa julgada resolve as questões atinentes ao controle concentrado de constitucionalidade, prescindindo, para seu funcionamento, de um *stare decisis*. Obviamente, os fundamentos determinantes da decisão poderão influenciar casos posteriores, e, nesse particular, os mecanismos típicos do trato com precedentes podem ser úteis. Contudo, porque não criada a tal espécie de decisões, há dificuldade com uma infinidade de questões. Por exemplo, como construir analogias e distinções de uma lide em que não há fatos, senão o mero apontamento de contrariedade, em abstrato, de um dispositivo legal com a Constituição? Por isso, é primordial um bom funcionamento do controle difuso, incluindo o acesso ao STF (e aos tribunais superiores em geral), possibilitando a formação de uma cultura de precedentes.

4.2.2. REQUISITOS DE ADMISSIBILIDADE, QUESTÕES DE MÉRITO E OS LIMITES DE ATUAÇÃO DO PRESIDENTE OU VICE-PRESIDENTE DO TRIBUNAL LOCAL NO JUÍZO PROVISÓRIO

Não há dúvidas de que não se confundem os requisitos de admissibilidade, os quais podem — e devem — ser analisados no duplo juízo, com as das questões de mérito recursal, cognoscível exclusivamente pelo Tribunal *ad quem*, que detém competência constitucional para tanto em relação aos recursos excepcionais. Porém, é comum tomar, por vezes, um pelo outro na prática jurídica, e esse foi o caminho trilhado pelo legislador, que, no art. 1.030 do CPC/15, carrega ao juízo de admissibilidade questões tipicamente afetas ao mérito do recurso, consubstanciado na análise da causa de pedir e dos pedidos recursais. O próprio código dá conta da ocorrência dessa situação e, para tentar corrigi-la, admite, por exemplo, o cabimento de embargos de divergência, quando um dos acórdãos (o embargado ou o paradigma) não tenha conhecido do recurso, "embora tenha apreciado a controvérsia" (art. 1.043, III, do CPC/15).

O art. 1.030 do CPC/15, na verdade, é infeliz em uma série de questões, seja terminológica ou de técnica processual, e, com a redação dada pela Lei n. 13.256/16, "acabou por inserir na nova sistemática processual uma regra incompatível, um remendo deselegante e totalmente descabido"[106]. Talvez o principal defeito do dispositivo — além do próprio juízo bipartite — seja tomar questões de mérito recursal como se requisitos de admissibilidade fossem. Isso pode ser observado nos casos em que o dispositivo prevê como negativa de seguimento (inciso I) bem como a remessa ao tribunal superior (inciso V).

Em relação ao inciso I, é patente que os casos expostos nas alíneas *a* e *b* são substancialmente ligados ao mérito recursal. Veja-se que o presidente ou vice necessariamente analisará a causa de pedir recursal e os respectivos pedidos, para poder aferir se o recurso trata da mesma questão em que não tenha sido reconhecida a existência de repercussão geral, ou para verificar a conformidade do caso em mãos com o entendimento do STF exarado no regime de repercussão geral (hipótese da alínea *a*). Igualmente, isso também ocorre, quando o mesmo cotejo é realizado com recursos repetitivos (situação da alínea *b*). São, portanto, todas análises que fogem ao âmbito do cabimento, legitimidade, interesse, inexistência de fato extintivo ou impeditivo do direito de recorrer, tempestividade, preparo e regularidade formal.

A análise de eventual distinção (e analogias) entre o recurso interposto e o precedente exige o ingresso no mérito[107]. Da mesma forma, necessitará o presidente ou vice reconstruir a própria *ratio decidendi* do prece-

---

[106] MACÊDO, 2017b, p. 329.

[107] Ibid., p. 343-344. "Realmente, quando há precedente obrigatório, o mérito é analisado no tribunal *a quo*, no sentido de que será ele que fará o juízo de identidade entre o precedente e o caso, negando seguimento ao recurso caso entenda que a *ratio decidendi* é aplicável. O juízo pretensamente de admissibilidade, portanto, nada mais é do que uma análise do mérito recursal, na medida em que o objeto do próprio recurso é a decisão fundada em precedente, ou seja, ele versa sobre a sua aplicação ou não ao caso. A reforma da Lei 13.256/2016, ao atribuir competência ao presidente ou vice-presidente para negar seguimento ao recurso caso o precedente incida no caso, deu-lhe competência para decidir sobre o próprio mérito recursal, na exata medida em que tal decisão avaliará as próprias razões recursais para distinção!"

dente, para, então, verificar a compatibilidade dele com o caso presente, o que, também, diz respeito ao mérito recursal. Tanto que, se admitido, tais pontos serão os cruciais no julgamento a ser procedido, quando do conhecimento do mérito, pelo juízo *ad quem*. Nesse exercício de analogia e distinção, reside justamente o ponto fulcral do trato com precedentes, seja na formação dos argumentos das partes ou na decisão do juiz ou tribunal. Da mesma forma, no âmbito do *common law*, o precedente diz respeito ao ato substancial da prática jurídica, sendo o pilar da metodologia do próprio sistema e o principal mecanismo para decisões justas[108].

Um paralelo pode ser efetuado com as sentenças de extinção com ou sem o conhecimento do mérito, sobretudo aquelas situações já expostas pela doutrina em que há falsos julgamentos sem mérito. Isso ocorre, por exemplo, na extinção, sem mérito, do mandado de segurança, quando não se reconhece a existência de direito líquido e certo[109] ou na situação de extinção do processo por ilegitimidade, quer ativa[110], quer passiva, quando o fundamento é justamente a análise da relação de direito material. Isso ocorre, por exemplo, na extinção por ilegitimidade ativa daquele que comprova condição diversa da de filho para a anulação do negócio jurídico havido entre ascendente e descendente[111]. Também quando reconhecida a ilegitimidade passiva sob a justificativa de não ser o requerido o devedor da prestação buscada, o que pode ser verificado, ilustrativamente, nos casos de acidente de trânsito, em que o autor indica como réu aquele em cujo nome está registrado o veículo no órgão de trânsito, contudo há prova de sua alienação e tradição anterior[112]. Além dessas hipóteses, havia, na vigência do código anterior, a "falsa carência", pela extinção sem mérito devido à impossibilidade jurídica do pedido, a qual ocorria, por exemplo, na ação de usucapião, quando não comprovado o exercício da posse pelo

---

[108] BADER, William D.; CLEVELAND, David R. Precedent and Justice, *Duquesne Law Review*, v. 49, p. 2011, p. 36. "Precedent is the cornerstone of common law method, the conceptual vehicle allowing law and justice to merge as one."

[109] SÃO PAULO. TJSP. *Processo n. 9071438-65.2002.8.26.0000*. Rel. Des. Evaristo dos Santos, 6ª Câmara de Direito Público, julg. em 10.04.2006.

[110] SÃO PAULO. TJSP. *Processo n. 0207908-47.2011.8.26.0000*. Rel. Des. Renato Rangel Desinano, 11ª Câmara de Direito Privado, julg. em 13/10/2011.

[111] SÃO PAULO. TJSP. *Processo n. 9000069-12.2010.8.26.0103*. Rel. Des. Theodureto Camargo, 8ª Câmara de Direito Privado, julg. em 09/04/2014.

[112] SÃO PAULO. TJSP. *Processo n. 0012618-17.2005.8.26.0320*. Rel. Des. Fabio Tabosa, 29ª Câmara de Direito Privado, julg. em 08/03/2017.

interregno necessário[113], ou na adjudicação compulsória, em que o autor não cumpriu integralmente a prestação que lhe cabia[114].

Nos recursos excepcionais, a troca entre requisitos de admissibilidade e juízo sobre o mérito também ocorre corriqueiramente, sobretudo pela aplicação das súmulas 7 e 83 do STJ[115] e 279 e 286 do STF[116]. Nesses casos, mais das vezes, disfarçadamente se resolve o mérito recursal, demonstrando o acerto ou o desacerto da decisão recorrida, contudo não se conhece, ao final, o recurso. Há razões pragmáticas pelas quais as cortes superiores subvertem os juízos de admissibilidade e os de mérito, tomando um pelo outro. Isso possibilita, no exercício de uma jurisprudência defensiva, a inadmissão dos recursos na origem (mesmo adentrando ao mérito) e o julgamento monocrático dos recursos. Assim, são menos processos a aportar na corte e, em relação aos remetidos, um rápido expediente para deles se desincumbir, o que diminui a pauta das sessões de julgamento. E, mesmo se assim não fosse, pela possibilidade de interposição do agravo interno, a sessão ocorreria de forma mais célere, eis que se podaria o direito à sustentação oral dos litigantes, na interpretação conferida ao art. 937 e art. 1.021, ambos do CPC/15, tanto pelo STJ[117] quanto pelo STF[118].

---

[113] SÃO PAULO. TJSP. *Processo n. 0030229-85.2010.8.26.0100*. Rel. Des. Theodureto Camargo, 8ª Câmara de Direito Privado, julg. em 26/03/2014.

[114] SÃO PAULO. TJSP. *Processo n. 0015095-91.2010.8.26.0011*, Rel. Des. Theodureto Camargo, 8ª Câmara de Direito Privado, julg. em 12/12/2012.

[115] BRASIL. STJ. Súmula n. 7. A pretensão de simples reexame de prova não enseja recurso especial.

Súmula n. 83. Não se conhece do recurso especial pela divergência, quando a orientação do tribunal se firmou no mesmo sentido da decisão recorrida.

[116] BRASIL. Supremo Tribunal Federal. Súmula n. 279. Para simples reexame de prova, não cabe recurso extraordinário. BRASIL. Supremo Tribunal Federal. Súmula n. 286. Não se conhece do recurso extraordinário fundado em divergência jurisprudencial, quando a orientação do plenário do Supremo Tribunal Federal já se firmou no mesmo sentido da decisão recorrida.

[117] BRASIL. Superior Tribunal de Justiça. *AgInt nos EDcl no AREsp 881.515/SP*. Rel. Min. Nancy Andrighi, Terceira Turma, julg. em 01/12/2016, DJe 09/12/2016; BRASIL. Superior Tribunal de Justiça. *AgInt no REsp 1583728/SP*. Rel. Min. Ricardo Villas Bôas Cueva, Terceira Turma, julg. em 20/09/2016, DJe 03/10/2016.

[118] BRASIL. Supremo Tribunal Federal. *ARE 952851 AgR*. Rel. Min. Celso de Mello, Segunda Turma, julg. em 06/02/2017, DJe-047, divulg. 10-03-2017, public. 13-03-2017.

Se a formação da *ratio decidendi* e as construções de analogias e distinções efetuadas no juízo prévio de admissibilidade do recurso já são um sério problema, será, ainda mais, a (im)possibilidade de superação. Imagine-se que, nas razões do recurso, a parte consente que há um precedente com repercussão geral ou sob o regime de recursos repetitivos sobre o assunto, admite que há similitude entre os casos e que o precedente é, *prima facie*, aplicável ao caso e concorda que tal aplicação acarretaria o desprovimento de seu recurso. Contudo, contesta os próprios fundamentos determinantes do precedente, buscando a superação do entendimento anterior, por não mais representar os "padrões de congruência social e consistência sistêmica"[119], uma das hipóteses consagradas à superação. A questão, por mais real e séria que seja, não chegará aos tribunais superiores, seja pela análise monocrática do presidente ou vice-presidente do tribunal intermediário, seja pelo órgão colegiado competente, no caso de agravo interno. Assim, a discussão morrerá no âmbito local, não se tornando, de qualquer forma, cognoscível às cortes superiores. Nesse passo, a superação é inviável de ocorrer no tribunal local, uma vez que a corte que fixou o precedente lhe é superior, e somente esta pode proceder ao *overruling* de seus próprios precedentes. Por outro, é vedado que a questão chegue justamente à corte que poderia realizá-lo. Criam-se, portanto, a estagnação, o engessamento do sistema, com o congelamento de sentido do próprio direito.

Essa constatação é realizada por Macêdo, que destaca que "o art. 1.030 torna inviável a discussão acerca da superação de um precedente por meio de recursos excepcionais"[120], o que torna o sistema processual brasileiro um dos mais rígidos em âmbito global, no que toca ao *overruling*, superando, inclusive, o direito inglês, que, ao menos desde meados da década de 60, admite a possibilidade de superação do precedente e sua ampla discussão no processo[121]. Por isso, sustenta com correção o autor que, "mais do que um retrocesso, tem-se a instituição de um sistema severo, com traços marcantes de arbitrariedade e pretensão de tornar os precedentes mais rígidos que a própria lei"[122].

---

[119] MARINONI, 2016a, p. 251.
[120] MACÊDO, 2017a, p. 353.
[121] Ibid., loc. cit.
[122] Ibid., loc. cit.

O art. 1.030 do CPC/15, embora tenha objetivado reduzir a quantidade de processos remetidos aos tribunais superiores pelo duplo juízo de admissibilidade, na verdade acabou criando "a fixação de competência para o presidente ou vice-presidente do tribunal realizar, além do juízo de admissibilidade propriamente dito, também *a análise do próprio mérito recursal*"[123]. Ocorre que a fixação da competência para o conhecimento do mérito é constitucionalmente definida, cabendo, exclusivamente, ao STF (art. 102, II, da CF) e STJ (art. 105, III, da CF). Nesse passo, a atribuição de competência procedida pelo aludido dispositivo torna-o inconstitucional, ao menos em uma acepção literal[124], na medida em que transfere a outrem, que não o tribunal com competência originária, o conhecimento da matéria.

A lei ordinária não pode, assim, relegar a outro órgão jurisdicional a competência exclusiva do STF e STJ, constitucionalmente fixada. Tampouco a lei ordinária poderia ampliar a competência das Cortes superiores para além daquelas que lhes atribui a Constituição. A razão de uma ou outra situação é a mesma, qual seja, "não cabe à lei ordinária criar competência jurisdicional não prevista na Constituição"[125]. A citada ADI 2797 trata, em verdade, de situação inversa, ou seja, da extensão da competência originária do STF por legislação infraconstitucional, o que é vedado, segundo reiterada posição do próprio tribunal[126]. A mesma lógica, entretanto, é aplicável ao caso ora em comento, em que houve a transferência, por lei ordinária, da competência exclusiva das cortes superiores ao presidente ou vice-presidente do tribunal intermediário.

---

[123] Ibid., p. 343

[124] Ibid., p. 355. "Primeiro, é necessário deixar claro: a norma é inconstitucional, caso seja interpretada em sua literalidade."

[125] BRASIL. Supremo Tribunal Federal. *ADI 2797*. Rel. Min. Sepúlveda Pertence, Tribunal Pleno, julg. em 15/09/2005, DJ 19-12-2006, p. 37.

[126] BRASIL. Supremo Tribunal Federal. *AC 2404 ED*, Rel. Min. Roberto Barroso, Primeira Turma, julg. em 25/02/2014, DJe-054, divulg. 18-03-2014, public. 19-03-2014; BRASIL. Supremo Tribunal Federal. *Pet 3986 AgR*. Rel. Min. Ricardo Lewandowski, Tribunal Pleno, julg. em 25/06/2008, DJe-167, divulg. 04-09-2008, public. 05-09-2008; BRASIL. Supremo Tribunal Federal. *Pet 1738 AgR*. Rel. Min. Celso de Mello, Tribunal Pleno, julg. em 01/09/1999, DJ 01-10-1999, p. 42; BRASIL. Supremo Tribunal Federal. *Pet 4223 AgR*, Rel. Min. Cezar Peluso, Tribunal Pleno, julg. em 25/11/2010, DJe-021, divulg. 01-02-2011, public. 02-02-2011.

O mesmo problema ocorre no segundo juízo de admissibilidade, realizado pelo relator do recurso especial ou extraordinário. Novamente — e pelos mesmos motivos pragmáticos já expostos —, há a indevida intromissão no mérito recursal, o que, em regra, deve ser feito em colegiado. Em vez da análise da admissibilidade se restringir a "um juízo sumário sobre o preenchimento de requisitos formais"[127], admite-se que o relator possa, também, imiscuir-se no mérito. Não se trata apenas do exercício da faculdade do art. 932, IV e V, do CPC/15, mas, igualmente, da análise disfarçada do mérito recursal como análise da admissibilidade do recurso, tal qual ocorre no juízo provisório realizado no juízo *a quo*.

4.3. UM OUTRO PERIGO: A SIMPLIFICAÇÃO DA DOUTRINA E OS ENUNCIADOS SOBRE O CPC/15

Apesar de todos os estudos e discussões que seguiram o processo legislativo do novo Código, desde a propositura até a promulgação, vários pontos — e as sequentes modificações no projeto inicial — permaneceram dúbios. Mesmo no período da *vacatio legis* ou nesse ainda curto espaço de vigência, as dúvidas sobre várias questões perduraram. Na verdade, em alguns casos, aprofundaram-se. Posições institucionais antagônicas — destacando-se a postura refratária ao novo Código de grande parte do próprio Judiciário — e as diferentes visões doutrinárias, somadas à falta de qualquer construção judicial a respeito das disposições legais recentemente aprovadas, trouxeram certa disputa de caráter institucional e acadêmico, pela primazia de uma interpretação dominante.

Houve, assim, uma dupla preocupação. Primeiro, tentar lapidar as questões que suscitavam maiores discussões e, também, sistematizar os pontos congruentes entre os intérpretes. Essa foi a justificativa, para que estudiosos e profissionais sintetizassem esses entendimentos em forma de enunciados sobre o CPC/15. Surgiram, de forma inédita — no que toca à nova legislação processual —, os enunciados do fórum permanente de processualistas civis (FPPC), os quais foram se multiplicando a cada encontro, revendo-se vários deles no curso do tempo[128].

---

[127] BAHIA, Alexandre Melo Franco. *Recursos extraordinários no STF e no STJ*. 2 ed. Curitiba: Juruá, 2016, p. 41.

[128] Disponível em: http://portalprocessual.com/wp-content/uploads/2016/05/Carta-de-S%C3%A3o-Paulo.pdf. Acessado em: 05.10.2016.

Depois — e de forma a fazer um contraponto —, a Escola Nacional de Formação e Aperfeiçoamento de Magistrados (ENFAM) também formou os seus[129]. O STJ expediu enunciados administrativos, tendo em vista a nova legislação[130]. O FONAJE já editou enunciados sobre a (in)aplicabilidade do CPC/15 ao sistema dos Juizados Especiais (Estadual, Federal e da Fazenda)[131]. Diversas Cortes estão, também, utilizando enunciados para fins de orientação, como é o caso do Tribunal de Justiça de Minas Gerais[132]. Em verdade, parece que entrou em moda se enunciar aquilo que se entende que a lei diz (ou quis dizer).

Ainda que não por enunciados, mas por resoluções, outros órgãos também estão buscando uniformizar algum entendimento sobre o CPC/15. Nesse sentido, o TSE editou resolução sobre a aplicação do CPC/15 às ações eleitorais[133]. O CNJ, de igual forma, expediu resoluções sobre alguns temas do novo código, como recursos repetitivos, cadastro de peritos (e órgãos técnicos) e respectivos honorários, comunicação de atos processuais em nível nacional, além de regular os leilões e alienações judiciais.

É bem verdade que a formulação de enunciados não é uma novidade na seara jurídica. Por exemplo, os enunciados do FONAJE gozam de grande prestígio entre os juristas, no que toca à prática do direito no sistema dos Juizados Especiais. Da mesma forma, quando da adoção do atual Código Civil, houve a edição de diversos enunciados pelas Jornadas de Direito Civil, comandadas pelo Conselho da Justiça Federal, órgão vinculado ao STJ.

O grande problema é que, por trás da nobre justificativa, encontra-se uma disputa ideológica, uma disputa por poder. Essa, ainda que não assumida expressamente, é a segunda preocupação acima referida. Há,

---

[129] Disponível em: http://www.enfam.jus.br/wp-content/uploads/2015/09/ENUNCIADOS-VERS%C3%83O-DEFINITIVA-.pdf. Acessado em: 05.10.2016.

[130] Disponível em: http://www.stj.jus.br/sites/STJ/default/pt_BR/Institucional/Enunciados-administrativos/Enunciados-administrativos Acessado em: 05.10.2016.

[131] Disponível em: http://www.amb.com.br/fonaje/?p=32. Acessado em: 05.10.2016.

[132] Disponível em: http://ejef.tjmg.jus.br/enunciados-sobre-o-codigo-de-processo-civil2015/. Acessado em: 10.10.2016.

[133] BRASIL. TSE. Resolução n. 23.478. Disponível em: http://www.justicaeleitoral.jus.br/arquivos/resolucao-23-478-2016-aplicacao-do-novo-cpc-na-justica-eleitoral. Acessado em: 05.10.2016.

desde a aprovação do CPC/15, não só uma corrida generalizada em busca da correta interpretação da novel legislação, mas, sobretudo, na tentativa de que cada intérprete (ou cada segmento institucional) imponha seu próprio entendimento como o acertado. Aparentemente a doutrina e os juristas em geral se deram conta de que os primeiros consensos sobre o significado, a amplitude e até a constitucionalidade dos dispositivos do novo Código poderiam ser os que vingassem. Não faltaram esforços, a partir dessa constatação, para a formação de um corpo mais ou menos coeso de entendimentos surgido entre os juristas.

Essa contenda entre diferentes grupos de intérpretes fica clara no cotejo dentre os enunciados criados, muitas vezes antagônicos. Por exemplo, há uma eloquente divergência entre os enunciados n. 415 e 416 do FPPC[134] e do Enunciado Cível n. 164 e da Fazenda Pública n. 13 do FONAJE[135]. A questão, aqui, é a da contagem de prazo nos Juizados Especiais. Enquanto o primeiro grupo defende a aplicação da regra do art. 219 do CPC/15 às causas que tramitam nos Juizados, com a consequente contagem somente em dias úteis, o grupo de juízes integrantes do sistema defende a forma contínua de fluência do prazo processual. Se, por um lado, há essa gritante diferença, salienta-se que, ao menos nesse ponto, aparenta haver concordância entre os enunciados do Fórum e da ENFAN, que, por meio do enunciado n. 45, também assenta ser aplicável a contagem dos prazos em dias úteis ao sistema dos Juizados Especiais[136].

A mesma situação ocorre em relação ao contraditório substancial, em que os diferentes segmentos parecem não concordar minimamente entre si. Os enunciados da ENFAN demonstram cabalmente a preocupação de parte da magistratura em flexibilizar a regra do art. 10

---

[134] Enunciado 415. Os prazos processuais no sistema dos Juizados Especiais são contados em dias úteis. Enunciado 416. A contagem do prazo processual em dias úteis prevista no art. 219 aplica-se aos Juizados Especiais Cíveis, Federais e da Fazenda Pública.

[135] Enunciado 165. Nos Juizados Especiais Cíveis, todos os prazos serão contados de forma contínua. Enunciado 13. A contagem dos prazos processuais nos Juizados da Fazenda Pública será feita de forma contínua, observando-se, inclusive, a regra especial de que não há prazo diferenciado para a Fazenda Pública - art. 7º da Lei 12.153/09.

[136] Enunciado 45. A contagem dos prazos em dias úteis (art. 219 do CPC/2015) aplica-se ao sistema de juizados especiais.

do CPC/15. Vários deles tratam do tema, sempre tentando minorar ou restringir o amplo debate dos argumentos (sejam fáticos ou de direito), para que haja, em tese, um ganho de eficiência, consubstanciada na maior agilidade, ao não ser necessário abrir vistas à parte adversa. Exemplo disso é o enunciado n. 1, que afasta a aplicação do art. 10 em relação à matéria de direito, o de n. 3, que dispõe não ser necessário ouvir as partes, se o juiz entender que a manifestação não poderá influenciar a solução da causa, ou o de n. 6, que possibilita o julgamento por fundamentos jurídicos não debatidos, se oriundos de provas submetidas ao contraditório[137]. Por seu turno, os enunciados do Fórum buscam submeter todo e qualquer fundamento ao prévio debate. O enunciado n. 282 é exemplo disso,[138] contrastando diretamente ao já citado enunciado n. 1 da ENFAN, havendo ainda enunciados, dentre outros, preocupados com o contraditório na formação do precedente[139] e nos negócios jurídicos processuais[140].

Essas controvérsias não são maléficas em si. Elas ocorreriam no âmbito doutrinário de qualquer forma, o que animaria os juristas — sobretudo os advogados — a suscitarem novas questões, que seriam dirimidas pelo Judiciário, formando um entendimento pretoriano, que seria utilizado como ponto de crítica pela doutrina, mantendo-se o ciclo. Ocorre que a utilização de enunciados talvez não seja a forma mais apropriada para o debate ou mesmo para a construção de consensos.

---

[137] 1) Entende-se por "fundamento" referido no art. 10 do CPC/2015 o substrato fático que orienta o pedido, e não o enquadramento jurídico atribuído pelas partes. 3) É desnecessário ouvir as partes, quando a manifestação não puder influenciar na solução da causa. 6) Não constitui julgamento surpresa o lastreado em fundamentos jurídicos, ainda que diversos dos apresentados pelas partes, desde que embasados em provas submetidas ao contraditório.

[138] Para julgar com base em enquadramento normativo diverso daquele invocado pelas partes, ao juiz cabe observar o dever de consulta, previsto no art. 10.

[139] Enunciado 2. Para a formação do precedente, somente podem ser usados argumentos submetidos ao contraditório. Enunciado 459. As normas sobre fundamentação adequada quanto à distinção e superação e sobre a observância somente dos argumentos submetidos ao contraditório são aplicáveis a todo o microssistema de formação dos precedentes. Enunciado 460. O microssistema de aplicação e formação dos precedentes deverá respeitar as técnicas de ampliação do contraditório para amadurecimento da tese, como a realização de audiências públicas prévias e participação de *amicus curiae*.

[140] Enunciado 259. A decisão referida no parágrafo único do art. 190 depende de contraditório prévio.

Há, neles, o mesmo problema que se verifica, por exemplo, com as súmulas, senão piores. Em ambos, há o afastamento da faticidade. No processo de criação do enunciado, não há referência a fatos, não há casos determinados que justifiquem a sua edição. Se, como afirma a maior parte da doutrina, as súmulas devem ser entendidas tendo por base os precedentes que lhes deram azo, como fazer processo análogo na interpretação dos enunciados? Dizer que eles prescindem de interpretação é retomar a metafísica clássica. Os enunciados são textos e, como tal, serão interpretados.

Nos enunciados, há uma espécie de autogênese qualificada, porque não há sequer os fundamentos determinantes em que se basearam seus instituidores. Se há a exclusão da faticidade, como visto, sequer a questão jurídica — considerando-se que pudesse haver a cisão entre questão de fato e questão de direito — é colocada em jogo, quando da aprovação de determinado enunciado. Não se sabe qual foi a razão jurídica para cristalizá-lo. Tem-se o enunciado, e só.

Os enunciados simplificam, de forma indevida, o papel da doutrina. Nela, a discussão é realizada de forma pormenorizada, lançando-se razões para o entendimento que se defende como correto ou como o melhor. No embate das ideias, na crítica mútua, desenvolve-se a ciência do direito, e, por consequência, modifica-se a prática jurídica. Quando se forma um enunciado, com aspiração de um consenso entre especialistas ou profissionais, tenta-se acabar com as discussões, quando melhor seria fomentá-las, principalmente nessa fase incipiente de aplicação do novo Código.

A divergência inicial pode ser saudável ao próprio sistema jurídico, que tolera razoavelmente bem esse estado de coisas[141]. Por mais que se busque a igualdade (isonomia jurisdicional) e a segurança jurídica, elas devem estar calcadas em ampla discussão, fazendo brotar toda a sorte de argumentos possíveis, por isso o contraditório efetivo (art. CF e art. 10 do CPC/15) é a mola mestra do sistema processual. Esse debate, em um primeiro momento, poderá resultar em decisões diferentes para caso similares, o que, no longo prazo, é medida perigosa e não conforme à finalidade do próprio direito. Contudo, em um momento incipiente, até que se forme uma tradição — no sentido gadameriano —, há de se deixarem vir à tona todos os pensamentos e construções

---

[141] ARRUDA ALVIM, 2012, p. 13. "A uniformidade deve acontecer depois de um período de saudável desuniformidade, e gerar estabilidade."

jurídicas, para que, no curso do tempo, haja a lapidação de cada um deles e a refutação de outros tantos. A distinção entre argumentos válidos e inválidos, com base na tradição então formada, elucidará as questões suscitadas e fechará as margens interpretativas, apontando o caminho a trilhar em que sejam respeitadas a coerência e a integridade do direito.

Melhor seria que todos atingissem, desde o primeiro momento, a resposta adequada à Constituição[142], entretanto, como o juiz Hércules é uma metáfora, e, no mundo do ser, o conflito de ideias e os posicionamentos judiciais simplesmente existem, é melhor que a previsibilidade esperada se dê a partir da consideração de todos os argumentos possíveis. Evita-se o mal maior de haver uma planificação a partir de uma causa ou de um único julgamento (possivelmente de uma Corte Superior, ou, no caso do IRDR, dos próprios tribunais locais) de forma tábula rasa. Em outras palavras, é a certeza de o direito não pode ser buscado com a banalização do contraditório efetivo. Matar previamente a discussão, por receio do ingresso de muitos processos sobre determinado tema, não é uma medida que encontra amparo constitucional. Mesmo a nobre justificativa da segurança jurídica não pode servir de fundamento, para que ao cidadão não seja concedido seu direito fundamental à resposta adequada à Constituição.

Se, apesar dos pesares, o atual direito brasileiro aguentou o decisionismo dos últimos anos, não seria o debate de um novo tema ou uma nova legislação que abalaria suas estruturas. O caminho se faz ao caminhar. Nem sempre será ele reto, e tentar construí-lo antes de percorrê-lo é simplesmente impossível. A tentativa de evitar os influxos naturais, idas e vindas (doutrinárias e judiciais), apesar de apresentar uma justificativa louvável (a isonomia jurisdicional), traz consequências negativas. Impede que novos argumentos surjam, ou que uma discussão que caminha bem, com várias contribuições, seja podada. A pretensão de aplicação universal, com a enunciação de regras gerais e abstratas, faz de ditos enunciados, ao invés de solução, mais um problema à ciência e à pratica jurídica.

Está-se, novamente, fazendo mais do mesmo. A lei — o texto — não deu conta de resolver, por um processo racional lógico-dedutivo, a questão de sua própria aplicação uniforme, abrindo brechas ditas interpretativas, concluindo, em um casuísmo judicial, com a escusa de

---

[142] STRECK, 2014a, p. 655-660.

sua adaptação ao caso concreto. Na sua formulação geral e abstrata, que pretendia a plenipotência de abarcar todas as hipóteses de aplicação, mostrou-se a lei insuficiente, incapaz de cumprir essa missão irrealista. Atravessado pelo novo paradigma da filosofia da consciência, a relação entre intérprete e lei se tornou ainda mais problemática, impondo aquele o sentido que bem quisesse à norma, o que gerou um desmedido decisioninsmo. O texto da lei novamente não resolveu a questão da aplicação.

Ante a insuficiência do texto, acreditou-se, pelo menos no Brasil, em novos textos: as súmulas. De novo, criaram-se *standards* gerais e abstratos, para resolver problemas justamente de outros *standards* gerais e abstratos. As disfunções das súmulas já foram abordadas, não se necessitando de novo libelo contra elas. A questão é que, com o CPC/15, não há súmulas pré-prontas a (des)nortear o intérprete, mas, como há sempre uma adaptação darwiniana ao sistema, a ausência delas ocasionou um vácuo que foi prontamente preenchido. Antes que qualquer corte o fizesse, os próprios estudiosos, seguidos por associações de classe (principalmente a magistratura) — ainda envoltos todos em paradigmas postos em xeque pela *linguistic turn* (e, em geral, por propostas genuinamente pós-positivistas) — produziram seus próprios textos gerais e abstratos, com pretensão universalizante. Os enunciados, portanto, representam uma fórmula positivista de se pensar — essencialista, com o mito do dado, das respostas antes das perguntas — e de se praticar o direito, trazendo com eles todos os problemas e perplexidades que esse modelo jurídico apresenta. Assim como, dentre em breve, necessitar-se-á de súmulas, para interpretar outras súmulas, elaborar-se-ão enunciados para interpretar os enunciados já lançados.

Em importante debate sobre o assunto, Streck, de um lado, e Maranhão e Vasconcellos, de outro, discutiram a crítica e a defesa, respectivamente, da edição de enunciados sobre o CPC/15. O ponto inicial do debate foi a crítica de Streck a esses enunciados, que se qualificam como um "conjunto de 'provimentos cautelares epistêmicos'"[143]. Com isso, o autor se refere à impossibilidade do sequestro da faticidade no direito, cujo reconhecimento acarreta a incindibilidade entre questão de fato e de direito e a diferença ontológica entre texto e norma. Em

---

143 STRECK, Lenio Luiz. **A alegoria do novo CPC e o filme os deuses devem estar loucos**: imperdível. Disponível em: http://www.conjur.com.br/2015-set-03/senso-incomum-alegoria-ncpc-deuses-estar-loucos-imperdivel. Acessado em: 05.10.2016.

outras palavras, a construção do sentido só pode se dar no momento da *applicatio*, e não aprioristicamente, da forma como os enunciados tentam fazer. Por isso, ressalta que se tenta, pelos enunciados, o mesmo feito que o positivismo do século XIX pretendia: respostas antes das perguntas[144]. Em texto seguinte, Streck manteve suas críticas[145], reafirmando a impossibilidade de se tentar antecipar, *inaudita factum*, o sentido do CPC/15 por enunciados.

A exposição de Streck motivou Maranhão e Vasconcellos a apresentarem uma contraposição[146]. Defendem, em suma, a criação de enunciados interpretativos, que, mesmo "longe do caso concreto", é uma iniciativa louvável, que auxilia a atividade interpretativa. Afirmam que se pode pensar em casos hipotéticos — como assim foi feito para os enunciados da ENFAN —, não havendo, portanto, respostas antes das perguntas. Sustentam que os enunciados fazem parte da doutrina e como tal devem ser encarados, assim, não afastam a necessidade de criteriosa análise do dispositivo legal a ser aplicado.

Parece que, em uma coisa Maranhão e Vasconcellos concordam com Streck, qual seja, na impossibilidade de se praticar o direito fora da faticidade. Ainda que não exista um caso concreto, dizem os autores, outro hipotético é enfrentado. Em estudo anterior, já foi defendido que "fato e direito não podem estar completamente separados um do outro"[147], e que a criação de situações hipotéticas nada mais é senão prova dessa assertiva. O objetivo do caso hipotético é justamente "dar concretude a um conceito abstrato. É impossível trabalhar no direito em um nível especulativo tal, onde os conceitos referem-se apenas uns aos outros e a faticidade não tem lugar"[148]. Por isso, por exemplo, que professores utilizam casos hipotéticos, para ensinar. Se, ao lecionar

---

144 Ibid, loc. cit.

145 STRECK, Lenio Luiz. **A febre dos enunciados e a constitucionalidade do ofurô! Onde está o furo?** Disponível em: http://www.conjur.com.br/2015-set-10/senso-incomum-febre-enunciados-ncpc-inconstitucionalidade-ofuro. Acessado em: 05.10.2016.

146 MARANHÃO, Clayton de Albuquerque; VASCONCELLOS, Fernando Andreoni. **Criação de enunciados interpretativos sobre novo CPC é iniciativa louvável.** Disponível em: http://www.conjur.com.br/2015-out-09/criacao-enunciados-interpretativos-cpc-louvavel. Acessado em: 05.10.2016.

147 LAMY; LUIZ, 2015, p. 394.

148 Ibid., loc. cit.

sobre o princípio da igualdade, "um professor não tem um caso específico para discutir em aula, ele necessita criar um hipotético para que a previsão constitucional faça algum sentido"[149]. Pelas mesmas razões, necessitam os instituidores dos enunciados em casos fictícios, porque "o que importa não é a regra abstrata (o texto), mas o significado de uma regra para um determinado conjunto de fatos (a norma)"[150].

Esse é um dos argumentos da resposta de Streck[151], salientando, ainda, a errônea utilização do pensamento de Friedrich Muller por seus debatedores. A discussão acadêmica continua, com novas considerações de Maranhão e Vasconcellos,[152] mas o foco principal passa a ser a desavença na aplicação da teoria do jurista alemão, com a defesa do método dos "enunciados doutrinários", que não teriam caráter normativo ou vinculante. Aqui, finda-se o debate, mantendo-se cada locutor com sua opinião original.

Cumpre-se destacar, desse último momento, que o caráter não normativo — ou meramente doutrinário — não afasta os pontos negativos dos enunciados. Primeiro, se doutrina são, simplifica-se sobremaneira a própria função doutrinária. Uma simplificação perigosa ao desenvolvimento da teoria do direito ou, no caso do CPC/15, ao direito processual. Na produção acadêmica — doutrinária —, a discussão e a fundamentação da posição defendida são essenciais. Rios de tinta, muitas vezes, são necessários para a construção de um argumento irrefutável, havendo debates intermináveis sobre alguns temas. A aprovação de um enunciado caminha no sentido contrário. Antecipa-se o embate acadêmico em uma sala de reuniões (ou em um congresso ou evento), e, com votos "sim" ou "não", decide-se a sorte da correta interpretação de um dispositivo legal. Não se gasta tanta tinta, porque o consenso já ocorreu. Essa é uma simplificação que, se não impede, ao menos engessa a construção de novos argumentos, o que empobrece a produção do próprio direito.

---

149 LAMY; LUIZ, 2015, p. 394..

150 Ibid., loc. cit.

151 STRECK, Lenio Luiz. **Por que os enunciados representam um retrocesso na teoria do direito.** Disponível em: http://www.conjur.com.br/2015-out-15/senso-incomum-professor-aluno-jornalista-selfie-velorio-fujamos. Acessado em: 05.10.2016.

152 MARANHÃO, Clayton de Albuquerque; VASCONCELLOS, Fernando Andreoni. **Enunciados interpretativos do novo CPC não têm caráter prescritivo.** Disponível em: http://www.conjur.com.br/2015-out-26/enunciados-interpretativos-cpc-nao-carater-prescritivo#sdendnote1sym. Acessado em: 05.10.2016.

Segundo, por não se fazer referência a fatos — mesmo hipotéticos —, a edição de enunciados se dá por um processo de objetivação, em que "o desprendimento da regra [no caso o enunciado] em relação aos fatos que lhe deram azo impossibilita o maior rigor no controle sobre quais novos eventos estariam por ela circunscritos"[153]. Em outras palavras, não há critérios ou metacritérios que controlem a aplicação dos próprios enunciados. São eles simplesmente mais textos, que demandarão interpretação.

Conclui-se que, apesar do nobre intuito daqueles que imaginam estar conferindo soluções aos problemas a serem enfrentados na prática jurídica, a criação de enunciados simplifica demasiadamente a função da doutrina e não traz avanços na forma em que se concebe o direito, qual seja, a de um conjunto de comandos, de enunciados assertóricos com pretensão de verdade. Melhor seria estimular a crítica mútua (com um *fair play* acadêmico), principalmente nessa fase incipiente de vigência da nova codificação, para, no embate de ideias, desenvolverem-se a ciência processual e, consequentemente, a compreensão da nova legislação. Se há vantagens em uma jurisprudência estável, o mesmo fato não se pode falar da doutrina. Nesse ambiente, a discórdia é essencial, para que não se pare o trabalho de compreensão sobre o próprio direito, para que haja a reavaliação constante dos pensamentos e teorias que dominam a própria prática jurídica, abrindo-se oportunidades de melhora com visões de vanguarda que vão surgindo no transcorrer do tempo. A busca por consensos prévios, a par da boa pretensão de tentar apontar um caminho seguro a seguir, é fonte de estagnação doutrinária e jurisprudencial, além de, perigosamente, ser a forma mais fácil de todos trilharem igualmente a mesma direção errônea.

4.4. OS PRONUNCIAMENTOS JUDICIAIS DO ART. 927 DO CPC/15

No que toca ao novo código de processo civil, e mais especificamente ao art. 927 do CPC/15, cumpre verificar, primeiramente, os pontos fundamentais de seu processo legislativo[154]. Cramer aponta as idas e vindas do que, ao final, resultou no dispositivo em comento, ora mantendo o intento de se criarem precedentes vinculantes, ora retrocedendo ao precedente e à jurisprudência meramente persuasiva[155]. Em sua

---

[153] LAMY; LUIZ, 2015, p. 395.
[154] Cf. MACÊDO, 2017a, p. 323-328.
[155] CRAMER, 2016, p. 176-183.

primeira versão, constava do art. 847 do Anteprojeto de Lei[156], no capítulo "Dos processos nos tribunais e dos meios de impugnação das decisões judiciais". Não se tratava, nessa etapa, senão da jurisprudência. Nenhuma referência era feita ao precedente judicial. Estipulava-se, em suma, a necessidade de uniformização e estabilidade da jurisprudência. A principal característica do dispositivo era tentar organizar uma hierarquia dentre as orientações das diferentes cortes e, internamente, em cada tribunal. Pretendia-se formar uma vinculação horizontal e uma vertical da jurisprudência[157]. Obedecer-se-ia à do STF. Na sua ausência, à do tribunal superior próprio. Internamente, cada corte deveria privilegiar a jurisprudência dos órgãos mais amplos, a iniciar pelo plenário ou órgão especial, além dos órgãos fracionados superiores, como, por exemplo, as seções do STJ, as quais — apesar de fracionadas — reúnem diferentes turmas do tribunal.

---

[156] Art. 847. Os tribunais velarão pela uniformização e pela estabilidade da jurisprudência, observando-se o seguinte:

I - sempre que possível, na forma e segundo as condições fixadas no regimento interno, deverão editar enunciados correspondentes à súmula da jurisprudência dominante;

II - os órgãos fracionários seguirão a orientação do plenário, do órgão especial ou dos órgãos fracionários superiores aos quais estiverem vinculados, nesta ordem;

III - a jurisprudência pacificada de qualquer outro tribunal deve orientar as decisões de todos os órgãos a ele vinculados;

IV - a jurisprudência do Supremo Tribunal Federal e dos tribunais superiores deve nortear as decisões de todos os tribunais e juízos singulares do país, de modo a concretizar plenamente os princípios da legalidade e da isonomia;

V - na hipótese de alteração da jurisprudência dominante do Supremo Tribunal Federal e dos tribunais superiores ou daquela oriunda de julgamento de casos repetitivos, pode haver modulação dos efeitos da alteração no interesse social e no da segurança jurídica.

§ 1º A mudança de entendimento sedimentado observará a necessidade de fundamentação adequada e específica, considerando o imperativo de estabilidade das relações jurídicas.

§ 2º Os regimentos internos preverão formas de revisão da jurisprudência em procedimento autônomo, franqueando-se inclusive a realização de audiências públicas e a participação de pessoas, órgãos ou entidades que possam contribuir para a elucidação da matéria.

[157] CRAMER, 2016, p. 177. "No meu modo de ver, o art. 847 do Anteprojeto criava a jurisprudência vinculante dos tribunais superiores (jurisprudência vertical) e a jurisprudência vinculante do próprio tribunal (jurisprudência horizontal)."

Remetido ao Senado Federal, o artigo em comento do Anteprojeto sofreu uma singela, mas profunda, modificação, ao ser adicionada a expressão "em princípio"[158]. Em outras palavras, retirava-se carga obrigatória do contido no próprio dispositivo. Realizou-se, na casa revisora, o que faria mais tarde a Lei n. 13.256/16 com o art. 12 do próprio código, ao aderir à locução "preferencialmente", no que toca à ordem cronológica de julgamentos.

De volta à Câmara dos Deputados, houve profunda modificação no trato da matéria[159]. O foco mudou da jurisprudência a outros pronunciamentos judiciais. Passou-se a privilegiar o precedente, o incidente

---

[158] Art. 882. Os tribunais, em princípio, velarão pela uniformização e pela estabilidade da jurisprudência, observando-se o seguinte:

I - sempre que possível, na forma e segundo as condições fixadas no regimento interno, deverão editar enunciados correspondentes à súmula da jurisprudência dominante;

II - os órgãos fracionários seguirão a orientação do plenário, do órgão especial ou dos órgãos fracionários superiores aos quais estiverem vinculados, nesta ordem;

III - a jurisprudência pacificada de qualquer outro tribunal deve orientar as decisões de todos os órgãos a ele vinculados;

IV - a jurisprudência do Supremo Tribunal Federal e dos tribunais superiores deve nortear as decisões de todos os tribunais e juízos singulares do país, de modo a concretizar plenamente os princípios da legalidade e da isonomia;

V - na hipótese de alteração da jurisprudência dominante do Supremo Tribunal Federal e dos tribunais superiores ou daquela oriunda de julgamento de casos repetitivos, pode haver modulação dos efeitos da alteração no interesse social e no da segurança jurídica.

§ 1º A mudança de entendimento sedimentado observará a necessidade de fundamentação adequada e específica, considerando o imperativo de estabilidade das relações jurídicas.

§ 2º Os regimentos internos preverão formas de revisão da jurisprudência em procedimento autônomo, franqueando-se inclusive a realização de audiências públicas e a participação de pessoas, órgãos ou entidades que possam contribuir para a elucidação da matéria.

[159] Art. 521. Para dar efetividade ao disposto no art. 520 e aos princípios da legalidade, da segurança jurídica, da duração razoável do processo, da proteção da confiança e da isonomia, as disposições seguintes devem ser observadas:

I – os juízes e tribunais seguirão as decisões e os precedentes do Supremo Tribunal Federal em controle concentrado de constitucionalidade;

II – os juízes e os tribunais seguirão os enunciados de súmula vinculante, os acórdãos e os precedentes em incidente de assunção de competência ou de resolução de demandas repetitivas e em julgamento de recursos extraordinário e especial repetitivos;

III – os juízes e tribunais seguirão os enunciados das súmulas do Supremo Tribunal Federal em matéria constitucional, do Superior Tribunal de Justiça em matéria infraconstitucional, e dos tribunais aos quais estiverem vinculados, nesta ordem;

IV – não havendo enunciado de súmula da jurisprudência dominante, os juízes e tribunais seguirão os precedentes:

a) do plenário do Supremo Tribunal Federal, em matéria constitucional;

b) da Corte Especial ou das Seções do Superior Tribunal de Justiça, nesta ordem, em matéria infraconstitucional;

V – não havendo precedente do Supremo Tribunal Federal ou do Superior Tribunal de Justiça, os juízes e órgãos fracionários de tribunal de justiça ou de tribunal regional federal seguirão os precedentes do plenário ou do órgão especial respectivo, nesta ordem;

VI – os juízes e órgãos fracionários de tribunal de justiça seguirão, em matéria de direito local, os precedentes do plenário ou do órgão especial respectivo, nesta ordem.

§ 1º A modificação de entendimento sedimentado poderá realizar-se:

I – por meio do procedimento previsto na Lei nº 11.417, de 19 de dezembro de 2006, quando tratar-se de enunciado de súmula vinculante;

II – por meio do procedimento previsto no regimento interno do tribunal respectivo, quando tratar-se de enunciado de súmula da jurisprudência dominante;

III – incidentalmente, no julgamento de recurso, na remessa necessária ou na causa de competência originária do tribunal, nas demais hipóteses dos incisos II a VI do caput deste artigo.

§ 2º A modificação de entendimento sedimentado poderá fundar-se, entre outras alegações, na revogação ou modificação de norma em que se fundou a tese ou em alteração econômica, política ou social referente à matéria decidida.

§ 3º A decisão sobre a modificação de entendimento sedimentado poderá ser precedida de audiências públicas e da participação de pessoas, órgãos ou entidades que possam contribuir para a rediscussão da tese.

§ 4º O órgão jurisdicional que tiver firmado a tese a ser rediscutida será preferencialmente competente para a revisão do precedente formado em incidente de assunção de competência ou de resolução de demandas repetitivas, ou em julgamento de recursos extraordinários e especiais repetitivos.

§ 5º Na hipótese de alteração de jurisprudência dominante, sumulada ou não, ou de precedente, o tribunal poderá modular os efeitos da decisão que supera o entendimento anterior, limitando sua retroatividade ou lhe atribuindo efeitos prospectivos.

§ 6º A modificação de entendimento sedimentado, sumulado ou não, observará a necessidade de fundamentação adequada e específica, considerando os princípios da segurança jurídica, da proteção da confiança e da isonomia.

de assunção de competência e o de resolução de demandas repetitivas. Pode-se dizer que as súmulas mantiveram-se em grande conta em ambas redações. Note-se que houve o deslocamento do dispositivo para um capítulo próprio ao "Precedente Judicial". Manteve-se, apesar de alterada a redação, a tentativa de organização hierárquica (vertical) e interna (horizontal) das cortes nacionais.

Novamente no Senado Federal (relatório do Senador Vital do Rego), alterou-se o dispositivo outra vez. Primeiro, eliminou-se o capítulo próprio aos precedentes judiciais, retornando o dispositivo ao capítulo que trata do processos nos tribunais. Moldou-se, afinal, a atual redação do art. 927 do CPC/15[160], que vem suscitando, doutrinariamente, uma

---

§ 7º O efeito previsto nos incisos do caput deste artigo decorre dos fundamentos determinantes adotados pela maioria dos membros do colegiado, cujo entendimento tenha ou não sido sumulado.

§ 8º Não possuem o efeito previsto nos incisos do caput deste artigo os fundamentos:

I – prescindíveis para o alcance do resultado fixado em seu dispositivo, ainda que presentes no acórdão;

II – não adotados ou referendados pela maioria dos membros do órgão julgador, ainda que relevantes e contidos no acórdão.

§ 9º O precedente ou jurisprudência dotado do efeito previsto nos incisos do caput deste artigo poderá não ser seguido, quando o órgão jurisdicional distinguir o caso sob julgamento, demonstrando fundamentadamente se tratar de situação particularizada por hipótese fática distinta ou questão jurídica não examinada, a impor solução jurídica diversa.

§ 10. Os tribunais darão publicidade a seus precedentes, organizando-os por questão jurídica decidida e divulgando-os, preferencialmente, na rede mundial de computadores.

160 Art. 927. Os juízes e os tribunais observarão:

I - as decisões do Supremo Tribunal Federal em controle concentrado de constitucionalidade;

II - os enunciados de súmula vinculante;

III - os acórdãos em incidente de assunção de competência ou de resolução de demandas repetitivas e em julgamento de recursos extraordinário e especial repetitivos;

IV - os enunciados das súmulas do Supremo Tribunal Federal em matéria constitucional e do Superior Tribunal de Justiça em matéria infraconstitucional;

V - a orientação do plenário ou do órgão especial aos quais estiverem vinculados.

§ 1º Os juízes e os tribunais observarão o disposto no art. 10 e no art. 489, § 1º, quando decidirem com fundamento neste artigo.

ampla discussão, principalmente em relação à vinculação aos pronunciamentos judiciais lá constantes.

Não há dúvidas de que, pelo histórico do processo legislativo, a intenção do legislador foi exatamente prever, no art. 927, um rol de pronunciamentos judiciais vinculantes. Por isso, defende Cramer que a interpretação a ser dada ao artigo em comento não pode desconhecer essa intenção do legislador, sendo que interpretação diversa necessita "enfrentar e superar, a partir de outros argumentos, essa posição"[161].

É bem verdade que o autor salienta ser menos preponderante a vontade do legislador, para determinar a norma (enquanto construção judicial), contudo, ao mesmo tempo, cria, em função disso, um *a priori* argumentativo a favor daquilo que entende por intenção na formação da lei. Em outras palavras, penderia sobre visões alternativas o ônus argumentativo de desconstituir a intencionalidade do legislador. Não se pode concordar, neste ponto, com o eminente jurista.

Mesmo visões conservadoras e reacionárias, como o originalismo textualista de Scalia, já superaram a questão da intenção subjetiva do legislador e, por consequência, crédito nenhum devotaram à história da produção legislativa[162]. Mesmo quando trata da interpretação cons-

---

§ 2º A alteração de tese jurídica adotada em enunciado de súmula ou em julgamento de casos repetitivos poderá ser precedida de audiências públicas e da participação de pessoas, órgãos ou entidades que possam contribuir para a rediscussão da tese.

§ 3º Na hipótese de alteração de jurisprudência dominante do Supremo Tribunal Federal e dos tribunais superiores ou daquela oriunda de julgamento de casos repetitivos, pode haver modulação dos efeitos da alteração no interesse social e no da segurança jurídica.

§ 4º A modificação de enunciado de súmula, de jurisprudência pacificada ou de tese adotada em julgamento de casos repetitivos observará a necessidade de fundamentação adequada e específica, considerando os princípios da segurança jurídica, da proteção da confiança e da isonomia.

§ 5º Os tribunais darão publicidade a seus precedentes, organizando-os por questão jurídica decidida e divulgando-os, preferencialmente, na rede mundial de computadores.

161 CRAMER, 2016, p. 183.

162 SCALIA, Antonin. *A matter of interpretation*: federal courts and the law. Princeton: Princeton University Press, 1998, p. 29-30. "My view that the objective indication of the words, rather than the intent of the legislature, is what constitutes the law leads me, of course, to the conclusion that legislative history should not be used as an authoritative indication of a statute's meaning"

titucional, assenta o autor que o objetivo é a obtenção da *original meaning*, não se trata de reconstruir as intenções dos *Framers*, mas daquilo que uma pessoa bem informada entenderia como significado ordinário do texto constitucional à época de sua adoção[163]. É bem verdade que Scalia, de uma forma ou outra, permanece preso à já ultrapassada discussão entre a vontade da lei e a do legislador. Streck demonstra como esse debate já está superado[164], eis que tanto o subjetivismo (intenção do legislador) quanto o objetivismo (espírito da lei) interpretativos não explicam satisfatoriamente a forma de se atingir uma decisão jurídica. A partir da *linguistic turn*, esses modelos cedem e dão lugar ao intersubjetivismo na relação intérprete e texto.

A tese de Cramer, acerca do *a priori* argumentativo criado a favor da intenção do legislador, apesar de ser uma assertiva comum no campo jurídico, não pode ser minimamente aceita. Ao ser promulgado o novo código, desprendeu-se ele de seus instituidores, sejam considerados os juristas que auxiliaram na formulação do texto, em todas as fases do processo legislativo, sejam os próprios legisladores. Por isso, a doutrina daqueles que mais de perto participaram do processo, como Luiz Fux, Teresa Arruda Alvim, Bruno Dantas, Fredie Didier, dentre outros, não terá mais autoridade, quando contraposta à de Araken de Assis ou Luiz Guilherme Marinoni, nem haverá, em desfavor desta, um ônus argumentativo para destruir o entendimento daqueles. Da mesma forma, não deterão supremacia argumentativa os pareceres de comissões ou os debates legislativos sobre qualquer outro raciocínio a eles contraposto.

---

[163] Ibid., p. 38 "It is curious that most of those who insist that the drafter's intent gives meaning to a statute reject the drafter's intent as the criterion for interpretation of the Constitution. I reject it for both. I will consult the writings of some men who happened to be delegates to the Constitutional Convention - Hamilton's and Madson's writings in *The Federalist*, for example. I do so, however, not because they were Framers and therefore their intent is authoritative and must be the law; but rather because their writings, like those of other intelligent and informed people of the time, display how the text of the Constitution was originally understood. Thus I give equal weight to Jay's pieces in *The Federalist*, and to Jefferson's writings, even though neither of them was a Framer. What I look for in the Constitution is precisely what I look for in a statute: the original meaning of the text, not what the original draftsmen intended."

[164] STRECK, 2009a, p. 96-100.

O debate acadêmico e a prática jurídica, que já se iniciaram e se manterão no decorrer do tempo, apontarão os rumos que tomarão a nova codificação e, particularmente, o art. 927 do CPC/15. O que não se pode aceitar é que uma determinada visão mostre-se, de antemão, correta (ou, ao menos, com uma pretensão de correção), sendo que as que lhe são diferentes deverão derruí-la, para que se mostrem viáveis, ou que passem a ocupar o lugar de pretensão de correção daquela. Nesse norte, analisar-se-á o respectivo dispositivo, que necessita da suspensão desse preconceito inautêntico (da primazia da intenção do legislador), para a construção de uma interpretação concatenada com o paradigma da hermenêutica filosófica.

Há uma grande divergência acerca da interpretação do art. 927 do CPC/15. Cramer retrata, com acerto, a existência de, ao menos, cinco vertentes diferentes[165], quais sejam: (i) a que defende que o dispositivo contém um rol de precedentes vinculantes; (ii) a de que apenas os precedentes que possam ser implementados forçadamente por reclamação seriam vinculantes; (iii) os que interpretam o vocábulo "observarão" não como uma obrigação, mas como um exigência de o juiz os levar em conta, mesmo afastando-os, no momento da decisão. Por isso, vinculantes seriam só aqueles pronunciamentos que, por seu regime jurídico próprio (ou seja, por outras regras), fossem considerados obrigatórios, como ocorre com as decisões em controle concentrado de constitucionalidade, súmulas vinculantes, IAC, IRDR e recursos repetitivos; (iv) a que sustenta a inconstitucionalidade formal do art. 927 do CPC/15; (v) a que entende serem desnecessárias as disposições do art. 927 do CPC/15, que detém um caráter meramente exemplificativo, o que não afasta outras hipóteses, como qualquer julgamento de uma corte superior, que será obrigatória aos tribunais a ela vinculados.

Em que pese a tese da inconstitucionalidade seja prejudicial às outras, se não ultrapassada, tornará sem sentido a discussão de qualquer outra. Isso será ainda mais apropriado, ao concordar-se parcialmente com ela. Contudo, para participar da calorosa discussão sobre as diferentes correntes, deixar-se-ão tanto a tese da inconstitucionalidade quanto a que se refere ao dever de observância ao final, porque se acredita que a fuga à primeira é a adoção da segunda, conferindo ao dispositivo uma interpretação conforme a Constituição.

---

[165] CRAMER, 2016, 183-188.

4.4.1. PRECEDENTES FORMALMENTE VINCULANTES?

Um grupo de juristas afirma que os provimentos judiciais constantes no art. 927 do CPC/15, e tão somente eles, formam o sistema de precedentes vinculantes. As denominações mudam sutilmente, falando alguns de precedentes obrigatórios, vinculantes ou formalmente vinculantes, porém une-os a visão da vinculação do juiz aos pronunciamentos constantes no citado dispositivo. Cramer faz percuciente catálogo de autores que aderem a essa posição[166], ressaltando que se valem, principalmente, "do argumento semântico, segundo o qual se encontra expresso no art. 927 do NCPC que a norma determina que juízes e tribunais devem respeitar os precedentes ali arrolados"[167].

Defende-se que todos os pronunciamentos teriam a mesma carga de obrigatoriedade plena e — uma vez feito um rol, uma lista de todos aqueles que vinculariam os juízes do futuro —, tão somente eles, e nenhum outro, poderiam gerar tal consequência. Nesse passo, havendo realmente um catálogo extenso de casos de vinculação, sem nenhuma norma que expresse exceções ou que abra espaço a outras hipóteses análogas, leva-se a crer que tão somente os pronunciamentos lá constantes possuirão a envergadura proposta. Outros pronunciamentos, ainda que importantes, ficariam fora do âmbito de aplicação do dispositivo.

Isso apresentaria, de pronto, dificuldades em relação a pronunciamentos importantes e paradigmáticos no direito brasileiro. Exemplo disso é o precedente criado no julgamento de embargos de divergência. O recurso objetiva, justamente, à composição de divergência entre órgãos fracionados de um Tribunal Superior (STF ou STJ). Logo, natural seria que a decisão dali resultante se tornasse paradigmática no âmbito do próprio Tribunal, pacificando a matéria tratada. O órgão fracionado que apresentasse divergência com o acórdão oriundo do julgamento dos embargos deveria alterar seu entendimento sobre o ponto decidido, passando a acatar o então vitorioso. Se um órgão fracionado de um Tribunal Superior está de tal forma atrelado ao julgamento dos

---

[166] CRAMER, 2016, p. 183-184. O autor, que poderia ser aqui também incluído, cita: Fredie Didier Jr., Paula Sarno Braga, Rafael de Alexandria, Hermes Zaneti Jr., Humberto Theodoro Jr., Dierle Nunes, Alexandre Melo Franco Bahia, Flávio Quinaud Pedron, Cândido Rangel Dinamarco, Bruno Vasconcellos Carilho Lopes, Araken de Assis, Arruda Alvim, Eduardo José da Fonseca Costa, Rodolfo Kronemberg Hartmann.

[167] Ibid., p. 184.

embargos de divergência, seria natural supor que os órgãos judicantes dos Tribunais locais assim agissem também, bem como os juízes de primeira instância a ele vinculados. Disso, verifica-se que talvez fosse esse um dos principais pronunciamentos a estar estampado no art. 927 do CPC/15. Razões para tanto não faltam, contudo quis o legislador não incluir no catálogo de casos tal julgamento. Assim, torna-se a discutir qual a sua importância e em que grau estariam juízes e Tribunais vinculados a tal espécie de decisão.

Essa corrente, entretanto, não consegue explicar a espécie de influência que uma decisão como a citada poderia ou deveria possuir na resolução de causas futuras. Há um hermetismo tão grande no rol do art. 927 do CPC/15, que outras importantes decisões são ignoradas, sem o devido cuidado de, ao menos, haver uma razão para tanto. A explicação não seria outra senão a vontade do legislador, derivada de sua liberdade de conformação. Lá não constam outras decisões, porque simplesmente não se quis fazê-lo.

Outras questões também se apresentam contra a adoção dessa corrente de pensamento. Como se verá, a tese da inconstitucionalidade é apta, em muitos pontos, a afastar a tese do rol do art. 927 do CPC/15 como precedentes vinculantes. O cerne do desafio de inconstitucionalidade é o seguinte: a Constituição prevê os casos de vinculação a um dado pronunciamento judicial, como faz expressamente no caso da ADI, ADC e da súmula vinculante. Logo, outras situações de vinculação exigiriam, de igual forma, previsão constitucional para tanto. Trata-se, em verdade, da mesma lógica daqueles que defendem a obrigatoriedade dos pronunciamentos constantes no art. 927 do CPC/15 e tão somente dele. Existindo um catálogo de casos constitucionalmente previstos, sem que haja norma de exceção ou expansão, deve-se proceder a uma leitura *numerus clausus* das hipóteses, mesmo porque, se fosse de outra forma, poderia o próprio constituinte (originário ou reformador) assim fazer, prevendo novas situações ou, ao menos, relegando expressamente à legislação a autoridade de especificação de novos casos.

Aderindo-se, ainda que em parte, à tese da inconstitucionalidade, não se aceita a posição da existência de um rol de precedentes vinculantes no art. 927 do CPC/15. Mais que uma vinculação formal, o exercício de seguir precedentes exige uma vinculação material, guiada pelos fundamentos lançados em cada decisão passada. A robustez da argumentação construída exigirá que o intérprete do futuro a enfrente e a siga, caso não haja razões (por argumentos de princípio) que apontem outro caminho.

4.4.2. GRAUS DE VINCULAÇÃO: FORTE, MÉDIO E FRACO

Esta corrente defende a existência de graus diferentes de vinculação. Assim, a depender do tipo de pronunciamento judicial, haveria certo nível de obrigatoriedade de sua aplicação pelo juiz superveniente. Existiria, assim, uma imperatividade progressiva, iniciando-se pela vinculação fraca, passando-se à média e, ao fim, à forte. Teresa Arruda Alvim destaca a infelicidade da redação do art. 927 do CPC/15, ao agrupar situações diferentes em um mesmo dispositivo legal. Salienta, acertadamente, que as decisões do controle concentrado de constitucionalidade e as súmulas não são precedentes. Apesar de apresentarem observância obrigatória, eis que seu descumprimento possibilita o uso da reclamação, tais decisões "nada têm que ver com respeitar precedentes"[168]. Afasta, portanto, a análise dos incisos I e II do art. 927 do CPC/15 de sua classificação, tentando manter-se focada exclusivamente em precedentes.

Seriam classificados como precedentes vinculantes em sentido forte os pronunciamentos constantes no art. 927, III, do CPC/15, quais sejam, o IAC, IRDR, recursos extraordinário e especial repetitivos. A esses, junta-se o precedente derivado do recurso extraordinário com repercussão geral reconhecida, na forma do art. 988, § 5º, do CPC/15. Essa força é determinada pelo cabimento da reclamação em caso de descumprimento do precedente formado em tais procedimentos. Assim, para tal corrente, como já propôs similarmente Cramer[169], a elevada carga de vinculação decorreria não do próprio art. 927 do CPC/15, mas daqueles outros dispositivos legais que possibilitam o emprego da reclamação, como os arts. 985, §1º, (IRDR), art. 988, IV (IRDR e IAC) e, em uma interpretação *a contrario sensu*, o art. 988, § 5º, II, (recursos extraordinário e especial repetitivos e o recurso extraordinário com repercussão geral reconhecida), todos do CPC/15.

Deteriam uma vinculação média os pronunciamentos do art. 927, IV e V, do CPC/15, uma vez que a norma prescreve a obrigatoriedade sem, contudo, dar-lhes uma proteção tão efetiva quanto à reclamação. "É normal e desejável que esses parâmetros sejam respeitados, e, se houver afastamento deles, a decisão pode ser corrigida (ou não) pela via recursal"[170].

---

[168] ARRUDA ALVIM, 2017c.

[169] CRAMER, 2016, p. 184.

[170] ARRUDA ALVIM, 2017c.

Existiria, ao final, a vinculação fraca, que nada seria senão a conhecida força persuasiva, já comum e de prática tradicional em sistemas de *civil law*, como o brasileiro. Apesar de fraca, não se deve reduzi-la a uma simples faculdade de o julgador aplicá-la ou não. Espera-se do juiz, enquanto agente do poder público, coerência, para "inspirar confiabilidade na sociedade, gerando previsibilidade"[171]. Apesar de se caracterizar um desserviço ao país, não há remédio específico algum, para veicular o inconformismo com o juiz ou tribunal que desconsidera suas próprias orientações anteriores[172].

Essa classificação parece não ser a que melhor explica o art. 927 do CPC/15. Primeiro, utiliza-se o consequente para conceituar o antecedente. Se conceituar algo é tentar exprimir seu significado, por meio de suas próprias qualidades, particularidades ou singularidades, deve-se remeter, em sua formulação, à coisa em si, e não a suas consequências ou a elementos fora dela. Logo, não parece ser a forma mais adequada a distinção dos graus de vinculação por outros critérios que não a natureza de cada pronunciamento judicial inserto no rol do art. 927 do CPC/15. A existência de uma forma de proteção como a reclamação não detém o condão de alterar, nesse ponto, a natureza de cada um dos pronunciamentos judiciais ou qualquer elemento que sirva à construção de um conceito diferenciado dentre aqueles que não possuem o mesmo instrumento processual.

Não se nega que a reclamação pode(ria) ser um útil instrumento de rápida correção do descumprimento de algumas das decisões ou pronunciamentos a que se refere o art. 927 do CPC/15. Por certo, alguns deles possuem essa proteção, e outros não. Contudo, não se pode afirmar que a observância deles deva ser diferenciada. A forma processual de proteção de interesses distintos não possui força, para qualificar a importância de um e outro, ou definir graus diversos entre eles. Considerando-se o texto original do CPC/73, poder-se-ia dizer, por exemplo, que o direito possessório seria mais vinculante que o obrigacional, uma vez que havia, em prol do primeiro, um procedimento especial, que possibilitava a concessão de liminar, o que não ocorria com o segundo. Da mesma forma, poder-se-ia imaginar que um direito cognoscível por meio de mandado de segurança fosse mais vinculante ou qualitativamente superior a outro que não detivesse a mesma forma

---

[171] Ibid., loc. cit.
[172] Ibid., loc. cit.

de defesa (ou imposição) processual. Nenhum dos exemplos parece correto. Não há uma hierarquização ou superioridade de um interesse juridicamente protegido com base nas diferentes formas processuais de fazê-los valer judicialmente.

Oportuna, nesse aspecto, é a conclusão de Peixoto, que, sustentando a inexistência de graus de vinculação, afirma que, "nos casos em que cabível, a reclamação atua apenas como mais um remédio jurídico processual apto à correção da não aplicação adequada de um determinado entendimento jurisprudencial vinculante"[173]. Da mesma forma, afirma Cramer que "a reclamação constitui tão somente um meio de impugnação da decisão judicial que não respeita o precedente. (...) Esse dado diz respeito apenas ao grau de proteção confiado ao precedente vinculante."[174]

Outro problema aparente está na diferenciação das vinculações média e fraca, porque, se o que difere os graus apresentados é a forma de proteção processual conferida a cada um dos pronunciamentos, equivaleriam às duas formas de vinculação, na medida em que a defesa dos precedentes ficaria condicionada ao sistema recursal. Nesse ponto, não há diferença entre os pronunciamentos contidos no art. 927, IV e V, do CPC/15, e qualquer outro que não figure no rol do respectivo dispositivo. Em uma ou em outra hipótese, a parte prejudicada pela inobservância somente poderá almejar a correção pelo sistema recursal. A única diferença seria a inclusão de alguns no art. 927 do CPC/15 e de outros não, contudo seria um critério distinto de classificação, se comparada à outra apresentada (diferenciação entre a forte e as demais). Uma classificação deve se dar de acordo com um critério pré-determinado, que se mostre harmônico e observável em cada classe criada. Não se observa, na proposta formulada, tal circunstância, na medida em que os graus propostos são divididos por critério distintos uns dos outros.

---

[173] PEIXOTO, Ravi. (In)constitucionalidade da vinculação dos precedentes no CPC/2015: um debate necessário. *Civil Procedure Review*, v. 8, n. 2, p. 93-133, mai.--ago. 2017, p. 98

[174] CRAMER, 2016, p. 188.

4.4.3. PRECEDENTES OBRIGATÓRIOS INDEPENDEM DO ROL DO ART. 927 DO CPC/15: CORTES DE PRECEDENTES E CORTES DE JUSTIÇA

Marinoni, Arenhart e Mitidiero afirmam ser desnecessário um rol de precedentes vinculantes, como o disposto no art. 927 do CPC/15, que servirá para mostrar a necessidade de quem dá a última palavra a respeito do significado do direito no país[175]. Entendem que todos os pronunciamentos de Tribunais Superiores são obrigatórios e, assim, vinculam os demais juízes e Tribunais[176]. Para tanto, realizam a distinção entre Cortes de Justiças, responsáveis pela adjudicação das disputas intersubjetivas, e as Cortes de Vértice, que detêm função primordial de preservar a ordem jurídica, garantindo a segurança jurídica, cumprindo tal mister por meio da fixação de precedentes sobre as questões da legislação federal e da Constituição[177].

Dado o *design* constitucional conferido ao STF e ao STJ, enquanto protetores, respectivamente, da Constituição e da legislação federal, sua função é a de definir o sentido de uma e de outra. Sustentam que a vinculação provém da arquitetura do próprio sistema judiciário, tal como previsto na CF, por isso torna-se despicienda qualquer imposição legislativa, para que uma decisão de Corte Superior torne-se vinculante ao próprio Tribunal e aos que lhes são inferiores no organograma do Poder Judiciário. Por tal razão, o rol do art. 927 do CPC/15 é meramente exemplificativo e não afasta a vinculação a outros pronunciamentos judiciais[178]. Necessariamente as decisões das Cortes de precedentes devem vincular qualquer outro Tribunal e os juízes em geral, caso contrário não faria sentido a própria estruturação dada ao Poder Judiciário.

Em obra autônoma, Mitidiero reforça essa posição, afirmando haver vinculação, também, nos recursos extraordinários e especiais não repetitivos, bem como nos embargos de divergência julgados pelas Cortes superiores, independentemente de sua ausência no art. 927 do CPC/15,

---

[175] MARINONI, Luiz Guilherme; ARENHART, Sérgio Cruz; MITIDIERO, Daniel. *Novo curso de processo civil*. 3. ed. v. 2. São Paulo: RT, 2017a, p. 647.

[176] Ibid., p. 645.

[177] Ibid., p. 640-647.

[178] MARINONI, 2016a, p. 284-288.

uma vez que decorre do caráter dado ao STF e ao STJ pela própria Constituição[179].

A proposta é de vanguarda, eis que põe em xeque concepções tradicionais e seguidas consistentemente na cultura jurídica nacional, sobretudo na função dos cortes superiores, que tipicamente são vistos como forma de correção das mais diversas decisões de tribunais locais, caracterizando-se como mais um grau de jurisdição. Altera-se tal entendimento, para que sejam consideradas como Cortes de precedentes, com a função, senão exclusiva, preponderantemente de fixação do sentido do direito derivado da Constituição e da legislação federal. Por isso, todas as decisões dos tribunais superiores seriam, enquanto precedentes, vinculantes ou obrigatórias. Pouco importaria, assim, se houvesse a afetação de um recurso especial no rito dos repetitivos (o mesmo valendo para o recurso extraordinário), de um jeito ou de outro, o julgamento do caso — sua *ratio decidendi* — seria de aplicação obrigatória em casos análogos. Isso resolveria, por exemplo, a questão da decisão em embargos de divergência, que não está inclusa no rol co art. 927 do CPC/15.

A proposta teórica aproxima bastante a aplicação do *stare decisis*, tal como nos sistemas de *common law*, aos precedentes dos tribunais superiores. As técnicas para aplicação, distinção ou superação são as mesmas, o que ocorre também à definição da *ratio decidendi* e do *obter dicta*. Enfim, dentre todas as teorias, talvez seja a que coloca o ordenamento jurídico mais próximo da ideia do *binding precedent*, tal como é exercido nas jurisdições do *common law*.

Não há um reducionismo ou simplificação, ao afirmar que se trata, em considerável parte, da adoção do *stare decisis* no Brasil. Ao contrário, é um trabalho árduo a adoção de tal doutrina na realidade nacional. Além disso, a sua aplicação de forma extremamente similar ao que ocorre no *common law* confere alta sistematização ao ordenamento, conferindo racionalidade à própria teoria, que se desenvolve aproveitando-se de todo o caminhar histórico já desenvolvido em outras jurisdições. Assim, grande parte dos problemas já enfrentados historicamente por um sistema de *binding precedents* já encontra respostas ou, ao menos, alguns caminhos mais seguros, o que facilita o trato com os precedentes no Brasil. Portanto, longe de qualificar a teoria como simplista ou reducionista, talvez seja a que exija um maior esforço dos

---

[179] MITIDIERO, 2016a, p. 108.

juristas para sua correta aplicação, desde a assimilação de suas técnicas básicas à construção dos argumentos jurídicos de forma apropriada.

Teoricamente, a proposta é interessante e a sua adoção talvez fosse a melhor alternativa ao sistema jurídico brasileiro, contudo há empecilhos que impedem sua aplicação no Brasil. Embora desejável, essa tentativa de tornar todas as decisões dos Tribunais Superiores obrigatórias (vinculantes) esbarra no sistema de controle de constitucionalidade híbrido adotado na CF, visto que, por vias transversas, equivaleriam todas as decisões tomadas pelos Tribunais Superiores, mesmo aquelas que não versem sobre matéria constitucional, às decisões do controle concentrado de constitucionalidade. Não só tornaria as consequências do controle concentrado igual ao do difuso, como emprestaria idêntico valor a decisões que sequer se destinam ao desafio de alguma inconstitucionalidade, como no caso daquelas que tratam exclusivamente da legislação federal.

Não haveria diferença, por exemplo, de uma decisão do STF que, em sede de ADI, declara a inconstitucionalidade de um dispositivo legal e de outra do STJ que, em controle difuso, deixa de aplicar o mesmo artigo de lei, por reconhecer idêntica incompatibilidade com a Constituição. Deixando-se de lado, ao menos por ora, a discussão sobre a possibilidade e os limites do controle difuso de constitucionalidade no âmbito do STJ[180], sobretudo no recurso especial[181], importa frisar que ambas as decisões teriam efeitos análogos. Para fugir dessa discussão, basta pensar que o STJ, em vez de promover o controle difuso, tenha deixado de aplicar o mesmo dispositivo por outra questão qualquer, exclusivamente relativa à legislação federal (como uma antinomia com outro dispositivo legal). De um jeito ou de outro, o efeito dessa decisão seria idêntico ao da procedência da ADI no STF.

---

[180] BRASIL. Supremo Tribunal Federal. *AI 217753 AgR*. Rel. Min. Marco Aurélio, Segunda Turma, julg. em 01/12/1998, DJ 23-04-1999, p. 06; BRASIL. Supremo Tribunal Federal. *AI 172527 AgR*, Rel. Min. Marco Aurélio, Segunda Turma, julg. em 12/02/1996, DJ 12-04-1996, p. 11083; BRASIL. Supremo Tribunal Federal. *AI 145589 AgR*, Rel. Min. Sepúlveda Pertence, Tribunal Pleno, julg. em 02/09/1993, DJ 24-06-1994, p. 16652.

[181] NERY JR, Nelson. O STJ e o controle de constitucionalidade de lei e ato normativo. *Revista do Superior Tribunal de Justiça*, Brasília, edição especial, p. 455-467, abr. 2009. Também: ABBOUD, Georges; BARBOSA, Rafael Vinheiro Monteiro; OKA, Juliana Mieko Rodrigues. Controle de constitucionalidade pelo STJ: uma medida *contra legem*? *Revista de Processo*, São Paulo, v. 41, n. 253, p. 15-30, mar. 2016.

Em outras palavras, em ambas as hipóteses, os juízes e Tribunais locais estariam vinculados aos precedentes, portanto, por uma ou outra justificativa, não poderiam dali em diante aplicar o artigo combatido.

A crítica que aponta a impropriedade de adoção da teoria formulada por Marinoni, Arenhart e Mitidiero é a mesma, em síntese, da efetuada em desfavor da teoria da transcendência dos motivos determinantes. Poder-se-ia pensar, aqui, não só a transcendência no caso das decisões tomadas em controle de constitucionalidade (seja no concentrado ou no difuso), mas em todas as decisões de Tribunais Superiores, como propõem os autores. Três são os principais pontos que militam em desfavor da teoria dos motivos determinantes, ao menos quando considerada no que toca às decisões em controle de constitucionalidade: (a) o disposto no art. 52, X, da CF, que fixa a competência privativa do Senado para a suspensão da execução da lei considerada inconstitucional; (b) a violação da legitimação restrita das ações do controle concentrado; (c) a falta de compatibilidade com outros institutos, marcantemente a súmula vinculante[182].

Dessas circunstâncias, todas barram, total ou parcialmente, a teoria dos precedentes judiciais dos citados autores. No que toca a outras decisões do STF, que não as advindas do controle concentrado de constitucionalidade, todas as razões se aplicam, afastando a possibilidade de determ força equivalente. Quanto às decisões do STJ, os três motivos impediriam a vinculação pretendida à decisão, quando exercido o controle difuso de constitucionalidade, e os dois últimos, nos demais casos.

Destaca-se, dentre todos, a questão da legitimação estreita especificada pelo constituinte à forma de controle de constitucionalidade que a todos afetará. Ao escolher um sistema de constitucionalidade concentrado, ainda que ao lado do difuso, o constituinte destinou o desafio a legitimados próprios (art. 103 da CF). Assim, estender os efeitos de uma decisão àqueles emprestados às tomadas no controle concentrado equivaleria burlar o rol estreito. Há, nesse ponto, um sério problema na convivência de formas distintas de controle de constitucionalidade. Um modelo acaba por limitar o âmbito de abrangência do outro.

---

[182] SGARBOSSA, Luís Fernando; IENSUE, Geziela. Algumas Reflexões Críticas sobre a Tese da "Abstrativização" do Controle Concreto de Constitucionalidade no Supremo Tribunal Federal (STF). *Seqüência*, Florianópolis, n. 75, p. 79-104, abr. 2017, p. 92-97.

Tanto é assim, que, na maioria dos países, ou bem vigora um, ou outro. Poucos são os casos de mescla entre os sistemas concentrado e difuso, porque, dessa união, há situações em que brotam contradições, tal como a demonstrada.

Outra questão é o posicionamento dos Tribunais de Vértice como Cortes de Precedentes, em que a função exclusiva é a de fixação de teses (função nomofilática), enquanto os Tribunais locais se preocupariam com a entrega de Justiça ao caso concreto. Não se nega que os Tribunais Superiores detêm uma vocação nomofilática, sendo responsáveis por prover integridade e coerência ao sistema jurídico, dirimindo os posicionamentos divergentes eventualmente existentes sobre situações similares, contudo, ainda se trata, no Brasil, de cortes de revisão, independentemente da importante função de harmonizar e uniformizar a jurisprudência, cumprindo aos tribunais superiores aplicar o direito à espécie, confirmando ou reformando a decisão da corte inferior. É bem verdade que, por vezes, comportam-se como cortes de cassação, mas isso em caráter excepcional. De regra, sua função não difere de qualquer outra corte, qual seja, prestar corretamente a jurisdição, aplicando o direito vigente a fatos determinados. Nesse passo, comportar-se-ão como cortes de justiça, tal como as que lhes são inferiores.

Ainda que existam limitações típicas dos recursos excepcionais, como a reavaliação dos fatos e das provas, a jurisdição deve ser prestada, conferindo aos fatos, tais como definidos pelo tribunal local, a consequência jurídica apropriada. Tanto é assim, que a função do STF e STJ, nos recursos excepcionais, é o de julgar "causas decididas". O ato de julgar refere-se à causa decidida naquele processo específico, à particularidade da situação posta, no que toca à questão constitucional ou referente à legislação federal. Portanto, por força constitucional, não podem se tornar exclusivamente cortes de precedentes. Isso é reforçado pelo papel de tais Tribunais nas causas de competência originária ou nas situações de recurso ordinário, em que não há dúvidas de seu papel de cortes de revisão, de cortes de justiça.

4.4.4. INCONSTITUCIONALIDADE DO ART. 927 DO CPC/15?

Uma questão tormentosa na doutrina é saber se todos os seus incisos se compatibilizam com a Constituição Federal. Alguns estudiosos objetam que a disposição foi além do que poderia, ao criar novas espécies de decisões vinculantes. Há uma miríade de inclinações. Como visto, há cinco posicionamentos que disputam qual seria a melhor interpretação do dispositivo. Parcela da doutrina defende que o surgimento de um sistema de precedentes, como o do CPC/15, apenas reforça a Constituição, na tentativa de gerar mais igualdade, segurança jurídica e melhora na duração razoável dos processos, proporcionando, ainda, maior racionalidade ao ordenamento jurídico.

O que está em jogo, aqui, não é saber se é desejável ou útil a adoção de um sistema de precedentes vinculantes. A questão é resolver se tal sistema seria compatível com a ordem constitucional. Direito não é moral, independentemente da influência que um possa exercer sobre o outro. A democracia exige, muitas vezes, que se siga o caminho constitucionalmente definido, ainda que não seja ele o melhor. Mesmo quando os efeitos de uma versão alternativa possam ser muito mais positivos, não há como adotá-la passando-se por cima da Constituição. Ela enraíza o que de mais básico há em uma sociedade e traça o seu plano para o futuro. Nesse ponto, o direito nem sempre será o ideal, o melhor, em suma, aquilo que se gostaria de que ele fosse. Esse é um limite democrático. Nesse aspecto, a democracia não é perfeita, apesar de apresentar-se historicamente — em um julgamento axiológico — como a melhor forma de governo, dentre todas[183]. O que não se pode fazer é dobrar a Constituição por uma boa causa, porque, com isso, estará aberto o caminho, para que ela, no futuro, dobre-se (ou quebre-se) por motivos menos nobres.

Há pontos que fogem de tal crítica e apontam uma congruência doutrinária. Não se argumenta, por certo, a inconstitucionalidade dos incisos I e II, que, basicamente, repetem disposições constitucionais, ao atribuir força vinculante às decisões do STF, em sede de controle concentrado de constitucionalidade, e aos enunciados de súmula vinculante. A discussão gira em torno da prescindibilidade da reiteração do texto constitucional no CPC/15. Nesse passo, apesar de verificar o intuito pedagógico do código, ao alinhar todos os pronunciamentos que entende vinculante em um só local, evitando que o intérprete tenha que manejar outros meios de pesquisa, para visualizar todo o quadro, a crítica formulada é pertinente.

É um contrassenso determinar, por legislação infraconstitucional, o cumprimento ou a observância da própria Constituição. Aqui, fica

---

[183] Para a discussão filosófica sobre as formas de governo, ver: BOBBIO, Norberto. *Teoria das formas de governo*. 8 ed. Tradução: Sérgio Bath. Brasília: UnB, 1995.

claro que esta é criadora, e aquela, criatura. Se um texto legal só é entendido como tal pela normatividade que apresenta, pergunta-se: qual seria a normatividade de uma regra inserta em lei ordinária que meramente repete a redação constitucional? Nenhuma, por certo. Prova disso seria analisar uma possível modificação superveniente nos incisos I e II que eventualmente se viesse a fazer. Caso a lei ordinária simplesmente revogasse expressamente esses incisos, o que isso representaria à ordem jurídica? Nada, absolutamente nada. Suponha-se que essa lei superveniente modifique a redação, alterando as hipóteses neles previstas. Isso nada seria, senão letra morta. Nas duas situações, continuaria a existir a vinculação a tais espécies de pronunciamentos judiciais.

O fato de a lei ordinária, da forma como feito no art. 927 do CPC/15, mandar cumprir a Constituição é, efetivamente, desnecessário. Pior, faz remontar à já ultrapassada ideia da codificação infraconstitucional como o principal, senão único, instrumento legal da sociedade, relegando a Constituição — aqui sem sua força normativa — a um documento político. Portanto, procede a crítica de Nery Jr. e Nery, ao afirmarem que "não há necessidade de o CPC determinar aos juízes e tribunais que cumpram a Constituição e as leis. A Constituição é a *lex legum* (...)."[184] Subverte-se a supremacia constitucional, e passa-se a noção de que, se a lei ordinária é apta a determinar o cumprimento da Constituição, também o será para o contrário. Obviamente não era esse o intento dos redatores da novel legislação ou mesmo do legislador, contudo assim o fizeram, ainda que com propósitos nobres. Vale ressaltar, nesse ponto, que, uma vez promulgado e publicado, o texto legal se desprende de seus autores — especialmente de suas intenções —, passando à compreensão de uma sociedade aberta a intérpretes[185].

Se, ressalvada a crítica acima realizada, não há grande tergiversação acerca das duas primeiras hipóteses previstas no art. 927, sobre as demais, reina severa discussão, devendo haver o enfrentamento das posições defendidas e dos fundamentos para tanto. Aos que defendem a tese da inconstitucionalidade, a legislação infraconstitucional não poderia ampliar o rol dos pronunciamentos judiciais vinculantes,

---

[184] NERY JR.; NERY, 2015, p. 1836.

[185] HÄBERLE, Peter. *Hermenêutica constitucional*: a sociedade aberta dos intérpretes da constituição – contribuição para a interpretação pluralista e "procedimental" da constituição. Tradução: Gilmar Ferreira Mendes. Porto Alegre: Sérgio Fabris, 2002.

adstritos, portanto, às decisões em controle concentrado e às súmulas vinculantes. Essa é a posição de Streck e Aboud, que asseveram que, à exceção dos incisos I e II do dispositivo em comento, os demais provimentos, "por não possuírem previsão constitucional, não poderiam ter adquirido efeito vinculante via legislação ordinária sem a correspondente emenda constitucional"[186].

O mesmo fundamento — da inconstitucionalidade — é trazido por Nery Jr. e Nery, ao sustentarem que a vinculação que objetiva o art. 927 do CPC/15 dependeria de autorização constitucional. Argumentam que, "como não houve modificação na CF para propiciar ao Judiciário legislar, como não se obedeceu o devido processo, não se pode afirmar a legitimidade desse instituto previsto no texto comentado"[187]. Os autores defendem que o enfrentamento da gigante litigiosidade e da dispersão jurisprudencial não pode justificar o atropelo ao *due process*, salientando que "optou-se, aqui, pelo caminho mais fácil, mas inconstitucional"[188]. Igualmente, Tucci defende a inconstitucionalidade do art. 927, ressaltando que "salta aos olhos o lamentável equívoco constante desse dispositivo"[189]. O motivo é o mesmo: não haver autorização constitucional própria, tal como nos casos do controle concentrado ou das súmulas vinculantes. Por fim, Scarpinella Bueno acompanha tal entendimento, asseverando que o caráter vinculante de qualquer pronunciamento judicial depende de autorização constitucional "e, portanto, está fora da esfera de disponibilidade do legislador infraconstitucional"[190].

Apesar de o assunto ainda não ter sido enfrentado como ponto fulcral em algum caso, já há alguns *obter dicta* a respeito da matéria. No âmbito do STF, parece clara a inclinação do Min. Luís Roberto Barroso em considerar vinculantes os pronunciamentos contidos no art. 927

---

186 STRECK; ABBOUD, 2016, p. 1200.

187 NERY JR., NERY, 2015, p. 1837.

188 Ibid., loc. cit.

189 TUCCI, José Rogério Cruz e. O regime do precedente judicial no novo CPC. In: DIDIER JR.; Freddie; CUNHA, Leonardo Carneiro da; ATAÍDE JR., Jaldemiro Rodrigues de; MACÊDO, Lucas Buril de. *Precedentes*. Salvador: Juspodivm, 2015, p. 445-458, p. 454.

190 BUENO, Cassio Scarpinella. *Manual de direito processual civil*. 3 ed. São Paulo: Saraiva, 2017, p. 628.

do CPC/15, mesmo porque, doutrinariamente, assim já o fez[191]. Por outro lado, adere à tese da inconstitucionalidade o Min. Marco Aurélio, que, ao anunciar seu voto vencido no curso do julgamento do RE 593849 (com repercussão geral)[192], assim assentou:

> Veio, é certo, o Código de Processo Civil. Mas será que o Código de Processo Civil tem o efeito de derrogar a Carta da República e estender a eficácia — que é algo muito estrito e, mesmo assim, não ressoa no campo do Legislativo — a outras situações jurídicas? Não. Mas nem mesmo o Código trouxe à balha essa eficácia vinculante, conforme versado no artigo 1.041 do Código de Processo Civil. O que ocorre com aqueles processos sobrestados na origem, quando já em estágio de vinda para Brasília, para o Supremo, após decisão deste? O Tribunal pode, ou não, acatar esse pronunciamento. Dispõe o artigo 1.041, a revelar inexistir eficácia *erga omnes*: "Art. 1.041. Mantido o acórdão divergente" — é possível manter o acórdão divergente ainda que contrarie, em si, pronunciamento do Supremo — "pelo tribunal de origem, o recurso especial ou extraordinário será remetido ao respectivo tribunal superior, na forma do art. 1.036, § 1º."
>
> É a demonstração inequívoca de não haver eficácia vinculante. O órgão judicante não fica manietado quanto ao julgamento a ser procedido. Reconheço que o posicionamento do Supremo deve ser tomado como um farol, em termos de alcance da Lei Maior, mas não há essa obrigatoriedade, ao contrário do que ocorre no tocante à ação direta de inconstitucionalidade e ao decidido nesse processo objetivo.

O argumento é simples, mas poderoso. Não é fácil derrotá-lo sem uma percuciente análise, ou melhor, uma proposta de leitura do art. 927 do CPC/15 conforme a Constituição, porque, efetivamente, o texto constitucional aponta somente as duas possibilidades aventadas — as decisões em ADI e ADC e as súmulas vinculantes — como pronunciamentos judiciais de "efeito vinculante" (art. 102, §2º e art. 103-A, ambos da CF)[193]. Antes de enfrentá-lo, porém, cumpre ressaltar os fun-

---

[191] MELLO, Patrícia Perrone Campos; BARROSO, Luís Roberto. Trabalhando com uma nova lógica: a ascensão dos precedentes no direito brasileiro. *Revista da AGU*, Brasília, v. 15, n. 03, p. 09-52, jul./set. 2016, p. 18.

[192] BRASIL. Supremo Tribunal Federal. *RE 593849*. Rel. Min. Edson Fachin, Tribunal Pleno, julg. em 19/10/2016, com repercussão geral. DJe-065, divulg. 30-03-2017, Public. 31-03-2017.

[193] Há previsão constitucional de decisões de caráter ou efeito vinculante do Conselho da Justiça Federal (art. 105, parágrafo único, II, da CF) e do Conselho Superior da Justiça do Trabalho (art. 111, §2º, II, da CF). Contudo, tratando-se de decisões não jurisdicionais, concernentes às questões administrativas, orçamentárias, financeiras, patrimoniais, além, no primeiro caso, de poderes correicionais, não há relevância ao estudo do tema que se propõe, deixando-se, portanto, de analisar tais hipóteses.

damentos daqueles que entendem de forma diversa, das visões que não vislumbram qualquer vício constitucional no estabelecimento de vinculação a pronunciamentos judiciais por legislação ordinária.

Nesse passo, Zaneti Jr. tenta superar a alegação de inconstitucionalidade, sustentando que os mesmos argumentos já foram, equivocadamente, levantados, quando da adoção da súmula vinculante. Contudo, sua maior objeção, nesse ponto, é contra a tese de que o juiz, caso vinculantes suas decisões, estaria legislando, em afronta ao princípio da legalidade e da separação de poderes. Especificamente em relação aos incisos do art. 927 do CPC/15, os quais geram maior discussão (III, IV e V), o autor defende a constitucionalidade do efeito vinculante dos pronunciamentos judiciais lá previstos. Assevera que se trata da recepção do *stare decisis* no direito brasileiro, iniciado pelas reformas no CPC/73 e com a EC n. 45/04. Diz que não há ofensa à separação dos poderes, uma vez que a vinculação é destinada exclusivamente ao próprio Poder Judiciário, além de não violar o princípio da legalidade, pois a vinculação formal foi estabelecida pela via legislativa. Assim, o rol dos pronunciamentos judiciais insertos no art. 927 seria todos "precedentes normativos formalmente vinculantes"[194].

Em resposta à posição contrária, Streck e Abboud afirmam que os argumentos apresentados são meramente compensatórios, e não há a desconstituição da argumentação trazida pelos autores, mas tão somente o reconhecimento de que a vinculação, a par de apresentar o problema levantado, apresenta outras vantagens e tenta elevar outros ditames constitucionais[195]. Nisso, parecem estar corretos os autores. De fato, até o momento, não há o enfrentamento direto da tese adotada, a afirmar categoricamente que a Constituição permita outras espécies de decisões vinculantes, ou não proíba que tal efeito seja estabelecido pela legislação infraconstitucional.

Efetivamente, Zaneti Jr. não enfrenta explicitamente o problema da inconstitucionalidade formal do dispositivo. Foca em questões materiais, como a separação dos poderes e o cumprimento do princípio da legalidade, ficando à margem da discussão trazida por Streck, Abboud, Scarpinela Bueno, Nery Jr. e Tucci.

Em outra tentativa de defender a constitucionalidade do dispositivo, Peixoto busca se contrapor à tese da inconstitucionalidade pela

---

[194] ZANETI JR., 2016, p. 368-371.
[195] STRECK; ABBOUD, 2016, p. 1201.

má interpretação que se faz, na doutrina nacional, sobre as decisões do Tribunal Constitucional português, as quais culminaram na revogação do art. 2º do CC lusitano, que previa a expedição de assentos, que detinham força geral e abstrata. Em que pese se concordar com o autor sobre a má assimilação do caso português no Brasil, discorda-se, completamente, da argumentação despendida e da conclusão a que se chega. A tese da inconstitucionalidade de criação de pronunciamentos vinculantes por lei ordinária é de natureza eminentemente formal. As questões suscitadas pelo autor, no que toca aos assentos, são diversas do ponto fulcral daqueles que, aqui no Brasil, defendem a inconstitucionalidade do art. 927 do CPC/15.

É bem verdade que seria oponível, com efeito, parte das questões que levarão à inconstitucionalidade dos assentos portugueses, sobretudo a separação de poderes, na medida em que não se autoriza ao Judiciário expedir textos normativos gerais e abstratos, com aplicação universal. Pouco importa, nesse particular, se existem meios ou não de revisão desses *standards* judicialmente criados. Esse argumento seria oponível, por exemplo, às súmulas, notadamente as vinculantes, contudo, no Brasil, trata-se de uma discussão já superada, infelizmente.

A primeira tese de Peixoto, ao defender a constitucionalidade do art. 927 do CPC/15, argumenta que um sistema de precedentes vinculantes não transforma o juiz na "boca dos tribunais", dada a possibilidade da superação e da distinção. Aqui duas questões diferentes se apresentam. Primeiro, a distinção não abranda a obrigatoriedade de qualquer precedente, nem aqui, nem na *common law*. Sua função é definir o escopo do precedente e sua aplicabilidade ou não ao caso em mãos, portanto dizer que um ordenamento que permite o *distinguishing* possibilita a evolução do direito e evita seu engessamento não é adequado. A distinção não afeta o precedente, uma vez que simplesmente é dito que o caso em julgamento não se amolda ao anterior. Isso nada inova, desenvolve, retarda ou evita o desenvolvimento judicial do direito. Muitas das vezes, isso apenas reforça a *ratio decidendi*, uma vez que é tida como direito válido para uma espécie de fato diverso.

É bem verdade que juízes utilizam a técnica de distinção de forma duvidosa, como subterfúgio à não aplicação de um precedente com o qual não concordam, contudo isso é um mero expediente, para que se mantenham o subjetivismo interpretativo e, na verdade, uma falta de sinceridade judicial. Ainda que a própria necessidade de sinceridade nas justificativas dadas a uma decisão seja controversa[196], espera-se que o juiz acredite que suas razões sejam as que efetivamente justifiquem a resposta dada, que não haja uma motivação que não seja a exposta na justificação. Trata-se de um valor moral e, mais que isso, de uma responsabilidade política em dar às pessoas razões para a forma pela qual são tratadas pelo próprio Estado, legitimando a própria adjudicação[197].

Segundo, ainda que haja a possibilidade de superação, como disposto no art. 489, § 1º, VI, do CPC/15, a prevalecer o entendimento de que somente a Corte que o institui (ou uma que lhe seja superior) poderá revogá-lo, a dificuldade em levar um caso até uma Corte Superior torna incerta sua aplicação prática. Principalmente após o início de vigência da Lei n. 13.256/16, a superação é um expediente quase impossível, se a decisão tiver sido proferida pelo STF ou STJ, nos termos do art. 1.030 do CPC/15. Trata-se de uma regulação legal tão rígida, que tornou muito difícil a superação, podendo-se falar que se convive com a possibilidade de sério engessamento da ordem jurídica. Quebra-se o "equilíbrio entre permanência e mudança constantes"[198], tão necessário no trato com precedentes. Reconhece o autor que a Lei n. 13.256/16 trouxe uma restrição indevida de acesso aos tribunais superiores, eis que "ter-se-ia uma trava inconstitucional na evolução do direito, que deve ser superada"[199], contudo não se preocupa com o deslinde de uma possível solução a tal impasse, remetendo a leituras diversas. Em não fazê-lo, o autor deixa de abordar importante passo à validação de sua própria premissa, qual seja, que a superação funcionaria adequadamente no Brasil, para garantir a evolução necessária a qualquer ordenamento jurídico, evitando seu engessamento.

Defende Peixoto — o que poderia ser considerado um enfrentamento da questão — que as críticas formuladas não são contra a sistemática de precedentes como a do CPC/15, mas contra uma deturpação desse sistema. Exemplifica dizendo que seria a mesma ideia que considerar inconstitucionais eventuais conceitos jurídicos indeterminados ou mesmo cláusulas gerais, porque o juiz pode decidir de forma mais

---

[196] COHEN, Mathilde. Sincerity and reason giving: when may legal decisionmakers lie? *DePaul Law Review*, v. 59, p. 1091-1150, 2010, p. 1093.

[197] SCHWARTZMAN, Micah. Judicial sincerity. *Virginia Law Review*, v. 94, p. 987-1027, 2008, p. 1027.

[198] PEIXOTO, 2017, p. 110.

[199] Ibid., p. 124.

arbitrária[200], contudo incorre o autor em equívoco. A crítica não é levantada por um uso deturpado do sistema; a desaprovação é voltada à própria regulação. O problema está em dar cumprimento a todos os dispositivos que formariam um pretenso "sistema de precedentes", e a questão da falta de acesso aos Tribunais Superiores é exemplo disso. Não se trata de criticar um bom sistema que eventualmente possa ter um uso desviado, corrompido. Trata-se, em verdade, de um repto contra um sistema que apresenta problemas *ab ovo*.

Obviamente, a interpretação de precedentes e outros pronunciamentos judiciais, assim como qualquer outro evento, é simplesmente inevitável. A crítica não está na vedação de interpretação dos pronunciamentos do art. 927 do CPC. Nesse ponto, a comparação de Peixoto entre os conceitos jurídicos indeterminados e as cláusulas gerais não faz sentido. Os pronunciamentos judiciais, tal como ocorre com qualquer outro texto jurídico, serão interpretados, independentemente do regime jurídico que lhes seja dado. Assim como apresenta as objeções de forma deslocada, igualmente a duvidosa analogia apresenta-se inadequada. Se a inconstitucionalidade do art. 927 do CPC/15 derivasse da proibição de interpretar, a dos exemplos citados pelo autor seria o contrário, uma pretensa inconstitucionalidade pelo poder de interpretar.

Põe-se a sustentar o autor que os precedentes obrigatórios não violam a independência judicial e a separação dos poderes. Novamente, trata-se de uma questão material, que fica distante da inconstitucionalidade formal arguida. Por certo, a independência judicial é facilmente compatibilizada com o uso de precedentes. Basta dizer que o juiz não está autorizado a dizer qualquer coisa sobre qualquer coisa e sequer parte de um grau zero de sentido sobre o que seja a *good law* em um ordenamento jurídico. A sua independência diz respeito a pressões externas ou internas que tentem dissuadi-lo a tomar uma ou outra decisão. Não se trata de conceder liberdade, para que escolha livremente o que entenda por direito válido e tampouco lhe dar o conteúdo que melhor queira.

A questão da separação de poderes é mais sensível, mas pode-se dizer que o mero seguir precedentes, ou sua obrigatoriedade, não é, em si, afronta. O problema é fazer isso por um texto geral e abstrato com pretensão de aplicação universal. Isso não é feito tão somente pela utilização das súmulas. Mesmo em causas-piloto, em que há uma situação concreta analisada, os tribunais superiores formulam teses que substituem, ao

---

[200] Ibid., p. 113.

menos na prática jurídica inautêntica, a própria consulta ao inteiro teor do acórdão. Em outras palavras, ainda quando há um instrumento que poderia servir como genuíno precedente, com profunda análise não só jurídica, mas também fática, de um caso específico, o fetiche por abstrações impera, e, ao final, resta a tese de que, a princípio, valeria por si só, possibilitando uma aplicação dedutiva (silogística, subsuntiva).

Outro ponto destacado pelo autor é que a obrigatoriedade é meramente interna, volta-se exclusivamente a juízes e tribunais. Não afetando outros poderes, não se poderia falar que um sistema de precedentes vinculantes caminharia à inconstitucionalidade, ressaltando que a necessidade de emenda constitucional ocorreria, somente se a vinculação atingisse outros poderes, a exemplo da súmula vinculante. Cramer faz a mesma ressalva, afirmando que a exigência de emenda constitucional à inclusão do efeito vinculante à ADI, ADC e súmulas vinculantes ocorreu, porque "a eficácia vinculante desses precedentes tinha que ter assento constitucional, porque interfere na separação de Poderes"[201]. Novamente, discorda-se da opção apresentada.

Primeiro, não faz sentido dizer que a vinculação a precedentes diz respeito ao Judiciário, quando, na verdade, vinculará o resultado de uma lide intersubjetiva, o qual efetivamente trará consequências às pessoas envolvidas, e não diretamente ao próprio Judiciário. Em verdade, qualquer pessoa terá que se adequar ao dito precedente vinculante — que valerá como se lei fosse —, porque, se a matéria for judicializada, será sobre a parte que recairá a aplicação do precedente. Na verdade, ao vincular juízes, vinculará os demais juristas que estejam participando do processo, os quais, a princípio, não poderão litigar contra o precedente, e vinculará outros poderes que eventualmente tomem assento em um dos polos da demanda. Enfim, se há a vinculação do magistrado para seguir algo, a decisão será um reflexo dessa obrigação e vinculará a parte.

Segundo, a exigência de emenda constitucional não está na abrangência da vinculação, se interna ou externa. Entendendo-se que a vinculação dos demais poderes a um precedente acarretaria a interferência de um em outro, como é o pressuposto do autor, a própria emenda teria sua consititucionalidade afetada. A questão é que Peixoto, tal como Zanetti Jr., não enfrenta diretamente o foco central do argumento da inconstitucionalidade do art. 927, do CPC/15, que é de natureza formal.

---

[201] CRAMER, 2016, p. 189.

Para responder satisfatoriamente à conclusão de que a vinculação criada por lei ordinária é inconstitucional, necessário se faz imiscuir sobre o texto constitucional, o art. 927 do CPC/15 e a tradição jurídica brasileira. Sobre as disposições constitucionais já citadas, o art. 103-A fala em "efeito vinculante", e o art. 102, §2º, além desse efeito, também se refere à "eficácia contra todos". A tese baseia-se na premissa de que a Constituição previu a vinculação, primeiro, na decisão definitiva de mérito da ADC, depois da ADI e, enfim, da súmula vinculante. Logo, qualquer outro pronunciamento judicial necessitará de autorização constitucional expressa, para ter efeito vinculante.

Parece claro que a Constituição encarta as situações em que um pronunciamento judicial detém efeito vinculante. A questão é saber se ele pode ser estendido a outros por lei infraconstitucional. Nesse ponto, a resposta é negativa, contudo várias questões e incoerências do próprio sistema jurídico devem ser previamente trabalhadas.

A primeira incongruência é a questão da ampliação da eficácia *erga omnes* a pronunciamentos não constitucionalmente previstos, porque, se os defensores da inconstitucionalidade defendem que somente a Constituição poderia criar outros pronunciamentos judiciais com efeito vinculante, também defenderão, pelo mesmo argumento, que somente a Constituição também poderia criar hipóteses novas de eficácia *erga omnes*.

Acontece que, nesse ponto, a legislação ordinária prevê várias situações em que decisões judiciais detêm efeito contra todos, e, nesse ponto, não há qualquer desafio de eventual inconstitucionalidade. Ainda que com substrato constitucional (art. 5º, LXXIII, e art. 129, III, ambos da CF), as ações coletivas são regulamentadas pela legislação ordinária, e, por força de lei infraconstitucional, dotaram-se suas decisões — ou, ao menos, parte considerável delas — de eficácia que vai além das partes em litígio (*erga omnes* e *ultra partes*). Exemplo disso é o art. 103 do CDC[202], que estabelece a eficácia contra todos (ou em relação ao grupo) da coisa julgada em processos coletivos relativos a questões consume-

---

[202] Art. 103. Nas ações coletivas de que trata este código, a sentença fará coisa julgada:
I - *erga omnes*, exceto se o pedido for julgado improcedente por insuficiência de provas, hipótese em que qualquer legitimado poderá intentar outra ação, com idêntico fundamento valendo-se de nova prova, na hipótese do inciso I do parágrafo único do art. 81;

ristas (salvo decisão de improcedência — art. 103, I e III, do CDC). O art. 16 da Lei n. 7.347/85 prevê idêntico efeito à coisa julgada na ação civil pública[203]. Por sua vez, na ação popular, o assunto é tratado de igual forma, conforme art. 18 da Lei n. 4.714/65[204].

A doutrina e a jurisprudência não encontram dificuldades em aceitar que o efeito *erga omnes* da coisa julgada nas ações coletivas seja conferido pela legislação infraconstitucional. É bem verdade que o efeito da coisa julgada, tratando-se de direito indivisível (como os difusos e coletivos), abarcaria todos os integrantes da coletividade ou do grupo, independente da expressão que a lei infraconstitucional adotasse. A questão fática simplesmente impossibilita o dimensionamento jurídico da questão de forma diversa. Contudo, não o é, necessariamente, em relação aos direitos individuais homogêneos. Nesse caso, a atribuição de eficácia para além das partes é uma escolha legislativa fundada em uma questão de política, qual seja, daquilo que seria o melhor para

---

II - *ultra partes*, mas limitadamente ao grupo, categoria ou classe, salvo improcedência por insuficiência de provas, nos termos do inciso anterior, quando se tratar da hipótese prevista no inciso II do parágrafo único do art. 81;

III - *erga omnes*, apenas no caso de procedência do pedido, para beneficiar todas as vítimas e seus sucessores, na hipótese do inciso III do parágrafo único do art. 81.

§ 1º Os efeitos da coisa julgada previstos nos incisos I e II não prejudicarão interesses e direitos individuais dos integrantes da coletividade, do grupo, categoria ou classe.

§ 2º Na hipótese prevista no inciso III, em caso de improcedência do pedido, os interessados que não tiverem intervindo no processo como litisconsortes poderão propor ação de indenização a título individual.

§ 3º Os efeitos da coisa julgada de que cuida o art. 16, combinado com o art. 13 da Lei nº 7.347, de 24 de julho de 1985, não prejudicarão as ações de indenização por danos pessoalmente sofridos, propostas individualmente ou na forma prevista neste código, mas, se procedente o pedido, beneficiarão as vítimas e seus sucessores, que poderão proceder à liquidação e à execução, nos termos dos arts. 96 a 99.

§ 4º Aplica-se o disposto no parágrafo anterior à sentença penal condenatória.

203 Art. 16. A sentença civil fará coisa julgada *erga omnes*, nos limites da competência territorial do órgão prolator, exceto se o pedido for julgado improcedente por insuficiência de provas, hipótese em que qualquer legitimado poderá intentar outra ação com idêntico fundamento, valendo-se de nova prova.

204 Art. 18. A sentença terá eficácia de coisa julgada oponível "erga omnes", exceto no caso de haver sido a ação julgada improcedente por deficiência de prova; neste caso, qualquer cidadão poderá intentar outra ação com idêntico fundamento, valendo-se de nova prova.

a proteção dessa espécie de direito, bem como do processamento e julgamento desses interesses. Assim, o enfrentamento da inconstitucionalidade formal ainda persiste, sendo certo que, sustentada a impossibilidade de imposição de efeito vinculante a pronunciamentos judiciais por legislação infraconstitucional, a mesma ideia valeria à eficácia *erga omnes*.

Outro ponto mal resolvido, para quem defende a inconstitucionalidade do art. 927 do CPC/15, é a questão dos efeitos do julgamento da ADI antes da EC 45/2004 ou, de igual sorte, da decisão da ADPF (que não se encontra no rol do art. 102, §2º, da CF), porque, antes da EC 45/2004, a força vinculante às decisões definitivas da ADI era dada pelo art. 28, parágrafo único, da Lei n. 9.868/99[205]. Em relação ao julgamento da ADPF, seu efeito vinculante é efetivado pelo art. 10, § 3º, da Lei n. 9.882/99[206]. A discussão sobre a possibilidade de a legislação infraconstitucional emprestar efeito vinculante a determinados pronunciamentos judiciais não é necessariamente nova no contexto jurídico brasileiro. Como visto, há legislações anteriores que o faziam em relação à ADI e à ADPF.

---

[205] Art. 28. Dentro do prazo de dez dias após o trânsito em julgado da decisão, o Supremo Tribunal Federal fará publicar em seção especial do Diário da Justiça e do Diário Oficial da União a parte dispositiva do acórdão.

Parágrafo único. A declaração de constitucionalidade ou de inconstitucionalidade, inclusive a interpretação conforme a Constituição e a declaração parcial de inconstitucionalidade sem redução de texto, têm eficácia contra todos e efeito vinculante em relação aos órgãos do Poder Judiciário e à Administração Pública federal, estadual e municipal.

[206] Art. 10. Julgada a ação, far-se-á comunicação às autoridades ou órgãos responsáveis pela prática dos atos questionados, fixando-se as condições e o modo de interpretação e aplicação do preceito fundamental.

§ 1º O presidente do Tribunal determinará o imediato cumprimento da decisão, lavrando-se o acórdão posteriormente.

§ 2º Dentro do prazo de dez dias contado a partir do trânsito em julgado da decisão, sua parte dispositiva será publicada em seção especial do Diário da Justiça e do Diário Oficial da União.

§ 3º A decisão terá eficácia contra todos e efeito vinculante relativamente aos demais órgãos do Poder Público.

Em relação ao art. 28 da Lei n. 9.868, levantou-se questão de ordem na Rcl 1.880 AgR-QO[207], justamente para desafiar a constitucionalidade do dispositivo, sendo promovido o incidente de inconstitucionalidade. O fundamento da questão de ordem dizia respeito à mesma discussão ora travada em relação à constitucionalidade do art. 927 do CPC/15. Sustentava o Min. Moreira Alves que o art. 102, § 2º, então com a redação dada pela EC n. 03/93, conferia efeito vinculante exclusivamente à ADC e que, portanto, para que fosse estendido à ADI, necessária seria a idêntica autorização constitucional. No julgamento do incidente de inconstitucionalidade, por maioria, o STF declarou a constitucionalidade do art. 28 da Lei n. 9.868, tendo salientado a Corte que a legislação infraconstitucional está autorizada a conferir efeito vinculante aos julgamentos definitivos de mérito na ADI[208]. É bem verdade que um dos principais motivos para a decisão foi a natureza ambivalente e caráter dúplice da ADI e da ADC, que consistem, na visão da maioria, em ações idênticas de sinal trocado, porque, em ambas, o julgamento pode determinar a constitucionalidade ou a inconstitucionalidade do ato normativo sob análise. Por exemplo, o julgamento de improcedência da ADC acarretará a inconstitucionalidade da norma desafiada, não fazendo sentido tal inconstitucionalidade, aqui, possuir efeito vinculante, enquanto, na ADI, o mesmo efeito não ocorreria. Assim, emprestada a vinculação a uma delas, a extensão à outra seria salutar.

No transcorrer do voto do relator, Min. Maurício Correa, destacou-se, contudo, a possibilidade de a legislação ordinária conferir efeito vinculante a decisões do STF. Salientou o Ministro que "o fato de a Constituição prever expressamente tal efeito somente no que toca à ação declaratória não traduz, por si só, empecilho constitucional a que se reconheça também, por lei, tal resultado, à ação direita". Foi seguido, nesse particular, pelo Ministro Gilmar Mendes, que asseverou que, no direito comparado, mais especificamente no alemão, "o efeito vinculante não está previsto na Constituição, ao contrário da 'força de lei' (*Gesetzeskraft*), ou da chamada 'eficácia **erga omnes**'". Na Alemanha, a vinculação das decisões do Tribunal Constitucional deriva da legislação ordinária, sendo estendida, inclusive, a pronunciamentos não albergados pelo efeito *erga omnes*. A partir de então, a

---

[207] BRASIL. Supremo Tribunal Federal. *Rcl 1880 AgR-QO*. Rel. Min. Maurício Corrêa, Tribunal Pleno, julg. em 23/05/2002, DJ 19-03-2004, p. 17.

[208] BRASIL. Supremo Tribunal Federal. *Rcl 1880 AgR*. Rel. Min. Maurício Corrêa, Tribunal Pleno, julg. em 07/11/2002, DJ 19-03-2004, p. 17.

declaração de constitucionalidade do art. 28 da Lei n. 9.868 foi seguida de forma consistente pelo próprio STF[209]. Obviamente, a controvérsia restou superada com a promulgação da EC n. 45/04, que estendeu expressamente o efeito vinculante, ao dar nova redação ao art. 102, §2º, da CF. Interessa, todavia, a discussão sobre a possibilidade de lei ordinária estabelecer o efeito vinculante a pronunciamentos judiciais.

Se a EC 45/04 pôs fim à discussão sobre a constitucionalidade do art. 28 da Lei n. 9.868, o mesmo ato não fez em relação ao art. 10, § 3º, da Lei n. 9.882/99, que confere o efeito vinculante ao julgamento da ADPF. A se aplicar o entendimento daqueles que defendem a inconstitucionalidade formal do art. 927 do CPC/15, o art. 10, § 3º, da Lei n. 9.882/99 também o seria. Apesar de não haver um julgamento definitivo pelo STF, a matéria foi levantada na ADI n. 2.231-MC. O objeto da ação é, genericamente, a inconstitucionalidade da integralidade da Lei n. 9.882/99 e, especificadamente, a de alguns dispositivos, dentre os quais o art. 10, §3º, da respectiva lei.

Apreciando a medida cautelar, o relator, Min. Néri da Silveira, indeferiu a liminar, sendo sucedido pelo pedido de vista do Min. Sepúlveda Pertence. Não houve, até o momento, retorno dos autos ao plenário, restando inconclusa a análise da medida cautelar, não havendo, tampouco, publicação do voto do relator, contudo a suma de seu raciocínio consta do Informativo n. 253 do STF, onde foi consignado que o relator indeferia a liminar, "por entender que o efeito vinculante não tem natureza constitucional, podendo o legislador ordinário disciplinar a eficácia das decisões judiciais"[210]. Salientou, ainda, que maior razão há, para que isso seja feito por legislação ordinária em relação à ADPF, uma vez que a Constituição expressamente remete à lei a disci-

---

[209] BRASIL. Supremo Tribunal Federal. Rcl 2256. Rel. Min. Gilmar Mendes, Tribunal Pleno, julg. em 11/09/2003, DJ 30-04-2004, p. 34. "Se entendermos que o efeito vinculante da decisão está intimamente vinculado à própria natureza da jurisdição constitucional em um dado Estado democrático e à função de guardião da Constituição desempenhada pelo Tribunal, temos de admitir, igualmente, que o legislador ordinário e o próprio Tribunal não estão impedidos de reconhecer essa proteção processual especial a outras decisões de controvérsias constitucionais proferidas pela Corte. Assinale-se, nessa mesma linha, que esta Corte não estará exorbitando de suas funções ao reconhecer efeito vinculante a decisões paradigmáticas por ela proferidas na guarda e na defesa da Constituição."

[210] STF. Informativo n. 253, Brasília, 3 a 7 de Dezembro de 2001. Disponível em: http://www.stf.jus.br/arquivo/informativo/documento/informativo253.htm#ADPF: Efeito Vinculante. Acessado em: 17.03.2017.

plina dessa ação constitucional. Apesar de não retomado o julgamento da medida cautelar da ADI acima narrada, o STF reiteradamente confere efeito vinculante ao julgamento da ADPF[211], conhecendo, salvo outros defeitos, das reclamações propostas por seu desrespeito[212].

Defende Streck, no tocante ao art. 10, §3º da Lei n. 9.882/1999, que é razoável a decisão da ADPF irradiar "eficácia contra todos e seu efeito atinja todos"[213]. Apesar de não deixar claro, transparece o autor que não haveria inconstitucionalidade no citado dispositivo, apesar de objetar a redação do *caput*. Sustenta que "a única hipótese de não cumprimento da decisão em sede de ADPF é a demonstração — hermenêutica — de que a decisão não tem relação com a situação concreta"[214]. Aqui, a se confirmar tal posicionamento, haveria uma inconsistência entre os argumentos despendidos em relação ao art. 927 do CPC/15 e aqueles lançados sobre o art. 10, §3º da Lei n. 9.882/1999.

Poder-se-ia, nesse particular, invocar os motivos dados por Mendes, ao defender abertamente a constitucionalidade do art. 10, §3º da Lei n. 9.882/1999. Diz o autor que a própria natureza do controle concentrado exige que suas decisões sejam dotadas de eficácia *erga omnes* e efeito vinculante[215]. Nesse ponto, a argumentação dispensada, apesar da estrita lógica interna, apresenta alguns problemas. Se tal efeito deriva da natureza do controle exercido, seria desnecessário tanto o dispositivo legal quanto o constitucional. Em outras palavras, seria considerar simplesmente desnecessárias a EC 03/93 e, posteriormente, a EC 45/04, uma vez que, com ou sem a existência do art. 102, §2º, da

---

[211] BRASIL. Supremo Tribunal Federal. *ADPF 187*. Rel. Min. Celso de Mello, Tribunal Pleno, julg. em 15/06/2011, DJe-102, divulg. 28-05-2014, public. 29-05-2014; BRASIL. Supremo Tribunal Federal. *ADPF 144*, Rel. Min. Celso de Mello, Tribunal Pleno, julg. em 06/08/2008, DJe-035, divulg. 25-02-2010, public. 26-02-2010.

[212] BRASIL. Supremo Tribunal Federal. *Rcl 21504 AgR*. Rel. Min. Celso de Mello, Segunda Turma, julg. em 17/11/2015, DJe-249, divulg. 10-12-2015, public. 11-12-2015; BRASIL. Supremo Tribunal Federal. *Rcl 15243 MC-AgR*. Rel. Min. Celso de Melo, Segunda Turma, julg. em 18/11/2014, DJe-236, divulg. 01-12-2014, public. 02-12-2014.

[213] STRECK, Lenio Luiz. *Jurisdição constitucional e decisão jurídica*. 4 ed. São Paulo: RT, 2014b, p. 917.

[214] Ibid., p. 918.

[215] MENDES, Gilmar Ferreira. *Arguição de descumprimento de preceito fundamental*: comentários à Lei n. 9.882, de 3.12.1999. 2 ed. São Paulo. Saraiva: 2011, p. 305.

CF, as decisões lá constantes deteriam o efeito vinculante. Da mesma forma, irrelevante seria a previsão do art. 10, §3º da Lei n. 9.882/1999.

Como se vê, a legislação ordinária, não raro, confere efeito vinculante a determinados pronunciamentos judiciais. Por vezes, dispensa-se o próprio texto legal, conferindo-se o mesmo efeito a pronunciamentos não cobertos — ao menos explicitamente — pela Constituição ou pela lei. Isso ocorre, por exemplo, com o efeito vinculante imprimido às tutelas de urgência no controle concentrado de constitucionalidade. Vale lembrar que o art. 102, §2º, da CF refere-se, exclusivamente, a "decisões definitivas de mérito". Da mesma forma, a Lei n. 9.868/99 confere efeito vinculante à decisão da ADI e ADC, não o estendendo às medidas cautelares[216]. Igualmente o faz a Lei n. 9.882/99, ao dispor que terá efeito vinculante o julgamento da ADPF, não prevendo igual força em relação às medidas liminares[217], contudo, em todos os casos, a jurisprudência do STF, apesar de uma resistência inicial[218], caminhou no

---

[216] Art. 21. O Supremo Tribunal Federal, por decisão da maioria absoluta de seus membros, poderá deferir pedido de medida cautelar na ação declaratória de constitucionalidade, consistente na determinação de que os juízes e os Tribunais suspendam o julgamento dos processos que envolvam a aplicação da lei ou do ato normativo objeto da ação até seu julgamento definitivo.

Parágrafo único. Concedida a medida cautelar, o Supremo Tribunal Federal fará publicar em seção especial do Diário Oficial da União a parte dispositiva da decisão, no prazo de dez dias, devendo o Tribunal proceder ao julgamento da ação no prazo de cento e oitenta dias, sob pena de perda de sua eficácia.

[217] Art. 5º O Supremo Tribunal Federal, por decisão da maioria absoluta de seus membros, poderá deferir pedido de medida liminar na argüição de descumprimento de preceito fundamental.

§ 1º Em caso de extrema urgência ou perigo de lesão grave, ou ainda, em período de recesso, poderá o relator conceder a liminar, *ad referendum* do Tribunal Pleno.

§ 2º O relator poderá ouvir os órgãos ou autoridades responsáveis pelo ato questionado, bem como o Advogado-Geral da União ou o Procurador-Geral da República, no prazo comum de cinco dias.

§ 3º A liminar poderá consistir na determinação de que juízes e tribunais suspendam o andamento de processo ou os efeitos de decisões judiciais, ou de qualquer outra medida que apresente relação com a matéria objeto da argüição de descumprimento de preceito fundamental, salvo se decorrentes da coisa julgada.

§ 4º (VETADO)

[218] BRASIL. Supremo Tribunal Federal. *ADI 864 MC*. Rel. Min. Moreira Alves, Tribunal Pleno, julg. em 23/06/1993, DJ 17-09-1993, p. 18927.

sentido de conferir efeito vinculante às medidas cautelares das ações do controle concentrado de constitucionalidade[219].

É bem verdade que Streck adverte que a Constituição define apenas às decisões finais de mérito o efeito vinculante, e, assim, resta inviável, ao menos no que se refere à tal eficácia, estendê-la às medidas cautelares. Tratando da medida cautelar na ADC - que pode incluir, também, a ADI e a ADPF -, ressalta o jurista que "o texto do art. 21 da Lei 9.868/1999 é, na prática, uma 'emenda constitucional'. (...) Parece evidente que, com isso, a concessão de cautelar está vedada, no mínimo naquilo que diz respeito ao efeito vinculante"[220].

A inclusão do efeito vinculante no texto constitucional, a par de tentar resolver problemas, acabou por criar outros. Não há dúvidas de que, prevendo a Carta constitucional as situações em que é possível imprimir o efeito vinculante a pronunciamentos judiciais, a ampliação da vinculação a outros padece de inconstitucionalidade formal, eis que a nova hipótese necessitaria de expressa previsão da Constituição. Antes, porém, de afirmar que o art. 927 do CPC/15 seja inconstitucional, deve-se proceder ao ajuste do alcance da norma a uma interpretação conforme a Constituição.

Há quem tente ultrapassar o problema da vinculação, mais especificamente do princípio da legalidade (art. 5º, *caput*, da CF), ao afirmar que o vocábulo "lei" deve ter uma concepção ampla, que abarcaria, ao lado da legislação (enquanto norma geral), a norma individual que se consubstancia na decisão judicial (na qualidade de norma judicada). Aqui, mostra-se correta a ideia de Streck, quando diz que, no Brasil, Hart e Kelsen foram traídos. Com efeito, não há o respeito, como queriam os dois grandes juristas, do limite semântico do texto. "Lei" e

---

[219] BRASIL. Supremo Tribunal Federal. *ADI 4843 MC-ED-Ref*. Rel. Min. Celso de Mello, Tribunal Pleno, julg. em 11/12/2014, DJe-032, divulg. 18-02-2015, public. 19-02-2015; BRASIL. Supremo Tribunal Federal. *ADC 12 MC*. Rel. Min. Carlos Britto, Tribunal Pleno, julg. em 16/02/2006, DJ 01-09-2006, p. 15; BRASIL. Supremo Tribunal Federal. *Rcl 2256*. Rel. Min. Gilmar Mendes, Tribunal Pleno, julg. em 11/09/2003, DJ 30-04-2004, p. 34; BRASIL. Supremo Tribunal Federal. *Rcl 935*. Rel. Min. Gilmar Mendes, Tribunal Pleno, julg. em 28/04/2003, DJ 17-10-2003, p. 14; BRASIL. Supremo Tribunal Federal. *ADC 9 MC*. Rel. Min. Néri da Silveira, Rel. p/ Acórdão Min. Ellen Gracie, Tribunal Pleno, julg. em 26/08/2001, DJ 23-04-2004, p. 05; BRASIL. Supremo Tribunal Federal. *ADC 8 MC*. Rel. Min. Celso de Mello, Tribunal Pleno, julg. em 13/10/1999, DJ 04-04-2003, p. 38.

[220] STRECK, 2014b, p. 867-868.

"decisão judicial" são coisas distintas. Tanto que há um processo legislativo constitucionalmente instituído para a edição de uma, e normas processuais para a prolação da outra. A primeira objetiva a criação de um texto geral, abstrato e impessoal, enquanto a segunda é vocacionada a tratar de fatos específicos (e irrepetíveis) ocorridos entre pessoas determinadas, para a regulação em concreto da situação verificada. A estabilidade da lei decorre da própria presunção de constitucionalidade que detém. Na decisão judicial (entendida aqui a que encerra a fase cognitiva do processo), há a coisa julgada, portanto equiparar "lei" e "decisão judicial" para trazer à última a vinculação ínsita à primeira é realizar uma sobreinterpretação do direito que não respeita nem mesmo limites semânticos mínimos. Se a decisão judicial estivesse inclusa no texto do art. 5º, *caput*, da CF, dentro da locução "lei", pouco serviriam as disposições constitucionais que dão eficácia *erga omnes* e efeito vinculante às ADI e ADC, além da súmula vinculante, eis que todas já seriam "lei" e, consequentemente, já seriam dotadas de tais características, independentemente das normas do art. 102 e 103-A, da CF.

4.4.5. O "DEVER DE OBSERVÂNCIA" COMO INTERPRETAÇÃO DO ART. 927 DO CPC/15 CONFORME A CONSTITUIÇÃO

A interpretação que, nesse passo, assegura a compatibilidade do supracitado artigo com a Carta constitucional é aquela que não preveja nele um rol de pronunciamentos vinculantes. Nessa concepção, afastam-se as razões a que se referem os defensores da inconstitucionalidade, eis que, não havendo efeito vinculante, não existe o empecilho formal narrado. Apesar que, para grande número de juristas considerar que o art. 927 do CPC/15 denota a vinculação a que estão submetidos juízes e tribunais aos pronunciamentos judiciais lá constantes, o vocábulo "observarão" não deve ser tomado como equivalente a "estão vinculados". Adota-se a visão, ainda que não integralmente, de Câmara sobre o assunto. Ressalta o autor que o art. 927 do CPC/15 cria aos juízes e tribunais o dever "de levar em consideração, em suas decisões, os pronunciamentos ou enunciados sumulares indicados nos incisos do art. 927. Daí não resulta, porém, qualquer eficácia vinculante"[221]. Essa posição é compartilhada por Freire e Schmtiz, ainda que em análise a dispositivo diverso, ao afirmarem que o CPC/15 evita falar do termo

---

[221] CÂMARA, 2017, p. 440.

"vinculação", buscando definir um dever de observância às orientações firmadas por tribunais[222].

A principal crítica que se formula contra a presente posição é a afirmação de que outros dispositivos legais utilizam a expressão "observar" no sentido de obrigar ou vincular. Assim, não faria sentido utilizar o termo de outra forma, alterando seu significado. Não se pode negar que, efetivamente, o vocábulo é utilizado da forma descrita, seja em textos legais ou mesmo na linguagem ordinária, contudo não se trata de termo unívoco, ou que não possa ter uma leitura alternativa, uma atribuição de sentido diferente.

Se é bem verdade que, em várias passagens, a legislação nacional utiliza o verbo "observar" com o sentido de vincular ou obrigar, em outras tantas, adere ao dever de observância, enquanto exercício de se levar em consideração. Esse é o caso, por exemplo, do art. 1.589, parágrafo único, do CC[223]. O dispositivo trata do direito de visita dos avós, que será fixado a critério do juiz, "observados os interesses da criança ou do adolescente". Parece claro se tratar do dever de levar em conta, afastando-se de uma vinculação, de um agir único, já antevisto, que deverá ser tomado pelo magistrado. Tanto é assim, que o texto legal deixa a critério do juiz os termos em que ocorrerá a visitação. Observar, aqui, é levar em conta, considerar os interesses da criança ou do adolescente. O art. 245 do CPC/15[224], que trata da nomeação de curador ao citando incapaz, caminha no mesmo sentido, uma vez que

---

222 FREIRE, Alexandre; SCHMITZ, Leonard Ziesemer. Art. 947. In: In: STRECK, Lenio Luiz; NUNES, Dierle; CUNHA, Leonardo Carneiro da. *Comentários ao código de processo civil*. São Paulo: Saraiva, 2016, p. 1225-1227, p. 1226. A concordância com a tese dos autores, de existência, em geral, de um dever de observância no CPC/15 — e não de vinculação — não leva à conclusão de que ela é aplicável a todas as hipóteses previstas na codificação. Por isso, apresentar-se-ão, adiante, contrapontos aos fundamentos defendidos pelos autores.

223 Art. 1.589. O pai ou a mãe, em cuja guarda não estejam os filhos, poderá visitá-los e tê-los em sua companhia, segundo o que acordar com o outro cônjuge, ou for fixado pelo juiz, bem como fiscalizar sua manutenção e educação.
Parágrafo único. O direito de visita estende-se a qualquer dos avós, a critério do juiz, observados os interesses da criança ou do adolescente.

224 Art. 245. Não se fará citação quando se verificar que o citando é mentalmente incapaz ou está impossibilitado de recebê-la. (...) § 4º Reconhecida a impossibilidade, o juiz nomeará curador ao citando, observando, quanto à sua escolha, a preferência estabelecida em lei e restringindo a nomeação à causa. (...).

a escolha não se faz obrigatoriamente, em todos os casos, de acordo com a preferência legal estabelecida, o que há é um dever de observância dessa ordem, que ela seja levada em consideração à melhor escolha possível. Com o mesmo sentido, o vocábulo observação é tratado no art. 375 do CPC/15[225], na medida em que não há uma obrigação certa e resoluta de aplicação daquilo que ordinariamente acontece. O que existe é o levar em conta ou em consideração os acontecimentos ordinários para a aplicação de regras de experiência comum.

É importante frisar que a interpretação ora proposta não só harmoniza o art. 927 do CPC/15 com o texto constitucional, como, igualmente, não retira a normatividade do referido dispositivo. Mantém-se ele válido e eficaz, impondo que juízes e tribunais não desprezem quaisquer pronunciamentos lá constantes como se inexistentes fossem. A prática jurídica aponta que usualmente, no Brasil ou em outras jurisdições, juízes utilizam os precedentes de forma oportunista, na expressão de Adams[226]. Em outras palavras, usam tão somente aquelas decisões pretéritas que legitimam o resultado pretendido, ignorando a existência de importantes precedentes que infirmam a conclusão chegada. Mesmo quando há ciência da existência de decisões em sentido contrário, não é incomum que o juiz decida de forma diversa, sem sequer fazer menção ao fato.

Para evitar tal conduta, o art. 927 do CPC/15 exige o dever de observância, ou seja, que não se desconheça e não se ultrapasse os pronunciamentos lá constantes, sem qualquer análise. Há o dever judicial de enfrentar os pontos a que se referem tais pronunciamentos. Pode ser objetado que, nessa leitura, equivaler-se-ia o artigo em comento ao art. 489, §1º, VI, do CPC/15, contudo tal conclusão é apressada. O objetivo pode ser aproximado, uma vez que ambos buscam indicar a necessária consideração de determinados pronunciamentos no momento da decisão, buscando-se uma fundamentação adequada. Entretanto, o art.

---

225 Art. 375. O juiz aplicará as regras de experiência comum subministradas pela observação do que ordinariamente acontece e, ainda, as regras de experiência técnica, ressalvado, quanto a estas, o exame pericial.

226 ADAMS, Maurice. The Rhetoric of Precedent and Comparative Legal Research. *The Modern Law Review*, v. 62, p. 464-467, 1999, p. 465-466. "I have endeavoured to demonstrate elsewhere that, despite academic arguments to the contrary, Belgian courts mostly cite precedents or case-law, if at all, in an opportunistic manner - ie, when they confirm the position taken by a court. Precedents are thus mainly used as a device to legitimate a judgment *post factum*."

489, §1º, VI, do CPC/15 trata, exclusivamente, de pronunciamentos pretéritos trazidos por uma parte (ou por ambas), e sua análise passa a ser necessária. Uma vez postos em discussão, cumprirá ao juiz definir sua aplicação ou não ao caso em mãos. Nesse particular, o artigo faz valer o direito à participação da parte na construção da decisão final e previne a ocorrência de decisões surpresas. Cria, dessa maneira, maior constrangimento à atividade judicial e, assim, evita o solipsismo do julgador.

O art. 927 do CPC/15, por sua vez, aparenta representar outra situação, talvez mais ampla. Não exige que o juiz se manifeste expressamente pela súmula, jurisprudência e precedente invocado pelas partes. Independentemente da atuação destas, o dispositivo demanda do magistrado uma dupla análise: (i) se há algum pronunciamento a que alude o art. 927 do CPC/15 que verse sobre matéria fática e/ou jurídica similar; e, caso positivo, (ii) se seria ele aplicável ao caso pendente de julgamento. Isso, independentemente de terem sido eles alegados ou não pelas partes no processo. Imagine-se a seguinte situação: em uma ação que tenha por pedido uma indenização, o autor, na inicial, explica os acontecimentos que, a seu ver, conferem-lhe o direito à reparação. Para tanto, apresenta os precedentes A, B e C. Em contestação, o requerido refuta os termos da inicial e tenta realizar a distinção entre os precedentes citados, trazendo à colação os precedentes D, E e F, que afastariam a pretensão inicial. A seguir, em análise à luz do art. 489, §1º, VI, do CPC/15, o juiz teria que se manifestar sobre esses seis precedentes (realizando sua aplicação, distinção ou superação) e, assim fazendo, cumpriria a bom termo o seu dever de fundamentação. Imagine-se, porém, que nenhum deles está inserto no rol do art. 927 do CPC/15, e, a par disso, há um julgamento de recurso especial repetitivo (o que se estenderia a qualquer outro pronunciamento a que se refere o art. 927, III, do CPC/15) que contempla o assunto tratado nos autos, que não foi apontado por qualquer parte. Se, à luz do art. 489, §1º, VI, a sentença estaria devidamente fundamentada, não necessitando, a rigor, o juiz ir além daqueles precedentes trazidos pelas partes, aqui, aos olhos do art. 927, cumprirá ao magistrado realizar a análise proposta.

Verificando, no primeiro momento, a existência do repetitivo que versa sobre questão similar, deverá intimar as partes (art. 10 do CPC/15, aplicável *per si*, ou pela direta alusão que faz o art. 927, §1º, do CPC/15), para que digam sobre eventual aplicação, distinção ou superação do precedente. Após manifestação das partes, procederá à segunda etapa e decidirá a causa, examinando, além dos seis precedentes trazidos pelas partes, o recurso especial repetitivo incluído na discussão por força do art. 927.

O artigo protege não só os litigantes, mas a própria ordem jurídica, na medida em que exige que determinados pronunciamentos judiciais considerados importantes sejam levados em conta na resolução de um caso específico, para se manter a coerência e a integridade do próprio direito[227]. Por uma responsabilidade política do juiz, a integridade demandará, muitas vezes, o cumprimento da *ratio decidendi* do precedente. Contudo, por vezes, exigirá do magistrado se apartar da decisão anterior por questões de princípio. Por isso, salvo as hipóteses constitucionais, é indevida (e indesejável) a formação de "precedentes formalmente vinculantes", que tornariam estático, rígido e estagnado um ordenamento que exige, mais que nunca, uma adaptabilidade ao futuro, aos novos interesses da sociedade, com base em seus princípios políticos compartilhados.

Se a proposta, aqui, pode adequar-se à primeira parte da explanação de Câmara sobre o assunto, não se pode concordar, contudo, com o restante dela, porque, ainda que implicitamente, a Câmara adere à compreensão de que a lei infraconstitucional pode conferir efeito vinculante a pronunciamentos judiciais. Embora não veja tal efeito no art. 927 do CPC/15, observa que outros dispositivos podem vincular o juiz a determinados pronunciamentos judiciais. Afirma que isso ocorre no caso do incidente de assunção de competência, por meio do art. 947, §3º, do CPC/15, e, também, no incidente de resolução de demandas repetitivas, conforme a previsão do art. 985 do mesmo código. Por seu turno, o art. 987, §2º, do CPC/15, especifica o efeito vinculante à decisão de recursos extraordinário ou especial contra o acórdão proferido pelo tribunal local no IRDR. Além disso, os recursos extraordinário ou especial deteriam efeito vinculante por força do art. 1.040 do

---

227 CAVALCANTI, Marcos de Araújo. *Incidente de resolução de demandas repetitivas (IRDR)*. São Paulo: RT, 2016, p. 345. "Portanto, a leitura correta (constitucionalmente adequada) é no sentido de que, quando o NCPC afirma a obrigatoriedade de juízes e tribunais observarem súmula vinculante e acórdão vinculante, não há nesse ponto uma proibição de interpretar. O que fica explícito é a obrigatoriedade de os juízes e tribunais utilizarem os provimentos vinculantes na motivação de suas decisões para assegurar não apenas a estabilidade, mas a integridade e a coerência da jurisprudência."

CPC/15[228]. Havendo norma constitucional (nas hipóteses do art. 927, I e II) ou infraconstitucional (no caso do inciso III do mesmo artigo) específica, atributiva do efeito vinculante, "tais pronunciamentos e enunciados de súmula, portanto, *vinculam* formalmente"[229].

Aqui, a tese da inconstitucionalidade formal é insuperável. Com efeito, não há a possibilidade de criação de pronunciamentos judiciais dotados de efeito vinculante sem a devida e expressa autorização constitucional. A ampliação de hipótese para além das previstas na Constituição acarreta a inconstitucionalidade formal da lei ordinária, uma vez que a forma apropriada para tanto seria a emenda constitucional, que detém rito legislativo distinto. A própria legitimidade de se ter o Poder Constituinte Reformador como foco da emenda qualifica o procedimento e exige maiores rigores, se comparado à promulgação da lei ordinária. Como se verá especificamente, a seguir, em cada instituto, as normas citadas pela Câmara não passam em uma filtragem hermenêutico-constitucional.

Não se quer dizer, com isso, que todo e qualquer rol contido na Constituição será sempre taxativo, que não se admitirá formulação de novas hipóteses senão as expressamente indicadas. Exemplo disso (rol meramente exemplificativo) é o extenso catálogo de direitos fundamentais do art. 5º, da CF, os quais não excluem outros previstos em diferentes dispositivos (como, p. e., os direito fundamentais sociais constantes no art. 7º da CF), ou ainda aqueles que, apesar de não expressamente enunciados, decorrem do regime e dos princípios constitucionalmente adotados ou dos previstos em tratados internacionais (art. 5º, §2º, da CF). Exemplo prático disso é a recente instituição das audiências de custódia, dando cumprimento ao art. 9º, item 3, do Pacto Internacional de Direitos Civis e ao art. 7º, item 5, da Convenção Americana de Direitos Humanos (Pacto de San José da Costa Rica), considerados, pelo STF, preceitos fundamentais, possibilitando a arguição de seu descumprimento[230].

---

228 CÂMARA, 2017, p. 440-441.

229 Ibid., p. 442.

230 BRASIL. Supremo Tribunal Federal. *ADPF 347 MC*. Rel. Min. Marco Aurélio, Tribunal Pleno, julg. em 09/09/2015, DJe-031, divulg. 18-02-2016, public. 19-02-2016. "(...) AUDIÊNCIA DE CUSTÓDIA – OBSERVÂNCIA OBRIGATÓRIA. Estão obrigados juízes e tribunais, observados os artigos 9.3 do Pacto dos Direitos Civis e Políticos e 7.5 da Convenção Interamericana de Direitos Humanos, a realizarem, em até noventa dias, audiências de custódia, viabilizando o comparecimento do preso

Diferentemente da ampliação dos direitos fundamentais, não há possibilidade de alargamento das hipóteses de pronunciamentos judiciais vinculantes. A Constituição, nesse sentido, reconhece as decisões em ADC, ADI, além das súmulas vinculantes como pronunciamentos qualificados. Objetivando dar-lhes maior amplitude, previu para eles o efeito vinculante. Ora, se há o desejo de que algum outro pronunciamento se torne vinculante, natural incluí-lo nas situações constitucionalmente previstas. Encontra-se, no próprio STF, entendimento similar. Por exemplo, ao tratar do art. 84, §1º e §2º, do CPP, a Suprema Corte reconheceu a inconstitucionalidade formal dos dispositivos, eis que houve a ampliação de hipóteses estabelecidas constitucionalmente, em específico, os casos de competência originária por prerrogativa de função. Por seu turno, *Marbury v. Madison* é o mais conhecido exemplo que poderia ser encontrado no direito alienígena. A decisão da corte foi a de reconhecer a inconstitucionalidade formal da seção 13 do *Judicial Act* de 1789[231], uma vez que ampliava as hipóteses constitucionais de competência originária. A Corte afirmou, no julgamento histórico, que Madison teria direito à comissão[232], contudo o remédio buscado não era

---

perante a autoridade judiciária no prazo máximo de 24 horas, contado do momento da prisão." Com base nessa decisão, o CNJ expediu a Resolução n. 213, tratando de questões procedimentais acerca da apresentação do preso à autoridade judiciária.

231 EUA. *Judicial Act* de 1789. Section. 13. And be it further enacted, That the Supreme Court shall have exclusive jurisdiction of all controversies of a civil nature, where a state is a party, except between a state and its citizens; and except also between a state and citizens of other states, or aliens, in which latter case it shall have original but not exclusive jurisdiction. And shall have exclusively all such jurisdiction of suits or proceedings against ambassadors, or other public ministers, or their domestics, or domestic servants, as a court of law can have or exercise consistently with the law of nations; and original, but not exclusive jurisdiction of all suits brought by ambassadors, or other public ministers, or in which a consul, or vice consul, shall be a party. And the trial of issues in fact in the Supreme Court, in all actions at law against citizens of the United States, shall be by jury. The Supreme Court shall also have appellate jurisdiction from the circuit courts and courts of the several states, in the cases herein after specially provided for; and shall have power to issue writs of prohibition to the district courts, when proceeding as courts of admiralty and maritime jurisdiction, and **writs of mandamus, in cases warranted by the principles and usages of law, to any courts appointed, or persons holding office, under the authority of the United States**. (grifei)

232 EUA. Suprema Corte. *Marbury v. Madison*. 5 US 168, 1803. "2. That, having this legal title to the office, he has a consequent right to the commission, a refusal to deliver which is a plain violation of that right, for which the laws of his country

viável, por faltar ao Tribunal competência originária para o julgamento da questão, declarando-se inconstitucional a legislação ordinária que impunha à Corte o conhecimento primeiro do *writ of mandamus*[233].

É bem verdade que não se está diante, aqui, de uma questão de ampliação de competência originária de órgão judicial não prevista na Constituição, mas a ideia subjacente é inteiramente aplicável. Há de-

---

afford him a remedy. (...) He is entitled to the remedy for which he applies. This depends on: 1. The nature of the writ applied for, and 2. The power of this court."

233 Ibid., p. 173-176. "The act to establish the judicial courts of the United States authorizes the Supreme Court 'to issue writs of mandamus, in cases warranted by the principles and usages of law, to any courts appointed, or persons holding office, under the authority of the United States.' The Secretary of State, being a person, holding an office under the authority of the United States, is precisely within the letter of the description, and if this Court is not authorized to issue a writ of mandamus to such an officer, it must be because the law is unconstitutional, and therefore absolutely incapable of conferring the authority and assigning the duties which its words purport to confer and assign. (...) In the distribution of this power. it is declared that 'The Supreme Court shall have original jurisdiction in all cases affecting ambassadors, other public ministers and consuls, and those in which a state shall be a party. In all other cases, the Supreme Court shall have appellate jurisdiction.'

It has been insisted at the bar, that, as the original grant of jurisdiction to the Supreme and inferior courts is general, and the clause assigning original jurisdiction to the Supreme Court contains no negative or restrictive words, the power remains to the Legislature to assign original jurisdiction to that Court in other cases than those specified in the article which has been recited, provided those cases belong to the judicial power of the United States. If it had been intended to leave it in the discretion of the Legislature to apportion the judicial power between the Supreme and inferior courts according to the will of that body, it would certainly have been useless to have proceeded further than to have defined the judicial power and the tribunals in which it should be vested. The subsequent part of the section is mere surplusage - is entirely without meaning - if such is to be the construction. If Congress remains at liberty to give this court appellate jurisdiction where the Constitution has declared their jurisdiction shall be original, and original jurisdiction where the Constitution has declared it shall be appellate, the distribution of jurisdiction made in the Constitution, is form without substance. Affirmative words are often, in their operation, negative of other objects than those affirmed, and, in this case, a negative or exclusive sense must be given to them or they have no operation at all. It cannot be presumed that any clause in the Constitution is intended to be without effect, and therefore such construction is inadmissible unless the words require it. (...) The authority, therefore, given to the Supreme Court by the act establishing the judicial courts of the United States to issue writs of mandamus to public officers appears not to be warranted by the Constitution, and it becomes necessary to inquire whether a jurisdiction so conferred can be exercised."

terminadas situações em que os Tribunais ordinários e superiores deterão a competência originária, assim como há casos em que se atribuirá efeito vinculante a certos pronunciamentos judiciais, portanto são dois catálogos de casos. A ampliação de hipóteses em uma situação equivale ao alargamento de outra. Se a inconstitucionalidade formal atacar um, seguramente se aplicará ao outro. A analogia entre os julgamentos é plenamente possível, nesse particular. São ambos os catálogos que trazem situações incomuns, em que o constituinte (originário ou reformador) preferiu conferir um regramento particular, próprio à excepcionalidade que representa. Logo, acrescer, por legislação ordinária, hipóteses não aventadas no texto constitucional avilta a Constituição, uma vez que não se considerou necessária, desejável ou útil a inclusão — como poderia ter sido levada a cabo (no texto original ou por emenda) — de idêntico regime aos casos alargados pela lei. Por isso, não incorporados ao texto constitucional pelo Poder Constituinte Originário, a única possibilidade de ampliação de hipóteses inicialmente não previstas é a utilização do Poder Constituinte Reformador. Logo, exigir-se-iam emendas constitucionais, seja para adicionar uma nova competência originária a tribunais (como intentado pelo inconstitucional art. 84, §1º e §2º, do CPP), seja para conferir efeito vinculante a outros pronunciamentos judiciais que não os provenientes do julgamento final de mérito da ADI, ADC, além das súmulas vinculantes.

4.4.6. DECISÕES DO STF EM CONTROLE CONCENTRADO DE CONSTITUCIONALIDADE

O controle de constitucionalidade das leis é tema essencial em qualquer ordenamento jurídico moderno. Trata-se de consequência lógica da força normativa e da supremacia da Constituição. "A supremacia é, em certo modo, inerente ao constitucionalismo."[234] Onde houver uma Constituição, será ela hierarquicamente superior a qualquer outra forma de aparição do direito, a qualquer outro ato normativo. A sua força normativa deriva, por sua vez, da consideração da Constituição como norma jurídica diretamente executável, que deverá pautar o agir do cidadão e do poder público, tornando a matéria cognoscível em qualquer tribunal. Trata-se de importante evolução do constitucionalismo,

---

[234] PEREIRA MENAUT, Antônio-Carlos. A constituição como direito: a supremacia das normas constitucionais em Espanha e nos EUA. Sobre a relação entre o direito constitucional e o direito ordinário nas constituições americana e espanhola. In: TAVARES, André Ramos (Coord). *Justiça constitucional*: pressupostos teóricos e análises concretas. Belo Horizonte: Fórum, 2007, p. 179.

que ultrapassou, sobretudo após o segundo Pós-Guerra, a visão da Constituição como um mero compromisso político, onde se continham os programas ideológicos e sociológicos de determinada sociedade.

Cederá uma lei — ou qualquer outro ato normativo —, quando contrariar o texto constitucional, que é, na famosa locução da Carta Magna e replicada na Constituição americana, a *"supreme Law of the Land"*[235]. Reconhece-se o caráter da Constituição como norma superior a qualquer outra do sistema, no caráter formal, enquanto *norma normarum*, ou no aspecto material, fazendo dela parâmetro para os demais atos normativos. Canotilho trata essas situações como a superlegalidade formal e material da Constituição[236]. Essa superlegalidade material leva à necessária parametricidade da Constituição, ou seja, "conduz à exigência da *conformidade* substancial de todos os actos do Estado e dos poderes públicos com as normas e princípios hierarquicamente superiores da constituição"[237].

Sabe-se que o Brasil apresenta uma forma mista de controle de constitucionalidade das leis. De um lado, há o controle difuso, em que cada juiz, diante de um caso concreto, realiza a análise da compatibilidade de certo dispositivo legal com regras e princípios constitucionais[238]. Observada a violação ao texto constitucional, o magistrado está autorizado — na verdade, está obrigado — a não aplicar a regra infraconstitucional[239]. De outro lado, existe o controle concentrado de constitucionalidade[240], pelo qual o órgão central competente — no Brasil, o STF

---

[235] EUA. Constituição. Art. 6º, seção 2.

[236] CANOTILHO, J. J. Gomes. *Direito constitucional e teoria da constituição*. 7 ed. Coimbra: Almedina, 2003, p. 890.

[237] Ibid., loc. cit.

[238] Ibid., p. 898. "No **sistema difuso** a competência para fiscalizar a constitucionalidade das leis é reconhecida a qualquer juiz chamado a fazer a aplicação de uma determinada lei a um caso concreto submetido a apreciação judicial."

[239] STRECK, 2014b, p. 527. "Note-se que o juiz singular não declara a inconstitucionalidade de uma lei, apenas deixa de aplicá-la, isso porque somente na forma do art. 97 da CF é que pode ocorrer a declaração de inconstitucionalidade."

[240] CANOTILHO, 2003, p. 898. "Chama-se **sistema concentrado** porque a competência para julgar definitivamente acerca da constitucionalidade das leis é reservada a um único órgão, com exclusão de quaisquer outros. Este tipo comporta uma grande variedade de subtipos: o órgão competente para a fiscalização tanto pode ser um órgão da jurisdição ordinária (ex.: um Tribunal Supremo) ou um órgão especialmente criado para o efeito (ex.: um Tribunal Constitucional)."

—, por meio de ações próprias, aprecia a norma infraconstitucional indicada, cotejando-a com as disposições da Constituição. Como resultado, o STF declara a constitucionalidade ou inconstitucionalidade da regra, a depender da natureza da ação constitucional apresentada. Apesar de não se confundirem, ao menos em uma categorização analítica, o controle difuso é feito por via incidental e de forma concreta[241], ou seja, dirimir a questão constitucional é necessário (prejudicial) à resolução de um determinado caso, envolvendo uma lide intersubjetiva. Por seu turno, o concentrado é exercido por via principal e de forma abstrata, para discutir a constitucionalidade ou não de um ato normativo por uma ação constitucional própria, sem que haja a necessidade de um caso concreto a ser resolvido (lide objetiva).

Obviamente, essa explicação não abarca todas as hipóteses da jurisdição constitucional. Ela é muito mais complexa do que a regra de polegar para cima ou para baixo. Há ações, como a ADPF, em que não se objetiva tão somente uma atuação como "legislador negativo"; antes, espera-se que o cidadão exerça o preceito fundamental objeto da proteção. Além disso, existem técnicas refinadas para o exercício da jurisdição constitucional, como, por exemplo, a interpretação conforme ou declaração parcial de inconstitucionalidade com ou sem redução de texto. Apesar de uma gama variada de temas interessantes, restringir-se-á a presente análise aos efeitos da decisão no controle concentrado de constitucionalidade, pois é a tais decisões que se refere o art. 927, I, do CPC/15.

O efeito de uma decisão judicial, em regra, é *inter partes* e, assim, afetará tão somente aqueles que tomaram assento em algum polo processual. É simples entender a lógica. A decisão somente poderá surtir efeito entre aqueles que contribuíram, no transcorrer do processo, à sua formação. Seria estranho a qualquer jurista a ideia de impor a um terceiro desinteressado alguma obrigação jurídica, estipulada por sentença transitada em julgado em processo de que não participou. Mesmo no caso de se debater uma importante questão constitucional,

---

241 Ibid., p. 899. "Mas é incorreto dizer-se hoje que o controlo por via incidental se identifica com o controle difuso. Como irá ver-se, em Portugal, o controlo difuso pode conduzir a um controlo concentrado através do Tribunal Constitucional. Noutros sistemas, o controlo concentrado pressupõe também o incidente da inconstitucionalidade, embora aqui o juiz (ao contrário do controlo difuso) se limite, como tribunal *a quo*, a suspender a acção fazendo subir a questão da inconstitucionalidade para o Tribunal Constitucional (ex.: sistema alemão, sistema italiano)."

como ocorre no controle difuso, a decisão que reconhecer a inconstitucionalidade de determinado dispositivo legal terá o efeito de tornar tal regra não aplicável tão somente ao caso em mãos, exclusivamente no litígio envolvendo partes específicas, contudo não retirará o ato normativo do ordenamento jurídico, que "continuará em vigor até ser anulado, revogado ou suspenso pelos órgãos competentes"[242].

No controle concentrado, de outra forma, os efeitos são gerais, ou seja, *erga omnes*. Por ocorrer em um processo objetivo, sem um litígio certo e determinado, é normal que o resultado extravase aos legitimados que efetivamente formularam a ação constitucional. Deve-se ter em vista que a função do controle concentrado é a defesa da própria Constituição. Logo, a decisão irradia efeitos em todo o ordenamento jurídico e afeta todos os que se submetem à dita Constituição. É importante notar que o efeito *erga omnes* já está ínsito nos textos jurídicos em geral, portanto determinada lei é a todos imposta. Consequentemente, sua retirada do ordenamento pela declaração de inconstitucionalidade afetará igualmente todos, na medida em que não se submeterão mais ao ato normativo impugnado.

Interessante notar que, por sua vez, a declaração de sua constitucionalidade não inova na ordem jurídica, uma vez que já havia sua presunção de conformidade constitucional. Por isso, afirma Streck ser impróprio falar em efeito *erga omnes* e vinculante na declaração de constitucionalidade da legislação, pois "a validade da lei não depende da declaração judicial e a lei vige, após a decisão, tal como vigorava anteriormente"[243]. Por óbvio, o objetivo da ADC não é alterar tal *status*, uma vez que a lei vale e vige independentemente do pronunciamento do STF. Busca, outrossim, a segurança jurídica — sobretudo da administração pública — na implementação de uma nova legislação, impedindo, antecipadamente, uma dispersão jurisprudencial com base em eventual alegação de inconstitucionalidade. No caso da declaração da peixa (ou mesmo da interpretação conforme ou nulidade sem redução de texto), não enfrenta o mesmo problema, eis que, reconhecida, o ato normativo é expurgado do próprio ordenamento jurídico, afetando todos os que se submetem a determinado sistema (eficácia contra todos).

Além do efeito *erga omnes*, tem-se o efeito vinculante. Nesse particular, Jeveaux destaca que "por 'vinculante' se deve entender que a nin-

---

[242] CANOTILHO, 2003, p. 903.
[243] STRECK, 2014b, p. 724.

guém é dado desconhecer a pronúncia de constitucionalidade ou de inconstitucionalidade"[244]. Ressalta Zavascki que há dificuldade em se diferenciar o efeito *erga omnes* do vinculante, observando que há, neste, "uma força obrigatória qualificada em relação a supervenientes atos administrativos ou judiciais"[245]. A equivalência entre os dois termos, contudo, não é incomum. Por exemplo, José Afonso da Silva aponta que a vinculação dos órgãos do Poder Judiciário na decisão do controle concreto "já decorreria da própria afirmativa da eficácia contra todos"[246]. Há quem defenda graus diferenciados do efeito vinculante, a depender dos instrumentos processuais disponíveis para fazer valer a decisão que detenha tal característica[247].

O efeito vinculante foi introduzido, por primeiro, no texto constitucional, por meio da EC n. 3/93, com a criação da ação direta de constitucionalidade. A junção da eficácia *erga omnes* e da força vinculante teve por pano de fundo a discussão anterior que já havia em relação à ação direta de inconstitucionalidade. Nela, apesar da eficácia *erga omnes* já reconhecida pela jurisprudência do STF, não havia o efeito vinculante. Isso possibilitava, na visão da própria Corte, que os demais Tribunais pudessem divergir e continuar a julgar contra a decisão no controle concentrado, sendo que ao litigante prejudicado tão somente restaria o sistema recursal, para, por ventura, chegar-se ao recurso ex-

---

[244] JEVEAUX, Geovany Cardoso. *Direito constitucional*: teoria da constituição. Rio de Janeiro: Forense, 2008, p. 169.

[245] ZAVASCKI, Teori Albino. *Eficácia das sentenças na jurisdição constitucional*. 3 ed. São Paulo: RT, 2014, p. 64.

[246] SILVA, José Afonso da Silva. *Curso de direito constitucional positivo*. 32 ed. São Paulo: Malheiros, 2009, p. 60.

[247] SCHÄFER, Gilberto; RIOS, Roger Raupp; SILVA, Aline Araújo Curtinaz da. A transcendência dos motivos determinantes no controle incidental de constitucionalidade. *Revista Brasileira de Estudos Constitucionais*, Belo Horizonte, ano 8, n. 29, p. 263-282, maio/ago. 2014, p. 270. "A expressão 'efeito vinculante' não é unívoca, comportando uma imensa gama de situações às quais se dirige. Podemos (re)formular a concepção de efeito vinculante de acordo com os diversos graus de obrigatoriedade que a decisão do tribunal encerra. No entanto, em geral, quando se utiliza a expressão vinculante, exprime-se uma concepção tradicional de efeito vinculante, ou seja, o efeito vinculante em sentido próprio, que permite a utilização da reclamação constitucional (art. 102, I, 'l', CF). Mas o emprego do termo expressando outros graus de vinculação pode nos permitir que o conceito seja reformulado, de modo a comportar esses graus diversos de vinculatividade, levando-se em conta sempre os instrumentos que asseguram a sua vinculatividade."

traordinário, ocasião em que o STF poderia fazer valer seu julgamento anterior[248]. O objetivo de aderir, ao lado do efeito *erga omnes*, à força vinculante foi justamente o de cobrir tal hipótese, constrangendo os demais órgãos judiciais a seguirem o julgamento adotado, primeiramente, na ADC. Por intermédio da EC n. 45/04, foi incluída, ao lado da ADC, no art. 102, §2º, da CF, a ADI.

Nery Jr. e Nery apresentam uma interessante diferenciação, que aparta os dois efeitos e justifica a posição acima descrita do STF. Para os autores, a eficácia *erga omnes* diz respeito aos limites subjetivos da coisa julgada nas ações constitucionais, que, "por tratar-se de processo objetivo, não atinge apenas as partes do processo (CPC 506), mas toda a sociedade e os poderes Executivos e Judiciário"[249]. De outro lado, o efeito vinculante é característica dos limites objetivos da coisa julgada, "naquilo que estiver explícito no conteúdo da parte dispositiva do acórdão do STF que julgar o mérito da ADIn"[250].

Não é pacífica, obviamente, a posição dos autores em considerar vinculante, mesmo na forma do art. 102, §2º, da CF, tão somente o

---

[248] BRASIL. Supremo Tribunal Federal. *ADC 1 QO*. Rel. Min. Moreira Alves, Tribunal Pleno, julg. em 27/10/1993, DJ 16-06-1995, p. 18212. "Para enfrentar esse problema, a ação direta de inconstitucionalidade não é instrumento suficiente em virtude de duas circunstâncias: a de que — como ficou assentado no julgamento da representação de inconstitucionalidade n. 1.349 (RTJ 129/41 e segs.) — não é ela cabível quando o autor a propõe sustentando a constitucionalidade do ato normativo, e pretendendo, portanto, obter a declaração de sua constitucionalidade pela via indireta da decisão de improcedência dessa ação; e a de que a eficácia da decisão dessa ação, quer de procedência, quer de improcedência, apenas se estende a todos (eficácia erga omnes) no sentido de que, em face de todos, sua eficácia se exaure na declaração de que o ato normativo é inconstitucional (e, portanto, nulo desde a origem) ou constitucional (e, conseqüentemente, válido), o que implica a possibilidade de o Poder Judiciário, por suas instâncias inferiores, poderem continuar a julgar em contrário, hipótese em que, às partes prejudicadas nos casos concretos, só restara, em recurso extraordinário, ver respeitada, pelo Supremo Tribunal Federal, sua decisão na ação direta de inconstitucionalidade sobre o ato normativo que dela foi objeto; e mais: essa eficácia erga omnes da ação direita de inconstitucionalidade não impede que o Poder ou órgão de que emanou o ato normativo julgado inconstitucional volte a reincidir na inconstitucionalidade editando novo ato com o mesmo conteúdo do anterior, hipótese em que será necessária a propositura de nova ação direta de inconstitucionalidade, pois a declaração anterior não alcança esse segundo ato."

[249] NERY JR., NERY, 2015, p. 1838.

[250] Ibid., loc. cit.

dispositivo. Por exemplo, Cardoso entende que, mesmo a partir do texto constitucional, o efeito *erga omnes* diz respeito à coisa julgada, o que não ocorre com o efeito vinculante, que se destinaria a aplicações dos motivos determinantes em causas futuras, aplicável ao Poder Judiciário e à Administração Pública[251]. Portanto, o texto constitucional já albergaria o efeito vinculante aos fundamentos determinantes das ações lá expostas. Da mesma forma, sustenta Rosito que "diferentemente da eficácia *erga omnes*, que é limitada à parte dispositiva da decisão, o efeito vinculante tem por objeto a *ratio decidendi* subjacente ao julgado"[252].

Donizetti, de outra forma, entende interessante a previsão dos incisos I do art. 927 do CPC/15, justificando que há diferenças entre a coisa julgada (eficácia *erga omnes*) contida no texto constitucional e a vinculação relativa aos fundamentos da decisão (*ratio decidendi*), prevista, agora, pelo art. 927 do CPC/15[253]. O mesmo ponto defendem Didier jr., Braga e Oliveira, ao afirmarem que o citado dispositivo não trata da coisa julgada, eis que tem por objetivo apresentar um rol de precedentes obrigatórios. Dizem que a eficácia *erga omnes* já resolveria a questão, se tratada somente sob o ângulo da coisa julgada. Sustentam, portanto, que "não se pode confundir esse efeito vinculante do precedente com o efeito vinculante que, em determinadas hipóteses, decorre da coisa julgada"[254].

Não se pode, efetivamente, confundir coisa julgada e o direito jurisprudencial, porém não torna possível à legislação ordinária ultrapassar o contido na norma constitucional e repristinar a teoria dos motivos determinantes, eis que, ao fim e ao cabo, esse é o efeito que decorreria de tal leitura da nova codificação. A norma do art. 927, I, do CPC/15, não colide ou não trata de norma especial, quando comparada ao art. 504, I, do mesmo código. A coisa julgada, mesmo a que se opera *erga omnes*, não se estende aos motivos da decisão, ainda que importantes.

---

251 CARDOSO, Oscar Valente. Eficácia vinculante das decisões do Supremo Tribunal Federal no controle concentrado de constitucionalidade. *Revista Dialética de Direito Processual*, São Paulo, n. 131, p. 56-65, fev. 2014, p. 65.

252 ROSITO, Francisco. *Teoria dos precedentes judiciais*: racionalidade da tutela jurisdicional. Curitiba: Juruá, 2012, p. 384.

253 DONIZETTI, Elpídio. *Curso didático de direito processual civil*. 19 ed. São Paulo: Atlas, 2016, p. 1314.

254 DIDIER JR.; BRAGA; OLIVEIRA. 2017, p. 529.

Asssim, não pode servir o art. 927, I, do CPC/15 como uma via transversa de se ampliarem os limites objetivos da coisa julgada, sobretudo os motivos da decisão.

Precedente e coisa julgada não se confundem, como explana, com precisão, Marinoni, quando assevera que a coisa julgada objetiva a estabilidade da decisão transitada em julgado, qual seja, sua imutabilidade[255]. Já o precedente representa uma "continuidade de afirmação da ordem jurídica"[256]. O precedente pretende dar luzes à prática de atos futuros, na tentativa de previsão pelo cidadão da consequência de seus atos, enquanto a coisa julgada não possui tal preocupação, eis que objetiva que decisão anteriormente tomada não seja objeto de alteração. Os dois institutos diferem, uma vez que a coisa julgada *erga omnes* tutela "a segurança jurídica do cidadão em virtude de o direito lhe pertencer"[257]. No precedente, a segurança jurídica atua em outro nível, ao tratar o cidadão como um igual dentre os seus, como merecedor, do Judiciário, da mesma consideração já dada a outros jurisdicionados[258].

Apesar de acertada a lição acima, Marinoni acaba por ir na esteira do pensamento de Donizetti, ao ver, no art. 927, I, uma volta à teoria da transcedência dos motivos determinantes. Sabe-se que dita teoria foi, durante um certo período, adotada pelo STF, contudo, atualmente, não é mais seguida pela Corte, ainda que encontre defensores dentre alguns de seus Ministros. Insiste Marinoni, entretanto, no fato de que, para dar um significado coerente ao dispositivo, "é necessário esclarecer que a *ratio decidendi* das decisões proferidas pelo Supremo em sede de controle concentrado de constitucionalidade tem eficácia obrigatória (...)"[259].

É interessante a discussão sobre a teoria da transcedência dos motivos determinantes no âmbito do controle difuso de constitucionalidade, que leva à objetivação do recurso extraordinário. Muitas pesquisas

---

[255] MARINONI, 2016a, p. 108.

[256] Ibid., loc. cit.

[257] Ibid., p. 110.

[258] Ibid., loc. cit. "Noutra perspectiva, a coisa julgada erga omnes tutela a segurança jurídica do cidadão em virtude de o direito lhe pertencer, ao passo que o precedente protege a segurança jurídica do cidadão enquanto mero jurisdicionado, ou melhor, como sujeito às decisões do Poder Judiciário."

[259] Ibid., p. 285.

foram realizadas sobre a abstrativização do controle difuso[260], mas, com o atual posicionamento do STF e, sobretudo, com a crítica doutrinária acerca da observância do art. 52, X, da CF ou mesmo do art. 97 da CF, houve uma diminuição da produção científica.

Por não se tratar de tema central para a pesquisa, não se aprofundará a análise, restando enfatizar o não cabimento da teoria da transcedência dos motivos determinantes no controle difuso por três razões básicas: (*a*) a literalidade do art. 52, X, da CF, que confere competência privativa ao Senado, para suspender a execução da lei declarada inconstitucional pelo STF em controle difuso; (*b*) a violação ao limite da legitimação restrita às ações do controle concentrado, uma vez que o art. 102, § 2º, da CF, condiciona a eficácia *erga omnes* e efeito vinculantes às ações que cumpram a legitimação restrita exposta no art. 103, também da CF. Logo, conferir tais efeitos a decisões fora das ações próprias caracterizar-se-ia burla à legitimidade constitucionalmente conferida às pessoas e instituições próprias, na medida em que qualquer parte se tornaria legitimada a buscar a declaração de inconstitucionalidade com efeito geral e vinculante; (*c*) a falta de compatibilidade com outros institutos, principalmente em relação à súmula vinculante. Se, nesta, há a necessidade de cumprimento de um procedimento especial, além do quórum qualificado de dois terços dos Ministros para a atribuição de eficácia *erga omnes* e efeito vinculante, a *contrario sensu*, os demais pronunciamentos do STF, que não seguem tais requisitos, não serão dotados dos citados efeitos[261].

---

[260] MENDES, Bruno Cavalcanti Angelin. *Precedentes judiciais vinculantes*: a eficácia dos motivos determinantes da decisão na cultura jurídica. 1 ed. Curitiba: Juruá, 2014, p. 150-157. SCHÄFER; RIOS; SILVA, 2014, p. 274-279. MUNIZ, Tânia Lobo; PAULA, Lucas Franco de. Sobre a aplicação da teoria da transcendência dos motivos determinantes das sentenças proferidas pelo Supremo Tribunal Federal no controle difuso, *Revista jurídica*, Porto Alegre: Notadez, v. 60, n. 415, p. 59-79, maio 2012. SALOMÉ, Joana Faria. Teoria da transcendência dos motivos determinantes no Supremo Tribunal Federal. *Revista forense*, Rio de Janeiro : Forense, v. 105, n.404, p. 209-223, jul.-ago. 2009.

[261] SGARBOSSA; IENSUE, 2017, p. 92-97. No mesmo sentido, em relação à incongruência da teoria da transcendência dos motivos determinantes com a súmula vinculante: SALOMÉ, 2009, p. 221. "(...) a aplicação da teoria da transcendência dos motivos determinantes em sede de controle difuso implica, em última análise, a adoção de medida semelhante à súmula vinculante, mas com violação do quórum qualificado exigido pelo texto constitucional."

Reaparece hoje a questão da objetivação do recurso extraordinário com o fundamento da repercussão geral[262]. Apesar de relevante a discussão do tema no que tange ao controle difuso, fica restrita a pesquisa, dada a redação do art. 927, I, do CPC/15, à análise da teoria citada no âmbito do controle concentrado.

Marco para a teoria da transcedência dos motivos determinantes no controle concentrado foi a Reclamação n. 1.987[263]. Discutia-se nela eventual descumprimento da decisão da ADI n. 1662, que dizia respeito à inconstitucionalidade de ato administrativo do TST acerca da possibilidade de sequestro de verbas públicas, face a precatórios não pagos. Nela houve profundo e caloroso debate sobre os limites objetivos do efeito vinculante na ADI, se recairia exclusivamente sobre o dispositivo, ou se irradiaria aos seus motivos determinantes. Na análise do cabimento da reclamação, o relator, Min. Maurício Corrêa, salientou que, ainda que de forma oblíqua — eis que buscou fundamento em dispositivo diverso (EC n. 30/2000) —, a decisão impugnada desobedeceu ao julgamento da ADI, uma vez que possibilitou o sequestro em hipótese já rechaçada pelo STF, portanto afrontou o "conteúdo essencial" da ADI. Asseverou o relator que o ato impugnado "não apenas contrastou a decisão definitiva proferida na ADI 1662, como, essencialmente, está em confronto com seus motivos determinantes".

Abrindo a divergência, o Min. Sepúlveda Pertence, já de pronto, assentou sua discordância com a tese do relator, ao afirmar que — mesmo antes da EC n. 45/2004 — "transformamos em súmula vinculante qualquer premissa de uma decisão". Defendeu a existência de limites intransponíveis à força *erga omnes* e eficácia vinculante, não se estendendo ao ponto a que chegara o relator. Juntando-se à divergência, destacou o Min. Marco Aurélio que a coisa julgada e os efeitos dela decorrentes não se estendem aos fundamentos da decisão, na forma do então vigente art. 469 do CPC/73. Concordando com tais fundamentos, o Min. Carlos Veloso apontou que "o efeito vinculante está sujeito a uma limitação objetiva: o ato normativo objeto da ação, o dispositivo da decisão vinculante, não os seus fundamentos".

A divergência, contudo, restou vencida. Pela maioria, além do voto do relator, ressaltou o Min. Gilmar Mendes que o efeito vinculante

---

[262] MIRANDA DE OLIVEIRA, 2016, p. 191-196.

[263] BRASIL. Supremo Tribunal Federal. *Rcl 1987*. Rel. Min. Maurício Corrêa, Tribunal Pleno, julg. em 01/10/2003, DJ 21-05-2004, p. 33.

decorre do próprio papel político-institucinal do STF, razão pela qual não pode ficar adstrito ao dispositivo da decisão, abarcando, também, seus fundamentos determinantes. Sustentou que a proposta que levou à promulgação da EC n. 03/93 foi idealizada a partir do direito alemão, em que há a vinculação dos fundamentos da decisão do Tribunal Constitucional, que versa sobre a constitucionalidade ou inconstitucionalidade de determinado ato normativo.

Apesar de vingar na mais alta Corte do país durante alguns anos, em 2007, a tese da transcedência dos motivos determinantes sofreu um revés no âmbito do controle concentrado de constitucionalidade. Na Rcl 2.475-AgR, decidido pelo plenário, a discussão da matéria voltou a ser realizada, e, por maioria, o STF assentou que o efeito vinculante se circunscreve ao que consta no dispositivo do acórdão, afastando, portanto, a tese da transcedência dos motivos determinantes[264]. O caso tratava da extensão do julgamento da ADC-1, salientando o Min. Carlos Velloso que "o efeito vinculante, evidentemente, é para o que foi decidido pela Corte. E o que foi decidido está no dispositivo do voto do Relator, (...)". A partir de então, a Suprema Corte aderiu, de forma consistente, ao não cabimento da tese[265]. Atualmente o STF rechaça a tese da transcendência dos motivos determinantes mesmo

---

[264] BRASIL. Supremo Tribunal Federal. *Rcl 2475 AgR.* Rel. Min. Carlos Velloso, Rel. p/ Acórdão Min. Marco Aurélio, Tribunal Pleno, julg. em 02/08/2007, DJe-018, divulg. 31-01-2008, public. 01-02-2008.

[265] BRASIL. Supremo Tribunal Federal. *Rcl 5389 AgR.* Rel. Min. Cármen Lúcia, Primeira Turma, julg. em 20/11/2007, DJe-165, divulg. 18-12-2007, public. 19-12-2007, DJ 19-12-2007, p. 25; BRASIL. Supremo Tribunal Federal. *Reclamação 3.014/SP*, Rel. Min. Ayres Britto, DJe 21.5.2010; BRASIL. Supremo Tribunal Federal. *Reclamação 6.204-AgR/AL*, Rel. Min. Eros Grau, DJe 28.5.2010; BRASIL. Supremo Tribunal Federal. *Reclamação 6.319-AgR/SC*, Rel. Min. Eros Grau, DJe 06.8.2010; BRASIL. Supremo Tribunal Federal. *Rcl 3.014/SP*, Rel. Min. Ayres Britto, DJe 20.5.2010; BRASIL. Supremo Tribunal Federal. *Rcl 2.475-AgR/MG*, Rel. p/ o acórdão Min. Marco Aurélio; BRASIL. Supremo Tribunal Federal. *Rcl 3.014/SP*, Rel. Min. Ayres Britto; BRASIL. Supremo Tribunal Federal. *Rcl 3.294-AgR/RN*, Rel. Min. Dias Toffoli; BRASIL. Supremo Tribunal Federal. *Rcl 6.204-AgR/AL*, Rel. Min. Eros Grau; BRASIL. Supremo Tribunal Federal. *Rcl 6.319-AgR/SC*, Rel. Min. Eros Grau; BRASIL. Supremo Tribunal Federal. *Rcl 9.778-AgR/RJ*, Rel. Min. Ricardo Lewandowski; BRASIL. Supremo Tribunal Federal. *Rcl 11.831- -AgR/CE*, Rel. Min. Cámen Lúcia; BRASIL. Supremo Tribunal Federal. *Rcl 5.087-MC/SE*, Rel. Min. Ayres Britto; BRASIL. Supremo Tribunal Federal. *Rcl 5.365-MC/SC*, Rel. Min. Ayres Britto.

no controle concentrado de constitucionalidade[266]. Apesar de alguns Ministros persistirem na tese, ressalvam seu entendimento, para acompanhar a corrente majoritária[267].

A discussão é relevante, sobretudo, em relação ao cabimento da reclamação constitucional, porque, ao invés de a causa posterior ao julgamento da ADI ou da ADC necessitar passar por todo o *iter* recursal, para, quem sabe, a questão ser conhecida pelo STF em recurso extraordinário, pode tomar o caminho direto da reclamação, para a cassação do ato judicial que entende afrontar a decisão pretérita da Suprema Corte. Imagine-se a seguinte hipótese: o Estado de Minas Gerais promulga uma lei estadual, tratando do ICMS, sendo que um dispositivo específico vem a ser julgado inconstitucional, em sede de ADI. Após dito julgamento (com seu trânsito em julgado), o Estado de Santa Catarina promulga lei da mesma natureza, em que conste artigo igual àquele da lei mineira. Qual o caminho que o cidadão prejudicado pela

---

[266] BRASIL. Supremo Tribunal Federal. *Rcl 10.125 AgR/PA*, Rel. Min. Dias Toffoli; BRASIL. Supremo Tribunal Federal. *Rcl 19067 AgR*, Rel. Min. Roberto Barroso, Primeira Turma, julg. em 07/06/2016, DJe-171, divulg. 15-08-2016, public. 16-08-2016; BRASIL. Supremo Tribunal Federal. *Rcl 13.300 AgR/PR*, Rel. Min. Cármen Lúcia; BRASIL. Supremo Tribunal Federal. *Rcl 19541 AgR*, Rel. Min. Roberto Barroso, Primeira Turma, julg. em 07/06/2016, DJe-128, divulg. 20-06-2016, public. 21-06-2016; BRASIL. Supremo Tribunal Federal. *Rcl 10611 AgR*, Rel. Min. Rosa Weber, Primeira Turma, julgado em 27/10/2015, DJe-229, divulg. 13-11-2015, public. 16-11-2015; BRASIL. Supremo Tribunal Federal. *Rcl 5847*, Rel. Min. Cármen Lúcia, Segunda Turma, julg. em 25/06/2014, DJe-148, divulg. 31-07-2014, public. 01-08-2014; BRASIL. Supremo Tribunal Federal. *Rcl 4907 AgR*, Rel. Min. Dias Toffoli, Tribunal Pleno, julg. em 11/04/2013, DJe-095, divulg. 20-05-2013, public. 21-05-2013; BRASIL. Supremo Tribunal Federal. *Rcl 13.185/DF*, Rel. Min. Rosa Weber; BRASIL. Supremo Tribunal Federal. *Rcl 14.098/TO*, Rel. Min. Roberto Barroso; BRASIL. Supremo Tribunal Federal. *Rcl 14.101/RN*, Rel. Min. Cármen Lúcia; BRASIL. Supremo Tribunal Federal. *Rcl 14.111/DF*, Rel. Min. Teori Zavascki; BRASIL. Supremo Tribunal Federal. *Rcl 14.258/SP*, Rel. Min. Ricardo Lewandowski; BRASIL. Supremo Tribunal Federal. *Rcl 14.391/MT*, Rel. Min. Rosa Weber; BRASIL. Supremo Tribunal Federal. *Rcl 14.425/RS*, Rel. Min. Rosa Weber; BRASIL. Supremo Tribunal Federal. *Rcl 15.225/SP*, Rel. Min. Marco Aurélio.

[267] BRASIL. Supremo Tribunal Federal. *Reclamação 7.280-MC/SP*. Rel. Min. Celso de Mello, DJe 12.12.2008; BRASIL. Supremo Tribunal Federal. *Rcl 23349 AgR*. Rel. Min. Celso de Mello, Segunda Turma, julg. em 14/10/2016, DJe-250, divulg. 23-11-2016, public. 24-11-2016; BRASIL. Supremo Tribunal Federal. *Rcl 20907 AgR*. Rel. Min. Celso de Mello, Segunda Turma, julg. em 15/03/2016, DJe-072, divulg. 15-04-2016, public. 18-04-2016.

aplicação do dispositivo deveria seguir? A rigor, deverá propor sua ação no primeiro grau de jurisdição e seguir, caso derrotado, na apelação. Ainda vencido em sua pretensão, poderá o interessado interpor os recursos excepcionais. Sobretudo na matéria constitucional, o recurso extraordinário possibilitará o conhecimento da tese da inconstitucionalidade pelo STF, em via difusa. Obviamente que nessa trilha recursal, outros empecilhos podem ocorrer. Embargos de declaração a cada decisão lançada, agravos de instrumento das decisões interlocutórias referidas no art. 1.015 do CPC/15, agravos internos de decisões monocráticas ou mesmo agravo da decisão que inadmite o recurso especial ou extraordinário são obstáculos comuns, que tornam mais complexa e demorada a tentativa de ver a questão da inconstitucionalidade ser resolvida pelo STF, em controle difuso.

Caso admitida a teoria dos motivos determinantes, em vez de tomar o rumo acima descrito, a parte interessada poderia propor, diretamente no STF, a reclamação, objetivando a cassação do ato judicial que desrespeitou os fundamentos determinantes da decisão da ADI narrada. Parcela da doutrina aponta esse caminho[268].

4.4.7. AS SÚMULAS NO DIREITO BRASILEIRO

O assunto já foi tratado no Capítulo I, em grande medida, quando se distinguiu o precedente judicial das súmulas vinculantes. Cumpre, entretanto, ressaltar algumas questões, mesmo que se corra o risco de alguma repetição do que já dito alhures. Isso para que fiquem claras as peculiaridades do direito sumular e sua inconsistência, seja tanto em relação às súmulas vinculantes quanto em relação às persuasivas.

Há quem veja o *stare decisis* do direito anglo-saxão como análogo ao efeito vinculante estipulado no Brasil. Embora haja, em uma primeira impressão, certa similitude, a investigação aprofundada do tema demonstra o contrário. A necessidade de estipulação do efeito vinculante a determinados pronunciamentos judiciais decorreu, primeiramente, da criação da ação declaratória de constitucionalidade, o que foi estendido à ação direta de inconstitucionalidade, ante a falta de efetivo cumprimento das decisões do controle concentrado. Isso, por si só, já demonstra um afastamento do *stare decisis*, que prescinde de

---

[268] DAL MONTE, Douglas Anderson. *Reclamação no CPC/15*: hipóteses de cabimento, procedimento e tutela provisória. Florianópolis: Empório do Direito, 2016, p. 98-105.

um sistema concentrado de controle de constitucionalidade. Deve ser essa doutrina entendida, antes de tudo, como uma política judiciária (prescindindo de lei ou disposição constitucional que a institua) de organização interna do Judiciário, para conferir maior coerência ao sistema jurídico.

É bem verdade que, posteriormente, idêntico efeito foi estabelecido às súmulas vinculantes, ampliando-se a vinculação a pronunciamentos judiciais que se encontram fora do controle concentrado. Contudo, como já visto, as súmulas (mesmo as vinculantes) não são precedentes e não se assemelham, assim, ao uso que deles se faz no sistema da *common law*. Há a tentativa de se aplicar a súmula, enquanto texto geral e abstrato, por subsunção, substituindo-se à lei como premissa maior (Se A, então B), enquanto a aplicação de um precedente depende, diferentemente, da construção de analogias e distinções. Como tentativa de aproximação, a doutrina apresenta um interessante caminho, qual seja, para a aplicação de uma súmula, o jurista deve ir aos julgamentos que lhe deram azo e extrair deles a *ratio decidendi*, além de estar atento àquelas decisões posteriores que lapidam a aplicação do verbete sumular[269].

Não há dúvidas de que, utilizando o passo narrado para a construção de sentido da própria súmula, há um ganho hermenêutico, na medida em que se trazem à tona todas as circunstâncias fáticas que foram deixadas à margem pelo próprio processo de criação do verbete, mas, igualmente, apresentam alguns contrapontos de interesse doutrinário. No Brasil, ao menos até a entrada em vigor do CPC/15, havia dois regimes jurídicos claros para os diferentes tipos de súmulas expedidas por tribunais. Havia a súmula vinculante, introduzida pela EC n. 45/2004, e, de outro lado, as demais súmulas, cujo adjetivo variava conforme quem tratasse da matéria, corriqueiramente as designando como súmulas "comuns", "persuasivas" ou, simplesmente, "súmulas não vinculantes". A distinção entre as duas era relativamente clara. Seria vinculante a súmula estabelecida exclusivamente pelo STF, nas hipóteses descritas no art. 103-A da CF e obedecendo ao procedimento específico, contemplado na Lei n. 11.417/2006. A partir de sua edição, os Tribunais, os juízes e, inclusive, a Administração Pública estariam vinculados, quanto à sua atuação, por tais súmulas. Por sua vez, as

---

[269] FPPC, Enunciado n. 166. (art. 926) A aplicação dos enunciados das súmulas deve ser realizada a partir dos precedentes que os formaram e dos que os aplicaram posteriormente.

súmulas "não vinculantes", além do caráter meramente persuasivo, não dependeriam de tantos requisitos legais, disciplinando-se, pelo Regimento Interno de cada Tribunal, as circunstâncias e casos em que se poderiam editar novos enunciados sumulares (art. 479, parágrafo único, do CPC/73). Poucos eram os casos expressos na legislação processual em que um Tribunal expediria um verbete sumular, como ocorria, por exemplo, na uniformização de jurisprudência (art. 479, *caput*, do CPC/73).

A partir da adoção da nova codificação, objetivou-se a alteração profunda do regramento jurídico das súmulas, com a ampliação de sua utilização no direito brasileiro. Quanto às vinculantes, não há alteração no seu procedimento de edição ou nas hipóteses de cabimento. Em relação às não vinculantes, reitera-se a regra de que as súmulas serão editadas na forma regimentalmente prevista (art. 926, § 1º, CPC/15), contudo, no que se refere à disciplina jurídica de cada espécie, a nova legislação, no afã de ampliar (desmedidamente) a força normativa e a utilização das súmulas, causou grande confusão.

Ao pretensamente instituir um rol de decisões vinculantes, no art. 927 do CPC/15, o legislador infraconstitucional tentou alçar as súmulas (aquelas que, até então, eram "não vinculantes") à observância obrigatória. Em outras palavras, aquilo que era persuasivo (e não se havia muitas dúvidas sobre isso), torna-se-ia obrigatório, vinculante. Dessa forma, o CPC/15 criou, como afirma Pereira, a "súmula não vinculante 'vinculante'"[270]. Por outro lado, ao fazer depender a análise de determinado enunciado de súmula vinculante à *ratio decidendi* dos casos que lhe deram azo (ou mesmo aos que se seguiram à edição do enunciado sumular), é correto afirmar que o que vincula, em uma súmula dessa natureza, não é ela mesma (o verbete editado, seu enunciado), mas sim a *ratio* dos casos individualmente considerados. Logo, o efeito vinculante reside em outro lugar que não a própria súmula,

---

[270] PEREIRA, Helio do Valle. NCPC, a vitória dos bacharéis. In: MEDEIROS, Luiz Cézar; OLIVEIRA NETO, Francisco José Rodrigues de; SILVA, Paulo Henrique Moritz Martins da. *Novo código de processo civil em debate no poder judiciário catarinense*. Florianópolis: Academia Judicial, 2016, p. 66-81, p. 64. "O juiz há de decidir pelo ordenamento jurídico, buscando a solução que se encontra a partir de tal parâmetro. Na missão, não fica atrelado àquilo que outros decidiram, a não ser nas hipóteses em que a Constituição impõe vinculação. O NCPC criou a "súmula não vinculante vinculante" (meu editor de texto me censura por essa repetição da palavra "vinculante", sublinhando-a com verde, mas é porque ele não está gabaritado a entender as questões jurídicas brasileiras)."

resultando, ao fim e ao cabo, em uma súmula vinculante "não vinculante". Essas são aporias do sistema que, sem uma leitura hermenêutico-constitucional, ficam insolúveis no CPC/15. Defende-se, aqui, o abandono da aplicação do direito por súmulas (sejam vinculantes ou não), uma vez que melhor deixar àqueles legitimamente escolhidos (os legisladores) a prerrogativa de edição de textos gerais e abstratos, de aplicação universal.

As súmulas, por fim, não são precedentes, eis que não derivam diretamente sequer da atividade jurisdicional. Isso porque, apesar de tenderem a exprimir o entendimento de uma Corte em um determinado período histórico, são instituídas por um procedimento administrativo, em que não há lide ou uma sentença ou acórdão ao final. Não se nega que há ligação entre o enunciado da súmula à jurisprudência ou aos precedentes, na medida em que tenta ela fixar, em um enunciado geral e abstrato, a regra subjacente ao caso concreto, ou seja, aquilo que é universalizável a todos.

4.4.7.1. SÚMULA VINCULANTE

A súmula vinculante, introduzida na ordem jurídica nacional por meio da EC 45/04, objetivou proporcionar maior segurança jurídica ao cidadão, na medida em que um enunciado interpretativo acerca de uma norma constitucional possibilitaria ao intérprete a fuga ao caráter aberto típico do texto da Carta Magna. Com a enunciação de um texto geral, abstrato, com aplicação universal, quis o Constituinte Reformador parametrizar o entendimento dado a certo preceito constitucional e, com isso, fazer com que os demais outros órgãos judicantes cumprissem e fizessem cumprir a interpretação dada pelo próprio STF, vinculando-os aos temas já decididos. Desde o princípio, apresentou vantagens e riscos, consubstanciados no fim de uma divergência que mina o próprio direito e a política judiciária e na perpetuação indevida de um entendimento sumulado. Como diz Ferreira, "são duas as questões que devem ser combatidas: a eternização das posições sumuladas, mas também a eternização da divergência!"[271]

O CPC/15, acreditando piamente no direito sumular, expandiu a utilização das súmulas vinculantes a uma série de institutos e situações, podendo-se afirmar que houve uma supervalorização das súmulas, sejam elas vinculantes ou não. Mesmo porque, a depender da leitura que

---

271 FERREIRA, 2005, p. 806.

se faça do art. 927 do CPC/15, todas passam a ser vinculantes. Em relação específica à vinculante, ver-se-á, ainda neste capítulo, que ela será utilizada em uma série de institutos processuais, como o julgamento liminar de improcedência, a tutela da evidência, o reexame necessário, os poderes do relator, a dispensa de caução no cumprimento provisório, a reclamação e, de forma importante, o reconhecimento e presunção de repercussão geral em caso de seu descumprimento[272].

A ideia mais próxima da súmula vinculante é, por certo, o assento português. Instituídos por D. João III, em de 10 de outubro de 1534, os assentos destinavam suprir as dúvidas sobre a interpretação das leis dos desembargadores da Casa da Suplicação[273]. Tal como ocorre nas súmulas, ele, "abstraindo-se da hipótese concreta, era extraído da interpretação fixada na decisão ('inteligência geral e perpétua da lei')"[274]. Apesar da utilização dos assentos da Casa de Suplicação de Portugal nos julgamentos realizados no Brasil, a recepção mais genuína dos assentos nas cortes brasileiras ocorreu, por primeiro, no Tribunal da Relação do Rio de Janeiro, criado em 13 de outubro 1751, que imaginou possuir também a prerrogativa de lançar assentos normativos, que, se não observados, poderiam render a suspensão do juiz[275]. Entretanto, a Lei da Boa Razão, de 18 de agosto de 1789, reafirmou o princípio, já consagrado em Portugal, de que os assentos aprovados por qualquer Tribunal dependeria da ulterior aprovação da Casa da Suplicação[276]. Somente com a transformação do Tribunal da Relação do Rio de Janeiro em Casa da Suplicação para o Brasil, por meio do Alvará de 10 de maio de 1808, atribuiu-se competência à nova corte para a instituição de assentos na órbita de sua jurisdição[277].

Em já clássica obra, Castanheira Neves retrata a evolução dos assentos no direito português, ressaltando seu cariz problemático enquanto fundamento formal de prescrição normativa, eis que se trataria de uma

---

[272] MEURER JR., Ezair José. *Súmula vinculante no CPC/15*. Florianópolis, 2016, p. 145-234.

[273] TUCCI, 2004, p. 142.

[274] Ibid., p. 143

[275] SORMANI, Alexandre; SANTANDER, Nelson Luis. *Súmula vinculante*: um estudo à luz da emenda constitucional 45, de 08.12.2004. 2 ed. 3 reimpressão. Curitiba: Juruá, 2011, p. 48.

[276] TUCCI, 2004, p. 143.

[277] TUCCI, 2004, p. 143.

disposição legislativa, na medida em que "se constitui no modo de uma norma geral e abstracta, proposta à pré-determinação normativa de uma aplicação futura, susceptível de garantir a segurança e a igualdade jurídicas"[278], somando-se a isso a vinculação normativa universal que detém. Por isso mesmo, conclui o autor "que se trata [o assento] de um instituto constitucionalmente inválido"[279].

O Tribunal Constitucional português, analisando pioneiramente o tema pelo Acórdão n. 810/93, acabou por reconhecer a inconstitucionalidade da parte final do artigo 2º do Código Civil de Portugal[280], ou seja, "na parte em que atribui aos tribunais competência para fixar doutrina com força obrigatória geral, (...)"[281]. A decisão foi reafirmada pelos Acórdãos n. 407/94, 410/94 e 743/96. Muito se diz que, nessa sequência de decisões, o Tribunal Constitucional declarou a inconstitucionalidade dos assentos, contudo trata-se de visão superficial, merecendo melhor análise. Na verdade, a tese da inconstitucionalidade do citado artigo restou vencida, como propunha um dos julgadores. O que a Corte acabou por fazer foi a declaração parcial de inconstitucionalidade com redução de texto, considerando tão somente contrária à Constituição a parte final do dispositivo, que estipulava a força obrigatória geral do assento. Com efeito, o artigo 2º do Código Civil só foi expressamente revogado em sua inteireza pelo Decreto-Lei n.º 329-A/95.

Consignou-se, no julgamento, que os assentos, com tal atributo, equivalem a atos legislativos, o que violaria o princípio da tipicidade dos atos legislativos contido no art. 115 da Constituição portuguesa, porém também se deixou claro que não haveria vício na manutenção do restante contido no artigo 2º do Código Civil, inclusive quanto à vinculação dos demais órgãos judiciais aos assentos então editados. Tratar-se-ia não de um caráter normativo, mas de uma "jurisprudên-

---

[278] NEVES, A. Castanheira. *O instituto dos "assentos" e a função jurídica dos supremos tribunais*. Coimbra: Coimbra editora, 1983, p. 315.

[279] Ibid., p. 643.

[280] PORTUGAL. Código Civil. Artigo 2º. Nos casos declarados na lei, podem os tribunais fixar, por meio de assentos, doutrina com força obrigatória geral.

[281] PORTUGAL. Tribunal Constitucional. Acórdão 810/93. *Polis*: Revista de Estudos Jurídico-Políticos, n.º 1, 1994, p. 152.

cia qualificada", que se integraria à hierarquia do Poder Judiciário[282]. Com a revogação expressa do citado artigo, a celeuma em relação à vinculação dos demais órgãos judiciais perdeu a razão de ser no contexto português.

Caminharia melhor, nesse ponto, o voto vencido que entendera pela inconstitucionalidade *in totum* do dispositivo enfrentado. Com efeito, no caso português, verifica-se que a ablação da parte do texto indicada retira a coerência lógica do próprio dispositivo. O salvamento pretendido torna-se insustentável, na medida em que não só se expurga parte do texto (e uma dada interpretação), mas, também, a ele se atribui um novo significado não presente.

Dado o seu conteúdo e contexto, não se pode pretender transplantar pura e simplesmente a decisão tomada pelo Tribunal Constitucional português ao Brasil, sustentando que o julgamento procedido, ao ter pretensamente declarado a inconstitucionalidade do assento lá, equivaleria, aqui, ao reconhecimento da inconstitucionalidade da súmula vinculante. A mesma lógica se aplicaria no que toca à vinculação à Administração, conforme estipula o art. 103-A da CF. Isso decorreria da separação dos poderes. Não se pode admitir, nesse particular, que haja ingerência de um poder em outro, nem sob o pálio da segurança jurídica. Não se pode também sustentar que o objetivo de se instituir a súmula vinculante por emenda constitucional, e não por legislação ordinária, residiria, justamente, na possibilidade de afetar outras esferas que não a judicial. Logo, seja por legislação ou por emenda constitucional, a modificação pretendida é inconstitucional. A inclusão do art. 103-A pela EC n. 45/04 afronta o art. 2º da CF, visto que, por se tratar de cláusula pétrea, na forma do art. 60 § 4º, III, da CF, sequer emenda constitucional poderia fazer tal previsão.

---

[282] PORTUGAL. Tribunal Constitucional. Acórdão 810/93, 1994, p. 149-150. "Desde que a doutrina estabelecida no assento apenas obrigue os juízes e os tribunais dependentes e hierarquicamente subordinados àquele que o tenha emitido, e não já os tribunais das outras ordens nem a comunidade em geral, deixa de dispor de força obrigatória geral, o que representa, no entendimento de Marcello Caetano, a perda automática do valor que é próprio dos actos legislativos (...) a eficácia interna dos assentos, restringindo-se ao plano específico dos tribunais integrados na ordem dos tribunais judiciais de que o Supremo Tribunal de Justiça é o órgão superior da respectiva hierarquia, perderá o carácter normativo para se situar no plano da mera eficácia jurisdicional e revestir a natureza de simples 'jurisprudência qualificada.'"

É bem verdade que, a se acompanhar o voto vencido do caso português, poder-se-ia suscitar a inconstitucionalidade total do art. 103-A da CF, na medida em que há a produção indevida de um ato legislativo por uma autoridade que não aquela competente para tanto, utilizando-se, também, de procedimento diverso ao constitucionalmente previsto. As premissas do caso português ao Brasil se aplicam. Há, na Constituição, a especificação da competência legislativa e da tipicidade dos atos legislativos (art. 59 da CF), governando-se, tudo, pelo princípio da legalidade (art. 5º, II, da CF). Dessa maneira, "a investigação do regime jurídico das normas gerais e abstratas na Constituição mostra que a competência para sua produção é reservada à lei, ou seja, ao legislador democrático, (...)"[283]. Conferida a competência ao legislador democrático, excluída está a possibilidade de outros anunciarem normas gerais e abstratas.

Apesar de trazer-se à tona a questão da constitucionalidade da súmula vinculante, o que parece ultrapassado. Isto faz parte da resistência constitucional que a doutrina deve(ria) abraçar. Antes de tudo, cumprir e fazer valer a Constituição. Não se trata de verificar vantagens ou desvantagens de determinado instituto, ou a de ser preferível ou não sua utilização. A questão não pode ser resolvida somente pelas consequências (análise consequencialista) a que se visa, nem, tampouco, pelo caráter puramente utilitarista. Deve-se construir uma visão substancial do texto constitucional e, nesse aspecto, tornar a sua aplicação, de forma adequada, algo inegociável. Não há, nesse particular, espaços a alegações compensatórias que, à mercê de identificarem o descumprimento da Constituição, insistem no fato de que há outros valores a serem igualmente perseguidos.

Obviamente, não se espera, aqui, revisar tal ponto (o da constitucionalidade da súmula vinculante) que, apesar de errado, já está incorporado à prática jurídica. Essa é uma daquelas situações que Streck denomina de *realjuridik*, aquelas hipóteses em que "a teoria processual-constitucional tem de ceder à pragmática (...) ou seja, a esta altura a discussão parece estar superada"[284]. Assim, feitas as ressalvas quanto à inconstitucionalidade do instituto, aceitar-se-á o resultado diverso, para, assim, participar das acirradas discussões sobre o tema

---

[283] ROCHA, José de Albuquerque. *Súmula vinculante e democracia*. São Paulo: Atlas, 2009, p. 115.

[284] STRECK. 2014b, p. 689.

e, principalmente, para tentar moldar a melhor forma de se aplicar a súmula vinculante, a fim de não seja um mero retorno à escola da exegese.

Imaginava-se que a súmula vinculante pudesse reduzir consideravelmente a quantidade de processos na Suprema Corte, na medida em que a pacificação da compreensão do próprio texto pudesse dissuadir os litigantes da propositura do recurso extraordinário. Mesmo porque a correção de uma má aplicação seria realizada por via expedita: a reclamação, não dependendo de toda a longa via recursal. Apesar de mais de dez anos de vigência, a súmula vinculante não foi suficiente, para, em si, contornar a crise que assola o Judiciário, em especial o STF. Não há, nesse particular, estudo empírico que demonstre a eficiência da súmula vinculante para o fim que foi proposta. Ao contrário, a necessidade de se lançar mão de outros expedientes para o mesmo fim, como a repercussão geral e o recurso extraordinário repetitivo, aponta para a falta de sucesso dos enunciados sumulares vinculantes.

A criação da súmula vinculante objetivou, em síntese, contornar a problemática questão do subjetivismo, do solipsismo judicial, que levara à jurisprudência lotérica. Isso porque cada julgador dava à Constituição a interpretação que lhe conviesse. Face ao subjetivismo interpretativo verificado, nada mais fez a EC n. 45/04 que introduzir o seu contrário: um objetivismo interpretativo, como uma hipostasiação de sentidos ao texto constitucional. Trata-se de um movimento pendular observável no curso das ideias jurídicas.

O positivismo exegético esperava tal grau de objetividade do texto legal, que prescindiria ele de qualquer interpretação. *In claris cessat interpretatio*! A resposta a um caso seria encontrada em um exercício silogístico, em que a lei funcionaria como a premissa maior, e os fatos, a menor, sendo dedutível logicamente o resultado final. Historicamente, mostrou-se insatisfatório tal pensamento, uma vez que a lei não conseguia prever todas as hipóteses de sua própria aplicação. Os fatos eram de tal sorte variados, que o exercício prognóstico, por mais completo que pretendesse ser, não compreendia todos os acontecimentos. Aqui, falhava a teoria formalista, não dando resposta satisfatória aos casos que teimavam a não se encaixar de maneira adequada aos comandos legais.

Dada a falabilidade de tal teoria, abriu-se a oportunidade de o próprio positivismo corrigir-se. Assim, de exegético, passou a normativo ou, na vertente americana, como filosofia analítica. Aqui, admitia-se a insuficiência da lei como forma de regulação social. Consentia-se que, por vezes, a solução ao caso não estaria circunscrita ao texto legal. Dever-se-ia dar, nesse particular, resposta à questão: o que fazer em tais situações? A conclusão foi que, nessa hipótese, nada haveria de fazer senão confiar ao próprio juiz a escolha discricionária da resolução ao caso. Nasce, aqui, o subjetivismo interpretativista. Se, antes, havia a proibição de interpretar, aqui a interpretação é alçada a elemento que torna incontrolável a vontade do intérprete. Observa-se o primeiro movimento pendular entre o objetivismo e o subjetivismo.

Ocorre que o subjetivismo aprofundou-se, com o passar do tempo, e, cada vez mais, o juiz se tornou um ser livre na construção do significado dos textos legais, ao ponto de criar a tão aclamada jurisprudência lotérica, em que o mais importante à definição de um caso esteja na distribuição da ação, e não do direito material legalmente previsto. Verificado tal problema, não passaria ele indene à reformulação, como uma adaptação darwiniana do sistema. A correção, contudo, foi simplista, reiterando-se formas congeladoras de sentido, como se o remédio dependesse, novamente, da conquista de um objetivismo.

A súmula vinculante, nesse passo, representa essa busca irrealista pelo objetivismo, tanto é assim, que muitos dizem ser prescindível sua interpretação, tal como se dizia da lei nos séculos XVIII e XIX. Por isso, a súmula vinculante não é nem boa, nem má; antes, ela é um problema, porque é antidemocrática, na medida em que se franqueia ao Judiciário uma função tipicamente destinada à legislação. Em um sistema de separação e harmonia entre os poderes, não se pode conferir ao Judiciário a função de instituir textos normativos gerais e abstratos, a todos igualmente imposto.

Não há dúvidas de que as súmulas nada têm de correspondência ao *common law*, apesar de uma série de pesquisadores defender o contrário. Em realidade, acredita-se que um jurista americano ou inglês ficariam extremamente surpresos, senão atônitos, com a explicação daquilo de que se tratariam as súmulas e de como são elas feitas. Parece pouco crível que instrumento similar pudesse nascer e se desenvolver em meio à doutrina do *stare decisis*. No caso americano, a *case or controversy clause* impediria expressamente que o tribunal editasse um ato administrativo como a súmula.

O próprio método de aplicação da súmula vinculante e do precedente do *common law* seria distinto. Enquanto neste a aplicação se dá pela construção de analogias e distinções, naquela, a dedução é o tipo de raciocínio utilizado, por isso a subsunção é a mola mestra do processo aplicativo. Nesse particular, afirma Mancuso que a interpretação da súmula vinculante é facilitada, na medida em que decorre de vários julgamentos anteriores, e, assim, restam ao intérprete apenas duas ações: "(i) apreender a exata compreensão e extensão do enunciado, ou seja, sua vera inteligência; (ii) aferir-se, se o caso concreto nele está subsumido"[285].

Verifica-se, no pensamento de Mancuso, a pretensão de objetivismo que está veladamente apontado na aplicação de súmulas. Há, portanto, uma redução indevida do processo hermenêutico, uma simplificação que não adiciona nada novo à teoria jurídica. Vê-se que se consubstancia uma mera aplicação exegética, como fora a lei no século XVIII. Representa, portanto, uma volta no tempo (de mais de dois séculos), trocando-se o texto legal pelo judicialmente formulado. Muda-se a fonte jurígena, mas não a arcaica teoria base. Trata-se do retorno à metafísica clássica, em que se procuravam essências nas coisas. A súmula vinculante, assim, teria uma *ousia* que lhe seria própria, e a função do intérprete é basicamente acessá-la, conhecê-la ou, como diz Mancuso, apreendê-la. A partir daí, a resposta apresentar-se-ia facilmente ao aplicador, pela mera dedução, como um resultado lógico inescapável.

Tal positivismo exegético é calcado em um formalismo interpretativo que se choca com a própria realidade, "o que a transforma [a interpretação] em uma ficção"[286]. Se fosse ela minimamente plausível, sequer seria necessário o estabelecimento de súmulas, uma vez que o texto constitucional ou legal já resolveria a questão[287], apontando, da mesma forma subsuntiva, o caminho a se seguir[288].

Para uma aplicação mais racional da súmula vinculante, que dê conformidade ao texto constitucional e proporcione algum avanço hermenêutico na aplicação do direito, necessitam elas ser compreendidas, efetivamente, a partir dos casos concretos que lhe servem de base, além daquelas decisões que lhe lapidam o significado, mesmo após sua edição. Já foi observado que a súmula vinculante, enquanto um *standard* normativo de criação judicial, não difere da lei e, nesse

---

[285] MANCUSO, 2013, p. 381.

[286] ROCHA, 2009, p. 43.

[287] ARRUDA ALVIM, 2012, p. 25. "Acreditava-se que, na lei, estava contida a vontade do povo e que, sendo esta literalmente respeitada, a vontade do povo seria também respeitada."

[288] ROCHA, 2009, p. 43.

particular, somente seria modificada a fonte jurígena, retirando-se ela do legislador democrático. Em outras palavras, a utilização da súmula vinculante no local da lei apenas traria um déficit democrático ao direito em geral e ao processo em particular.

Para evitar tal mal, devem as súmulas vinculantes ser compreendidas como mecanismos aptos a trazer maior coerência e integridade ao ordenamento jurídico, o que poderá ser alcançado, somente se a elas for impingido o papel de reconstrução da história institucional do próprio direito. Em outras palavras, necessitar-se-á imiscuir de onde veio o verbete, quais foram as circunstâncias fáticas e jurídicas que, no curso do tempo, legitimaram sua instituição.

É bem verdade que essa visão não é aquela do Constituinte Reformador, ao introduzi-la no ordenamento jurídico, contudo o texto, uma vez editado, afasta-se das intenções de seu criador, devendo seu uso ser adequado, sempre, à Constituição. Como a instituição de textos gerais e obrigatórios cabe exclusivamente ao legislador democraticamente eleito, deve-se utilizar a súmula vinculante, em verdade, como mero indicativo dos casos que o intérprete deverá enfrentar na *applicatio*. A partir deles, haverá a possibilidade de construção de analogias e distinções que definirão a aplicabilidade ou não da *ratio decidendi* dos casos anteriores à nova situação existente.

O próprio CPC/15 aponta, ainda que indiretamente, esse caminho, quando afirma, em seu art. 926, § 2º, que, "ao editar enunciados de súmula, os tribunais devem ater-se às circunstâncias fáticas dos precedentes que motivaram sua criação". Verifica-se, dessa forma, que fica diminuída a própria vinculação ao verbete, uma vez que, na prática, a obrigatoriedade de cumprimento não está nele *de per si*; antes, decorre da *ratio decidendi* dos casos a qual o moldou e sustentou. Aqui residirá o elemento vinculante aos casos futuros. Servirá o enunciado da súmula vinculante apenas como uma ficha catalográfica que encaminhará o intérprete ao verdadeiro local a ser encontrada a norma jurídica judicialmente criada e de aplicação vinculante.

4.4.7.2. SÚMULA PERSUASIVA?

Grande parte das críticas efetuadas às vinculantes também serve às súmulas que, a princípio, não detêm igual efeito. Diz-se, a princípio, a depender da leitura que alguém possa efetuar do art. 927, do CPC/15. Como defendido aqui, ela seria — como sempre foi — persuasiva. É bem verdade que se trata de um grau persuasivo elevado, na medida em que tenta expor, de forma simples e direta, o entendimento majoritário da Corte que a expede em determinado período histórico. Contudo, padece dos mesmos problemas da vinculante, sobretudo o sequestro da faticidade, além da ilegitimidade de confiar ao Judiciário a função de expedir normas gerais e abstratas, com pretensão de aplicação universal.

De um método de trabalho, como queria o Min. Victor Nunes Leal, as súmulas se tornaram um meio expedito de resolução de recursos nas Cortes superiores, mesmo que, para tanto, podem o acesso às instâncias excepcionais. Por exemplo, poucos recursos especiais escapam à súmula 7 ou a 83 do STJ. Fala-se em súmulas obstativas de recursos, como se a função recursal fosse vilã de um problema que é, antes, de qualidade das decisões. Preocupam-se os tribunais superiores com a quantidade de processos que neles aportam diuturnamente, moldando mecanismos de vedação ao acesso, principalmente no que toca à admissibilidade dos recursos excepcionais, quando a resolução dos problemas depende talvez mais da qualidade das decisões, porque a força que um precedente deterá está relacionada não só à autoridade da corte que o expeça, mas, antes, à análise do conteúdo dela, o quão substancialmente correta ela se encontra. Em outras palavras, a conformidade dela com os princípios que norteiam uma dada comunidade irá fornecer aquilo que Dworkin chamou de força gravitacional do precedente.

Se o objetivo do CPC/15 fosse a criação de um digno "sistema de precedentes", a primeira medida a ser tomada seria a expurgação das súmulas do direito brasileiro. Isso ocorre pela diferença da forma de aplicação de uma súmula e de um genuíno precedente. A súmula vale por si. Trata-se de um texto judicialmente produzido que se aplicaria pela subsunção de sua hipótese em um conjunto de fatos circunspectos. Dizer que a aplicação de súmulas deriva da aplicação das normas formadas pelos precedentes que lhe deram azo significa dizer que, de fato, as súmulas nada valem. Em outras palavras, são meras indicações catalográficas que remetem o intérprete à real fonte normativa. As súmulas estão insculpidas na norma, assim como as ementas estão na *ratio decidendi* dos precedentes a que se referem.

Não se quer, com a crítica formulada, defender as súmulas, ou que elas deveriam valer *per si*. Deseja-se demonstrar, tão somente, a falabilidade e a redução simplista que elas significam ao direito. São falíveis, na medida em que, assim como a lei, não poderão prever todas as suas próprias hipóteses de incidência. A sua interpretação, como texto que o é, torna-se inexorável, simplesmente ocorrerá. Nesse ponto, está-se fadado a interpretar, mesmo porque interpretar é estar no mundo, faz parte do existencial do ser-aí. Por isso mesmo, ocorre uma redução simplista do processo interpretativo, como se fosse ele divisível, como nas *subtilitas*, em que, primeiro, compreender-se-ia o texto (*subtilitas itelligendi*), interpretando-o, para dele retirar seu significado (*subtilitas explicandi*), e somente depois aplicá-lo a um caso específico (*subtilitas applicandi*).

Desde a reviravolta linguístico-pragmática, sabe-se do equívoco de separação da interpretação em momentos distintos. Na verdade, tudo ocorrerá na *applicatio*. Há um momento único em que os horizontes do intérprete e do texto (e texto, aqui, é evento) irão se fundir, para, daí, surgir a norma, enquanto atribuição de sentido. Justamente por não depender somente da atividade do intérprete, eis que há em jogo a alteridade do texto, não há possibilidade de subjetivismos. O texto também não conterá em si as respostas dos casos que ocorrem no mundo do ser, por isso as tentativas objetivistas de enclausurar a interpretação estão fadadas ao insucesso, assim como as que acreditam na "vontade de potência" do intérprete. A famosa frase de Nietzsche "não há fatos, somente interpretações" deve ser virada de ponta cabeça, para se afirmar que apenas há interpretações, porque existem fatos a serem justamente interpretados.

4.4.8. JULGAMENTO DE CASOS: RECURSOS EXTRAORDINÁRIO E ESPECIAL REPETITIVOS E O IRDR

O processo civil desenvolveu-se, tradicionalmente, com foco no litígio individual, nos casos em que um cidadão apresentava em face de outro sua pretensão[289]. Nesse particular, a legislação processual — notadamente o CPC — deveria prever a forma pela qual esse *input* seria trabalhado, para, ao fim, restar o *output* desse sistema, qual seja, a decisão judicial final sobre a demanda, que pretensamente apaziguaria

---

[289] MONNERAT, Fabio Victor da Fonte. O precedente qualificado no processo civil brasileiro: formação, eficácia vinculante e impactos procedimentais. In: LUCON, Paulo Henrique dos Santos; OLIVEIRA, Pedro Miranda de. *Panorama atual do novo CPC*. Florianópolis: Empório do Direito, 2016, p. 135-150, p. 143-144. "Historicamente, nosso sistema processual, sempre foi pautado pelo individualismo, sendo o direito de ação e o processo, bem como todo o sistema judiciário, pensados, estudados e regulados de forma a solucionar as lides individuais."

a situação vivenciada, promovendo a pacificação social. Os exemplos de manuais são pródigos, ao apresentarem situações de litígios individuais. Quando não pinçados da jurisprudência, restam aos autores a formulação de casos hipotéticos, envolvendo os já consagrados personagens Caio, Mévio e Tício.

Ao lado dessa visão tradicional, paulatinamente foram implementados mecanismos de trato coletivo para os direitos difusos, coletivos e individuais homogêneos. Já há, atualmente, um considerável regramento jurídico de ações coletivas, destacando-se a ação civil pública, a ação popular e o mandado de segurança coletivo. Apesar de possuírem uma disciplina jurídica complexa e bem estruturada, as ações coletivas não impediram a multiplicação de demandas individuais, que representam, atualmente, grande parte do acervo nacional de mais de cem milhões de processos.

A construção pretoriana e as alterações legislativas foram responsáveis, em grande parte, pela ineficácia das ações coletivas[290]. Nesse particular, pode-se citar a vedação do parágrafo único do art. 1º, da Lei n. 7.347/85, introduzido em 2001, a qual impossibilita ações civis públicas que tenham por objetivo tributos, contribuições previdenciárias e fundos institucionais, como o Fundo de Garantia do Tempo de Serviço (FGTS). Além disso, há a alteração de texto do art. 16 da mesma lei, levada a cabo em 1997, a qual restringe os efeitos da coisa julgada *erga omnes* aos limites da competência territorial do juízo prolator.

---

[290] DANTAS, Bruno. *Teoria dos recursos repetitivos*. São Paulo: RT, 2015, p. 19. "Não obstante isso, a experiência brasileira com processo coletivo ainda é bastante incipiente, seja por falta de amadurecimento teórico-legislativo, seja porque ainda carece o nosso Judiciário de instrumental cognitivo e material para superar os percalços que se acumulam durante a tramitação das ações coletivas." Ver, também: MONNERAT, 2016, p. 144. Tratando das causas de ineficiência do sistema de proteção coletiva, afirma o autor que, "não obstante a engenhosidade e logicidade do sistema de jurisdição coletiva, essa técnica, por si só, não solucionou a questão da litigiosidade de massa plenamente, devido a três principais razões, quais sejam: a) a decisão de improcedência não atingir os integrantes de grupo, classe ou categoria de pessoas abrangidas pelo objeto da ação coletiva; b) a pendência do processo coletivo não inviabilizar o ajuizamento da ação individual pelo integrante de grupo, classe ou categoria de pessoas; e c) as constantes restrições impostas, ora pela lei, ora pela jurisprudência, que impedem a tutela coletiva de determinadas matérias, cujo maior exemplo talvez seja a vedação de ajuizamento de ações coletivas para tutelar contribuintes, que, por definição, são um grupo que possui o mesmo status jurídico e que merece igual tratamento quer da administração pública, que do Poder Judiciário."

Contudo, em relação a esta última questão, o STJ vem reconhecendo a possibilidade de se alargar o alcance da decisão, apontando a falta de técnica do dispositivo, ao confundir limites objetivos e subjetivos da coisa julgada com questão da incompetência[291], inclusive em sede de recurso especial repetitivo[292]. Ainda assim, há decisões do próprio tribunal que ainda caminham em sentido contrário[293]. apesar de hoje minoritárias.

A sociedade de massa, com a produção em série de bens e serviços, ocasionou a replicação de problemas eminentemente individuais em uma escala nunca antes vista. Para além da relação entre a Fazenda Pública e o cidadão, que sempre foi alvo de multiplicação de causas similares, hoje há um variado número de segmentos empresariais que acabam por responder por parte considerável dos casos pendentes no Judiciário. Questões bancárias, de telefonia, seguros, previdência privada e transporte aéreo são exemplos dessa espécie de litigiosidade repetitiva. O relatório de 2012 do CNJ sobre os maiores litigantes não deixa dúvidas de que, após a Fazenda Pública (setor público federal, estadual e municipal), bancos e telefonias são aqueles que mais figuram como partes no Judiciário nacional[294].

Para tentar resolver a verdadeira avalanche de novas causas individuais similares que aportam no Judiciário diariamente, o legislador buscou outros institutos ou modalidades de enfrentamento de tais espécies de casos. No CPC/15, o enfrentamento de tais questões se dá pelos instrumentos de julgamento de casos repetitivos, quais sejam: o IRDR e os recursos especial e extraordinário repetitivos (art. 928 do

---

[291] BRASIL. Superior Tribunal de Justiça. *REsp 1518879/SC*. Rel. Min. Humberto Martins, Segunda Turma, julg. em 05/11/2015, DJe 12/02/2016; BRASIL. Superior Tribunal de Justiça. *AgRg no AREsp 471.288/DF*, Rel. Min. Marga Tessler, Primeira Turma, julg. em 17/03/2015, DJe 24/03/2015.

[292] BRASIL. Superior Tribunal de Justiça. *REsp 1243887/PR*, Rel. Min. Luis Felipe Salomão, Corte Especial, julg. em 19/10/2011, DJe 12/12/2011.

[293] BRASIL. Superior Tribunal de Justiça. *REsp 1331948/SP*, Rel. Min. Ricardo Villas Bôas Cueva, Terceira Turma, julg. em 14/06/2016, DJe 05/09/2016.

[294] Disponível em http://www.cnj.jus.br/images/pesquisas-judiciarias/Publicacoes/100_maiores_litigantes.pdf. Acessado em: 22.06.2017.

CPC/15). Nesse ponto, urge ressaltar que a tutela coletiva, pelas ações que lhe são próprias, acaba relegada a um segundo plano[295].

Dada a sua novidade, o IRDR será tratado em subdivisão própria. Quanto aos recursos repetitivos, derivam eles da experiência já iniciada com a reforma do CPC/73, que é mantida na atual legislação. Derivam, pois, dos próprios recursos especial e extraordinário, que são classificados, conjuntamente, como "recursos excepcionais", na medida em que, além daquilo que é exigido aos demais recursos do sistema processual, há requisitos de admissibilidade próprios, incluídos na própria Constituição. Nem por isso, contudo, deixam de ser recursos e, como tais, tratam de casos específicos, e a decisão se dará em conformidade com o arcabouço fático existente no processo. É bem verdade que os recursos especial e extraordinário são conceituados como "recursos de fundamentação vinculada" ou "de estrito direito", na medida em que não se imiscuem nas divergências fáticas eventualmente expostas na demanda, não procedendo, portanto, à reavaliação probatória[296]. Trata-se, contudo, de um pensamento simplista acreditar que não há o julgamento sobre fatos, apenas acerca do direito. Os recursos especial e extraordinário tratam, sim, de fatos. O que acontece é que a definição fática é aquela que o tribunal *a quo* fixou. O que não se permite é que a parte volte a alegar que os fatos se deram de outra forma, ou que a avaliação probatória do tribunal intermediário foi errônea.

---

[295] TALAMINI, Eduardo. A dimensão coletiva dos direitos individuais homogêneos: ações coletivas e os mecanismos previstos no Código de Processo Civil de 2015. In: DIDIER JR., Fredie; CUNHA, Leonardo Carneiro da. *Julgamento de casos repetitivos*. Salvador: Juspodivm, 2017, p. 139-166, p. 166. "A ação coletiva para a tutela dos direitos individuais homogêneos corre o risco de ficar em segundo plano. Pode transformar-se em simples coadjuvante, se não um figurante."

[296] MIRANDA DE OLIVEIRA, 2016, p. 260. "Os recursos excepcionais (também chamados de extraordinários lato sensu e de estrito direito) por sua vez, têm forma mais rígida; são dirigidos aos Tribunais Superiores; obedecem a requisitos específicos de admissibilidade previstos na CF/1988 (com exceção dos embargos de divergência); a fundamentação é vinculada (estrito direito); não comportam discussão em relação a fatos e provas; não se prestam para fazer justiça no caso concreto; não têm efeito suspensivo, permitindo que se faça execução provisória na sua pendência. São eles: o recurso especial, o recurso extraordinário e os embargos de divergência."

Busca-se, com o julgamento de casos repetitivos, a concentração da resolução dos elementos reiterados em um único procedimento, que se tornará qualificado, na medida em que se ampliam a participação e a discussão da matéria, o que, acredita-se, acarretará uma decisão mais fundamentada, que aborde todas as possíveis argumentações. Enquanto o procedimento segue seu *iter*, as demais causas em que haja a discussão de questões repetitivas são suspensas, para que a decisão final do paradigma sirva para a solução de todas elas (e das causas futuras). Por isso, prevê a legislação a obrigatoriedade de aplicação (ou vinculação) do precedente, que pode ocorrer de forma abreviada nos casos pendentes e futuros, como, por exemplo, com o julgamento liminar de improcedência[297].

Não se sabe, ao certo, se tais mecanismos de litigiosidade repetitiva enquadrar-se-iam na tutela individual ou coletiva. Na medida em que buscam resolver a questão de direito comum a todos, aparenta-se tratar da tutela coletiva. Por outro lado, depois de resolvidos os procedimentos, haverá a necessidade de julgamento dos demais casos, um a um, aplicando-se, pretensamente, o paradigma. Em outras palavras, a jurisdição será prestada individualmente, mediante a decisão de cada demanda, o que aproxima os institutos da tutela individual.

Na doutrina, há quem defenda uma ou outra alternativa e, ainda, quem sustente se tratar de uma nova forma de tutela, qual seja, a tutela pluri-individual dos direitos individuais homogêneos. Dantas afirma que a possibilidade de defesa de tal espécie de direito, tanto pela via individual como pela coletiva, mostra a confusão que se estabelece em torno de seu próprio conceito e da forma correta de trazer as respectivas pretensões ao Judiciário[298]. Continua sua argumentação dizendo que as ações coletivas em relação aos direitos individuais homogêneos "não materializam propriamente *tutela coletiva* típica"[299]. Defende que a adjudicação de tais direitos pode ser perseguida pela tutela coletiva,

---

[297] MONNERAT, 2016, p. 145 "Este *tratamento coletivizado* de processos que envolvam demandas repetitivas, em essência, se caracteriza por: a) concentração da solução da questão múltipla; b) sobrestamento de todos os processos que versem sobre a questão idêntica; c) formação de um precedente qualificado. d) aplicação do precedente qualificado de forma vinculante (art. 927, III, art. 985, I e II e art. 1.040) e 'acelerada' (ex.: art. 332, 932, inc. IV e V) a todos os processo até então suspensos."

[298] DANTAS, 2015, p. 23.

[299] Ibid., p. 24.

mediante uma sentença única, ou por ações individuais, que se submeteriam às técnicas de tutela pluri-individual, "o que implica a prolação de tantas sentenças quantos processos individuais houver, embora todas se lastreiem em interpretação única da tese jurídica subjacente"[300]. No primeiro caso, buscar-se-ia a coisa julgada coletiva, já no segundo, seria perseguido o efeito vinculante sobre a "tese jurídica" formada a partir dos respectivos instrumentos processuais.

Apesar de engenhosa e bem fundada tese da tutela pluri-individual, há dificuldade de vislumbrá-la nos mecanismos que lhe seriam próprios. Observa-se, primeiramente, que tais institutos não se voltam exclusivamente à proteção de direitos individuais homogêneos, o que, por si, já é um grande problema teórico a quem defende a tutela pluri-individual, uma vez que ela está ligada conceitualmente à resolução de lides que envolvam tal espécie de direito[301]. Exemplo disso é a discussão de tópicos (temas ou teses) de direito processual. Em muitos casos, apesar de não haver similitude de situações, ou mesmo ser diversa a matéria de direito material, a questão processual se repetirá, o que, por si, já justificaria uma forma de proteção diferenciada, embora não se caracterize um direito individual homogêneo. Dantas tenta alargar seu conceito de direito individual homogêneo, sobretudo na necessária origem comum, que poderia ser tanto de fato como de direito, para abarcar as questões processuais, por exemplo, como tal espécie de direito. Contudo, como anui o próprio autor, "apenas circunstâncias fáticas aproximam os titulares"[302], e não uma mesma questão jurídica.

Há uma preocupação de Dantas com a ideologia coletivizante, que, em último grau, poderia retirar do litigante o direito de, individualmente, ter seu *day in Court*[303]. A preocupação é genuína e real, e, nesse

---

[300] Ibid., loc. cit.

[301] Ibid., p. 83. Dantas conceitua a tutela pluri-individual como "a atividade estatal voltada à justa composição das lides concernentes a direitos individuais homogêneos que se multiplicam em diversas demandas judiciais nas quais haja controvérsia, preponderantemente, sobre as mesmas questões de direito, de modo a racionalizar e atribuir eficiência ao funcionamento do Poder Judiciário, por um lado, e, por outro, assegurar a igualdade e a razoável duração do processo."

[302] Ibid., p. 73.

[303] Ibid., p. 92. "*Assim, entendo que devem coabitar o sistema técnicas racionais que assegurem tanto o tratamento coletivo quanto o individual dos conflitos, de modo a eliminar definitivamente qualquer desejo de se sacrificar a tutela jurisdicional individual em nome da eficiência do Poder Judiciário. Em outras palavras, a eficiência do Judiciário,*

ponto, concorda-se com o autor. A existência da proteção coletiva, mesmo que a interesses particulares (como no caso dos direitos individuais homogêneos), não pode retirar a possibilidade de o titular de uma determinada pretensão buscar sua tutela jurisdicional. Nesse ponto, é perfeita a ideia do autor de que a representação não pode suplantar a participação e a garantia de acesso individual à Justiça[304]. Contudo, os meios defendidos pelo autor, de tutela pluri-individual, também não garantem a participação e a salvaguarda de acesso; antes, torna-os ainda mais problemáticos, uma vez que não preveem formas de participação, e o acesso é obstruído pela suspensão das causas individuais. O agravante, por outro lado, é a falta de preocupação com a representação adequada, o que, ao menos, ocorre na tutela coletiva.

Este é o segundo problema da tutela pluri-individual. Por um lado, a falta de participação de vários interessados e, por outro, sequer a atenção com mecanismos de controle de uma representatividade adequada. Isso deriva da falta de preocupação teórica na formulação das técnicas de tutela pluri-individual, como reconhecem seus defensores[305], sobretudo no seu nascituro, com os recursos repetitivos, eis que buscavam resolver um problema pragmático, qual seja, "dar resposta à crise numérica de recursos excepcionais que assolava o STF e o STJ"[306]. Essa falta de preocupação teórica espelha a dificuldade de especificar a natureza individual ou coletiva da tutela a ser prestada.

Não há, por um lado, o cuidado com a questão da representatividade, como se realiza na tutela coletiva, ainda que se deseje criar um efeito vinculante a pessoas que não participaram do procedimento e, consequentemente, não tiveram a oportunidade de influir na decisão que selará seu destino. Nesse ponto, a representatividade do caso, em si, nada altera essa circunstância. Por melhor que seja o recurso (ou os recursos) afetado(s), ou seja, mesmo que seja o melhor em termos de

---

por si só, não pode ser motivo para propagação de uma ideologia coletivizante que subtrai do cidadão o direito de ter 'his day on Court', que nada mais é do que a expressão do princípio do acesso à Justiça. Ao pretender tratar artificialmente como massa os conflitos e as angústias individuais das pessoas, essa ideologia põe em xeque mais de 200 anos de conquistas liberais."

304 DANTAS, 2015, p. 96.

305 Ibid., p. 132. "(...) é preciso lembrar que a técnica de tutela recursal pluri-individual foi concebida no Brasil sem maiores preocupações teóricas, (...)"

306 Ibid., loc. cit.

argumentos produzidos, isso não substitui a participação do interessado, que possa ele falar e influir, por seus próprios motivos, sobre a decisão final que será a ele aplicada.

O procedimento, tido por "qualificado", também não justifica a falta de atuação direta do interessado. A crença de que a participação de *amici curiae* e a realização de audiências públicas resolverão a questão é equivocada, eis que continua não havendo oportunidade de influência sobre a decisão final. O problema a se resolver é o da participação de cada interessado ou na sua escolha em se submeter ou não à decisão dos ditos instrumentos de tutela pluri-individual (por exemplo, com mecanismos de *opt-in* ou *opt-out*). Terceiros outros não poderão substituir o papel dos demais interessados.

Não fosse tal fato, é contestável se os expedientes das audiências públicas e de participação de *amici curiae* seriam suficientes à promoção de uma representatividade adequada, ao menos no que toca à quantidade e qualidade de pontos de vista e argumentos construídos. Em pesquisa empírica, no âmbito do STF, foi constatada a baixa participação dos próprios ministros nas audiências públicas. Em um universo amostral considerável, o número máximo de ministros em uma mesma audiência foi o de três[307]. Em outras palavras, dos onze votantes, no máximo três efetivamente escutaram os diferentes entendimentos sobre a matéria, ouviram especialistas, ou participaram, de forma mais ativa, no engajamento argumentativo. Além disso, foi observado que a realização da audiência pública que tratava do direito à saúde não alcançou seu objetivo de dar voz aos ausentes. Houve falta de representatividade geograficamente, quando apurado que as regiões que mais demandavam cuidados (mais necessitados) eram justamente as que menos representantes possuíam[308]. Por fim, houve uma preponderância na participação da União, e não houve qualquer representante do Legislativo. Concluíram os autores que "tal representatividade não ocorreu na prática"[309].

Questão similar pode ser levantada na participação de *amici curiae*. Ainda que detenha a importante missão de "*oferecer razões* para a sua *justa solução* [do processo] ou mesmo para a formação de um *preceden-*

---

[307] ASENSI, Felipe Dutra; FERREIRA, Arnaldo; DIAS, Daniela Gueiros. Tornar presente quem está ausente? Uma análise da audiência pública em saúde no judiciário. *Confluências*, v. 14, n. 1. Niterói, p. 146-178, dez. de 2012, p. 164.

[308] Ibid., p. 168.

[309] Ibid., p. 171.

te"[310], a participação em qualquer processo, via de regra, demandará gastos financeiros. Isso é ainda mais verdade, quando se litiga em um tribunal superior. Contudo, àqueles institucionalmente interessados que são economicamente mais debilitados não suportarão tal ônus e, em consequência, dificilmente participarão como *amicus curiae*. De outra banda, os interessados que dispõem de capital poderão aproveitar a oportunidade de defender seu ponto de vista, não havendo empecilhos à participação. Aqui, há o risco de haver um desequilíbrio de poder entre os pontos de vistas e os argumentos construídos, privilegiando-se, sempre, a parte que se encontre em melhor situação financeira.

Imagine-se um recurso especial repetitivo sobre a legalidade de uma determinada tarifa bancária, cobrada de todos os clientes das instituições financeiras. Embora até existam associações de defesa dos direitos do consumidor com porte mínimo, para se habilitar como *amicus curiae*, a verdade é que as pessoas jurídicas ligadas às instituições financeiras, todas ou quase todas, poderão estar presentes, sem que os gastos dessa participação pesem no seu dia a dia. Seria previsível, pelo que ordinariamente acontece, que vários órgãos defendessem os interesses dos bancos, provavelmente por meio dos melhores ou mais renomados advogados do país, enquanto, do outro lado — pró-consumidor —, o número de intervenções seria consideravelmente menor, e também não se garantiria, salvo um serviço *pro bono*, que os melhores profissionais estivessem patrocinando a causa. Embora, nesse caso, o juiz possa intervir, para dissipar ou, ao menos, diminuir essa discrepância, a questão fática da falta de recursos impossibilita a participação de interessados. Assim, apesar da tentativa judicial, parece incerto que dê ela resultados práticos, mesmo porque não poderá o magistrado obrigar a efetiva participação de qualquer *amicus curiae*.

Os procedimentos de resolução de questões repetitivas enaltecem a representação em desvalia da participação. A tese fixada seria de aplicação vinculante, porque obtida por um procedimento qualificado, em que estariam representados todos os interesses eventualmente em jogo. Para tanto, amplia-se o envolvimento de atores (*players*) que, pretensamente, deteriam a capacidade de representar todos aqueles afetados pela decisão os quais não figuram em qualquer capacidade no procedimento. Isso anda na contramão do desenvolvimento histórico do processo, em que a participação é a mola mestra e o fiel da balança

---

[310] MARINONI; ARENHART; MITIDIERO, 2017a, p. 105.

na configuração de um processo civil democrático. Não é por outra questão que o contraditório é entendido como efetiva participação e capacidade de influência, e não como representação. Parece que a ideologia do CPC/15 apropria-se da representação tal como ela é exercida no processo político. Ante a impossibilidade de reunião de todos os interessados, escolhe-se um meio de substituir a efetiva participação, contudo, diferentemente da arena política, em que a representação decorre da efetiva participação do cidadão, enquanto eleitor, na adotada pelo CPC/15, não se reserva qualquer procedimento participativo dos interessados diretos — imaginem-se as partes dos processos suspensos — e tampouco a possibilidade de autoinclusão ou autoexclusão (*opt-in* ou *opt-out*).

A escolha legislativa é problemática. Primeiro, não há efetiva representatividade de vários atores trazidos ao procedimento de solução de questões repetitivas. Segundo, a própria instauração depende, em regra, de agentes que não são capazes de representar o interesse daqueles que não figuram no procedimento. Nos recursos repetitivos, a afetação será realizada, em regra, pelo próprio magistrado, seja o Presidente ou Vice-Presidente do Tribunal local ou o próprio Ministro dos Tribunais Superiores. No IRDR, repete-se a fórmula, permitindo que o juiz requeira a instauração do incidente. Não há, é certo, qualquer representatividade do próprio magistrado em qualquer interesse, mesmo porque, se assim houvesse, não poderia ele ser responsável pelo julgamento do próprio incidente ou dos processos suspensos em primeiro grau de jurisdição. Haveria, ao menos, causa de suspeição.

A instauração pelas partes também não acarreta na representação dos terceiros a quem se aplicará a decisão. Defendem eles interesses próprios que podem ou não ser comuns aos de outros litigantes. O objetivo é obter uma decisão favorável a si, independente de que ela aproveitará ou não terceiros. Mesmo o Ministério Público ou a Defensoria Pública deteriam meios mais adequados à discussão de matérias tipicamente repetitivas. O processo coletivo responderia com melhor capacidade à questão da representação adequada e à possibilidade de construção de uma decisão a todos — que estejam na situação descrita — aplicada.

Nesse passo, a resolução de causas repetitivas não poderia ir além daquilo que a própria tutela coletiva dos direitos prevê. É importante lembrar que houve a opção de as decisões em ações coletivas, ao menos no que toca aos direitos individuais homogêneos, apenas beneficiarem os representados. Na tutela coletiva dessa espécie de interesse — gênero que mais se aproxima dos interesses tutelados pelo julgamento de questões repetitivas —, a decisão será a todos aplicada apenas no caso de procedência do pedido (art. 103, III, do CDC). Isso decorre da opção de, no Brasil, resguardar a efetiva participação do cidadão na construção da decisão sobre a própria representação. Trata-se de tema controverso, sendo que parcela considerável da doutrina defende que as decisões em ações coletivas deveriam surtir efeitos *erga omnes* tanto no caso de procedência como no de improcedência da demanda, porém não foi essa a opção legislativa. Preferiu-se garantir ao litigante defender seu próprio interesse, desacreditando-se na representação como forma de substituição à participação, mesmo porque a questão da representatividade adequada, por vezes, não é tão bem trabalhada pela legislação nacional, que meramente aponta um rol de legitimados, sem atestar a efetiva capacidade que detenha ele, para patrocinar a causa e bem defender todos os interesses em jogo.

Deve-se advertir, assim, que a representação não supre a participação. Esse é o ponto central da crítica de Marinoni ao IRDR. Por isso, busca o autor adequar o procedimento à *issue preclusion*, que não retira dos ausentes do procedimento o direito de relitigar a matéria. De um lado, daria contornos práticos ao instituto, ao vedar àquele que saiu perdedor a possibilidade de relitigar a matéria, sem impedir que terceiros o façam, quando não houver a participação no incidente. A preocupação com a participação dos terceiros também é destacada por Arenhart[311]. O problema é bem delineado pelo autor, ao afirmar que os mecanismos de resolução de questões repetitivas ampliam os efeitos da decisão do recurso repetitivo ou do IRDR, de forma a atingir a esfera jurídica de terceiros que não foram intervenientes no processo ou no incidente. Isso tolhe "o direito destes a apresentarem suas razões (*rectus*, terem essas suas razões examinadas efetivamente pelo Poder Judiciário) e, eventual demanda presente ou futura de que possam participar"[312]. Por isso, "há grave risco de que essas técnicas possam mostrar-se inconstitucionais, por clara violação do contraditório"[313].

---

[311] ARENHART, Sérgio Cruz. Os terceiros e as decisões vinculantes do novo CPC. *Revista do TST*, v. 82, n. 2, p. 296-315, abr.-jun. 2016.

[312] ARENHART, 2016, p. 298.

[313] Ibid., loc. cit.

Para contornar eventual inconstitucionalidade, o autor propõe o alargamento do interesse jurídico à intervenção de terceiro e ao interesse recursal, para abarcar aqueles que não tomam assento nos mecanismos de resolução de questões repetitivas. Isso proporcionaria a possibilidade de participação. É bem verdade que, ao exigir um interesse jurídico, há de manter o terceiro "relações jurídicas dependentes ou conexas com as que constituem o objeto do processo"[314]. Esse *standard* de análise afastaria a intervenção nos julgamentos de questões repetitivas, vez que se trata de relações jurídicas distintas, não havendo dependência ou conexão entre elas, senão a repetição de determinada questão eminentemente jurídica. Arenhart assenta que dificilmente este terceiro que será afetado pelos mecanismos vinculantes do CPC/15 poderá qualificar-se como "interessado"[315], contudo sustenta que tal espécie de participação "seria fundamental para legitimar a força que esse 'precedente' terá sobre sua situação jurídica"[316].

Propõe o autor o alargamento do reconhecimento do interesse jurídico, nos moldes da *intervention* do direito americano, inserida na Regra 24 da *Federal Rules of Civil Procedure*, que não subordina a intervenção à existência de uma relação processual dependente ou conexa à discutida no processo, bastando que "a proteção do interesse do terceiro possa vir a ser restringida ou tolhida em razão da decisão eventualmente adotada no processo em curso"[317]. Cita, como exemplo, o caso *Atlantis Development Corp. v. U.S.*, em que se entendeu possível a *intervention* pelos efeitos que o *stare decisis* causaria ao interesse de terceiro[318], além da situação do art. 3º, § 2º, da Lei n. 11.417/06, que possibilita ao relator do procedimento de alteração ou cancelamento de súmula vinculante ouvir terceiros, não se esperando que detenham interesse jurídico[319]. Narra, ainda, a possibilidade da intervenção anômala da União, como disposto pelo art. 5º, da Lei n. 9.469/97, ainda que se cogite sobre a inconstitucionalidade dessa hipótese[320] e, de for-

---

[314] Ibid., p. 304.
[315] Ibid., p. 307.
[316] Ibid., loc. cit.
[317] Ibid., p. 310.
[318] Ibid., loc. cit.
[319] Ibid., p. 311.
[320] Ibid., loc. cit.

ma geral, a possibilidade do *amicus curiae*, que também independe de interesse jurídico, em sua concepção clássica[321].

Admite o autor que a ampliação drástica da possibilidade de intervenção poderia potencialmente acarretar uma perda de eficiência no processo, pelo tumulto causado por inúmeros intervenientes, contudo ressalta que se trata de algo necessário, para que não se frustrem os direitos fundamentais ao contraditório e ampla defesa. Salienta que a proteção é dada ao interesse em debate, e não necessariamente à pessoa interessada, "sendo indiferente que a defesa desse ponto de vista se dê pessoalmente pela 'parte' ou por 'terceiro'"[322].

Deve-se observar, contudo, que essa capacidade de representação deverá ser verificada no caso concreto e restar evidenciada pelo juiz, que avaliará a necessidade de uma maior ou menor intervenção desses terceiros, dotando-o de maior poder para "limitar a extensão desta intervenção (...)"[323]. Conclui o autor que não há dúvidas sobre a necessidade de permitir a participação e, quando necessário, o direito de recorrer "daqueles que não têm seu direito discutido no processo, mas o terão, sem dúvida, atingindo pela sentença ou pelo acórdão lá proferido"[324].

O pensamento do autor é alvissareiro e resolve parte das questões que podem ser suscitadas. Alargando-se o interesse jurídico e recursal àqueles que sofrerão o efeito dos mecanismos tendentes à criação de decisões vinculantes, haveria um meio de participação a auxiliar na construção da decisão, com o devido direito de influenciá-la. Contudo, isso não responde à totalidade das situações imaginadas. Se às partes dos processos em curso — e suspensos — parece ser razoável, a solução não é satisfatória em razão dos casos futuros. Nestes, a parte que terá contra si aplicada uma "tese" anteriormente definida não deterá a possibilidade de participar e influir na construção do elemento de determinação já construído e, a princípio, não poderá igualmente relitigar a matéria. Portanto, em que pese haver concordância com a tese de Arenhart, há de apontar sua insuficiência no que toca aos casos futuros. Sequer a ampliação sugerida do interesse processual e de recorrer resolveria essa preocupação.

---

[321] Ibid., p. 312.
[322] Ibid., p. 314.
[323] Ibid., loc. cit.
[324] Ibid., p. 315.

É claro que cada um desses instrumentos de julgamento de casos repetitivos necessitaria de um estudo próprio, para abarcá-los em todas as suas peculiaridades. Nos estreitos limites deste trabalho, busca-se exclusivamente analisar os efeitos das decisões finais de tais procedimentos, enquanto precedentes. Assim, passará ao lado de interessantes questões, como as procedimentais, legitimidade e funcionamento do próprio instituto, até que se defina o seu resultado final. A opção permite, de um lado, maior rigor científico, evitando discussões que fujam ao tema proposto, e, por outro, a pesquisa comporta uma análise mais profunda sobre a questão objeto da investigação.

4.4.8.1. INCIDENTE DE RESOLUÇÃO DE DEMANDAS REPETITIVAS

O IRDR apresenta-se como uma das grandes novidades do CPC/15 para o trato de litígios repetitivos, principalmente para as ações de massa, com "jogadores repetidos" (*repeat players*), aqueles litigantes que estão envolvidos em vários casos similares no curso do tempo[325]. Há entusiastas do procedimento, assim como, por outro lado, há quem apresente severas críticas ao instituto, definindo-o como uma "salsicharia jurídica"[326]. Nos limites inerentes ao presente estudo, não se verificarão interessantes questões, como o procedimento do instituto. O objetivo é entender a lógica do CPC/15 para a formação de precedentes e como, ao final, a decisão do incidente pode — ou deva — ser aplicada a casos futuros.

A primeira questão que se deve lançar sobre o novel instituto é sua duvidosa relevância prática. Sabe-se que o IRDR foi pensado como um instrumento à disposição de tribunais de segundo grau (como os tribunais de justiça ou regionais federais)[327], ainda que, no curso do processo legislativo, fosse retirada a vedação de seu emprego em tri-

---

[325] GALANTER, Marc. Why the "haves" come out ahead: speculations on the limits of legal change. *Law and Society*. v. 9, p. 95-160, 1974, p. 97. "We might divide our actors into those claimants who have only occasional recourse to the courts (one-shotters or OS) and repeat players (RP) who are engaged in many similar litigations over time."

[326] ABBOUD, Georges. Apresentação. In: CAVALCANTI, Marcos de Araújo. *Incidente de resolução de demandas repetitivas (IRDR)*. São Paulo, RT, 2016, p. 13-22, p. 18.

[327] ROQUE, André Vasconcelos. Ações coletivas e procedimentos para a resolução de casos repetitivos: qual o espaço destinado a cada um? Procedimentos de resolução de casos repetitivos. In: DIDIER JR, Fredie; CUNHA, Leonardo Carneiro da. *Julgamento de casos repetitivos*. Salvador: Juspodivm, 2017, p. 15-36, p. 15.

bunais superiores[328]. Atualmente, o STJ discute o próprio cabimento na instauração do incidente pela própria Corte.[329] Contudo, no que toca aos tribunais locais, há uma utilização prática estreita do incidente. Isso porque há, no Brasil, uma enorme concentração legislativa na União. Há um extenso e importante rol de competência privativa para legislar (art. 22, da CF) e, ainda, consideráveis situações de competência comum (art. 23, da CF) ou concorrente (art. 24, da CF). Logo, a maior parte das matérias jurídicas que pendem nas cortes locais detém, ao menos em tese, ampla possibilidade de chegarem ao STJ, eis que fundada em legislação federal, ou mesmo ao STF, tendo em vista o caráter analítico da CF. Dessa forma, em algum momento no tempo, tais tribunais superiores definirão — ou, ao menos, deveriam definir — um posicionamento para a questão. Assim, existirá, não raro, sobre o mesmo assunto, um IRDR (decidido ou não) e um recurso, remessa ou ação originária em algum tribunal superior.

Reconhecendo essa possível sobreposição, o CPC/15 prevê, em seu art. 976, § 4º, ser incabível o IRDR, quando já houver afetação de recurso sobre matéria repetitiva por algum tribunal superior. A medida é salutar, a fim de se evitar um IRDR natimorto, que demandará gastos públicos e esforço de partes, advogados, promotores, *amici curiae* e juízes. Contudo, o que se quer ressaltar é que, mesmo na ausência de afetação no momento da propositura do IRDR, o incidente não terá vida longa, uma vez que é extremamente provável que um tribunal superior, mais à frente, examine a mesma questão jurídica. Exemplo disso é o IRDR n. 01 de Santa Catarina, que será tratado mais detalhadamente adiante, o qual trata de questão tipicamente reservada à Constituição e à legislação federal.

Além disso, outra consideração parece pesar contra o IRDR. O seu processamento é complexo, na medida em que reúne partes, interessados, potenciais *amici curiae*, enfim, há um procedimento dito por alguns como "qualificado", justamente porque se terá, ao final, uma decisão que pretensamente seria aplicada a todos os casos pendentes e futuros sobre o assunto jurídico de que trata. Ao desejar enunciar

---

[328] Retirada a restrição durante o processo legislativo, a ideia de instaurar o IRDR em Cortes superiores foi ganhando adesão, sendo que, atualmente, o STJ já instaurou o incidente em conflito de competência. Veja-se: BRASIL. Superior Tribunal de Justiça. *Conflito de Competência n. 148.519/MT*, Rel. Min. Mauro Campbell.

[329] BRASIL. Superior Tribunal de Justiça. *Agravo Interno na Petição n. 11.838/MS*, Rel. Min. Laurita Vaz.

alguma tese jurídica em particular, as cortes locais poderiam, com menos esforço, editar súmulas sobre a matéria. Nesse passo, o CPC/15 amplia bastante a utilização dos enunciados sumulares, estimulando tribunais a adotá-los, todavia não é especificado o procedimento próprio para a expedição de súmulas, o que deverá ser disciplinado pelo regimento interno de cada tribunal (art. 926, §1º, CPC/15). Desta feita, o tribunal tem em mãos uma forma mais simples e expedita, para criar um *standard* jurídico no âmbito local. É bem verdade que, objetivando criar pronunciamentos judiciais vinculantes, melhor seria um caminho mais longo, em que se possibilitassem ampla participação e debate sobre a questão jurídica, entretanto não se pode desconsiderar que a Corte local poderá preferir um trajeto menos custoso (com alocação menor de recursos), para que se tenha, ao final, resultado similar.

Essa questão é ainda mais ressaltada nas cortes superiores. Em relação às cortes locais, poder-se-ia argumentar que as súmulas expedidas por tais tribunais não se encontram dentre os pronunciamentos judiciais ditos obrigatórios ou vinculantes, por não estarem dispostas no rol do art. 927 do CPC/15. Isso é bem verdade, de fato, lá não se encontram. Nesse particular, se o objetivo é formar mais que um elemento de determinação para as decisões futuras no âmbito do tribunal que expediu determinada súmula, ou seja, se o desejo fosse justamente criar um rígido padrão decisório, com obrigatoriedade e vinculação, teria interesse a corte local na adoção, em comparação, do IRDR à súmula. Em relação às cortes superiores (STJ e STF), a mesma argumentação não se sustenta, tornando o incidente ainda mais inútil no âmbito de tais tribunais. Não há dúvidas de que a edição de uma súmula específica e da decisão do IRDR sobre o mesmo assunto teria efeitos similares, principalmente se admitir ser válido o rol do art. 927 do CPC/15. Logo, apesar de apontado pela doutrina como possível, a formação do IRDR em cortes superiores é plenamente dispensável.

Na medida em que se aceitem incidentes de resolução de demandas repetitivas no STJ, ou mesmo no STF, o que, de fato, já ocorre, há um imbricamento de diferentes técnicas para o enfrentamento de casos pendentes e futuros. Como visto, poderá haver súmulas e incidentes sobre o mesmo assunto. Ainda, parece haver uma sobreposição indevida do sistema de recursos repetitivos (especial e extraordinário) com o próprio IRDR. Vale lembrar que ambas as sistemáticas buscam o enfrentamento do mesmo tipo de causas (as ditas repetitivas), e a possibilidade de que uma corte superior trate o mesmo assunto de duas formas processuais distintas — ao seu bel-prazer — torna mais discricionária a atividade judicante, o que agrega um elemento de incerteza ao próprio sistema jurídico.

No âmbito do STF, ainda poder-se-ia arguir que o IRDR — e mesmo os demais institutos de enfrentamento de demandas repetitivas — é conflitante com o requisito da repercussão geral nos recursos extraordinários, porque o objetivo da repercussão geral é que o STF conheça um só processo sobre determinado assunto. A repetição da matéria não ocorrerá, ao menos em tese, no âmbito do próprio tribunal, tornando inócua a tentativa de enfrentamento de questões (ou causas) repetitivas. Poder-se-ia firmar, em sentido contrário, que o enfrentamento ainda seria necessário à grande quantidade de extraordinários (ainda) pendentes que foram interpostos antes da promulgação da EC n. 45/04. Isso, entretanto, não retira a validade da crítica com olhos ao futuro, e, mesmo em relação a tais processos, o arsenal de *standard* disposto ao STF (súmula vinculante, súmulas "comuns" e repercussão geral) aliado à possibilidade de julgamento monocrático, ampliado pelo regimento interno (em comparação ao CPC/15), tornam extremamente residual a utilização do IRDR (ou mesmo do recurso extraordinário repetitivo). Poder-se-ia pensar, ainda, que a repetição de causas comuns dar-se-ia não no STF, mas nos demais tribunais, todavia há pouca probabilidade de que a Suprema Corte lance mão de um procedimento de relativo custo de recursos e tempo, para resolver um problema que não a aflige, principalmente quando as outras cortes possam tomar a mesma medida, instaurando o IRDR no seu âmbito de atuação. Ademais, já deteria o STF o mecanismo da repercussão geral, com resultado prático semelhante.

Feitas tais premissas, cumpre ressaltar que, dada sua novidade, há uma grande divergência doutrinária sobre os mais diversos aspectos do IRDR. Certeza há, contudo, da inadequação do próprio nome do instituto, uma vez que não são julgadas "demandas repetitivas", o que o incidente resolve é uma "questão jurídica"[330].

Atribuiu-se, desde a exposição de motivos do projeto de lei que culminou no CPC/15, ao procedimento-modelo (procedimento-padrão)

---

[330] MARINONI, 2016b, p. 51. "O incidente propõe-se a julgar uma 'questão' e não propriamente as demandas repetitivas."

alemão, o *Musterverfahren*, o nascimento do IRDR brasileiro[331]. Há quem estabeleça, ainda, profunda ligação do incidente com as ações coletivas, aproximando-o das *class actions* americanas ou ao *Group Litigation Order* (GLO) do direito inglês[332].

Pouca dúvida há, no que toca à natureza jurídica do instituto, de se tratar de incidente processual, afastando-se da de recurso ou ação. Sua distância do recurso fica clara com sua não inclusão no art. 994 do CPC/15. Não fosse tal questão estritamente legal, não há o objetivo de revisar uma decisão anteriormente prolatada. O que se busca é o contrário, a definição de um padrão decisório anterior à própria decisão do caso concreto, portanto não se quer a correção de um erro anterior, mas que outro não seja cometido no futuro. A própria possibilidade de pedido de instauração de ofício pela autoridade judiciária ou por órgãos não participantes da lide originária, como o Ministério Público e a Defensoria Pública, rechaça qualquer possibilidade de caracterização do IRDR como recurso.

Não se pode pensá-lo, da mesma forma, como uma ação, eis que "não envolve uma pretensão de subordinação de um interesse alheio ao interesse próprio"[333]. Já se pensou, como descreve Mancuso, ser o IRDR uma ação incidental coletiva, que se desenvolveria concomitantemente ao trâmite de demandas individuais[334]. Afastando tal natureza, ressalta o autor que, no IRDR, não se forma uma verdadeira relação processual, mesmo porque são reduzidos os legitimados à sua proposi-

---

[331] BRASIL ANTEPROJETO DO NOVO CÓDIGO DE PROCESSO CIVIL. Disponível em: https://www.senado.gov.br/senado/novocpc/pdf/Anteprojeto.pdf. Acessado em: 30.04.2016. "Com os mesmos objetivos, criou-se, com inspiração no direito alemão, o já referido incidente de Resolução de Demandas Repetitivas, que consiste na identificação de processos que contenham a mesma questão de direito, que estejam ainda no primeiro grau de jurisdição, para decisão conjunta. (...) No direito alemão a figura se chama Musterverfahren e gera decisão que serve de modelo (= Muster) para a resolução de uma quantidade expressiva de processos em que as partes estejam na mesma situação, não se tratando necessariamente, do mesmo autor nem do mesmo réu."

[332] CAVALCANTI, 2016, p. 81-101.

[333] Ibid., p. 179.

[334] MANCUSO, Rodolfo de Camargo. *Incidente de resolução de demandas repetitivas*: a luta contra a dispersão jurisprudencial excessiva. São Paulo: RT, 2016, p. 155-159.

tura, o que não se coaduna com a tutela coletiva de direitos individuais homogêneos[335].

Se não há grandes questionamentos sobre a natureza jurídica do IRDR enquanto incidente processual, existe acalorado debate em se reconhecer nele um incidente de coletivização ou, de outro lado, uma técnica de processo objetivo (ou dessubjetivado). Cavalcanti defende a primeira posição, afirma que o IRDR é um "incidente processual coletivo"[336], que existe ao lado das próprias ações coletivas. Defende que um determinado interesse individual homogênio pode ser tutelado pelos dois instrumentos — ações coletivas e/ou IRDR —, preferindo-se a primeira[337]. Por outro lado, Temer sustenta a tese oposta, asseverando que o incidente é "um meio processual objetivo"[338], que se preocupa com a tutela do direito objetivo, "com a resolução de um conflito normativo"[339]. A resolução dos casos ocorrerá em momento posterior, em que o juiz aplicará a tese fixada à situação concreta.

A primeira objeção à concepção de Cavalcanti é a questão de a coletivização representar o ajuntamento de diferentes situações concretas, para resolução conjunta — tal como ocorre na tutela coletiva de direitos —, o que não ocorre no IRDR. Neste, o que se espera é justamente o contrário. Não tutela sequer uma situação concreta, quanto mais várias delas. Ao invés de se aglomerarem situações concretas, cada uma carregada com sua faticidade, espera-se que os fatos sejam abstraídos, em prol da definição de uma "questão unicamente de direito"[340]. É bem verdade que disso, ao fim e ao cabo, derivará parte das inconstitucionalidades que o autor vê no instituto.

---

[335] MANCUSO, 2016, p. 158.

[336] CAVALCANTI, 2016, p. 179.

[337] Ibid., p. 399; "Em que pese o regime jurídico do IRDR não excluir a utilização simultânea das ações coletivas, estas últimas mostram-se uma técnica processual superior. O processo coletivo deve ser preferido em relação aos incidentes processuais coletivos na resolução dos litígios de massa."

[338] TEMER, 2017, p. 88. "O IRDR é classificado como meio processual objetivo, porque é técnica que não pretende tutelar direito subjetivo diretamente, já que opera pela lógica da abstração em relação às situações subjetivas concretas para fixar uma tese jurídica padrão."

[339] Ibid., p. 80.

[340] Art. 976, II, *in fine*, do CPC/15.

Na visão de Temer, a necessidade de que, após fixada a tese, cada juiz se manifeste e decida o caso concreto individualmente afasta a pretensa coletivização da matéria em sede de IRDR[341]. Assevera a autora que há, é bem verdade, uma dimensão coletiva no incidente, uma vez que seu requisito de instauração é justamente a multiplicidade de demandas que afeta, portanto, uma coletividade, além de um "resultado coletivo"[342]. Tais circunstâncias, contudo, não afetariam a natureza jurídica do IRDR, como um "processo objetivo", afastando-se, pela diferenciação criada no projeto brasileiro, das características do *Musterverfahren* do direito alemão, não havendo cumulação de demandas e, consequentemente, litisconsórcio[343].

No mesmo sentido, é a posição de Mancuso, que afirma que o IRDR e as ações coletivas apresentam "dinâmicas processuais" diversas, trazendo à lume a mesma justificativa de que não estão a se julgar diversas demandas, senão a definir, modestamente, uma tese jurídica[344]. Entretanto, o autor coloca o IRDR como uma forma de "tutela plurindividual" distinta da coletiva.

Essa questão, por conta da discussão sobre a abstração da matéria fática que fundam as lides ditas repetitivas, está intimamente ligada à distinção do incidente como "procedimento-modelo"[345] ou como "causa-piloto"[346]. Nesta, há o conhecimento e julgamento de um (ou mais) caso concreto que contenha todas as questões comuns às demais lides e que seja representativo da controvérsia. Trata-se de um julgamento por amostragem, em que se espera que a decisão final desse caso seja

---

[341] TEMER, 2017, p. 95.

[342] Ibid., p. 96.

[343] TEMER, 2017, p. 97-100.

[344] MANCUSO, 2016, p. 161.

[345] CABRAL, Antonio do Passo. A escolha da causa-piloto nos incidentes de resolução de processos repetitivos. In: DIDIER JR, Fredie; CUNHA, Leonardo Carneiro da. *Julgamento de casos repetitivos*. Salvador: Juspodivm, 2017, p. 37-64, p. 39. "(...) neste, no incidente são apreciadas somente questões comuns a todos os casos similares, deixando a decisão de cada caso concreto para o juízo do processo originário."

[346] Ibid., p. 38-39. "Este formato revela *unidade cognitiva* (o mesmo órgão que aprecia a questão comum julga o processo originário) seguida da reprodução da tese definida no incidente (a *ratio decidendi* do julgamento da questão comum é replicada para todos os processos em que esta mesma questão esteja sendo objeto do debate), algo como um 'julgamento por amostragem' das causas-piloto."

utilizada como norte para a solução das causas pendentes. Naquelas, não há propriamente o julgamento de um caso, ou seja, não ocorre o acertamento da relação de direito material entre duas ou mais pessoas. Antes, utiliza-se de um procedimento para, abstraído de fatos concretos, definir uma questão jurídica. A tese advinda da decisão será replicada aos casos particulares, a ser dada a cada situação concreta.

Apesar de não expressamente gerar dúvidas[347], a problemática opção aparente do CPC/15 foi a de formatar o IRDR como um "procedimento-modelo", uma vez que promove uma indevida cisão cognitiva, definindo-se a "tese jurídica" sem analisar as circunstâncias de qualquer caso concreto[348], por isso defensores dessa opção definem o art. 978, parágrafo único do CPC/15, como uma regra de prevenção. Resolvida a questão jurídica no IRDR, o órgão que julgou o incidente fica prevento para o conhecimento e julgamento de futuros recursos, remessas necessárias ou ações originárias, enfim, causas repetitivas a que se aplica a "tese jurídica"[349].

Subjaz a essa dificuldade uma questão cara à hermenêutica jurídica que aqui se defende, que é a impossibilidade de o Judiciário decidir outra coisa senão o caso posto no Tribunal. Pode-se pensar no controle concentrado de constitucionalidade ou mesmo no incidente de inconstitucionalidade como hipóteses de processos dessubjetivados, contudo os dois derivam da própria Constituição, diferentemente do IRDR. A forma concentrada, ao lado da difusa, foi uma opção do Constituinte Originário, assim como o quórum qualificado, nos demais Tribunais, para a declaração da inconstitucionalidade, ainda que incidentalmen-

---

[347] OLIVEIRA, Guilherme Peres de. *Incidente de resolução de demandas repetitivas – Uma proposta de interpretação de seu procedimento*. In: FREIRE, Alexandre; et al. *Novas Tendências do Processo Civil*. Vol. 2, Salvador: JusPodivm, 2014, p. 663-670, p. 669. "Não há clareza no texto do projeto, como expusemos desde o início, acerca do caráter concreto ou abstrato, subjetivo ou objetivo, do incidente de resolução de demandas repetitivas."

[348] Cf. ROQUE, 2017, p. 29; CABRAL, 2017, p. 40; TEMER, 2017, p. 68 "Entendemos, portanto, que no incidente não haverá julgamento de 'causa-piloto', mas que será formado um 'procedimento-modelo'."

[349] ROQUE, 2017, p. 29. "Nessa perspectiva, o art. 978, parágrafo único do CPC/2015 consiste apenas em regra de prevenção do órgão que apreciou o IRDR para o julgamento da causa nos processos dos quais se originou o incidente, sem que se exija a unidade de cognição e julgamento do incidente com a causa a partir da qual foi instaurado."

te (art. 97 da CF). Fora os casos constitucionalmente previstos, não há como se admitir que uma Corte decida teses, e não casos, mesmo porque não há cisão entre fato e direito. Por isso, o art. 978, parágrafo único, do CPC/15 exige que, ao decidir o incidente, seja igualmente julgado o recurso, a remessa necessária ou o processo de competência originária de onde se originou o precedente. Disso decorre a necessidade de existência de, ao menos, um processo em trâmite no respectivo Tribunal, para possibilitar a instauração do incidente.

Devem-se apontar, ainda, outras inconstitucionalidades, ao adotar o IRDR como um procedimento-modelo. Cavalcanti mostra as principais delas, resumindo-se em: (i) violação à independência funcional dos juízes; (ii) violação à separação dos poderes; (iii) violação ao contraditório; (iv) violação ao direito de ação; (v) violação ao sistema de competências da Constituição, em relação aos Juizados Especiais; e (vi) violação da competência constitucional do STF e do STJ no julgamento de recursos especial e extraordinário[350].

Deixada de lado a tormentosa questão do IRDR no âmbito dos Juizados Especiais, que não é o foco da presente investigação, devem-se analisar as demais. A primeira não procede. Com efeito, a independência do juiz é aplicável contra pressões externas que possam pôr em xeque a imparcialidade do julgador. O objetivo do incidente é o de dirimir qual é o direito vigente, dar a uma questão legal uma interpretação adequada, não havendo qualquer carga a pressionar o juiz, eis que a garantia constitucional não autoriza um grau zero de sentido. Em relação à separação de poderes, há de se reconhecer a pecha indicada, porque, sem fatos, sem caso, e o Judiciário passará a ser emissor de teses gerais e abstratas, universalmente aplicadas. Haverá, portanto, a substituição do legislador pelo magistrado[351]. Também procede a alegação quanto ao contraditório. Com efeito, se a garantia é entendida como o direito de influenciar a decisão final, a criação de um *standard* concebido em IRDR anterior a viola, eis que o cidadão que sequer tinha uma pretensão à época do julgamento do incidente terá seu destino selado, sem que tenha influenciado, por um lado, a formação da tese e, por outro, não poderá relitigar o assunto, a não ser pelo procedimento de revisão de tese. O direito de ação também fica

---

[350] CAVALCANTI, 2016, p. 365-366.

[351] Cf. GONÇALVES, Marcelo Barbi. *O incidente de resolução de demandas repetitivas e a magistratura deitada.* Revista de processo, v. 38, n. 222, p.221-248, 2013.

comprometido, na medida em que o incidente será aplicado indistintamente aos processos pendentes e futuros, independente da adequada representação ou de um sistema de *opt-in* ou *opt-out*. Por fim, admitido como procedimento-modelo, o regramento recursal do IRDR permitiria, em descompasso com a Constituição, a existência de recursos especial e extraordinário sem "causas decididas", quando interpostos os recursos excepcionais contra a decisão final do incidente, que julga simplesmente a tese, não o caso.

Some-se, a essas situações inconstitucionais, a questão de que, em relação ao STF, uma nova espécie de processo dessubjetivado com decisão vinculante caracterizar-se-ia como uma burla ao controle concentrado de constitucionalidade ou o próprio procedimento à criação de súmulas vinculantes, sobretudo na legitimação extraordinária de ambos. No tocante ao STJ — e aplicável em grande medida ao STF —, ainda, destoaria de toda a lógica constitucional, que atribui competência ao Tribunal, em recurso especial, para o julgamento de "causas decididas" (art. 105, III, da CF). Nas demais atribuições — causas originárias e recursos ordinários —, a análise e julgamento da Corte também ocorrerão em casos concretos. Não há autorização constitucional, para, de qualquer forma, proceder-se ao julgamento de teses jurídicas.

A opção por um procedimento-modelo representa-se como um nó górdio do instituto, porque o afastamento dos fatos da demanda impede que se estabeleçam analogias entre o que se decide hoje e os casos futuros. Se a analogia é justamente a construção de similitudes entre as duas causas, a operação é frustrada pela ausência da análise fática. Se não há a construção de analogias, é inviável também a verificação de distinções. Frustra-se a própria lógica de precedentes, que não funciona bem para "julgamentos de teses". Há, no Brasil, uma mixagem teórica entre instrumentos típicos da *common law* e da *civil law*, que somente atrapalham a aplicação do direito. Não se pode compreender o funcionamento do IRDR, com o *design* dado pelo CPC/15, sob o prisma da atuação com precedentes (ou seja, próximo da *common law*). São coisas que não funcionam juntas. O julgamento do IRDR cria norma judicada geral, abstrata e universal para utilização futura, mas, por outro lado, exige-se que sua aplicação a um novo caso seja precedida da análise da *ratio decidendi* da decisão do incidente.

Há, nisso, uma incongruência lógica insuperável, ou, como satiriza Araken de Assis, há o "insólito acasalamento de jacaré e de cobra d'água"[352]. Resta inviável, por exemplo, o controle da decisão judicial do caso futuro com base no art. 489, §1º, V e VI, do CPC/15. Os fundamentos determinantes (inciso V), enquanto *ratio decidendi*, envolvem profundamente questões fáticas pormenorizadas de cada caso, o que, como se viu, está prejudicado no IRDR. A distinção (inciso VI) igualmente se torna inviável, justamente pela extirpação dos fatos (do DNA do caso, como ressaltam Streck e Abboud). Restaria, talvez, aplicar o inciso I do mesmo dispositivo legal, utilizando a tese criada no IRDR como o "ato normativo" a que se refere o dispositivo legal. Há, portanto, uma redução do próprio controle epistemológico, necessário e perseguido, sobre a atuação judicial, quando se compara a decisão do IRDR (ou de qualquer texto judicialmente elaborado de forma geral e abstrata que tenda à universalidade) e a aplicação do julgamento de um caso existente, real, enfim, concreto.

Para fugir dessa inconsistência — da cisão absoluta entre fato e direito —, Temer sustenta que o tribunal criará, quando da admissão do incidente, um quadro fático hipotético sobre qual tese deva ser aplicada. Solução similar é dada por Karam, ao defender que, na descrição do fato-tipo, deverão ser deixados de lado os elementos subjetivos e particularidades das situações concretas, de modo a descrever apenas os elementos relevantes que se repetem nos padrões[353]. Há, aqui, vários problemas. Primeiro, é antidemocrático deixar a cargo de um tribunal não só a aplicação do direito a uma situação específica, mas, antes, concede a ele o poder de definir os próprios fatos sobre os quais deseja se manifestar. Há uma ampliação desmedida — e perigosa — da função dos tribunais e dos poderes que detêm. Estar-se-ia dando uma "carta branca" para o tribunal escolher o "fato-modelo" que desejar e, assim, chegar à resposta que melhor lhe convier. Se o objetivo da utilização de precedentes (ou pronunciamentos judiciais qualificados) é justamente o de controle do exercício da jurisdição, a opção de Temer cria somente o contrário. Outro ponto é a crença desmedida de que o Tribunal (diferentemente do legislador) poderia antever todas as hipóteses de aplicação futura e de que a moldura fática hipotética pudesse

---

[352] ASSIS, Araken de. *Processo civil brasileiro*. v. 1. 2 ed. São Paulo: RT, 2016, p. 12.
[353] KARAM, Munir. *A jurisprudência dos tipos*. São Paulo: Revista dos Tribunais, 2014, p. 711-725.

premeditar todas as situações que sequer ainda ocorreram. Se o legislador assim não conseguiu proceder, porque uma corte conseguiria?

Essa faculdade de criação de um modelo fático pelo próprio Tribunal é impróprio e perigoso. Significa dizer que não se traz um conjunto de fatos particulares, para que o Judiciário adjudique, decida a matéria em conformidade com o ordenamento jurídico. O estabelecimento do juízo acerca dos fatos efetivamente verificados (comprovados) será tão decisivo, senão mais, que a própria fonte jurídica estará apta a dar uma solução à contenda. Se aceita a tese de Temer, o próprio órgão judicante deterá a prerrogativa de fixar o quadro fático sobre o qual exercerá a jurisdição. Na verdade, seria um quadro contrafático, eis que não representa qualquer ato real, imaginado com o fim último de se criar uma tese jurídica.

Não bastasse o poder de eleger as fontes de direito que determinarão a decisão do caso, o Tribunal passará a escolher os próprios fatos, ou melhor, as próprias situações que, em tese, deveriam seguir o padrão decisório desenvolvido. Isso seria inconstitucional, violando, aqui, a separação de poderes, uma vez que a fixação contrafática de situações que ensejam determinada consequência jurídica é típica da lei. Pode-se dizer que o legislador cria o direito de cima para baixo, por isso utiliza-se de um modelo contrafático para moldar comportamentos futuros. À jurisdição, ao contrário, cabe a solução de casos particulares, por isso criará direito de baixo para cima, universalizando as normas individuais resultantes do acúmulo de decisões sobre determinado tema. Por isso, apesar do intento inicial do CPC/15, o IRDR deve ser visto como uma causa-piloto, e, consequentemente, o Tribunal julgará o caso, seja recurso, remessa necessária ou ação de competência originária. Se não considerado o instituto uma causa-piloto, estaria ele fadado à inconstitucionalidade, por uma série de motivos.

Nesta quadra da história, pensar em teses sem fatos é retroceder a paradigmas filosóficos já ultrapassados. Ressalta-se, aqui, a dificuldade em emprestar um efeito prospectivo à decisão do incidente. Há a impossibilidade de o julgador de hoje antever todas as situações futuras, para que a tese aplique-se a todas as hipóteses de incidências imaginadas. Também, a desvinculação dos fatos ao direito prejudica a própria aplicação futura, na medida em que subtrai a possibilidade de construção de analogias e distinções que dependem, sobretudo, da matéria fática[354].

---

[354] LAMY; LUIZ, 2015, p. 395.

torna a aplicação da tese algo mecânico. Nesse particular, "a decisão de uma 'questão de muitos' aplica-se *necessariamente*"[360], porque "não se está perguntando se o precedente — visto como norma jurídica — aplica-se ao caso e, assim, deve regulá-lo, mas simplesmente se uma decisão já resolveu a questão"[361]. Por isso, "a decisão do incidente não pode ser compreendida como um precedente"[362].

Para ultrapassar a questão da inconstitucionalidade, Marinoni propõe que, no IRDR, se discuta-se, como se faz nas *class actions*, a questão da representação adequada. Considera fundamental, assim, a possibilidade de aqueles que estejam litigando participarem do incidente, ou, ao menos, tenham uma representação que defenda, efetivamente, seus interesses. Como no Brasil qualquer parte pode propor o incidente — há uma autonomeação do representante —, deve ser conferido aos membros da classe a "oportunidade para impugnar a adequação da representação"[363]. O CPC/15, entretanto, é silente sobre a questão da representação adequada e, por outro lado, não promove a participação de todos os interessados (outras partes em demandas individuais), o que afronta o devido processo legal[364]. Por tudo analisado, conclui-se que Marinoni enxerga feições tipicamente de tutela coletiva de direitos pelo IRDR.

A impossibilidade de o cidadão que não tomou parte no IRDR (enfim, que não pode influenciar a decisão final que estipulou a "tese jurídica") religitar a matéria acarretaria a violação do próprio direito de ação e do contraditório, uma vez que não participou da decisão anterior

---

para limitar ou ampliar o alcance do precedente em razão de circunstância não considerada no momento de sua elaboração. Isso só pode ocorrer quando o precedente revela o direito que é racionalmente aplicável a determinada situação concreta, o qual, assim, pode não ser aplicável em face de certa situação ou ser racionalmente aplicável diante de outra."

360 Ibid., p. 107.

361 MARINONI, 2016b, p. 67.

362 Ibid., p. 35.

363 MARINONI, 2016b, p. 39.

364 Ibid., p. 43. "Assim, não obstante se possa deixar de lado a ideia de que o devido processo legal depende necessariamente de participação direta, admitindo-se a suficiência da representação adequada em caso de processo coletivo, não há qualquer possibilidade de sustentar que o incidente de resolução de demandas repetitivas, nos termos em que estruturado pelo Código de Processo Civil/2015, está de acordo com o *due process*."

O posicionamento de Marinoni a respeito do tema é inovador e extremamente interessante, potencialmente, capaz de contornar as inconstitucionalidades já apontadas. Diz o autor que o IRDR, da forma como prevista, acarreta inconstitucionalidades, principalmente ao não permitir, por um lado, a participação de todos os interessados e, por outro, não permitir que estes litiguem a questão decidida. Há a proibição de relitigar questão contra quem não teve oportunidade de discuti-la no incidente. Isso afrontaria o contraditório e o próprio direito de ação do indivíduo.

Ao ocorrer a carga preclusiva em relação à tese fixada, enxerga o autor que o incidente é uma "técnica processual absolutamente atrelada à coisa julgada em benefício de terceiro"[355], mais, a uma coisa julgada *erga omnes*, por isso aproxima o IRDR ao *non-mutual collateral estoppel* do direito norte americano[356].

Diferencia o autor a autoridade de uma dada decisão enquanto *case law* e a tentativa do IRDR em tornar precedente aquilo que não é. Apesar de reconhecer certa "superposição parcial entre os efeitos do *stare decisis* e do *non-mutual collateral estoppel*"[357], Marinoni afirma que há circunstâncias que impedem de reconhecer, na decisão do IRDR, um genuíno precedente. Observa que a lógica de se trabalhar com precedentes está ligada a sua aplicação ou não ao caso futuro, pela ocorrência de analogias e distinções entre a *ratio decidente* do caso anterior e os aspectos fáticos e jurídicos do caso em mãos, portanto "um precedente, por não dizer respeito a ninguém de modo específico, sempre *pode aplicar-se ou não*, conforme as particularidades do caso sob julgamento"[358]. Entretanto, o objetivo do IRDR é diverso. Trata-se de mero transporte às causas concretas daquela questão de direito repetida, o que dificulta a técnica da distinção[359] e, por consequência,

---

[355] MARINONI, 2016b, p. 20.

[356] Pode-se definir a *non-mutual collateral estoppel* como "*estoppel asserted either offensively or defensively by a nonparty to an earlier action to prevent a party to that earlier action from relitigating an issue determined against it*" GARDNER, 2009, p. 298.

[357] MARINONI, 2016b, p. 31.

[358] Ibid., p. 107.

[359] Ibid., p. 33. "Assim, a técnica da distinção não tem a mesma relevância em se tratando de resolução de demandas repetitivas. Nesses casos, caberá a distinção apenas para demonstrar que determinada questão é diferente daquela que foi já resolvida ou submetida ao incidente. Porém, jamais se utilizará a técnica da distinção

que lhe é desfavorável — e a ele imposta por força do art. 927, III, do CPC/15. Para evitar isso, a tese de Marinoni é a que o instituto funcione tal como a *non-mutual collateral estoppel* americana.

Para compreender o que há de importante no *non-mutual collateral estoppel*, deve-se analisar as bases do *collateral estoppel*. Trata-se de um instituto colocado, por vezes, ao lado da coisa julgada (*res judicata*), como uma forma de preclusão. Enquanto a coisa julgada diz respeito à preclusão em razão de um pedido (*claim preclusion*), o *collateral estoppel* trata da preclusão de uma questão de fato ou de direito (*issue preclusion*), impedindo a parte de relitigar sobre o assunto específico, quando determinante à decisão, em face de novo litígio, ainda que se trate de pedidos diferentes. Ambos os institutos foram criados, ao menos no princípio, para que houvesse a consolidação de uma situação judicialmente definida no curso do tempo, em prol da segurança jurídica. Assim, atingiriam, em regra, apenas as partes que participaram no processo anterior. Em relação à coisa julgada, essa é a regra geral estabelecida no art. 506 do CPC/15, embora existam exceções, sobretudo nas ações coletivas, como disposto no art. 103 do CDC. Já em relação à *issue preclusion*, seu uso era utilizado como matéria de defesa, em que uma parte sustentava que seu adversário não poderia litigar novamente determinada situação fática ou jurídica já decidida em processo anterior em que ambos figuravam como partes.

A utilização da *issue preclusion* exige que (*i*) uma questão de fato ou de direito tenha sido realmente litigada e determinada (*ii*) por uma decisão final válida, sendo que (*iii*) tal determinação de ser essencial ao julgamento e (*iv*) conclusiva na questão idêntica à ação subsequente entre as partes[365]. É bem verdade que não se exige que o juiz ou o júri tenham se manifestado expressamente sobre o assunto. Basta que constitua um componente necessário da decisão a que se chegou, analisando-se de um ângulo lógico e prático[366]. Em outras palavras, analisando-se todos os autos do processo anterior, deve o julgador do novo processo analisar se uma pessoa racional (o juiz ou mesmo o júri)

---

[365] SUBRIN; Stephen N.; MINOW, Martha L.; BRODIN, Mark S.; et. al. *Civil procedure*: doctrine, practice, and context. 4 ed. Nova Iorque: Wolters Kluwer, 2012, p. 1021

[366] EUA. Corte de Apelação do 1º Circuito. *Dennis v. Rhode Island Hosp. Trust*, 744 F.2d 893, 899, 1984. "An issue may be 'actually' decided even if it is not explicitly decided, for it may have constituted, logically or practically, a necessary component of the decision reached."

poderia ter fundamentado sua decisão em questão diversa daquela que o réu pretende excluir da consideração pela *issue preclusion*[367].

Quanto à essencialidade da questão ao julgamento, isso se refere à decisão final sobre o mérito da ação. Ainda que se trate de assunto importante, mas não ligado ao mérito da demanda, não ocorrerá o efeito preclusivo, podendo a parte interessada relitigar o ponto específico. Em *Jarosz v. Palmer*, essa situação foi judicialmente debatida. No caso, Jarosz e outros três sócios constituíram Palmer (e sua firma) como advogado, para auxiliar na aquisição de uma corporação, a Union Products, o que restou ultimado. No curso da empresa, houve um dissenso entre Jarosz e os demais sócios, que o excluíram da sociedade. Em razão de tal fato, Jarosz propôs uma ação contra a companhia e os três sócios, que foram representados por Palmer, alegando *wrongful termination* e *breach of fiduciary duty*. No curso do processo, Jarosz suscitou que Palmer não poderia atuar no caso, por conflito de interesses, pois havia individualmente representado Jarosz na aquisição da companhia. Decidindo sobre o assunto, a Corte entendeu não comprovada a relação cliente-advogado, ônus probatório que caberia ao autor.

Após o início desse processo, contudo, Jarosz propôs outro, agora diretamente contra Palmer, alegando quebra de contrato (*breach of contract*), quebra de dever fiduciário (*breach of fiduciary duty*) e má prática da advocacia (*legal malpractice*). Em defesa, Palmer suscitou a *issue preclusion*, eis que a questão já havia sido objeto de decisão judicial anterior, sendo vedada a rediscussão da matéria. A Corte pôs-se a enfrentar a questão da essencialidade do ponto, se deveria referir-se à própria decisão do processo anterior, ou se dizia respeito ao mérito da demanda. Se abraçada a primeira opção, estava clara a essencialidade da matéria em relação à decisão anterior, que considerou inexistir o conflito de interesses, e, por conseguinte, restaria impossibilitada a rediscussão da matéria. Se eleita a segunda, não se trataria a questão afeta ao mérito da ação anterior, que se fundava na relação entre Jarosz e a própria companhia e seus sócios. Não há dúvidas de que se trataria de algo estranho à definição do *wrongful termination* e *breach*

---

367 EUA. Suprema Corte. *Ashe v. Swenson*. 397 U.S. 436, 444, 1970. "Where a previous judgment of acquittal was based upon a general verdict, as is usually the case, this approach requires a court to 'examine the record of a prior proceeding, taking into account the pleadings, evidence, charge, and other relevant matter, and conclude whether a rational jury could have grounded its verdict upon an issue other than that which the defendant seeks to foreclose from consideration.'"

of fiduciary duty. A Corte, ao final, assentou que a essencialidade ao julgamento refere-se ao mérito do processo anterior e, assim, afastou a *issue preclusion* alegada por Palmer.

Após sedimentada a *issue preclusion*, quando houvesse a identidade de partes, passou-se a admiti-la, também, quando não ocorresse essa exatidão de sujeitos, superando o entendimento de que não pode afetar (para beneficiar ou prejudicar) terceiros que não foram partes no processo anterior. Inicialmente, autorizou-se a *non-mutual collateral estoppel* de forma defensiva, que ocorre, quando a parte que não tomou assento na ação anterior é a ré na nova e alega, em sua defesa, que a autora já debateu a questão sem êxito anteriormente, reconhecida por decisão final. Em *Parklane Hosiery Co. v. Shore*[368], a Suprema Corte americana decidiu que a falta de mutualidade de partes não vedava a aplicação do instituto, que poderá também ser utilizado de forma ofensiva, quando a parte autora apresenta pretensão similar à debatida na ação anterior — do qual não tomou assento —, e não se permite à parte ré rediscutir as matérias lá já decididas, em que não obteve êxito, apesar da oportunidade de defesa.

Feitas tais considerações, cumpre verificar se a proposta de Marinoni amolda-se aos contornos do instituto, tal como concebido no direito alienígena, e se há a possibilidade de aplicação dele ao cenário nacional em geral ou ao IRDR em particular. Apesar de bem estruturada, representando uma das melhores alternativas para evitar a inconstitucionalidade do IRDR, ainda assim apresenta algumas limitações, que devem ser exploradas.

Primeiro, a *issue preclusion* só diz respeito às questões essenciais ao mérito da demanda anterior. Trata, portanto, eminentemente de questões de direito substancial. Isso retiraria, em grande monta, a extensão a ser dada ao IRDR, afastaria, por exemplo, questões processuais que, apesar de se repetirem em diversos processos, de naturezas distintas e fatos diferentes, não diriam respeito ao mérito da ação anterior. Por exemplo, imagine-se que a questão repetitiva diga respeito à validade de uma espécie de citação, que seria encontrada em processos diversos (ações de alimentos, mandado de segurança, pedidos indenizatórios em geral etc.). Contudo, isso nunca diria respeito ao acerto da questão de direito material debatida, portanto não seria essencial ao mérito e não formaria a *issue preclusion*. Se transportado ao direito brasileiro o

---

368 EUA. Suprema Corte. *Parklane Hosiery Co. v. Shore.* 439 US 322, 1979.

instituto, pelo IRDR ou por qualquer outro, essa limitação deverá ser igualmente respeitada.

Segundo, se a adoção da *non-mutual collateral estoppel* em solo nacional está de acordo com o art. 506 do CPC/15, que inova e autoriza a existência de coisa julgada em favor de terceiro, em uma leitura *a contrario sensu* do dispositivo, por que limitar sua aplicação ao IRDR? A seguir a lógica do argumento construído por Marinoni, o instituto poderia ser utilizado em qualquer situação em que há o novo litígio sobre a questão, tal como efetuado no *common law* americano, respeitados os mesmos requisitos. Na *common law*, prescinde-se de uma *class action* ou qualquer outro procedimento especial à aplicação da *issue preclusion*. Isso retiraria a relevância da sua aplicação ao próprio IRDR, porque independeria de um procedimento qualificado para sua ocorrência, não havendo razões à alocação de recursos e tempo de uma Corte, se, no trato diário com várias ações em que se repete a questão, já houvesse a determinação da questão.

Poder-se-ia pinçar, como exemplo, uma das questões repetitivas que se observa em relação à telefonia: a existência de danos morais na cobrança por serviços não contratados ou não solicitados pelo usuário, ainda que não haja protesto ou inclusão no cadastro de restrição ao crédito. Imagine-se a seguinte situação: em uma ação movida por apenas um usuário, a empresa telefônica "X" contestou todos os pontos alegados e as questões suscitadas, com ampla possibilidade de defesa e contraditório, e, ainda assim, sucumbiu à pretensão inicial, por decisão transitada em julgado (pouco importando o juízo ou Tribunal que a proferiu), em que todos os argumentos tenham sido levados em consideração. Em um processo posterior, sobre idêntica questão, poderá a mesma empresa relitigar os pontos essenciais já definidos pela decisão anterior? A seguir a proposta teórica de Marinoni, de aplicar a *issue preclusion* no direito brasileiro, a resposta seria negativa. Dadas a ampla oportunidade de defesa e a decisão final sobre o assunto, a empresa telefônica não poderia litigar novamente os pontos em que sua derrota tornou-se definitiva na ação anterior.

Se isso é verdade, se basta que, em uma ação, tenha ocorrido o acertamento do direito material, vencida a tese da empresa "X", por que depender, ainda, da instauração e julgamento de um IRDR, para que ocorra a *issue preclusion*? A seguir uma coerência com o argumento formulado pelo autor, a resposta deveria ser: nenhuma. Veja-se, concorda-se com o brilhante processualista paranaense quanto à potencial inconstitucionalidade do instituto e com a necessidade de uma representação adequada, para que aquele que não participou do incidente possa relitigar a matéria. Não há dúvida de que, dentre as propostas já formadas na doutrina, é a que melhor dirime as possíveis inconstitucionalidades. A questão é outra: por que depender do IRDR, se qualquer outro procedimento poderia surtir efeitos análogos? Nesse passo, ou aplica-se a *issue preclusion* na relação entre quaisquer duas causas, independentemente de uma decisão final no IRDR, ou simplesmente não se aplica o instituto à ordem jurídica nacional. Assim, de uma forma ou de outra, acaba retirando a extensão da proposta de Marinoni ao próprio IRDR.

A proposta de Marinoni já sofre críticas na doutrina. Temer, por exemplo, avalia que "a posição não encontra sustentação no sistema brasileiro"[369], basicamente por se distanciar o IRDR das ações coletivas, não se podendo verificar, no mais das vezes, quando a decisão é benéfica ou não a futuros litigantes. Os argumentos despendidos pela autora, contudo, partem de seus pressupostos teóricos, sem colocar em xeque a coerência interna do argumento de Marinoni. Não se deve refutar a teoria, porque ela parte de lugar diverso, ao entender próximo o IRDR dos litígios coletivos ou da coisa julgada. Trata-se de uma discussão em que os interlocutores estão falando coisas diferentes. Melhor demonstrar que, mesmo a partir das premissas adotadas — tomando-as como verdadeiras —, há opção melhor, diversa ou alguma inconsistência no pensamento desenvolvido.

A crítica de Macêdo, nesse particular, é mais consistente. Discorda de que o IRDR aproxima-se da coisa julgada em favor de terceiro, uma vez que "a coisa julgada recai sobre a declaração da existência de relação jurídica"[370]. Seu delineamento em favor de terceiros, portanto, exige que isso ocorra "nos casos em que a relação jurídica litigada se dê igualmente perante ele"[371], exemplificando na situação de devedores solidários, em que um pode fazer valer em seu favor a coisa julgada em relação à decisão do litígio do credor com o outro. No IRDR, não há essa relação jurídica exigida à aplicação da coisa julgada, inclusive a que beneficia terceiro, por isso enquadra a decisão do IRDR como um verdadeiro precedente.

---

[369] TEMER, 2017, p. 244.

[370] MACÊDO, 2017a, p. 470.

[371] Ibid., loc. cit.

Apesar de concordar-se com a crítica a Marinoni, quanto à coisa julgada, não decorre disso a anuência em ser a decisão do IRDR um legítimo precedente. O precedente exige um caso, enfim, fatos, o que é surrupiado na análise do incidente. Ele objetiva tão somente a resolução de questões repetitivas, em que se discuta o mesma matéria de direito, quando a existência de múltiplas demandas ofereça risco à isonomia e à segurança jurídica[372]. A primeira crítica a se fazer, nesse ponto, é a indevida cisão que a lei processual pretende entre as questões de fato e de direito. Da premissa hermenêutica que se parte, é impossível e indesejável pensar em apartar por completo os fatos do direito. O direito só existe, porque está calcado em fatos determinados. Não há, portanto, como dissociar um do outro. A lei não traz em si o direito, e o precedente não se forma na ausência de fatos.

A pesar, ainda, contra a adoção do IRDR, há as questões de desbalanço de poder, as quais poderão afetar o resultado democrático exigido na prestação jurisdicional, porque os advogados mais experientes podem ser vistos como *repeated players*, independentemente de quem seja a parte assistida. Nesse passo, estarão em situação de melhor prever as consequências e possíveis decisões finais ao litígio. Pesquisas empíricas concluíram, inclusive, que poderiam tais advogados influenciar o resultado do julgamento[373]. Serão os representantes, por certo, da parte que detiver maior capacidade financeira.

A habilitação de *amicus curiae* dependerá, igualmente, da capacidade financeira do interessado, para suportar os ônus financeiros de sua própria participação, o que abre espaço às partes mais abastadas. É bem verdade que isso também ocorrerá nos litígios individuais, contudo, ao pretensamente fixar uma tese vinculante, os efeitos nefastos desse desbalanço serão mais profundos. Enfim, é questionável a sua utilização como forma de prestação igualitária de Justiça, tornando-se peça de escolha no jogo judicial, que será utilizado de forma estratégica pelos próprios litigantes habituais ou mesmo pelo próprio Judiciário.

Nunes, Marques, Werneck e Freitas captaram bem tal utilização pelos próprios juízes no conhecido caso Samarco, oriundo do IRDR n. 040/2016, do Estado do Espírito Santo. Após apontarem falhas pro-

---

[372] Art. 976, I e II, do CPC/15.

[373] MCGUIRE, Kevin T. Repeat players in the Supreme Court: the role of experienced lawyers in litigation success. *The journal of politics*, v. 57, n. 1, p. 187-196, fev. 1995.

cedimentais, afirmaram o caráter antidemocrático da decisão, vislumbrando o uso estratégico dos próprios juízes de primeiro grau, que se viam cercados de inúmeros processos, em transferir ao segundo grau a decisão, retirando-lhes a carga e a responsabilidade na decisão[374]. Ressaltam que, ao lado dessa delegação ilegal de suas funções, a "cooptação do Judiciário por pautas estratégicas permite que litigantes habituais, ávidos em reduzir seus danos econômicos, passem ao gerenciamento de seu passivo financeiro, (...)"[375] por meio da utilização do próprio IRDR.

4.4.8.2. O IRDR N. 1 DO TRIBUNAL DE JUSTIÇA DE SANTA CATARINA

Ainda bastante recente, o IRDR começa a ser utilizado pelos tribunais. Não há um longo catálogo de casos, que possibilitariam a análise pormenorizada da utilização prática do instituto, contudo pode-se utilizar um dos poucos incidentes já julgados, para verificar como as cortes atuam diante da nova disciplina que dispensou o CPC/15. Para isso, analisar-se-á o primeiro IRDR julgado pelo Tribunal de Justiça de Santa Catarina, que apresenta pontos de extrema relevância à compreensão (e à crítica) do instituto.

O objetivo do IRDR foi o de fixar a tese jurídica em relação à carência financeira como requisito à concessão de medicamentos e tratamentos médicos pela rede pública de saúde (Estado e Municípios, excluída — por questão de competência absoluta — a União). O incidente foi proposto, de ofício, pelo desembargador relator de uma apelação cível que, deparando-se com a repetição da questão, suscitou à Presidência do Tribunal a instauração do IRDR. Na decisão de admissibilidade, o Grupo de Câmaras de Direito Público, órgão colegiado regimentalmente competente para tanto, observou a existência, dentre primeiro e segundo graus de jurisdição, de mais de 25.000 processos que versam sobre a concessão de medicamento ou tratamento médico. Salientou-se, ademais, que havia divergência interpretativa sobre a questão da necessidade ou não de comprovação de carência finan-

---

[374] NUNES, Dierle; MARQUES, Ana Luiza Pinto Coelho; WERNECK, Isadora Tofani Golçalves Machado; FREITAS, Laura. O perigo da utilização estratégica do IRDR por litigantes habituais e a necessidade dos tribunais refletirem sobre sua cooptação: a proibição do incidente preventivo e o caso Samarco. In: LUCON, Paulo Henrique dos Santos; OLIVEIRA, Pedro Miranda de (Coord.). *Panorama atual do novo CPC.* v. 2. Florianópolis: Empório do Direito, 2017, p. 121-145, p. 143.

[375] NUNES; MARQUES; WERNECK; FREITAS, 2017, p. 144.

ceira para a concessão judicial do medicamento ou tratamento desejados. Definiu-se que o ponto jurídico a ser discutido era justamente a caracterização da carência financeira como requisito para a concessão judicial de medicamentos e terapias por conta do Estado ou dos Municípios catarinenses.

Já se deve verificar, aqui, que o cabimento não era matéria tão simples, uma vez que há recurso extraordinário com repercussão geral sobre matéria similar. É bem verdade que o relator, no julgamento do incidente, salientou que não haveria óbice à instauração do IRDR, devido à existência de repercussão geral nos recursos extraordinários n. 566471 e 657718. Tratam os extraordinários citados, respectivamente, da concessão de medicamentos de alto custo e de fármacos que não possuem registro na ANVISA. Nesse passo, apesar de não idênticos, há certa sobreposição entre os recursos afetados pela repercussão geral, principalmente o RE 566471, e as teses jurídicas do IRDR local, porque, ao fim e ao cabo, a questão é saber como se dará o custeio de medicamentos ou tratamentos médicos, se há responsabilidade do Poder Público em prover o medicamento e, se positiva, em quais situações. Nisso, irremediavelmente, o STF analisará a hipossuficiência econômica do cidadão que pleiteia a medida.

O STJ, igualmente, afetou o REsp 1657156 como repetitivo de controvérsia (Tema 106), sendo que o objeto a ser discutido tangencia o IRDR catarinense. Trata-se da questão da obrigatoriedade de fornecimento e custeio pelo Estado de medicamentos não contemplados pelo programa de medicamentos excepcionais. Pelas mesmas razões já expostas na análise dos recursos extraordinários com repercussão geral, o IRDR decidido pelo TJSC não terá vida longa, pelo conhecimento e julgamento da questão pelas Cortes superiores.

Observa-se que esse é um dos problemas, quando o tribunal local busca fixar uma tese jurídica sobre questão constitucional ou relativa à legislação federal. Haverá uma sobreposição de pronunciamentos judiciais de diferentes cortes, sendo certo que isso poderá acarretar, ao final, insegurança jurídica. Nesse ponto, acredita-se que o melhor caminho seria não ter admitido o IRDR, o que não foi a opção da Corte catarinense.

Após decisão do órgão colegiado competente sobre a sua admissibilidade, determinou-se a suspensão de todos os processos pendentes (individuais ou coletivos) sobre o ponto, intimando-se partes e Ministério Público, além de se oficiar a entidades que pudessem servir de *amicus curiae*, dispensando-se a audiência pública. Recebidas as manifestações dos *amici curiae* e do Ministério Público, foi designada a sessão de julgamento. Nesta, foram fixadas as teses jurídicas no que toca à necessidade ou não de comprovação de carência financeira para a concessão judicial de remédio ou tratamento, diferenciando-se as situações de estarem ou não na lista do SUS.

Cumpre ressaltar, nesse ponto, que, infelizmente, não foram realizadas audiências públicas sobre o assunto, cingindo-se às manifestações por escrito de determinadas entidades. A justificativa para tanto não foi satisfatória, porque ressaltou-se, no acórdão de julgamento do incidente, que a desnecessidade de audiência pública se dera pelo fato de a discussão ser eminentemente jurídica (e não fática). Ora, o IRDR busca justamente a solução de uma questão essencialmente jurídica. Assim, a presente justificativa serviria para extirpar a audiência pública de qualquer incidente dessa natureza, eis que sempre se estará diante de uma questão eminentemente jurídica. A segunda razão evocada — a urgência da definição da matéria — também não convenceu, porque o objetivo do IRDR não é o de resolver rapidamente uma questão jurídica; antes, acredita-se que o procedimento, apesar de alongado, confira maior legitimidade à adoção da tese especificada ao final. Assim, não se justifica o salto de algum ato relevante, como a audiência pública (apesar de sua realização ser uma faculdade da corte), pela pressa em se chegar a alguma resposta sobre a questão jurídica posta.

No julgamento do incidente, em relação aos medicamentos e tratamentos constantes no rol do Sistema Único de Saúde, definiu o TJSC que a concessão dependerá das seguintes condições: "(1) a necessidade do fármaco perseguido e adequação à enfermidade apresentada, atestada por médico; (2) a demonstração, por qualquer modo, de impossibilidade ou empecilho à obtenção pela via administrativa."

Quanto aos não padronizados pelo SUS, o Tribunal estabeleceu como requisitos imprescindíveis à concessão:

> (1) a efetiva demonstração de hipossuficiência financeira; (2) ausência de política pública destinada à enfermidade em questão ou sua ineficiência, somada à prova da necessidade do fármaco buscado por todos os meios, inclusive mediante perícia médica; (3) nas demandas voltadas aos cuidados elementares à saúde e à vida, ligando-se à noção de dignidade humana (mínimo existencial), dispensam-se outras digressões; (4) nas demandas claramente voltadas à concretização do máximo desejável, faz-se necessária a aplicação da metodologia da ponderação dos valores jusfundamentais,

sopesando-se eventual colisão de princípios antagônicos (proporcionalidade em sentido estrito) e circunstâncias fáticas do caso concreto (necessidade e adequação), além da cláusula da reserva do possível[376].

Além da fixação das teses acima descritas, o Grupo de Câmaras de Direito Público efetivamente julgou o caso concreto, ou seja, aplicou o direito ao caso em que foi suscitado o incidente, dando provimento parcial aos recursos do Município de Agronômica e do Estado, para excluir da condenação o fornecimento dos fármacos não padronizados, uma vez que o autor dispunha de capacidade financeira para a obtenção dos medicamentos.

O primeiro ponto trazido à reflexão é o de que o TJSC decidiu não só a questão jurídica comum, como também se pronunciou sobre o caso concreto. Poder-se-ia dizer que o TJSC concebeu o IRDR como uma causa-piloto, e não um procedimento-modelo. Com isso, julgou o caso concreto, analisando as peculiaridades da causa. Tanto é assim, que o acórdão dispensou grande fundamentação acerca da capacidade econômica do autor da ação, para, assim, excluir os fármacos não padronizados, contudo trata-se de uma premissa não perfeitamente posta. Na realidade, apesar de decidir o caso concreto, o TJSC cindiu o julgamento sobre a questão jurídica, realizando-a primeiro, e, após, aplicou-a como premissa maior ao caso concreto. Dessa forma, efetivamente, houve a resolução de um procedimento-modelo e, em seguida, a aplicação, por subsunção, da regra definida ao caso concreto.

Em relação às teses propostas, verifica-se que houve a ampliação indevida daquilo que foi definido na decisão de admissibilidade do incidente, porque, no juízo de admissibilidade, a única questão apontada era a da necessidade ou não de comprovação da hipossuficiência financeira daquele que almeja a concessão de medicamentos ou tratamentos médicos. Como visto, a corte ampliou o limite pré-definido e achou por bem listar categoricamente todos os requisitos que entende cruciais ao deferimento de tal medida. Caminhou mal, assim, o TJSC, uma vez que acabou por tratar de uma decisão surpresa, uma vez que foge do limite estrito anteriormente definido.

Veja-se que a questão debatida era exclusivamente a necessidade ou não de demonstração de hipossuficiência financeira, para gerar a res-

---

[376] SANTA CATARINA. TJSC. *Incidente de Resolução de Demandas Repetitivas n. 0302355-11.2014.8.24.0054*. Rel. Des. Ronei Danielli, Grupo de Câmaras de Direito Público, j. 09-11-2016.

ponsabilidade do Estado na concessão do fármaco ou tratamento. No tocante às teses firmadas em relação aos medicamentos e procedimentos constantes no rol do SUS, o ponto não foi abordado diretamente. Apenas com uma interpretação a *contrario sensu* é que se pode afirmar que, não constando nos itens 1 e 2, não se exige a comprovação de carência econômica. Antes, tratou-se de questão diversa, quais sejam, a necessidade de atestado médico comprovando a necessidade do medicamento ou tratamento e a questão do interesse de agir, tocante à impossibilidade ou empecilho à obtenção pela via administrativa. Tais pontos não foram objeto da decisão colegiada, que admitiu a instauração do incidente, e, como consequência, não deveriam ser tratados, ao menos no bojo desse IRDR específico. A corte poderia, facilmente, admitir novo IRDR, discutindo as matérias acima apresentadas, entretanto não poderia dar elasticidade maior ao objeto do incidente, fazendo nele constar requisitos ou teses estranhas à carência financeira.

Ao passar à análise dos medicamentos e procedimentos não padronizados, a confusão é ainda maior. É bem verdade que aqui, ao menos, abordou-se diretamente a questão objeto do incidente, ficando expressamente assentado que há a necessidade, nesses casos, de comprovação da hipossuficiência financeira. Contudo, no mais, houve uma série de equívocos. Ultrapassando novamente o próprio objeto do IRDR, a corte pôs-se a estabelecer critérios incertos e imprecisos à própria concessão do fármaco ou tratamento, utilizando termos de grande controvérsia doutrinária e jurisprudencial. Fala, ao mesmo tempo, em dignidade da pessoa humana, mínimo existencial, máximo desejável, ponderação, sopesamento e reserva do possível. Apesar de temas relevantes e interessantes, seja no âmbito doutrinário seja na prática jurídica, a questão é que não fixa, em verdade, qualquer critério que leve à pretensa unidade ou uniformidade que o incidente tenta promover. Os demais requisitos mostram-se, de igual forma, obscuros. Poder-se-ia questionar, por exemplo, quando uma política pública não é eficiente. Além disso, o que são "cuidados elementares à saúde" e quais são as "outras digressões" dispensadas?

Outro ponto negativo foi a eleição de uma teoria particular para a resolução de uma eventual colisão de princípios. A teoria especificada — a ponderação de Alexy — por si só já apresenta seus problemas, ainda mais em solo brasileiro, onde foi muito mal recebida (como se o sopesamento possibilitasse uma ampliação de poderes do juiz, na concessão de mais discricionariedade). Entretanto, mesmo que se aderisse à teoria de base de Alexy, falharia o intento de resolver a questão, porque, primeiramente, não são apontados os princípios contrapostos. Não há, portanto, como aferir a força *prima facie* de cada um deles. Inverte a ordem de análise proposta por Alexy, colocando a proporcionalidade em sentido estrito como o primeiro passo do processo da ponderação. Além disso, determina ser sopesada, para além dos três passos habituais (adequação, necessidade e proporcionalidade em sentido estrito), a "cláusula da reserva do possível", o que não é consistente com a teoria de Alexy.

O objetivo do IRDR era o de criar segurança jurídica, dissipando dúvidas quanto à aplicação do direito a uma matéria determinada. Ocorre que, tal como formulado no TJSC, é controversa essa capacidade, uma vez que, pela natureza da questão tratada, a questão seja revisitada por uma Corte Superior. As teses, no que toca aos medicamentos não padronizados, são vagas, pouco específicas, confusas e não dão qualquer orientação ao intérprete, que já não tinha, sem a própria existência da solução dada ao incidente.

Observa-se problemática a adoção das teses formuladas no IRDR. Como visto, o incidente, a par de servir para questões jurídicas de direito material ou processual, tem seu raio de ação limitado pelo conhecimento da questão por Cortes superiores. Em uma Constituição analítica e com um federalismo como o brasileiro, em que há uma concentração imensa de poder legiferante da União, não raro as questões jurídicas serão definidas, por último, pelo STF e STJ. Isso se aplica ao IRDR julgado pelo TJSC. Primeiramente, ao tratar do direito à saúde, a discussão necessariamente tem um forte viés constitucional (art. 196 da CF) e, também, refere-se diretamente à legislação federal que regula o SUS (Lei n. 8.080/90). Trata-se, portanto, de matéria sobre a qual se debruçarão tanto o STJ quanto o STF, o que levanta a questão da utilidade do incidente para a regulação da matéria no âmbito do TJSC.

Em relação à tese fixada para os medicamentos e procedimentos listados pelo SUS, já se verifica, de pronto, a sobreposição daquilo que foi definido no IRDR com julgados anteriores do STJ e do STF. Por exemplo, no que toca à necessidade de prévio pedido administrativo, a posição adotada no IRDR[377] difere daquela apontada pelas cortes superiores.

---

[377] SANTA CATARINA. TJSC. *Incidente de Resolução de Demandas Repetitivas n. 0302355-11.2014.8.24.0054*. Rel. Des. Ronei Danielli, Grupo de Câmaras de Direito Público, j. 09-11-2016. "A necessidade de prévio requerimento administrativo con-

Em síntese, o TJSC definiu que há a necessidade de prévio requerimento administrativo para a caracterização do interesse de agir do cidadão. Aplicou-se, basicamente, a lógica já concebida para benefícios previdenciários, conforme decisão do STF com repercussão geral, o que, por si só, é uma analogia questionável, ainda mais quando o STJ admite que a concessão do medicamento ou tratamento dispensa tal requisito, possibilitando que qualquer outro elemento aponte que o Poder Público não ofertou voluntariamente o medicamento prescrito[378], o que pode ser verificado, por exemplo, pela apresentação de contestação, impugnando o direito à concessão do respectivo fármaco[379].

---

figura o interesse de agir do cidadão, na medida em que comprovada resistência à sua pretensão, quer pela negativa, quer pela própria morosidade na resposta. No plano da Previdência Pública, aliás, resta assentado pelo Supremo Tribunal Federal, no julgamento do RE 631240, com repercussão geral, a necessidade prévia de requerimento administrativo como condição para o acesso ao Judiciário (Tema 350). (…) Idêntico raciocínio pode ser aplicado ao caso em comento, o que, ressalta-se, não se confunde com o necessário exaurimento dessa via."

[378] BRASIL. Superior Tribunal de Justiça. *REsp 646.443/RS*, Rel. Ministro João Otávio de Noronha, Segunda Turma, julg. em 16/09/2004, DJ 29/11/2004, p. 306. "RECURSO ESPECIAL. PROCESSUAL CIVIL. HONORÁRIOS DE ADVOGADO DEVIDOS PELO ESTADO À DEFENSORIA PÚBLICA. IMPOSSIBILIDADE. CONFUSÃO. ART. 381 DO NOVO DO CÓDIGO CIVIL. FORNECIMENTO DE MEDICAMENTO. INTERESSE DE AGIR. (…) 3. Proposta ação judicial visando o fornecimento de medicamento — remédio para o tratamento de doença cerebral isquêmica — não deve ela ser extinta por falta de interesse processual (art. 267, IV, do CPC) na hipótese em que o Estado, meses após a manifestação de pedido administrativo e depois da instauração da demanda, vem a fornecer a medicação postulada. Nesse caso, deve a ação ser extinta em razão de o réu haver reconhecido a procedência do pedido (CPC, art. 269, II).

[379] BRASIL. Superior Tribunal de Justiça. *AgRg no REsp 1492148/SC*, Rel. Min. Assusete Magalhães, Segunda Turma, julgado em 10/03/2016, DJe 17/03/2016. "PROCESSUAL CIVIL E ADMINISTRATIVO. AGRAVO REGIMENTAL NO RECURSO ESPECIAL. DIREITO À SAÚDE. FORNECIMENTO DE MEDICAMENTO. AUSÊNCIA DE PRÉVIO REQUERIMENTO ADMINISTRATIVO. DESNECESSIDADE, NO CASO. PRETENSÃO RESISTIDA. CONTESTAÇÃO QUE SE INSURGE, NO MÉRITO, CONTRA O PEDIDO E AFIRMA A IMPOSSIBILIDADE DE ATENDIMENTO DA PRETENSÃO. INTERESSE DE AGIR PRESENTE. AGRAVO REGIMENTAL IMPROVIDO. I. Recurso Especial manifestado contra acórdão que, nos autos de ação na qual os ora recorridos postulam o fornecimento de medicamentos, manteve sentença que extinguira o feito, sem exame do mérito, por ausência de prévio requerimento administrativo. II. No caso, o ESTADO DE SANTA CATARINA, ora agravante, arguiu, na defesa, a preliminar de ausência de interesse de agir dos autores da demanda, e, no mérito, contestou a pretensão da inicial, alegando que (a) o fornecimento do medicamen-

A analogia realizada entre o Tema 350 do STF e a necessidade de pedido administrativo prévio de determinado medicamento não parece apropriada. A situação fática de quem necessita de um medicamento para salvaguarda de sua saúde é diversa daquele que pretende obter um benefício previdenciário. Por certo, nas duas situações, o fornecimento do fármaco ou os valores percebidos no respectivo benefício irão proporcionar melhoras nas condições dos beneficiários, contudo a saúde, por certo, exige, muitas vezes, uma agilidade incompatível com a burocracia estatal. Se a demora na concessão de um benefício previdenciário pode ser revertida pelo pagamento posterior devidamente atualizado, o mesmo assunto não se pode falar quanto à saúde de um indivíduo. Por isso, não deve prevalecer a analogia entre a necessidade de prévio requerimento administrativo de concessão do medicamento ou tratamento e o que visa à obtenção de benefício previdenciário. O STF, no próprio Tema 350, indicou situações em que é dispensado o prévio pedido administrativo, o que não o fez, contudo, o TJSC, ao tratar do direito à saúde.

4.4.9. INCIDENTE DE ASSUNÇÃO DE COMPETÊNCIA

A doutrina não dispensa ao IAC o mesmo espaço e produção científica que possui o IRDR. Isso ocorre, talvez, por conta da novidade do último, uma vez que, até o CPC/15, não contava o ordenamento jurídico brasileiro com medida semelhante. Por sua vez, o IAC encon-

---

to Miflasona 400mg seria de competência dos Municípios; e (b) o medicamento Clomipramina 25g não é disponibilizado pelo Ministério da Saúde, de modo que a parte autora deveria submeter-se às alternativas terapêuticas fornecidas pelo SUS e pela Secretaria Estadual de Saúde. Nesse contexto, mostra-se inócua a exigência de prévio requerimento administrativo, pois a pretensão dos autores fora expressamente resistida pelo réu, que, no mérito, em sua contestação, demonstrou que o pedido não seria atendido, na forma pretendida pelos agravados, restando, assim, suprida eventual falta de interesse processual. III. Ainda que assim não fosse, o Superior Tribunal de Justiça possui jurisprudência no sentido de que "a mera inclusão de determinado fármaco na listagem de dispensação não assegura sua concreta e real disponibilidade nos postos de atendimento, de modo que o interesse de agir se mantém íntegro diante dessa circunstância" (STJ, AgRg no AREsp 715.208/SC, Rel. Ministro HERMAN BENJAMIN, SEGUNDA TURMA, DJe de 10/09/2015). Nesse sentido: STJ, AgRg no REsp 1.407.279/SC, Rel. Ministro OG FERNANDES, SEGUNDA TURMA, DJe de 20/11/2014; AgRg no AREsp 419.834/PR, Rel. Ministro HERMAN BENJAMIN, SEGUNDA TURMA, DJe de 06/03/2014. IV. Assim, levando em consideração o teor da contestação apresentada pelo agravante e a ausência de demonstração efetiva de que a medicação pleiteada esteja sendo fornecida, não há falar em ausência de interesse de agir dos agravados. V. Agravo Regimental improvido."

tra seu antecedente no incidente de uniformização de jurisprudência (art. 476-479 do CPC/73) ou mesmo (e principalmente) do disposto no art. 555 do CPC/73[380], e, mais remotamente, no art. 861 do CPC/39 (com os prejulgados), aparecendo reformulado no CPC/15 (art. 947). Assevera Lemos que houve "uma verdadeira reformulação no instituto de assunção de competência, que, agora, tem funções ainda mais profundas, com uma importância bem maior"[381].

A atual legislação processual prevê duas hipóteses distintas de cabimento, em qualquer Tribunal[382], do IAC: uma constante no *caput* do art. 947 do CPC/15 e outra em seu §4º. Na primeira, exige-se que se trate, naturalmente, de processo que se encontre no Tribunal, seja recurso, remessa necessária ou ação de competência originária, e que a questão de direito seja relevante e com grande repercussão social[383]. Já na segunda, impõe-se, de igual sorte, que o processo aguarde julgamento pelo Tribunal (também em recurso, remessa necessária ou ação de competência originária), que a questão jurídica seja relevante e que exista ou possa vir a ocorrer divergência interna entre órgãos do próprio Tribunal. Em ambas as situações, a matéria debatida poderá ser atinente ao direito material ou processual[384]. Além disso, não se exige que a questão seja repetitiva; antes, em tais casos, o remédio apropriado, ao menos no âmbito do Tribunal local, seria o IRDR, afastando-se a interposição do IAC[385]. Sintetiza Monnerat que os pressupostos de

---

[380] DIDIER JR.; CUNHA, 2017, p. 757. "O incidente de assunção de competência, previsto no art. 947 do CPC, é uma reformulação do incidente previsto no §1º do art. 555, do CPC-1973."

[381] LEMOS, Vinicius Silva. O incidente de assunção de competência: o aumento da importância e sua modernização no novo código de processo civil. *Revista dialética de direito processual*, v. 152, p. 106-116, nov. 2015, p. 106

[382] FPPC, enunciado n. 468. (art. 947). O incidente de assunção de competência aplica-se em qualquer tribunal.

[383] FPPC, enunciado n. 469. (Art. 947). A "grande repercussão social", pressuposto para a instauração do incidente de assunção de competência, abrange, dentre outras, repercussão jurídica, econômica ou política.

[384] FPPC, enunciado n. 600. (art. 947). O incidente de assunção de competência pode ter por objeto a solução de relevante questão de direito material ou processual.

[385] FPPC, enunciado n. 334, (art. 947). Por força da expressão "sem repetição em múltiplos processos", não cabe o incidente de assunção de competência quando couber julgamento de casos repetitivos.

cabimento do IAC são: "a) *relevante questão de direito,* b) *com grande repercussão social,* c) *sem repetição de processos*" [386].

O IAC talvez seja, dentre todos os novos institutos do CPC/15, aquele que mais respeita a faticidade do direito, porque o órgão regimentalmente competente julga a causa, os fatos particulares de uma controvérsia. Simplesmente se desloca a competência a um órgão superior (e mais plural) dentro do organograma institucional do próprio Tribunal, responsável pela uniformização da jurisprudência[387], que decidirá o recurso, a remessa necessária ou o processo de competência originária. O resultado, portanto, será um acórdão que trata das particularidades do caso e do regramento jurídico apropriado à espécie. Como ressaltam Bruno Nunes e Leonardo Nunes, o IAC "afasta a cisão do julgamento, incumbindo ao órgão indicado no regimento fixar a tese e também julgar o recurso, o reexame ou o processo de competência originária"[388], superando, nesse particular, o incidente de uniformização de jurisprudência[389], que pretendia o descolamento das questões de fato e de direito. Nesse ponto, andou bem o CPC/15, ao não estipular, ao menos aqui, que a função do Tribunal seria a de fixar teses gerais e abstratas com aplicação voltada ao futuro.

O IAC é um instrumento interessante, para simplesmente tornar a discussão acerca da matéria mais ampla. Assim, gera maior debate e, por consequência, permite que sejam trazidos os mais diversos entendimentos, para que, ao final, a decisão se torne mais completa (do ponto de vista argumentativo). Ao menos, aqui, pode-se falar que a decisão do IAC pode se tornar um legítimo precedente. Ao final, ter-se-á uma decisão que, analisando profundamente todos os fundamentos debatidos, estará impregnada de fatos, o que possibilita, ao juiz do futuro, a construção de analogias e distinções. A extirpação dos fatos acarreta a impossibilidade de se criarem analogias entre o caso paradigma e o posterior, o que torna sem sentido o trabalho com precedentes.

---

[386] MONNERAT, 2016, p. 142.

[387] FPPC, enunciado n. 202. (arts. 947, § 1º, 978) O órgão colegiado a que se refere o § 1º do art. 947 deve atender aos mesmos requisitos previstos pelo art. 978.

[388] NUNES, Bruno José Silva; NUNES, Leonardo Silva. Notas sobre os incidentes de resolução de demandas repetitivas e de assunção de competência no novo Código de Processo Civil. In: Edilson Vitorelli (Org.). *Temas Atuais do Ministério Público Federal.* 4 ed. Salvador: JusPodivm, 2016, p. 741-757, p. 754.

[389] ARRUDA ALVIM; CONCEIÇÃO; RIBEIRO; MELLO, 2016, p. 1490.

Ainda sobre a ampliação do debate, defende-se na doutrina, dada a relevância da decisão enquanto padrão decisório para o futuro, que a decisão que admite o incidente deva ter ampla divulgação[390], porque possibilitará a ampla participação, como a realização de audiências públicas, a intervenção do Ministério Público (independente da matéria analisada)[391] e de *amici curiae*[392], inclusive em sustentação oral, quando da admissão[393] ou julgamento do incidente. Mais, deve-se garantir que isso amplie efetivamente o contraditório, cabendo ao juiz o controle de tal questão, admitindo a intervenção de entidades, órgãos ou pessoas que tragam diferentes pontos de vista sobre a matéria[394]. Essas medidas de ampliação da discussão deverão ocorrer, igualmente, na alteração de entendimento sobre o assunto de determinado incidente[395]. A ideia, para tanto, é a utilização analógica de normas atinentes ao processamento de causas repetitivas — em que tais questões são tratadas em pormenores —, eis que, em ambos (IAC e procedimentos

---

390 FPPC, Enunciado n. 591. (arts. 927, §5º; 950, §3º; 979) O tribunal dará ampla publicidade ao acórdão que decidiu pela instauração do incidente de arguição de inconstitucionalidade, incidente de assunção de competência ou incidente de resolução de demandas repetitivas, cabendo, entre outras medidas, sua publicação em seção específica no órgão oficial e indicação clara na página do tribunal na rede mundial de computadores.

391 FPPC, enunciado n. 467. (arts. 947, 179, 976, §2º, 982, III, 983, caput, 984, II, "a") O Ministério Público deve ser obrigatoriamente intimado no incidente de assunção de competência.

392 FPPC, enunciado n. 201. (arts. 947, 983 e 984) Aplicam-se ao incidente de assunção de competência as regras previstas nos arts. 983 e 984.

393 FPPC, enunciado n. 651. (arts. 937, 947, 976 e 984). É admissível sustentação oral na sessão de julgamento designada para o juízo de admissibilidade do incidente de resolução de demandas repetitivas ou do incidente de assunção de competência, sendo legitimados os mesmos sujeitos indicados nos arts. 984 e 947, §1º.

394 FPPC, enunciado n. 659. (arts. 983, 7º, 1.038, I, 927, III, 928 e 138) O relator do julgamento de casos repetitivos e do incidente de assunção de competência tem o dever de zelar pelo equilíbrio do contraditório, por exemplo solicitando a participação, na condição de *amicus curiae,* de pessoas, órgãos ou entidades capazes de sustentar diferentes pontos de vista.

395 FPPC, enunciado n. 461. (arts. 927, §2º, e art. 947) O disposto no §2º do art. 927 aplica-se ao incidente de assunção de competência.

de resolução de questões repetitivas), há o objetivo de formação de um padrão decisório para o futuro[396].

Acontece que, por outro lado, talvez seja o IAC o mais problemático dos institutos da nova codificação, visto que, por mais paradoxal que possa aparecer, seu objetivo é o de impedir a discussão das questões por ele decididas. Na hipótese de cabimento trazida pelo art. 947, §4º, do CPC/15, a referência é expressa sobre o caráter preventivo (padronização decisória preventiva) do instituto. Já no caso do *caput*, embora não seja repetida a mesma fórmula, a falta de menção a qualquer critério de existência real ou potencial de dissenso acarreta sua livre utilização em ambas as situações, ou, mais extenso ainda, prescinde de qualquer uma delas, o que torna mais arbitrário o uso do instituto. Portanto, de uma forma ou de outra, trata-se de um instrumento para a prevenção de dissensos, o qual tem por finalidade "prevenir a controvérsia sobre determinada matéria"[397]. Contudo, com isso, há o açodamento argumentativo que acarreta um déficit ao próprio direito, na medida em que a matéria não estará bem desenvolvida, em todas suas nuances, na própria prática jurídica, mesmo porque não houve multiplicação de demandas (e de decisões) sobre o tema. Essa padronização decisória preventiva impede o próprio desenvolvimento do direito e traz o risco sério de engessamento, na medida em que a decisão somente não será observada no caso da revisão de tese, procedida pelo mesmo órgão colegiado.

A crença generalizada é que a utilização de um procedimento com ampla publicidade e participação promoverá a qualificação do debate e, por consequência, permitirá a construção de padrões decisórios de

---

[396] DIDIER JR.; CUNHA, 2017, p. 761. "O incidente de assunção de competência não pertence ao microssistema de gestão e julgamento de casos repetitivos (CPC, art. 928). A informação é relevante. O julgamento de casos repetitivos é gênero de incidentes que possuem natureza híbrida: servem para gerir e julgar casos repetitivos e, também, para formar precedentes obrigatórios. Por isso, esses incidentes pertencem a dois microssistemas: o de gestão e julgamento de casos repetitivos e o de formação concentrada de precedentes obrigatórios; o incidente de assunção de competência pertence apenas ao último desses microssistemas. Por isso, apenas as normas que dizem respeito à função de formação e aplicação de precedentes obrigatórios devem aplicar-se ao incidente de assunção de competência; as normas relativas à gestão e julgamento de casos repetitivos (como a paralisação de processos à espera da decisão paradigma) não se lhe aplicam."

[397] FREIRE; SCHMITZ, 2016, p. 1225.

observância obrigatória aos juízes e Tribunais[398]. Não há estudo empírico que demonstre, efetivamente, que tais circunstâncias promovam a discussão de todos os pontos possíveis no debate de determinada questão. Ainda que assim fosse, impossibilitaria, de qualquer sorte, o litigante do futuro — que nem imaginaria que a decisão do incidente lhe afetaria em qualquer momento da vida — levantar e debater as questões já tratadas, oportunizando, quando muito, suscitar novas teses, para, quem sabe, tentar a superação do entendimento anteriormente fixado.

Dierle Nunes assevera que a utilização de uma decisão como precedente — como o que objetiva o IAC — deve obedecer a algumas premissas, dentre as quais a do "esgotamento prévio da temática ante de sua utilização como um padrão decisório (...)"[399]. O IAC anda na contramão de tal assertiva. Ora, ele é justamente o seu oposto, uma vez que não permite que floresçam diferentes pontos de vistas senão aquele preventivamente fixado pelo Tribunal. Entendido — como equivocadamente faz parcela da doutrina — como um "precedente vinculante"[400] ou como parte de um "microssistema de formação concentrada de precedentes obrigatórios"[401], evitam-se a possibilidade de evolução do direito e o nascimento de outras correntes de pensamento que poderiam ser, por vezes, mais coerentes e íntegras. Tal como codificado, portanto, o IAC representa o risco de açodamento e estagnação da ordem jurídica, fazendo parte da "formação equivocada de padrões decisórios, com preocupante aplicação mecânica dos julgadores de primeiro e segundo grau"[402].

---

[398] DIDIER JR.; CUNHA, 2017, p. 761. "O microssistema de formação concentrada de precedentes obrigatórios contém normas que determinam a ampliação da cognição, com qualificação do debate para a formação do precedente, com a exigência de fundamentação reforçada e de ampla publicidade. Essas normas compõem o núcleo desse microssistema."

[399] NUNES, Dierle, Processualismo constitucional democrático e o dimensionamento de técnicas para a litigiosidade repetitiva: a litigância de interesse público e as tendências "não compreendidas" de padronização decisória. *Revista de processo*, n. 199, p. 41-82, set. 2011, p. 81-82.

[400] FPPC, enunciado n. 472. (art. 985, I) Aplica-se o inciso I do art. 985 ao julgamento de recursos repetitivos e ao incidente de assunção de competência.

[401] DIDIER JR.; CUNHA, 2017, p. 761.

[402] NUNES, 2011, p. 82.

O antigo incidente de uniformização de jurisprudência, nesse ponto, era superior ao IAC. Embora nunca tenha funcionado na realidade nacional[403], ele permitia o debate e o surgimento, ao menos inicial, de diferentes posicionamentos, eis que sua admissão era restrita ao reconhecimento prévio da própria divergência jurisprudencial no âmbito do tribunal em que suscitado. Isso decorria do art. 476, I, e do art. 477, ambos do CPC/73. O primeiro referia-se a uma divergência que "ocorre", ou seja, que era efetivamente verificável, dada sua preexistência. Já o segundo exigia que o Tribunal, ao julgar o incidente, reconhecesse a divergência que apontava o artigo anterior. Assim, necessitava-se da preexistência de efetiva divergência jurisprudencial, e não "pela simples possibilidade de que isso ocorra, em face do julgamento a ser proferido"[404].

Houve, é bem verdade, uma espécie de movimento pendular na sucessão da lei processual no tempo, porque o Código de 1939 permitia, em seu art. 861, uma forma de uniformização (pelos prejulgados), quando a divergência "ocorre, ou poderá ocorrer". Acertadamente, o Código Buzaid limitou a possibilidade de cabimento para o dissenso efetivamente já existente. Criticando o incidente de uniformização — diferentemente do que aqui se sustenta —, Cambi ressalta que "esse incidente não é adequado para evitar a ocorrência do dissídio jurisprudencial, servindo somente para que a divergência já estabelecida não se perpetue, (...)"[405]. Defende, portanto, a ampliação do cabimento, "mesmo quando se pressente a divergência"[406]. Contudo, pressentimentos não estão em jogo, quando do julgamento de uma causa. Diferentemente do que sustentava o realista americano Hutcheson Jr.[407], a decisão não é feita por intuição ou pressentimento (*hunch*). O

---

[403] ARRUDA ALVIM; CONCEIÇÃO; RIBEIRO; MELLO, 2016, p. 1490. "O instituto já existia no CPC/73, mas nunca foi, infelizmente, muito utilizado". No mesmo sentido: CAMBI, Eduardo. Jurisprudência lotérica. *Revista dos tribunais*, a. 90, n. 786, p. 122. "(...), os Tribunais não vêm utilizando, com a devida intensidade e energia, o incidente da uniformização de jurisprudencial, (...)"

[404] BRASIL. Superior Tribunal de Justiça. REsp 9.906/RJ. Rel. Min. Eduardo Ribeiro, Terceira Turma, julg. em 26/11/1991, DJ 16/12/1991, p. 18533.

[405] CAMBI, 2001, p. 120.

[406] Ibid., p. 120.

[407] HUTCHESON JR., Joseph C. Judgment Intuitive: The Function of the "Hunch" in Judicial Decision. *Cornell Law Review*, v. 14, n. 3, p. 274-288, abr. 1929. Apesar de aparentar ultrapassado, um realismo jurídico extremo como o de Hutcheson

CPC/15, contudo, volta à fórmula antiga do Código de 1939, permitindo o uso do IAC para "a prevenção ou a composição de divergência" (art. 947, §4º, CPC/15), ocasionando os problemas acima expostos.

Por certo, não se defende, aqui, que o dissídio jurisprudencial seja algo bom ao direito. Antes, buscam-se subsídios para um controle epistemológico à atividade judicial, contra o seu protagonismo e ativismo, por isso almeja-se uma resposta adequada à Constituição, muito mais próxima da *one right answer* de Dworkin e do *hunch* de Hutcheson Jr. Caminha-se distante, assim, do argumento de engrandecimento da divergência jurisprudencial, contudo não há como barrar a necessidade de interpretação no direito. Gadamer já demonstrou o caráter universal da hermenêutica. O estar no mundo exige que o sujeito interprete o que o rodeia, e essa é uma condição existencial do ser-aí. No direito, é inegável a construção de sentido que o intérprete realiza, e, nesses casos, o sistema jurídico dispõe de institutos que objetivam analisar a correção da decisão exarada (como o sistema recursal), ante a possibilidade de interpretações autênticas e não autênticas, em uma linguagem hermenêutica.

Em vários momentos, como o início de vigência de uma nova legislação (como o CPC/15) ou em qualquer inovação tecnológica que revolucione determinado campo do conhecimento, há a possibilidade de dissensos, de versões que competem para a explicação de um determinado fenômeno. São teorias distintas ou pontos de vista diversos sobre as mesmas questões, enfim, diferentes resultados na interpretação de um texto (lembrando que texto, hermeneuticamente falando, é evento). Em um primeiro momento, a divergência não prejudica; antes, é condição de possibilidade para a formação de uma interpretação autêntica, que, espera-se, impor-se-á na própria tradição, porque traz elementos novos à interpretação, que, a cada aplicação no círculo hermenêutico, auxiliará na distinção entre resultados autênticos e inautênticos. Essa é a espiral hermenêutica, em que cada resultado será o ponto inicial à nova aplicação. A divergência pode auxiliar no

---

Jr., ainda hoje, pode-se encontrar, sobretudo em estudos comportamentais (*judicial behavior*), defensores do *hunch*, ou seja, da intuição no momento do julgamento. Sobre o assunto, ver: GUTHRIE, Chris; RACHLINSKI, Jeffrey; WISTRICH, Andrew J. Blinking on the Bench: How Judges Decide Cases. *Cornell Law Review*, v. 93, p. 101-141, 2007. E, também: RICHARDS, Diana. When Judges Have a Hunch: Intuition and Experience in Judicial Decision-Making. *Archiv für Rechts-und Sozialphilosophie*. v. 102, n. 2, p. 245-260, abr. 2016.

desvelamento do ser do ente, na medida em que são confrontadas, na *applicatio*, as diferentes visões com a própria pré-compreensão que compõe o horizonte do intérprete. Permite-se a reavaliação contínua da pré-compreensão, possibilitando que o texto fale (respeito à alteridade do texto).

Isso não torna a dispersão judicial um bem em si mesmo. Antes, objetiva-se que o direito se mantenha coerente e íntegro por uma questão de princípio, contudo não se pode esquecer que cada aplicação acarreta uma criação, uma evolução, como demonstra o romance em cadeia de Dworkin. Assim, o que não se pode permitir é o congelamento de sentidos a partir de uma decisão de um determinado Tribunal. Pior: que isso ocorra de forma preventiva, sem qualquer discussão. Nesse particular, alterar-se-ia a função do juiz da boca da lei para a boca da jurisprudência (sem esquecer, em outra discussão, o "juiz dos princípios"), sem qualquer ganho hermenêutico. Dentre os dois, o juiz "boca da lei" seria preferível, na medida em que a lei, ao menos, é o resultado democrático do processo político, o que é uma evolução no processo histórico, se comparado ao jusnaturalismo, por isso "'cumprir a letra [sic] da lei' significa sim, nos marcos de um regime democrático como o nosso, um avanço considerável"[408], podendo ser ou não uma atitude positivista.

A divergência jurisprudencial, enquanto parte do "elemento interpretativo que caracteriza mais propriamente a experiência jurídica, pode, e deve, ser explorado fenomenologicamente"[409]. Isso significa um constante diálogo — e mesmo a possibilidade de superação de entendimentos anteriores —, sendo que a segurança jurídica esperada não decorrerá do congelamento prévio de sentidos (por isso, na verdade, nem o juiz boca da lei nem o boca da jurisprudência servem). O controle epistemológico estará na reconstrução da história institucional do próprio direito, atentando-se à coerência e à integridade da ordem jurídica.

Outra questão importante é a vinculação à decisão do incidente. Especificamente em relação ao art. 947, §3°, do CPC/15, a inconstitucionalidade fica estampada, na medida em que declara explicitamente que "o acórdão proferido em assunção de competência vinculará todos os juízes e órgãos fracionários, exceto se houver revisão de tese".

---

[408] STRECK, Lenio Luiz. Aplicar a "letra da lei" é uma atitude positivista? *Revista Novos Estudos Jurídicos*, v. 15, n. 1, p. 158-173, jan-abr 2010, p. 170.

[409] Ibid., p. 171.

Freire e Schmitz interpretam o dispositivo à luz dos fundamentos já expostos em defesa do art. 927 do CPC/15. Afirmam que, aqui também, "não há verdadeira vinculação, senão dever de respeito e observância"[410]. Acredita-se desnecessário, contudo, esse duplo dever de observância (art. 927 e 947, §3º, ambos do CPC/15), melhor caminhando a tese da inconstitucionalidade.

Se, no art. 927 do CPC/15, propôs-se que o vocábulo "observarão" não deveria ser tomado no sentido de "estarão vinculados" (observar ≠ vincular), a mesma lógica não pode ser aplicada aqui. Freire e Schmitz defendem, na verdade, o contrário, ao afirmarem que a expressão "vinculará" do art. 947, §3º, do CPC/15, deveria ser lida como "será observada" (vincular = observar). Por vias transversas, contudo, defender-se-ia que a expressão "vinculará" difere da "efetuará a vinculação de" (vincular ≠ vincular), ligada, esta, ao efeito vinculante, o que não parece semanticamente apropriado. Nesse caso, há limites semânticos mínimos que impedem distinguir "vinculará" do efeito vinculante. Além da falta de lógica interna, ao dizer que "vinculará" não necessariamente vinculará, causaria tal visão uma falta de lógica argumentativa sistemática, quando reunida com o que se defende em relação ao art. 927 do CPC/15. Seria falar que: observar ≠ vincular = observar. A situação é incoerente, por isso, insustentável. Se o dispositivo, com o vernáculo, tratou da vinculação e, nos limites já expostos, não é constitucionalmente adequado que a legislação ordinária fixe hipóteses novas de efeito vinculante, a consequente inconstitucionalidade formal é o caminho a seguir.

4.4.10. ORIENTAÇÃO DO PLENÁRIO OU ÓRGÃO ESPECIAL

A orientação do plenário ou órgão especial pode ocorrer em vários momentos diferentes, a depender da organização interna de cada Tribunal, eis que, pela dicção do dispositivo, estão incluídos aqui tanto os Tribunais Superiores quanto os locais. Aqui, vale o mesmo entendimento de que, como regra geral, não se pode conferir, a tal pronunciamento judicial, o efeito vinculante. "A gravidade é, ainda, maior (...) pois o dispositivo legal cria vinculação, não apenas a súmula de tribunal, mas a qualquer outra orientação, administrativa ou jurisdicional, provinda do pleno ou órgão especial (...)"[411]. Como já se frisou,

---
[410] FREIRE; SCHMITZ, 2016, p. 1226.
[411] NERY JR.; NERY, 2015, p. 1843.

a vinculação precisa, necessariamente, de autorização constitucional para tanto, sendo que, na sua falta, torna-se inviável a concessão do efeito esperado.

Há, ao menos aqui, uma exceção. Trata-se do controle concentrado de constitucionalidade exercido pelos Tribunais de Justiça em relação às leis e aos atos normativos estaduais e municipais em face da Constituição estadual, a depender da previsão nela do efeito vinculante. Nesse particular, admite-se a vinculação, ínsita ao controle concentrado, e, assim, poder-se-ia dizer que há uma leitura constitucional adequada ao art. 927, V, do CPC/15. Fora dessa restrita possibilidade, contudo, não se deve atribuir força vinculante aos pronunciamentos referidos no dispositivo legal citado.

4.5. REPERCUSSÃO GERAL

O instituto da repercussão geral, introduzido no direito brasileiro a partir da EC n. 45/04, trata-se de mais uma condição de admissibilidade ao recurso extraordinário, que foi disciplinado, primeiramente, pelos art. 543-A e art. 543-B, ambos do CPC/73. O CPC/15 preocupou-se com a temática, tratando da repercussão geral em uma série de dispositivos, que o relacionam com outros institutos. Dentre todos, contudo, há a centralidade do art. 1.035 do CPC/15, que especifica os casos em que a repercussão geral faz-se presente, disciplinando a forma em que deve ser apresentada pelas partes e analisada pelo Judiciário.

O objetivo da repercussão geral é que sirva como uma "filtragem recursal"[412], eliminando carga substancial de trabalho do STF, que, sobre cada assunto, decidirá — teoricamente — uma só vez, para que a Corte não precise se pronunciar repetidamente sobre cada questão. Miranda de Oliveira indica uma tripla função: (i) a diminuição do número de processos no STF; (ii) a uniformização da interpretação constitucional, sem a decisão de múltiplos processos; e (iii) a firmação do papel do STF como Corte Constitucional, e não como instância recursal[413]. Em que pese a concordância com o autor sobre as duas primeiras, a terceira — apesar de constantemente citada, sobretudo pela função nomofilática da Corte — parece não proceder. Ainda que se ressalte a importância do Tribunal como fixador da interpretação das disposições constitu-

---

[412] MARINONI, Luiz Guilherme; MITIDIERO, Daniel. *Repercussão geral no recurso extraordinário*. 3 ed. São Paulo: RT, 2012, p. 36-37.

[413] MIRANDA DE OLIVERIA, 2016, p. 281-282.

cionais, o fato é que, no sistema constitucional brasileiro, não houve a opção na formação de uma Corte Constitucional, ao menos no que toca ao recurso extraordinário. O STF atua, na maior parte das vezes, como uma corte de revisão, aplicando o direito ao caso em mãos, não como uma de cassação, por isso não parece adequado configurá-lo, a partir da introdução da repercussão geral, como uma Corte Constitucional.

Não se trata, contudo, da volta da arguição de relevância, com a qual não se confunde. Enquanto a arguição detinha um caráter inclusivo, que "possibilitava a admissão do recurso extraordinário — que de outra maneira não seria conhecido (...)"[414], a repercussão geral, ao contrário, possui um viés exclusivo, eis que possibilita "o não-conhecimento do mesmo recurso, caso possa não haver reflexo da referida decisão junto à sociedade"[415]. Lamy ainda anota que a repercussão geral emprega uma concepção transindividual ao recurso, na busca pela efetividade, enquanto a arguição de relevância dependia mais do caráter declaratório — e não satisfativo — do julgamento[416]. Esta, enquanto incidente, demandava a provocação das partes e a formação de instrumento ao STF, já a repercussão geral não necessita nem de um, nem de outro, bem como há diferença entre a votação secreta imposta à primeira e a publicidade à segunda[417].

O reconhecimento da repercussão geral exige uma dupla análise: a relevância e a transcendência. Na fórmula apresentada por Marinoni e Mitidiero: "(repercussão geral = relevância + transcedência)"[418]. A primeira refere-se à importância das questões constitucionais debatidas do ponto de vista econômico, político, social ou jurídico. Já a segunda exige que um interesse além daquele dos sujeitos do processo, em que o recurso seja "voltado para a obtenção de resultados coletivos"[419].

---

[414] LAMY, Eduardo de Avelar. Repercussão geral no recurso extraordinário: a volta da arguição de relevância? In: ARRUDA ALVIM, Teresa; et. al. *Reforma do judiciário*: primeiras reflexões sobre a emenda constitucional n. 45/2004. São Paulo: RT, 2005, p. 167-180, p. 168.

[415] Ibid., p. 178.

[416] Ibid., loc. cit.

[417] Ibid., p. 178-179.

[418] MARINONI; MITIDIERO, 2012, p. 40.

[419] SANTANNA, Ana Carolina Squadri. Repercussão geral do recurso extraordinário. In: FUX, Luiz (Coord.). *Processo constitucional*. Rio de Janeiro: Forense, 2013, p. 353-404, p. 357.

Adverte Arruda Alvim que a avaliação da repercussão geral não está vinculada aos fatos empiricamente observados em um processo, por isso "é manifestação sem qualquer tipo de influência no julgamento intrínseco do cabimento e mérito do recurso extraordinário"[420]. Apesar dessa dupla análise, há casos em que a repercussão geral é presumida, tal como ocorre no § 3º do art. 1.035 do CPC/15, quando houver contrariedade à súmula ou jurisprudência dominante do STF (inciso I), ou tenha a decisão reconhecido a inconstitucionalidade de tratado ou lei federal (inciso III) ou da decisão que resolve o IRDR (art. 987, § 1º, do CPC/15, apesar da tese de inconstitucionalidade).

Funciona o julgamento do recurso extraordinário dotado da repercussão geral como uma causa-piloto, em mais uma técnica de julgamento de demandas repetitivas[421], inclusive com a participação de *amicus curiae*. Bahia expressa preocupação com a adoção e a regulação da repercussão geral ao recurso extraordinário, afirmando que há um problema de legitimidade da decisão, uma vez que haverá apenas alguns casos escolhidos a julgamento, não havendo possibilidade de participação efetiva dos "interessados não participantes", como as partes dos outros processos similares[422].

O ponto principal a ser aqui equacionado é o do efeito da decisão do recurso extraordinário com repercussão geral reconhecida. Do prumo teórico adotado neste trabalho, talvez não seja tão essencial tal investigação, eis que não se defende uma vinculação formal a qualquer pronunciamento judicial, mas ela é útil, na medida em que as diferentes visões sobre o tema são trazidas à consideração.

Havendo o sobrestamento dos demais recursos sobre a mesma questão constitucional, o julgamento do paradigma deveria servir, a princípio, ao caso apreciado, aos sobrestados e aos futuros, contudo, antes dessa conclusão, deve-se salientar que este não é nem um dos pronunciamentos judiciais que se encontram no rol do art. 927, do CPC/15. A rigor, se lá não se encontra — assim como, por exemplo, os embargos de divergência —, a conclusão é a de que não há vinculação ou obrigariedade, quando realizada uma interpretação de que lá estariam os "precedentes for-

---

[420] ARRUDA ALVIM. A EC n. 45 e o instituto da repercussão geral. In: ARRUDA ALVIM, Teresa. et. al. *Reforma do judiciário*: primeiras reflexões sobre a emenda constitucional n. 45/2004. São Paulo: RT, 2005, p. 63-100, p. 75.

[421] BAHIA, 2016, p. 181.

[422] Ibid., p. 187.

malmente vinculantes". Por outro lado, realizando-se uma interpretação *a contrario sensu* do art. 988, § 5º, II, seria um pronunciamento protegido, caso descumprido, com a reclamação, portanto seria um precedente de vinculação forte. Marinoni, por sua vez, defende a obrigatoriedade da decisão do recurso extraordinário com repercussão geral, salientando que se trata tanto de uma vinculação vertical quanto horizontal, apesar de esta última possibilitar a revisão em caso de superação[423].

Apesar de sua falta no rol do art. 927 do CPC/15, não há dúvidas de que a decisão gerará, senão uma vinculação formal, uma vinculação material — tal como qualquer decisão judicial, que acaba por fazer parte da história institucional — e de grande relevância, devendo ser, em regra, observada.

A crítica principal à regulação da repercussão geral deve-se ao fechamento que coloca à rediscussão das matérias já tratadas. Sabe-se que, ao menos de tempos em tempo, deve-se possibilitar que a Corte reveja seu posicionamento, para mantê-lo ou alterá-lo, oxigenando o direito e permitindo seu desenvolvimento judicial. Decidido o mérito do recurso imbuído de repercussão geral, a matéria congela-se no tempo, sendo extremamente difícil fazer que outro caso semelhante chegue à Suprema Corte, principalmente quando se sustenta a superação. Igualmente sério é o reflexo da decisão que nega a existência de repercussão geral, porque a matéria não foi decidida — ao menos naquele feito — e tampouco será em outra causa, uma vez que, não reconhecida a repercussão geral, os demais recursos não serão conhecidos, findando-se no próprio juízo *a quo* (art. 1.030, I, a, do CPC/15). Em que pese se reconhecer o grande volume de casos que assolam a Suprema Corte, não se podem, por isso, fechar as portas aos litigantes e abraçar forma de congelamento de sentidos, o que engessa o direito e impede sua saudável evolução.

4.6. O PAPEL DOS PRONUNCIAMENTOS JUDICIAIS EM INSTITUTOS DO CPC/15

Embora o core do pretenso "sistema de precedentes" esteja no art. 926, art. 927 e art. 489, § 1º, todos do CPC/15, há vários institutos que funcionam com base em pronunciamentos judiciais pretéritos. É bem verdade que, às vezes, usam uns, outras vezes, outros, contudo, em vários pontos específicos, o CPC/15 ressalta a importância do direito juris-

---

[423] MARINONI. 2016a, p. 308.

prudencial à prática jurídica brasileira. Assim, objetiva-se verificar, especificamente, os principais institutos processuais em que haja a aplicação de pronunciamentos judiciais anteriores como forma de determinação.

Obviamente, dada a riqueza que cada instituto sozinho já teria, principalmente face à recente alteração legislativa, não será possível, por ora, esgotar o tratamento de cada um deles. A pesquisa fica restrita, exclusivamente, à relação entre ditos instrumentos e o direito jurisprudencial, devido à importância que detêm os pronunciamentos judiciais até então estudados na moldura e na operacionalização de outros institutos privilegiados pela nova codificação.

A discussão fora desses limites ou a explicação prévia dos institutos foram realizadas, na medida do possível, apenas para melhor se situar quanto às questões mais debatidas doutrinariamente neste início de vigência do CPC/15, portanto não se busca mais que ilustrar o estado da arte e as perplexidades que causam as novidades trazidas à legislação pelo novo código.

4.6.1. ORDEM CRONOLÓGICA DE JULGAMENTOS

O art. 12 do CPC/15, em sua versão original, previa uma obrigação judicial em seguir, para julgamento, a ordem cronológica de conclusão dos processos[424]. A alteração do texto, efetuada pela Lei n. 13.256/16, acabou com a dureza da regra, retirando seu caráter obrigatório, passando a uma mera orientação, para que se cumpra, na medida do possível, o julgamento dos feitos pela ordem cronológica de sua conclusão. Trata-se, ademais, de algo não controlável pela via recursal. Assim, ainda para aqueles que acreditam que persista o dever judicial, será ele existente somente em tese[425].

Há, por certo, pontos positivos que ainda resistem, apesar da modificação legislativa. A questão da *accountability* judicial é mantida, mesmo com a queda da obrigatoriedade de se seguir a ordem cronológica. Remanesce, portanto, a transparência na administração da respectiva

---

[424] CUNHA, Leonardo Carneiro da. Art. 12. In: STRECK, Lenio Luiz; NUNES, Dierle; CUNHA, Leonardo Carneiro da. *Comentários ao código de processo civil*. São Paulo: Saraiva, 2016a, p. 56-60, p. 57. "Como se sabe, conclusão é o ato praticado pela secretaria ou unidade judiciária que certifica estar o processo pronto para o pronunciamento do juiz. Toda a atividade de secretaria foi concluída, sendo os autos encaminhados ao juiz para decisão."

[425] ARRUDA ALVIM; CONCEIÇÃO; RIBEIRO; MELLO, 2016, p. 78.

unidade jurisdicional, podendo o jurisdicionado acompanhar o desenvolvimento das atividades e visualizar, de pronto, a evolução de sua causa em particular. Saberá, portanto, se, naquela unidade, respeita-se fielmente a data de conclusão, se a segue de forma consistente (apesar de não exclusiva), ou se os julgamentos acontecem aleatoriamente, portanto, mesmo sem a obrigação anteriormente imposta, estará a conduta do magistrado, nesse particular, aberta ao escrutínio público, passível de elogios ou críticas. Isso, por si só, concita os juízes a refletirem, ao menos, sobre a forma de gerenciamento dos processos no local em que atuam e, também, cria uma espécie de constrangimento, perante a opinião pública, que, senão impõe, facilita o cumprimento de forma consistente da ordem de conclusão, exigindo razões nos casos de não ser ela seguida.

Dura ou não, interessa ao objeto de pesquisa as disposições do art. 12, § 2º, II e III do CPC/15, inalterados, neste ponto, pela Lei n. 13.256/16. Trata o §2º do citado artigo dos processos excluídos pela regra do *caput*, aqueles casos em que não deve obedecer à lista formulada a partir da ordem cronológica de conclusão. Nesse particular, o dispositivo dá sobrelevada relevância aos julgamentos de casos repetitivos. De pronto, concede ao IRDR e aos recursos especial e extraordinário repetitivos preferência sobre o julgamento de outras causas (como reiterado pelos art. 980 — em relação ao IRDR — e art. 1.037, § 4º — acerca dos recursos repetitivos), excluindo-os da exigência de observância da ordem cronológica (art. 12, § 2º, III do CPC/15) e, consequentemente, de maior espera para decisão final. Trata-se de conferir, a par de sua complexidade, uma "relevância social implícita"[426] a tais procedimentos que tendem à fixação de um entendimento paradigmático, que influenciará uma série de demandas.

Além disso, a replicação da "tese" oriunda de tais institutos aos casos pendentes também escapa à regra do julgamento conforme a ordem cronológica (art. 12, § 2º, II do CPC/15). Se a complexidade e a relevância social foram o mote à exclusão do julgamento dos casos repetitivos da ordem cronológica, aqui, trata-se de considerar, como o faz parcela da doutrina, um "julgamento reputado 'simples' pelo legislador, e eficiente — porque põe fim a muitos processos (...)"[427]. Ainda

---

[426] ARRUDA ALVIM; CONCEIÇÃO; RIBEIRO; MELLO, 2016, p. 79.
[427] Ibid, loc. cit.

que pareça se tratar, de forma intuitiva, de casos "simples", não se pode concordar com a justificativa apresentada.

Não há nada simples em aplicar um caso a outro. Talvez essa seja o maior perigo da instituição de um sistema de precedentes de forma tábula rasa, qual seja, acreditar que pode haver uma aplicação automática e, pior, em bloco (como se refere o respectivo inciso), de um precedente ao caso em mãos. O precedente (assim como a lei) não é uma capa de sentido a ser acoplada a um novo acontecimento. Logo, não há uma aplicação de uma *ratio decidendi* pré-dada por subsunção a um novo conjunto de fatos. A *ratio* deve ser reconstruída a cada nova aplicação. Por mais que existam expedientes procedimentais tendentes ao estabelecimento de "decisões paradigmáticas", sua aplicação aos casos individuais (suspensos ou futuros) demandará esforço intelectual de todos os envolvidos. Haverá a chance de as partes apresentarem sua melhor leitura do precedente e, tentando limitar ou expandir sua *holding*, influenciarem a formação da decisão de seu próprio caso. O processo de tomada de decisão, igualmente, não escapa às dificuldades de se aplicarem precedentes. O juiz, dentro do debate processual estabelecido, também realizará o mesmo exercício de reconstrução, criando analogias e distinções daquele material jurídico trabalhado pelas partes no curso do procedimento, cotejando analiticamente os precedentes citados com as especificidades do caso posto a julgamento.

O mais problemático, contudo, é a lei prever o julgamento em bloco. Tal espécie de julgamento (também conhecido como julgamento por lista ou por relação) caracteriza o estado de falência epistêmica que cerca a presente prática jurídica. As pautas quantitativas acabam por falar mais alto, e, aqui, os problemas de gerenciamento de acervo colocam de lado o próprio direito. Já há uma grande dificuldade de acesso aos tribunais superiores, aumentado ainda mais pela interpretação restritiva (jurisprudência defensiva) dada pelas próprias cortes e, ainda, pelo quase intransponível julgamento monocrático do relator. Os litigantes que ultrapassam tais barreiras esperam, ao menos, ter seu *day in Court*. Em outras palavras, que seu reclamo seja ouvido, levado em consideração não só a tese apresentada, mas todas as circunstâncias que a rodeiam, enfim, todo o debate processual desenvolvido até ali. Quando as mais altas cortes da nação, como o STF e o STJ, deliberam em bloco, retiram dos jurisdicionados essa oportunidade, vez que, na formação das listas, não há espaço para análise de singularidades, de uma distinção, o que importa, exclusivamente, é que se trate da mesma questão jurídica.

O RISTF trata dos julgamentos em lista, dispondo que "podem ser julgados conjuntamente os processos que versarem a mesma questão jurídica, ainda que apresentem peculiaridades"[428]. O RISTJ prevê situação idêntica[429]. O pior é que acarretam um prejuízo à defesa das partes, na medida em que restringem a possibilidade de alegações orais, momento importante do procedimento, em que advogados tentarão influenciar o julgamento que se inicia, mostrando, justamente, as particularidades de sua pretensão, porque o prazo de 15 minutos para a sustentação, o qual poderia ser utilizado em sua inteireza por cada parte, será contado em dobro, mas dividido entre todas as partes que desejam sustentar[430]. Ocorre que cada lista contém centenas de processos. Se a divisão for operada, mesmo que por uma ínfima parte, digamos, dentre dez advogados, a cada um restarão 3 minutos de fala. Se todos desejarem sustentar, um cronômetro seria necessário, porque cada um deles não se utilizaria de mais de alguns segundos. Essa é uma tática para reduzir acesso, diminuir a quantidade de sustentações orais em uma mesma sessão de julgamento e diminuir acervos de forma mais eficiente, rápida. Em um exemplo do neoliberalismo processual, a questão pragmática e quantitativa solapa os direitos das partes e a qualidade das decisões. O discurso da eficiência e da celeridade processual atropela o próprio direito.

Não fossem tais questões, aumentam-se, em muito, os erros judiciários. Nos julgamentos por lista, não raro, ocorrem equívocos primários, dentre eles, colhe-se, no próprio STF, a situação de um processo que já havia sido extinto — pela desistência já homologada — figurar na relação e ter seu mérito analisado. De ofício, em questão de ordem, o relator propôs tornar sem efeito o último julgamento, no que foi acompanhado pela maioria, vencido um dos ministros da respectiva

---

428 Art. 127 do RISTF

429 Art. 153. (...) Parágrafo único. Os processos que versem sobre a mesma questão jurídica, ainda que apresentem aspectos peculiares, poderão ser julgados conjuntamente.

430 Art. 131 (...) § 4º No julgamento conjunto de causas ou recursos sobre questão idêntica, a sustentação oral por mais de um advogado obedecerá ao disposto no § 2º do art. 132.

Art. 132 (...) § 2º Se houver litisconsortes não representados pelo mesmo advogado, o prazo, que se contará em dobro, será dividido igualmente entre os do mesmo grupo, se diversamente entre eles não se convencionar.

Turma[431]. O mesmo destino ocorreu em outros casos, em que um processo incluído erroneamente em uma determinada lista, eis que apresentava questão jurídica diversa da que se estava analisando[432].

A correção, tornando sem efeito o último julgamento, é fundamentada no erro material. Essa interpretação é forçada, uma vez que se trata de típico exemplo de *error in judicando*, no caso, resultante da má apreciação da questão de direito, equívoco que não se presta a ser consertado por erro material. A própria jurisprudência do STF afasta a correção de tal espécie de erro em embargos de declaração.[433] A mesma orientação impede a correção de ofício. Trata-se de uma burla ao art. 463 do CPC/73 e ao art. 494 do CPC/15, uma vez que, decidido o caso, certo ou errado, o juiz não pode alterá-lo, salvo para a correção de erro material ou por embargos de declaração, sendo que, na espécie, não há o primeiro, e a matéria é estranha ao segundo. Ampliar o julgamento em bloco, mesmo que para aplicação de um dito "precedente qualificado", é temerário e será fonte de outros tantos equívocos e alastrará as tentativas de consertos de legalidade duvidosa.

---

431 BRASIL. Supremo Tribunal Federal. *AI 817157 AgR-QO*, Rel. Min. Ricardo Lewandowski, Primeira Turma, julg. em 22/02/2011, DJe-065, divulg. 05-04-2011, public. 06-04-2011. Em situação análoga: BRASIL. Supremo Tribunal Federal. *AI 669748 AgR-QO*, Rel. Min. Celso de Mello, Segunda Turma, julg. em 11/12/2007, DJe-030, divulg. 18-02-2010, public. 19-02-2010.

432 BRASIL. Supremo Tribunal Federal. *RE 495735 QO*. Rel. Min. Cármen Lúcia, Tribunal Pleno, julg. em 29/04/2009, DJe-148, divulg. 06-08-2009, public. 07-08-2009; BRASIL. Supremo Tribunal Federal. *RE 291046 AgR-QO*. Rel. Min. Gilmar Mendes, Segunda Turma, julg. em 18/04/2006, DJ 09-06-2006, p. 35; BRASIL. Supremo Tribunal Federal. *AI 559486 AgR-QO*. Rel. Min. Gilmar Mendes, Segunda Turma, julg. em 18/04/2006, DJ 23-06-2006, p. 63; BRASIL. Supremo Tribunal Federal. *RE 335610 AgR-QO*, Rel. Min. Gilmar Mendes, Segunda Turma, julg. 18/04/2006, DJ 04-08-2006, p. 70; BRASIL. Supremo Tribunal Federal. *AI 538361 AgR-QO*. Rel. Min. Gilmar Mendes, Segunda Turma, julg. em 14/02/2006, DJ 07-04-2006, p. 52; BRASIL. Supremo Tribunal Federal. *AI 388435 AgR-QO*, Rel. Min. Gilmar Mendes, Segunda Turma, julg. em 14/02/2006, DJ 10-03-2006, p. 49.

433 BRASIL. Supremo Tribunal Federal. *MI 1311 AgR-ED*. Rel. Min. Celso de Mello, Tribunal Pleno, julg. em 19/08/2015, DJe-198, divulg. 01-10-2015, public. 02-10-2015; BRASIL. Supremo Tribunal Federal. *MS 26384 AgR-ED-ED*. Rel. Min. Celso de Mello, Segunda Turma, julg. em 19/05/2015.

4.6.2. TUTELA DA EVIDÊNCIA

Dentre os institutos que o CPC/15 privilegiou, encontra-se a tutela da evidência, ou, como indica Amaral, a tutela das posições jurídicas prováveis[434]. Trata-se de uma técnica processual destinada a garantir àquela parte que demonstre possuir, de tal sorte, razão, que não se justifica impor a ela o ônus do tempo do processo. Por certo, a mora processual existe, precipuamente, para que o processo sirva de meio para a resolução justa da lide. O próprio exercício dos direitos fundamentais dos litigantes, como o devido processo legal, contraditório e ampla defesa (de onde decorre o direito à prova, por exemplo), exige uma dilação no tempo, que é normal, e não pode ser atropelada sob a justificativa de celeridade ou eficiência. Por certo, essa parcela inevitável de tempo desfavorecerá alguma das partes. Para que haja uma distribuição equitativa do ônus do tempo do processo, há a previsão de técnicas processuais (de tutela provisória), para que não só uma parte, invariavelmente, arque com este efeito temporal[435]. Dentre elas, encontra-se a tutela da evidência, que busca transferir tal ônus daquele que apresenta uma alta probabilidade de êxito, para a parte que, ao contrário, não parece ter uma defesa substancial.

Aumenta-se essencialmente o grau de probabilidade de deter o direito alegado (e, em consequência, de êxito na demanda) da parte que requer a medida, de tal modo que se dispensa a ocorrência da urgência, ou seja, será concedida "independentemente da demonstração de perigo de dano ou de risco ao resultado útil do processo" (art. 311, caput, CPC/15). Como ressalta Costa, "(...) salta-se do plano da mera

---

[434] AMARAL, Guilherme Rizzo. *Comentários às alterações do novo CPC*. 2 ed. São Paulo: RT, 2016, p. 411.

[435] FIALHO, Arthur Monteiro Lins; BONIFÁCIO, Artur Cortez. O efetivo acesso ao judiciário e o tempo processual sob a perspectiva da tutela de evidência. *Revista de cidadania e acesso à Justiça*, Curitiba, v. 1, n. 2, p. 726-747, jul./dez. 2016, p. 735. "Trata-se de um custo necessário, porém o legislador deve tentar fazer com que o ônus do tempo seja partilhado de forma harmoniosa e justa entre as partes, evitando que apenas um delas fique indevidamente sobrecarregada pelos efeitos temporais. (...) Se por um lado, não se pode permitir que o tempo seja um aliado para aquele que não consegue apresentar em juízo elementos que no mínimo causem dúvida razoável acerca do direito pleiteado em seu desfavor, usando o processo apenas como ferramenta para postergar o cumprimento de suas obrigações, por outro, também haverá momentos em que a demora processual será a única forma de se alcançar a efetiva justiça."

verossimilhança para o da *quase certeza*"[436]. Esse espírito de "quase certeza" e a exigência de prova documental pré-constituída aproximam o instituto em análise do mandado de segurança, ao menos no que toca à liminar, eis que equivale ao "direito líquido e certo" exigido por este[437].

Embora seja, pela primeira vez, albergada pela legislação processual de forma expressa, como um instituto próprio, não se trata, por certo, de uma novidade absoluta no ordenamento jurídico brasileiro. Basta lembrar do art. 273, § 6º, do CPC/73, que possibilitava a concessão da antecipação dos efeitos da tutela em relação ao pedido ou parte dele que restasse incontroverso. Igualmente, a situação descrita no art. 311, I, do CPC/15 remete àquela anteriormente verificada no art. 273, II, do CPC/73. Mesmo a legislação extravagante também prevê hipótese anteriores ao CPC/15, como na ação de despejo, nos casos do art. 59, § 1º, da Lei n. 8.245/91 (à exceção do inciso VI). Há uma evolução, por certo, ao se separar uma situação de outra de forma mais clara, como fez a nova codificação. Deixam-se mais claras aos juristas as hipóteses em que deverá comprovar a urgência da medida e em que ela está dispensada, por ser gritante (portanto, evidente) deter a parte requerente em relação ao direito material discutido no processo.

Deve-se lembrar, contudo, que a tutela da evidência possui a mesma natureza jurídica da tutela antecipada, trata da mesma espécie de provimento, qual seja, fornecer, desde já (portanto, de forma provisória) o bem da vida perseguido pelo interessado. Consequentemente, ambas apresentam um caráter satisfativo. Em resumo, ambas se destinam ao mesmo fim, utilizando-se, para tanto, de técnicas processuais diferentes.

Faz-se necessário, aqui, distinguir tutelas jurisdicionais (tutela-fim) e técnicas processuais (tutela-meio). As primeiras dizem respeito à perseguição ou proteção ao direito material discutido no processo. Trata-se, portanto, da tutela jurisdicional como tutela-fim, ou seja, é aquela buscada ao fim do processo, com o acerto da relação de direito

---

[436] COSTA, Eduardo José da Fonseca. Art. 311, In: STRECK, Lenio Luiz; NUNES, Dierle; CUNHA, Leonardo Carneiro da. *Comentários ao código de processo civil*. São Paulo: Saraiva, 2016, p. 448-455, p. 448.

[437] CÂMARA, 2017, p. 173. "Tem-se aí, então situação equivalente àquela do mandado de segurança, cuja concessão exige a demonstração de direito líquido e certo (assim compreendido aquele direito cujo fato constitutivo é demonstrável através de prova exclusivamente documental e preconstituída)."

material entabulada. Por isso, a espécie de tutela estará intrinsecamente ligada ao provimento jurisdicional perseguido (pedido) pelo interessado, com base no direito material alegado. Por isso, será ela final e permanente, eis que protegida pela imutabilidade da coisa julgada material. Ter-se-ão, assim, as tutelas específica, reparatória, inibitória, dentre outras. Contudo, pode-se estudar a questão da tutela sob a óptica de seus fins internos, estabelecendo a tutela jurisdicional como um meio, e, nesse particular, cumprir-se-ão duas funções primordiais: a conservação do processo e a satisfação do interessado. O CPC/15 trata dessa espécie como tutela provisória. Nesse passo, divide-se tal espécie de tutela pelas técnicas processuais que a viabilizam. Portanto, para a atividade conservativa, ter-se-á a técnica acautelatória. Em relação à atividade satisfativa, o interessado poderá usar duas técnicas distintas: a tutela antecipada (tutela-meio urgente) e a tutela de evidência, a depender da existência ou não da urgência e do grau de probabilidade de existência do próprio direito material. Assim, o interessado poderá utilizar uma ou outra, ou mesmo ambas, para alcançar a proteção pretendida[438].

Duas questões apontam bastante divergência na doutrina: a possibilidade da concessão da tutela da evidência de ofício e sua concessão de forma liminar, (*inaudita altera pars*), sem o contraditório prévio. A resposta deve ser negativa em ambos os casos.

O direito processual brasileiro, seja o penal ou o civil, vem caminhando, paulatinamente, para um modelo mais adversarial, em que o juiz, durante o procedimento, funciona como um garantidor da legalidade de todos os atos processuais, evitando imiscuir-se nas funções das partes. Nesse passo, deve-se evitar, sempre, a atuação de ofício do

---

[438] KOEHLER, Frederico Augusto Leopoldino; MIRANDA, Gabriela Expósito Tenório. Conceituação e classificação da antecipação dos efeitos da tutela, da tutela cautelar e da tutela de evidência. In: FREIRE, Alexandre; DANTAS, Bruno; NUNES, Dierle; et. al. *Novas tendências do processo civil*. v. 2. Salvador: Juspodivm, 2014, p. 605-618, p. 613. "Neste item demonstrar-se-á a ideia de que, além do juízo de simples verossimilhança, a técnica antecipatória, em muitas vezes, baseia-se também na urgência; noutros casos, todavia, o juízo de simples verossimilhança é suficiente. A classificação das tutelas em urgência e de evidência, tão em voga atualmente, muito por força do Novo CPC, cujo texto externa a segunda, só tem sentido se se estiver diante da técnica antecipatória. Na verdade, urgência e evidência são pressupostos, por vezes concorrentes, noutras vezes cumulativos, para o deferimento de tal técnica. A importância deste item, do ponto de vista metodológico, é, sem dúvida, manifesta."

juiz. Não há sentido, em um Estado Democrático de Direito, permitir que o magistrado se substitua à parte. Cada litigante poderá (e deverá) defender seus interesses da forma que melhor lhe convier. Por um motivo ou por outro, a parte, primeiro, analisará as eventuais vantagens e desvantagens em requerer alguma medida processual, inclusive quanto ao momento em que deve fazê-lo, e, segundo, escolherá, dentre as técnicas processuais existentes, aquela que melhor se ajuste à sua pretensão. Portanto, é indevido que o juiz proceda a tal análise e escolha, pela parte, aquilo que entenda ser cabível. Antes, a inércia, como corolário da imparcialidade, deverá ser mantida.

Possibilitar a concessão de ofício, antes de tudo, acaba por retroceder o processo civil ao socialismo processual, que, por tal função interventiva por parte do juiz, causou o enfraquecimento e a diminuição da capacidade técnica dos advogados. O juiz não existe para corrigir insuficiência técnica de outros profissionais. Para tanto, há medidas próprias, como a responsabilização civil, sobretudo em relação às chances perdidas, além de medidas administrativas, no âmbito do órgão de classe. Exige-se do magistrado a análise aprofundada do requerimento realizado pela parte. O conhecimento exaustivo da matéria e a correta fundamentação no momento da decisão são as funções do juiz, quando instado a se manifestar. Por isso, mostra-se inviável a concessão da tutela da evidência de ofício.

Não se pode defender, por um viés constitucional do processo, a concessão da medida liminarmente, sem a oitiva prévia da parte adversa. O princípio do contraditório exige que se oportunize, a qualquer litigante, o direito de influenciar qualquer decisão em um determinado processo. Obviamente, há situações que demandam uma análise expedita, que permita que o contraditório seja postergado para momento posterior (contraditório diferido). Contudo, isso se justifica, se, e tão somente se, houver uma circunstância fática tal, que, ouvida a outra parte, ou o tempo necessário para que isso ocorra, acarrete um potencial prejuízo, em síntese, quando houver um perigo de dano ou risco ao resultado útil do processo.

Pense-se em liminares contra o poder público ou planos de saúde para a realização de um procedimento cirúrgico, sem o qual há risco de morte da parte. Por certo, a urgência da medida é tão grande, que não se aguardará eventual citação daqueles, para manifestarem-se sobre o pleito formulado. Da mesma forma, nos casos em que o requerido possa, efetivamente, tornar inviável o cumprimento da própria medida, abre-se a possibilidade do contraditório diferido. Imagine-se, como exemplo, a busca e apreensão de um determinado bem em posse do requerido, quando há fundado receio de que ele o esconda, se deferida a medida. Portanto, qualquer medida *inaudita altera pars*, seja conservativa ou satisfativa, exigirá um plexo de circunstâncias fáticas que indiquem ser inviável o aguardo da manifestação da parte adversa. Contudo, não ocorrendo tais situações na tutela da evidência, uma vez que justamente prescinde do perigo de dano ou ao resultado útil do processo, não há o porquê, por mais certo que seja o direito alegado pelo autor, em deferir a medida sem a audiência da parte contrária. Não há justificativa para afastar o princípio do contraditório, ou exercê-lo de forma diferida.

Isso resta claro, também, na situação do art. 311, II, do CPC/15, eis que o réu poderá apresentar uma distinção em relação ao precedente evocado pelo autor a qual simplesmente faça ruir a argumentação do pedido de tutela da evidência. Não há motivos para que se subtraia essa oportunidade do requerido, ou melhor, esse direito fundamental que lhe é conferido, quando não há qualquer risco ou dano potencial em jogo. Assim, a leitura constitucionalmente adequada do dispositivo legal impede a concessão da tutela de evidência sem ter sido ouvido o réu. Restam, por igual motivo, inconstitucionais as disposições do art. 9º, parágrafo único, II e do art. 311, parágrafo único, ambos do CPC/15.

A impossibilidade de concessão de liminar não impede, por certo, que a parte interessada utilize outras técnicas processuais de tutela-meio, ou mesmo que cumule a tutela da evidência com a tutela antecipada. Como visto, ambas possuem a mesma natureza satisfativa, não havendo razão, para que não se admita um pedido liminar sucessivo. Em outras palavras, descreve-se a situação de perigo de dano, e, concomitantemente, expõem-se as razões jurídicas que demonstrem a plausibilidade do direito (elemento comum da tutela antecipada e da evidência). Se o juiz constatar a situação de perigo, poderá conceder a liminar pretendida. Se a afastar, analisará, após oportunizar o contraditório ao requerido, a possibilidade de concessão da tutela da evidência. Não há, portanto, defasagem em relação ao instituto pela postura ora exposta; antes, há a coordenação lógica entre as diferentes técnicas processuais ou da tutela-meio.

Pode-se cogitar, com a adoção da ideia proposta, que se retirará força do instituto, na medida em que se abre a possibilidade, no mesmo momento processual, do julgamento antecipado (parcial ou não) do pedido. Isso é verdade. Uma resposta débil (p.e., sem impugnação específica aos fatos apontados ou aos pedidos efetuados) pode caracterizar tanto as circunstâncias do art. 311, I ou IV como as do art. 355, I e art. 356, I e II, todos do CPC/15. Aqui, por certo, haverá a prevalência do julgamento antecipado, deixando-se à tutela de evidência apenas aqueles casos em que, apesar de extremamente aparente, ainda seja possível à parte adversa produzir provas que retirem tamanha credibilidade.

Da mesma forma, não caberá a tutela da evidência em caráter antecedente, porque o caráter antecedente é conferido justamente por haver uma situação de urgência que exija um meio expedito de resolução, sem que haja a preocupação de cumprimento de todos os requisitos de uma petição inicial ou da juntada de todos os documentos que se faria, caso houvesse tempo para tanto. Assim, as técnicas processuais de tutela antecipada e cautelar bem cobrem essas hipóteses, não havendo necessidade de se instaurar um procedimento antecedente para a tutela da evidência. Justamente por não haver urgência, não há prejuízo em realizá-la de forma incidental, na petição inicial ou mesmo no curso do processo.

Feitas tais considerações, o estudo se limitará à análise da hipótese do art. 311, II, do CPC/15, eis que se refere, de uma forma ou de outra, ao pretenso "sistema de precedentes"[439]. Trata-se, mais especificamente, da possibilidade de concessão da tutela de evidência no caso de a parte que a requer demonstrar suas alegações de fato exclusivamente por meio de documentos, e a tese jurídica sustentada já tiver sido firmada em julgamento de casos repetitivos ou em súmula vinculante.

Parece ser intuitiva, para Costa, a utilização da jurisprudência e de precedentes para a concessão de liminares em geral. Diante da pressão em que se encontra o juiz, repleto de casos a decidir, nem sempre possui ele o tempo necessário de reflexão, e, nesse particular, os casos anteriores apresentam um caminho a seguir. Há, na visão do autor, uma economia de meios, analisa-se a liminar com menor esforço judicial, e sua reversão será improvável, pelo alinhamento justamente às deliberações anteriores da própria corte de revisão[440]. Ainda que, descritiva-

---

[439] DOTTI, Rogéria. Precedentes judiciais e antecipação: a tutela da evidência no novo CPC. *Revista de direito da ADVOCEF*, a. 11, n. 21, p. 59-75, nov. 2015, p. 67. "Tal hipótese procura unir, de um lado, a necessidade de acelerar a satisfação do direito provável da parte e, de outro, o sistema de respeito aos precedentes judiciais."

[440] COSTA, 2016, p. 449.

mente, tal situação possa ser observada no cotidiano forense, normativamente ela não se sustenta, porque não há facilitações hermenêuticas ou metodológicas no emprego de precedentes. Mais importante, há a responsabilidade política do juiz em resolver uma questão de forma correta, o que faz ruir análises simplistas ou o seguir irrefletido (ou com menos reflexão que a necessária) de um determinado precedente ou da jurisprudência majoritária das cortes de sobreposição. A economia de meios, nesse particular, remonta a uma visão positivista, em que as respostas estão pré-dadas, antes mesmo das perguntas postas por um acontecimento no mundo dos fatos. Em um viés pós-positivista, tal postura de menor esforço acaba por macular a função e a atuação judicial, tornando o magistrado na "boca da jurisprudência." Não se apercebe Costa que, assim como uma lei é um texto e demanda interpretação (que ocorrerá na *applicatio*), o precedente também o é e invariavelmente exigirá, também, o mesmo exercício hermenêutico[441].

A facilidade a que se refere o art. 311, II, do CPC/15, não é, portanto, em relação à simplificação do agir do juiz ou da atenção que demandará dele para a solução. Trata-se, exclusivamente, de uma facilitação exclusivamente voltada à atividade probatória. A tutela de evidência, nesse caso, é técnica processual apta à satisfação provisória nos casos em que o requerente consiga (ou possa) comprovar a situação fática alegada por meio tão somente de documentos[442], portanto, apesar de existir um situação fática de baixa complexidade probatória, a decisão judicial sobre o pedido da tutela de evidência não é situação de equivalente simplicidade.

Além da possibilidade de comprovação da matéria fática exclusivamente por documentos, o código exige que a pretensão esteja amparada por tese jurídica fixada em julgamento de casos repetitivos ou em súmula vinculante. A grande discussão travada é se tais hipóteses são exaustivas ou exemplificativas. Por um lado, o dispositivo traz ex-

---

[441] MACÊDO, Lucas Buril de. Antecipação da tutela por evidência e os precedentes obrigatórios. *Revista de Processo*, v. 242, p. 523-552, abr. 2015, p. 527. "Com efeito, deve-se perceber que a *norma do precedente* é diferente do seu *texto*, sendo equivocado reduzi-la à fundamentação ou qualquer combinação de elementos da decisão do qual advém — da mesma forma que não se deve reduzir a norma legal ao texto da lei."

[442] Ibid., p. 532. "A primeira exigência é de que se trate de situação fática de baixa complexidade probatória, que são aquelas possíveis de serem suficientemente provadas por meio de documentos."

pressamente os pronunciamentos judiciais que entende suficientes à concessão da medida. Nesse particular, não haveria como ampliar as opções do legislador, mesmo porque detém ele uma álea de opções, na sua liberdade de conformação. Assim, admitir outra hipótese aviltaria a decisão democrática realizada no processo legislativo. Por outro lado, há a necessidade de conferir coerência ao sistema jurídico. O jurista, nesse ponto, deve tornar o direito naquilo que ele melhor possa ser, como um empreendimento social distendido no espaço e no tempo. Verifica-se que há uma série de situações que escapam ao enunciado legal, apesar de deterem, senão igual, até maior relevância.

Imagine-se que um determinado dispositivo legal tenha sido excluído do sistema jurídico, pelo julgamento de inconstitucionalidade proferido pelo STF em controle concentrado. A norma não existe mais no ordenamento jurídico, contudo a Administração Pública continua a aplicá-lo, com o fito de impor ao cidadão, por exemplo, o pagamento de um tributo. Não havendo uma situação de urgência (imagine-se que o pagamento não reduzirá substancialmente a renda ou o modo e qualidade de vida do cidadão), o interessado propõe uma ação, para declarar a inexistência do crédito tributário, e, na inicial, requer a tutela da evidência, uma vez que comprova documentalmente a situação fática (com a certidão de dívida ativa, com o exercício posterior à declaração de inconstitucionalidade) e alega já haver decisão em controle concentrado. Nesse caso, pode o juiz conceder a proteção pretendida? Pela dicção do art. 311, II, do CPC/15, essa possibilidade estaria descartada. Entretanto, parece desarrazoado que assim se faça. Não há qualquer dúvida razoável da ocorrência do fato e do direito (in)aplicável.

Isso deriva do problema já verificado de que não há, genuinamente, um sistema de precedentes no direito brasileiro em geral e no CPC/15 em particular. Não é guardado o devido alinhamento entre os diversos institutos, dentre os quais, a tutela de evidência, que funcionaria com base em pronunciamentos judiciais pretéritos. Por isso, ora se valoram uns, ora outros, não havendo a sistematização pretendida. Para ultrapassar essa dificuldade, parcela considerável da doutrina entende que justificaria a concessão da tutela de evidência todos aqueles provimentos insertos no art. 927 do CPC/15, face a sua pretensa obrigatoriedade, porém isso não resolve, de vez, a questão, porque o próprio art. 927 do CPC/15 deixa de fora outros pronunciamentos judiciais de relevante função uniformizadora, como os embargos de divergência decididos pelo STF ou STJ.

Como resolver essa situação de pouca sistematicidade? A proposta de Mitidiero é que possa a tutela de evidência basear-se não apenas em julgamentos de casos repetitivos e súmulas vinculantes. Igualmente, haveria a possibilidade de se aventar qualquer precedente do STF ou do STJ, e não somente os recursos repetitivos, enquanto consideradas Cortes de Precedentes, além das decisões em IRDR das cortes inferiores (Cortes de Justiça)[443]. Essa situação só se sustenta na base teórica apresentada pelo autor e, também, por Marinoni. Nesse ponto, há uma coerência interna do argumento, todavia não é o mesmo norte teórico adotado na presente tese, portanto não se poderia chegar ao mesmo resultado. Além da divergência teórica, há um problema pragmático na adoção dessa proposta: trata-se da própria divergência interna que existe no STF e STJ. Não é difícil encontrar posições antagônicas sobre a mesma questão entre seus órgãos fracionados. Isso inviabiliza, ou ao menos dificulta, que qualquer decisão daquelas cortes seja representativa do que é o direito em determinado momento. Não havendo essa certeza sobre o direito, não se pode justificar o deferimento da tutela da evidência.

Os requisitos do art. 311, II, do CPC/15 são dois: a) a certeza sobre os fatos, por produção de prova exclusivamente documental; e b) a alta probabilidade sobre o direito alegado (ou de êxito), estampado em um pronunciamento judicial que justamente represente aquilo que seja o direito de uma determinada comunidade em determinado momento. Nesse particular, "não pode haver controvérsia, na jurisprudência, acerca da procedência do que se pede"[444].

A questão é saber sob quais condições um pronunciamento judicial (ou mesmo de órgãos administrativos) torna certo o direito em que se baseia a pretensão do requerente da tutela da evidência. Nesse passo, os procedimentos que visam à estabilização e uniformização da jurisprudência apresentam melhores condições de cumprirem tal papel, porque, depois da decisão, espera-se que, ao menos por um período de tempo, a matéria esteja pacificada a ponto de ser considerada de tal forma estável, que, no que toca à questão jurídica abordada, torna-se *good law*. Por isso, todos os pronunciamentos judiciais constantes no

---

[443] MITIDIERO, Daniel. Art. 311. In: ARRUDA ALVIM, Teresa; DIDIER JR., Fredie; TALAMINI, Eduardo; DANTAS, Bruno. *Breves comentários ao novo código de processo civil.* 3 ed. São Paulo: RT, 2016b, p. 882-884, p. 883.

[444] MEDINA, José Miguel Garcia. *Curso de direito processual civil moderno.* 3 ed. São Paulo: RT, 2017, p. 508.

rol do art. 927 do CPC/15 preenchem o requisito do art. 311, II, do CPC/15. Além desses, ampliam-se as hipóteses, igualmente, aos embargos de divergência, no que toca à Constituição e ao direito federal. Sobre o direito local, abre-se a oportunidade de utilização, também, das súmulas dos tribunais intermediários.

Questão controvertida é a de utilização de pronunciamentos de órgãos não jurisdicionais. Nesse particular, Costa defende que podem justificar a concessão da tutela de evidência os atos administrativos do próprio Poder Executivo os quais dispensem de seus procuradores o oferecimento de contestação ou recurso e dos precedentes administrativos, "da jurisprudência de órgãos colegiados não judiciários de julgamento estatal"[445]. Três são as razões elencadas para tanto: *a)* evidência do direito alegado, se a jurisprudência administrativa unânime for contra a própria Administração; *b)* qualidade jurídica e imparcialidade de que os órgãos da justiça administrativa dispõem; *c)* instâncias compostas por *experts* da matéria tratada, possibilitando um enfrentamento profundo de questões, por vezes, intrincadas[446].

Dentre os fundamentos de Costa, os itens *b* e *c* são facilmente ultrapassados. A qualidade jurídica e a imparcialidade são características de alguns órgãos administrativos, como bem narra o autor, mas podem, igualmente, faltar-lhes tais elementos em outros tantos. Trata-se de uma constatação empírica casuística, que não justifica, por si só, emprestar força aos precedentes administrativos. Da mesma forma, a qualidade na adjudicação administrativa também apresenta o mesmo traço. Por certo, haverá pessoas qualificadas e outras nem tanto, como em qualquer instituição, pública ou privada. Isso dependerá, também, da forma de seleção. Tratando-se de órgãos vinculados à própria Administração, pode haver designações que atendam mais às conveniências políticas do momento do que ao grau de conhecimento e preparo do indicado. O item *a*, como será analisado em seguida, apresenta um fundamento consistente para a postura do autor.

No mais, há fortes razões tanto para albergar tal ideia quanto para contrariá-la. Nesse caso, pode-se afirmar que há o *judge-made law*, mas não o correspondente poder no âmbito da Administração Pública, em órgãos do Poder Executivo. Ademais, ampliar as hipóteses do art. 311,

---

[445] COSTA, 2016, p. 449.
[446] Ibid., p. 450.

II, para além de pronunciamentos judiciais extrapolaria o limite semântico do dispositivo, porque a certeza exigida sobre a matéria de direito somente ocorreria, se lançado o precedente pela autoridade competente para interpretá-lo de forma autêntica, ou seja, o próprio Judiciário. Por isso, realizar uma interpretação extensiva aos demais pronunciamentos judiciais seria viável (e desejável), eis que se permaneceria na mesma *law-making autority*. Contudo, transpor tal limite e buscar no Poder Executivo fundamento para se fixar a alta probabilidade do direito pretendido seria um grave equívoco.

Por outro lado, a favor da utilização de atos e precedentes administrativos[447], existem outros bons fundamentos. Primeiro, a atividade de interpretar o direito não é exclusiva do Judiciário. Todos os cidadãos assim o fazem, em uma sociedade aberta de intérpretes[448]. Com a Administração, não seria diferente. Na atividade de cumprir as metas estabelecidas em lei, o Executivo necessariamente a interpretará ou os seus próprios atos normativos e, nesse processo, definirá a forma de cumprimento da política pública correspondente. Em outras palavras, organizará a forma pela qual o cidadão vai exercer seu direito, de fato, em determinada área, a exemplo do Sistema Único de Saúde, para atendimento relativo ao direito à saúde; programas sociais de moradia de baixo custo, para o direito à moradia, e assim por diante. No seu ambiente interno de resolução de conflitos, situação idêntica será verificada. Os órgãos administrativos, ao resolverem controvérsias entre a Administração e o cidadão, criarão direito, ainda que em âmbito interno, contudo o julgamento (ou uma série deles) extravaza o próprio órgão, para conferir um direito subjetivo ao cidadão face à Administração.

---

[447] CARVALHO, Gustavo Marinho de. *Precedentes administrativos no direito brasileiro*. São Paulo: Contracorrente, 2015, p. 121. "Para nós, *precedente administrativo é a norma jurídica extraída por indução de um ato administrativo individual e concreto, do tipo decisório, ampliativo ou restritivo da esfera jurídica dos administrados, e que vincula o comportamento da Administração Pública para todos os casos posteriores e substancialmente similares. Em outras palavras: casos substancialmente similares deverão ter a mesma solução jurídica por parte da Administração Pública.*" (grifos no original).

[448] HÄBERLE, Peter. *Hermenêutica constitucional*: a sociedade aberta dos intérpretes da constituição - contribuição para a interpretação pluralista e "procedimental" da constituição. Reimpressão. Tradução: Gilmar Ferreira Mendes. Porto Alegre: Sérgio Fabris, 2002.

A base da criação do direito ao cidadão reside no dever de autovinculação administrativa, ou seja, na vinculação da Administração "a pautas decisórias que provêm de seu próprio âmbito de atuação"[449]. Isso também se refere aos atos normativos, que somente não serão cumpridos em caso de revogação ou invalidação, seja pelo próprio Executivo ou pelo Judiciário. Essa autovinculação faz voltar à tona o item *a* descrito por Costa. Com efeito, se a Administração possui a obrigação de seguir seus próprios padrões decisórios, haverá um direito contraposto a ela, qual seja, de o administrado ver observados ditos parâmetros, quando o beneficiem.

Se os precedentes judiciais influenciam a Administração Pública no seu agir[450], também os precedentes administrativos ou atos normativos influirão no Judiciário, mais precipuamente nas decisões tomadas. Nesse ponto, é possível a concessão da tutela de evidência, quando a pretensão, além da comprovação documental requerida, estiver sustentada em precedentes administrativos ou em atos normativos que reconheçam a desnecessidade de apresentação de resposta ou de recurso. Podem-se aplicar, analogicamente, as causas de dispensa da remessa necessária, mais precisamente no contido no art. 496, § 4º, IV, do CPC/15, quando existente "entendimento coincidente com orientação vinculante firmada no âmbito administrativo do próprio ente público, consolidada em manifestação, parecer ou súmula administrativa".

Trata-se de uma forma de reconhecimento da própria Administração de que, em tais hipóteses, o administrado está correto, que detém o direito pleiteado. Isso é suficiente à tutela de evidência, que se baseia em um juízo de probabilidade, ainda que qualificado. Se, no âmbito administrativo, a Administração admite a pretensão, não poderia agir de outro modo, quando se instaura o litígio judicial, senão anuir com a pretensão, eis que, de forma geral, é vedado o comportamento contraditório. Não faria sentido a Administração contestar uma pretensão

---

[449] CARVALHO, 2015, p. 116.

[450] LAMY, Eduardo de Avelar; SCHMITZ, Leonard Ziesemer. A administração pública federal e os precedentes do STF. *Revista de Processo*, v. 214, p. 199-215, 2012, p. 200. "A ideia central deste estudo é a relação entre os precedentes judiciais dos Tribunais Superiores e a atuação processual da Administração Pública. Mais ainda, discutiu-se a posição da Administração Pública quando confrontada com situações de vinculação do precedente judicial. Quis-se demonstrar que há razões não só jurídicas, como políticas e até sociais, para que se dê atenção especial à participação da Administração Pública em Juízo." Sobre o assunto, ver também: OLIVEIRA, 2017.

que administrativamente concede aos cidadãos. Trata-se da aplicação do *venire contra factum proprium*.

Vale lembrar que há de se exercer, judicialmente, o controle de constitucionalidade e legalidade sobre o ato normativo ou mesmo sobre o precedente administrativo. Ainda, em relação a este, há de se construírem as analogias e as distinções em relação aos fatos arguidos no processo judicial e, em relação àquele, verificar se o caso em mãos se amolda à normatização administrativa própria, se é regido, no âmbito administrativo, por aquelas regras. Há que se verificar, também, a identidade subjetiva da Administração Pública, porque determinado ato normativo ou precedente administrativo só irá atingir a Administração Pública que o produziu[451]. Não faria sentido impor ao Estado de Santa Catarina um regulamento ou precedente administrativo exarado pelo Estado da Bahia. Trata-se da autonomia administrativa, que admite a existência de padrões decisórios distintos, às vezes antagônicos, em cada ente público, como os diferentes Estados da federação. Por fim, somente poderão tais parâmetros ser levados em conta para a análise da tutela de evidência na situação de favorecerem o administrado litigante.

4.6.3. JULGAMENTO LIMINAR DE IMPROCEDÊNCIA DO PEDIDO

Outro instituto que funciona com base em pronunciamentos judiciais é o julgamento liminar de improcedência. Trata-se de uma técnica de aceleração do julgamento que visa eliminar, de pronto, ações infundadas. Em outras palavras, em determinadas situações, consideram-se tão débeis os fundamentos do autor, que não lhe permite avançar no rito processual, sequer com a citação da parte adversa, decretando-se desde já a improcedência do pedido.

A codificação anterior já o albergava, desde a sua inclusão pela Lei n. 11.277/06, constando no art. 285-A do CPC/73. Caberia, na vigência do código anterior, o julgamento liminar de improcedência, quando a ma-

---

[451] CARVALHO, 2015, p. 149-150. "O primeiro pressuposto para a configuração de um precedente administrativo está ligado à Administração Pública que o exarou, ou seja, o precedente a ser invocado pelo administrado deve provir da mesma Administração Pública, seja ela direta ou indireta. Em outras palavras: *deve haver correspondência entre o emissor do ato administrativo do qual se extraiu um precedente administrativo e aquele que emitirá a nova decisão à pretensão do administrado*. A mesma exigência, como se nota, não é feita quanto ao administrado." (grifos no original).

téria controvertida fosse unicamente de direito, e, no juízo, já houvesse proferida sentença de total improcedência em outros casos idênticos. A novidade, à época, foi fruto de intensa crítica doutrinária. Vários eram os motivos. Primeiro, a falta de técnica, ao falar em "matéria controvertida". Sabe-se que, no processo, uma determinada questão (ou matéria) torna-se controvertida, quando impugnada pela parte adversa. Se não houve citação, não há logicamente como admitir que uma matéria se tornou controvertida. Segundo, a crítica sobre a expressão "unicamente de direito". Não há direito descolado de fatos que o tornam vivo. A distinção da questão de fato/questão de direito já se encontra superada, não se podendo falar, ainda, em matérias unicamente de fato ou exclusivamente de direito. Por razão semelhante, criticava-se o uso do termo "casos idênticos". Os fatos são irrepetíveis, e cada processo apresenta uma singularidade fática. Casos idênticos seriam aqueles que configurariam a litispendência ou a coisa julgada, nada mais. Pode-se falar em semelhança entre casos, por isso haveria razões para que a solução dada a um fosse a mesma conferida ao outro (*treat like cases alike*). Entretanto, não haverá identidade, "pois dizem respeito a pessoas distintas, em condições de tempo diferentes"[452]. Por fim, muito se debateu a licitude ou mesmo a conveniência de existir o "auto-precedente", ou seja, que o próprio juiz de primeiro grau fixasse a si mesmo uma decisão a ser replicada no futuro, porque, em uma interpretação literal do dispositivo, não se demandava que tal "auto-precedente" estivesse de acordo com o entendimento do tribunal local ou com as cortes superiores. É bem verdade que, jurisprudencialmente, passou-se a exigir essa conformidade, seja com relação às cortes superiores[453], assim como

---

[452] LUIZ, Fernando Vieira. A força dos precedentes na improcedência liminar do pedido. In: LUCON, Paulo Henrique dos Santos; OLIVEIRA, Pedro Miranda de. *Panorama atual do novo CPC*. Florianópolis: Empório do Direito, 2016, p. 163-176, p. 165.

[453] BRASIL. Superior Tribunal de Justiça. REsp 1201357/AC, Rel. Min. Luis Felipe Salomão, Quarta Turma, julgado em 08/09/2015, DJe 29/09/2015. "A aplicação do art. 285-A do CPC, mecanismo de celeridade e economia processual, supõe alinhamento entre o juízo sentenciante, quanto à matéria repetitiva, e o entendimento cristalizado nas instâncias superiores, sobretudo no Superior Tribunal de Justiça e Supremo Tribunal Federal"

aos tribunais a que se encontrava o juiz vinculado[454], o que já era um reclamo da doutrina[455].

Por todas as críticas lançadas, o julgamento liminar de improcedência aparece completamente reformulado na nova codificação. Manteve sua característica primordial, qual seja, o julgamento de improcedência anterior à própria citação da parte adversa, o que fez perdurar a necessidade de prova pré-constituída da matéria fática (documental), modificando-se, no mais, as hipóteses de cabimento. Converteram-se as expressões criticadas da legislação anterior por outras mais acertadas. Nesse passo, trocou-se a expressão "matéria controvertida for unicamente de direito" para "causas que dispensem a fase instrutória". Da mesma forma, acabou-se com o problemático "auto-precedente", apresentando-se os pronunciamentos judiciais que autorizam o julgamento liminar de improcedência.

Outras alterações significativas foram: *a)* a transformação do julgamento liminar de improcedência de uma mera faculdade a um poder-dever do magistrado, com a modificação da expressão "poderá" para "julgará"; *b)* o âmbito de aplicação, que, antes, era restrito ao juízo de primeiro grau e, agora, tornou-se de larga utilização, cabível em qualquer tipo de procedimento, independentemente do rito tomado ou do grau de jurisdição em que se encontre, inclusive causas de competência originária, havendo expressa menção no que tange à ação rescisória (art. 968, § 4°, do CPC/15).

Assim como ocorrera com o art. 285-A do CPC/73, o art. 332 do CPC/15 também enfrenta desafios de inconstitucionalidade. Em relação à norma anterior, houve, inclusive, a propositura de ação direta de inconstitucionalidade, a qual foi julgada extinta, sem o conhecimento de seu mérito — por decisão monocrática —, pela superveniência da nova codificação[456]. Sobre a nova legislação, continuam vozes a defen-

---

[454] BRASIL. Superior Tribunal de Justiça. *REsp 1225227/MS*, Rel. Min. Nancy Andrighi, Terceira Turma, julgado em 28/05/2013, DJe 12/06/2013. "É necessário, para que o objetivo visado pelo legislador seja alcançado, que o entendimento do Juiz de 1° grau esteja em consonância com o entendimento do Tribunal local e dos Tribunais Superiores (dupla conforme)".

[455] ROMANO NETO, Odilon. O alinhamento à jurisprudência como requisito no julgamento de improcedência liminar. In: MENDES, Aluisio Gonçalves de Castro; MARINONI, Luiz Guilherme; ARRUDA ALVIM, Teresa. *Direito jurisprudencial*: volume II. São Paulo: RT, 2014, p. 939-972.

[456] BRASIL. Supremo Tribunal Federal. ADI 3695. Rel. Min. Alexandre de Moraes.

der a inconstitucionalidade do instituto. A principal questão levantada é a violação ao contraditório, uma vez que não permite que o réu, enquanto interessado, possa influir na decisão a ser tomada, o que seria uma decorrência do "contraditório participativo"[457]. Nery Jr. e Nery sustentam, nesse particular, que, mesmo tendo uma causa frágil, o autor possui o direito de ver o réu citado, pois este último pode se submeter voluntariamente à pretensão do requerente. Entretanto, deve ser afastada a eiva, na medida em que não há qualquer prejuízo ao réu[458], "não sendo cogitável a ocorrência de efeitos negativos para o demandado"[459]. Ao contrário, deve-se proceder ao julgamento liminar, para trazer uma situação mais favorável ao requerido, eis que não demandarão dele os ônus comuns de quem litiga, como a contratação de um advogado ou o pagamento de custas processuais.

Em outra vertente, Abboud e Santos sustentam, também, a inconstitucionalidade do instituto, contudo trata-se de questão diversa. Ao reconhecerem os autores a inconstitucionalidade do art. 927 do CPC/15 e de todo o sistema de precedentes que pretendeu fundar, por uma espécie de inconstitucionalidade por arrastamento, deveria o art. 332 CPC/15 também apresentar a mesma mácula. Afirmam que a vinculação a precedentes encontra óbice na independência funcional e na separação dos poderes. Apesar de se acompanhar, parcialmente, a ideia dos autores em relação ao art. 927 do CPC/15, não se anui com a conclusão do resultado a que chegam em relação ao art. 322 do CPC/15. Com efeito, há outras técnicas de aceleração do julgamento que são instituídas por legislação ordinária, sem que haja qualquer dúvida quanto à sua constitucionalidade, como o julgamento antecipado do mérito. De outra banda, também há uma série de dispositivos legais

---

[457] GRECO, Leonardo. *Instituições de processo civil.* v. II. 1 ed. Rio de Janeiro: Forense, 2010, p. 47.

[458] LUIZ, 2016, p. 168. "Caso o objetivo fosse a possibilidade do requerido demover do magistrado um determinado posicionamento para incutir outro, que fosse mais benéfico a quem se manifesta, não haveria dúvida da violação do contraditório e ampla defesa. Mas o caso é diverso. Trata-se de improcedência do pedido do autor que, assim, não poderá surtir qualquer consequência danosa ao réu."

[459] KOEHLER, Frederico Augusto Leopoldino. As novidades do NCPC com relação à improcedência liminar do pedido (art. 285-A do CPC/73, atual art. 332 do NCPC). In: DIDIER JR., Fredie (Coord.); MACÊDO, Lucas Buril de; PEIXOTO, Ravi; FREIRE, Alexandre (Org.). *Coleção novo CPC*: doutrina selecionada. v. 2: procedimento comum. Salvador: Juspodivm, 2016, p. 123-131, p. 125.

que conferem, em maior ou menor grau, maior força a pronunciamentos judiciais, sem, também, ser suscitada qualquer questão constitucional. Exemplo disso é o poder do relator em negar seguimento a recurso extraordinário, quando o STF não tiver, em julgamento anterior, conferido repercussão geral ao tema (art. 1.030, I, *a*, do CPC/15). Deve-se afastar, também, a alegação de quebra da independência funcional e separação de poderes. No primeiro caso, a independência não é sinônimo de discrição ou de qualquer ato de vontade no momento da decisão. O juiz não está autorizado a prolatar uma sentença com base em seu subjetivismo, como se a independência lhe desse tal prerrogativa. Antes, há elementos que constrangem a atuação judicial (fontes do direito), dentre as quais, as decisões judiciais (na forma de precedentes, jurisprudência, súmula etc.) fazem parte. Logo, há a responsabilidade política de o magistrado decidir o caso de forma correta e, para tanto, irá bem utilizar todo este material: Constituição, leis e precedentes.

Cumpre ressaltar que, no direito comparado, há mecanismos similares que impedem o prosseguimento de uma causa considerada frágil, débil, enfim, sem chances reais de êxito. Macêdo cita o *summary judgment* inglês e o instituto português de indeferimento liminar da petição inicial em caso de pedido manifestamente improcedente[460]. Neste último caso, realmente, há uma similitude com o julgamento liminar de improcedência brasileiro, eis que, em ambos, há o enfrentamento do mérito antes de realizada a citação. No caso inglês, o mesmo fato não ocorre, uma vez que, conforme a *Rule 24* do *Civil Procedure Rules*, há o requerimento (*application*) para o *summary judgment*, em que será dada ciência (*notice*) à parte adversa. Além disso, ocorrerá uma audiência para a solução da questão (da *applicaticon*). Ademais, pode beneficiar tanto o autor quanto o réu. Por certo, em nada se aproxima do instituto brasileiro.

Quanto às hipóteses de cabimento, há parcial simetria entre as situações descritas no art. 332 do CPC/15 e aquelas constantes no art. 927 do CPC/15, apesar de não serem idênticas na totalidade. A falta de coerência, tal como em outros institutos, acarreta discussões doutrinárias sobre a natureza do rol do art. 332 do CPC/15, se taxativo ou exemplificativo.

Para tal análise, deve-se verificar no que consiste o rol do art. 332 do CPC/15. Nesse passo, está autorizado o julgamento liminar de improcedência, quando o pedido inicial contrariar: *a*) enunciado de súmula

---

460 MACÊDO, 2017a, p. 491.

do STF ou STJ; *b*) julgamento de recursos especial e extraordinário repetitivos; *c*) entendimento firmado em IRDR ou IAC; *d*) enunciado de súmula de tribunal de justiça sobre direito local.

No primeiro caso, a súmula a que se refere o dispositivo legal tanto pode ser a vinculante (art. 103-A da CF) como as outras, que simplesmente indicam a jurisprudência dominante nos tribunais. A abertura semântica dada possibilita tal leitura, equiparando a situação com aquelas do art. 927, II e IV, do CPC/15.

Na segunda hipótese, cumpre ressaltar que se remete ao art. 927, III, *in fine*, do CPC/15. Trata-se da questão dos recursos extraordinário e especial repetitivos. Como visto, são instrumentos que se destinam a julgar uma ou mais causas, com um rito diferenciado, ampliando-se a produção de argumentos, principalmente pela intervenção de *amici curiae* e pela realização de audiências públicas. Espera-se que, assim, haja uma decisão bem fundamentada, que poderá ser replicada aos casos pendentes e futuros. Devido ao valor dado pelo legislador a tais hipóteses de "procedimentos qualificados", concebeu-se a possibilidade de improcedência liminar do pedido, tendo por base a decisão neles construída.

Isso vale, *in totum*, à terceira situação. Assim, o julgamento realizado em sede de IRDR ou IAC, por tratar-se pretensamente de um procedimento qualificado, permitiria ao juiz conhecer, de pronto, o mérito da causa posta para decretar a improcedência do pedido formulado.

A quarta hipótese talvez seja a mais peculiar, uma vez que não encontra paralelo perfeito no art. 927, V, do CPC/15, uma vez que este se refere à "orientação do plenário ou do órgão especial aos quais estiverem vinculados", enquanto aquela ocorre na presença de "enunciado de súmula de tribunal de justiça sobre direito local". Sabe-se que a formulação da súmula do tribunal local ocorrerá da forma regimentalmente prevista (art. 926, § 1º, do CPC/15). Pode ser que o regimento interno confira ao tribunal pleno ou ao órgão especial a fixação dos enunciados de súmula sobre direito local, contudo não se trata de uma exigência certa. Nesse passo, pode haver a indicação de outro órgão colegiado para tanto, e, quando isso ocorrer, acontecerá a contradição entre o art. 332, IV e o art. 927, V, ambos do CPC/15. Observa-se, portanto, a não equivalência entre os dois dispositivos legais. Trata-se de questão já levantada, da falta de organicidade que se pretendeu dar ao pretendido (e combatido) "sistema de precedentes".

Fora a questão da utilização de pronunciamentos judiciais, há uma quinta hipótese de cabimento do julgamento liminar de improcedência estabelecido no § 1º do art. 332 do CPC/15. Trata-se da verificação, desde logo, da ocorrência da decadência ou prescrição. Não se tratando de tema central à presente tese, nele não se adentrará, visto que há estudo já efetuado sobre o tema[461]. Somente impende salientar, dado o grande debate sobre o assunto, que há a necessidade de prévia intimação do autor, na forma do art. 10 do CPC/15, antes de prolatada a decisão. Há de se oportunizar que ele diga sobre o vício apontado, caso contrário, estar-se-á diante de uma decisão surpresa.

4.6.4. CUMPRIMENTO PROVISÓRIO DE SENTENÇA

Ao que toca ao tema de pesquisa desta tese, interessa verificar a força das decisões pretéritas sobre eventual dispensa de caução no cumprimento provisório de sentença. Impende salientar, por primeiro, que não há uma diferença ontológica entre o cumprimento definitivo e o provisório, eis que os atos executivos, em ambas as situações, são imediatos, "o que é provisório, é o título executivo que fundamenta a prática daqueles atos"[462]. A diferença reside não na qualidade dos atos, mas em sua forma, mais especificadamente, na proteção à possibilidade de reversão do título executivo que eventualmente vier a ocorrer no recurso pendente.

Uma sensível diferença entre o cumprimento provisório e o definitivo está na prática de levantamento de depósito de valores ou de atos que importem no levantamento de valores, na transferência da posse ou na alienação da propriedade, ou naqueles atos que representem "grave dano ao executado" (art. 520, IV, do CPC/15), porque são todas situações que, uma vez praticado o ato, tornam difícil, senão impossível, o retorno ao *status quo ante*, em caso de alteração da decisão que se cumpre provisoriamente. Por isso, a lei impõe a existência de uma forma de garantia contra o risco que há contra o próprio processo e, por consequência, também contra a parte que sofreu os atos de execução,

---

[461] LUIZ, 2016.

[462] BUENO, 2017, p. 1485. Continua o autor expondo que "os atos executivos, isto é, os relativos ao cumprimento da sentença, nada têm de provisórios e são, na verdade, um verdadeiro adiantamento ou antecipação dos atos destinados à satisfação do direito do exequente, ainda que o seu reconhecimento (do direito) não seja, ainda, definitivo."

no caso de modificação do título executivo. Isso é feito pela caução a ser arbitrada pelo juiz.

A caução, que pode ser real ou fidejussória, deve ser suficiente e idônea. Por suficiente, entende-se aquela que seja "bastante para preservar os direitos do executado de eventual insucesso do exequente quanto ao recurso pendente"[463], em valor — ou equivalente — ao menos igual ao do patrimônio alvo do ato executivo a que se refira a caução. A sua idoneidade refere-se ao fato de ser ela "capaz de assegurar o risco da provisoriedade da execução"[464].

Exige-se a caução não como um requisito de procedibilidade do próprio cumprimento provisório — para que possa ser iniciado —, mas tão somente no momento da prática de atos que importem na satisfação do direito perseguido pelo exequente. Importante frisar que há, no CPC/15, uma flagrante contradição entre a forma de cumprimento provisório da sentença (ou de qualquer decisão final do processo) e do julgamento parcial de mérito, porque, neste último, há a dispensa da caução para todos os atos executivos. Contudo, não há razão, para que se dê tratamento jurídico diverso, a depender do mero momento em que uma decisão de mérito, como são ambas, seja tomada. Logo, o art. 356, § 2º, do CPC/15 deve ser compreendido em conjunto com o art. 520 e 521, ambos do mesmo código[465]. Assim, a existência da primeira norma não afeta a aplicação das outras duas, em especial, a do art.

---

[463] NERY JR.; NERY, 2015, p. 1282.

[464] Ibid., loc. cit.

[465] SCHENK, Leonardo Faria. Art. 356. In: STRECK, Lenio Luiz; NUNES, Dierle; CUNHA, Leonardo Carneiro da. *Comentários ao código de processo civil*. São Paulo: Saraiva, 2016, p. 523-525, p. 524-525. "O cumprimento provisório da decisão que antecipa em parte o julgamento do mérito independe de caução (art. 356, § 2º). Essa regra deve ser interpretada em conjunto com as disposições dos arts. 520 e 521, que regulam o cumprimento provisório da sentença e autorizam a exigência de caução nos casos de levantamento de depósito em dinheiro, de transferência de posse ou alienação de propriedade ou de outro direito real e, ainda, quando houver risco de grave dano ao executado. A distinção pelo critério puramente cronológico estabelecida pelo legislador entre o julgamento antecipado parcial do mérito e o seu julgamento final da etapa cognitiva não é o bastante para justificar, nos casos de julgamento antecipado, o rompimento do equilíbrio imposto pela garantia da paridade de armas (art. 7º)."

520, VI, do CPC/15[466]. A mesma lógica é utilizada, por exemplo, para dar tratamento de apelação ao agravo de instrumento contra a decisão que julga parcialmente o mérito da demanda, admitindo, inclusive, o agravo adesivo[467].

Há situações, entretanto, em que se dispensa a parte de prestar a caução ao cumprimento provisório da sentença. A partir da Lei n. 11.232/05, que alterou o CPC/73, houve a introdução de hipóteses de dispensa de caução, contudo o CPC/15 promoveu a ampliação de tais casos, indo além do previsto no art. 475-O do CPC/73. É importante relembrar que, apesar do alargamento das situações de dispensa, trata-se, ainda, de medida excepcional que deve ser interpretada restritivamente. Assim, "não se pode alargar o âmbito de abrangência da norma de exceção, aplicando-a a casos que não estejam expressamente previstos no CPC 521"[468].

Dentre as hipóteses em que a caução pode ser desobrigada, é de relevante interesse a disposição do art. 521, IV, do CPC/15 que dispensa o interessado da prestação da caução, quando a decisão cumprida provisoriamente estiver em consonância com súmula do STF ou do STJ, ou de acordo com acórdão proferido em julgamento de casos repetitivos (IRDR e recursos especial e extraordinário repetitivos). Trata-se de situações em que há uma alta probabilidade do desprovimento do recurso pendente. Assim, poder-se-ia liberar a prestação da caução face à "quase certeza" de que o cumprimento será sustentado pela não reversão da decisão que lhe dá base.

Poder-se-ia, aqui, tentar estabelecer um paralelo entre o requisito da tutela de evidência e o da dispensa da caução, eis que são dois casos de grande probabilidade de êxito. O pensamento é correto. Em ambas as situações, há a grande probabilidade de fazer surgir uma situação benéfica para quem aparenta sair vencedor do litígio. Contudo, isso não induz à ampliação das situações descritas no art. 521 do CPC/15, tal como se defendeu no estudo do art. 311 do CPC/13. Há particularidades que fazem distinguir, em tal ponto, uma da outra.

---

[466] Enunciado n. 49 Enfam. No julgamento antecipado parcial de mérito, o cumprimento provisório da decisão inicia-se independentemente de caução (art. 356, § 2º, do CPC/2015), sendo aplicável, todavia, a regra do art. 520, IV.

[467] MIRANDA DE OLIVEIRA, 2016, p. 115-117.

[468] NERY JR.; NERY, 2015, p. 1285.

A tutela provisória, independente da técnica processual utilizada, detém matriz constitucional, devendo ser aplicada de forma a proporcionar a quem detém a aparência do melhor direito um ônus menor, o de não suportar o tempo do processo. Assim, pode-se afirmar que tão elásticas serão as situações quanto for a probabilidade de êxito do litigante. No que toca à dispensa da caução, por outro lado, não ostenta ela a mesma fonte constitucional. Trata-se de uma benesse legal, para a facilitação do cumprimento provisório, não possuindo o exequente um direito fundamental à dispensa da caução. Logo, há uma maior margem de liberdade de conformação do legislador em decidir por esta ou aquela hipótese e excluir outras. Por consequência, a dispensa ocorrerá somente nos estreitos limites dos casos legalmente previstos, uma vez que se trata de medida excepcional. Portanto, não se devem estender, para além da súmula do STF ou STJ, ou de julgamentos de casos repetitivos, as situações de liberação da prestação de caução. Isso não afasta, contudo, a possibilidade de as partes, por negócio jurídico processual (art. 190 do CPC/15), convencionarem em sentido contrário, ampliando os pronunciamentos judiciais que dariam azo à liberação da caução.

Questão debatida é a possibilidade de dispensa de caução por negócio jurídico processual. Muitos processualistas admitem essa possibilidade,[469] enquanto outros a rechaçam. A objeção à realização da convenção processual está fundada no fato de a caução estar firmada no risco processual, sendo, portanto, norma de ordem pública, acarretando a nulidade do negócio jurídico processual[470], todavia tem razão a primeira corrente, na medida em que há a disponibilidade da garantia prestada. Tanto é assim, que a lei material concebe a existência da caução negocial em diversas hipóteses, como no contrato de locação (art. 37, I, da Lei n. 8.245/91). Além disso, também aponta que a caução se presta a garantir o interesse de uma parte à ação da outra, basta ver o caso, no contrato de compra e venda, em que o comprador cai em insolvência antes do vencimento da dívida (art. 495 do Código Civil), ou, ainda, no contrato de depósito (art. 644, parágrafo único do Código Civil) ou no exercício do usufruto (art. 1.400 do Código Civil). Assim, não lhe confere a função, exclusivamente, de proteção

---

[469] FPPC, Enunciado n. 262.

[470] BUENO, Cassio Scarpinella. Art. 521. In: ARRUDA ALVIM, Teresa; DIDIER JR., Fredie; TALAMINI, Eduardo; DANTAS, Bruno. *Breves comentários ao novo código de processo civil*. 2ª tiragem. São Paulo: RT, 2015, p. 1494-1498, p. 1497.

ao processo; antes, o foco primordial está na proteção à parte, em benefício da qual é instituída. Por isso, acertada a posição que permite a realização do negócio jurídico processual sobre a dispensa de caução no cumprimento provisório da sentença.

Por fim, cumpre ressaltar que a possibilidade do parágrafo único do art. 521 do CPC/15 não afasta interesse no estudo da matéria, porque, mesmo persistindo a possibilidade de instituição de caução em típico caso de sua dispensa, quando houver "manifesto risco de grave dano de difícil ou incerta reparação", a questão não afeta o objeto de análise, eis que sua incidência não prejudica as questões jurídicas suscitadas pela norma anterior.

4.6.5. EMBARGOS DE DECLARAÇÃO

Os embargos de declaração são a forma recursal de integração da própria decisão. Nesse ponto, foge um pouco à lógica do sistema recursal, na medida em que o foco principal não está na reversão ou anulação da decisão a que se refira; antes, busca integrá-la, para esclarecer alguma obscuridade, eliminar contradições, suprir uma eventual omissão do juiz[471], ou corrigir algum erro material[472]. Isso deriva do direito constitucional do litigante "a ver seus conflitos (*lato sensu*) apreciados pelo Poder Judiciário"[473]. Trata-se de recurso com finalidade específica, por isso diz-se ser de fundamentação vinculada. Afasta, assim, tão so-

---

[471] DONIZETTI, 2016, p. 1500. "De acordo com a doutrina e a jurisprudência, há obscuridade quando a redação da decisão não é suficientemente clara, dificultando sua compreensão ou interpretação. Ocorre contradição quando o julgado apresenta proposições inconciliáveis, tornando incerto o provimento jurisdicional. A omissão nos casos em que determinada questão ou ponto controvertido deveria ser apreciado pelo órgão julgador, mas não o foi."

[472] ARRUDA ALVIM; CONCEIÇÃO; RIBEIRO; MELLO. 2016, p. 1635-1636. "**Erro material é o erro: 1. Perceptível por qualquer *homo medius*; 2. E que não tenha, *evidentemente*, correspondido à intenção do juiz.** Vê-se, pois, que o **erro material** é necessariamente manifesto, no sentido de *evidente*, **bem visível, facilmente verificável, perceptível**. Erro, cuja demonstração é complexa, que é difícil de ser percebido, de ser constatado, deixa de poder ser corrigido por mera petição ou por embargos de declaração. A dificuldade de percepção e, portanto, de demonstração, subtrai do erro a característica de ser erro material, corrigível por mera petição simples ou por embargos de declaração." (grifos no original).

[473] ARRUDA ALVIM, Teresa. Embargos de declaração. 3 ed. São Paulo: RT, 2017a, p. 15.

mente o *error in procedendo*, não sendo meio adequado à verificação do conteúdo da decisão, seu grau de justiça (*error in judicando*)[474].

A existência do recurso é questionada por parte da doutrina, afirmando se tratar de uma válvula de escape utilizada para "salvar" decisões não fundamentadas[475], ou seja, provimentos judiciais que seriam *ab ovo* nulos, por afronta ao art. 93, IX, da CF[476]. Como os atos nulos em geral, não seria passível de aproveitamento ou confirmação, não se convalidando no tempo. Nesse passo, não seria possível resgatar uma decisão nula por meio recursal, como se faz com os embargos de declaração. Há quem compare os embargos declaratórios ao personagem Macunaíma, de Mário de Andrade, pois ambos seriam heróis sem caráter, que se prestam a tudo[477].

---

[474] BRASIL. Supremo Tribunal Federal. *MI 1311 AgR-ED*. Rel. Min. Celso de Mello, Tribunal Pleno, julg. em 19/08/2015, DJe-198, divulg. 01-10-2015, public. 02-10-2015.

[475] STRECK, Lenio Luiz; FREIRE, Alexandre. Art. 1.022. In: STRECK, Lenio Luiz; NUNES, Dierle; CUNHA, Leonardo Carneiro da. *Comentários ao código de processo civil*. São Paulo: Saraiva, 2016, p. 1351-1353, p. 1352.

[476] STRECK, Lenio Luiz. O problema do "livre convencimento" e do "protagonismo judicial" nos códigos brasileiros: a vitória do positivismo jurídico. In: BARROS, Flaviane de Magalhães; MORAIS, José Luís Bolzan de (Orgs.). Reforma do processo civil: perspectivas constitucionais. Belo Horizonte: Fórum, 2010, p. 68. Para o autor, restaria "inconstitucional a previsão dos embargos declaratórios stricto sensu e os embargos declaratórios com efeito modificativo (sic), por afronta ao art. 93, IX e art. 5º, LV, da CF. Sua expunção do anteprojeto do Código de Processo Civil faria com que as decisões judiciais sejam como devem ser: sem omissões, sem obscuridades e sem contradições. Simples, pois.

[477] NASCIMENTO, João Luiz Rocha do. Do cumprimento do dever de fundamentar as decisões judiciais: morte dos embargos de declaração, o Macunaíma da dogmática jurídica. Rio de Janeiro: Lumen Juris, 2015. "Os embargos de declaração são o mais autêntico representante da malandragem jurídica nacional e um dos maiores responsáveis pelo estado de natureza hermenêutico em que se encontra mergulhado o direito no Brasil, podendo-se dizer, numa comparação com o protagonista da rapsódia de Mário de Andrade, que se trata do Macunaíma do sistema recursal brasileiro, um herói processual sem nenhum caráter, eis que serve aos mais diferentes propósitos tanto dos juízes — que, ainda presos ao paradigma subjetivista, relativizam o dever de fundamentar, conscientes ou não de que, no fundo, sempre haverá um embargo pronto para 'salvar' ou 'purificar' uma decisão desfundamentada, mal fundamentada ou deficientemente fundamentada — quanto de advogados — que não titubeiam em lançar mão desse jeitinho jurídico para obter uma vantagem (indevida, na maioria das vezes) não possível pelas vias normais."

Em que pesem tais críticas, os embargos de declaração estão arraigados na cultura jurídica nacional. Para o bem ou para o mal, está inserido no *habitus dogmaticus*, e, dessa forma, é necessário retirar desse recurso, dworkinianamente falando, aquilo que ele melhor pode ser para o direito brasileiro. Sob a melhor luz, os embargos de declaração devem ser entendidos não como uma forma de leniência ao dever do juiz de fundamentar suas decisões; antes, possui o caráter de aprimorar o próprio conteúdo decisional, evitando recursos inúteis ou protelatórios[478], assim como idas e vindas recursais.

No que toca ao ponto específico do estudo, cumpre analisar a hipótese do art. 1.022, parágrafo único, I e II, do CPC/15. Está ali, ao menos de forma expressa, a ligação entre esta forma processual e o uso de precedentes e outros pronunciamentos judiciais. Diz o dispositivo que se considerará omissa a decisão que "deixe de se manifestar sobre tese firmada em julgamento de casos repetitivos ou em incidentes de assunção de competência aplicável ao caso sob julgamento" (inciso I), assim como quando "incorra em qualquer das condutas descritas no art. 489, § 1º".

A questão da fundamentação da decisão judicial, principalmente em relação ao art. 489, §1º, do CPC/15 será tratado em capítulo próprio, ante a gigantesca importância que representa, bastando salientar, por ora, que as situações lá descritas são, para o cabimento dos embargos de declaração, meramente exemplificativas, uma vez que a parte interessada pode manejar o recurso contra qualquer forma de omissão. Trata-se do "direito de ver seus argumentos considerados"[479], que acarreta, em contrapartida, a obrigação judicial de analisar todos os fundamentos lançados pelas partes, no diálogo necessário que levará à

---

[478] STRECK; FREIRE, 2016, p. 1353.

[479] BRASIL. Supremo Tribunal Federal. *RMS 31661*. Rel. Min. Gilmar Mendes, Segunda Turma, julg. em 10/12/2013, DJe-086, divulg. 07-05-2014, public. 08-05-2014. "Sobre o direito de ver os seus argumentos contemplados pelo órgão julgador (*Recht auf Berücksichtigung*), que corresponde, obviamente, ao dever do juiz ou da Administração de a eles conferir atenção (*Beachtenspflicht*), pode-se afirmar que envolve não só o dever de tomar conhecimento (*Kenntnisnahmepflicht*), como também o de considerar, séria e detidamente, as razões apresentadas (*Erwägungspflicht*) (Cf.: Dürig/Assmann. in: Maunz-Dürig, Grundgesetz-Kommentar, art. 103, vol. IV, n. 97). É da obrigação de considerar as razões apresentadas que deriva o dever de fundamentar as decisões (Decisão da Corte Constitucional — BVerfGE 11, 218 (218); Cf.: Dürig/Assmann. in: Maunz-Dürig Grundgesetz-Kommentar, art. 103, vol. IV, n. 97)."

decisão final. Digam-se todos, porque mesmo aqueles que não seriam capazes de infirmar a solução dada (art. 489, § 1º, IV, do CPC/15) dependerão da análise judicial, ao menos, para se chegar à conclusão de que, ainda que fossem aceitos, não se modificaria a conclusão adotada pelo julgador.

Sobre a hipótese do inciso I do art. 1.022 do CPC/15, cumpre ressaltar que, de igual forma, sua interpretação deve ser alargada, para albergar todos os pronunciamentos do art. 927 do CPC/15. Como já se lançou, o art. 927 do CPC/15 padeceria de inconstitucionalidade formal, se apreendido como uma forma de obtenção de efeito vinculante (tal como as hipóteses do art. 102, § 2º e 103-A, ambos da CF). Contudo, propõe-se entendê-lo como o "dever de observância", e, ínsito a tal dever, decorre a necessidade do juiz, mesmo que não instado por nem uma das partes, trazer os pronunciamentos lá descrito à discussão (cumprindo, por óbvio, o art. 10 do CPC/15). Como consequência lógica, caberão os embargos de declaração, quando o magistrado não se manifestar, como deveria (mesmo de ofício), sobre aqueles pronunciamentos judiciais. Assim, será o recurso oponível tanto no caso de omissão direta quanto no de omissão indireta[480]. Disso, retira-se que, mesmo nas hipóteses em que a parte não trouxe à discussão determinado precedente ou súmula, poderá ela interpor os respectivos embargos, se o juiz também não o fez, havendo interesse processual.

Em relação às outras decisões que não se encontram no art. 927 do CPC/15, não há a necessidade de conhecimento de ofício. Logo, dependerão da iniciativa da parte trazer à baila a respectiva decisão em seus arrazoados e, caso não analisada, interpor os embargos de declaração, com base na omissão descrita no art. 489, § 1º, VI, do CPC/15. Caso deixe de trazer à discussão precedente estranho àqueles do art. 927 do CPC/15, não poderá o interessado objetivar sua aplicação em sede de embargos de declaração. Remanesceria, nesse particular, o entendimento de que o desalinho do julgamento com o precedente não

---

[480] MAZZEI, Rodrigo. Art. 1022. In: ARRUDA ALVIM, Teresa; DIDIER JR., Fredie; TALAMINI, Eduardo; DANTAS, Bruno. *Breves comentários ao novo código de processo civil*. 3 ed. São Paulo: RT, 2016, p. 2525-2531, p. 2529. "(...): (a) omissão direta, que irá ocorrer quando a decisão judicial deixa de deliberar acerca de questão relevante trazida para debate pelas partes; (b) omissão indireta, que surge quando o ato judicial deixar de se pronunciar sobre questão que, embora não tenha sido suscitada pelo(s) interessado(s), deveria ter sido resolvida de ofício pelo julgador, eis que independe de provocação das partes e não foi acometida pelos efeitos da preclusão."

discutido no curso do processo (e não constante do rol do art. 927 do CPC/15), mesmo que de instância superior, caracterizar-se-ia como mera divergência de entendimento, e não omissão, estando na órbita do *error in judicando*, que não pode ser enfrentado por embargos de declaração[481].

Observa-se que as situações descritas no parágrafo único do art. 1.022 do CPC/15 não são, efetivamente, novas hipóteses de cabimento. Na verdade, tratam de omissões indiretas, que já estariam amparadas pela segunda parte do inciso II do art. 1.022 do CPC/15, naquelas em que o juiz deixa de analisar questões sobre as quais deveria fazê-lo de ofício[482]. Interpretação diversa restringiria indevidamente as hipóteses de cabimento, deixando ao léu outras formas de omissão.

Faz sentido o legislador autorizar o manejo dos embargos de declaração nos casos de omissão indireta, pela economia processual que proporciona[483], na medida em que evita recursos ou ações a outros tribunais, o que demandaria tempo maior de resolução. No caso de ser suscitada matéria de ordem pública, que poderia ser conhecida de ofício, não se pode falar em *reformatio in pejus*, eis que tais questões independem da atuação da parte, autorizando o controle judicial de acordo com o ordenamento jurídico[484].

---

[481] BRASIL. Superior Tribunal de Justiça. *EDcl na Pet 6.642/RS*. Rel. Min. Reynaldo Soares da Fonseca, Terceira Seção, julgado em 26/04/2017, DJe 02/05/2017. "Eventual falta de alinhamento de decisão desta Corte com o entendimento da Corte Suprema, em precedentes não julgados na sistemática da repercussão geral, não constitui omissão, mas mera divergência de entendimento jurisprudencial que se enquadraria como possível error in judicando e que somente pode ser solucionada por meio da via recursal correta e dirigida a instância superior."

[482] MAZZEI, 2016, p. 2531.

[483] ARRUDA ALVIM, 2017a, p. 43. "Em nosso entender, a possibilidade de que se conheça de matéria de ordem pública nos embargos de declaração realiza de modo inequívoco o princípio da economia processual. Por que permitir-se que um processo chegue ao fim, com sentença de mérito, se se estará diante de sentença nula e, portanto, rescindível, abrindo-se, assim, oportunidade para que nasça uma nova ação, um novo processo?"

[484] Ibid., p. 43. "Assim, nada obsta que a parte que obteve oitenta, dos cem que pleiteou, ao pleitear exame e correção de obscuridade, por meio dos embargos de declaração, tenha como resultado de seu recurso a extinção do processo, por ser considerada parte ilegítima, por haver coisa julgada, litispendência, enfim, por faltar quaisquer dos pressupostos genéricos de admissibilidade de apreciação do mérito."

4.6.6. REMESSA NECESSÁRIA

Não se trata, a remessa necessária, de um recurso[485], apesar de haver a utilização do procedimento da apelação, inclusive quanto à possibilidade de julgamento monocrático[486]. Não há, nesse particular ato de propositura pela parte interessada (não há voluntariedade), devendo ser efetuada, de ofício, pelo magistrado ou tribunal. Enquanto não houver a remessa (e seu julgamento), a sentença não produz efeitos, como dispõe o *caput* do art. 496 do CPC/15. Trata-se, dentre as "vantagens processuais"[487] estabelecidas em prol da Fazenda Pública, de uma condição de eficácia da sentença, que obsta, inclusive, seu trânsito em julgado[488]. Caberá a remessa nos casos em que restar vencida, total ou parcialmente, a Fazenda Pública[489]. Isso ocorre em ambos os incisos do art. 496 do CPC/15. Criticando tal vantagem, Talamini afirma ser indevida a criação de tal benefício à Fazenda Pública, razão pela qual o instituto se torna anacrônico e, nesse passo, deveria ter sido suprimido, face à organização, competência e idoneidade das procuradorias dos entes públicos, o que não justifica a desconfiança que está por trás da instituição da remessa necessária[490].

Entende-se por Fazenda Pública a União, os Estados, os Municípios e suas respectivas autarquias e fundações de direito público. Estão incluídas, portanto, as agências reguladoras, que possuem natureza jurídica de autarquias, restando superada, pelo novo código, a súmula

---

[485] NERY JR.; NERY, 2015, p. 1172. "Não é recurso por lhe faltar: tipicidade, voluntariedade, tempestividade, dialeticidade, legitimidade, interesse em recorrer e preparo, características próprias dos recursos."

[486] STJ, Súmula n. 253. O art. 557 do CPC, que autoriza o relator a decidir o recurso, alcança o reexame necessário.

[487] FREIRE, Alexandre; MARQUES, Leonardo Albuquerque. Art. 496. In: STRECK, Lenio Luiz; NUNES, Dierle; CUNHA, Leonardo Carneiro da. *Comentários ao código de processo civil*. São Paulo: Saraiva, 2016, p. 698-701, p. 699.

[488] STF, Súmula n. 423. Não transita em julgado a sentença por haver omitido o recurso "ex officio", que se considera interposto "ex lege".

[489] TALAMINI, Eduardo. Remessa necessária (reexame necessário). *Revista de direito administrativo contemporâneo*. v. 24. a. 4, p. 129-145. São Paulo: RT, maio-jun. 2016, p. 134. Nesse ponto, "a hipótese do inc. II já estaria abrangida pela do inc. I."

[490] TALAMINI, 2016, p. 130.

n. 620 do STF[491]. Por outro lado, deve-se frisar que, apesar de deterem personalidade jurídica de direito público, as empresas públicas não se encaixam na definição de Fazenda Pública a que alude o art. 496 do CPC/15. Logo, as sentenças contra as empresas públicas não se sujeitam à remessa necessária, aplicável *in totum* a interpretação que já era dada à disposição correspondente do código anterior (art. 475 do CPC/73)[492], o que não impede, por certo, a interposição do recurso voluntário.

Não há dúvidas de que, ao passar do tempo, aumentam-se as situações de sua dispensa. Isso pode ser facilmente observável com a modificação considerável para o valor de alçada, que, na vigência da legislação anterior (CPC/73 com a redação dada pela Lei n. 10.352/01), era de 60 salários-mínimos para, com o CPC/15, de 100 a 1.000 salários-mínimos, a depender do nível (federal, estadual ou municipal) que pertencer a Fazenda Pública.

Mesmo a doutrina e a jurisprudência já caminhavam, na vigência do código anterior, no sentido de ampliar tanto quanto possível os casos de dispensa da remessa necessária. Persiste tal entendimento no CPC/15. Isso pode ser visto, quando se trata de julgamento de procedência dos embargos à execução que não a fiscal. Poder-se-ia imaginar que se estaria diante da hipótese do art. 496, II, do CPC/15 e, mesmo afastada esta, do inciso I do mesmo dispositivo, uma vez que genérico, bastando a sentença ser contra a Fazenda Pública. Contudo, a interpretação dada é no sentido de não ser tal decisão submetida à remessa necessária. Entende-se que o inciso II, ao prever exclusivamente a remessa no caso de procedência dos embargos à execução fiscal, excluiu *a contrario sensu* todas as outras espécies de embargos (como, por exemplo, os derivados de execução fundada em título ju-

---

[491] BRASIL. Supremo Tribunal Federal. Súmula n. 620. A sentença proferida contra Autarquias não está sujeita a reexame necessário, salvo quando sucumbente em execução de dívida ativa.

[492] BRASIL. Superior Tribunal de Justiça. *REsp 453.950/CE*, Rel. Min. Francisco Peçanha Martins, Segunda Turma, julg. em 02/09/2004, DJ 11/10/2004, p. 265; BRASIL. Superior Tribunal de Justiça. *REsp 432.634/PE*, Rel. Min. José Delgado, Primeira Turma, julg. em 27/08/2002, DJ 23/09/2002, p. 280; BRASIL. Superior Tribunal de Justiça. *REsp 391.527/PE*, Rel. Min. Garcia Vieira, Primeira Turma, julg. em 26/03/2002, DJ 29/04/2002, p. 191; BRASIL. Superior Tribunal de Justiça. *REsp 384.904/PE*, Rel. Min. Eliana Calmon, Segunda Turma, julg. em 19/02/2002, DJ 08/04/2002, p. 198.

dicial). Igualmente, verifica-se tal intento na interpretação restritiva de "sentença", que, além de afastar a incidência no caso de interlocutórias (à parte a discussão quanto às decisões parciais de mérito), não possibilita a remessa com base em acórdão. Assim, não ocorrerá ela nos casos de ações de competência originária de qualquer tribunal. Por fim, autorizada que está a resolver uma série de litígios pela arbitragem, nela também não ocorrerá a remessa necessária, caso vencida a Fazenda Pública[493].

Exceção a esse intento de alargar o caso de dispensa da remessa necessária, trata-se da avaliação da liquidez da sentença. Nesse passo, as ilíquidas dependerão da remessa como condição de eficácia[494]. Isso deriva de não se saberem, de antemão, os valores debatidos, que, desta feita, poderão ser vultosos. Assim, na dúvida, prefere-se precaver a Fazenda Pública, exigindo-se o cumprimento do comando do art. 496, *caput*, do CPC/15, como fez o STJ, ainda na égide do CPC/73, em sede de recurso especial repetitivo[495], cuja decisão foi albergada, também, pelo STF[496].

Acerca do inciso II, ainda, há a situação do julgamento não dos embargos, mas da exceção de pré-executividade. Imagine-se que é acolhida a tese apresentada em tal exceção, e, como consequência, a execução fiscal é extinta. Deve tal sentença ser submetida à remessa necessária? Aqui, a resposta é, em regra, positiva. Tendo em vista que o mérito dos embargos à execução fiscal pode ser tanto a matéria processual quanto a de direito material, a decisão da exceção de pré-executividade debruçar-se-á sobre matéria típica de embargos e, por consequência, será suscetível de remessa necessária. Assim, há a "necessidade de conferir o mesmo tratamento que seria dispensado caso

---

[493] FPPC Enunciado n. 164. A sentença arbitral contra a Fazenda não está sujeita à remessa necessária.

[494] BRASIL. Superior Tribunal de Justiça. Súmula n. 490. A dispensa de reexame necessário, quando o valor da condenação ou do direito controvertido for inferior a sessenta salários mínimos, não se aplica a sentenças ilíquidas.

[495] BRASIL. Superior Tribunal de Justiça. REsp 1101727/PR, Rel. Min. Hamilton Carvalho, Corte Especial, julg. em 04/11/2009, DJe 03/12/2009.

[496] BRASIL. Supremo Tribunal Federal. ARE 670808 AgR, Rel. Min. Luiz Fux, Primeira Turma, julg. em 08/05/2012, DJe-100, divulg. 22-05-2012, public. 23-05-2012.

a matéria tivesse sido suscitada nos Embargos à Execução Fiscal"[497]. Logo, se da exceção de pré-executividade resultar, por exemplo, a desconstituição do título e consequente extinção da execução, a remessa necessária será devida. Poder-se-ia pensar em dispensa apenas nos casos em que a própria Fazenda Pública concordasse expressamente com os fundamentos lançados na exceção[498].

Além das situações contidas no art. 496 do CPC/15, a legislação extravagante contempla outros casos de remessa e, consequentemente, de sua dispensa. Na ação popular, haverá a remessa no caso de extinção pela carência de ação ou pelo julgamento de improcedência (art. 19 da Lei n. 4.717/65). A sentença que, em mandado de segurança, concede a segurança também está sujeita à remessa necessária (art. 14, § 1º, da Lei n. 12.016/09), aplicando-se, como hipótese de dispensa, o contido no art. 496, § 4º, IV, do CPC/15[499]. Na desapropriação para o fim de reforma agrária, haverá a remessa apenas, quando o valor da condenação for superior a cinquenta por cento daquele ofertado pelo ente público na petição inicial (art. 13, § 1º, da LC n. 76/93). O art. 12 da Medida Provisória 2.180-35/01, atualmente revogada pelo art. 496 do CPC/15, já previa a dispensa da remessa no caso de existir súmula ou instrução normativa do Advogado-Geral da União ou outro órgão competente no mesmo sentido da sentença. Nas causas de competência dos Juizados Especiais Federais (art. 13 da Lei n. 10.259/01) e dos Juizados da Fazenda Pública (art. 11 da Lei n. 12.153/09), não haverá remessa, o que parece ainda mais óbvio com a superveniência do art. 496 do CPC/15.

Outra questão bastante discutida é a possibilidade de o julgamento da remessa necessária resultar em uma situação ainda mais prejudicial à Fazenda Pública. Tendo em vista que o instituto visa protegê-la,

---

[497] BRASIL. Superior Tribunal de Justiça. *AgRg no AgRg no AgRg no AREsp 338.583/CE*, Rel. Min. Herman Benjamin, Segunda Turma, julg. em 06/10/2015, DJe 03/02/2016.

[498] BRASIL. Superior Tribunal de Justiça. *REsp 1415603/CE*, Rel. Min. Herman Benjamin, Segunda Turma, julg. em 22/05/2014, DJe 20/06/2014. "Se a extinção da Execução Fiscal decorre do acolhimento de Exceção de Pré-Executividade, o Reexame Necessário só deve ser dispensado na hipótese em que a Fazenda Pública, intimada para se manifestar sobre a referida objeção processual, expressamente concordou com a procedência do seu conteúdo."

[499] FPPC, Enunciado n. 312. O inciso IV do §4º do art. 496 do CPC aplica-se ao procedimento do mandado de segurança.

questiona-se se não haveria, aqui, uma *reformatio in pejus*, o que seria vedado. Esse é o caminho traçado pela Súmula n. 45 do STJ, ao afirmar que, "no reexame necessário, é defeso, ao tribunal, agravar a condenação imposta à Fazenda Pública", que vem sendo reafirmada de forma consistente pelo Tribunal[500], inclusive em recurso especial repetitivo[501]. Antes da Constituição de 1988, o próprio STF, quando ainda detinha competência, para analisar as questões relativas ao direito federal, possuía idêntico entendimento, seja na vigência do CPC/73[502] ou, ainda, no CPC/39[503].

Essa situação, contudo, é contestada por parcela da doutrina, que afirma não se tratar a remessa necessária de um recurso, portanto não se poderia falar em *reformatio in pejus*[504]. Nery Jr. e Nery sustentam que, aqui, vige o princípio inquisitório, e não o dispositivo, o que acarreta um efeito translativo pleno (e não devolutivo), por isso afirmam que "o agravamento da situação da Fazenda Pública não é reforma para pior, mas consequência natural do reexame integral da sentença, sendo, portanto, possível"[505].

Discutindo, ainda, sobre o cabimento da remessa necessária, há o controvertido caso do julgamento parcial do mérito. Imagine-se que, em uma ação proposta contra a Fazenda Pública, um dos pedidos fosse decidido em seu desfavor na forma do art. 356 do CPC/15, rema-

---

[500] BRASIL. Superior Tribunal de Justiça. *REsp 1600115/GO*. Rel. Min. Herman Benjamin, Segunda Turma, julg. em 18/08/2016, DJe 12/09/2016; BRASIL. Superior Tribunal de Justiça. *REsp 1203710/MG*. Rel. Min. Regina Helena Costa, Quinta Turma, julg. em 22/10/2013, DJe 28/10/2013; BRASIL. Superior Tribunal de Justiça. *AgRg no Ag 1361644/BA*, Rel. Min. Benedito Gonçalves, Primeira Turma, julg. em 20/09/2012, DJe 25/09/2012.

[501] BRASIL. Superior Tribunal de Justiça. *REsp 1133696/PE*, Rel. Min. Luiz Fux, Primeira Seção, julg. em 13/12/2010, DJe 17/12/2010.

[502] BRASIL. Supremo Tribunal Federal. *RE 105345*. Rel. Min. Octávio Gallotti, Primeira Turma, julg. em 14/06/1985, DJ 28-06-1985, p. 10685; BRASIL. Supremo Tribunal Federal. *RE 103875*. Rel. Min. Oscar Correa, Primeira Turma, julg. em 11/12/1984, DJ 08-02-1985, p. 849; BRASIL. Supremo Tribunal Federal. *RE 100034*. Rel. Min. Rafael Mayer, Primeira Turma, julg. em 06/12/1983, DJ 10-02-1984, p. 1018.

[503] BRASIL. Supremo Tribunal Federal. *RE 76440*. Rel. Min. Aldir Passarinho, Segunda Turma, julg. em 26/11/1982, DJ 29-04-1983, p. 5556.

[504] ARRUDA ALVIM; CONCEIÇÃO; RIBEIRO; MELLO, 2016, p. 892.

[505] NERY JR.; NERY, 2015, p. 1174.

nescendo o processo em relação aos demais pedidos. Seria o caso de realizar a remessa necessária em relação ao pedido analisado em seu mérito pelo julgamento parcial? Na égide do CPC/73, a resposta seria negativa, porque não se permitia a remessa necessária em relação à decisão interlocutória, não havendo, naquele momento, uma construção doutrinária e jurisprudencial que desvendasse a natureza jurídica do provimento que, no curso da ação, decidia questões de mérito. Já existiam, assim, na vigência da codificação anterior, decisões parciais de mérito, apesar de não haver um arcabouço teórico que desse conta delas. Exemplo que se multiplicava no quotidiano forense era a declaração de prescrição em relação a um pedido, com o prosseguimento do processo em relação aos outros.

Mesmo em execuções fiscais, já havia casos de julgamentos que, ainda que de forma parcial, tocavam no mérito. Poder-se-á objetar que, no processo executivo, não há mérito, contudo, aqui, o mérito é entendido como aquela questão processual ou material que poderia ser tratada em embargos à execução fiscal, como no exemplo já explorado da remessa necessária por decisão contra a Fazenda Pública em exceção de pré-executividade. Em interessante exemplo, o STJ afastou a possibilidade da remessa necessária em relação à decisão que, no curso do processo, extinguiu parcialmente a execução fiscal.

No exemplo apontado, a execução fiscal tinha por objeto quatro diferentes CDAs, que foram reunidas para execução conjunta. O executado propôs a exceção de pré-executividade, e a decisão considerou o crédito inexigível em relação a duas delas, extinguindo a execução em face dessas. Ainda, considerou a decadência de parte dos créditos inscritos, contudo determinou o prosseguimento da execução em relação às duas remanescentes. Dessa decisão, não houve recurso voluntário. Depois de pouco mais de dois anos, a Fazenda Pública requereu que fosse submetida a decisão à remessa necessária, o que foi indeferido. O tribunal intermediário manteve o indeferimento, aportando a questão no STJ, em sede de recurso especial. Julgando o recurso, o STJ reafirmou não ser cabível remessa necessária no caso, eis que a decisão que extingue apenas parcialmente a execução caracteriza-se como uma interlocutória. A remessa somente seria "cabível nas sentenças de mérito que põem fim à ação, sendo inadmissível contra decisões interlocutórias"[506].

---

506 BRASIL. Superior Tribunal de Justiça. *REsp 1460980/RS*. Rel. Min. Humberto Martins, Segunda Turma, julg. em 24/02/2015, DJe 03/03/2015.

Com a entrada em vigor do CPC/15, contudo, a matéria merece seguir outro caminho, qual seja, a de se exigir a remessa necessária no caso de julgamento parcial de mérito, quando restar vencida a Fazenda Pública. Como já se defendeu, o mero critério cronológico na tomada da decisão não pode justificar a aplicação de um regime jurídico diverso a situações que, em suma, são iguais. Em outras palavras, deve-se haver uma igualdade de tratamento entre a decisão que resolve o mérito no curso do procedimento e aquela que o faz ao final, colocando fim à fase cognitiva do processo. Demandando-se a remessa nesse último caso, deve-se exigir, também, no primeiro. A natureza jurídica das duas decisões é a mesma, ambas tratam do mérito da lide, não havendo razão, para que não se proceda à remessa necessária. Ambas estão aptas, portanto, a gerar coisa julgada material. Ocorre que a coisa julgada só ocorrerá, como já visto, após o julgamento da remessa. Assim, "mesmo não sendo sentença, estará sujeita à remessa necessária"[507].

As causas de dispensa da remessa necessária que mais interessa à pesquisa são aquelas dispostas no art. 496, § 4º, do CPC/15. Trata o dispositivo dos pronunciamentos judiciais paradigmáticos que autorizam não se proceder à remessa. Se as exceções do § 3º do citado artigo são quantitativas, na medida em que se importam, exclusivamente, com o valor da condenação, as do § 4º são qualitativas, eis que dependem do fundamento da própria decisão, mais especificadamente, da sua congruência com outras decisões judiciais paradigmáticas anteriores ou mesmo orientações vinculantes administrativas.

Nos incisos I a III, são expostos os pronunciamentos judiciais anteriores que autorizam a dispensa da remessa necessária: súmula (vinculante ou não) de tribunal superior; julgamento de recursos especial e extraordinários repetitivos; entendimento firmado em IRDR e IAC. Ao passo que o legislador quis ampliar as hipótese previstas no código anterior (art. 475, § 3º, do CPC/73), acabou por restringir, ao menos no que toca à possibilidade de dispensa no caso de decisão do plenário do STF, porque há decisões do plenário, acima do valor de alçada, que não se encaixam nas hipóteses dos incisos I, II e III do § 4º do art. 496 do CPC/15. Logo, uma série de sentenças em que se dispensaria a remessa na égide da codificação anterior, a lei atual passa a exigi-la. Foi tímido também o legislador ao deixar de fora outras situações, como as

---

[507] CUNHA, Leonardo Carneiro da. Art. 496. In: ARRUDA ALVIM, Teresa; DIDIER JR., Fredie; TALAMINI, Eduardo; DANTAS, Bruno. Breves comentários ao novo código de processo civil. 3 ed. São Paulo: RT, 2016b, p. 1394-1402, p. 1396.

dos demais pronunciamentos judiciais do art. 927 do CPC/15, as decisões no controle concentrado de constitucionalidade e, mesmo, outras importantes hipóteses, como os embargos de divergência ou, sobre o direito local, as súmulas do tribunal intermediário.

Como já frisado, há um descompasso sistêmico no CPC/15, que dificulta e, por vezes, impede o melhor aproveitamento de determinado instituto, contudo, ainda que se pretenda alargar as possibilidades de dispensas, deve-se lembrar que o legislador optou, de forma anacrônica ou não, por prever a remessa necessária em favor da Fazenda Pública, como já era da tradição do direito brasileiro. Assim, as hipóteses de liberação da remessa necessária são excepcionais e, como tais, devem ser interpretadas restritivamente. Não deve haver, portanto, a ampliação das situações de dispensa, para acomodar outros pronunciamentos judiciais, como bem poderia ter feito o legislador. Desta feita, há de se ter um dos pronunciamentos expressamente contidos no § 4º, I, II ou III, para autorizar a dispensa da remessa necessária.

Poder-se-ia compreender de difícil aplicação as hipóteses acima narradas, na medida em que há, nas sentenças contra a Fazenda Pública, mais de um fundamento, o que faria escapar, ao menos em parte, a aplicação do dispositivo, todavia já decidiu o STJ, na vigência do código anterior, que a interpretação do dispositivo correspondente (art. 475, § 3º, do CPC/73) não poderia ocorrer de forma rígida, exigindo que existisse um dos pronunciamentos lá previstos para cada questão abordada na sentença, quer principais, quer assessórios[508]. Consignou o Ministro relator que, "se assim fosse, o dispositivo seria letra morta". Portanto, a decisão paradigmática que dispensa a remessa necessária "há de ser entendida como aquela que diga respeito aos aspectos principais da lide, às questões centrais decididas, e não aos seus aspectos secundários e acessórios".

Na última hipótese (inciso IV), não se necessitará da remessa necessária, quando o juiz adotar "entendimento coincidente com orientação vinculante firmada no âmbito administrativo do próprio ente público, consolidada em manifestação, parecer ou súmula administrativa". Alguns sustentam a desnecessidade do comando, uma vez que tais orientações vinculantes já retirariam qualquer interesse recursal no

---

[508] BRASIL. Superior Tribunal de Justiça. *REsp 572.890/SC*. Rel. Min. Teori Albino Zavascki, Primeira Turma, julg. em 04/05/2004, DJ 24/05/2004, p. 190.

âmbito da entidade pública[509], mas esquecem que se trata de remessa, e não de recurso, não dependendo sua ocorrência do interesse recursal da Fazenda Pública. Portanto, parece fazer sentido a positivação dessa situação, e "nada mais lógico, já que se estaria a insistir em questão ultrapassada, com utilização desnecessária da máquina judiciária"[510].

Por serem, muitas vezes, os entendimentos administrativos derivados de atos internos, cumpre, pelo dever de boa-fé, ao advogado público informar o juízo da existência de um deles e, consequentemente, da dispensa da remessa necessária[511]. É bem verdade que, em algumas situações, a própria lei já prevê situações em que a procuradoria do ente público não está obrigada a contestar (podendo reconhecer o direito em que se funda a ação), interpor recurso, podendo desistir do interposto, como o faz o art. 19 da Lei n. 10.522/02. O dispositivo, em seu § 2º, já autoriza a dispensa de remessa nas situações nele estabelecidas, porém os exemplos vão, pouco a pouco, multiplicando-se.

No âmbito administrativo do próprio ente público ou na mescla entre o comando legal e o ato administrativo, encontram-se várias outras hipóteses. Oliveira descreve algumas dessas normas, como as súmulas do Advogado-Geral da União, o Parecer PGFN/CAT/1503/2010 (que trata da inclusão do companheiro ou companheira homossexual como dependente para fins de imposto de renda), além da Lei Complementar Estadual n. 381/07, de Santa Catarina, que autorizou enunciados de súmulas administrativas a cargo do Procurador-Geral do Estado[512]. Lamy e Schimitz, de igual forma, ressaltam as medidas tomadas pela Administração Pública, para figurar menos em litígios judiciais, relembrando: a Lei n. 9.469/97 (Lei Orgânica da Advocacia-Geral da União), em especial os enunciados n. 10, 11 e 18, que encontram respaldo nela; a Portaria n. 2.054/1995, do Ministério da Previdência e Assistência Social, que busca simetria da atuação administrativa com as decisões do STF, inclusive com a possibilidade de desistência de recursos; o Decreto n. 1.601/95, da Procuradoria-Geral da Fazenda

---

509 FREIRE; MARQUES, 2016, p. 700.

510 NERY JR., NERY, 2015, p. 1176.

511 CUNHA, 2017, p. 194. "Em razão do princípio da lealdade e boa-fé processual, cabe ao advogado público informar ao juiz para que haja expressa dispensa da remessa necessária, evitando o encaminhamento desnecessário dos autos ao respectivo tribunal."

512 OLIVEIRA, 2017, p. 132.

Nacional, dispensando a interposição de recursos nas hipóteses nele previstas; Portaria n. 294/10, da Procuradoria-Geral da Fazenda Nacional, especificando situações em que a Fazenda Pública está dispensada de litigar, com base em súmulas administrativas, pareceres da Procuradoria-Geral da Fazenda Nacional (salientando a importância dos Pareceres n. 206/09, 489/07 e 492/10), súmulas vinculantes e nos casos de recursos especial ou extraordinário repetitivos[513].

A dispensa da remessa necessária em tais casos se justifica. Não se pode impor à Fazenda Pública estar em juízo, quando, administrativamente, já se resolve a matéria em prol do administrado. Além de movimentar a máquina judiciária desnecessariamente, o litígio colocaria duas pessoas em condições jurídicas diversas perante a Administração Pública, o que é indevido. Também, reconhecendo administrativamente a pretensão de um cidadão, não haveria motivos para contestar a de outro, baseada nos mesmos fundamentos. À Fazenda também se aplica o dever de isonomia, de tratar todos os cidadãos como iguais, e não possibilitar a incômoda situação de ter dois regramentos diferentes para casos que são similares. Portanto, agiu bem o legislador, quando possibilitou a dispensa da remessa necessária, quando a sentença seguir o mesmo sentido do ato administrativo vinculante que reconhece a procedência da pretensão deduzida.

4.6.7. DECISÃO MONOCRÁTICA DO RELATOR

Não há dúvidas de que a função do relator é crucial, para o desenrolar e o julgamento final de um recurso, da remessa necessária ou da ação originária. Sobretudo nas cortes superiores, o julgamento monocrático do relator tornou-se a regra geral, em substituição ao colegiado. Atualmente, qual seria, por exemplo, a probabilidade de um processo, independentemente do assunto da ação, ser julgado monocraticamente, no STF, pelo Ministro Relator? Tomando o ano de 2016 por base de análise, tem-se a seguinte performance na Corte[514]:

---

[513] LAMY; SCHMITZ, 2012, p. 205-206.

[514] As informações foram retiradas das estatísticas do STF. Disponível em: http://www.stf.jus.br/portal/cms/verTexto.asp?servico=estatistica&pagina=decisoesinicio. Acessado em: 11.07.2017

	Tribunal Pleno	1ª Turma	2ª Turma	Total
Decisões colegiadas	3.374	6.613	4.787	14.774

	Presidência	Demais Ministros	Total
Decisões monocráticas	32.473	70.091	102.564

	Julgamentos colegiados	Julgamentos monocráticos	Total
Número de casos	14.774	102.564	117.338
Porcentagem	12,59%	87,41%	100%

Observa-se, portanto, que a absoluta minoria dos casos (12,59%) chegaria ao colegiado para deliberação, devendo, ainda, ressaltar que grande parte dessas decisões em colegialidade trata de recursos interpostos justamente contra as monocráticas dos relatores ou contra os juízos de admissibilidade procedidos pelo juízo *a quo*. Trata-se, em verdade, de um processo histórico em que houve, paulatinamente, a transferência de competências do colegiado ao relator, como fórmula de enfrentamento de um número cada vez maior de processos e em nome da agilidade e efetividade. Observa-se, no curso da história, um aumento exponencial dos poderes do relator.

Remontando ao direito português, pode-se falar que os julgamentos eram realizados todos de forma colegiada, não havendo, em princípio, um relator previamente indicado, o que veio acontecer somente em 1548, com a aprovação do Regimento ao Relator da Casa da Suplicação[515]. Contudo, todos os julgamentos continuavam a ser deliberados em colegiado. Em 1639, por meio de um assento, possibilitou-se ao relator o julgamento monocrático, decisão que dependia do *ad referendum* do colegiado[516]. Poderes que foram ampliados em 1778, em assento que objetivava a abreviação dos litígios, conferiram ao relator a possibilidade do julgamento monocrático de interlocutórias, dispensando-se o *ad referendum* da Mesa Grande[517].

---

[515] SARDAS, Vitor Greijal. Os poderes do relator da causa sob a perspectiva histórica: subsídios sobre a ampliação e restrição dos poderes do relator da causa como fator de celeridade processual. *Revista digital IAB*, a. 2, n. 9, p. 79-88, jan.-mar. 2011, p. 81.

[516] Ibid., p. 82.

[517] Ibid., p. 83.

Herdando o Brasil o arcabouço legal de Portugal, pode-se dizer que não houve modificação dos poderes do relator até a segunda metade do século XX, eis que a Resolução número 737, de 1850, e o próprio CPC/39 não alteraram substancialmente o que até então vinha sendo feito[518]. As modificações mais sensíveis foram efetuadas por alteração ao RI do STF em 1963, que dividiu a Corte em duas Turmas e, ainda, conferiu ao relator da causa a possibilidade de negar seguimento a pedido ou recurso manifestamente intempestivo, incabível ou improcedente, além dos casos em que a decisão recorrida contrariasse a jurisprudência dominante do próprio Tribunal, ou quando lhe faltasse competência[519]. No mesmo ano, o STF aprovou a súmula n. 332, que, ao revalidar a Emenda Regimental, assentou que "não terá seguimento pedido ou recurso dirigido ao Supremo Tribunal Federal, quando manifestamente incabível, ou apresentado fora do prazo, ou quando for evidente a incompetência do tribunal".

O CPC/73, em seu texto original, previa a possibilidade restrita de julgamento monocrático apenas do agravo, no caso de ser manifestamente improcedente (art. 557), cabendo recurso dessa decisão ao órgão colegiado. A Lei Complementar n. 35 (Lei Orgânica da Magistratura) também previu hipóteses de julgamento monocrático pelo relator (art. 90, § 2º)[520]. Em 1980, o STF aprovou novo RI, que ampliou os poderes do relator (art. 21, § 1º). Em Emenda Regimental de 1985, acresceu-se a possibilidade de o relator dar provimento a recurso cuja decisão contrariasse súmula do STF. O art. 38 da Lei n. 8.038/90 manteve grande parte das hipóteses até então regimentalmente previstas para o julgamento monocrático. Na onda de reformas ao CPC/73 realizadas a partir da década de 90, o texto do art. 557 foi alterado mais de uma vez (Lei n. 9.139/95 e Lei n. 9.756/98), ampliando-se sobremaneira o papel do relator, e, consequentemente, diminuindo-se o acesso ao

---

[518] Ibid., p. 85.

[519] Ibid., p. 85.

[520] Art. 90, § 2º. O relator julgará pedido ou recurso que manifestamente haja perdido objeto, bem assim, mandará arquivar ou negará seguimento a pedido ou recurso manifestamente intempestivo ou incabível ou, ainda, que contrariar as questões predominantemente de direito, súmula do Tribunal ou do Supremo Tribunal Federal. Deste despacho caberá agravo, em cinco dias, para o órgão do Tribunal competente, para o julgamento do pedido ou recurso, que será julgado na primeira sessão seguinte, não participando o relator da votação.

colegiado, que poderia ser feito somente mediante a interposição de novos recursos[521].

Na nova codificação, a matéria é tratada com maior profundidade no art. 932, que confere diversos poderes, inclusive para o julgamento monocrático em vários casos, sendo complementado por outros dispositivos, como, dentre tantos, o art. 76, § 2º, I (em relação ao não conhecimento do recurso, caso o recorrente não retifique a incapacidade processual ou a irregularidade da apresentação), o art. 99, § 7º (decisão sobre a assistência judiciária requerida em sede recursal), o art. 138 (decisão sobre a inclusão de *amicus curiae*), o art. 938, § 1º (retificação de vícios sanáveis), o art. 955, parágrafo único (julgamento monocrático do conflito de competência exemplificativamente[522].

Frise-se, de início, que a redação do art. 932 do CPC/15 é melhor que aquela apresentada na codificação anterior (art. 557 do CPC/73). Há a correção de termos técnicos (como "negará seguimento")[523], a supressão de outros desnecessários (p.e., "manifestamente") ou confusos ("jurisprudência dominante") e a definição expressa do processamento no caso de provimento monocrático do recurso (basicamente o estabelecimento do contraditório na fase recursal, com o aguardo da apresentação ou fluência do prazo *in albis* das contrarrazões).

Para delimitação precisa do tema de pesquisa, importam, aqui, as hipóteses em que a legislação autoriza o julgamento monocrático do

---

[521] MIRANDA DE OLIVEIRA, 2016, p. 129. "O fato é que as sucessivas alterações legislativas que antecederam o advento do CPC/2015, formaram uma longa linha evolutiva reveladora de uma tendência no sentido de potencializar os poderes do relator, cujo histórico remonta aos dispositivos regimentais e encontra campo fértil no CPC/1973, sobretudo na terceira etapa da reforma do sistema recursal (1998)."

[522] OLIANI, José Alexandre Manzano. Atribuições e poderes do relator no NCPC. In: WAMBIER, Luiz Rodrigues; ARRUDA ALVIM, Teresa. *Temas essenciais do novo CPC*. São Paulo: RT, 2016a, p. 579-585, p. 580. O autor apresenta um rol expressivo, afirmando que o art. 932 do CPC/15 "é complementado e deve ser lido em sintonia com os arts. 933, 938, 939, 940, 941, 995, 1.012, § 3º, II e § 4ª, 1.019, I, 1.020, 1.026, § 1º e 1.029, § 5º, II e III, todos do NCPC, que também cuidam de atribuições e poderes do relator.

[523] MIRANDA DE OLIVEIRA, 2016, p. 138. "Em termos de ciência processual, negar seguimento simplesmente não existe. Em sede recursal há apenas a fase de admissibilidade e de mérito, em que primeiramente admite-se (conhece-se) ou não o recurso; depois, conhecendo-o, o órgão judicante deve dar-lhe ou negar-lhe provimento (no mérito). Nada mais."

relator, com base em pronunciamentos judiciais pretéritos, para o alinhamento da decisão recorrida com o precedente, a jurisprudência ou a súmula. Isso ocorre no art. 932, IV e V, e art. 955, parágrafo único (em relação ao conflito de competência), ambos do CPC/15.

Em questão de juízo de admissibilidade, o relator possui amplos poderes para decidir monocraticamente a matéria, para não conhecer qualquer recurso ou remessa necessária (art. 932, III, do CPC/15), concedendo-se oportunidade, anteriormente, para que o recorrente supra as falhas verificadas (art. 932, parágrafo único, do CPC/15)[524]. Além disso, controlará os pressupostos processuais e as condições na ação em causas de competência originária, inclusive para declarar a inépcia da inicial, também observado o direito à correção de eventuais irregularidades (art. 321 do CPC/15). Possibilita-se, também, o conhecimento do mérito recursal, nas hipóteses do art. 932, IV e V, que se aplicam, igualmente, à remessa necessária[525], contudo não se estendem os dispositivos ao julgamento do mérito de ação de competência originária[526] ou de ação rescisória[527], cuja solução deve ser tomada pelo órgão colegiado competente.

A lei processual permite, portanto, que o relator enfrente o mérito recursal nas situações nela previstas. Trata-se, em verdade, não de uma faculdade, mas de um poder-dever. Logo, frente a uma hipótese prevista no art. 932, IV e V, do CPC/15, o juiz deve imiscuir-se no mérito recursal, julgando monocraticamente o caso. A recíproca também é verdadeira. Não pode o relator adentrar no mérito do recurso, em substituição ao colegiado, senão frente às situações descritas no dispo-

---

[524] FPPC, Enunciado n. 82. É dever do relator, e não faculdade, conceder o prazo ao recorrente para sanar o vício ou complementar a documentação exigível, antes de inadmitir qualquer recurso, inclusive os excepcionais.

[525] STJ, Súmula n. 253.

[526] BRASIL. Superior Tribunal de Justiça. *AgRg no MS 19.761/DF*. Rel. Min. Sérgio Kukina, Rel. p/ Acórdão Min. Ari Pargendler, Primeira Seção, julg. em 26/03/2014, DJe 05/12/2014. Na doutrina, cf. FREIRE, Rodrigo da Cunha Lima. Art. 932. In: ARRUDA ALVIM, Teresa; DIDIER JR., Fredie; TALAMINI, Eduardo; DANTAS, Bruno. *Breves comentários ao novo código de processo civil*. 3 ed. São Paulo: RT, 2016, p. 2322-2326, p. 2324. "Vale, no entanto, destacar que o disposto nos incs. IV e V do art. 932 do CPC não se aplica, de forma geral, às ações de competência originárias, como por exemplo o mandado de segurança."

[527] BRASIL. Superior Tribunal de Justiça. *REsp 753.194/SC*. Rel. Min. José Delgado, Primeira Turma, julg. em 04/08/2005, DJ 05/12/2005, p. 240.

sitivo acima citado. Por isso, "é nula, por usurpação de competência funcional do órgão colegiado, a decisão do relator que julgar monocraticamente o mérito do recurso, sem demonstrar o alinhamento de seu pronunciamento judicial com um dos padrões decisórios descritos no art. 932"[528].

Ao resolver o mérito, a decisão monocrática, obrigatoriamente, dará ou negará provimento do recurso. Os incisos IV e V do art. 932 tratam, respectivamente, dessas duas hipóteses. No inciso IV, a legislação prevê os casos em que o relator está autorizado a negar, de pronto, provimento ao recurso. Trata-se do caso de não haver alinhamento entre os pontos suscitados e os entendimentos fixados em: súmula do STF, do STJ ou do próprio tribunal local; julgamentos de recursos especial e extraordinário repetitivos; e tese firmada em IRDR ou IAC. Em relação às súmulas, englobam-se as vinculantes ou não, no âmbito do STF, e as do STJ, no que toca ao direito federal. Sobre as súmulas dos tribunais intermediários, elas devem tratar, precipuamente, de direito local, pois não há sentido na elaboração de súmulas locais sobre questões atinentes à CF ou à legislação federal, quando, invariavelmente, tais matérias chegarão aos tribunais superiores. Seria um gasto de energia (e recursos financeiros) em vão, já que a sobrevida de tais enunciados será, em grande parte dos casos, curta. Contudo, se tratarem de assuntos constitucionais ou de legislação federal, deverão estar de acordo com o entendimento dos tribunais superiores. Isso já era feito, na vigência do CPC/73, quando do julgamento liminar de improcedência, como já analisado, e, também, com o dispositivo análogo do código revogado (art. 557)[529].

Acerca dos recursos especial e extraordinário repetitivos, basta dizer, por ora, que a *ratio decidendi* deverá ser construída pelo juiz, após o debate entre as partes em litígio, e, realizado o cotejo analítico, que as analogias e as distinções devem ser estabelecidas, para verificar o ajuste (*fit*) entre o precedente e o caso em mãos. Não se deve (não há como) aplicar subsuntivamente uma norma prévia, pronta e acabada que conste, metafisicamente, na essência do julgado, por isso o raciocínio por analogia (*analogical reasoning*) deverá guiar o intérprete,

---

528 FPPC, Enunciado n. 462.

529 BRASIL. Superior Tribunal de Justiça. *EREsp 223.651/RJ*. Rel. Min. Carlos Alberto Menezes Direito, Corte Especial, julg. em 01/12/2004, DJ 14/11/2005, p. 174; BRASIL. Superior Tribunal de Justiça. *AgRg no REsp 279.838/PR*. Rel. Min. Franciulli Netto, Segunda Turma, julg. em 18/02/2003, DJ 30/06/2003, p. 169.

evitando-se interpretações simplistas sobre a norma e a *ratio*, como se fossem idênticas, a mesma coisa, restando ao juiz uma mera acoplagem dessa capa de sentido a novos fatos.

As mesmas consideração lançadas sobre a súmula do tribunal intermediário são válidas para as decisões monocráticas baseadas em entendimento fixado em IRDR ou IAC. Ambos os institutos estão vocacionados à resolução de questões atinentes às leis locais. Temas envolvendo o regime jurídico próprio dos servidores públicos estaduais ou tributos estaduais são exemplos de que os institutos poderiam ser utilizados de forma mais racional, contudo não é isso que se avizinha, já existindo incidentes das duas naturezas, que versam sobre questões constitucionais e de legislação federal. Vale, portanto, a mesma ressalva: ao decidir monocraticamente, o relator deverá observar se as teses firmadas em IRDR ou IAC estão de acordo com o entendimento esposado pelo STF ou STJ, a depender da natureza da discussão.

O mais importante, talvez, seja o que não está dito no art. 932 do CPC/15. Os tribunais brasileiros utilizavam, de forma ampla, o disposto no art. 557 do CPC/73, fundamentando os julgamentos monocráticos, sobretudo, na "jurisprudência dominante do respectivo tribunal". Isso conferia aos tribunais, principalmente aos intermediários, uma válvula de escape, uma vez que, formado um entendimento no âmbito local, não seria preciso esperar a matéria ser tratada nas cortes superiores. Às vezes, também serviam de subterfúgio, para que se decidisse, em esfera local, de maneira divergente ao que o STJ e o STF faziam.

O silêncio ululante dessa hipótese só poderia levar a uma conclusão lógica, qual seja, que houve o desaparecimento dessa possibilidade pela revogação da norma anterior que a previa[530], entretanto há sempre uma "adaptação darwiniana" no sistema jurídico tendente à manutenção do *status quo*. Aqui, isso não seria diferente. Com a preeminente entrada em vigor do CPC/15, vários tribunais se apressaram em tentar manter a viabilidade do julgamento monocrático com base na problemática "jurisprudência dominante" do próprio tribunal. E o exemplo

---

[530] AMARAL, 2016, p. 942. "Retirou o legislador a menção à possibilidade de o relator julgar monocraticamente o mérito dos recursos com base em *jurisprudência dominante* do respectivo tribunal ou de tribunal superiores. (...) O legislador do atual CPC eliminou a referência à jurisprudência dominante como critério para o julgamento monocrático do recurso, adotando requisitos mais objetivos para o julgamento monocrático, e unificando-os seja para o julgamento monocrático de provimento ou desprovimento do recurso."

veio de cima. Dois dias antes da entrada em vigor do CPC/15, o STJ aprovou a Emenda Regimental n. 22, que ressuscitou a "jurisprudência dominante" como forma de autorizar o julgamento monocrático tanto para negar quanto para dar provimento ao recurso[531], ampliando-se, ainda, ao mandado de segurança[532], ao habeas corpus[533] e ao conflito de competência[534]. No mesmo dia, aprovou a Súmula n. 568, prevendo que "o relator, monocraticamente e no Superior Tribunal de Justiça, poderá dar ou negar provimento ao recurso quando houver entendimento dominante acerca do tema". A Emenda Regimental n. 24 reforçou essa possibilidade, tratando agora da "jurisprudência consolidada" que possibilitaria a atuação monocrática do relator no enfrentamento do mérito do recurso especial[535] e no julgamento unipessoal dos embargos infringentes, para negar-lhes provimento[536]. A jurisprudência do STJ vem, a esse respeito, aplicando a súmula e as alterações regimentais de forma consistente[537].

A engenhosidade interpretativa, para se chegar a tal fim, foi considerar a corte autorizada a tomar tal medida com base no art. 932, VIII, do CPC/15. Em outras palavras, ao possibilitar o estabelecimento, por qualquer tribunal, de outras atribuições ao relator, por meio de seu regimento interno, entendeu o STJ estar autorizado a repristinar a norma revogada. Trata-se, na feliz expressão cunhada pelo Min. Ayres Britto, de um "salto triplo carpado hermenêutico". Obviamente, as atribuições a que alude o inciso VIII do citado dispositivo não podem alterar, seja para ampliar ou restringir, as hipóteses tratadas nos incisos

---

[531] RISTJ, art. 34, XVIII, *b* e *c*.

[532] RISTJ, art. 34, XIX.

[533] RISTJ, art. 34, XX.

[534] RISTJ, art. 34, XXII.

[535] RISTJ, art. 255, § 4º, II e III.

[536] RISTJ, art. 266-C.

[537] BRASIL. Superior Tribunal de Justiça. *AgInt no AREsp 1032364/MG*. Rel. Min. Assusete Magalhães, Segunda Turma, julg. em 16/05/2017, DJe 23/05/2017; BRASIL. Superior Tribunal de Justiça. *AgInt no AREsp 871.565/SP*, Rel. Min. Nancy Andrighi, Terceira Turma, julg. em 27/04/2017, DJe 05/05/2017; BRASIL. Superior Tribunal de Justiça. *AgInt no REsp 1591302/BA*, Rel. Min. Moura Ribeiro, Terceira Turma, julg. em 27/04/2017, DJe 16/05/2017; BRASIL. Superior Tribunal de Justiça. *AgInt no AREsp 740.062/MT*, Rel. Min. Gurgel de Faria, Primeira Turma, julg. em 13/12/2016, DJe 15/02/2017.

anteriores[538]. O objetivo era o de que, sendo silente o dispositivo legal, os tribunais pudessem complementá-lo, na medida da necessidade pontual verificada. Nunca houve, portanto, o intento de reestabelecer justamente aquilo que propositadamente se retirou do texto. As alterações procedidas no RISTJ são, portanto, ilegais, eis que o regimento, como ato administrativo que é, deve permanecer limitado aos ditames da legislação e, nesse particular, não é viável estabelecer (ou ampliar) hipóteses por esta não previstas.

Em que pese a flagrante ilegalidade, outros tribunais seguiram os passos do STJ. Exemplo disso é o Tribunal de Justiça de Santa Catarina, que, pelo Ato Regimental n. 139/2016, acrescentou o inciso XVII ao art. 36 de seu regimento interno, conferindo ao relator a competência de negar e dar provimento a recursos e resolver conflito de competência com base em "súmula, enunciado ou jurisprudência dominante do próprio tribunal"[539].

É bem verdade que a maioria dos tribunais adaptou bem seus regimentos ao CPC/15, como, por exemplo, o TJSE. O TRF5 manteve a "jurisprudência dominante", ao menos só do STJ e do STF, como forma de se operar o julgamento monocrático dos embargos infringentes e de nulidade em matéria penal (art. 609, parágrafo único, do CPP)[540]. Em

---

[538] CAMARGO, Luiz Henrique Volpe. Art. 932. In: STRECK, Lenio Luiz; NUNES, Dierle; CUNHA, Leonardo Carneiro da. *Comentários ao código de processo civil*. São Paulo: Saraiva, 2016, p. 1212-1217, p. 1216. "O inciso VIII do art. 932 diz que o relator deverá exercer outras atribuições estabelecidas no regimento interno do tribunal, por ocasião do exercício do poder de regulamentar por parte deste. Naturalmente, as previsões regimentais não podem contrariar qualquer disposição legal ou ampliar, ilegitimamente, o seu sentido."

[539] Art. 36. (...) XVII – por decisão monocrática:

a) não conhecer do recurso inadmissível, prejudicado ou que não tenha impugnado especificamente os fundamentos da decisão recorrida;

b) negar provimento ao recurso que esteja em confronto com súmula, enunciado ou jurisprudência dominante do próprio tribunal;

c) depois de facultada a apresentação de contrarrazões, dar provimento ao recurso se a decisão recorrida for contrária a súmula, enunciado ou jurisprudência dominante do próprio tribunal; e

d) resolver conflito de competência quando sua decisão fundar-se em súmula, enunciado ou jurisprudência dominante do próprio tribunal.

[540] Art. 225 do RITRF5.

relação à jurisdição cível, adequou-se bem ao art. 932 do CPC/15[541]. Idêntico caminho trilhou o TJDFT[542].

Voltando ao art. 932, mais especificamente ao seu inciso V, observa-se que os pronunciamentos judiciais que autorizam negar provimento monocraticamente ao recurso são os mesmos que possibilitam dar seu provimento de forma unipessoal. Logo, tudo o que foi expendido até aqui em relação ao inciso IV, aplica-se, de igual forma, às hipóteses do inciso V, eis que, apesar de apresentar fórmula inversa, "os dois dispositivos são um o espelho do outro: têm a mesma razão de ser e a mesma finalidade"[543], mas há um ponto de relevo a ser destacado: a necessidade, neste último caso, de se oportunizar o contraditório. Isso decorre do direito constitucional, que, entendido em sua forma substancial, defende a possibilidade de a parte influir na decisão a ser tomada. Se, na negativa de provimento, prescinde-se de tal ação, uma vez que não prejudicará o recorrido, na circunstância de ser dado provimento, a situação é diametralmente oposta. Disso decorre, necessariamente, a intimação do recorrido, para, querendo, manifestar-se. Apesar de, na codificação revogada, não constar expressamente essa particularidade (art. 557, § 1ª-A do CPC/73), isso já era seguido de forma consistente pela jurisprudência[544]. Por certo, trata-se de um ônus processual, não se podendo obrigar a participação do recorrido, a exigir que ele efetivamente apresente contrarrazões. Por isso, a mera intimação supre o requisito elencado. Contudo, se tal ato não ocorrer, estará inviabilizado o provimento monocrático do recurso, sendo nula a decisão que assim o faça.

Oliani defende a possibilidade de, em alguns casos, o relator dar provimento a recurso sem a oitiva prévia do recorrido, para prover o reclamo *inaudita altera pars*, sem que fosse violado o contraditório[545].

---

[541] art. 28, em relação aos poderes do relator, e art. 199, especificamente sobre a apelação, todos do RITRF5.

[542] art. 87, sobre os poderes do relator, e art. 89 sobre os embargos infringentes e de nulidade no processo penal, ambos do RITJDFT.

[543] ARRUDA ALVIM; CONCEIÇÃO; RIBEIRO; MELLO, 2016, p. 1470.

[544] BRASIL. Superior Tribunal de Justiça. *AgRg no REsp 1234567/RS*. Rel. Min. Herman Benjamin, Segunda Turma, julg. em 12/04/2011, DJe 18/04/2011; BRASIL. Superior Tribunal de Justiça. *REsp 1187639/MS*, Rel. Min. Eliana Calmon, Segunda Turma, julg. em 20/05/2010, DJe 31/05/2010.

[545] OLIANI, 2016a, p. 582-583.

Nesse caso, ele seria exercido *a posteriori*, perante o juízo de primeiro grau, eis que seria viável a alteração da decisão do tribunal, se fossem apresentados argumentos novos, anteriormente não aventados. Câmara adere ao mesmo entendimento, destacando casos práticos em que isso poderia ocorrer. Ressalta que, nos casos em que o juiz de primeiro grau está autorizado a decidir determinado assunto *inaudita altera pars*, o relator poderá, de igual forma, dar provimento ao respectivo recurso sem ouvir a parte adversa. Exemplifica a questão apontando que, em um caso de tutela de urgência, indeferida pelo juiz de primeiro grau, ou no agravo de instrumento interposto, o relator estaria autorizado, desde já e sem a oitiva do agravado, a dar provimento ao recurso, se encontrasse amparo no art. 932, V, do CPC/15. Cita, ainda, o Enunciado n. 81 do FPPC, que afirma ser dispensável a oitiva do recorrido antes de o relator dar provimento ao reclamo, nos casos de indeferimento da inicial, indeferimento liminar da justiça gratuita ou alteração liminar do valor da causa[546].

A solução apontada não é a melhor. A decisão *inaudita altera pars* do magistrado de primeiro grau difere, em muito, da procedência de um recurso interposto de tal pronunciamento judicial. Na primeira, trata-se de uma situação fática que exige, para a proteção de ameaça ou lesão a direito, a pronta decisão, sem que seja ouvida a parte adversa. Por isso, ela é precária e dependerá da revalidação no resultado final da cognição exauriente. A segunda, por seu turno, é justamente a cognição exauriente do mérito recursal, sem que se tenha dado chance ao recorrido participar do procedimento e, assim, influenciar a decisão monocrática. Ainda que ocorra o efeito substitutivo, e a decisão do relator possua, ao fim e ao cabo, uma natureza também precária e dependa, igualmente, de confirmação no término da cognição exauriente, ela faz precluir, sem a participação do interessado, a discussão dos pontos que aborda, e, nisso, reside prejuízo injustificado ao recorrido e afronta ao princípio do contraditório. Essa é a posição defendida por Camargo, que afirma que sequer a "alegação de urgência justifica a supressão do direito ao contraditório prévio à solução do mérito do

---

[546] FPPC, Enunciado n. 81 Por não haver prejuízo ao contraditório, é dispensável a oitiva do recorrido antes do provimento monocrático do recurso, quando a decisão recorrida: (a) indeferir a inicial; (b) indeferir liminarmente a justiça gratuita; ou (c) alterar liminarmente o valor da causa.

recurso. Para casos emergenciais o CPC/15 reserva a possibilidade de concessão de tutela provisória[547]."

Há a ocorrência da preclusão hierárquica sobre os pontos resolvidos pelo relator, sem que, em momento algum, em que grau de jurisdição for, o requerido/recorrido tenha sido citado ou intimado de qualquer ato processual. De pronto, ele já é recebido no processo com a informação de que alguns assuntos já se encontram selados, cumprindo a ele, caso deseje modificar o que ficou estabelecido, apresentar novos argumentos. Nesse caso, a atuação do juiz de primeiro grau, diferentemente do que expõe Oliani e Câmara, não é tão ampla como a proposta. Por exemplo, se o questionamento do réu é justamente o *error in judicando* do relator, nesse caso, o juiz de primeiro grau nada poderá fazer, falhando a lógica dos autores, porque "a estruturação da hierarquia judiciária impõe que o juiz singular se atenha ao que decidiu a instância superior"[548]. O requerido se verá na posição de ter que interpor, como primeiro ato de sua participação no processo, um agravo interno e, caso não revertida a decisão, um recurso excepcional.

A questão de não haver prejuízo em tais hipóteses é também questionável. O indeferimento da inicial, por exemplo, é uma situação que trará benefícios ao réu, que verá o processo contra si intentado extinto. Estará livre, ao menos por ora, de litigar e, com isso, terá os gastos normais de quem está em juízo. O deferimento ou não da justiça gratuita pode influir no interesse da parte autora em ingressar (ou continuar) em juízo. Não pretendendo ela correr qualquer risco de responsabilização patrimonial (nem que se resuma à antecipação das custas iniciais ou, se não vitorioso, aos ônus da sucumbência), poderá desistir da ação, deixando de litigar a questão, o que é vantajoso ao réu. Da mesma forma, a alteração do valor da causa, ainda que não surta efeitos imediatos, acarretará, ao final, um maior ou menor gasto com uma futura sucumbência. Se o requerido não puder exercer o mínimo direito de influenciar a decisão de tais questões, restando-lhe apenas a apresentação de novos argumentos, está vilipendiado o contraditório.

Melhor solução seria tratar tais questões não como exceções à regra, as quais impõem a intimação do recorrido para apresentação de

---

[547] CAMARGO, 2016, p. 1216.

[548] SICA, Heitor Vitor Mendonça. *Preclusão processual civil*: atualizado de acordo com a nova reforma processual: Leis nºs 11.187/2005, 11.232/2005, 11.276/2006, 11.277/2006 e 11.280/2006. São Paulo: Atlas, 2006, p. 222.

contrarrazões, mas como forma de utilização das técnicas processuais ínsitas à tutela provisória recursal. Tal como o juiz de primeiro grau concederá ou não a medida requerida pela parte autora, o tribunal poderá fazer o mesmo em grau recursal, revertendo liminarmente a decisão recorrida, até que se ultime a intimação do recorrido. Após, poderá o relator julgar monocraticamente o recurso, seja para dar ou negar provimento (o que, nesta última hipótese, já poderia ter sido feito, independentemente de intimação do recorrido), se aventadas as matérias do art. 932, IV e V, do CPC/15. Caso contrário, dar-se-á continuidade ao processamento do recurso, até que se ultime a decisão colegiada. A forma defendida, aqui, protege integralmente o contraditório, sem deixar que a matéria seja, de pronto, cognoscível ao relator.

Resta saber se o rol dos provimentos judiciais constante no art. 932, IV e V, do CPC/15 é exaustivo, ou se pode ser expandido, albergando outras decisões. Nesse passo, soaria natural afirmar que deveriam ser estendidos, ao menos, aos demais casos do art. 927 do CPC/15. Isso poderia dar maior unidade e coerência ao objetivo do código de formar um "sistema de precedentes", contudo o caminho correto a se trilhar é o oposto. Deve-se ter em mente que a regra geral ainda é a da colegialidade. Espera-se que um recurso, uma vez admitido, seja conhecido e julgado por um órgão composto por, ao menos, três desembargadores. Acredita-se que a pluralidade de julgadores tornará mais completa a análise do case e mais acertada a decisão, por isso deve-se privilegiar o julgamento colegiado ao unipessoal. Trata-se, portanto, o julgamento monocrático de medida excepcional, que assim deve ser interpretada, fazendo com que a compreensão das hipóteses de cabimento seja restritiva. Logo, não deve haver ampliação, considerando-se como *numerus clausus*, das situações descritas no art. 932, IV e V, do CPC/15.

A colegialidade é resgatada, nos casos de julgamento monocrático, quer de juízo de admissibilidade, quer de mérito recursal, pelo agravo interno (art. 1.021 do CPC/15). Em outras palavras, pelo CPC/15, todas as decisões monocráticas do relator são recorríveis, mantendo-se, sempre, a possibilidade de ser levada a conhecimento e julgamento do órgão colegiado competente. Isso é o que afasta a inconstitucionalidade do conhecimento do mérito recursal pelo relator. Naturalmente, o agravo interno não poderá ser julgado monocraticamente, salvo na hipótese de homologação da desistência do próprio recurso, eis que seu objetivo é levar o conhecimento da matéria (do mérito recursal) ao colegiado.

Cumpre ressaltar, por fim, que a possibilidade do julgamento monocrático do conflito de competência, constante no art. 955, parágrafo único, ocorre nas mesmas situações do julgamento unipessoal do recurso. Logo, segue rigorosamente a mesma lógica, sendo válidas, aqui, as mesmas considerações e críticas já expendidas. À exceção da necessidade da intimação de qualquer, parte para se manifestar, qualquer que seja a solução dada ao conflito de competência.

4.6.8. RECLAMAÇÃO

Muito se debateu, no passado, sobre a natureza jurídica da reclamação. Era ela qualificada, a depender do autor ou precedente consultado, como ação, recurso (ou sucedâneo recursal), remédio incomum, incidente processual, forma de direito de petição, medida de direito processual constitucional ou medida processual de caráter excepcional. Atualmente há, senão absoluto, um considerável consenso em se tratar a reclamação de uma ação[549].

Até o início da vigência do CPC/15, as hipóteses de cabimento da reclamação (até então qualificada como "reclamação constitucional") estavam dispostas no art. 102, I, *l*, no art. 105, I, *f* e, a partir da Emenda n. 45/04, no art. 103-A, § 3º, todos da CF. Autorizam os dois primeiros dispositivos o manejo da reclamação com o fito específico de preservar a competência ou garantir a autoridade das decisões do STF e STJ, respectivamente. O último preceito alargou a utilização da reclamação, para garantir a observância do enunciado de súmula vinculante.

Mesmo com a alteração da Lei n. 13.256/16, houve a ampliação das hipóteses de cabimento da reclamação, porque, apesar da aparente equivalência entre o art. 988, I e II, do CPC/15 e o art. 102, I, *l*, e art. 105, I, *f* , ambos da CF, deve-se lembrar que as disposições da codificação processual são mais elásticas, não se limitando ao manejo da ação no STF e STJ; antes, abrem as portas, para que a reclamação seja utilizada, também, para a preservação da competência ou garantia da autoridade das decisões de qualquer tribunal intermediário[550]. Além

---

[549] BUENO, 2017, p. 689. "É majoritário o entendimento de que a reclamação é verdadeira 'ação' voltada a preservar a competência e/ou a autoridade das decisões dos Tribunais."

[550] SPADONI, Joaquim Felipe. Reclamação. In: WAMBIER, Luiz Rodrigues; ARRUDA ALVIM, Teresa. *Temas essenciais do novo CPC*. São Paulo: RT, 2016, p. 509-515, p. 512. "O § 1º do art. 988 prevê, expressamente, a reclamação como ação que pode

disso, mesmo com as modificações introduzidas nos incisos do art. 988 do CPC/15, observa-se claro aumento das hipóteses de cabimento, com expressa referência da garantia de observância do julgamento proferido em IRDR e em IAC.

O alargamento das situações que autorizam a reclamação é potencializado pela disposição do art. 988, § 4º, do CPC/15, porque não restringe o cabimento da reclamação ao dispositivo da decisão que se visa cumprir; antes, refere-se à aplicação indevida ou a não aplicação da tese jurídica, entendida, aqui, como a *ratio decidendi* dos pronunciamentos judiciais dispostos nos incisos III e IV do supracitado artigo. Em outras palavras, buscar-se-á a tese jurídica do enunciado de súmula vinculante ou da decisão em controle concentrado (inciso III), além do IRDR e do IAC (inciso IV), para realizar o cotejo analítico entre tal tese e o caso em mãos, para que se analise o mérito, por assim dizer, da reclamação, contudo esquece-se o legislador — e esse é um mal do CPC/15 — que as teses jurídicas não são fórmulas pré-dadas. Logo, não se tratará de somente encontrá-las, como se elas, metafisicamente, estivessem *out there*. Haverá o intérprete de reconstruí-la com olhos ao caso em mãos. É o presente caso que lançará a pergunta a ser buscada nos precedentes, não o contrário. Assim, observar se, de fato, houve ou não respeito a uma decisão anterior, para garantir-lhe cumprimento, não é tarefa simples.

Em que pese a tentativa da Lei n. 13.256/16 em limitar as oportunidades de utilização da reclamação, estas acabaram ficando, em grande parte, frustradas, eis que, no afã e na pressa de se debelarem as insatisfações que a nova codificação causou nos tribunais superiores[551], houve uma péssima redação ou mesmo esquecimentos e incongruências do legislador. Especificadamente em relação à alteração promovida no art. 988 do CPC/15, verifica-se que há falta de sincronia entre as modificações efetuadas. A supressão de hipótese de cabimento promovida nos incisos do citado artigo não se compatibiliza com outras partes do dispositivo legal que, *a contrario sensu*, reaviva situações que se pretendia suprimir.

---

ser utilizada perante *qualquer Tribunal*, e não apenas nos Tribunais superiores." (Grifos no original).

[551] LEMOS, Vinicius Silva. A reclamação, o novo CPC e a Lei 13.256 de 2016. In: _____; LEMOS, Walter Gustado da Silva (org.). *Precedente judicial*. São Paulo: Lexia, 2016, p. 349-361, p. 358. "No STF, rebelou-se um receio dessa nova amplitude da reclamação, como uma porteira aberta com facilidade para o Supremo."

Isso foi o que ocorreu com a possibilidade do uso da reclamação, para garantir o cumprimento à decisão oriunda de recursos especial e extraordinário repetitivos. Ela foi eliminada, nesse particular, do inciso IV, pela substituição da expressão "precedente proferido em julgamento de casos repetitivos", que, a teor do art. 928 do CPC/15, incluiriam os recursos repetitivos, além do IRDR, pela locução "acórdão proferido em julgamento de incidente de resolução de demandas repetitivas". Poder-se-ia pensar que seria o fim do manejo da reclamação, tendo por base o julgamento de recursos repetitivos, entretanto não é isso que ocorre. A própria lei que tentou extinguir tal situação veio por reacendê-la no art. 988, § 5º, II, do CPC/15. Estipula o citado dispositivo ser incabível a propositura da reclamação para garantir a observância de "acórdão de recurso extraordinário com repercussão geral reconhecida ou de acórdão proferido em julgamento de recursos extraordinário ou especial repetitivos, quando não esgotadas as instâncias ordinárias". Ora, se é incabível seu uso até que esgotadas as instâncias ordinárias, a conclusão a que se chega é a de que poderá ser manejada, quando tais instâncias estiverem vencidas[552]. Assim, "esgotadas as instâncias ordinárias, a um só tempo será possível promover ação de reclamação e interpor recursos excepcionais"[553].

Streck denuncia a falta de sistematização do código, advinda das alterações promovidas pela Lei n. 13.256/16[554]. De um lado, ela repristinou o duplo juízo de admissibilidade dos recursos excepcionais, ao passo que exigiu, na reclamação, o esgotamento das instâncias ordinárias, tudo com a mesma preocupação da chegada de menos processos aos tribunais superiores, contudo não se ateve o legislador ao fato de que essas duas medidas, reunidas, tão somente incitarão a propositura de um maior número de reclamações, porque os Tribunais *a quo* replicam, desde a primeira análise, a maior parte da jurisprudência defensiva criada pelos tribunais superiores, barrando grande quantidade dos recursos excepcionais interpostos. Vale lembrar que, com o CPC/15,

---

[552] DAL MONTE, Douglas Anderson. Reclamação no novo CPC e garantia das decisões dos tribunais. In: LUCON, Paulo Henrique dos Santos; OLIVEIRA, Pedro Miranda de. *Panorama atual do novo CPC*. Florianópolis: Empório do Direito, 2016, p. 77-90, p. 85. "Contrário *sensu*, se esgotadas as vias ordinárias, caberá reclamação com o objetivo de garantir a observância de acórdão decorrente de julgamento de casos repetitivos."

[553] STRECK, 2016b, p. 1303.

[554] Ibid., p. 1303.

mesmo o recurso contra a inadmissibilidade (o agravo interno) não chegará, de pronto, ao conhecimento do tribunal superior específico. Logo, isso "incentivará a que o recorrente sempre ajuíze, de forma concomitante, a reclamação, porque ela não ficará sobrestada no juízo de admissibilidade"[555].

Há de se ter cuidado, contudo, com a interpretação dada ao dispositivo pelo STF, que exigiria, inclusive, decisão dos tribunais superiores a ele vinculados[556]. Pretendeu o STF realizar uma "interpretação teleológica", para que a expressão "esgotamento da instância ordinária" fosse entendido como "o percurso de todo o íter recursal cabível antes do acesso à Suprema Corte"[557]. Dessa forma, "se a decisão reclamada ainda comportar reforma por via de recurso a algum tribunal, inclusive a tribunal superior, não se permitirá acesso à Suprema Corte por via de reclamação"[558]. No caso em particular, não se conheceu a reclamação proposta contra a decisão de um TRE, com o objetivo de observar a autoridade da decisão tomada em recurso extraordinário, com repercussão geral, uma vez que se devia aguardar, primeiramente, a decisão do TSE, tornando o uso da reclamação prematuro. O entendimento vem sendo adotado com consistência no STF[559], inclusive em casos em que pende a análise de admissibilidade pelo juízo *a quo* dos recursos especial e extraordinário interpostos[560].

É bem verdade que o art. 988, § 5º, II, do CPC/15 retira da reclamação seu maior objetivo, que é justamente um meio de acesso rápido e eficiente à própria corte, cuja decisão ou competência se quer fazer

---

[555] STRECK, 2016b, p. 1303.

[556] BRASIL. Supremo Tribunal Federal. *Rcl 24686 ED-AgR*. Rel. Min. Teori Zavascki, Segunda Turma, julg. em 25/10/2016, DJe-074, divulg. 10-04-2017, public. 11-04-2017.

[557] Ibid., loc. cit.

[558] Ibid., loc. cit.

[559] BRASIL. Supremo Tribunal Federal. *Rcl 20076 AgR*. Rel. Min. Dias Toffoli, Segunda Turma, julg. em 09/06/2017, DJe-142, divulg. 28-06-2017, public. 29-06-2017; BRASIL. Supremo Tribunal Federal. *Rcl 26376 AgR*, Rel. Min. Dias Toffoli, Segunda Turma, julg. em 09/06/2017, DJe-143, divulg. 29-06-2017, public. 30-06-2017.

[560] BRASIL. Supremo Tribunal Federal. *Rcl 23476 AgR*. Rel. Min. Teori Zavascki, Segunda Turma, julg. em 02/08/2016, DJe-174, divulg. 17-08-2016, public. 18-08-2016.

valer, principalmente se vencer a tese do STF acima exposta. Spadoni salienta que a obrigação de prévio esgotamento das vias ordinárias "reduz consideravelmente o poder dissuasivo do instituto, neste caso"[561]. Contudo, se a ideia era aniquilar seu manejo, não cumpriu seu objetivo a Lei n. 13.256/16. Além disso, este discurso de celeridade e eficiência, típico do neoliberalismo processual (ou pseudo-socialização processual) não se sustenta, como se verá adiante, no que toca à reclamação, não é a melhor alternativa para a construção argumentativa do que seja o precedente ou sua *ratio*, e, ao fim, não se amolda o modelo democrático pretendido de jurisdição.

Face à real ampliação de hipóteses, desafiou-se a constitucionalidade do art. 988 do CPC/15. Gouvêa, por exemplo, sustenta ser inconstitucional o alargamento realizado, por alterar a competência do STF e do STJ por legislação infraconstitucional, quando tal missão é traçada na própria Constituição, diferentemente dos outros tribunais superiores, que possuem sua competência fixada em lei. Conclui que as competências do STF e do STJ não são suscetíveis de alteração por legislação ordinária, e, assim, ao estipular a Constituição que caberá a reclamação para a preservação de competência e garantia da autoridade de suas decisões, significa dizer que *"não caberá reclamação a não ser para preservação de sua competência e garantia da autoridade de suas decisões"*[562] (grifos no original). Assim, por se tratar de questão intangível, somente seria viável a alteração de competência do STF e STJ por emenda constitucional, não se podendo falar da competência da União, para legislar sobre direito processual, pois "a questão não é concernente à natureza da norma, se processual ou não, e sim da possibilidade ou não de estender-se competência constitucional por lei ordinária"[563].

Em que pese ser preciso o ponto sustentado, qual seja, de inviabilidade de alteração da competência do STF e do STJ, seja para aumentá-la, ou diminuí-la, por legislação infraconstitucional, isso não permite chegar à conclusão proposta, a da inconstitucionalidade de todas das novas hipóteses de cabimentos trazidas pelo CPC/15, porque

---

[561] SPADONI, 2016, p. 512.

[562] GOUVÊA, Luís Felipe Espíndola. A inconstitucionalidade das novas hipóteses de reclamação previstas no novo CPC. In: LUCON, Paulo Henrique dos Santos; OLIVEIRA, Pedro Miranda de. *Panorama atual do novo CPC*. Florianópolis: Empório do Direito, 2016, p. 271-280, p. 278.

[563] Ibid., p. 280.

a maioria das situações não dizem respeito à competência de ditas cortes; antes, referem-se à competência de todos os outros tribunais pátrios. Cite-se, por exemplo, a questão do IRDR ou do IAC, ou mesmo da aplicação dos incisos I e II do art. 988 do CPC/15 não só aos tribunais superiores, mas, também, a qualquer outro intermediário. Não se está alterando a competência do STF e STJ, fica ela, como deve ficar, intangível. Por isso, a explicação dada pelo autor não se presta a justificar a inconstitucionalidade em tais casos. A seguir o seu raciocínio, haveria de se concluir que, nas hipóteses acima propostas (de instituição de reclamação em outros tribunais que não o STF ou STJ), não haveria a pecha de inconstitucionalidade, por não se alterar a competência constitucional estabelecida no art. 102, I, *l*, no art. 105, I, *f*, ambos da CF. Logo, tratando-se de estranha à modificação de competência do STJ e STF, Gouvêa teria necessariamente que aceitar a constitucionalidade da norma por ele combatida.

A tese do autor talvez se prestasse a justificar a inconstitucionalidade no que toca ao uso da reclamação, para garantir a observância de decisão em controle concentrado de constitucionalidade ou em IRDR ou IAC instaurado no âmbito do STF e do STJ. Somente aqui estariam situações que não se encontram expressamente indicadas na Constituição, entretanto elas já estão contempladas no art. 102, I, *l*, e no art. 105, I, *f*, ambos da CF, pelo tão só fato de se qualificarem, todas, como decisões de uma das duas cortes apontadas[564]. Em tal capacidade, já possuem a reclamação como forma de garantir sua autoridade[565]. Tanto é assim, que o cabimento da reclamação para garantir a autoridade da decisão do STF em controle concentrado já é utilizado há tempos, não se necessitando da nova codificação para tanto[566].

---

[564] DAL MONTE, 2016b, p. 82. Afirma o autor que o art. 988, III, do CPC/15, no que toca à garantia de autoridade à decisão em controle concentrado de constitucionalidade, "representa espécie do gênero de cabimento previsto nos arts. 102, I, l, da CF, (...)."

[565] NERY JR.; NERY, 2015, p. 1978. "(...) no caso do STF, as novas hipóteses acabam sendo um desdobramento da garantia de autoridade das decisões daquele Tribunal."

[566] BRASIL. Supremo Tribunal Federal. *Rcl 19548 AgR*. Rel. Min. Celso de Mello, Segunda Turma, julg. em 30/06/2015, DJe-251, divulg. 14-12-2015, public. 15-12-2015; BRASIL. Supremo Tribunal Federal. *Rcl 8025*, Rel. Min. Eros Grau, Tribunal Pleno, julg. em 09/12/2009, DJe-145, divulg. 05-08-2010, public. 06-08-2010; BRASIL. Supremo Tribunal Federal. *Rcl 1782 MC*. Rel. Min. Ellen Gracie, Tribunal Pleno, julg. em 21/02/2001, DJ 28-11-2003, p. 11.

Poder-se-ia dizer que ideia de Gouvêa, ao fim e ao cabo, somente poderá ser utilizada para declarar a inconstitucionalidade do art. 988, § 4º, do CPC/15, na medida em que, ao tentar reavivar a teoria da transcendência dos motivos determinantes, já ultrapassada pela Corte (ao menos no que toca às decisões do controle concentrado), age em descompasso com o entendimento dado pelo STF aos contornos e efeitos do controle concentrado de constitucionalidade e, em particular, da exegese do próprio art. 102, I, *l*, da CF, ao impor os limites da reclamação lá previstos. E, somente aqui, vale a premissa estabelecida na ADI 2.797, tão invocada pelo autor, de que se caracterizaria uma "pretensão inadmissível de interpretação autêntica da Constituição por lei ordinária e usurpação da competência do Supremo Tribunal para interpretar a Constituição"[567]. Daí decorreria a inconstitucionalidade formal, uma vez que "admitir que pudesse a lei ordinária inverter a leitura pelo Supremo Tribunal da Constituição seria dizer que a interpretação constitucional da Corte estaria sujeita ao referendo do legislador, (...)"[568]. No mais, a tese sustentada, apesar de bem desenvolvida, não se presta às conclusões a que se chega.

Afastar a tese de Gouvêa, contudo, não acarreta o fim dos desafios de inconstitucionalidade propostos. Alguns, como Lenza, afirmam haver desacerto entre a ampliação das hipóteses de cabimento e o texto constitucional, decorrente da própria inconstitucionalidade do rol do art. 927 do CPC/15, porque, não sendo considerados "precedentes formalmente vinculantes", não possibilitariam a propositura de reclamação, salvo nos casos em que o reclamante fosse parte no processo originário (o de formação do próprio precedente paradigma). Decorreria tal conclusão da própria interpretação conferida pelo STF, em considerar incabível a reclamação "fundada em paradigma sem efeito vinculante e relativo a processo do qual o reclamante não foi parte"[569].

---

[567] BRASIL. Supremo Tribunal Federal. *ADI 2797*. Rel. Min. Sepúlveda Pertence, Tribunal Pleno, julg. em 15/09/2005, DJ 19-12-2006, p. 37.

[568] BRASIL. Supremo Tribunal Federal. *ADI 2797*. Rel. Min. Sepúlveda Pertence, Tribunal Pleno, julg. em 15/09/2005, DJ 19-12-2006, p. 37.

[569] BRASIL. Supremo Tribunal Federal. *Rcl 25243 AgR*. Rel. Min. Edson Fachin, Segunda Turma, julg. em 07/03/2017, DJe-052, divulg. 16-03-2017, public. 17-03-2017; BRASIL. Supremo Tribunal Federal. *Rcl 14473 AgR*, Rel. Min. Marco Aurélio, Primeira Turma, julg. em 07/02/2017, DJe-033, divulg. 17-02-2017, public. 20-02-2017.

Dada a umbilical ligação, nessa interpretação, da inconstitucionalidade do art. 927 (admitida, em parte, nesta tese) e a do art. 988, ambos do CPC/15, é importante observar a solução dada ao cabimento da reclamação por outros tribunais que não o STF e o STJ, pelos juristas que defendem a tese de ser contrário ao texto constitucional o alargamento de atribuição de efeito vinculante a outros pronunciamentos judiciais que não aqueles expressamente previstos na própria Constituição. Nesse passo, verificar-se-ão as saídas propostas por Streck, Bueno, Nery Jr. e Nery.

Streck, nesse particular, entende cabível a reclamação, tendo por base aqueles provimentos judiciais cuja vinculação estabelecida pelo art. 927 do CPC/15 é inconstitucional. Explica o autor que a inconstitucionalidade do citado dispositivo não acarreta, automaticamente, a falta de vinculação a tais decisões. Diz ele que a vinculação, no caso, não é a meramente formal, mas "deve ser vista a partir de um âmbito orgânico-material. Sempre mais substancial do que procedimental."[570] Por isso, a exigência de fundamentação, a coerência e a integridade resolveriam a questão, o que traria melhoras quantitativas e qualitativas às decisões judiciais, prescindindo de um mecanismo formal de vinculação[571]. Assim, "precedentes (provimentos judiciais *lato sensu*) podem ser vinculantes; aliás, provimentos devem ser vinculantes se a vinculação estiver ligada à coerência e à integridade"[572]. Nesse particular, Streck admite o uso da reclamação, inclusive tendo por base os pronunciamentos judiciais por ele tidos como de vinculação formal inconstitucional (art. 927 do CPC/15), desde que seja ela meio à "preservação da substancialidade do direito", o que não acarretaria "o rebaixamento epistêmico-sistêmico da reclamação"[573].

Em que pese o brilhantismo da argumentação despendida, e apesar de se concordar, aqui, com a necessidade de uma vinculação material (substancial, ou, como diz o autor, de natureza orgânico-material), a utilização da reclamação para provimentos desprovidos de efeitos vinculantes apresenta outras dificuldades, porque a reclamação "não é

---

[570] STRECK, 2016b, p. 1298.

[571] Ibid., p. 1297.

[572] STRECK, 2016b, p. 1300.

[573] Ibid., p. 1305.

meio de uniformização de jurisprudência"[574]. Por isso, não cabe, com fundamento, por exemplo, em súmula desprovida do efeito vinculante[575]. Resumidamente, "é firme a jurisprudência do STF que considera incabível reclamação constitucional fundada em paradigma sem efeito vinculante e relativo a processo do qual o reclamante não foi parte"[576].

A interpretação dada pelo STF está correta, na medida em que somente há de se falar de usurpação de competência e manutenção da autoridade de alguma decisão em dois casos: (*i*) nas demandas intersubjetivas, tendo em vista que a decisão atinge tão somente as partes do processo, deve-se exigir que o reclamante figure como tal, ou seja, que ostente a condição de parte no processo originário ou, ao menos, comprove seu interesse jurídico no combate à decisão; (*ii*) nas causas que afetam não só as partes em litígio, mas irradiam efeitos a outras pessoas, aquelas decisões que possuem eficácia *erga omnes* e efeito vinculante, há a possibilidade de propositura da reclamação, para alinhamento do caso particular com a decisão paradigmática do próprio STF. Portanto, não se reconhecendo o efeito vinculante das decisões em IRDR, IAC ou recursos repetitivos, a consequência lógica é a de não se admite a reclamação com fundamento em tais pronunciamentos judiciais, senão por aqueles que figuraram como partes nos ditos procedimentos. Assim, em que pese a nobre função perseguida por Streck, da reclamação como instrumento de "preservação da substancialidade do direito"[577], há uma contradição entre o sustentado pelo autor, no que

---

[574] BRASIL. Supremo Tribunal Federal. *Rcl 6135 AgR*. Rel. Min. Joaquim Barbosa, Tribunal Pleno, julg. em 28/08/2008, DJe-035, divulg. 19-02-2009, public. 20-02-2009. No mesmo sentido: BRASIL. Supremo Tribunal Federal. *Rcl 2665 AgR*. Rel. Min. Marco Aurélio, Tribunal Pleno, julg. em 23/02/2005, DJ 17-06-2005, p. 07.

[575] BRASIL. Supremo Tribunal Federal. *Rcl 19384 AgR*. Rel. Min. Roberto Barroso, Primeira Turma, julg. em 07/06/2016, DJe-129, divulg. 21-06-2016, public. 22-06-2016; BRASIL. Supremo Tribunal Federal. *Rcl 17885 AgR*. Rel. Min. Gilmar Mendes, Segunda Turma, julg. em 02/09/2014, DJe-186, divulg. 24-09-2014, public. 25-09-2014; BRASIL. Supremo Tribunal Federal. *Rcl 5063 AgR*. Rel. Min. Carlos Britto, Tribunal Pleno, julg. em 20/08/2009, DJe-181, divulg. 24-09-2009, public. 25-09-2009.

[576] BRASIL. Supremo Tribunal Federal. *Rcl 25243 AgR*. Rel. Min. Edson Fachin, Segunda Turma, julg. em 07/03/2017, DJe-052, divulg. 16-03-2017, public. 17-03-2017.

[577] STRECK, 2016b, p. 1305.

toca ao art. 927 do CPC/15, e a análise por ele procedida, em relação ao art. 988 da mesma codificação.

Analisando o cabimento da reclamação fora do âmbito do STF e STJ, Nery Jr. e Nery apresentam uma contradição, ao passo que afirmam, por um lado, a possibilidade de o CPC/15 estender a todos os tribunais tal espécie de ação, por se tratar de direito processual, de competência legislativa da União, e, por outro, não permitir seu uso, quando o conteúdo seja a decisão em IRDR, IAC ou recursos especial e extraordinário repetitivos[578]. É bem verdade que o objeto de análise, no primeiro caso, é a superioridade do CPC/15 aos regimentos internos que previam o procedimento da reclamação na órbita de cada tribunal. Contudo, há certa incongruência, na medida em que se defendem posições antagônicas, em que ora é viável a reclamação perante outros tribunais, ora não. Em parte, cabe reclamação no STF e STJ, mas não no que se refere a recursos repetitivos. Por certo, torna-se mais coerente o último argumento feito, qual seja, o de que "não há que se permitir reclamação quando o conteúdo do julgamento proferido nos incidentes de assunção de competência, de resolução de demandas repetitivas e em RE e REsp repetitivos não tiver sido aplicado pelo órgão judiciário"[579], porque integra-se, de forma mais racional, o que foi sustentado pelos autores, quando da análise do art. 927 do CPC/15. Reputando inconstitucional a vinculação de parte dos pronunciamento judiciais lá constantes, nada mais adequado que negar a possibilidade de reclamação com base nesses mesmos dispositivos considerados em desconformidade com o texto constitucional, salvo, obviamente, se a reclamação for proposta por quem foi parte da ação original, cuja decisão impugnada afronte a competência ou a autoridade daquela proferida pelo STF ou STJ.

Tratando do mesmo tema, Bueno assinala que se poderia levantar a inconstitucionalidade da ampliação das hipóteses de cabimento da reclamação, na medida em que a lei federal não seria meio hábil à criação de nova competência originária aos TRFs e TJs, tal como sustentou em relação ao IRDR. Contudo, vê ultrapassada tal questão, em relação à reclamação, uma vez que se aplicaria, no âmbito de qualquer tribunal, a teoria dos poderes implícitos, tal como feito mesmo no STF, no nascimento do instituto. Nesse passo, ressalta que "é correto (e desejável)

---

[578] NERY JR.; NERY, 2015, p. 1979-1980.
[579] NERY JR.; NERY, 2015, p. 1980.

entender que o CPC de 2015 limita-se a explicitar o que, implicitamente, já está contido no sistema processual civil e, mais amplamente, no próprio modelo constitucional"[580].

A proposta de Bueno, apesar de interessante, não deve prevalecer. Com efeito, não há dúvidas de que o berço da reclamação reside na teoria dos poderes implícitos, tese assimilada pelo direito brasileiro a partir da doutrina americana estabelecida em *McCulloch v. Maryland*[581], decidido pela Suprema Corte americana em 1819. Contudo, deve-se observar o desenvolvimento que houve da implantação da reclamação no âmbito do STF até a sua situação atual, para verificar-se se ainda se justifica a utilização da teoria dos poderes implícitos, sobretudo na ampliação de casos de reclamação a outros tribunais. Nesse sentido, a resposta é negativa.

Com a evolução histórica do instituto, sobretudo pelo desenrolar da jurisprudência do STF, ficou claro que a utilização da reclamação, a partir de sua positivação constitucional, desprendia-se da teoria dos poderes implícitos. Isso justifica uma série de decisões do próprio STF, a iniciar pela Representação n. 1092, em que, sob a égide da Constituição anterior, a Corte decidiu que a reclamação era de seu uso exclusivo, não podendo ser instituída a outros tribunais[582]. Mesmo modificando tal posicionamento, sobretudo pela superveniência da Constituição de 1988, o STF manteve íntegra a exigência de que a reclamação fosse instituída da forma constitucionalmente adequada. Por isso, exige-se norma expressa da Constituição estadual para sua utilização por tribunais de justiça[583], além de ser considerada inconstitucional a criação da reclamação pelo regimento interno de qualquer tribunal, inclusive superior[584].

---

[580] BUENO, 2017, p. 654.

[581] EUA. Suprema Corte. *McCulloch v. Maryland*. 17 U.S. 316, 1819.

[582] BRASIL. Supremo Tribunal Federal. *Rp 1092*, Rel. Min. Djaci Falcão, Tribunal Pleno, julg. em 31/10/1984, DJ 19-12-1984, p. 21913.

[583] BRASIL. Supremo Tribunal Federal. *ADI 2212*. Rel. Min. Ellen Gracie, Tribunal Pleno, julg. em 02/10/2003, DJ 14-11-2003, p. 11; BRASIL. Supremo Tribunal Federal. *ADI 2480*. Rel. Min. Sepúlveda Pertence, Tribunal Pleno, julg. em 02/04/2007, DJe-037, divulg. 14-06-2007, public. 15-06-2007, DJ 15-06-2007, p. 20.

[584] BRASIL. Supremo Tribunal Federal. *RE 405031*. Rel. Min. Marco Aurélio, Tribunal Pleno, julg. em 15/10/2008, DJe-071, divulg. 16-04-2009, public. 17-04-2009.

O desenvolvimento da reclamação no ordenamento jurídico brasileiro afastou-se dos seus fundamentos originais. Desta feita, a tese de Bueno não se aplica. Caso fosse ela adotada, qualquer tribunal poderia utilizar a reclamação independentemente de qualquer norma legal, atribuindo-lhe competência para tanto. Bastaria, por exemplo, a previsão regimental ou, em última análise, até ela seria prescindível. Contudo, não há dúvidas de que, atualmente, é inviável a criação da reclamação em outros tribunais simplesmente com seu desenvolvimento jurisprudencial ou mesmo pela previsão regimental, tal como feito pelo STF nos primórdios do instituto. O assunto atingiu um grau maior de maturação e de rebusque no ordenamento jurídico pátrio, demandando uma forma apropriada de instituição que respeite a forma de distribuição de competência estabelecida pela própria CF. A teoria dos poderes implícitos talvez ainda sirva à realidade americana, principalmente por possuir os EUA uma Constituição sintética. Contudo, no Brasil, com seu texto constitucional analítico, a teoria dos poderes implícitos não detém a mesma envergadura, na medida em que a Constituição prevê a maneira adequada de inovação na órbita jurídica, sobretudo na competência originária dos diferentes tribunais que compõem seu Poder Judiciário.

Saber se outros tribunais possuem competência para instituir ou não a reclamação em seu âmbito de atuação é matéria complexa. Não se pode dizer, como faz Carvalho[585], que simplesmente não há proibição expressa na CF, e, como se trata de matéria processual, a lei ordinária constituir-se-ia meio hábil para tanto. Por certo, trata-se de matéria processual. Contudo, antes disso, a competência para conhecimento e julgamento de ação de competência dos tribunais (de todas e quaisquer cortes, como quer o art. 988 do CPC/15) é assunto constitucional. É a Carta Magna que divide a competência para legislar entre o âmbito da União, dos Estados e dos Municípios, bem como estabelece a competência dos diferentes ramos da Justiça, por ora fixando ela mesma as competências originárias de tribunais, e, quando não o faz, especifica a forma constitucionalmente adequada, para que seja realizada. É importante frisar que, a cada ramo, há a especificação da competência (originária e recursal) dos tribunais intermediários de forma diversa.

---

[585] CARVALHO, Feliciano de. Reclamação (in)constitucional?: análise do novo Código de processo civil. *Revista de informação legislativa*, v. 53, n. 212, p. 57-79, out./dez. 2016.

Ora a CF prevê, ela mesma, tais situações, ora remete à lei complementar seu estabelecimento e, por vezes, à lei, simplesmente.

No passado, na égide da Constituição anterior, não se admitia a utilização da reclamação senão pelo próprio STF, negando que outra corte a instituísse. Isso foi o que ocorreu, por exemplo, com a declaração de inconstitucionalidade das disposições regimentais que previam a reclamação no âmbito do hoje já extinto Tribunal Federal de Recursos[586]. Com a superveniência da Constituição de 1988, a matéria mereceu nova análise, sendo que, dessa vez, passou-se a se admitir o manejo da reclamação, por exemplo, aos tribunais de justiça, mediante o seu estabelecimento na Constituição estadual[587].

Na ADI 2.212, houve a interessante discussão entre duas posições distintas. A primeira, defendida pela Relatora (e que se sagrou vencedora), aplicava a simetria entre as constituições federal e estaduais e, logo, a possibilidade de repetição nestas do instrumento previsto naquela. Assim, declarou-se a constitucionalidade do artigo da Constituição do Estado-Membro e dos dispositivos regimentais do tribunal de justiça local, os quais se referiam ao estabelecimento da reclamação no âmbito estadual. A divergência opunha a pecha de inconstitucionalidade às supracitadas normas, eis que se tratava a reclamação de medida processual, e, como tal, a competência legislativa era privativa da União.

No caso subsequente, em que a matéria foi novamente trazida à baila, na ADI 2.480, o STF reiterou, agora por ampla margem, a possibilidade do uso da reclamação por Estado-Membro, quando prevista norma autorizadora na Constituição estadual. Na oportunidade, o pedido inicial foi efetuado, dizendo não existir norma específica na Constituição estadual, contudo o Relator salientou que havia tal previsão, apesar de nomenclatura diversa (representação). Apesar de aparentemente se inclinar a adotar a teoria dos poderes implícitos como base de seu voto, o relator deixou claro que a discussão da matéria

---

[586] BRASIL. Supremo Tribunal Federal. *Rp 1092*. Rel. Min. Djaci Falcão, Tribunal Pleno, julg. em 31/10/1984, DJ 19-12-1984, p. 21913.

[587] BRASIL. Supremo Tribunal Federal. *ADI 2212*, Rel. Min. Ellen Gracie, Tribunal Pleno, julg. em 02/10/2003, DJ 14-11-2003, p. 11; BRASIL. Supremo Tribunal Federal. *ADI 2480*. Rel. Min. Sepúlveda Pertence, Tribunal Pleno, julgado em 02/04/2007, DJe-037, divulg. 14-06-2007, public. 15-06-2007, DJ 15-06-2007, p. 20.

era desnecessária, tendo em vista a previsão autorizadora contida na Constituição estadual, mas deixou claro, no curso das discussões, que entende ser "fundamental que haja previsão, malgrado com o nome de 'representação', na Constituição do Estado"[588].

É bem verdade que estes dois últimos precedentes partem da premissa de que a reclamação não é ação; antes, está inserida no direito de petição, o que não se mostra, ao menos atualmente, acertado. Depois de muitos debates, há uma certa harmonia em se considerar a reclamação uma ação, por isso não foi aceita, na ADI 2212, a tese da inconstitucionalidade formal, por afronta à competência legislativa privativa da União em relação ao direito processual. Na ADI 2840, essa questão sequer foi posta em discussão, tornando-se superado o assunto. Por certo, com o desenvolvimento doutrinário acerca do tema, a matéria merece ser revisitada no STF.

A *ratio decidendi* desses dois últimos precedentes, contudo, pode ser construída da seguinte maneira: existe uma forma apropriada para o estabelecimento da competência dos diferentes tribunais, ditada pela própria CF. Assim, quando obedecida a regra de regência — quando instituída a competência pela forma determinada pela CF —, válida será a reclamação no âmbito do respectivo tribunal (superior ou intermediário). Por isso, exige-se norma na Constituição estadual que a preveja, em decorrência da regra constitucional de atribuição de competência ao tribunal de justiça, qual seja, o art. 125, § 1º, da CF. Isso abre a possibilidade, para que os demais tribunais prevejam ou não o uso do mesmo instituto em sua atuação, desde que implantada de acordo com a norma de distribuição de competência existente na CF. Se contém na *ratio*, igualmente, que a competência privativa da União para legislar sobre direito processual não impede (ou não afeta) o estabelecimento da reclamação por outras vias que não a lei ordinária, quando obedecidas as normas que instituem competência aos diferentes órgãos da Justiça brasileira, cumpre verificar, individualmente, como poderia se dar o estabelecimento da reclamação em cada ramo do Judiciário nacional, resolvida já a questão no âmbito da Justiça Estadual. Em outras palavras, como defende Bueno, "não cabe à *lei federal* definir a competência dos órgãos dos TRFs nem dos TJs. A iniciativa viola, a um só tempo, os arts. 108 e 125, § 1º, da CF"[589].

---

[588] Ibid., loc. cit.

[589] BUENO, 2017, p. 646.

No âmbito do STF e do STJ, não há dúvidas da utilização da reclamação, pela existência de normas expressas (art. 102, I, *l*, art. 105, I, *f* e art. 103-A, § 3º, todos da CF). A partir da EC n. 92/16, a mesma solução ocorre no TST, uma vez que houve a inclusão expressa dessa possibilidade no art. 111-A, § 3º, da CF. Anteriormente a isso, o STF já havia declarado a inconstitucionalidade de previsão do regimento interno do TST, que previra a reclamação na órbita do próprio tribunal[590]. Logo, a Emenda n. 92/16 surge como uma correção de rumos sobre a forma de se instituir essa ação originária no âmbito do TST.

Em relação aos TRTs, a mesma solução não se aplica. Não há, na Constituição expressa, menção, o que poderia ter sido feito, caso assim quisesse o Constituinte Derivado, na própria EC n. 92/16. O art. 113 da CF confere à lei o poder de dispor sobre "a constituição, investidura, jurisdição, competência e garantias e condições de exercício dos órgãos da Justiça do Trabalho". A "lei" a que se refere o dispositivo é a ordinária, ante a falta de qualquer outra qualificação a ela atribuída. Nesse passo, a lei específica que trata da competência dos TRTs é a CLT, em especial nos art. 678 e 680. Neles, não há referência à reclamação, enquanto ação originária com o objetivo de garantir a competência ou a autoridade de suas decisões. Os dispositivos que mais se aproximam de algo relativamente próximo à reclamação são os art. 678, I, *d*, 2 e art. 680, *b*, ambos da CLT. Entretanto, nenhum deles, de fato, equivalem-se àquela ação. O primeiro artigo citado trata, na verdade, de questão administrativa, sem caráter jurisdicional, ao dar competência aos TRTs, para julgarem "as reclamações contra atos administrativos de seu presidente ou de qualquer de seus membros, assim como dos juízes de primeira instância e de seus funcionários". O segundo também ostenta o mesmo caráter administrativo, não servindo para cassar qualquer decisão, ao dispor que compete, ainda, aos TRTs ou suas Turmas, "fiscalizar o cumprimento de suas próprias decisões". Não se pode confundir este último caso, de caráter administrativo, enquanto ato fiscalizatório, com aquele jurisdicionado exercido pela reclamação.

A questão a saber é se a lei a que se refere o art. 113 pode ser concebida como o CPC/15. Nesse ponto, há como sustentar tal argumento. Poder-se-ia falar que o CPC/15, como lei mais nova, altera (ou integra-se) as disposições da CLT e, assim, amplia a competência dos TRTs,

---

[590] BRASIL. Supremo Tribunal Federal. *RE 405031*. Rel. Min. Marco Aurélio, Tribunal Pleno, julg. em 15/10/2008, DJe-071, divulg. 16-04-2009, public. 17-04-2009.

ao menos quanto ao conhecimento e julgamento da reclamação, porém entende-se, aqui, outra solução. A CLT é lei especial que apresenta um rol fechado de competência aos TRTs, especialmente o seu art. 678, I, *b*, que estabelece os casos de competência originária, nada versando sobre o manejo da reclamação. Assim, efetuada uma listagem especial quanto à possibilidade de uma ação iniciar originalmente em um TRT, a lista somente poderá ser aumentada, quando incluída nela, e exclusivamente nela, uma nova hipótese especial. Nesse passo, a leitura de "tribunais" no art. 988, I e II, do CPC/15, excluiria os TRTs.

A resolução da questão no âmbito da Justiça Federal comum também exclui a possibilidade de reclamação no âmbito dos TRFs. A competência originária dos TRFs é expressa na própria Constituição, no rol do art. 108, I. Não há a remissão de estabelecimento de competência (originária ou recursal) a ser procedida por lei (seja complementar ou ordinária). Assim, pode-se verificar que se trata de um rol fechado, *numerus clausus*, necessitando-se de emenda constitucional, para alterar as situações taxativas lá inclusas. Trata-se da mesma lógica utilizada na alteração da competência do STF e STJ, a qual, por estar toda ela indicada na Constituição, não pode ser efetuada por legislação infraconstitucional[591].

A Constituição não fixa expressamente a competência dos tribunais da Justiça Eleitoral; antes, remete à lei complementar o seu estabelecimento (art. 121 da CF). Nenhuma lei complementar específica foi promulgada após 1988, contudo houve a recepção da legislação que anteriormente tratava da matéria, no caso, o Código Eleitoral de 1965. Poder-se-ia argumentar que o CE não se presta a tal fim, por se tratar de uma lei ordinária (Lei n. 4.737/65), entretanto não há dúvidas de que tal legislação, no que toca à "organização e competência dos tribunais, dos juízes de direito e das juntas eleitorais" (art. 121 da CF), foi recepcionada como lei complementar em sua natureza substancial[592].

---

[591] BRASIL. Supremo Tribunal Federal. *ADI 2797*. Rel. Min. Sepúlveda Pertence, Tribunal Pleno, julg. em 15/09/2005, DJ 19-12-2006, p. 37.

[592] BRASIL. Supremo Tribunal Federal. *ADI 5028*. Rel. Min. Gilmar Mendes, Rel. p/ Acórdão Min. Rosa Weber, Tribunal Pleno, julg. em 01/07/2014, DJe-213, divulg. 29-10-2014, public. 30-10-2014; BRASIL. Supremo Tribunal Federal. *ADI 4965*. Rel. Min. Rosa Weber, Tribunal Pleno, julg. em 01/07/2014, DJe-213, divulg. 29-10-2014, public. 30-10-2014; BRASIL. Supremo Tribunal Federal. *ADI 5020*. Rel. Min. Gilmar Mendes, Rel. p/ Acórdão Min. Rosa Weber, Tribunal Pleno, julgado em 01/07/2014, DJe-213, divulg. 29-10-2014, public. 30-10-2014; BRASIL. Supremo Tribunal Federal. *MS 26604*. Rel. Min. Cármen Lúcia, Tribunal Pleno, julg. em 04/10/2007, DJe-187, divulg. 02-10-2008, public. 03-10-2008.

O CE trata da competência originária do TSE e dos TREs, sem indicar, em qualquer dispositivo, o cabimento da reclamação.

As situações que poderiam suscitar alguma dúvida são as do art. 22, I, *i* e as do art. 29, I, *f*, ambos do CE, que não se confundem, contudo, com a reclamação do art. 988 do CPC/15. A primeira trata da competência originária do TSE, para processar e julgar "as reclamações contra os seus próprios Juízes que, no prazo de trinta dias a contar da conclusão, não houverem julgado os feitos a eles distribuídos". Trata-se, por óbvio, de medida administrativa, em regra atribuída à Corregedoria, sem qualquer caráter jurisdicional e sem que haja, como resultado normal de uma reclamação, a cassação de qualquer ato ou a avocação de competência de qualquer causa. No que toca ao dispositivo em análise, o próprio TSE o considerou revogado, ainda que tacitamente, pela Emenda Constitucional n. 45/04, que, ao instituir o CNJ, transferiu-lhe tal competência (art. 103-B, § 4º, III, da CF)[593].

Já a situação do art. 29, I, *f*, do CE, trata, de igual forma, de medida administrativa, no âmbito dos TREs, que, no curso do processo eleitoral, não só adjudicam as ações relativas ao pleito, mas, também, regulamentam-no (em uma função anômala que acontece na Justiça Eleitoral) e, em consequência, fiscalizam o cumprimento das regulamentações legais e administrativas (sobretudo as resoluções expedidas a cada nova eleição). Trata-se de típica função administrativa, derivada do próprio poder normativo concedido à Justiça Eleitoral, não se confundindo com a reclamação que visa à garantia da competência ou autoridade da decisão de tribunais que a instituem de forma constitucionalmente adequada.

A questão posta se resolve por outras vias em relação à Justiça Militar, aqui tratada exclusivamente pela União. Como se sabe, não há um tribunal intermediário nesse âmbito de atuação. O STM faz as vezes, ao mesmo tempo, de tribunal intermediário e superior, portanto basta perquirir se há autorização constitucional e legal para a utilização da reclamação em sua atuação. Nesse passo, o art. 124, parágrafo único, da CF, remete à lei a "organização, o funcionamento e a competência da Justiça Militar". Nesse sentido, houve a promulgação da Lei n. 8.457/92, destinada à organização da Justiça Militar da União, que

---

[593] BRASIL. Superior Tribunal de Justiça. *Reclamação nº 475*. Decisão monocrática de 10/10/2007. Rel. Min. José Augusto Delgado, DJ 18/10/2007, p. 180; BRASIL. Superior Tribunal de Justiça. *Reclamação nº 574*, Decisão monocrática de 30/9/2008. Rel. Min. Felix Fischer, DJE 06/10/2008, p. 5.

expressamente confere ao STM, no seu art. 6º, *f*, competência originária para processar e julgar "a reclamação para preservar a integridade da competência ou assegurar a autoridade de seu julgado". Logo, no âmbito do STM, não há dúvidas sobre o cabimento da reclamação.

4.6.9. AÇÃO RESCISÓRIA

O estudo da ação rescisória é complexo. Há uma série de questões que suscitam, desde há muito, uma infinidade de discussões doutrinárias, acompanhadas por uma prática judicial, muitas vezes, dissonante da academia. Não se pretende, aqui, exaurir qualquer aspecto a ela relativo nem tampouco apresentar todos os pontos de destaque que a ação rescisória mereceria. O objetivo é singelo, apesar de desafiador. Espera-se tão somente delinear a ligação desse tipo de ação com o estudo do direito jurisprudencial, qual seja, verificar a importância que detêm certos pronunciamentos judiciais para a propositura, conhecimento e julgamento da ação rescisória.

Para o cumprimento de tal fim, analisar-se-á especificamente a nova hipótese de cabimento elencada no art. 966, V, do CPC/15: a possibilidade de propositura da ação rescisória por violação manifesta de norma jurídica. Além disso, também se estudará a regra do § 5º do art. 966 do CPC/15, que diz ser cabível a rescisória "contra decisão baseada em enunciado de súmula ou acórdão proferido em julgamento de casos repetitivos que não tenha considerado a existência de distinção entre a questão discutida no processo e o padrão decisório que lhe deu fundamento". Por fim, também será abordado o cabimento da rescisória por ulterior declaração de inconstitucionalidade da norma em que se baseou a decisão de mérito (art. 525, § 15, do CPC/15), especialmente a proferida contra a Fazenda Pública (art. 535, § 8º, do CPC/15).

Em verdade, a alteração já se inicia pelo próprio *caput* do art. 966 do CPC/15. Onde, no código revogado, constava sentença, a atual codificação trata da decisão de mérito. Poder-se-ia argumentar que a nova redação em nada altera o *core* do instituto, contudo trata-se de uma conclusão apressada. Na verdade, há uma grande inovação, na medida em que, agora, a rescisória pode ter por objeto a decisão parcial de mérito (art. 356 do CPC/15) ou outras até então não rescindíveis, como a que põe fim à liquidação, as que, apesar de não serem de mérito, impossibilitam a reproposição da ação (como a que extingue o processo por considerar o autor parte ilegítima) ou mesmo algumas decisões que não transitam em julgado, como a que inadmite recurso[594].

Nem toda decisão, contudo, torna-se rescindível. A rescisão é medida excepcional, e suas hipóteses de cabimento são tão somente as legalmente previstas (*numerus clausus*). Portanto, via de regra, necessitará que se trate de decisão de mérito, que produza coisa julgada material. Sobre o assunto, já decidiu o STF, na vigência do novo código, que a decisão de suspensão de segurança não pode ser objeto de ação rescisória[595], porque trata-se de medida de natureza cautelar que não adentra o mérito, não dirime a relação de direito material debatida, porquanto concentra-se exclusivamente na análise das circunstâncias que permitem a suspensão (aquelas elencadas no art. 15 da Lei n. 12.016/09). Pela natureza cautelar que ostenta, não está apta a produzir coisa julgada material, e, nesse particular, "não há como enquadrar a decisão rescindenda no *caput* do art. 966 do CPC/2015"[596].

É importante frisar, ainda, que, se a decisão rescindenda já tiver analisado a questão debatida, ou seja, já tiver se manifestado sobre a norma jurídica que se alega violada, não será o caso de admissão da ação rescisória, eis que ela não se presta à simples rediscussão da matéria decidida. Sob a égide do novo código, o STF já reiterou que "a ação rescisória é via processual inadequada à mera rediscussão de questões já expressa e fundamentadamente enfrentadas no julgamento rescindendo"[597], nem faz as vezes de revisão criminal[598], tampouco caberá, quando a decisão seguir a interpretação dada pela própria Corte à norma que se diz violada[599].

---

594 ARRUDA ALVIM, Teresa. Da ação rescisória. In: WAMBIER, Luiz Rodrigues; ARRUDA ALVIM, Teresa. *Temas essenciais do novo CPC*. São Paulo: RT, 2016a, p. 617-628, p. 617-619.

595 BRASIL. Supremo Tribunal Federal. *AR 2536 AgR*. Rel. Min. Teori Zavascki, Tribunal Pleno, julg. em 30/09/2016, DJe-222, divulg. 18-10-2016, public. 19-10-2016.

596 Ibid., loc. cit.

597 BRASIL. Supremo Tribunal Federal. *AR 2594 AgR*. Rel. Min. Luiz Fux, Tribunal Pleno, julg. em 19/05/2017, DJe-124, divulg. 09-06-2017, public. 12-06-2017.

598 BRASIL. Supremo Tribunal Federal. *AR 2523 AgR*. Rel. Min. Luiz Fux, Tribunal Pleno, julg. em 05/05/2017, DJe-104, divulg. 18-05-2017, public. 19-05-2017.

599 BRASIL. Supremo Tribunal Federal. *AR 2564 AgR*. Rel. Min. Luiz Fux, Tribunal Pleno, julg. em 09/11/2016, DJe-251, divulg. 24-11-2016, public. 25-11-2016.

Tratando das hipóteses de cabimento que convêm à presente pesquisa, mais especificamente a do art. 966, V, do CPC/15, pode-se vislumbrar alteração substancial do texto legal, se comparado ao antigo art. 485, V, do CPC/73. Neste, constava ser rescindível a sentença que "violar literal disposição de lei". Agora, em uma redação mais flexível que, por si, já joga novas luzes à matéria, diz ser passível de rescisão a decisão de mérito que "violar manifestamente norma jurídica." Poder-se-ia questionar se a mudança de redação importa necessariamente em alguma séria alteração ou um alargamento da hipótese de cabimento em questão. A resposta, neste particular, seria positiva. Como sustenta Teresa Arruda Alvim, "a mudança desta regra é relevante e, evidentemente, não se limita à redação"[600].

Primeiro, a exclusão do vocábulo "literal" representa um anseio da doutrina, que, há tempos, criticava o seu uso, por tratar-se de uma reminiscência de um atrasado norte teórico que tomava os textos da leis "em si mesmos e isoladamente considerados"[601]. Por certo, nenhuma aplicação é literal. Desde a distinção entre texto e norma, não se mostra viável que um texto seja aplicado na sua literalidade. Necessariamente haverá a intermediação do intérprete, que construirá a norma a partir do texto, na fusão de horizontes deste e daquele, portanto, na sua literalidade, o texto nada significa. Passará a sê-lo a partir da norma que dele deriva, logo o texto só se materializa na *applicatio* enquanto norma. A norma, por seu turno, só existe na expressão do texto que lhe dá suporte. Há, portanto, uma diferença ontológica entre um e outro, que impede a existência isolada de qualquer um deles.

Há de se perquirir, também, quando a violação à norma jurídica é manifesta. O vocábulo substituiu a "literalidade" antes prevista. Se esta se apresentava problemática, aquela também suscitava dúvidas. Didier Jr. e Cunha propõem que será manifesta a violação que puder ser demonstrada de pronto, com prova pré-constituída juntada pelo autor[602]. Em outras palavras, seria manifesta, porque a produção da prova é exclusivamente documental, não dependeria de dilação probatória. Logo, relaciona-se com a forma que se revela no mundo, e não com alguma

---

[600] ARRUDA ALVIM, 2016a, p. 620.

[601] ARRUDA ALVIM, Teresa. *Controle das decisões judiciais por meio de recursos de estrito direito e de ação rescisória*: recurso especial, recurso extraordinário e ação rescisória - o que é uma decisão contrária à lei? São Paulo: RT, 2001, p. 263.

[602] DIDIER JR.; CUNHA, 2017, p. 566.

característica intrínseca que carrega, de conteúdo. Por isso, concluem os dois autores que, "se a alegação de violação puder ser comprovada pela prova juntada aos autos com a petição inicial, cabe a ação rescisória com base no inciso V do art. 966; se houver necessidade de dilação probatória, então, essa rescisória é inadmissível"[603].

Verifica-se, portanto, que não se trata de uma característica peculiar ao conteúdo do vocábulo "manifestamente"; antes, como ressaltado, trata-se da maneira pela qual se exterioriza, que surge no mundo dos fatos. Diz respeito à produção probatória, mais especificamente, a forma pela qual se irá reconstruir a realidade, portanto é critério exclusivamente formal, não dependente do conteúdo que se empreste ao termo. Nesse ponto, contudo, a posição dos autores mostra-se contraditória com o restante da argumentação por eles despendida, na medida em que passam a analisar justamente a importância do conteúdo do conceito de "manifestamente" ao cabimento da rescisória, afirmando que ocorre a manifesta violação, quando for conferida "uma interpretação sem qualquer razoabilidade ao texto normativo"[604] ou uma "interpretação incoerente e sem integridade com o ordenamento jurídico"[605]. Enfim, reavivam, de certa forma, a "literalidade", quando se referem à decisão *contra legem*, que desatende ao " próprio texto, sem qualquer razoabilidade"[606]. Relacionando o termo "manifestamente" com sua substância, dizem os autores que se aplica à nova codificação, com algumas restrições, a Súmula n. 343 do STF, que trata da interpretação controvertida da norma jurídica.

Ora, ou bem o termo "manifestamente" refere-se à forma, ou bem ao conteúdo. A interpretação dada à norma poderá ser esdrúxula e, ao mesmo tempo, depender, em tese, de alguma outra prova que não a documental. O que fazer em tal situação? Não haverá resposta na posição dos autores. Ao mesmo tempo que a rescisória seria cabível pela patente inobservância da norma, na sua interpretação sem qualquer razoabilidade, será também incabível, por não depender exclusivamente de prova pré-constituída. Embora o controle posterior de interpretação dada à norma em processo anterior dependa, em regra, da mera juntada de cópia dos autos em que se desenvolveu a ação, não se pode vincular o

---

603 Ibid., loc. cit.
604 Ibid., loc. cit.
605 Ibid., loc. cit.
606 Ibid., p. 567.

grau da violação pela forma que ela possa ser comprovada. É descabida, portanto, a sugestão dos autores, em ver, no termo "manifestamente", um mero meio de produção da prova; antes, relaciona-se com o conteúdo, justamente para atacar a decisão anterior transitada em julgado que viole a norma jurídica de forma incontestável. A decisão rescindenda (ou a interpretação dada à norma), portanto, deve ser visivelmente inapropriada a qualquer intérprete. Trata-se de uma ostensiva má aplicação do direito, independente da forma pela qual será ela provada.

Assim como a expressão "literalidade" já havia sido abrandada pela jurisprudência, que entendia ser uma violação do "direito em tese", ao "correto sentido da norma jurídica"[607], o vocábulo "manifestamente" deve seguir o mesmo temperar e ser compreendido de forma flexível, abarcando as violações que neguem, de forma clara, o direito tal como estabelecido no momento da tomada de decisão.

Segundo, a alteração de "lei" para "norma jurídica" acarreta uma grande modificação dos *standards* legais que se capacitam a fundamentar a ação rescisória. Entendia-se que o vocábulo "lei" compreendida seu aspecto formal, expressado na Constituição (e suas Emendas) e nos atos legislativos contidos no art. 59 da CF (leis complementares, ordinárias, delegadas, medidas provisórias, decretos legislativos e resoluções), além da legislação estadual e municipal, mas pressupunha-se a existência de uma violação "frontal e direta"[608] ao dispositivo legal indicado. Contudo, agora, a expressão norma jurídica amplia as possibilidades de cabimento, uma vez que não se circunscreve tão somente à lei em sentido formal, mas, de igual sorte, àqueles parâmetros que apresentam normatividade dentro de um sistema jurídico.

O STJ parece não ter recebido essa alteração com a profundidade que ela merece. Apesar da modificação de texto, trata o art. 966, V, do CPC/15 como análogo do art. 485, V, do CPC/73, ao sustentar que "a violação a lei, para justificar a procedência da demanda rescisória, nos termos do art. 966, V, do CPC/2015, deve ser de tal modo evidente que afronte o dispositivo legal em sua literalidade"[609]. Esquece-se a Corte

---

607 BRASIL. Superior Tribunal de Justiça. *EREsp 935.874/SP*. Rel. Min. Arnaldo Esteves Lima, Corte Especial, julg. em 17/06/2009, DJe 14/09/2009.

608 BRASIL. Supremo Tribunal Federal. *AR 1198*. Rel. Min. Djaci Falcão, Tribunal Pleno, julg. em 23/03/1988, DJ 17-06-1988, p. 15251.

609 BRASIL. Superior Tribunal de Justiça. *REsp 1664643/RS*. Rel. Min. Herman Benjamin, Segunda Turma, julg. em 18/05/2017, DJe 20/06/2017.

de que o cabimento não se volta nem à lei e pretensa violação sequer necessita ser literal. Observa-se um déficit hermenêutico na postura do STJ. Trata a Corte o novo com os olhos do velho, tornando-o igualmente velho. No mesmo julgamento, reiterou-se a Súmula n. 343 do STF[610], confirmando sua compatibilidade com as disposições do CPC/15 em relação à ação rescisória.

Questiona-se se outros *standards* poderão se qualificar como normas jurídicas para cabimento da ação rescisória. Na vigência da codificação anterior, a resposta era demasiadamente restritiva. A maior parte das decisões exigia a existência de uma lei em sentido formal, que deveria ser afrontada em sua literalidade, que fosse desrespeitada a única interpretação possível do dispositivo, o que significava a inexistência de disputa de sua correta exegese. Poucos eram os precedentes que admitiam alargar o conceito de lei, para o cumprimento do art. 485, V, do CPC/73. Exemplo corajoso dessa interpretação ampla ocorreu no STJ, em acórdão que expandiu o conceito de lei, para nele incluir a violação aos princípios (escritos ou não) ou mesmo aos costumes, possibilitando a propositura da ação rescisória em tais situações[611].

Se a medida já foi admitida na égide do CPC/73, com muito mais razão deve-se adotá-la na vigência do CPC/15. Assim, qualificar-se-ão, para tanto, os princípios jurídicos, ainda que não escritos[612]. Apesar de se disputar muito, na doutrina constitucional, o próprio conceito de princípio, se é que há algum[613], remete-se, sempre, a um elemento normativo. Princípio é norma jurídica, independentemente da teoria base adotada (hermenêutica, procedimentalista, garantista, entre outras). Larga-se mão da visão de princípios como meros valores (morais), e a eles se atribue força normativa. Nesse particular, não há qualquer dúvida de que os princípios jurídicos servem, tanto quanto regras, a justificar a propositura da ação rescisória com base no art. 966, V, do CPC/15.

---

[610] STF, Súmula n. 343. Não cabe ação rescisória por ofensa a literal disposição de lei, quando a decisão rescindenda se tiver baseado em texto legal de interpretação controvertida nos tribunais.

[611] BRASIL. Superior Tribunal de Justiça. *AR 822/SP*. Rel. Min. Franciulli Netto, Primeira Seção, julg. em 26/04/2000, DJ 28/08/2000, p. 50.

[612] ARRUDA ALVIM, 2016a, p. 621.

[613] OLIVEIRA, 2008, p. 241. Conclui o autor, na sua busca pela significação dos princípios jurídicos, que não se apresentam eles como um conceito pré-dado, estático; antes "a dificuldade e profundidade do problema serve de indício para que ainda nos encontremos inseguros sobre sua definição."

Didier Jr. e Cunha distinguem as normas gerais das individuais, ressaltando que apenas a violação daquelas pode justificar a propositura da rescisória. Contudo, afirmam que qualquer norma geral pode embasar o pedido de rescisão. Nesse particular, não há dúvidas, também, de que a "norma jurídica" expressa no art. 966 do CPC/15 não se refere à lei formal, ou seja, ao lado daquelas hipóteses já pacíficas de cabimento (art. 59 da CF), aderem-se, na visão dos autores, normas de origem costumeira, regimentais, administrativas, internacionais, dentre outras, podendo se tratar de direito material ou processual[614].

A questão que se põe é saber se a violação de uma "norma jurídica" judicialmente criada pode servir de gatilho à propositura da ação rescisória. A resposta varia bastante na doutrina, havendo certa propensão em se admitir o cabimento, quando desrespeitado algum dos pronunciamentos judiciais elencados no art. 927 do CPC/15. Nesse passo, parece predominar a visão de que "decisão que viola manifestamente precedente obrigatório (art. 927, CPC) também é rescindível"[615]. A resposta à questão, contudo, não se mostra adequada, ao menos pelo norte teórico seguido na presente tese. Ao analisar o art. 927 do CPC/15, concluiu-se que a lei ordinária não pode estabelecer novos casos de vinculação a pronunciamentos judiciais. Portanto, deve ser lido o dispositivo de forma a se compatibilizar com a CF e, nesse passo, respeitar que somente os provimentos nela previstos (art. 102, § 2º e 103-A) são vinculantes, o que não afasta, contudo, a possibilidade de a legislação eleger outros elementos como *standards* à rescisão da sentença. A observância exigida pelo art. 927 do CPC/15, assim, deve ser compreendida como o dever de o magistrado não ignorar, no momento da decisão, os pronunciamentos judiciais lá estipulados, levando-os em consideração. Acarreta, ao final, o dever do juiz em chamá-lo ao debate, caso as partes assim não tenham feito.

Observa-se, portanto, que não podem basear o manejo da rescisória todas as decisões descritas no art. 927 do CPC/15. Ao contrário, isso só ocorrerá com aquelas que expressamente a legislação apontar como utilizáveis à rescisão. Isso inclui, por certo, alguns dos pronunciamentos judiciais elencados no citado dispositivo, mas não sua integralidade. Não há dúvidas, nesse sentido, de que as decisões que detêm caráter normativo, com eficácia *erga omnes* e efeito vinculante, carac-

---

[614] DIDIER JR.; CUNHA, 2017, p. 559.
[615] Ibid., loc. cit.

terizarão possibilidades de rescisão da sentença. Junto delas constam os standards elencados no art. 966, § 5º, do CPC/15. Portanto, também possibilitará o manejo da rescisória — por conta desse dispositivo, e não do art. 927 do CPC/15 — os enunciados de súmula (vinculantes ou não) e decisões provenientes de julgamento de casos repetitivos (IRDR, recursos especial e extraordinário repetitivos). Poder-se-ia dizer que o art. 966, § 5º, do CPC/15 exige a má aplicação de um critério decisório, eis que não procedida à distinção. Contudo, se a aplicação indevida é causa de rescisão, será também a não aplicação errônea. Assim como a discussão já travada entre ADC e ADI, são situações idênticas de sinal trocado, não se justificando tutelá-las de forma diversa.

Sobre a violação às decisões em controle concentrado de constitucionalidade, o CPC/15 prevê o cabimento da rescisória nas hipóteses de seus art. 525, § 15 e art. 535, § 8º. As situações são análogas, tratando a segunda delas sobre a Fazenda Pública, razão pela qual se procede conjuntamente à análise dos citados dispositivos. Tratam eles do cumprimento de sentença que tenha se sustentado em norma jurídica declarada inconstitucional pelo STF (art. 525, § 12, e art. 535, § 5º). Considera-se inexigível o título judicial, quando a inconstitucionalidade tenha sido reconhecida antes do trânsito em julgado da decisão que se baseou em tal norma jurídica (art. 525, § 14, e art. 535, § 7º), salvo se ocorrer a modulação de efeitos (art. 525, § 13, e art. 535, § 6º), não se aplicando os efeitos da declaração à situação do processo. Contudo, ocorrendo o trânsito em julgado da decisão que se baseie em norma declarada inconstitucional, abre-se o biênio destinado à propositura da rescisória, contado a partir do trânsito em julgado da decisão proferida pelo STF, a qual culminou na declaração de inconstitucionalidade.

Cumpre ressaltar, contudo, que as hipóteses descritas no art. 525, § 15 e art. 535, § 8º, ambos do CPC/15, não se confundem com àquela contida no art. 966, V, do CPC/15. Há uma mudança fundamental na contagem do prazo deste e daquelas.[616] Enquanto no caso de inconstitucionalidade superveniente ao trânsito, o biênio iniciará com o trânsito em julgado da decisão do STF, que reconheceu a inconstitucionalidade. No caso do art. 966, V, do CPC/15, o prazo fluirá a partir do trânsito da própria decisão, que, pretensamente, tenha violado manifestamente a norma jurídica indicada.

---

[616] CUNHA, 2017, p. 345.

Pelos mesmos motivos, também será viável a rescisória em relação ao controle concentrado de constitucionalidade efetuado pelo Estado-Membro em face de sua Constituição estadual. Logo, se houver a declaração de uma lei estadual ou municipal que tenha servido de base à decisão rescindenda, salvo modulação de efeitos, haverá a inexistência da própria decisão. Ainda que a inexistência possa ser atacada pela ação declaratória, é viável expandir a possibilidade de rescisória, em aplicação analógica dos art. 525, § 15 e art. 535, § 8º, ambos do CPC/15. Logo, se, e somente se, "a orientação do plenário ou do órgão especial aos quais estiverem vinculados" for tomada em controle concentrado de constitucionalidade por tribunal de justiça, poder-se-á falar em cabimento de rescisória (art. 966, V, do CPC/15), com base no art. 927, V, do CPC/15.

No que toca à súmula vinculante, não há maiores dúvidas do cabimento da rescisória, caso a decisão rescindenda a tenha violado manifestamente. Como assentado anteriormente, a súmula vinculante é ato normativo, de caráter geral e abstrato, a todos oponível. Dada sua natureza ímpar dentro do ordenamento jurídico, ela "deve ser respeitada, sob pena de a decisão, que dela se afasta, ser impugnada por ação rescisória"[617]. A prática demonstra que ela, de fato, pode até se sobrepor à lei (ou mesmo à Constituição, apesar de indevidamente). Logo, conferindo tal proteção à lei, não se poderia negar idêntica salvaguarda à súmula vinculante. Assim, até que ocorra o trânsito em julgado, o descumprimento à súmula vinculante pode ser combatido por meio da reclamação, ppós o trânsito, pela ação rescisória. Somente ultrapassado o biênio decadencial (art. 975 do CPC/15) é que a decisão que descumpre súmula vinculante não será impugnável por qualquer forma, prevalecendo a coisa julgada criada, salvo eventual procedência de uma futura *querela nullitatis insanabilis*.

Já em relação às súmulas persuasivas (não vinculantes), a resposta é dúbia. Tais súmulas não se qualificavam como violação à lei, exigido pelo art. 485 do CPC/73, ainda que se trate de enunciados do STJ[618] ou

---

617 ARRUDA ALVIM, 2016a, p. 622.

618 BRASIL. Superior Tribunal de Justiça. *AR 1.027/SP*. Rel. Min. Arnaldo Esteves Lima, Terceira Seção, julg. em 27/06/2007, DJ 06/08/2007, p. 457; BRASIL. Superior Tribunal de Justiça. *REsp 154.924/DF*. Rel. Min. Jorge Scartezzini, Quinta Turma, julg. em 02/08/2001, DJ 29/10/2001, p. 234; BRASIL. Superior Tribunal de Justiça. *AR 433/SP*. Rel. Min. Demócrito Reinaldo, Primeira Seção, julg. em 31/10/1995, DJ 11/12/1995, p. 43164.

do STF[619]. É bem verdade que, de forma excepcional (como um ponto fora da curva), o STJ admitiu que a violação à súmula por ele estabelecida por decisão de mérito transitada em julgado pode servir de fundamento à ação rescisória[620], contudo a posição majoritária compreendida entendimento diverso. Especialmente no âmbito do STF, dispunha que, "por mais que se conceda uma interpretação ampla à expressão 'disposição de lei', tal categoria não alcança as súmulas editadas por este Tribunal, já que não se trata de ato normativo". Acredita-se que os tribunais superiores manter-se-ão resistentes à admissão da súmula não vinculante como critério autorizador da rescisão, contudo, tendo em vista o contido no art. 966, § 5º, do CPC/15, dever-se-ia revisitar a questão, superando-se o entendimento anterior. Ainda que não formalmente vinculante, há a eleição do legislador, na sua liberdade de conformação, da súmula como expediente que autoriza o manejo da ação rescisória, não havendo inconstitucionalidade nesse particular. Há a possibilidade, também, do manejo da ação rescisória, no caso de existir súmula sobre o assunto, quando a parte sustentar seu pedido (tiver como causa de pedir) na violação a lei ou a ato normativo a que se remete o enunciado sumular, contudo, nesse caso, a afronta seria à lei, e não necessariamente à súmula.

O mesmo entendimento explanado sobre as súmulas persuasivas aplica-se à decisão do IRDR, IAC ou dos recursos especial e extraordinários repetitivos, porque, apesar de não serem "precedentes formalmente vinculantes", a legislação alçou-os como critério de cabimento da rescisória, assim, é igualmente cabível a rescisória, por expressa autorização legislativa. Deve-se entender que a rescisória é medida extrema e excepcional. Diante disso, as hipóteses de cabimento devem ser interpretadas restritivamente, contudo isso não afasta a liberdade do legislador em estabelecer este ou aquele critério como suficiente à propositura da ação, desde que não incorra em inconstitucionalidade.

---

[619] BRASIL. Supremo Tribunal Federal. *AR 2444 AgR*. Rel. Min. Luiz Fux, Tribunal Pleno, julg. em 11/06/2015, DJe-126, divulg. 29-06-2015, public. 30-06-2015; BRASIL. Supremo Tribunal Federal. *AR 1212*. Rel. Min. Sydney Sanches, Tribunal Pleno, julg. em 03/09/1987, DJ 02-10-1987, p. 21144; BRASIL. Supremo Tribunal Federal. *AR 1049*. Rel. Min. Moreira Alves, Tribunal Pleno, julg. em 09/02/1983, DJ 27-05-1983, p. 7532; BRASIL. Supremo Tribunal Federal. *AR 1197*. Rel. Min. Cordeiro Guerra, Tribunal Pleno, julg. em 19/02/1986, DJ 14-03-1986, p. 3384.

[620] BRASIL. Superior Tribunal de Justiça. *REsp 1163267/RS*. Rel. Min. Luis Felipe Salomão, Quarta Turma, julg. em 19/09/2013, DJe 10/12/2013.

Cramer lança duas interessantes questões sobre o uso da ação rescisória com base em precedentes. A primeira delas "é se uma sentença proferida com base num precedente e transitada em julgado pode ser objeto de ação rescisória, se este precedente for superado por outro"[621]. A segunda trata da "possibilidade de rescisão da sentença transitada em julgado que violou um precedente vinculante"[622]. O autor responde afirmativamente a ambas questões.

Frisa, em relação à primeira, que o art. 966, V, do CPC/15, é exigência que se dirige ao julgador da rescisória, que deverá analisar, à luz do novo precedente, a ocorrência ou não de violação manifesta à norma jurídica[623]. Acredita o autor que a evolução do entendimento jurisprudencial segue uma linha de melhoramento, de aprimoramento do sistema. Cada nova interpretação é superior à anterior, por isso representa a possibilidade de uma melhor solução, de uma decisão mais justa. Nesse passo, deve-se privilegiar o novo precedente, que será, sempre, qualitativamente melhor que o anterior. Os eventuais problemas relativos à segurança jurídica são relevados, em razão de uma solução mais justa.

Sobre a segunda questão, sustenta ser viável a ação rescisória, "caso uma sentença transitada em julgado deixe de aplicar um precedente vinculante"[624]. Afirma, porém, que, na verdade, a ação será manejada contra a norma jurídica forjada pelo precedente vinculante, e não com base no precedente em si. Em que pese entender, aqui, que tal distinção entre o precedente e a norma dele extraída seja de menor importância, concorda-se com o autor, sem maiores dificuldades, sobre o cabimento da rescisória por violação manifesta de pronunciamento judicial vinculante. É bem verdade que não há concordância entre a presente tese e a do autor, sobre quais são os precedentes vinculantes. Contudo, naquilo em que há sintonia (incisos I, II e, em parte, o V, do art. 927 do CPC/15, além das hipótese do art. 966, § 5º, do CPC/15), pode-se dizer que se divide a ideia de ser cabível a rescisória.

Em que pese a concordância com essa segunda questão posta, deve-se rejeitar completamente a resposta dada pelo autor à primeira indagação. Se a *ratio decidendi* é uma norma jurídica que possibilita

---

[621] CRAMER, 2016, p. 171.

[622] Ibid., loc. cit.

[623] Ibid., loc. cit.

[624] Ibid.*, p. 175.

a propositura da ação rescisória em caso de violação manifesta, também o será para aplicação das regras de direito intertemporal. Deve-se lembrar que as regras do direito transitório não são específicas do processo civil; antes, tratam da teoria geral do direito, sendo que há certa maleabilidade conferida ao legislador, a depender da matéria a ser regrada. Tanto é assim, que o CPC/15 prevê regras distintas entre si, por isso há normas de direito intertemporal, as quais, em geral, determinam a aplicação imediata da lei nova (art. 14 e art. 1.046, *caput*, ambos do CPC/15), outras que requerem a unidade processual, com a ultra-atividade da lei antiga para ações pendentes e não sentenciadas (art. 1.046, § 1º, do CPC/15), ou mesmo para algumas ainda não propostas (art. 1.052 do CPC/15). Da mesma forma, outras codificações dão formas variadas às normas próprias de direito transitório. Basta lembrar a regra de transição sobre a contagem de prazos do art. 2.028 do Código Civil, que, quando da entrada em vigor da então nova legislação, causou ferrenhos debates acadêmicos, sobretudo em relação aos prazos prescricionais.

Por maior que seja a liberdade de conformação do legislador, entretanto, há algumas regras duras, que não se permitem transpor, sendo que a mais fundamental é a da vedação da retroatividade. A regra geral, seja qual for o ramo do direito estudado, é o da proibição da aplicação retroativa da nova norma. Trata-se de decorrência lógica da intangibilidade do direito adquirido, do ato jurídico perfeito e da coisa julgada (art. 5º, XXXVI, da CF). Por isso, "se aplica a toda e qualquer lei infraconstitucional, sem qualquer distinção entre lei de direito público e lei de direito privado, ou entre lei de ordem pública e lei dispositiva"[625]. Em situações especialíssimas autoriza-se a retroação, como na que beneficie o réu, no direito penal (art. 5º, XL, da CF). Contudo, ao que toca à jurisdição cível, em geral, não é viável a aplicação retroativa da lei processual (art. 14 do CPC/15) ou material.

Assim, a superação de um precedente por outro posterior é análoga à sucessão de leis no tempo, merecendo os mesmos temperamentos, porque tratam-se ambos de normas jurídicas, e, por isso, a violação manifesta permite a utilização da rescisória. Tratando-se de norma jurídica, não fica o precedente (ou a aplicação da norma que dele deriva, sua *ratio*) indene, em geral, às regras de direito intertemporal e, em específico, ao princípio da não-retroatividade. Dessa maneira, se a

---

[625] BRASIL. Supremo Tribunal Federal. *ADI 493*. Rel. Min. Moreira Alves, Tribunal Pleno, julg. em 25/06/1992, DJ 04-09-1992, p. 14089.

sentença é proferida com base em um determinado precedente, cujo entendimento, depois do trânsito em julgado, acaba por ser superado por outro, não caberá a ação rescisória, visto que se trataria de aplicação retroativa da norma jurídica nova a uma situação que se iniciou e se findou na égide da norma anterior[626]. Não restaria outra solução senão respeitar a coisa julgada.

Pode-se afirmar, assim, que a superação de precedentes terá, em regra, uma eficácia prospectiva, aplicar-se-á dali em diante, a casos futuros, não podendo incidir nos anteriores a própria modificação estabelecida pelo novo precedente. Isso é o que ocorre, por exemplo, no processo administrativo, podendo-se, aqui, aplicar-se a mesma lógica, para responder ao questionamento de Cramer. O art. 2º, parágrafo único, XIII, da Lei n. 9.784/99, dispõe que, no processo administrativo, a interpretação da norma administrativa deverá ser efetuada "da forma que melhor garanta o atendimento do fim público a que se dirige, vedada a aplicação retroativa da nova interpretação". Há, aí, duas regras distintas. A primeira, que pouco importa ao objeto de pesquisa, trata da finalidade almejada na interpretação das normas administrativas. A segunda diz respeito à vedação da aplicação retroativa de nova interpretação. Eventual mudança de entendimento, como ocorre na superação de precedentes, valerá apenas e tão somente às situações jurídicas posteriores à própria alteração. Ao comentar o art. 2º, parágrafo único, XIII, da Lei n. 9.784/99, Carvalho sustenta que "*a nova interpretação equivale à edição de uma nova norma jurídica.* (...) está ele [o dispositivo legal citado] a estabelecer que a superação de um determinado precedente terá *eficácia prospectiva pura*, (...)"[627]. Ademais, dependerá também do próprio direito discutido, eis que, a depender do ramo, aplicar-se-ão regras próprias do direito intertemporal.

Não se pode sequer cogitar que os art. 525, § 15 e art. 535, § 8º, ambos do CPC/15, servem para avaliar a possibilidade da rescisória em virtude do surgimento de precedente posterior à coisa julgada que supera o anterior, porque os efeitos da declaração de inconstituciona-

---

626 MELO, Gustavo de Medeiros. Limites à retroatividade do precedente uniformizador de jurisprudência. *Revista Forense*, v. 407, p. 127-148, jan.-fev. 2010, p. 142. "Se a norma opera para o futuro, apanhando os atos a serem praticados, a norma jurídica concreta embutida no precedente uniformizador, que resolve uma dúvida da lei processual, também haverá de respeitar os atos praticados sob o império das interpretações duvidosas do passado."

627 CARVALHO, 2015, p. 143 (grifos no original).

lidade diferem, em muito, de uma superação. Nesta, altera-se a norma jurídica, troca-se a antiga por outra nova, de conteúdo distinto. Na declaração de inconstitucionalidade, ao contrário, nada se troca, somente se expurga do ordenamento a norma jurídica ofensora da ordem constitucional. Suprime-se a norma jurídica, sem lhe colocar outra no lugar. Simplesmente há a "nadificação" do texto[628]. Isso atinge a decisão que nele se baseou, porque se considera que nunca houve dita norma jurídica no ordenamento. Como não se pode aplicar aquilo que é inexistente, possibilita-se, extraordinariamente, a rescisória em tal caso, contudo o mesmo fato não ocorre na simples alteração de entendimento. A norma anterior, porque existente, válida e eficaz no momento de sua aplicação, não é "nadificada" pela superação. Detêve ela, portanto, condições de surtir efeitos, logo deve ser respeitada no período de tempo de sua vigência. Entendimento contrário conferiria à superação os mesmos efeitos de uma decisão de declaração de inconstitucionalidade, o que não era apropriado.

Mesmo não existindo um precedente que estabeleça, de forma clara, qual é o direito vigente no momento da sentença, principalmente pela existência de divergência jurisprudencial sobre o assunto, o trânsito em julgado sepulta a questão, tornando-a imutável, mesmo que, supervenientemente, estabeleça-se norte seguro para a matéria versada por meio de uma decisão vinculante. Em hipótese contrária, ter-se-ia, igualmente, uma aplicação retroativa da norma jurídica criada posteriormente ao próprio julgamento do caso. Por isso, diferentemente do que defendem Didier Jr. e Cunha[629], não se abre a possibilidade de rescisória de decisão que foi tomada em meio à divergência jurisprudencial, mesmo quando após o trânsito seja formado um precedente vinculante. A atitude a se verificar é se o juiz sentenciante, com as fontes jurídicas que possuía no momento da decisão, violou manifestamente uma norma jurídica que compunha, à época, o ordenamento jurídico. Em outras palavras, deve-se analisar se, na condição em que estava o magistrado no momento do julgamento, cometeu ele uma irrefutável transgressão do que exigia o próprio direito vigente, se houve afronta indiscutível ao *good law* da época. Alterações posteriores no direito, seja por via legislativa ou judicial, não detêm influência sobre a coisa julgada, descabendo sua desconstituição em sede de ação rescisória.

---

[628] STRECK, 2014b, p. 881.

[629] DIDIER JR.; CUNHA, 2017, p. 567.

4.6.10. EMBARGOS DE DIVERGÊNCIA

Os embargos de divergência não estão dentre os mecanismos que, forçosamente, resultam em decisões que já nascem como precedentes, ao não fazerem parte do aqui combatido "sistema concentrado de criação de precedentes". Contudo, dada sua natureza de estabilização da jurisprudência, dirimindo a falta de uniformidade de diferentes órgãos jurisdicionais do STF e do STJ, seu estudo é de interesse ao tema proposto. Por certo, em nada cumpriria seu papel, se a decisão deles resultante não se prestasse a influir, de importante maneira, no julgamento de casos posteriores. Assim, ainda que não se empreste força vinculante, há de se ter presente que a decisão dos embargos de divergência deve ser observada para a solução dos casos futuros, na forma que se defende que os pronunciamentos judiciais insertos no art. 927 do CPC/15 o sejam. Trata-se do dever político do juiz em trazer coerência e integridade à ordem jurídica, entendendo-a como um todo, em que os princípios compartilhados apontam o caminho a se seguir. Nesse particular, a decisão dos embargos de divergência (como outra qualquer do sistema jurídico) deve ser sopesada pelo magistrado sentenciante.

Se o STF e o STJ são os tribunais que se responsabilizam, respectivamente, pela guarda da Constituição e pela unidade da legislação federal, cumpre não haver, pelo menos em um dado momento histórico, divergência na interpretação da Carta Magna ou da lei federal nos diferentes órgãos que compõem cada um dos citados tribunais. Essa missão é realizada pelos embargos de divergência, que são utilizados justamente para resolver a diferença entre o entendimento exposto por órgãos judicantes distintos. Por isso, diferentemente dos recursos em geral, seu objetivo principal é a uniformização da jurisprudência, e não a correção da decisão recorrida, ou seja, "não se trata, pois, de recurso que tenha por finalidade corrigir erro de acórdão proferido em julgamento do STF ou do STJ"[630]. Além disso, Teresa Arruda Alvim anota sua função de desestimular recursos ao STJ e ao STF[631]. Pode-se afirmar que a existência de divergência dentro de cada corte estimula a interposição de recursos a elas, eis que, ao litigante até então perdedor, representa uma última esperança de reversão do julgado do tribunal

---

[630] MEDINA, José Miguel Garcia. *Novo código de processo civil comentado*. 4 ed. São Paulo: RT, 2016a, p. 1582.

[631] ARRUDA ALVIM, Teresa. Art. 1.043. In: STRECK, Lenio Luiz; NUNES, Dierle; CUNHA, Leonardo Carneiro da. *Comentários ao código de processo civil*. São Paulo: Saraiva, 2016b, p. 1394-1397, p. 1395.

local que não albergou sua pretensão, ainda que controvertida a matéria no respectivo tribunal superior. Em outras palavras, a ação de recorrer apenas lhe beneficiará e, como consequência, existindo, ainda que mínima, a chance de êxito, justamente pela verificação da divergência interna, está justificada a interposição do recurso.

Ainda que não haja prova empírica acerca da efetiva diminuição do volume de ingressos de novos recursos no STJ ou no STF, em virtude da uniformização da jurisprudência promovida por embargos de divergência, há uma lógica interna interessante no pensamento de Teresa Arruda Alvim, quando ressalta que, "quanto mais larga ou abrangente for a hipótese de cabimento dos embargos de divergência, a tendência é de que menor seja o número de recursos interpostos"[632]. Convém lembrar, contudo, que a utilização dos embargos de divergência, até a entrada em vigor do CPC/15, não pareceu ser instrumento que efetivamente diminuísse a interposição de recursos. Tal espécie de embargos já era utilizado há um tempo razoável, tanto pelo STJ quanto pelo STF, sendo que não houve a diminuição de feitos tão pretendida. Isso se deve, em grande parte, à própria postura dos tribunais superiores, principalmente o STJ, que, não raro, descumpre os seus entendimentos fixados em embargos de divergência, não sendo difícil encontrar assuntos que, já tratados em embargos de divergência anterior, acabaram por ser objetos, igualmente, de recurso especial repetitivo ou mesmo súmula do próprio tribunal. Nesse contexto, há um sério risco de que os embargos não cumpram sua missão precípua e, negativamente, só sirvam como mais um recurso daquele que pretende dilatar o processo no tempo, obstando, pelo maior período possível, o trânsito em julgado da decisão que lhe é contrária. A esperança reside, primeiro, na modificação da atuação dos próprios tribunais, esperando respeito acerca da uniformização exercida pelos embargos. Após, e somente após, poderão eles se prestar ao objetivo de evitar a interposição de recursos.

Cumpre salientar, de início, que não é a mera existência de duas decisões em contradição de um mesmo tribunal que autoriza a interposição dos embargos de divergência. Trata-se de recurso com hipóteses estreitas de cabimento, dispostas no art. 1.043 do CPC/15. A nova codificação, em seu texto original, buscou ampliar, de forma significativa, as situações em que são cabíveis os embargos. A Lei n. 13.256/16 eliminou alguns avanços, mesmo antes da entrada em vigor do novo código, revogando, especificadamente, os incisos II e IV do seu art.

---

[632] ARRUDA ALVIM, 2016b, p. 1395.

1.043. Ainda assim, observa-se que houve uma expansão das situações que possibilitam a interposição dos embargos de divergência. Passa-se, assim, a verificar tais hipóteses de cabimento e os casos em que não são manejáveis os embargos.

Primeiramente, não caberão os embargos de divergência, quando for ela observada entre um acórdão e uma decisão monocrática[633], porque o *caput* do art. 1.043 do CPC/15 é claro, ao precisar que o desacordo deve ocorrer entre órgãos fracionados, qualificando-se como tais apenas os colegiados. No mais, trata, também, de acórdão o que exclui a decisão unipessoal do relator, uma vez que, segundo o art. 204 do CPC/15, "acórdão é o julgamento colegiado proferido pelos tribunais". Ao interpretar o art. 1.043 do CPC/15, o STF já entendeu que "não cabem embargos de divergência contra decisão monocrática pela qual negado seguimento a agravo em recurso extraordinário"[634]. O STJ, debruçando-se sobre o mesmo artigo da nova codificação, decidiu que "não se admitem embargos de divergência que indicam como paradigma decisão monocrática"[635].

Exige-se, de igual forma, que a divergência seja atual[636], mesmo porque o desenvolvimento judicial do direito exige, por vezes, a superação

---

[633] GÓES, José do Carmos; LEMOS, Vinicius Silva. A nova amplitude dos embargos de divergência e sua importância na uniformização da jurisprudência. *Cadernos do programa de pós-graduação em Direito PPGDir./UFRGS*. Porto Alegre, v. 10, n. 1, p. 368-391, 2015, p. 373. "A decisão impugnável pelos embargos de divergência deve sempre ser do colegiado, não possibilitando a interposição quando ocorrer a decisão monocrática. Nesta hipótese, quando o relator decidir monocraticamente, o recorrente não pode, precipitadamente, intentar os embargos de divergência, mas sim, o agravo interno para forçar a análise pelo colegiado, julgando de forma colegiada a ação, com o resultado pela denegação."

[634] BRASIL. Supremo Tribunal Federal. *ARE 968369 EDv-AgR*. Rel. Min. Rosa Weber, Tribunal Pleno, julg. em 06/10/2016, DJe-226, divulg. 21-10-2016, public. 24-10-2016.

[635] BRASIL, Superior Tribunal de Justiça. *AgInt nos EREsp 1587859/RS*. Rel. Min. Mauro Campbell Marques, Primeira Seção, julg. em 26/04/2017, DJe 03/05/2017.

[636] STJ, Súmula 168. Não cabem embargos de divergência quando a jurisprudência do tribunal se firmou no mesmo sentido do acórdão embargado. Especificando a necessidade da "divergência atual", tem-se: BRASIL, Superior Tribunal de Justiça. *AgInt nos EDcl nos EREsp 1302828/SP*. Rel. Min. Herman Benjamin, Primeira Seção, julg. em 10/05/2017, DJe 21/06/2017; BRASIL, Superior Tribunal de Justiça. *AgRg nos EAg 1348595/PE*. Rel. Min. Napoleão Nunes Maia Filho, Primeira Seção, julg. em 13/05/2015, DJe 21/05/2015.

de entendimentos até então sedimentados. Não faria sentido autorizar os embargos sobre uma divergência que se findou no passado, com a superação de uma questão jurídica, que, atualmente, não encontra mais guarida em qualquer órgão judicante da corte. Não se prestariam, pois, os embargos a evitar ou discutir a mera evolução do pensamento jurídico do STF ou STJ no curso do tempo. Para isso, o CPC/15 já prevê outras proteções, sobretudo no seu art. 927, § 5º, que demanda do tribunal uma fundamentação adequada e específica, para que promova a superação de um dado entendimento consolidado.

Quanto às situações positivadas que admite o recurso, o inciso I do art. 1.043, do CPC/15, repetindo a fórmula da codificação anterior, "nada mais faz que descrever as hipóteses clássicas de cabimento dos embargos de divergência"[637], qual seja, a da observância de divergência entre o julgamento de mérito do recurso extraordinário ou especial com qualquer outra decisão colegiada, também de mérito, de outro órgão judicante do mesmo tribunal.

Uma vez extirpados os incisos II e IV do art. 1.043 do CPC/15, a novidade resta na hipótese do inciso III. Diferente da legislação anterior, agora é viável a interposição de embargos de divergência, quando um dos julgamentos, podendo tratar-se tanto do embargado quanto do paradigma, não seja de mérito, não se exigindo, portanto, o mesmo nível de cognição[638]. Cenário comum é aquele em que o tribunal acaba por não conhecer o recurso especial ou extraordinário, mas, ao fazê-lo, debruça-se sobre o mérito da questão. Típico exemplo é a aplicação da Súmula n. 83 do STJ, que, a despeito de tratar da admissibilidade do recurso especial, analisa o conteúdo da decisão recorrida com a orientação do próprio tribunal e, logo, o mérito recursal. Portanto, trata-se da situação corriqueira que, como descreve Bueno, "é mais frequente do que, à primeira vista pode parecer, porque a admissibilidade e o mérito de recursos de fundamentação vinculada, como o são o extraordinário e o especial, nem sempre são separados com o rigor que boa técnica recomenda"[639]. Contudo, se a decisão que não admitiu o recurso não se aprofundar no mérito, inviável será a interposição dos embargos de divergência, mesmo porque "o objetivo é uniformizar: as duas decisões

---

[637] ARRUDA ALVIM, 2016b, p. 1395.

[638] ARRUDA ALVIM. Teresa. Embargos de divergência. In: WAMBIER, Luiz Rodrigues; ARRUDA ALVIM, Teresa. *Temas essenciais do novo CPC*. São Paulo: RT, 2016c, p. 605-607, p. 605.

[639] BUENO, 2017, p. 736.

devem ser uma o 'avesso' da outra"[640]. Desta feita, quando uma delas não se baseie no mérito, impossível será a realização de tal cotejo.

Os parágrafos do art. 1.043 do CPC/15, da mesma forma, possibilitam o alargamento do uso dos embargos de divergência, se comparado ao regime jurídico anterior. Dessa maneira, poderão ser utilizados como decisão embargada ou paradigma enfrentado julgamentos de recursos ou de ação de competência originária (art. 1.043, §1º, do CPC/15). Da mesma forma, fica claro que o objeto da divergência pode ser tanto o direito material quanto o processual (art. 1.043, §2º, do CPC/15).

Circunstância inovadora é a do art. 1.043, §3º, do CPC/15, que possibilita o cotejo de duas decisões conflitantes do mesmo órgão julgador, quando mais da metade de sua composição tenha se alterado. Anteriormente, não havia dúvidas acerca do não cabimento de embargos de divergência com base em decisões díspares do mesmo órgão julgador. Consubstanciava-se tal entendimento na Súmula n. 353 do STF[641], que, apesar de tratar dos embargos da Lei n. 623/49, é consistentemente utilizada pelo Tribunal na interposição dos embargos de divergência[642]. A nova legislação altera, assim, substancialmente a prática dos tribunais superiores, ao considerar o mesmo órgão judicante como se fossem dois distintos, para efeito de cabimento de embargos de divergência, enquanto houver a alteração da maior parte de seus integrantes. Isso é feito, "porque, a rigor, não será o 'mesmo' órgão"[643].

Outro facilitador ao manejo dos embargos de divergência é a pouca solenidade da forma de apresentação do paradigma. Diferentemente da legislação anterior, o CPC/15 buscou facilitar a prova da divergência, admitindo que seja utilizada, ao lado dos meios tradicionais (os repositórios oficiais ou credenciados de jurisprudência), a informação disponível na rede mundial de computadores, desde que indicada a respectiva fonte (art. 1.043, § 4º, do CPC).

---

[640] ARRUDA ALVIM, 2016b, p. 1395.

[641] STF, Súmula 353. São incabíveis os embargos da L. 623, de 19.2.49, com fundamento em divergência entre decisões da mesma Turma do Supremo Tribunal Federal.

[642] BRASIL. Supremo Tribunal Federal. *RE 433856 AgR-ED-ED-EDv-AgR-ED*. Rel. Min. Celso de Mello, Tribunal Pleno, julg. em 16/04/2015, DJe-088, divulg. 12-05-2015, public. 13-05-2015; BRASIL. Supremo Tribunal Federal. *RE 232577 EDv*. Rel. Min. Cezar Peluso, Tribunal Pleno, julg. em 17/02/2010, DJe-062 divulg. 08-04-2010, public. 09-04-2010.

[643] ARRUDA ALVIM, 2016b, p. 1396.

5.
O DIREITO JURISPRUDENCIAL NA TEORIA DA DECISÃO JUDICIAL

O OBJETIVO PRIMORDIAL DOS CAPÍTULOS ANTERIORES ERA O DE apresentar o tema do direito jurisprudencial e adequá-lo aos degraus que compõem a análise de um sistema jurídico: a teoria das fontes, da norma e do ordenamento. Em seguida, buscou-se delinear a lógica que a nova codificação tenta estabelecer ao uso do direito jurisprudencial, explorar os principais pronunciamentos judiciais privilegiados no CPC/15 e as consequências que trazem na aplicação de outros institutos a eles ligados. Tudo isso, para atingir o cerne da pesquisa, como aliar esses pressupostos teóricos à prática jurídica no momento da decisão judicial, exercendo a jurisdição de forma legítima de democrática? Nesse particular, responder a essa pergunta exige conferir ao pretenso "sistema de precedentes" do CPC/15 a melhor aplicação possível, às luzes dos preceitos constitucionais, para obter, assim, a resposta adequada à Constituição, objetivo último da prestação jurisdicional.

5.1. JURISDIÇÃO E DEMOCRACIA

A jurisdição e a democracia mantêm uma relação, paradoxalmente, de comunhão e de conflito. A democracia pode ser caracterizada, em geral, como o autogoverno do povo, que estipula a si mesmo as normas de convivência (direitos e obrigações), em um sistema de governo em que a maioria pode, por meio de eleições livres, alterar seus representantes de tempo em tempo, causando uma troca de governo sem rupturas institucionais ou revoltas violentas. Entendida dessa forma, ela mantém uma relação de proximidade e harmonia com a jurisdição, na medida em que a está cabe aplicar tudo aquilo que o povo, em seu autogoverno, definiu. Portanto, a jurisdição é a defesa última da democracia. Quando todas as instituições falharam em cumprir seu papel, ou mesmo quando um particular age em desacordo com as regras estipuladas e atinge outro, a jurisdição é a forma de exigir, ainda que forçosamente, que todos voltem a se comportar da maneira definida pelos próprios cidadãos.

Por outro lado, a relação entre jurisdição e democracia pode ser conturbada. Isso decorre do próprio caráter contramajoritário daquela. Ora, se a democracia depende de uma maioria, o papel do Judiciário, por vezes, é colocar limites a esta maioria, definindo o âmbito de proteção de minorias. Portanto, entram em choque o caráter majoritário da democracia e o contramajoritário da jurisdição. É bem verdade que isso é transponível pela adoção de uma dimensão substancial à própria democracia. Ainda assim, vale salientar que, diferentemente da escolha dos representantes ao Poder Executivo e Legislativo, os juízes não são eleitos, e sua legitimidade não decorre do próprio processo eleitoral. Não há, assim, uma opção direta do povo em definir quem vai aplicar o direito por ele mesmo produzido. Antes, a legitimidade do Judiciário é essencialmente normativa, decorrente da própria Constituição e manifestar-se-á na própria decisão, nas justificativas apresentadas. Estão na construção do Poder Constituinte Originário e no próprio exercício da função os fundamentos que legitimam o exercício da jurisdição.

Essa opção traz benefícios, pois aparta a atuação jurisdicional da política partidária e das negociações inerentes a ela, também afasta pressões de maiorias eventuais e mesmo da opinião pública, para que a aplicação do direito ganhe autonomia e seja ele — e não qualquer outro elemento — a mola mestra à resolução dos conflitos em dada sociedade. Por outro lado, há a perda de uma legitimação direta da população. Se o chefe do Executivo ou mesmo um integrante do Legislativo toma esta ou aquela decisão no âmbito de sua atribuição, devota-se a escolha ao povo, a quem representam, eis que eleito para tanto. Na falta dessa mesma condição à magistratura, o caminho escolhido foi o de que os juízes "não devem engajar-se na produção de um Direito novo; devem aplicar os padrões inerentes ao Direito existente"[1].

Apesar de logicamente bem estruturada, é um artifício pensar que a jurisdição é meramente declaratória, e, nesse passo, deve-se perquirir como manter os juízes adstritos a sua função primordial, e evitar que o direito torne-se simplesmente aquilo que um juiz ou tribunal diga que ele é, porque, se assim for, não há sentido em falar em democracia, uma vez que a escolha não caberá ao povo, mas exclusivamente ao magistrado. Se os desvios ou equívocos de qualquer instituição ou pessoa em descumprir o autogoverno do povo encontra no Judiciário o local de proteção, há de impor-se uma forma de defesa hermenêutica, para que não haja a substituição desse autogoverno pela visão individual e subjetiva do juiz. O controle das decisões judiciais, com a criação de um controle epistemológico sobre o que é feito pelos juízes, é essencial à construção de um processo jurisdicional democrático[2].

---

[1] MORRISON, Wayne. *Filosofia do direito*: dos gregos ao pós-modernismo. Tradução: Jefferson Luiz Camargo. São Paulo: Martins Fontes, 2006, p. 507.

[2] TRINDADE, André Karam. O controle das decisões judiciais e a revolução hermenêutica do direito processual civil brasileiro. In: STRECK, Lenio Luiz; ARRUDA ALVIM, Eduardo; LEITE, George Salomão. Hermenêutica e jurisprudência no novo código de processo civil: coerência e integridade. São Paulo: Saraiva, 2016, p. 15-40, p. 16.

Nesse sentido, dada a supremacia e parametricidade da Constituição, "o Judiciário, nessa perspectiva, só se legitima como Poder na medida em que garante o respeito e a efetivação dos direitos e garantias fundamentais do cidadão"[3]. "Por isso, encontrar respostas adequadas à Constituição é uma necessidade democrática."[4] Nesse ponto, convergem as propostas procedimentalistas (como a Habermasiana) e substancialistas (como a de Dworkin e a de Streck), e a decisão judicial deve ser vista como uma questão de democracia.

Com amparo em Dworkin, uma sociedade democrática é aquela em que se respeitam os seguintes princípios: (*i*) a equidade: constante no valor igual de poder de cada indivíduo; (*ii*) a justiça: que se vincula aos resultados que produzem as decisões; (*iii*) o devido processo legal adjetivo: o direito distribui a força coletiva e a organização da força; (*iv*) a integridade: ponto que difere sua teoria daquelas mais tradicionais acerca das virtudes de um Estado.

5.2. A NECESSIDADE DE UMA TEORIA DA DECISÃO JUDICIAL

Deve-se buscar, no exercício desse necessário controle da atividade do juiz, uma teoria que a torne viável. O positivismo jurídico já se mostrou insuficiente a tal fim, porque contenta-se com a descrição do direito, o que foge à análise da decisão judicial. Kelsen deixa isso claro, ao afirmar que não interessa à ciência do direito como um juiz efetivamente resolve uma disputa; antes, faria isso por um ato de vontade, estando no âmbito da política jurídica. Da mesma forma, Bix afirma que não se pode esperar de qualquer teoria sobre a natureza do direito o direcionamento de como os juristas e, em especial, os juízes darão as respostas a complexas questões éticas[5].

Essa finalidade descritiva, acaba por apartar e tornar inconciliável a razão teórica da razão prática, em "uma incomunicabilidade com o discurso prático em geral (...)"[6]. Mantém-se, assim, uma cisão metafí-

---

[3] HOMMERDING, 2007, p. 175.

[4] LUIZ, 2013, p. 127.

[5] BIX, Brian. Legal positivism. In: GOLDING, Martin P.; EDMUNDSON, William A. *The Blackwell Guide to the Philosophy of Law and Legal Theory*. Malden: Blackwell Pub., 2005, p. 31-32.

[6] OLIVEIRA NETO, Francisco José Rodrigues de. A estrita legalidade como limitador democrático da atividade jurisdicional. *Pensar*, Fortaleza, v. 16, n. 2, p. 527-561, jul./dez. 2011, p. 538.

sica indevida entre teoria e prática, como tantas outras, como a estabelecida entre as questões de fato e as de direito. Uma teoria apropriada deve romper com esse dualismo e integrar as razões teórica e prática. Há teorias distintas e concorrentes que atualmente tentam compor as duas. Habermas, em uma versão procedimentalista, fala em uma razão comunicativa, enquanto Streck, na vertente substancialista, trata da razão hermenêutica. Nesse ponto, Dworkin realiza esta junção, com seu postulado do direito como um conceito interpretativo. A teoria, assim, nada mais é do que interpretações gerais da prática jurídica, a parte inicial e mais abstrata de qualquer interpretação mais concreta e particularizada que será levada a cabo por algum dos atores que participam de dita prática[7].

A insuficiência do positivismo deve-se, ainda, à falta de um aspecto normativo que não só descreva o fenômeno jurídico, mas que aponte o caminho correto a seguir. "Uma teoria geral do direito deve ser ao mesmo tempo normativa e conceitual"[8]. Em relação à atuação do juiz, essa normatividade buscada estará na formação de uma teoria da decisão judicial. Segundo Dworkin, ela deve abarcar uma teoria da controvérsia, que estabeleça os padrões a serem utilizados no momento da decisão, e uma teoria da jurisdição, que justifique por que e quando o juiz deve tomar as decisões em substituição a outras pessoas ou instituições[9].

Se a tensão entre a jurisdição e a democracia está calcada no afastamento do juiz em relação àqueles regramentos estipulados democraticamente, há uma causa comum que toca igualmente à teoria da controvérsia e da jurisdição e que está na raiz do problema: a discricionariedade judicial. Ela permitiria ao magistrado deixar de aplicar os padrões anteriormente estabelecidos e substituí-los pelos seus próprios ou, ainda, conferiria ao juiz o poder de construir arbitrariamente o significado desses padrões, inclusive, em ambos os casos, para ocupar o espaço de outras instituições.

A proposta apta à construção de uma teoria da decisão democrática deve, portanto, enfrentar a questão da discricionariedade judicial. Nesse passo, correntes que dela ainda dependam — como as positivis-

---

[7] DELGADO PINTO, José. La noción de integridad en la teoría del derecho de R. Dworkin: análisis y valoración. *Derechos y Libertades*: revista del Instituto Bartolomé de las Casas, v. 11, p. 15-44, 2002, p. 17.

[8] DWORKIN, 2002, p. VIII.

[9] Ibid., p. VIII-IX.

tas em geral ou as realistas — devem ser deixadas de lado, pois apenas reforçam aquilo que deve ser combatido. O juiz não pode substituir pelas suas concepções de justiça ou de política aquelas realizadas democraticamente, pelo procedimento apropriado para tanto.

A adoção da teoria da decisão judicial de Dworkin representa a possibilidade da superação da visão antidemocrática do direito, que defende a discricionariedade judicial. Seu método de análise do direito, para além da mera descrição, "propõe um enfoque consistente dos problemas e aponta soluções sustentadas em um conjunto de princípios coerentes"[10].

5.3. DISCRICIONARIEDADE JUDICIAL

O significado de discricionariedade judicial é algo extremamente controvertido na doutrina. Em uma perspectiva positivista, será ela o poder que detém um juiz ou tribunal que, frente a uma situação em que não há uma regra semanticamente clara, poderá eleger um critério para definir o caso. Contudo, esse espaço de livre criação é arbitrário, pois variará, a depender da pessoa e do momento em que a decisão é tomada. Um juiz poderá eleger hoje um critério e amanhã outro, eis que estará agindo na sua margem de discricionariedade. Por isso, Streck afirma que "é preciso compreender a discricionariedade como sendo o poder arbitrário 'delegado' em favor do juiz para 'preencher' os espaços da 'zona de penumbra' do modelo de regras"[11].

A aceitação da discricionariedade acaba por desonerar o intérprete das próprias justificativas do porquê desta ou daquela escolha, eis que todas estão à sua disposição. Poder-se-ia criticar uma decisão, mas não controlá-la como legal ou ilegal. Há uma desoneração — uma falta de responsabilidade — do intérprete, que achará a solução para o caso longe do próprio direito. Ressaltando esse problema, Schmitz afirma ser a discricionariedade "a suposta liberdade interpretativa conferida a qualquer intérprete que o desvincula da responsabilidade de observar

---

[10] CASALMIGLIA, Albert. El concepto de integridad en Dworkin. *Doxa*: cuadernos de filosofía del derecho, n. 12, p. 155-176, 1992, p. 156. No original: "Su éxito se debe -desde mi punto de vista- sobre todo a la utilización de un método de análisis del derecho que permite no sólo describirlo sino también proponer un enfoque consistente de los problemas y apuntar soluciones sustentadas en un conjunto de principios coherentes."

[11] STRECK, 2017a, p. 54.

e atender a realidade que o cerca"[12]. Indica, pois, a discricionariedade em sentido forte, em dizeres dworkinianos.

Cumpre deixar clara, de início, a distinção realizada por Dworkin entre a discricionariedade em sentido fraco e forte. A primeira delas é inerente ao próprio funcionamento do direito, eis que, em suas duas vertentes, apenas demandará que se reconheça "que, por alguma razão, os padrões que uma autoridade pública deve aplicar não podem ser aplicados mecanicamente, mas exigem da capacidade de julgar"[13] e que "algum funcionário público tem a autoridade para tomar uma decisão em última instância e que esta não pode ser revista e cancelada por nenhum outro funcionário"[14]. Quanto ao primeiro sentido, em que a discricionariedade fraca aparece, a hermenêutica gadameriana já colocou fim a aplicações mecânicas, e, nesse sentido, pode-se afirmar que não há casos fáceis, ainda que isso não conceda espaços a subjetivismos. Em relação ao segundo, qualquer ordem jurídica conta com um tribunal ou corte no ápice de sua estrutura judiciária, que não submeterá suas decisões a revisão de qualquer outro. Trata-se de impedir a discussão *ad infinitum*, para que as relações jurídicas estabilizem-se em algum momento no tempo. Nenhum desses dois sensos de discricionariedade permite que o juiz decida os casos de forma subjetiva.

Já na discricionariedade em sentido forte, necessária à resolução de casos difíceis segundo o positivismo analítico, o juiz não fica adstrito a qualquer critério prévio, dependendo a decisão de argumentos que estão fora do âmbito do direito. Nesse particular, qualquer elemento serviria a justificar o resultado final obtido, por isso dependerá a decisão da subjetividade do julgador, da eleição aleatória de critérios à tomada de decisão. Nesse sentido, o juiz "não está obrigado por quaisquer padrões derivados da autoridade da lei. Ou para dizer de outro modo: os padrões jurídicos que não são regras e são citados pelos juízes não impõe obrigações a estes"[15]. É nesse sentido forte que a discricionariedade há de ser a todo custo evitada, eis que antidemocrática.

Defensores da discricionariedade qualificam-na como a liberdade que desfruta o juiz no momento de dar conteúdo a sua decisão sem

---

[12] SCHMITZ, 2015, p. 159.
[13] DWORKIN, 2002, p. 51.
[14] Ibid., p. 51-52.
[15] DWORKIN, 2002, p. 55.

vulnerar o Direito[16]. Parte-se, contudo, do pressuposto de que o direito concede várias — ou, ao menos, mais de uma — respostas a um mesmo caso, todas compatíveis com o ordenamento jurídico, deixando que o juiz escolha a que lhe aprouver. Negam a tese da única resposta correta pelo caráter aberto da linguagem, que sempre possibilitaria diferentes alternativas e margens de atuação judicial. Dizem que a discricionariedade não é necessariamente má, configurando-se como algo simplesmente inevitável, não podendo ser confundida com arbitrariedade. García Amado distingue uma da outra, afirmando que se caracteriza arbitrário: (*i*) infringir as pautas decisórias que o sistema jurídico fixa ao caso, quando elas forem claras e certas; (*ii*) demonstrar que o guia da escolha do juiz foram motivos incompatíveis com o sistema jurídico e com sua própria função, com interesse pessoal; (*iii*) quando não houver fundamentação alguma na decisão, ou a motivação se der por motivos puramente inadmissíveis, absurdos, ilegais ou incompatíveis com o ordenamento jurídico[17].

É relativamente comum a concepção de que a discricionariedade é simplesmente inescapável, algo que sempre ocorrerá em maior ou menor medida, mas, de uma forma ou outra, lá estará. Observa-se, nessa vertente, uma espécie de desencanto e pessimismo no próprio direito, ao relegá-lo à atuação livre (no âmbito em que se aceita a discricionariedade) do aplicador. Essa descrença na suficiência do direito em responder os conflitos sociais mina a própria autonomia que deve dele se esperar.

Opta-se, aqui, por uma visão mais otimista, que defende a autonomia do direito (sem cisões, como a estabelecida entre direito e moral) e vê na Constituição uma forma de emancipação social e de obtenção de uma resposta a ela adequada. Não concorda, portanto, com soluções *ad hoc*, baseadas na discricionariedade do juiz, como se a cada caso houvesse um grau zero de sentido a ser preenchido por critérios estranhos ao direito pelo próprio julgador. Streck anota que a "delegação em favor do juiz do 'preenchimento' da 'zona de incerteza' é a institucionalização do positivismo, que funciona como poder arbitrário no interior de uma pretensa discricionariedade"[18].

---

[16] GARCÍA AMADO, Juan Antonio. ¿Existe discrecionalidad en la decisión judicial? *Isegoría*, N° 35, jul.-dez. 2006, 151-172, p. 151.

[17] Ibid., p. 152-153.

[18] STRECK, 2014a, p. 541.

Em uma decisão judicial em que não há direito, existe a arbitrariedade. Assim, se há arbitrariedade em violar uma pauta decisória certa e clara, também há, quando essa pauta vilipendiada não se aparentar, de pronto, cristalina ao intérprete. A maior ou menor indeterminação semântica do parâmetro decisório não autoriza o juiz a criar livremente o sentido do texto. Não há dúvidas de ser arbitrária a solução escolhida pelo juiz a qual for guiada por motivos pessoais incompatíveis com o sistema jurídico.

Igualmente, assim, caracterizar-se-ia a decisão não fundamentada (em uma espécie de "fi-lo porque qui-lo", em expressão atribuída ao Presidente Jânio Quadros) ou aquela cuja motivação se deu por motivos repugnantes ou ilegais. Contudo, será igualmente arbitrária qualquer decisão, pouco importando os motivos (reais ou declarados) do julgador ou a falta deles, que não buscar no direito vigente a justificativa para tomá-la. No norte teórico aqui adotado, discricionariedade é arbitrariedade.

Observou-se, no capítulo anterior, que a evolução do Estado influenciou, de forma crucial, o direito e, sobretudo, a característica típica de um juiz em cada período. Com o Estado Social — e consequente movimento de socialização do processo — abriu-se a oportunidade de os tribunais agirem como promotores dos deveres prestacionais do Estado. O juiz, no caminhar histórico, deixou de ser a boca da lei e paulatinamente foi adquirindo novos poderes, a ponto de se tornar, hoje, um criador arbitrário de sentidos. Mais, "vê-se uma total falta de inibição dos juízes na aceitação de um papel de protagonista (…) o que também foi aceito de modo passivo externamente (…)"[19], o que é, equivocadamente, até hoje enaltecido e elogiado por parte da doutrina e mesmo pela opinião pública.

Essa falta de inibição dos próprios juízes e o elogio inconsequente dessa postura derivam dos próprios paradigmas filosóficos a que se encontra atrelada a jurisdição: a metafísica clássica e a filosofia da consciência. São posturas diversas que fazem a jurisdição — e grande parte da cultura jurídica nacional — alternar entre objetivismos e subjetivismos.

Não se trata da mera discussão entre uma postura ativista e outra de auto-contenção. Nenhuma das duas, na verdade, servem. Na primeira, o juiz age além dos limites de sua legítima atuação, em desconformi-

---

[19] OLIVEIRA NETO, 2011, p. 528.

dade com seu papel constitucional. Substitui aquilo que os representantes legítimos definiram como regras de convivência pelo seu próprio axiologismo e passa a decidir de forma solipsista. Bem expressa Canotilho que "temos manifestado as mais sérias reticências a este ativismo por mais nobre que seja a sua intencionalidade solidária"[20]. Na segunda, ele deixa de cumprir seu dever, em nome de uma deferência a qualquer outro Poder constituído, abdicando da verdadeira adjudicação de direitos em nome de uma estabilidade ou de argumentos de política. Se, em um, o magistrado vai além, no outro, ele fica aquém daquilo que dele é exigido. Atualmente, como adverte Abreu, "não há espaço para o voluntarismo e o voo cego, burocrático, para o exercício asséptico ou alienado da atividade jurisdicional"[21]. Por isso, destaca o autor, que "não se pode reproduzir na prática a percepção de que alguns magistrados ignoram os poderes que têm ou que exacerbam os poderes que não detêm"[22].

A discricionariedade judicial assume várias formas na teoria do direito e na prática jurídica. Em sentido acadêmico, todas as teorias que, de uma forma ou de outra, apontam existir mais de uma resposta admitida no direito a um mesmo caso, e que, diante disso, há um ato de escolha pelo juiz, dependem da discricionariedade. O positivismo hartiano é exemplo disso. A decisão como ato de vontade de Kelsen padece do mesmo mal.

A concepção de que o juiz deve decidir conforme sua consciência depende essencialmente da discricionariedade. Visões pragmáticas como o realismo — ou mesmo o *Critical Legal Studies* — encaixam-se aqui, dado que a decisão é um ato subjetivo do magistrado, que não está vinculado às convenções anteriores. Não se pode depender, ainda hoje, da consciência ou dos valores pessoais do juiz, para se ter uma resposta correta em direito, simplesmente porque os de um não são os mesmos dos de outro. Não basta fazer justiça ao caso concreto, utilizando seu referencial próprio do que ela é. Nessa condição, a justiça

---

[20] CANOTILHO, J. J. Gomes. O ativismo judiciário: entre o nacionalismo, a globalização e a pobreza. In: MOURA, Lenice S. Moreira de (Org.). *O novo constitucionalismo na era pós-positivista*: homenagem a Paulo Bonavides. São Paulo: Saraiva, 2009. p. 57.

[21] ABREU, Pedro Manoel. *Jurisdição e processo*: desafios políticos do sistema de justiça na cena contemporânea. Florianópolis: Conceito, 2016, p. 100.

[22] Ibid., loc. cit.

vira um mero casuísmo. Assim, dizer que a decisão é um ato valorativo não significa afirmar que dependa dos valores pessoais do magistrado.

A postura de igualar a sentença ao *sentire* do magistrado é outra faceta da discricionariedade. O juiz julga por razão, não por emoção. Não que ele seja um robô, um autômato que aparta qualquer sentimento, quando profere uma sentença. A justificativa da decisão é que deve ser exclusivamente racional, explicando-se as razões pelas quais o direito exige aquela determinada resposta ao caso concreto.

Há aqueles que defendem uma correção externa ao direito, seja pela moral, política, economia, enfim, por outras áreas do conhecimento humano. Isso retira a autonomia que, a duras penas, o direito alcançou na atualidade. Por exemplo, a fórmula Radbruch — de que a lei insuportavelmente injusta não é direito — trata de uma moral corretiva ao direito. Em que pese se defender, aqui, uma ligação entre um e outro, ela é de complementariedade ou, como diz Habermas, uma questão de co-originalidade[23]. O direito não substitui coercitivamente a capacidade moral dos indivíduos, mas a complementa funcionalmente, "suprindo déficits que tornariam as razões morais eficazes para a ação, e, por sua vez, a moral abre, ao mesmo tempo, razões universalizáveis para o Direito"[24].

Esconde-se também a discricionariedade naquelas teorias que utilizam os princípios jurídicos como uma válvula de escape ao subjetivismo no juiz. Dizem, resumidamente, que os princípios abrem possibilidades interpretativas ao jurista. Como já visto no segundo capítulo, os princípios jurídicos não abrem a interpretação; antes, sua função

---

[23] HABERMAS, Jürgen. *Direito e democracia*: entre a faticidade e validade – volume I. Tradução Flávio Beno Siebeneichler. Rio de Janeiro: Tempo Brasileiro, 1997, p. 139. "Eu penso que no nível de fundamentação pós-metafísico, tanto as regras morais como as jurídicas diferenciam-se da eticidade tradicional, colocando-se como dois tipos diferentes de normas de ação, que surgem *lado a lado*, completando-se. Em conformidade com isso, o conceito de autonomia precisa ser delineado abstratamente para que possa assumir, não somente a figura do princípio moral, mas também a do princípio da democracia. (...) Através dos componentes de legitimidade da validade jurídica, o Direito adquire uma relação com a moral. Entretanto, essa relação não deve levar-nos a subordinar o Direito à moral, no sentido de hierarquia de normas. A ideia de que existe uma hierarquia de leis faz parte do mundo pré-moderno. A moral autônoma e o Direito positivo, que depende de fundamentação, encontram-se numa *relação de complementação* recíproca."

[24] LUIZ, 2013, p. 166.

é exatamente contrária, de fechá-la. Dworkin utilizou e demonstrou a existência dos princípios jurídicos, justamente para superar o positivismo e sua discricionariedade. Sua tese da única resposta correta só funciona, porque os argumentos de princípio apontam aquilo que requer o direito em uma dada situação. Representarão a melhor justificativa à própria prática jurídica, por isso excluirão outras soluções.

Todas essas correntes de pensamento são, de forma eclética, utilizadas na prática judicial, em qualquer corte que se analise, achar-se-ão situações em que a discricionariedade está estampada por alguma dessas visões equivocadas. No próprio STF, há inúmeros casos que transparece tal agir. O Min. Marco Aurélio é autor de várias afirmações que aderem à discricionariedade, das mais diversas formas. Abraçando a teoria kelseniana, diz que "toda e qualquer interpretação consubstancia ato de vontade, devendo o intérprete considerar o objetivo da norma"[25]. Em outro momento, concorda com a tese de que a justiça se mede pelo valor subjetivo que lhe dá o magistrado, afirmando tratar-se de um sentimento inerente à condição humana[26]. Em um viés realista, em uma aceitação da teoria da racionalização posterior de Holmes[27], abriga a tese de que primeiro o juiz decide, conforme seu senso de justiça, e apenas depois procura o direito, como uma forma de achar elementos que justifiquem a decisão já tomada. Sustenta, assim, que, "ao examinar a lide, o magistrado deve idealizar a solução mais justa, considerada a respectiva formação humanística. Somente após, cabe recorrer à dogmática para, encontrando o indispensável apoio, formalizá-la"[28].

---

[25] BRASIL. Supremo Tribunal Federal. *Agravo de Instrumento 218668 AgR/MG*. Rel. Min. Marco Aurélio. 13 dezembro. 1998. DJ 16 abr. 1999, p. 10.

[26] BRASIL. Supremo Tribunal Federal. *Habeas Corpus n. 75629/SP*. Rel. Min. Marco Aurélio. "Senhor Presidente, o sentimento de Justiça é inerente à condição humana e uma das características que mais distinguem o homem das outras espécies. Precioso demais à convivência social, há de ser reforçado como fator de aperfeiçoamento da humanidade, sob pena de grassar a desordem, o caos. O sentimento de Justiça é, quem sabe, o responsável pelos maiores feitos, pelas causas mais nobres que honram e elevam as civilizações."

[27] TRINDADE, 2016, p. 28. "Ao tratar da formação das decisões judiciais, Holmes desenvolveu a teoria da racionalização posterior, baseada na premissa de que a decisão não expressa suas verdadeiras razões, mas apenas aquelas socialmente aceitáveis. A motivação antecederia e determinaria a fundamentação, embora aquela não venha explicitada nesta. Isso porque, para ele, os juízes sabem como decidir bem antes de saber o porquê."

[28] BRASIL. Supremo Tribunal Federal. *RE n. 140265/SP*.

Essas visões não podem prevalecer. O juiz não é o dono dos significados e não é livre na criação do direito. Ultrapassado o Estado Social, no Estado Democrático de Direito, exige-se a reformulação de tal papel[29]. O juiz não é um engenheiro social, e não se justifica conceder-lhe o poder de colocar de lado os *standards* legais democraticamente estabelecidos, para lançar mão de sua subjetividade.

5.4. UMA LEITURA DWORKINIANA DO ART. 926 DO CPC/15

O art. 926 do CPC/15 exige dos juízes e tribunais a manutenção da estabilidade, integridade e coerência das decisões judiciais. O dispositivo é a mola mestra da aplicação de decisões passadas a casos presentes e ocupa (ou, ao menos, deveria ocupar) um lugar cimeiro na compreensão sobre o direito jurisprudencial e sua força normativa, porque, diferentemente do que defende parcela considerável da doutrina, será por meio de critérios materiais, oriundos da coerência e integridade, que se tornará viável o controle epistemológico do juiz, evitando-se o decisionismo, o subjetivismo, enfim, a discricionariedade. Por isso, ganha relevo o texto legal sob análise que ultrapassa, em muito, uma mera visão formal, que defende a existência de "precedentes formalmente vinculantes". Busca-se, ao contrário, uma vinculação material (ou, como diz Dworkin, uma força gravitacional), focada na responsabilidade política dos juízes em seguir aquelas razões já adotadas que se coadunam com a história institucional do próprio direito. Embora que, por motivos diversos, Macêdo reconhece este lugar central que ocupa o art. 926 do CPC/15 e a ele se refere como "o dispositivo mais importante sobre a teoria dos precedentes judiciais"[30].

Muito se questiona se há a opção, pela legislação, de uma teoria da justiça que dê conta da atividade judicial, sobretudo se a exigência de integridade e coerência justificaria a adoção da teoria de Dworkin no di-

---

[29] LUIZ, 2013, p. 43. "No Estado Liberal o papel da legislação é o dominante, preponderando a função do Parlamento, eis que a Constituição não passava de um pacto político e os direitos e obrigações eram fixados pela lei. O Executivo passou ao lugar de destaque no Estado Social, eis que sua atuação era central na implementação e promoção de políticas públicas para a concretização dos direitos sociais. Já no Estado Democrático de Direito, o pólo de tensão é deslocado à jurisdição, porquanto as Constituições, para além de cartas políticas, passam a representar, com seus textos compromissários e dirigentes, a possibilidade de alteração do quadro de injustiça social, com a instituição de um amplo rol de direitos fundamentais."

[30] MACÊDO, 2017a, p. 332.

reito brasileiro. Apesar desse intento parecer claro — e, assim, ser abarcado por parcela da doutrina[31] —, neste campo, há quem defenda que não se deve impingir à codificação qualquer corrente teórica específica, afastando-a da tese dworkiniana. Esse é o posicionamento, por exemplo, de Zaneti Jr., como logo se verá. Didier Jr., por seu turno, entende que, apesar de haver uma relação entre o dispositivo e a teoria de Dworkin, isso deve ser deixado de lado, na medida em que, com a positivação dos termos coerência e integridade, desloca-se a discussão do âmbito da filosofia à dogmática. Logo, defende que "não há necessidade (...) de o conteúdo normativo desses textos corresponder exatamente a determinada orientação filosófica"[32]. Outros, como Tucci, pouco se importam com o norte teórico, eis que defendem ser o dispositivo completamente desnecessário, uma vez que, mesmo inexistente, deveriam os tribunais estabilizar sua jurisprudência, agindo com coerência e integridade[33]. Por fim, há quem verifique, no dispositivo, uma ligação incontornável com a teoria do direito como integridade formulada por Dworkin[34].

A leitura do presente estudo até este ponto já demonstra divergência com o posicionamento de Tucci. Com efeito, há um *plus* normativo (ou, como expressa Streck, uma "conquista principiológica"[35]),

---

[31] VIANA, Antônio Aurélio de Souza. A Lei n. 13.256/16 e os perigos da inércia argumentativa no trato do direito jurisprudencial. In: NUNES, Dierle; MENDES, Aluísio; JAYME, Fernando Gonzaga. *A nova aplicação da jurisprudência e precedentes no CPC/2015*: estudos em homenagem à professora Teresa Arruda Alvim. São Paulo: 2017, p. 185-210, p. 195. "Em nossa visão, a chave interpretativa do direito jurisprudencial está localizada no art. 926, sendo necessária a adoção da teoria de Ronald Dworkin, porque o autor oferece um subsídio adequado ao uso do direito jurisprudencial, pois, ao mesmo tempo em que prima pela história institucional, permite a modificação do direito, cuja metáfora do romance em cadeia é inigualavelmente elucidativa."

[32] DIDIER JR., Fredie. Sistema brasileiro de precedentes judiciais obrigatórios e os deveres institucionais dos tribunais: uniformidade, estabilidade, integridade e coerência da jurisprudência In: DIDIER JR., Fredie; CUNHA, Leonardo Carneiro da; ATAÍDE JR., Jaldemiro Rodrigues; MACÊDO, Lucas Buril de. *Precedentes*. Salvador: Juspodivm, 2015b, p. 383-398, p. 387.

[33] TUCCI, 2015, p. 454. "O art. 926 insere uma regra, de cunho pedagógico, totalmente desnecessária e inócua: 'Os tribunais devem uniformizar sua jurisprudência e mantê-la estável, íntegra e coerente.' É o mínimo que se espera!"

[34] STRECK, Lenio Luiz. Art. 926. In: STRECK, Lenio Luiz; NUNES, Dierle; CUNHA, Leonardo Carneiro da. *Comentários ao código de processo civil*. São Paulo: Saraiva, 2016a, p. 1186.

[35] Ibid., loc. cit.

ao dispor o CPC/15 sobre a necessidade de estabilidade, coerência e integridade. Torna certa uma obrigação não muito respeitada no desenvolvimento judicial do direito no Brasil. Se, é bem verdade, já se deveria cumprir tais comandos, independentemente da lei positiva, não é pouco passar a albergar tais ditames o próprio Código. Portanto, "a consagração legislativa explicita diretamente o comportamento exigido dos tribunais na atividade de elaboração e desenvolvimento de um direito judicial"[36].

A posição de Didier Jr. também não procede. Diminui o autor a questão da discussão filosófica e, por conseguinte, de uma teoria da justiça consistente sobre o art. 926, eis que, em sua visão, "não se trata mais apenas de uma querela filosófica (...) O problema da interpretação do que se entende por 'coerência' e 'integridade' passou a ser dogmático"[37]. Engana-se o autor, na medida em que a questão filosófica de base é necessária e essencial à própria discussão dogmática sobre o assunto. Não há uma cisão entre esses dois momentos; antes, o embate filosófico é condição de possibilidade à formação dogmática. Não se formulará explicações racionais sobre os termos longe de um paradigma filosófico ou de uma teoria base. Está no âmbito teórico e filosófico o "local da fala" de quem diz algo, ainda que dogmaticamente. Logo, somente o desenvolvimento filosófico do tema é que terá, ao final, um enquadramento dogmático apropriado ao art. 926 do CPC/15.

É bem verdade que reconhece o autor ser a questão filosófica importante, que continuará a ocorrer. Isso condiz com seus outros estudos no âmbito teórico do direito, em geral, e do processo, em particular, razão pela qual seja considerado, hoje, um dos principais processualistas brasileiros. Contudo, não se pode deixar passar em branco o perigo da diminuição da discussão filosófica, a fim de que se persigam conceitos puramente dogmáticos.

Não se pode negar que mais de uma teoria existe (e existirá), para tentar explicar os conceitos de "coerência" e "integridade", partindo de pressupostos teóricos distintos (o que, consequentemente, levará cada

---

[36] DIDIER JR., Fredie. Sistema brasileiro de precedentes judiciais obrigatórios e os deveres institucionais dos tribunais: uniformidade, estabilidade, integridade e coerência da jurisprudência In: DIDIER JR., Fredie; CUNHA, Leonardo Carneiro da; ATAÍDE JR., Jaldemiro Rodrigues; MACÊDO, Lucas Buril de. *Precedentes*. Salvador: Juspodivm, 2015, p. 384.

[37] Ibid., p. 387.

um a um ponto final diferente). Isso é o que justamente tenta fazer Zaneti Jr., ao juntar sua tese do "precedente formalmente vinculante" ao garantismo jurídico de Ferrajoli. Ocorre que o papel da doutrina, nesse particular, é justamente contrapor todas as correntes de pensamentos e, em um embate acadêmico, demonstrar qual a que se coaduna melhor ao direito brasileiro. É o que se passa a fazer com a proposta de Zaneti Jr.

5.4.1. INCOMPATIBILIDADE TEÓRICA DO GARANTISMO JURÍDICO COM "PRECEDENTES FORMALMENTE VINCULANTES"

Zaneti Jr. sustenta que o art. 926 do CPC/15 deve ser visto como uma orientação dogmática, afastando veementemente qualquer ligação entre o texto legal e a teoria da única resposta correta de Dworkin[38]. Sustenta o autor que não deve haver tal ilação, sendo que a integridade deve ser entendida em conjunto com a coerência "*desfazendo* a conexão forte com a concepção de *integridade* em Dworkin"[39]. Por isso, entende que o binário coerência/integridade possui o significado amplo de "dar um sentido conjunto às normas jurídicas (...) em um contexto mais geral de unidade do direito"[40]. Assim, poder-se-ia falar em coerência em sentido estrito, como consistência, e, em senso amplo, como integridade. Aduz que a teoria de Dworkin seria incompatível com outras também albergadas pela nova legislação, como a de ponderação e proporcionalidade, o que causaria, se aceita, um quadro de falta de consistência interna no CPC/15[41].

Não se pode, nesse aspecto, concordar com o doutrinador. Não há dúvidas de que a tríade eleita — estabilidade, coerência e integridade — surge no processo legislativo como uma ligação direta à teoria de Dworkin. A teoria do direito como integridade não é incompatível com o ordenamento jurídico brasileiro; antes, representa, em boa medida, as exigências de um julgamento correto e justo. Não fosse tal fato, não faria sentido interpretar "integridade e coerência" como "coerência e coerência", como deseja o autor, na medida em que uma seria a coerência em forma ampla (coerência/integridade), e a outra, de maneira estrita (coerência/consistência). Isso ofende o cânone de que não há, na lei, palavras inúteis (*verba cum effectu, sunt accipienda*). Ao

---

[38] ZANETI JR., 2016, p. 365-366.

[39] Ibid., p. 365.

[40] Ibid., p. 366.

[41] Ibid., p. 366.

tentar fundar sua teoria dos precedentes em corrente de pensamento diversa (o garantismo de Ferrajoli), é natural a tentativa do autor em afastar teses concorrentes e incompatíveis.

A opção do autor, em fundar no garantismo uma teoria dos precedentes normativos formalmente vinculantes, não parece das melhores. Primeiro, Ferrajoli não admite que possa haver criação judicial do direito. Não há produção legal ou inovação da ordem jurídica por uma decisão específica ou um conjunto delas. Logo, não se qualificam as decisões judiciais como fonte do direito. Como afirma enfaticamente Ferrajoli, "é esta tese que se mostra inadmissível para a abordagem garantista. A ideia de que as sentenças sejam fontes contradiz o princípio da legalidade e a separação dos poderes."[42]

Apesar disso, Zeneti Jr. insiste em compatibilizar "um modelo formal normativo de precedentes" com o "modelo garantista (MG) apresentado pelo constitucionalismo garantista por Luigi Ferrajoli"[43]. Contudo, há largas divergências entre a tese de Zaneti Jr. e a proposta garantista, a começar pelo descompasso em caracterizar o precedente como fonte do direito. Como visto, Ferrajoli nega tal possibilidade, afirmando que entendimento diverso afronta princípios do próprio Estado de Direito, dentre eles, o da submissão dos juízes à lei[44]. Em contradição com a teoria base adotada, Zaneti Jr. sustenta que *"o precedente é fonte formal no direito contemporâneo brasileiro e tendencialmente existem razões para adotar os precedentes como fontes do direito mesmo em ordenamentos de civil law"*[45].

Há um elemento que liga a tentativa de Zaneti Jr. ao garantismo de Ferrajoli: a luta contra o arbítrio judicial[46]. Fora isso, as premissas dos

---

[42] FERRAJOLI, Luigi. O constitucionalismo garantista e o estado de direito. In: FERRAJOLI, Luigi; STRECK, Lenio Luiz; TRINDADE, André Karam. *Garantismo, hermenêutica e (neo)constitucionalismo*: um debate com Luigi Ferrajoli. Porto Alegre: Livraria do Advogado, 2012b, p. 231-254, p. 238.

[43] ZANETI JR., 2016, p. 18.

[44] FERRAJOLI, 2012b, p. 238-239.

[45] ZANETI JR., 2016, p. 175-176 (grifos no original).

[46] OLIVEIRA NETO, 2011, p. 557-558. Afirma o autor que o objetivo do garantismo é claro: "diminuir os espaços entregues à livre discricionariedade do juiz, tornando-a mais democrática e menos pessoal, privilegiando a compreensão de que o fato de ser instrumento para a garantia de direitos fundamentais não autoriza qualquer agente do Estado a se arvorar em detentor de uma legitimidade inexistente em nosso sistema político, cuja marca fundamental é o equilíbrio no exercício do poder."

autores são contraditórias e inconciliáveis, resultando no fracasso de Zaneti Jr. em fazer de sua teoria do precedente normativo formalmente vinculante uma representante do garantismo no Brasil. Não há pertinência em relação à teoria das fontes jurídicas, seja em função do papel dos precedentes ou, ainda, na questão dos princípios jurídicos. Ferrajoli, nessa senda, objetiva justamente atacar o constitucionalismo principialista, por entender incompatível com sua teoria. Sobre os princípios, afirma o jurista italiano que a sua distinção com regras é simplesmente de estilo[47], eis que "a maior parte dos princípios se comportam como regras"[48]. Exemplifica sua tese com a equivalência entre a regra "está proibido matar" e "todos tem o direito à vida"[49]. Por isso, "à par do estilo qualquer princípio que enuncia um direito fundamental (...) equivale à regra consistente na obrigação ou na proibição correspondente"[50]. Isso se justifica, assenta o autor, pela "recíproca implicação que liga as expectativas nas quais os direitos consistem e as obrigações e proibições correlatas"[51].

Nesse ponto, contrapõe suas ideias às de Alexy e, de forma ampla, àquilo que chamou de constitucionalismo principialista, por entender que não há uma distinção qualitativa entre princípios e regras e mesmo a diferença de grau — baseada na generalidade dos princípios — é de pouca importância, uma vez que existe, no direito expresso por princípios, a correlata obrigação de cumprimento, que agirá como regra (pelos modais deônticos típicos de regras: obrigação, permissão ou proibição)[52]. Por consequência, Ferrajoli vê na ponderação uma forma radical

---

[47] FERRAJOLI, Luigi. Constitucionalismo principialista e constitucionalismo garantista. In: FERRAJOLI, Luigi; STRECK, Lenio Luiz; TRINDADE, André Karam. *Garantismo, hermenêutica e (neo)constitucionalismo*: um debate com Luigi Ferrajoli. Porto Alegre: Livraria do Advogado, 2012a, p. 13-58, p. 40. "A diferença entre a maior parte dos princípios e as regras é, portanto, a meu ver, uma diferença que não é estrutural, mas quase de estilo".

[48] FERRAJOLI, 2012a, p. 38.

[49] FERRAJOLI, Luigi; RUIZ MANERO, Juan. *Dos modelos de constitucionalismo*: una conversación. Madri: Trotta, 2012, p. 57.

[50] FERRAJOLI, 2012a, p. 40.

[51] Ibid., loc. cit.

[52] Ibid. p. 40-41. "Por exemplo, o art. 32 da Constituição italiana, a respeito do direito à saúde, equivale à regra que está nele explicitada, segundo a qual a República 'garante (ou seja, deve garantir) tratamentos gratuitos'; o art. 21, a respeito da liberdade de manifestação de pensamento, equivale à regra segundo a qual é proibido

de enfraquecimento do valor vinculante de todos os princípios, na medida em que são falíveis, derrogáveis. Entende o autor que "a ponderação terminou se transformando, nestes últimos anos, em uma espécie de bolha terminológica, tão dilatada que chegou às formas mais variadas de esvaziamento e de inaplicação das normas constitucionais"[53].

Contraditoriamente à criação de uma teoria garantista, Zaneti Jr. abraça a tese da distinção qualitativa[54] — dos princípios como mandado de otimização — e, também, da utilização da ponderação como método de harmonização da colisão de princípios[55], notadamente de cariz alexyana, o que é incompatível com a visão garantista. Sustenta o autor que essa incompatibilidade é apenas aparente[56], contudo não consegue unir as duas concepções de forma satisfatória. Sua justifi-

---

impedir ou turbar ou limitar a livre manifestação do pensamento; o art. 16, a respeito da livre circulação, que a mesma Constituição tutela nos limites da saúde e da segurança, equivale à regra que proíbe a limitação da liberdade de circulação senão 'por motivos de saúde e de segurança'. O decálogo, por outro lado, está expresso em regras ('não matar', 'não roubar', entre outras) que têm exatamente o mesmo significado dos direitos correspondentes (o direito à vida, o direito de propriedade, entre outros)."

53 Ibid., p. 47.

54 ZANETI JR., 2016, p. 275-276. "A distinção qualitativa fundamenta-se justamente no ponto decisivo de que '[...] os princípios são normas que ordenam que algo seja realizado na maior medida possível, dentro das possibilidades jurídicas e fáticas existentes. (...) Portanto, princípios são mandados de otimização, caracterizados por razões prima facie, que irão se efetivar na máxima medida de suas potencialidades fáticas e jurídicas."

55 ZANETI JR., 2016, p. 279. "Assim, quando há impossibilidade de solução pelos tradicionais critérios hermenêuticos da colisão entre princípios e princípios, ou conflito entre regras e princípios, deve ser utilizado o critério axiológico, conforme a ponderação de princípios."

56 Ibid., p. 233. "Esta contradição, no nosso entender, é apenas aparente, já que, ao final, no sempre necessário processo argumentativo de interpretação/aplicação do direito, a atuação dos princípios, em ambas as posições teóricas (Alexy e Ferrajoli), resultará na afirmação de uma regra. O elo entre ambas as teorias a partir do resultado 'regra' alcançado no processo de densificação dos princípios decorrerá da necessária compreensão do papel da teoria da argumentação e do 'modelo de procedimentos' exigido para a aplicação das regras e dos princípios. Assim, percebe-se a importância do papel da teoria da argumentação e da universalização da regra obtida, não para a abertura do ordenamento jurídico, mas, ao contrário, como forma de controle da legalidade, da separação de poderes e da racionalidade do modelo jurídico dentro de uma teoria dos precedentes."

cativa reside no fato de a aplicação de princípios, seja em Ferrajoli ou em Alexy, ocorrer mediante uma regra, eis que assim já se comportam os princípios aos olhos do jurista italiano, e, de igual forma, uma regra é o resultado final da ponderação defendida pelo professor alemão. Entretanto, a existência de uma regra correlata a um princípio (Ferrajoli) e uma regra derivada da ponderação de princípios conflitantes (Alexy) não aproximam ou compatibilizam as duas teorias. Os dois autores utilizam conceitos distintos, para "princípios jurídicos", formas de aplicação diferentes, procedimentos diversos para se chegar à "regra" final. Ferrajoli, em especial, dedica grande esforço em apartar sua teoria — constitucionalismo garantista —, de qualquer forma, do "constitucionalismo principialista", sendo este seu maior empenho na discussão mantida com o professor espanhol Ruiz Manero[57].

Na verdade, Zaneti Jr. apresenta uma mixagem teórica, buscando, no garantismo, em um "realismo-moderado"[58], e na teoria dos princípios de Alexy, a base para a sua tese, contudo não se dá conta da incongruência entre essas diferentes vertentes e de incompatibilidades inconciliáveis das diferentes visões adotadas. É de se reconhecer que a teoria de Zaneti Jr. sobre os precedentes no Brasil é complexa e bem trabalhada em vários pontos, mas há uma falta de conjunto dos pressupostos básicos em que se fixa uma teoria base compatível com o que se sustenta. Poder-se-ia pensar em uma teoria normativa e formalmente vinculante dos precedentes no paleo-positivismo, uma vez que a vinculação às decisões anteriores é expressa por lei — primado da lei (inclusive sobre a Constituição) — como em uma leitura exegética do art. 927 do CPC/15. De igual forma, ainda que sobre outro viés, seria viável a mesma teoria com base em um "realismo-moderado", uma vez que haveria a criação judicial e, ao mesmo tempo, a limitação deste âmbito criativo pelo direito positivado (justamente pela fixação na legislação da vinculação a alguns precedentes). Por fim, idêntica tese não encontraria resistência pela teoria dos princípios jurídicos de Alexy, uma vez que, mesmo nos casos ditos difíceis, fixada a regra

---

57 FERRAJOLI; RUIZ MANERO, 2012.

58 ZANETI JR., 2016, p. 385. "A teoria da interpretação aqui esposada é, portanto, uma teoria realista do ponto de vista da imperatividade da função do intérprete, mas moderada do ponto de vista do respeito à tradição jurídica. Uma teoria realista-moderada assim desenvolvida exige uma teoria dos precedentes como um ulterior fechamento do discurso jurídico em busca da redução do espaço de discricionariedade da decisão."

oriunda da ponderação, poderia ela ser vinculante a todo e qualquer caso similar subsequente, entretanto não há como fundar tal tese — de precedentes normativos formalmente vinculantes — com base no garantismo jurídico.

Uma coisa é fundar uma teoria de precedentes formalmente vinculantes com base no garantismo jurídico, o que parece desarrazoado e sem sentido. Não obstante, isso não significa que os precedentes judiciais não tenham função alguma no viés garantista. Ferrajoli admite que os precedentes influenciam os juízes em suas decisões, todavia a proposta garantista não o admite como autoridade, e, nesse passo, "somente a autoridade é fonte de direito"[59]. Qualquer vinculação ao precedente residirá na sua "*autorevolezza* substancial"[60] e, diferentemente do que defende Zaneti Jr., "não em alguma autoridade formal como é aquela que compete ao Poder Legislativo"[61]. Portanto, na visão garantista, o precedente deterá tão somente força persuasiva, enquanto expressão da coerência, "e não pelo seu caráter de 'fontes' vinculantes enquanto tais"[62]. Assim, uma teoria que se diz garantista — da forma como empregada por Ferrajoli — não pode defender precedentes normativos e tampouco que sejam eles formalmente vinculantes.

Mostra-se, assim, incompatível o objetivo inserido no CPC/15, no que toca aos precedentes judiciais, e a proposta garantista. Essa é a conclusão de Borges, Schramm e Rêgo, ao afirmarem que vários dispositivos do CPC/15 poderiam ser qualificados como normas inválidas, eis que, apesar da regularidade formal, haveria uma contradição material entre o Código e a Constituição[63]. Qualificam, dessa maneira, o

---

[59] FERRAJOLI, 2012b, p. 239.

[60] Ibid., loc. cit. "Em nota, ressalta o tradutor que tal expressão [*autorevolezza*] não encontra termo correspondente na língua portuguesa. Em italiano, a palavra *autorevolezza* é uma derivação de *autorevole*, cujo sentido é aquele goza de estima e crédito notáveis, isto é, aquele que inspira reverente confiança e prestígio."

[61] Ibid., loc. cit.

[62] Ibid., loc. cit. "Os precedentes jurisprudenciais, em suma, possuem nos nossos sistemas o valor de argumentos persuasivos, mas não o valor de lei."

[63] BORGES, Marcus Vinícius Motter; SCHRAMM, Fernanda Santos; RÊGO, Eduardo de Carvalho. O fortalecimento dos precedentes no Código de Processo Civil de 2015 à luz do Garantismo Jurídico. In: CADEMARTORI, Luiz Henrique Urquhart; MOTA, Sergio Ricardo Ferreira (Org.). *Direito, teorias e sistemas*. Florianópolis: Insular, 2015, p. 183-206, p. 202-203. "Neste aspecto, e sob a ótica do constitucionalismo garantista, pouco importa que a suposta obrigatoriedade introduzida a

sistema de precedentes do CPC/15 incompatível com a teoria garantista[64]. Essa visão é apropriada, sobretudo, pelas premissas garantistas da rígida separação dos poderes e pelo princípio da legalidade, que significa, em Ferrajoli, o cumprimento das normas fixadas pelo Legislativo, em um "governo *sub lege* ou submetido às leis", mas, principalmente, no "governo *per leges* ou mediante leis gerais e abstratas"[65].

---

partir do CPC/2015 tenha observado aos requisitos formais que orientam a produção legislativa. O ponto é que o seu conteúdo substancial vai de encontro a algumas das principais garantias constitucionalmente asseguradas no ordenamento jurídico brasileiro. Assim, o inciso VI do § 1º do art. 489 e os incisos II, IV e V do art. 927, ambos do CPC/2015, na visão do garantismo jurídico, representariam normas existentes — porque formalmente adequadas — e inválidas — porque materialmente contrárias às normas constitucionais hierarquicamente superiores."

[64] Ibid., p. 204-205. "Por outro lado, o que parece tornar incompatível a aplicação da teoria garantista à legislação brasileira são as normas do novo Código de Processo Civil de 2015. Isso porque, o referido diploma introduz a obrigatoriedade de que os magistrados de instâncias hierarquicamente inferiores devam seguir determinados precedentes cunhados pelo Judiciário, sem que a Constituição tenha lhes atribuído o respectivo caráter vinculante. A alusão aqui é notadamente a dispositivos como os incisos II, IV e V do art. 927 e o inciso VI do § 1º do art. 489, este último que considera sem fundamentação qualquer decisão judicial que 'deixar de seguir enunciado de súmula, jurisprudência ou precedente invocado pela parte, sem demonstrar a existência de distinção no caso em julgamento ou a superação do entendimento.' Essa espécie de 'presunção' em favor do precedente tende a inibir a atividade interpretativa do magistrado garantista, pois é muito complicado demonstrar que há 'distinção no caso em julgamento' ou que houve 'superação do entendimento'. A tendência é, por um lado, que os magistrados em geral sejam tolhidos em sua atividade interpretativa e, por outro lado, que a força vinculante dos precedentes seja utilizada de modo a satisfazer a necessidade de fundamentação das decisões judiciais, ainda que de forma descriteriosa. Conclui-se, portanto — e sem que isso implique a filiação dos autores em prol ou contra os precedentes judiciais — que o instituto introduzido pelo Novo Código de Processo Civil demonstra-se incompatível com a teoria garantista. Tal raciocínio sustenta-se com amparo em dois argumentos centrais: a ideia de que a atividade jurisdicional não pode estar vinculada a nenhum outro limite que não a existência de expresso dispositivo legal e o princípio segundo o qual o Poder Judiciário não tem competência para o exercício legiferante."

[65] FERRAJOLI, Luigi. *Direito e razão*: teoria do garantismo penal. Tradução: Ana Paula Zomer Sica, Fauzi Hassan Choukr, Juarez Tavares, Luiz Flávio Gomes. 2 ed. São Paulo: RT, 2006, p. 789.

5.4.2. AS PREMISSAS DE DIDIER JR. SOBRE OS DEVERES DE COERÊNCIA E INTEGRIDADE

Didier Jr. apresenta oito premissas básicas à compreensão dos deveres de coerência e integridade inscritos no art. 926 do CPC/15. É relevante analisar cada uma delas, para verificar se, efetivamente, encontram-se bem postas e se se aplicam integralmente ao tema proposto.

Sua primeira premissa (*a*) é justamente a não vinculação a uma teoria da justiça em particular. A questão já foi apresentada e dirimida, restando consignar que deveria ser a premissa colocada de ponta cabeça. Só poderá haver a construção dogmática sólida sobre os deveres de coerência e integridade, na medida em que se eleja um norte filosófico apropriado. A filosofia é imprescindível à dogmática jurídica, não se podendo apartar uma e outra. Dworkin lembra que "os juristas são sempre filósofos, pois a doutrina faz parte da análise de cada jurista sobre a natureza do direito, mesmo quando mecânica e de contornos pouco nítidos"[66], especialmente em tempos de resgate da força normativa da Constituição e aplicação horizontal dos direitos fundamentais, eis que, "na teoria constitucional, a filosofia é mais próxima da superfície do argumento e, se a teoria for boa, explicita-se nela"[67]. Logo, tão melhor será uma teoria dogmática quanto melhor for sua base em um modelo filosófico específico.

Se a primeira premissa parece equivocada, quanto à segunda, (*b*) não há reparos a serem feitos. Preocupa-se Didier Jr., acertadamente, com o mimetismo que ocorre em parcela da doutrina em relação à "coerência" e à "integridade", como se tratassem de sinônimos perfeitos. Portanto, há dois deveres impostos ao Judiciário no art. 926 do CPC/15, o de coerência e o de integridade, que terão, cada um, contornos próprios. Ressalta Didier Jr., nesse ponto, que "não parece adequada qualquer interpretação que compreenda o dever de integridade como continente do qual o dever de coerência é conteúdo, ou vice-versa"[68].

Quanto à terceira premissa (*c*), Didier Jr. afirma que a distinção entre os dois deveres não impede que uma conduta do tribunal afronte ambos, no mesmo ato. Em outras palavras, "os dois deveres podem

---

[66] DWORKIN, 2007, p. 454.
[67] DWORKIN, 2007, p. 454.
[68] DIDIER JR., 2015b, p. 387.

impor ao tribunal uma só conduta"[69]. Por certo, se há dois deveres, os tribunais deverão respeitar ambos. Nesse ponto, não há qualquer crítica. A questão é saber se, primeiro, é possível haver a contraposição dos dois deveres em uma determinada situação. Definindo-se positivamente, há a segunda questão: qual dever seguir, o de coerência ou o de integridade? Buscar-se-á, no curso da análise, apresentar uma resposta adequada a esse problema, que, aparentemente, não foi suscitado por Didier Jr. A sua preocupação é a de coordenação dos dois deveres, o que, por si, já é um grande avanço, contudo talvez estejam em lado reverso (justamente em casos que exijam a adoção de um em prejuízo do outro) as situações que necessitam de atenção redobrada e da vinculação a uma teoria da justiça, como a de Dworkin.

A quarta premissa (*d*) diz respeito à finalidade comum da coerência e da integridade, a qual, na visão do autor, residiria na consistência. Esta bem resumiria o desígnio único e comum do art. 926 do CPC/15, por isso sustenta o autor que "'consistência' parece ser um termo mais adequado para designar o conjunto formado por coerência e integridade; talvez a melhor opção fosse simplesmente dizer que os tribunais deverão zelar pela 'consistência de sua jurisprudência'"[70]. Nesse ponto, não há como concordar com o autor. Por certo, há uma ligação entre coerência e integridade e uma finalidade comum, contudo não se trata da consistência (que estaria muito mais vinculada à coerência e menos à integridade), mas da obtenção de uma única resposta correta, como quer Dworkin, ou, ao menos, de uma resposta adequada à Constituição, como defende Streck.

Poder-se-ia falar que o desacordo é aparente, uma vez que reside no diferente conceito dado à própria "consistência", que, em Didier Jr., aparenta ter um aspecto fortemente material (apesar de reconhecer, também, um caráter formal). Nessa faceta, haverá inconsistência, quando o Tribunal formular uma *ratio decidendi* frágil e lacunosa, mesmo quando há lógica argumentativa (situação denominada de coerente, mas inconsistente), ou na situação em que respeita a unidade do direito, "mas o faz a partir de distinções inconsistentes, teorias obsoletas ou sem o enfrentamento de todos os argumentos suscitados em torno da controvérsia"[71] (o que denomina ser íntegro, mas inconsis-

---

[69] Ibid., p. 388.
[70] Ibid., p. 389.
[71] DIDIER JR., 2015b, p. 388.

tente). Portanto, Didier situa a consistência no plano do conteúdo do ato jurisdicional, sobretudo na questão da fundamentação (e, por isso, material), e não na conformidade de uma decisão com outra anterior, independentemente do grau de acerto (ou de justiça) de ambas (critério formal).

Não se trata, contudo, de um mero desacordo aparente. Efetivamente, aqui se reconhece o aspecto material da coerência — ao lado do formal —, mas de forma diversa de Didier Jr. Nele, a coerência (material) é ampliada aos fundamentos da decisão (como uma *ratio* fraca e lacunosa, distinções inconsistentes e uso de teorias obsoletas) e no procedimento (enfrentamento de todas as questões suscitadas no curso da lide). Já, aqui, tal critério é observado de forma mais ampla e abstrata, verificável apenas frente a cada caso específico. A coerência, de um lado, não pode ser confundida com a consistência pura (*bare consistency*). Não pode ser encarada exclusivamente em seu aspecto formal de não contradição lógica entre duas proposições jurídicas. Obviamente, está em jogo, também, um critério material, por isso diz-se que necessita ser uma "consistência 'em princípio'". A coerência, assim considerada, exige que a decisão judicial expresse uma visão única e abrangente da justiça. Trata-se de um ideal da comunidade (fraternidade), que trará, nesse particular, uma ligação com a integridade, na promoção da igualdade. Essa visão ampla e abstrata da coerência em seu aspecto material confronta-se com a visão de Didier Jr., que a observa de forma específica, ligando-a diretamente à fundamentação da decisão. Nesse particular, trata como iguais a coerência e a integridade e, abrangendo em demasiado o espectro da primeira, acaba por incidir na advertência realizada por Guest, qual seja, a de que "a coerência é uma ideia que muitas vezes sugere mais do que é capaz de oferecer"[72].

Quanto à quinta premissa (*e*), expõe Didier Jr. que há uma condição mínima, para se considerar uma jurisprudência íntegra e coerente, qual seja, quando se basearem em precedentes bem fundamentados. Não há dúvidas de que a qualidade das decisões espelha a força atrativa (ou força gravitacional, como diz Dworkin) e fará com que elas se mantenham no curso do tempo. Nesse particular, quanto mais dialógico for o processo de formação da decisão (com o enfrentamento nela de todos os pontos suscitados) e melhor for sua fundamentação, o resultado do caso específico será melhor resolvido e deterá maior

---

[72] GUEST, Stephen. *Ronald Dworkin*. Tradução de Luís Carlos Borges. Rio de Janeiro: Elsevier, 2010, p. 46.

possibilidade de influenciar causas futuras. Assim, nesses limites, não há divergência com o autor. Contudo, parece que Didier Jr. atrela a coerência e a integridade à existência prévia de precedentes bem fundamentados, que deveriam ser sopesados para a aplicação futura.

Há, nesse ponto, de se colocar a situação de uma causa de primeira impressão (*first impression*), naquela em que não haja um precedente específico a ser seguido. Haveria aqui um problema à premissa de Didier Jr., qual seja, o que fazer em tais casos? Imagine-se um caso de primeira impressão. Estaria dispensado o juiz ou tribunal dos deveres de coerência e integridade pela falta de precedente a seguir? Obviamente que não. O dever de coerência e integridade é ainda mais forte nesses casos, porque serão eles, predominantemente, as formas de controle epistemológico da atividade judicial, por isso o cumprimento da coerência e integridade não depende de um "sistema de precedentes", quanto mais um à brasileira. O contrário é verdadeiro: a utilização de precedentes (independentemente de formarem ou não um sistema) depende de se reconhecer, em alguma medida, um dever de coerência e integridade.

Concorda-se integralmente com a sexta premissa (*f*) de Didier, quando afirma o autor que há a consagração, no art. 926 do CPC/15, de dois "postulados hermenêuticos, cuja utilização é necessária ao desenvolvimento judicial do Direito". A única crítica, se possível, seria à questão da formação de precedentes, uma vez que o ponto defendido pelo autor é o de que a coerência e integridade devem nortear um "sistema concentrado de formação de precedentes", para que o juiz de hoje crie uma norma para o futuro de forma íntegra e coerente. Não se pode concordar, nesse ponto, com o autor. Não que os vetores não sejam importantes em todas as fases da formação do argumento jurídico, contudo o objetivo não é prospectivo, ou seja, com os olhos voltados à futura aplicação, a situações que sequer ocorreram; ao contrário, trata-se de encarar o caso em mão de forma íntegra e coerente (com o passado institucional do próprio direito) para, com isso, chegar-se à resposta correta para a demanda.

Não há como uma decisão nascer como precedente, portanto a coerência e a integridade, nesse particular, estão voltadas ao julgamento correto de uma causa específica, em outras palavras, ao objetivo de se obter a resposta correta (Dworkin) ou adequada à Constituição (Streck). A sua influência ou força (como precedente) para julgamentos futuros será determinado por outros juízes. Logo, não se trata de aplicar a coerência e a integridade para a formação de uma decisão de hoje, tendo em vista sua aplicação futura a fatos que sequer ocorreram; antes, utiliza-se de tais elementos, para respeitar, no caso em mão, todo o passado, toda a história institucional do próprio direito, fazendo com que a decisão seja a correta, em conformidade com a moralidade política da comunidade. O uso futuro de uma decisão como precedente é contingencial e dependerá da própria força gravitacional que impõe. Demandará do juiz subsequente uma nova análise sobre a coerência e a integridade na aplicação do direito, inclusive quanto ao caso anteriormente julgado, que se agrega à ordem jurídica como um todo. Contudo, isso será feito, novamente, para se chegar à melhor resposta ao caso (à resposta correta ou adequada à Constituição).

Em relação à sétima premissa (g), algumas considerações são necessárias. Sustenta o autor que "a coerência e a integridade são pressupostos para que a jurisprudência possa ser universalizada, possa ser legitimamente aplicada a outros casos semelhantes"[73]. Novamente, o autor está pensando exclusivamente na coerência e na integridade em um pretenso "sistema de precedentes", ou seja, na aplicação de uma (ou várias) decisão(ões) pretérita(s) a categorias de fatos futuros. Ignora-se a potencialidade desses elementos no julgamento de cada caso em particular, não para dele extrair algo, mas simplesmente para que o caso seja decidido de forma correta. A crítica, portanto, é a forma restrita de se encararem a coerência e a integridade, deixando o autor de analisar talvez a faceta mais importante de tais elementos: a sua vocação ao controle do juiz para a obtenção de respostas corretas no direito. Resposta que se dará a um caso específico e irrepetível. A universalização de qualquer substância de um dado julgamento a casos futuros não deve influenciar o comportamento do juiz sentenciante e, tampouco, deve influir na forma em que concebe o agir coerente e íntegro no momento da decisão. A universalização é um evento futuro, que descabe ao juiz da causa. Não pode ser ele uma espécie de vidente, tentando antever todas as futuras aplicações do julgamento que realiza ao futuro, a situações que sequer ocorreram. Portanto, a coerência e a integridade dizem respeito, diretamente, à correção da decisão tomada, e não, necessariamente, à possibilidade de haver uma universalização de qualquer de seus elementos.

---

[73] DIDIER JR., 2015b, p. 389.

Por último, a oitava premissa (h) é ampla e incerta. Diz o autor que "a verificação da integridade e da coerência da jurisprudência deve ser feita a partir da ponderação e do balanceamento de diversos critérios, que se relacionam entre si"[74]. De pronto, é necessário afastar "ponderações" e "balanceamentos" na doutrina jurídica. Em trabalho anterior, já se demonstraram a inconveniência e os equívocos de posições procedimentalistas que acreditam na ponderação[75]. Ainda que não seja diretamente isso a que se refere o autor, é importante frisar que sua premissa, em verdade, nada diz, assim como o autor afirma que desenvolverá tais critérios no curso de seu trabalho. Aqui, também se findará a crítica, voltando a ela, quando necessário, sobretudo na análise dos critérios de aferição da coerência propostos pelo autor.

De uma forma geral, as premissas do autor não são integralmente corretas, ou, ao menos, algumas delas necessitam de uma reformulação. Apesar de realizar um estudo aprofundado e, nesse particular, de elogiável preocupação teórica e comprometimento científico, observam-se alguns pontos de desalinho, e a crítica, assim, busca a correção de tal trajeto. Dessa forma, buscar-se-á, na doutrina substancialista de Dworkin e da sua recepção ao direito brasileiro, dirimir as questões acerca da coerência e da integridade, como forma de fazer valer o art. 926 do CPC/15.

5.4.3. ENTENDENDO DWORKIN

A obra de Dworkin suscita até hoje grandes discussões acadêmicas, e sua teoria foi, nos últimos tempos, aquela que mais duelou com o positivismo ainda preponderante. Seus ácidos ataques ao positivismo (que designa como convencionalismo) renderam-lhe adeptos e críticos severos. Além dos embates acadêmicos com Hart e Fish, Dworkin também duelava com o pragmatismo (representado pelo realismo e pelos seguidores da análise econômica do direito), defendendo uma posição substancialista. Apesar da grande influência de seu pensamento em diversos países, inclusive no Brasil, ele é considerado, por vezes, hermético e complicado, qualificando-se como uma leitura difícil[76]. Por isso,

---

[74] DIDIER JR., 2015b, p. 389-390.

[75] LUIZ, 2013, p. 149-151.

[76] MACEDO JR., Ronaldo Porto. Apresentação: como levar Ronald Dworkin a sério ou como fotografar um porco-espinho em movimento. In: GUEST, Stephen. *Ronald Dworkin*. Rio de Janeiro: Elsevier, 2010.

cumpre ocupar algum espaço, para lançar às bases mais elementares de sua teoria, para que haja, ao menos, um acordo teórico do ponto de partida da análise do tema. Obviamente, não se abordará toda a sua obra, senão alguns pressupostos à compreensão de sua *law as integrity*.

Premissa básica à compreensão da teoria jurídica de Dworkin é entender o empreendimento por ele buscado. A sua tentativa não é simplesmente a formulação de uma teoria do direito, mas de uma teoria liberal do direito, como anuncia já no início da introdução de *Levando os direitos a sério*[77]. Há uma indissociável doutrina política — o liberalismo — que subjaz à própria teoria jurídica criada. Suas principais teses, como a dos direitos políticos ou da resposta correta não são separáveis da concepção política liberal adotada pelo autor.

"Definir liberalismo é tarefa das mais complexas."[78] No curso da história do pensamento político, o liberalismo tomou diferentes feições, contudo há um elemento unívoco que é a ideia de limites[79]. Em Dworkin, o liberalismo significa que há limites à atuação estatal no âmbito individual, por isso há o reconhecimento de que os indivíduos possuem direitos contra o Estado, anteriores aos direitos criados por meio da legislação (tese dos direitos). Disso decorre que "os direitos individuais são trunfos políticos que os indivíduos detêm"[80]. Tais direitos não decorreriam de uma convenção anterior — tese positivista — tampouco de um contrato social, que "seria uma noção 'insana'"[81]. Assim, há a existência de direitos outros ao lado daqueles criados por convenção, seja a legislação, pela prática social (costume) ou por decisões judiciais anteriores (precedentes). Decorrerão dos princípios, cujo cumprimento é um requisito da justiça, equidade ou outra dimensão da moralidade política.

---

[77] DWORKIN, 2002, p. VII.

[78] STRECK, Lenio Luiz; MORAIS, José Luis Bolzan de. *Ciência política & teoria do estado*. 7 ed. Porto Alegre: Livraria do Advogado, 2010, p. 56.

[79] Ibid., loc. cit.

[80] DWORKIN, 2002, p; XV.

[81] GUEST, 2010, p. 282. "Dworkin é direto. Jamais houve qualquer contrato social que corresponda ao contrato jurídico comum. (...) Uma vez que não há quaisquer direito e deveres que decorram de contratos comuns antes de o contrato vir a existir, é impossível usar a ideia de um contrato independente como fonte dos direitos e deveres que o liberalismo exige."

A partir daí, pretende-se construir uma teoria geral e abrangente do direito, que busca superar o positivismo jurídico, subdividida em uma teoria da legislação, da decisão judicial e da observância da lei[82]. Para superar o positivismo, Dworkin constrói uma teoria que não só descreva o direito, tal como ele é, mas indique o seu conteúdo, sua substância, em outras palavras, aquilo que ele deveria ser, apresentando um viés normativo à sua doutrina do direito. Este caráter normativo "irá assentar-se em uma teoria moral e política mais geral, que poderá, por sua vez, depender de teorias filosóficas sobre a natureza humana ou a objetividade da moral"[83]. Essa teoria moral e política base, em Dworkin, é o liberalismo[84], calcado no direito à igualdade, entendido como o direito à igual consideração e respeito[85]. Aduz o autor que "sustento que certa concepção de igualdade, que chamarei de concepção liberal de igualdade, é o nervo do liberalismo"[86]. Em seu pensamento, o próprio direito à liberdade é consequência da igualdade, não aderindo ele ao "erro comum dos libertários que odeiam a igualdade e dos igualitaristas que odeiam a liberdade; cada um ataca seu próprio ideal sob o seu outro nome"[87]. Assim, rejeita o autor "a ideia simples de que o liberalismo consiste numa ponderação diferente dos princípios constitutivos de igualdade e liberdade"[88].

Dworkin desenvolve um método de análise do direito que, superando a mera descrição, propõe um enfoque consistente dos problemas e aponta soluções sustentadas em um conjunto de princípios coeren-

---

[82] DWORKIN, 2002, p. VIII.

[83] Ibid., p. X.

[84] CHUEIRI, Vera Karam de. DWORKIN, Ronald. In: BARRETO, Vicente d Paulo (Coord.). *Dicionário de filosofia do direito*. Rio de Janeiro: Renovar, 2009, p. 259-263, p. 261. "Dworkin é um democrata e um liberal, assim, é possível dizer que sua Filosofia do Direito faz parte de um projeto interdisciplinar no qual ela tem uma função legitimadora, na medida em que reforça os direitos individuais, especialmente a igualdade, como base para uma democracia efetiva, revitalizando não somente a sua noção, mas, também, a do liberalismo que lhe dá sustentação. Nesse sentido, a crítica mais adequada à Filosofia do Direito de Dworkin enseja uma crítica mais ampla e geral ao projeto da modernidade ao qual seu liberalismo se alia e ao modelo de racionalidade em que tal projeto se apóia."

[85] DWORKIN, 2002, p. XVI.

[86] DWORKIN, 2005, p. 272.

[87] DWORKIN, 2002, p. XVIII.

[88] DWORKIN, 2005, p. 285.

tes[89]. Princípios, aqui, não podem ser confundidos com valores. Não se trata de uma visão meramente axiológica, mas "um sentido de validade deontológico"[90], razão pela qual detém normatividade e será o princípio oponível, inclusive contra o Estado, pela jurisdição. Portanto, sustenta que a tarefa da teoria do direito não seja o de descrevê-lo, mas o de oferecer soluções aos problemas que surgem, agindo como um especialista na resolução de conflitos sociais[91]. Trata-se do caráter normativo de sua teoria: como decidir. Mais, como obter a resposta correta. Nessa busca, ataca a discricionariedade judicial, tanto no convencionalismo quanto no pragmatismo. Tentará superá-la por meio de sua metáfora do juiz Hércules.

Além do enlace de sua teoria jurídica com o liberalismo, outros dois pontos são importantes à compreensão de sua obra. Primeiro, trata-se de uma proposta hermenêutica (*hermeneutical jurisprudence*), em que o próprio direito é visto como interpretação (ou um conceito interpretativo). Segundo, o direito apresenta uma estrutura literária (*law as literature*), portanto, argumentativa. Douzinas e Warrington afirmam que se pode discordar do significado de uma lei ou de um precedente, e mesmo aceitar que a argumentação pode legitimar soluções conflituosas, mas há de se concordar, no mínimo, com o fato de que o direito lida com a interpretação de textos e, de algum modo especial, é uma forma de exercício literário[92]. Essas duas premissas permitem a superação do positivismo. O desenvolvimento dessas ideias levará à conclusão de que o positivismo é descritivamente inadequado, tomado como um conjunto exclusivo de regras, moralmente empobrecido, pela inapropriada cisão entre direito e moral.

Cumpre ressaltar, nesse particular, a compatibilidade entre a proposta de Dworkin e a hermenêutica filosófica de Gadamer. Ambas são teorias antirrelativistas e, consequentemente, antidiscricionárias, não permitindo que a interpretação seja uma atividade subjetiva do intérprete. Afastando a teoria dworkiniana de alguns vieses da hermenêutica contemporânea, dependentes, ainda, do subjetivismo, Sintez e

---

89 CASALMIGLIA, 1992, p. 156.

90 CITTADINO, Gisele. *Pluralismo, direito e justiça distributiva*: elementos da filosofia constitucional contemporânea. 2 ed. Rio de Janeiro: Lumen Juris, 2000, p. 189.

91 CASALMIGLIA, 1992, p. 157-158.

92 DOUZINAS, Costas; WARRINGTON, Ronnie. *Justice miscarried*: ethics, aesthetics and the law. Edinburg University Press, 1994, p. 5.

Andino Dorato sustentam que Dworkin apresenta "uma versão muito próxima da hermenêutica gadameriana"[93]. Mais precisamente, como ressalta Leyh, a forma argumentativa do direito, como proposta no *law as integrity* de Dworkin, é um caso privilegiado do uso prático da hermenêutica filosófica[94]. Isso fica bem demonstrado na preocupação de Dworkin com o âmbito pré-interpretativo do Direito (aproximando-se da pré-compreensão gadameriana) e de como o passado condiciona o presente. Nesse último ponto, há uma ligação entre a cadeia do direito (*chains of law*) e a ideia de tradição de Gadamer como o elemento que condiciona os próprios limites (horizontes) da pré-compreensão.

Apesar de a teoria da decisão judicial dworkiniana achar-se distribuída em toda a obra do autor, em *O Império do Direito*, Dworkin a sistematiza, sendo o norte e guia à compreensão do *law as integrity*. Inicia o autor sustentando que três são as principais divergências no direito: as questões de fato, as de direito e aquelas interligadas de moralidade, política e finalidade[95]. Sustenta, quanto à primeira, que, quando ela ocorre, sabe-se sobre o que os juristas divergem. Em relação à terceira, também não vislumbra surpresas, eis que "as pessoas muitas vezes divergem quanto ao que é certo e errado em termos morais"[96]. A grande divergência que ocorre é em relação ao próprio direito, que pode ser meramente empírica, quando não se diverge, de fato, quanto aos fundamentos do direito, mas sim se eles foram ou não observados em determinado caso, o que, na visão do autor, nada tem de misteriosa[97]. Afirma que a divergência teórica no direito, de seus fundamentos, é a mais problemática, eis que se volta não a fatos ou ideias de justiça, mas àquilo o que o direito exige. A preocupação de Dworkin, quanto ao fixar o que o direito exige em

---

93 SINTEZ, Cyril; ANDINO DORATO, Jimena. La conception herméneutique du droit de Dworkin: un autre paradigme. *Arquive de philosophie du droit*, n. 51, p. 319-340, 2008, p. 320.

94 LEYH, Gregory. Dworkin's hermeneutics. *Mercer Law Review*, v. 39, 1988, p. 852-861.

95 DWORKIN, 2007, p. 5-6.

96 Ibid., p. 6.

97 DWORKIN, 2007, p. 7-8. Exemplificando, afirma o autor que "advogados e juízes podem concordar, por exemplo, que a velocidade-limite na Califórnia é de 90 quilômetros por hora se a legislação desse estado contiver uma lei nesse sentido, mas podem divergir quanto ao fato de ser este o limite de velocidade, por discordarem quanto à existência de tal lei na legislação estadual vigente."

dada situação é democrática: em verificar por quais fundamentos a coação do Estado contra o cidadão pode ser justificada.

Para definir tal justificação, Dworkin desenvolve sua ideia de direito como interpretação, dando ao próprio direito um conceito interpretativo[98]. Contrapõe a sua resposta à dada pelo positivismo de que a coação estaria justificada em convenções do passado (convencionalismo) — baseada na discricionariedade judicial, quando não houver, ou for dúbia a convenção anterior — e a do pragmatismo, que a decisão judicial seria o fundamento para tanto. Nas duas situações, afirma Dworkin que o direito não é levado a sério, permitindo-se uma atuação antidemocrática da jurisdição, a qual ultrapassa seus atos legítimos, portanto não justifica o uso da coação estatal. Em Dworkin, o direito é mais complexo e exige uma tarefa construtiva, por meio da interpretação. Trata-se daquilo que chamou de interpretação construtiva, que se preocupa essencialmente com o propósito (ou finalidade), não com a causa, mas esse propósito a que se refere não é o do autor do texto, e sim o do intérprete. "Em linhas gerais, a interpretação construtiva é uma questão de impor um propósito a um objeto ou prática, a fim de torná-lo o melhor exemplo possível da forma ou do gênero aos quais se imagina que pertençam"[99].

O exemplo de Dworkin, sobre a regra de cortesia de retirar o chapéu, é útil na compreensão do caráter interpretativo de uma prática social e, assim, também do direito[100]. A prática se inicia como um tabu, um pré-dado, algo que já está lá sem maiores questionamentos.

---

[98] CASALMIGLIA, 1992, p. 160. "Existen desacuerdos sobre lo que el derecho exige. Este es el desacuerdo básico, el que se debe explicar, el que tiene quien trata el derecho desde el punto de vista interno. Los desacuerdos entre los juristas no provienen de que no están de acuerdo en si una ley ha sido dictada o no. Su desacuerdo es mucho más profundo porque hace referencia a la cuestión de hasta qué punto la coacción del estado debe utilizarse en este caso y cómo se debe justificar. El problema no es sólo la identificación del texto sino su uso. Y eso exige la reconstrucción de algo más complejo y abstracto que la semántica de la norma. Aunque estén de acuerdo sobre cuáles son las leyes vigentes, y cuál es el sentido de las palabras de la ley, puede exigir, y existe, el desacuerdo teórico sobre lo que exige el derecho. Dworkin sugerirá que el derecho es un concepto interpretativo y que los textos por sí solos no nos dicen nada. Se necesita un enfoque determinado y eso es lo que el positivismo no ha apreciado. El concepto interpretativo del derecho es su arma más poderosa en el desafío al positivismo."

[99] DWORKIN, 2007, p. 63-64.

[100] Ibid., p. 57-58.

Hermeneuticamente, está ela no âmbito da pré-compreensão, que é moldada pela tradição. Faz-se, porque já há, nas práticas e tradições compartilhadas de uma determinada sociedade, a regra de retirar o chapéu. Com o passar do tempo, a situação se modifica e passa a haver uma atitude interpretativa da prática. Adere-se a ela um valor, na medida em que serve a algum interesse ou reforça um princípio, e uma finalidade, que especifica seu conteúdo, sua razão de ser. A interpretação da prática por esses dois vetores leva à sua reanálise a cada ato, podendo acarretar a sua modificação. No caso da regra de cortesia, "a concepção das pessoas sobre os fundamentos apropriados do respeito, por exemplo, pode variar de acordo com a posição social, idade ou sexo, ou algum outro atributo"[101]. Por isso, em um período de tempo, retirar-se-ia o chapéu àqueles de maior nível social, em outro, aos idosos, em um terceiro, às mulheres, e assim sucessivamente.

Propósito e valor estão presentes na formação de qualquer conceito interpretativo e tornam o direito uma atividade de justificação (portanto, argumentativa). A justificativa do propósito busca o fundamento, o porquê da prática, enquanto o do valor leva à finalidade, para que, a fim de que seja estabelecido como o melhor exemplo possível da própria prática. Quanto ao valor agregado à prática, acarreta uma ligação íntima entre a prática social e a moralidade política, evitando-se que o moralismo individual torne esse passo uma atividade subjetiva.

Apesar de a compreensão variar no tempo[102], pela atividade interpretativa de reconstrução do significado da própria prática, não se pode deixar de verificar que serve como vetor do comportamento em um dado espaço e tempo. A forma tomada pela própria prática, a tradição construída no passar do tempo limita as opções daquele que a ela adere. Pode-se dizer que "a história ou a forma da prática ou objeto exerce uma coerção sobre as interpretações disponíveis destes últimos [os intérpretes]"[103]. Assim, ao mesmo tempo em que serve de vetor para o agir futuro, o valor acrescido à prática — que justifica sua forma — li-

---

[101] DWORKIN, 2007, p. 59.

[102] GRONDIN, Jean. *Introdução à hermenêutica filosófica*. Tradução: Brenno Dischinger. São Leopoldo: UNISINOS, 1999, Rondin, p. 193. "Não é de estranhar, ou de contestar, que a compreensão sempre aconteça de maneira diversa de época para época e de indivíduo para indivíduo. A compreensão, motivada por eventuais questionamentos, não é apenas uma conduta reprodutiva, mas também, já que ela implica aplicação, uma conduta produtiva."

[103] DWORKIN, 2007, p. 64.

mita ou constrange epistemologicamente o intérprete, que não poderá utilizar fundamento diverso inadvertidamente.

Com base no caráter coercitivo que a própria história da prática jurídica impõe a seu praticante, Dworkin criou a ideia da cadeia do direito (*the chains of law*). Trata-se da estrutura literária do próprio direito (*law as literature*), que sustenta que os juízes devem comportar-se como se estivessem escrevendo um romance a várias mãos, sendo responsabilidade de cada um deles a redação de um capítulo. Apesar da maior liberdade daquele que escreve o primeiro capítulo, os demais juízes devem começar os novos de onde parou o anterior, desenvolvendo-o de forma tal, que, ao final, ter-se-á um todo harmonioso, coerente, como se fosse obra de um único autor. Nesse desenvolvimento, o escritor de cada capítulo deve interpretar tudo o que lhe antecede, entendendo-lhe o propósito, e levar a novela adiante, neste ou naquele sentido, agregando-lhe um valor, de forma que seja o melhor exemplo de romance possível. Em outras palavras, que se torne aquilo que melhor ele pode ser.

Nesse movimento de propalar o romance adiante, há uma inexorável carga criativa, na determinação do caminho a ser tomado no futuro. No direito, isso significa que, após reconstruir a história institucional da prática jurídica, o juiz determinará seu trajeto para o futuro, o que importa, muitas vezes, em inovações. Portanto, a aplicação do direito não é meramente reprodutiva, "é um processo de criação e ao julgador incumbe esse mister de evolução a tudo que lhe precedeu"[104].

Um humano, obviamente, não conseguiria empreender tal tarefa. Ninguém teria a capacidade e sapiência de saber, irrestritamente, tudo aquilo que o antecedeu. Por isso, Dworkin cria a metáfora de Hércules, um "juiz imaginário, de capacidade e paciência sobre-humanas, que aceita o direito como integridade"[105]. Hércules achará a única resposta correta (*one right answer*) para o caso, decidindo por argumentos de princípio, de forma tal que justifique o fundamento (propósito) e a finalidade (valor) do direito, a especificar aquilo o que o direito requer que seja feito ao caso.

A essa resposta correta, subjaz a tese da unidade do valor (*the unity of value thesis*), em que procura evitar que valores políticos essenciais à vida em sociedade, como liberdade, igualdade, democracia e justiça colidam entre si. Em verdade, a unidade de valor funciona, em Dworkin,

---

[104] LAMY; LUIZ, 2015, p. 393.

[105] DWORKIN, 2007, p. 287.

como "uma espécie de *amarração dos fios* dos diferentes campos do saber pelos quais transita sua abrangente teoria do Direito"[106]. Dworkin sustenta que devem ser vistos, em conjunto, como algo coerente e que se apoiam mutuamente[107], portanto os intérpretes devem buscar concepções que os unifiquem.

Ao decidir um caso controverso, Hércules saberá toda a história institucional do direito que o antecedeu e, a partir dela, investigará o caráter e a dimensão do direito posto em jogo e formará descrições hipotéticas da prática jurídica, testando cada uma delas como uma interpretação competente dessa prática. Nesse processo interpretativo, conferirá finalidade e valor a cada descrição, para verificar qual delas deverá prevalecer. Fará isso com base, de modo a respeitar o passado (*chains of law*) e, a partir dele, formar uma visão una e harmônica de justiça em uma comunidade de princípios. A melhor descrição será a que implementa ou assume, em melhor conta, o valor conferido à prática jurídica e justifica o direito discutido de modo a mostrar seu valor sob estas luzes. Assim, a resposta correta será aquela em que se aplica o princípio que melhor justifica a prática e mostrará o que, no caso, o direito requer.

É sob tais premissas que se deverá analisar o dever de coerência e integridade exigido no art. 926 do CPC/15, somando-se a eles as questões do dever de uniformização e a necessidade da estabilidade.

É bem verdade que já se tentou vincular a teoria dworkiniana com a aplicação de precedentes no Brasil. Trata-se de obra de Barboza, que, ainda antes da entrada em vigor do CPC/15, via na adoção do pensamento de Dworkin o caminho para conferir maior segurança jurídica no trato com precedentes judiciais[108], contudo há problemas de base nessa tentativa. A principal delas é igualar o direito como integridade com o *common law* em geral. Sustenta a autora que a base racional do

---

[106] MOTTA, Francisco José Borges. *Ronald Dworkin e a decisão jurídica*. Salvador: Juspodivm, 2017, p. 13-14.

[107] DWORKIN, 2013, p. 1. "The truth about living well and being good and what is wonderful is nor only coherent but mutually supporting: what we think about any one of these must stand up, eventually, to any argument we find compelling about the rest."

[108] BARBOZA, Estefânia Maria de Queiroz. *Precedentes judiciais e segurança jurídica*: fundamentos e possibilidades para a jurisdição constitucional brasileira. São Paulo: Saraiva, 2014.

direito como integridade tem a mesma ideia de *treat like cases alike*[109]. A partir daí, a teoria de Dworkin e as técnicas consagradas no *common law*, inclusive quanto aos precedentes judiciais, são apresentadas como sinônimos. Há um equívoco, porém, nessa concepção.

Primeiro, o *common law* é praticado há séculos e não se vincula, necessariamente, com uma teoria definida. Basta ver que a versão teórica mais aceita nos EUA continua a ser o positivismo analítico harteano. Ainda que existam outras explicações teóricas de razoável aceitação, como o originalismo, a análise econômica do direito, o *critical legal studies* e o próprio direito como integridade, a verdade é que o positivismo analítico ainda é o paradigma hegemônico. Nesse particular, poder-se-ia vincular a prática do *common law* ao positivismo harteano ou, mesmo, a qualquer outra teoria. A equivocada identidade — ou profunda similitude — deve-se tão somente ao caráter descritivo do pensamento de Dworkin. Obviamente, sendo um jurista americano, com ampla experiência no direito inglês, natural que ele descreva um sistema de *common law*, contudo a pretensão prescritiva da teoria por ora afasta a postulação teórica com a prática do *common law*. Por exemplo, a ideia de direito como integridade exige a busca por argumentos de princípio que justifiquem a decisão correta que o caso deva ter, sendo que isso pode conflitar, por vezes, com o *stare decisis*. Muitas vezes, o direito como integridade entrará em rota de colisão com o *treat like cases alike*. Trata-se de uma forma de correção de um erro, e não de sua perpetuação.

Segundo, tratar os casos semelhantes da mesma forma diz respeito, eminentemente, a um critério formal de justiça, porém o direito como integridade vai além. Trata-se de um critério substancial, a exigir não só que haja a igual consideração entre todos, mas que isso seja realizado a cumprir uma concepção una e coerente da equidade e da justiça. Esse segundo passo acaba por fazer uma diferença tremenda entre o *stare decisis* e a teoria dworkiniana. Será na sua observância que residirá a resposta correta. É bem verdade que a teoria de Dworkin é aplicável ao *common law* — e este é justamente a missão que move o autor. Contudo, a recíproca não é verdadeira. O *common law* não é um exemplo do direito como integridade. Assim como o CPC/15 não é nem positivista, nem pós-positivista, o *common law* não é nem positivista (analítico) nem dworkiniano. As teorias estão aí a explicar

---

109 Ibid., p. 259.

os fenômenos e realizar prescrições a seu respeito. É este o âmbito da proposta de Dworkin: tornar o *common law* aquilo que de melhor ele possa ser. Não será, todavia, o sistema tal como ele é exercido atualmente. Propõe Dworkin um melhoramento, uma forma mais coerente de aplicação do direito, por isso o direito como integridade busca não só descrever o *common law*, mas estabelecer limites à atuação do juiz que atua nesse sistema.

Pela confusão causada pela indevida identificação do direito como integridade com o *stare decisis*, a autora acaba, na maior parte da obra, tratando dos conceitos mais aceitos na prática atual do *common law* como se fossem a própria explicação da teoria de Dworkin. Apresenta, assim, uma inconsistência interna de difícil resolução. Por isso, busca-se, aqui, seguir outro caminho, de que a vinculação ao direito judicialmente criado ocorre por critérios materiais (substanciais), e não formais, como aceita a autora.

5.4.4. UNIFORMIDADE, ESTABILIDADE, COERÊNCIA E INTEGRIDADE

Muito se perquire, na seara processual, sobre os deveres de uniformidade, estabilidade, coerência e integridade a que se refere o art. 926 do CPC/15. Há, contudo, uma confusão muito grande na doutrina sobre o conceito e abrangência de cada um deles. De certa forma, existe um processo de simplificação, em que todos são tidos como sinônimos[110], ou como termos mais ou menos aproximados, para a finalidade última de obtenção de segurança jurídica.

Busca-se, neste estudo, trilhar caminho diverso. Não que a segurança jurídica seja desimportante, ao contrário, continua ela a ser um objetivo a ser alcançado, entretanto, no que toca ao art. 926 do CPC/15, a finalidade vai mais além. Subministra a tentativa de dar segurança com a necessária permeabilidade do sistema jurídico à evolução e, sobretudo, à obtenção de respostas corretas, de acordo com o direito (e sua história institucional) e os princípios de moralidade pública que o cercam. Diferentemente daqueles que definem critérios formais para a aplicação de decisões judiciais passadas a casos futuros, objetiva-se fixar uma clara premissa: a necessidade de critérios materiais — e, nesse

---

[110] DIDIER JR., 2015b, p. 387. "Para que se possa ter uma dimensão do problema, há quem veja no termo 'integridade', no sentido utilizado por Dworkin, sinonímia com o termo 'coerência'. E, como se verá nos exemplos de concretização desses deveres, há clara interseção entre as suas zonas de aplicação."

ponto, a integridade é a mola mestra — para a construção de argumentos jurídicos válidos, inclusive no que toca à aplicação de precedentes. Nesse ponto, a proposta formulada é altamente substancialista e encontra solo firme na teoria dworkiniana (*law as integrity*), já internalizada em solo nacional, subministrada com a filosofia hermenêutica de Heidegger e a hermenêutica filosófica de Gadamer, por Lenio Streck.

A adoção do norte teórico proposto possibilita um estudo sistemático do papel do direito judicial no ordenamento jurídico, porque, como já explicitado, será o norte teórico adotado — a discussão filosófica ou teoria de base — que desvelará o "local da fala", ou seja, as concepções subjacentes e pressupostas para a própria formulação de problemas e apontamento de soluções ao trato da matéria. Nesse sentido, torna-se necessário desenvolver os elementos trazidos no art. 926 do CPC/15 aos olhos de uma teoria substancialista, como proposta.

5.4.4.1. DEVER DE UNIFORMIZAÇÃO

Observada uma "jurisprudência lotérica" na prática jurídica nacional, o CPC/15 buscou alternativas para a superação de tal quadro de instabilidade na jurisdição. Nesse passo, instituiu o dever de uniformização, que decorre da obrigação judicial de, uma vez reconhecida a divergência jurisprudencial, tentar dirimir as diferenças, em busca de uma isonomia jurisdicional. Logo, "a uniformidade é detectável em uma época ou contexto histórico, isso é, ao se visualizarem pronunciamentos proferidos em um mesmo ambiente"[111].

Cada tribunal, assim, não pode "ser omisso diante de divergência interna, entre seus órgãos fracionários, sobre a mesma questão jurídica"[112]. O objetivo questionável do CPC/15 é evitar ao máximo a existência de entendimentos divergentes sobre a mesma questão. Para tanto, apresenta diversos institutos com um viés uniformizador. Em alguns casos, os procedimentos são "repressivos". Diante da discórdia na interpretação do direito, coloca-se a um tribunal local ou aos superiores mecanismos hábeis a cessar tal desacordo. Em outros, como no IAC, há um combate "preventivo" à dissensão jurisprudencial.

---

[111] MEDINA, José Miguel Garcia. Integridade, estabilidade e coerência da jurisprudência no estado constitucional e democrático de direito: o papel do precedente, da jurisprudência e da súmula, à luz do CPC/2015. *Revista dos Tribunais*, n. 974, p. 129-153, dez. 2016b, p. 130.

[112] DIDIER JR., 2015b, p. 348.

A uniformização é importante como forma de dirimir questões sensíveis sobre as quais não existe um consenso, contudo não deve ser o fim último da jurisdição. Nesse ponto, não se deve abraçar a fórmula do Justice Brandeis, de que mais vale que um direito esteja claro e determinado a estar ele correto e justo. Não se deve ter um compromisso com o erro. Se a constância, enquanto reflexo da uniformidade, é desejável, não se pode largar de mão critérios conteudísticos (substanciais) de correção do próprio direito.

Essa é a síntese dworkiniana sobre a força gravitacional do precedente. Ele não será formalmente vinculante, antes, sua maior ou menor atração ocorrerá pelo conteúdo daquilo que foi previamente decidido, se representa a melhor justificativa àquilo que se tem por direito vigente em uma dada comunidade. Assim, o precedente justificará a prática jurídica na medida em que forme um todo coeso (uma história institucional), formando argumentos de princípio que representem os ideais de justiça (moralidade pública) daquela sociedade.

Deve-se ter em mente, assim, que a aspiração à uniformidade deve caminhar junto com ao objetivo de obter-se respostas corretas no direito. Nesse particular, nem sempre a resposta uniforme será, por isso, a correta. A correção de um posicionamento não está fundada no consenso que se tem a sua volta, antes, está na explicação racional da construção da própria solução, no conteúdo das próprias decisões. Caminhar em sentido contrário representa um ceticismo inapropriado ao próprio direito, como se o direito, racionalmente, não fosse capaz de apresentar respostas corretas aos casos postos. Sobreleva-se a importância de decisões uniformes, independente, muitas vezes, do seu grau de correção.

5.4.4.2. ESTABILIDADE

A rigor, a estabilidade não faz parte da teoria dworkiniana, que trabalha sob os outros dois ideais, a coerência e a integridade, todavia também não lhe é completamente estranha, se for ela visualizada como uma consequência lógica de um sistema coerente e íntegro. Deve-se esclarecer que a estabilidade, sozinha, indica um fator autorreferencial. Ao manter a linha de pensamento já utilizada anteriormente, um tribunal estará mantendo a estabilidade de sua jurisprudência, entretanto isso pode acarretar seguir estavelmente em erro, pois não há uma análise substancial em sua manutenção. Assim, aderem-se bem a ela os sentidos de coerência e integridade.

A estabilidade, nessas condições, permite uma linha de continuidade no tempo, sem reviravoltas inexplicáveis nos sucessivos julgamentos de uma corte específica[113], sem, contudo, perder a possibilidade de evolução ínsita ao direito, enquanto produto de uma sociedade em constante modificação. A continuidade é obtida pela prática da coerência, enquanto o acerto de rumos e a ligação material entre o direito e os princípios de moralidade pública, para a obtenção de uma resposta justa (e correta) é alcançável pela prática da integridade.

Estabilidade, assim, espraia-se da imutabilidade, vez que permite o ajuste de rumos, quando verificada uma situação em que a aplicação do direito que se tem por válido naquele momento gera uma resposta indevida ao caso concreto. Este é o ideal buscado pelos diferentes ordenamentos jurídicos: juntar a necessidade de constância com a premência de evolução. Inicialmente conflitantes, a estabilização e a modificação estão sempre atuantes no direito, em sua aplicação e evolução no curso do tempo.

5.4.4.3. A COERÊNCIA

Desde a inclusão da expressão "coerência" no art. 926 do CPC/15, há certa fetichização, na doutrina processual, sobre seu conceito e alcance. Exemplo disso é o pensamento já exposto de Zaneti Jr., para quem a dupla "coerência e integridade" resume-se em duas formas de se encarar a própria coerência. Muitos encaram a coerência como um norte que demanda ao intérprete seguir a linha passada de decisões, para que umas estejam de acordo com as outras, em suma, sejam consistentes. Ressaltam, dessa forma, o caráter lógico-formal que deve ser mantido na sequência histórica das decisões judiciais, como forma de manter a previsibilidade.

É certo que a coerência, em Dworkin, não se limita à consistência pura (*bare consistency*), deverá ela ser uma "coerência em princípio". Com isso, o autor refere que deve expressar uma visão única e abrangente da justiça, logo não se trata de uma mera ausência de contradição lógica com aquilo que já se passou. Adere-se a isso a análise substancial do acerto ou não do passado herdado. "A coerência captura o tom lógico da consistência, mas permite outros critérios de certo e er-

---

[113] MEDINA, 2016b, p. 130-131. "A estabilidade tem a ver com a linearidade temporal de um dado modo de decidir."

rado."[114] Hércules, assim, não aceitará passivamente os precedentes ou leis prévias; antes, analisará o conteúdo para verificar o acerto da manutenção dos fundamentos passados ou a propriedade de substituí-los por argumentos de princípio que melhor descrevam a própria prática jurídica, enquanto espaço da moralidade política da comunidade.

Ainda que exista esse ajuste (*fit*) substancial, a coerência, sozinha, talvez não seja capaz de resolver todos os problemas da aplicação do direito e, principalmente, conduzir à resposta correta para um caso determinado. "A coerência é uma ideia que muitas vezes sugere mais do que é capaz de oferecer"[115], por isso há quem lhe seja contrário. Por exemplo, adverte Molina Ochoa que leis e decisões incoerentes podem alcançar respostas moralmente acertadas, em um marco de uma democracia plural[116]. O autor utiliza coerência e integridade como sinônimos, diferenciando-os apenas da consistência (no caso, considerada como consistência pura)[117]. A tese defendida pelo autor pode soar estranha, na medida em que sustenta que sistemas jurídicos ou decisões incoerentes podem ser melhores, quando comparado aos coerentes. Contudo, o argumento é válido, ao menos se a coerência for encarada como consistência pura, como a não contradição com a linha de decisões anteriores.

Ocorre que, nessa lógica, não funcionará a coerência (enquanto consistência pura para Molina Ochoa), para explicar os casos de superação, por exemplo. Pense-se na questão racial. Em *Bronw v. Board of Education*, a conduta coerente (consistente) com as decisões anteriores era a manutenção da segregação racial, enquanto mantidas as mesmas condições nas duas facilidades. Tratava-se da regra "*separate but equal*" inaugurada em *Plessy v. Ferguson*, mas algo além da consistência exigia uma resposta diversa. Se ela apontava a um caminho, a necessidade de integridade apontava a outro. Nesse ponto, o *overru-*

---

[114] GUEST, 2010, p. 47.

[115] Ibid., p. 46.

[116] MOLINA OCHOA, Andrés. Un argumento en contra de la coherencia. *Revista Diálogos de Saberes*, jul.-dez. 2010, p. 193-217, p. 214. "Las normas y decisiones judiciales incoherentes no son inmorales o perjudiciales para el derecho, sino que en ellos se expresa la necesidad de abrirse a la posibilidad de otras moralidades distintas a las nuestras, y el deseo de encontrar respuestas que puedan ser satisfactorias para todos los grupos de presión en un Estado."

[117] Ibid., p. 199. "El término *integridad* propuesto por Dworkin equivale a lo que se ha definido en este artículo como *coherencia*."

ling de *Plessy* e o fim da segregação racial em escolas foi uma resposta inconsistente, do ponto de vista lógico, mas íntegra, na manutenção dos princípios fundamentais do direito americano. "A coerência, assim, deve ceder à integridade."[118]

5.4.4.4. A INTEGRIDADE (*LAW AS INTEGRITY*)

Os objetivos centrais de Dworkin em sua *law as integrity* são, de um lado, a obtenção de respostas corretas no direito (*one right answer thesis*), o que leva ao afastamento da discricionariedade judicial (do solipsismo ou subjetivismo do julgador), e, por outro, a promoção da liberdade e igualdade, em uma comunidade de princípios. Por isso, deve-se afastar, de pronto, posições que não trilham tal caminho. Por exemplo, Freire compreende de forma equivocada a integridade, ao aproximá-la, primeiramente, da moralidade pessoal do intérprete e, depois, distinguir duas formas de agir: a correta e a íntegra[119]. Os dois argumentos do autor são equivocados. É bem verdade que, em Dworkin, há a ligação entre o direito e a moral por meio dos princípios, mas isso não autoriza a dizer que a solução dependerá da moralidade pessoal do julgador; ao contrário, toda a tese dworkiniana está voltada ao combate ao subjetivismo, por isso afasta a moralidade pessoal de qualquer influência no processo de tomada de decisão. O que ocorre, contrariamente, é que o juiz utilizará princípios que, intrinsecamente, estão ligados a como agem os cidadão em geral, e como os realizadores de determinada prática em particular (no caso do direito, os juristas).

---

[118] STRECK, Lenio Luiz. O que é isto - a exigência de coerência e integridade no novo código de processo civil? In: STRECK, Lenio Luiz; ARRUDA ALVIM, Eduardo; LEITE, George Salomão. Hermenêutica e jurisprudência no novo código de processo civil: coerência e integridade. São Paulo: Saraiva, 2016c, p. 156-177, p. 170. Complementa o autor que "entender que coerência é um conceito intercambiável; um tribunal pode decidir coerentemente, só que de forma equivocada; portanto, coerência necessariamente não quer dizer aceito, por isso a integridade é a garantia para a interrupção de uma coerência equivocada."

[119] FREIRE, 2017, p. 71. "Chamar essa virtude de integridade serve ao propósito de aproximá-la de um ideal paralelo de moralidade pessoal que se exige nas práticas ordinárias e em relações sociais de toda sorte. (...) deve-se fazer uma distinção entre duas formas de agir: a correta e a íntegra. A segunda é, por assim dizer, menos exigente, pois ela não pede que as pessoas ajam segundo convicções únicas e compartilhadas. Agir com integridade exige apenas que as pessoas atuem segundo as convicções que permeiam e configuram suas vidas, e não de modo inusitado e excêntrico."

A integridade situa-se como uma virtude política, ao lado daqueles que já compõem a política comum. Os ideais tradicionais de um Estado, segundo a filosofia política, são: a equidade, justiça e um devido processo legal adjetivo. A primeira exige uma estrutura política imparcial, para que se encontrem "os procedimentos políticos — métodos para eleger dirigentes e tornar suas decisões sensíveis ao eleitorado — que distribuem o poder político da maneira adequada"[120]. A segunda trata da justa distribuição de recursos e oportunidades, por isso preocupa-se "com as decisões que as instituições políticas consagradas devem tomar, tenham ou não sido escolhidas com equidade"[121]. Deve-se atentar que tais decisões sejam moralmente justificáveis. Por sua vez, o devido processo requer "procedimentos corretos para julgar se algum cidadão infringiu as leis estabelecidas pelos procedimentos políticos"[122].

Dworkin salienta que, além da equidade, justiça e devido processo, há outro ideal colocado ainda na doutrina tradicional, o qual pode ser "descrito no clichê de que os casos semelhantes devem ser tratados de forma parecida"[123]. Contudo, o autor defende que essa exigência da moralidade política não está bem descrita nesse clichê. Dworkin a substitui pela virtude da integridade política. O ideal da integridade é que "o Estado aja segundo um conjunto único e coerente de princípios mesmo quando seus cidadãos estão divididos quanto à natureza exata dos princípios de justiça e equidade corretos"[124]. Em uma sociedade complexa e multicultural, as pessoas divergirão sobre o que é certo ou errado (moral pessoal), porém nem por isso deixa-se de admitir que atos de outras pessoas expressem uma concepção de equidade e justiça, ainda que não se concorde com ela. É isso que se busca com a integridade no nível político. Reconhece-se que, de fato, não haverá um consenso universal sobre dado valor moral, mas nem por isso pode-se cair no niilismo de que cada ato estatal esteja imbuído de uma concepção diferente da equidade e da justiça. Nesse passo, "o que a integridade condena é a incoerência de princípio entre os atos do Estado personificado"[125].

---

[120] DWORKIN, 2007, p. 200.

[121] DWORKIN, 2007, p. 200.

[122] Ibid., loc. cit.

[123] Ibid., p. 201.

[124] Ibid., p. 202.

[125] Ibid., p. 223.

Para que se possa formar um conjunto único e coerente de princípios, há a necessidade de supor "uma personificação particularmente profunda da comunidade ou do Estado (...) como se uma comunidade política realmente fosse alguma forma especial de entidade, distinta dos seres reais que são seus cidadãos"[126]. A essa forma de organização social, Dworkin deu o nome de "comunidade de princípios"[127]. Essa teoria da personificação não leva à metafísica — como se existisse independentemente de seus integrantes[128] —, mas imbui-se na pragmática, e, dessa forma, assenta-se na própria faticidade, pois esta própria comunidade "é uma criação das práticas de pensamento e linguagem nas quais se inscreve"[129]. A ideia de integridade política pressupõe que esta comunidade de princípios é capaz de adotar e cumprir princípios próprios, mesmo que não coincidam com aqueles de cada cidadão, enquanto indivíduo. Se, no âmbito pessoal, a valoração moral pode variar de um indivíduo a outro, na moralidade política, há a possibilidade (e necessidade) de uma unidade coerente que se expressa por princípios comuns, compartilhados socialmente, ainda que não coincidam com os valores pessoais de cada integrante da comunidade. Dworkin exemplifica seu ponto com a exigência da imparcialidade das autoridades públicas, que não poderia ser justificada por uma moral individual. Se está no âmbito de liberdade normal do indivíduo o uso de suas preferências pessoais ao agir, essa mesma opção não se encontra para o administrador público. Não se pode explicar a exigência de imparcialidade a partir de princípios da moralidade privada. Exige-se a personificação de uma comunidade de princípios, e assim se define

---

[126] Ibid. p. 204.

[127] A comunidade de princípios é aquela em que as pessoas que a constitui "aceitam que sãos governadas por princípios comuns, e não apenas por regras criadas por um acordo político. (...) Os membros de uma sociedade de princípio admitem que seus direito e deveres políticos não se esgotam nas decisões particulares tomadas por suas instituições políticas, mas dependem, em termos mais gerais, do sistema de princípios que essas decisões pressupõem e endossam." DWORKIN, 2007, p. 254-255.

[128] DWORKIN, 2007, p. 227-228. "Nosso argumento deve derivar da virtude política, e não, na medida em que se veja aí uma diferença, da metafísica. Não devemos dizer que a integridade é uma virtude especial da política porque o Estado ou a comunidade sejam uma entidade distinta, mas que a comunidade deve ser vista como um agente moral distinto, porque as práticas sociais e intelectuais que tratam a comunidade dessa maneira devem ser protegidas."

[129] DWORKIN, 2007, p. 208.

que a moralidade política exige que "a comunidade como um todo tem obrigações de imparcialidade para com seus membros, e que as autoridades se comportam como agentes da comunidade ao exercerem essa responsabilidade"[130].

Mesmo aceitando-se as exigências de uma comunidade de princípios, poder-se-ia questionar sua legitimidade de impor obrigações aos cidadãos, sobretudo quando a visão una e coerente de princípios (de moralidade política) que justifica a coerção estatal não é, necessariamente, a mesma dos indivíduos afetados (moralidade particular). Após descartar as teorias contratualistas e as que se apoiam em um jogo limpo, Dworkin sustenta que essa legitimidade é melhor explicada com base na fraternidade, que impõe, de forma central, a fidelidade ao direito em geral. Direito que é criado por um único autor: a comunidade personificada.

É importante estabelecer que, mesmo em uma comunidade que aceite a integridade como virtude política, as suas práticas políticas podem não aplicá-la de forma perfeita. Falando sobre o direito americano, admite Dworkin que não seria possível reunir toda a legislação em vigor em um único e coerente sistema de princípios[131], por isso diz-se que a integridade é uma postura. Por mais que empiricamente existam exemplos de atos incoerentes, faltando-lhe a integridade inicialmente exigida, deve-se ver tais desvios como um defeito e — admitindo-a enquanto postura — "devemos nos empenhar em remediar quaisquer incoerências de princípios com as quais venhamos a nos deparar"[132].

Divida-se a integridade política em dois princípios: um legislativo, para que forme um conjunto de leis moralmente coerente; e outro jurisdicional, "que demanda que a lei, tanto quanto possível, seja vista como coerente nesse sentido"[133]. Na esfera legislativa, Dworkin aponta ser insuficiente a visão do ideal da liberdade como o da autolegislação, como se os cidadãos fossem os autores das decisões políticas tomadas. Adere a tal visão a necessidade de essa autolegislação ser realizada com integridade, "pois um cidadão não pode considerar-se o autor de um

---

[130] Ibid., p. 212.
[131] Ibid., p. 261.
[132] DWORKIN, 2007, p. 261.
[133] Ibid., p.213.

conjunto de leis incoerentes em princípio"[134], tampouco relegá-la a uma vontade geral, como a de Rousseau. A integridade enquanto princípio da legislação "restringe aquilo que nossos legisladores e outros partícipes de criação do direito podem fazer corretamente ao expandir ou alterar nossas normas públicas"[135].

Isso é a base do reconhecimento de direitos morais dos cidadãos. Tais direitos funcionam como limitações aos poderes constituídos, eis que sua existência impede que a própria legislação contra eles atentem. Decorrem do reconhecimento de que o Estado deve tratar os indivíduos como iguais, por deterem a mesma dignidade, e que não lhes seja retirada a responsabilidade ética, ou seja, a possibilidade de fazerem escolhas sobre suas próprias vidas, sabedores das consequências de cada ato praticado. Por isso, a integridade "exige que o legislativo se empenhe em proteger, para todos, aquilo que vê como seus direitos morais e políticos, de tal modo que as normas públicas expressem um sistema coerente de justiça e equidade"[136].

Em relação ao princípio adjudicativo, a integridade exigirá que os juízes tratem o ordenamento jurídico como se ele expressasse um conjunto uno e coerente de princípios e, a partir daí, "interpretassem essas normas de modo a descobrir normas implícitas entre e sob as normas explícitas"[137]. Essas normas implícitas são os princípios jurídicos, enquanto expressão daqueles de moralidade política que regem a comunidade. Assim, "a integridade diz respeito a princípios, (...)"[138]. Na jurisdição, a integridade detém um grande papel, na medida em que é decisivo aquilo que o juiz reconheça como direito vigente. "O juiz que aceitar a integridade pensará que o direito que esta define estabelece os direitos genuínos que os litigantes têm a uma decisão dele."[139] Dessa constatação, nasce o embrião da tese da resposta correta, eis que os litigantes, a partir dessa visão, possuem "o direito, em princípio, de ter seus atos e assuntos julgados de acordo com a melhor concepção daquilo que as normas jurídicas da comunidade exigiam ou permitiam

---

[134] Ibid., p. 229.
[135] Ibid., p. 261.
[136] DWORKIN, 2002, p. 266.
[137] Ibid., p. 261.
[138] Ibid., p. 266.
[139] DWORKIN, 2002, p. 263.

na época em que se deram os fatos". O direito não pode ser outro senão o que dá coerência, em princípio, às normas estabelecidas, conferindo-lhes uma visão una em valor.

Deve-se atentar que a coerência entendida como a conformidade com as decisões anteriores (consistência) não é sinônimo da integridade. Esta exige, diz Dworkin, mais e menos. Mais, porque exige que todos os *standards* que formam um ordenamento jurídico sejam criados e vistos como expressão de um sistema uno e coerente de justiça e equidade. Menos, porque aceita que se deixe de lado a linha de decisões anteriores, desde que a própria integridade assim o exija, para que seja mantida "a fidelidade aos princípios concebidos como mais fundamentais a esse sistema como um todo"[140].

Por dar importância à consistência com o passado e, ao mesmo tempo, em tal fidelidade às questões de princípio, a integridade torna-se mais dinâmica e radical do que pode aparecer. Esta é a razão da confusão que rotineiramente se faz: Hércules seria um juiz ativista[141]. E, no Brasil, também há críticas à teoria da resposta adequada à Constituição, a qual seria, para uns, caracterizada como progressista e, para outros, conservadora. A integridade é dinâmica no que toca à possibilidade de mudança no curso do tempo, porque assim se modifica a própria comunidade. Como visto no exemplo da regra de cortesia, à prática são concedidos uma finalidade e um valor que se modificam, ao ser efetivada. Exigi-se do intérprete, assim, uma constante interpretação da própria prática, para verificar se as justificativas que a mantêm (finalidade e valor) alteraram ou não com o passar do tempo. O direito como integridade pede aos juízes "que continuem interpretando o mesmo material que ele próprio afirma ter interpretado

---

140 Ibid., p. 263-264: "Será a integridade apenas coerência (decidir casos semelhantes da mesma maneira) sob um nome mais grandioso? Isso depende do que entendemos por coerência ou casos semelhantes. Se uma instituição política só é coerente quando repete suas próprias decisões anteriores o mais fiel ou precisamente possível, então a integridade não é coerência; é, ao mesmo tempo, mais e menos. A integridade exige que as normas públicas da comunidade sejam criadas e vistas, na medida do possível, de modo a expressar um sistema único e coerente de justiça e equidade na correta proporção. Uma instituição que aceite esse ideal às vezes irá, por esta razão, afastar-se da estreita linha das decisões anteriores, em busca de fidelidade aos princípios concebidos como mais fundamentais a esse sistema como um todo."

141 RAMOS, Elival da Silva. *Ativismo judicial*: parâmetros dogmáticos. São Paulo: Saraiva, 2010, p. 31.

com sucesso"[142]. É radical por possibilitar, nessa constante reinterpretação, grandes mudanças em um tema que se encontrava passificado. *Brown* é um exemplo dessa radicalidade, demonstrando que doutrinas assentadas há muito tempo podem sofrer reveses em nome da integridade. A exigência de mudança que a integridade requer não faz de Hércules um ativista. Como salienta Streck, há uma apressada leitura de Dworkin que leva a resultados pouco consistentes, dentre os quais o de considerar Hércules um juiz ativista[143]. Trata-se de um equívoco, eis que sua criação dirige-se ao oposto, a não permitir discricionariedades e decisionismos. Por isso, Hércules será aquele juiz que achará a resposta correta a cada caso.

O papel da história é importante no *law as integrity*. Ela constrange o intérprete, no sentido em que a decisão atual deve conformar-se, em princípio, a tudo que já se passou, porém a integridade não exige um seguir cego em todo o período do tempo. Não se poderá querer, por exemplo, que haja uma continuidade de princípio já em desuso, os de um século antes ou os da geração anterior[144], porque ela não se pautará, exclusivamente, pela continuidade histórica, pela manutenção das decisões do passado, mas agregará a isso algo importante: "o sistema de princípios necessários a sua justificação"[145]. Assim, volta-se ao passado tanto quanto exigir o enfoque contemporâneo do direito. Não entra em jogo, aqui, a intenção de quem o instituiu, mas sim o que se fez no devir, a fim de que a prática atual possa ser "organizada e justificada por princípios suficientemente atraentes para oferecer um futuro honrado"[146].

Por essas luzes deve ser entendida a cadeia do direito (*the chains of law*), já acima apresentada. Para tornar o romance o melhor exemplo de sua categoria, haverá de se atentar à dimensão do ajuste (*fit*). A interpretação dada a tudo o que passou — e sua propulsão ao futuro

---

[142] DWORKIN, 2007, p. 273.

[143] STRECK, 2009a, p. 368-369. "(...) uma leitura apressada de Dworkin (e isso também ocorre com quem lê *Gadamer* como um filólogo, fato que ocorre principalmente no campo jurídico) dá uma falsa impressão de que Hércules é o portador de uma subjetividade assujeitadora. Esse equívoco é cometido, inclusive, por François Ost, ao falar nos 'três modelos de juiz'."

[144] DWORKIN, 2007, p. 273.

[145] Ibid., p. 274.

[146] Ibid., loc. cit.

— "deve possuir um poder explicativo geral"[147], ainda que não seja compatível com as minúcias de cada capítulo individualmente considerado. Em alguns momentos, considerar-se-á que houve a escrita de algumas linhas acidentais ou, simplesmente, alguns erros. Tal como a personificação do Estado em uma comunidade de princípios, os vários autores serão personificados em um único — ainda que as concepções deste único escritor não coincidam exatamente com cada um que desenvolveu um capítulo da obra — e daí se retirará, enquanto princípio, este elemento explicativo geral.

Verificadas as possíveis interpretações que se amoldam a tal elemento, a segunda dimensão, a da justificação, irá exigir a eleição, dentre elas, daquela que melhor represente o conjunto dos capítulos como uma obra literária. "A esta altura, entram em jogo seus juízos estéticos mais profundos sobre a importância, o discernimento, o realismo ou a beleza das diferentes ideias que se poderia esperar que o romance expressasse."[148] O objetivo é tornar o texto, em um sentido literário, aquilo que de melhor ele possa ser, optando-se pela interpretação que cumpra tal papel. Apesar de Dworkin admitir que, nesse passo, o intérprete utilize suas visões como base ao desenvolvimento interpretativo da obra, sustenta o autor que isso é minorado, eis que não é exercido pela subjetividade, mas pelas "convicções formais" sobre o melhor caminho a ser tomado[149]. Há, portanto, a possibilidade de valoração objetiva do senso estético da obra literária. Nesse particular, é possível defender que uma interpretação é superior a outra. Utilizando-se o exemplo de outra arte, há motivos — ou justificativa em princípio — para afirmar, por exemplo, que Marisa Monte é melhor que Tiririca, enquanto expressão musical. Apesar de aparentar se tratar de uma questão subjetiva — de gosto musical inerente a cada pessoa —, há elementos que as tornam "convicções formais", principalmente porque inseridas em um contexto ou tradição que apontam critérios para definir-se a qualidade musical de uma determinada obra.

As duas dimensões, juntas, requerem uma inteiração entre adequação e justificação, o que é uma tarefa complexa. Por isso, há a criação da metáfora do juiz Hércules. Somente os poderes sobre-humanos dele poderiam dar conta dessas duas dimensões, seja para conhecer e com-

---

[147] Ibid., p. 277.
[148] DWORKIN, 2007, p. 278.
[149] Ibid., p. 284-285.

preender todo o passado e para dar-lhe um valor único e coerente, que sirva de justificação dessa história institucional. Nem por sua sapiência ilimitada ou capacidade extraordinária, Hércules estará autorizado a agir como legislador. Ele deverá justificar suas decisões a partir de argumentos de princípios extraídos da própria prática, vedando-lhe a utilização de argumentos de política. Ele porá em prova cada possível interpretação da prática "perguntando-se se ela poderia fazer parte de uma teoria coerente que justificasse essa rede [rede de estruturas e decisões políticas] como um todo"[150].

Poder-se-ia contrapor que nenhum juiz conseguiria levar a cabo a tarefa de Hércules e, assim, seria ele um mero mito, que não se sustenta empiricamente. Nesse ponto, Hércules deve ser entendido como uma metáfora[151]. Com efeito, nem todo juiz seguirá seus passos ou, ainda que siga, chegará aos mesmos resultados, à resposta correta. A finitude humana impede que se saiba de tudo, que se tenha o tempo infinito à reconstrução de toda a história institucional do direito e que se observe, com exatidão, uma concepção una e coerente de princípios que sustentem a prática jurídica. Contudo, deve-se compreender que, ainda assim, o agir de Hércules direciona à prática como ela deveria ser. Em outras palavras, admite-se a responsabilidade política dos juízes de tentarem resolver os casos que julgam da forma correta, encontrando a solução que melhor descreva o direito vigente em uma sociedade. Ainda que, na prática, existam respostas distintas a um mesmo caso ou a casos similares, a concepção daquilo que Hércules faria confere ao jurista um solo firme de partida, de análise da decisão prolatada, e, assim, ganha-se a possibilidade de criticá-la ou elogiá-la na medida em que se amolde ou não com a proposta dworkiniana da resposta correta. Apesar de não se conseguir garantir o acerto de todas as decisões judiciais, a tese da resposta correta — com base na integridade do direito — confere a possibilidade de afirmar se uma sentença tomada ou acórdão prolatado está certo ou errado, eis que não depende de um relativismo moral ou jurídico.

---

[150] Ibid., p. 294.
[151] STRECK, 2014a, p. 573.

5.5. FUNDAMENTOS INICIAIS A UMA TEORIA DOS PRECEDENTES NO BRASIL À LUZ DO DIREITO COMO INTEGRIDADE

Realizada a leitura que se entende correta ao art. 926 do CPC/15, aquela proposta pela teoria do direito como integridade de Dworkin, resta analisar quais as consequências da aplicação dessa visão ao ordenamento jurídico e à prática jurídica, sobretudo a judicial.

O primeiro ponto a ser verificado, como condição de possibilidade do exercício democrático da jurisdição em geral e no uso do direito jurisprudencial em particular é o de analisar as exigências, para que a própria decisão apoie julgamentos futuros. Em outras palavras, quando uma decisão estará apta a influenciar outra no futuro. Isso passa, inexoravelmente, pelo cumprimento da Constituição. Consequentemente, passará também pela questão dos princípios, que, conforme Zagrebelsky, desempenham um papel constitucional, constitutivo da ordem jurídica[152]. Tão democrática será a prestação da jurisdição quanto mais estiver de acordo e adotar substancialmente as exigências constitucionais na atividade judicial. Nunes refere-se a isso como uma "estrutura normativa constitucional", que abranja todos os princípios constitucionais para a fruição dos direitos fundamentais dos litigantes (e, em última instância, dos cidadãos).

Ao destacar a insuficiência da teoria da relação processual, Marinoni sustenta que o processo detém fins relevantes à democracia, devendo ser, portanto, legítimo. Essa legitimidade deve ser buscada em uma tríade: (i) legitimidade pela participação no procedimento: o processo deve legitimar por meio da participação; (ii) legitimidade do procedimento: ser em si mesmo legítimo, enquanto adequado à tutela dos direitos e aos direitos fundamentais; e (iii) legitimidade da decisão: que produza uma decisão legítima[153]. A insuficiência da teoria da relação processual e a necessidade de resgate da Constituição como elemento fundador de todo o direito faz a teoria de Fazalarri[154], do processo como um procedimento em contraditório, somada à advertência de

---

[152] ZAGREBELSKY, Gustavo. *El derecho dúctil*. 3 ed. Valladolid: Trotta, 1999, p. 109-110.

[153] MARINONI, Luiz Guilherme. Da teoria da relação jurídica processual ao processo civil do estado constitucional. *Cadernos da Escola de Direito e Relações Internacionais da Unibrasil*, v. 1, n. 6, p. 275-306, 2006, p. 280.

[154] FAZZALARI, Elio. *Instituições de direito processual*. Tradução: Elaine Nassif. Campinas: Bookseller, 2006.

Lamy e Rodrigues, sendo feito por intermédio de uma base de direitos fundamentais que levam à concreta efetivação de direitos, uma teoria mais compatível com a atual cultura jurídica.

À jurisdição democrática, é exigida uma *accountability*, uma prestação de contas judicial. Isso possibilita, para além das partes, o próprio controle social da decisão, e "essa discussão franca e aberta, em que o juiz passa a ter suas decisões discutidas em vários espaços, é um movimento saudável e importante em qualquer regime que se pretenda democrático"[155]. Isso não afasta, por certo, o controle exercível pelas próprias partes, de forma endoprocessual, que representará mais uma barreira contra o decisionismo antidemocrático.

Dentre todos os princípios constitucionais, destacam-se dois que, se corretamente recepcionados pela prática jurídica, poderão instituir um processo jurisdicional democrático, garantindo a legitimidade esperada, em todas suas facetas, além de serem pressupostos de formação válida do direito jurisprudencial: (i) o contraditório, entendido em sua forma substancial (efetivo); (ii) o dever de fundamentação da decisão judicial. Analisar-se-ão os dois em tópicos próprios, apesar de estarem intimamente relacionados, porque, em parte considerável, é no raciocínio judicial exposto na decisão que será verificado o cumprimento do contraditório, sobretudo em sua faceta substancial, na medida em que o juiz manterá a estrutura dialógica, para acatar ou refutar cada alegação feita, cada prova indicada, respondendo satisfatoriamente ao vencedor e ao vencido todas as questões postas em debate. Após, dada a divergência doutrinária que toca em ponto nevrálgico do presente estudo — o afastamento de posturas discricionárias —, examinar-se-á a questão da manutenção ou não, diante da entrada em vigor do CPC/15, do livre convencimento motivado do juiz.

5.5.1. CONTRADITÓRIO EFETIVO

O princípio do contraditório é costumeiramente apresentado como um derivante do devido processo legal e aproximado com o da ampla defesa. De fato, apresenta ele uma ligação umbilical com os outros dois, contudo apresenta suas peculiaridades e, apesar da essencialida-

---

[155] OLIVERIA NETO, Francisco de. O direito e o futuro. O futuro do direito: a concretização responsável e possível. In: AVELÃS NUNES, António José; COUTINHO, Jacinto Nelson de Miranda. (Coord.) O direito e o futuro: o futuro e o direito. Coimbra: Almedina, p. 373-379, 2008, p. 375.

de de todos, é aquele que assegura, de forma mais presente, a participação e, por isso, "é reflexo do princípio democrático na estruturação do processo"[156]. Trata-se de "uma 'condição basilar' da validade do processo"[157]. Está previsto como direito fundamental no art. 5º, LV, da CF.

Por meio do contraditório, o processo passa a ter uma estrutura dialética[158], que objetiva a efetiva participação das partes. Essa participação é condição de possibilidade à formação de uma justiça democrática e cidadã, legitimando o exercício da jurisdição[159]. Esse caráter exige que as partes sejam tratadas com igualdade, em paridade de armas, facultando-lhes as mesmas oportunidades de serem ouvidas (bilateralidade de audiência), portanto, quando uma delas suscita algo no processo, deve-se oportunizar, como regra, que a outra manifeste-se a respeito da alegação realizada antes da decisão. "Sob esse prisma, deve garantir aos interessados uma participação efetiva no procedimento, tendente a produzir o ato de poder, qual seja, a decisão judicial."[160]

O contraditório, tradicionalmente, era tratado em sua feição formal, como a possibilidade de participação, na medida em que o litigante deveria ter ciência dos atos processuais praticados (comunicação processual), além de poder se manifestar sobre eles (de ser ouvido). Agregou-se, no transcorrer do tempo, um caráter substancial ao instituto. Agora não só dependerá da participação, mas da real possibilidade de influir na resposta a ser dada. Portanto, mais que participar, o contraditório traz em si a oportunidade do litigante fazer valer suas alegações, o que demandará uma oportunidade para tanto, e que, uma vez levada a cabo, não possa a autoridade judiciária fazer pouco do que for dito, não o levando em consideração. Mais do que ser ouvido, o direito ao contraditório confere a seu titular o direito de ser respondido, por isso está intimamente ligado ao dever de fundamentação, pois são nas justificativas apresentadas pelo juiz que se verificará o cumprimento do próprio contraditório efetivo. Não é por outra razão

---

[156] DIDIER, 2017, p. 91.

[157] CÂMARA, 2018, p. 101. Continua o autor, afirmando que "o resultado do processo só é constitucionalmente legítimo (e, portanto, válido), se construído com a plena observância do princípio do contraditório."

[158] RODRIGUES; LAMY, 2012, p. 158.

[159] ABREU, 2011, p. 456-467.

[160] Ibid., p. 457.

que grande parte das exigências do art. 489, § 1º, do CPC/15 deriva, também, do próprio princípio em análise.

Se, em muitos aspectos, criticou-se o CPC/15, pode-se afirmar que a novel legislação inovou positivamente a ordem jurídica, demandando cuidados antes nem sempre observados em relação à prática do contraditório. Primeiro, exorta ao juiz zelar pelo contraditório, enquanto forma de paridade de tratamento (art. 7º, do CPC/15). É bem verdade que há aqueles que objetivam minorar os efeitos das regras da legislação ordinária referente ao contraditório, dando-o cariz ainda meramente formal. A ENFAM, enquanto representação de parcela, ao menos, da magistratura, formulou diversos enunciados com tal objetivo. Embora um ou outro sejam de razoável sustentação, a maioria deles não encontra amparo na visão buscada pelo CPC/15.

Além de exortar o cumprimento do contraditório, estabelece o CPC/15 que não será proferida decisão contra uma parte, sem que seja anteriormente ouvida, observadas as exceções previstas (art. 9º, do CPC/15). Quanto às exceções, cumpre destacar, como já observado no capítulo III, que em relação à tutela de evidência (art. 9º, II, do CPC/15) não há razões para que não seja a parte adversa anteriormente intimada para, querendo, manifestar-se. Não há situação de urgência que requeira uma medida drástica sob pena de tornar letra morta o próprio direito alegado pela parte. Desta maneira, não há porque dobrar tal direito fundamental e postergar o contraditório a outro momento. Não havendo justificativa fática que admita alguma exceção, não pode a legislação ordinária diminuir a força do mandamento constitucional.

Outra interessante inovação foi a regulação quanto às matérias que podem ser conhecidas de ofício. Até a entrada em vigor do CPC/15, o juiz possuía a prerrogativa de, a qualquer tempo, analisa-las independentemente de comunicação prévia ou oportunidade de manifestação das partes. Bastava entenderque a situação carreada ao processo estava dentre aquelas que justificavam a atuação oficiosa do magistrado, que ele estaria autorizado a agir, dando a respectiva resposta, independentemente de qualquer atuação das partes (seja suscitando a questão, quando lhe convém, ou apresentando justificativas para afastá-la, quando cause um revés aos interesses do litigante).

É bem verdade que mesmo antes do novo código, parcela considerável da doutrina já defendia defendia o que veio nele cristalizado. Barbosa Moreira já assinalava no início dos antos 80 que o contraditório não só estava relacionado com o direito conferido à parte de ser ouvida, como de "ver examinadas pelo órgão julgador as questões que houverem suscitado."[161] Da mesma forma, Ovídio Baptista também dizia que o juiz detinha o dever de expor, além dos motivos da versão por ele aceita, "as razões pela qual ele recusara a versão oposta, (...)"[162]. Contudo, a reticência do próprio Judiciário era tamanha, que o posicionamento da maioria dos tribunais, senão de todos, era no sentido de não reconhecer a violação ao contraditório, quando a medida pudesse ser tomada de ofício pelo magistrado. Ao contrário, por ser uma medida importante (matéria de ordem pública), cumpriria ao juiz tomá-la o mais rápido possível, mesmo que isso significasse deixar de ouvir as partes sobre o assunto. Isso ocorria, por exemplo, quando o tribunal conhecia a decadência de ofício, mesmo não tendo sido suscitada por qualquer das partes, sem que houvesse intimação, para que fosse oportunizada a manifestação sobre o ponto[163].

O objetivo da nova legislação processual, sobretudo notado no art. 10 e no art. 933 (seu correlato no julgamento de recursos)[164], ambos do CPC/15, é afastar a possibilidade de decisões surpresas (ou de terceira via). Ela ocorre quando as partes realizam suas alegações (de fato e de direito), e o juiz recorre-se de outras, para decidir, sem que as partes tenham efetivamente se engajado em debate sobre o fundamento[165]. Trata-se de uma releitura do brocardo *iura novit curia*, que,

---

[161] MOREIRA

[162] SILVA, Ovídio A. Baptista da. Fundamentação das sentenças como garantia constitucional. In: ABREU, Pedro Manoel; OLIVEIRA, Pedro Miranda de. *Direito e processo*: estudos em homenagem ao Desembargador Norbarto Ungaretti. Florianópolis: Conceito, 2007, p. 737-758, p. 747.

[163] BRASIL. Superior Tribunal de Justiça. *EDcl nos EDcl no MS 16.557/DF*, Rel. Min. Herman Benjamin, Primeira Seção, julg. em 27/06/2012, DJe 22/08/2012.

[164] FPPC. Enunciado n. 595. No curso do julgamento, o advogado poderá pedir a palavra, pela ordem, para indicar que determinada questão suscitada na sessão não foi submetida ao prévio contraditório, requerendo a aplicação do §1º do art. 933.

[165] CUNHA, Leonardo Carneiro de. O processo civil no estado constitucional e os fundamentos do projeto do novo código de processo civil brasileiro. *Revista de processo*, v. 37, n. 209, p. 349-374, 2012. p. 365. "É preciso observar o contraditório, a fim de evitar um 'julgamento surpresa'. E, para evitar 'decisões surpresa', toda questão submetida a julgamento deve passar antes pelo contraditório. Quer isso dizer que o juiz tem o dever de provocar, preventivamente, contraditório das partes, ainda que se trate de uma questão que possa ser conhecida de ofício, ou de uma presunção simples. Se a questão não for submetida ao contraditório prévio, as

agora, "não dispensa a prévia ouvida das partes sobre os novos rumos a serem imprimidos à solução do litígio, em homenagem ao princípio do contraditório"[166]. Poderá o juiz utilizar um dispositivo legal ou precedente não citado pelas partes, mas dependerá isso da intimação prévia, para que se oportunize a possibilidade de influir de forma diversa da solução a ser dada[167]. Portanto, não resiste à nova concepção do contraditório efetivo que o magistrado eleja, independentemente da manifestação das partes, a norma aplicável à espécie. Em verdade, o contraditório efetivo é ainda mais amplo. Não se trata de levar em consideração — e dar uma resposta motivada — todas as questões jurídicas suscitadas. Da mesma forma, o dever recai também sobre a matéria probatória. Como lembra Taruffo, apesar de essencial, não basta ao juiz indicar "as provas que justificam a versão dos fatos que adotou como verdadeira"[168]. Deverá, também, explicar por que a produção probatória da parte adversa não sustentou sua pretensão. "Se existiam provas contrárias à versão dos fatos que o juiz adota, ele deve explicar por quais razões entendeu desnecessário levar em consideração essas provas ao formular seu juízo"[169].

---

partes serão surpreendidas com decisão que terá fundamento numa questão que não foi objeto de debate prévio, não lhe tendo sido dada oportunidade de participar do convencimento do juiz. A decisão, nesse caso, não será válida, faltando-lhe legitimidade, haja vista a ausência de participação dos litigantes na sua elaboração."

166 MEDINA, 2016a, p. 51.

167 ARRUDA ALVIM; CONCEIÇÃO; RIBEIRO; MELLO, 2016, p. 73. "Ao juiz cabe dizer o direito: iura novit curia. Esta é a regra que se aplica no direito brasileiro. O juiz pode requalificar juridicamente o quadro fático descrito pelas partes; não fica atrelado à argumentação jurídica (fundamentos jurídicos do pedido ou da defesa), podendo determinar a norma a ser aplicada. No entanto, antes de decidir com base em norma ou argumento jurídico não mencionado pelas partes, deve proporcionar-lhes oportunidade de se manifestar."

168 TARUFFO, Michele. *A motivação da sentença civil*. Tradução: Daniel Mitidiero, Rafael Abreu, Vitor de Paula Ramos. São Paulo: Marcial Pons, 2015, p. 26.

169 TARUFFO, 2015, p.26. Continua o autor, afirmando que "as razões pelas quais não é levada em consideração a prova contrária são, de fato, uma confirmação indispensável da validade da solução diversa que é adotada e da credibilidade das provas que a sustentam. Por outro lado, o juiz deve evitar cair no *confirmation bias*, ou seja, no erro típico daquele que, devendo justificar uma determinada escolha, seleciona todos os fatores que confirmam a sua correção, mas sistematicamente não leva em consideração os fatores contrários, introduzindo, assim, uma distorção substancial no seu próprio raciocínio."

Apesar de alvissareiro, é importante lembrar que não se trata de algo inédito no próprio direito positivo. Basta lembrar que o art. 40, § 4º, da Lei n. 6.830/80 (Lei da Execução Fiscal), já exigia o debate prévio à decisão sobre matéria de ordem pública, no caso a prescrição, uma vez que o juiz somente poderia reconhecê-la após a oitiva da Fazenda Pública. Agora, no CPC/15, apresenta-se como uma cláusula geral, oponível em qualquer momento e em qualquer grau de jurisdição.

Trata-se de um dever de diálogo, como anota Oliani[170], que impõe ao julgador a ponderação de todos os argumentos suscitados e discutidos pelas partes. Pode-se dizer que é um dever que transcende à atividade judicial e alastra-se, também, às partes, pois toca à própria estrutura do procedimento que, agora, será "permanentemente interacional, dialético e dialógico, em que a colaboração dos sujeitos processuais na formação da decisão jurisdicional é a pedra de toque da reforma do CPC"[171].

O art. 10 do CPC/15 é um dos dispositivos, ao lado do art. 489 do mesmo código, que se encontra dentre aqueles que maior repercussão causou dentre os juízes. Nada menos que seis enunciados foram formados pela ENFAM, com o objetivo, via de regra, de abrandar a exigência legal. Aparentemente, entendem os magistrados que subscreveram os enunciados que essa evolução de um contraditório formal ao substancial, acarretaria maior mora processual (pela necessidade de intimação das partes onde antes se entendia desnecessária) ou acarretaria maior carga de trabalho ao próprio juiz e seus colaboradores. O primeiro deles, Enunciado n. 1, insta ao intérprete entender o termo "fundamento" descrito no dispositivo como o mero substrato fático a que subjaz o pedido, e não o enquadramento jurídico atribuído pelas partes[172]. Trata-se de uma tentativa pouco arrazoada de ver limitado

---

[170] OLIANI, José Alexandre Manzano. O contraditório no NCPC. In: WAMBIER, Luiz Rodrigues; ARRUDA ALVIM, Teresa. *Temas Essenciais do novo CPC*: análise das principais alterações do sistema processual civil brasileiro de acordo com a Lei 13.256/2016. 2 tiragem. São Paulo: RT, 2016b, p. 47-56, p. 48.

[171] BRASIL. Superior Tribunal de Justiça. *REsp 1676027/PR*, Rel. Min. Herman Benjamin, Segunda Seção, julg. em 26/09/2017, DJe 11/10/2017.

[172] ENFAM, Enunciado n. 1. Entende-se por "fundamento" referido no art. 10 do CPC/2015 o substrato fático que orienta o pedido, e não o enquadramento jurídico atribuído pelas partes.

ao artigo debatido, contudo, em ao menos uma oportunidade, o STJ aderiu a tal visão[173], como logo será analisado.

Provavelmente a mesma preocupação que lastreou os instituidores do Enunciado n. 1 foi expressa no Enunciado n. 6, que trata de situação análoga, ao afirmar que não caracteriza decisão surpresa aquela que se funda em fundamentos jurídicos diversos dos debatidos, "desde que embasados em provas submetidas ao contraditório". O objetivo que se subjaz é o de manter nas mãos exclusivas do juiz a qualificação jurídica dada aos fatos. Em outras palavras, a manutenção de um contraditório formal, com uma leitura tradicional dos brocardos *da mihi factum dabo tibi ius* e *iura novit curia*, justamente o que o CPC/15 tenta evitar e superar. Não há mais dúvidas de que os fundamentos jurídicos devem ser submetidos à prévia discussão entre os atores do processo. Isso fica claro pelo art. 489, § 1º, do CPC/15, quando o fundamento jurídico for precedente, jurisprudência ou súmula. De igual maneira, deverá ser obedecido, quando se tratar de qualquer outro *standard* reconhecido pelo ordenamento jurídico.

O Enunciado n. 2 dispõe que não há afronta ao dispositivo a invocação de princípio jurídico, quando a regra que lhe é emanação passou pelo crivo do contraditório[174]. Tal enunciado era de todo dispensável e apresentou três problemas básicos: (*i*) se um princípio jurídico demonstra aquilo que o direito exige a um caso concreto e há um dispositivo legal que aponta o mesmo caminho, nada há de hermeneuticamente relevante na distinção, porque em cada regra há um princípio que lhe sustenta, assim como um princípio acaba por gerar uma regra (enquanto exigência de um modal deôntico típico de regras), quando aplicado. Mais, a justificativa — se os dois coincidem naquilo que é exigido — será idêntica à aplicação de um ou outro; (*ii*) neste caso de identificação entre princípio e regra, utilizando-se o primeiro o magistrado deverá enunciar o segundo. Em outras palavras, expressará uma proibição, obrigação ou faculdade (a regra), ainda que faça remissão ao dispositivo legal específico, o que pouco importará, dada a identidade necessária que deverá ter entre a enunciação judicial e o dispositivo de lei; (*iii*) se a justificativa do dispositivo legal não for o princípio aven-

---

[173] BRASIL. Superior Tribunal de Justiça. *AgInt no AREsp 1044597/MS*. Rel. Min. Luis Felipe Salomão, Quarta Turma, julgado em 07/11/2017, DJe 14/11/2017.

[174] ENFAM, Enunciado n. 2. Não ofende a regra do contraditório do art. 10 do CPC/2015, o pronunciamento jurisdicional que invoca princípio, quando a regra jurídica aplicada já debatida no curso do processo é emanação daquele princípio.

tado, ainda que a solução acabe sendo a mesma, necessitará esclarecer o magistrado a opção por um ou outro.

Outra tentativa questionável de afastar a incidência do art. 10 do CPC/15 é trazida pelo Enunciado n. 3. Diz que "é desnecessário ouvir as partes quando a manifestação não puder influenciar na solução da causa." O enunciado é logicamente insustentável. A valoração do poder de influência de uma dada manifestação somente poderá ser procedida após ter-se conhecimento de seu próprio conteúdo. Em um Estado Democrático de Direito genuíno, um juiz não pode vedar a participação de um litigante, sua possibilidade de falar algo e influenciar a decisão, sob o fundamento de que "diga o que quiser, a minha decisão será a mesma". Deve-se considerar que a parte pode surgir com um novo argumento nunca antes suscitado. No caso de um precedente, poderá apresentar distinções e mesmo motivos fortes à superação. Sobre a legislação, será capaz de formular um argumento de inconstitucionalidade ou mesmo conferir uma nova interpretação que seja capaz de modificar a decisão. Enfim, há uma série de situações que justificam o pronunciamento prévio da parte, e pouca, ou nenhuma, para que se faça o contrário. Portanto, o enunciado não deve ter aplicação alguma na prática jurídica.

Por questões similares, o Enunciado n. 4 também não merece aplicação. Afirma que não se aplica o art. 10 do CPC/15 na declaração de incompetência absoluta. O dispositivo legal é claro, ao estabelecer que, mesmo nas matérias de ordem pública, em que o conhecimento deve ser realizado de ofício pela autoridade judiciária, haverá o contraditório prévio. Logo, tratando a declaração de competência absoluta de apenas mais uma das questões cognoscível de ofício, não há razão para deixá-la de fora do âmbito de aplicação do dispositivo. Salvo se for utilizada a mesma razão de "diga o que quiser, a minha decisão será a mesma", não há qualquer justificativa ao enunciado. Tampouco há fundamento para apartar a questão da análise da competência absoluta de qualquer outra matéria cognoscível de ofício. Não é ela nem mais, nem menos importante que qualquer outra, assim como não existe qualquer qualificação nela que a torne exercível de forma distinta das demais.

O Enunciado n. 5 dispõe não afrontar o art. 10 do CPC/15, "a decisão com base em elementos de fato documentados nos autos sob o contraditório". Deve-se, assim, diferenciar as noções que o contraditório pode tomar no processo. No direito probatório, deve haver uma quádrupla garantia em prol dos litigantes: direito de requerer provas, de participação na sua produção, de manifestação sobre ela e direito ao seu exame pelo juiz. Esta última exigência põe em xeque o enunciado formulado. Nessa quadra da história, em que se tenta combater decisionismos, o dever de juiz de analisar tanto as questões eminentemente fáticas, derivadas da produção de provas, ou jurídicas estão inclusas no contraditório efetivo, como forma de colocar freios à subjetividade do próprio magistrado. Basta relembrar, aqui, a já citada lição de Taruffo, deixando claro que a matéria probatória está incluída no âmbito do dever de motivação e, por conseguinte, também estará afeta ao contraditório efetivo.

Há fatos que parecem irrelevantes a ambas as partes e, ao contrário, serão cruciais ao juiz. Pela irrelevância inicial, nenhuma das partes acaba por formular fundamentos a partir desses fatos. Na decisão, se houver inovação, ou seja, a construção de um argumento jurídico que tenha por base prova não debatida ou um fato específico não discutido anteriormente, deverá sim o magistrado oportunizar que as partes falem sobre o assunto. Assim, aquele que seria prejudicado pela utilização da prova ou adoção do argumento poderá explicar a sua irrelevância, ou apresentar outras justificativas que façam dele algo que não leve à inviabilidade de sua pretensão.

A discussão sobre as normas instituídas pelo CPC/15 sobre o contraditório, assim como a questão da vedação da decisão surpresa, ainda não foi extensamente desenvolvida pelos tribunais superiores. No STF, não se considerou violar o art. 9º e art. 10, ambos do CPC/15, o julgamento que se fundou em legislação que, apesar de não desenvolvida na inicial, foi trabalhada pela parte adversa no momento de sua manifestação[175]. Tratava o caso de mandado de segurança proposto por pessoa portadora de deficiência (esquizofrenia paranoide), que tivera a pensão (pensão especial concedida a filho maior incapaz de ex-combatente da II Guerra Mundial) recebida por mais de 15 anos cancelada pela Administração. No pedido inicial, houve referência à Lei n. 8.059/90, quando aplicável à espécie, mas, por questões de direito intertemporal, era a Lei n. 4.242/63 (eis que era a vigente quando do falecimento do instituidor da pensão). Em julgamento monocrático, o relator, Min. Luís Roberto Barroso, aplicou a última e não aquela suscitada pelo

---

[175] BRASIL. Superior Tribunal de Justiça. MS 29460 AgR. Rel. Min. Roberto Barroso, Primeira Turma, julg. em 07/11/2017, DJe-261, divulg. 16-11-2017, public. 17-11-2017.

impetrante. Houve recurso da União, que, dentre outras alegações, defendeu tratar-se de uma decisão surpresa, uma vez que não houve debate prévio sobre a aplicabilidade da Lei n. 4.242/63 ao caso em mãos. A Primeira Turma decidiu não haver a violação legal, uma vez que, nas informações prestadas, a autoridade coatora — ora recorrente — analisou o caso às luzes da Lei n. 4.242/63, não caracterizando como surpresa sua adoção na decisão.

Considerou o órgão fracionado do STF que somente se configura a surpresa, quando, na adoção do argumento suscitado exclusivamente por um litigante, há prejuízo à parte que sobre ele não se manifestou. No caso de não ter se criado o debate de ambas as partes sobre um determinado assunto, mas a decisão beneficiou aquele que ficou alijado da discussão, não há afronta ao contraditório, tal como concebido nos art. 9º e art. 10, ambos do CPC/15. O julgamento, portanto, mostra uma tendência em só se reconhecer a existência de uma decisão surpresa, quando ela for contrária à pretensão do surpreendido. Logo, a parte que trouxe a matéria à baila não poderá suscitar surpresa quanto ao ponto expressado. A interpretação conferida pelo STF ao contraditório efetivo enquanto proibição de decisões surpresas está em consonância com o art. 9º do CPC/15, na medida em que o próprio dispositivo ressalva que não será proferida a decisão contrária à parte não ouvida. Por uma interpretação *a contrario sensu*, permitir-se-á tomá-la, se beneficiar a mesma parte. Idêntico pensamento aplica-se ao art. 10 do CPC/15, que deve ser interpretado em conjunto com o artigo anterior. Apesar do aparente silêncio do dispositivo, a solução dada pela Suprema Corte é compatível com o conjunto das disposições que tratam da matéria.

Dois outros pontos sustentam a conclusão. Primeiro, uma parte (no caso, a autoridade coatora) não detém interesse em suscitar uma surpresa a terceiro (impetrante). Caberá aquele que ficou fora da discussão, caso seja seu interesse, buscar o reconhecimento da ilegalidade, com a anulação do ato. Segundo, a solução conforma-se ao regime geral das nulidades do CPC/15, que admite o aproveitamento de atos, quando, a par de algum defeito, não houver prejuízo. Somente haverá o prejuízo "quando a parte fica privada de afirmar o direito que alega ter e de produzir argumentos ou provas para demonstrá-lo. Todavia, se a decisão lhe for favorável, o ato deve ser aproveitado"[176].

---

[176] OLIANI, 2016b, p. 55.

No âmbito do STJ, repete-se a escassez, ainda que menor, de casos já julgados que apliquem as normas do CPC/15 relativas ao contraditório efetivo. Limitando o alcance do art. 10 do CPC/15, o STJ não reconheceu a ocorrência de ofensa ao contraditório efetivo, quando a informação que se alega não discutida foi introduzida pelo próprio recorrente e, ainda, tratada como fato incontroverso[177]. Tratava-se a questão de uma substituição de penhora, do apartamento que apresentava dívidas condominiais para dois terrenos em outra cidade pertencentes à mesma Comarca. A substituição foi deferida no primeiro grau de jurisdição, contudo o tribunal local proveu o recurso, para reformar a decisão, mantendo a penhora do apartamento. No STJ, o recorrente alegava que a localização dos bens em outro Município, fundamento para que o tribunal local reformasse a decisão, não foi questão debatida entre as partes. Em julgamento, o STJ desproveu o recurso especial, sob dois fundamentos: (i) a localização do imóvel tratava-se de fato incontroverso; e (ii) a conclusão do tribunal intermediário ocorreu a partir de fatos alegados pelo próprio recorrente.

A primeira justificativa apontada é duvidosa. Se as questões de ordem pública submetem-se ao contraditório efetivo, não há razão aparente para que aquelas consideradas como fato incontroverso também não sejam. A consequência jurídica de um ato ou fato ser considerado incontroverso é a desnecessidade de comprovação. Nada leva à conclusão de que não deva sobre ele recair o contraditório. Logo, se não debatida anteriormente, deveria haver prévia comunicação e oportunidade para discussão, contudo a segunda, ainda que sozinha, aponta o acerto da solução dada à questão. Seguem-se, nesse particular, os fundamentos já analisados em relação ao caso decidido pelo STF. Embora uma situação seja preponderantemente fática, e a outra, jurídica, em ambas a informação em que se baseou a decisão tida como surpresa foi carreada e trabalhada pelo próprio recorrente.

Em outro desses poucos, houve um voto substancial, da lavra do Min. Herman Benjamin, que analisou profundamente o contraditório efetivo e a proibição de decisão surpresa. Tratava o caso de recurso especial contra acórdão do TRF4, o qual extinguiu, sem julgamento de mérito, uma ação previdenciária que objetivava a concessão de pensão por morte do genitor, pela falta de comprovação da qualidade de segurado especial. O fundamento da extinção — a falta de provas — em

---

[177] BRASIL. Superior Tribunal de Justiça. *AgInt no REsp 1456204/PR*. Rel. Min. Paulo de Tarso Sanseverino, Terceira Turma, julg. em 24/10/2017, DJe 06/11/2017.

momento algum foi submetido à discussão das partes. Por violação ao art. 10 e ao art. 933 do CPC/15, o STJ anulou a decisão, determinando a remessa ao Tribunal *a quo*, para adequação e novo julgamento. Considerou que a violação aos citados dispositivos acarretava a nulidade do acórdão recorrido, destacando a necessidade de prévia intimação para o exercício do poder de influência sobre a decisão final e, principalmente, "para assegurar a necessária correlação ou congruência entre o âmbito do diálogo desenvolvido pelos sujeitos processuais e o conteúdo da decisão prolatada"[178].

Em outras oportunidades, o STJ limitou a aplicação do art. 10 do CPC/15, afirmando não haver sua violação, quando o juiz ou tribunal utilizam um dispositivo legal até então não discutido entre as partes[179]. Considerando tratar do mero conhecimento do direito objetivo positivado, a Corte salientou que "a aplicação do princípio da não surpresa não impõe, portanto, ao julgador que informe previamente às partes quais os dispositivos legais passíveis de aplicação para o exame da causa". Sustentou-se que o termo "fundamento" descrito no dispositivo não é sinônimo de dispositivo legal, senão de um "fundamento jurídico", consubstanciado em "circunstâncias de fato qualificada pelo direito, em que se baseia a pretensão ou a defesa, ou que possa ter influência no julgamento".

Incorreu em equívoco o STJ, ao criar a categoria "fundamento jurídico" distinta ou em que o dispositivo legal não faça parte. Por certo, certas circunstâncias de fato levam a uma consequência jurídica — ou seja, recebem uma qualificação pelo direito — por meio do uso de diferentes *standards* legais, dentre os quais, os diferentes dispositivos legislativos reunidos no corpo que forma toda a legislação nacional. Não há, dessa forma, como apartar uma coisa da outra. A ausência de cisão entre fato e direito autoriza dizer que não existirá direito puro e um fato puro[180]. Só há um "fundamento jurídico", mesmo na acepção duvidosa dada pelo STJ, na medida em que se levar em conta, de for-

---

[178] BRASIL. Superior Tribunal de Justiça. *REsp 1676027/PR*. Rel. Min. Herman Benjamin, Segunda Turma, julg. em 26/09/2017, DJe 11/10/2017.

[179] BRASIL. Superior Tribunal de Justiça. *AgInt no AREsp 1044597/MS*. Rel. Min. Luis Felipe Salomão, Quarta Turma, julg. em 07/11/2017, DJe 14/11/2017.

[180] SILVA, 2007, p. 741. "Renzo Provincialli mostrou, por alguns exemplos, que não existe o fato 'puro'; e que, além disso, os fatos constantes de uma determinada causa são construídos mediante uma laboriosa investigação conjunta de fatos simples, *juridicamente valorados*."

ma primária e essencial, o dispositivo da legislação em que se funda o próprio argumento.

Outro equívoco sensível foi o de afastar a aplicação do art. 10 do CPC/15 ao processo penal, pretensamente, "em virtude da principiologia que o rege"[181]. Primeiramente, deve-se ressaltar o cabimento da aplicação analógica do CPC/15, o que inclui o dispositivo em comento — e mesmo um sistema de precedentes —, ao processo penal, ainda que não expressamente contido tal ramo no art. 15 do CPC/15, como já defendido em outro estudo[182]. Reprisando os fundamentos lá expostos, isso ocorre pela aplicação do art. 3º, do CPP[183], como meio de suplementação da legislação processual penal por fontes auxiliares, além de remissões diretas quanto à aplicação da lei adjetiva civil (como nos art. 139, 362 e 790, todos do CPP). Não fosse tal fato, a jurisprudência há muito já avaliza em larga escala a aplicação subsidiária da legislação processual civil aos processos criminais. No STF, admite-se nos casos de perpetuação da competência,[184] substituição de testemunhas,[185] necessidade de repercussão geral nos recursos extraordinários criminais[186] e no que toca às nulidades[187]. Acerca do dever de fundamentação, o STJ já considerou aplicável o art. 489, § 1º, do CPC/15,

---

[181] BRASIL. Superior Tribunal de Justiça. *EDcl no AgRg nos EREsp 1510816/PR*. Rel. Min. Reynaldo Soares da Fonseca, Terceira Seção, julg. em 10/05/2017, DJe 16/05/2017.

[182] ZANON; LUIZ, 2016, p. 774.

[183] BRASIL. CPP. Art. 3º A lei processual penal admitirá interpretação extensiva e aplicação analógica, bem como o suplemento dos princípios gerais de direito.

[184] BRASIL. Supremo Tribunal Federal. RHC 83181. Rel. Min. Joaquim Barbosa, Tribunal Pleno. DJ 22.10.2004, p. 5; BRASIL. Supremo Tribunal Federal. RHC 83008. Rel. Min. Maurício Corrêa, Segunda Turma. DJ 27.06.2006, p. 5; BRASIL. Supremo Tribunal Federal. HC 117871. Rel. Min. Rosa Weber, Primeira Turma. DJe 01.07.2015, p. 128.

[185] BRASIL. Supremo Tribunal Federal. Ação Penal, n. 470. Rel. Min. Joaquim Barbosa, Tribunal Pleno. DJe 08.10.2010, p. 190; BRASIL. Supremo Tribunal Federal. AP 470AgRg (segundo). Rel. Min. Joaquim Barbosa, Tribunal Pleno. DJe 03.03.2009, p. 79.

[186] BRASIL. Supremo Tribunal Federal. AI 664567-QO. Rel. Min. Sepúlveda Pertence, Tribunal Pleno. DJ 06.09.2007, p. 37.

[187] BRASIL. Supremo Tribunal Federal. HC 98664. Rel. Min. Marco Aurélio, Primeira Turma. DJe 26.03.2010, p. 55.

ao processo penal[188]. Obviamente, não se trata de um transporte puro dos institutos ou categorias do processo civil ao penal, que pode ser indevida, como no caso das condições da ação. Antes, trata-se de reconhecer certa pertinência em alastrar ao processo penal um sistema de garantias ao cidadão, quando nele há um *gap*, que pode ser suprido na legislação processual civil[189].

Parte o julgamento de uma premissa equivocada, só podendo chegar, portanto, a uma errônea conclusão. Trata-se da vinculação do contraditório efetivo — e consequente proibição de uma decisão surpresa — à cooperação processual. Não há dúvidas de que, em alguma medida, há encontro entre os dois institutos, contudo tratam de coisas distintas, e a adoção de um não leva necessariamente à do outro. O contraditório não exige — assim como nunca exigiu — um ambiente cooperativo. Ao contrário, é ainda mais essencial em face à divergência e à falta de cooperação, eis que apenas assim uma parte poderá, em condições de igualdade com a outra, influir na decisão que lhe selará o destino. Se, no processo civil, o contraditório é essencial e deve ser privilegiado em seu cariz substancial (efetivo), ainda mais o será no processo penal, que tutela, em último limite, a liberdade do cidadão. Trata-se de fórmula que evita o arbítrio estatal na invasão da esfera de interesses do particular.

Diz o STJ que a cooperação funciona bem para direitos disponíveis, em que há a possibilidade de conciliação e que, de outro modo, não serviria ao processo penal, que deve promover a verdade real, tratando de direitos indisponíveis. De pronto, deve-se excluir qualquer alegação que trate da verdade real. Ela representa um nó górdio do processo penal contemporâneo, que apenas empodera o magistrado a uma postura

---

[188] BRASIL. Superior Tribunal de Justiça. *HC 402.190/SP*, Rel. Min. Rogério Schietti Cruz, Sexta Turma, julg. em 26/09/2017, DJe 02/10/2017. "(...) A par de utilizar conceitos jurídicos indeterminados, sem a necessária densificação ao caso examinado, e repetir palavras do texto normativo de regência, empregou motivação que se ajusta a qualquer caso de tráfico de entorpecentes, incorrendo nos vícios de fundamentação a que alude o § 1º do art. 489 do Código de Processo Civil, aplicável ao processo penal por força do art. 3º do CPP. (...)"

[189] ROSA, 2017, p. 880. O autor trata do dever de fundamentação, assinalando que "não se trata de estender as categorias do processo civil e sim de reconhecer que os ditames mínimos da sentença penal devem guardar pertinência com o modo pelo qual a decisão no Processo Civil é considerada válida. Há um gap de requisitos no CPP e, por isso, a aproximação, na hipótese, além de adequada, guia-nos à aplicação do 'melhor direito'."

ativista (no pior sentido que a expressão possa ser tomada), subjetivista e punitivista, em uma atuação antidemocrática. Não faz sentido, de igual sorte, aplicar ou não um contraditório efetivo a depender da natureza disponível ou não do direito debatido. Basta lembrar que, ao lado dos direitos disponíveis, o processo civil também lida com uma série de interesses considerados indisponíveis, na mesma acepção que é reconhecida ao direito penal. Nem por isso deixa-se de aplicar o art. 10 do CPC/15 ou exigir a mesma seriedade no cumprimento do direito ao contraditório. É falacioso o trato diferenciado ao princípio aludido a depender da disponibilidade ou indisponibilidade do interesse juridicamente tutelado.

Assevera a Corte, ainda, que, na seara penal, "não há como se esperar que a defesa coopere com a acusação ou com o juízo, em face da garantia constitucional da não-incriminação, (...)". De fato, há de se concordar que a garantia à não-incriminação faz com o que o cidadão possa apresentar qualquer defesa que entenda conveniente, mesmo que, por vezes, infundada, contudo nem por isso diminui-se a importância do exercício do contraditório, principalmente quando isso lhe custar a liberdade. Ao réu, deve ser conferida toda a oportunidade de contrapor teses e provas promovidas pela acusação e de poder efetivamente influir na decisão a ser tomada. Não faz sentido que, pela possibilidade que lhe é constitucionalmente conferida de não cooperar com a acusação ou com o juízo, seja-lhe subtraído o direito ao contraditório substancial, seu poder de influência. Em que pese o errôneo julgamento, deve-se ressaltar que o STJ acabou por aplicar o art. 10 do CPC/15 a outros casos criminais, ainda que, como *obter dicta*, eis que não se tratava de questão central[190].

Deve-se atentar, ao final, que o contraditório substancial ou efetivo deve ser entendido, hoje, como uma própria imposição constitucional, indo além da alteração promovida na legislação federal. Trata-se de uma aplicação mais adequada ao próprio art. 5º, LV, da CF, no que toca à garantia do contraditório, que "tem, por força direta da Constituição, um conteúdo mínimo essencial, que independe da interpretação da lei

---

[190] BRASIL. Superior Tribunal de Justiça. *RHC 68.896/RJ*. Rel. Min. Ribeiro Dantas, Quinta Turma, julg. em 17/08/2017, DJe 28/08/2017; BRASIL. Superior Tribunal de Justiça. *REsp 1640084/SP*. Rel. Min. Ribeiro Dantas, Quinta Turma, julg. em 15/12/2016, DJe 01/02/2017.

ordinária que a discipline"[191]. Nesse ponto, o próprio STF, de forma esparsa, já possuía julgamentos reconhecendo, sob a égide do CPC/73, que, mesmo em questões cognoscíveis de ofício, impor-se-ia o prévio contraditório[192], mas isso ocorreu em 2014, quando os estudos e o projeto de novo código já estavam ocorrendo, refletindo-se os ideais que os moveram na própria Suprema Corte. Não por outro motivo o relator do recurso foi o presidente da comissão de juristas que elaborou o anteprojeto daquilo que viria a ser o novo código de processo civil. A positivação desta maneira de encarar-se o contraditório reafirma o compromisso constitucional em conceder aos litigantes não só a oportunidade de manifestarem-se, mas de influir na resposta jurisdicional, vendo seus argumentos levados em consideração.

O contraditório é essencial à utilização de precedentes no direito pátrio. Não se concebe o uso de futuro de uma decisão, se ela não respeitou o mandamento constitucional. Primeiro, a decisão não serviria sequer ao caso em que pretensamente tentou reger pelo descumprimento do próprio contraditório. Não tendo força sequer no caso concreto, ainda menos deterá como elemento de determinação a casos futuros. Segundo, um argumento não submetido ao contraditório demonstra, em si, uma fraqueza hermenêutica, uma vez que a atividade das partes é crucial na construção do sentido do direito a um caso concreto. Quando há o solipsismo, neste sentido, tomado como a solidão do juiz, ao construir o argumento jurídico, ocorrerá uma diminuição tamanha da força e credibilidade da decisão, que pouco ou nenhum valor será a ele concedido. Trata-se de uma fraca força atrativa (ou gravitacional) que deterá o precedente, derivada da falta de elementos substanciais — no caso, a ausência do contraditório sobre alguma questão — a embasar a decisão. Por isso, há razão em se exigir que somente argumentos submetidos ao contraditórios sejam aptos a nortear casos futuros[193].

---

191 BRASIL. Supremo Tribunal Federal. *RE 427339*. Rel. Min. Sepúlveda Pertence, Primeira Turma, julg. em 05/04/2005, DJ 27-05-2005, p. 21.

192 BRASIL. Supremo Tribunal Federal. *MS 26849 AgR*. Rel. Min. Luiz Fux, Tribunal Pleno, julg. em 10/04/2014, DJe-096, divulg. 20-05-2014, public. 21-05-2014.

193 FPPC, Enunciado n. 2. Para a formação do precedente, somente podem ser usados argumentos submetidos ao contraditório. Enunciado n. 459. As normas sobre fundamentação adequada quanto à distinção e superação e sobre a observância somente dos argumentos submetidos ao contraditório são aplicáveis a todo o microssistema de formação dos precedentes. Enunciado n. 635. Antes de decidir

A exigência do contraditório demandará partes e magistrados diligentes, seja no momento de tomada de decisão — para que nenhum argumento passe em branco à análise das partes — e seja na recepção desta como precedente, verificando-se novamente se houve o cuidado de submeter as partes à oportunidade de manifestação prévia. Tendo em vista que se trata de decisões de tribunais em geral, essa análise demandará cuidado com a própria colegialidade[194], porque há a necessária submissão da questão não só ao voto vencedor, estando as razões lá expostas, mas a efetiva discussão e julgamento, em sessão, daquilo que restou cristalizado pelo relator. "Os juízes de um colegiado não devem, portanto, se escusar de promover ajustes até mesmo acerca das mais relevantes e delicadas questões morais e políticas"[195], para que, ao final, tenha-se, não as palavras de um relator, mas uma visão una da deliberação colegiada.

5.5.2. FUNDAMENTAÇÃO DA DECISÃO JUDICIAL

Questão de ímpar importância na prática do direito jurisprudencial é a da fundamentação. Será esta justificação que legitimará a atuação do magistrado, na medida em que, como adverte Clève, "a legitimidade da ação jurisdicional repousa basicamente sobre a racionalidade e justiça da decisão"[196]. Trata-se de imposição constitucional e legal imposta aos juízes e tribunais, consubstanciada no art. 93, IX, da CF e, agora, regulada de forma mais específica pelo CPC/15. Consubstancia-se, portanto, em "um direito fundamental do jurisdicionado"[197], a que a legislação ordinária buscou dar maior efetividade, em comparação ao recente passado.

Inaugurou-se, com a entrada em vigor do CPC/15, uma nova era no trato do contraditório, alimentando a esperança de um profundo revigorar na prática jurídica, mais atenta à necessidade de salvaguarda aos

---

sobre a conduta da parte no depoimento pessoal, deverá o magistrado submeter o tema a contraditório para evitar decisão surpresa.

194 PATRUS, Rafael Dilly. Colegialidade, integridade e deliberação: os precedentes e o contraditório no novo CPC. *Cadernos do Programa de Pós-Graduação em Direito/UFRGS*, v. 11, n. 1, p. 268-297, 2016.

195 PATRUS, 2016, p. 284.

196 CLÈVE, Clèmerson Merlin. *Temas de direito constitucional*: e de teoria do direito. São Paulo: Academia, 1993, p. 41.

197 PINHO, 2017, p. 241

litigantes contra o arbítrio estatal, do Estado-juiz. A própria concepção acerca do conteúdo do art. 93, IX, da CF, deve ser modificada. Deve-se lembrar que, interpretando o respectivo dispositivo em julgamento com repercussão geral, o STF considerava constitucionalmente adequada a motivação sucinta, sem o exame pormenorizado de cada uma das alegações ou provas[198] e, ainda, a fundamentação *per relationem* (*aliunde* ou referencial)[199], aquela em que o magistrado ou tribunal simplesmente reitera uma manifestação anterior do próprio processo (como um parecer do Ministério Público ou de qualquer das partes) ou reprisa uma outra decisão qualquer (do próprio processo ou não), sem agregar algo novo, e, principalmente, deixando de analisar com minúcia e de forma própria e original os fatos — consubstanciados em provas — do caso específico. Ambas são questões que merecem novas luzes, não mais prevalecendo na atual ordem jurídica.

Acerca daquela fundamentação sucinta, que não enfrenta todas as alegações das partes ou provas do processo, deve uma decisão assim lançada ser considerada não fundamentada, portanto, nula. Não se pode continuar a entoar o mantra de que "a falta de fundamentação não se confunde com fundamentação sucinta"[200], ou que "a Constituição Federal não exige que o acórdão se pronuncie sobre todas as alegações deduzidas pelas partes"[201]. Fundamentar, nesta quadra da história, não é apenas explicar racionalmente, porque se decide desta ou daquela maneira. Há que se justificar, também, por que não se julga de outra forma, daquela desejada e esperada pela parte, dados os argumentos apresentados. Assim, além da concatenação interna dos argumentos que apontam uma solução — aquela minimamente suficiente para explicar o resultado —, o juiz deve, também, justificar por que os argumentos suscitados pelas partes não levam o julgamento a

---

[198] BRASIL. Supremo Tribunal Federal. *AI 791292 QO-RG*. Rel. Min. Gilmar Mendes, julg. em 23/06/2010, com repercussão geral. DJe-149, divulg. 12-08-2010, public. 13-08-2010.

[199] BRASIL. Supremo Tribunal Federal. *RE 635729 RG*. Rel. Min. Dias Toffoli, julg. em 30/06/2011, com repercussão geral, DJe-162, divulg. 23-08-2011, public. 24-08-2011.

[200] BRASIL. Supremo Tribunal Federal. *HC 105349 AgR*. Rel. Min. Ayres Britto, Segunda Turma, julg. em 23/11/2010, DJe-032, divulg. 16-02-2011, public. 17-02-2011.

[201] BRASIL. Supremo Tribunal Federal. *HC 83073*. Rel. Min. Nelson Jobim, Segunda Turma, julg. em 17/06/2003, DJ 20-02-2004, p. 23.

outro caminho. Portanto, para definir o que o direito requer em um determinado caso — a resposta correta —, o juiz deverá levar em conta — para adotar ou refutar — as versões explicativas (daquilo que o direito requer) que as partes apresentam. Por isso, não há como defender — ao menos não mais — a tese da resposta sucinta, que explica o resultado que chega, mas não analisa qualquer outro elemento, seja probatório ou o exercício argumentativo despendido pelos litigantes. Nesse particular, espera-se que "os novos ares do art. 489, § 1º, vão levar à superação desse entendimento"[202].

Essa nova concepção leva à conclusão, já antevista na doutrina, de que a fundamentação se faz principalmente ao perdedor[203]. Aquele que sai vitorioso de uma contenda judicial somente deseja que aquele direito anunciado na decisão transforme-se em realidade no mundo do ser. Após a vitória, a ele, os motivos pouco importam, desde que seja efetivamente exercitado o direito reconhecido judicialmente. A atividade judicial não se amolda à lógica de "ao vencedor, as batatas", na expressão imortalizada pelo personagem Quincas Borba, de Machado de Assis. Espera-se mais da jurisdição. "Pode-se jogar (mais) democraticamente (*fair play*)."[204] Àquele que não tem a sua pretensão reconhecida na decisão espera — e merece — uma justificativa para tanto. Não se pode esquecer de que deverá haver uma justificativa, em princípio, à legitimação da intromissão estatal na vida privada do cidadão. Se um litigante não pode gozar daquilo que entende ser direito seu, o Estado-juiz deve lhe dizer por que seus argumentos não lhe conferem tal prerrogativa.

Retomando a questão da fundamentação *per relationem*, ainda que o julgamento com repercussão geral acima citado refira-se aos juizados especiais — em particular, ao art. 82, § 5º, da Lei n. 9.099/99 — este era o entendimento pacífico da Suprema Corte até, ao menos, a entrada em vigor da nova legislação processual[205]. Embora em julgamentos

---

[202] PINHO, 2017, p. 242.

[203] SCHMITZ, 2015, p. 245. "(...) deve-se concluir que a fundamentação acaba por ser mais relevante e importante ao sucumbente do que àquele cujas razões foram adotadas pelo julgador. (...) Isso quer dizer que a justificação de uma decisão envolve explicar o porquê, e o porquê não; abrange tanto dar razões para o que foi decidido quanto dar razões para refutar argumentos contrários."

[204] ROSA, 2017, p. 883.

[205] BRASIL. Supremo Tribunal Federal. *MS 25936 ED*. Rel. Min. Celso de Mello, Tribunal Pleno, julg. em 13/06/2007, DJe-176, divulg. 17-09-2009, public. 18-09-2009.

mais recentes, já sob a égide do CPC/15, o STF tenha reiterado a validade da fundamentação *per relationem*[206], a esperança reside em decisões como a já tomada pelo STJ, que, ao aplicar o art. 93, IX, da CF, e o art. 489, § 1º, do CPC/15, considerou nula a decisão que meramente transcreveu o parecer ministerial[207].

Não se nega a possibilidade de citações esparsas de qualquer outra decisão, parecer, petição, laudo pericial, enfim, qualquer peça processual, além de lições doutrinárias em geral. Contudo, o que não pode haver é a substituição por completo do processo argumentativo do juiz por aquele realizado por outro magistrado ou qualquer outro jurista em geral. O que se exige é alguma "consideração autônoma acerca das questões levantadas (...)"[208]. Não se pode substituir eventual economia processual, celeridade ou a mera praticidade, decorrente deste mal hábito instalado na prática judicial, pela perda significativa da qualidade que acarreta, que "é um prejuízo muito maior do que o (pequeno) ganho de agilidade"[209]. Apesar deste entendimento, não se pode falar que ele represente, com exatidão, a visão majoritária do STJ, que ainda convive com decisões que agasalham a fundamentação *per relationem*, não verificando qualquer incompatibilidade dela com o regime adotado pelo CPC/15[210]. Poder-se-ia levantar alguma questão de direito intertem-

---

[206] BRASIL. Supremo Tribunal Federal. *HC 142435 AgR*. Rel. Min. Dias Toffoli, Segunda Turma, julg. em 09/06/2017, DJe-139, divulg. 23-06-2017, public. 26-06-2017; BRASIL. Supremo Tribunal Federal. *RHC 130542 AgR*. Rel. Min. Roberto Barroso, Primeira Turma, julg. em 07/10/2016, DJe-228, divulg. 25-10-2016, public. 26-10-2016; BRASIL. Supremo Tribunal Federal. *ARE 960364 AgR*. Rel. Min. Dias Toffoli, Segunda Turma, julg. em 07/10/2016, DJe-246, divulg. 18-11-2016, public. 21-11-2016; BRASIL. Supremo Tribunal Federal. *ARE 936510 AgR*. Rel. Min. Gilmar Mendes, Segunda Turma, julg. em 08/03/2016, DJe-067, divulg. 11-04-2016, public. 12-04-2016.

[207] BRASIL, Superior Tribunal de Justiça. *AgInt no AREsp 1186541/RS*. Rel. Min. Maria Thereza de Assis Moura, Sexta Turma, julgado em 16/11/2017, DJe 24/11/2017.

[208] BRASIL, Superior Tribunal de Justiça. *HC 355.914/MS*. Rel. Min. Antônio Saldanha Palheiro, Sexta Turma, julg. em 05/12/2017, DJe 14/12/2017.

[209] SCHIMITZ, 2015, p. 244.

[210] BRASIL, Superior Tribunal de Justiça. *AgInt nos EDcl no RMS 50.926/BA*. Rel. Min. Regina Helena Costa, Primeira Turma, julg. em 21/11/2017, DJe 27/11/2017; BRASIL, Superior Tribunal de Justiça. *HC 410.792/RS*, Rel. Min. Reynaldo Soares da Fonseca, Quinta Turma, julg. em 07/11/2017, DJe 13/11/2017; BRASIL, Superior Tribunal de Justiça. *AgRg no HC 331.384/SC*, Rel. Min. Ribeiro Dantas, Quinta

poral aos exemplos citados, para suscitar que a lei anterior ainda seria a aplicável, contudo deve-se lembrar que a aplicação do art. 489, § 1º, do CPC/15, é imediata, a partir do início de vigência do código, e alcança todos os processos pendentes[211], em qualquer grau de jurisdição.

Para além da fundamentação *per relationem*, são inúmeras as discussões que se levantam sobre o art. 489, § 1º, do CPC/15. Resta consignar, primeiro, que não se trata uma obrigação voltada exclusivamente ao juiz. O dispositivo deve ser lido como uma exigência a qualquer jurista, para que se construa um argumento juridicamente válido. Se ao juiz cabe resolver a lide na medida em que posta a questão em juízo — e, por isso, o dever de congruência entre a sentença e os pedidos (art. 492 do CPC/15) —, cumpre às partes a apresentação primeira de razões concatenadas, que respeitem a articulação a ser observada pelo próprio julgador. Todos aqueles que militam em um processo judicial, seja o advogado, o defensor público, o promotor de justiça ou o juiz, "deverão construir seus raciocínios, suas teses, com uma percuciente análise dos fatos que embasaram a decisão anterior e seus fundamentos jurídicos, quando estiverem fundamentando com base em precedentes"[212].

Se a parte objetiva que, ao final, o magistrado albergue sua pretensão e o faça de forma fundamentada, a respeitar o art. 489, § 1º, do CPC/15, deve ela mesma apresentá-lo a tais razões. Trata-se de medida não só mais efetiva a influenciar o juiz, mas de uma responsabilidade daquele que pretende a vitória em juízo. A própria quebra do protagonismo judicial passa à maior responsabilização da parte e de seus procuradores, inclusive quanto ao exercício argumentativo a legitimar um decisão. Nesse passo, ao juiz caberá mais validar uma ou outra argumentação apresentada pelas partes, ambas pretensamente já realizadas na forma legalmente exigida. Se assim não o fizer, a parte estará sujeita mais facilmente à derrota. Seus fracos argumentos — porque não obedecido o art. 489, § 1º, do CPC/15 — pouca força trarão à tomada de decisão pelo juiz.

Turma, julg. em 22/08/2017, DJe 30/08/2017; BRASIL, Superior Tribunal de Justiça. *AgInt no AREsp 256.146/RS*. Rel. Min. Maria Isabel Gallotti, Quarta Turma, julg. em 09/03/2017, DJe 15/03/2017.

211 FPPC, Enunciado n. 308. Aplica-se o art. 489, § 1º, a todos os processos pendentes de decisão ao tempo da entrada em vigor do CPC, ainda que conclusos os autos antes da sua vigência.

212 ZANON; LUIZ, 2016, p. 771.

Caso deixe a parte de cumprir tal exigência, o juiz poderá deixar de levá-las em consideração, sem incidir na hipótese do art. 489, VI, do CPC/15. Entretanto, cumprindo-a, demandará do magistrado igual análise. Logo, se as partes formulam seus argumentos de forma a respeitar o dispositivo legal e estabelecem analogias e distinções, e o juiz, descuidadamente, não fizer o mesmo, reconhecer-se-ão a falta de fundamentação e a consequente nulidade da decisão. Se, em relação ao contraditório, houve duras críticas aos enunciados da ENFAM, no que toca ao art. 489, § 1º, do CPC/15, há de se concordar com o Enunciado n. 9, que impõe às partes o ônus de identificar os fundamentos determinantes, demonstrar distinções ou sustentar a superação de entendimento, quando fundar seu argumento em precedente, jurisprudência ou súmula[213].

Outra questão mais geral que atormenta, sobretudo parcela da magistratura nacional, é a alegação de que o cumprimento do art. 489, § 1º, do CPC/15, causaria demora considerável à prestação jurisdicional, contribuindo com a já existente morosidade processual. Em que pese aparentar que a existência de mais exigências acarrete maior trabalho ou demora maior em realizá-lo, há justificativas suficientes para afastar tal medo. Primeiro, trata-se de uma exigência que ultrapassa a função judicial, alastrando-se para todos os juristas que tomam assento em determinado processo. Logo, grande parte do trabalho extra ou da demora é compensada pelo fato de se receber parcela da tarefa já realizada pelas partes. Quanto mais as partes forem competentes em assim agir, menos esforço será demandado do magistrado. O objetivo é que, no momento da decisão, cumpra ao juiz verificar qual das argumentações concorrentes faz mais sentido, exigindo-se menos dele, na medida em que não precisa lançar mão de pesquisas e argumentos ainda não apresentados.

Não fosse tal fato, a interpretação a ser dada ao art. 489, § 1º, do CPC/15, exclui da análise do magistrado uma série de questões. Por exemplo, se ele deverá enfrentar tudo o que deduzido no processo capaz de, em tese, infirmar a conclusão adotada (art. 489, § 1º, IV, do CPC/15), não precisará analisar qualquer outro argumento, salvo se aplicável qualquer dos pronunciamentos judiciais do art. 927 do CPC,

---

[213] Enunciado n. 9. É ônus da parte, para os fins do disposto no art. 489, § 1º, V e VI, do CPC/2015, identificar os fundamentos determinantes ou demonstrar a existência de distinção no caso em julgamento ou a superação do entendimento, sempre que invocar jurisprudência, precedente ou enunciado de súmula.

ou, ainda, houver uma questão de princípio até então não suscitada. Em outras palavras, poderá, em regra, limitar-se aos argumentos apresentados pelas partes, o que traz um dispêndio menor de trabalho e potencializa que ele seja realizado de forma mais veloz, então, o que pareceria uma carga maior de esforço, objetiva, na verdade, um alívio no volume e complexidade de trabalho já verificados.

Essa visão pode aparentar demasiado liberal, e, efetivamente, não se nega tal propensão. Deve-se lembrar que, em um Estado Democrático de Direito, o juiz não deve substituir o papel da própria parte. Nesse ponto, deve-se deixar que cada litigante defenda seus interesses da melhor forma que lhe aprouver. Não cabe ao magistrado supor qual seriam os melhores fundamentos para o sucesso de uma ou outra parte. Ainda há uma reminiscência do movimento socializante do processo, em que ao juiz competia corrigir insuficiências das partes ou a falta da melhor técnica dos outros juristas que atuam no processo (veja-se que, neste particular, tal movimento, ao mesmo tempo que corrigia, também estimulava — pela participação ativa do juiz — o despreparo desses outros juristas). Deve-se largar tal resquício, responsabilizando a parte por suas escolhas, inclusive nos argumentos eleitos para defender sua pretensão. Ainda assim, se o juiz optar por trazer à discussão quaisquer outros fundamentos, não lhe é vedado fazê-lo (apesar de se defender aqui, a exceção do art. 927 do CPC/15 ou de uma questão de princípio imprescindível, que não se deveria suscitá-los), necessitando-se, apenas, proporcionar às partes a possibilidade de manifestação, a fim de influir na futura decisão[214].

No § 1º do art. 489 do CPC/15, estão reunidas as situações em que, apesar da aparente regularidade, não se encontra devidamente fundamentada a sentença (o que vale a qualquer pronunciamento com carga decisória). Os incisos que compõem o dispositivo objetivam, de forma geral, acabar com a ilegítima e inconstitucional prática jurídica que se observa ordinariamente no dia a dia forense: decisões mal fundamentadas. Há vários defeitos que podem acarretar problemas sérios à motivação, sendo que a nova legislação elencou alguns desses casos, a fim de que se obstem, ao menos, aqueles mais frequentes. Geralmente

---

214 ARRUDA ALVIM, Teresa. *Nulidades do processo e da sentença*. 8 ed. São Paulo: RT, 2017b, p. 277. "O juiz precisa demonstrar ter levado em conta as posições (argumentos levantados) pelo autor e pelo réu, embora isto não afaste, no que tange ao direito alegado, a possibilidade de o juiz optar por uma terceira via. A terceira via, no entanto, deve ensejar exercício do direito ao contraditório (art. 10 do NCPC)."

estão ligadas: (*i*) ao nível de abstração da própria decisão (art. 489, § 1º, I, III, V, do CPC/15), que desconsidera as peculiaridades fáticas e, assim, prestar-se-ia a qualquer outro caso, como na hipótese de meramente reproduzir dispositivos legais, ou evocar *standards* judicialmente criados sem vinculá-los aos fatos concretamente ocorridos; (*ii*) a falta de construção adequada dos significantes (art. 489, § 1º, II, do CPC/15), que acontece, quando há alguma indeterminação semântica na linguagem (a lei se refere aos conceitos jurídicos indeterminados), e o magistrado não estabelece o sentido específico que confere a determinado termo, ou seja, deixa de conferir o "seu conceito operacional no campo da pragmática"[215]; (*iii*) o descuido com o contraditório efetivo (art. 489, § 1º, IV e VI, do CPC/15), em que a parte detém o direito de ver seus argumentos levados em consideração e que seja justificado, em caso de seu descarte, a razão jurídica para tanto.

A primeira questão que se põe é se o rol apresentado é exaustivo ou exemplificativo. Não há grandes dúvidas de que, nessa situação, devem-se considerar meramente exemplificativas as hipóteses delineadas nos incisos do art. 489, § 1º, do CPC/15, porque, antes de exigência legal, trata-se de imposição constitucional (art. 93, IX, da CF) que, por si só, já exige comportamentos para além daqueles indicados na legislação ordinária. Caso houvesse uma teoria constitucionalmente adequada quanto ao dever de fundamentação e, principalmente, o engajamento de todos os juízes no cumprimento de tal mister, seria desnecessária qualquer intervenção do legislador ordinário. Dito de outra forma, as situações descritas no art. 489, § 1º, do CPC/15, já eram exigíveis antes mesmo de sua positivação na nova codificação, decorrente do dever constitucional anterior. Contudo, como a prática não se amoldava, por uma interpretação equivocada do art. 93, IX, da CF, àquilo que se entende por contraditório substancial (ou efetivo), houve a necessidade de expor, de forma mais direta, algumas das obrigações que derivam, ao fim e ao cabo, da própria norma constitucional.

No primeiro grupo que aponta a falta de fundamentação, decorrente do próprio grau de generalidade da decisão, a autoridade judiciária não poderá: (*i*) "se limitar à indicação, reprodução ou à paráfrase de ato normativo, sem explicar sua relação com a causa ou a questão decidida" (inciso I); (*ii*) "invocar motivos que se prestariam a justificar qualquer outra decisão" (inciso III); e (*iii*) "se limitar a invocar pre-

---

[215] ROSA, 2017, p. 881.

cedente ou enunciado de súmula, sem identificar seus fundamentos determinantes nem demonstrar que o caso sob julgamento se ajusta àqueles fundamentos" (inciso V).

O defeito que macula o ato nessas situações é a falta de atenção com os fatos da demanda. Fato e direito não estão completamente separados, não há cisão, sendo que a justificativa jurídica não pode ocorrer tão só pela motivação genérica em elucidar qual é o direito vigente que deveria ser aplicado ao caso. Deve-se estabelecer a relação entre o ato normativo, o precedente e a súmula com os fatos a serem dirimidos em um determinado caso.

Em relação ao ato normativo, há de ser explicado por que estão cumpridos os requisitos exigidos pelo dispositivo. Em outras palavras, comprovar a ocorrência de fato daquilo que foi nele previsto abstratamente. Utilizando-se a linguagem do direito tributário, o ato descreve uma hipótese de incidência, e o intérprete deve, a partir dela, verificar se houve, no mundo do ser, o fato gerador.

No que toca à aplicação de precedentes ou súmulas, a preocupação com os fatos é redobrada, porque o intérprete deverá analisar profundamente não só a matéria fática do caso em mãos, mas também aquela ocorrida no precedente evocado ou no conjunto de casos que deram azo à edição da jurisprudência ou súmula suscitada. Isso é uma imposição normativa, mas também teórica. Conforme analisado no capítulo II, a extração da *ratio decidendi* de um caso exige imiscuir-se profundamente nos fatos que sustentaram a decisão paradigma. Construída a *ratio*, a sua aplicação ao caso presente também obrigará a análise detida dos fatos de ambos os casos, observando-se a ocorrência de analogias ou distinções. Para esses dois exercícios de similaridade, é imprescindível abordar, de forma minuciosa, todo o contexto fático ocorrido em ambos os casos. Assim como não se faz a *applicatio* no vácuo, não se constroem analogias ou distinções de maneira genérica. Há de existirem fatos — ainda que hipotéticos, como nos exemplos de professores em sala de aula —, para que se construam argumentos por analogia.

Se o jurista acaba por construir um argumento legal, sem um quadro fático a lhe dar suporte, ele poderá ser utilizado não só ao caso específico, mas a um conjunto de casos. Imagine-se um magistrado, ao decidir a concessão ou não de uma tutela de urgência, diga o seguinte: "Vistos, etc. Verifica-se no caso a existência de situação de perigo de dano ao interesse do autor, que decorre da própria mora processual. Por outro lado, há probabilidade do direito perseguido, ante à fundamentação exposta pelo requerente, demonstrando plausibilidade no pedido realizado. Portanto, encontram-se reunidos os elementos do art. 300 do CPC/15, o que exige à concessão da tutela de urgência pleiteada. Ante o exposto, defiro a medida requerida, exigindo caução real ou fidejussória idônea (art. 300, § 1º, do CPC/15), no valor dado à causa."

Não se entende, da decisão, quais são os fatos apresentados na inicial, e, da mesma forma, não se explica qual a circunstância que caracteriza o perigo de dano exigido. Tampouco demonstra a plausibilidade *in concreto* do futuro sucesso da demanda. Menos ainda é esclarecida a necessidade de caução, não se sabendo o seu valor pela decisão. Enfim, é uma decisão que se prestaria a justificar inúmeros casos. Imagine, primeiro, que se trate de uma rescisão de um contrato de compra e venda de um bem móvel, em que o vendedor deseja recuperar o objeto, face ao inadimplemento completo do comprador. A decisão caberia ao caso. Agora, pense-se que os fatos são outros, que trate a inicial de um acidente automobilístico em que o requerente pretende o bloqueio de valores, para que lhe seja garantida a indenização futura. A decisão, da mesma forma, serviria. Trata-se de um exemplo de decisão "vestidinho preto", como expressam Teresa Arruda Alvim et. al.[216], eis que vai bem em qualquer ocasião. Não se presta a função judicante a tal fim, a justificar com uma decisão qualquer caso. "A fundamentação deve ser expressa e especificamente relacionada ao caso concreto que está sendo resolvido."[217]

Na segunda categoria, em que ocorre a falta de construção adequada dos significantes, exige a legislação que, ao empregarem conceitos jurídicos indeterminados, os juristas expliquem o motivo de sua incidência ao caso (art. 489, § 1º, II, do CPC/15). A linguagem sempre demandará cuidados, não haverá, nunca, uma exatidão que torne inequívoco qualquer termo. O exemplo hartiano — é proibido veículos no parque — bem demonstra que haverá uma álea de indeterminação semântica

---

[216] ARRUDA ALVIM; CONCEIÇÃO; RIBEIRO; MELLO, 2016, p. 874-875. "Norma já embutida nas anteriores (489, § 1º, I e II) é que consta do § 1º, III, que considera não motivada a decisão 'vestidinho preto', que se prestaria a justificar qualquer *decisum*: como, por exemplo, concedo a liminar porque presentes os seus pressupostos."

[217] Ibid., p. 875.

nas palavras (não se seguindo, contudo, a resposta discricionária do juiz). Por isso, é essencial que o jurista explique qual é o sentido que confere a determinado termo legal. Como anota Rosa, "(...) a alusão a todos os significantes manejados no discurso, depende do estabelecimento, pelo julgador, do sentido emprestado a cada momento e contexto"[218]. De fato, não haverá diálogo efetivo, se não houver um acordo semântico entre os debatedores. Há a necessidade de estabelecer-se um conceito operacional, para que haja racionalidade na discussão e que todos "falem uma mesma língua" no diálogo intraprocessual, porque, sem diálogo, não haverá sequer o contraditório.

O cumprimento de tal mister evita a subjetividade, o solipsismo judicial. Não permite, portanto, que algumas categorias sejam utilizadas como bem quiser o juiz. Atualmente, conceitos jurídicos indeterminados, cláusulas gerais e princípios são vistos como uma carta branca ao magistrado, para que ele faça o que bem quiser. A questão dos princípios, nesta concepção inautêntica do direito, tornou-se quase incontrolável. "Os princípios, assim postos, servem para enganar e justificar o decisionismo."[219] Como diz Streck, a aplicação de princípios passou a ser um terceiro turno da constituinte. Quanto à lei, não dá ao caso aquela solução que o juiz deseja, cria-se um novo princípio, ou utiliza-se da razoabilidade ou proporcionalidade, para afastar o destino democraticamente escolhido, e o substitui pelo que o magistrado acredita ser o mais justo, o que equivale a seu puro subjetivismo. "Deus me livre ser julgado pelo bom senso ou critério de justiça do julgador."[220] Melhor ser julgado conforme o direito, em uma decisão que resulte em uma resposta correta e, por consequência, adequada à Constituição.

A essa criação de princípios a pouco referida, Streck deu o nome de panprincipiologismo, que deriva de um completo engano e confusão, por parcela da doutrina, entre princípios e valores. Passaram-se a criar princípios a partir da vontade assujeitadora do intérprete. Deriva-se dos empirismos do cotidiano forense, com base em uma instrumentalidade prática, para resolver problemas específicos e que, pela reiteração, acabam por ser aplicados desmedidamente a casos futuros. Isso aproxima os princípios criados a partir do panprincipiologismo aos antigos e ultrapassados princípios gerais de direito. Ambos, como

---

[218] ROSA, 2017, p. 881.
[219] Ibid. p. 281.
[220] Ibid., p. 856.

adverte Oliveira, são articulados a partir de um problema específico, como uma lacuna, aplicando-se de modo intuitivo, "até sua universalização axiomática capaz de produzir as condições necessárias para a posterior dedução na sua aplicação aos fatos"[221].

O panprincipiologismo ocorre na tentativa de tornar como princípios todos os *standards* jurídicos ou mesmo valores que se devotam importância, sem nenhuma preocupação com a normatividade que deterão. Acabam por propiciar a atuação solipsista, uma vez que, "quando a Constituição ou as leis não dizem aquilo que o intérprete gostaria que elas dissessem, inventa-se um princípio que albergue a sua intenção, resolvendo-se o problema"[222]. Streck relaciona mais de quarenta desses ditos princípios, que melhor servem como álibi teórico à discricionariedade, ao voluntarismo do intérprete[223].

Por todos esses álibis retóricos, analisa-se o pretenso princípio da busca da felicidade. Trata-se de uma tentativa de "principializar" o objetivo de cada indivíduo de buscar sua própria felicidade. É louvável e desejável que cada um a encontre da maneira que melhor lhe aprouver, não causando danos ou qualquer sorte de problemas aos seus cocidadãos. Contudo, nem por isso esta busca se torna um princípio jurídico. Pergunta-se, primeiro, qual é a normatividade que apresenta? Há um direito público subjetivo a ser feliz? Considerando que tal direito exista, o interessado pode tornar cognoscível afronta ao seu direito de

---

[221] OLIVEIRA, 2008, p. 227.

[222] LUIZ, 2013, p. 68.

[223] STRECK, 2014a, p. 526-541. Ressalta o autor que se trata de um rol meramente exemplificativo, eis que no dia a dia criam-se novos. Apresenta, então, os seguintes: da simetria; da efetividade da Constituição; da precaução; da não surpresa; da confiança; da absoluta prioridade dos direitos da Criança e do Adolescente; da afetividade; do processo tempestivo; da ubiquidade; do fato consumado; do dedutível; da instrumentalidade processual; da delação impositiva; protetor no direito do trabalho; da alteridade; da humanidade; da benignidade; da não ingerência; da paternidade responsável; do autogoverno da magistratura; da moderação; da situação excepcional consolidada; da rotatividade; lógico; econômico; da gratuidade da justiça; da aderência ao território, da recursividade, do debate, da celeridade, da preclusão, da preferibilidade do rito ordinário; da finalidade; da busca da verdade; da livre admissibilidade da prova; da comunhão da prova; da avaliação da prova; da imediatidade; do livre convencimento; da sucumbência; da invariabilidade da sentença; da eventualidade; da ordenação legal; da utilidade; da continuidade; da inalterabilidade; da peremptoriedade; do interesse jurisdicional no conhecimento do mérito do processo coletivo; da elasticidade; da adequação do procedimento.

ser feliz? Haveria um dever correlato do Estado em prover tudo aquilo que torne a vida de um cidadão feliz? Há um direito líquido e certo — passível de proteção pelo mandado de segurança — de ser feliz? Todas as perguntas devem ter a resposta negativa. A felicidade pode ser considerada uma meta de vida, um importante valor moral, mas não é — e nem será — um princípio jurídico.

O aludido pseudo-princípio já foi adotado pelo STF, de forma inapropriada. Em, ao menos, três casos, foi ele utilizado como razão de decidir. Tratam os caso de tema correlato, qual seja, a união homoafetiva. Nos paradigmas, julgados em conjunto, da ADPF n. 132 e ADI n. 4277, o voto do relator, Min. Ayres Britto, utilizou o dito princípio, para justificar a união homoafetiva, enquanto na esfera do direito à busca da felicidade[224]. Em caso posterior, houve a utilização do mesmo raciocínio, pelo Min. Celso de Mello[225]. Tratar-se-ia de um direito específico e próprio que exigiria tanto uma postura negativa do Estado, em não colocar empecilhos à busca individual da felicidade e, não se sabe até em que medida, de um direito que exige ação estatal, ao menos para dar, por exemplo, um arcabouço jurídico que regule as relações homoafetivas. Não se sabe bem ao certo se tal pretenso direito exigiria do Estado outras prestações.

Em todos os casos em que usado, postulou-se que se tratava de um princípio que decorria da dignidade da pessoa humana. Ora, se a dignidade da pessoa humana já é uma categoria reconhecida expressamente e protegida pelo ordenamento jurídico, mormente a própria Constituição, por que inventar um princípio que dê conta da situação? Há a necessidade de um princípio à busca da felicidade, se já está incluso em outros institutos? Obviamente que não. A questão das uniões homoafetivas seria resolvida de forma mais correta e menos inventiva pela promoção dos princípios insertos na Constituição. A liberdade — e ninguém duvida de que se trata de um genuíno princípio constitucional — justificaria a existência e necessidade de regulação da união homoafetiva, na medida em que engloba, em si, a liberdade sexual, a

---

[224] BRASIL. Supremo Tribunal Federal. *ADPF 132*. Rel. Min. Ayres Britto, Tribunal Pleno, julg. em 05/05/2011, DJe-198, divulg. 13-10-2011, public. 14-10-2011; BRASIL. Supremo Tribunal Federal. *ADI 4277*. Rel. Min. Ayres Britto, Tribunal Pleno, julg. em 05/05/2011, DJe-198, divulg. 13-10-2011, public. 14-10-2011.

[225] BRASIL. Supremo Tribunal Federal. *RE 477554 AgR*. Rel. Min. Celso de Mello, Segunda Turma, julg. em 16/08/2011, DJe-164, divulg. 25-08-2011, public. 26-08-2011.

escolha de seu parceiro, seja de que sexo ele for. Haverá um tempo em que a poligamia (ou o poliamor) — ainda enfrentada como um tabu e negada pela jurisprudência[226] — seguirá o mesmo caminho e reivindicará uma disciplina jurídica própria, pela liberdade de a pessoa eleger não só um, mas dois ou vários parceiros, sejam uns do mesmo e outros de distinto sexo. A igualdade — e ninguém põe à prova que se trata de um princípio jurídico — também bastaria à resolução da questão, na medida em que ela enseja o tratamento igualitário entre casais, sejam eles compostos de pessoas do mesmo sexo ou não. Mais, tal como fez Dworkin, ao justificar em princípios os casos *Brown* e *Bakke* (para mostrar o acerto do primeiro e o erro do segundo), poder-se-ia dizer que o direito exige que não haja discriminação baseada em qualquer forma de preconceito. Não há dúvidas de que os homossexuais formam uma minoria que historicamente sofre preconceito, pela orientação sexual. Logo, reservar à maioria heterossexual um tratamento legal e alijar o grupo minoritário, baseado no preconceito histórico que sofre, ofende uma questão de princípio. Nesse caso, *Brown* — pela questão de princípio — poderia servir de precedente à questão das uniões homoafetivas de forma mais racional e concatenada que a criação de um novo princípio.

Ao exigir que o magistrado — e o jurista em geral — explique o sentido fornecido a termos tidos como mais porosos ou semanticamente indeterminados, promove-se um acerto linguístico, e eleva-se o dever de fundamentação.

5.5.3. O LIVRE CONVENCIMENTO MOTIVADO

O livre convencimento motivado (ou persuasão racional) é um tema bastante debatido e delicado, havendo quem diga que, na nova codificação, ele é extirpado, e outros afirmam que segue como um *standard* que controla a valoração da prova[227] ou, mesmo, a tomada de decisão judicial. Deve-se notar que as codificações anteriores utilizavam ex-

---

[226] BRASIL. Superior Tribunal de Justiça. *REsp 1157273/RN*. Rel. Min. Nancy Andrighi, Terceira Turma, julg. em 18/05/2010, DJe 07/06/2010.

[227] MARINONI; ARENHART, MITIDIERO, 2017b, p. 480. "O juiz apreciará a prova das alegações de fato em conformidade com o modelo de constatação que deve ser empregado para análise do caso concreto levado ao seu conhecimento. Dentro do modelo, apreciará livremente, sem qualquer elemento que vincule o seu convencimento a priori. Ao valorar livremente a prova, tem, no entanto, de indicar na sua decisão os motivos que lhe formaram o convencimento. No direito brasileiro vige,

pressamente a fórmula. O art. 118 do CPC/39 referia que "(...) o juiz formará livremente o seu convencimento (...)" e "(...) indicará na sentença ou despacho os fatos e circunstâncias que motivaram o seu convencimento." A legislação superveniente tratou a matéria de forma similar. O art. 131 do revogado CPC/73 dispunha que "o juiz apreciará livremente a prova, atendendo aos fatos e circunstâncias constantes dos autos, ainda que não alegados pelas partes; mas deverá indicar, na sentença, os motivos que lhe formaram o convencimento". Na nova codificação, o assunto foi tratado no art. 371, ao dispor que "o juiz apreciará a prova constante dos autos, independentemente do sujeito que a tiver promovido, e indicará na decisão as razões da formação de seu convencimento". Houve, assim, a supressão da expressão "livremente", debatendo-se, a partir de então, se a nova ordem jurídica iniciada pelo CPC/15 manteve ou não o mesmo *standard* da legislação anterior.

Cumpre ressaltar, de início, que a utilização do livre convencimento motivado já esta há muito — ou sempre foi — colocado em lugar indevido. Seu objetivo inicial não era o de conceder ao magistrado uma liberdade ampla e irrestrita, simplesmente se desejava, como adverte William Santos Ferreira, ultrapassar o sistema da prova legal (ou tarifada), em que a avaliação e a valoração da prova já é antecipada pela própria legislação[228]. Forma-se, assim, uma hierarquia em relação ao valor de cada prova, que já é predefinido, não havendo qualquer liberdade na análise probatória. Historicamente, tal sistema mostrou-se insuficiente e inconveniente. A tentativa de ultrapassar seu caráter hermético foi o de conferir ao juiz — à época o único destinatário das provas — a possibilidade de valorá-las da forma que melhor lhe aprouver, exigindo, para tanto, uma justificativa. Desde que explicasse os motivos que o levaram a dar mais credibilidade a uma prova, se comparada à outra, a avaliação probatória era considerada legítima.

---

pois, o sistema da livre valoração motivada (também conhecido como sistema da persuasão racional da prova."

[228] FERREIRA, William Santos. Art. 371. In: ARRUDA ALVIM, Teresa; DIDIER JR., Fredie; TALAMINI, Eduardo; DANTAS, Bruno. *Breves comentários ao novo código de processo civil*. 3 ed. São Paulo: RT, p. 1122-1124, 2016, p. 1123. "A denominação utilizada no CPC/1973 objetivava aclarar não propriamente uma 'liberdade' do julgador para decidir como desejasse apenas apresentando motivos, o vocábulo 'livre' significava desvinculado de um 'sistema tarifado', de 'provas legais', apenas isto."

Com o passar do tempo, contudo, o livre convencimento deixou de ser um *standard* legal na avaliação da prova e passou à forma como se decide um caso. Em outras palavras, o que era antes um instrumento para verificar as provas mais críveis, distinguindo umas das outras, tornou-se a fórmula pela qual o juiz aplica o direito ao caso concreto. A partir dele, o juiz estaria autorizado a tomar a decisão que fosse, desde que a justificasse. Esse não era — e continua não sendo — o objetivo do livre convencimento motivado[229].

Enquanto parte central de uma teoria da decisão, o livre convencimento, ainda que motivado, não é defensável. É nessa concepção, nesse uso ilegítimo, que as críticas aqui seguirão. Mais do que ele realmente é, trabalhar-se-á com aquilo que ele, de fato, hoje representa na prática jurídica.

Se o livre convencimento motivado deve ser extirpado da teoria e prática jurídicas como forma de julgamento, poder-se-ia perguntar se, na avaliação da prova, ele se manteria válido. Nesse particular, a reposta deve também ser negativa, apesar de se encontrarem fortes defensores. Câmara formula um interessante exemplo, seguido de um questionamento, que pode servir à discussão. Sugere o autor que se imagine um caso em que existam duas testemunhas, que apresentam versões antagônicas, radicalmente contraditórias, pergunta, em seguida, "como poderia o juiz — senão discricionariamente — escolher livremente o depoimento de uma delas e com base neste proferir sua decisão? Pois esse é o sistema do livre convencimento motivado."[230]

A questão poderia ser respondida de forma diferente, a deixar a subjetividade do juiz à escolha de um ou outro depoimento, para fundamentar sua decisão. Como já visto, a discricionariedade judicial é, em si, um mal a ser evitado, dada sua natureza antidemocrática. Mesmo em situações-limite, como a imaginada, há critérios jurídicos — e não pessoais — a guiar a decisão. Primeiro, deve-se aquilatar a credibilida-

---

[229] Ibid., loc. cit. "Contudo, nos 40 anos de vigência do CPC/1973 o que se observou foi um desvirtuamento da norma, a cada dia é mais comum o 'livre convencimento motivado' servir de recurso retórico para até 'liberar' o julgador de esforços de demonstração de correção do julgamento referente ao plano fático, de especificação dos elementos do conjunto probatório dos autos que o convenceram."

[230] CÂMARA, 2017, p. 233.

de das duas testemunhas[231], eis que eventual verificação de algum impedimento ou suspeição (art. 447, §§ 2º e 3º, do CPC/15) determinará que maior valia se dê àquela testemunha que está livre de tais embaraços. Mesmo sendo as duas críveis, pode ocorrer de uma delas apresentar uma versão que apresente alguns erros ou inconsistências, em pontos menores já elucidados por outros meios. Poderá padecer, uma das versões, de uma lógica interna (imagine-se que se sustentem coisas contraditórias entre si), fazendo crer que a outra é mais coerente. Haverá, assim, condições de estabelecer qual é a mais verossímil dentre elas, dando-se maior valor à mais plausível. A questão é saber o que fazer, quando não há mecanismos para aferir qual delas é mais crível.

Imagine-se que, em um acidente automobilístico, que resulta em danos de grande monta, um dos envolvidos propõe, em desfavor de outro, uma ação judicial à reparação da lesão sofrida. Cada parte arrola e ouve uma testemunha. A arrolada pelo autor é a pessoa que mora em frente ao lugar do acidente e assistiu à dinâmica dos fatos, pois, no momento, estava saindo de casa para uma tarefa qualquer. A do réu, por outro lado, é outro morador da região, que estava na mesma posição da testemunha do autor, mas do outro lado da via, que também presenciou a ocorrência dos fatos. Tratando-se de duas testemunhas cuja credibilidade não seja posta em dúvida, elas descrevem os fatos de forma completamente distintas, apesar da coerência interna de ambos os relatos, em situação tal, que não se possa dizer se os fatos ocorreram de uma ou outra maneira. A seguir o livre convencimento motivado, o juiz poderia escolher livremente a versão apresentada por uma ou por outra testemunha, explicando a razão da escolha, porque, nesse sistema, "o juiz é livre para dar a cada prova o valor que entender adequado, devendo fundamentar sua decisão"[232]. Se o juiz eleger o depoimento da primeira testemunha, o autor sairá vitorioso, condenando-se o réu ao pagamento da reparação. Se a escolha recair sobre a outra testemunha, o pedido será julgado improcedente.

---

231 MARINONI, Luiz Guilherme; ARENHART, Sérgio Cruz. *Prova e convicção*: de acordo com o CPC de 2015. 3 ed. São Paulo: RT, 2015, p. 327."Isso quer dizer, simplesmente, que, antes de o juiz estabelecer a ligação entre a prova e o fato, deve valorar a credibilidade da prova. Não se trata de valorar se a prova identifica o fato, mas sim se o documento é formalmente exato ou se o perito e a testemunha são idôneos ou mesmo se a prova pericial e a prova testemunhal têm saliências que retirem a sua credibilidade."

232 CÂMARA, 2017, p. 233.

Já está consolidado, de forma mais ou menos clara, que o juiz não pode inventar o direito[233]. Em outras palavras, a decisão deve estar fundada no direito prévio que norteia a sociedade a que se refere. Se esta é uma assertiva válida em questões preponderantemente jurídicas, nas outras, preponderantemente fáticas, parece não haver tal acordo. Contudo, não parece, em primeira mão, legítimo que o resultado do caso dê uma guinada de 180° a depender da discricionariedade do magistrado, seja quando isso ocorra, por razões eminentemente jurídicas — como a lei aplicável ou o que se reconhece como direito vigente — como pelas fáticas, consubstanciadas na produção probatória realizada e sua valoração. Propõe-se, assim, que a decisão não seja norteada pela escolha subjetiva (discricionária ou voluntarista) do juiz; antes, devem-se buscar critérios já aceitos na prática jurídica que tragam às melhores luzes a questão, tornando o direito aquilo que melhor ele possa ser.

É bem verdade que se observa uma tendência, no âmbito do STJ, em manter o livre convencimento motivado como um *standard* jurídico válido, como algo inserto ao art. 371 do CPC/15. Mesmo na égide da nova codificação, o STJ mantém o entendimento de que "o magistrado é livre para examinar o conjunto fático-probatório produzido nos autos para formar sua convicção, desde que indique de forma fundamentada os elementos de seu convencimento"[234]. Também permanece esse posicionamento na seara penal, sendo comum a crença de que, quando se produzem dois laudos periciais conflitantes, "o Juiz pode basear-se em qualquer um deles para motivar sua decisão, atribuindo-lhes o peso que sua consciência indicar, uma vez que é soberano na análise das provas carreadas aos autos"[235].

---

[233] ARRUDA ALVIM, 2012, p. 30. "A mim me parece que, quando se diz que o juiz, ao decidir *hard cases*, cria direito, não se quer com isso significar que ele invente o direito, para usar exatamente a expressão empregada por este clássico autor [Dworkin]. O juiz cria: mas tem o dever de fazê-lo de forma *harmônica* com o sistema."

[234] BRASIL. Superior Tribunal de Justiça. *AgInt no AREsp 483.170/SP*. Rel. Min. Marco Buzzi, Quarta Turma, julg. em 19/10/2017, DJe 25/10/2017. No mesmo sentido: BRASIL. Superior Tribunal de Justiça. *AgInt no AREsp 926.157/SP*, Rel. Min. Humberto Martins, Segunda Turma, julg. em 23/08/2016, DJe 31/08/2016.

[235] BRASIL. Superior Tribunal de Justiça. *RHC 45.193/MG*. Rel. Min. Felix Fischer, Quinta Turma, julg. em 10/03/2015, DJe 18/03/2015.

O livre convencimento, ainda que motivado, não se sustenta, nessa perspectiva, na atual prática jurídica. Quando ele foi instituído, o juiz era considerado o destinatário exclusivo da prova, o contraditório era formal, a participação das partes como forma de democratização do processo não se impunha, e a cooperação era uma desconhecida. De lá para cá, tais pilares foram consideravelmente alterados e, hoje, exigem um comportamento diverso tanto do magistrado quanto de qualquer outro jurista. A legislação já se adaptou a algumas dessas mudanças, e o atual código já quebra o dogma passado, ao prever o contraditório substancial, sobrelevando a participação e a cooperação das partes na formação da solução a ser dada à disputa, além do dever de fundamentação. Nesse passo, o próprio direito probatório sofrerá influências dessas novas concepções. Isso acarreta a modificação do destinatário da prova, que não é exclusivamente o juiz, mas todos aqueles a quem ela influi, o que aponta direto às partes e aos terceiros interessados[236]. Por isso, adverte Ferreira que "não há liberdade no ato de julgamento, há um dever de fundamentar (...), que deve ter como pauta de conduta a preocupação em buscar convencer as partes acerca da correção do posicionamento (...)"[237]. Nisso reside, segundo o autor, "uma mutação revolucionária da normatização do ato de julgar, porque a decisão não é propriamente imposta, mas disposta a convencer"[238].

Para a situação descrita — sobre as versões antagônicas apresentadas por duas testemunhas —, não se podendo dar mais credibilidade a uma ou a outra, a solução não é eleger uma delas como correta e desconsiderar a adversa. Essa situação-limite também encontra uma saída racional no próprio ordenamento e prática jurídicas. A resposta demandará a incursão sobre o ônus da prova, que justamente existe, para possibilitar uma decisão correta, quando os fatos não são completamente esclarecidos. Isso porque não cumprirá o ônus que sobre si recai aquele que se encontrar na situação descrita no exemplo. Na presença de duas versões antagônicas e insuperáveis (por outros meios de prova), deve-se reconhecer como não cumprido o ônus daquele que o detinha. Em outras palavras, não estarão comprovados os fatos em que se baseia a pretensão daquele que detém o ônus da prova. Como o

---

[236] FPPC, Enunciado n. 50. Os destinatários da prova são aqueles que dela poderão fazer uso, sejam juízes, partes ou demais interessados, não sendo a única função influir eficazmente na convicção do juiz.

[237] FERREIRA, 2016, p. 1123.

[238] Ibid., loc. cit.

ônus probatório recai, em regra, sobre o autor (art. 373, I, do CPC/15), esta dualidade de versões (também comumente designado como entrechoque de provas ou provas conflitantes), sem que haja a construção de um argumento racional que aponte a prevalência de uma sobre a outra, acarretará a improcedência da demanda. Essa seria a resposta correta ao exemplo hipotético criado. Observe-se que, caso houvesse um pedido reconvencional, igualmente restaria improcedente, eis que, se é verdade que o autor não cumpriu o ônus que sobre si recaía, tampouco o fez o requerido quanto ao pleito reconvencional. Assim, o pedido da reconvenção teria o mesmo destino do da ação, ambos improcedentes.

O próprio direito é capaz de resolver casos difíceis, incluídas valorações probatórias por vezes árduas de serem realizadas. Não há um ponto zero a iniciar a atividade do intérprete[239]. A visão que deixa ao juiz — à sua subjetividade, mesmo que fundamentada — a valoração livre da prova não atende a critérios legítimos em um Estado Democrático de Direito. Trata-se, assim como nas posturas que endossam a discricionariedade em geral, de uma visão pessimista sobre o direito, considerando que certas questões são simplesmente a ele insolúveis e que, em tais casos, nada mais há a fazer senão acreditar em respostas aleatórias, que dependerão da subjetividade daquele que resolverá o caso. Prefere-se, aqui, uma postura mais positiva quanto à capacidade de o direito resolver os litígios e indicar o caminho a seguir, ainda que diante de situações-limite, como a ora imaginada. Não se pode depender, em qualquer análise, do *hunch* judicial, de um ato intuitivo pretensamente qualificado pelo cargo ocupado por aquele que o pratica.

Menos ainda se justifica depender do subjetivismo do juiz na seara criminal. Como visto, o STJ admite que o juiz escolha um dos laudos periciais, quando existirem dois contraditórios. Segue pura e simplesmente o livre convencimento motivado. Desde que o magistrado explique a escolha, ela é livre. Trata-se de grande equívoco. Supunha-se que existam dois laudos contraditórios em um dado processo criminal, em que a adoção do primeiro conduzirá à absolvição, e a do segundo, à condenação. Se a aplicação do livre convencimento motivado já acarreta um déficit democrático, abrindo-se margens amplas à atuação discricionária, em um caso como este, torna-se uma verdadeira carta em branco ao julgador, que tomará a decisão que desejar. A justificativa

---

[239] ARRUDA ALVIM, 2012, p. 29. "Os *hard cases* impõem a necessidade de que se inove. Mas não a partir do zero: isto é necessário frisar. Tenho insistido na ideia de que cada caso comporta uma só decisão que seja tida como correta."

não seria difícil, uma vez que o laudo eleito constituiria prova técnica que explicaria a própria conclusão a que nele se chegou. Além disso, há ainda mais facilidade argumentativa, inclusive para afastar o outro laudo, pois o magistrado já é visto como o "perito dos peritos, ou o 'peritus peritorum'"[240].

Não há dúvidas de que a solução a um caso como esses somente poderia ser em prol do acusado, resultando em sua absolvição. A questão principal em um caso como esse não é sequer qual dos laudos está correto (se é que algum dos dois está). A mera existência de versões antagônicas em perícias realizadas por agentes estatais capacitados para tanto traz uma inexorável dúvida razoável, que fulmina a certeza necessária à condenação criminal. Poder-se-ia falar que certeza nunca há, mas, no caso, não se cumpre sequer o *standard* mínimo à condenação do *beyond a reasonable doubt*.

5.5.4. FORÇA GRAVITACIONAL DO PRECEDENTE

Tornou-se um verdadeiro mantra a ideia de que casos semelhantes devem ser tratados da mesma maneira (*like cases should be treated alike*). Nada contra a ideia. Realmente, não havendo razões para apartar-se do precedente, deve ele ser seguido. Contudo, deve-se atentar ao fato de que a fórmula mostra um argumento de justiça formal, que torna a teoria do precedente, se exclusivamente assim pensada, indefensável[241]. Essa rigidez formal parece ter sido admitida no CPC/15, sobretudo na tentativa frustrada de vinculação do art. 927 do CPC/15 e nos demais dispositivos que, de uma forma ou outra, impõem a estrita obrigação de meramente replicar, por subsunção, um *standard* judicialmente criado a um novo caso. A única alternativa a não aplicação seria justamente na análise dedutiva da subsunção, identificando-se que a premissa fática não se encaixa na premissa maior, a jurídica. Em termos típicos da teoria do precedente, poder-se-ia pensar, apenas, na distinção que, igualmente, ocorre por critérios formais de semelhança.

---

240 BRASIL. Supremo Tribunal Federal. *RHC 120052*. Rel. Min. Ricardo Lewandowski, Segunda Turma, julg. em 03/12/2013, DJe-023, divulg. 03-02-2014, public. 04-02-2014. No âmbito da justiça civil, a mesma concepção é válida. Sobre o assunto: BRASIL. Superior Tribunal de Justiça. *REsp 1309972/SP*. Rel. Min. Luis Felipe Salomão, Quarta Turma, julg. em 27/04/2017, DJe 08/06/2017.

241 LYONS, David. *Moral aspects of legal theory*: essays on law, justice, and political responsibility. Nova Iorque: Cambridge University Press, 1994, p. 103.

Essa rigidez formal pode ser diminuída, se for levado em conta, como explorado nos capítulos antecedentes, que a definição da *ratio decidendi*, sobretudo na definição de quais fatos são efetivamente materiais, só ocorrerá na *applicatio*, não sendo ela mesma etérea. Falta, ao lado do viés formal, outro substancial, sem o qual a aplicação de precedentes tornar-se-ia algo mecânico e, consequentemente, impensado. Nesse passo, a teoria de Dworkin pode oferecer melhores respostas no trato com precedentes, o que pode ser ampliado ao direito jurisprudencial em geral.

Afirma o autor americano que o precedente detém uma força de promulgação (*enactment force of precedent*) e outra gravitacional (*gravitational force*)[242]. A primeira está ligada à autoridade do precedente e, consequentemente, da Corte que o estabeleceu. Por isso, o juiz — e Dworkin utiliza a metáfora de Hércules — identificará uma linguagem canônica no próprio voto (*opinion*) e poderá retirar dela uma determinada regra, além de utilizar as técnicas de interpretação da lei, para constatar se ela se aplica ou não ao caso em mãos[243]. Há a aproximação entre a forma de exame do precedente e da lei (*statute*), eis que a análise de ambos, nesse sentido, derivaria dos "limites linguísticos de uma determinada formulação"[244]. Contudo, a influência do precedente não se limita a tal espécie de força. Isso explica a tentativa de se estender a aplicação de um determinado precedente a uma situação fática não diretamente relacionada a ele.

Há, diferentemente, uma força gravitacional que impele reconhecer a influência de um precedente mesmo a fatos que aparentemente não se relacionam, quando a decisão anterior estabeleça razões que devam ser seguidas. Nesse particular, o precedente não se equipara a uma peça de legislação. Assim, haverá uma força gravitacional no precedente que se desvincula da estreita linguagem canônica da decisão passada e se adere ao conteúdo, à questão de princípio por ele tratada. Por isso, tal força "pode ser explicada por um apelo, não à sabedoria da implemen-

---

[242] DWORKIN, 2002, p. 174.

[243] DUXBURY, 2008, p. 60. Explicando a força de promulgação Duxbury afirma que: "Occasionally, judges will find in a precedent 'a canonical form of words' that they are content to treat as the settle formulation of a common-law rule, rather as if the formulation were akin to the wording of a statute. In this sense, a precedent might have enactment force"

[244] DWORKIN, 2002, p. 174.

tação de leis promulgadas, mas à equidade que está em tratar os casos semelhantes do mesmo modo"[245].

A força gravitacional estará limitada aos argumentos de princípios retirados do caso anterior, necessários para justificar tais decisões[246]. Isso torna a utilização do precedente algo mais complexo que a mera subsunção de uma regra dele extraída a novos fatos. Exige uma interpretação construtiva do intérprete, que aderirá um valor e finalidade à prática, para observar a unidade de valor da comunidade de intérpretes, enfim, para verificar o princípio que melhor justifica a própria prática e sobre ela jogue as melhores luzes. "A força gravitacional do precedente, como descrita por Dworkin, é de certa forma um horizonte de sentido gadameriano, com o qual se lerá o caso presente."[247] Isso impede um pensamento exclusivamente dedutivo. Ressalta, com acerto, Duxbury que a proposta dworkiniana bem ilustra o erro em tratar a forma como se segue o precedente como equivalente à observância da lei[248].

Não se trata, então, de encontrar uma regra que promova alguma meta coletiva, ou qualquer outro argumento de política. Em contrário, sustenta Dworkin que a base para a prática do precedente reside na doutrina da equidade[249]. Disso decorre que não há a construção de uma regra geral e abstrata a partir do precedente. Dworkin exemplifica isso com o caso *MacPherson*[250], afirmando que o fato da Sra. MacPherson ter recebido a indenização pelos danos decorrentes do acidente causado pelo uso negligente, na fabricação do veículo, de

---

[245] Ibid., p. 176.

[246] Ibid., p. 179. "Assim, ao definir a força gravitacional de um precedente específico, Hércules só deve levar em consideração os argumentos de princípio que justificam esse precedente. Se a decisão favorável à sra. MacPherson supõe que ela tem um direito à indenização, e não simplesmente que uma regra a seu favor promove alguma meta coletiva, então o argumento da equidade, no qual se fundamenta a prática do precedente, ganha precedência."

[247] RAMIRES, 2010, p. 77.

[248] DUXBURY, 2008, p. 61-62. "The objective here, however, is not to develop a critique of Dworkin's account of precedent but to highlight its value; for by emphasizing the notion of gravitational force he illustrates that it is a mistake to treat precedent-following as equivalent to the interpretation of binding legal rules."

[249] DWORKIN, 2002, p. 179.

[250] EUA. Corte de Apelação de Nova Iorque. *MacPherson v. Buick Motor Co.* 145 N.Y.S. 1132, 1914.

uma roda defeituosa "não segue, por certo, que qualquer pessoa que de algum modo tenha sido prejudicada pela negligência de uma outra deva ter o mesmo direito concreto a uma indenização, como a outra teve"[251]. Há de ser observada a especificidade fática e o contexto do caso futuro, em que "os direitos concorrentes exijam uma solução conciliatória que não era exigida no primeiro caso"[252]. Assim, a cada nova aplicação, dever-se-á reconstruir a história institucional com vistas aos fatos presentes, tomado em todo o seu contexto. São eles que colocarão as questões, cujas respostas serão buscadas nessa mirada para trás. Move-se, portanto, pela primazia da pergunta, em que "o sentido da pergunta é pois a única direção que a resposta pode adotar se quiser ter sentido e ser pertinente"[253]. Se do precedente encontrado derivar uma regra, mas que seja justificada por um argumento de política — como um fim ou meta coletivos —, a força gravitacional cederá, eis que não se podem construir situações de equidade entre cidadãos a um argumento que simplesmente não está calcado em direitos, mas em fins[254].

A aplicação de um precedente ao caso em mãos, nessa visão, não ocorrerá por um processo mecânico (dedutivo), senão por um argumentativo. Mais, não será uma decisão passada ao único elemento a sopesar na aplicação presente. Hércules utilizará todas as fontes do direito admitidas, harmonizando-as mediante um único valor[255]. Trata o direito como uma teia inconsútil, em que esta harmonização coerente seja possível. Empiricamente, "o direito pode não ser uma trama inconsútil, mas o demandante tem o direito de pedir a Hércules que

---

[251] DWORKIN, 2002, p. 179.

[252] Ibid. loc. cit.

[253] GADAMER, 2008, p. 473.

[254] DWORKIN, 2002, p. 179. "Não pode haver, portanto, nenhum argumento geral de equidade, de acordo com o qual um governo que atende a uma meta coletiva de uma certa maneira, ou mesmo atender à mesma meta, sempre que uma oportunidade paralela se apresentar."

[255] Ibid. p. 182-183. "O leitor entenderá agora por que chamei nosso juiz de Hércules. Ele deve construir um esquema de princípios abstratos e concretos que forneça uma justificação coerente a todos os precedentes do direito costumeiro e, na medida em que estes devem ser justificados por princípios, também um esquema que justifique as disposições constitucionais e legislativas (...) Hércules deve organizar a justificação de princípio em cada um desses níveis, de tal modo que a justificação seja consistente com os princípios que fornecem a justificação dos níveis mais elevados."

o trate como se fosse"[256]. Considerando todas as fontes disponíveis, o intérprete deverá construir o precedente na melhor luz possível, em uma visão una e coerente da justiça e da equidade, para que ele possa ser o ponto de partida para o caso atual. Isso não depende só da análise da linguagem canônica das decisões anteriores, mas de algo além, de uma avaliação pelo juiz de hoje de como esses precedentes poderiam ter sido justificados. Assim, haverá o uso da *ratio decidendi* anterior, se os padrões adotados pelo precedente, quais sejam, os argumentos de princípios utilizados forneçam a melhor justificativa à resposta dada. Não o fazendo, tais casos perdem grande parte de sua força gravitacional, e não afetarão, de forma substancial, os casos posteriores. O argumento de princípio, enquanto a melhor justificativa a representar uma concepção única e abrangente da justiça, sobrepor-lhe-á na resolução da nova situação posta a julgamento.

Lyons sustenta a impropriedade no argumento de justiça formal, explicando que, para sua validade, haveria a necessidade de se demonstrar que há uma razão, baseada na justiça ou em qualquer outra coisa, para seguir precedentes, mesmo quando sejam brutalmente inumanos ou extremamente injustos. Conclui o autor que tal defesa é uma proposição dúbia e que ainda não houve razões a crer que o argumento da justiça formal seja verdadeiro[257]. Salienta que a quebra de uma linha jurisprudencial não causa, em todos os casos, uma surpresa injusta, e que alguns tipos de expectativas frustradas não trazem grandes preocupações. Exemplifica sua visão com caso *Elmer*, em que havia a expectativa, conforme o texto expresso do respectivo *statute*, que restou frustrada quando negada pela Corte de Apelações de Nova Iorque, ao não deixá-lo herdar o patrimônio de seu avô. Apesar disso, afirma com razão que tal surpresa não pode ser qualificada como injusta[258]. Conclui que não se pode assumir que o compromisso judicial em seguir precedentes tenha uma aplicação adequada, quando as decisões anteriores foram decididas injustamente[259].

---

256 DWORKIN, 2002, p. 182.
257 LYONS, 1994, p. 111.
258 Ibid., p. 116-117.
259 Ibid., p. 117.

5.5.5. EXIGÊNCIAS DO DIREITO COMO INTEGRIDADE NA APLICAÇÃO DO DIREITO JURISPRUDENCIAL

A aceitação da coerência e integridade, tal como disposta no art. 926 do CPC/15, detém a capacidade de alterar, de forma drástica, a prática jurídica em geral e a atividade judicial em especial. Uma teoria apropriada à aplicação do direito jurisprudencial sob às luzes do *law as integrity* exige algumas concepções que seriam tomadas como extravagantes ao atual desenvolvimento da matéria. É bem verdade que concorda com boa parte daquilo que é comumente aceito na prática do *common law*, apesar de, com ele, não se confundir. Nesse ponto, as práticas mais comuns do *stare decisis* não são estranhas ao direito como integridade. No cenário nacional, apesar de o desenvolvimento ainda incipiente — por isso de contornos não tão claros —, pode-se dizer que, em vários pontos, amolda-se às principais técnicas reconhecidas pela doutrina. O objetivo desta parte final é a de apresentar os pontos convergentes, mas, sobretudo, correções exigidas pelo direito como integridade à utilização dos *standards* legais judicialmente criados, sobretudo quando adotados como razões para decidir um caso.

De uma forma geral, os pressupostos teóricos já foram lançados no curso deste trabalho, e, em verdade, várias das exigências já foram, direta ou indiretamente, apontadas em capítulos anteriores. Por exemplo, não se amolda ao direito como integridade um rol de provimentos vinculantes, eis que poda a argumentação de caráter substancial, substituindo pela autoridade da Corte que o expediu. Nega, portanto, a força gravitacional, apoiando-se exclusivamente na força de promulgação. Portanto, o art. 927 do CPC/15 não é compatível com o norte teórico adotado pela própria codificação. O que se busca, agora, é sinteticamente apontar o que o *law as integrity* exigirá de alguns institutos fundamentais do direito jurisprudencial, que se choca com aquilo que tradicionalmente se prega sobre o tema.

Primeiro, a adoção da teoria dworkiniana demanda que os julgamentos, individual ou coletivamente considerados, sejam tomados por argumentos de princípio. Diferentemente da concepção que rotineiramente são tomados, princípios jurídicos não ampliam a liberdade do juiz, que poderia construir o significado daqueles de forma mais abrangente, dada sua indeterminação semântica. Ao contrário, os princípios representam um fechamento hermenêutico e, enquanto derivados da moralidade política (aquela inserta nas práticas socialmente compartilhadas — na tradição — de uma comunidade de princípios), e não da moralidade pessoal do julgador, representam a superação da discricionariedade judicial.

No que toca ao direito jurisprudencial, deve-se notar que tais princípios serão encontrados na análise das decisões passadas, representando um fio condutor que as une, em uma linha histórica em que o desenvolvimento do próprio direito não é feita de saltos, mas de uma lenta e contínua evolução. Portanto, demandará um olhar para trás do jurista, para que compreenda toda a história institucional do direito, interpretando-a, para verificar quais são os princípios que justificam a prática jurídica, e demonstrarão aquilo que o direito requer a determinado caso. Essa interpretação, contudo, "não é uma licença para que cada juiz descubra na história doutrinal seja o que for que pensa que deveria estar lá (...) o dever do juiz é interpretar a história jurídica que encontra, não inventar uma história melhor"[260].

Se uma aplicação por argumentos de princípio requer um olhar para trás, deve-se atentar que o mesmo fato não ocorre ao olhar para frente. A depender da forma como o faz, abrir-se-á uma perigosa oportunidade para a manutenção de decisionismos (calcados no subjetivismo do juiz). É bem verdade que o julgador olhará para frente, para continuar o desenvolvimento do direito, em sua cadeia, tal como um escritor propalaria um capítulo de uma obra coletiva para esta ou aquela direção. Entretanto, esse exercício é exclusivamente para fazer cumprir o princípio extraído do passado, para levar o direito ao caminho que melhor se amolde à moralidade política da comunidade, fazer do julgamento específico — e não de outros futuros — aquilo que melhor ele possa ser e, por consequência, cumprir aquilo que o direito requer ao caso particular, em suma, obter a resposta correta ao caso em mãos. Da mesma forma, um escritor zeloso não fará uma quebra com os capítulos que antecederam; antes, tornará aquele que escreve coerente com os anteriores, fazendo do capítulo que está a redigir aquilo que de melhor ele possa ser, enquanto expressão literária, para que a obra coletiva, ao final, também assim o seja.

O que não está em jogo neste olhar para frente é a tentativa de antever todas as aplicações possíveis da decisão que hoje se toma, para formar uma melhor resposta a um conjunto de casos futuros, mesmo que esteja errada ao caso concreto a ser decidido. A responsabilidade política de um juiz exige que ele analise de forma correta o caso em

---

260 DWORKIN, 2005, p. 239-240.

mãos, aplicando o direito vigente da comunidade. Os casos futuros são de responsabilidade de outros magistrados. Voltando à literatura, seria inconsistente o escritor não estar comprometido e focado naquele capítulo que escreve, mas que queira, desde já, definir o que os próximos autores farão nos capítulos que seguirão.

O olhar para frente deve ocorrer com vistas à equidade, no sentido de aceitar-se, ao futuro, a universalização da questão de princípio hoje utilizada como justificação da decisão. Voltando ao exemplo de MacPherson, Dworkin sustenta que a força gravitacional não depende exclusivamente do fato de ter sido indenizada, "mas também pelo fato de o governo estar disposto a permitir que, no futuro, outras pessoas na mesma situação venham a ser igualmente indenizadas."[261]

Não está em jogo, da mesma forma, posturas consequencialistas. Elas descuram do próprio direito, sob o álibi teórico de conquistar uma resposta que melhor promova a consequência (um fim) que se pretende. Baseiam-se no subjetivismo do juiz, na medida em que ele estará movido na consecução de fins almejados, em menoscabo dos meios, daquilo que a sociedade, em seu autogoverno, estabeleceu à vida em sociedade. Os paradigmas de decisão de Lorenzetti bem exemplificam este pensar — e decidir — consequencialista[262]. O autor admite a existência de vários modelos decisórios — em verdade ilimitados, eis que os que descreve são meramente exemplificativos — que "têm *status* anterior à regra e condicionam as decisões."[263] Assim, o magistrado atuará de forma diversa — e chegará a decisões diferentes —, a depender do paradigma que livremente escolher. A subjetividade do julgador é levada à pressuposto de qualquer decisão, uma vez que estes tais paradigmas "surgem da formação prévia de quem toma a decisão"[264], o que leva à conclusão de que "a solução pode ser diferente se quem a toma é formalista, intervencionista, realista, feminista, racista, conservador ou progressista. Ou seja, em relação às mesmas regras, existem decisões muito diferentes."[265] Este é o mal das posturas

---

[261] DWORKIN, 2005, p. 185.

[262] Para uma análise mais acurada dos problemas da teoria de Lorenzetti, ver: LUIZ, 2013.

[263] LORENZETTI, Ricardo Luis. *Teoria da decisão judicial*: fundamentos de direito. Tradução: Bruno Miragem. São Paulo: RT, 2009, p. 36.

[264] Ibid., p. 36.

[265] Ibid., p. 36-37.

consequencialistas em geral, sejam em nome de promover a eficiência (como algumas vertentes do *law & economics*), da melhor divisão dos recursos ou qualquer outra finalidade eleita, deixam de lado o próprio direito. Constrói-se o direito da forma que se bem quiser, para que almeje o fim esperado. A decisão será tão melhor, quanto mais cumpra a finalidade que move o próprio julgador, independentemente daquilo que é o direito da comunidade.

Deve-se reconhecer que o direito é uma obra coletiva, por isso trata-se de um conceito interpretativo. Muitas vezes, não será aquilo que o juiz desejaria que ele fosse, e, nesses casos, não poderá o magistrado simplesmente criar um novo a partir de suas próprias visões. Mesmo que a versão alternativa seja superior ou mais desejável à legalmente prevista, há um limite democrático que deve ser respeitado. Por isso, por vezes, o juiz terá que reconhecer e aceitar os constrangimentos que existem no momento de tomada de decisão, submetendo-se ao direito (sobretudo à Constituição), e não o inventando.

A hermenêutica filosófica, por meio de sua recepção no Brasil pela Crítica Hermenêutica do Direito de Streck, apresenta relevante contribuição para este esforço interpretativo exigido do magistrado. Integrando à tese da resposta correta, a questão da finitude do ser, que vive limitado por seus horizontes, dada a faticidade e temporalidade do próprio existir, e acaba por reler a proposta dworkiniana como uma resposta adequada à Constituição. A interpretação poderá ser autêntica ou inautêntica. Isso deriva, primeiramente, da capacidade do ser-aí de conhecer a si mesmo e seus horizontes de compreensão, inclusive refletir criticamente sobre os seus próprios pré-conceitos, separando-os, com o auxílio da distância temporal, os autênticos e inautênticos. Isso exige um exercício reflexivo constante. A cada aplicação, deverá o intérprete voltar os olhos a si mesmo, a seus pré-conceitos, para que possa apartar os inautênticos. O exercício interpretativo autêntico, assim, requer uma execução contra a própria expectativa, possibilitando-se a suspensão dos pré-conceitos, para que se mostre a mesma coisa. Isso demanda que o intérprete haja com alteridade, deixando que o texto — e texto é evento — fale. Portanto, no círculo hermenêutico, os pré-conceitos estão sempre postos em jogo e serão remodelados a cada nova aplicação, afastando-se os inautênticos neste exercício.

5.5.5.1. A *RATIO DECIDENDI* COMO CONCEITO INTERPRETATIVO

A principal exigência que o direito como integridade faz é o de considerar a *ratio decidendi* como um conceito interpretativo. Assim, a cada aplicação de um precedente, o juiz deverá reconstruí-la, e isso será realizado a partir do caso em mãos, que suscitará as perguntas, cujas respostas achar-se-ão no precedente, enquanto parte da história institucional do direito. Portanto, fórmulas que defendem que a corte anterior anuncie regras gerais ao futuro ficam superadas. "O precedente não funciona como prova de um fato legal independente, (...)".[266] Seria, como diz Streck, tentar achar as respostas antes das perguntas. Não há — nem haverá — um congelamento de sentido daquilo que representa a *ratio* de um precedente. Trata-se de algo que estará sempre em jogo. Será na *applicatio* que a ela será emprestado um significado. Compreende-se bem esta noção em relação ao direito positivo, consubstanciada na distinção entre texto e norma, contudo ainda não se atentou, grande parte da doutrina, ao fato de que a universalidade do fenômeno hermenêutico exige o mesmo no trato com o direito jurisprudencial.

Se a *ratio decidendi* é a regra extraída do precedente, tal qual uma regra anunciada na legislação, não se pode querer que a construção de sentido de uma ocorra de forma diversa da outra. Gadamer afirma que "o sentido jurídico de uma lei determina-se através da judicação e a universalidade da norma determina-se basicamente através da concreção ao caso"[267]. O vocábulo lei, aqui, pode ser expandido a qualquer texto, qualquer *standard* legalmente aceito pelo direito. Portanto, o precedente, a jurisprudência, a súmula, tudo terá seu sentido construído na concretude da situação, na aplicação ao caso particular.

Essa concepção, de pronto, faz ruir um dos pilares do "sistema de precedentes" do CPC/15, que parte da premissa que o direito jurisprudencial fornecerá ao jurista uma resposta pré-dada ao problema que ele tenta resolver: a tese (às vezes referida como tese jurídica). Acredita-se que a solução será obtida pelo mero acoplamento dos fatos a este *standard* judicialmente criado. Ledo engano. A *ratio decidendi* não equivale à tese jurídica. Não há um produto pronto e acabado à

---

[266] MOTTA, 2017, p. 141.

[267] GADAMER, Hans-Georg. *Verdade e método II*: complementos e índice. 3. ed. Tradução: Enio Paulo Giachini. Petrópolis: Vozes; Bragança Paulista: Editora Universitária São Francisco, 2007, p. 516.

disposição do intérprete. A própria definição do que sejam as razões de decidir do caso anterior ocorrerá na aplicação, irremediavelmente. Buscou-se mostrar isso no capítulo II, com a utilização do já conhecido caso *Elmer*.

Fracassará um "sistema de precedentes" em que os sentidos sejam pré-dados, e a argumentação jurídica cinja-se ao encaixe entre uma premissa maior e outra menor (subsunção). A criação da norma a partir do texto (do precedente, de sua *ratio*) será realizada em um processo argumentativo em que não estará presente só o juiz, mas também as partes. Essa participação influirá na formação e aplicação da norma apropriada, representando uma das formas de constrangimentos à tomada de decisão, evitando-se que seja arbitrária.

Deve-se, portanto, abandonar a formação de teses jurídicas. Os tribunais julgam casos — à exceção do controle concentrado de constitucionalidade — e é a partir deles, de suas particularidades, que se desenvolverá o direito jurisprudencial. Adjudicar não se trata de estabelecer teses para o futuro. Uma leitura apropriada do CPC/15 exige que a cada passagem em que a legislação referir-se à "tese" ou à "tese jurídica", o intérprete tenha em mente que ela representará apenas um texto, não trazendo em si a norma. Em outras palavras, que o significado dela será formado na própria aplicação, que será realizada com a participação das partes.

Outro ponto que resta prejudicado é o efeito prospectivo do precedente, que subjaz nos institutos que formam o pretenso "sistema de precedentes". Há uma tentativa clara de uma decisão já nascer como um precedente. Este é o ponto central de uma visão prospectiva, qual seja, que a função da corte seja, precípua ou exclusivamente, a definição de um *standard* para o uso futuro. Em outras palavras, tenta-se antever como a decisão de hoje será aplicada amanhã e "determinar tanto como este caso, assim como outros casos desta classe devem ser decididos"[268]. Em um nível mais radical, prefere-se um resultado injusto ao caso atual, mas que forneça melhor soluções em um número maior de casos futuros.[269] Padece esta concepção, pelo pouco valor que dá aos fatos, que, nesta estreita visão, atrapalhariam a definição de uma regra para reger um conjunto de fatos futuros.

---

[268] SCHAUER, 2006, p. 890-891.
[269] SCHAUER, 2010, p. 106.

A importância dada ao efeito prospectivo pode ser inferida em uma série de dispositivos do CPC/15. Chamam atenção especial, contudo, os art. 976, § 1º e art. 998, parágrafo único, ambos do CPC/15, que dispõem, em síntese, que a desistência não impede que a corte continue a manifestar-se sobre a matéria (porque não há mais caso) nos procedimentos a que se referem (o primeiro dispositivo ao IRDR e o segundo à repercussão geral e recursos repetitivos). Ocorrida a desistência do incidente ou recursos, não há mais caso, não existe causa a ser decidida. Contudo, ainda assim, prevê o código que o Tribunal continuará sua jornada até a decisão final. Sobre o que ela versará? Fatos não há, restaria somente a dita tese.

Em recurso extraordinário, assim como no especial, o STF e o STJ julgam causas, como se referem os art. 102, III, e art. 105, III, ambos da CF. Deve-se entender, por causa, uma controvérsia real, ocorrida em algum lugar no tempo e espaço. Ao possibilitar o julgamento de tais recursos sem uma causa que lhe dê suporte, incorre o legislador em uma clara inconstitucionalidade. Pouco importa tratarem-se de recursos tidos por repetitivos, ou, em relação ao extraordinário, exigir-lhe repercussão geral. Essas qualificações não lhes alteram a natureza jurídica. Continuam sendo recursos extraordinário ou especial. Logo, ainda assim, estão submetidos aos dispositivos constitucionais acima citados. Portanto, o art. 998, parágrafo único, do CPC/15 é inconstitucional. Também o é o art. 976, § 1º, do CPC/15, pelas mesmas justificativas, em relação aos incidentes instaurados no âmbito do STJ e STF em que houve a desistência. Sendo vedada às cortes superiores, não haveria motivo para autorizar a mesma medida a outras que lhes são inferiores na hierarquia judiciária. Portanto, a inconstitucionalidade do art. 976, § 1º, do CPC/15, espalha-se para todos os tribunais.

Parece estranho classificar uma decisão de tal espécie (quando houvesse a desistência anterior), se aceita fosse. Tomado-se por base a divisão quinária, onde estaria encaixada uma decisão que não verse sobre fatos ocorridos, mas tão somente sobre uma matéria, um tema, enfim, uma tese? Nenhuma das classificações parece funcionar bem. Ficam excluídas, de pronto, as possibilidades de ser uma sentença condenatória, mandamental ou executiva, pois não há sequer parte a quem fixar uma obrigação, um fazer, ou a própria decisão executar algo. Constitutiva parece também não ser, porque não vai criar ou modificar uma relação jurídica. A desistência já tirou do âmbito de análise do tribunal a relação jurídica concreta. Logo, não poderá ela ser alcançada pela decisão. Restaria a declaratória, mas encaixar tal decisão nessa classificação seria executar da mesma forma executar inviável. A declaração que a corte faz refere-se à existência ou inexistência de uma relação jurídica. Em outras palavras, irá dizer se entre as partes existe ou não uma relação jurídica apontada. Repete-se aqui o problema já referido quanto à classificação como constitutiva: já não há mais partes ou relação jurídica a ser declarada existente ou não. Os efeitos da sentença não recairão sobre as partes.

Poder-se-ia falar em declaração sobre o direito, mas isso foge a toda a classificação há muito consagrada na doutrina, e não se amolda à prática, pois passa o Judiciário a ser um órgão meramente consultivo, ainda que o resultado de tal consulta pretenda ser vinculante. Transformar-se-ia o incidente ou os recursos em meras consultas sobre qual seria o direito vigente em uma dada comunidade. Se os procedimentos de consulta admitidos, como na seara eleitoral, já são de constitucionalidade duvidosa, apesar de aceita pelo STF[270], não se pode alastrar a outros tribunais, eis que, salvo o controle concentrado de constitucionalidade, previsto na própria Carta Magna, não há situações em que se defina a tribunais intermediários a competência para conhecimento e julgamento de não-casos, o que confirma a pecha de inconstitucionlidade do art. 976, § 1º, do CPC/15, já referida.

A *ratio decidendi* pode tomar a forma de uma regra ou de um princípio, sendo pouco proveitosa a sua caracterização exclusiva como um ou outro, contudo a justificativa à *ratio*, seja ela expressa como uma regra ou como um princípio, deverá ser realizada, sempre, por um argumento de princípio. Os de política (*policy*) não devem fazer parte da fundamentação de uma decisão judicial. Decidir um caso trata-se de uma questão de princípio, em que ele será "um padrão que deve ser observado (...) porque é uma exigência de justiça ou equidade ou alguma dimensão da moralidade"[271]. Quando se diz que uma questão é de princípio, "queremos dizer que nós deveríamos agir quaisquer que

---

[270] BRASIL. Supremo Tribunal Federal. *MS 26603*. Rel. Min. Celso de Mello, Tribunal Pleno, julg. em 04/10/2007, DJe-241, divulg. 18-12-2008, public. 19-12-2008; BRASIL. Supremo Tribunal Federal. *MS 26604*, Rel. Min. Cármen Lúcia, Tribunal Pleno, julg. em 04/10/2007, DJe-187, divulg. 02-10-2008, public. 03-10-2008.

[271] DWORKIN, 2002, p.36.

sejam as consequências, porque imparcialidade, ou justiça, ou alguma outra forma de moralidade está envolvida"[272].

Vista a decisão judicial como uma questão de princípio, cumpre ressaltar que não se abrem brechas ao subjetivismo, porque a questão da moralidade nele envolvida não é aquela pessoal, mas a política (ou pública), naquilo em que há o compartilhamento no agir de uma comunidade de princípios, ou aquilo que Gadamer chama de tradição. Por isso, o princípio jurídico não será um enunciado assertórico, a formar uma "supernorma". Será uma prática social compartilhada pela comunidade política. Assim, "não é o sujeito que formará um princípio que, a partir de então, será aplicado às mais diversas situações e passará a influir na prática social"[273]. O que ocorre é o contrário. Os princípios já partilhados na comunidade, na tradição é que moldarão a prática do sujeito. Streck salienta que "não há primeiro uma formação subjetiva de princípios e, depois, sua aplicação compartilhada no mundo da convivência, mas essa formação principiológica é formada pelo mundo e, ao mesmo tempo, forma mundo, (...)"[274].

Ao servir como argumento ao processo de tomada de decisão judicial, a *ratio decidendi* deverá estar justificada por uma questão de princípio, consubstanciada em alguma dimensão da moralidade política, enquanto uma prática social compartilhada. Isso confere uma unidade de valor (*unity of value*), essencial à formação de uma visão una e harmônica de justiça ou equidade em uma comunidade de princípios. Em reconstruir a *ratio decidendi* de um caso, portanto, o jurista — e na decisão o juiz — deverá atentar-se a tal exigência. A *ratio decidendi* é a forma de emanação, seja por que maneira que se expresse, da questão de princípio que demonstrará o que o direito requer em uma dada situação.

5.5.5.2. A SUPERAÇÃO COMO UMA QUESTÃO DE PRINCÍPIO

Se o direito como integridade pode jogar novas luzes sob a formação da *ratio decidendi*, o mesmo fato fará — e de forma mais radical — em relação à superação do precedente. Os *standards* tradicionalmente utilizados para a realização do *overruling* — falta de congruência social e consistência do sistema, além da modificação dos valores que susten-

---

272 GUEST, 2010, p.65.
273 LUIZ, 2013, p. 168.
274 STRECK, 2009b, p.499.

tavam a estabilidade — são relativamente amplos e, assim, de difícil verificação a cada caso, em que a questão da superação é suscitada. Já foi visto que a mera indicação de erro não é o que basta à superação, mesmo porque, se assim fosse, a cada novo julgamento, a corte poderia superar (ou mesmo ignorar) seus próprios precedentes, ruindo qualquer forma de *stare decisis*. Para contornar tais dificuldades, as cortes dos EUA e da Inglaterra falam em uma justificação especial (*special justification*) ou que o precedente não era tão somente equivocado, mas manifestamente errado (*manifestly wrong*). No Brasil, essa exigência foi igualmente replicada no art. 927, § 4º, do CPC/15, que demanda dos tribunais uma "fundamentação adequada e específica." É difícil, de igual forma, distinguir aquilo que é errado de algo manifestamente errado ou de uma justificação válida a uma justificação especial, adequada ou específica. Não há dúvidas de que estes qualificadores "adequada" e "específica" são importantes[275], contudo há a necessidade de construção hermenêutica de seus sentidos em uma perspectiva substancial, para que não virem expedientes retóricos, para esconder decisionismos calcados no subjetivismo dos juízes.

Na prática, há uma séria dificuldade em estabelecer quando os critérios à superação estão presentes. Como sustenta Hutchinson, não há uma forma neutra e não controversa de determinar as situações que permitam o emprego do *overruling*. Avaliar quando as circunstâncias alteradas são suficientes, para justificar a inovação legal e como verificar quando há novas obrigações dependentes de uma série de considerações pragmáticas e prudenciais[276]. Dada tal característica, conclui o autor, com ceticismo, que "não há um método estritamente jurídico pelo qual uma decisão anterior possa ser determinada como errada, e muito menos que há alguma outra justificativa especial para sua anulação, que pode ser distinguida de uma pesquisa ideológica mais aberta."[277] Logo, não havendo mecanismos de pesos ou escalas a auxiliar

---

[275] SCHAUER, 2009, p. 60. "The modifiers—'special' and 'manifestly'— are important, because it is the modifiers that make clear that the principle of stare decisis becomes meaningless if a court feels free to overrule all of those previous decisions it believes to be wrong."

[276] HUTCHINSON, Allan C. *Evolution and the common law*. Nova Iorque: Cambridge University Press, 2005, p. 150.

[277] Ibid., loc. cit.

os juízes, a superação dependerá de "um exercício político inevitável e inescapável"[278].

Não se pode concordar, nesse particular, com a tese de Hutchinson. Afirmar que a superação é uma escolha política acaba por minar o próprio direito. Se é uma opção de cunho político, também a será a de seguir o precedente. Não há freios que impeçam uma ou outra coisa, e, a cada novo caso, não poderá saber o jurisdicionado o caminho que seguirá a corte. Apesar de ocorrerem superações de caráter duvidoso e, ao contrário, manutenções de precedentes que poderiam ser de fato alterados, a questão normativa é a de verificar razões jurídicas — que levem a argumentos jurídicos válidos — à opção do *overruling*.

A proposta que se pretende é verificar o acerto ou não da decisão atual em superar o precedente com vistas à integridade do direito. Em outras palavras, quando houver argumentos de princípio fortes, a apontar a necessidade de evolução do direito — com o *overruling* do que até então configurava *good law* — cumpre ao juiz assim agir, no seu compromisso político de julgar as causas de forma correta. Mesmo em países de *common law*, apesar da relutância das cortes em quebrar antigas regras, estão elas não só preparadas a fazê-lo, como obrigadas, de tempos em tempos, a revisitar matérias fixadas[279].

O objeto da integridade, no prisma judicial, é lidar com os princípios de justiça que legitimam a tomada de decisão e seu cumprimento em um mesmo sistema político em que seus integrantes possuem versões alternativas daquilo que a justiça é. A integridade torna-se um ideal político, quando se insiste que a ação estatal deve estar de acordo com um único e coerente conjunto de princípios, mesmo quando seus cidadãos estão divididos sobre quais são os princípios de justiça corretos. Por isso, não serão as opções políticas — ou ideológicas — de uma determinada corte as quais ditarão a possibilidade ou não de superação de um precedente. Antes, a subjetividade da escolha deve ser substituída por esta visão una de princípios da justiça ou equidade que existem na comunidade. As escolhas pessoais cedem aos princípios de moralidade pública.

No campo normativo, o citado § 4º do art. 927 do CPC/15 fixou a exigência de uma fundamentação adequada e específica, apresentando, em seguida, os elementos que necessitam de análise aprofun-

---

[278] Ibid., loc. cit.

[279] HUTCHINSON, 2005, p. 148.

dada à superação: a segurança jurídica, a proteção da confiança e a isonomia. Em verdade, esses requisitos restam contrários à superação. Dizem, quando ela não é possível. A *contrario sensu*, pode-se dizer que o *overruling* será possível, quando não atentar substancialmente a alguns destes preceitos. Contudo, isso ainda deixa sem norte firme o intérprete.

Para dar maior subsídio ao jurista, pode-se, analogicamente, adotar aqueles constantes no art. 896-C, § 17, da CLT. Refere-se o dispositivo ao recurso de revista repetitivo, que estabelece que caberá a revisão da decisão, "quando se alterar a situação econômica, social ou jurídica, caso em que será respeitada a segurança jurídica das relações firmadas sob a égide da decisão anterior, (...)". São critérios que combinam com os *standards* doutrinários já conhecidos que levam à superação, quais sejam, a falta de congruência social, consistência de sistema e a modificação dos valores que sustentavam a estabilidade. Isso porque, somente ocorrerá uma delas, se houver, no curso do tempo, alterações consideráveis na sociedade — seja no aspecto econômico ou social — ou modificação no próprio direito — como a superveniência de uma lei nova.

Pode-se opor a isso que a alteração da "situação econômica, social ou jurídica" é termo amplo, que abarca várias possibilidades, o que poderia facilitar sobremaneira a superação, fragilizando qualquer tentetiva de formação de um *stare decisis*. A objeção é válida, se entender-se que o dispositivo confere maior discricionariedade à corte no momento da análise da necessidade de superação. Apesar da linguagem natural, por vezes, possibilitar aberturas semânticas, o papel do intérprete é justamente encontrar a resposta adequada ao ordenamento jurídico como um todo, com olhos à Constituição, e dirimir, dentre visões concorrentes, aquela que melhor explica e justifica o direito vigente na comunidade. Em outras palavras, trata-se de buscar a resposta correta defendida por Dworkin.

É de se considerar, ainda, que, à cultura jurídica nacional, não é estranha a análise da conjuntura econômica, social ou jurídica. Os critérios são extremamente similares aos fixados à repercussão geral, com a qual já se trabalha há algum tempo. Logo, apesar de recente, já há uma tradição formando-se acerca do conceito, limites e possibilidades que se amoldam, ou se afastam de tais requisitos. Por mais fluidos que aparentam ser, a sucessão de julgados, a crítica doutrinária e a experiência acumulada apontarão, pouco a pouco, o caminho a seguir.

Importa, em verdade, que a aplicação dessas condições seja realizada por argumentos de princípio à promoção da integridade da ordem jurídica. Fica descartada, por primeiro, uma aplicação discricionária — e, consequentemente, incontrolável (e mesmo irracional) — das situações que possibilitam à superação. Segundo, ficam também de lado análises meramente consequencialistas ou políticas, que se afastam do direito para a promoção de um outro fim ou perseguição de um objetivo, mesmo que de bem-estar. Terceiro, há a possibilidade de promoção de minorias, de seus direitos subjetivos, mesmo contra um discurso de promoção do bem geral.

Imagine-se uma Corte Suprema, em que uma determinada matéria é tratada de forma consistente no curso do tempo, mantendo as decisões um sentido único daquilo que representa o direito vigente em uma dada comunidade. Cumprir-se-iam, aqui, valores importantes ao direito em geral (e a um sistema de precedente em particular): segurança jurídica, previsibilidade e isonomia jurisdicional. Imagine-se, contudo, que o norte seguido é simplesmente injusto, errado, enfim, indefensável. Pense-se na questão racial americana até o surgimento de *Brown*. Não só *Plessy* era *good law*, como todas as decisões posteriores, das mais variadas cortes americanas, aplicavam-no de forma reiterada. Por mais de cinquenta anos, houve segurança jurídica, pois as decisões eram sempre consistentes com o precedente. Da mesma forma, existia previsibilidade, eis que, de forma geral, todos podiam antever as consequências de seus atos. Por exemplo, se um cidadão abrisse um restaurante e nele possuísse uma área para brancos e outros para negros, mantidas as mesmas condições e amenidades nos dois espaços, não haveria uma preocupação com futura decisão judicial adversa. Permitir-se-ia, sem embaraços, o funcionamento da empresa. Também estava privilegiada a isonomia judicial, eis que não havia decisões contraditórias, colocando-se todos na mesma condição.

O problema é que essa condição é, em si, odiosa, imoral, injusta, enfim, não é aceitável, sob qualquer perspectiva. O que fazer em uma situação como esta? Dworkin afirma que, para um convencionalista (positivista) — visão criticada pelo autor —, a questão deveria ser justificada demonstrando-se à sociedade a natureza excepcional da decisão, admitindo que estava "alterando o direito por razões alheias à esfera jurídica"[280]. Tal concepção, "que proíbe a Corte de reivindicar

---

[280] DWORKIN, 2007, p. 147.

qualquer direito fora da convenção, a forçaria a fazer exatamente isso"[281]. Não é essa a resposta que pretende o autor para a questão.

Dworkin resolverá a questão de forma jurídica, por meio de seu juiz Hércules. Primeiro, exige que cada jurisdição aceite "o princípio abstrato igualitário de que as pessoas devem ser tratadas como iguais"[282], o que se materializa em uma concepção plausível (racional) de igualdade. Segundo, que o direito funciona como um trunfo e, assim, poderá ser utilizado pelo indivíduo contra e acima de uma justificativa coletiva. A teoria liberal dos direitos de Dworkin admite, inclusive, direitos morais, anteriores àqueles criados pela legislação, eis que baseados em princípios, podendo ser interposto contra o Estado[283]. Sob tais premissas, Hércules passa a investigar o caráter e dimensão de um direito individual contra a discriminação racial, elaborando descrições (Dworkin utiliza como exemplo três concepções sobre o direito contra a discriminação) de tal direito que serão testadas "como uma interpretação competente da prática constitucional sob a Décima Quarta Emenda"[284].

Na primeira descrição, a *classificação suspeita*, o direito contra a discriminação decorre da igualdade em geral, no direito de ser tratado como iguais. Não há, portanto, um direito contra a discriminação própria, como uma disposição constitucional particular. A raça torna-se especial, porque a história mostra que há uma tendência a negar a mesma consideração a grupos diversos, privilegiando-se uns aos outros. Assim, decisões políticas que coloquem um ou outro grupo em desvantagem são vistas com especial desconfiança. Contudo, os tribunais não costumam reverter as escolhas políticas, senão pela demonstração de irracionalidade, e "verificarão essas decisões de modo mais criterioso, quando as minorias historicamente maltratadas estiverem em desvantagem"[285]. Destaca que a norma geral da igualdade "exige apenas que esses grupos recebam a devida consideração dentro do equilíbrio geral"[286], havendo formas distintas de cumprimento, eis que

---

[281] Ibid., loc. cit.

[282] Ibid., p. 456.

[283] CHUEIRI, Vera Karam. *Filosofia do direito e modernidade*: Dworkin e a possibilidade de um discurso instituinte de direitos. Curitiba: JM, 1995, p. 64.

[284] DWORKIN, 2007, p. 456.

[285] DWORKIN, 2007, p. 457.

[286] Ibid., loc. cit.

"um estado pode cumprir essa norma mesmo quando os tratar diferentemente dos outros"[287]. Logo, a segregação poderia ser mantida, desde que justificada, por exemplo, "que os prejuízos às crianças brancas superariam em muito as vantagens que obteriam as crianças negras, mesmo considerando essas vantagens igualmente importantes em si mesmas, criança por criança"[288].

Na segunda concepção, das *categorias banidas*, consiste que a Constituição preveja um direito específico contra a discriminação "como um trunfo sobre a concepção do interesse geral de qualquer Estado"[289]. Seria o direito de que certos atributos, como raça, antecedentes étnicos ou sexo, "não sejam utilizados para distinguir os cidadãos com a finalidade de dar-lhes tratamentos diferentes, mesmo quando a distinção promovesse o interesse geral por uma concepção de outro modo admissível". Nessa concepção, "um sistema de segregação racial das escolas é inconstitucional em todas as circunstâncias."

A terceira descrição, das *fontes banidas*, reconhece haver um direito especial e diferente (da igualdade em geral) contra a discriminação. A concepção de igualdade, mesmo no utilitarismo e na igualdade de recursos, torna sensível o interesse público a preferências pessoais. Assim, as decisões políticas são bem fundadas, quando as preferências e as escolhas são distribuídas de maneira específica, "sem nenhum pressuposto de que os que têm tal preferência sejam mais dignos de consideração ou tenham preferências mais admiráveis"[290]. Nessa descrição, "as pessoas têm o direito, contra esse tipo de justificativa coletiva, de que certas fontes, tipos de preferências ou escolhas não sejam levados em consideração desse modo"[291]. Trata-se da ideia de direito como um trunfo, utilizado contra tudo e todos, que salvaguarda o indivíduo contra ataques a seus interesses juridicamente protegidos, mesmo contra as maiorias. "Insiste em que as preferências que têm por base alguma forma de preconceito contra um grupo nunca possam contar em favor de uma política que inclua a desvantagem desse grupo."[292] Assim como

---

[287] Ibid., loc. cit.
[288] Ibid., p. 457.
[289] Ibid., p. 458.
[290] Ibid., loc. cit.
[291] Ibid., loc. cit.
[292] Ibid., loc. cit.

a segunda descrição, esta também condenará o programa de segregação racial nas escolas, ainda que não tão automaticamente. Analisar-se-á que a segregação advém de um histórico preconceito, em que negros são tratados diferentemente. Logo, a segregação, enquanto manifestação de uma preferência a um grupo que traz desvantagens a outro já marginalizado, não deve prevalecer. Difere da primeira descrição (classificações suspeitas), pois, aqui, pouco importa eventual cálculo que "atribuísse a todas as preferências de cada pessoa a mesma importância, inclusive àquelas que têm por base o preconceito, pudesse mostrar que a segregação se voltava para o interesse geral, assim compreendido"[293].

Após verificar as descrições possíveis daquilo que o direito pode ser putativamente, Hércules verificará não só as vantagens teóricas de cada uma delas, em termos abstratos, mas como cada uma delas poderia ser posta em prática, como uma norma constitucional, que os tribunais pudessem efetivar. Nesse particular, a primeira descrição apresenta dificuldades de colocação em prática, uma vez que não leva em consideração a origem ou caráter das preferências demonstradas na comunidade. A segunda e a terceira, por outro lado, responderiam bem à questão, vedando a segregação, não necessitando ir além daí a resposta. *Brown* poderia ser explicado pelas duas[294].

Para continuar a investigação entre as descrições das categorias banidas ou das fontes banidas, Dworkin continua a trabalhar a questão racial, agora em *Bakke*,[295] que tratava das ações afirmativas para ingresso em universidades. No caso, a Universidade da Califórnia em Davis instituiu cotas para estudantes negros para a faculdade de medicina (16 das 100 vagas oferecidas), e Bakke, que era branco, acabou não sendo aprovado, apesar de deter melhor avaliação no teste exigido do que pessoas negras que foram admitidas no programa. Bakke propôs uma ação contra a Universidade, saindo-se vitorioso no âmbito local, havendo recurso à Suprema Corte, que concedeu o *writ of certiorari*. Pergunta Dworkin, como Hércules teria enfrentado a questão, se juiz do caso fosse? Aqui, sustenta o autor que, já excluída a primeira descrição, seria necessário analisar qual das outras duas serviria de base ao julgamento, eis que as respostas seriam diversas, a depender da descrição a que se adiriria. Pela terceira, das fontes banidas, verificar-se-ia

---

[293] ROSA, 2017, p. 458.
[294] Ibid., p. 459-468.
[295] EUA. Suprema Corte. *Regents of the Univ. of Cal. v. Bakke*, 438 U.S 265, 1978.

que se poderia exigir da instituição de ensino que demonstrasse não haver o estabelecimento de preferências com base em um preconceito que acarretasse prejuízo ao grupo discriminado. Nesse particular, não haveria lesão a direito de Bakke, contudo, seguindo a segunda, categorias banidas, reconhecer-se-ia a violação do direito constitucional do autor, já que, nesta, há uma espécie de lista de atributos que não devem ser sopesados, seja qual for o caso[296]. Assim, Hércules terá que escolher qual das descrições representa o direito vigente na comunidade e "vai preferir a teoria das fontes banidas à teoria das categorias banidas"[297], eis que esta última "não se ajusta à prática política ou constitucional em termos mais gerais"[298], sendo "arbitrária demais para ser considerada uma interpretação genuína de acordo do direito como integridade"[299]. Logo, a teoria das fontes banidas é preferível por possibilitar uma análise baseada em argumentos de princípios, "que justifique por que são especiais os atributos particulares por ela banidos"[300].

Dizer que pessoas nunca podem ser tratadas de modo diferente em virtude de atributos que não possam controlar não representa sempre a prática política e jurídica da comunidade. Dworkin exemplifica que em muitas situações há capacidades naturais (físicas ou intelectuais), que estão além do controle, ditam a preferência ou escolhas por uma ou outra pessoa. Isso ocorre, por exemplo, em subvenções dadas a trabalhadores de baixa renda de um ramo e não de outro, restrição de licença a médicos, a pessoas com certa capacidade física ou mental, oportunidades educacionais (como bolsas), a depender da boa pontuação em um teste de inteligência ou devido à capacidade esportiva, como a um bom jogador de futebol (ou bolsas para atletas em geral). São todas escolhas com base em questões incontroláveis pelo próprio sujeito (quanto, por exemplo, à habilidade em determinado esporte), mas que são lícitas e exercidas diariamente sem uma ruptura social[301].

Expressa Dworkin que a discriminação racial que prejudica os negros é injusta "não porque as pessoas não podem escolher sua raça, mas por-

---

296 DWORKIN, 2007, p. 469.
297 Ibid., p. 470.
298 Ibid., p. 470.
299 Ibid., loc. cit.
300 Ibid., loc. cit.
301 Ibid., p. 470-471.

que essa discriminação expressa preconceito"[302]. Conclui, assim, que a melhor descrição que reflete o direito vigente é a teoria das fontes banidas, e não a das categorias banidas, portanto Hércules "não proibiria programas de ação afirmativa em princípio, pois estes não atuam no sentido de prejudicar nenhum desses grupos [historicamente alvos de preconceito]"[303]. Hércules encontrou, ao caso concreto, o melhor sentido que o direito pode ser, com uma visão una da igualdade e da liberdade que constituem o modo de ser — e de se praticar — o próprio direito naquela comunidade, respeitados os princípios de moralidade pública.

Seguindo esse complexo e longo trajeto, obter-se-á a solução adequada ao caso. Imagine-se, agora, que, pouco antes de Brown, que neste caso hipotético, seria uma decisão do STF com repercussão geral: um juiz encontra-se diante de uma situação similar, seja de segregação em outras escolas ou no transporte público, tudo seguindo o direito então vigente (*separate but equals*). Como deveria ele decidir? A seguir, uma visão tradicional, não havendo um argumento novo, o juiz estaria fadado a seguir o precedente e admitir a segregação, embora discordasse do resultado. O máximo que lhe seria facultado é expor as suas razões discordantes, na esperança de que elas, caso cheguem ao STF — e, como visto, a seguir a proposta do CPC/15 não chegará —, sirvam à reapreciação e possível superação a ser realizada pela própria Corte Suprema.

Não há dúvidas de que o critério material em que se consubstancia o *law as integrity*, abraçando as noções de coerência e integridade dispostas no art. 926 do CPC/15, deve prevalecer sobre o formal, de se tratar de um provimento judicial vinculante, a teor do art. 927 do CPC/15, ou mesmo para que se mantenha o *stare decisis*, dando, assim, cumprimento ao *treat like cases alike*. A decisão judicial não deve recepcionar um precedente, ainda que do STF, acriticamente. Quando houver uma questão substancial, atinente a um princípio, que requer uma solução diferente da obtida no precedente aplicável, deve-se permitir ao juiz dele apartar-se. Por isso, "deve considerar provisórios quaisquer princípios ou métodos empíricos gerais que tenha seguido no passado, mostrando-se disposto a abandoná-los em favor de uma análise mais sofisticada e profunda quando a ocasião assim o exigir"[304].

---

[302] Ibid., p. 471.
[303] Ibid., p. 472.
[304] DWORKIN, 2007, p. 308.

Alguns fundamentam a possibilidade do juiz ou cortes inferiores promoverem a superação de decisões de outros tribunais, com base no art. 489, § 1º, VI, do CPC/15. Isso porque, lá, consta que o juiz poderá utilizar a súmula, a jurisprudência ou o precedente invocado, se demonstrar a superação do entendimento, não fazendo qualquer ressalva a que corte instituiu o *standard* suscitado. Não parece a melhor opção, apesar de chegar à mesma conclusão aqui defendida. Até poderia se defender que o dispositivo permita a superação pela apresentação de um fundamento ainda não debatido, mas não parece tratar-se de uma autorização geral ao *overruling*. Há de se ter mais cuidado em quando e como pode ele ocorrer.

Frente ao caso, o juiz, tal como Hércules, criará descrições que putativamente representam interpretações possíveis daquilo que o direito requer. A interpretação que deverá prevalecer, independentemente da existência de um precedente controlador, é aquela que "demonstrar seu valor, em termos políticos, demonstrando o melhor princípio ou política a que serve"[305]. O exercício da jurisdição não pode estar comprometido com o erro.

A aceitação de um direito estabelecido não se amolda exclusivamente ao uso de um determinado precedente. Há de se realizar o teste e verificar se o precedente, ele mesmo, é compatível com a história institucional do próprio direito, representando uma questão substantiva da moralidade pública. Se a resposta for negativa, o juiz estará autorizado a adotar outra alternativa, aquela que mantenha a coerência e a integridade do direito. Dworkin assinala que, "sem dúvida, a integridade não exige que os juízes respeitem os princípios embutidos em decisões passadas que eles próprios e outros vêem como erros"[306]. E, por isso, haverá uma reavaliação do precedente a cada aplicação, considerando-se "provisórios quaisquer princípios ou métodos empíricos gerais que tenha seguido no passado, mostrando-se disposto a abandoná-los em favor de uma análise mais sofisticada e profunda quando a ocasião assim o exigir"[307].

---

[305] DWORKIN, 2005, p. 239.

[306] DWORKIN, Ronald. *Domínio da vida*: aborto, eutanásia e liberdades individuais. 2. ed. Tradução: Jefferson Luiz Camargo. São Paulo: Martins Fontes, 2009, p. 222.

[307] DWORKIN, 2007, p. 308.

Ao adotar esse posicionamento, não se quer que todo e qualquer juiz se rebele com os precedentes firmados, ou que descaracterize a vinculação material que há ao cumprimento dos *standards* judicialmente criados. Se há a possibilidade de apartar-se do precedente, por uma questão de princípio, deve-se observar que se trata de uma exceção, a ocorrer em situações pontuais. "Deve exercer com modéstia seu poder de desconsiderar as decisões passadas, e exercê-lo de boa-fé."[308] Não deixará o juiz de seguir uma decisão anterior pelo simples fato de com ela não concordar. Exige-se mais, que essa discordância esteja justificada em uma questão de princípio, sem a qual o caso não receberá a resposta correta. Por isso, não se trata de um subjetivismo — "não sigo porque não concordo" —, por isso ocorrerá em temas controvertidos, não sendo legítimo que o faça, quando se está diante de decisões passadas "que quase ninguém — nem mesmo entre os críticos mais rigorosos do desempenho do tribunal — atualmente desaprova ou considera equivocadas"[309]. Ressalta-se a importância da fundamentação da decisão, em que explicará em pormenores por que, diante do caso em mãos, o direito exige outra resposta, apresentando os argumentos de princípios que melhor justificam o caminho tomado.

Destaca Morrison que a teoria dworkiniana faz uma dupla exigência ao juiz, quais sejam, que "(i) tome decisões que apliquem o direito já existente, porém (ii) o faça de modo que represente o Direito como expressão de uma teoria política dotada de coerência interna"[310]. Dada essa segunda condição, o magistrado deverá, sempre, analisar as fontes jurídicas de que dispõe — independente se de origem judicial ou legislativa — e verificar se elas efetivamente correspondem, se aplicadas, a uma concepção una de justiça, equidade ou outro elemento formador da moralidade política, como a liberdade e igualdade, base da teoria política de Dworkin. Deve-se ter em mente que o direito não se encerra no próprio precedente. Hércules verificará todas as fontes concorrentes que possam haver sobre o assunto tratado e retirará, levando todas em consideração, a que melhor explicar o que o direito requer. Se ela for diversa ao de um *standard* judicialmente criado, este cederá, e deverá o juiz julgar corretamente o caso.

---

[308] DWORKIN, 2009. p. 222.

[309] Ibid., loc. cit.

[310] MORRISON, 2006, p. 509.

5.5.5.3. POR UMA VINCULAÇÃO MATERIAL DO JUIZ AO DIREITO JURISPRUDENCIAL

Todas as considerações anteriores apontam para uma ideia básica: há vinculação do juiz ao direito jurisprudencial em geral, mas ela ocorrerá tendo por base critérios materiais e não formais. A tentativa de formação de uma teoria dos precedentes (ou do direito jurisprudencial) que veja neles "precedentes formalmente vinculantes" não se sustentará por muito tempo, eis que logo aparecerão os mesmos problemas já observados na própria interpretação da lei. Estar-se-ia fazendo mais do mesmo, trocando-se exclusivamente a origem jurígena, que antes era exclusiva do Legislativo e, agora, também do Judiciário. Buscou-se demonstrar a impropriedade de uma "teoria de precedentes formalmente vinculantes" por meio da crítica dos estudos de Zanetti Jr.

Os critérios materiais são justamente aqueles contidos no art. 926 do CPC/15. Ao lado de qualquer tentativa de estabelecer critérios formais, como a malsucedida do art. 927, do CPC/15, devem-se sobrelevar os materiais, a coerência e a integridade. Tomada como uma virtude política, a integridade é uma questão de fundamento, que norteará profundamente o direito, seja na seara legislativa seja na judicial, por isso divide-se nessas duas acepções, para evitar o arbítrio estatal contra a liberdade do cidadão. O modelo centrado em direitos de Dworkin, ao conceber direitos morais do indivíduo — que opera nas duas esferas da integridade — admite que "o texto jurídico é, dessa maneira, uma fonte de direitos morais no tribunal, ele nega que o texto jurídico seja a fonte exclusiva de tais direitos"[311], eis que se baseariam em princípios. Se uma questão de princípio deve prevalecer sobre a lei, quando o Legislativo não cumpriu seu mister com integridade, também sobrepujará o direito jurisprudencial, quando não formado de maneira íntegra, ou seja, quando não representar uma visão una e coerente de justiça ou equidade.

Sem critérios materiais, manter-se-á a discricionariedade judicial, e não se superará a jurisprudência lotérica que reina atualmente. Os critérios formais não detêm a capacidade de constranger o intérprete, eis que não sugerem, dentre interpretações concorrentes, aquela que deva prevalecer. Julgar casos similares de forma similar nada indica quanto ao conteúdo da decisão. Trata-se de um passo importante para

---

[311] DWORKIN, 2005, p. 15.

a obtenção de fins especiais e caros ao direito: a segurança jurídica e previsibilidade. Contudo, esquece-se do essencial, o aspecto substancial, que é tratar um caso de forma coerente e íntegra.

Quando os critérios materiais não confrontam os formais, não há problema na convivência de ambos; antes, um serve de apoio ao outro. O problema está no momento em que se tiver que optar por um deles. Parte considerável da doutrina aponta que prevalecerá o formal, pelo dever de seguir o direito jurisprudencial pela autoridade que detém, sobretudo pela corte que o instituiu. Parece que o CPC/15 segue no "sistema de precedentes" construindo a mesma trilha, o que é extremamente negativo. Nesse sentido, há a necessidade de pôr, no centro da aplicação do direito jurisprudencial, o art. 926 do CPC/15 e realizar uma filtragem de todos os outros dispositivos à luz da teoria do direito como integridade. Assim, em companhia dos art. 5º, LV, e art. 93, IX, ambos da CF, possibilitar-se-á uma interpretação da nova codificação adequada à Constituição Federal, que permita um exercício democrático da jurisdição, para a obtenção de respostas corretas no direito.

CONCLUSÃO

O DIREITO É COMPLEXO, E ASSIM TAMBÉM O É O NASCIMENTO, O USO e o desenvolvimento do direito jurisprudencial. Nesta quadra da história, não há lugar para simplificações e reduções teóricas que simplesmente mantenham o *status quo* positivista em que se vive. Se o positivismo não morreu, tampouco já há um novo paradigma preponderante. Passa-se por um momento de crise, que, encarada em seu sentido etimológico, é algo positivo, na medida em que oportuniza um ajuste de direção, um melhoramento ao futuro.

O desenvolvimento do direito pela jurisdição é relativamente bem aceito teoricamente e visualizado na prática, conforme tentou-se demonstrar no capítulo I. Não é uma novidade, mesmo em países de *civil law*, o uso de *standards* legais resultantes do próprio exercício da jurisdição, do julgamento contínuo de casos. Se o CPC/15 introduziu várias novidades em relação ao tema, não se pode falar que somente a partir daí é que houve o reconhecimento da importância do direito jurisprudencial. As reformas anteriores na legislação processual civil bem demonstram que o direito jurisprudencial estava no cerne das preocupações, passando-se, pouco a pouco, a privilegiá-lo no cenário nacional.

Essa importância que foi conferindo-se ao direito jurisprudencial na prática jurídica não se seguiu de um desenvolvimento teórico que caminhasse lado a lado. Somente a partir dos primeiros anos deste atual século, é que se iniciou maior volume de estudos e mais pesquisadores passaram a envolver-se com o tema. Antes disso, é bem verdade, a preocupação estava espalhada em obras esparsas, publicadas de tempos em tempos, ou em manuais gerais que, apesar da qualidade, não se dedicavam exclusivamente ao direito jurisprudencial. Com o início das discussões sobre o projeto de lei que culminaria no atual código, a doutrina nacional passou a mirar o tema com grande intensidade, conferindo-lhe fundamental importância, e as obras sobre o assunto multiplicaram-se exponencialmente.

Participando dessa discussão, buscou-se, primeiramente, adequar o direito jurisprudencial àqueles degraus tradicionalmente dispensados à teoria do direito: a teoria das fontes, da norma e do ordenamento jurídico. Realizou-se isso nos dois capítulos iniciais do trabalho. O primeiro deles dedicou-se mais detidamente à análise dos pronunciamentos judiciais como fonte de direito, além de classificá-los em diferentes categorias. Concluiu-se que a atividade judicial funciona como fonte do direito, ainda que sua formação se dê de maneira distinta da legislação. Utilizou-se o exemplo privilegiado da responsabilidade civil, especialmente a evolução da reparação pelo nascimento indevido, para delinear a forma pela qual se produz e desenvolve-se o direito jurisprudencial. Com isso, buscou-se definir balizas teóricas ao direito judicialmente criado, relacionando-as com a prática, demonstrando a compatibilidade entre uma e outra. Após, analisaram-se as principais categorias do direito jurisprudencial: decisão, precedente, jurisprudência e súmula. Distinguiu-se umas das outras e, especificamente ao precedente — maior novidade advinda do CPC/15 dentre todas as categorias —, buscou-se um conceito adequado, no direito brasileiro, que, ao mesmo tempo, amolda-se à cultura jurídica nacional sem prejuízo de recepcionar o maior desenvolvimento que há em outros países.

Observando-se que a decisão judicial é qualificada como fonte de direito, procurou-se verificar como se dá a sua normatividade, definir qual o *standard* legal que se cria a partir da jurisdição. Em outras palavras, como o direito jurisprudencial encaixa-se na teoria da norma jurídica. Concluiu-se que a normatividade das diferentes categorias do direito jurisprudencial expressa-se pela *ratio decidendi*, cuja definição apresenta uma série de dificuldades, tanto no Brasil como em países de *common law*, onde a discussão já é mais antiga, com maior desenvolvimento da questão. Concluiu-se também que a *ratio* deve ser tomada como um conceito interpretativo. Não será encontrada na linguagem canônica do texto de uma decisão de forma expressa. Para identificá-la, o magistrado deverá voltar-se não só ao caso anterior, mas também àquele que deve julgar, pois é ele que demandará o que precisa ser observado no passado institucional. É a partir dele que se verificará a compatibilidade ou aplicabilidade de uma decisão anterior, o conjunto delas ou mesmo de uma súmula. Além disso, devem-se analisar profundamente os fatos materiais que conduziram a Corte anterior a tomar a decisão que foi prolatada, para que seja possível o estabelecimento de analogias e distinções.

Ainda no segundo capítulo, verificado que o direito jurisprudencial encontra lugar na teoria das normas, passou-se a perquirir sobre a compatibilidade e a colisão de tais *standards* com os outros que compõem o ordenamento jurídico. Nesse particular, analisou-se a função do direito jurisprudencial em caso de lacunas, e, principalmente, quando há colisão, seja com a legislação ou com outros pronunciamentos judiciais. Tratou-se da superação, estabelecendo suas características em uma tradicional teoria sobre os precedentes em geral, além de seus efeitos temporais.

Finalizado os degraus da normatividade que englobou a teoria das fontes, norma e ordenamento jurídico, passou-se a analisar a pretensa tentativa de criação de um "sistema de precedentes" por meio do CPC/15, observando a lógica que o cerca e as mudanças que foram trazidas pela Lei n. 13.256/16. Tratou-se de um momento de maior análise dogmática, em que a nova legislação foi abordada de forma analítica, apontando-se insuficiências, contradições e descompassos entre os institutos que o formariam.

Focou-se na análise do art. 927 do CPC/15, que está envolto ainda em uma grande discussão doutrinária, havendo nada menos que cinco leituras distintas, algumas antagônicas. Defendeu-se que o artigo estará sob sua melhor luz, se houver a junção de duas dessas leituras. Partindo-se do pressuposto de que se cria uma vinculação formal, obrigando o magistrado a seguir os pronunciamentos judiciais lá indicados, a tese da inconstitucionalidade seria a adequada, porque todas as decisões a que se impõe efeito vinculante dependem de autorização constitucional, tal como já ocorre com a ADI, a ADC e a súmula vinculante. A tese da inconstitucionalidade do art. 927 do CPC/15, contudo, pode ser contornada, em uma interpretação conforme a Constituição, se a exigência do dispositivo for entendida como um dever de observação. Em outras palavras, não pode um daqueles pronunciamentos passar despercebido pelo juiz, cumprindo levá-lo em consideração — para adotá-lo ou não — em sua decisão. Ainda que nenhuma parte tenha invocado um pronunciamento daqueles constantes no rol do art. 927 do CPC/15, cumpre ao magistrado trazê-lo à discussão, de ofício, observando o contraditório prévio (art. 10 do CPC/15). Após analisados individualmente os pronunciamentos do art. 927 do CPC/15, observou-se a influência deles em outros institutos processuais.

No quarto capítulo, buscou-se investigar a utilização do direito jurisprudencial na teoria da decisão judicial. Delineou-se a relação entre a jurisdição e democracia e a necessidade e utilidade de uma teoria da decisão, que, no pós-positivismo, é aquilo que deterá normatividade, para criar constrangimentos epistemológicos à atividade judicial. Isso para que se ultrapassem a discricionariedade judicial e as posturas teóricas que dela dependam. Para tanto, utilizou-se como norte teórico o direito como integridade (*law as integrity*) de Ronald Dworkin, que se entende apropriado ao direito brasileiro e é agasalhada na legislação nacional pelo art. 926 do CPC/15.

Após afastar a proposta teórica de Zaneti Jr., dada a incompatibilidade de uma teoria de precedentes formalmente vinculantes com o garantismo jurídico de Ferrajolli, propôs-se uma leitura dworkiniana ao art. 926 do CPC/15, que toma lugar cimeiro na apropriada utilização do direito jurisprudencial na prática judicial, explicando-se os postulados do direito como integridade. Ressaltou-se a importância do contraditório efetivo e do dever de fundamentação para uma teoria da decisão judicial democrática, compatível com o norte teórico eleito. Após o diálogo em que participam efetivamente as partes, o juiz deverá fundamentar a sua decisão em argumentos de princípio, com o objetivo último de encontrar a resposta correta. Obviamente, a tese da resposta correta deve ser entendida como uma expectativa normativa à magistratura. Busca reconhecer a responsabilidade política do juiz em realizar o melhor trabalho possível, ao identificar o direito vigente da comunidade, por meio de sua própria história institucional, de forma que a decisão expresse uma concepção una e coerente de princípios, atinente à moralidade política, como a justiça e a equidade.

Apresentaram-se os pontos em que o direito como integridade exige um pensar diverso daquilo que majoritariamente é defendido na doutrina. A recepção do *law as integrity*, da forma como exigido pelo art. 926 do CPC/15, pode ser transformador, se bem assimilado na prática jurídica em geral e na judicial, em particular. No que toca à formação da *ratio decidendi*, exigirá que ela seja tomada como um conceito interpretativo, a ser construído a cada aplicação, o que faz ceder boa parte das premissas da legislação, como a ideia de que o direito jurisprudencial apresentará ao jurista um enunciado normativo claro, um produto pronto e acabado, a ser aplicado dedutivamente a casos futuros. Igualmente, contraria uma visão prospectiva do precedente, na medida em que a responsabilidade política do juiz é resolver corretamente o caso em mãos, sendo que os casos futuros serão de responsabilidade dos magistrados posteriores.

Outro ponto que merece uma percepção distinta ao que usualmente é dado é a superação. Entendida como uma questão de princípio, não há porque restringir ao próprio Tribunal que instituiu o precedente ou aos que lhe sejam superiores. Se o dever e a responsabilidade do juiz são resolver corretamente (de forma substancialmente correta) um caso, não é cabível que critérios formais obriguem o magistrado a estar fadado a perpetuar o erro espelhado no precedente. Não deve haver um compromisso com o erro, principalmente quando derivado de questões substanciais — de princípios —, sequer em nome de uma aparente estabilidade. Obviamente, não se trata de emissão de um juízo de valor pessoal do julgador, antes, deverá justificar em argumentos de princípios a opção de não seguir um precedente. Isso ocorrerá como exceção, situações controvertidas em que o próprio precedente já está suscetível a críticas doutrinárias ou mesmo judiciais.

Feito esse breve retrospecto dos principais assuntos trabalhados, cumpre ressaltar que se tratou de um empreendimento verdadeiramente científico. Diferentemente de parte considerável das pesquisas jurídicas, negou-se, aqui, grande parte da hipótese inicial: de que o "sistema de precedentes", tal como modelado pelo CPC/15 — baseado em "precedentes formalmente vinculantes" —, era juridicamente perfeito e culturalmente desejável, além de que resolveria (ou, ao menos, teria condições potenciais para resolver), senão todos, boa parte dos problemas verificados na prática jurídica, principalmente a dispersão jurisprudencial (jurisprudência lotérica), permitindo, a um só tempo, a estabilidade, enquanto maior previsibilidade, e a mudança, necessária à evolução do direito em uma sociedade pós-moderna e, em si, a uma visão (e prática) democrática da jurisdição.

No transcorrer da pesquisa, passou-se do *noble dream* ao *nightmare*. Aquilo que parecia perfeito começou a levantar preocupações pontuais. Após, as inquietações começaram a transcender dispositivos individuais e passaram a voltar-se ao "sistema de precedentes" como um todo. Tanto é assim, que a postura passou a ser de temor das possíveis consequências de sua adoção, dada a grande possibilidade de estagnação do direito. Não é à toa que se foi buscar, em Eros Grau, inspiração ao título da presente tese.

O medo com um possível engessamento ainda é real e deve ser levado à sério. Se tomados em uma concepção literal, vários dos dispositivos do CPC/15 podem levar ao congelamento de sentido do próprio direito vigente, impedindo sua evolução. A padronização decisória (inclusive preventiva), por meio de diversos provimentos judiciais vinculantes, inverte a lógica com o trato do precedente em particular e do direito jurisprudencial em geral. Ao invés de representar um *principium*, o ponto de partida para o debate processual (contraditório efetivo) que culminará em uma decisão fundamentada, os *standards* judicialmente criados são tidos como pontos finais, fulminam a discussão, que se torna desnecessária, eis que já está pré-dada neles a resposta. Admite-se até que o juiz discorde dessa solução pré-dada, mas estará fadado a repeti-la, independente de uma análise de sua correção em princípios, dada a vinculação formal estipulada. Poderá, no máximo, fazer a ressalva de seu entendimento, na vã esperança de sensibilizar outras Cortes, sobretudo as Superiores, em uma futura e incerta modificação.

O "sistema de formação concentrada de precedentes" deve ser visto com desconfiança, pois descura dos fatos do caso concreto, fazendo com que a jurisdição assuma papel contrário a suas funções, qual seja, a de resolver casos futuros, que sequer existam no momento em que se cria uma "tese". Nesse passo, tais teses passam a funcionar como regras gerais e abstratas, universalmente aplicadas por dedução, o que faz prescindir de um caráter argumentativo mais desenvolvido (em nome da celeridade e eficiência), aproximando indevidamente a jurisdição da legislação.

O sistema recursal, sobretudo após as modificações introduzidas pela Lei n. 13.256/16, impede, de igual forma, uma necessária oxigenação do direito. Uma vez criado um *standard* pretensamente vinculante, ele se solidifica no tempo. Sua superação é inviabilizada pela tremenda dificuldade em se levar um caso sobre um assunto já tratado às Cortes superiores. Há diversas formas, não só recursais, que impedem um indivíduo de litigar, quando busca a superação de um entendimento, principalmente se almeja que isso seja levado a cabo pela incorreção da "tese" fixada. O julgamento liminar de improcedência é exemplo dessa tendência a se fecharem as portas da Justiça àquele que deseja ver superado um entendimento anterior, porque errado. No sistema recursal, contudo, isso se alastra a uma série de institutos. Os poderes do relator, principalmente quanto ao julgamento monocrático e o duplo juízo de admissibilidade dos recursos excepcionais, com os problemas, por exemplo, já apontados em relação ao art. 1.030 do CPC/15 ou com a questão do mero agravo interno contra a decisão do Tribunal local que não admite o recurso, são pontos que demonstram a procedência das preocupações expostas.

Se esse medo é real e exige cuidados, há a necessidade de encarar as disposições do CPC/15 sob sua melhor luz, tornando a sistemática proposta no que ela pode ser de melhor. Este foi o objetivo central do estudo: conferir um arcabouço teórico inicial, de cunho normativo, para que o uso do direito jurisprudencial, sobretudo na decisão judicial, seja feito de uma forma constitucionalmente adequada, para que a jurisdição seja exercida de maneira democrática, impedindo a discricionariedade judicial. Se há uma tentativa da legislação em seguir um objetivismo interpretativo, calcado na metafísica clássica, como se os *standards* judicialmente criados trouxessem em si uma essência e definissem todas as suas próprias hipóteses de aplicação, não pode prevalecer, tampouco servirá uma postura subjetivista, que descamba a decisões *ad hoc*, em um ambiente de puro decisionismo.

Para que se cumprisse esse objetivo, elegeu-se a utilização do direito jurisprudencial sob o foco do direito como integridade (*law as integrity*) de Ronald Dworkin, subministrado pela Crítica Hermenêutica do Direito de Lenio Streck. Buscaram-se esses marcos teóricos, porque, primeiramente, são visões substanciais, em que se busca uma conformação da decisão com o conteúdo reconhecido pelo direito, por isso são antidiscricionárias e buscam respostas corretas. Segundo, e por consequência, são teorias normativas, que, mais que descrever o direito, impõem freios epistemológicos aos juristas em geral e aos juízes em particular. Ao considerar a possibilidade (e necessidade) de se encontrarem respostas corretas, há a abertura à crítica, além de apontar-se, de uma forma racional, qual ou quais decisões não seriam apropriadas. Ainda que juízes continuem, de fato, a decidir de uma ou outra forma casos similares, a opção teórica, ao menos, confere solo firme a uma postura crítica. Terceiro, assim não há relativismos, há como apontar o que é correto e o que é errado. Não se trata a jurisdição de um mero ponto de vista, que possa resultar nesta ou naquela solução, a depender do julgador, de seu próprio senso de justiça, sua vontade, enfim, seus valores mais íntimos e subjetivos. Quarto, foi a proposta teórica incorporada no próprio código, ao prever a coerência e a integridade no art. 926, do CPC/15, a qual deve servir de ponto central a todos os institutos e dispositivos que se relacionam com a aplicação do direito jurisprudencial.

A adoção do *law as integrity*, no âmbito teórico, amolda-se ao direito brasileiro, sobretudo na busca por coerência e integridade e na promoção de uma prestação jurisdicional democrática, em que a intervenção estatal na esfera individual seja justificada por questões de princípios.

No âmbito prático, a adoção da teoria dworkiniana exige uma releitura da legislação processual, de seus institutos e redefinição de rumos da proposta inicialmente realizada pelo CPC/15. Tentou-se demonstrar isso não só ao final, mas em todo o transcorrer do trabalho, por meio do estudo analítico do direito positivo recém-instituído. Incorporando a noção de força gravitacional que exerce o direito jurisprudencial, há uma simples mas profunda alteração: troca-se um sistema formalmente vinculante por outro, em que a vinculação é material, derivada de questões substanciais de princípio. Isso exigirá, por um lado, que o jurista busque, no direito em geral e no jurisprudencial em particular, uma questão de princípio, que estará sustentando eventual *ratio decidendi* construída. Busca-se a coerência com o passado, mas também a integridade, que demandará, em alguns casos, que se supere um precedente que seja, por uma questão de princípio, considerado errado, independentemente da Corte que o instituiu.

Ao final, a esperança suplanta o medo. Se é verdade que a tentativa de elaborar um "sistema de precedentes" possa levar ao engessamento do direito, acredita-se que uma teoria jurídica base adequada, como o direito como integridade, corrija eventuais equívocos. Poderá fornecer uma leitura que faça do uso do direito jurisprudencial — e do regramento do CPC/15 — aquilo que de melhor ele possa ser. Encarado sobre essa ótica, o *nightmare* dissipa-se, oportunizando que, ao direito jurisprudencial, constitua um importante elemento de determinação das decisões judiciais, de forma tal que se evite a discricionariedade, enquanto manifestação da subjetividade do julgador, prestando-se democraticamente a jurisdição, com um enfoque em direitos, em questões substanciais de princípio.

REFERÊNCIAS

ABBOUD, Georges; CARNIO, Henrique Garbellini; OLIVEIRA, Rafael Tomaz de. *Introdução à teoria e à filosofia do direito*. 3 ed. São Paulo: RT, 2015.

———. Do genuíno precedente do stare decisis ao precedente brasileiro: os fatores histórico, hermenêutico e democrático que os diferenciam. In: DIDIER JR, Fredie; CUNHA, Leonardo Carneiro da; ATAÍDE JR., Jaldemiro Rodrigues de; MACÊDO, Lucas Buril de. *Precedentes*. Salvador: Juspodivm, 2015, p. 399-406.

———. BARBOSA, Rafael Vinheiro Monteiro; OKA, Juliana Mieko Rodrigues. Controle de constitucionalidade pelo STJ: uma medida contra legem? *Revista de Processo*, São Paulo, v. 41, n. 253, p. 15-30, mar. 2016.

———. CAVALCANTI, Marcos de Araújo. Interpretação e aplicação dos provimentos vinculantes do novo código de processo civil a partir do paradigma do pós-positivismo. *Revista de Processo*, v. 245, p. 351-377, jul. 2015, p. 352.

———. Apresentação. In: CAVALCANTI, Marcos de Araújo. *Incidente de resolução de demandas repetitivas (IRDR)*. São Paulo, RT, 2016, p. 13-22.

ABREU, Pedro Manoel. *Processo e democracia*. São Paulo: Conceito, 2011.

———. *Jurisdição e processo*: desafios políticos do sistema de justiça na cena contemporânea. Florianópolis: Conceito, 2016.

ACKERMAN, Bruce. The Living Constitution. *Harvard Law Review*, v. 120, n. 7, p. 1737-1812, mai. 2007.

ADAMS, Maurice. The Rhetoric of Precedent and Comparative Legal Research. *The Modern Law Review*, v. 62, p. 464-467, 1999.

ALEXANDER, Larry. Constrained by precedent. *South California Law Review*, v. 63, n. 1, p. 1-64, 1989.

ALEXY, Robert. *Teoria dos direitos fundamentais*. Tradução: Virgílio Afonso da Silva. São Paulo: Malheiros, 2008.

ALLAN, T. R. S. Text, context, and Cosntitution: the common law as public reason. In: EDLIN, Douglas E. (Org.). *Common law theory*. Nova Iorque: Cambridge University Press, 2007, p. 185-203.

AMARAL, Guilherme Rizzo. *Comentários às alterações do novo CPC*. 2 ed. São Paulo: RT, 2016.

ANDRADE, Gustavo Fenandes de. Comparative constitutional law: judicial review. *University of Pennsylvania Journal of Constitutional Law*, v. 3, n. 3, p. 977-989, mai. 2001.

ANDREWS, Neil. *O moderno processo civil*: formas judiciais e alternativas de resolução de conflitos na Inglaterra. Tradução: Teresa Arruda Alvim. 2 ed. São Paulo: RT, 2012.

AGUILÓ REGLA, Josep. Fuentes del derecho. In: FABRA ZAMORA, Jorge Luis; RODRÍGUEZ BLANCO, Verónica. *Enciclopedia de Filosofía y Teoría del Derecho*. v. 2. Cidade do México: Universidad Nacional Autónoma de México, p. 1019-1066, 2015.

———. Fuentes del derecho y normas de origen judicial. *Revista General de Legislación y Jurisprudencia*, v. 3, n. 3, P. 447-470, 2009.

———. Positivismo y postpositivsmo: dos paradigmas jurídicos en pocas palabras. *Doxa*: cuadernos de filosofia del derecho, v. 30, p. 665-675, 2007.

ARENHART, Sérgio Cruz. Os terceiros e as decisões vinculantes do novo CPC. *Revista do TST*, v. 82, n. 2, p. 296-315, abr.-jun. 2016.

———. Acesso à justiça: relatório brasileiro. *Revista de Processo Comparado*, v. 6, a. 3. p. 15-36, 2017.

ARISTÓTELES. *Os pensadores*: Tópicos dos argumentos sofísticos, Metafísica (livro I e II), Ética a Nicômaco, Poética. São Paulo: Abril Cultural, 1973.

ARRUDA ALVIM. A EC n. 45 e o instituto da repercussão geral. In: ARRUDA ALVIM, Teresa. et. al. *Reforma do judiciário*: primeiras reflexões sobre a emenda constitucional n. 45/2004. São Paulo: RT, 2005, p. 63-100.

———. SCHMITZ, Leonard. Ementa. Função indexadora. (ab) uso mecanizado. problema hermenêutico. In: NUNES, Dierle; MENDES, Aluísio; JAYME, Fernando Gonzaga. *A nova aplicação da jurisprudência e precedentes no CPC/2015*: estudos em homenagem à professora Teresa Arruda Alvim. São Paulo: 2017, p. 653-678.

ARRUDA ALVIM, Teresa. *Embargos de declaração*. 3 ed. São Paulo: RT, 2017a.

———. *Nulidades do processo e da sentença*. 8 ed. São Paulo: RT, 2017b.

———. Art. 1.043. In: STRECK, Lenio Luiz; NUNES, Dierle; CUNHA, Leonardo Carneiro da. *Comentários ao código de processo civil*. São Paulo: Saraiva, 2016b, p. 1394-1397.

———. *Controle das decisões judiciais por meio de recursos de estrito direito e de ação rescisória*: recurso especial, recurso extraordinário e ação rescisória — o que é uma decisão contrária à lei? São Paulo: RT, 2001.

———. Da ação rescisória. In: WAMBIER, Luiz Rodrigues; ARRUDA ALVIM, Teresa. *Temas essenciais do novo CPC*. São Paulo: RT, 2016a, p. 617-628.

———. Embargos de divergência. In: WAMBIER, Luiz Rodrigues; ARRUDA ALVIM, Teresa. *Temas essenciais do novo CPC*. São Paulo: RT, 2016c, p. 605-607.

———. Estabilidade e adaptabilidade como objetivos do direito: *civil law* e *common law*. Revista de Processo, v. 34, n. 172, p. 121-174, jun. 2009.

———. Precedentes e evolução do direito. In: ARRUDA ALVIM, Teresa (Coord). *Direito jurisprudencial*. São Paulo: RT, 2012.

ARRUDA ALVIM, Teresa. Reflexões a respeito do tema "precedentes" no Brasil do século 21. Revista de doutrina TRF4, 2017. *Revista de doutrina TRF4*, n. 78, 2017c. Disponível em: http://www.revistadoutrina.trf4.jus.br/index.htm?http://www.revistadoutrina.trf4.jus.br/artigos/edicao078/Teresa_Arruda_Alvim.html. Acessado em: 20.11.2017.

———.; CONCEIÇÃO, Maria Lúcia Lins; RIBEIRO, Leonardo Ferres da Silva; MELLO, Rogério Licastro Torres de. *Primeiros comentários ao novo código de processo civil*: artigo por artigo. 2ª ed. 2ª tiragem. São Paulo: RT, 2016.

ASENSI, Felipe Dutra; FERREIRA, Arnaldo; DIAS, Daniela Gueiros. Tornar presente quem está ausente? Uma análise da audiência pública em saúde no judiciário. *Confluências*, v. 14, n. 1. Niterói, p. 146-178, dez. de 2012.

ASSIS, Araken de. *Processo civil brasileiro*. v. 1. 2 ed. São Paulo: RT, 2016.

ATAÍDE JR., Jaldemiro Rodrigues de. *Precedentes vinculantes e irretroatividade do direito no sistema processual brasileiro*. Curitiba: Juruá, 2012.

BAHIA, Alexandre Melo Franco. *Recursos extraordinários no STF e no STJ*. 2 ed. Curitiba: Juruá, 2016.

BARBOZA, Estefânia Maria de Queiroz. *Precedentes judiciais e segurança jurídica*: fundamentos e possibilidades para a jurisdição constitucional brasileira. São Paulo: Saraiva, 2014.

BARKER, Stephen F. *The elements of logic*. 5 ed. Nova Iorque: McGraw-Hill, 1989.

BARNES, Jeb. *Overruled?*: legislative overrides, pluralism, and contemporary court-Congress relations. Stanford: Stanford University Press, 2004.

BARREIROS, Lorena Miranda Santos. Estruturação de um sistema de precedentes no Brasil e concretização da igualdade: desafios no contexto de uma sociedade multicultural. In: DIDIER JR, Fredie; CUNHA, Leonardo Carneiro da; ATAÍDE JR., Jaldemiro Rodrigues de; MACÊDO, Lucas Buril de. *Precedentes*. Salvador: Juspodivm, 2015, p. 183-214.

BARRET, Amy Coney. Statutory stare decisis in the courts of appeals. *The George Washington Law Review*, v. 73, p. 317-352, 2005.

BARRETO, Lima. *O triste fim de Policarpo Quaresma*. 17. ed. São Paulo: Ática, 1998.

BARROS, José D'Assunção. *O campo da história*: especialidades e abordagens. Petrópolis: Vozes, 2004.

BARZOTTO, Luis Fernando. *O positivismo jurídico contemporâneo*: uma introdução a Kelsen, Ross e Hart. Porto Alegre: livraria do advogado, 2007.

———. Positivismo jurídico. In: BARRETTO, Vicente de Paulo (org.). *Dicionário de filosofia do direito*. Dicionário Vicente. São Leopoldo: Unisinos, 2006.

BAXTER, Hugh. Dworkin's "one-system" conception of law and morality. *Boston University Law Review*, n. 90, p. 857-862, 2010.

BECKER, Mariana Juliato; HOFFMANN, Eduardo. Ligação tubária e seus aspectos legais. *Revista Thêma et Scientia*, jan./jun. 2015.

BELSON, Marla. "Public-Safety" Exception to Miranda: The Supreme Court Writes Away Rights. *Chicago Kent Law Review*, v. 61, n. 3, p. 577-592, jun. 1985.

BENTHAM, Jeremy. *The Works of Jeremy Bentham*. v. 5. Londres, 1843.

BIX, Brian. Legal positivism. In: GOLDING, Martin P.; EDMUNDSON, William A. *The Blackwell Guide to the Philosophy of Law and Legal Theory*. Malden: Blackwell Pub., 2005, p. 29-49.

BLACK, H. Campbell. The principle of stare decisis. *The American Law Register* (1852-1891), v. 34, n. 12, p. 745-757, 1886.

BLOCH, Marc. *The Historian's Craft*: Reflections on the Nature and Uses of History and the Techniques and Methods of Those Who Write It. Tradução: Peter Putnam. Caravele, EUA, 1953.

BLOCK, Norman M. Wrongful birth: the avoidance of consequences doctrine in mitigation of damages. *Fordham Law Review*, v. 53, n. 5, p. 1107-1125, 1985.

BOBBIO, Norberto. *O positivismo jurídico*: lições de filosofia do direito. Tradução: Márcio Pugliesi, Edson Bini, Carlos E. Rodrigues. São Paulo: Ícone, 2006.

―――. *Teoria das formas de governo*. 8 ed. Tradução: Sérgio Bath. Brasília: UnB, 1995.

―――. *Teoria da norma jurídica*. 2 ed. Tradução: Fernando Pavan Baptista, Ariani Bueno Sudatti. Bauru: Edipro, 2003.

―――. *Teoria geral da política*: a filosofia política e as lições dos clássicos. Tradução de Daniela Beccaccia Versiani. Rio de Janeiro, 2000.

BONAVIDES, Paulo. *Curso de direito constitucional*. 17 ed. São Paulo: Malheiros, 2005.

BOPP JR., James; BOSTROM, Barry A.; MCKINNEY, Donald. A. The "Rights" and "wrongs" of Wrongful Birth and Wrongful Life: A Jurisprudential Analysis of Birth Related Torts. *Duquesne Law Review*, v. 27, p. 461-515, 1988.

BORGES, Marcus Vinícius Motter; SCHRAMM, Fernanda Santos; RÊGO, Eduardo de Carvalho. O fortalecimento dos precedentes no Código de Processo Civil de 2015 à luz do Garantismo Jurídico. In: CADEMARTORI, Luiz Henrique Urquhart; MOTA, Sergio Ricardo Ferreira (Org.). *Direito, teorias e sistemas*. Florianópolis: Insular, 2015, p. 183-206.

BRENNER, Saul; SPAETH, Harold J. *Stare indecisis*: the alteration of precedent of the supreme court, 1946-1992. Nova Iorque: Cambridge University Press, 1995.

BREWER, Scott. Exemplary reasoning: semantics, pragmatics, and the rational force of legal argument by analogy. *Harvard Law Review*, v. 109, n. 5, p. 923-1028, mar. 1996.

BROWN, Stephen R. Reconstructing Pleading: Twombly, Iqbal, and the Limited Role of the Plausibility Inquiry. *Akron Law Review*, v. 43, p. 1265-1303, 2010.

BUENO, Cassio Scarpinella. *Manual de direito processual civil*. 3 ed. São Paulo: Saraiva, 2017.

BUENO, Cassio Scarpinella. Art. 521. In: ARRUDA ALVIM, Teresa; DIDIER JR., Fredie; TALAMINI, Eduardo; DANTAS, Bruno. *Breves comentários ao novo código de processo civil*. 3 ed. São Paulo: RT, 2016, p. 1494-1498.

BUSTAMANTE, Thomas da Rosa de. *Teoria do precedente judicial*: a justificação e a aplicação de regras jurisprudenciais. São Paulo: Noeses, 2012.

CABRAL, Antonio do Passo. A escolha da causa-piloto nos incidentes de resolução de processos repetitivos. In: DIDIER JR, Fredie; CUNHA, Leonardo Carneiro da. *Julgamento de casos repetitivos*. Salvador: Juspodivm, 2017, p. 37-64.

CADEMARTORI, Sérgio Urquhart; GOMES, Nestor Castilho. A teoria da interpretação jurídica em Hans Kelsen: uma crítica a partir da obra de Friedrich Müller. *Revista Sequência*, n. 57, p. 95-114, dez. 2008.

CALABRICH, Bruno. Conceito(s) de norma: uma breve análise sobre a classificação de von Wright. *Revista de informação legislativa*, Brasília, a. 45, n. 178, p. 55-62, abr./jun. 2008.

CÂMARA, Alexandre Freitas. *O novo processo civil brasileiro*. 3 ed. São Paulo: Atlas, 2017.

―――. *Levando os padrões decisórios a sério*: formação e aplicação de precedentes e enunciados de súmula. São Paulo: Atlas, 2018.

CAMARGO, Luiz Henrique Volpe. Art. 932. In: STRECK, Lenio Luiz; NUNES, Dierle; CUNHA, Leonardo Carneiro da. *Comentários ao código de processo civil*. São Paulo: Saraiva, 2016, p. 1212-1217.

CAMBI, Eduardo. Jurisprudência lotérica. *Revistas dos Tribunais*. São Paulo, RT, v. 786, p. 108-128, abr. 2001.

―――. BRITO, Jaime Domingues. O efeito vinculante das súmulas do Supremo Tribunal Federal. In.: LAMY, Eduardo; ABREU, Pedro Manoel; OLIVEIRA, Pedro Miranda de. *Processo civil em movimento*: diretrizes para o novo CPC. Florianópolis: Conceito, 2013, p. 985-1005.

CAMINKER, Evan H. Precedent and prediction: the forward-looking aspects of inferior court decisionmaking. *Texas Law Review*, n. 73, v. 1, p. 1-82, 1994.

CANOTILHO, J. J. Gomes. *Direito constitucional e teoria da constituição*. 7 ed. Coimbra: Almedina, 2003.

CAPPELLETTI, Mauro. Judicial Review in Comparative Perspective. *California Law Review*, v. 58, n. 5, p. 1017-1053, 1970.

CARDOSO, Ciro Flamarion; VAINSFAS, Ronaldo. *Domínios da história*: ensaios de teoria e metodologia. Rio de Janeiro: Campus, 1997.

―――. *Um historiador fala da teoria e metodologia*. Bauru: EDUSC, 2005.

CARDOSO, Oscar Valente. Eficácia vinculante das decisões do Supremo Tribunal Federal no controle concentrado de constitucionalidade. *Revista Dialética de Direito Processual*, São Paulo, n. 131, p. 56-65, fev. 2014.

CARDOZO, Benjamin N. *The nature of the judicial process*. Nova Iorque: Dover Publications, 2005.

CARMEN, Rolando V. del; HEMMENS, Craig. *Criminal Procedure*: law and practice. 10 ed. Boston: Cengage Learning, 2017.

CARVAL, Suzanne. *La construction de la responsabilité civile*: controverses doctrinales. Presses Universitaires de France, 2001.

CASALMIGLIA, Albert. El concepto de integridad en Dworkin. *Doxa*: cuadernos de filosofía del derecho, n. 12, p. 155-176, 1992.

CAVALCANTI, Marcos de Araújo. *Incidente de resolução de demandas repetitivas (IRDR)*. São Paulo: RT, 2016.

CARVALHO, Feliciano de. Reclamação (in)constitucional?: análise do novo Código de processo civil *Revista de informação legislativa*, v. 53, n. 212, p. 57-79, out./dez. 2016.

CARVALHO, Gustavo Marinho de. *Precedentes administrativos no direito brasileiro*. São Paulo: Contracorrente, 2015.

CHASE, Oscar G. *Law, culture, and ritual: disputing systems in cross-cultural context*. Nova Iorque: New York University Press, 2005.

CHIASSONI, Pierluigi. A filosofia do precedente: reconstrução racional e análise conceitual. Tradução: Thiago Pádua. *Universitas JUS*, v. 27, n. 1, p. 63-79, 2016.

CHUEIRI, Vera Karam. *Filosofia do direito e modernidade*: Dworkin e a possibilidade de um discurso instituinte de direitos. Curitiba: JM, 1995.

———. DWORKIN, Ronald. In: BARRETO, Vicente d Paulo (Coord.). *Dicionário de filosofia do direito*. Rio de Janeiro: Renovar, 2009, p. 259-263.

CITTADINO, Gisele. *Pluralismo, direito e justiça distributiva*: elementos da filosofia constitucional contemporânea. 2 ed. Rio de Janeiro: Lumen Juris, 2000.

CLÈVE, Clémerson Merlin. *O Direito e os direitos*: elementos para uma crítica do direito contemporâneo. 2. Ed. São Paulo: Max Limonad, 2001.

CLÈVE, Clémerson Merlin. *Temas de direito constitucional*: e de teoria do direito. São Paulo: Academia, 1993.

COELHO, Luiz Fernando. *Teoria crítica do direito*. 3 ed. Belo Horizonte: Del Rey, 2003.

COHEN, Mathilde. Sincerity and reason giving: when may legal decision-makers lie? *DePaul Law Review*, v. 59, p. 1091-1150, 2010, p. 1093.

COHEN, William; VARAT, Jonathan D.; AMAR, Vikram. *Constitutional law*: cases and materials. 12 ed. Nova Iorque: Foundation Press, 2005.

COLEMAN, Jules L. Beyond inclusive legal positivism. *Ratio Juris*, v. 22, n. 3, p. 359-394, 2009.

COLLIER, Charles W. Precedent and legal authority: a critical history. *Wisconsin Law Review*, v. 47, p. 771-825, 1988.

CÔORTES, Osmar Mendes Paixão. Art. 945. In: ARRUDA ALVIM, Teresa; DIDIER JR., Fredie; TALAMINI, Eduardo; DANTAS, Bruno. Breves comentários ao novo código de processo civil. 3 ed. São Paulo: RT, 2016, p. 2348-2349.

COSTA, Eduardo José da Fonseca. Art. 311. In: STRECK, Lenio Luiz; NUNES, Dierle; CUNHA, Leonardo Carneiro da. *Comentários ao código de processo civil*. São Paulo: Saraiva, 2016, p. 448-455.

CRAMER, Ronaldo. *Precedentes judiciais*: teoria e dicâmica. 1 ed. Rio de Janeiro: Forense, 2016.

CROSS, Frank B.; TILLER, Emerson H. Understanding collegiality on the court. *Journal of constitutional law*, v. 10, n. 2, p. 257-271, 2008.

CROSS, Rupert; HARRIS, J. W. *Precedent in English law*. 4 ed. Nova Iorque: Oxford Press, 2004.

CRUZ, Edmundo. Sentença do habeas corpus impetrado em favor da chimpanzé Suíça. *Revista Brasileira de Direito Animal*, v. 1, n. 1, p. 281-285, 2006.

CUNHA, Leonardo Carneiro da. *A fazenda pública em juízo*. 14 ed. Rio de Janeiro: Forense, 2017.

———. Art. 12. In: STRECK, Lenio Luiz; NUNES, Dierle; CUNHA, Leonardo Carneiro da. *Comentários ao código de processo civil*. São Paulo: Saraiva, 2016a, p. 56-60.

———. Art. 496. In: ARRUDA ALVIM, Teresa; DIDIER JR., Fredie; TALAMINI, Eduardo; DANTAS, Bruno. *Breves comentários ao novo código de processo civil*. 3 ed. São Paulo: RT, 2016b, p. 1394-1402.

———. O processo civil no estado constitucional e os fundamentos do projeto do novo código de processo civil brasileiro. *Revista de processo*, v. 37, n. 209, p. 349-374, 2012.

CUNNINGHAM, Benjamin D. A Deep Breath Before the Plunge: Undoing Miranda's Failure Before It's Too Late. *Mercer law review*, v. 55, 2003.

DAL MONTE, Douglas Anderson. *Reclamação no CPC/15*: hipóteses de cabimento, procedimento e tutela provisória. Florianópolis: Empório do Direito, 2016a.

DAL MONTE, Douglas Anderson. Reclamação no novo CPC e garantia das decisões dos tribunais. In: LUCON, Paulo Henrique dos Santos; OLIVEIRA, Pedro Miranda de. *Panorama atual do novo CPC*. Florianópolis: Empório do Direito, 2016b, p. 77-90.

DANTAS, Bruno. *Teoria dos recursos repetitivos*. São Paulo: RT, 2015.

DANTAS, Bruno. Concretizar o princípio da segurança jurídica: uniformização e estabilidade da jurisprudência como alicerces do CPC projetado. In: FREIRE, Alexandre; DANTAS, Bruno; NUNES, Dierle; et al. *Novas tendências do processo civil*: estudos sobre o projeto do novo código de processo civil. Salvador: Juspodivm, 2013, p. 123-142.

DANTAS, Ivo. *Constituição & Processo*. 1 ed. v. 1. Curitiba, Juruá, 2005.

DAVID, René. *Os grandes sistemas do direito contemporâneo*. 4 ed. Tradução: Hermínio A. Carvalho. São Paulo: Martins Fontes, 2002.

DELGADO PINTO, José. La noción de integridad en la teoría del derecho de R. Dworkin: análisis y valoración. *Derechos y Libertades*: revista del Instituto Bartolomé de las Casas, v. 11, p. 15-44, 2002.

DESANCTIS, Christy H. Narrative Reasoning and analogy: the untold story. *Legal Communication & Rhetoric*, v. 09, p. 149-171, 2012.

DIAS, Ronaldo Brêtas C. As reformas do Código de Processo Civil e o processo constitucional. In: DIAS, Ronaldo Brêtas C; NEPOMUCENO, Luciana Diniz. *Processo civil reformado*. Belo Horizonte: Del Rey, 2007, p. 219.

DIDIER JR., Fredie. *Sobre a teoria geral do processo, essa desconhecida*. 3 ed. Salvador: Juspodivm, 2016.

———. *Curso de direito processual civil*. 14 ed. v. 1. Salvador: Juspodivm, 2012.

———. *Curso de direito processual civil*. 19 ed. v. 1. Salvador: Juspodivm, 2017.

———. BRAGA, Paula Sarno; OLIVEIRA, Rafael Alexandria de. *Curso de direito processual civil*. 10 ed. v. 2. Salvador: Juspodivm, 2015.

──────. BRAGA, Paula Sarno; OLIVEIRA, Rafael Alexandria de. *Curso de direito processual civil*. 10 ed. v. 2. Salvador: Juspodivm, 2017.

──────. CUNHA, Leonardo Carneiro da. *Curso de direito processual civil*. 14 ed. v. 3. Salvador: Juspodivm, 2017.

DIDIER JR., Fredie. Sistema brasileiro de precedentes judiciais obrigatórios e os deveres institucionais dos tribunais: uniformidade, estabilidade, integridade e coerência da jurisprudência In: DIDIER JR., Fredie; CUNHA, Leonardo Carneiro da; ATAÍDE JR., Jaldemiro Rodrigues; MACÊDO, Lucas Buril de. *Precedentes*. Salvador: Juspodivm, 2015, p. 383-398.

DIMOULIS, Dimitri. *Positivismo jurídico*: introdução a uma teoria do direito e defesa do pragmatismo jurídico-político. São Paulo: Método, 2006.

DINIZ, Maria Helena. *As lacunas no Direito*. 8. ed. São Paulo: Saraiva, 2007.

DONIZETTI, Elpídio. *Curso didático de direito processual civil*. 19 ed. São Paulo: Atlas, 2016.

DOTTI, Rogéria. Precedentes judiciais e antecipação: a tutela da evidência no novo CPC. *Revista de direito da ADVOCEF*, a. 11, n. 21, p. 59-75, nov. 2015.

DOUZINAS, Costas; WARRINGTON, Ronnie. *Justice miscarried*: ethics, aesthetics and the law. Edinburg University Press, 1994.

DUXBURY, Neil. *The nature and authority of precedent*. Nova Iorque: Cambridge University Press, 2008.

DWORKIN, Ronald. *Domínio da vida*: aborto, eutanásia e liberdades individuais. 2. ed. Tradução: Jefferson Luiz Camargo. São Paulo: Martins Fontes, 2009.

──────. *Justice for hedgehogs*. Cambridge: Harvard University Press, 2013.

──────. *Levando os direitos a sério*. 1. ed. Tradução Nelson Boeira. São Paulo: Martins Fontes, 2002.

──────. *O império do direito*. 2 ed. Tradução: Jefferson Luiz Camargo. São Paulo: Martins Fontes, 2007.

──────. Rights as trumps. In: WALDRON, Jeremy (Org.). *Theories of Rights*. Oxford: Oxford University, 1984, p.153-167.

──────. The judge's new role: should personal convictions count? *Journal of International Criminal Justice*, v. 1, n. 1, p. 4-12, 2003.

──────. *Uma questão de princípio*. 2. ed. Tradução Luís Carlos Borges. São Paulo: Martins Fontes, 2005.

DYZENHAUS, David. The genealogy of legal positivism. *Oxford Journal of Legal Studies*, v. 24, n. 1, p. 39-67, 2004

DUBOIS, Christian. *Heidegger*: introdução a uma leitura. Tradução: Bernardo Barros Coelho de Oliveira. Rio de Janeiro: Jorge Zahar Editor, 2004.

ECO, Humberto. *Cinco escritos morais*. Tradução: Eliana Aguiar. Rio de Janeiro: Record, 1998.

EDWARDS, Harry T. The effects of collegiality on judicial decision making. *University of Pennsylvania Law Review*, v. 151, n. 5, p. 1639-1690, 2003.

EISENBERG, Melvin Aron. *The nature of the common law.*
Cambridge: Harvard University Press, 1988.

ENGLARD, Izhak. Li v. yellow cab. co.: a belated and inglorious centennial of the California Civil Code. *California Law Review*, v. 65, n. 4, p. 4-27, 1977.

FACCHINI NETO, Eugênio. A tutela aquiliana da pessoa humana: os interesses protegidos. Análise de direito comparado. *Revista Jurídica Luso-Brasileira*, a. 1, n.4, p. 413-163, 2015.

FAVERO, Gustavo Henrichs; RESCHKE, Pedro Henrique. Função criativa do juiz e sistema de precedentes. In: LUCON, Paulo Henrique dos Santos; OLIVEIRA, Pedro Miranda de. *Panorama atual do novo CPC*. Florianópolis: Empório do Direito, 2016, p. 207-220.

FAZZALARI, Elio. *Instituições de direito processual*. Tradução: Elaine Nassif. Campinas: Bookseller, 2006.

FERRAJOLI, Luigi. *Direito e razão*: teoria do garantismo penal. Tradução: Ana Paula Zomer Sica, Fauzi Hassan Choukr, Juarez Tavares, Luiz Flávio Gomes. 2 ed. São Paulo: RT, 2006.

———. Constitucionalismo principialista e constitucionalismo garantista. In: FERRAJOLI, Luigi; STRECK, Lenio Luiz; TRINDADE, André Karam. *Garantismo, hermenêutica e (neo)constitucionalismo*: um debate com Luigi Ferrajoli. Porto Alegre: Livraria do Advogado, 2012a, p. 13-58.

———. O constitucionalismo garantista e o estado de direito. In: FERRAJOLI, Luigi; STRECK, Lenio Luiz; TRINDADE, André Karam. *Garantismo, hermenêutica e (neo)constitucionalismo*: um debate com Luigi Ferrajoli. Porto Alegre: Livraria do Advogado, 2012b, p. 231-254.

———. RUIZ MANERO, Juan. *Dos modelos de constitucionalismo*: una conversación. Madri: Trotta, 2012.

FERREIRA, William Santos. Art. 371. In: ARRUDA ALVIM, Teresa; DIDIER JR., Fredie; TALAMINI, Eduardo; DANTAS, Bruno. *Breves comentários ao novo código de processo civil*. 3 ed. São Paulo: RT, p. 1122-1124, 2016.

———. Súmula vinculante - solução concentrada: vantagens, riscos e a necessidade de um contraditório de natureza coletiva (amicus curiae) In: ARRUDA ALVIM, Teresa Arruda Alvim; et. al. *Reforma do judiciário*: primeiras reflexões sobre a emenda constitucional n. 45/2004. São Paulo: RT, 2005, p. 799-823.

FIALHO, Arthur Monteiro Lins; BONIFÁCIO, Artur Cortez. O efetivo acesso ao judiciário e o tempo processual sob a perspectiva da tutela de evidência. *Revista de cidadania e acesso à justiça*, Curitiba, v. 1, n. 2, p. 726-747, jul./dez. 2016.

FINE, Toni M. *Introdução ao sistema jurídico anglo-americano*. Tradução: Eduardo Saldanha. São Paulo: Martins Fontes, 2011.

FLEMING, John G. Comparative negligence at last: by judicial choice. *California Law Review*, v. 64, n. 2, p. 239-283, mar. 1976, p. 275.

FLETCHER, George P.; SHEPPARD, Steve. *American law in a global context*: the basics. Nova Iorque: Oxford Press, 2005.

FRANCIS, Joseph F. Three cases on possession: some further observations. *Washington University Law Review*, v. 14, n. 1, p. 11-24, jan. 1928.

FRANK, Jerome. *Law & the modern mind*. New Brunswick: Transaction Publishers, 2009.

FRAZÃO, Ana. Principais distinções e aproximações da responsabilidade civil nos modelos francês, alemão e anglo-saxão. In: RODRIGUES JR., Otávio Luiz; MAMEDE, Gladston; ROCHA, Maria Vital da. (Orgs.) *Responsabilidade civil contemporânea*. São Paulo: Atlas, 2011, p. 748-766.

FREIRE, Alexandre. Precedentes judiciais: conceito, categorias e funcionalidade. In: NUNES, Dierle; MENDES, Aloísio; JAYME, Fernando Ganzaga. *A nova aplicação da jurisprudência e precedentes no CPC/15*: estudos em homenagem à professora Teresa Arruda Alvim. São Paulo: RT, 2017, p. 51-82.

———. MARQUES, Leonardo Albuquerque. Art. 85. In: STRECK, Lenio Luiz; NUNES, Dierle; CUNHA, Leonardo Carneiro da. *Comentários ao código de processo civil*. São Paulo: Saraiva, 2016, p. 148-156.

———. Art. 496. In: STRECK, Lenio Luiz; NUNES, Dierle; CUNHA, Leonardo Carneiro da. *Comentários ao código de processo civil*. São Paulo: Saraiva, 2016, p. 698-701

———. SCHMITZ, Leonard Ziesemer. Art. 947. In: In: STRECK, Lenio Luiz; NUNES, Dierle; CUNHA, Leonardo Carneiro da. *Comentários ao código de processo civil*. São Paulo: Saraiva, 2016, p. 1225-1227.

FREIRE, Rodrigo da Cunha Lima. Art. 932. In: ARRUDA ALVIM, Teresa; DIDIER JR., Fredie; TALAMINI, Eduardo; DANTAS, Bruno. *Breves comentários ao novo código de processo civil*. 3 ed. São Paulo: RT, 2016, p. 2322-2326.

GADAMER, Hans-Georg. *Verdade e método I*: traços fundamentais de uma hermenêutica filosófica. 10 ed. Tradução: Flávio Paulo Meurer. Petrópolis: Vozes, 2008.

———. *Verdade e método II*: complementos e índice. 3. ed. Tradução: Enio Paulo Giachini. Petrópolis: Vozes; Bragança Paulista: Editora Universitária São Francisco, 2007.

GALANTER, Marc, *The Vanishing Trial: An Examination of Trials and Related Matters in Federal and State Courts*, Journal of Empirical Legal Studies, v. 1, n. 3, p. 459-570, 2004.

GALANTER, Marc. Why the "haves" come out ahead: speculations on the limits of legal change. *Law and Society*. v. 9, p. 95-160, 1974.

GALIO, Morgana Henicka. *Overruling*: a superação do precedente no direito brasileiro. Florianópolis: Empório do Direito, 2016.

GARCÍA AMADO, Juan Antonio. ¿Existe discrecionalidad en la decisión judicial? *Isegoría*, Nº 35, jul.-dez. 2006, 151-172.

GARDNER, Bryan A. (Org.). *Black's law dictionary*. 9 ed. St. Paul: West Publishing, 2009.

GENETIN, Bernadette Bollas. Summary Judgment and the Influence of Federal Rulemaking. *Akron Law Review*, v. 43, p. 1107-1138, 2010.

GERHARDT, Michael J. *The power of precedent*. Nova Iorque: Oxford Press, 2008.

———. The role of precedent in constitutional decision-making and theory. *George Washington Law Review*, v. 60, p. 68-159, 1991.

GIANESINI, Rita. Da recorribilidade do "cite-se". In: NERY JÚNIOR, Nelson. ARRUDA ALVIM, Teresa. *Aspectos polêmicos e atuais dos recursos cíveis e de outras formas de impugnação às decisões judiciais*. São Paulo: RT, 2001.

GÓES, José do Carmos; LEMOS, Vinicius Silva. A nova amplitude dos embargos de divergência e sua importância na uniformização da jurisprudência. *Cadernos do programa de pós-graduação em Direito PPGDir./UFRGS*. Porto Alegre, v. 10, n. 1, p. 368-391, 2015.

GOLDSTEIN, Laurence. Some Problems about precedent. *Cambridge law journal*, v. 43, n. 1, p. 88-107, abr. 1984.

GONÇALVES, Marcelo Barbi. *O incidente de resolução de demandas repetitivas e a magistratura deitada*. Revista de processo, v. 38, n. 222, p.221-248, 2013.

GOODHART, Arthur L. Determining the ratio decidendi of a case. *The Yale Law Journal*, v. 40, n. 2, p. 161-183, dez. 1930.

GORDILHO, Heron Santana. Habeas corpus impetrado em favor da chimpanzé Suíça na 9ª Vara Criminal de Salvador (BA). *Revista brasileira de direito animal*, v. 1, n. 1, p. 261-280, 2006.

GOUVÊA, Luís Felipe Espíndola. A inconstitucionalidade das novas hipóteses de reclamação previstas no novo CPC. In: LUCON, Paulo Henrique dos Santos; OLIVEIRA, Pedro Miranda de. *Panorama atual do novo CPC*. Florianópolis: Empório do Direito, 2016, p. 271-280.

GRAU, Eros Roberto. *Ensaio sobre a interpretação/aplicação do direito*. 3 ed. São Paulo: Malheiros, 2005.

———. *Por que tenho medo dos juízes*: a interpretação/aplicação do direito e os princípios. 6 ed. 2ª tiragem. São Paulo: Malheiros, 2014.

GRECO, Leonardo. *Instituições de processo civil*. v. II. 1 ed. Rio de Janeiro: Forense, 2010.

GROBE, Rachel Tranquillo. The future of the "wrongful birth" cause of action. *Pace Law Review*, v. 12, n. 3, p. 717-756, 1992.

GRONDIN, Jean. Gadamer's basic understanding of understanding. In: DOSTAL, Robert J. *The Cambridge Companion to Gadamer*. Nova Iorque: Cambrigde University Press, 2006, p. 36-51.

———. *Introdução à hermenêutica filosófica*. Tradução: Brenno Dischinger. São Leopoldo: UNISINOS, 1999.

GUEST, Stephen. *Ronald Dworkin*. Tradução de Luís Carlos Borges. Rio de Janeiro: Elsevier, 2010.

GÜNTER, Klaus. *Teoria da argumentação no direito e na moral*: justificação e aplicação. Tradução: Cláudio Moltz. São Paulo: Landy, 2004.

GUTHRIE, Chris; RACHLINSKI, Jeffrey; WISTRICH, Andrew J. Blinking on the Bench: How Judges Decide Cases. *Cornell Law Review*, v. 93, p. 101-141, 2007.

HÄBERLE, Peter. *Hermenêutica constitucional*: a sociedade aberta dos intérpretes da constituição – contribuição para a interpretação pluralista e "procedimental" da constituição. Reimpressão. Tradução: Gilmar Ferreira Mendes. Porto Alegre: Sérgio Fabris, 2002.

HABERMAS, Jürgen. *Direito e democracia*: entre a faticidade e validade – volume I. Tradução Flávio Beno Siebeneichler. Rio de Janeiro: Tempo Brasileiro, 1997.

HAMILTON, Alexander; MADISON, James; JAY, Jhon. *O Federalista*. n. 78, tomo 3. Rio de Janeiro: Typ. Imp. E Const. De J. Villeneuve e Comp., 1840.

HARRISON, Maurice E. The first half-century of the california civil code. *California Law Review*, v. 10, n. 3, p. 187-201, mar. 1922.

HART, H. L. A. *O conceito do direito*. Tradução: Antônio de Oliveira Sette-Câmara. São Paulo: Martins Fontes, 2009.

———. Positivism and the separation of law and morals. *Harvard Law Review*, v. 71, n. 4, p. 593-629, 1958.

HENLEY, Kenneth. Protestant hermeneutics and the rule of law: Gadamer and Dworkin. *Ratio Juris*, n. 3, v. 1, p. 14-28, 1990.

HENSEL, Wendy F. The disabling impact of wrongful birth and wrongful life actions, *Harvard Civil Rights-Civil Liberties Law Review*, v. 40, n. 1, p. 141-195, 2005.

HOLLAND, James; WEBB, Julian. *Learning legal rules*: a students' guide to legal method and reasoning. Londres: Oxford University Press, 2013.

HUTCHINSON, Allan C. *Evolution and the common law*. Nova Iorque: Cambridge University Press, 2005.

HUTCHSON JR., Joseph C. The Judgment Intuitive: The Function of the "Hunch" in Judicial Decision, *Cornell Law Quarterly*, v. 14, n. 3, p. 274-288, 1929.

JEVEAUX, Geovany Cardoso. *Direito constitucional*: teoria da constituição. Rio de Janeiro: Forense, 2008.

JURATOWITCH, Ben. *Retroactivity and the common law*. Portland: Hart Publishing, 2008.

JUSTISS, Laura K. A survey of electronic research alternatives to LexisNexis and Westlaw in law firms. *Law library journal*, v. 103, n. 1, 2011.

JUTHE, A. Argument by analogy. *Argumentation*, v. 19, n. 1, p. 1-27, 2005.

KARAM, Munir. *A jurisprudência dos tipos*. São Paulo: Revista dos Tribunais, 2014.

KELSEN, Hans. *Teoria geral das normas*. Tradução: José Florentino Duarte. Porto Alegre: Sérgio Fabris, 1986.

———. *Teoria pura do direito*. 8 ed. Tradução: João Baptista Machado. São Paulo: Martins Fontes, 2009.

KNAPP, Charles L.; JOHNSTON JR., John D. Sex discrimination by law: a study in judicial perspective. *New York University Law Review*, v. 46, p. 675-747, 1971.

KÖEHLER, Frederico Augusto Leopoldino; MIRANDA, Gabriela Expósito Tenório. Conceituação e classificação da antecipação dos efeitos da tutela, da tutela cautelar e da tutela de evidência. In: FREIRE, Alexandre; DANTAS, Bruno; NUNES, Dierle; et. al. *Novas tendências do processo civil*. v. 2. Salvador: Juspodivm, 2014, p. 605-618.

———. As novidades do NCPC com relação à improcedência liminar do pedido (art. 285-A do CPC/73, atual art. 332 do NCPC). In: DIDIER JR., Fredie (Coord.); MACÊDO, Lucas Buril de; PEIXOTO, Ravi; FREIRE, Alexandre (Org.). *Coleção novo CPC*: doutrina selecionada. v. 2: procedimento comum. Salvador: Juspodivm, 2016, p. 123-131

KOMÁREK, Jan. Reasoning with previous decisions: beyond the doctrine of precedent. *American Journal of Comparative Law*, v. 61, p. 149-171, 2013.

KREBS, Hélio Ricardo Diniz. *Sistemas de precedentes e direitos fundamentais*. São Paulo: RT, 2015.

KUCSKO-STADLMAYER, Gabriele. El concepto de la norma jurídica y sus tipos. *Revista de la Facultad de Derecho de México*. t. 55, v. 243, p. 227-242, 2005.

LAMOND, Grant. Do precedents create rules? *Legal Theory*, n. 11, p. 1-26, 2005, p. 1.

LAMY, Eduardo de Avelar. *Aspectos polêmicos do novo CPC*. Florianópolis: Empório do Direito, 2016.

———. Considerações sobre a influência dos valores e direitos fundamentais no âmbito da teoria processual. *Revista Sequência*, Florianópolis, n. 69, p. 331-326, dez. 2014.

———. *Ensaios de processo civil*. São Paulo: Conceito, 2011.

LAMY, Eduardo de Avelar. *Flexibilização da tutela de urgência*: a redução da forma na utilização das técnicas cautelar e antecipatória. 2 ed. Curitiba: Juruá, 2008.

———. *Princípio da fungibilidade no processo civil*. São Paulo: Dialética, 2007.

———. Repercussão geral no recurso extraordinário: a volta da arguição de relevância? In: ARRUDA ALVIM, Teresa; et. al. *Reforma do judiciário*: primeiras reflexões sobre a emenda constitucional n. 45/2004. São Paulo: RT, 2005, p. 167-180.

———. LUIZ, Fernando Vieira. Contra o aspecto prospectivo do precedente: uma crítica hermenêutica a Frederick Schauer. *Revista de Processo*, v. 250, a. 40, p. 383-402. São Paulo: RT, p. 383-402, dez. 2015.

LAMY, Eduardo de Avelar; LUIZ, Fernando Vieira. Estabilização da tutela antecipada no novo código de processo civil. *Revista de Processo*, v. 260, p. 105-129, out. 2016.

─────. SCHMITZ, Leonard Ziesemer. A administração pública federal e os precedentes do STF. *Revista de Processo*, v. 214, p. 199-215, 2012.

LANGENBUCHER, Katja. Argument by analogy in the european law. *Cambridge Law Journal*, v. 57, p. 481-521, 1998.

LEAL, Rosemiro Pereira. *Teoria geral do processo*. 5 ed. São Paulo: Thomson-IOB, 2004.

LEAL, Victor Nunes. Passado e futuro da súmula no STF. *Revista de direito administrativo*, Rio de Janeiro, n. 145, p. 1-20, jul.-set. 1981.

LEMOS, Vinicius Silva. A reclamação, o novo CPC e a Lei 13.256 de 2016. In: _____; LEMOS, Walter Gustavo da Silva (org.). *Precedente judicial*. São Paulo: Lexia, 2016, p. 349-361.

─────. O incidente de assunção de competência: o aumento da importância e sua modernização no novo código de processo civil. *Revista dialética de direito processual*, v. 152, p. 106-116, nov. 2015.

LEYH, Gregory. Dworkin's hermeneutics. *Mercer Law Review*, v. 39, p. 851-866, 1988.

LEVI, Edward H. *An Introduction to Legal Reasoning*. Chicago: The University of Chicago Press, 1970.

LEVINSON, Stanford. Why I Do Not Teach Marbury (Except to Eastern Europeans) and Why You Should't Either. *Wake Forest Law Review*, n. 38, p. 553-578, 2003.

LEVIT, Nancy. Ethereal Torts. *George Washington Law Review*, v. 61, n. 1, p. 136-192, nov. 1992.

LIMA, Tiago Asfor Rocha. *Precedentes judiciais civis no Brasil*. São Paulo: Saraiva, 2013.

LLEWELLYN, Karl N. *The common law tradition*. Boston: Little, Brown and Co., 1960.

LOBINGIER, C. Sumner. Precedent in past and present legal systems. *Michigan Law Review*, v. 44, n. 6, p. 955-996, jun. 1946.

LOPES FILHO, Juraci Mourão. *Os precedentes judiciais no constitucionalismo brasileiro contemporâneo*. 2 ed. Salvador: Juspodivm, 2016.

LÓPEZ MEDINA, Diego Eduardo. *El derecho de los jueces*: obligatoriedad del precedente constitucional, análisis de sentencias y líneas jurisprudenciales y teoría del derecho judicial. 2 ed. Bogotá: Legis, 2006.

LORENZETTI, Ricardo Luis. *Teoria da decisão judicial*: fundamentos de Direito. Tradução Bruno Miragem. São Paulo: RT, 2009.

LUIZ, Fernando Vieira. *Teoria da decisão judicial*: dos paradigmas de Ricardo Lorenzetti à resposta adequada à Constituição de Lenio Streck. Porto Alegre: Livraria do Advogado, 2013.

─────. Designing a Court-Annexed Mediation Program for Civil Cases in Brazil: Challenges and Opportunities. *Pepperdine Dispute Resolution Law Journal*, v. 15, n. 1, p. 1-84, 2015.

──────. A força dos precedentes na improcedência liminar do pedido. In: LUCON, Paulo Henrique dos Santos; OLIVEIRA, Pedro Miranda de. *Panorama atual do novo CPC*. Florianópolis: Empório do Direito, 2016, p. 163-176.

LYONS, David. *Moral aspects of legal theory*: essays on law, justice, and political responsibility. Nova Iorque: Cambridge University Press, 1994.

MACCORMICK, Neil. *H. L. A. Hart*. Tradução: Cláudia Santana Martins. Rio de Janeiro: Elsevier, 2010.

──────. SUMMERS, Robert S. *Interpreting Precedents*: a comparative study. Aldershot: Dartmouth Publishing, 1997.

──────. The significance of precedent. *Acta Juridica*, p. 174-187, 1998.

MACÊDO, Lucas Buril de. Precedentes judiciais e o direito processual civil. 2 ed. Salvador: Juspodivm, 2017a.

──────. A análise dos recursos excepcionais pelos tribunais intermediários: o perniciosos art. 1.030 do código de processo civil e sua inadequação técnica como fruto de uma compreensão equivocada do sistema de precedentes vinculantes. In: DIDIER JR., Fredie; CUNHA, Leonardo Carneiro da. *Julgamento de casos repetitivos*. Salvador: Juspodivm, 2017b, p. 327-364.

──────. Antecipação da tutela por evidência e os precedentes obrigatórios. *Revista de Processo*, v. 242, p. 523-552, abr. 2015.

MACEDO JR., Ronaldo Porto. Apresentação: como levar Ronald Dworkin a sério ou como fotografar um porco-espinho em movimento. In: GUEST, Stephen. *Ronald Dworkin*. Rio de Janeiro: Elsevier, 2010.

MANCUSO, Rodolfo de Camargo. *Divergência jurisprudencial e súmula vinculante*. 5 ed. São Paulo: RT, 2013.

──────. *Incidente de resolução de demandas repetitivas*: a luta contra a dispersão jurisprudencial excessiva. São Paulo: RT, 2016.

──────. *Sistema brasileiro de precedentes*: natureza, eficácia, operacionalidade. São Paulo: RT, 2014.

MARANHÃO, Clayton de Albuquerque; VASCONCELLOS, Fernando Andreoni. *Criação de enunciados interpretativos sobre novo CPC é iniciativa louvável*. Disponível em: http://www.conjur.com.br/2015-out-09/criacao-enunciados-interpretativos-cpc-louvavel. Acessado em: 05.10.2016.

──────. *Enunciados interpretativos do novo CPC não têm caráter prescritivo*. Disponível em: http://www.conjur.com.br/2015-out-26/enunciados-interpretativos-cpc-nao-carater-prescritivo#sdendnote1sym. Acessado em: 05.10.2016.

MARINONI, Luiz Guilherme. *A ética dos precedentes*: justificativa do novo CPC. 1 ed. São Paulo: RT, 2014a.

──────. Da teoria da relação jurídica processual ao processo civil do estado constitucional. *Cadernos da Escola de Direito e Relações Internacionais da Unibrasil*, v. 1, n. 6, p. 275-306, 2006.

———. *Incidente de resolução de demandas repetitivas*: decisão de questão idêntica x precedente. São Paulo: RT, 2016b.

———. *Julgamento nas cortes supremas*: precedente e decisão do recurso diante do novo CPC. São Paulo: RT, 2015.

———. *O STJ enquanto corte de precedentes*: recompreensão do sistema processual da corte suprema. 2 ed. São Paulo: RT, 2014b.

———. *Precedentes obrigatórios*. 4 ed. São Paulo: RT, 2016a.

———. *Precedentes obrigatórios*. 3 ed. São Paulo: RT, 2013.

———. ARENHART, Sérgio Cruz. *Prova e convicção*: de acordo com o CPC de 2015. 3 ed. São Paulo: RT, 2015.

———. MITIDIERO, Daniel. *Novo curso de processo civil*. 3. ed. v. 2. São Paulo: RT, 2017a.

———. _____. *Novo código de processo civil comentado*. 3 ed. São Paulo: RT, 2017b.

———. MITIDIERO, Daniel. *Repercussão geral no recurso extraordinário*. 3 ed. São Paulo: RT, 2012.

MARRAFON, Marco Aurélio. *Hermenêutica e sistema constitucional*: a decisão judicial entre o sentido da estrutura e a estrutura do sentido. Florianópolis: Habitus, 2008.

MARTÍN, Isidoro, Una opinión discordante en la doctrina de las fuentes del derecho. In: RODRÍGUEZ GARCÍA, Fausto E (coord.). *Estudios en honor del doctor Luis Recaséns Siches*. v. 2. Cidade do México: Universidad Nacional Autónoma de México, p. 449-462, 1987.

MARTINEZ, Anthony. Plausibility Among the Circuits: An Empirical Survey of Bell Atlantic Corp. v. Twombly. *Arkansas Law Review*, v. 61, p. 763-785, 2009.

MASSEY, Calvin. *American constitutional law*: powers and liberties. 2 ed. Nova Iorque: Aspen, 2005.

MAXIMILIANO, Carlos. *Hermenêutica e aplicação do direito*. 19 ed. Rio de Janeiro: Forense, 2006.

MAXIMILIANO, Carlos. *Hermenêutica e aplicação do Direito*. 19. ed. 10ª tiragem. Rio de Janeiro: Forense, 2006.

MAZZEI, Rodrigo. Art. 1022. In: ARRUDA ALVIM, Teresa; DIDIER JR., Fredie; TALAMINI, Eduardo; DANTAS, Bruno. *Breves comentários ao novo código de processo civil*. 3 ed. São Paulo: RT, 2016, p. 2525-2531.

MCGUIRE, Kevin T. Repeat players in the Supreme Court: the role of experienced lawyers in litigation success. *The journal of politics*, v. 57, n. 1, p. 187-196, fev. 1995.

MEDINA, José Miguel Garcia. *Curso de direito processual civil moderno*. 3 ed. São Paulo: RT, 2017.

———. *Novo código de processo civil comentado*. 4 ed. São Paulo: RT, 2016a.

———. Integridade, estabilidade e coerência da jurisprudência no estado constitucional e democrático de direito: o papel do precedente, da jurisprudência e da súmula, à luz do CPC/2015. *Revista dos Tribunais*, n. 974, p. 129-153, dez. 2016b.

MEE, Jennifer. Wrongful conception: the emergence of a full recovery rule. *Washington University Law Review*, v. 70, n. 3, p. 887-914, jan. 1992.

MELLO, Patrícia Perrone Campos. *Nos bastidores do STF*. 1 ed. Rio de Janeiro: Forense, 2015.

———. O supremo tribunal federal e os precedentes vinculantes: os desafios impostos pelo novo código de processo civil. . In: NUNES, Dierle; MENDES, Aluísio; JAYME, Fernando Gonzaga. *A nova aplicação da jurisprudência e precedentes no CPC/2015*: estudos em homenagem à professora Teresa Arruda Alvim. São Paulo: 2017, p. 835-866.

———. BARROSO, Luís Roberto. Trabalhando com uma nova lógica: a ascensão dos precedentes no direito brasileiro. *Revista da AGU*, Brasília, v. 15, n. 03, p. 09-52, jul./set. 2016.

MELO, Gustavo de Medeiros. Limites à retroatividade do precedente uniformizador de jurisprudência. *Revista Forense*, v. 407, p. 127-148, jan.-fev. 2010.

MENDES, Aluísio Gonçalves de Castro. *Incidente de resolução de demandas repetitivas*: sistematização, análise e interpretação do novo instituto processual. Rio de Janeiro: Forense, 2017.

MENDES, Bruno Cavalcanti Angelin. *Precedentes judiciais vinculantes*: a eficácia dos motivos determinantes da decisão na cultura jurídica. 1 ed. Curitiba: Juruá, 2014.

MENDES, Gilmar Ferreira. *Arguição de descumprimento de preceito fundamental*: comentários à Lei n. 9.882, de 3.12.1999. 2 ed. São Paulo. Saraiva: 2011.

MEURER JR., Ezair José. *Súmula vinculante no CPC/15*. Florianópolis, 2016.

MEZZAROBA, Orides; MONTEIRO, Cláudia Servilha. *Manual de metodologia da pesquisa no direito*. 5 ed. São Paulo: Saraiva, 2009.

MIRANDA DE OLIVEIRA, Pedro. *Ensaios sobre recursos e assuntos afins*. São Paulo: Conceito, 2011.

———. *Novíssimo sistema recursal conforme o CPC/2015*. 2 ed. Florianópolis: Empório do Direito, 2016.

———. *Novíssimo sistema recursal conforme o CPC/2015*. Florianópolis: Conceito, 2015.

MITIDIERO, Daniel. *Precedentes*: da persuasão à vinculação. São Paulo: RT, 2016a.

———. *Cortes superiores e cortes supremas*: do controle à interpretação, da jurisprudência ao precedente. 2 ed. São Paulo: RT, 2014.

———. Art. 311. In: ARRUDA ALVIM, Teresa; DIDIER JR., Fredie; TALAMINI, Eduardo; DANTAS, Bruno. *Breves comentários ao novo código de processo civil*. 3 ed. São Paulo: RT, 2016b, p. 882-884.

MOLINA OCHOA, Andrés. Un argumento en contra de la coherencia. *Revista Diálogos de Saberes*, jul.-dez. 2010, p. 193-217.

MONNERAT, Fabio Victor da Fonte. O precedente qualificado no processo civil brasileiro: formação, eficácia vinculante e impactos procedimentais. In: LUCON, Paulo Henrique dos Santos; OLIVEIRA, Pedro Miranda de. *Panorama atual do novo CPC*. Florianópolis: Empório do Direito, 2016, p. 135-150.

MONTORO BALLESTEROS, Alberto. Sobre la teoría imperativista de la norma jurídica. *Anales de derecho: Universidad de Murcia*, n. 25, p. 133-180, 2007.

MORAWETZ, Thomas H. *The philosphy of law*: an introduction. Nova Jersey. Prentice Hall, 1980.

MOREIRA, José Carlos Barbosa. *Temas de direito processual*. São Paulo: Saraiva, 1980.

MORRISON, Wayne. *Filosofia do direito*: dos gregos ao pós-modernismo. Tradução: Jefferson Luiz Camargo. São Paulo: Martins Fontes, 2006.

MOTTA, Francisco José Borges. *Ronald Dworkin e a decisão jurídica*. Salvador: Juspodivm, 2017.

———. HOMMERDING, Adalberto Narciso. O que é um modelo democrático de processo? *Revista do Ministério Público do RS*, Porto Alegre, n. 73, p. 183-206, jan./abr. 2013.

MULLENDER, Richard. Book review: Justice for Hegehogs. *Philosophy in Review*, v. 34, n. 5, p. 216-221, 2014.

MULLENIX, Linda S. Lessons from abroad: complexity and convergence. *Vilanova Law Review*, v. 46, n. 1, p. 1-31, 2001.

MÜLLER, Friedrich. *O novo paradigma do direito*: introdução à teoria e metódica estruturantes. 2 ed. São Paulo: RT, 2009.

MURTAUGH; Michael T. Wrongful birth: the Courts' dilemma in determining a remedy for a "Blessed Event", *Pace Law Review*, v. 27, n. 2, p. 241-304, 2007.

NASCIMENTO, João Luiz Rocha do. *Do cumprimento do dever de fundamentar as decisões judiciais*: morte dos embargos de declaração, o Macunaíma da dogmática jurídica. Rio de Janeiro: Lumen Juris, 2015.

NELSON, Caleb. Stare decisis and demonstrably erroneous precedents. *Virginia Law Review*, v. 87, n. 1, p. 1-84, mar. 2002.

NERHOT, Patrik. *Law, Writing, Meaning*: An Essay in Legal Hermeneutics. Edinburgh: Edinburgh University Press, 1992.

NERY JR., Nelson; NERY, Rosa Maria de Andrade. *Comentários ao código de processo civil*. São Paulo: RT, 2015.

———. *Constituição Federal comentada e legislação constitucional*. 5. ed. São Paulo: Revista dos Tribunais, 2014.

———. O STJ e o controle de constitucionalidade de lei e ato normativo. *Revista do Superior Tribunal de Justiça*, Brasília, edição especial, p. 455-467, abr. 2009.

NEUMANN JR., Richard K. *Legal reasoning and legal writing*: structure, strategy, and style. 5 ed. Nova Iorque: Aspen, 2005.

NEVES, Castanheira. As fontes do direito e o problema da positividade jurídica, *Boletim da Faculdade de Direito*, Coimbra, v. 51, p. 115-204, 1975.

———. *Digesta*: escritos acerca do direito, do pensamento jurídico e da sua metodologia e outros: Volume 2. Coimbra: Coimbra Editora, 1995.

NEVES, Castanheira. *O instituto dos "assentos" e a função jurídica dos supremos tribunais.* Coimbra: Coimbra editora, 1983.

NUGENT, Donald C. Judicial bias. *Cleveland State Law Review*, v. 42, n. 1, p. 1-59, 1994.

NUNES, Bruno José Silva; NUNES, Leonardo Silva. Notas sobre os incidentes de resolução de demandas repetitivas e de assunção de competência no novo Código de Processo Civil. In: Edilson Vitorelli (Org.). *Temas Atuais do Ministério Público Federal*. 4 ed. Salvador: JusPodivm, 2016, p. 741-757.

NUNES, Dierle. *Processo jurisdicional democrático*: uma análise crítica das reformas processuais. 1 ed. 4 reimp. Curitiba: Juruá, 2012.

———. Processualismo constitucional democrático e o dimensionamento de técnicas para a litigiosidade repetitiva: a litigância de interesse público e as tendências "não compreendidas" de padronização decisória. *Revista de Processo*, n. 199, p. 41-82, set. 2011.

———. Colegialidade corretiva e CPC-2015. In: DIDIER JR., Fredie; MACEDO, Lucas Buril de; PEIXOTO, Ravi; FREIRE, Alexandre. *Processo nos tribunais e meios de impugnação às decisões judiciais*. 2 ed. Salvador: Juspodivm, 2016, p. 33-54.

NUNES, Dierle; BAHIA, Alexandre; PEDRON, Flávio Quinaud. Art. 1.030. In: STRECK, Lenio Luiz; NUNES, Dierle; CUNHA, Leonardo Carneiro da. *Comentários ao código de processo civil*. São Paulo: Saraiva, 2016, p. 1368-1372.

———. MARQUES, Ana Luiza Pinto Coelho; WERNECK, Isadora Tofani Golçalves Machado; FREITAS, Laura. O perigo da utilização estratégica do IRDR por litigantes habituais e a necessidade dos tribunais refletirem sobre sua cooptação: a proibição do incidente preventivo e o caso Samarco. In: LUCON, Paulo Henrique dos Santos; OLIVEIRA, Pedro Miranda de (Coord.). *Panorama atual do novo CPC*. v. 2. Florianópolis: Empório do Direito, 2017, p. 121-145.

OLIANI, José Alexandre M. *Sentença no novo CPC*. São Paulo: RT, 2015.

———. Atribuições e poderes do relator no NCPC. In: WAMBIER, Luiz Rodrigues; ARRUDA ALVIM, Teresa. *Temas essenciais do novo CPC*: análise das principais alterações do sistema processual civil brasileiro de acordo com a Lei 13.256/2016. 2ª tiragem. São Paulo: RT, 2016a, p. 579-585.

———. O contraditório no NCPC. In: WAMBIER, Luiz Rodrigues; ARRUDA ALVIM, Teresa. *Temas Essenciais do novo CPC*: análise das principais alterações do sistema processual civil brasileiro de acordo com a Lei 13.256/2016. 2ª tiragem. São Paulo: RT, 2016b, p. 47-56.

OLIPHANT, Herman. A return to stare decisis. *American Bar Association Journal*, v. 14, n. 2, p. 71-76, 1928.

OLIVEIRA, Guilherme Peres de. Incidente de resolução de demandas repetitivas – Uma proposta de interpretação de seu procedimento. In: In: FREIRE, Alexandre; DANTAS, Bruno; NUNES, Dierle; et. al. *Novas Tendências do Processo Civil*. v. 2, Salvador: JusPodivm, 2014, p. 663-670.

OLIVEIRA, Manfredo Araújo de. *Reviravolta lingüístico-pragmática na filosofia contemporânea*. 3 ed. São Paulo: Loyola, 2006.

OLIVEIRA, Olga Maria Boschi Aguiar de. *Mulheres e trabalho*: desigualdades e discriminações em razão de gênero – o resgate do princípio da fraternidade como expressão da dignidade humana. Rio de Janeiro: Lumen Juris, 2016.

OLIVEIRA, Rafael Tomaz de. *Decisão judicial e o conceito de princípio*: a hermenêutica e a (in)determinação do direito. Porto Alegre: Livraria do Advogado, 2008.

OLIVEIRA, Weber Luiz de. *Precedentes judiciais na administração pública*: limites e possibilidades de aplicação. Salvador: Juspodivm, 2017.

OLIVEIRA NETO, Francisco José Rodrigues de. A estrita legalidade como limitador democrático da atividade jurisdicional. *Pensar*, Fortaleza, v. 16, n. 2, p. 527-561, jul./dez. 2011.

———. O direito e o futuro. O futuro do direito: a concretização responsável e possível. In: AVELÃS NUNES, António José; COUTINHO, Jacinto Nelson de Miranda. (Coord.) O direito e o futuro. O futuro do direito. Coimbra: Almedina, p. 373-379, 2008.

PASSOLD, Cesar Luiz. *Metodologia da pesquisa jurídica*: teoria e prática. 11 ed. Florianópolis: Conceito; Millennium, 2008.

PARKS, Gregory S. Judicial recusal: cognitive biases and racial stereotyping. *Legislation and Public Policy*, v. 18, p. 681-697, 2015.

PATRUS, Rafael Dilly. Colegialidade, integridade e deliberação: os precedentes e o contraditório no novo CPC. *Cadernos do Programa de Pós-Graduação em Direito/UFRGS*, v. 11, n. 1, p. 268-297, 2016.

PAULA, Lucas Franco de. Sobre a aplicação da teoria da transcendência dos motivos determinantes das sentenças proferidas pelo Supremo Tribunal Federal no controle difuso, *Revista Jurídica*, Porto Alegre: Notadez, v. 60, n. 415, p. 59-79, maio 2012.

PECZENIK, Aleksander, The Binding Force of Precedent. In: MACCORMICK, Neil; SUMMERS, Robert S. (Org.) *Interpreting Precedents*: a comparative study. Aldershot: Dartmouth Publishing, 1997, p. 461 480.

PEREIRA, Hélio do Valle. NCPC, a vitória dos bacharéis. In: MEDEIROS, Luiz Cézar; OLIVEIRA NETO, Francisco José Rodrigues de; SILVA, Paulo Henrique Moritz Martins da. *Novo código de processo civil em debate no poder judiciário catarinense*. Florianópolis: Academia Judicial, 2016, p. 66-81.

PEREIRA MENAUT, Antônio-Carlos. A constituição como direito: a supremacia das normas constitucionais em Espanha e nos EUA. Sobre a relação entre o direito constitucional e o direito ordinário nas constituições americana e espanhola. In: TAVARES, André Ramos (Coord). *Justiça constitucional*: pressupostos teóricos e análises concretas. Belo Horizonte: Fórum, 2007.

PÉREZ CARRILLO, Juan Ramón. Causas de indeterminación en el sistema de fuentes del derecho. *Problema: Anuario de Filosofía y Teoría del Derecho*, n. 4, p. 303-321, 2010.

PEIXOTO, Ravi. *Superação do precedente e segurança jurídica*. 2 ed. Salvador: Juspodivm, 2016.

―――. (In)constitucionalidade da vinculação dos precedentes no CPC/2015: um debate necessário. *Civil Procedure Review*, v. 8, n. 2, p. 93-133, mai.-ago. 2017.

PICARDI, Nicola. Apresentação. In: NUNES, Dierle José Coelho. *Processo jurisdicional democrático*: uma análise crítica das reformas processuais. 1 ed. 4 reimpressão. Curitiba: Juruá, 2012.

PIERCE, Charles S. *Chance, love, and logic*: philosophical essays. Londres: Kegan Paul, Trench, Trubner & Co., 1923.

PINHO, Humberto Dalla Bernardina de. *Direito processual civil contemporâneo*. 4 ed. v. 2. São Paulo: Saraiva, 2017.

―――. RODRIGUES, Roberto de Aragão Ribeiro. O microssistema de formação de precedentes judiciais vinculantes previsto no novo CPC. In: DIDIER JR., Fredie; CUNHA, Leonardo Carneiro da. *Julgamento de casos repetitivos*. Salvador: Juspodivm, 2017, p. 281-310.

PUGLIESE, William. *Precedentes e a civil law brasileira*. São Paulo: RT, 2016.

PUOLI, José Carlos Baptista. Precedentes vinculantes? O CPC "depois" da Lei nº 13.256/16. In: LUCON, Paulo Henrique dos Santos; APRIGLIANO, Ricardo de Carvalho; SILVA, João Paulo Hecker da. et. al. *Processo em jornadas*: XI jornadas brasileiras de direito processual, XXV jornadas ibero-americanas de direito processual. Salvador: Juspodivm, 2016, p. 496-507.

RACHLINSKI, Jeffrey J. Bottom-Up versus Top-Down Lawmaking. *The University of Chicago Law Review*, v. 73, n. 3, p. 933-964, 2006.

―――. JOHNSON, Sheri Lynn; WISTRICH, Andrew J.; GUTHRIE, Chris. Does unconscious racial bias affect trial judges? *Notre Dame Law Review*, v. 84, n. 3, p. 1195-1246, 2009.

RAMIRES, Maurício. *Crítica à aplicação de precedentes no direito brasileiro*. Porto Alegre: Livraria do Advogado, 2010.

RAMOS, Elival da Silva. *Ativismo judicial*: parâmetros dogmáticos. São Paulo: Saraiva, 2010.

RAZ, Joseph. *The authority of law*: essays in the morality of law and politics. Oxford: Clarendon Press, 1996.

RE, Edward D. Stare decisis. *Revista de Processo*, v. 19, n. 73, São Paulo: RT, p. 47-54, jan./mar. 1994.

REALE, Miguel. *Lições preliminares de direito*. 27 ed. 7ª tiragem. São Paulo: Saraiva, 2007.

RÊGO, Eduardo de Carvalho. *A não-recepção das normas pré-constitucionais pela constituição superveniente*. Florianópolis: Empório do Direito, 2015.

RESNIK, Judith. Managerial judges. *Harvard Law Review*, v. 96, n. 2, p. 374-448., dec. 1982.

RICHARDS, Diana. When Judges Have a Hunch: Intuition and Experience in Judicial Decision-Making. *Archiv für Rechts-und Sozialphilosophie*. v. 102, n. 2, p. 245-260, abr. 2016.

ROCHA, José de Albuquerque. *Súmula vinculante e democracia*. São Paulo: Atlas, 2009.

RODRIGUES, Horácio Wanderlei Rodrigues; LAMY, Eduardo de Avelar. *Teoria geral do processo*. 3 ed. Rio de Janeiro: Elsevier, 2012.

RODRIGUES, Léo Peixoto. Analogias, modelos e metáforas na produção do conhecimento em ciências sociais. *Pensamento Plural*, Pelotas, v. 1, p. 11-28, jul.-dez. 2007.

ROMANO NETO, Odilon. O alinhamento à jurisprudência como requisito no julgamento de improcedência liminar. In: MENDES, Aluisio Gonçalves de Castro; MARINONI, Luiz Guilherme; ARRUDA ALVIM, Teresa. *Direito jurisprudencial*: volume II. São Paulo: RT, 2014, p. 939-972.

ROQUE, André Vasconcelos. Ações coletivas e procedimentos para a resolução de casos repetitivos: qual o espaço destinado a cada um? Procedimentos de resolução de casos repetitivos. In: DIDIER JR, Fredie; CUNHA, Leonardo Carneiro da. *Julgamento de casos repetitivos*. Salvador: Juspodivm, 2017, p. 15-36.

ROSA, Alexandre Morais. *Decisão penal*: a bricolage de significantes. Rio de Janeiro: Lumen Juris, 2006.

———. *Guia do processo penal conforme a teoria dos jogos*. 4 ed. Florianópolis: Empório do Direito, 2017.

———. *Garantismo jurídico e controle de constitucionalidade material*: aportes hermenêuticos. 2 ed. Rio de Janeiro: Lumen Juris, 2011.

———. Apresentação. In: RAMIRES, Maurício. *Crítica à aplicação de precedentes no direito brasileiro*. Porto Alegre: Livraria do Advogado, 2010. p. 23.

ROSITO, Francisco. *Teoria dos precedentes judiciais: racionalidade da tutela jurisdicional*. Curitiba: Juruá, 2012.

ROSS, Alf. *Direito e justiça*. 2 ed. Tradução: Edson Bini. Bauru: Edipro, 2007.

ROSSI, Júlio César. *Precedente à brasileira*: a jurisprudência vinculante no CPC e no novo CPC. Sao Paulo: Atlas, 2015.

RUGER, Theodore W.; KIM, Pauline T.; MARTIN, Andrew D.; QUINN, Kevin M. The supreme court forecasting project: legal and political science approaches to predicting supreme court decisionmaking. *Columbia Law Review*, v. 104, p. 1150-1210, 2004.

RUZYK, Carlos Eduardo Pianovski. O caso das "pílulas de farinha" como exemplo da construção jurisprudencial de um "direito de danos" e da violação da liberdade positiva como "dano à pessoa" – Comentários ao acórdão no REsp 985.531 (rel. Min. Vasco Della Giustina –

Desembargador convocado do TJ/RS, DJe 28.06.2009). In: FRAZÃO, Ana de Oliveira; TEPEDINO, Gustavo. *O Superior Tribunal de Justiça e a reconstrução do direito privado*. São Paulo: RT, 2011, p. 273-302.

SALEVOURIS, Michael J.; FURAY, Conal. *The Methods and Skills of History*: A Practical Guide. 4 ed. Oxford: Wiley Blackwell, 2015.

SALOMÉ, Joana Faria. Teoria da transcendência dos motivos determinantes no Supremo Tribunal Federal. *Revista forense*, Rio de Janeiro: Forense, v. 105, n.404, p. 209-223, jul.-ago. 2009.

SANTANNA, Ana Carolina Squadri. Repercussão geral do recurso extraordináiro. In: FUX, Luiz (Coord.). *Processo constitucional*. Rio de Janeiro: Forense, 2013, p. 353-404.

SANTOS, Evaristo Aragão. Em torno do conceito e da formação do precedente judicial. In: ARRUDA ALVIM, Teresa. *Direito jurisprudencial*. 2ª tiragem. São Paulo: RT, 2012, p. 133-201.

SANTOS, Gustavo Ferreira. A constituição da primeira república brasileira. *História Constitucional*, Madri, v. 04, 2003. Disponível em: http://www.historiaconstitucional.com/index.php/historiaconstitucional/article/download/200/178. Acessado em: 16.03.2016.

SARDAS, Vitor Greijal. Os poderes do relator da causa sob a perspectiva histórica: subsídios sobre a ampliação e restrição dos poderes do relator da causa como fator de celeridade processual. *Revista digital IAB*, a. 2, n. 9, p. 79-88, jan.-mar. 2011.

SCALIA, Antonin. *A matter of interpretation*: federal courts and the law. Princeton: Princeton University Press, 1998.

SCHÄFER, Gilberto; RIOS, Roger Raupp; SILVA, Aline Araújo Curtinaz da. A transcendência dos motivos determinantes no controle incidental de constitucionalidade. *Revista Brasileira de Estudos Constitucionais*, Belo Horizonte, ano 8, n. 29, p. 263-282, maio/ago. 2014.

SCHAUER, Frederick. *Thinking like a lawyer*: a new introduction to legal reasoning. Cambridge: Harvard University Press, 2009.

——. Do cases make bad law? *The University of Chicago Law Review*, n. 73, n. 3, p. 883-918, 2006.

SCHAUER, Frederick. Is the Common Law Law? *California Law Review*, v. 77, n. 2, p. 455-471, mar. 1989.

——. Is there a psychology on judging? In: KLEIN, David; MITCHELL, Gregory (Org.). *The Psychology of Judicial Decision-Making*. Nova Iorque: Oxford University Press, 2010.

——. Precedent. *Stanford Law Review*, v. 39, p. 571, 1987.

SCHENK, Leonardo Faria. Art. 356. In: STRECK, Lenio Luiz; NUNES, Dierle; CUNHA, Leonardo Carneiro da. *Comentários ao código de processo civil*. São Paulo: Saraiva, 2016, p. 523-525.

SCHMITZ, Leonard Ziesemer. *Fundamentação das decisões judiciais*: a crise na construção de respostas no processo civil. São Paulo: RT, 2015.

SCHWARTZ, Victor E. Judicial adoption of comparative Negligence: the Supreme Court of California takes a historic stand. *Indiana Law Journal*, v. 51, n. 2, p. 281-291, 1976.

SCHWARTZMAN, Micah. Judicial sincerity. *Virginia Law Review*, v. 94, p. 987-1027, 2008.

SCHOR, Miguel. Mapping comparative judicial review. *Washington University Global Studies Law Review*, v. 7, p. 257-287, 2008.

SCOFIELD, Robert G. Goodhart's concession: defending ratio decidendi from logical positivism and legal realism in the first half of the twentieth century. *The King's College Law Journal*, n. 16, p. 311-328, 2005.

SEIDMAN, G. I. The new comparative civil procedure. In: PICKER, Colin B.; SEIDMAN, Guy I. *The dynamism of civil procedure*: global trends and developments. Nova Iorque: Springer, 2016, p. 19-44.

SESMA, Victoria Iturralde. *El precedente en el common law*. Madrid: Civitas, 1995.

SETH, Darpana. Better off unborn? An analysis of wrongful birth and wrongful life claims under the Americans with disabilities act. *Tenessee Law Review*, v. 73, summer 2006.

SGARBOSSA, Luís Fernando; IENSUE, Geziela. Algumas Reflexões Críticas sobre a Tese da "Abstrativização" do Controle Concreto de Constitucionalidade no Supremo Tribunal Federal (STF). *Seqüência*, Florianópolis, n. 75, p. 79-104, abr. 2017.

SHERWIN, Emily. Judges as Rulemakers. *University of Chicago Law Review*, v. 73, n. 3, p. 919-931, 2006.

SICA, Heitor Vitor Mendonça. *Preclusão processual civil*: atualizado de acordo com a nova reforma processual: Leis n°s 11.187/2005, 11.232/2005, 11.276/2006, 11.277/2006 e 11.280/2006. São Paulo: Atlas, 2006.

SIERRA SOROCKINAS, David. El precedente: un concepto. *Revista Derecho del Estado*, n. 36, p. 249-269, jan.-jun. 2016.

SILTALA, Raimo. *Law, truth, and reason: a treatise on legal argumentation*. Nova Iorque: Springer, 2014.

———. *A theory of precedent*: from analytical positivism to a post-analytical philosophy of law. Oxford: Hart Publishing, 2000.

SILVA, Evanuel Ferreira; DAMASCENO, Epifânio Vieira. A classificação das ciências segundo Hans Kelsen: os princípios de causalidade e imputação. *Revista de Informação Legislativa*, a. 53, n. 209, p. 329-342, jan.-mar. 2016.

SILVA, José Afonso da Silva. *Curso de direito constitucional positivo*. 32 ed. São Paulo: Malheiros, 2009.

SILVA, Marta Santos. Sobre a (In)admissibilidade das Ações por "Vida Indevida" (Wrongful life actions) na Jurisprudência e na Doutrina. O *Arrêt Perruche* e o caso André Martins. In: ANDRADE, Manuel da Costa. *Direitos de personalidade e sua tutela*. Porto: Rei dos Livros, 2013, p. 119-150.

SILVA, Ovídio A. Baptista da. Fundamentação das sentenças como garantia constitucional. In: ABREU, Pedro Manoel; OLIVEIRA, Pedro Miranda de. *Direito e processo*: estudos em homenagem ao Desembargador Norbarto Ungaretti. Florianópolis: Conceito, 2007, p. 737-758.

SILVA, Rafael Peteffi da. Wrongful Conception, Wrongful Birth e Wrongful Life: possibilidade de recepção de novas modalidades de danos pelo ordenamento brasileiro. *Revista da Ajuris*, v. 37, n. 117, p. 311-341, Porto Alegre: Ajuris, set. 1999.

———. Novos direitos, reparação dos pais pelo nascimento de filhos indesejados e a tutela do "direito de não nascer": um diálogo com o ordenamento francês. In: PEREIRA E SILVA, Reinaldo (Org.). *Novos direitos*: conquistas e desafios. Curitiba: Juruá, 2008.

———. LUIZ, Fernando Vieira. A compensatio lucri cum damno: contornos essenciais do instituto e a necessidade de sua revisão nos casos de benefícios previdenciários. *Revista de Direito Civil Contemporâneo*, a. 4, v. 13, p. 281-312, 2017.

———. RAMMÊ, Adrina Santos. Responsabilidade civil pelo nascimento de filhos indesejados: comparação jurídica e recentes desenvolvimentos jurisprudenciais. *Revista do CEJUR/TJSC: prestação jurisdicional*, v. 1, n. 1, p. 121-143, dez. 2013.

SILVA NETO, Orlando Celso da. Responsabilidade civil pela perda do tempo útil: tempo é um ativo indenizável? *Revista de Direito Civil Contemporâneo*, v. 4, n. 2, p. 139-162, 2015.

SINTEZ, Cyril; DORATO, Jimena Andino. La conception herméneutique du droit de Dworkin. *Arquives de philosophie du droit*, n. 51, p. 319-340, 2008.

SLOAN, Amy E. *Basic Legal Research*: tools and strategies. 5 ed. Nova Iorque: Wolters Kluwer, 2012.

SOARES, Carlos Henrique; VIANA, Antônio Aurélio de Souza. Utilização antidemocrática de precedentes judiciais. *Revista síntese de direito civil e processual civil*, a. 12, n. 90, p. 9-26, jul.-ago. 2014.

SOARES, Orris. *Dicionário de filosofia*. Rio de Janeiro: INL, 1952.

SORMANI, Alexandre; SANTANDER, Nelson Luis. *Súmula vinculante*: um estudo à luz da emenda constitucional 45, de 08.12.2004. 2 ed. 3 reimpressão. Curitiba: Juruá, 2011.

SOUTO, João Carlos. *Suprema Corte dos Estados Unidos – principais decisões*. 2 ed. São Paulo: Atlas, 2015.

SOUZA, Marcelo Alves Dias de. *Do precedente judicial à súmula vinculante*. Curitiba: Juruá, 2006.

———. Dos pronunciamentos do juiz. In: ARRUDA ALVIM, Teresa; DIDIER JR., Fredie; TALAMINI, Eduardo; DANTAS, Bruno. *Breves comentários ao novo código de processo civil*. 2ª tiragem. São Paulo: RT, 2015.

SPADONI, Joaquim Felipe. Reclamação. In: WAMBIER, Luiz Rodrigues; ARRUDA ALVIM, Teresa. *Temas essenciais do novo CPC*. São Paulo: RT, 2016, p. 509-515.

STEINER, Eva. Theory and practice of judicial precedent in France. In: DIDIER JR, Fredie; CUNHA, Leonardo Carneiro da; ATAÍDE JR., Jaldemiro Rodrigues de; MACÊDO, Lucas Buril de. *Precedentes*. Salvador: Juspodivm, 2015, p. 21-48.

STONE, Julius. The ratio of the ratio decidendi. *The Modern Law Review*, v. 22, n. 6, p. 597-620, nov. 1959.

STRECK, Lenio Luiz. *Dicionário de hermenêutica*: quarenta temas fundamentais da teoria do direito à luz da crítica hermenêutica do direito. Belo Horizonte: Casa do Direito, 2017.

———. *Hermenêutica jurídica e(m) crise*: uma exploração hermenêutica da construção do direito. 8. ed. Porto Alegre: Livraria do Advogado, 2009a.

———. Aplicar a "letra da lei" é uma atitude positivista? *Revista Novos Estudos Jurídicos*, v. 15, n. 1, p. 158-173, jan-abr, 2010a.

———. Art. 926. In: STRECK, Lenio Luiz; NUNES, Dierle; CUNHA, Leonardo Carneiro da. *Comentários ao código de processo civil*. São Paulo: Saraiva, 2016a.

———. Art. 988, In: STRECK, Lenio Luiz; NUNES, Dierle; CUNHA, Leonardo Carneiro da. *Comentários ao código de processo civil*. São Paulo: Saraiva, 2016b, p. 1293-1306.

———. MORAIS, José Luis Bolzan de. *Ciência política & teoria do estado*. 7 ed. Porto Alegre: Livraria do Advogado, 2010.

———. *Jurisdição constitucional e decisão jurídica*. 4ª ed. São Paulo: RT, 2014b.

STRECK, Lenio Luiz. O problema do "livre convencimento" e do "protagonismo judicial" nos códigos brasileiros: a vitória do positivismo jurídico. In: BARROS, Flaviane de Magalhães; MORAIS, José Luís Bolzan de (Orgs.). Reforma do processo civil: perspectivas constitucionais. Belo Horizonte: Fórum, 2010b.

———. O que é isto - a exigência de coerência e integridade no novo código de processo civil? In: STRECK, Lenio Luiz; ARRUDA ALVIM, Eduardo; LEITE, George Salomão. Hermenêutica e jurisprudência no novo código de processo civil: coerência e integridade. São Paulo: Saraiva, 2016c, p. 156-177.

———. *O que é isto – decido conforme minha consciência?* Porto Alegre: Livraria do Advogado, 2010c.

———. *O que é isso - o senso incomum?* Porto Alegre: Livraria do Advogado, 2017.

———. Súmulas vinculantes em terrae brasilis: necessitamos de uma "teoria para a elaboração de precedentes". *Revista Brasileira de Ciências Criminais*, São Paulo, a. 17, n. 78, p. 284-319, mai.-jun. 2009b.

———. *Verdade e consenso*: constituição, hermenêutica e teorias discursivas. 5ª ed. São Paulo: RT, 2014.

———. ABBOUD, Georges. *O que é isso – o precedente judicial e as súmulas vinculantes?* 3ª ed. Porto Alegre: Livraria do Advogado, 2015.

———. Art. 927. In: STRECK, Lenio Luiz; NUNES, Dierle; CUNHA, Leonardo Carneiro da. *Comentários ao código de processo civil*. São Paulo: Saraiva, 2016, p. 1191-1209.

―――. FREIRE, Alexandre. Art. 1.022. In: STRECK, Lenio Luiz; NUNES, Dierle; CUNHA, Leonardo Carneiro da. *Comentários ao código de processo civil*. São Paulo: Saraiva, 2016, p. 1351-1353.

―――. *A alegoria do novo CPC e o filme os deuses devem estar loucos*: imperdível. Disponível em: http://www.conjur.com.br/2015-set-03/senso-incomum-alegoria-ncpc-deuses-estar-loucos-imperdivel. Acessado em: 05.10.2016.

―――. *A febre dos enunciados e a constitucionalidade do ofurô! Onde está o furo?* Disponível em: http://www.conjur.com.br/2015-set-10/senso-incomum-febre-enunciados-ncpc-inconstitucionalidade-ofuro. Acessado em: 05.10.2016.

―――. *Por que os enunciados representam um retrocesso na teoria do direito*. Disponível em: http://www.conjur.com.br/2015-out-15/senso-incomum-professor-aluno-jornalista-selfie-velorio-fujamos. Acessado em: 05.10.2016.

SUBER, Peter. Analogy exercises for teaching legal reasoning. *Journal of Law & Education*, v. 17, n. 1, p. 91-98, 1988.

SUBRIN; Stephen N.; MINOW, Martha L.; BRODIN, Mark S.; et. al. *Civil procedure*: doctrine, practice, and context. 4 ed. Nova Iorque: Wolters Kluwer, 2012.

SULLIVAN, Kathleen M.; GUNTHER, Gerald. *Constitutional law*. 6 ed. Nova Iorque: Foundation Press, 2007.

SULTAN, Serge; BUNGENER, Catherine; ANDRONIKOF, Anne. Individual psychology of risk-taking behaviours in non-adherence. *Journal of Risk Research*, v. 5, n. 2, p. 137-145, 2002.

SUNSTEIN, Cass. R. *Legal Reasoning and Political Conflict*. Nova Iorque: Oxford University Press, 1996.

SWIFT, Jonathan. *Gulliver's Travels*. Nova Iorque: Oxford University Press, 2005, p. 232.

TALAMINI, Eduardo. A dimensão coletiva dos direitos individuais homogêneos: ações coletivas e os mecanismos previstos no Código de Processo Civil de 2015. In: DIDIER JR., Fredie; CUNHA, Leonardo Carneiro da. *Julgamento de casos repetitivos*. Salvador: Juspodivm, 2017, p. 139-166.

―――. Remessa necessária (reexame necessário). *Revista de Direito Administrativo Contemporâneo*. v. 24. a. 4, p. 129-145. São Paulo: RT, maio-jun. 2016.

TARUFFO, Michele. *A motivação da sentença civil*. Tradução: Daniel Mitidiero, Rafael Abreu, Vitor de Paula Ramos. São Paulo: Marcial Pons, 2015.

―――. Observações sobre os modelos processuais de *civil law* e de *common law*. Tradução: J. C. Barbosa Moreira. *Revista de Processo*, São Paulo: RT, v. 110, p. 141-158, abr. 2003.

―――. Precedente e jurisprudência, *Revista Forense*, Rio de Janeiro, v. 108, n. 415, p. 277-290, jan./jun. 2012.

TAVARES, André Ramos; OSMO, Carla. Interpretação jurídica em Hart e Kelsen: uma postura (anti)realista? In: DIMOULIS, Dimitri; DUARTE, Écio Oto. *Teoria do direito neoconstitucional*. São Paulo: Método, p. 129-157, 2008.

TAVARES, Fernando Horta. *Constituição, direito e processo*: princípios constitucionais do processo. Curitiba: Juruá, 2008.

TEIXEIRA, Sálvio de Figueiredo. *A criação e realização do direito na decisão judicial*. Rio de Janeiro: Forense, 2003.

TEMER, Sofia. *Incidente de resolução de demandas repetitivas*. 2 ed. Salvador: Juspodivm, 2017.

TESHEINER, José Maria; MILHORANZA, Mariângela Guerreiro. Notas sobre as reformas do código de processo civil, de 1992 a maio/2008. In: LAMY, Eduardo; ABREU, Pedro Manoel; OLIVEIRA, Pedro Miranda de. *Processo civil em movimento*: diretrizes para o novo CPC. Florianópolis: Conceito, 2013, p. 88-92.

THEODORO JÚNIOR, Humberto. Demandas repetitivas. Direito jurisprudencial. Tutela plurindividual, segundo o novo Código de Processo Civil: incidente de resolução de demandas repetitivas e incidente de assunção de competência. *Revista do TRF-1*, Brasília, v. 28, n. 9/10, p. 65-77, set.-out. 2016.

THOMAS, E. W. *The judicial process*: realism, pragmatism, pratical reasoning and principles. Nova Iorque: Cambridge University Press, 2005.

TINOCO, Ana Beatriz Passos. Do neoliberalismo processual, das reformas processuais sob emblema de "acesso à justiça" e da atuação do amicus curiae no processo objetivo: um balanço crítico. *Em Tempo*, v. 12, Marília, 2013, p. 42-60, p. 47.

TOSH, John. *The Pursuit of History*: Aims, methods and new directions in the study of history. 6 ed. Routledge, Londres, 2015.

TRINDADE, André Karam. O controle das decisões judiciais e a revolução hermenêutica do direito processual civil brasileiro. In: STRECK, Lenio Luiz; ARRUDA ALVIM, Eduardo; LEITE, George Salomão. Hermenêutica e jurisprudência no novo código de processo civil: coerência e integridade. São Paulo: Saraiva, 2016, p. 15-40.

TROPER, Michel. *A filosofia do direito*. Tradução: Ana Deiró. São Paulo: Martins Fontes, 2008.

TUCCI, José Rogério Cruz e. *Precedente judicial como fonte de direito*. São Paulo: RT, 2004.

———. O regime do precedente judicial no novo CPC. In: DIDIER JR.; Freddie; CUNHA, Leonardo Carneiro da; ATAÍDE JR., Jaldemiro Rodrigues de; MACÊDO, Lucas Buril de. *Precedentes*. Salvador: Juspodivm, 2015, p. 445-458.

TUSHNET, Mark. Marbury v. Madison around the world. *Tennessee Law Review*, v. 71, p. 251-274, 2004.

VELLOSO, Carlos Mário da Silva. Do poder judiciário: como torná-lo mais ágil e dinâmico. *Revista de Informação Legislativa*, a. 35, n. 138, p. 75-87, abr.-jun., 1998.

VESTING, Thomas. *Teoria do direito*: uma introdução. São Paulo: Saraiva, 2015.

VIANA, Antônio Aurélio de Souza. A Lei n. 13.256/16 e os perigos da inércia argumentativa no trato do direito jurisprudencial. In: NUNES, Dierle; MENDES, Aluísio; JAYME, Fernando Gonzaga. *A nova aplicação da jurisprudência e precedentes no CPC/2015*: estudos em homenagem à professora Teresa Arruda Alvim. São Paulo: 2017, p. 185-210.

VOJVODIC, Adriana de Moraes; MACHADO, Ana Mara França; CARDOSO, Evorah Lusci Costa. Escrevendo um romance, primeiro capítulo: precedentes e processo decisório no STF. *Revista Direito GV*, v. 5, p. 21-44, jan.-jun. 2009.

WALDRON, Jeremy. Stare decisis and the rule of law: a layered approach. *Michigan Law Review*, v. 111, n. 1, p. 1-31, 2012.

WALUCHOW, W. J. *Inclusive Legal Positivism*. Nova Iorque: Oxford University Press, 1994.

WAMBAUGH, Eugene. *The study of cases*: a course of instruction in reading and stating reported cases, composing headnotes and briefs, criticising and comparing authorities, and compiling digests. Boston: Little, Brown & Co., 1892.

WAMBIER, Luiz Rodrigues. Uma proposta em torno do conceito de jurisprudência dominante, *Revista de Processo*, na. 25, n. 100, p. 81-87, out.-dez. 2000.

WARAT, Luís Alberto. *Mitos e teorias na interpretação da lei*. Porto Alegre: Síntese, 1979.

WEINREB, Lloyd L. *Legal Reason*: The Use of Analogy in The Legal Argument. Nova Iorque: Cambridge University Press, 2005.

WEST, Robin. *Narrative, authority, and law*. Ann Arbor: The University of Michigan Press, 2004.

WHITROW, G. J. *O que é tempo*: uma visão clássica sobre a natureza do tempo. Tradução: Maria Ignez Duque Estrada. Rio de Janeiro: Jorge Zahar, 2005.

WOJCIECHOWSKI, Paola Bianchi; ROSA, Alexandre Morais da. *Vieses da justiça*: como as heurísticas e vieses operam nas decisões penais e a atuação contraintuitiva. Florianópolis: EModara, 2018.

WOLKART, Erik Navarro. *Precedente judicial no processo civil brasileiro*: mecanismos de objetivação do processo. Salvador: Juspodivm, 2014.

WOLLHEIM, Richard. *Art and its objects*. Nova Iorque: Cambridge University Press, 2000.

WRONGFUL birth actions: the case against legislative curtailment. *Harvard Law Review*, v. 100, n. 8, 1987.

ZAGREBELSKY, Gustavo. *El derecho dúctil*. 3 ed. Valladolid: Trotta, 1999.

ZANETI JR., Hermes. *O valor vinculante dos precedentes*: teoria dos precedentes normativos formalmente vinculantes. 2 ed. Salvador: Juspodivm, 2016.

———. *Processo constitucional*: o modelo constitucional do processo civil brasileiro. Rio de Janeiro: Lumen Juris, 2007.

ZANDER, Michael. *The law-making process*. 6 ed. Nova Iorque: Cambridge University Press, 2004.

ZANON JR. Orlando Luiz. *Teoria complexa do direito*. 2 ed. Curitiba: Prismas, 2015.

———. Não existem regras jurídicas. *Revista do CEJUR-TJSC*: prestação jurisdicional, v. 1, n. 2, p. 11-26, out. 2014.

———. LUIZ, Fernando Vieira. Apontamentos iniciais sobre a força gravitacional da jurisprudência no novo código de processo civil. *Revista Jurídica Cesumar - Mestrado*, v. 16, n. 3, p. 753-784, set.-dez. 2016.

ZAPATER, Tiago Cardoso Vaitekunas. *Reformas processuais na teoria dos sistemas: certeza do direito e as decisões judiciais*. Curitiba: Juruá, 2016.

ZAVASCKI, Teori Albino. *Eficácia das sentenças na jurisdição constitucional*. 3ª ed. São Paulo: RT, 2014.

ANEXO A - CASOS CITADOS

BRASIL. Superior Tribunal de Justiça. *AgInt no AREsp 1032364/MG*. Rel. Min. Assusete Magalhães, Segunda Turma, julg. em 16/05/2017, DJe 23/05/2017.

———. *AgInt no AREsp 1044597/MS*. Rel. Min. Luis Felipe Salomão, Quarta Turma, julgado em 07/11/2017, DJe 14/11/2017.

———. *AgInt no AREsp 1186541/RS*. Rel. Min. Maria Thereza de Assis Moura, Sexta Turma, julgado em 16/11/2017, DJe 24/11/2017.

———. *AgInt no AREsp 256.146/RS*. Rel. Min. Maria Isabel Gallotti, Quarta Turma, julg. em 09/03/2017, DJe 15/03/2017.

———. *AgInt no AREsp 483.170/SP*. Rel. Min. Marco Buzzi, Quarta Turma, julg. em 19/10/2017, DJe 25/10/2017.

———. *AgInt no AREsp 740.062/MT*, Rel. Min. Gurgel de Faria, Primeira Turma, julg. em 13/12/2016, DJe 15/02/2017.

———. *AgInt no AREsp 781.737/DF*. Rel. Min. Ricardo Villas Bôas Cueva, Terceira Turma, julg. em 13/12/2016, DJe 03/02/2017.

———. *AgInt no AREsp 871.565/SP*, Rel. Min. Nancy Andrighi, Terceira Turma, julg. em 27/04/2017, DJe 05/05/2017.

———. *AgInt no AREsp 926.157/SP*, Rel. Min. Humberto Martins, Segunda Turma, julg. em 23/08/2016, DJe 31/08/2016.

———. *AgInt no REsp 1345901/SP*. Rel. Min. Raul Araújo, Quarta Turma, julg. em 25/04/2017, DJe 12/05/2017.

———. *AgInt no REsp 1456204/PR*. Rel. Min. Paulo de Tarso Sanseverino, Terceira Turma, julg. em 24/10/2017, DJe 06/11/2017.

———. *AgInt no REsp 1583728/SP*. Rel. Min. Ricardo Villas Bôas Cueva, Terceira Turma, julg. em 20/09/2016, DJe 03/10/2016.

———. *AgInt no REsp 1591302/BA*, Rel. Min. Moura Ribeiro, Terceira Turma, julg. em 27/04/2017, DJe 16/05/2017.

———. *AgInt nos EDcl no AREsp 881.515/SP*. Rel. Min. Nancy Andrighi, Terceira Turma, julg. em 01/12/2016, DJe 09/12/2016.

———. *AgInt nos EDcl no REsp 1620917/MT*. Rel. Min. Raul Araújo, Quarta Turma, julg. em 29/08/2017, DJe 21/09/2017.

———. *AgInt nos EDcl no RMS 50.926/BA*. Rel. Min. Regina Helena Costa, Primeira Turma, julg. em 21/11/2017, DJe 27/11/2017.

———. *AgInt nos EDv nos EAREsp 846.180/GO*, Rel. Min. Antônio Carlos Ferreira, Segunda Seção, julg. em 08/02/2017, DJe 13/02/2017.

———. *AgInt nos EDcl nos EREsp 1302828/SP*. Rel. Min. Herman Benjamin, Primeira Seção, julg. em 10/05/2017, DJe 21/06/2017.

———. *AgInt nos EREsp 1587859/RS*. Rel. Min. Mauro Campbell Marques, Primeira Seção, julg. em 26/04/2017, DJe 03/05/2017.

———. *AgRg no Ag 1157605/SP*, Rel. Min. Vasco Della Giustina, Terceira Turma, julgado em 03/08/2010, DJe 16/08/2010.

———. *AgRg no Ag 1361644/BA*, Rel. Min. Benedito Gonçalves, Primeira Turma, julg. em 20/09/2012, DJe 25/09/2012.

———. *AgRg no Ag 249.496/SP*, Quinta Turma, Rel. Min. Gilson Dipp, DJ 5/3/01.

———. *AgRg no Ag 920.307/SP*, Rel. Min. Denise Arruda, Primeira Turma, julg. 11/12/2007, DJ 07/02/2008, p. 1.

———. *AgRg no AgRg no AgRg no AREsp 338.583/CE*, Rel. Min. Herman Benjamin, Segunda Turma, julg. em 06/10/2015, DJe 03/02/2016.

———. *AgRg no AREsp 229.127/SP*, Rel. Min. Maria Isabel Gallotti, Quarta Turma, julgado em 25/02/2014, DJe 05/03/2014.

———. *AgRg no AREsp 471.288/DF*, Rel. Min. Marga Tessler, Primeira Turma, julg. em 17/03/2015, DJe 24/03/2015.

———. *AgRg no AREsp 790.491/SP*, Rel. Min. Regina Helena Costa, Primeira Turma, julg. em 06/12/2016, DJe 02/02/2017.

———. *AgRg nos EREsp 866.636/SP*. Rel. Min. Castro Meira, Corte Especial, julgado em 15/10/2008, DJe 20/11/2008.

———. *AgRg no HC 331.384/SC*, Rel. Min. Ribeiro Dantas, Quinta Turma, julg. em 22/08/2017, DJe 30/08/2017.

———. *AgRg no REsp 1177622/RJ*, Rel. Min. Ricardo Villas Bôas Cueva, Terceira Turma, julg. em 22/04/2014, DJe 29/04/2014.

———. *AgRg no REsp 1192792/PR*. Rel. Min. Paulo de Tarso Sanseverino, Terceira Turma, julg. em 20/09/2012, DJe 26/09/2012.

———. *AgRg no REsp 1234567/RS*. Rel. Min. Herman Benjamin, Segunda Turma, julg. em 12/04/2011, DJe 18/04/2011.

———. *AgRg no REsp 1343601/RS*, Rel. Min. Antônio Carlos Ferreira, Quarta Turma, julg. em 08/10/2013, DJe 24/10/2013.

———. *AgRg no REsp 1363921/SE*, Rel. Min. Arnaldo Esteves Lima, Primeira Turma, julg. 11/06/2013, DJe 01/07/2013.

———. *AgRg no REsp 1492148/SC*, Rel. Min. Assusete Magalhães, Segunda Turma, julgado em 10/03/2016, DJe 17/03/2016.

———. *AgRg no REsp 279.838/PR*. Rel. Min. Franciulli Netto, Segunda Turma, julg. em 18/02/2003, DJ 30/06/2003, p. 169.

_____. *AgRg nos EAg 1348595/PE*. Rel. Min. Napoleão Nunes Maia Filho, Primeira Seção, julg. em 13/05/2015, DJe 21/05/2015.

_____. *AgRg nos EDcl no Ag 549.472/MG*, Rel. Min. Carlos Alberto Menezes Direito, Terceira Turma, julg. em 27/04/2004, DJ 07/06/2004, p. 222.

_____. *AR 1.027/SP*. Rel. Min. Arnaldo Esteves Lima, Terceira Seção, julg. em 27/06/2007, DJ 06/08/2007, p. 457.

_____. *AR 433/SP*. Rel. Min. Demócrito Reinaldo, Primeira Seção, julg. em 31/10/1995, DJ 11/12/1995, p. 43164.

_____. *AR 822/SP*. Rel. Min. Franciulli Netto, Primeira Seção, julg. em 26/04/2000, DJ 28/08/2000, p. 50.

_____. *EDcl na Pet 6.642/RS*. Rel. Min. Reynaldo Soares da Fonseca, Terceira Seção, julgado em 26/04/2017, DJe 02/05/2017.

_____. *EDcl no REsp 1060210/SC*. Rel. Min. Napoleão Nunes Maia Filho, Primeira Seção, julg. em 26/02/2014, DJe 03/04/2014.

_____. *EDcl no REsp 299.196/MG*, Rel. Min. Franciulli Netto, Segunda Turma, julg. em 11/02/2003, DJ 26/05/2003, p. 308.

_____. *EDcl no REsp 588.807/DF*, Rel. Min. Francisco Peçanha Martins, Segunda Turma, julg. em 16/02/2006, DJ 04/05/2006, p. 158.

_____. *EDcl no REsp 866.636/SP*. Rel. Min. Nancy Andrighi, Terceira Turma, julg. em 19/02/2008, DJe 05/03/2008.

_____. *EDcl nos EDcl no MS 16.557/DF*, Rel. Min. Herman Benjamin, Primeira Seção, julg. em 27/06/2012, DJe 22/08/2012.

_____. *EREsp 223.651/RJ*. Rel. Min. Carlos Alberto Menezes Direito, Corte Especial, julg. em 01/12/2004, DJ 14/11/2005, p. 174.

_____. *EREsp 404.837/RJ*, Rel. Min. Francisco Peçanha Martins, Corte Especial, julg. em 22/05/2006, DJ 12/06/2006, p. 404.

_____. *EREsp 935.874/SP*. Rel. Min. Arnaldo Esteves Lima, Corte Especial, julg. em 17/06/2009, DJe 14/09/2009.

_____. *HC 28.598/MG*, Rel. Min. Laurita Vaz, Quinta Turma, julg. em 14/06/2005, DJ 01/08/2005, p. 480.

_____. *HC 355.914/MS*. Rel. Min. Antônio Saldanha Palheiro, Sexta Turma, julg. em 05/12/2017, DJe 14/12/2017.

_____. *HC 402.190/SP*, Rel. Min. Rogério Schietti Cruz, Sexta Turma, julg. em 26/09/2017, DJe 02/10/2017.

_____. *HC 410.792/RS*, Rel. Min. Reynaldo Soares da Fonseca, Quinta Turma, julg. em 07/11/2017, DJe 13/11/2017.

_____. *ProAfR no REsp 1648238/RS*. Rel. Min. Gurgel de Faria, Corte Especial, julg. em 03/05/2017, DJe 11/05/2017.

_____. *ProAfR no REsp 1648498/RS*, Rel. Min. Gurgel de Faria, Corte Especial, julg. em 03/05/2017, DJe 11/05/2017.

———. *ProAfR no REsp 1650588/RS*. Rel. Min. Gurgel de Faria, Corte Especial, julg. em 03/05/2017, DJe 11/05/2017.

———. *QO no REsp 1.063.343/RS*, Rel. Min. Nancy Andrighi, Corte Especial, DJe de 04/06/2009.

———. *Reclamação nº 475*. Decisão monocrática de 10/10/2007. Rel. Min. José Augusto Delgado, DJ 18/10/2007, p. 180.

———. *Reclamação nº 574*, Decisão monocrática de 30/9/2008. Rel. Min. Felix Fischer, DJE 06/10/2008, p. 5.

———. *REsp 1096325/SP*, Rel. Min. Nancy Andrighi, Terceira Turma, julg. em 09/12/2008, DJe 03/02/2009.

———. *REsp 1101727/PR*, Rel. Min. Hamilton Carvalho, Corte Especial, julg. em 04/11/2009, DJe 03/12/2009.

———. *REsp 1115916/MG*, Rel. Min. Humberto Martins, Segunda Turma, julg. em 01/09/2009, DJe 18/09/2009.

———. *REsp 1117139/RJ*, Rel. Min. Luiz Fux, Primeira Seção, julg. em 25/11/2009, DJe 18/02/2010.

———. *REsp 1120746/SC*, Rel. Min. Nancy Andrighi, Terceira Turma, julg. em 17/02/2011, DJe 24/02/2011.

———. *REsp 1124507/MG*. Rel. Min. Benedito Gonçalves, Primeira Seção, julg. em 28/04/2010, DJe 06/05/2010.

———. *REsp 1133696/PE*, Rel. Min. Luiz Fux, Primeira Seção, julg. em 13/12/2010, DJe 17/12/2010.

———. *REsp 1157273/RN*. Rel. Min. Nancy Andrighi, Terceira Turma, julg. em 18/05/2010, DJe 07/06/2010.

———. *REsp 1163267/RS*. Rel. Min. Luis Felipe Salomão, Quarta Turma, julg. em 19/09/2013, DJe 10/12/2013.

———. *REsp 1187639/MS*, Rel. Min. Eliana Calmon, Segunda Turma, julg. em 20/05/2010, DJe 31/05/2010.

———. *REsp 1201357/AC*, Rel. Min. Luis Felipe Salomão, Quarta Turma, julg. em 08/09/2015, DJe 29/09/2015.

———. *REsp 1203710/MG*. Rel. Min. Regina Helena Costa, Quinta Turma, julg. em 22/10/2013, DJe 28/10/2013.

———. *REsp 1225227/MS*, Rel. Min. Nancy Andrighi, Terceira Turma, julg. em 28/05/2013, DJe 12/06/2013.

———. *REsp 1243887/PR*, Rel. Min. Luis Felipe Salomão, Corte Especial, julg. em 19/10/2011, DJe 12/12/2011.

———. *REsp 1308830/RS*. Rel. Min. Nancy Andrighi, Terceira Turma, julg. em 08/05/2012, DJe 19/06/2012.

———. *REsp 1309972/SP*. Rel. Min. Luis Felipe Salomão, Quarta Turma, julg. em 27/04/2017, DJe 08/06/2017.

---. *REsp 1331948/SP*, Rel. Min. Ricardo Villas Bôas Cueva, Terceira Turma, julg. em 14/06/2016, DJe 05/09/2016.

---. *REsp 1355947/SP*, Rel. Min. Mauro Campbell Marques, Primeira Seção, julg. em 12/06/2013, DJe 21/06/2013.

---. *REsp 1415603/CE*, Rel. Min. Herman Benjamin, Segunda Turma, julg. em 22/05/2014, DJe 20/06/2014.

---. *REsp 1419697/RS*, Rel. Min. Paulo de Tarso Sanseverino, Segunda Seção, julg. em 12/11/2014, DJe 17/11/2014.

---. *REsp 1460980/RS*. Rel. Min. Humberto Martins, Segunda Turma, julg. em 24/02/2015, DJe 03/03/2015.

---. *REsp 151.227/CE*, Rel. Min. Milton Luiz Pereira, Primeira Turma, julg. em 28/08/2001, DJ 25/02/2002, p. 203.

---. *REsp 1518879/SC*. Rel. Min. Humberto Martins, Segunda Turma, julg. em 05/11/2015, DJe 12/02/2016.

---. *REsp 154.924/DF*. Rel. Min. Jorge Scartezzini, Quinta Turma, julg. em 02/08/2001, DJ 29/10/2001, p. 234.

---. *REsp 1568244/RJ*, Rel. Min. Ricardo Villas Bôas Cueva, Segunda Seção, julg. em 14/12/2016, DJe 19/12/2016.

---. *REsp 1600115/GO*. Rel. Min. Herman Benjamin, Segunda Turma, julg. em 18/08/2016, DJe 12/09/2016.

---. *REsp 1640084/SP*. Rel. Min. Ribeiro Dantas, Quinta Turma, julg. em 15/12/2016, DJe 01/02/2017.

---. *REsp 1641710/SP*. Rel. Min. Herman Benjamin, DJe 17/04/2017.

---. *REsp 166.334/MG*. Rel. Min. Castro Meira, Segunda Turma, julg. em 28/09/2004, DJ 16/11/2004, p. 219.

---. *REsp 1664643/RS*. Rel. Min. Herman Benjamin, Segunda Turma, julg. em 18/05/2017, DJe 20/06/2017.

---. *REsp 1676027/PR*, Rel. Min. Herman Benjamin, Segunda Seção, julg. em 26/09/2017, DJe 11/10/2017.

---. *REsp 223.651/RJ*, Rel. Min. Edson Vidigal, Quinta Turma, julg. em 21/10/1999, DJ 22/11/1999, p. 185.

---. *REsp 243.612/RJ*, Rel. Min. Edson Vidigal, Quinta Turma, julg. em 14/03/2000, DJ 03/04/2000, p. 168.

---. *REsp 299.196/MG*, Rel. Min. Franciulli Netto, Segunda Turma, julg. em 16/04/2002, DJ 05/08/2002, p. 234.

---. *REsp 384.904/PE*, Rel. Min. Eliana Calmon, Segunda Turma, julg. em 19/02/2002, DJ 08/04/2002, p. 198.

---. *REsp 391.527/PE*, Rel. Min. Garcia Vieira, Primeira Turma, julg. em 26/03/2002, DJ 29/04/2002, p. 191.

---. *REsp 432.634/PE*, Rel. Min. José Delgado, Primeira Turma, julg. em 27/08/2002, DJ 23/09/2002, p. 280.

————. *REsp 453.950/CE*, Rel. Min. Francisco Peçanha Martins, Segunda Turma, julg. em 02/09/2004, DJ 11/10/2004, p. 265.

————. *REsp 572.890/SC*. Rel. Min. Teori Albino Zavascki, Primeira Turma, julg. em 04/05/2004, DJ 24/05/2004, p. 190.

————. *REsp 598.071/RS*, Rel. Min. Eliana Calmon, Segunda Turma, julg. em 19/04/2005, DJ 23/05/2005, p. 202.

————. *REsp 646.443/RS*, Rel. Ministro João Otávio de Noronha, Segunda Turma, julg. em 16/09/2004, DJ 29/11/2004, p. 306.

————. *REsp 682.538/MS*, Rel. Min. Carlos Alberto Menezes Direito, Terceira Turma, julg. em 24/08/2006, DJ 18/12/2006, p. 368.

————. *REsp 720.930/RS*, Rel. Min. Luis Felipe Salomão, Quarta Turma, julg. em 20/10/2009, DJe 09/11/2009.

————. *REsp 753.194/SC*. Rel. Min. José Delgado, Primeira Turma, julg. em 04/08/2005, DJ 05/12/2005, p. 240.

————. *REsp 766.676/RJ*, Rel. Min. Castro Meira, Segunda Turma, julg. em 18/08/2005, DJ 03/10/2005, p. 234.

————. *REsp 883.612/ES*, Rel. Min. Honildo Amaral de Mello Castro, Quarta Turma, julg. em 08/09/2009, DJe 21/09/2009.

————. *REsp 918.257/SP*, Rel. Min. Nancy Anfrighi, Terceira Turma, julg. em 03/05/2007, DJ 23/11/2007, p. 465.

————. *REsp 9.906/RJ*. Rel. Min. Eduardo Ribeiro, Terceira Turma, julg. em 26/11/1991, DJ 16/12/1991, p. 18533.

————. *RHC 45.193/MG*. Rel. Min. Felix Fixcher, Quinta Turma, julg. em 10/03/2015, DJe 18/03/2015.

————. *RHC 68.896/RJ*. Rel. Min. Ribeiro Dantas, Quinta Turma, julg. em 17/08/2017, DJe 28/08/2017.

BRASIL. Supremo Tribunal Federal. *AC 2404 ED*, Rel. Min. Roberto Barroso, Primeira Turma, julg. em 25/02/2014, DJe-054, divulg. 18-03-2014, public. 19-03-2014.

————. *ADC 12 MC*. Rel. Min. Carlos Britto, Tribunal Pleno, julg. em 16/02/2006, DJ 01-09-2006, p. 15.

————. *ADC 8 MC*. Rel. Min. Celso de Mello, Tribunal Pleno, julg. em 13/10/1999, DJ 04-04-2003, p. 38.

————. *ADC 9 MC*. Rel. Min. Néri da Silveira, Rel. p/ Acórdão Min. Ellen Gracie, Tribunal Pleno, julg. em 26/08/2001, DJ 23-04-2004, p. 05.

————. *ADI 1856*, Relator Min. Celso de Mello, Tribunal Pleno, julg. 26/05/2011, DJe-198, div. 13-10-2011, publ. 14-10-2011, RTJ, v. 220, n. 1, p. 18.

————. *ADI 2212*. Rel. Min. Ellen Gracie, Tribunal Pleno, julg. em 02/10/2003, DJ 14-11-2003, p. 11.

————. *ADI 2480*. Rel. Min. Sepúlveda Pertence, Tribunal Pleno, julg. em 02/04/2007, DJe-037, divulg. 14-06-2007, public. 15-06-2007, DJ 15-06-2007, p. 20.

―――. *ADI 2797*. Rel. Min. Sepúlveda Pertence, Tribunal Pleno, julg. em 15/09/2005, DJ 19-12-2006, p. 37.

―――. *ADI 4277*. Rel. Min. Ayres Britto, Tribunal Pleno, julg. em 05/05/2011, DJe-198, divulg. 13-10-2011, public. 14-10-2011.

―――. *ADI 4843 MC-ED-Ref*. Rel. Min. Celso de Mello, Tribunal Pleno, julg. em 11/12/2014, DJe-032, divulg. 18-02-2015, public. 19-02-2015.

―――. *ADI 493*. Rel. Min. Moreira Alves, Tribunal Pleno, julg. em 25/06/1992, DJ 04-09-1992, p. 14089.

―――. *ADI 4965*. Rel. Min. Rosa Weber, Tribunal Pleno, julg. em 01/07/2014, DJe-213, divulg. 29-10-2014, public. 30-10-2014.

―――. *ADI 4983*, Rel. Min. Marco Aurélio, Tribunal Pleno, julg. em 06/10/2016, DJe 27/04/2017.

―――. *ADI 5020*. Rel. Min. Gilmar Mendes, Rel. p/ Acórdão Min. Rosa Weber, Tribunal Pleno, julg. em 01/07/2014, DJe-213, divulg. 29-10-2014, public. 30-10-2014.

―――. *ADI 5028*. Rel. Min. Gilmar Mendes, Rel. p/ Acórdão Min. Rosa Weber, Tribunal Pleno, julg. em 01/07/2014, DJe-213, divulg. 29-10-2014, public. 30-10-2014.

―――. *ADI 5105*. Rel. Min. Luiz Fux, Tribunal Pleno, julg. em 01/10/2015, DJe-049 DIVULG 15-03-2016 PUBLIC 16-03-2016.

―――. *ADI 864 MC*. Rel. Min. Moreira Alves, Tribunal Pleno, julg. em 23/06/1993, DJ 17-09-1993, p. 18927.

―――. *ADPF 132*. Rel. Min. Ayres Britto, Tribunal Pleno, julg. em 05/05/2011, DJe-198, divulg. 13-10-2011, public. 14-10-2011.

―――. *ADPF 144*, Rel. Min. Celso de Mello, Tribunal Pleno, julg. em 06/08/2008, DJe-035, divulg. 25-02-2010, public. 26-02-2010.

―――. *ADPF 187*. Rel. Min. Celso de Mello, Tribunal Pleno, julg. em 15/06/2011, DJe-102, divulg. 28-05-2014, public. 29-05-2014.

―――. *ADPF 54*, Rel. Min. Marco Aurélio, Tribunal Pleno, julg. 12/04/2012, DJe-080, div. 29-04-2013, pub. 30-04-2013, RTJ, v. 226, n. 1, p.11.

BRASIL. Supremo Tribunal Federal. *ADPF 80 AgR*. Rel. Min. Eros Grau. Tribunal Pleno, julg. em 12/06/2006, DJ 10-08-2006, p. 20.

―――. *AI 145589 AgR*, Rel. Min. Sepúlveda Pertence, Tribunal Pleno, julg. em 02/09/1993, DJ 24-06-1994, p. 16652.

―――. *AI 172527 AgR*, Rel. Min. Marco Aurélio, Segunda Turma, julg. em 12/02/1996, DJ 12-04-1996, p. 11083.

―――. *AI 217753 AgR*. Rel. Min. Marco Aurélio, Segunda Turma, julg. em 01/12/1998, DJ 23-04-1999, p. 06.

―――. *AI 218668 AgR/MG*. Rel. Min. Marco Aurélio. 13 dezembro. 1998. DJ 16 abr. 1999, p. 10.

———. *AI 388435 AgR-QO*, Rel. Min. Gilmar Mendes, Segunda Turma, julg. em 14/02/2006, DJ 10-03-2006, p. 49.

———. *AI 538361 AgR-QO*. Rel. Min. Gilmar Mendes, Segunda Turma, julg. em 14/02/2006, DJ 07-04-2006, p. 52.

———. *AI 559486 AgR-QO*. Rel. Min. Gilmar Mendes, Segunda Turma, julg. em 18/04/2006, DJ 23-06-2006, p. 63.

———. *AI 664567-QO*. Rel. Min. Sepúlveda Pertence, Tribunal Pleno. DJ 06.09.2007, p. 37.

———. *AI 669748 AgR-QO*, Rel. Min. Celso de Mello, Segunda Turma, julg. em 11/12/2007, DJe-030, divulg. 18-02-2010, public. 19-02-2010.

———. *AI 775139 AgR*, Rel. Min. Cezar Peluso, Tribunal Pleno, julg. em 30/11/2011, DJe-239, div. 16-12-2011, pub. 19-12-2011.

———. *AI 791292 QO-RG*. Rel. Min. Gilmar Mendes, julg. em 23/06/2010, com repercussão geral. DJe-149, divulg. 12-08-2010, public. 13-08-2010.

———. *AI 817157 AgR-QO*, Rel. Min. Ricardo Lewandowski, Primeira Turma, julg. em 22/02/2011, DJe-065, divulg. 05-04-2011, public. 06-04-2011.

———. *AP 470*. Rel. Min. Joaquim Barbosa, Tribunal Pleno. DJe 08.10.2010, p. 190.

———. *AP 470AgRg (segundo)*. Rel. Min. Joaquim Barbosa, Tribunal Pleno. DJe 03.03.2009, p. 79.

———. *AR 1049*. Rel. Min. Moreira Alves, Tribunal Pleno, julg. em 09/02/1983, DJ 27-05-1983, p. 7532.

———. *AR 1197*. Rel. Min. Cordeiro Guerra, Tribunal Pleno, julg. em 19/02/1986, DJ 14-03-1986, p. 3384.

———. *AR 1198*. Rel. Min. Djaci Falcão, Tribunal Pleno, julg. em 23/03/1988, DJ 17-06-1988, p. 15251.

———. *AR 1212*. Rel. Min. Sydney Sanches, Tribunal Pleno, julg. em 03/09/1987, DJ 02-10-1987, p. 21144.

———. *AR 2444 AgR*. Rel. Min. Luiz Fux, Tribunal Pleno, julg. em 11/06/2015, DJe-126, divulg. 29-06-2015, public. 30-06-2015.

———. *ARE 1014762 AgR*. Rel. Min. Ricardo Lewandowski, Segunda Turma, julg. em 19/06/2017, DJe-139, divulg. 23-06-2017, public. 26-06-2017.

———. *ARE 647651 RG*. Rel. Min. Marco Aurélio, julg. em 21/03/2013, DJe-081, divulg. 30/04/2013, public. 02/05/2013.

———. *ARE 670808 AgR*, Rel. Min. Luiz Fux, Primeira Turma, julg. em 08/05/2012, DJe-100, divulg. 22-05-2012, public. 23-05-2012.

———. *ARE 679708 AgR*. Rel. Min. Rosa Weber, DJe-156, divulg. 09-08-2013, public. 12-08-2013.

———. *ARE 936510 AgR*. Rel. Min. Gilmar Mendes, Segunda Turma, julg. em 08/03/2016, DJe-067, divulg. 11-04-2016, public. 12-04-2016.

―――. *ARE 952851 AgR*. Rel. Min. Celso de Mello, Segunda Turma, julg. em 06/02/2017, DJe-047, divulg. 10-03-2017, public. 13-03-2017.

―――. *ARE 960364 AgR*. Rel. Min. Dias Toffoli, Segunda Turma, julg. em 07/10/2016, DJe-246, divulg. 18-11-2016, public. 21-11-2016.

―――. *ARE 968369 EDv-AgR*. Rel. Min. Rosa Weber, Tribunal Pleno, julg. em 06/10/2016, DJe-226, divulg. 21-10-2016, public. 24-10-2016.

―――. *ARE 995539 RG*. Rel. Min. Teori Zavascki, julg. em 08/12/2016, DJe-268, divulg. 16-12-2016, public. 19-12-2016.

―――. *CC 7204*. Rel. Min. Carlos Britto, Tribunal Pleno, julg. em 29/06/2005, DJ 09/12/2005, p. 05.

―――. *HC 105349 AgR*. Rel. Min. Ayres Britto, Segunda Turma, julg. em 23/11/2010, DJe-032, divulg. 16-02-2011, public. 17-02-2011.

―――. *HC 109317 AgR*, Rel. Min. Celso de Mello, Segunda Turma, julgado em 06/05/2014, DJe-148, div. 31-07-2014, pub. 01-08-2014.

―――. *HC 117871*. Rel. Min. Rosa Weber, Primeira Turma. DJe 01.07.2015, p. 128.

―――. *HC 142435 AgR*. Rel. Min. Dias Toffoli, Segunda Turma, julg. em 09/06/2017, DJe-139, divulg. 23-06-2017, public. 26-06-2017.

―――. *Habeas Corpus n. 75629/SP*. Rel. Min. Marco Aurélio.

―――. *HC 82959*, Rel. Min. Marco Aurélio, Tribunal Pleno, julg. em 23/02/2006, DJ 01-09-2006, p. 18.

―――. *HC 83073*. Rel. Min. Nelson Jobim, Segunda Turma, julg. em 17/06/2003, DJ 20-02-2004, p. 23.

―――. *HC 98664*. Rel. Min. Marco Aurélio, Primeira Turma. DJe 26.03.2010, p. 55.

―――. *MI 1311 AgR-ED*. Rel. Min. Celso de Mello, Tribunal Pleno, julg. em 19/08/2015, DJe-198, divulg. 01-10-2015, public. 02-10-2015.

―――. *MS 25936 ED*. Rel. Min. Celso de Mello, Tribunal Pleno, julg. em 13/06/2007, DJe-176, divulg. 17-09-2009, public. 18-09-2009.

―――. *MS 26384 AgR-ED-ED*. Rel. Min. Celso de Mello, Segunda Turma, julg. em 19/05/2015.

―――. *MS 26603*, Rel. Min. Celso de Mello, Tribunal Pleno, julg. em 04/10/2007, DJe-241, div. 18-12-2008, publ. 19-12-2008.

―――. *MS 26604*. Rel. Min. Cármen Lúcia, Tribunal Pleno, julg. em 04/10/2007, DJe-187, divulg. 02-10-2008, public. 03-10-2008.

―――. *MS 26849 AgR*. Rel. Min. Luiz Fux, Tribunal Pleno, julg. em 10/04/2014, DJe-096, divulg. 20-05-2014, public. 21-05-2014.

―――. *MS 28847 AgR*, Rel. Min. Cezar Peluso, Tribunal Pleno, julg. em 10/11/2011, DJe-230, div. 02-12-2011, pub. 05-12-2011.

―――. *MS 29460 AgR*. Rel. Min. Roberto Barroso, Primeira Turma, julg. em 07/11/2017, DJe-261, divulg. 16-11-2017, public. 17-11-2017.

———. *Pet 1738 AgR*. Rel. Min. Celso de Mello, Tribunal Pleno, julg. em 01/09/1999, DJ 01-10-1999, p. 42.

———. *Pet 3986 AgR*. Rel. Min. Ricardo Lewandowski, Tribunal Pleno, julg. em 25/06/2008, DJe-167, divulg. 04-09-2008, public. 05-09-2008.

———. *Pet 4223 AgR*, Rel. Min. Cezar Peluso, Tribunal Pleno, julg. em 25/11/2010, DJe-021, divulg. 01-02-2011, public. 02-02-2011.

———. *Pet 4972 AgR*, Rel. Min. Dias Toffoli, Primeira Turma, julg. em 30/10/2012, DJe-225, div. 14-11-2012, pub. 16-11-2012.

———. *Rcl 10.125 AgR/PA*, Rel. Min. Dias Toffoli.

———. *Rcl 10611 AgR*, Rel. Min. Rosa Weber, Primeira Turma, julg. em 27/10/2015, DJe-229, divulg. 13-11-2015, public. 16-11-2015.

———. *Rcl 11.831-AgR/CE*, Rel. Min. Cámen Lúcia.

———. *Rcl 13.300 AgR/PR*, Rel. Min. Cármen Lúcia.

———. *Rcl 13.185/DF*, Rel. Min. Rosa Weber.

———. *Rcl 14.098/TO*, Rel. Min. Roberto Barroso.

———. *Rcl 14.101/RN*, Rel. Min. Cármen Lúcia.

———. *Rcl 14.111/DF*, Rel. Min. Teori Zavascki.

———. *Rcl 14.258/SP*, Rel. Min. Ricardo Lewandowski.

———. *Rcl 14.391/MT*, Rel. Min. Rosa Weber.

———. *Rcl 14.425/RS*, Rel. Min. Rosa Weber.

———. *Rcl 14473 AgR*, Rel. Min. Marco Aurélio, Primeira Turma, julg. em 07/02/2017, DJe-033, divulg. 17-02-2017, public. 20-02-2017.

———. *Rcl 15.225/SP*, Rel. Min. Marco Aurélio.

———. *Rcl 15243 MC-AgR*. Rel. Min. Celso de Melo, Segunda Turma, julg. em 18/11/2014, DJe-236, divulg. 01-12-2014, public. 02-12-2014.

———. *Rcl 1782 MC*. Rel. Min. Ellen Gracie, Tribunal Pleno, julg. em 21/02/2001, DJ 28-11-2003, p. 11.

———. *Rcl 17885 AgR*. Rel. Min. Gilmar Mendes, Segunda Turma, julg. em 02/09/2014, DJe-186, divulg. 24-09-2014, public. 25-09-2014.

———. *Rcl 1880 AgR*. Rel. Min. Maurício Corrêa, Tribunal Pleno, julg. em 07/11/2002, DJ 19-03-2004, p. 17.

———. *Rcl 1880 AgR-QO*. Rel. Min. Maurício Corrêa, Tribunal Pleno, julg. em 23/05/2002, DJ 19-03-2004, p. 17.

———. *Rcl 19067 AgR*, Rel. Min. Roberto Barroso, Primeira Turma, julg. em 07/06/2016, DJe-171, divulg. 15-08-2016, public. 16-08-2016.

———. *Rcl 19384 AgR*. Rel. Min. Roberto Barroso, Primeira Turma, julg. em 07/06/2016, DJe-129, divulg. 21-06-2016, public. 22-06-2016.

———. *Rcl 19541 AgR*, Rel. Min. Roberto Barroso, Primeira Turma, julg. em 07/06/2016, DJe-128, divulg. 20-06-2016, public. 21-06-2016.

———. *Rcl 19548 AgR*. Rel. Min. Celso de Mello, Segunda Turma, julg. em 30/06/2015, DJe-251, divulg. 14-12-2015, public. 15-12-2015.

———. *Rcl 1987*. Rel. Min. Maurício Corrêa, Tribunal Pleno, julg. em 01/10/2003, DJ 21-05-2004, p. 33.

———. *Rcl 20076 AgR*. Rel. Min. Dias Toffoli, Segunda Turma, julg. em 09/06/2017, DJe-142, divulg. 28-06-2017, public. 29-06-2017.

———. *Rcl 20907 AgR*. Rel. Min. Celso de Mello, Segunda Turma, julg. em 15/03/2016, DJe-072, divulg. 15-04-2016, public. 18-04-2016.

———. *Rcl 21504 AgR*. Rel. Min. Celso de Mello, Segunda Turma, julg. em 17/11/2015, DJe-249, divulg. 10-12-2015, public. 11-12-2015.

———. *Rcl 2256*. Rel. Min. Gilmar Mendes, Tribunal Pleno, julg. em 11/09/2003, DJ 30-04-2004, p. 34.

———. *Rcl 23349 AgR*. Rel. Min. Celso de Mello, Segunda Turma, julg. em 14/10/2016, DJe-250, divulg. 23-11-2016, public. 24-11-2016.

———. *Rcl 23476 AgR*. Rel. Min. Teori Zavascki, Segunda Turma, julg. em 02/08/2016, DJe-174, divulg. 17-08-2016, public. 18-08-2016.

———. *Rcl 24686 ED-AgR*. Rel. Min. Teori Zavascki, Segunda Turma, julg. em 25/10/2016, DJe-074, divulg. 10-04-2017, public. 11-04-2017.

———. *Rcl 2475 AgR*. Rel. Min. Carlos Velloso, Rel. p/ Acórdão Min. Marco Aurélio, Tribunal Pleno, julg. em 02/08/2007, DJe-018, divulg. 31-01-2008, public. 01-02-2008.

———. *Rcl 25243 AgR*. Rel. Min. Edson Fachin, Segunda Turma, julg. em 07/03/2017, DJe-052, divulg. 16-03-2017, public. 17-03-2017.

———. *Rcl 26376 AgR*, Rel. Min. Dias Toffoli, Segunda Turma, julg. em 09/06/2017, DJe-143, divulg. 29-06-2017, public. 30-06-2017.

———. *Rcl 2665 AgR*. Rel. Min. Marco Aurélio, Tribunal Pleno, julg. em 23/02/2005, DJ 17-06-2005, p. 07.

———. *Rcl 3.014/SP*, Rel. Min. Ayres Britto, DJe 21.5.2010.

———. *Rcl 3.294-AgR/RN*, Rel. Min. Dias Toffoli.

———. *Rcl 4907 AgR*, Rel. Min. Dias Toffoli, Tribunal Pleno, julg. em 11/04/2013, DJe-095, divulg. 20-05-2013, public. 21-05-2013.

———. *Rcl 5063 AgR*. Rel. Min. Carlos Britto, Tribunal Pleno, julg. em 20/08/2009, DJe-181, divulg. 24-09-2009, public. 25-09-2009.

———. *Rcl 5.087-MC/SE*, Rel. Min. Ayres Britto.

———. *Rcl 5.365-MC/SC*, Rel. Min. Ayres Britto.

———. *Rcl 5389 AgR*. Rel. Min. Cármen Lúcia, Primeira Turma, julg. em 20/11/2007, DJe-165, divulg. 18-12-2007, public. 19-12-2007, DJ 19-12-2007, p. 25.

———. *Rcl 5847*, Rel. Min. Cármen Lúcia, Segunda Turma, julg. em 25/06/2014, DJe-148, divulg. 31-07-2014, public. 01-08-2014.

———. *Rcl 6135 AgR*. Rel. Min. Joaquim Barbosa, Tribunal Pleno, julg. em 28/08/2008, DJe-035, divulg. 19-02-2009, public. 20-02-2009.

———. *Rcl 6.204-AgR/AL*, Rel. Min. Eros Grau, DJe 28.5.2010.

———. *Rcl 6.319-AgR/SC*, Rel. Min. Eros Grau, DJe 06.8.2010.

———. *Rcl 7.280-MC/SP*. Rel. Min. Celso de Mello, DJe 12.12.2008.

———. *Rcl 8025*, Rel. Min. Eros Grau, Tribunal Pleno, julg. em 09/12/2009, DJe-145, divulg. 05-08-2010, public. 06-08-2010.

———. *Rcl 9460 AgR*, Relator Min. Cezar Peluso, Tribunal Pleno, julg. em 01/08/2011, DJe-165, div. 26-08-2011, pub. 29-08-2011, RTJ, v. 219, p. 372.

———. *Rcl 935*. Rel. Min. Gilmar Mendes, Tribunal Pleno, julg. em 28/04/2003, DJ 17-10-2003, p. 14.

———. *Rcl 9.778-AgR/RJ*, Rel. Min. Ricardo Lewandowski.

———. *RE 100034*. Rel. Min. Rafael Mayer, Primeira Turma, julg. em 06/12/1983, DJ 10-02-1984, p. 1018.

———. *RE 103875*. Rel. Min. Oscar Correa, Primeira Turma, julg. em 11/12/1984, DJ 08-02-1985, p. 849.

———. *RE 105345*. Rel. Min. Octávio Gallotti, Primeira Turma, julg. em 14/06/1985, DJ 28-06-1985, p. 10685.

———. *RE 140265/SP*.

———. *RE 153531*. Rel. Min. Francisco Rezek, Rel. para o acórdão: Min. Marco Aurélio, Segunda Turma, julg. em 03/06/1997, DJ 13-03-1998, p. 13.

———. *RE 232577 EDv*. Rel. Min. Cezar Peluso, Tribunal Pleno, julg. em 17/02/2010, DJe-062 divulg. 08-04-2010, public. 09-04-2010.

———. *RE 291046 AgR-QO*. Rel. Min. Gilmar Mendes, Segunda Turma, julg. em 18/04/2006, DJ 09-06-2006, p. 35.

———. *RE 335610 AgR-QO*, Rel. Min. Gilmar Mendes, Segunda Turma, julg. em 18/04/2006, DJ 04-08-2006, p. 70.

———. *RE 405031*. Rel. Min. Marco Aurélio, Tribunal Pleno, julg. em 15/10/2008, DJe-071, divulg. 16-04-2009, public. 17-04-2009.

———. *RE 427339*. Rel. Min. Sepúlveda Pertence, Primeira Turma, julg. em 05/04/2005, DJ 27-05-2005, p. 21.

———. *RE 433856 AgR-ED-ED-EDv-AgR-ED*. Rel. Min. Celso de Mello, Tribunal Pleno, julg. em 16/04/2015, DJe-088, divulg. 12-05-2015, public. 13-05-2015.

———. *RE 461286 AgR*, Rel. Min. Ricardo Lewandowski, DJ 15/09/2006.

———. *RE 477554 AgR*. Rel. Min. Celso de Mello, Segunda Turma, julg. em 16/08/2011, DJe-164, divulg. 25-08-2011, public. 26-08-2011.

———. *RE 495735 QO*. Rel. Min. Cármen Lúcia, Tribunal Pleno, julg. em 29/04/2009, DJe-148, divulg. 06-08-2009, public. 07-08-2009.

———. *RE 536247 ED*. Rel. Min. Cezar Peluso, Segunda Turma, julg. em 24/04/2007, DJe-018, divulg. 17-05-2007, public. 18-05-2007, DJ 18-05-2007, p. 112.

———. *RE 593849*, Rel. Min. Edson Fachin, Tribunal Pleno, julg. em 19/10/2016, com repercussão geral. DJe-065, divulg. 30/03/2017, public. 31/03/2017.

———. *RE 635729 RG*. Rel. Min. Dias Toffoli, julg. em 30/06/2011, com repercussão geral, DJe-162, divulg. 23-08-2011, public. 24-08-2011.

———. *RE 637485*, Rel. Min. Gilmar Mendes, Tribunal Pleno, julg. em 01/08/2012, repercussão geral. DJe-095, divulg. 20-05-2013, public. 21-05-2013.

———. *RE 723651*. Rel. Min. Marco Aurélio, Tribunal Pleno, julg. em 04/02/2016, com repercussão geral. DJe-164, divulg. 04/08/2016, public. 05/08/2016.

———. *RE 76440*. Rel. Min. Aldir Passarinho, Segunda Turma, julg. em 26/11/1982, DJ 29-04-1983, p. 5556.

———. *RHC 103581*. Rel. Min. Luiz Fux, Primeira Turma, julg. em 12/03/2013, DJe-194 DIVULG 02-10-2,013 PUBLIC 03-10-2013.

———. *RHC 120052*. Rel. Min. Ricardo Lewandowski, Segunda Turma, julg. em 03/12/2013, DJe-023, divulg. 03-02-2014, public. 04-02-2014.

———. *RHC 122279*, Rel. Min. Gilmar Mendes, Segunda Turma, julg. em 12/08/2014, DJe-213 DIVULG 29-10-2014 PUBLIC 30-10-2014.

———. *RHC 130542 AgR*. Rel. Min. Roberto Barroso, Primeira Turma, julg. em 07/10/2016, DJe-228, divulg. 25-10-2016, public. 26-10-2016.

———. *RHC 50.343*. Rel. Min. Djaci Falcão, Primeira Turma. Revista trimestral de jurisprudência, v. 63, n. 2, p. 399.

———. *RHC 83008*. Rel. Min. Maurício Corrêa, Segunda Turma. DJ 27.06.2006, p. 5.

———. *RHC 83181*. Rel. Min. Joaquim Barbosa, Tribunal Pleno. DJ 22.10.2004, p. 5.

———. *RMS 21185*, Rel. Min. Moreira Alves, Tribunal Pleno, julg. em 14/12/1990, DJ 22-02-1991, p. 1259.

———. *RMS 31661*. Rel. Min. Gilmar Mendes, Segunda Turma, julg. em 10/12/2013, DJe-086, divulg. 07-05-2014, public. 08-05-2014.

———. *Rp 1092*, Rel. Min. Djaci Falcão, Tribunal Pleno, julg. em 31/10/1984, DJ 19-12-1984, p. 21913.

CANADÁ. Corte de Apelação de Saskatchewan. *Re Edward and Edward*. 39 DLR 4, 1987.

DISTRITO FEDERAL. TJDFT. *Acórdão n. 1011797*. Rel. José Divino, 6ª Turma Cível, julg. 20/04/2017, DJe 03/05/2017.

———. *Acórdão n. 1016516*. Rel. Josapha Francisco dos Santos, 5ª Turma Cível, julg. 19/04/2017, DJe: 17/05/2017, p. 553-557.

EUA. Corte de Apelação da Califórnia. *People v. Dean* 39 Cal. App.3d 875, 1974.

———. *People v. Guilmette*. 1 Cal.App.4th 1534, 1991.

———. *People v. Mayfield*. 14 Cal.4 668, 1997.

———. *People v. Stevenson* 51 Cal.App.4 1234, 1996.

———. Corte de Apelação de Michigan. *Taylor v. Kurapati*, 600 N.W.2d 670, 674, 1999.

———. Corte de Apelação de Nova Iorque. *MacPherson v. Buick Motor Co.* 145 N.Y.S. 1132, 1914.

———. *Riggs v. Palmer*. 115 N.Y. 506, 1889.

———. Corte de Apelação do 1º Circuito. *Dennis v. Rhode Island Hosp. Trust*, 744 F.2d 893, 899, 1984.

———. Corte de Apelação do 10º Circuito. *US v. Lackey*. 334 F.3d 1224, 2003.

———. Corte de Apelação do 8º Circuito. *US v. Mcleod*. 436 F.2d 947, 1971.

———. Corte de Apelação do 9º Circuito. *U. S. v. Smith*, 441 F. 2d 539, 1971.

———. Pensilvânia. Court of Common Pleas of Lycoming County. *Shaheen v. Knight*, 11 Pa. D. & C.2d 41, 1957.

———. Suprema Corte. *Ashcroft v. Iqbal*, 556 U.S. 662, 2009.

———. *Ashe v. Swenson*. 397 U.S. 436, 1970.

———. *Bell Atlantic Corp. v. Twombly*, 550 U.S. 544, 2007.

———. *Burnet v. Coronado Oil & Gas Co.*, 285 U.S. 393, 1932.

———. *Cohens v. Virginia*, 19 U.S. 264, 399-400, 1821.

———. *Escobedo v. Illinois*. 378 U.S. 478, 1964.

———. *Flast v. Cohen*, 392 US 83, 1968.

———. *Griffith v. Kentucky*. 479 US 314, 1986.

———. *Griswold v. Connecticut*, 381 U.S. 479, 1965.

———. *Harper v Virginia Department of Taxation*. 509 US 86, 1993.

———. *Illinois v. Perkins*. 496 U.S. 292, 1990.

———. *James B Beam Distilling Co v Georgia*. 501 US 529, 1991.

———. *Lawrence v. Texas*, 539 U.S. 558, 2003.

———. *Linkletter v. Walker*. 381 US 618, 1965.

———. *Mapp v. Ohio*. 367 US 643, 1961.

———. *Marbury v. Madison*. 5 US 168, 1803.

———. *McCulloch v. Maryland*. 17 U.S. 316, 1819.

———. *Parklane Hosiery Co. v. Shore*. 439 US 322, 1979.

———. *Patterson v. McLean Credit Union*, 491 U.S. Report 173, 1989.

———. *Planned Parenthood of S.E. Penn. v. Casey*, 505 U.S. 833, 864, 1992.

———. *Regents of the Univ. of Cal. v. Bakke*, 438 U.S 265, 1978.

———. *Rhode Island v. Innis*. 446 U.S. 291, 1980.

———. *Roe v. Wade*, 410 U.S. 113, 1973.

———. *Terry v. Ohio*, 392 U.S. 1, 1968.

———. *Wolf v. Colorado*. 338 US 25, 1949.

———. Suprema Corte da Califórnia. *Nga Li v. Yellow Cab Company of California*. 13 Cal. 3d 804; 532 P.2d 1226, 1975.

_____. Suprema Corte de Idaho. *Blake v. Cruz*, 698 P.2d 315, 1985.

_____. Suprema Corte de Illinois. *Alvis v. Ribar*, 85 Ill. 2d 1, 421 N.E.2d 886, 1981.

_____. *Maki v. Frelk*. 40 Ill. 2d 193; 239 N.E.2d 445, 1968.

_____. Suprema Corte de Minessota. *Christensen v. Thornby*, 192 Minn. 123, 255 N.W. 620, 1934.

_____. Suprema Corte de Minessota. *Sherlock v. Stillwater Clinic*, 260 N.W.2d 169, 1977.

ÍNDIA. Suprema Corte. *Golaknath v State of Punjab* AIR 1643, 1967 SCR (2) 762, 1967.

_____. *India Cement Ltd v State of Tamil Nadu*. AIR 85, 1989 SCR Supl. (1) 692, 1990.

INGLATERRA. House of Lords. *British Railways Board v Herrington*, AC 877, 1972.

_____. *Hazell v. Hammersmith and Fulham London Borough Council*. 1 All ER 545, 1991.

_____. *National Westminster Bank plc v Spectrum Plus Limited*. UKHL 41, 2005.

_____. *West Midland Baptist (Trust) Association Inc v Birmingham Corporation*. AC 874, 1970; 3 All ER 172, 1969.

PORTUGAL. Tribunal Constitucional. Acórdão 810/93. *Polis*: Revista de Estudos Jurídico-Políticos, n.º 1, 1994, p. 152.

RIO GRANDE DO SUL. *Agravo de Instrumento n. 70072379530*. Rel. Luiz Roberto Imperatore de Assis Brasil, Décima Primeira Câmara Cível, julg. em 26/04/2017.

SANTA CATARINA. TJSC, *Apelação Cível n. 1996.009993-0*, de Itajaí, rel. Des. Wilson Guarany, j. 24-06-1997.

_____. *Incidente de Resolução de Demandas Repetitivas n. 0302355-11.2014.8.24.0054*. Rel. Des. Ronei Danielli, Grupo de Câmaras de Direito Público, j. 09-11-2016.

_____. TRE-SC. Recurso em Representação n. 84824, Rel. Juiz Fernando Vieira Luiz, julg. em 01/09/2014.

SÃO PAULO. TJSP. *Processo n. 0012618-17.2005.8.26.0320*. Rel. Des. Fabio Tabosa, 29ª Câmara de Direito Privado, julg. 08/03/2017.

_____. *Processo n. 0015095-91.2010.8.26.0011*, Rel. Des. Theodureto Camargo, 8ª Câmara de Direito Privado, julg. 12/12/2012.

_____. *Processo n. 0030229-85.2010.8.26.0100*. Rel. Des. Theodureto Camargo, 8ª Câmara de Direito Privado, julg. 26/03/2014.

_____. *Processo n. 0207908-47.2011.8.26.0000*. Rel. Des. Renato Rangel Desinano, 11ª Câmara de Direito Privado, julg. 13/10/2011.

_____. *Processo n. 2031029-44.2017.8.26.0000*. Rel. Sérgio Shimura, 23ª Câmara de Direito Privado, julg. 30/06/2017.

———. *Processo n. 2056941-43.2017.8.26.0000*. Rel. J. B. Franco de Godoi, 23ª Câmara de Direito Privado, julg. 27/06/2017.

———. *Processo n. 2057443-79.2017.8.26.0000*. Rel. Maurício Pessoa. 14ª Câmara de Direito Privado, julg. 24/05/2017.

———. *Processo n. 2074151-10.2017.8.26.0000*. Rel. Alberto Gosson, 22ª Câmara de Direito Privado, julg. 22/06/2017.

———. *Processo n. 2252819-37.2016.8.26.0000*. Rel. Jonize Sacchi de Oliveira, 24ª Câmara de Direito Privado, julg. 19/05/2017.

———. *Processo n. 2257458-98.2016.8.26.0000*. Rel. Mário de Oliveira, 19ª Câmara de Direito Privado, julg. 26/06/2017.

———. *Processo n. 9000069-12.2010.8.26.0103*. Rel. Des. Theodureto Camargo, 8ª Câmara de Direito Privado, julg. 09/04/2014.

———. *Processo n. 9071438-65.2002.8.26.0000*. Rel. Des. Evaristo dos Santos, 6ª Câmara de Direito Público, julg. 10.04.2006.

———. *Processo n. 9131015-47.1997.8.26.0000*, Relator: Guimarães e Souza, 1ª Câmara de Direito Privado, julg. 02/03/1999.

editoraletramento editoraletramento.com.br
editoraletramento company/grupoeditorialletramento
grupoletramento contato@editoraletramento.com.br

casadodireito.com casadodireitoed casadodireito

Grupo
Editorial
LETRAMENTO